Heritage and Innovation:
Proceedings of the International Symposium Celebrating the 40th Anniversary of The Association of Dunhuang and Turfan Studies of China (volume I)

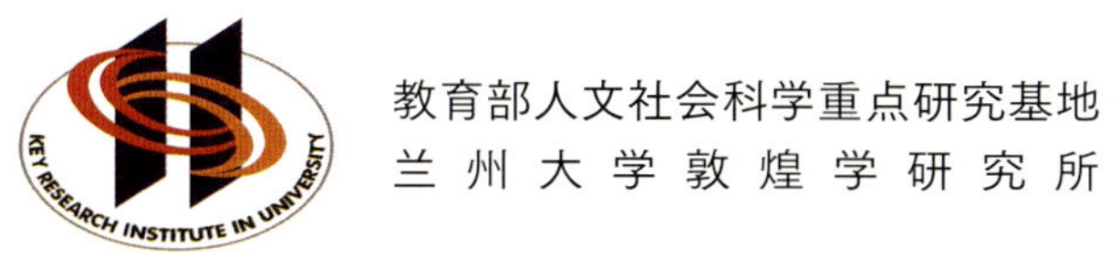

教育部人文社会科学重点研究基地
兰 州 大 学 敦 煌 学 研 究 所

学术顾问 郝春文 荣新江 郑炳林

传承与创新

中国敦煌吐鲁番学会成立四十周年国际学术研讨会论文集（上）

魏迎春 张善庆 主编

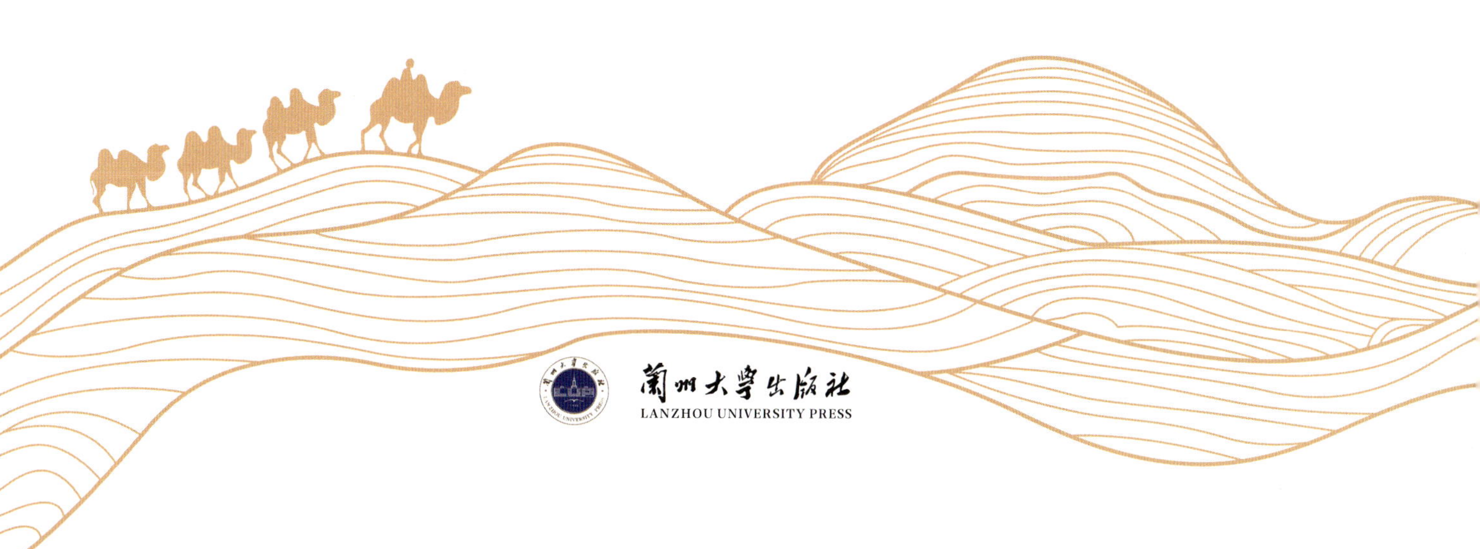

图书在版编目（CIP）数据

传承与创新 : 中国敦煌吐鲁番学会成立四十周年国际学术研讨会论文集 : 上、下 / 魏迎春，张善庆主编. 兰州 : 兰州大学出版社，2025. 7. -- ISBN 978-7-311-06828-8

Ⅰ. K870.6-53

中国国家版本馆 CIP 数据核字第 2025N7Z286 号

封面题签　秦理斌
责任编辑　宋　婷　周　南　王　军　李有才
装帧设计　陈　欣

书　　名　传承与创新——中国敦煌吐鲁番学会成立四十周年国际学术研讨会论文集(上、下)
CHUANCHENG YU CHUANGXIN——ZHONGGUO DUNHUANG TULUFAN XUEHUI CHENGLI SISHI ZHOUNIAN GUOJI XUESHU YANTAOHUI LUNWENJI(SHANG、XIA)
作　　者　魏迎春　张善庆　主编
出版发行　兰州大学出版社　(地址:兰州市天水南路222号　730000)
电　　话　0931-8912613(总编办公室)　0931-8617156(营销中心)
网　　址　http://press.lzu.edu.cn
电子信箱　press@lzu.edu.cn
印　　刷　陕西龙山海天艺术印务有限公司
开　　本　889 mm×1194 mm　1/16
成品尺寸　210 mm×285 mm
总 印 张　106.75(插页10)
总 字 数　3007千
版　　次　2025年7月第1版
印　　次　2025年7月第1次印刷
书　　号　ISBN 978-7-311-06828-8
定　　价　420.00元

传承与创新：中国敦煌吐鲁番学会成立四十周年国际学术研讨会
The International Symposium on the Fortieth Anniversary of the Founding of the Institute of Dunhuang and Turfan Studies of China
中国 · 兰州
2023年8月17日

◆ 全体参会人员合影

◆ 彩图1　兰州大学郑炳林教授主持开幕式

◆ 彩图2　兰州大学党委书记马小洁致辞

◆ 彩图3　甘肃省政协副主席王锐致辞

◆ 彩图4　中国敦煌吐鲁番学会会长荣新江致辞

◆ 彩图5　西北师范大学党委书记贾宁致辞

◆ 彩图6　敦煌研究院党委书记赵声良致辞

◆ 彩图7　俄罗斯科学院东方文献研究所所长伊莉娜·波波娃致辞

◆ 彩图9　开幕式现场

出版说明

本论文集为中国敦煌吐鲁番学会成立40周年国际学术研讨会成果汇编，聚焦敦煌学多元领域，涵盖学会发展回顾、社会历史探究、石窟艺术考古、宗教经典释读、语言文字考析等方向，收录100余篇论文，全面呈现了敦煌学研究的深厚积淀与前沿动态。

在文献处理中，我们遵循学术严谨性与文献原貌保护原则：对论文引文中可规范转化为简体字的内容，已依现行标准转换；但涉及敦煌写本、碑拓、卷子、佛经及相关历史文化、宗教经典表述的繁体字、异体字，因承载特殊学术信息与文化内涵，部分难以精准转简或转简不得体，为保留原始文献价值、确保研究准确性，未强行转换。

依据《中华人民共和国国家通用语言文字法》第十七条“在出版、教学、研究中需使用的，可保留或使用繁体字、异体字”之规定，特作此处理。若给读者带来阅读差异，恳请理解，期待本论文集能为敦煌学及相关领域的研究者和广大读者提供一份兼具学术价值与文献真实性的参考资料。

兰州大学出版社

2025年7月

序

荣新江（中国敦煌吐鲁番学会会长）

2023年8月17—18日，在兰州大学敦煌学研究所与相关主办、协办单位的共同努力下，我们齐聚在1983年中国敦煌吐鲁番学会成立的地方——兰州，隆重召开“传承与创新——中国敦煌吐鲁番学会成立四十周年国际学术研讨会”。

40年前，我们敦煌吐鲁番学的前辈们，在振兴中国学术的责任感驱使下，在夺回敦煌学研究中心的爱国主义热情感召下，集合全国各个方面研究敦煌、吐鲁番学及相关学科领域的专家学者，成立了“中国敦煌吐鲁番学会”，在中国学术界撑起了一面独具特色的大旗，在中国学术界掀起了一股强劲的研究敦煌吐鲁番出土文献和考古文物的热潮。

40年来，在首任会长季羡林先生提出的“敦煌在中国，敦煌学在世界”的口号指导下，在前任会长郝春文教授及学会其他领导的带领下，中国敦煌吐鲁番学会团结国际友人和全国各方面的力量，逐步推进敦煌吐鲁番的研究，努力扩大敦煌吐鲁番学的研究范围，大力推广敦煌吐鲁番学的通识教育。在中国敦煌吐鲁番学会老中青几代学者的共同努力下，已经使得敦煌吐鲁番学研究不断进步，成果辉煌，构筑起敦煌吐鲁番学许多领域的雄伟大厦。

40年后的今天，我们又齐聚一堂，共同探讨敦煌吐鲁番学如何传承、怎样创新的问题。在如今的信息化时代，学术界的许多领域都拥有新的理论、新的方法、新的视角，这些都为敦煌吐鲁番学带来许多新的研究成果和研究趋向。敦煌吐鲁番学在传承本学科优良传统的同时，也更加努力地与其他领域进行跨学科交流，开拓更新、更广的研究领域和范围，创新学术天地，建设敦煌吐鲁番学研究的新高地。

这次到会的学者，既有学会成立时的老兵，也有支撑近三十年来敦煌吐鲁番学术研究的中坚力量，还有许许多多相关学科领域的新人，大家利用学会成立40周年这一重要节点，借助兰州大学搭建的高端平台，发表自己多年来的研究成果，提出最新的见解。这些论文涉及“敦煌与西北社会历史”“胡语文献”“石窟壁画与石窟考古”“宗教经典与宗教活动”“敦煌文学、语言文字与写本学”“敦煌学史”等方面，最后几位专家对敦煌、吐鲁番、龟兹等研究领域的前景做了展望。这些内容丰富的论文，经过兰州大学敦煌学研究所的整理编辑，形成了这部厚重的《传承与创新——中国敦煌吐鲁番学会成立四十周年国际学术研讨会论文集》，即将出版。

兰州大学敦煌学研究所郑炳林教授及其团队，为这次纪念学会成立40周年的学术研讨会的召开以及会议论文集的整理出版工作做出了巨大贡献。郑教授让我给这部论文集写篇序，我当然义不容辞，而且我希望借此机会，感谢40年来为中国敦煌吐鲁番学做出贡献的几代学人，感谢参加本次会议并提交论文的学者，感谢筹备、安排会务以及为本论文集付出辛勤工作的兰州大学敦煌学研究所的同仁。

40年来，我们迈出了坚实的步伐；今后的中国敦煌吐鲁番学会，更会鹏程万里。

四十年来我国敦煌学发展及展望*
（代序）

郑炳林（兰州大学敦煌研究所所长）

敦煌学以敦煌文献和石窟艺术为主要研究对象，涉及历史学、考古学、文学、文字学、艺术学、宗教学等诸多学科。由于历史原因，藏经洞被发现后，大量敦煌文献流散到英、法、日、俄等很多国家，客观上促进了东西方各国学者对敦煌文献的研究，敦煌学的国际交流从一开始就已经展开。

20世纪初，中国学者罗振玉所编《石室秘宝》等书中刊布的照片或发表的录文，大多数就是依据伯希和寄来的照片资料，此后，法国汉学家与中国学者基本上保持并延续了比较好的学术合作关系。日本学者内藤湖南也根据罗振玉的来信，向日本学术界介绍了敦煌藏经洞及敦煌文献的学术价值，开始了日本的敦煌学研究。在敦煌学发展初期，中国敦煌学研究与各国并驾齐驱，取得了多方面成绩，出现了一批敦煌学家，如刘复、陈垣、王重民、向达等。随后由于各种原因，中国敦煌学研究一度停滞不前，而同期的国外敦煌学研究不断发展，形成“敦煌在中国，研究在国外”的无奈心酸局面。

国外敦煌学以法国和日本处于领先地位。法国敦煌学的代表人物是戴密微（Paul Demiéville），他的研究侧重于敦煌佛教及变文俗讲。拉露（Marcelle Lalou）等学者则在敦煌藏文文献的整理与研究上贡献巨大。胡语文献的整理研究一直是西方学者的优势所在，英国伦敦大学亚非学院的辛姆斯-威廉姆斯（Nicholas Sims-Williams）教授是解读敦煌粟特语文献的权威专家。日本敦煌学在20世纪50年代以后也有了较大发展，敦煌学突破了经史子集和文学作品的研究，扩展至社会历史的研究领域，在经济史、法制史、宗教史和少数民族史等方面的研究

---

* 本文原刊于《历史研究》2024年第12期。

上取得突出成绩，对魏晋隋唐历史研究产生了巨大影响，如日本学界关于北魏隋唐时期均田制的研究，结合吐鲁番文献，将此问题的研究推进到了一个全新阶段。近40年主要代表学者有藤枝晃、池田温、土肥义和、高田时雄、吉田丰、森安孝夫等，他们关于敦煌学研究的成果集中展示在20世纪80年代出版的《讲座敦煌》中。此后，随着日本主要学术机构研究重心的转移，其整体研究逐渐处于萎缩状态。

改革开放以后，中国的学术研究开始重新步入正轨，中国敦煌学也迎头赶上。1983年成立的中国敦煌吐鲁番学会成为组织推动中国敦煌学发展的重要力量，敦煌学界践行季羡林会长提出的“敦煌在中国，敦煌学在世界”的国际视野，加强敦煌学研究的国际交流合作。40年来，我国敦煌学蓬勃发展，在敦煌文献编目、刊布、整理、研究及敦煌石窟考古、石窟艺术研究等方面成绩卓著，敦煌学研究队伍不断壮大，研究领域不断拓展。

由于敦煌学研究成果数量庞大，本文无法在有限篇幅内对其进行面面俱到的总结，只能展开提纲挈领式的回顾，以求从总体上展现40年来我国敦煌学蓬勃发展的盛况。在此基础上，根据本人长期从事敦煌学研究及教学的具体实践，对敦煌学未来发展进行展望。

一、敦煌文献整理不断推进

敦煌文献是敦煌学研究的主要内容，敦煌文献整理工作则是敦煌学研究能够深入推进的基石。40年来，在中国敦煌吐鲁番学会的推动下，我国敦煌文献整理工作取得很大进展。

（一）敦煌文献编目

由于敦煌文献散落世界各地，想要了解敦煌文献的具体情况，必须利用敦煌文献目录索引。1983年出版的《敦煌遗书总目索引》，主要包括北京图书馆藏敦煌遗书简目、斯坦因劫经录、伯希和劫经录和敦煌遗书散录4部分，是学界最常使用的敦煌文献目录[①]。1986年出版的《敦煌遗书最新目录》，在前人基础上对英藏、法藏、俄藏及散藏敦煌文献目录进行了汇总及补充，推进了编目工作[②]。2000年出版的《敦煌遗书总目索引新编》，纠正了《敦煌遗书总目索引》中部分敦煌文献的定名错误，详列了每件敦煌文书包含的文献细目，进一步完善了《敦煌遗书总目索引》。但遗憾的是，该书删去了原书中的敦煌遗书散录部分[③]。《敦煌遗书最新目录》虽收录俄藏敦煌文献，但目录不全且不乏错误。2019年出版的《俄藏敦煌文献叙录》，编撰水平虽有待提升，但仍是了解俄藏敦煌文献的最好途径[④]。荣新江编著《英国图书馆藏敦煌汉文非佛教文献残卷目录（S6981—S13624）》和方广锠编著《英国图书馆藏敦煌遗书目录（斯06981号—斯08400号）》为了解英藏敦煌文献S6980号之后的卷子提供了便利[⑤]。

目前分布于世界各处的7万余件敦煌文献，还没有一部总的目录索引。这个目录索引不

① 商务印书馆编《敦煌遗书总目索引》，中华书局，1983年。

② 黄永武：《敦煌遗书最新目录》，新文丰出版公司，1986年。

③ 敦煌研究院编《敦煌遗书总目索引新编》，中华书局，2000年。

④ 邰惠莉主编，马德等编《俄藏敦煌文献叙录》，甘肃教育出版社，2019年。

⑤ 荣新江编著《英国图书馆藏敦煌汉文非佛教文献残卷目录（S6981—S13624）》，新文丰出版公司，1994年；方广锠编著《英国图书馆藏敦煌遗书目录（斯06981号—斯08400号）》，宗教文化出版社，2000年。

需要太多信息，只要有定名准确的简目，说明每件敦煌文献的基本情况，以便研究者能够按图索骥，展开进一步研究。因此，编制这样一部存世敦煌文献的总目录，也是中国敦煌学界未来的重要任务。

（二）敦煌文献刊布

大英博物馆（The British Museum）图书馆于1954年将所藏敦煌文献制成缩微胶卷公开销售，推动了敦煌文献刊布。北京图书馆（现中国国家图书馆）在20世纪50年代末通过与英国剑桥大学图书馆交换缩微胶卷，得到英藏敦煌文献缩微胶卷。20世纪70年代末又购得刚开始销售的法藏敦煌文献缩微胶卷。20世纪80年代初，北京图书馆将英藏和法藏敦煌文献缩微胶卷制成副片在国内出售。台北新文丰出版公司自1981年开始，也陆续将英藏和法藏缩微胶卷影印出版为《敦煌宝藏》①。二者均为研究者提供了方便，但共同缺点是图片不清晰、影像模糊，增加了学者阅读及释录的难度。

1983年中国敦煌吐鲁番学会成立后，开始有计划地推动敦煌文献刊布工作。首先是对英藏敦煌文献汉文非佛经部分重新拍照定名，并由四川人民出版社影印出版②。《英藏敦煌文献（汉文佛经以外部分）》不仅将英国国家图书馆（The British Library）所藏敦煌文献中非佛经部分悉数刊布③，而且这套书开本大、图版清晰，为之后的敦煌文献刊布奠定了良好基础。上海古籍出版社随后与法国国家图书馆合作出版《法藏敦煌西域文献》④、同俄罗斯科学院东方研究所圣彼得堡分所合编《俄藏敦煌文献》⑤。中国国家图书馆之后也影印出版了馆内所藏敦煌文献⑥。上海古籍出版社之后又陆续出版了上海博物馆、北京大学图书馆、天津艺术博物馆、上海图书馆所藏敦煌文献⑦。甘肃人民出版社推出了《甘肃藏敦煌文献》⑧。敦煌文献的广泛刊布，使研究者可以直接利用图版，大大便利了学术研究。

但目前仍有很多敦煌文献尚未刊布，制约了敦煌学研究向前推进。在今后一段时间内，继续开展敦煌文献影印出版仍是敦煌学界的一项重要工作。特别是高清彩版，尤为学界所期盼。因为敦煌文献中有很多朱书彩色句读及彩绘，需要彩色高清图版，才能实现精准阅读及释录。

（三）敦煌文献整理

相关成果大体分为两类。第一类是敦煌文献分类校录。代表作品是学会下辖敦煌文献编

① 黄永武主编《敦煌宝藏》（140册），新文丰出版公司，1981—1986年。

② 中国社会科学院历史研究所等编《英藏敦煌文献（汉文佛经以外部分）》（14册），四川人民出版社，1990—1995年。

③ 大英博物馆图书馆在1973年被划入英国国家图书馆。

④ 上海古籍出版社等编《法藏敦煌西域文献》（34册），上海古籍出版社，1995—2005年。

⑤ 俄罗斯科学院东方研究所圣彼得堡分所等编《俄藏敦煌文献》（17册），上海古籍出版社，1992—2001年。

⑥ 中国国家图书馆编《国家图书馆藏敦煌遗书》（146册），北京图书馆出版社，2005—2012年。

⑦ 上海古籍出版社等编《上海博物馆藏敦煌吐鲁番文献》（2册），上海古籍出版社，1993年；北京大学图书馆编《北京大学图书馆藏敦煌文献》（2册），上海古籍出版社，1995年；上海古籍出版社等编《天津市艺术博物馆藏敦煌文献》（7册），上海古籍出版社，1996—1998年；上海图书馆等编《上海图书馆藏敦煌吐鲁番文献》（4册），上海古籍出版社，1999年。

⑧ 段文杰主编《甘肃藏敦煌文献》（6册），甘肃人民出版社，1999年。

辑委员会组织出版的"敦煌文献分类录校丛刊"。"敦煌文献分类录校丛刊"分别整理了天文历法、表状笺启书仪、赋、变文讲经文、社邑文书、契约文书、经录、医药文献、禅籍、论语集解等10种12册①。这是中国敦煌学界第一次按照学科和专题对敦煌文献进行系统搜集和整理的大型学术丛书，开启了敦煌文献分类整理研究的先河。

受此影响，国内学界陆续对敦煌文献进行大规模分类整理工作。唐耕耦、陆宏基《敦煌社会经济文献真迹释录》以图版和释文结合方式②，将1664件敦煌文书分类释录后影印出版。该书系统辑录了在社会经济史研究中具有重要价值且释录难度较高的敦煌文献，极大推动了敦煌学相关领域研究的展开。敦煌文献分类整理研究涵盖敦煌文献各方面，如经部文献、变文、地理、经录、诗词、占卜、碑铭、类书、童蒙、医药等文书，不仅成果丰硕，而且专题研究细致深入，体现了敦煌文献整理的最高水平。

第二类是根据敦煌文献的编号顺序进行整理释录，代表如郝春文主编《英藏敦煌社会历史文献释录》。该书释文准确，校勘精到，是敦煌文献整理的典范性著作③。其所确立的整理标准，为之后法藏敦煌文献、俄藏敦煌文献及中国国家图书馆藏敦煌文献等释录工作树立了标杆。

二、敦煌学研究蓬勃发展

40年来，在中国敦煌吐鲁番学会推动下，在《历史研究》等学术刊物和各出版社支持下，中国敦煌学界发表学术论文数万篇、出版著作千余部，在敦煌学各领域都取得了巨大成绩。

（一）敦煌文献研究

敦煌文献研究大体可以分为两类。

第一类是利用敦煌文献进行历史研究。在敦煌学发展初期，大多数学者主要将研究重心放在如何利用敦煌文献对唐史进行纠正和补充上。如利用敦煌写本《常何墓碑》研究玄武门之变，利用敦煌文献对唐代勾检制度和唐前期西北军事进行研究等。随着研究走向深入，学界逐渐开始利用敦煌文献对敦煌及西北区域史展开研究，主要成果体现在对晚唐五代宋初敦煌归义军政权的研究上。安史之乱爆发后，驻守西北边境的唐军纷纷回师平叛，导致西北地区防守薄弱。吐蕃趁机在广德二年（764）占领凉州、永泰元年（765）占领甘州、贞元二年（786）占领敦煌，基本切断了西北地区与长安中央政府之间的联系，致使《旧唐书》《新唐

---

① 邓文宽录校《敦煌天文历法文献辑校》，江苏古籍出版社，1996年；张锡厚录校《敦煌赋汇》，江苏古籍出版社，1996年；宁可、郝春文辑校《敦煌社邑文书辑校》，江苏古籍出版社，1997年；方广锠辑校《敦煌佛教经录辑校》，江苏古籍出版社，1997年；赵和平辑校《敦煌表状笺启书仪辑校》，江苏古籍出版社，1997年；周绍良等辑校《敦煌变文讲经文因缘辑校》，江苏古籍出版社，1998年；邓文宽、荣新江录校《敦博本禅籍录校》，江苏古籍出版社，1998年；李方录校《敦煌〈论语集解〉校证》，江苏古籍出版社，1998年；沙知录校《敦煌契约文书辑校》，江苏古籍出版社，1998年；马继兴等辑校《敦煌医药文献辑校》，江苏古籍出版社，1998年。

② 唐耕耦、陆宏基编《敦煌社会经济文献真迹释录》（第1辑），书目文献出版社，1986年；《敦煌社会经济文献真迹释录》（第2—5辑），全国图书馆文献缩微复制中心，1990年。

③ 郝春文主编《英藏敦煌社会历史文献释录》（第1卷），科学出版社，2001年；《英藏敦煌社会历史文献释录》（第2—20卷），社会科学文献出版社，2003—2024年。

书》《资治通鉴》等相关史籍对中晚唐西北地区的记载较为模糊。特别是从大中二年（848）张议潮收复敦煌、建立归义军政权，到景祐三年（1036）西夏占领敦煌，这一时期西北地区的具体情况，中原传统史籍记载十分有限且相互抵牾。

敦煌文献不仅详细记载了张议潮收复河西及建立归义军政权的经过、张淮深留守敦煌及其向唐廷请节的过程、张淮深时期归义军内部权力争夺所引起的内讧、张承奉西汉金山国建立及其与回鹘之间的关系，还为曹议金如何执掌归义军政权及之后曹元德、曹元深、曹元忠、曹延恭、曹延禄、曹宗寿、曹贤顺等归义军首领之间的承袭关系问题，提供了大量一手史料。如果没有敦煌文献，正史相关记载几乎是一堆理不清的乱麻。荣新江《归义军史研究——唐宋时代敦煌历史考索》开利用敦煌文献研究归义军史先河。李军、杜海、陈继宏在《敦煌通史》相关章节中进一步梳理了归义军政权的兴衰历史[①]。

利用敦煌文献解决相关历史问题也是敦煌学研究的目标之一。如郑炳林和刘进宝在《历史研究》等期刊上围绕晚唐五代敦煌地区是否种植棉花展开的讨论，厘清了棉花传入中国的北线是否存在这一问题[②]；姜伯勤、刘进宝、陈国灿、陆离等学者对吐蕃及归义军时期敦煌地区赋税制度，特别是对“地子”问题的讨论，加深了我们对这一时期敦煌社会的理解[③]；等等。

第二类是针对敦煌汉文和非汉文文献展开专题研究。

一是敦煌汉文文献研究。敦煌汉文文献主要有世俗文献、佛教文献及道教文献三类。敦煌世俗文献研究目前已由宏观性研究推进到微观专题研究。如对类书《励忠节钞》《籯金》《语对》等文献的专题研究[④]，对敦煌变文研究则有《敦煌变文选注》《敦煌变文校注》[⑤]等。敦煌文献中保存大量古籍文献，《敦煌经部文献合集》是敦煌古籍文献整理的代表作[⑥]。近年来，敦煌学界开始从新角度开展写本学研究，展现了敦煌学研究新动向，代表作品是张涌泉《敦煌写本文献学》[⑦]。有学者将敦煌文献中的类书归入敦煌蒙书，将其作为童蒙教材进行研究。敦煌文献中不少作品当时确实是作为寺学教材使用，但能否称之为寺学童蒙教材，仍需进一步探讨。总体看，敦煌世俗文献专题研究的水平虽然已经达到一定高度，但仍有进一步深入研究的空间及提升余地。

佛教文献及佛教史是敦煌学最具特色的专题研究之一。敦煌文献90%以上与佛教相关，

① 荣新江：《归义军史研究——唐宋时代敦煌历史考索》，上海古籍出版社，1996年。郑炳林主编《敦煌通史·晚唐归义军卷》，甘肃教育出版社，2023年；《敦煌通史·五代宋初归义军卷》，甘肃教育出版社，2023年；《敦煌通史·吐蕃卷》，甘肃教育出版社，2023年。

② 郑炳林：《晚唐五代敦煌地区种植棉花研究》，《中国史研究》1999年第3期；刘进宝：《唐五代敦煌棉花种植研究——兼论棉花从西域传入内地的问题》，《历史研究》2004年第6期；郑炳林：《晚唐五代敦煌种植棉花辨析——兼答刘进宝先生》，《历史研究》2005年第5期。

③ 姜伯勤：《一件反映唐初农民抗交“地子”的文书——关于〈牛定相辞〉》，《考古》1978年第3期；刘进宝：《从敦煌文书谈晚唐五代的“地子”》，《历史研究》1996年第3期；陈国灿：《从敦煌吐鲁番文书看唐五代地子的演变》，载《敦煌学史事新证》，甘肃教育出版社，2002年，第275—300页；陆离：《也谈敦煌文书中的唐五代“地子”、“地税”》，《历史研究》2006年第4期。

④ 如牛润珍：《敦煌本2526号类书残卷新证》，《历史研究》2017年第3期。

⑤ 项楚：《敦煌变文选注》，巴蜀书社，1989年；黄征、张涌泉校注《敦煌变文校注》，中华书局，1997年。

⑥ 张涌泉主编、审订《敦煌经部文献合集》（11册），中华书局，2008年。

⑦ 张涌泉：《敦煌写本文献学》，甘肃教育出版社，2013年。

这些文献对全面研究晚唐五代宋初敦煌佛教及深化认识同时期中国佛教史具有重要学术价值。40年来，中国学者围绕这些珍贵材料，进行了多角度、多层次的深入研究。

在佛教文献研究方面，首先是潘重规等学者在梳理禅宗典籍版本的基础上，对30多种上百件敦煌北宗禅文献展开校录及研究①，使重构中国禅宗史成为可能。其次是对敦煌文献中100多种疑伪经进行整理研究。曹凌对敦煌疑伪经数量、种类及写本存佚状况作了综合性考察；于淑健、黄征从题解、字词、句读、注文等方面对《大正藏》第85册所收50种疑伪经进行校理；方广锠从"文化汇流"角度提出了判定疑伪经的5个标准，推进了疑伪经研究②。

在敦煌佛教史研究方面，姜伯勤在系统整理敦煌寺院经济文书的基础上，对敦煌寺院地产、依附人口、承担的赋税徭役等进行了深入探讨③。郝春文、陈大为、魏迎春、李正宇等通过梳理敦煌文书及佛教戒律，描绘了敦煌僧人出家、受戒、宗教收入、遗产分配、从军、丧葬等社会活动，揭示了敦煌僧人饮酒、吃肉、娶妻生子、蓄财等违戒现象，展示了与传统佛教史料记载不一样的僧人生活，提出了敦煌世俗佛教的命题④。谢重光、白文固利用敦煌文献和佛教典籍，勾勒出敦煌佛教管理机构都僧统司的运行机制及寺院三纲等各级僧官的历史沿革⑤。总体看，40年来我国学者在敦煌佛教研究方面取得了丰硕成果，表现为论著数量多、代表性成果突出、研究视角多维、讨论系统深入。

佛教文献之外，敦煌宗教文献中数量最多的是道教文献。王卡、叶贵良、窦怀永、万毅、刘屹、王承文、刘永明等学者，除了对敦煌道教文献进行考订外，还对敦煌地区道教史展开研究⑥。中古时期的敦煌地区还流传有三夷教。其中袄教、摩尼教因无文献保存或文献记载有限，研究深度相对不足。景教在唐初传入中原地区，敦煌现存7件景教文献，数量虽然有限，但学术价值较高，为唐代景教研究提供了宝贵资料⑦。

二是敦煌非汉文文献研究。敦煌文献中还保存有藏文、回鹘文、粟特文、于阗文等大量非汉文文献，藏文文献在敦煌非汉文文献中占据主要部分，研究成果也最为突出。国内敦煌藏文文献研究可分为两个阶段。1978年至2005年为敦煌藏文文献研究的开创期。这一时期，敦煌藏文文献研究和翻译齐头并进，以王尧、陈践为代表的学者发表一系列研究成果，推动

---

① 潘重规：《敦煌写本六祖坛经中的"獦獠"》，《中国文化》1994年第1期；惠能著，邓文宽校注《六祖坛经：敦煌〈坛经〉读本》，辽宁教育出版社，2005年。韩传强：《禅宗北宗研究》，宗教文化出版社，2013年；《禅宗北宗敦煌文献录校与研究》，江苏人民出版社，2018年。

② 曹凌编著《中国佛教疑伪经综录》，上海古籍出版社，2011年；于淑健、黄征整理《敦煌本古佚与疑伪经校注——以〈大正藏〉第八十五册为中心》，凤凰出版社，2017年；方广锠：《疑伪经研究与"文化汇流"》，广西师范大学出版社，2018年。

③ 姜伯勤：《唐五代敦煌寺户制度》，中国人民大学出版社，2011年。

④ 郝春文：《唐后期五代宋初敦煌僧尼的社会生活》，中国社会科学出版社，1998年；郝春文、陈大为：《敦煌的佛教与社会》，甘肃教育出版社，2013年；魏迎春：《晚唐五代敦煌佛教教团戒律清规研究》，上海古籍出版社，2015年；李正宇著，徐晓卉编选《八至十一世纪敦煌世俗佛教》，甘肃人民出版社，2021年。

⑤ 谢重光、白文固：《中国僧官制度史》，青海人民出版社，1990年。

⑥ 如刘永明：《敦煌本道教〈十戒经〉考论》，《历史研究》2016年第1期。

⑦ 林悟殊：《林悟殊敦煌文书与夷教研究》，上海古籍出版社，2011年；王兰平：《唐代敦煌汉文景教写经研究》，民族出版社，2016年。

国内敦煌学、吐蕃史、唐蕃关系史等研究领域发展[①]。2006年至今是敦煌藏文文献研究兴盛期。2006年以来，流落海外的敦煌藏文写本陆续以图版形式被完整刊布。如《法国国家图书馆藏敦煌藏文文献》《英国国家图书馆藏敦煌西域藏文文献》等；[②]国内藏敦煌藏文文献也逐步影印出版，如《甘肃藏敦煌藏文文献》[③]。这一时期的敦煌西域藏文文献研究队伍不断壮大，研究范围不断扩大，研究领域涉及历史、社会经济、文化、文学、语言、科技等各方面，原本相对薄弱的宗教研究领域也在一定程度上得到改善[④]。

藏文文献之外，敦煌等地区出土的回鹘文文献数量多且内容丰富，留存至今的回鹘文文献有15000多件，多数流失海外。耿世民、张铁山、牛汝极、杨富学等学者的研究，代表40年来国内回鹘文文献研究的整体水平。但海内外回鹘文文献的全面整理仍是一项艰巨任务，目前中国敦煌学界正在积极展开工作，相信未来会有更多中国学者编撰的回鹘文文献目录、词典及研究专著面世。

敦煌等地发现的粟特文文献大致可分为佛教、摩尼教、基督教和非宗教文书等几类。英藏敦煌粟特文书大约有30件，以斯坦因在敦煌附近长城烽燧遗址发现的8封粟特文古信札最为出名，其学术价值可与中亚地区出土的穆格山粟特文书相媲美。国内对粟特文文献进行研究的代表作，有毕波《中古中国的粟特胡人——以长安为中心》及其与伦敦大学辛威廉（即辛姆斯-威廉姆斯）教授合著《中国人民大学博物馆藏和田出土粟特语文书》[⑤]。

对于阗文敦煌文献进行整理刊布与解读，国内有段晴《中国国家图书馆藏西域文书・于阗语卷（一）》[⑥]、张丽香《中国人民大学博物馆藏于阗文书》等[⑦]；利用于阗文文书对古代于阗等西域地区的历史进行研究，代表成果有张广达、荣新江《于阗史丛考》等。[⑧]

（二）敦煌石窟考古和石窟艺术研究

40年来，敦煌石窟考古和石窟艺术研究进入全面发展时期，同样取得了巨大成就。

首先，中国学界陆续出版系列图录，包括《中国石窟・敦煌莫高窟》（5册）、《中国美术全集・敦煌雕塑、壁画》（3册）、《中国敦煌壁画全集》（11册）、《敦煌石窟艺术》（22册）、《敦煌石窟全集》（26册）、《炳灵寺石窟》（5册）、《瓜州东千佛洞》（4册）等，为敦煌石窟研究提供了翔实的图版资料。

---

① 如王尧、陈践：《敦煌藏文写卷P.T.1083、1085号研究——吐蕃占有敦煌时期的民族关系探索》，《历史研究》1984年第5期。

② 《法国国家图书馆藏敦煌藏文文献》（35册），上海古籍出版社，2006—2020年；《英国国家图书馆藏敦煌西域藏文文献》（20册），上海古籍出版社，2010—2023年。

③ 甘肃省文物局、敦煌研究院编纂，马德、勘措吉主编《甘肃藏敦煌藏文文献》（31册），上海古籍出版社，2017—2022年。

④ 郑炳林、黄维忠主编《敦煌吐蕃文献选辑・文化卷》，民族出版社，2011年；《敦煌吐蕃文献选辑・文学卷》，民族出版社，2011年；《敦煌吐蕃文献选辑・社会经济卷》，民族出版社，2013年；《敦煌吐蕃文献选辑・占卜文书卷》，民族出版社，2016年。

⑤ 毕波：《中古中国的粟特胡人——以长安为中心》，中国人民大学出版社，2011年；毕波、辛威廉：《中国人民大学博物馆藏和田出土粟特语文书》，中国社会科学出版社，2018年。

⑥ 段晴：《中国国家图书馆藏西域文书・于阗语卷（一）》，中西书局，2015年。

⑦ 张丽香：《中国人民大学博物馆藏于阗文书》，中西书局，2021年。

⑧ 张广达、荣新江：《于阗史丛考》，上海书店，2021年。

其次，敦煌石窟专题研究蓬勃发展。第一，石窟调查和考古。学界对莫高窟的北朝、隋、唐前期、吐蕃、归义军、回鹘、西夏等不同时期石窟展开分期研究。代表性成果有《莫高窟第266—275窟考古报告》和《敦煌莫高窟北区石窟》[①]。前者是敦煌石窟考古报告的典范，后者是莫高窟北区石窟考古发掘资料整理的最终成果。第二，石窟内容考证。标志性成果有《敦煌莫高窟供养人题记》《敦煌石窟内容总录》等[②]。新考证出独角仙人本生、须摩提女因缘、微妙比丘尼因缘等敦煌壁画内容。第三，石窟艺术研究。如史苇湘对莫高窟石窟艺术产生的社会根源、美学特征及其地方化、世俗化、中国化等相关问题进行了全面研究[③]。第四，石窟内容分类研究。建筑方面，有萧默《敦煌建筑研究》及系列研究论文[④]。彩塑研究方面，除图版外，学界还发表了一系列有关彩塑艺术研究的论文，《敦煌石窟彩塑艺术概论》则对敦煌石窟彩塑艺术研究进行了阶段性总结[⑤]。壁画研究方面，尊像、故事、经变、佛教史迹和瑞像、装饰图案、山水、动物、供养人及其服饰等方面的研究成果也是硕果累累。特别是段文杰不仅从艺术源流、风格演变、艺术特色等方面对敦煌彩塑进行了深入探讨，也对十六国、北朝、隋、唐前期、唐后期、西夏、元不同时期敦煌壁画艺术展开了系统研究[⑥]。第五，石窟综合研究。对单体洞窟进行综合研究，成为近年敦煌石窟研究的新潮流。敦煌莫高窟第148窟、第220窟、第231窟、第259窟、第321窟、第428窟、第161窟、第45窟、第14窟、第361窟、第323窟、第431窟相关研究工作，都是比较成功的范例。“敦煌与丝绸之路石窟艺术丛书”涉及敦煌石窟研究中专题、个案、洞窟与社会历史、洞窟与佛教仪轨及特定时期图像等各方面，目前已出版29部，代表了敦煌石窟研究的最新成果。沙武田对敦煌石窟艺术风格源流及其与中原地区佛教艺术关系的探讨，以及对吐蕃时期敦煌石窟展开的综合性研究，均具有示范性作用[⑦]。

中国敦煌学界在敦煌学研究百年之际，对敦煌学各方面进行了总结[⑧]。2013年，由中国敦煌吐鲁番学会牵头，全国敦煌学界共同完成的《敦煌讲座》书系（21册），内容涵盖敦煌学研究各主要领域，系统回顾敦煌学研究百年历程，厘清百年敦煌学发展脉络，指出研究中所存不足之处，是对近百年敦煌学研究的全面总结。2020年，郝春文等著《当代中国敦煌学研究：1949—2019》对百年敦煌学取得成果和发展历程进行全面探讨[⑨]，对敦煌学发展有指导作用。

---

① 彭金章、王建军：《敦煌莫高窟北区石窟》（第1—3卷），文物出版社，2000—2004年；敦煌研究院编《莫高窟第266—275窟考古报告》（2册），《敦煌石窟全集》（第1卷），文物出版社，2011年。

② 敦煌研究院编《敦煌莫高窟供养人题记》，文物出版社，1986年；《敦煌石窟内容总录》，文物出版社，1996年。

③ 史苇湘：《敦煌历史与莫高窟艺术研究》，甘肃教育出版社，2002年。

④ 萧默：《敦煌建筑研究》，文物出版社，1989年。

⑤ 郑炳林、张景峰：《敦煌石窟彩塑艺术概论》，甘肃教育出版社，2016年。

⑥ 段文杰：《段文杰敦煌石窟艺术论文集》，甘肃人民出版社，1994年。

⑦ 沙武田：《敦煌画稿研究》，中央编译出版社，2007年；《吐蕃统治时期敦煌石窟研究》，中国社会科学出版社，2013年。

⑧ 郝春文：《敦煌文献与历史研究的回顾和展望》，《历史研究》1998年第1期；荣新江：《中国敦煌学研究与国际视野》，《历史研究》2005年第4期。

⑨ 郝春文等：《当代中国敦煌学研究：1949—2019》，中国社会科学出版社，2020年。

三、敦煌学需要跨学科交叉与融合

敦煌学是一个以地名命名的学科，研究对象主要是敦煌石窟和敦煌文献。敦煌学要发展就要注入新的研究内容，需要从狭义的敦煌学向广义的敦煌学拓展，把敦煌汉简、吐鲁番文献和黑水城文书纳入敦煌学研究范畴，将敦煌、西域历史面貌更加完整、立体、多维度地展现在学界面前。

（一）敦煌学与简牍学的交叉融合

敦煌汉简是研究西汉敦煌和西域历史最珍贵的资料之一，主要有敦煌汉简、悬泉汉简、玉门关汉简等，其中数量最多、内容最丰富的是悬泉汉简。悬泉汉简因出土于汉代悬泉置而得名。悬泉置为西汉敦煌郡九个厩置之一，隶属于效谷县，主要负责接待运送来往于中原与西域之间的人员、牲畜和货物。自1990年发现以来，悬泉置出土的有字简23000余枚，主要记载了西汉中后期至东汉前期悬泉置的接待记录，以及悬泉置与敦煌郡诸县、置、乡里间交流的记录。敦煌地区的汉简自20世纪初零星刊布，到20世纪90年代后进入系统、规模地整理与刊布，如疏勒河汉简、玉门关汉简、悬泉汉简陆续出版，其中悬泉汉简目前已经出版了4卷，[①]完成出版计划的一半，已具备全面展开西汉敦煌与西域历史研究的条件。

悬泉汉简揭示了西汉敦煌郡的历史及西汉经敦煌郡与西域交往的历史面貌，汉简记载的内容远远超出了《汉书》《史记》的相关记载。《续汉书·郡国志五》引《耆旧记》称敦煌为“华戎所交，一都会也”[②]。通过对悬泉汉简梳理得知，西汉置敦煌郡主要战略目的之一便是交通西域，悬泉汉简言敦煌郡“当西域空道”[③]，表明敦煌郡是中原与西域间交往的必经之地。敦煌郡的市场是在西汉政府有意培育和扶持下发展起来的，就商贾群体看，有代表西汉政府进行贸易者；亦有西域来的客使、诸国客、自来客；还有以国王、贵人为主组织的使团，以奉献的名义与西汉政府进行商业贸易。其中大型使团有上千人的规模，如悬泉汉简载“今使者王君将于阗王以下千七十四人”[④]；次一等的也有几百人规模，如“楼兰王以下二百六十人当东”“送精绝王诸国客凡四百七十人”[⑤]；至于几十人或者几人的使节比比皆是，而诸如此类的使团所属诸国，凡在《汉书·西域传》中记载的国名，悬泉汉简都有记录，如南道的鄯善、且末、精绝、扜弥、莎车、于阗等国，北道的焉耆、龟兹、姑墨等国，葱岭以西以南的康居、大月氏、大宛、乌孙、乌弋山离、罽宾等国。西汉政府为了接待这些客使，专门设有接待人员，称为“送客使”“迎客使”，而且接待对象和地域相对固定。

西汉政府在敦煌郡设置很多存储物资的仓、库，并将粮食及丝绸等名贵物产从中原各地转运至此存储，以备不时之需。由于交易量很大，敦煌郡储备的钱币不能满足市场交换的需求，因此，西汉政府需要不断从长安、洛阳以及河陇地区调配大量钱币到敦煌，这个过程被

---

① 甘肃省文物考古研究所编《敦煌汉简》，中华书局，1991年；张德芳：《敦煌马圈湾汉简集释》，甘肃文化出版社，2013年；甘肃简牍博物馆等编《悬泉汉简》第（1—4卷），中西书局，2019—2024年。

② 《续汉书·郡国志五》，《后汉书》，中华书局，1965年，第3521页。

③ 张俊民：《简牍学论稿：聚沙篇》，甘肃教育出版社，2014年，第334页。

④ 甘肃简牍博物馆等编《悬泉汉简（贰）》，中西书局，2020年，第72页。

⑤ 甘肃简牍博物馆等编《悬泉汉简（肆）》，中西书局，2024年，第17、27页。

称为“输钱敦煌郡”[①]。悬泉汉简记载，敦煌郡对外、对内的贸易都非常繁荣，从郡到县乃至乡，都有贸易市场，在市场上可以购买到各种物品，如粮食、肉食、蔬菜、调料、器皿、农具、药材、服饰等，甚至包括兵器刀剑，能够满足敦煌当地乃至更广泛区域内人们生产生活等各方面的需求。因此，西汉敦煌郡不仅是地方百姓生活的场所，更是对外交流交往的门户。

西汉敦煌郡还是经略西域的基地。如昭帝元凤四年（前77），汉使傅介子刺杀楼兰王并立新王、改国名为“鄯善”的行动，就是从敦煌郡发起的，居延汉简所载“诏伊循候章发卒曰：持楼兰王头诣敦煌”[②]，补充了这一重大历史事件的细节。宣帝时期，破羌将军辛武贤曾在敦煌郡展开对南羌的战争，敦煌“破羌亭”就是为纪念此战而设置。辛武贤之后还率军驻扎敦煌，计划对乌孙用兵，悬泉置便留有接待破羌将军辛武贤的记录。此时期另有郑吉屯田西域并与匈奴争夺车师、匈奴日逐王率众降汉、汉置西域都护等一系列与敦煌郡有着密切关联的事件。

总之，悬泉汉简中丰富的记载凸显了西汉经略西域中敦煌郡的重要地位。利用敦煌汉简尤其是悬泉汉简，可以极大补充《史记》《汉书》等文献的不足和缺失，甚至可以重写西汉敦煌历史，补写中原与西域交流交往的历史。敦煌汉简对西汉历史的重构贡献卓著，需要引起敦煌学界的足够重视，为还原敦煌历史原貌贡献更多力量。

（二）敦煌学与吐鲁番学、西夏学的交叉

吐鲁番文献与敦煌文献因所处时代相近、出土地域毗邻、研究内容与方法相似，故自20世纪80年代起，敦煌学和吐鲁番学的研究便齐头并进，学术界更是成立了中国敦煌吐鲁番学会，延续至今。相较于以藏经洞出土文献及敦煌莫高窟为基础而兴起的敦煌学，吐鲁番学则主要以出土于吐鲁番地区的众多古墓葬区、古遗址中的文书为基础。吐鲁番地区拥有丰富的古城、墓葬和烽燧遗存，如高昌故城、交河故城、阿斯塔纳-哈拉和卓墓葬群等，出土了大量文书，涉及汉文、粟特文、回鹘文、藏文、蒙古文、叙利亚文等多种语言文献，内容包括公文、药方、契约、衣物疏、信札、佛经、日历等。以上文书是研究魏晋隋唐宋元时期吐鲁番及周边地区政治经济与社会文化的重要资料，展现了古代吐鲁番与敦煌间多民族、多文化交流的盛况。

敦煌学与简牍学的交叉融合对两汉时期敦煌、西域历史研究产生巨大影响，同样，敦煌学与吐鲁番学的交叉会为敦煌学研究注入新的活力。吐鲁番文书的不断出土、整理与刊布[③]，为吐鲁番学乃至敦煌学的研究持续带来新的突破点。如荣新江等主编的《新获吐鲁番出土文献》将1997年洋海1号墓出土的一批阚氏高昌时期珍贵文书、2004年至2006年吐鲁番出土

① 郑炳林、司豪强：《西汉敦煌郡钱币的使用与调配——以敦煌出土简牍文献为中心》，《敦煌学辑刊》2023年第1期。

② 《居延汉简（叁）》，台湾“中研院”史语所，2016年，第250页。

③ 小田義久責任編集《大谷文書集成》（第1—4卷），法藏館，1984—2009年；唐长孺主编《吐鲁番出土文书（图录版）》（第1—4册），文物出版社，1992—1996年；侯灿、吴美琳：《吐鲁番出土砖志集注》，巴蜀书社，2002年；张铭心编著《吐鲁番出土墓志汇考》，广西师范大学出版社，2020年；王振芬等主编《旅顺博物馆藏新疆出土汉文文献》（32册），中华书局，2020年；荣新江、史睿主编《吐鲁番出土文献散录》，中华书局，2021年；朱雷著，新疆维吾尔自治区博物馆编《吐鲁番出土文书补编》，巴蜀书社，2022年。

及流散的吐鲁番文书进行整理、刊布，对敦煌吐鲁番学界产生巨大影响[①]。近期，吐鲁番研究院在对吐峪沟等佛教寺院清理中，出土了一批佛教文献和世俗文书，其中很多是吐蕃占领吐鲁番前后的文献，对揭示这段历史作用巨大。此外，吐鲁番还有约15处石窟寺。其中吐峪沟石窟是佛教东传西渐的重要节点；柏孜克里克千佛洞则是五代、宋元时期回鹘佛教、摩尼教艺术遗存；西旁景教寺院遗址表明高昌回鹘王国景教建筑既遵循了景教寺院建筑规范，又结合当地传统进行了本地化改造，展现了吐鲁番民族交融、东西方文化交流的历史进程。

由于吐鲁番地区仍不断有新的文献出土，给学术研究带来诸多新的突破点。借助不断发现并刊布的吐鲁番文献，能够为新时代敦煌吐鲁番学的研究提供更多新材料。习近平总书记指出："要系统梳理传统文化资源，让收藏在禁宫里的文物、陈列在广阔大地上的遗产、书写在古籍里的文字都活起来。"[②]因此，要综合利用敦煌与吐鲁番地区丰富的文物遗迹与典籍文书材料，持续推动敦煌吐鲁番学深层次、宽领域的研究与发展，继承优秀传统文化、弘扬时代精神，为中华文化创新成果的传播与发展贡献敦煌学的力量。

20世纪初，黑水城遗址出土了大批以西夏时期为主的文物、文献，成为西夏学形成的重要基础性资料。与敦煌文献相类似，黑水城文献在发现初期也经历了流散阶段，大多数文献被保存在俄、英、法等国，因此，西夏学自诞生之日起也是一门国际性学问。与敦煌文献不同的是，黑水城文献中除汉文文献外，还保存了大量西夏文文献，是我们认识并研究西夏时期敦煌社会文化的珍贵文献。20世纪以来，随着《俄藏黑水城文献》[③]、《英国国家图书馆藏黑水城文献》[④]、《中国藏西夏文献》[⑤]、《中国藏黑水城汉文文献》[⑥]、《日本藏西夏文文献》[⑦]、《法藏敦煌西夏文文献》[⑧]等文献的相继刊布，掀起了西夏学研究的一个高潮。如杜建录主编的"西夏文献研究丛刊""西夏学文库"丛书，囊括了佛教经典、佛教史、语言文字和音韵语法，以及社会、法律、农业、经济、医药、名物、西夏遗民等诸多领域的研究成果，是对西夏学研究的系统性总结。

敦煌学和西夏学两个学科关系密切，敦煌文献整理与专题研究经过百余年的发展，研究范式相对成熟，因此，21世纪以来西夏学研究者逐渐开始重视敦煌学的学术成就和学科建设对西夏学发展的重要示范作用[⑨]。不少学者开始探索敦煌学与西夏学的学科交叉研究，涌现出一批代表性研究成果，如杨蕤《西夏地理研究》在论述西夏西缘疆界时对沙州（敦煌）及沙州回鹘问题展开探讨[⑩]，崔红芬《西夏河西佛教研究》是在打通敦煌与黑水城文献之间关

---

① 荣新江等主编《新获吐鲁番出土文献》，中华书局，2008年。

② 《建设社会主义文化强国　着力提高国家文化软实力》，《人民日报》2014年1月1日，第1版。

③ 俄罗斯科学院东方研究所圣彼得堡分所等编《俄藏黑水城文献》（31册），上海古籍出版社，1996—2022年。

④ 《英国国家图书馆藏黑水城文献》（5册），上海古籍出版社，2005—2010年。

⑤ 史金波、陈育宁主编《中国藏西夏文献》（第1—5编）（20册），甘肃人民出版社、敦煌文艺出版社，2005—2007年。

⑥ 塔拉等主编《中国藏黑水城汉文文献》（10册），国家图书馆出版社，2008年。

⑦ 武宇林、荒川慎太郎主编《日本藏西夏文文献》（2册），中华书局，2011年。

⑧ 西北第二民族学院等编纂《法藏敦煌西夏文文献》，上海古籍出版社，2007年。

⑨ 孙继民：《敦煌学视野下的黑水城文献研究》，载刘进宝主编《百年敦煌学：历史 现状 趋势》，甘肃人民出版社，2009年，第106—120页。

⑩ 杨蕤：《西夏地理研究》，人民出版社，2008年。

键环节上的一次尝试①。《西夏史稿》《宋夏关系史》《西夏与周边关系研究》等对丝绸之路及西夏与西域关系进行研究时，也不乏涉及对敦煌历史的探讨②。但总的来看，西夏学与敦煌学的比较研究仍是亟待加强的研究领域。

西夏统治敦煌近两百年，敦煌及其附近石窟群如莫高窟、榆林窟等，均保存有一定数量的西夏时期开凿或者重修的洞窟。根据艺术特点可将西夏洞窟分成早、中、晚三期。西夏洞窟在莫高窟、榆林窟中所表现的突出特点是汉传佛教与藏传佛教融为一体，形成新的艺术风格③。敦煌学的研究中需要更多关注西夏绘画艺术与雕刻艺术，充分利用西夏文文献对西夏时期的敦煌历史进行更为深入的研究，强化敦煌学与西夏学之间的互鉴互证。

（三）敦煌学研究的跨学科融合

敦煌学在学术研究上提倡学科交叉，通过跨学科研究，将不同学科领域的知识和方法在问题解决过程中有机结合，为敦煌学高质量发展提供动能，力争使敦煌学研究取得全新突破，产出一流的、高质量的标志性研究成果。敦煌文献内容包罗万象，涉及人文社会科学领域方方面面，这就给敦煌学研究的跨学科融合带来了可能。敦煌学本身就涵盖历史学、文献学、文学、文字学、艺术学、宗教学等领域，随着学术研究的深入，哲学和法学研究者又掀起敦煌哲学和敦煌法学的研究热潮，虽然这些跨学科研究兴起时间还不长，但已经展现出旺盛的生命力。如敦煌法学，从敦煌法律文献入手，利用敦煌争讼判案案例和契约文书，力图从法律层面解释维系丝绸之路繁荣的契约精神。敦煌法学专家力图将法学研究方法引入敦煌汉简研究中，这对还原西汉法律制度乃至重构西汉法律体系都具有划时代意义。2024年，由中国法学会法治文化研究会主办，在兰州召开的2024年中华优秀传统法律文化论坛中的敦煌法学分论坛即是一个尝试。

敦煌文献不仅对拓展人文社会科学视域有着极大助力，其内容也涉及自然科学领域。比如敦煌文献中保留着医药残卷，从而催生了敦煌医学这一跨学科的研究。1984年，卫生部项目“敦煌医学研究”立项，是系统研究敦煌医药文物史料的重要标志。1988年，《敦煌医粹——敦煌遗书医药文选校释》《敦煌古医籍考释》相继出版，则是系统研究敦煌医药文献的典范之作，加快了敦煌医学研究的步伐④。1994年，《敦煌中医药全书》对敦煌医学文书又进行了一次全面整理研究⑤。总的来看，自20世纪80年代以来对敦煌医学文书的研究已取得了可喜成绩，但对敦煌医学的多方位综合性研究还不够。今后应将综合性研究与敦煌医学的临床应用紧密结合起来，在促进敦煌医学理论发展的同时，还需要注重古代医药技术对现代中医学的启迪与帮助，推动敦煌古药方的创造性转化与创新性发展，使敦煌医学研究迈上新的台阶。

值得注意的是，中国古典学作为近年来兴起的学科，力图通过对古代文献的诠释，探索

---

① 崔红芬：《西夏河西佛教研究》，民族出版社，2010年。

② 吴天墀：《西夏史稿》，四川人民出版社，1980年；李华瑞：《宋夏关系史》，中国人民大学出版社，2010年；杨富学、陈爱峰：《西夏与周边关系研究》，甘肃民族出版社，2012年。

③ 史金波：《敦煌学和西夏学的关系及其研究展望》，《敦煌研究》2012年第1期。

④ 赵健雄编著，徐鸿达、张士卿协编《敦煌医粹——敦煌遗书医药文选校释》，贵州人民出版社，1988年；马继兴主编《敦煌古医籍考释》，江西科学技术出版社，1988年。

⑤ 丛春雨主编《敦煌中医药全书》，中医古籍出版社，1994年。

古代社会的历史与文化。该学科是将文史哲尽皆纳入自身的研究视域，从而建立起的一个学科体系。敦煌学原本就是一个涵盖文史哲的学科体系，就其研究方法和研究内容来说，与中国古典学的研究别无二致。因此，将中国古典学的研究方法引入敦煌学研究中，无疑将给敦煌学带来更加广阔的研究视野及崭新的研究思路。

四、对敦煌学未来发展的思考

40年来我国敦煌学研究突飞猛进，基本占据了敦煌学各领域的学术制高点，彻底改变了中国敦煌学的落后面貌。根据季羡林先生提出的“敦煌在中国，敦煌学在世界”的指导思想，目前中国敦煌学者正与世界各地敦煌学者一起，为建设敦煌学研究新高地共同努力。今后敦煌学如何发展，也是当前研究中必须直面的问题。结合自身研究，笔者认为敦煌学研究发展的趋势主要表现在以下五个方面。

（一）加强敦煌非汉文文献研究并推动海外文献数字化回归

非汉文文献是敦煌学研究的薄弱领域，目前学界对敦煌非汉文文献研究的深度和广度非常有限，这些文献具体内容及学术价值有待进一步揭示。展望未来，这方面需要做的工作还很多。

对于占敦煌非汉文文献重要比重的藏文文献，我们需要重新认识敦煌藏文文献书写年代、使用者及使用范围；运用同时期在西藏、青海、甘肃等地区发现的、与敦煌藏文文献密切相关的藏文文献，以及汉文、西夏文等其他语种文献，展开跨学科、多角度的综合研究，出版多卷本“敦煌藏文文献选辑丛书”，开展《汉藏英对照古藏文词典》编撰、敦煌藏文文献数据库建设等工作，推进以藏文文献为主的敦煌非汉文文献研究。

对于其他非汉文文献研究来说，建立敦煌非汉文文献集成是一项迫切工作。敦煌吐鲁番出土各类文献均在陆续电子化。目前有国际敦煌项目数据库（IDP）、德国柏林勃兰登堡科学院吐鲁番学研究所数据库（BBAW Turfan for schung）及法国国家图书馆数据库（BNF Gallica）等敦煌吐鲁番文献数据库。但这些数据库连接不稳定，获取文献图片时常受影响，且英国、俄国、日本、瑞典、芬兰、土耳其等国所藏敦煌非汉文文献尚未全部公开。因此，推动流失海外敦煌吐鲁番文献的数字化回归刻不容缓。

如何利用信息化技术推动敦煌学研究，也是未来敦煌学发展需要解决的问题。最近张涌泉团队利用人工智能技术，在敦煌残卷缀合工作中实现了新的学术突破，是一个很好的尝试。

（二）推动敦煌学研究时段前后贯通

敦煌文献主要记载从中晚唐至五代宋初的敦煌地区历史，上与从魏晋南北朝至唐初的吐鲁番文书相接，下与从西夏至元代的黑水城文书相接。

从事敦煌学研究，在时间上需要前后贯通，才能使敦煌文献内容和敦煌历史得到充分阐释。目前，敦煌学与吐鲁番文书、黑水城文书之间互动较多，与敦煌汉简之间联系较少。研究两汉敦煌历史与社会问题，除了依靠传世史籍外，还必须深入挖掘敦煌出土简牍资料，如悬泉汉简保留了大量西汉敦煌悬泉置接待过往行旅的记录，可以帮助我们进一步了解西汉时

期敦煌在中国历史发展中的地位。西汉敦煌郡管辖范围不仅仅限于下属六县，还曾将影响扩展至西域地区。当时在鄯善屯田的伊循都尉，一度隶属敦煌郡管辖，悬泉汉简称之为“敦煌伊循都尉”，表明鄯善、伊循以东的交通道路安全、日常饮食供应及运输工具提供都由敦煌郡负责。西域都护府的重要军备仓储机构居卢訾仓（疑今敦煌西北大方盘城）也设置在敦煌郡。凡此种种，无不说明西汉经营西域与敦煌有直接联系。只有将两汉敦煌历史研究清楚，才能更好地研究北朝隋唐乃至归义军时期的敦煌历史。

（三）拓展敦煌学研究地域

敦煌是丝绸之路上的“明珠”，敦煌学研究必须置于丝绸之路时空框架之中，不能只关注敦煌，也要关注敦煌以外地区的研究。敦煌学在研究地域上要“东进西出”。“东进”是要将河西、关中乃至中原地区纳入研究范围；“西出”是要关注古代西域乃至中亚地区，进而扩展至整个丝绸之路。

敦煌是汉唐时期中原与西域交流的必经之地。从汉代开始，中央政府即通过敦煌经营西域地区，并在敦煌接待往来使客，这在敦煌汉简中留下详细记录。如汉宣帝神爵二年（前60），匈奴日逐王归降西汉时，正是经由敦煌前往长安。西汉首任西域都护郑吉往来敦煌，西汉政府遣使西域、派遣军队屯戍敦煌及西域，同样记载在敦煌汉简中。佛教艺术也是从西域地区传入中原，高昌、龟兹及中亚、印度的石窟及寺院造像都对敦煌石窟有很大影响，要深入研究敦煌石窟艺术，必须充分利用这些石窟资料。敦煌学研究要深入，必须对汉唐时期敦煌与西域之间的关系进行贯通式研究①。

敦煌以外地区出土的碑铭文献，也会记载敦煌地区的事件及人物，对敦煌学研究同样具有学术价值。如西安出土《唐敦煌张淮澄墓志铭》，详细记载了归义军政权创立者张议潮归朝之后在唐廷的活动轨迹，对研究敦煌张氏归义军历史具有重要学术价值。可见关中地区相关资料及研究成果对敦煌学研究也有推动作用。敦煌石窟研究，也必须与河西、中原等其他地区石窟（河西石窟、炳灵寺石窟、麦积山石窟、南北石窟、关中石窟、龙门石窟、云冈石窟、大足石窟等）研究相结合。没有不同地区石窟内容的互相比较，敦煌石窟研究中很多问题得不到根本解决。总之，敦煌学研究既要关心西域地区乃至中亚地区，也要重视河西、关中及中原地区的相关材料。

（四）拓宽敦煌学研究视野

敦煌在中华民族交往交流交融的历史中发挥着重要作用。敦煌不仅是中原与西域之间友好往来的见证之地，也是丝绸之路各民族汇聚交融之所。汉唐通过敦煌，与南面的青藏高原、北部的蒙古草原上各民族展开互动，不断加深民族融合，有力促进了中华民族共同体的发展。敦煌学不仅要在研究地域上“东进西出”，也要在研究视野上“南北延伸”，从“三交”史角度推进相关研究。

西汉为防御南山羌，在敦煌修筑了南塞及一系列亭燧，同时在敦煌地区与南山羌展开畜牧产品和农产品贸易。自北朝至隋唐，生活在敦煌以南的民族由南山羌变为吐谷浑和吐蕃，敦煌也随之成为中原政权同吐谷浑、吐蕃的交往枢纽。敦煌北部自汉代以来就是匈奴、鲜

① 如季羡林：《一张有关印度制糖法传入中国的敦煌残卷》，《历史研究》1982年第1期。

卑、突厥和回鹘等少数民族生活的地方。西汉也在敦煌北部修筑长城防御匈奴，以保证丝绸之路畅通。魏晋南北朝虽然处于分裂时期，但丝绸之路的东西方文化交流一直未曾停滞。随着隋唐大一统的完成，这一时期由敦煌前往西域地区的北、中、南三道再度恢复畅通，东西方之间的丝绸之路又一次出现兴旺繁盛的局面。晚唐五代宋初，敦煌归义军与长安唐廷之间主要经由回鹘地区往来交通。这条道路虽偶尔会阻滞，但始终未曾中断。从北朝至隋唐，敦煌北部生活的少数民族由鲜卑变为突厥，再变为回鹘，故敦煌文献中不仅有大量藏文、回鹘文文书，还保存不少关于突厥的记载，加上蒙古草原出土的汉文、突厥文及回鹘文碑铭，为从中华民族交往交流交融史方面推进敦煌学研究提供了丰富资料。

（五）继续深化敦煌佛教研究

佛教研究是敦煌学中最具特色的研究之一。敦煌汉简记载了两汉之际敦煌地区的寺院，敦煌文献则保存了大量从北朝至隋唐时期的寺院档案，虽然学界对此已有深入研究，但仍可继续推进。首先，敦煌藏文佛教文献是敦煌文书重要组成部分。这类文献的整理及译注工作还有待加强。其次，敦煌佛教文献保存的各类经、疏、论，数量众多，目前研究相对薄弱，有待进一步深入研究。再次，在研究方法上，需要各学科的协同研究①，如敦煌文献中保存的唯识、因明、地论学派著作及尚待考证的佛教论著等，是亟须抢救的“冷门绝学”。

2019年，习近平总书记在敦煌研究院座谈时指出，“敦煌文化属于中国，但敦煌学是属于世界的”②，勉励中国敦煌学者继续加强敦煌学研究，努力掌握敦煌学研究的话语权。作为当今国际性显学，要让中国敦煌学研究在国际上掌握话语权、占领制高点，就必须不断为其注入新鲜血液。未来中国敦煌学研究不仅要重视敦煌地区的历史及文化研究，还要在研究地域上“东进西出”，在研究视野上“南北延伸”，在研究时段上“前后贯通”，不断开拓敦煌学的研究范围，将汉唐至明清敦煌地区历史综合起来研究，在国际视域下重新认识中国古代敦煌的地位及价值。要不断发扬莫高精神，坚持“引进来”和“走出去”相结合，持续推动敦煌学与其他学科展开交叉研究，深入挖掘敦煌文化蕴含的中华民族优秀文化因子，继续把敦煌学做强做大。

---

① 如余欣：《圣域制造与守护：敦煌安伞旋城仪式中幢伞的功能》，《历史研究》2020年第5期。

② 习近平：《在敦煌研究院座谈时的讲话》，《求是》2020年第3期。

目 录
（上）

回顾与开篇——开幕式与主题发言

稽古与溯史——敦煌与西北社会历史研究

按图与发掘——石窟壁画与石窟考古研究

回顾与开篇
——开幕式与主题发言

中国敦煌吐鲁番学会成立四十周年

——成就·现状·展望

荣新江（北京大学历史学系）

一、成立与组织

经过一段时间的筹备，1983年8月，在兰州举办的“全国敦煌学术讨论会”上，中国敦煌吐鲁番学会正式成立。这是“文革”后中国学术界开始步入正轨的一步，也是对国际上“敦煌在中国，敦煌学在日本”话语的一种回应。在全国一些高校和科研机构已经开始敦煌吐鲁番学研究的基础上，成立全国性的学会，无疑给围绕敦煌吐鲁番的学术研究搭建了一个广泛的、跨学科的交流平台，也为新一代敦煌吐鲁番研究人才的成长提供了一个广阔的天地。

1983年选出的第一届学会领导，由北京大学教授季羡林出任会长，武汉大学教授唐长孺、敦煌文物研究所所长段文杰、新疆博物馆馆长沙比提、西藏社会科学院副院长黄文焕、北京师范学院教授宁可任副会长，宁可兼任秘书长。1994年，中央美术学院教授金维诺任常务副会长，中华书局编审柴剑虹任秘书长。2009年7月，学会会长季羡林教授逝世。2010年4月，学会举行第五届理事会换届选举大会，樊锦诗为名誉会长，首都师范大学教授郝春文当选会长，柴剑虹、北京大学历史学系教授荣新江、兰州大学敦煌学研究所教授郑炳林、敦煌研究院研究员张先堂、浙江大学古籍整理研究所教授张涌泉任副会长，柴剑虹兼任秘书长。2015年，学会举行第六届理事会，选举郝春文任会长，柴剑虹因年龄原因不再任副会长兼秘书长，增补新疆博物馆馆长侯世新为副会长，首都师范大学历史学院教授刘屹任秘书长。2020年11月，学会举行第七届理事会，选举产生新的学会领导，樊锦诗、郝春文为名誉会长，荣新江任会长，郑炳林、浙江大学历史学院教授刘进宝、敦煌研究院研究员张元林、新疆博物馆馆长于志勇、刘屹、武汉大学历史文化学院教授刘安志、复旦大学出土文献与古文字研究中心教授张小艳任副会长，首都师范大学历史学院教授游自勇任秘书长。

学会刚刚成立时，筹组了学术委员会，负责资金使用和编辑出版敦煌吐鲁番研究论著，并组建了附设于北京图书馆的“北京敦煌吐鲁番资料中心”、设于兰州大学的“敦煌资料中心”、设于新疆考古所的“吐鲁番资料中心”。此后，在学会的推动下，1984年成立“中国敦煌吐鲁番学会语言文学分会”，1985年成立“中国敦煌吐鲁番学会音乐分会”“中国敦煌吐鲁番学会舞蹈分会”，1989年成立“中国敦煌吐鲁番学会科技史分会”“中国敦煌吐鲁番学会西域艺术专业委员会”。1991年，按照国家民政部的要求，各分会改称“专业委员会”。1992年成立“中国敦煌吐鲁番学会体育卫生专业委员会”“中国敦煌吐鲁番学会北京房山石经研究会”，2007年成立“中国敦煌吐鲁番学会染织服饰专业委员会”，2008年成立“中国敦煌吐鲁番学会少数民族语言文字专业委员会”“中国敦煌吐鲁番学会敦煌舞蹈专业委员会”，2014年成立“中国敦煌吐鲁番学会丝绸之路专业委员会”。

二、学术研讨会

学会成立后，主办过几次大规模的学术研讨会，包括1985年8月在新疆乌鲁木齐举办的“中国敦煌吐鲁番国际学术研讨会”，1988年8月在北京举办的“中国敦煌吐鲁番国际学术讨论会”，1992年9月在北京房山举办的“中国敦煌吐鲁番国际学术讨论会”，1995年8月在新疆吐鲁番举办的“敦煌吐鲁番出版物学术研讨会”。

鉴于各专业委员会不断推动敦煌吐鲁番专题研究，各地的敦煌吐鲁番学术研究机构的力量也在不断加强，从事这一领域研究的新人不断成长，学术队伍继续壮大，学术研究水平不断提高，中国敦煌吐鲁番学会会员达到几百人，所以20世纪90年代中期以后一般不再召开全国性的、综合性的国际学术讨论会，而大力支持专题性的研讨会，或者协办各专业的学术会议。其中学会参与主办或协办的比较重要的会议有：

2000年6月，首都师范大学举办“纪念敦煌藏经洞发现一百周年国际学术研讨会”；7月，敦煌研究院举办“2000年敦煌学国际学术讨论会”。2002年8月，北京理工大学举办“敦煌学学术史国际研讨会”。2003年9月，国家图书馆举办“敦煌写本研究、遗书修复及数字化国际研讨会——纪念王重民先生诞辰一百周年暨中国敦煌吐鲁番学会成立二十周年”。2005年11月，上海师范大学域外汉文古文献研究中心举办“敦煌学知识库国际学术研讨会”。2006年9月，南京师范大学主办“转型期的敦煌学：继承与发展国际学术研讨会”。2008年6月，兰州大学敦煌学研究所主办“中国敦煌吐鲁番学会2008年度理事会暨敦煌汉藏佛教艺术与文化学术研讨会”。2010年4月，浙江大学古籍研究所举办“百年敦煌文献整理研究国际学术研讨会”。2011年8月，西北民族大学主办“中国敦煌吐鲁番学会理事会暨民族文献学术研讨会”。2012年8月，新疆博物馆举办“2012年中国敦煌吐鲁番学会理事会暨丝路历史文化研讨会”。2013年8月，首都师范大学历史学院主办“中国敦煌吐鲁番学会成立三十周年国际学术研讨会”。2014年8月，敦煌研究院主办“2014敦煌论坛：敦煌石窟研究国际学术研讨会”；9月，西安大唐西市博物馆举办“敦煌吐鲁番与丝绸之路学术研讨会暨中国敦煌吐鲁番学会2014年度理事会”。2015年8月，敦煌研究院主办“2015敦煌论坛：敦煌与中外关系国际学术研讨会”。2016年8月，敦煌研究院举办“2016敦煌论坛：交融与创新——纪念莫高窟创建1650年国际学术研讨会”。2017年7月，陕西师范大学历史文化学院与陕西历史博物馆举办“丝绸之路上的敦煌与长安国际学术研讨会暨中国敦煌吐鲁番学会2017年度理事会”；8月，敦煌研究院主办“2017敦煌论坛：传承与创新——纪念段文杰先生诞辰100周年敦煌与丝绸之路国际学术研讨会”。2018年7月，西华师范大学召开“写本学国际学术研讨会暨中国敦煌吐鲁番学会2018年理事会”。2019年5月，浙江大学举办“敦煌学学术史国际学术研讨会暨学会2019年度理事会”。2020年11月，敦煌研究院举办“2020敦煌论坛：纪念藏经洞发现120周年暨中国敦煌吐鲁番学会会员代表大会”。2021年6月，浙江省敦煌学与丝绸之路研究会主办“丝绸之路：多元共存和包容发展——中国敦煌吐鲁番学会2021年特别年会”；9月，敦煌研究院主办“敦煌论坛：‘一带一路’视野下的敦煌学研究暨中国敦煌吐鲁番学会2021年度理事会”。2022年8月，敦煌研究院主办“新时代·新使命——敦煌学研究高地建设专题研讨会”。2023年3月，武汉大学历史学院主办“吐鲁番学的回顾与展望学术研讨会”。

这里罗列的是最主要的学会与上述单位合作主办或联合举行的学术研讨会。学会经费不富裕的时候，各个单位出资出力联合办会，我们表示衷心感谢。上述大多数会议的论文，都经过选择集结出版，代表着中国敦煌学一步一个脚印地前进。

各专业委员会也召开过一些会议，在专题研究方面多所推动，有些会议论文也结集出版。

三、集体撰述

中国敦煌吐鲁番学会作为一个民间学术组织，主要的功能是联络学人、推进个人和集体研究，但有的时候也直接“上场”，参与编撰一些大部头的著作。除了学会参与的学术会议的论文集外，还应当提到的有以下几种。

（一）《英藏敦煌文献（汉文佛经以外部分）》

这部书署名是中国社会科学院历史研究所、中国敦煌吐鲁番学会“敦煌古文献”编辑委员会、英国国家图书馆、英国伦敦大学亚非学院，但主要的推动力和参与者是来自敦煌吐鲁番学会，周绍良先生实主其事，沙知、宁可两位先生投入最多。此书以八开本影印英国国家图书馆藏敦煌汉文文献佛经以外部分，经过数年编撰工作，1990年9月开始由四川人民出版社出版第1卷，到1995年出版完成14卷图版部分，后来在2009年10月出版全书总目及索引。本书收入了英国图书馆全部汉文非佛经文书，也包括了英国博物馆东方古物部所藏敦煌写本和敦煌绢纸绘画上的供养人题记，以及英国印度事务部图书馆所藏敦煌汉文佛经以外的文书。书中所有图片都据原件重新拍摄，照片附比例尺，每页一般印照片两幅，个别重要文献单面一幅，每卷前适当选用部分彩色照片，这些图片较学界此前使用的缩微胶卷和《敦煌宝藏》清晰得多。全部图版按斯坦因编号顺序排列，每个号码内的所有文献都在吸收最新研究成果的基础上编目，同类文献的编目体例前后一致。其中S.6981—S.13677之间的非佛教文书系首次系统公布图版，我于1991年在英国图书馆编撰了这部分目录，也贡献给了这部著作，故此忝列第12至14卷副主编。因为英藏敦煌文献占据了敦煌文献相当大的比例，所以这些清晰图版的发表对学界的贡献巨大。而这样以八开大小、上下两栏为主的刊布黑白图

版的做法，也开启了敦煌文献整理出版的先河。只可惜当时经费有限，所以没有收录更多数量的佛教文献，令人遗憾。

（二）《敦煌文献录校丛刊》

敦煌文献因为主要都是写本文献，文字不规范，特别是俗文学作品和公私文书，释读起来有一定困难，所以敦煌学界的一个重要工作，就是做敦煌文献的录文。中国敦煌吐鲁番学会"敦煌古文献"编辑委员会认识到这一点，所以利用学会来集中学术力量，将不同的文献交给对该领域素有研究的专家去做整理校录，学会提供照片、调查经费等方面的支持。这套《敦煌文献录校丛刊》就是按这样的理念，由不同学科的专家对敦煌文献进行系统收集、整理，做出录文和详细的校记，最后有文献编号索引。为防止排版出现错误，全书都是用手抄影印的方式出版。从1996年5月至1998年12月，由江苏古籍出版社出版10种，分别为：张锡厚《敦煌赋汇》，邓文宽《敦煌天文历法文献辑校》，宁可、郝春文《敦煌社邑文书辑校》，方广锠《敦煌佛教经录辑校》，赵和平《敦煌表状笺启书仪辑校》，周绍良、张涌泉、黄征《敦煌变文讲经文因缘辑校》，李方《敦煌〈论语集解〉校证》，沙知《敦煌契约文书辑校》，马继兴等《敦煌医药文献辑校》，邓文宽、荣新江《敦博本禅籍录校》。现在看来，这套书的录文水平还是相当高的，许多文本迄今仍为大家使用。但由于是手抄影印，保留的俗字较多，在今天印刷技术日新月异的时代，很值得将这套书重新排印出版，以广利用。

（三）《敦煌学大辞典》

真正动员了中国敦煌吐鲁番学会的集体力量编纂的著作是《敦煌学大辞典》。该书由会长季羡林先生主编，沙知、宁可先生具体负责，撰稿人有一百多位学会会员。这是首次用辞典的方式对敦煌学各个方面的成果进行总结，包括敦煌石窟考古、艺术和藏经洞出土文献和文物的各个方面，分64个门类，以长短不同层级的6925个词条，形成一部大型敦煌学专业工具书。全书编写历经十多年完成，于1998年12月由上海辞书出版社出版。全书有241万余字，插图626幅，彩色图版123幅；另有附录10个，包括"莫高窟石窟编号对照表""敦煌莫高窟大事年表"及"敦煌学纪年"等。这部辞典的出版，对敦煌学的发展起到了巨大的推动作用，特别是对敦煌学界之外的学者了解敦煌学的内涵，以及对年轻学子进入敦煌学领域都提供了有力的帮助。但这部辞典编撰时间过长，早期编写的词条比较简略，后期编写的词条较复杂。加上敦煌学的迅猛发展，现在看来，《敦煌学大辞典》已不敷所用，亟待修订出版。在上海辞书出版社的大力推动下，2018年7月，学会决定组织人力，由会长郝春文教授牵头，组成修订编委会，集合力量，开始《敦煌学大辞典》的修订工作。目前工作进展顺利，有望在不久的将来出版。

（四）"敦煌讲座书系"

虽然"敦煌讲座书系"不是由中国敦煌吐鲁番学会署名的著作，但实际上也是敦煌学会同仁合力完成的。

此前，由柴剑虹、荣新江主编的"走近敦煌丛书"，基本上是由学会组织十几位专家编写的，以通俗的语言、图文并茂的形式，介绍敦煌的各个方面。2007年12月至2008年9月，这套丛书由甘肃教育出版社出版，共计12种，分别为：郑炳林、李军《丝路明珠：敦煌》，王惠民《三危佛光：莫高窟的营建》，荣新江《华戎交汇：敦煌民族与中西交通》，郝春文《石室写经：敦煌遗书》，王冀青《国宝流散：藏经洞纪事》，郑阿财、朱凤玉《开蒙养正：敦煌的学校教育》，赵声良《艺苑瑰宝：莫高窟壁画与彩塑》，王克芬、柴剑虹《箫管霓裳：敦煌乐舞》，李重申、李金梅《忘忧清乐：敦煌的体育》，谭蝉雪《盛世遗风：敦煌的民俗》，高启安《旨酒羔羊：敦煌的饮食文化》，刘进宝《遗响千年：敦煌的影响》。

在"走近敦煌丛书"出版后，我们打算在此基础上编一套更为学术的敦煌学分类通论性著作。2009年开始，当时中国敦煌吐鲁番学会的主要领导柴剑虹、郝春文、张涌泉、郑炳林和我，共同组成编委会，按照我们的规划向学会中的骨干成员约稿，由编委审稿，最后由我总其成。虽然没有达到最初设计的30种，但最后出版了21种，还是相当可观，其名目如下：郑炳林、李军《敦煌历史地理》，张涌泉《敦煌写本文献学》，窦怀永《敦煌文献避讳研究》，陆离《敦煌的吐蕃时代》，冯培红《敦煌的归义军时代》，荣新江、朱丽双《于阗与敦煌》，杨富学《回鹘与敦煌》，吴丽娱《敦煌书仪与礼法》，屈直敏《敦煌文献与中古教育》，余欣《敦煌的博物学世界》，伏俊琏《敦煌文学总论》，郑阿财《敦煌佛教文学》，李小荣《敦煌变文》，赵声良《敦煌石窟艺术总论》，王惠民《敦煌佛教与石窟营建》，赵丰、王乐《敦煌丝绸》，郝春文、陈大为《敦煌的佛教与社会》，林世田、杨学勇、刘波《敦煌佛典的流通与改造》，刘屹《敦煌道经与中古道教》，姚崇新、王媛媛、陈怀宇《敦煌三夷教与中古社会》，王晶波《敦煌占卜文献与社会生活》。2013年11月至12月，这套丛书由甘肃教育出版社完成出版。这套书是敦煌学各个分支领域的通论性著作，包括历史、文献、考古、艺术、宗教、信仰等许多方面，希望用新的视角来阐述敦煌的方方面面，整体上注意跨学科的交叉，尽量避免各书之间的重复。这套书体现了百年来国内外敦煌学各个学科的研究成果，也代表了中国敦煌学研究的整体水平。

除了这几种比较集中体现中国敦煌吐鲁番学会组织完成的大部头著作外，其他还有许多大大小小的著作也都是学会成员的学术成果，因为涉及人员没有这么广，且相关论著太多，这里就不一一举出了。

四、相关期刊

中国敦煌吐鲁番学会成立伊始，为了发挥学会的作用，1984年就创办了《中国敦煌吐鲁番学会研究通讯》，系内部刊物，由学会秘书处编印。该《通讯》不定期出版，一直办到1997年第1期，总共出刊29期，内容以学术综述、报道、书评、书讯为主，也有一些学术札记。

自2005年开始，学会与日本京都大学教授高田时雄为干事长的"敦煌学国际联络委员会"合作，主办一份新的《通讯》，即郝春文教授主编的《敦煌学国际联络委员会通讯》，2005年又出版《2002—2005敦煌学国际联络委员会通讯集刊》，以后每年出版一期当年的《通讯》，未有间断，今年的《通讯》刚刚出版。该《通讯》以发表每一年度的敦煌学综述以及分类研究综述为主，还有会议介绍、书评、出版消息等，并编有不同年份的敦煌学研究论著目录，极便于学人。

然而，《敦煌学国际联络委员会通讯》毕竟不是中国敦煌吐鲁番学会的会刊，也没有把

吐鲁番与敦煌并列，与学会宗旨略有不同。所以自2022年1月开始，由学会秘书处主办，游自勇主编，将《中国敦煌吐鲁番学会研究通讯》复刊，并更名为《中国敦煌吐鲁番学会通讯》。此《通讯》依旧为内部刊物，不定期以电子版的形式出版，内容包括学会动态、新会员名录、会议信息、展览信息、出版信息等，目的是让学会会员了解本会的动态和信息，加强学会的凝聚力。

学会更重要的刊物应当是《敦煌吐鲁番研究》。该刊于1995年创刊，由香港中华文化促进中心、中国敦煌吐鲁番学会、北京大学中国中古史研究中心合办，季羡林、饶宗颐、周一良分别代表三个单位任主编。每年编撰1卷，第1至6卷由我具体编撰，由北京大学出版社出版。从第7卷开始转由以郝春文教授为首的编委会做具体编撰工作。参与合作的主办单位后来还有北京大学东方学研究院、香港大学饶宗颐学术馆、上海师范大学敦煌吐鲁番学研究所、首都师范大学历史学院等。由于季、饶、周三位先生陆续去世，自第18卷（2019年）开始，由郝春文任主编。第7至9卷由中华书局出版，第10卷起由上海古籍出版社出版，2023年出版至第22卷，中间一度未按期出版，2014年以来基本上一年出版1卷。本刊主要发表敦煌吐鲁番学专题论文与书评，论文不限长短，不限于敦煌吐鲁番，也包含于阗、龟兹等相关领域的研究。本刊也刊发一些其他刊物无法刊发的长文，大力推动了敦煌吐鲁番学研究；也发表大量批评性书评，在学界颇受好评；每卷后附新书目，及时提供中外文著作信息。本刊还不定期出版纪念专号或专题专栏，集中发表相关成果，如第4卷为“重聚高昌宝藏”项目中外学者论文专辑，第10卷为新获吐鲁番出土文献专辑，第18卷有于阗研究专辑。目前，这本大型专刊仍是中国敦煌吐鲁番学会主导下的学术园地，是会员许多重要论文的首选发表刊物。

五、现状与展望

2019年8月19日，习近平总书记视察敦煌研究院，发表有关建立敦煌学研究高地的重要讲话。2022年7月14日，习近平总书记视察交河故城，指出交河故城是丝绸之路上的交通要道，是中华五千年文明史上的一个重要见证，要加强文物保护利用和文化遗产保护传承。这两次视察对中国敦煌吐鲁番研究给予了巨大的支持和推动，全国上下也掀起一股“敦煌热”。同时，国家社科基金把敦煌学列入“冷门绝学”的范畴，给予特别支持。

目前，中国敦煌吐鲁番学会在册会员有404人，是一支庞大的学术研究队伍，有些老一辈的学者仍然在整理出版自己的著作；20世纪80年代，学会刚刚成立时开始进入敦煌学领域的人，现在已经成为敦煌吐鲁番研究的中坚力量，承担起许多大项目、大工程；一批年轻学者快速成长，不断刊出具有新思路、新视野的研究论著。从2021—2022年我们编辑刊印的两期《中国敦煌吐鲁番学会通讯》上，可以看到这些丰硕的成果。但也要看到，敦煌吐鲁番学会会员的学科构成不够均衡，研究文献、历史、艺术的较多，而考古学方面比较薄弱。事实上，敦煌石窟的考古还有许多工作要做，而敦煌城及其周边的考古工作还没有主动展开。吐鲁番方面的考古工作不断有新的成绩，不论是吐峪沟石窟，还是西旁景教寺院，以及巴达木一带新发现的高等级墓葬，都将为吐鲁番学研究注入新的活力，但吐鲁番学研究院人员有限，许多考古学研究工作还有待加强。

正如前面提示过的，学会目前因为人员较多，召集全体会员举办学术会议并不现实，内容也会比较分散，所以我们目前正在大力推动各专业委员会和其他高校、科研单位合作举办专题性质的敦煌吐鲁番研讨会。现在学会下属的有些专业委员会由于人员变动等情况，处于不活跃状态，也有的专业委员会活动频繁，对相关学科的推动力很强。例如，中国敦煌吐鲁番学会染织服饰专业委员会连续召开会议：2021年6月12—13日，在东华大学召开“丝绸之路艺术史·长三角青年论坛”；2021年10月15日，在东华大学召开“丝绸之路与丝绸艺术学术论坛暨中国敦煌吐鲁番学会染织服饰专业委员会2021年会”；2023年5月13—14日，在江南大学举办“第二届丝绸之路艺术史·长三角青年论坛”。我们希望各专业委员会与总会协调，从专业的角度，加强推进敦煌吐鲁番研究的深入发展。

在集体撰著方面，前文已提到，郝春文教授主持的《敦煌学大辞典》修订工作正在有条不紊地进行。

目前，学会重点做的集体项目是“敦煌文献系统性保护整理出版工程”，这是在全国古籍整理出版规划领导小组主持下，由中国学术界、文化界、出版界共同推进实施的一项重大文化工程。先期开始的《敦煌文献全集》工作，是其中的重点项目，目的是以高清全彩方式高水平集成刊布散藏于世界各地的敦煌文献。也就是说，该工作不仅要高清彩色影印文献本身，还要吸收国内外研究成果，给每件文书确定系统、准确的名称。最先着手的有三家：（1）由我主持的《法国国家图书馆藏敦煌文献》，上海古籍出版社出版，今年计划出版前50册。（2）由国家图书馆主持的《中国国家图书馆藏敦煌文献》，国家图书馆出版社出版，今年拟出版30册。（3）由敦煌研究院主持的《甘肃藏敦煌文献》，甘肃教育出版社出版，今年拟出版12册。此外，英国国家图书馆藏敦煌文献、俄罗斯圣彼得堡东方文献研究所藏敦煌文献的工作也已列入议事日程，据我所知，故宫博物院、重庆博物馆、辽宁省博物馆等单位也在进行当中，过去出版过黑白图版或彩色图版的收藏单位，也将纳入《敦煌文献全集》重新整理出版的范围。

作为“敦煌文献系统性保护整理出版工程”成果之一，张涌泉、张小艳、郜同麟主编的《敦煌文献语言大词典》上、下两巨册，2022年12月已由四川辞书出版社出版。张涌泉教授主持的《敦煌文献缀合全集》、郝春文教授主编的《英藏敦煌社会历史文献释录》（已出版至第19卷），以及“敦煌学研究论著精选丛刊”等，都会成为这项工程的组成部分。随着这项工程的完成，敦煌学界也将共同构筑起敦煌研究的“雄伟大厦”。

在吐鲁番文献整理方面，其实已有部分文献的高清全彩出版工作走在了前面，如由我和李肖、孟宪实主编的两卷本《新获吐鲁番出土文献》（中华书局，2008年），王振芬、孟宪实和我主编的《旅顺博物馆藏新疆出土汉文文献》图录共32册（中华书局，2020年）都是八开、全彩的规格。目前，武汉大学、新疆博物馆、吐鲁番学研究院正在重新整理1959—1981年间吐鲁番墓葬、石窟出土的文书，将以高清全彩方式呈现给学界。吐鲁番吐峪沟石窟和西旁景教寺院遗址新出文书，将是今后吐鲁番文献整理的重要工作之一。

中国敦煌吐鲁番学会走过了40年的历程，取得了不少的成绩。我们希望，敦煌学和吐鲁番学能够“比翼双飞”，共同谱写中国敦煌吐鲁番学研究更加绚丽的篇章。

永远铭记季羡林先生对我的扶持与栽培

——季羡林先生与敦煌吐鲁番学

郝春文（首都师范大学历史学院）

学人小传

季羡林（1911—2009），字希逋、齐奘，山东临清人，著名东方学家、语言学家、教育家，历任北京大学东语系主任、中国社会科学院南亚研究所所长、北京大学副校长等职，兼任中国敦煌吐鲁番学会会长、中国语言学会会长、中国外语教学研究会会长等，与饶宗颐并称为“南饶北季”。早年留学德国，精通英文、德文、梵文、巴利文，尤精于吐火罗文。学成回国后长期任教于北京大学。研究领域涉及梵学、佛学、吐火罗文、中国文学、比较文学、文艺理论研究等诸多方面。主要代表作有《〈大事〉偈颂中限定动词的变位》、《〈福力太子因缘经〉的吐火罗语本的诸异本》、《中世印度语言中语尾-am向-o和-u的转化》、《原始佛教的语言问题》、《大唐西域记校注》（合著）、《吐火罗文弥勒会见记译释》、《吐火罗文A中的三十二相》、《敦煌吐鲁番吐火罗语研究导论》、《糖史》等，著有散文随笔《清塘荷韵》等十余种，译著有《罗摩衍那》系列（共7卷）等。其著作汇编成《季羡林文集》，共24卷。其撰写的图书曾获国家图书奖，个人获多项国家级教学、科研奖励。

一、季先生对我的扶持与栽培

在每个人的成长过程中，都会得到很多人的帮助。在我的求学道路上，也有幸得到很多学界前辈与同辈的帮助。在首都师范大学，对我帮助最大的是我的导师宁可教授，还有很多教过我的老师。在校外，对我帮助最大的是季羡林先生。在我成长的每个关键时刻，都得到了季先生的有力支持。季先生的帮助，在某种意义上改变了我的人生，值得永远铭记！

季先生对我的第一次提携是在1990年，他作为推荐人支持我申报教育部（时称“国家教委”）第二批青年专项科研基金。因为我当时的职称是讲师，按规定须有两名同行专家推荐才能申报，我首先想到了季先生。头天打电话和季先生约好了见面的时间和地点，次日我如约到达季先生位于朗润园的家。进门后看到季先生正在和林梅村先生谈话，我看到先生有事，就想放下材料告辞，心想等先生有空的时候写好推荐我再来取。但季先生示意我坐下，他起身来到餐桌前坐下，拿起笔就开始写推荐书。其间还有其他来访者，季先生都让他们等一会儿。不到十分钟，推荐书就写好了。我拿到推荐书，心中感慨万千。既感慨季先生的大家手笔，可以无须酝酿就下笔成文，又感慨我一个来自地方高校的无名讲师，何德何能，竟然得到季先生如此厚爱，享受到了优先接待、立等可取的待遇。此情此景，至今想起来心中还是暖洋洋的。

因为有季先生和沙知先生两位学界前辈的推荐，我于1990年11月顺利拿到了国家教委第二批青年专项科研基金，资助额度一万元。一万元在当时是一个很大的数目，因为当时图书和设备的价格都比较低，所以一万元的实际购买力相当可观。我的好多学术书籍就是用这笔经费购买的。获得这个项目的意义还不仅仅是资助多少钱的问题。因为当时申报项目的渠道很少，设置的立项指标也很少，所以能获得省部级和国家级项目的青年教师亦属凤毛麟角。我因而成为我们学校第一个获得国家教委项目的青年教师，而且此后几年也未能出现第二个获得者。即使在全国范围内，在1990年前后获得类似资助的人也为数不多。所以，这项科研基金使我从普通青年教师中突出，成为“人才”。有了这个“人才”的起点，我后来的发展就是在这个基础上不断累积的。

此后，我在1992年申请破格晋升为副教授，1994年申请破格晋升为教授，以及申请博士学位，都是请季先生做鉴定人或评议人。其中有两次请季先生写鉴定正值暑季，酷热难当，而季先生又有花粉过敏导致哮喘的老毛病，在夏天容易复发。所以，与季先生联系时，我心中很是不安，但季先生每次都是不顾自己的繁忙，非常愉快地答应下来，并放下手头的工作，很快把鉴定写好。特别是在我申请破格晋升教授的时候，因为两年前才被破格晋升为副教授，自觉学术积累不是很多，心中没底。好在校内有宁可师和齐世荣先生护持，校外有季先生和周一良先生举荐，这就如同“商山四皓”站在我的身后，最后顺利地通过了系、校和市三级评审。

此外，我参与中国敦煌吐鲁番学会的领导工作，乃至后来担任会长，也和季先生的提前部署扶持密切相关。2001年，由于季先生已年近九十，学会决定在北京推举出一位年轻的副会长协助季先生做学会的具体工作。经秘书处和多位常务理事的推荐，最后季先生决定由我任副会长，和当时的秘书长柴剑虹先生一起负责学会的日常工作。我们没有辜负季先生的期望，在此后将近十年的时间里，在季先生领导下保证了学会的正常运转。这十年的历练，不仅使我熟悉了学会的运作和管理，也使会员和理事对我有了比较多的了解。季先生去世以后，2010年4月，中国敦煌吐鲁番学会在杭州举行了换届选举。当时虽然有好几位副会长，但年龄都已接近或超过70岁，所谓年富力强的副会长只有我一个。再加上过去十年，季先生已经放手让我和秘书长柴剑虹老师一起主持学会的工作。这样，我在新一届理事会上，几乎毫无悬念地当选为接替季先生的新会长。

现在回过头来看，季先生对我的提携和栽培，是一套“组合拳”，包括项目、学位、职称、学会中的领导位置各个方面，涉及一个青年学者成长的各个方面，为我的顺利发展提供了良好的条件。恐怕季先生的入室弟子也很难得到如此全面的关照。

还应该指出，季先生对我的提携和栽培，可以说是不次拔擢。因为就资历来说，我大学本科是1979级，在我前面有人才济济的1977级和1978级；研究生我是1983级，在我前面有1978级至1982级五届研究生。那是一个人才辈出的时代，在我前面可以说是黑压压地站满了身怀绝技的各路“武林高手”。如果没有季先生的不次拔擢，我恐怕是很难出头的。每念及此，心中充满对季先生等老一辈的感激之情。

最近二十年来，我自己也参加了很多评审、推荐、鉴定和评议，这使我可以切换视角来认识季先生对我的提携和扶持，逐渐认识到站在被提拔、扶持的位置和处于提携、扶持的位置，观感是有很大差异的。以我而论，当了会长以后，会自觉不自觉地认为自己了不起，甚至会觉得自己就是比其他人强。但如果站在季先生的角度，他其实是可以有很多选择的，在他面前，候选人之间的差异其实是模糊的。当然，一旦候选人被选定，他们之间的界限就清晰了，差异就会变得表面化或被贴上标签。被提拔者如果没有内心的警惕和自省，就很容易滋生“自己很了不起”的想法，也很容易认为会长的职位就该属于自己。我在这里谈论这个问题，是因为这不是我一个人的孤立个案。现在很多称号和头衔都被标签化甚至物化了，很多用人单位都把拥有某个头衔或称号当作“人才”的标志，甚至作为享受经济待遇的依据，而获得这些称号和头衔的人自我感觉良好的也不止我一个。其实，任何一个称号或者头衔，在提拔者或评审者那里，界限都是模糊的。而且，由于受政策的倾斜要求和单位的平衡等诸多因素影响，未必拥有某种头衔、称号的人就比其他人强。这样看来，我作为受惠人，不仅要感恩季先生对我的扶持和提携，还要感恩季先生在诸多候选人中选择了我。

二、季先生推动国际敦煌吐鲁番学发展的巨大贡献

20世纪80年代初，为了团结国内的敦煌吐鲁番学研究者，推动敦煌吐鲁番学研究，季先生积极参与策划、组织了中国敦煌吐鲁番学会的创建工作。1983年8月，学会在兰州正式成立，季先生当选为学会第一届会长。此后直至2009年去世，季先生一直担任会长。这26年间，是中国敦煌吐鲁番学突飞猛进的时期，也是中国的敦煌吐鲁番学赶上世界先进水平并在诸多领域取得领先地位的时期。在此过程中，学会在季先生的领导下，在组织协调国内研究力量、人才培养、加强国内外学术交流、资料建设和资助学术著作出版方面都做了许多卓有成效的工作。在组织协调国内研究力量方面，学会一向支持各高校和研究机构的敦煌吐鲁番学研究者组成研究实体，形成合力，进行学术攻坚。现在，除敦煌研究院以外，兰州大学、浙江大学、西北师范大学、南京师范大学等高校和吐鲁番地区都有关于敦煌吐鲁番学的专门研究机构。季先生还对浙江大学、兰州大学等高校的敦煌学研究机构的建设有过很多具体指导。学会组织协调国内研究力量进行学术攻关的一项重要工作就是组织编纂了《敦煌学大辞典》，这部大辞典几乎动员了国内有关敦煌学各个领域、各个方面的重要研究者参与，参与者多达百余人。这部大辞典既有很高的学术性，又总结了百年来国内外研究敦煌学的相关成果，出版后得到了学术界极高的评价。显然，如果没有季先生这面“旗帜”，没有学会出面协调，任何个人和单位都很难有这样大的号召力和感召力。在人才培养方面，作为会长

的季先生可以说是一直在亲力亲为。他长时间招收和指导研究生，可谓“桃李满天下”。在扶持国内外中青年学者方面，他也是不遗余力。季先生对我个人的扶持和栽培只是他帮助中青年学者的一个缩影。扶持的方式多种多样，或为中青年学者撰写的著作写序，或为他们评定职称撰写鉴定意见，或为他们申报项目等撰写推荐书，或直接出面为他们解决家庭困难问题，等等。季先生曾对我说过，他“对青年人是有求必应”。季先生就是这样扶持、提携了一代又一代、一批又一批中青年。可以毫不夸张地说，现在国内知名的敦煌吐鲁番学研究者，都曾得到过季先生的扶持和提携。

在加强国内外学术交流方面，学会组织或参与组织了十多次大中型国际或国内的敦煌吐鲁番学术研讨会。为了加强国际学术交流，学会还参与策划和组织了敦煌学国际联络委员会。从这个委员会的策划到最后组成，季先生都给予了及时和重要的指导。只要可能，凡是学会组织的国际、国内学术研讨会，季先生都会到场讲话并参加学术研讨。后来他因为年事已高，行动不便，不能亲临，也会发来贺信或视频讲话。现在，国内敦煌吐鲁番学研究者的对内和对外学术交流渠道通畅，交往频繁，与学会成立之初的状况已经不能同日而语了，这与季先生和学会的推动不无关系。在资料建设方面，学会资助中国国家图书馆（时称“北京图书馆”）、兰州大学建立了两个敦煌学资料中心，资助新疆考古所建立了吐鲁番学阅览室。现在，国家图书馆和兰州大学的敦煌学资料中心都已成为国内外著名的资料中心。在20世纪80年代学术著作出版困难时期，学会还资助出版了一批敦煌吐鲁番学的研究专著和重要的译著，受到资助的著者和译者后来都成为著名的敦煌吐鲁番学专家。可见，季先生不仅是学会的创建者之一，而且在季先生的领导下，学会形成了运转的基本格局，这是一笔宝贵的财富，对学会以后的运转和发展产生了深远的影响。

作为中国敦煌吐鲁番学会的会长，季先生一直十分关注敦煌吐鲁番学的理论建设。他多次强调，世界上历史悠久、地域广阔、自成体系、影响深远的文化体系有中国、印度、希腊和伊斯兰，而中国古代的敦煌和新疆地区正是四种文化交流的汇聚之地，这实际上是把敦煌和吐鲁番学的研究置于古代世界文化交流的广阔背景之下，极大地提升了敦煌吐鲁番学研究的价值和意义。针对一些学者认为敦煌学不能成为一门学科的看法，季先生撰写了《敦煌学吐鲁番学在中国文化史上的地位和作用》一文，明确了敦煌学可以成为一门学科，此文后来经过修改成为《敦煌学大辞典》中“敦煌学”一词的词条。现在，敦煌学是一门学科的看法已被多数敦煌学研究者所接受。季先生的另外一个重要理论贡献是提出了“敦煌在中国，敦煌学在世界”的口号。这个口号既是对国际显学敦煌学的准确概括，同时充分显示了中国学者应有的宽广胸怀，得到了国内外敦煌学者的一致赞赏。季先生对敦煌吐鲁番学的理论贡献，至今对敦煌吐鲁番学的发展仍然具有重要的指导意义，永远值得我们珍视。此外，季先生在敦煌吐鲁番学的具体研究，特别是在胡语文献的研究方面，也做出了卓越的贡献。

《敦煌吐鲁番研究》杂志的创办，亦是季先生鼎力支持的结果。1995年，荣新江学兄在季羡林、周一良和饶宗颐等先生的支持下，和北京的一些朋友谋划创办《敦煌吐鲁番研究》，以书代刊。该刊于1996年正式出版，季羡林、周一良和饶宗颐三位先生任主编，荣新江主持编辑部工作。季先生和饶先生还亲自为创刊号撰写宏文。2004年以后，我以编辑部主任的身份主持杂志的编辑工作。二十多年来，《敦煌吐鲁番研究》已经出版了21卷，发表论文和书评1000多篇，很多在敦煌吐鲁番学研究中产生过重要影响的论文都是在这本杂志上首发的。《敦煌吐鲁番研究》用稿以论文质量为准，不论资历，在提高杂志论文质量的同时陆续向学术界推出了一批中青年学者，很多青年学者都以在此刊上发表论文为荣。虽然季羡林先生、周一良先生和当时仍然健在的饶宗颐先生三位主编没有参加具体的编辑工作，但如季先生的学生王邦维教授所言："作为我们学术和精神的导师，对于《敦煌吐鲁番研究》，一直给我们鼓励和指导。"可以说，如果没有季先生等三位主编的支持，就不会有《敦煌吐鲁番研究》。2018年，饶宗颐先生仙逝以后，《敦煌吐鲁番研究》创刊的三位主编均已归道山，编委会推举我继任该刊主编。我是以诚惶诚恐的心情接下了这副重担，在编委和学界各方的大力支持下，目前该刊收稿、审稿、发稿、出版都很顺利，该刊仍是受到学界和社会关注的重要期刊。我们编委会成员都认为，继续办好《敦煌吐鲁番研究》，不断推动敦煌吐鲁番学的发展，就是对季先生等三位创刊主编最好的纪念。

三、进入老年后仍具有中青年心态的季先生

在与季先生接触、交往的过程中，给我印象最深的一点是，他在进入老年以后，没有一般老年人那种来日无多的心态，时常忘记自己"老之已至"。我们都知道，在罗贯中笔下，有一位不服老的老将黄忠，其言语、行为令人钦佩，但黄忠不服老的前提是承认自己已老，而季先生呢，至少给我的感觉是有时他根本不知自己已老。

记得那是在1995年9月，年过八十的季先生到我们学校做学术演讲。学校的学术报告厅坐满了慕名而来的教师和学生，那次演讲的题目是"中西文化的异同问题"，演讲中季先生谈到了跨世纪问题，他语气坚定地说："我肯定能够跨世纪。"在1995年前后，"跨世纪"和"跨世纪人才"是很流行的词语。但当时人们所说的"跨世纪人才"，一般指的是45岁以下的中青年，没有人把"跨世纪"与八十多岁的老者联系在一起。只有季先生才能响亮地提出自己要和中青年一道跨越20世纪，进入21世纪。季先生的豪言壮语一出，先是满座皆惊，继而是热烈、持久的掌声，这充分说明季先生的心态是中青年的心态。

良好的心态绝非豪言壮语所能支撑，它首先源于良好的身体状况。记得有一次和季先生一起吃饭，席间先生告诉我，他身体老化的状况并不明显，视力、听力均无问题，最自豪的是手不颤抖，不像其他老先生那样因手颤抖而影响写作，这说明季先生的身体状况也比一般同龄人好得多。

那么，到底是什么因素使季先生的心态和身体状况都比实际年龄年轻许多呢？我猜想有两个因素肯定起到了积极作用。其一是积极的读书和写作活动激发了先生自身的生命力，延缓了机体衰老。一次随王邦维学兄与季先生同行，邦维兄告诉我当时已八十三岁的季先生仍坚持每天到学校图书馆查阅资料，并说，在北大，八十多岁的老先生坚持看书的还有一些，但每天去图书馆的恐怕只有季先生一人。我想，如果一位八十多岁的老先生仍具有强烈的研究、创作愿望并能身体力行，这种状态和境界一定能最大限度地激发人体内潜在的活力，从而起到延缓衰老的作用。其二是季先生有一批年轻的朋友。一次和邓文宽学兄说起季先生很少有老年人心态的原因，文宽认为先生身边有一批年轻的朋友是主要原因，我深表赞同。

中青年之所以愿意与季先生交往，是因为季先生喜欢他们，并在可能的情况下不遗余力地提携他们。中青年愿意与季先生交往，还因为季先生没有架子。我们与季先生在一起时，感到气氛很轻松，也很亲切，没有代沟，没有距离感。季先生不仅没有架子，在学术上他还

能虚心地征求、倾听晚辈的意见。那是1994年下半年的一天，季先生邀我和王邦维、邓文宽到他家，为他撰写的《敦煌学大辞典》中的一个词条提意见。季先生的学识和成就，学术界早有定论，但就是这样一位为人们所敬仰的学界泰斗，竟然为一个词条而专门征求我们几个晚辈的意见。我们知道季先生找我们来是出于诚心，所以，那天我们几个也尽自己所知，发表了各自的意见，这些意见大部分被季先生采纳了。提完意见以后，季先生请我们吃饭。那天季先生兴致很高，谈锋甚健，我们在一起其乐融融的情景至今仍历历在目。

季先生一丝不苟的严谨学风和崇高的敬业精神亦为我辈所敬仰。记得宁可教授曾对我谈起，季先生为搜集有关“糖史”的资料，曾花费一年多时间把《四库全书》翻了一遍，我听后心中久久不能平静。此前，不止一个人说过，我们这一辈人之所以很难取得像前人那样伟大的成就，主要是“先天不足”。对于上述说法，我也曾产生过共鸣。现在看来，如果和季先生相比，我们不仅在语言和古代文化素养等方面存在着巨大的“先天不足”，在后天的勤奋、严谨和敬业精神方面也存在很大差距。扪心自问，如果现在需要我翻阅一遍《四库全书》，我能否做到呢？我不知道，但当时年逾八十的季先生却做到了。我想，只有将生命和学术融为一体的人，才能做到这一点。季先生的行为是对我们后辈的巨大鼓舞和鞭策。当我们在研究中为未能穷尽史料而找出种种理由开脱时，当我们因懒惰而想取消再次核对引文的步骤时，如果能想一想季先生曾为完成一个研究课题而翻遍《四库全书》，我们的工作一定会比现在做得更多一些、更好一些。

正是由于季先生乐于帮助中青年，又能平易近人，虚怀若谷，他才总是拥有一大批中青年朋友。正是因为有这样一批中青年朋友，才使得季先生很少有老年人的暮气，充满了中青年的朝气。

医学常识告诉我们，衰老是一种生理现象，是不可抗拒的自然规律。但大量事例也表明，心理因素对延缓或加速人的衰老起着十分重要的作用。在这方面，我们还是可以有所作为的。我们经常可以听到一些老年学者不断强调自己“已经老啦”“精力不行啦”“记忆力不行啦”等等。殊不知这样做的结果等于强加给自己一个非常强的心理暗示，这种不良的暗示肯定会加速生理上的衰老。而如果人们都能像季先生那样，年逾八十仍能保持中青年的心理状态，则一定可以延缓生理上的衰老速度。可见，季先生不仅在为人和学问方面给我们树立了典范，在战胜衰老方面也为我们提供了有益的启示。

兰州大学敦煌学研究四十年历程与展望

郑炳林（兰州大学敦煌学研究所）

2023年是敦煌学界的重要节点，这一年是中国敦煌吐鲁番学会成立四十周年，是《敦煌学辑刊》正式创刊四十周年，也是兰州大学敦煌学起步的四十五周年，是兰州大学正式建立敦煌学研究机构的四十一周年。无论从哪个节点看，兰州大学敦煌学研究都走过了四十年的历程。我是兰州大学历史系1977级的学生，于1981年9月提前半年留校，是兰州大学敦煌学研究的亲历者和践行者，很多过程只有我能够说清楚。为了让大家了解兰州大学敦煌学研究的发展历程，我向大会提交了这篇文章的初稿。同年10月29日，兰州大学文科工作会议又做了补充并在大会上做了报告，形成了这个文稿。

兰州大学敦煌学研究的发展大致分为两个阶段，即1979年至1998年的前期发展阶段，1998年至今的全面建设阶段。第一阶段可以分为前后两个时段：1979年至1994年，兰州大学在敦煌学与隋唐史研究上摇摆不定；1995年至1998年，学科建设走向正轨。第二阶段从1998年博士授权点的获批、1999年教育部人文社会科学重点研究基地的开始建设，到2003年博士后流动站的建立、2007年重点学科的获批等，敦煌学进入发展正轨。

一、兰州大学敦煌学的初创到发展目标的确定

兰州大学敦煌学研究起步于1979年，已经有四十多年的发展历程。兰州大学敦煌学研究是改革开放之后学术界百花齐放的产物。当年日本学者藤枝晃先生在兰州讲学时提出“敦煌在中国，研究在日本”，这深深刺痛了中国学术界的神经。时任历史系副主任和党总支副书记的张代经，请示学校后，在古代史教研室下成立敦煌学研究小组，并请甘肃省图书馆的周丕显先生、敦煌文物研究所的段文杰先生为历史系学生开设了“敦煌文献概论”“敦煌艺术概论”课程。该研究小组名义上是小组，实际上只有齐陈骏老师和还在研究生学习阶段的陆庆夫二

人。1980年，齐陈骏借助《兰州大学学报（社会科学版）》副刊出版了《敦煌学辑刊》，刊发了兰州大学和敦煌文物研究所的最新研究成果。

1981年秋，兰州大学为了筹建敦煌学研究室，提高敦煌学研究水平，张代经提前将历史系1977级本科生的我与郭锋留校，并派往北京进修一年。同时进修的还有陆庆夫和杜斗城，他们两个坚持了半年就返回学校了。我们在北京听了北京师范学院宁可、北京大学王永兴和周一良、中国人民大学沙知、旅法学者左景权等诸位先生关于敦煌学的课程，其间池田温先生到北京大学讲学，我们还听了他的讲座。1982年春天，高伟、雷学华作为敦煌学的首届硕士研究生进校，也被派往北京进修学习。可见兰州大学为敦煌学的建设付出了很大努力。7月，郭锋与我结束学习返回兰州大学。同年，历史系将陆庆夫、杜斗城、马明达、由旭声、韩建瓴、牛龙菲等或留或调，成立了兰州大学敦煌学研究室，当时的敦煌学研究室是历史系教研室中人力配备最强的。研究室还购买了敦煌文书缩微胶卷，这是我们当时能够看到敦煌文献资料的唯一途径。1982年秋，历史系还派我前往北京购买一万余册图书，使该研究室初步具备了从事敦煌学研究所需要的资料。

在兰州大学敦煌学的发展中，中国敦煌吐鲁番学会的成立起了很大的促进作用。1983年8月，经历了两年多的筹备，中国敦煌吐鲁番学会终于在兰州成立，参加成立大会并主办学术研讨会的单位有兰州大学、敦煌文物研究所（敦煌研究院前身）和西北师范大学等，这是兰州大学敦煌学研究前所未有的机遇。出席中国敦煌吐鲁番学会成立大会的有中宣部、教育部、甘肃省委和省政府的领导，还有学者代表187人，这是中国敦煌学界的一次盛会。为了迎接这次会议的召开，兰州大学历史系敦煌学研究室编辑出版了《敦煌学论文选》。也是在这一年，《敦煌学辑刊》经中宣部、教育部、新闻出版署联合批准正式出版发行。会议期间为了加强人才培养，给年轻学者提供敦煌学研究的学习机会，还随会开办了敦煌学讲习班，请参会名家周祖谟、傅振伦、王永兴、张广达等先生为讲习班授课，地点就在兰州大学旧文科楼一楼，很多敦煌学研究者就是从这个讲习班出来的。同年9月，教育部委托姜亮夫先生在杭州大学古籍所举办为期半年的讲习班，授课老师除了姜亮夫之外，还有蒋礼鸿、郭在贻等著名专家，兰州大学派遣杜斗城与我前往学习。1984年，由旭声被派往南京艺术学院进修。1985年，王冀青硕士毕业后留校到敦煌学研究室工作。1985年9月至1986年7月，我被派遣到复旦大学中国历史地理研究所，全面系统地学习复旦大学中国历史地理研究所从本科到研究生的课程。1986年，楼劲从复旦大学硕士毕业进入敦煌学研究室，这种派遣年轻教师外出进修和引进研究成果突出的人员进入敦煌学研究室工作的做法，使兰州大学敦煌学的整体研究水平得到了很大提升。

在兰州大学敦煌学的发展中做出巨大贡献，也是我们不可忘记的人是张代经先生，尽管他没有在敦煌学方面写过一篇论文，但是如果没有他的努力根本不可能有兰州大学敦煌学的发展。张代经对兰州大学敦煌学学科建设的贡献主要体现在：第一，组建敦煌学研究队伍，当时敦煌学教师的选留和调入都是张代经亲力亲为的，包括同每个选留人员的谈话等，这些具体工作一直持续到他调到学校担任纪委书记之前。第二，协调与学校的关系，争取学校的支持和资源配置。历史系能够与学校沟通联系的人只有张代经老师，当时的校长聂大江系北京大学历史系出身，与张代经私交甚好，所以敦煌学研究室的很多事情，只要张代经出面，基本上都能得到学校的支持。第三，兰州大学敦煌学学科方向和硕士点的申报等工作，都是

张代经老师亲自协调方方面面的关系，特别是促成甘肃省图书馆周丕显先生加入兰州大学敦煌学团队一事。周先生师从王重民先生，在敦煌文献研究上很有造诣，是当时甘肃为数不多的敦煌学研究专家。张代经聘请他兼任兰州大学教授，任硕士研究生指导教师，多年开设敦煌学专业课程。第四，为敦煌学研究所遮风挡雨。1983年，《敦煌学辑刊》刊发了一篇题为《裴矩功过述评》的文章，原作者与现作者之间因署名纠纷产生很大矛盾，张代经及时出面将事态平息，避免引起不良影响。张代经的工作都是默默无闻的幕后付出，故兰州大学之外很少有人知道他的贡献，就是在兰州大学工作过而没有经历过这段历程的人也很少知道他的贡献。

在兰州大学敦煌学的发展过程中，中国敦煌吐鲁番学会给予过很大支持。1985年，中国敦煌吐鲁番学会拟在北京、乌鲁木齐和兰州分别建立三个资料中心，而兰州的资料中心在张代经的争取下设在兰州大学，成立了“中国敦煌吐鲁番学会兰州大学资料中心”，学会拨付5万元经费进行建设。当时兰州大学敦煌学研究室在今后的学术发展方向上意见并不一致，有部分教师认为应当以西北史地和唐史研究为重点，而其他老师则认为既然是敦煌学研究室，就应当以敦煌学研究为重点，最后争论集中在是否购买台湾新文丰出版公司出版的《敦煌宝藏》上。在张代经的坚持下，最终用这笔钱购买了《敦煌宝藏》和我国港台地区的系列敦煌学成果，使我们初步了解了我国港台地区对敦煌学的研究成果和研究进度，具备了初步研究条件。

1986年，兰州大学胡之德校长通过教育部得到美国基督教亚洲高等教育基金会三年的资助，敦煌学研究室利用这笔资金又购买了首批国外敦煌学研究论著，并出版了首批研究成果，包括齐陈骏《河西史研究》、郑炳林《敦煌地理文书汇辑校注》、陆庆夫等《中外著名敦煌学家评传》、杜斗城《敦煌本〈佛说十王经〉校录研究》、王冀青译《犍陀罗佛教艺术》等，这是兰州大学敦煌学研究首批学术成果的展示，也使兰州大学的敦煌学研究回归正轨，从此之后再没有为研究重点而出现争论。

1986年至1992年间，学术研究虽然有所衰落，但有了这笔资金的保障，兰州大学敦煌学研究室创办的《敦煌学辑刊》和发表的研究论著均能够顺利出版。特别是在之后将近十年的时间内，保证了兰州大学敦煌学研究的正常运转。除了每年两期的《敦煌学辑刊》出版，《敦煌吐鲁番文献研究》和《敦煌归义军史专题研究》也是依靠这笔钱资助出版的。在长期的建设中，特别是敦煌学被列入兰州大学“211工程”“985工程”建设项目之前，这笔经费在保障兰州大学敦煌学研究能够坚持下来并顺利发展起到了很大作用。

总结兰州大学敦煌学的初期发展，应当说是遇到了前所未有的好机遇，大环境是“学术春天”的到来。国家对敦煌学的重视与单位的支持，让研究室得以购买了敦煌文献缩微胶卷并成立专门的图书资料室，在中国敦煌吐鲁番学会的资助下又购买了《敦煌宝藏》。当时兰州大学敦煌学的研究条件是不错的，但是在研究方向和重点上长时间摇摆不定，使我们在学科发展上坐失良机。1983年前后，全国敦煌学研究都处于起步阶段，大家都在一条起跑线上，兰州大学的研究水平并不落后于其他研究单位，甚至还优于它们；但由于我们在初期研究重点的选择上犹豫不决，研究平台中半数以上的人员号称是研究隋唐史的，将敦煌学研究变成了副业，因此，成果非常有限。在1992年之前发表的成果中，半数以上都是西北史地和隋唐史研究方面的，因此，当时兰州大学敦煌学研究在全国影响很有限，这种状况直接影响到学科的发展。1984年，兰州大学申报的历史文献学（敦煌学）硕士学位授权点获批之后，兰州大学具有了敦煌学硕士人才培养的资格，这是最早以敦煌学学科进行人才培养的尝试。1986年，又得到美国基督教亚洲高等教育基金会的支持，研究经费才有了保障。1992年，学校加强敦煌学研究力量，晋升王冀青、郭锋、楼劲与我等为副教授，当时兰州大学破格晋升的副教授中，文科只有10人，而敦煌学研究室就占了4人。但是我们的学科建设还没有大的突破，人才培养成绩并不突出。由于领衔专家研究成果不足，1988年、1990年、1993年，我们连续三年申报敦煌学博士学位授权点都没有成功。但我们还是稍有进步，评审结果实现了零票的突破，1993年总算得到了一票。另外我们开始反思总结原因，1993年申报失利之后，这时才根据国务院学位委员会历史学科评议组反馈的意见吸取教训，敦煌学研究平台在学校参与之下进行了重组，确定了以敦煌学为研究重点的思路，开始了新的学科建设工作。1994年，学校晋升陆庆夫为敦煌学平台副教授、我为教授，并以我为中心继续申报博士点。1995年，申报前期顺利而后期波折。又经过数年努力，在中国敦煌吐鲁番学会老一代专家姜伯勤、沙知、宁可等先生及历史地理学专家邹逸麟先生的通力支持下，1998年，兰州大学与敦煌研究院共建，联合申报敦煌学博士点才获得批准。从此，兰州大学具备了培养敦煌学高级人才的资格，兰州大学敦煌学研究真正进入快速发展时期。

回顾兰州大学敦煌学发展历程，如果没有经过努力和充分准备，再好的机遇都难以把握。只有坚持不懈、持之以恒地从事学术研究，才能使学科建设得到发展。

二、兰州大学敦煌学研究步入正轨及高速发展时期

兰州大学敦煌学研究步入正轨并进入高速发展时期是在1998年之后。1998年，经过十年的不断申报，兰州大学敦煌学研究终于获得敦煌学博士学位授权点，此后，相继得到兰州大学“211工程”“985工程”经费等的资助，进入快速发展时期。1999年，兰州大学敦煌学研究所首批进入教育部人文社会科学重点研究基地建设名单。2003年，兰州大学得到人事部博士后管委会的批准，建立历史学（敦煌学）博士后科研流动站。这样，兰州大学敦煌学建成了从硕士、博士到博士后的完整人才培养体系，秉承樊锦诗先生提出的优势互补、珠联璧合的培养模式，即兰州大学在史地文献上的特长和敦煌研究院在石窟艺术与考古上不可替代的优势强强联合，这种联合培养模式在国内高校及科研单位中是独一无二的。在博士生的培养上，兰州大学敦煌学采取了双导师模式，樊锦诗、施萍婷等先生树立了很好的典范，使博士生无论是在兰州大学的课程学习中，还是在敦煌研究院的考察中，实现了从课堂到田野的无缝衔接，很多优秀的博士都是在双导师培养下成长起来的。

截至2023年底，兰州大学敦煌学研究所培养了500多名硕士生，有181名博士毕业生和20余名博士后出站。先后有3人获得全国优秀博士论文及提名，有10余篇博士、硕士学位论文获得甘肃省优秀博士、硕士学位论文奖，多篇论文获得珠峰奖、教育部社会科学优秀成果奖、甘肃省社科优秀成果奖等。已毕业的博士，有69人晋升为教授，60余人晋升为副教授，30余人被遴选为博士生导师，20余人主持国家社科基金重大项目和教育部重大课题攻关项目。他们逐渐成为中国敦煌学研究的中坚力量，遍布中国各地高校和科研单位。兰州大学敦煌学研究所逐渐成为国家敦煌学人才培养的典范，被评为2021年度甘肃省研究生教育优秀导师团队。

学科建设对兰州大学敦煌学的发展至关重要，其中最重要的是敦煌学研究基地的建立。1999年，教育部启动了人文社会科学重点研究基地的建设，兰州大学与敦煌研究院联合申报的兰州大学敦煌学研究所，在教育部和中国敦煌学界的通力支持下，获批首批教育部人文社会科学百所重点研究基地。基地的目标就是建成本领域的科学研究、人才培养、学术交流和资料信息中心。从1999年至2023年，经过24年的建设，兰州大学敦煌学研究所在以上四个方面都取得了很大的发展。重点研究基地的成立，是兰州大学建成国内敦煌研究中心至关重要的一步。在此之后，2003年，敦煌学研究所成为兰州大学“985工程”哲学社会科学创新基地；2007年，被批准成为历史文献学（敦煌学）国家重点（培育）学科；2010年，获批历史学一级学科博士学位授权点；2011年，调整为中国史一级学科博士学位授权点，并自主设置敦煌学二级学科博士点；2017年，进入兰州大学“双一流”建设学科行列。

兰州大学敦煌学研究所在队伍建设方面，从2012年起，先后引进留校从事佛教石窟艺术研究的教师4人，增强了兰州大学敦煌学艺术研究方面的力量。2017年前后，先后引进藏文、梵文、回鹘文、古代突厥鲁尼文研究专家4人，逐渐弥补了兰州大学敦煌学胡语研究上的短板。兰州大学敦煌学研究人员虽然有进有出，但总体处于发展态势，截至目前有专职研究人员20余人，其中教授15人、副教授6人、讲师2人。他们中有教育部长江学者奖励计划特聘教授、讲座教授，青年长江学者，国家“万人计划”领军人才，国家特支计划青年拔尖人才以及甘肃省领军人才等，形成了一支结构合理、学科发展平衡的研究团队。团队成员无私奉献，默默工作，他们既是教师又是编辑，除了完成教学科研工作外，还要义务承担研究所的工作。如《敦煌学辑刊》没有专职编辑，一切工作都是靠他们的无偿付出，才得以顺利进行。团队主持科技部、国家社科、教育部社科、国家文物局等各类基金项目160余项。研究所除专职人员外，还有兼职人员40余人，逐渐从原来单一型研究形态转换为复合型研究形态，在敦煌文献、敦煌与西域史地、敦煌石窟艺术考古等诸多领域取得显著进展，特别是在胡语文献与敦煌西域史的研究上成果突出。

科学研究上，1998年以来可以说得到长足的发展，截至目前，兰州大学敦煌学研究出版了近20个系列约500册图书。

主要有兰州大学敦煌学研究所与敦煌研究院合编，郑炳林、樊锦诗主编，民族出版社出版的“敦煌学研究文库”系列28册，包括郑炳林、王晶波《敦煌写本相书校录研究》(2004)，公维章《涅槃、净土的殿堂——敦煌莫高窟148窟研究》(2004)，郑炳林《敦煌写本解梦书校录研究》(2004)，李应存、史正刚《敦煌佛儒道相关医书释要》(2006)，梁晓鹏《敦煌莫高窟千佛图像研究》(2006)，金身佳《敦煌写本宅经葬书校注》(2007)，陈于柱《敦煌写本宅经校录研究》(2007)，茨默著、桂林及杨富学译《佛教与回鹘社会》(2007)，唐晓军《甘肃古代石刻艺术》(2007)，屈直敏《敦煌写本〈励忠节抄〉研究》(2007)，杨富学《印度宗教文化与回鹘民间文学》(2007)，魏文斌、吴荭《甘肃佛教石窟考古论集》(2009)，崔红芬《西夏河西佛教研究》(2010)，李树辉《乌古斯和回鹘研究》(2010)，杨森《敦煌壁画家具图像研究》(2010)，雷玉华《巴中石窟研究》(2011)，陈菊霞《敦煌翟氏研究》(2011)，王祥伟《敦煌五兆卜法文献校录研究》(2011)，朱凤玉《百年来敦煌文学研究之考察》(2012)，郭永利《河西魏晋十六国壁画墓》(2012)，韩春平《敦煌学数字化问题研究》(2012)，敏春芳《敦煌愿文词汇研究》(2013)，马洪菊《叶昌炽与清末民初金石学》

(2014)，王晓晖《汉唐吐鲁番地区农业经济史稿》(2015)，张景峰《敦煌石窟考古与艺术研究文集》(2016)，刘戈《回鹘草原绿洲拾芥》(2016)，刘全波《魏晋南北朝类书编纂研究》(2018)，赵青山《6—10世纪敦煌地区抄经史》(2019) 等。

还有敦煌研究院与兰州大学敦煌学研究所合编，郑炳林、樊锦诗主编，民族出版社出版的“敦煌学博士文库”系列13册，包括杨富学《回鹘文献与回鹘文化》(2003)、高启安《唐五代敦煌饮食文化研究》(2004)、殷光明《敦煌壁画艺术与疑伪经》(2006)、沙武田《敦煌画稿研究》(2006)、杨明芬《唐代西方净土礼忏法研究》(2007)、黄维忠《8—9世纪藏文发愿文题记》(2007)、王晶波《敦煌写本相书研究》(2010)、敖特根《敦煌莫高窟北区出土蒙古文文献研究》(2010)、黑维强《敦煌、吐鲁番社会经济文献词汇研究》(2010)、陆离《吐蕃统治河陇西域时期制度研究》(2011)、陈于柱《区域社会史视野下的敦煌禄命书研究》(2012)、王兰平《唐代敦煌汉文景教写经研究》(2016)、张延清《敦煌吐蕃抄经研究》(2016) 等。

以上两个系列成果除了部分教师的著作之外，都是兰州大学敦煌学研究所毕业博士的学位论文及其相关研究成果，这反映了兰州大学敦煌学人才培养的水平。

敦煌学研究所有计划地推出研究成果，自2014年开始由研究所编辑、甘肃教育出版社出版的“敦煌与丝绸之路石窟艺术丛书”已出版第一辑20册，第二辑20册也已出版前9册。这套丛书是目前关于敦煌石窟艺术研究最为集中的展现，反映了敦煌石窟艺术研究发展的态势。其中关于敦煌石窟艺术研究的，有郑炳林、张景峰《敦煌石窟彩塑艺术概论》，王惠民《敦煌佛教与石窟营建》，张元林《北朝–隋时期敦煌法华造像研究》，米德昉《敦煌莫高窟第100窟研究》，张景峰《敦煌阴氏与莫高窟研究》，赵晓星《吐蕃统治时期敦煌密教研究》，吴荭《北周石窟造像研究》，郭俊叶《敦煌莫高窟第454窟研究》，李金娟《敦煌莫高窟索义辩窟研究》，朱晓峰《唐代莫高窟壁画音乐图像研究》，陈振旺《隋及唐莫高窟藻井图案研究》等。关于丝绸之路石窟艺术研究的，有魏文斌《麦积山石窟初期洞窟调查与研究》、孙晓峰《天水麦积山第127窟研究》、张铭《麦积山石窟第4窟研究》、张善庆《马蹄寺石窟群汉传佛教图像研究》、雷玉华《川北佛教石窟和摩崖造像研究》、石建刚《延安宋金石窟调查与研究》、刘振刚《陕北与陇东金代佛教造像研究》、苗利辉《图像及其意义：龟兹石窟佛像画研究》等。内容从单体壁画到整体洞窟的研究，从丝绸之路的一点到整体的研究，具有一定典范意义。

另一系列是由甘肃文化出版社出版的“敦煌与丝绸之路研究丛书”，目前也已完成第一辑20册和第二辑前5册的出版，主要有魏迎春、马振颖《敦煌碑铭赞续编》，杨学勇《三阶教史研究》，刘全波《类书研究通论》，金身佳《敦煌写本宅经葬书研究》，刘永明《丝绸之路道教历史文化论集》，任曜新《新疆库车库木吐喇佛塔出土鲍威尔写本研究》等，这是目前关于敦煌和丝绸之路历史文化、敦煌文献研究的集中展现。这两个系列丛书也是兰州大学敦煌学研究所最新研究成果的体现。

此外，还有敦煌学研究所郑炳林和敦煌研究院杨富学主编的“中国古代北方少数民族历史文化丛书”10册，这是少数民族历史文化研究的最新成果。

丝绸之路沿线除了敦煌石窟之外，还保存有其他石窟，这些石窟各具特色，在历史上影响很大，但是对这些石窟的研究进行得很慢，研究成果少，主要原因就是石窟内容刊布不

足，因此，敦煌学研究所与各石窟保护研究单位合作，相继由郑炳林主编，并以“丝绸之路石窟艺术丛书”命名，由甘肃人民美术出版社、安徽美术出版社出版的《武山水帘洞木梯寺石窟》（2015，魏文斌）、《金塔寺石窟》（2019，姚桂兰、刘晔海、郭玉琴）、《文殊山石窟》（2019，姚桂兰等）、《马蹄寺石窟》（2019，姚桂兰、张志勇、王卫东）、《炳灵寺石窟》（五卷本）（2019，张景峰、魏迎春、郑怡楠）、《瓜州东千佛洞》（四卷本）（2023，张景峰、魏迎春）等。这些著作很多是首次全面刊布相关石窟内容，其出版必将促进丝绸之路石窟艺术研究的发展。

研究和介绍国外和我国港台地区敦煌学研究成果也是研究所的一项重要工作。由郑炳林主编、耿昇翻译，甘肃人民出版社出版的“法国汉学研究丛书”10册，翻译了法国敦煌学、西域史和藏学等方面的代表性研究成果。法国是西方研究敦煌学的重镇，他们的研究成果对国际敦煌学发展影响很大，译介他们的研究成果将对敦煌学的发展产生推动作用。

由郑炳林、郑阿财主编，甘肃人民出版社出版的《港台敦煌学文库》100册，将近百年的我国港台地区刊发的敦煌学论文汇集出版，解决了内地收集我国港台地区敦煌学研究成果难的问题，促进了内地和我国港台地区在敦煌学方面的学术交流和联合攻关。

还有郑炳林、高田时雄主编，甘肃教育出版社出版的《国际敦煌学研究文库·日本卷》20册。日本是国外最早开始研究敦煌学的国家之一，涌现出一批著名学者，将日本近百年来的敦煌学研究成果在中国出版，必定会推进中国敦煌学的发展。这仅仅是我们计划的开始，今后我们将陆续完成法国、俄罗斯敦煌学研究文库的出版。

此外，由王冀青著、甘肃教育出版社出版的“国际敦煌学丛书”2册，即《斯坦因与日本敦煌学》《斯坦因第四次中国考古日记考释》，是敦煌档案流散国外研究的标志性成果。王冀青是斯坦因档案研究的专家，最近他的重大招标课题的系列研究成果将陆续出版，这将使敦煌文献流散研究更上一个台阶。

组织全国敦煌学界推进敦煌学研究也是研究所的另一项重要工作。由兰州大学敦煌学研究所编、上海古籍出版社出版的“当代敦煌学者自选集”已面世，有项楚《敦煌语言文学论集》、方广锠《敦煌遗书散论》、邓文宽《敦煌天文历法考察》、郝春文《敦煌学论集》、赵和平《敦煌书仪研究》、张涌泉《敦煌文献整理导论》、郑阿财《敦煌佛教文献与文学研究》、朱凤玉《敦煌俗文学与俗文化研究》、林悟殊《敦煌文书与夷教研究》、陈国灿《吐鲁番敦煌出土文献史事论集》、张鸿勋《跨文化视野下的敦煌俗文学》、朱雷《敦煌吐鲁番论丛》、柴剑虹《敦煌学人和书丛谈》、唐耕耦《唐耕耦敦煌学论集》等。

由兰州大学敦煌学研究所和中国敦煌吐鲁番学会组织，郝春文、柴剑虹、张涌泉、荣新江、郑炳林合编，联合全国敦煌学界共同完成的21册“敦煌讲座书系”，由甘肃教育出版社于2013年出版，包括郑炳林、李军《敦煌历史地理》，郑阿财《敦煌佛教文学》，荣新江、朱丽双《于阗与敦煌》，张涌泉《敦煌写本文献学》，吴丽娱《敦煌书仪与礼法》，赵声良《敦煌石窟艺术总论》，王惠民《敦煌佛教与石窟营建》，陆离《敦煌的吐蕃时代》，杨富学《回鹘与敦煌》，李小荣《敦煌变文》，窦怀永《敦煌文献避讳研究》，赵丰、王乐《敦煌丝绸》，屈直敏《敦煌文献与中古教育》，林世田、杨学勇、刘波《敦煌佛典的流通与改造》，刘屹《敦煌道经与中古道教》，王晶波《敦煌占卜文献与社会生活》，伏俊琏《敦煌文学总论》，冯培红《敦煌归义军时代》，余欣《敦煌的博物学世界》，郝春文、陈大为《敦煌的佛教与社会》，姚崇新、王媛媛、陈怀宇《敦煌三夷教与中古社会》等。该成果规模宏大，卷帙浩繁，内容涵盖敦煌学研究的方方面面，是对近百年来中国敦煌学研究的阶段性全面总结。

由兰州大学敦煌学研究所郑炳林和中国藏学研究中心黄维忠主编，陈践践、黄维忠等完成的“敦煌吐蕃文献丛书”，目前由民族出版社出版了5册，即《敦煌吐蕃文献选辑》文学、文化、社会经济、占卜文书4册和《敦煌吐蕃汉藏对音研究》，这是目前敦煌吐蕃文献研究的集大成之作，以其资料翔实深受学界欢迎。

这些系列研究之外，还有魏迎春、马振颖《凉州金石录》及郑炳林《敦煌碑铭赞辑释》等，标志性成果是郑炳林、李军、吴炯炯、杜海、陈光文、陈继宏、司豪强共同完成的七卷本《敦煌通史》。这些研究成果分别获得甘肃省社科优秀成果一、二、三等奖及教育部人文社会科学优秀成果奖。至此，兰州大学的敦煌学研究进入全面有序发展的进程，可以说，兰州大学占据了敦煌学研究的制高点，掌握了敦煌学研究的话语权。

研究所主办的《敦煌学辑刊》是敦煌学研究成果的重要刊布平台，是CSSCI来源期刊。1980年以《兰州大学学报（社会科学版）》副刊出版，1983年正式创刊，已经走过四十年的路程。辑刊以弘扬传承敦煌文化为宗旨，刊发敦煌学研究的最新成果，至今已经出版了122期，刊登了1500多篇学术论文，对推动敦煌学发展、引领学术研究起了很大作用。敦煌学研究人才的培养离不开《敦煌学辑刊》的扶持，而《敦煌学辑刊》的提升也同样需要敦煌学界的支持。

这个时期，兰州大学敦煌学研究所的图书资料也得以快速建设，最初作为中国敦煌吐鲁番学会资料中心建设时，研究所拥有图书1万余册，后由于管理不当和建设思路分歧，到1998年仅剩4000余册。1998年，敦煌学进入兰州大学“211工程”“985工程”建设之后，资料购置有了资金保障，陆续购入大量图书，现有图书资料约13万册，为敦煌学研究提供了保障，成为真正意义上的中国敦煌吐鲁番学会的资料中心。同时，学习研究的环境也得到彻底改善，研究水平大幅度提升。

兰州大学敦煌学研究所还加强对外合作交流，与俄罗斯、日本、韩国、英国、德国、法国、意大利、土耳其、蒙古等国和我国港台地区的研究单位建立合作关系。1998年，敦煌学研究所开始接收日本朝日新闻社派遣的敦煌学研修生，前后10年有40余人到研究所进修学习，他们逐渐成为日本敦煌学界的中坚力量，并在学术界崭露头角。如韩国同德女子大学教授、韩国敦煌学会会长徐勇先生。2001年起，敦煌学研究所开始重视同我国港台地区高校的合作交流，截至目前，共举办港台敦煌学合作交流活动40余次，2000余人参加，使我国港台地区学子通过交流了解祖国，了解敦煌、丝绸之路的历史文化。

四十年来，兰州大学敦煌学的发展历程是一个从无到有、从小到大、从低到高、从单纯文献史地研究到敦煌学全面研究的发展过程。研究所之所以能够从一个研究小组、研究室发展成为教育部人文社会科学重点研究基地，其一是得到了中国敦煌吐鲁番学会及学术界的支持，其二得益于全体成员的通力合作。

三、兰州大学敦煌学发展的展望

兰州大学敦煌学的发展得到了国家高度重视。

1999年教师节前夕，时任国家副主席的胡锦涛同志在兰州大学考察，我作为兰州大学敦煌学学科负责人受到亲切接见。

2009年，时任国家副主席的习近平同志在兰州大学考察时，在听取我的汇报时指出："将敦煌学做强做大，为国争光。"

2019年8月19日，习近平总书记在敦煌研究院主持召开座谈会，我从学科建设和人才培养两方面进行汇报。习近平总书记在讲话中提出要加强敦煌学研究，把敦煌文化传承好，这是中华民族为世界文明进步应尽的责任，指出要将敦煌研究院建设成敦煌文化传承的典范和敦煌学研究的高地。

2023年6月2日，习近平总书记视察中国历史研究院，出席文化传承发展座谈会并发表重要讲话。根据习近平总书记重要讲话精神，兰州大学敦煌学研究所确定了自己今后的发展目标，即将兰州大学敦煌学研究所建设成为国家敦煌学人才培养和科学研究的"双高地"。

通过调研，我们认为成为科学研究的"高地"有三条标准：第一，深邃而宽广的学术视野；第二，标志性的一流研究成果；第三，具有国际水平的一流学术平台。而人才培养高地的标准只有一个，那就是培养出一流的具有国际影响力的专家。根据这一建设目标，我们制定了近期发展目标。

第一，建成敦煌学人才培养"高地"的标志，就是培养一批以传承和弘扬敦煌文化为己任，活跃在国际学术研究前沿、引领学术潮流、掌握学术话语权、深具学术影响力的学者，尤其是博士和博士后。为此，我们将继续实施与敦煌研究院的联合培养模式，让敦煌研究院的专家学者全面参与兰州大学敦煌学人才的培养过程，成为兰州大学敦煌学专业的硕士、博士生导师。继续实行双导师制度，优势互补，培养一流的敦煌学研究人才，为全国高校和科研院所培养一批从事敦煌学研究的教学科研人才。争取每年毕业博士15人、硕士20人，学位论文水平达到良好以上，每年至少有2至3人入选学校或者甘肃省优秀博士、硕士学位论文；五年中有12人入选甘肃省优秀博士、硕士学位论文；未来五年，毕业博士60人，使兰州大学培养的敦煌学博士毕业总数达到240人以上。这些人中，高职占有量从原来的130人将达到170至180人，完全占据人才培养的制高点，拥有敦煌学界的话语权，使兰州大学成为敦煌学领域人才培养的"重镇"。

第二，制订长期的敦煌学研究规划。首先，争取"敦煌与丝绸之路历史""敦煌与丝绸之路石窟艺术研究""丝绸之路艺术"等三个系列丛书的出版工作早日完成。其次，完成《汉唐敦煌史研究》（七册）、《丝绸之路佛教艺术》（三卷）、《汉唐河西碑铭辑释》（五册）、《海外藏回鹘文文献整理》、《汉唐胡语碑铭整理》、《敦煌写本碑铭研究》、《兰州碑铭辑录》等著作，争取近五年内有100部学术著作出版，产出一批具有国际影响力的学术成果。

第三，拓展敦煌学研究的视野。敦煌学是一个以地名命名的学科，研究对象主要是敦煌石窟和敦煌文献，我们要从狭义的敦煌学向广义的敦煌学拓展。这样，我们就把河西、陇南、陇东、关中、大足、云冈、龙门以及高昌石窟、龟兹石窟等都纳入敦煌学的研究范围；同时从时间上还要前后贯通，把敦煌汉简、黑水城文献、吐鲁番文献以及中原和古代西域文献作为敦煌学的研究内容。敦煌学就地域来说，要东进西出、南北延伸，不仅要研究敦煌、河西和西域，而且要研究蒙古高原和青藏高原的历史。敦煌学还要走学科交叉的路子，将历史学与文学、文字学、哲学、宗教学、艺术学等学科进行交叉研究；同时还要将新的研究方法引进敦煌学的研究中，力争使敦煌学有一个新的突破，产出一流的、高质量的标志性研究成果。

第四，建设敦煌文化传承推广平台。兰州大学敦煌学研究所在甘肃省教育厅和学校的推动下，成立了敦煌文化产业研究院，这是甘肃高校成立的产业研究院中唯一一个以文科为主的研究院。我们将通过敦煌文化产业研究院，推广敦煌文化，使敦煌文化在国内外得到发扬光大，将敦煌文化普及到社会的方方面面，使全国乃至全世界了解敦煌文化。我们将通过敦煌文化产业研究院出版一批普及读物，研发一批带有敦煌元素的文化产品，推进敦煌文化的深层次探索。

第五，开展与国际及与我国港台地区的合作和交流。敦煌文献发现之初就大量流散国外，分别收藏在英国、法国、俄罗斯、日本等国，而国内主要收藏在中国国家图书馆等机构。因此，敦煌学一出现就是国际性的，是国内外学者联合从事研究的，为此，敦煌学研究必须了解国外敦煌学的研究成果。20世纪前期，国外敦煌学研究领先于国内，有了“敦煌在中国，研究在国外”的说法，经过中国敦煌学界的努力，21世纪初就完全改变了这种状况，季羡林先生提出“敦煌在中国，研究在国际”的观点。敦煌是汉唐以来丝绸之路上的通道，敦煌文化是中外交流的产物，也是人类文明的结晶，敦煌是人类共同的敦煌。习近平总书记提出：“敦煌文化属于中国，但敦煌学是属于世界的。”这为敦煌学的发展指明了道路，敦煌学回归世界是敦煌学研究的必然趋势。所以我们将更广泛深入地开展国际合作交流，与国外敦煌学专家联合攻关，将兰州大学敦煌学研究推向一个更高的层次。

兰州大学敦煌学研究的四十年历程是中国敦煌学界发展的一个缩影，我不仅有幸亲历其发展过程，而且见证了其发展历程。今年是中国敦煌吐鲁番学会成立四十周年，也是兰州大学敦煌学研究机构成立四十四周年和《敦煌学辑刊》正式创刊四十周年。研究所于2023年8月16日至18日在兰州大学举办“传承与创新：纪念中国敦煌吐鲁番学会成立四十周年国际学术研讨会”，完成对中国敦煌吐鲁番学会成立四十周年历程的回顾与展望，今后敦煌学研究路程还很长，发展目标还很远，任务还很艰巨，希望兰州大学敦煌学研究所的同仁继续努力，希望中国敦煌学界多关心支持！

四十年来敦煌石窟考古回顾与展望*

张小刚（敦煌研究院）

1983年，对于中国敦煌学界来说，是一个具有开创性意义的年份。这一年，中国敦煌吐鲁番学会正式成立。这一年，第一次全国敦煌学术讨论会成功召开。这一年，敦煌学刊物发行有了突破性进展。《敦煌学辑刊》从第4期开始正式公开发行。《敦煌研究》从第3期开始正式创刊发行。敦煌学研究由此进入了一个蓬勃发展的新时期，我国敦煌学界的专家学者们为国际敦煌学界的发展和繁荣注入了强劲的动力，逐渐改变了“敦煌在中国，敦煌学研究在国外”的局面，形成了“敦煌在中国，敦煌学研究在世界”的局面。四十年来，敦煌石窟考古也取得了令人瞩目的进展、丰硕的研究成果和良好的社会效益。

一、四十年来敦煌石窟考古回顾

（一）四十年来，敦煌石窟考古已经成为敦煌学研究的一个重要分支

在敦煌学界召开的历次重要学术会议上，敦煌石窟考古经常作为一个单独的类别[①]，与敦煌石窟艺术、敦煌遗书、丝路史地等类别并列而分组讨论。1998年出版的《敦煌学大辞典》中也将石窟考古作为一

* 本文系国家社科基金重大项目“敦煌石窟文献释录与图文互证研究”（项目编号21&ZD218）的阶段性成果。

① 敦煌文物研究所编《1983年全国敦煌学术讨论会文集　石窟·艺术编（上、下）》，甘肃人民出版社，1985年；敦煌研究院编《敦煌石窟研究国际讨论会文集（1987）·石窟艺术篇》，辽宁美术出版社，1990年；段文杰等编《1990年敦煌学国际研讨会文集·石窟考古编》，辽宁美术出版社，1995年；敦煌研究院编《1994年敦煌学国际研讨会文集·石窟考古卷》，甘肃民族出版社，2000年；敦煌研究院编《2000年敦煌学国际学术讨论会论文集·石窟考古卷》，甘肃民族出版社，2003年；敦煌研究院编《2004年石窟研究国际学术会议论文集（上、下）》，上海古籍出版社，2006年；中央文史研究馆、敦煌研究院、香港大学饶宗颐学术馆编《庆贺饶宗颐先生九十五华诞　敦煌学国际学术研讨会论文集》，中华书局，2012年。

个单独的门类收入词条107条[①]。包括敦煌石窟考古和敦煌石窟艺术等研究方向的敦煌石窟研究，成为一个自成体系的研究领域。

关于"敦煌石窟考古"的定义，李永宁先生在《敦煌学大辞典》"敦煌石窟考古"条指出，其是"考定敦煌石窟时代、年代及塑像、壁画内容的实践。其对象为敦煌石窟的崖质及窟外建筑、窟前遗址、崖面遗迹、洞窟形制、塑像和壁画。考古手段包括：（1）美术考古，以有明确纪年的洞窟壁画、塑像为时代标尺，并结合历代画史、画论比照石窟形制、壁画、塑像的艺术风格、表现手法、时代特点进行考察、考证，从而推断其时代及相对早晚的方法。对敦煌石窟各窟的时代进行全面、系统的考订，最初即以此为重要手段。（2）传统金石学考古，利用洞窟或与其有关的碑石、题记、发愿文、功德记、文字、书法等考订洞窟时代及内容。例如，……（3）现代考古学，运用层位、分类、排比的方法，考订洞窟、遗迹的时代，如窟前遗址、殿堂建筑，被掩埋的洞窟的时代。比照有关石窟或墓葬实物，对敦煌石窟及其塑像、壁画的整体结构、形制、组合、人物形象、衣服、冠饰进行分类排比，确定其时代早晚，如……（4）文献学考证，如……（5）利用佛经内容及译经时代考古，依据佛经内容，对照壁画经变表现的情节及形象考证各经品内容。敦煌壁画内容多据此法考订。依据佛经翻译时代确定壁画、洞窟时代，如……（6）物理、化学测定，利用碳-14测试，确定壁画地仗有机物质年代；利用化学分析手段，测定不同颜料成分及其运用时代，以确定壁画、塑像时代。敦煌石窟考古是一项综合性的工作，有其特殊性及复杂性，利用单一手段，每有不准确之处，故多数都以两项或多项手段进行综合考察、分析"[②]。

2000年，樊锦诗先生在《敦煌研究文集·敦煌石窟考古篇·前言》中将石窟考古分为六大类：一是对沙埋土掩的遗迹和遗物进行科学的调查和发掘；二是石窟时代与分期的研究；三是石窟内容的调查研究；四是系统收集整理洞窟资料，编写记录性的考古报告；五是石窟专题调查研究；六是运用石窟实物资料，探讨研究石窟历史[③]。在同年发表的《敦煌石窟研究百年回顾与瞻望》[④]一文中，樊锦诗先生以敦煌研究院的研究为主，对20世纪70年代末以后石窟研究的主要成果从五个方面进行介绍：一是石窟内容调查、登录和石窟报告工作；二是石窟遗址和洞窟的清理发掘；三是石窟的分期与断代研究；四是敦煌石窟内容的研究；五是敦煌石窟与历史研究。

由此，我们可以认为敦煌石窟考古是以古代敦煌地区现存的石窟遗址，包括遗迹和遗物为主要研究对象，主要涉及敦煌莫高窟、西千佛洞、瓜州榆林窟、东千佛洞、肃北五个庙石窟、玉门昌马石窟等石窟群的年代和内容，以考古层位学、考古类型学、聚落考古、科技考古等方法为主，结合图像学、文献学、历史地理学等学科的研究方法，对敦煌石窟建筑、塑像和壁画及相关遗存进行调查、发掘、整理和研究的一个敦煌学研究方向。

---

① 季羡林主编《敦煌学大辞典》，上海辞书出版社，1998年，第21-35页。

② 季羡林主编《敦煌学大辞典》，上海辞书出版社，1998年，第21页。

③ 敦煌研究院编《敦煌研究文集·敦煌石窟考古篇》，甘肃民族出版社，2000年，第2页。

④ 樊锦诗：《敦煌石窟研究百年回顾与瞻望》，《敦煌研究》2000年第2期，第40-51页。

（二）四十年来，敦煌石窟考古取得的丰硕研究成果

1.在基础资料的发表和出版方面

（1）此前国内外学者所做的敦煌石窟考古调查、发掘等成果相继发表、出版或被翻译成中文介绍到国内

上海古籍出版社对谢稚柳《敦煌艺术叙录》进行了再版，台北“故宫博物院”出版了《张大千先生遗著莫高窟记》，石璋如出版了三册本的《莫高窟形》，甘肃文化出版社出版了《伯希和中亚之行·敦煌石窟·北魏、唐、宋时期的佛教壁画和雕塑》，日本讲谈社出版了《西域美术》（英国人斯坦因所获文物，3册）和《西域美术》（法国人伯希和所获文物，2册），上海古籍出版社出版了俄国奥登堡所获敦煌文物的6册本《俄藏敦煌艺术品》，甘肃人民出版社出版了《伯希和敦煌石窟笔记》的中译本，广西师范大学出版社出版了斯坦因《西域考古图记》的完整中译本①。2021年，9卷本的*Visualizing Dunhuang: The Lo Archive Photographs of the Mogaoand Yulin Caves*（《观象敦煌：罗氏档案中的莫高与榆林石窟照片》）由普林斯顿大学唐氏东亚艺术研究中心（The P.Y. and Kinmay W. Tang Center for East Asian Art at Princeton University）和普林斯顿大学出版社（Princeton University Press, PUP）联合出版，包含民国时期罗寄梅及其夫人刘先拍摄于1943年至1944年的3000余张敦煌石窟照片。

（2）敦煌研究院整理出版了一批前期数十年工作积累的基础性资料

1985年，潘玉闪、马世长撰写的《敦煌莫高窟窟前殿堂遗址》②一书出版。经过再三复查校对，《敦煌莫高窟供养人题记》一书于1986年出版③。在《敦煌莫高窟内容总录》④（1982）一书的基础上，相关研究者对莫高窟、西千佛洞、榆林窟、东千佛洞、五个庙石窟的洞窟壁画、彩塑内容进行补充，1996年出版了《敦煌石窟内容总录》⑤一书。

（3）敦煌研究院以图册或数字资源库的形式公布、出版了大量敦煌石窟图像资料

大型敦煌石窟图录的编撰出版，既是敦煌石窟研究的产物，又进一步推动了相关研究的深入。20世纪80年代至21世纪初，先后出版了《敦煌莫高窟》5卷（1982—1987年）⑥、《安西榆林窟》1卷（1997年）⑦、《敦煌石窟艺术》22册（1993—1998年）⑧、《敦煌石窟全

---

① 谢稚柳：《敦煌艺术叙录》，上海古籍出版社，1996年；张大千：《张大千先生遗著莫高窟记》，台北“故宫博物院”，1985年；石璋如：《莫高窟形》，台北“中央研究院”历史语言研究所，1986年；《西域美术：大英博物馆スタイン· コレクション（Ⅰ-Ⅲ）》，东京讲谈社，1982年；［法］伯希和著，耿昇译《伯希和敦煌石窟笔记》，甘肃人民出版社，1993年；［英］奥雷尔·斯坦因著，中国社会科学院考古研究所译《西域考古图记》，广西师范大学出版社，1998年；魏同贤、［俄］孟列夫主编《俄藏敦煌艺术品（Ⅰ-Ⅵ）》，上海古籍出版社，1997—2005年；《西域美术——ギメ美术馆ペリォ.コレクジョン（Ⅰ-Ⅱ）》，东京讲谈社，1994—1995年；甘肃五凉古籍整理研究中心编《伯希和中亚之行·敦煌石窟·北魏、唐、宋时期的佛教壁画和雕塑》，甘肃文化出版社，1997年。

② 潘玉闪、马世长：《敦煌莫高窟窟前殿堂遗址》，文物出版社，1985年。

③ 敦煌研究院编《敦煌莫高窟供养人题记》，文物出版社，1986年。

④ 敦煌文物研究所编《敦煌莫高窟内容总录》，文物出版社，1982年。

⑤ 敦煌研究院编《敦煌石窟内容总录》，文物出版社，1996年。

⑥ 敦煌文物研究所编《中国石窟·敦煌莫高窟（第一——五卷）》，文物出版社，1982—1987年。

⑦ 敦煌研究院编《中国石窟·安西榆林窟》，文物出版社，1997年。

⑧ 敦煌研究院编《敦煌石窟艺术（第1—22册）》，江苏美术出版社，1993—1998年。

集》26卷（1999—2005年）[①]、《中国美术全集・绘画编14、15・敦煌壁画（上、下）》（1985年）[②]、《中国美术全集・雕塑编7・敦煌彩塑》（1987年）[③]、《中国美术分类全集・中国石窟雕塑全集1・敦煌》（2001年）[④]、《中国美术分类全集・中国敦煌壁画全集》11卷（1989—2006年）[⑤]等，公布了大量敦煌石窟的塑像和壁画资料。这些敦煌石窟图录的出版，为敦煌石窟的考古研究提供了大量的图像资料。

敦煌石窟的数字化工作也取得了实质性突破，已完成近300个洞窟的数字化采集、处理与存储，以及30个洞窟的全球共享。

（4）对石窟少数民族文字资料的调查、翻译、整理、考释与研究

这些古代少数民族文字资料的翻译考释与发表，对敦煌学研究起到了良好的促进作用。1982年，史金波、白滨两位先生发表《莫高窟榆林窟西夏文题记研究》一文[⑥]。这是他们在常书鸿、王静如、宿白三位先生的指导下，在1964年秋对相关洞窟做了一次专题考察后，于1965年5月完成了《莫高窟、榆林窟西夏文题记翻译》手稿，在此基础上整理修改后正式发表的成果。由敦煌研究院考古研究所和内蒙古师范大学蒙古语言文学系组成的敦煌石窟蒙文题记考察组于1987年5月20日至6月20日对敦煌石窟的531个洞窟进行了一次学术考察。参加这次考察的人员有：敦煌研究院的罗华庆（助理馆员），内蒙古师范大学的哈斯额尔敦（教授）、哈・丹碧札拉桑（教授）、嘎日迪（讲师）、巴音巴特尔（讲师）。考察报告由嘎日迪、罗华庆、巴音巴特尔执笔，而大量工作由嘎日迪完成，哈斯额尔敦、贺世哲、刘玉权、梁尉英修改审定，成果《敦煌石窟回鹘蒙文题记考察报告》发表于《敦煌研究》1990年第4期。

（5）《敦煌石窟全集》洞窟考古报告的编撰与出版

敦煌石窟的建筑、彩塑、壁画，历经千余年，由于自然和人为因素的作用，已存在多种病害，呈现退化的趋势，科学的保护工作纵能延长它的寿命，却无法使其永存。敦煌石窟考古报告的编写是一项不可不做的工程。规划并编撰出版多卷本记录性的考古报告《敦煌石窟全集》，对于永久地保存这一世界文化遗产的科学档案资料、推动这一世界文化遗产的研究、满足国内外学者和学术机构对敦煌石窟研究资料的需求，都具有非常重要的意义。

20世纪60年代，敦煌文物研究所（今敦煌研究院）开始尝试编撰详细的洞窟考古报告，希望通过文字记录、绘制实测图、拍摄图版照片等方式，科学、完整、全面地整理和公布敦煌石窟的全部资料。然而，敦煌石窟考古工作的难度和复杂性远远超出了人们的想象。留存到今天的洞窟，多则一千六百多年，少则八百年，几乎每一个洞窟都是内容丰富、辉煌灿烂、各具特色的“博物馆”。做一部记录洞窟全部遗迹的石窟考古报告是极为复杂的工程，

---

① 敦煌研究院编《敦煌石窟全集》，商务印书馆（香港），1999—2005年。

② 敦煌研究院编《中国美术全集・绘画编14、15・敦煌壁画（上、下）》，上海人民美术出版社，1985年。

③ 敦煌研究院编《中国美术全集・雕塑编7・敦煌彩塑》，人民美术出版社，1987年。

④ 敦煌研究院编《中国美术分类全集・中国石窟雕塑全集1・敦煌》，辽宁美术出版社、天津人民美术出版社，2001年。

⑤ 敦煌研究院编《中国美术分类全集・中国敦煌壁画全集》（第1—11卷），辽宁美术出版社、天津人民美术出版社，1989—2006年。

⑥ 史金波、白滨：《莫高窟榆林窟西夏文题记研究》，《考古学报》1982年第3期，第367-386页。

困难可想而知。历经四十多年的曲曲折折、反反复复，历经了许多失败和挫折，敦煌研究院才得以主持完成多卷本《敦煌石窟全集》考古报告的整体规划和分卷考古报告的撰写体例，计划将其所管辖的莫高窟、西千佛洞、榆林窟等敦煌石窟的近六百个有壁画和塑像的洞窟分成100卷进行整理和出版。

2011年，由樊锦诗院长主持编著的《敦煌石窟全集》第1卷《莫高窟第266—275窟考古报告》终于正式出版。该报告以莫高窟早期北凉（397—439）三窟，即第268、272、275窟为主，并包括了周围的11个洞窟，逐窟记录洞窟位置、窟外立面、洞窟结构、塑像和壁画、保存状况以及附属题记、碑刻铭记等全部内容，并配有全面准确的测绘图和详备的照片图版；附录则收集了本卷洞窟历史图文资料，相关论著目录，颜料、材质分析和碳-14年代测定报告，以及三维激光扫描技术在石窟考古测绘中的应用等。

该报告将最先进的测绘技术运用到考古工作中，实现了石窟考古测绘的重大突破，在考古手段、考古工具、考古理念、专业分工等方面都有了很大的进步。21世纪数字信息的发展给我们带来了很多便利，我们可以取得很多前人无法取得的成果。这一考古报告打破了过去仅限于文字、绘图和摄影结合的方法手段，融合了考古、历史、美术史、佛教、测量、计算机、摄影、化学、物理学、信息科学等多学科的方法。

考古报告的编撰出版，使永久保存、保护敦煌莫高窟及其他敦煌石窟的科学档案资料，推动敦煌石窟文化遗产的深入研究，满足国内外学者和学术机构对敦煌石窟资料的需求，甚至在石窟逐渐劣化甚至坍塌毁灭的情况下提供全面复原的依据成为可能。这份报告也为其他石窟寺遗址考古报告的撰写提供了借鉴，国内外学术界给予高度评价，先后获得甘肃省第十三次哲学社会科学优秀成果一等奖和第七届吴玉章人文社会科学优秀奖。香港大学教授饶宗颐先生认为该报告“既真且确，精致绝伦，敦煌学又进一境，佩服之至”；英国伦敦大学名誉教授韦陀先生（R. Whitfield）称此考古报告“具有从未有过的资料系统完整的科学性，将为中国其他石窟寺遗址的考古报告提供标准与模式”；2019年，法兰西学院金石美文学院因为该报告的突出贡献，将“第二届汪德迈中国学奖”授予樊锦诗先生。

2.在敦煌石窟考古分期断代、内容考证与专题研究等方面

（1）石窟断代与分期研究成果可信

依据造像风格可以大致判定洞窟的时代，依靠洞窟的供养人题记、敦煌文书、碑铭，结合历史文献，可以考订一些洞窟的修建年代与窟主，但是在同一时代内确定不同洞窟之间的早晚关系以及窟内造像题材及其组合的演变规律，则需要运用考古学的方法对洞窟进行分期与排年。

敦煌石窟的分期研究开始于20世纪60年代，在宿白先生的指导下，樊锦诗、马世长、关友惠、刘玉权等人对莫高窟的北朝、隋代、唐前期、吐蕃占领时期、西夏、沙州回鹘洞窟的分期研究，为敦煌石窟的年代序列问题做出了重要贡献。1982年，樊锦诗、马世长、关友惠发表《敦煌莫高窟北朝洞窟分期》①一文，刘玉权发表《敦煌莫高窟、安西榆林窟西夏洞窟分期》②一文。1984年以后，敦煌石窟分期排年的研究成果陆续发表。樊锦诗、关友惠、

① 敦煌文物研究所编《敦煌研究文集》，甘肃人民出版社，1982年，第365-383页。

② 敦煌文物研究所编《敦煌研究文集》，甘肃人民出版社，1982年，第273-318页。

刘玉权《莫高窟隋代石窟分期》[①]，樊锦诗、刘玉权《莫高窟唐代前期洞窟分期》[②]及樊锦诗、赵青兰《吐蕃占领时期莫高窟洞窟的分期研究》[③]等论文相继发表。

（2）石窟营建史研究成果突出

贺世哲、马德、王惠民等先生在向达、宿白、金维诺等前辈学者的基础上，曾利用敦煌文书、碑铭、供养人题记、考古发掘资料和传世的历史文献，先后对莫高窟的起源、崖面的使用、洞窟的营建年代和窟主等问题进行过探讨[④]。

（3）石窟内容考证成果和专题研究成果丰硕

敦煌石窟的内容极其丰富，经过几代人数十年的努力，目前绝大部分的造像题材都已经考证清楚。中华人民共和国成立以前，主要是国外学者依据西方探险家公布的敦煌石窟的照片和资料，对洞窟及其造像题材进行研究；我国学者也运用图像学方法研究敦煌石窟内容，在本生、佛传、因缘、史迹等故事画和尊像画、经变画、装饰图案、供养人像以及建筑、乐舞、雕塑、民俗、服饰、器具、山水、动物、交通、科技等方面都取得了大量的研究成果。

3.在田野考古发掘和考古调查方面

1988年6月开始，由彭金章先生领队对莫高窟北区石窟群进行科学的考古清理发掘，新编号洞窟243个，发现僧房窟、禅窟、瘗窟、仓廪窟和礼佛窟等多种类型的洞窟，出土了大批珍贵文物，到1995年11月发掘工作结束，此后即转入资料的整理阶段。成果集中体现在彭金章、王建军编著的《敦煌莫高窟北区石窟》（一、二、三卷）[⑤]一书中，该成果于2003年获得甘肃省第八次社会科学优秀成果二等奖。

1998年，为了配合莫高窟下寺的维修工程，考古工作者对下寺遗址进行了试掘。主要成果为沙武田《莫高窟“三清宫”漫谈》一文，此文发表在《敦煌研究》2000年第2期。

1999年6—7月，为配合莫高窟南区中段木栈道维修加固工程，对第66—78窟窟前遗址进行发掘。主要成果为沙武田整理并编写的《莫高窟第72—76窟窟前殿堂遗址发掘报告》，发表于《考古学报》2002年第4期。

1999年10月，在莫高窟第96窟窟前段开挖电缆沟，在地下1米多深处发现南北排列的三块大石头及部分花砖。随后由彭金章先生领队，对莫高窟第96窟（九层楼）窟前进行了考古发掘，发现了早于五代、宋的窟前殿堂遗址，清理出清、元、西夏到唐代地面。重要的是，发现了开窟造像时分布在地面的26个架穴，这为考古工作者研究石窟大像的修造提供了新资料。

2001年7—9月，为配合莫高窟上、中寺的维修工程，考古工作者对上、中寺进行了抢救性的发掘[⑥]。

---

① 敦煌文物研究所编《中国石窟·敦煌莫高窟（二）》，文物出版社，1984年，第171-186页。

② 敦煌研究院编《敦煌研究文集·敦煌石窟考古篇》，甘肃民族出版社，2000年，第143-181页。

③ 樊锦诗、赵青兰：《吐蕃占领时期莫高窟洞窟的分期研究》，《敦煌研究》1994年第4期，第76-94页。

④ 马德：《敦煌莫高窟史研究》，甘肃教育出版社，1996年；马德：《敦煌工匠史料》，甘肃人民出版社，1997年；马德：《敦煌古代工匠研究》，文物出版社，2018年；王惠民：《敦煌佛教与石窟营建》，甘肃教育出版社，2013年。

⑤ 敦煌研究院编《敦煌莫高窟北区石窟》（一、二、三卷），文物出版社，2000年。

⑥ 蔡伟堂、郭俊叶、张小刚：《敦煌莫高窟上寺中寺发掘简报》，《敦煌研究》2002年第1期，第18-25页。

2002年7月，为配合敦煌研究院保护研究所对莫高窟三层楼的维修工程，对莫高窟第476、365窟进行了考古清理工作。出土的较多陶灯，几乎每件的内外壁沾满较厚的油垢，说明当时经历了较长时间的使用。第476窟中，出土有汉文、回鹘文、藏文等文书残片及木构件、织物等文物。清理出土的遗物为研究该窟年代、性质、窟主，以及西壁壁画中坐僧的身份提供了重要证据①。

2004年3月，为配合敦煌研究院保护研究所加固修复莫高窟第161窟顶土塔工程，考古工作者对第161窟崖顶土塔及第130窟崖顶的殿堂遗址进行了抢救性发掘。出土的壁画、塑像残件为研究该窟修建、损毁、重修等问题提供了新资料。

2013年7月，为配合敦煌石窟西千佛洞崖体抢险加固工程，工作人员对西千佛洞未编号洞窟进行了彻底清理发掘，共清理未编号洞窟42个；又对崖顶遗址做了清理发掘②。

2003—2015年承担甘肃省文物局“河西中小石窟调查”项目，其中包括对肃北五个庙、瓜州东千佛洞、瓜州旱峡、瓜州碱泉子等石窟群的调查工作。

（三）四十年来，敦煌石窟考古宣传弘扬工作取得了良好的社会效果

其一，彭金章先生参与了中央电视台大型直播节目《敦煌再发现》的录制，介绍莫高窟北区考古发掘的最新成果；张小刚等人参与中央电视台考古公开课节目的录制；敦煌研究院考古研究所的专家学者在国内外做了数十场有关敦煌石窟考古的讲座；同时编写和出版了有关敦煌石窟考古的通俗著作，如彭金章先生编写的“解读敦煌”系列丛书之《敦煌考古大揭秘》，得到了大众的好评③。

其二，考古现场的原址保留与展示。1999年，在莫高窟第96窟窟前和窟内进行考古发掘以后，对遗址各个时期叠压的地层、山墙、架穴、门砧石、石柱础等遗迹和遗物进行了保留与现场展示，并对唐代、宋西夏两个时期的洞窟地面与窟前殿堂遗址的平面图制作了铜版进行展示。

其三，敦煌石窟考古取得的成果，尤其是历年出土的文物，成为敦煌文化展览的重要组成部分，敦煌研究院还多次组织以石窟考古成果为专题的展览。例如，为纪念中国考古学诞生100周年，2022年5—10月，敦煌研究院与武汉大学万林艺术博物馆举办了“万里千年——敦煌石窟考古特展”。

其四，河南省三门峡市渑池县仰韶村遗址1921年的首次发掘标志着中国考古学的诞生，中国第一支考古学文化——“仰韶文化”因此而得名。2021年是仰韶文化发现和中国现代考古学诞生100周年。在2021年10月18日召开的第三届中国考古学大会开幕式上，相关部门发布了中国“百年百大考古发现”名单，敦煌莫高窟因1963年的考古发掘而名列其中，是名单中唯一的石窟寺遗址。

---

① 张小刚、王建军：《莫高窟第476窟考古清理报告》，《敦煌研究》2004年3期，第93-103页。

② 敦煌研究院考古研究所（执笔：王建军、张小刚、刘永增）：《敦煌西千佛洞未编号洞窟清理简报》，《敦煌研究》2016年第6期，第29-35页。

③ 彭金章：《敦煌考古大揭秘》，上海人民出版社，2007年。

二、新时代敦煌石窟考古展望

2000年，樊锦诗先生在《敦煌石窟研究百年回顾与瞻望》①一文中指出，敦煌石窟研究在以下几个方面有待加强：一是进一步做好资料工作。二是总体上，单个专题的研究还有待进一步加强。三是要加强对个体洞窟的基础研究。四是必须将敦煌石窟置于中西文化交流的大背景下进行研究。五是要不断更新研究方法和手段。

2009年，樊锦诗先生在《关于敦煌石窟研究的一些思考》②一文中指出，新世纪敦煌石窟考古研究要做的主要工作是：第一，加强敦煌石窟记录性考古报告的基础工作。第二，进一步加大敦煌佛教主题内容研究的力度。第三，开展与敦煌石窟相关联的中外文化交流研究。第四，加强敦煌石窟研究与敦煌文献研究的结合。

2019年8月19日，习近平总书记到敦煌莫高窟实地考察、座谈并发表重要讲话。2020年5月11日，习近平总书记到山西大同云冈石窟考察历史文化遗产保护工作。党和国家空前重视石窟寺文化遗产的保护、研究和利用工作。2020年10月23日，国务院办公厅发布了《关于加强石窟寺保护利用工作的指导意见》。2020年10月至2021年8月，国家文物局组织开展了历史上最大规模的全国石窟寺专项调查工作。调查结果显示，全国共有石窟寺2155处，摩崖造像3831处，共计5986处。2021年9月7日，国家文物局又正式公布了《中国石窟寺考古中长期计划（2021—2035年）》，要求以敦煌石窟、云冈石窟、龙门石窟、麦积山石窟等重要石窟寺考古报告编写和出版为重点，2022年前完成云冈石窟、龙门石窟、麦积山石窟考古报告体例制定和样稿编制，2025年出版一批重要石窟寺考古报告，2035年前基本完成重要石窟寺考古报告的阶段性任务。中国石窟寺考古研究进入了黄金时代，在发掘和整理基础性资料的资金投入和人才培养等方面都得到了空前重视。目前，敦煌石窟除了已经出版的考古报告《敦煌石窟全集》第1卷以外；第2卷《莫高窟第256、257、259窟考古报告》在2011年之后，经过了十余年的努力，于2024年1月出版；第3卷《莫高窟第251—255窟考古报告》与第4卷《莫高窟第260、262、263、265窟考古报告》的编写工作也已开启。

敦煌石窟考古工作方兴未艾，未来还需做好如下工作：

首先，继续做好基础性的资料整理工作。未来将持续开展以下工作：一是继续按规划开展敦煌石窟考古报告的编撰工作；二是对敦煌石窟内容总录和供养人题记进行补充和修订；三是对敦煌石窟壁画榜题文字进行整理；四是整理和出版莫高窟南区崖面考古报告；五是加大对敦煌周边石窟资料的整理与研究工作力度。

其次，将研究工作引向深入。进一步开阔视野，创新方法，在广度与深度上使敦煌石窟考古研究再上一个新台阶。未来主要将持续开展以下工作：继续敦煌石窟内容的考证工作，比对文献依据，探究造像源流，分析演变规律，探讨时代背景和宗教功能；继续敦煌石窟唐代后期至元代各个时期，尤其是西夏、回鹘时期洞窟的分期断代工作。

再次，加强田野考古工作。除了敦煌石窟范围内，如莫高窟崖顶与大泉河两岸以及周边的成城湾、采石场、五个墩、和尚沟、南天门、观音井、老君堂、王母宫等遗址以外，还将

① 樊锦诗：《敦煌石窟研究百年回顾与瞻望》，《敦煌研究》2000年第2期，第40-51页。

② 樊锦诗：《关于敦煌石窟研究的一些思考》，《中国史研究》2009年第3期，第91-94页。

加强对古代敦煌地区的古城址、古墓葬等其他古代遗址的调查、清理发掘和研究工作。

最后，加强合作和对外交流。促进国内外高等院校和科研机构开展石窟考古方面的合作和交流，尤其要加强与“一带一路”沿线国家在考古研究领域的交流与合作，通过“走出去”“请进来”等多种途径和方式，继续开展中亚、南亚、西亚历史文化遗址考察；继续开展与印度、阿富汗石窟考古单位的交流与合作，并承担国家文化遗产援外项目，以期不仅拓宽和深化丝绸之路与敦煌石窟渊源流变的研究，而且加强与“一带一路”沿线国家的人文交流，促进民心相通，助力国家“一带一路”倡议的实施。

多元一体：近年吐鲁番考古收获与认识略述

张　勇（吐鲁番市文物局）

2020年至2023年，吐鲁番学研究院在新疆维吾尔自治区文旅厅（文物局）、文博院及新疆文物考古研究所的大力支持和帮助下，陆续开展了一系列考古调查和发掘项目。这一系列考古项目基本可以分为三类：配合基本项目建设的考古项目——胜金口石窟西岸佛塔的调查与发掘、鄯善县杨家沟墓地的发掘；抢救性发掘项目——巴达木东墓群；主动性考古调查和发掘项目——吐峪沟石窟寺的补充发掘、西旁景教寺院遗址的考古发掘、车师古道文物资源调查。这些项目虽性质不同、规模大小不一，但都取得了较为喜人的成果，出土了一批极其珍贵的历史文物，也进一步增强了我们对吐鲁番文物遗存分布和埋藏的认知，填补了唐史、吐鲁番史、中外交通史、佛教史等许多学术研究的空白，更进一步证实了吐鲁番作为丝绸之路重镇的核心价值，验证了吐鲁番多元文化、多门语言、多种宗教相互交往、交流、交融的历史事实。

胜金口石窟西岸佛塔

胜金口石窟位于吐鲁番市高昌区火焰山镇巴达木村北部约2000米，在胜金口大桥东南，紧邻312国道，西距吐鲁番市区约40000米，北距柏孜克里克千佛洞约5000米，南距高昌故城约5000米。整个胜金口石窟保护范围被黑沟河一分为二，河谷东岸由东向西依次为胜金口石窟及佛教寺院遗址，胜金口佛塔遗址位于河谷西岸台地的西北部。

2020年5月至6月，为配合胜金口石窟管理用房建设工程，新疆文物考古研究所、吐鲁番学研究院对施工周边区域开展考古勘探工作。勘探过程中，发掘清理了一座佛塔遗址。佛塔近似正方形，占地面积约47平方米，方向南偏西30°，由塔基和塔身组成，塔身整体保存较差，仅在塔基表层东北、东南墙体近塔基中心0.8米处残存两段土坯砌筑墙体，塔基基本保存完整，残存高度约0.5米。在塔基西南墙体残存

局部土坯铺砌的斜坡踏步，出土了少量汉文、回鹘文、梵文等文书残片。出土文书皆较为残破，且以汉文佛经、婆罗米文佛经、回鹘文佛经居多，残片皆无法缀合。出土民国时期选票2种、进口香烟烟盒2个及20世纪50年代国产香烟外包装1个。进口香烟盒品牌均为孔雀牌，其中完整烟盒1个，烟盒正背面用毛笔写有文字，录文如下：

正：合□□二十两。

背：二月十四煮土一两，出烟膠（胶）捌钱[①]。

录文中的“钱”“两”皆为民间度量衡单位的俗写，疑似日本探险家所记录的当地百姓叙述烟土熬制大烟的比例问题。出土少量的木器与铁器，木器中木扣、木橛、木串珠各1件，铁器则为1件疑似插销的铁钉环和1件外部缠绕麻线的铁针（腐朽）。

根据出土文书来看，佛塔可能修建于唐代，高昌回鹘时期继续沿用，伊斯兰教传入后遭废弃，清末民国时期遭受国外探险家的洗劫，中华人民共和国成立后，又有当地人在此挖掘取土，破坏严重。

二、鄯善县杨家沟墓地

2018年3月，鄯善县东巴扎乡组织村民迁移现代墓葬时，在东巴扎乡政府南侧100米处的台地上发现一座斜坡道洞室墓。墓葬墓道较宽，修葺规整，有门柱、耳室、侧龛、尸台，在墓室内部墓门左右两侧各有一俑，由生土雕刻而成。2020年4月，因鄯善县东巴扎乡棚户区改造配套设施建设，在迁移现代墓葬时发现墓葬2座。2020年7月，新疆文物考古研究所和吐鲁番学研究院对墓葬进行抢救性发掘，此次抢救性发掘墓葬9座[②]。

鄯善县杨家沟墓地之前未见记载，古墓葬叠压于当地现代居民墓葬之下。从发掘情况来看，墓葬形制均为斜坡墓道洞室墓，出土陶器均为夹砂青灰陶。通过与吐鲁番历年发掘的阿斯塔那、巴达木、木纳尔、交河沟西等墓地进行对比分析，墓葬的年代为晋–唐时期。墓地西北800多米处为东巴扎古城，唐代为蒲昌城，现残存部分墙体。据此推断，鄯善县杨家沟墓地应为蒲昌城居民的公共墓地。

此次发掘的M1墓葬形制与吐鲁番以往所发掘的晋–唐时期墓葬有所区别，如生土雕刻圆形门柱、墓门内左右两侧生土雕刻泥俑等。但总的来看，墓葬的整体构建、埋葬方式、丧葬习俗还是沿袭了河西至吐鲁番斜坡墓道洞室墓的基本特点，深受中原丧葬文化的影响。

从现已发掘的9座墓葬位置来看，墓葬分布于三个区域，在各个区域均呈现集中并列式特点，朝向一致，但因地表被晚期墓葬打破，未见墓葬茔院或围沟。依据墓葬排列顺序和布局，我们推测该台地可能存在多个茔院。由于发掘墓葬数量较少，出土器物有限，没有明确的文字资料，尚不能对该墓地进行充分解读，但此次发掘为研究吐鲁番地区斜坡道洞室墓的形制变化提供了新的资料。同时，为后续研究吐鲁番盆地东部区域晋–唐时期历史文化、城镇布局等提供了新的方向。

① 舍秀红、张海龙：《吐鲁番胜金口石窟西岸佛塔发掘简报》，《吐鲁番学研究》2020年第2期，第1–8页。

② 张海龙、舍秀红、蒋金国：《新疆鄯善县杨家沟墓地发掘简报》，《吐鲁番学研究》2021年第1期，第1–14页。

三、巴达木东墓群

巴达木东墓群位于新疆维吾尔自治区吐鲁番市高昌区火焰山镇巴达木村东南处，西距阿斯塔那古墓群约5000米，西南距高昌故城约3000米，东北距吐峪沟约9000米，北面正对火焰山，南面为大片农田。墓葬分布于火焰山南麓黑沟河流域山前冲积荒漠地带，地表为沙质黏土。巴达木东墓群与阿斯塔那-哈拉和卓墓葬群同处高昌故城以北区域，属阿斯塔那-哈拉和卓墓葬群向东北方向的延伸。

2022年5—12月，新疆文物考古研究所、吐鲁番学研究院对巴达木东墓群中11座唐代墓葬进行了发掘。巴达木东墓群发掘区域分为南北两个区域，南区M1至M10共10座，北区仅1座为M11，二者相距约800米。发掘区域地势北高南低，地表多见填埋垃圾的深坑，实为墓葬塌陷区。南区墓葬形制为两层长台阶墓道洞室墓，北区墓葬形制为带一个天井的长斜坡道洞室墓。出土器物主要有墓志、彩绘泥俑、陶罐、陶瓶、花押、铜簪、珠饰等。在南北区之间有1984年发掘的唐北庭副都护高耀墓。

此次发掘的墓葬中，以M11的发现较为重要。该墓为斜坡墓道单天井洞室墓，出土墓志一合。据墓志可知，墓主系唐中散大夫、恒王府长史摄北庭副都护程奂，这是继1984年发现的唐北庭副都护高耀墓后又一重要考古发现，对于唐北庭都护府军政建置研究等有重要价值。M11墓葬年代明确，墓主身份等级较高，属于重要的纪年标志性墓。通过对志文的解读，确认墓主人程奂卒于唐大历十一年（776）六月，其仕宦之路为从会宁郡黄石府别将（正七品下）最终到摄北庭副都护（从四品上）。

志主由折冲府职官系统转入节度使系统，并进一步升迁为摄西州司马、北庭都护府长史，转入文官系统。志主“专知西州使库”说明他有库府管理方面的专长，直至迁摄北庭副都护后仍“职守帑藏司存，出纳是悋（吝）”，还承担着库府管理方面的工作[①]。长安二年（702），武则天置北庭都护府于庭州，与安西都护府以天山为界，分治南北。吐鲁番盆地连接天山南北，是两大都护府往来交通的枢纽。在唐西州所辖高昌县境内先后发现两座北庭副都护高等级墓葬，印证了唐西州作为唐朝经营西域的重要基地，见证了中央政府对西域的有效治理。

墓主程奂史籍失载，已知史料中曾任北庭副都护者两人，一为和守阳（717—727），二为高耀（？—766）[②]。程奂墓志的发现，是我们目前所知的第三位北庭副都护。墓志中载，他“终于节义里之私第”。据以往研究，高昌县有高昌里、归化里、慕义里、安义里，此次又新发现了“节义里”，是对唐西州里坊制度研究的补充。

高昌城北自西向东约8500米、南北宽约2000米的范围内均有古墓葬遗存。高昌故城公共墓群主要为阿斯塔那古墓群、哈拉和卓古墓群、巴达木墓地、巴达木东墓群四处墓地。从历次考古发掘来看，墓葬最早纪年为西晋泰始九年（273），墓群的主要年代为晋-唐时期。从文化属性和空间位置分析，巴达木墓地与巴达木东墓群当属哈拉和卓古墓群。此次发掘北侧区域的M11墓志志文记载该墓葬的年代为大历十一年（776），南侧墓葬没有发现有纪年的

① 王永强、尚玉平、王龙等：《2022年新疆吐鲁番巴达木东墓群考古发掘简报》，《吐鲁番学研究》2023年第2期，第1-16页。

② 吴震：《唐〈高耀墓志〉补考》，《新疆社会科学》1988年第4期，第61-67页。

随葬品，根据墓葬形制与出土器物断定，该批墓葬为唐西州晚期。

根据高昌故城墓葬茔区分布及出土文字资料，巴达木东墓群属于唐西州时期东原墓葬区，被埋葬者以唐西州时期居住在崇化乡的官吏为主。相较于早期墓葬地面用石垒砌茔区，巴达木东墓群出现了茔区修筑围沟的现象，同时出现了有较多短斜坡、长台阶式的墓道，这是唐中晚期追求重丧轻葬的表现。根据M11出土的程奂墓志，唐代职官体系中存在可由折冲府军官系统转入节度使文官系统的渠道，而且唐代西域存在非由吏部、兵部铨选，而是由御旨或地方长官选授的“摄官”。这些墓葬的发掘，不仅体现了唐代中晚期中央政府对西域的有效治理，还填补了史料中有关北庭副都护记载的空白。

为进一步摸清巴达木东墓地周边墓葬分布状况，进一步验证“东原”为唐西州时期高等级墓葬集中丧葬区的推断，2023年，相关部门对该区域进行了系统全面的考古调查和勘探，勘探面积约为180000平方米。目前已探明：带围沟茔院家族墓1处（大型墓葬4座）、中型墓葬9座、小型墓葬4座。其后，考古人员将继续开展该区域的考古发掘工作。

四、吐峪沟石窟寺

吐峪沟石窟寺是古代高昌地区开凿时代最早、年代跨度涵盖整个高昌佛教史、营建规模最大、洞窟类型最为齐全的具有年代标尺意义的佛教石窟寺遗址群。该遗址位于新疆维吾尔自治区吐鲁番市鄯善县吐峪沟乡吐峪沟村。石窟所在的吐峪沟峡谷地处火焰山山脉东段，洞窟群以吐峪沟峡谷为界，分为沟东、沟西两区，遗址年代为5世纪至14世纪晚期，是多个时期陆续兴建的石窟寺和地面寺院遗址群。

2010年开始的吐峪沟石窟发掘工作，重点对沟东区新编18窟、沟西区新编2窟、沟西区新编66窟进行了考古发掘。出土文物中最重要的便是文书。据初步统计，文书残片近万件，仅大块的文书便有数百件之多，是中华人民共和国成立以来新疆地区出土文书数量最多的考古发现。

2023年3—4月，中国社会科学院考古研究所、吐鲁番学研究院在2017年考古发掘的基础上，继续对沟东区南部遗址进行发掘，确认其为一处规模较大的佛教寺院遗址。寺院依山而建，上下四级，目前已发掘区域为僧众生活起居区。遗迹类型包括讲堂、僧房、庭院、甬道、山体护墙等建筑，出土金铜佛像，汉文、回鹘文佛经写本，花押，毛笔，砚台，念珠，棋枰，木质建筑构件，纺织品等珍贵文物，对于全面认识吐峪沟佛教寺院分布规律及其内在关联，以及高昌回鹘时期寺院形制布局和功能分区具有重要意义。

五、西旁景教寺院遗址

西旁景教寺院遗址位于新疆维吾尔自治区吐鲁番市区北侧，葡萄沟街道达甫散盖社区北200米，火焰山南麓一座丘岗上，介于葡萄沟（东）与大、小桃儿沟之间。

2021年，中山大学联合新疆文物考古研究所、吐鲁番学研究院对西旁景教遗址实施了主动性考古发掘。该项目被纳入“考古中国”重大项目和《新疆考古工作规划（2018—2022）》中的“新疆多元宗教遗存考古与研究”项目。

2021年，发掘面积约475平方米，基本揭露了遗址岗顶区域的主要建筑群，共清理房屋13间、平台建筑遗迹2处、通道2处、地面（青砖）1处，以及无法归入房屋的墙体4段。出土遗物种类丰富且数量众多，经初步整理，统计重要文物1041件（组），包括文书497件（组）、壁画186件（编号数）、木器161件、陶器标本12件，以及角器、金属器、钱币、织物与皮革制品等[①]。

2023年，发掘面积约753平方米，发掘区域涵盖遗址东坡、岗顶北部及北坡、西坡等区域，共清理出房址9座、平台1座、通道1处、灰坑2座、灰堆1座、灶址1座、厕所2座、独立墙体4段以及疑似景教徒墓葬1座。经初步整理，出土重要遗物（小件）共1093件（组），包括纸文书、壁画、陶器、木器、玻璃器、玉器、铁器、石器、纺织物等类型，其中以纸质文书和各类木器为大宗。

这一阶段的发掘除了初步探明了该寺院的形制布局、年代及改建过程等问题，最为重要的是，出土了大量种类丰富的文物，包括汉文、古叙利亚文、回鹘文、粟特文及其他文字的文献，还有壁画残块、陶片、瓷片、纸张、地砖、木制品、织物、玉器、玻璃器等，以及果实、农作物、食品、残留物、排泄物等。

在发掘中，考古人员在遗址中发现了19世纪末出产的印有俄文的火柴盒、匈牙利文报纸、书页残片、烟头，以及民国时期的铅笔等，印证了遗址曾遭探险家盗掘的情况。

西旁遗址保存状况较好，结构完整，其建筑方式和出土文物体现出景教本土化和文化交流的特点。遗址整体布局呈南北向三组并排，符合西亚、中亚地区景教教堂的典型“三殿式教堂”布局。另外，它的建筑技术、材料等则是吐鲁番的本土传统，其中采用的斗拱等又源自中华传统建筑技艺。采用多种语言文字书写的文献反映了景教信众的多民族背景。从文物角度看，汉文佛经、道经与叙利亚文景教文献合写在同一纸张上的情况，以及壁画颜料、绘画技法、风格等反映的当时景教与佛教、摩尼教绘画及唐代绘画之间的联系，都是多元文化共存、交流互鉴的印证。

遗址出土的产自内地的北宋漆碗和“熙宁元宝”钱币、保存完整的玉雕十字架等，则是当时景教本土化的鲜活证物。吐鲁番西旁景教寺院遗址的考古发现，揭示出唐至元代一座保存完整的古代景教寺院遗址，加上出土的大量珍贵文物，使之具有无比重要的学术研究价值、文化遗产价值和展示利用价值。对于研究基督教历史发展、景教考古、古代西域语言文字、基督教文献，尤其是对于研究东西方文明交流互鉴、中华文明包容性和开放性等，具有十分重要的意义。此外，对遗址的文物保护还可以用于展示利用，让这一珍贵的文化遗产能讲述它丰富多彩的历史故事。

六、车师古道文物资源

车师古道位于天山东段，是连接天山南麓吐鲁番与北麓吉木萨尔的千年古道。自汉唐以来，这条古道作为连接古丝绸之路中道与北道的捷径，因其沟通了车师前后国，故称“车师古道”，唐代称“他地道”，清代称“他即沟”。P.2009《西州图经》记载:“他地道，右道出交河县界，至西北向柳谷，通庭州四百五十里，足水草，唯通人马。”[②]类似的记载还见于《新唐书·地理志》西州交河县条：“自县北八十里有龙泉馆，又北入谷百三十里，经柳谷，

---

① 刘文锁、王泽祥、王龙：《2021年新疆吐鲁番西旁景教寺院遗址考古发掘的主要收获与初步认识》，《西域研究》2022年第1期，第74–80页。

②上海古籍出版社、法国国家图书馆编《法藏敦煌西域文献》第1卷，上海古籍出版社，1995年，第77页。

渡金沙岭，百六十里，经石会汉戍，至北庭都护府城。”[①]宋使王延德从高昌北越金岭至北庭，高昌王避暑都是走的这条路。车师古道是唐代西州（今吐鲁番）和庭州（今吉木萨尔）两地军事、贸易、文化交流的重要通道。

受自治区文旅厅（文物局）委托，2023年7月中旬—8月上旬，吐鲁番市文物局组织专业调查小组，对车师古道吐鲁番段（琼达坂南坡）文物资源进行了详细的调查；2023年9月，吐鲁番学研究院联合北庭学研究院开展了车师古道吉木萨尔段（琼达坂北坡）文物资源调查。

此次调查共登记各类文物遗址点982处。其中古墓葬868座，石构筑居址30处，石构筑墙体18段，岩画遗迹6处，祭台遗址2处，坎儿井2条（竖井31口），地窝子遗址8处，20世纪70年代修建灌溉水渠3段（共9000米）。

结合现场调查情况、地理位置信息、测绘成果和文献资料，调查中较为重要的新发现有：发现2处方形建筑遗址，疑为文献记载中的车师后国王都务涂谷。《汉书》卷九六下《西域传下》云：“车师后国，王治务涂谷，去长安八千九百五十里。”[②]《后汉书》卷八八《西域传》云：“（车师）后王居务涂谷，去长史所居五百里，去洛阳九千六百二十里。”[③]调查吐尔退维烽燧，核查应为龙泉馆（驿）。调查潘家地古城，核实应为柳谷镇。

车师古道文物资源系统性调查帮助我们摸清了古道内各类文物遗存的分布数量和分布规律。沟谷内的墓葬、居址、岩画等文物遗存，为进一步证实吐鲁番作为丝绸之路交通重镇的核心价值，以及印证吐鲁番多种文化、多种语言、多种宗教相互交流、交往、交融的历史事实提供了宝贵物证。此次调查也为两地今后保护好、利用好天山古道文物和自然资源，探讨线性文化遗产保护的新模式提供了必要的基础资料。

七、小结

胜金口石窟西岸佛塔的发掘证实了胜金口石窟遗址群规模宏大，佛教遗址类型丰富，各类遗迹布局有条不紊。同时，出土文物也证实了西方探险家对吐鲁番珍贵文物遗址的盗掘与破坏的事实。

鄯善县杨家沟墓地的发掘增加了我们对晋-唐时期吐鲁番居民墓葬分布与埋藏的认识，为研究吐鲁番斜坡道洞室墓的形制变化提供了新的资料，也反映了中华优秀传统文化对吐鲁番的深远影响。

唐北庭副都护墓志的发现与研究印证了中央政府对西域的有效治理，显示出安史之乱后，远处西域边陲的西州军民始终保持对中原正统文化深度认同的历史事实，反映了中华文化强大的包容力、感染力、向心力和凝聚力。更进一步说明，各民族在经济上相互依存、文化上兼收并蓄、情感上相互亲近，为中华文明的连绵不断提供了坚实稳固的基础。

吐峪沟石窟和西旁景教遗址的考古发掘，为我们展示了从魏晋以来，吐鲁番盆地作为丝绸之路重要交通枢纽，吸收、容纳、汇聚并传承东西方多元文化、多种宗教、多门语言和文字的历史图景，使其成为丝绸之路文化交往、交流与交融的“璀璨明珠”。更进一步

① ［宋］欧阳修、宋祁撰《新唐书》卷40《地理志》，中华书局，1975年，第1046页。

② ［汉］班固撰《汉书》卷96下《西域传下》，中华书局，1962年，第3921页。

③ ［南朝宋］范晔撰《后汉书》卷88《西域传》，中华书局，1965年，第2929页。

阐明了一部中国史，既是一部各民族交融汇聚成多元一体的中华民族的历史，也是一部各民族共同缔造、发展、巩固统一的伟大祖国的历史。车师古道文物资源调查让我们摸清了古道内各类文物遗存的分布数量和分布规律。沟谷内的墓葬、居址、岩画等文物遗存，见证了天山孔道作为丝绸之路的“毛细血管”，在沟通天山南北，促进多民族互联、互通、互融方面发挥的纽带作用。

近年来，吐鲁番考古工作取得了可喜的成果，这一系列重大考古发现为吐鲁番学的研究提供了新的关键证据，拓宽了新的领域。胜金口石窟西岸佛塔、鄯善县杨家沟墓地、巴达木东墓群、吐峪沟石窟寺、西旁景教寺院遗址、车师古道文物资源等考古进展，不仅展示了古代西域多元文明交流、交往、交融的历史图景，更为丝绸之路人文研究提供了深厚的学术支撑。

稽古与溯史
——敦煌与西北社会历史研究

西汉敦煌郡移民问题再探

——以敦煌悬泉汉简为中心*

魏迎春（兰州大学敦煌学研究所）
郑炳林（兰州大学敦煌学研究所）

【摘要】 通过对中原的贫民、流民、"应募士"、"徙边者"以及胡姓移民等几种类型的移民群体研究得知：中原移民以"关东下贫"为主，其中贫民、"应募士"、"徙边者"迁徙敦煌郡主要由当地政府遣员护送，而流民迁徙敦煌郡往往需要敦煌郡遣员招揽。敦煌郡极为重视移民接待安置工作，一般会给中原移民划定居住区域，分配田宅，并关注其后续生活。随着中原移民不断进入，敦煌郡劳动人口得以补充，农业经济获得发展。与此同时，中原的生活习俗、儒家文化等传播到敦煌，形成移民文化，中原文化还以敦煌为中转将影响扩展至西域地区。此外，由于敦煌郡独特的地理位置，吸引了大量外来胡姓居民在此活动乃至定居，这些胡姓居民对于推动西汉敦煌郡的畜牧业、商业发展与国际化进程具有重要助益。

【关键词】 敦煌郡　西汉　移民　悬泉汉简

西汉政府组织移民徙于敦煌，早于敦煌郡的设置。《史记·乐书》记载："又尝得神马渥洼水中"，《史记集解》对此注云：

> 李斐曰："南阳新野有暴利长，当武帝时遭刑，屯田敦煌界，人数于此水旁见群野马，中有奇异者，与凡马异，来饮此水旁。利长先为土人持勒靽于水旁，后马玩习，久之，代土人持勒靽，收得其马，献之。欲神异此马，云从水中出。"①

暴利长屯田敦煌界并向武帝上报渥洼池出天马发生于元狩三年

---

* 本文系国家社科基金冷门绝学研究专项学术团队项目"敦煌河西碑铭与河西史研究"（项目编号21VJXT002）研究成果。

①［汉］司马迁：《史记》卷24《乐书》，中华书局，2014年，第1401页。

（前120）[①]，则在浑邪王杀休屠王降汉的次年，西汉政府已派遣刑徒屯田戍边于敦煌界渥洼池附近。并且暴利长等屯田部队活动在敦煌的同时，当地还有“土人”活动。渥洼池位于今阳关镇南，在西汉时地处敦煌郡西南部。推测活跃于这一带的“土人”为小月氏、南山羌或匈奴人。如此，西汉政府最早向敦煌组织的移民实际上是贬谪发配罪犯进行军事戍边[②]，而在西汉组织移民前，敦煌当时存在土著居民活动。

元狩四年（前119），卫青、霍去病取得漠北大捷后，“汉度河自朔方以西至令居，往往通渠置田官，吏卒五六万人，稍蚕食，地接匈奴以北”[③]，西汉政府开始大规模移民河西进行开发活动。而至敦煌郡设置的元鼎六年（前111），“初置张掖、酒泉郡，而上郡、朔方、西河、河西开田官，斥塞卒六十万人戍田之”[④]。《汉书·武帝纪》亦载此年：“乃分武威、酒泉地置张掖、敦煌郡，徙民以实之。”[⑤]此后，移民徙边敦煌郡成为西汉政府的持续性政策。西汉夺取河西初期，敦煌乃至整个河西的移民群体以戍边军队为主。又，《汉书·地理志下》在介绍河西历史和居民时称：

> 自武威以西，本匈奴昆邪王、休屠王地，武帝时攘之，初置四郡，以通西域，鬲断南羌、匈奴。其民或以关东下贫，或以报怨过当，或以悖亡道，家属徙焉。[⑥]

根据以往我们的研究，已将敦煌郡移民分为屯田军队、一般罪犯、犯罪或避祸的官吏和大姓、流民、贫民等几类群体及其家属，并重点对军队、罪犯及犯罪或避祸的官吏和大姓等群体进行了细致探讨[⑦]，但对敦煌郡移民中的贫民和流民群体，此前并未纳入考量的“应募士”“徙边者”，以及外来胡姓等群体，着墨有所不足，故特此撰文围绕这些移民群体进行研究。

一、西汉中原贫民与流民迁徙敦煌郡

元鼎六年（前111）敦煌置郡之后，愈发需要人口充实新郡，而《汉书·地理志下》所载“关东下贫”，应主要指函谷关以东的贫民，还可能包括流民。“关东下贫”由西汉政府出面组织，提供交通工具将他们迁徙到敦煌，分配相应的土地，提供必要的基本生活资料，并给予免除赋役等优惠政策。

悬泉汉简ⅡT0115③:104记载：“诏书：哀痛关东百姓，颇被疾苦，一家尽死，莫耐相葬。民或贫困饥饿，留离道路，县官怜忧，念思不忘。至于食不甘味，为减肉食，不听钟鼓歌舞。”[⑧]其中的“贫困饥饿”应指关东贫民，而“留离道路”应指关东流民。百姓一旦在原住地难以生存，往往被迫离开原籍，流离失所，沦为流民，因此二者间的界限并不显著，他

① 郑炳林、司豪强：《敦煌通史·两汉卷》，甘肃教育出版社，2023年，第18-20页。

② 魏迎春、郑炳林：《西汉敦煌郡移民研究》，《敦煌学辑刊》2021年第1期，第41-49页。

③ ［汉］司马迁：《史记》卷110《匈奴列传》，中华书局，2014年，第3517页。

④ ［汉］司马迁：《史记》卷30《平准书》，中华书局，2014年，第1735页。

⑤ ［汉］班固：《汉书》卷6《武帝纪》，中华书局，1962年，第189页。

⑥ ［汉］班固：《汉书》卷28下《地理志八下》，中华书局，1962年，第1644-1645页。

⑦ 魏迎春、郑炳林：《西汉敦煌郡移民研究》，《敦煌学辑刊》2021年第1期，第41-49页；郑炳林：《西汉政府的罪犯徙边敦煌郡——以敦煌出土文献为中心的考察》，《华中师范大学学报（人文社会科学版）》2023年第2期，第34-42页。

⑧ 张俊民：《悬泉汉简：社会与制度》，甘肃文化出版社，2021年，第369页。

们都属于“关东下贫”之列。简文所载诏书揭示了西汉政府向敦煌郡迁徙关东贫民和流民的背景和原因，关东贫民和流民的形成有被豪强兼并失去土地所致，也有自然灾害所致。

“关东下贫”向敦煌郡的迁徙是为满足西汉中央政府移民实边的需要，其具体迁徙过程主要分为两种，一是由关东县级政府遣员向西护送，二是由敦煌郡政府遣员向东迎护。《汉书·卜式传》记载：

岁余，会浑邪等降，县官费众，仓库空，贫民大徙，皆仰给县官，无以尽赡。式复持钱二十万与河南太守，以给徙民。①

浑邪王降汉之后，西汉政府逐步向原来浑邪王、休屠王居住的河西地区移民。地处关东的河南郡属于移民迁出区，迁徙的主要对象正是关东贫民。从这条记载也可看出当时负责关东贫民迁徙工作的主要是郡县官员，并且转移移民所需的钱财物资须仰仗郡太守与县官。《汉书·张汤传》记载：

会浑邪等降汉，大兴兵伐匈奴，山东水旱，贫民流徙，皆印给县官，县官空虚。②

由此可见，西汉征伐匈奴、水旱灾害等因素致使百姓生活压力骤增，贫民乃至流民由此增多。同时“贫民流徙”反映出关东贫民向流民转化的过程，而“印给县官，县官空虚”亦表明关东贫民、流民迁徙工作主要就由当地县级政府负责。又，《汉书·武帝纪》记载元狩四年（前119）：

四年冬，有司言关东贫民徙陇西、北地、西河、上郡、会稽凡七十二万五千口，县官衣食振业，用度不足，请收银锡造白金及皮币以足用。③

此次迁徙关东贫民的目的地中虽不包括河西地区，但这次大规模迁徙关东贫民过程也能佐证关东贫民迁徙边地时须由“县官衣食振业”。由此可知，关东地区的县级政府在贫民迁徙敦煌郡过程中扮演着极为重要的角色。

《汉书·万石君传》记载：“元封四年，关东流民二百万口，无名数者四十万，公卿议欲请徙流民于边以适之。”④既然是徙流民于边，新置的敦煌郡应在移民的范围之内。但是这次流民徙边是否执行，尚无记载证实⑤。不过，由此可以窥知汉武帝时期关东地区流民数量的庞大。ⅣT0517③:5记载：“关东尤甚者民蠹□□□□郡国中及它郡☐”，此简发现于敦煌，或与敦煌招揽关东流民之事相关。关东地区数量庞大的流民群体为西汉敦煌郡提供了充足的移民人口。关东流民迁徙敦煌郡的情况与贫民迁徙又有所区别，流民虽与贫民一样都生存艰难，但却因其流动性而更难组织迁徙，因此关东流民迁徙敦煌郡往往需要敦煌郡遣员招揽。ⅡT0315②:36A记载：“河平元年八月戊辰朔壬午，敦煌大守贤、丞信德谓过所县道：遣广

① ［汉］班固：《汉书》卷58《卜式传》，中华书局，1962年，第2625页。

② ［汉］班固：《汉书》卷59《张汤传》，中华书局，1962年，第2641页。

③ ［汉］班固：《汉书》卷6《武帝纪》，中华书局，1962年，第178页。

④ ［汉］班固：《汉书》卷46《万石君传》，中华书局，1962年，第2197页。

⑤《汉书·万石君传》记载，元鼎五年万石君子石庆为丞相，元封四年“上以为庆老谨，不能与其议，乃赐丞相告归，而案御史大夫以下议为请者。庆惭不任职，上书曰：‘臣幸得待罪丞相，疲驽无以辅治。城郭仓廪空虚，民多流亡，罪当伏斧质，上不忍致法。愿归丞相侯印，乞骸骨归，避贤者路。’”遭皇帝批评：“君不绳长吏，而请以兴徙四十万口，动荡百姓，孤儿幼年未满十岁，无罪而坐率，朕失望焉。”

至司空啬夫尹猛收流民东海、泰山，当舍传舍，从者如律令。八月庚寅过东。”[①]《汉书·成帝纪》记载：“河平元年春三月，诏曰：‘河决东郡，流漂二州……’”颜师古注云：“兖州、豫州之地。”[②]《汉志》记载：“河平元年三月，流民入函谷关。”[③]可见兖州、豫州一带水灾导致大量百姓成为流民，这些关东流民甚至涌入函谷关，影响关中地区，而敦煌郡“收流民”的东海、泰山二郡应当就是此次水灾影响及流民产生的地区。敦煌郡遣广至县司空啬夫尹猛赴东海、泰山收流民西迁，既可缓解关东乃至关中流民造成的社会压力，又能充实敦煌郡人口。据此推测，敦煌郡往往会在中原地区发生自然灾害时期，遣员向东招揽流民西迁。ⅣT0317③:12记载：“出钱五千一百卅。以给亭长董并收流民关东，十月尽二年三月积☐·右厩同四人。□□二石八石四斗六升☐。”[④]敦煌郡派遣亭长董并到关东招收流民获得五千一百三十钱，推测这笔钱应当是敦煌郡给出差赴关东招收流民人员的沿途经费。

敦煌郡招揽流民的地区不仅限于关东地区，还包括关中三辅地区。ⅡT0216②:624记载汉成帝建始元年（前32)：“表是市啬夫侯宪，建始元年十月辛丑，受传收流民三辅郡中，从者一人。十一月丙寅东。”酒泉郡辖县有表是县，则此简表明酒泉郡表是县派市啬夫侯宪向东赴三辅地区招揽流民，然后护送西迁的流民补充酒泉郡人口后，分出部分充实敦煌郡人口，如此，则此简应是表是市啬夫将三辅流民护送至敦煌郡后返程向东时留下的记录。另外还有一种可能，敦煌郡另有“表是”地名，因侯宪身份是市啬夫，故推测敦煌郡设有表是市，如此，则此简可能是敦煌郡表是市啬夫赴三辅地区招揽流民的记录。但从侯宪完成流民西迁敦煌郡工作后又经敦煌郡悬泉置向东来看，显然前一种可能性更大。这就意味着酒泉郡很可能也参与甚至主导敦煌郡部分流民的迁入工作。侯宪将三辅流民送到敦煌郡安置点后，再经驿置返回酒泉郡表是县。又，ⅤT1611③:16记载：“☐□成功赏收流民左冯翊☐。”[⑤]ⅡT0214②:458记载：“☐成功赏收流民从者☐。”[⑥]左冯翊属三辅，故此亦为敦煌郡自三辅地区招揽流民之佐证。

关于敦煌郡流民安置情况，ⅤT1410③:108A记载：“☐朔甲辰，敦煌守部司马□☐☐□收流民广至□□□☐。”这里记载的是敦煌郡转移、安置流民之事，我们对此简含义有两种解读：一是敦煌郡派遣部司马将外地迁徙而来的流民安置在广至县；二是敦煌郡派遣部司马赴广至县接收迁徙敦煌郡的流民。这些东来流民在敦煌郡定居后，在户籍资料中还会给予特别标明。Ⅱ90DXT0114④:311记载：“敬上里户人簪褭爰贺，年五十七，户一口一。流。”[⑦]爰贺是单人户，居于敬上里，爵位是簪褭。从名籍注明“流”来看，他应当出身流民。类似的记载还有很多。如Ⅱ90DXT0114④:322记载：“安里户人大女长孙年卌七，户一口二，长

① 甘肃省文物考古研究所：《敦煌悬泉汉简释文选》，《文物》2000年第5期，第33-34页。

② ［汉］班固：《汉书》卷10《成帝纪》，中华书局，1962年，第309页。

③ ［汉］班固：《汉书》卷26《天文志》，中华书局，1962年，第1310页。

④ 本简属未刊简，收藏于甘肃简牍博物馆，本文凡未注明出处的简文皆属此类，不再一一注明。

⑤ 张俊民：《悬泉汉简所见汉代复姓资料辑考——敦煌悬泉置出土汉简所见人名综述（三）》，载雷依群、徐卫民主编《秦汉研究》（第二辑），三秦出版社，2007年，第197页。

⑥ 张俊民：《悬泉汉简所见汉代复姓资料辑考——敦煌悬泉置出土汉简所见人名综述（三）》，载雷依群、徐卫民主编《秦汉研究》（第二辑），三秦出版社，2007年，第197页。

⑦ 甘肃简牍博物馆等编《悬泉汉简》（叁），中西书局，2023年，第228页。

孙寡妇大女绍素年廿六。流。”[①]Ⅱ90DXT0114④:331记载：“富里户人簪裹爰利，年卅九，户一口二；利弟簪裹得，年卅三。敦煌。流。”[②]Ⅱ90DXT0114④：345记载：“■右常幸，户二口五，流。其二人甲卒，一人男免丿。二人大女丿。”[③]以上诸简所见众人名籍注明为“流”，很可能就是表明这些人的身份曾为流民，后徙居敦煌郡。如此推测成立，则意味着敦煌郡对迁入流民建档统计，标明出身，以与其他移民区分。

悬泉汉简中除记载安置流民外，还有大量与“徙民”或“移民”相关的记载，其中应当包括关东贫民。ⅡT0114③:464记载：“甘露元年六月甲子朔癸巳，北乡啬夫富成佐敞敢言之：廷令曰：诸辞者事不在，辞官移书在所，在所以次治。谨移民自言一事，谒移县泉置书到验问，禹审如道√。富成言为收责报敢言之。”[④]此简似表明，甘露元年六月有一批移民被安置在敦煌效谷县北乡。悬泉汉简中有很多关于徙民敦煌的记载，ⅡT0214②:375记载：“□□送徙民，从者一人，凡二人。往来积廿四食。”[⑤]此处的徙民应当即指迁徙贫民。就是说某郡县派遣吏员与从者两人护送一批贫民到敦煌。据此得知，西汉移民敦煌时，地方政府会遣专人负责护送，利用沿途驿置提供食宿逐站传送移民。ⅡT0215②:22记载：“河平三年十一月乙卯朔辛巳，县泉置啬夫欣敢言之。廷谨移民转已事致一编，敢言之。”此简应是汉成帝河平三年（前26）悬泉置关于接待、转移移民之事的文书。又，ⅡT0115④:130记载：“……□诣徙所……”此“徙所”应指外来移民徙居之所。据此得知，敦煌郡移民是西汉政府有计划的移民活动，政府会事先规划移民居住地区，由迁出地的郡县派员将这些移民送到敦煌郡，再由敦煌郡进行相应的安置工作。ⅡT0213S:180记载：“……民敦煌郡”。这里记载的或许就是徙民敦煌郡。ⅡT0111①:318记载：“冥安安乐乡啬夫庆敢言之，谨移民自言三事，唯廷谒移……责报如律令，敢言之。/□佐博发君前，幸。”[⑥]这表明敦煌郡冥安县安乐乡应当安置了一批移民，故安乐乡乡啬夫庆专门针对移民问题进言三事，推测此文书应当是庆将意见上报县廷，县廷又将此意见转给郡府，郡府批复后经悬泉置将回函发回冥安县。再者安乐乡乡名或许就寓意着移民来到这里生活安乐。移民定居敦煌郡必然还要涉及土地分配问题。ⅠT0112②：49记载：“☐任徙民□子夏田二石〻六十□☐。”此简应涉及敦煌郡移民分配田地及收成问题。又，ⅡT0213③:121记载：“□□□年□月庚戌朔□□，敦煌大守千秋、守部千人章行长史事、守部候修仁行丞事谓县：遣□□□□光陈广徙民田当□，当舍传舍，从者从者如律令。二月丙午西。”[⑦]结合文书内容来看，此简应是敦煌郡给属县下达的指令，要求县里派员安置移民并分配耕田。简文所载“徙民”可以分配田地，应非罪犯戍边，而是属于徙边贫民或流民。中原地区贫民迁徙敦煌郡，路途遥远，困苦不堪。Ⅱ90DXT0114②:201+209记载：“不得有逋，民多贫困，收责不可卒得，诚迫过两校，并且以所收民筑城，余钱万八千七百八十五为。”[⑧]此简就是要求敦煌官员善待贫民。Ⅳ

① 甘肃简牍博物馆等编《悬泉汉简》（叁），中西书局，2023年，第228页。

② 甘肃简牍博物馆等编《悬泉汉简》（叁），中西书局，2023年，第232页。

③ 甘肃简牍博物馆等编《悬泉汉简》（叁），中西书局，2023年，第236页。

④ 甘肃简牍博物馆等编《悬泉汉简》（叁），中西书局，2023年，第164页。

⑤ 邓天珍、张俊民：《敦煌汉简札记》，《敦煌研究》2012年第2期，第119页。

⑥ 甘肃简牍博物馆等编《悬泉汉简》（贰），中西书局，2020年，第168页。

⑦ 邓天珍、张俊民：《敦煌汉简札记》，《敦煌研究》2012年第2期，第119页。

⑧ 甘肃简牍博物馆等编《悬泉汉简》（叁），中西书局，2023年，第88页。

92DXT0317③:8记载：“其四枚以诏书贳卖予贫民。七百廿三见。十二月余合铁鈇七百卌八枚。廿一枚卖雠直二千二百八十九。□□校百九钱。校百九。校七百廿。□□□。”迁徙到敦煌的移民缺乏生产生活资料，为了使移民能够尽快投入经济生产，西汉政府会通过租赁买卖的形式将生产工具提供给贫民。

二、西汉敦煌郡移民中的“应募士”与“徙边者”

西汉政府向敦煌郡的移民中，除了来自中原的移民和流民外，还有很多较为特殊的群体。比如“应募士”和“徙边者”。

悬泉汉简ⅢT0906④:3记载：“应募士长安随昌里段护，婢大女□产子三。马一匹。”ⅤT1611③:296记载：“应募士茂陵嘉平里冷长，年卅五，长七尺四寸。斥候。”所谓应募士是指自愿从军者，他们应该在敦煌郡军事系统。上述二简中段护是长安随昌里人，后于敦煌郡娶妻生子。而冷长是茂陵嘉平里人，在敦煌郡担任斥候，家庭情况不详。此二简分别记录了应募士段护与的原籍、身份、年龄、外貌、家庭关系、财产、担任职务等相关基本信息。应募者属于自由民，其社会身份地位相对因罪判罚来到敦煌郡戍边的戍卒、弛刑士等要高。但应募士作为自愿从军者，又不一定都会如段护般在敦煌郡娶妻生子定居落户。如ⅠT0405④A:12记载：“德丞博移过所：应募士长安棘里王丰，事已罢归家。□苛留，如律令。米斗八升。卩。”[①]可见敦煌郡的应募士在服役结束后，经所在机构同意便可签发过所归家。这意味着应募士群体实际上属于敦煌郡的流动人口，但其中也有选择定居敦煌郡者。

除了军事性质的移民外，西汉敦煌郡还有因罪被罚徙边的群体，这些人被称为“徙边者”。悬泉汉简中有关于徙边者的记载。如ⅤT1411②:33记载：

> 初元三年二月丙戌朔辛亥，北地大守武、长史固谓过所县道：遣朐衍右尉石禹，送徙边者敦煌郡，当舍传舍，从者如律令。

敦煌郡的徙边者区别于戍边者，西汉时有迁徙之罚，获罪须徙边者无须承担戍边任务，一般是获罪被罚举家迁往边地，成为边地著籍居民。《张家山汉墓竹简：三三六号墓》公布了西汉早期法律文本《汉律十六章》，其中收录了《罨（迁）律》，对迁徙之罚有详细记载，其文规定：“……诸当罨（迁）（322）者皆包妻子、同居，入其田宅县，罨（迁）所县予田宅。其女出为人妻、数虽在父母所，勿包。（323）”[②]这条法令不仅表明徙边者须举家迁徙，迁入地还要负责给迁入的移民分配田宅，西汉敦煌郡在安置徙边敦煌郡人员时应当也会照此章程办理。这种迁徙之罚是促进内地百姓向外迁徙的重要形式，此举极大推动了边疆落后地区的开发。ⅤT1411②:33所载徙边敦煌郡者，是由迁出地北地郡太守、长史签发过所，然后派遣当地吏员经河西驿置逐站护送，直至敦煌郡，其后由敦煌郡地方政府接手，为其分配田宅使之定居。ⅡT0215④:64记载：“字稚君，为郡送徙边民敦煌郡至。”此简亦可佐证由徙边者户籍所在郡县派遣吏员护送其前往敦煌郡应属惯例。又，Ⅱ90DXT0214②:565记载：

> 当徙边未行、行未到，若亡，勿徙；赦前有罪，后发觉，勿治；奏当当上勿上，其当出入，其□□□在所县为传疑者，谳廷尉，它如律令。丞相御史分行诏

① 甘肃简牍博物馆等编《悬泉汉简》（贰），中西书局，2020年，第119页。

② 荆州博物馆编，彭浩主编《张家山汉墓竹简：三三六号墓》，文物出版社，2022年，第209页。

书，为驾各。[①]

此简是西汉政府为徙边制定的条例，相比西汉早期的《罨（迁）律》广泛针对迁徙之罚，此处的记载专门针对徙边做出的规定更为细致具体。西汉政府针对被罚徙边者不能成行以及赦免赦前所犯罪给予详细规定，从中反映出西汉政府对于被罚徙边敦煌郡的徙边者，在其完成徙边使命后会给予一些减免罪行等优惠政策。这意味着徙边者徙边定居敦煌本身就是对其过往罪行的处罚，而在完成这项处罚后徙边者便不再是罪犯，且成为敦煌郡的著籍居民后，这些徙边者还能享受一定的优惠政策，这些政策的制定是为鼓励中原百姓徙边敦煌郡，充实当地人口。

三、西汉敦煌郡的中原移民文化

随着中原移民进入，西汉中原地区的科学技术和民俗民风对敦煌地区也产生巨大的影响。悬泉汉简中包含数术书，从中可以窥知中原风俗对敦煌地区产生的影响：

闭·丑北六·寅北六·卯北六·辰东六·巳东六·午东六·未南六·申南六·酉南六·戌西六·亥西六·子西六。/第十三。[②]（Ⅰ91DXT0309③:265AB）

死吉凶·子死大事离，东南间三室，必或死者，其凶在北辟上。·巳□凶不可蔡，蔡不出一年，必有死者，其日西日可以葬。/第十四。[③]（Ⅰ91DXT0309③:262AB）

·丑死，家益富，东南间一室，必有死者，其凶在牛庑中。·丁丑不可入蔡，蔡不出三年，有人三死之。/第十五。[④]（Ⅰ91DXT0309③:267+335AB）

·寅死，去不羊，西南间一室，必或死者，其凶在马厩中。·四月寅不可穿，夏三月寅，不可以哭泣，不出三月复哭。/第十六。[⑤]（Ⅰ91DXT0309③:268+274AB）

·卯死，复有丧，西南间三室，有死者，其凶在积薪上。·二月卯不可穿。/第十七。[⑥]（Ⅰ91DXT0309③:146AB）

·辰死，去不羊，西南间一室，必有死者，其凶不出在井上。·辰不可穿，穿不出三月，有二丧；毋以蔡以蔡，不出三年，有五丧；勿以哭泣，以哭泣不出三月，复哭。/第十八。[⑦]（Ⅰ91DXT0309③:266AB）

·巳死，田宅益。西北间一室，必有死者，其凶在东南隅。·乙巳不可蔡，蔡不出三年，三人死之。[⑧]（Ⅰ91DXT0309③:196）

·午死，去不羊，西北间三室，必有死者，其凶在□□上。·午勿以哭□。[⑨]

---

① 甘肃省文物考古研究所：《敦煌悬泉汉简释文选》，《文物》2000年第5期，第45页。

② 甘肃简牍博物馆等编《悬泉汉简》（贰），中西书局，2020年，第98页。

③ 甘肃简牍博物馆等编《悬泉汉简》（贰），中西书局，2020年，第97页。

④ 甘肃简牍博物馆等编《悬泉汉简》（贰），中西书局，2020年，第98页。

⑤ 甘肃简牍博物馆等编《悬泉汉简》（贰），中西书局，2020年，第99页。

⑥ 甘肃简牍博物馆等编《悬泉汉简》（贰），中西书局，2020年，第75页。

⑦ 甘肃简牍博物馆等编《悬泉汉简》（贰），中西书局，2020年，第98页。

⑧ 甘肃简牍博物馆等编《悬泉汉简》（贰），中西书局，2020年，第83页。

⑨ 甘肃简牍博物馆等编《悬泉汉简》（贰），中西书局，2020年，第99页。

（Ⅰ91DXT0309③:269）

以上显然是有关丧葬习俗的记载，记载某个时辰死亡凶煞所在的位置。这里记载人死亡后的处理方法，若处理不当就要给身边人带来灾祸。以上简文可从《睡虎地秦墓竹简·日书》中寻到类似记载，由此得知以上诸简属于《日书》内容。《日书》是选择时日吉凶的数术书，悬泉置保存收藏《日书》应当主要是为处置过往使者客商死亡安葬问题。又，ⅤT1410③:72记载："兵死者，毋持刀刃上冢，死人不敢近也。上冢不欲哭，哭者死人不敢食。去即上冢，欲其□。"这显然是中原地区上冢墓的风俗禁忌，也随着移民西迁传入敦煌地区。以上记载反映的是中原地区的风俗习惯，表明中原的风俗习惯随着移民传入敦煌地区，并对敦煌地区产生很大影响。

此外，儒家文化也随着移民的进入而传入敦煌。Ⅴ1812②:119记载："乎张也，难与并而为仁矣。曾子曰：吾闻诸子，人未有自致也者，必也亲丧乎。·曾子曰：吾闻诸子，孟庄子之孝，其它可能也，其不改父之臣与父之……"[①]此简和今本《论语·子张》略同，可见是儒家经典文本。这表明随着犯罪官吏、文士西迁敦煌郡，儒家经典在敦煌地区开始流传，儒家文化在当地生根发芽。实际上，随着移民的到来，丧葬习俗、儒家文化在内的汉文化不仅传播到敦煌，还以敦煌为中转将影响扩展至西域地区。

四、西汉敦煌郡的胡姓居民的安置

敦煌郡西、北、南三面分别是西域、匈奴、南羌，三方与敦煌郡互动频繁，故此敦煌郡经常留居着很多西域诸国的胡姓居民。他们有的是西域经商的胡客胡商，有的是西域诸国派遣的客使，也有的是西域诸国向西汉政府派遣的质子，另外还不乏羌人、匈奴人由于种种原因留居于敦煌，成为敦煌村落的著籍百姓，从某种意义上说他们也是移民敦煌的，成为敦煌郡居民构成的重要一部分。他们一般是以归义的名义进入敦煌，被称为归义羌、归义胡和归义匈奴等。他们进入敦煌之后，仍然进行其原来民族擅长的经济活动。其中很多从事商业贸易的胡姓，守着敦煌市场经商贸易，相比往来货物商品贩运要安逸很多，并且具有强大的优势。

西汉敦煌郡既是一个边境口岸城市，又是西汉经营西域、匈奴和南羌的基地。来自西域、匈奴和南羌的很多降民进入敦煌建立聚落，成为敦煌郡管辖下的民户。ⅡT0215S:250记载"未能归国愿降受除"，似表明某个胡人或某个胡人群体因归国受阻而选择归降汉朝，居于敦煌。ⅠT0210①:19记载："啬夫坐前自者张威卿病剧，欧不止，饮药又毒。愿请一胡婢使治米汁。"可见敦煌郡生活着胡婢，文书中所载胡婢似生活在悬泉置附近，且能通过米汁治病。ⅤT1813②:3记载："大富里胡女子君容。自言责效谷不审里男子尉君都羊二头，橐四车，数责不可得。"君容身份为胡女子，说明有部分胡人已经成为敦煌的编户，此简记录了大富里胡女子君容与效谷不审里男子尉君之间的债务纠纷。ⅡT0215②:427记载的胡城亭："大奴刘敢持官车牛之广至胡城亭部载茭即日。"ⅡT0215③:84记载："▨前广至胡城亭东去亭▨。"敦煌郡广至县设有胡城亭，表明此地或有胡人聚落，故筑有胡城。ⅡT0115②:157记载："宁君所知广至胡，唯男子王子稚□。"此简亦佐证了广至县有胡人定居，当时在此居住的胡人被称为"广至胡"。不仅广至有胡人聚落，冥安县也同样居住有胡人，如ⅤT1611③:

① 胡平生、张德芳：《敦煌悬泉汉简释粹》，上海古籍出版社，2001年，第175页。

219记载：“冥安胡人县□辄臧传马▨。”

西域诸国与敦煌郡交往密切，故悬泉汉简中保存着大量西域诸国之人在敦煌郡活动的痕迹。悬泉汉简ⅤT1311④:29记载：“□高里食昆弥家妇□▨。”这个记载反映的是乌孙人在敦煌郡的活动情况。ⅡT0212S:2记载：“▨利众里莎车卢□▨。”表明敦煌郡某县的利众里生活有莎车人。ⅠT0405④A:22记载：“府移玉门书曰：降归义大月氏闻湏勒等。”[①]表明大月氏闻湏勒等归降西汉，闻湏勒等应当从玉门关进入敦煌，至于他们是否被安置在敦煌郡，难以确定。

西汉敦煌郡除了有西域胡人定居，还生活着大量羌人。敦煌郡经常通过南塞与南山羌之间贸易，用敦煌出产的粮食换取南山羌的畜牧业产品，而其中很多归顺的羌人就被安置在敦煌郡所属诸县，效谷县鱼离乡就安置有羌人。ⅤT1511②:22记载：“▨二月癸巳日中时受鱼离羌人渊泉吏行▨。”效谷县鱼离乡因鱼离泽得名，其地为沼泽草地，西汉将羌人安置在这里，应当就是便于羌人继续从事畜牧业。ⅤT1812②:228的记载可以证实：“欣故牧者羌人，接余负欣▨。”此记载佐证了敦煌郡的羌人仍以放牧为生。ⅡT0115②:10记载：“君会广至羌人当以时出，唯廷调左部游徼贺及闲亭吏卒。”此处说明敦煌郡广至县生活着羌人，这里指的有可能是生活在广至县南塞外的羌人。Ⅱ90DXT0114②:194记载：“·归义敦隗种留良等辞曰：以诏书，冬十月入徼就草，常居广至。”[②]Ⅱ90DXT0114②:180记载：“归义垒渠蹏种羌男子奴葛。”[③]Ⅱ90DXT0114②:181记载：“归义聊▨种羌男子芒东。”[④]Ⅱ90DXT0114②:185记载：“■右渠蹏种十一人。”[⑤]Ⅱ90DXT0114③:423记载：“归义垒甬种羌男子潘朐。”[⑥]ⅡT0114③:459记载：“归义垒卜茈种羌男子狼颠。”[⑦]以上诸简记载表明，来自不同种落的羌人定居于敦煌郡下辖诸县。并且从归义敦隗种留良“常居广至”来看，广至县不仅是胡人聚集区，还是羌人重要的定居点。

随着胡人的进驻，敦煌郡不只在商业上逐渐国际化，在居民结构上也逐渐国际化。胡商在敦煌定居和贸易，会得到西汉政府的关注和优厚对待。ⅡT0214②:560记载：“县五置三，辄见长丞以下，司御就家及所与假吏，出咸称大守治尚廉平，乐进善，黜恶奸，詟服其威，盗贼消，忧劳百姓，细民得臧，及胡客。”这是西汉敦煌郡政府关于地方治理的行文，在行文中特别提到胡客，说明胡客也是敦煌地方治理中的重要环节，足见胡客在敦煌居民中占有一定比重。又，Ⅰ90DXT0116②:62记载：“·胡人归义令占数敦煌稟食，县官长吏宜数存问所疾苦，其为吏民庸舍长者，当卢有贾以为之本业。”[⑧]由此可知，胡人归顺后，敦煌郡会给其稟食，关怀他们的生活疾苦。并且，很多胡人进入敦煌之后仍然从事商贾，“当卢”是指卖酒，表明敦煌郡归义胡有以酿酒为业者。归义胡定居敦煌郡继续从事商业，实际上有助于促进西汉敦煌郡市场贸易的发展和国际化进程。

---

① 甘肃简牍博物馆等编《悬泉汉简》（贰），中西书局，2020年，第121页。
② 甘肃简牍博物馆等编《悬泉汉简》（叁），中西书局，2023年，第87页。
③ 甘肃简牍博物馆等编《悬泉汉简》（叁），中西书局，2023年，第84页。
④ 甘肃简牍博物馆等编《悬泉汉简》（叁），中西书局，2023年，第84页。
⑤ 甘肃简牍博物馆等编《悬泉汉简》（叁），中西书局，2023年，第85页。
⑥ 甘肃简牍博物馆等编《悬泉汉简》（叁），中西书局，2023年，第155页。
⑦ 甘肃简牍博物馆等编《悬泉汉简》（叁），中西书局，2023年，第163页。
⑧ 甘肃简牍博物馆等编《悬泉汉简》（壹），中西书局，2019年，第252页。

五、结语

西汉敦煌郡移民构成情况复杂，本文结合传世文献与悬泉汉简对其中的中原贫民、流民、“应募士”、“徙边者”以及胡姓移民等几种类型的移民群体进行了研究，并对中原移民文化进行探究。通过研究得知：中原移民迁徙至敦煌郡的具体迁徙过程主要分为两种，一是由中原郡县遣员向西护送，二是由敦煌郡遣员向东迎护，另外酒泉郡也参与协助敦煌郡的移民工作。中原移民中的贫民、“应募士”、“徙边者”迁徙敦煌郡主要由当地政府遣员护送，而流民由于具有流动性、异地性等特点，难以组织迁徙，因此流民迁徙需要敦煌郡遣员招揽。敦煌郡往往会给中原移民划定居住区域，分配田宅。西汉敦煌郡对移民工作极为重视。ⅡT0115②:17记载“甚毋状，今移民所疾苦，各如牒。书到光等长丞宿夜思维，改过励精，更始务称，府必有成功。校事其解/随废不以为意者致案，且遣明都吏循行廉察，愿毋忽如律令”，此简很可能就是当时敦煌郡为提醒长丞等官员关注体谅移民疾苦、做好移民安置工作而下发的文书。

随着中原移民不断进入，敦煌郡劳动人口得以补充，农业经济获得发展。与此同时，中原的生活习俗、儒家文化传播到敦煌，形成移民文化，而中原文化还会以敦煌为中转，将影响扩展至西域地区。此外，由于敦煌郡独特的地理位置，大量外来胡姓居民也在此活动乃至定居，这些胡姓居民的到来有助于推动西汉敦煌郡畜牧业、商业的发展和国际化进程。

内迁党项与中晚唐京西北政局

李　军（西北大学历史学院）
梁雨昕（西北大学历史学院）

【摘要】 党项内迁后，出现了六府、东山、平夏等颇具地域特色的部落名称。上述名称应属于他称，而非党项自称。随着羁縻地位的丧失以及藩将盘剥的加剧，党项与唐政府的矛盾日渐加深。在南下回鹘和泽潞之乱陆续解决的背景下，武宗放弃此前唐政府长期使用的安抚之策，转而采用军事讨伐以应对党项问题。武宗朝的政策转向，为宣宗朝党项问题的解决提供了重要的决策参考。

【关键词】 内迁党项　京西北政局　地著化　政策转向

党项由原本生活在今青海河曲、甘肃南部及四川西北的西羌部落发展而来[①]。唐初，经过太宗君臣的招徕，细封、拓拔等党项部族与唐朝确立了较为稳定的羁縻及朝贡关系。吐谷浑灭国后，原本与吐谷浑关系密切的党项部族大量内迁，被唐政府以重设或新设羁縻州府的方式安置在庆州等地。其后，随着形势变化，内徙的党项部族又被移置于关内道北部的延、绥、银、夏等州。党项内迁后，与原本生活在当地的汉人以及室韦、沙陀等族群深度交往，极大地影响了中晚唐时期的京西北政局。对于党项在唐代的总体发展情况，以往学术界已经进行过系统的研究[②]。本文希望通过讨论党项部落名称变化、党项与京西北藩镇的关系等问题，揭示内迁党项与中晚唐京西北政局演进的内在联系。

---

① 对于党项拓拔部的族源，目前学术界主要有西羌说、鲜卑说两种说法，本文采用西羌说。以往学术界研究的详情，参见尹波涛：《党项拓拔氏族源研究述评》，《西北民族论丛》第20辑，社会科学文献出版社，2020年，第308–325页。

② 周伟洲：《唐代党项》，三秦出版社，1988年；周伟洲：《早期党项史研究》，中国社会科学出版社，2004年；吴天墀：《西夏史稿》，商务印书馆，2017年，第1–15页。

一、党项部落名称与京西北地域的结合

陇南的宕昌及白水江流域的邓至被纳入北周疆域后，党项就开始与中原政权产生联系[①]。随着吐蕃势力的不断北上，特别是在龙朔三年（663）吐谷浑灭国的背景下，党项部众大量内徙。在内徙之前，党项主要的部落有细封氏、野辞氏、拓拔氏、破丑氏等[②]。党项内徙后，唐政府在陇右道及关内道以原名复置或新置羁縻府州予以安置[③]，史书中出现了六府、东山、平夏、南山等新的党项部落名称。冈崎精郎认为，东山部落和平夏部落应包含在六府党项之内[④]。周伟洲则认为，六府（州）部、平夏部、东山部是党项在安史之乱后形成的三大部落集团[⑤]。上述部落的得名原因及性质是判断唐后期党项发展状况的重要参照，故亟待澄清。

对于“六府”，周伟洲指出当为静边州、乐容、相兴、芳池州、安定州、安化州等六个党项都督府[⑥]；“六府部落”则以野利部为主，具体居地不详，或在绥、延二州[⑦]。对于“六府”所指，学者所言当可遵从；对于“六府部落”的指向，或可进一步讨论。学者之所以认为“六府部落”以野利部为主，或许是受两《唐书》及《册府元龟》将“六州部落”对应为“野利越诗、野利龙儿、野利厥律、儿黄、野海、野窣等”的影响。而《旧唐书·党项羌传》有载：“（贞元）十五年二月，六州党项自石州奔过河西。党项有六府部落……永泰、大历已后，居石州，依水草。至是，永安城将阿史那思昧扰其部落，求取驼马无厌，中使又赞成其事，党项不堪其弊，遂率部落奔过河。”[⑧]逃离石州的六州党项，应源自永泰元年（765）被迁徙至绥州的折磨部及野利部。据《新唐书·党项传》所载，永泰元年所迁徙的原居银州的静边州都督府及夏州之西的乐容州都督府属民，均属于六府党项[⑨]，所以六府部落的活动范围应并未局限在延、绥二州。

党项内徙后，唐政府先后设置过西戎州、静边州、乐容州、相兴、芳池州、宜定州、安化州、兰池、永平、旭定、清宁、忠顺、宁保、静塞、万吉十五个羁縻党项的都督府[⑩]。其中，西戎州都督府初设于贞观五年（631），后废为羁縻州并划归宜定州都督府。“六府党项”之称出现在永泰元年之前，永平、旭定、清宁、宁保、忠顺、静塞、万吉七州都督府在大历三年（768）始设置，故西戎州及上述七州都督府均不在所谓的“六府”之内。

静边州都督府始置于贞观年间，初隶陇右道松州都督府。党项拓拔部内迁后，唐政府于庆州境内侨置静边州都督府予以安置[⑪]。仪凤年间，拓拔立伽率领拓拔氏十八个部落由庆州迁徙至银州，唐政府以立伽为大将军兼十八州部落使，后以立伽之孙后那为静边州都督及押

---

① ［唐］魏徵、令狐德棻撰《隋书》卷56《宇文弼传》，中华书局，1973年，第1389页。

② ［后晋］刘昫等撰《旧唐书》卷198《党项羌传》，中华书局，1975年，第5290页。

③ 周伟洲：《早期党项史研究》，三秦出版社，1988年，第46-47页。

④ ［日］冈崎精郎：《タングート古代史研究》，京都大学文学部东洋史研究会，1972年，第44-45页。

⑤ 周伟洲：《早期党项史研究》，三秦出版社，1988年，第61页。

⑥ 周伟洲：《早期党项史研究》，三秦出版社，1988年，第58页注③。

⑦ 周伟洲：《早期党项史研究》，三秦出版社，1988年，第61页。

⑧ ［后晋］刘昫等撰《旧唐书》卷198《党项羌传》，中华书局，1975年，第5293页。

⑨ ［宋］欧阳修、宋祁撰《新唐书》卷221上《党项传》，中华书局，1975年，第6216-6217页。

⑩ ［宋］欧阳修、宋祁撰《新唐书》卷43下《地理志七下》，中华书局，1975年，第1122-1124页。

⑪ ［宋］欧阳修、宋祁撰《新唐书》卷221上《党项传》，中华书局，1975年，第6215页。

淳、恤等一十八州部落使兼防河大使，可证静边州都督府也迁移到了银州。开元九年(721)，静边州都督拓拔思泰在平定六胡州之乱时战死，当年六月，玄宗以其子守寂袭官爵①。开元二十四年（736），守寂薨于银州敕赐之第，其子澄澜承袭静边州都督、防御部落使②。永泰元年（765），静边州都督府又被迁徙至夏州之北，领北夏州等。

乐容都督府与静边州相类似，本隶于松州都督府。党项内徙后，唐政府于夏州朔方县界侨置乐容都督府，领由回纥宁朔州都督府改置而来的宁朔州。在永泰元年唐政府调整内属诸族的分布地时，乐容都督府被迁徙至夏州之东的东夏州，原本生活在夏州之东的吐谷浑则被迁徙至宁朔州故地③。

安化州都督府领永和州、威州、旭州、莫州、西沧州、琮州、儒州七州④。其中，西沧州置于贞观六年（632）；儒州原为西盐州，贞观五年以拓拔部置，治所在北魏洪和郡蓝川县，开元年间废为羁縻州。由此可知，安化州都督府本位于洮州一带。在陇右被吐蕃占领后，唐政府于庆州侨置安化州都督府，以安置内迁的党项。《新唐书》卷38《地理志一・关内道》又载安化州都督府“寄在朔方县界”，可见该府后由庆州北迁至夏州。

宜定州都督府领党州、桥州、乌州、西戎州、野利州、米州、还州。党项内徙后，唐政府于庆州侨置宜定州都督府。芳池州都督府则领宁静州、种州、玉州、濮州、林州、尹州、位州、长州、宝州。其中，玉州设置于贞观五年（631），位州设置于贞观四年（630）。根据《新唐书・地理志》记载，唐政府于庆州怀安县侨置芳池州都督府，“皆野利氏种落”⑤。大历三年，宜定州刺史折磨部、芳池州野利部被迁徙至绥州、延州。贞元十五年（799）二月自石州复返河西的六州党项，应该就是被内迁至绥、延一带的原宜定州折磨部以及芳池州野利部，所以宜定州、芳池州应均预六府之数。

大历三年，代宗增设永平、旭定、清宁、宁保、忠顺、静塞、万吉七州都督府。《新唐书・地理志》并未记载永平等七州都督府的位置及所领羁縻州等信息，但却将七州与兰池、芳池、乐容州、静边州一并纳入灵州都督府的统辖范围，这显然不妥。因为就在同卷，《新唐书・地理志》又记载芳池州都督府隶庆州都督府，两者前后矛盾。而无论是寄居于朔方县，还是迁徙后领东夏州，乐容州都督府都应隶属于夏州都督府，并非灵州。静边州都督府由庆州迁至银州，最终迁至夏州，显然也应隶属于夏州都督府。

对于六府部、东山部及平夏部的性质，学者或认为应属于内迁党项部落间原有氏族血缘关系遭到破坏的背景下，同一地区的不同族姓部落所形成的以地域为名的部落集团⑥，东山部和平夏部应以拓拔部为主⑦。但通过前文所述，“六府”应是唐政府为了应对吐谷浑灭国后党项大量内迁的形势，先后在庆州、银州、夏州侨置的六个党项羁縻府；“六府部落”即永泰元年唐政府主动大规模调整党项分布地之前，由六个羁縻府所统辖的党项之总称。从党项

---

① [北宋] 王钦若等编《册府元龟》卷974《外臣部・褒异》，中华书局，1960年，第11447页。

② 康兰英主编《榆林碑石》，三秦出版社，2003年，第51-52、224-225页。

③ [宋] 欧阳修、宋祁撰《新唐书》卷43下《地理志七下》，中华书局，1975年，第1131-1134页。

④ [后晋] 刘昫等撰《旧唐书》卷38《地理志一》，中华书局，1975年，第1409页；[宋] 欧阳修、宋祁撰《新唐书》卷43下《地理志七下》，中华书局，1975年，第1122页。

⑤ [宋] 欧阳修、宋祁撰《新唐书》卷43下《地理志七下》，中华书局，1975年，第1124页。

⑥ 周伟洲：《早期党项史研究》，三秦出版社，1988年，第71-72页。

⑦ 周伟洲：《早期党项史研究》，三秦出版社，1988年，第61页。

内迁的进程而言，“六府党项”的地域特征其实并不明显，更多的是体现了较为明确的时代特征。

虽然拓拔部在入唐之初曾暂居庆州，但在静边州都督府迁至银州之际，拓拔氏十八个部落也随之迁徙，并于永泰元年迁至夏州之北，成为平夏党项的核心。大历三年，仍居庆州的思乐州刺史拓拔乞梅曾与破丑、野利、把利三部的首领一同入朝，可证庆州此时仍有拓拔部落的存在。但《新唐书·党项传》在叙述此时庆州所居党项部落时，只言“破丑氏族三，野利氏族五，把利氏族一”[①]，可证上述部落，特别是野利部才是该地党项的主体。此外，虽然部分野利部被迁徙至绥州、延州一带，但留居庆州者也不在少数。大历末年与吐蕃联合的野利秃罗都，以及战败后重新内附的野利景庭、野利刚均属此类。

对于东山部落之得名，吴天墀推测可能是庆州位于陇山以东的缘故[②]，但这个解释似与常理不合。在唐前期设置的党项六府中，相兴都督府位置不明，乐容州侨置于夏州朔方县，静边州都督府在仪凤年间已由庆州北迁至银州，所以代宗之际侨置于庆州的党项羁縻府有芳池州、安定州、安化州。对于芳池州都督府，《旧唐书·地理志》明确记载其“寄在庆州怀安县界，管小州十”[③]。怀安县位于庆州之北160里，即今甘肃省庆阳市华池县西北的怀安乡。《元和郡县图志》卷3《关内道》“庆州怀安县”条即载：“古居近党项藩落，开元十年，检逃户初置，故以‘怀安’为名。”[④]对于安定州都督府的大致位置，谭其骧系于庆州治所之东的蟠交县一带[⑤]。从地理位置上看，侨居于庆州的党项多分布于庆州东部的山地区域。生活于庆州的土著，将生活在庆州东部山地的党项称为东山部落，当是比较合理的解释。

与此相类似，平夏部落和南山部落同样并非源自党项的自我命名或者说自我意识。对于平夏部之得名，学者指出应源自宋人所言的“从银、夏至清、白两池，地惟沙碛，俗称平夏”[⑥]。南山党项所居之南山，学者认为应指《宋史》卷264《宋琪传》所载的“自鄜、延以北，多土山柏林，谓之南山”[⑦]。但既言南山，应该以山北某地作为坐标才符合情理。赵珣《聚米图经》载：“党项部落……在安、盐以南，居山谷者，谓之南山党项。”[⑧]相较而言，赵珣对于南山党项的位置描写更为妥当。

对于会昌之际党项的分布地，李德裕《请先降使至党项屯集处状》记载为“党项自麟府鄜坊至于太原，遍居河曲，种落实蕃”[⑨]。在《论盐州屯集党项状》中，李德裕建议唐武宗，如果党项“已退散，则须乘此兵力驱出南山”；对于“打破城堡及于叱利镇屯集者”，则应“驱出令于平夏放牧”[⑩]。由此可见，迟至武宗会昌年间，平夏和南山还只是唐人对党项分布

① ［宋］欧阳修、宋祁撰《新唐书》卷221上《党项羌传》，中华书局，1975年，第6217页。

② 吴天墀《西夏史稿》，商务印书馆，2017年，第9页注释②。

③ ［后晋］刘昫等撰《旧唐书》卷38《地理志一》，中华书局，1975年，第1409页。

④ ［唐］李吉甫撰，贺次君点校《元和郡县图志》，中华书局，1983年，第69页。

⑤ 谭其骧：《中国历史地图集》第5册，中国地图出版社，1982年，第40-41页。

⑥ 周伟洲：《早期党项史研究》，三秦出版社，1988年，第61页。

⑦ ［元］脱脱等撰《宋史》卷264《宋琪传》，中华书局，1985年，第9129页。

⑧ ［宋］司马光编著，［元］胡三省音注《资治通鉴》卷249宣宗大中五年正月条，胡注转引《聚米图经》，中华书局，1956年，第8167页。

⑨ ［唐］李德裕撰，傅璇琮、周建国校笺《李德裕文集校笺》卷16，中华书局，2018年，第380页。

⑩ ［唐］李德裕撰，傅璇琮、周建国校笺《李德裕文集校笺》卷16，中华书局，2018年，第382页。

地之地貌的表述，并未同部落集团相结合。大中二年（848），宣宗以京西北藩镇全面征讨党项，始出现将党项与南山相结合的“南山贼族”称号①。大中五年（851），宣宗在《平党项德音》《洗雪南山平夏党项德音》中多次提及平夏及南山党项②。这表明，随着唐朝对聚集在夏州之北及南部山地党项部众的不断征伐，本来仅作为地域名词的“平夏”和“南山”最终与党项相结合，成为唐人眼中特殊的党项部落集团。

总而言之，六府部落乃永泰元年之前生活在灵、夏、庆等州六个羁縻府的党项之总称，而非史籍中所载的六个具体部落。为了隔阻党项与吐蕃的联系，代宗将生活在灵、夏之间的党项一部迁至夏州之东；将庆州野利等部迁至绥、延一带。经过此次迁徙，留居庆州的党项，被称为东山部落；居于夏州之北者，被称作平夏部落；居于夏州和鄜延之间山地的党项，被称为南山党项。六府、东山、平夏及南山并不是同时出现的部落名称，而是随着党项的持续迁徙逐渐形成的，唐人以聚集地为依据对党项集团进行区分的称呼。

二、中晚唐时期中央政府管理党项模式的变化

由于长期面临着“回鹘未殄，吐蕃正强”的局面，唐前期对内迁党项采用了“且须羁縻，未可重撅”的安抚策略③。唐政府一方面在关内道各州复置或新置党项羁縻州府，另一方面还持续推行异地化安置的措施。其后，为了加强对党项的管理，唐政府通过改置正州及差异化管理的方式，逐渐改变了党项羁縻州府“贡赋版籍多不上户部”的状态④。

为了羁縻党项，唐政府曾于贞观五年（631）设置西麟州；贞观八年（634）去西字，为西戎州都督府所管，且《新唐书》特别注明其属于“有版”之地⑤。其后，西戎州内迁并改隶安定州都督府，侨置于庆州，而西麟州的内迁情况不明。开元九年（721），在平定六胡州之乱后，张说上奏玄宗，希望唐政府能以设置正州的方式，安置此前受康待宾裹挟的党项部众⑥。开元十三年（727），唐政府借用原本属于党项羁縻州的西麟州之名，以胜州之连谷、银城二县置正州性质的麟州。

元和五年（810）五月，盐州上奏曰：“渭北党项拓跋公政等一十三府连状称：‘管渭北押下帐幕牧放，经今十五余年，在盐州界。今准敕割属夏州，情愿依前在盐州充百姓。’”⑦由元和五年前推15年，可知上述党项开始在盐州住牧应在贞元十一年（795），这与唐政府贞元九年（793）重筑盐州城的时间相近。故周伟洲指出，原迁于延、绥等州的党项，应是在盐州城重筑的背景下西返盐州的⑧。因为上述党项在盐州生活日久，并不愿接受唐政府的调整方案，故以拓跋公政为首的党项部落连状上奏，希望能够留居盐州。由于缺少后续的记载，宪宗最终是否准其所请不得而知，但其管控党项的政策并不仅限于此。元和九年

① 康兰英主编《榆林碑石》，三秦出版社，2003年，第65、233-234页。

② ［宋］宋敏求编《唐大诏令集》卷129、130，中华书局，2008年，第700、709-711页。

③ ［唐］杜牧：《樊川文集》卷15《贺平党项表》，上海古籍出版社，1978年，第218-220页。

④ ［宋］欧阳修、宋祁撰《新唐书》卷43下《地理志七下》，中华书局，1975年，第1119页。

⑤ ［后晋］刘昫等撰《旧唐书》卷41《地理志四》，中华书局，1975年，第1707页；［宋］欧阳修、宋祁撰《新唐书》卷43下《地理志七下》，中华书局，1975年，第1133页。

⑥ ［后晋］刘昫等撰《旧唐书》卷97《张说传》，中华书局，1975年，第3053页。

⑦ ［北宋］王钦若等编《册府元龟》卷977《外臣部·降附》，中华书局，1960年，第11483页。

⑧ 周伟洲：《早期党项史研究》，三秦出版社，2003年，第69页。

(814)，宪宗君臣复置宥州，可以视为经略党项的另一重要举措。

唐朝安置内徙党项之地，原本生活有汉人、吐谷浑、室韦等，故党项与上述群体在很长时间里都处于杂居融合的状态。如振武"有党项、室韦交居川阜"①；夏州"属民皆杂虏，虏之多曰党项，相聚为落于野，曰部落"②。《授薛伾鄜坊观察使制》则载："鄜畤、延安抵于中部，羌夷种落散在其间，戎夏杂居，易扰难理。"③开元二十六年（738），玄宗在原六胡州地区设置宥州，以安置自江淮回迁的粟特民众④。因经略军"可以总统蕃部，北以应接天德，南援夏州"，天宝末年，宥州州治被改迁至此⑤。代宗宝应年间，宥州废置，由此引发了"昆夷屡扰，党项靡依，蕃部之人，抚怀莫及"的混乱局面⑥。元和九年正月，李吉甫上奏，指出："今经略军远碍，灵武道路乖越，又不置军镇，非旧制也。请置宥州，理经略军。"⑦当年五月，宪宗复置宥州，治于经略军，"取鄜城神策军九千人以实之"⑧，加强了对黄河沿线至夏州之间广大党项分布地的控制。

对于党项与唐政府关系恶化的时间，《旧唐书·党项羌传》系于大和、开成之际，《新唐书·党项传》则系于开成末；对于双方关系的恶化，两者皆归因于京西北藩镇对党项的盘剥。但早在宪宗元和时期，党项与唐政府的关系已经出现很大的问题。元和元年（806），针对党项联合吐蕃侵扰唐朝西北边境的现象，杜佑归因于"边将非廉，亟有侵刻，或利其善马，或取其子女，便贿方物，征发役徒，劳苦既多，叛亡遂起"⑨。元和三年（808），元稹在《授王元琬银州刺史制》指出"河朔之间丰有水草……多以畜扰为事。吏二千石以上，不能拊循，竞致侵削"，党项因"困于诛求，起为盗贼"⑩。李绛《论延州事宜状》认为"延州所管皆新蕃人，比来部落扰动，多因官吏贪剋，失于恩信，务于诛求；致控制无方，威惠不及"⑪。元和十五年（820），因夏州节度使田缙贪猥，侵刻党项羌，导致党项招引西蕃入寇⑫。《刘颇墓志》则载："先时，银之长不命于朝数十年矣，诸将摄理，夺其马牛，夷人苦，益复叛远。"⑬陈玮指出，拓拔乾晖、拓拔澄岘在元和年间相继出任银州刺史后，唐朝并未设正任的银州刺史，刺史一官通常由夏绥银节度使麾下的将领代理，而这些将领往往侵夺党项人的利益⑭。

---

①［后晋］刘昫等撰《旧唐书》卷151《范希朝传》，中华书局，1975年，第4058页。

②［唐］沈亚之《沈下贤集》卷3《夏平》，上海古籍出版社，1994年，第12页。

③［唐］白居易著，谢思炜校注《白居易文集校注》卷18《薛伾鄜坊观察使制》，中华书局，2011年，第993页。

④［后晋］刘昫等撰《旧唐书》卷38《地理志一》，中华书局，1975年，第1418页。

⑤［后晋］刘昫等撰《旧唐书》卷148《李吉甫传》，中华书局，1975年，第3996页。

⑥［宋］宋敏求编《唐大诏令集》卷99《置宥州敕》，中华书局，2008年，第500页。

⑦［唐］李吉甫撰，贺次君点校《元和郡县图志》卷4《关内道》新宥州条，中华书局，1983年，第106页。

⑧［宋］司马光编著，［元］胡三省音注《资治通鉴》卷239唐宪宗元和九年正月条，中华书局，1956年，第7704页。

⑨［后晋］刘昫等撰《旧唐书》卷147《杜佑传》，中华书局，1975年，第3980页。

⑩［唐］元稹《元氏长庆集》卷48，上海古籍出版社，1992年，第237页。

⑪［清］董诰等编《全唐文》卷646《论延州事宜状》，中华书局，1983年，第6543页。

⑫［后晋］刘昫等撰《旧唐书》卷16《穆宗纪》，中华书局，1975年，第482页。

⑬［唐］元稹：《元氏长庆集》卷56，上海古籍出版社，1992年，第275-276页。

⑭陈玮：《西夏番姓大族研究》，甘肃文化出版社，2017年，第109页。

对于党项内迁后是否需要向唐政府承担赋税，传世文献中的记载并不统一。白居易《代王佖答吐蕃北道节度论赞勃藏书》即言：“党项久居汉界，曾无征税，既感恩德，未尝动摇。”[①]李德裕《赐回鹘可汗书意》亦言：“惟塞上蕃浑，各有畜牧，朝廷未尝征率，务使安存”。[②]学者以往根据白居易和李德裕所论，推测唐朝为了安抚内徙党项部众，并未明确规定要向内迁党项征收赋税[③]。但与此同时，杜牧《贺平党项表》又有“伏以党项杂种……为西戎所蹙，举种来降，国家纳之，置于内地，爰受冠带，兼伏征徭”记载[④]。白氏和李氏所言都是为了显示中央政府与党项关系的和谐，从而抑制吐蕃、回鹘联络党项以对抗唐中央的意愿，其实并不符合历史事实。《旧唐书·党项羌传》即载：“（贞元）十五年二月，六州党项自石州奔过河西……永泰、大历已后，居石州，依水草。至是，永安城镇将阿史那思昧扰其部落，求取驼马无厌，中使又赞成其事，党项不堪其弊，遂率部落奔过河。”[⑤]对此，《新唐书·党项传》载为：“六州部落……永泰后稍徙石州，后为永安将阿史那思暕赋索无极，遂亡走河西。”[⑥]永泰后迁徙至石州，贞元十五年（799）又逃归河西的党项，应是此前由庆州迁至绥州及盐州的野利等部。永安镇将对党项的赋税征收得到了监军使的支持，北宋史臣则将其视为“赋索”，可见唐人和宋人都认为唐政府具有对党项部落征收赋税的权力。唐代羁縻州“贡赋版籍多不上户部”[⑦]，所以地方政府可以随意增加部落的负担，由此也助长了边州官员的贪弊行为，从而往往导致部落叛乱[⑧]。为了逃避永安镇将的过度索取，迁至石州的党项奔过河西，返回此前居住的绥州和延州，也就暗示着绥州、延州对党项征收赋税的额度要少于石州。此外，《傅良弼神道碑》记载原活动于夏州节度使辖区的党项部落，“先时将帅多贪，至有盗其善马者。蕃落咸怨，走以出他境”；傅良弼出任节度使后，“蕃人喜，传以相告。未逾月，而部落相劝皆归”[⑨]。上述党项部落的迁徙，同样受不同地域赋税征收程度的影响。

唐代内附诸族以集体为单位向都督府、都护府进献，以此来承担赋役义务[⑩]。《唐律疏议》卷15《厩库》“疏议”引《厩牧令》在记载新附外蕃部落诸牧杂畜死耗比例的基础上，规定“从外蕃新来者，马、牛、驴、羖羊皆听除二十……应课者，准令：牝马一百疋，牝牛、驴各一百头，每年课驹、犊各六十，骡驹减半。马从外蕃新来者，课驹四十，第二年五十，第三年同旧课”[⑪]。石见清裕指出，上述规定与内附蕃部纳税有关[⑫]，但并未明确征课的具体对象。从“应课者”一次性缴纳马牛驴及每年课驹犊的数量，所谓的“应课者”应该是指单个的部落集团。党项虽然屡次内迁，但在庆州、夏州等党项聚集地，基本上还是以羁縻

① ［唐］白居易著，谢思炜校注《白居易文集校注》卷19，中华书局，2011年，第1064-1065页。

② ［唐］李德裕撰，傅璇琮、周建国校笺《李德裕文集校笺》卷5《诏敕上》，中华书局，2018年，第80页。

③ 韩荫晟：《党项与西夏资料汇编》上卷，宁夏人民出版社，2000年，第713页。

④ ［唐］杜牧：《樊川文集》卷15《贺平党项表》，上海古籍出版社，1978年，第218-220页。

⑤ ［后晋］刘昫等撰《旧唐书》卷198《党项羌传》，中华书局，1975年，第5293页。

⑥ ［宋］欧阳修、宋祁撰《新唐书》卷221上《党项羌传》，中华书局，1975年，第6216-6217页。

⑦ ［宋］欧阳修、宋祁撰《新唐书》卷43下《地理志七下》，中华书局，1975年，第1119页。

⑧ 王义康：《唐代周边内附诸族赋役问题探讨》，《中国经济史研究》2016年第2期，第56-64页。

⑨ ［唐］李翱撰，郝润华、杜学林校注《李翱文集校注》卷13，中华书局，2021年，第213页。

⑩ 王义康：《唐代周边内附诸族赋役问题探讨》，《中国经济史研究》2016年第2期，第56-64页。

⑪ 刘俊文：《唐律疏议笺解》卷15《厩库》，中华书局，1996年，第1085-1086页。

⑫ ［日］石见清裕著，胡鸿译《唐代北方问题与国际秩序》，复旦大学出版社，2019年，第113-140页。

州府的方式存在，所以缴纳的单位应该是羁縻州府。据《皇甫恂墓志铭》记载，墓主卒于开元十三年十一月，生前曾担任夏州刺史，兼押党项、突厥诸部卌二蕃[①]。《臧怀亮墓志铭》记载墓主之子希庄在天宝十载左右担任银川郡都督、押吐蕃党项使[②]。皇甫恂和臧希庄担任押党项使，证明此时这些生活在夏州、银州等地的党项均属于藩落。虽然史书没有提及迁居延、绥一带的党项聚集形式，但参照此前迁居夏州者，可以推测其应该也是以羁縻府州的形式存在。而由延、绥等地扩散至石州的党项，则因为脱离羁縻府而演变成散居的入唐蕃户。在脱离羁縻州府后，党项部落也就丧失了以部落集团为单位向都督缴纳贡赋的权利，而须以户为单位向所属军政机构缴纳羊马[③]。

简而言之，随着党项生活的日渐稳定，唐政府的管理模式也在发生变化。党项部落内附后通常是以部落为单位向都督府缴纳贡赋，但在脱离羁縻府州后，党项部众也就丧失了身份的优待，转而以户为单位向所属军政机构缴纳羊马。自元和年间开始，党项的羁縻府州逐渐被取消，越来越多的党项被纳入唐朝的编户之中。虽然夏州、银州等州级长官曾具有押护党项的职责，但唐后期向党项征收赋税的主体多为京西北的军事单位，证明党项最终被纳入了藩镇体系的管辖范围。身份优待的丧失，以及经济负担的加重，应该是激起党项大规模反抗的重要原因。

三、会昌年间武宗经略党项政策的转向

纵观党项与唐政府的关系演变进程，可以发现会昌至大中年间是双方军事斗争最为激烈的时期。由于参与宣宗朝军事行动的人数众多，所以石刻文献中保留了较为充足的史料。而由于武宗会昌六年三月暴卒，其由招抚转向征讨的党项经略政策实施时间较短，所以学者对此往往一笔带过。如果将武宗至宣宗朝的党项问题进行贯通式考察，可以发现两个时期的政策具有很强的连续性。由此，会昌年间武宗君臣的党项经略政策应该引起学界足够的重视。

武宗即位后，内部有来自宦官集团势力及泽潞刘稹所带来的政治压力，外部则面临着由回鹘南下所引发的北境安全隐患。京西北党项虽然时有反抗，但毕竟影响有限。所以，在泽潞之乱平定之前，武宗沿用了以往的安抚党项之策。会昌三年（843），党项攻击盐州和邠宁等地。当年十一月，武宗接受李德裕的建议，以皇子兖王李岐为灵、夏等六道元帅兼安抚党项大使，以御史中丞李回为安抚党项副使，史馆修撰郑亚为元帅判官，“赍诏往安抚党项及六镇百姓”[④]。李回为唐郇王李祎之后，“强干有吏才，遇事通敏”，“尤为宰相李德裕所知”[⑤]；而早在穆宗朝，“李德裕在翰林，（郑）亚以文干谒，深知之。出镇浙西，辟为从事”[⑥]。由此可见，在唐朝会昌三年处置党项事务时，虽然名义上是由皇子李岐负责，但实际上起主导作用的乃李德裕及与其有密切联系的李回、郑亚。

---

① 西安市文物稽查队编《西安新获墓志集萃》，文物出版社，2016年，第120页。

② 余华清、张廷皓主编《陕西碑石精华》，三秦出版社，2006年，第132页。

③［唐］李林甫等撰，陈仲夫点校《唐六典》卷3《尚书户部》户部郎中条，中华书局，1992年，第77页。

④［宋］司马光编著，［元］胡三省音注《资治通鉴》卷247唐武宗会昌三年十一月条，中华书局，1956年，第7993页。

⑤［后晋］刘昫等撰《旧唐书》卷173《李回传》，中华书局，1975年，第4501-4502页。

⑥［后晋］刘昫等撰《旧唐书》卷178《郑畋传》，中华书局，1975年，第4630页。

基于唐后期党项在京西北的分布特点，在武宗及宣宗朝对党项的经略进程中，朔方、夏州、邠宁、鄜坊四镇都是主要的参与者和实施者。《平党项德音》即载："灵盐、夏州、邠宁、鄜坊四道官吏，自用兵已来，责办公事，亦甚辛勤。"[①]在作于会昌三年的《授刘礎鄜坊节度使制》中，武宗着重强调了鄜坊的重要战略地位，即"扼朔塞之咽喉，为镐京之管籥"；刘礎所承担的任务则是"拥红旆以临戎，宣皇风而问俗"[②]，均未提及党项。当年十月，武宗以李彦佐出任朔方灵盐节度使。根据《资治通鉴》的记载，李彦佐之所以充任朔方，主要是唐朝为了应对党项对盐州的侵扰[③]。但实际上，李彦佐在会昌三年九月始被武宗任命为泽潞西南面招讨使，但"制下后逾月未出师，朝廷疑其持重，乃以天德军石雄为彦佐之副"，又以陈许节度使王宰为泽潞南面招讨使。在完成上述调整后，李彦佐随即被调任朔方[④]。所以，李彦佐由武宁改任朔方，主因是武宗对其在泽潞之役中逗留不进的贬斥，而非党项对盐州的侵扰。在同年十一月颁发的《赐党项敕书》中，武宗一方面警告党项，若"擅兴甲兵，恣行攻劫"，"朕便欲诏命诸镇，同力剿除"；另一方面明显将党项反叛归因于"边将不守朝章，失于绥辑，因缘征敛，害及无辜"[⑤]。这表明敕书颁发之时，招抚仍然是党项经略的主要选项。次年正月，总监使李昇荣外任邠宁节度监军，其外任的原因为"邠郊近壤，复迩边陲，卒伍骁雄，师戎多警，欲铨监统，不易其才"[⑥]，故其此次任职亦与党项无关。

会昌四年八月，泽潞刘稹之乱被平定；同年九月，参与变乱的泽潞军将被押解至京师。《旧唐书》卷18上《武宗纪》"会昌四年九月"条在记载武宗于长安诛杀王宰所献泽潞军将事后，又载："制以皇子愕为开府仪同三司、夏州刺史、朔方军节度大使，时党项叛，命亲王以制之。"[⑦]由此可知，在泽潞之乱平定的背景下，武宗所派遣处置党项离乱问题的皇子，不再担任名义上的六道最高军事长官及安抚党项大使，而是专制朔方一道及夏州。从偏旁部首来看，作为皇子，李愕之"愕"与宪宗诸子之名的特点一致，所以其可能是宪宗某子之名的误写。

《新唐书》卷149《刘晏附孙刘濛传》载："时回鹘衰，朝廷经略河、湟，建遣（刘）濛桉边，调兵械粮饷，为宣慰灵夏以北党项使。"[⑧]《资治通鉴》将武宗因回鹘衰微、吐蕃内乱而遣刘濛巡边的时间系于会昌四年二月[⑨]。从内容上分析，《资治通鉴》的记载应是将《会昌一品集》卷7《赐缘边诸镇密诏意》以及卷16《巡边使刘濛状》合并叙述。岑仲勉指出，《赐缘边诸镇密诏意》中的"近者寇孽初平"指回鹘平定、刘稹伏诛，所以刘濛出任巡边使

① ［宋］宋敏求编《唐大诏令集》卷130，中华书局，2008年，第710页。

② ［宋］李昉等编《文苑英华》卷455，中华书局，1966年，第2312页。

③ ［宋］司马光编著，［元］胡三省音注《资治通鉴》卷247唐武宗会昌三年十月条，中华书局，1956年，第7993页。

④ ［后晋］刘昫等撰《旧唐书》卷18上《武宗纪》，中华书局，1975年，第598页。

⑤ ［唐］李德裕撰，傅璇琮、周建国校笺《李德裕文集校笺》卷6《赐党项敕书》，中华书局，2018年，第115页。

⑥ 周绍良、赵超主编《唐代墓志汇编续集》会昌〇二九，上海古籍出版社，2001年，第965页。

⑦ ［后晋］刘昫等撰《旧唐书》卷18上《武宗纪》，中华书局，1975年，第602页。

⑧ ［宋］欧阳修、宋祁撰《新唐书》卷149《刘晏传》，中华书局，1975年，第4799页。

⑨ ［宋］司马光编著，［元］胡三省音注《资治通鉴》卷247唐武宗会昌四年二月条，中华书局，1956年，第7999-8000页。

的时间应从《武宗实录》所载的会昌五年二月壬寅（二十五日）①。《巡边使刘濛状》所撰时间为会昌五年二月二十三日，可与岑先生所论相匹配。由此可知，刘濛出任宣慰灵夏以北党项使的时间确应在会昌五年二月，其所宣慰的对象应为平夏党项。

《资治通鉴》卷248“唐武宗会昌五年十二月”条载：

> 朝廷虽为党项置使，党项侵盗不已，攻陷邠、宁、盐州界城堡，屯吒利寨。宰相请遣使宣慰；上决意讨之。②

根据《通鉴》的记载，武宗决意讨伐党项是在会昌五年十二月。根据李德裕《请先降使至党项屯集处状》《论盐州屯集党项状》文末注文，可知李氏建议武宗遣使宣慰占据吒利寨之党项的时间在会昌六年正月③。与此同时，圆仁《入唐求法巡礼行记》卷4“会昌五年十一月”条有载：“七月已来，吐蕃大下，侵唐境。又回鹘国兵入唐界，侵夺国地。敕抽诸道兵马。”④会昌五年七月之际，南下的回鹘早已经被唐朝攻破，所以白化文指出圆仁可能是将党项侵盗及攻陷邠宁、盐州界城堡与屯吒利寨事，误记载成回鹘兵入唐界⑤。如果学者的推测成立，则可证早在会昌五年七月，武宗就已经开始实际筹划讨伐党项事宜。对此，武宗调整灵武节度使、副使，以及张仲群出任鄜坊节度监军的时间可为旁证。

《新唐书》卷177《韦博传》载：

> 时诏毁佛祠，悉浮屠隶主客。博言令太暴，宜近中，宰相李德裕恶之。会羌、浑叛，以何清朝为灵武节度使，诏博副之。⑥

《新唐书》将羌浑之叛视为何清朝、韦博二人外任灵武的直接原因，而韦博出任灵武节度副使在会昌五年八月⑦，可与圆仁的记载相对应。此外，西安新近出土的《张仲群墓志》亦载：“会昌五年冬，诏公监渭北军，师振严肃，羌戎谧清，藩翰灭烽，边陲卧鼓。”⑧墓志所载的“渭北军”，即鄜坊节度。在中晚唐的历史文本中，“羌戎”本为泛称，通常指党项和吐蕃。结合会昌之际的京西北政局及鄜坊节度的地理空间，“羌戎”应是指自元和年间就开始不断反抗唐中央政府的内迁党项。张仲群在会昌五年冬出任鄜坊监军，应与何清朝出任朔方节度使一样，都属于武宗为经略党项所做的重要准备工作。

在武宗调整京西北藩镇长官的同时，来自关东的客军也陆续进驻京西北。《资治通鉴》卷248“唐宣宗大中元年五月”条记载河东节度使王宰统领“代北诸军”讨伐入侵“河西”

① 岑仲勉：《通鉴隋唐纪比事质疑》，中华书局，1964年，第292–293页。

② ［宋］司马光编著，［元］胡三省音注《资治通鉴》卷248唐武宗会昌五年十二月条，中华书局，1956年，第8021页。

③ ［唐］李德裕撰，傅璇琮、周建国校笺《李德裕文集校笺》，中华书局，2018年，第380–382页。

④ ［日］圆仁著，白化文等校注《入唐求法巡礼行记校注》，中华书局，2019年，第484页。

⑤ ［日］圆仁著，白化文等校注《入唐求法巡礼行记校注》，中华书局，2019年，第485页。

⑥ ［宋］欧阳修、宋祁撰《新唐书》卷177《韦博传》，中华书局，1975年，第5289页。

⑦ ［宋］司马光编著，［元］胡三省音注《资治通鉴》卷248唐武宗会昌五年八月条，中华书局，1956年，第8019页。

⑧ 裴书研、杨双榕：《大唐故清河郡开国公张仲群墓志铭考释》，载西安文理学院、西安市文物保护考古研究所编著《西安马腾空村北汉唐墓葬群考古发掘报告》，科学出版社，2021年，第152页。

的党项及回鹘残众[①]。“代北诸军”在《新唐书》卷218《沙陀传》中又被载为“征西戍”[②]，应该是会昌六年前后入驻京西北地区的。会昌六年正月，兵部侍郎、判度支卢商建议“诸道兵讨伐党项，今差度支郎官一人往所在有粮料州郡，先计度支给”[③]。需要度支派遣郎官从“所在有粮料州郡”中调拨供给的“诸道兵”，应该是因为离开本道作战而需要食出界粮的客军。同年二月，武宗以夏州节度使米暨、邠宁节度使高承恭为东北道及西南面招抚党项使[④]，征讨党项的作战区域最终得以确定。

总的看来，会昌四年九月之前，武宗沿用了此前唐朝对党项的安抚之策。在泽潞之乱平定后，内迁党项逐渐成为武宗所关注的主要政治问题。为了应对党项的持续反抗，武宗的党项经略政策发生了根本性的转变。何清朝出任朔方节度使、张仲群出任鄜坊节度监军使都是政策调整的重要表现。在调整京西北藩镇长官的同时，武宗还从关东藩镇调集军队，并最终确定了针对党项的作战区域。

四、结语

党项内迁之后，唐政府出于管理及防控的考量，曾对党项进行多次异地化安置，地著化逐渐成为中晚唐时期党项发展的重要特征。与此同时，史书记载中党项具有地域特征的部落称号并非自称，而应是唐朝京西北土著对党项部众的他呼。党项与西北诸镇的关系之所以在宪宗元和之后日渐紧张，主要源自党项部众由于身份变化及边将暴虐所带来的经济负担加重。根据新出土的墓志材料并结合传世文献，可知在会昌五年之际，武宗君臣对于党项的态度由招抚转向了武力讨伐。武宗经略党项的措置虽然未能全面实施，却为宣宗朝党项问题的解决提供了重要的决策参考。

---

① [宋] 司马光编著，[元] 胡三省音注《资治通鉴》卷248唐宣宗大中元年五月条，中华书局，1956年，第8030页。

② [宋] 欧阳修、宋祁撰《新唐书》卷218《沙陀传》，中华书局，1975年，第6156页。

③ [后晋] 刘昫等撰《旧唐书》卷18上《武宗纪》，中华书局，1975年，第609页。

④ [后晋] 刘昫等撰《旧唐书》卷18上《武宗纪》，中华书局，1975年，第609-610页。

再谈吐蕃告身制度的几个问题

——对《吐蕃告身制度相关问题研究》一文的几点商榷意见

陆　离（南京师范大学历史系）

【摘要】吐蕃之告身对官员来说就是官之章饰，对平民百姓来说就是身份标志。吐蕃给各级官员和平民百姓普遍授予不同质地等级的告身，并对被其征服的河陇西域等地民族首领授予较高等级告身。但其实际地位仍然较低的做法就是为了显示尊卑等级，维护统治秩序，也显示了一定程度的民族压迫性。吐蕃告身制度是吐蕃政权的一项重要政治制度，在巩固和维护吐蕃政权在本部和河陇西域等占领区统治过程中发挥了很大作用。该制度是吐蕃民族的传统习俗与唐朝告身和官品服饰制度相结合的产物，是吐蕃文明的代表，有一个逐步发展完善的过程，并非一个极不严密、杂乱无章和从来没有真正完善的制度。对于不同时期的汉藏史料中关于吐蕃告身制度的记载，必须先进行分析考证，鉴别真伪，剔除舛误，区别对待，然后才能有选择地加以使用。

【关键词】吐蕃告身制度　《贤者喜宴》　《第吴宗教源流》　敦煌藏文文书

关于吐蕃告身制度，学界多有研究[①]。2017年，王启龙先生发表论文《吐蕃告身制度相关问题研究》，在前人研究基础上谈了他对吐蕃告身制度的看法[②]，对笔者颇有启发。但笔者对王先生的一些观点还有不同意见，现提出自己的一些见解，以供学界讨论，求正于方家。

一、吐蕃告身的授予对象

（一）关于吐蕃大论的告身

王启龙先生认为，同为吐蕃大论，P.T.1287（第246行）所载的尚囊（zhang snang）却授予了小银字告身（mgul gyi sug bu chung stsal to//）[③]，而据《恩兰·达扎路恭纪功碑》载，赤松德赞授予达札路恭之子孙后代也仅仅是大银字告身（dngul gyi y i g e chen po）[④]。他们与P.T.1288第57—61行《吐蕃大事纪年》中记载763年大论囊热（snang bzher，白宝石文字告身，ke ke ruvi yi ge）、大尚·野息（zhang rgyal zigs chen pho，玉［瑟瑟］文字告身，g.yuvi yi ge）、悉东赞（stong rtsan，玉［瑟瑟］文字告身，g.yuvi yi ge）[⑤]相比，告身等级都相差甚远。故而吐蕃告身制度本身是一个渐趋完善而从来没有真正完善的制度[⑥]。

实际上，恩兰·达扎路恭（stag sgra klu khong）纪功碑并未记载恩兰·达扎路恭所获告身，只记载了其子孙所获告身大银告身，这并非其本人的告身。P.T.1287（第246行）记载的尚囊（zhangs nang）是松赞干布（srong btsan sgam po）之父囊日松赞（gnam ri srong btsan）时大臣，官职为论布（blon po，blon por），意为大臣、宰辅[⑦]。获得小银制品（mgul gyi sug bu chung，直译为小银手，sug也有研究者录为pug，其含义不明，该词可能是phug，意为穿刺，bu为词缀，pug bu也无告身之意。陈践先生将mgul gyi pug bu chung译为“嵌有小冰川石

① 参见赵心愚：《吐蕃告身制度的两个问题》，《西藏研究》2002年第1期；赵心愚：《南诏告身制度试探》，《民族研究》2002年第4期；赵心愚：《格子藏文碑与吐蕃告身制度的几个问题》，《民族研究》2004年第3期，后收入赵心愚：《纳西族历史文化研究》，民族出版社，2008年，第254-263页；赵心愚：《唐樊衡露布所记吐蕃告身有关问题的探讨》，《中央民族大学学报（哲学社会科学版）》2008年第3期；陆离：《大虫皮考——兼论吐蕃南诏虎崇拜及其影响》，《敦煌研究》2004年第1期，后收入陆离：《吐蕃统治河陇西域时期制度研究——以敦煌、新疆出土文献为中心》，中华书局，2011年，第93-113页；陆离、陆庆夫：《关于吐蕃告身制度的几个问题》，《民族研究》2006年第3期，后收入陆离：《吐蕃统治河陇西域时期制度研究——以敦煌、新疆出土文献为中心》，中华书局，2011年，第77-92页；格桑央京：《敦煌文献所见吐蕃时期的告身》，《敦煌研究》2006年第1期；杨铭、索南才让：《新疆米兰出土的一件古藏文告身考释》，《敦煌学辑刊》2012年第2期；陆离：《关于吐蕃告身和大虫皮制度的再探讨——英藏新疆米兰出土古藏文文书Or.15000/268号研究》，载四川大学中国藏学研究所编《藏学学刊》第14辑，中国藏学出版社，2016年，第1-13页；王东：《敦煌古藏文文献PT.113号〈大论致沙州安抚论告牒〉小议》，《文献》2016年第3期；王启龙、牛海洋：《吐蕃告身名称流变考》，《民族研究》2016年第4期；陆离：《再论吐蕃告身制度和大虫皮制度的两个问题》，《西藏研究》2020年第4期；陈践：《吐蕃虎皮告身》，《民族翻译》2019年第2期。

② 该文载于《学术月刊》2017年第6期。

③ 王尧、陈践：《敦煌本吐蕃历史文书》（增订本），民族出版社，1992年，第48页。

④ 王尧：《吐蕃金石录》，文物出版社，1982年，第63、83、86页。

⑤ 黄布凡、马德：《敦煌藏文吐蕃史文献译注》，甘肃教育出版社，2000年，第37-38页、第57页。王启龙文中称论泣藏（blon khri bzang，即论绮力卜藏）获得玉［瑟瑟］文字告身，g.yuvi yi ge，实误。

⑥ 王启龙：《吐蕃告身制度相关问题研究》，《学术月刊》2017年第6期，第138页。

⑦ 黄布凡、马德：《敦煌藏文吐蕃史文献译注》，甘肃教育出版社，2000年，第192、第198页。

之银字告身”，认为这是吐蕃告身的雏形[①]。但是此段藏文并无告身之意，告身藏文写作yig gtsang，ye ge，yig，所以此段藏文只能译为“嵌有小冰川石之银制品”），mgul gyi sug bu chung应该是吐蕃告身的最早雏形，是一种表明身份的银饰，此时（囊日松赞时期）吐蕃还没有文字。到后来松赞干布创立藏文，吐蕃告身制度正式建立，被称为yi ge，yig，yig tshang，含义为文字，吐蕃各级告身上应该分别写有被授予告身者姓名、官职等内容。恩兰·达扎路恭则是赤松德赞（khri srong lde btsan，755—797在位）的大臣，担任大内相及大逾寒波（nang blon chen po yo gal vchos pa chen po）[②]，其所获告身应该是玉告身（g.yuvi yi ge）。恩兰·达扎路恭与尚囊（zhangs nang）活动年代相差100多年，与尚·野息（zhang rgyal zigs）、论·绮力卜藏（blon khri bzang）是同时代人，都是大论，获得告身也应该相同。所以，不能据此认为吐蕃告身制度本身是一个渐趋完善而从来没有真正完善的制度。

（二）吐蕃官员是否人人皆被授予告身？

王启龙先生认为据P.T.1287载，白兰·野扎列息（恩兰达札路恭）和没庐·墀苏姑木夏二人同样是领兵北征，收归编氓，功绩相当；但是受封告身的却只有白兰·野扎列息。说明吐蕃官员并非人人皆授予告身（以标示官阶身份），吐蕃藏文文献对告身的记载，在与官员的品级对应上毫无规律可言[③]。

敦煌吐蕃历史文书P.T.1287《赤松德赞时代的扩张》记载如下：

/sbrang rgyal sgra zigs kyis/ stod phyogs su drangste/mu yungsu g.yul bzlog nas/lung gi rgyal po nung kog man chad vbangs su bsdus/章·结扎勒西（sbrang rgyal sgra zigs）领兵至兑巧（stod phyogs，上方）之牟庸御敌，龙之国王（lung gi rgyal po）侬廓辖地以下被收为属民。

vbro khri gzuv ram shags kyis/ stod pyogs su drangste/ li vbangs su bkug nas dpyav phab bo/没卢·赤苏燃木夏（vbro khri gzuv ram shags）进兵兑巧（stod pyogs，上方），招服于阗（li）为属邦，征派赋税。[④]

该文书记载赤松德赞时期章·结扎勒西（sbrang rgyal sgra zigs）即所谓白兰·野扎列息征服西域焉耆，当地首领龙王投降[⑤]，没卢·赤苏燃木夏（vbro khri gzuv ram shags）即没庐·墀苏姑木夏征服西域于阗，都没有记载给他们授予告身，这只是文书记载简略而已，并非说明二人没有告身。恩兰·达札路恭碑记载恩兰·达札路恭子孙被授予大银告身，但并没有记载给恩兰本人授予什么级别告身，王先生认为碑文记载是给恩兰本人授予大银告身[⑥]，这实际是对碑文内容存在理解错误。并且也不能由此认定此二人（恩兰·达札路恭和没庐·墀苏姑木夏）中一人被授予告身，另一人则没有被授予告身，进而认为吐蕃官员并非人人皆授予告身（以标示官阶身份），吐蕃藏文文献对告身的记载，在与官员的品级对应上毫无规

① 陈践：《吐蕃虎皮告身》，《民族翻译》2019年第2期，第20页。

② 王尧：《吐蕃金石录》，文物出版社，1982年，第83、第89页。

③ 王启龙：《吐蕃告身制度相关问题研究》，《学术月刊》2017年第6期，第140页，注①。

④ 黄布凡、马德：《敦煌藏文吐蕃史文献译注》，甘肃教育出版社，2000年，第291页、第293-294页。

⑤ 陆离：《关于唐宋时期龙家部族的几个问题》，《西域研究》2012年第2期，又载陆离：《吐蕃统治河陇西域与汉藏文化交流研究——以敦煌、新疆出土汉藏文献为中心》，社会科学文献出版社，2018年，第296页。

⑥ 王启龙：《吐蕃告身制度相关问题研究》，《学术月刊》2017年第6期，第140页，注1。

律可言。

王启龙先生又称，可以大胆地推测，大量的吐蕃官员没有获得告身，最直接的证据就是《敦煌本吐蕃历史文书》记载的几乎都是吐蕃王室及其官僚集团重大的政治军事事件，可是里面记载告身的史料只有四条。其中，P.T.1288有一条（藏文第57—61行），P.T.1287有三条（藏文第246行；第378行和第385行）[①]。

但是《敦煌本吐蕃历史文书》中《大事纪年》《赞普传记》等篇章记载的是100余年中的吐蕃军政大事，而且较为简略，其中只记载了赞普囊日松赞给大臣尚囊（zhangs nang）授予小银手（rngul gyi sug bu chung）；松赞干布与大臣卫·庞多热义擦卜（dbavs phangs to re dbyi tshab）盟誓，声明在卫氏死后，给其子孙中一人授予黄金告身（gser gyi yi ge）并世袭相承；763年吐蕃攻占河陇，并一度占领长安后，给几名主要大论（blon chen）赐予玉石告身等三件史事[②]。这几件文书不可能将这100余年中出现的每一个吐蕃官员的告身授予情况都逐一记载下来，所以不能由此认定大量吐蕃官员没有获得告身。

王启龙先生还指出，吐蕃人物的图像资料主要有唐阎立本《步辇图》；郭里木棺板画；敦煌石窟壁画、绢画；章怀太子墓道西壁壁画客使图；太宗诏令前的松赞干布石像、高宗和武则天乾陵前的论悉曩然、吐蕃大酋长赞婆的石刻像等。这些绘图提供了吐蕃时期冠帽和穿戴的信息，但是均不见有“缀臂前”的“告身”装饰。仅郭里木二号棺板画上的A板“骑马射猎图”上有一男子于上臂部位佩戴纹锦，如同臂章，在装饰作用以外，还起到“标识身份的作用”[③]。此外，樊衡的《河西破贼露布》中提到的被俘吐蕃将领中，有将领三人无告身，赵心愚认为很可能是因为吐蕃王廷的告身诏令尚未到达，他们享有其他的标识和赏赐[④]。王先生认为他们本就不享有告身或许是更为可靠准确的解释[⑤]。

王先生提到的这些吐蕃人物形象没有佩戴告身可能是因为吐蕃官员佩戴告身需要在特定的场合，而这些图像资料表现的场景为赞普礼佛、吐蕃统治下的吐谷浑人骑马射猎、吐蕃使者觐见唐朝皇帝等，在这些场合并不一定需要人人都佩戴告身。至于吐蕃赞普松赞干布则并无告身，吐蕃大酋长赞婆投降武周政权后被重新授官任用，也没必要佩戴原来的吐蕃告身。对于樊衡的《河西破贼露布》中提到的关于被俘吐蕃将领中有三人无告身的原因，赵心愚先生的解释是完全有可能发生的情况，这三人也可能还获得虎皮制品以表明职官等级，并且其告身也并未被唐军在战争中获得，只是唐人对此并不理解，仅记载了在战争中获得其告身的被俘吐蕃将领的告身。所以这些情况不能说明大量吐蕃官员没有被授予告身。

---

① 王启龙：《吐蕃告身制度相关问题研究》，《学术月刊》2017年第6期，第143页。

② 黄布凡、马德：《敦煌藏文吐蕃史文献译注》，甘肃教育出版社，2000年，第37-38页、第57页、第192页、第198页、第215页、第219页；王尧、陈践：《敦煌本吐蕃历史文书》（增订本），民族出版社，1992年，第48页。

③ 霍巍：《吐蕃时代考古新发现及其研究》，科学出版社，2012年，第136页。

④ 赵心愚：《唐樊衡露布所记吐蕃告身有关问题的探讨》，《中央民族大学学报（哲学社会科学版）》2008年第3期，第74页。

⑤ 王启龙：《吐蕃告身制度相关问题研究》，《学术月刊》2017年第6期，第143页注②。

二、吐蕃告身制度是否比较混乱？

（一）《第吴宗教源流》《贤者喜宴》中关于吐蕃告身的记载

王启龙先生指出，成书于12世纪中期的藏文史籍《第吴教法源流》（即《第吴宗教源流（rgya bod kyi chos vbyung rgyas pa）》）与成书于16世纪的藏文史籍《贤者喜宴》对吐蕃告身的叙述实际上基本一致，唯一不同的是前者的“银告身（dngul gyi yi ge）”和“黄铜告身（ra gan gyi yi ge）”分别对应后者的“大银文字告身（dngul gyi yi ge chen po）”和“小银文字告身（dngul yig chung ba）”①。另外他又指出二者还存在一些差异，比如，skuvi sngags mkhan（持咒者、御前密咒师）在《贤者喜宴》里列为第七等大银告身，在《第吴教法源流》里则列为第一等大玉告身。yab vbangs rus drug（父系六族）在《贤者喜宴》里列为第九等青铜告身（大熟铜），在《第吴教法源流》里则列为第八等黄铜告身（小银），后者高一层级。《贤者喜宴》将mthovi so kha srung ba（保卫边境哨卡者、镇守边关的官员）和sku mkhar gyi rtse rje / srung sogs（守城官员）分别列入黄铜告身与小银文字告身，而《第吴教法源流》则将它们列入大银文字告身，也高一个层级。《贤者喜宴》将stod smad ［gnyis］ kyi dbang blon（上下部臣僚、高低级权臣）列为第七等大银告身，而《第吴教法源流》则将其列为第五等大颇罗弥告身（大金饰银），相差两级。而在《第吴教法源流》中，bkav yo vgal vchos pa（大噶伦）既被列入了第二等小玉告身（小瑟瑟），又被列入了第三等大金告身之中，自相矛盾。所以《贤者喜宴》和《第吴教法源流》这两部学术界公认的、对告身记载最详备的藏文历史文献本身，在告身授予对象方面并不完全一致，彼此差异颇多，且无规律可循②。

实际上成书于12世纪的《第吴宗教源流》中关于告身的记载时间在前，其史料来源较早，但存在一些错误，其原因在于当时距离吐蕃王朝灭亡已经200余年，这些资料在流传过程中已经产生了一些错讹缺失。成书于16世纪的《贤者喜宴》中关于吐蕃王朝告身制度的记载主要源自《第吴宗教源流》③，但作者巴卧·祖拉陈瓦（dpav bo gtsug lag vphreng ba）对此书中错误进行了一些修正，还根据一些其他史料重新对《第吴教法源流》记载的不同等级告身所授予对象进行调整修正，使其更具逻辑性和条理性，没有自相矛盾之处，如该书中bkav yo vgal vchos pa（大噶伦）就被列入大金告身（gser yig chen po）而不再被列入其他级别告身④。所以《贤者喜宴》和《第吴教法源流》中关于吐蕃告身的记载都是研究吐蕃告身制度的重要文献，它们彼此有差异，但并非无规律可循，对其内容真实性和准确性的鉴别必须和吐蕃时期的其他有关史料结合起来进行辨析考证。

（二）吐蕃告身制度是否比较混乱？

王先生指出，英藏敦煌藏文文书ITJ1262（vol 56 foll 72a）《争夺新扎城千户长官职之诉

---

① 王启龙：《吐蕃告身制度相关问题研究》，《学术月刊》2017年第6期，第139页。

② 王启龙：《吐蕃告身制度相关问题研究》，《学术月刊》2017年第6期，第140页。

③ 王继光、才让：《藏文史籍叙录》，载王继光主编《中国西部民族文化研究》，民族出版社，2003年，第187-189页。

④ 黄布凡、马德：《敦煌藏文吐蕃史文献译注》，甘肃教育出版社，2000年，第371页、第383页。

讼文》中记载吐谷浑千户长职位所授告身就比较混乱，有“小金字告身传三代gser chungu sum rgyus du gnang”（第2行）、“大银字告身dngul ched po”（第33行）、“金字告身gser”（第36行）、“金字告身传三代gser nyi ribs gsum du gnang ba”（第45行）、“金字告身传三代gser rgyud gsum”（第48行）等记载[①]。

实际上，本件文书残损较多，现存内容大部分地方都有缺损，文书后半部分也已缺失，所以文书内容并不完整。文书内容涉及吐谷浑千户长告身，“小金字告身传三代gser chungu sum rgyus du gnang”（第2行）、“金字告身gser”（第36行）、“金字告身传三代gser nyi ribs gsum du gnang ba”（第45行）、“金字告身传三代gser rgyud gsum”（第48行）是指同一事情，指吐谷浑千户长告身（金字告身）一直由该家族祖孙三代相传，他们都相继担任该吐谷浑部落千户长。至于“大银字告身dngul ched po”（第33行）与“金字告身传三代gser nyi ribs gsum du gnang ba”之事是怎样一种关系，由于文书现存内容并不完整，缺失不少，故还不得而知。不能据此认为吐谷浑千户长职位所授告身就比较混乱，史料所载告身等级的追加和告身的世袭也没有任何规律可循。

王先生又称，法藏敦煌藏文文书P.T.1089《大蕃官吏呈请状》记载，唐人官员杜大客、安本义、阎本、索播公和李布华、康塞堂等分别加赐告身；加赐告身的规定本身即已表明至少部分告身是一种荣誉性标志而非象征官职地位的章饰。授予或加赐告身，在文书中比较频繁，考虑的因素很多，有赖（吐蕃或非吐蕃）、地方（吐蕃、苏毗部落、通颊和吐谷浑部落以及南山部族）的不同决定告身差异，比较凌乱，没有一以贯之、极其严格的标准[②]。

关于所谓P.T.1089《大蕃官吏呈请状》中记载的南山部族，在该件藏文文书中记为lho bal，实为河陇地区被吐蕃征服的汉人、回鹘人等民族，直译为边鄙蛮貊，并非仅指当时活动在河西走廊祁连山中的汉代小月氏人后裔南山部族，但南山部族也可能被包括在lho bal内。在吐蕃统治下的河陇等地区，lho bal（边鄙蛮貊）的地位要低于吐蕃（bod）、孙波（sum，亦即苏毗）、吐谷浑（va sha）、通颊（mthong kyab）等部族[③]。P.T.1089《大蕃官吏呈请状》记载：

> /do stag skyes rgyavi to dog dang bod kyi rtse rjevi/zlar bskos te/vphra men gyi yige chungu snga yod pa las/thugs pags mdzad de/na cig gi bstod nas/ phra men gyi yige ched po stsal// an bun yig to dog vog pon du bskos te/thabs ra gan gyi yige yod pa las/ngovi tshe thugs pags mdzad nas/ra gan gyi yige ched po byin no//任命杜大客（do stag skyes）为汉人都督及吐蕃节儿之辅佐（rgyavi to dog dang bod kyi rtse rjevi zla），从前领有小颇罗弥告身（vphra men gyi yige chungu），圣上明鉴，晋升一级，赐大颇罗弥告身（phra men gyi yige ched po）。任命安本义（an bun yig）为副都督（to dog vog pon），从前领有黄铜告身，今因褒扬年功，圣上明鉴，升为大黄铜告身。……sde/gcig gi dpon sna bskos pav//yem pheng stong zlar bskoste/thab ra gan gyi yi ge chu ngu dbang ba/snga na ra

① 陈践践：《争夺新扎城千户长官职之诉讼文》，《中国藏学》2004年第3期，第119-125页；王启龙：《吐蕃告身制度相关问题研究》，《学术月刊》2017年第6期，第140页注⑤。

② 王启龙：《吐蕃告身制度相关问题研究》，《学术月刊》2017年第6期，第146页注⑥。

③ 陆离：《关于敦煌文书中lho bal、南波、南山》，《敦煌学辑刊》2010年第4期，又载陆离《吐蕃统治河陇西域与汉藏文化交流研究：以敦煌、新疆出土汉藏文献为中心》，中华书局，2011年，第303-316页。

gan gyi yi ge chungu mchis pa las/thugs/pags mdzad de/ngovi tshe na cig bstod de/ra gan gyi yige ched po byin no//一【千户】部落（sde gcig）【成员】之官职任命情况【如】下：任命阎本为（yem pheng）副千户长（stong zla），虽然【其位阶】与小黄铜告身相当，但因从前已领有小黄铜告身，圣上明鉴，褒扬年功，授予大黄铜告身。”“sag pho sngon to dog/gi rgyud lags pas/rjesu thugs pags mdzad de// spyivi kyi khral pon ched po bskoste/ gtsang chen rkyen gyi bya dgav zhig byin no/ 任命索播公（sag pho sngon）为总大收税官（spyivi kyi khral pon ched po），因其系昔日都督门第，圣上明鉴于此，【参照以上做法】，授予相当大藏（gtsang chen）之位，予以褒美。

/li pu hwar spyivi zhing pon ched po bskoste/thabs gtsang chen mchis pa/ thugs pags mdzad de/ gtsang chen rkyen gyi bya dgav zhig stsal/任命李布华（li pu hwar）为总大营田官（spyivi zhing pon ched po），虽已有大藏之位，圣上明鉴，赐予相当大藏之褒美。”“/sde gcig gi dpon snar bskos pav khang sevu tam stong zlar bskos te/thabs ra gan gyi yi ge chungu dbang ba las/ngos tshe thugs pags mdzad//nas/na cig gis bstod de/ ra gan gyi yi ge ched po byin no/【另】一【千户】部落【成员】之官职任命情况【如下】：康塞堂（khang sevu tam），任命为副千户长（stong zla）。【作为相应位阶】，授予小黄铜告身，但察及年功，褒奖一级，授予大黄铜告身。①

这些被加赐告身的敦煌汉人官员本身排位顺序并未发生变化，给他们加赐的告身等级也从高到低依照其排位进行。这是因为820年敦煌汉人部落地位提高，由普通民户部落成为军事部落，当时成立了阿骨萨（rgod sar）、悉董萨（stong sar）两个汉人军事部落，所以汉人官员的告身级别也得以提高，表明敦煌汉人官员身份的上升。吐蕃对被其征服的民族首领授予较高级别告身，但是他们的实际地位仍然在告身级别较低、管理这些被征服民族（lho bal，边鄙蛮貊）的吐蕃人官员之下，即所谓字高位卑。如敦煌汉、藏文书P.T.1089《大蕃官吏呈请状》、ДX.1462+P.3829号《吐蕃论董勃藏修伽蓝功德记》就记载吐蕃敦煌第二号军政长官节儿监军（rtse rje spyan）告身为大鍮石告身，即大黄铜告身，而其下级官员敦煌汉人都督（to dog）的告身则为大颇罗弥告身（phra men gyi yige ched po），即大金间银告身②，这也显示了一定的民族压迫性。对于吐蕃官员来说，告身就是象征官职地位的章饰，吐蕃政权授予官员告身是有一套严格标准的。

三、吐蕃告身的作用

（一）吐蕃告身与命价

王启龙先生在文中列出《第吴教法源流》（即《弟吴宗教源流（rgya bod kyi chos vbyung rgyas pa）》）、《贤者喜宴（mkhas pavi dgav ston）》、敦煌藏文文书P.T.1071《狩猎伤人律》

---

① 杨铭：《吐蕃统治敦煌与吐蕃文书研究》，中国藏学出版社，2008年，第44-45页、第59-60页；陈践：《敦煌吐蕃文献·社会经济卷》，民族出版社，2013年，第229-228页、第403-404页；西北民族大学等编纂《法国国家图书馆藏敦煌藏文文献》第10册，上海古籍出版社，2009年，第320页。

② 杨铭：《吐蕃统治敦煌与吐蕃文书研究》，中国藏学出版社，2008年，第44-45页；陆离：《吐蕃统治河陇西域时期制度研究：以敦煌、新疆出土文献为中心》，中华书局，2011年，第28页。

中赔命价进行对比，对其列表的转引见表1（其对表中内容的注释也基本加以转引）：

表1　告身与命价对照表

<table>
<tr><th>序号</th><th>告身名称</th><th>《第吴》</th><th>《贤者》</th><th>P.T.1071</th></tr>
<tr><td>1</td><td>藏文:大玉(文字)告身g.yuvi yi ge chen po;汉文:大瑟瑟</td><td>大贡论:命价黄金一万一千两</td><td>大贡论:一万一千两</td><td>大尚论zhang lon chen po等(1、3):一万两srang khri (10)</td></tr>
<tr><td>2</td><td>藏文:小玉(文字)告身g.yuvi yi ge chung;汉文:小瑟瑟</td><td>中贡论:命价黄金一万两</td><td>次贡论与内大相:一万两</td><td>(小)玉告身尚论zhang lon g.yuvi yi ge (37):六千两srang drug stong (45)</td></tr>
<tr><td>3</td><td>藏文:大金(文字)告身gser yig chen po;汉文:大金</td><td>大噶伦:命价黄金九千两</td><td>小贡论、次内相、决断大事:九千两</td><td rowspan="2">金告身尚论zhang lon gser gyi yi ge (78):五千两srang lnga stong(89)</td></tr>
<tr><td>4</td><td>藏文:小金告身gser yig chung;汉文:小金</td><td>副决断大事:命价黄金八千两</td><td>低级内相、次决断大事:八千两</td></tr>
<tr><td>5</td><td>藏文:大颇罗弥告身vphra men gyi yi ge chen po;汉文:大金饰银</td><td>小决断大事:命价黄金七千两</td><td>低级噶伦:七千两</td><td rowspan="2">颇罗弥告身尚论zhang lon phra men kyi yi ge(104):四千两srang bzhi stong(114)</td></tr>
<tr><td>6</td><td>藏文:小颇罗弥告身vphra men gyi yi ge chung;汉文:小金饰银</td><td></td><td></td></tr>
<tr><td>7</td><td>藏文:(大)银(文字)告身dngul gyi yi ge [chen po];汉文:大银</td><td></td><td></td><td>银告身尚论zhang lon dngul gyi yi ge (133):三千两srang sum stong(145—146)</td></tr>
<tr><td>8</td><td>藏文:小银文字告身ngul yig chung ba,黄铜告身ra gan gyi yi ge;汉文:小银</td><td></td><td></td><td>黄铜告身尚论zhang lon ra gan kyi yi ge(178):二千两srang nyi stong(189)</td></tr>
<tr><td>9</td><td>藏文:青铜告身vkhar bavi yi ge;汉文:大熟铜</td><td></td><td></td><td></td></tr>
<tr><td>10</td><td>藏文:(红)铜(文字)告身zangs kyi yi ge;汉文:小熟铜</td><td></td><td></td><td>红铜告身尚论zhang lon zangs kyi yi ge(214):一千两srang stong(235)</td></tr>
<tr><td>11</td><td>藏文:铁(文字)告身dpal lcags kyi yi ge;汉文:缺</td><td></td><td></td><td>大藏gtsang chen 、武士[豪奴] rgod (246):三百两srang sum brgya(256)</td></tr>
<tr><td>12</td><td>藏文:水纹木告身shing skya chu ris kyi yi ge;汉文:缺</td><td></td><td></td><td>王室民户一切庸rgyal vbangs g.yung ngo vtsald(286):二百两srang nyis brgya(293)</td></tr>
</table>

注:P.T.1071一栏中括号里的数字表示所列内容在文献里出现的行数①。

①王启龙：《吐蕃告身制度相关问题研究》，《学术月刊》2017年第6期，第142页。

王先生认为如表1中所示，如果是官僚阶层获得不同的告身等级，似乎也享有相应的特权并旁及自己的亲属；但是，这种对应关系也是杂乱无章的，《贤者喜宴》与《第吴教法源流》只记载了最上面五个等次告身的赔命价（两者比较一致，因为前者沿袭了后者的史学传统），而P.T.1071却记载了九种告身命价，它们之间根本没有办法有逻辑严密的对应关系。我们如何可能依据一套极不严密的告身命价体系来说明，告身系统就是一套另类的标注官员等级的系统呢[①]？

实际上，我们目前能够见到的吐蕃史料中最为可靠的部分，是吐蕃时期金石碑铭和敦煌、新疆出土吐蕃统治河陇西域时期藏汉文献的记载，其次较为可靠的部分，是唐宋时期汉文吐蕃史料（这些史料来源于出使吐蕃的唐朝使臣、与吐蕃交战的唐朝将领的记述，但由于语言文化隔阂，存在一些讹误[②]），接下来才是12世纪以后藏传佛教后弘期藏文教法史籍的有关记载，使用时必须先对它们进行考证鉴别，辨别真伪，剔除舛误，然后才能加以采用。因为吐蕃王国灭亡于9世纪后期，后弘期藏文教法史籍的记载虽然有所依据，但是毕竟距吐蕃王国灭亡已经过去300余年，这些史料在流传过程中必然会发生一些缺失和讹误。撰写制定时间在吐蕃统治敦煌时期（786—848）的敦煌藏文文书P.T.1071《吐蕃狩猎伤人律》记载了从大尚论到普通平民的九种告身命价，其内容是真实可信的，有观点认为其制定的具体时间在唐前期[③]，它正好说明吐蕃王国告身系统就是一套另类的标注官员等级的系统。其规定的赔命价以两为计量标准，未标明是什么物质，根据敦煌新疆出土吐蕃文献来看应该是白银。当时吐蕃统治区域普遍使用白银，以两为计量单位[④]。撰写于12世纪中后期的《第吴教法源流》记载吐蕃赔命价以黄金为计量标准，显然有误，所以后来撰写于16世纪的《贤者喜宴》作者对之进行了修正。至于《第吴教法源流》所记最上面五个等次告身的赔命价有可能是曾在吐蕃王国某一时期施行过，P.T.1071记载大尚论（zhang lon chen po）赔命价最高为一万两，《第吴教法源流》载明大贡论亦即大论赔命价最高为黄金一万一千两，二者在两数上比较接近。但《第吴教法源流》对吐蕃赔命价的记载并不完整，只记载最高五个等次告身的赔命价，这并不表明其他告身等级没有赔命价，而且该书记载吐蕃赔命价以黄金两数计算则明显有错误。

（二）吐蕃告身是否只是一种对贤者的褒奖机制？

《第吴教法源流》（即《弟吴宗教源流》）中记载有六标志，后来也被《贤者喜宴》沿袭：

phyag rgya drug la/bkav rtags kyi yi phyag rgya sgrom bu/khroms rtags kyi phyag rgya ru mtshon /yul rtags kyi phyag rgya sku mkhar/chos rtags kyi phyag rgya lha khang /dpav rtags kyi phyag rgya stag gzig/mdzangs rtags kyi phyag rgya yig tshang dang drug go/所谓六

① 王启龙：《吐蕃告身制度相关问题研究》，《学术月刊》2017年第6期，第143页。

② 林冠群：《汉文史料记载唐代吐蕃社会文化“失实部分”之研究》，载林冠群：《唐代吐蕃历史与文化论集》，中国藏学出版社，2007年，第64-113页。

③ 林冠群：《吐蕃中央职官考疑——〈新唐书·吐蕃传〉误载论析》，载《“中央研究院”历史语言研究所集刊》第80本第1分，2009年，第56页。

④ 陆离：《吐蕃统治河陇西域时期制度研究：以敦煌、新疆出土文献为中心》，中华书局，2011年，第288页。

标志是：宣布命令者的标志是印匣；军镇的标志为军旗；地方的标志为城堡；佛法的标记为庙宇（拉康）；勇士的标志为虎豹皮战袍；贤哲的标志为告身①。

王启龙先生认为，吐蕃统治者为其治下的各类人等规定了各自的标签（phyag rgya），以为各自拥有的特权或荣誉标记，印匣是宣布命令者的荣誉标志；军旗是军队（军镇）的荣誉标志；城堡是地方的荣誉标志；庙宇（拉康）是佛法的荣誉标记；虎豹皮战袍是勇士的荣誉标志；告身是贤哲的荣誉标志。这体现了吐蕃王朝统治有方，以各种标志激励或奖挹不同人群，使其各得其所，天下井然有序，可以说是吐蕃统治者高明之处②。但实际上，这六种标志中，宣布命令者、军队中的将领士兵、寺院的僧侣③、地方的官员和百姓都各自拥有不同级别告身，所以不能说吐蕃统治者为其治下的各类人等规定了各自的标签（phyag rgya）以为各自拥有的特权或荣誉标记，其中告身为贤哲所专享，别的人等则没有告身。

王先生又指出，在P.T.1287中，赤松德赞对大论芒热达赞和民庶勇士的奖挹就不同，前者获得如意宝告身（nor bu rin po che vi yi ge），后者获赐虎皮牌（stagi thug bu）。因为前者贤良敏明（vdzangs shing mkhas），后者英勇善战（dpav ba）。所谓“贤者、贤哲”（vdzangs，mdzangs）即为官者要全心全意效忠吐蕃王庭、竭尽全力维护王权统治，并且建有功业者才能获得告身。至于普通百姓和兵士，一定是服服帖帖、逆来顺受的顺民和不顾生死、作战英勇的兵士，可以被统治者树立为普通老百姓和士兵的行为典范，才能获此“殊荣”④。

如意宝告身（nor bu rin po che vi yi ge）即宝石告身、玉石告身。所谓虎皮牌（stagi thug bu），其含义实际是虎皮制品，藏文thug bu为果实之意，可引申为制品。吐蕃虎皮制品有不同规格等级，如虎皮袍、大小虎皮鞍鞯、虎皮上衣、虎皮裙等，这是吐蕃王朝的一种典章制度，与吐蕃告身制度性质相近。吐蕃政权将虎皮制品授予立有军功者，获得虎皮制品者随即获得官员身份，吐蕃虎皮制品级别与告身级别有相对应之处，吐蕃官员应是将所获告身等级和虎皮制品等级相加进行排位⑤。吐蕃官员本身就具有相应等级的告身，如果政绩突出，即为贤哲（vdzangs，mdzangs），则可以加授告身并升职。敦煌文书记载吐蕃统治敦煌时期当地户籍和牲畜勘检工作由佥牟使（khram pa，意为简牍官、牌子官，也被称为算使）负责，P.T.1089《吐蕃官吏呈请状》记载，该职官在吐蕃姑臧（mkhar tsan，即凉州）节度使（khrom）衙署设置，该职官在吐蕃河陇等地其他节度使（khrom）衙署也有设置。敦煌汉文文书出现的佥牟使则来自瓜州节度使衙署，具体负责勘检敦煌、瓜州等地官府颁发给当地居民的木质告身——“牌子”；检核人口，即所谓“勘牌子”；“牌子”即木质水纹告身，敦煌居民人人都有，是其身份证明，在汉文文书中被称为“依牌子”，《弟吴宗教源流》《贤者喜宴》也记

---

① 弟吴贤者（mkhas pa ldevus）：《弟吴宗教源流（rgya bod kyi chos vbyung rgyas pa）》藏文版，西藏人民出版社，1987年，第270页；弟吴贤者著，许德存译《弟吴宗教源流》，西藏人民出版社，2013年，第131页。

② 王启龙：《吐蕃告身制度相关问题研究》，《学术月刊》2017年第6期，第144页。

③ 《贤者喜宴》记载僧官被授予银告身（巴卧·祖拉陈瓦著，黄颢、周润年译注《贤者喜宴——吐蕃史译注》，中央民族大学出版社，2010年，第36页）。普通僧尼则被授予木质水纹告身“牌子”，参见陆离：《关于吐蕃统治敦煌户籍制度的几个问题》，《中国经济史研究》2013年第4期，又载陆离：《吐蕃统治河陇西域与汉藏文化交流研究：以敦煌、新疆出土汉藏文献为中心》，第171-179页。

④ 王启龙：《吐蕃告身制度相关问题研究》，《学术月刊》2017年第6期，第144，147页。

⑤ 陆离：《关于吐蕃告身和大虫皮制度的再探讨——英藏新疆米兰出土古藏文文书Or.15000/268号研究》，载四川大学中国藏学研究所编《藏学学刊》第14辑，中国藏学出版社，2016年，第1-13页。

载平民告身为木质水纹告身[①]。所以告身乃吐蕃官员和普通百姓人人都拥有的身份标志，并不只是一种对贤者的褒奖机制，对政绩、才能突出的贤者可以加赐高级别告身，并授予相应官职。

王启龙先生认为，从大量的藏文文献记载来看，我们可以从语言学角度初步断定，告身不是官章饰，几乎所有的吐蕃告身史料，用的动词都是都是“赐予”或“奖赏”［stsal/stsalde/stsal de/stsalda/stsal to/（赐给、授予）或bstod（歌颂、赞扬、褒奖）等等］，而不是任命或封授[②]。

但是需要指出的是，被吐蕃政权“赐予”或“奖赏”告身者，就具备了官员身份。P.T.1089号文书《吐蕃官吏呈请状》第14—15行记载姑臧节度使（mkhar tsan khrom）衙署官员有吐蕃、孙波（苏毗）的小千户长，下面是通颊和吐谷浑之小千户长，在该职官之下为无官职的红铜告身者（zangs pa sug stong）和授虎皮鞍鞯者（stag zar can pa），第40行记载姑臧节度使衙署官员有红铜告身官吏者（zang pa sna la gtogs pa）。第41行记载姑臧节度使衙署官员有授虎皮鞍鞯者（stagi zar can pa）与无官职【红铜告身】者（［zang pa］ sna la ma gtogs pa）[③]。所以告身就是官章饰。而P.T.1089《吐蕃官员呈请状》第34行记载：“/rgyavi dpon sna bod las bskos pavi sug pa dpe phyag rgya can vchang pa/唐人之官员，从吐蕃人中持有封印告身者委派。”[④]前面已经指出sug pa是指告身，是告身的一种异写形式，源自早期吐蕃告身之雏形名称，sug pa直译为手。所以并非有官职者中的一部分人才有告身，而是有一定级别告身者就可以被任命相应官职，获得一定级别告身者就具有了官员身份。所以王先生的这一观点不能成立。

总之，吐蕃之告身对官员来说就是官之章饰，对平民百姓来说就是身份标志，吐蕃给各级官员和平民百姓普遍授予不同质地等级的告身，并对被其征服的河陇西域等地民族首领授予较高等级告身。但其实际地位仍然较低的做法就是为了显示尊卑等级，维护统治秩序。吐蕃告身制度是吐蕃政权的一项重要政治制度，在巩固和维护吐蕃政权在本部和河陇西域等占领区统治的过程中发挥了很大作用。该制度是吐蕃民族的传统习俗与唐朝告身和官品服饰制度相结合的产物，是吐蕃王朝典章制度的有机组成部分，也是吐蕃文明的代表，有一个逐步发展完善的过程，并非一个极不严密、杂乱无章、从来没有真正完善的制度。对于不同历史时期关于吐蕃告身制度的藏汉史料记载，应该先对其可靠性加以分析鉴别，区别对待，分清真伪，剔除舛误，再有选择地加以使用，而不应该不加考辨就全部都加以使用，从而得出吐蕃告身制度极不严密、杂乱无章、没有一套严格标准的结论。

---

① 陆离：《关于吐蕃统治敦煌户籍制度的几个问题》，《中国经济史研究》2013年第4期，又载陆离：《吐蕃统治河陇西域与汉藏文化交流研究——以敦煌、新疆出土汉藏文献为中心》，第171-179页。弟吴贤者著，阿贵译注《弟吴宗教源流（吐蕃史）译注》（三），《西藏研究》2018年第6期，第16页；弟吴贤者（mkhas pa ldevus）：《弟吴宗教源流（rgya bod kyi chos vbyung rgyas pa）》藏文版，西藏人民出版社，1987年，第256页。

② 王启龙：《吐蕃告身制度相关问题研究》，《学术月刊》2017年第6期，第141页。

③ 陈践：《敦煌吐蕃文献选辑·社会经济卷》，民族出版社，2013年，第227-228页、第232-233页。

④ 陈践：《敦煌吐蕃文献选辑·社会经济卷》，民族出版社，2013年，第228页、第233页。

长安墓志所见“系羁侯王”张议潮史事稽考*

杨富学（敦煌研究院人文研究部）

【摘要】张议潭、张议潮兄弟手足相扶，同声共气，偕同蕃胡汉众，开创六郡百万之家的归义军基业，每每向国输诚，可谓恭顺。然朝廷终究不放心，继张议潭先身入质后，张议潮亦在唐名帅李行素的劝诱下被“系羁”“束身归阙”，这可以被视为大唐对于西北边疆顶层运作的结果，实际上亦是利用议潮系与议潭系的矛盾而引发的。沙州归义军建立之初，张议潭或曾以瓜州刺史的身份领归义军留后，逝后被其子节度使张淮深宣传为沙州刺史，意在标举沙州大权原来即属议潭系所有。张淮深的野心并非一日养成，自张议潭入质，其或即被确定为候任节度使，淮深潜心培植势力多年，终于成功迫使张议潮归阙。根据《张淮澄墓志》，张议潭早在咸通初已逝，但敦煌文书却无一提到他的死亡，此应为先后秉持大权的张议潮和张淮深皆不愿冒风险入京以省墓，故令一道噤声搪塞而致。

【关键词】张议潮　《张淮澄墓志》　李行素　沙州归义军

一、《李行素墓志》所见张议潮归阙诸事

大唐西市博物馆新收《李行素墓志》①是一方史料价值极高的唐代墓志，志主李行素历任林州知军州事（属安南，疑即唐林州）、当州、藤州刺史、琼州招讨儋耳朱崖五郡事、邕管副节度、归朝授太府少卿，随后奉命出使西凉斡旋争端，因和断有功随即授容管经略使。李行素

* 本文系国家社科基金项目“敦煌多元文化交融与中华民族共同体意识”（项目编号22VRC025）研究成果。

①对《李行素墓志》的研究，主要有李宗俊：《〈唐故容管经略招讨处置等使李行素墓志〉跋》，《唐都学刊》2016年第6期，第5-9页；李宗俊：《晚唐张议潮入朝事暨归义军与嗢末的凉州之争再探——以新出李行素墓志及敦煌文书张议潮奏表为中心》，《敦煌研究》2017年第4期，第89-97页；王庆昱：《新见唐李行素墓志所见东南史事考述》，载纪宗安、马建春主编《暨南史学》第15辑，广西师范大学出版社，2018年，第79-87页。

一生行迹绾合了晚唐浙东、南越、西凉等地域，反映了其在大唐边疆地方由动荡走向治理过程中所扮演的重要角色，所谓“西导交趾、南喉百越，立功立事，目击皆是”。墓志所载功绩赫赫，不止可补同时期正史之缺佚，且堪与敦煌文书中张氏归义军的相关记载形成互证，突出体现在其“使西凉州，和断嗢末羌与张议潮，语议潮执笏入觐，奉使称旨”及“单车西凉，慄彼羌股，系羁侯王”的使命中。其中“侯王”显然即“执笏入觐”的归义军初任节度使张议潮。表面上看，张议潮咸通七年末“束身归阙”甚至完全得归功于李行素的单车斡旋，而这显然是唐朝顶层设计运作边疆的结果，和素来人们怀疑的归义军内部争斗当无干系。李宗俊先生研究是志甚力，且联系《张淮深碑》，认为碑文盛赞张议潮的开创之功，极推重议潮地位，恰证张议潮与淮深叔侄并无芥蒂，入朝乃其自愿[①]。张议潮固然赤胆忠心，然河西一道的收复几全然是张议潮兄弟并沙州蕃汉将士之功，朝廷无预，现在朝廷觍颜前来摘桃，议潮愿主动出让凉州已示对朝廷之屈从，其何至于自愿放弃巨大权力，拱手而降？故笔者以为，朝廷力邀及行素的努力作为外因，固然十分重要，但断非张议潮愿束身归阙的唯一原因。

张议潮被迫入质的先决条件无疑是其兄长张议潭的去世。根据西安新征集的《张淮澄墓志》[②]，作为张议潭之子的张淮澄于大中“十二年，转福王府右亲事典军。旋丁常侍（张议潭）忧，哀毁过礼，将迩灭性。上闻之，优诏夺情起复，改袁王府右亲事典军。咸通二年，转鄂王府帐内典军”，可知张议潭死于大中十二年至咸通二年间。而从其写作“大中皇帝挽歌”[③]，可知其当没于懿宗咸通元年前后。从咸通元年直至咸通七年如此长的时间内朝廷竟并未要求张氏家族再交出一位人质来，大约是议潭幼子淮澄尚在京的缘故。然七年后，唐廷在归义军内部并未发生军变的情况下突然改变政策，一力劝诱议潮入京，此非可以正常逻辑解释。然淮澄一直活到咸通九年戊子，没有见到亲兄淮深，而是见证了叔父携旧部亲自入京。议潭故去若许年，墓木已拱，作为节度使的张议潮或因“军务繁重”，一直未能至长安礼兄之茔，更未能亲往北向朝阙，故此次李行素之成功“系羁侯王”，必特以情动人，以忠孝、悌义之大道责让议潮，使其心愧。入朝后，天子即亲赐神武统军之职并甲第田地，显是为其终身计，议潮自己当亦明了，故复急召其二子至长安。

二、李行素“系羁侯王”的前因后果

张议潮之被追入朝，确是主要出于唐朝现实政治的考虑。纵观时局，安史乱后，节镇林立，特别是元和之后，各藩镇再度失控，大中皇帝虽号为“小太宗”，有追摹元和政治的意图，但唐朝已然积弊难返，而外敌进犯亦间有之。黄巢前最大一次农民起义——裘甫起义，就在大中末年爆发于东南富庶之地浙东。之后，南诏陷交趾于咸通元年，二年七月，复攻邕

① 李宗俊：《晚唐张议潮入朝事暨归义军与嗢末的凉州之争再探——以新出李行素墓志及敦煌文书张议潮奏表为中心》，《敦煌研究》2017年第4期，第91页。

② 关于《张淮澄墓志》的研究主要见李宗俊：《〈张淮澄墓志〉跋》，载樊英峰主编《乾陵文化研究》第11辑，三秦出版社，2017年，第213-216页；王庆卫：《新出唐代张淮澄墓志所见归义军史事考》，《敦煌学辑刊》2017年第1期，第12-21页；郑怡楠：《新出〈唐敦煌张淮澄墓志铭并序〉考释》，《敦煌学辑刊》2017年第1期，第22-36页。

③ BD9343张议潭：《进上挽歌》，载任继愈主编《国家图书馆藏敦煌遗书》第105册，北京图书馆出版社，2008年，第279页。

州，十月以前，寇嶲州邛峡关。三年九月，岭南西道邕管逐出节度使蔡京。由于交趾的失陷，唐朝只能于四年七月设置行交州于内地。同年十二月，南诏复寇西川。咸通初年，帝国的西南与东南边陲一直饱受南诏侵扰，唐廷基本处于守势。而内地亦频频有军乱发生，如咸通三年七月徐州军乱逐节度使温璋，四年昭义节度使沈询奴归秦勾结牙兵杀沈而自立等等。

与朝廷在懿宗继位最初几年的弱势相比，张议潮治下的归义军则一度高歌猛进，势力扩张极快。咸通二年，经历艰苦卓绝的斗争，张议潮统军拿下了凉州。四年三月，“归义节度使张义潮奏自将蕃、汉兵七千克复凉州”。凉州乃是河西节度使的治所，取得了凉州，无疑意味着张议潮已成为名副其实的河西节度使。《新唐书》记“义潮奉凉州来归[①]”。由“奉”字知议潮本对凉州有绝对支配权，一如其之前奉河西一十一州地图来归。可知河西一道六郡，户口百万之家，如今悉皆落其彀中。咸通七年二月，史载“归义节度使张义潮（史书对两兄弟名字中字一直用“义”而非“议”）奏北庭回鹘仆固俊克西州、北庭、轮台、清镇等城”[②]；本年，义潮又奏鄯州城使张季颙押领拓跋怀光下使送到尚恐热将，并随身器甲等，并以进奉[③]；又七月记，沙州节度使张义潮进甘峻山青骹鹰四联、延庆节马二匹、吐蕃女子二人[④]。如上，涉及地域西起安西北庭，东至河鄯，名义上一道疆土包括其土上之“陇右遗黎”虽皆归大唐之“有司”，实际可见，其多听命于节度使张议潮或其亲信蕃将，不入版籍，不为朝廷课户。河西陇右的战略位置十分重要，正所谓守关必守陇，一任张氏将藩镇疆界平推到河湟，则复生一吐蕃为大唐患矣。

对张氏地方政权的防范，从大中间已开始。根据《宣宗本纪》，大中五年，张议潭来献河西舆图，宣宗本以张议潮为瓜、沙、伊等州节度使，而后却改为素常授予远蕃的称号“归义”[⑤]，显然未与内地等夷视之。而由上引《通鉴》可见朝廷对张氏政权的真正定位只是区区“沙州节度使”，归义军这个军号亦只是授予沙州的。当然这也和大中初年议潮所复之地主要亦局限于沙瓜相关，《资治通鉴》胡三省注引《唐实录》谓：“建沙州为归义军，以张义潮为节度使”并授其“河、沙等十一州观察、营田、处置等使。”[⑥]观察、处置较节度使之权力半径要小得多，可知唐廷真正允许张议潮行使自行其是之权的只有建牙之沙州。张氏归义军时期的敦煌写卷上可见印迹除“归义军节度使印”外，尚有“河西道观察使”印[⑦]，符合《实录》记载。唐人薛逢诗“沙州都护破凉州”，都护即指议潮，可知在当时的朝廷官员心中，张议潮亦只是沙州而非领有河西全道之藩帅。后来张淮深费尽心力得到的印绶，同样只

① ［宋］欧阳修、宋祁：《新唐书》卷216下《吐蕃传下》，中华书局，1975年，第6108页。

② ［宋］司马光编著，［元］胡三省音注《资治通鉴》卷250咸通七年二月条，中华书局，1956年，第8113页。

③ ［宋］司马光编著，［元］胡三省音注《资治通鉴》卷250咸通七年二月条胡三省注引《唐实录》，中华书局，1956年，第8113页。

④ ［后晋］刘昫等：《旧唐书》卷19《懿宗纪》，中华书局，1975年，第660页。

⑤ ［后晋］刘昫等：《旧唐书》卷18《宣宗纪》，中华书局，1975年，第629页。

⑥ ［宋］司马光编著，［元］胡三省音注《资治通鉴》卷249大中五年十一月条，中华书局，1956年，第8049页。

⑦ P.T.1081文书下盖印章，见森安孝夫：《河西帰義軍節度使の朱印とその編年》，载《内陸アジア言語の研究》2000年XV，第16页。

是沙州节度使印①。所以张议潮及其诸势力在河西、河湟的扩张行动及其管内之自专，很可能已招致朝廷的不满。是故，早在凉州初复的咸通二年，朝廷即已着手在故河西陇右地区析置三节度，据两《唐书》，咸通四年至五年间，先后在此置秦州天雄军节度使，管领秦、成、阶州，置凉州节度使，领凉、洮、西、鄯、河、临等州，置瓜沙节度使，管沙、瓜、甘、肃、伊、兰、岷、廓等州②。实际上由于凉州的阻隔，瓜沙节度使的真实管辖区域当为西起伊州东至甘州。无论凉州、西州、北庭还是鄯州，无疑都不处于归义军的观察范围内，而张议潮自以为河西节度使，其奏报不无长臂管辖、侵蚀朝廷地方权力之嫌，这显然会招致朝廷的警惕③。与归义军上报收复凉州几乎同时，另一支不可忽视的新生力量即黠戛斯亦让朝廷感到忧心。黠戛斯灭回鹘而有其漠北之地，其自称李陵之后，与唐同宗，咸通年间三次入贡，四年八九月间曾"遣其臣合伊难支表求经籍及每年遣使走马请历，又欲讨回鹘，使安西以来悉归唐，不许。"④当时，回鹘残部侵夺吐蕃势力，而于西州、龟兹站住脚，亦每每朝唐，态度恭顺。今黠戛斯野心勃勃想要收复安西北庭旧土，说欲以其地归唐是假，侵吞回鹘扩张自家势力是真。其势力本较回鹘大，若助其夺占西域则不啻又生一回鹘为唐之威胁，故不许之。这与843年唐朝对黠戛斯的政策是一致的⑤。归义军收复凉州、黠戛斯欲收复安西这两桩战事，看似唐朝不须出一兵一卒即可坐收广域，然其地本朝廷鞭长莫及，归义军、黠戛斯两大新势力亦必就此壮大，若不行干涉，于唐朝未来终是不利的。

实际上，咸通朝较之大中朝，对河西陇右旧疆土的态度已然发生较大变化，不再以羁縻守成为主，转而积极经营，此或因山东渐失控制，故欲于河西找补。这一政策亦延续到僖宗朝，懿、僖二宗虽史称为昏君，但在帝国军事战略上并不含糊。为确保关中不受吐蕃等势力侵袭，则河西一臂的舒张至关重要。根据李军的考证，早在咸通三年以前，唐将高骈已经坐镇凤林关收复河渭二州，唐乃以吐蕃降将尚延心为河渭等州都游弈使，后来纳入凉州节度使的管辖中。此年凉州嗢末入贡中央，骈之功也⑥。咸通年间的凉州与朔方（灵武）节度使通常有着千丝万缕的联系，《裴识墓志》云："天子以河西新收，西凉府以归，帅张议潮欲强盛

① 唐廷赐淮深"沙州节度使印""沙州观察处置使印"一对。见冯培红：《敦煌的归义军时代》，甘肃教育出版社，2013年，第154页。

② ［后晋］刘昫等：《旧唐书》卷38《地理志一》，中华书局，1975年，第1392-1393页；［宋］欧阳修、宋祁：《新唐书》卷67《方镇表第四》，中华书局，1975年，第1886页。

③ 李军认为，"张议潮的做法显然不符合唐政府以归义军、凉州及天雄军节度分治河陇的初衷。咸通八年二月，受唐政府的征召，张议潮归阙长安"，但又言张淮深洞悉唐廷留张议潮于京的意图而频繁遣使求节（李军：《控制、法定与自称：唐宋之际归义军辖区变迁的多维度考察》，《中国史研究》2021年第4期，第115页）。此说似不合实情，因为唐朝意图在归义军中制造两个中心，以张议潮遥控沙州政局，以淮深实际主持沙州事务，所以在议潮生前不可能批复其请节。

④ ［宋］司马光编著，［元］胡三省音注《资治通鉴》卷250咸通四年八月条，中华书局，1975年，第8107页。

⑤ 杨富学：《论唐与回鹘关系的历史转折》，《暨南学报（哲学社会科学版）》2017年第11期，第117-118页。

⑥ 李军：《晚唐中央政府对河陇地区的经营》，博士学位论文，兰州大学，2008年，第45-51页。

边事，择其人。”[①]议潮强盛边事收复西凉，朝廷却派郓州天平军士卒以防秋之名入戍，而以裴识为灵武节度使转输军粮等，复又有原凉州主要势力嗢末参与进来，各方在凉州形成拉锯之势，而李行素单车而来就是为和断此事。和断的结果是张议潮暂时承认恭顺唐朝的嗢末对凉州的控制权，然至其束身归阙，仍不断上书要求征讨嗢末。彼时第二任凉州节度使卢潘已被嗢末杀害（贼寇之中潘死[②]），凉州被荒弃，重收凉州，则一直是归义军上下共同的意志。议潮女夫李明振所任职即凉州司马，归义军还有不少要员亦挂凉州职务。后张淮深建“乾符之政”第二次收复凉州[③]，可知议潮、淮深等对朝廷和断嗢末羌及归义军将凉州拱手出让是十分不满的。但是议潮既以河西归唐，则显不能拒绝唐廷的裁度。而朝廷为何要选在这个时间“系羁侯王”呢？

首先是唐廷致力于收复失地、重整边疆的需要。从史籍及《李行素墓志》中可以看到“咸通元年正月，浙东人仇甫（裘甫）反，安南经略使王式为浙江东道观察使以讨之”。时李行素任林州知军州事，为安南经略使辖下，故从之浙东平乱，最终裘甫为李行素军所擒。唐后期南诏对岭南及剑南的侵袭是很令帝国头疼的事，李行素后任邕管节度副使，咸通五年南诏再次侵袭，围攻州治朗宁。李行素“亲擐甲，开垒而出，首敢死之士，捐不赀之身，奋而走之，褰斩无数”，于是得以升任中央，为太府少卿。安南地区的残局则由名帅高骈收拾，不数年而复。在西南、东南皆大动作整合边疆的同时，将眼光瞄向西北亦是必然。《资治通鉴》记咸通四年：

> 上（懿宗）游宴无节，左拾遗刘蜕上疏曰：“今西凉筑城，应接未决于与夺；南蛮侵轶，干戈悉在于道途。旬月以来，不为无事。陛下不形忧闵以示远近，则何以责其死力！望节娱游，以待远人乂安，未晚。”弗听。[④]

然懿宗后来应该还是听进了忠言，不仅在凉州积极筑城，还派遣李行素携带使命面见张议潮。

其次，唐廷之邀入亦可能与张议潮对其政绩的过分宣传有关。吾等皆知，大中五年，张议潮得获归义军节钺，其后乃于莫高窟开龛一座，就是著名的156窟。此窟为张议潮功德窟，具体开凿时间一说是大中五年至十（二）年，一说是咸通二年至六年[⑤]。窟上《莫高窟记》末后时间为咸通六年正月十五，一说即落成时间。此窟主室下方绘制《河西节度使检校司空兼御史大夫张议潮统军扫除吐蕃收复河西一道图》，其“司空”号正是张议潮收复凉州

---

① 中国文物研究所、河南文物研究所编《新中国出土墓志·河南》（壹）三七四，文物出版社，1994年，第361页；孙培岗：《咸通初年归义军与唐朝关系新探——〈裴识墓志〉再考释》，《兰州大学学报（社会科学版）》2022年第6期，第147-157页。

②P.3281V《押衙马通达状稿》，载唐耕耦、陆宏基编《敦煌社会经济文献真迹释录》第4辑，全国图书馆文献缩微复制中心，1990年，第375页。

③ 李军以为，“归义军在咸通十一年九月至乾符六年之间经过针对嗢末的战争，再次收复凉州”（李军：《晚唐（公元861—907年）凉州相关问题考察——以凉州控制权的转移为中心》，《中国史研究》2006年第4期，第87页）。

④ ［宋］司马光编著，［元］胡三省音注《资治通鉴》咸通四年正月条，中华书局，1975年，第8103页。

⑤ 荣新江认为，156窟开凿于咸通年间，为庆功之用，见荣新江：《归义军史研究》，上海古籍出版社，1996年，第5-6页。梁红、沙武田氏总结陈明等观点，认为此窟下龛存在洪辩供养像，而洪辩很可能大中十年已离世，这说明此窟至晚此时应已完工，修建此窟目的是庆贺获得归义军旌节，参见梁红、沙武田：《敦煌石窟中的归义军历史——莫高窟第156窟研究》，甘肃文化出版社，2021年，第76页、第131页。

后获赐的。可知即便全窟主体部分早已绘制完成，这幅《出行图》也当是后来绘制的，或至少“收复河西一道”的题名是其收复凉州之后，即咸通二年之后书写的。无论张议潮还是继任者张淮深，管内自称从来是用“河西节度使”而非官赐“归义军节度使”或“瓜沙节度使”，而议潮大张旗鼓书之于佛窟，上元之节复引众在窟内大做佛事活动①，宣扬节度使之大功德，势必引起朝廷瞩目。综合上述因素，则议潮之被朝廷猜忌，以至于在京中尚有质子的情况下仍被强硬召入京固宜。此时召之，亦是将之树为天下跋扈藩镇表率，而身处“四面六蕃围”②的瓜沙，得到中原王朝的支持对其生存至关重要，故议潮别无选择，只能与朝廷配合，入京充当“正面典范”。

三、“大郎、二郎”系之矛盾与“沙州刺史”职位之归属

不过，张议潮应当也不会轻易就范，墓志云李行素“单车西凉”，只言片语说动张氏，成此大事，谀墓之文夸大其词，自不待言。张氏的最终出走，实际还当与议潭、淮深父子息息相关。今天我们一般将沙州之收复及归义军之建立悉归美于张议潮，却忽略了其兄张议潭的力量支持。固然，议潮作为次子却继承了父亲的沙州都督之位③，为其夺取沙州控制权之先决因素。然而按照《张淮深德政碑》④的说法，议潮、议潭二人乃是“手足相扶，同营开辟”的，归义军僧、俗界要人并称他们为“大郎、二郎”⑤，文书会同时呈二人阅览。相较于议潮的武勇，议潭可能在文治方面更为擅长，后其“推夷齐之让，恋荆树之荣”，将本应享有的权力让渡于兄弟张议潮，而自己于大中五年赴长安，献上河西十一州地图，后于大中七年之前“先身入质”，以换取唐朝对他们主掌沙州乃至河西节钺的承认。

张议潭做出如此大牺牲，或是在为长子淮深的前程铺路。在大中五年归义军建政之时，淮深已满弱冠，两年后即被任命为沙州刺史，足见其为才干卓著的青年俊彦。按议潭长于议潮约十三岁，则二人卒年当皆为七十四⑥，议潭约亡于咸通元年即860年，而议潮亡于咸通

---

① 梁红、沙武田：《敦煌石窟中的归义军历史——莫高窟第156窟研究》，甘肃文化出版社，2021年，第101-103页。

② P.3128《敦煌曲子词·望江南》，载任半塘：《敦煌歌辞总编》上册，上海古籍出版社，2006年，第445页。

③ 陆离、陆庆夫：《张议潮史迹新探》，《中国边疆史地研究》2011年第1期，第103-104页。

④ S.6161+S.3329+S.6973+P.2762+S.11564《敕河西节度兵部尚书张公德政之碑》，见荣新江：《敦煌写本〈敕河西节度兵部尚书张公德政之碑〉校考》，载本书编委会编《周一良先生八十生日纪念论文集》，中国社会科学出版社，1993年，第206-216页。

⑤ 沙州氾文信于大中六年五月廿七日呈状云“伏惟大郎、二郎等动止万福”，是两人一同掌权。按此件文书元标大中十六年（按大中十四年懿宗即位即改咸通），显与事实不符：归义军咸通纪年用得很早，且咸通元年大郎已然离世。可参李军：《从敦煌龙兴寺看张氏归义军的内部矛盾》，载郑炳林、樊锦诗、杨富学主编《敦煌佛教与禅宗学术讨论会文集》，三秦出版社，2007年，第117-118页。

⑥ 参季羡林主编：《敦煌学大辞典》“张议潭”“张议潮”条，上海辞书出版社，1998年，第352页。据S.6161+S.3329+S.6973+P.2762+S.11564《敕河西节度兵部尚书张公德政之碑》：“其叔（张议潮）春秋七十有四，寿终于长安万年县宣阳坊之私第，皇考议潭则春秋七十有四，寿终于京永嘉坊之私第。”

十三年即873年。沙州对议潮二子淮诠、淮鼎习称“二小郎君”①，可知甚幼于淮深。是故，议潭临行前，兄弟俩当已对未来的接班梯队做好安排：此类王化不及的藩镇权力多与河朔一般，在父子弟兄间流转；百年之后自当由淮深继立，后当复传议潮之二子。在张议潮领军在外长期征战时，张淮深便作为沙州刺史守护大后方，治理敦煌黎元。议潭在长安为质未十年而亡，这个消息沙州当然知道，然此时无论长安还是沙州政局都渐趋微妙。大郎生前，两位至亲之人议潮与淮深，对此都讳莫如深。正常而言，作为亲弟与亲子，议潮或淮深应该亲往长安主持葬礼，然而若入朝则难免会成为下一个张议潭，被朝廷扣留为人质。无论是节度使张议潮还是大有野心的沙州刺史张淮深都绝不会冒此风险，故此完全淡化了大郎正常的仙逝。在此期间朝廷抑或遣使凭吊，或曾劝其再送质入京，然敦煌文书并无蛛丝马迹的记录。

关于张议潭之死，敦煌固无记载，传世史籍甚至不提他“人质”之事，且将其名误作“义澤”。这就使得很多学者猜测议潮咸通七八年急匆匆赶去长安是奔兄丧②，甚至有学者误读P.3730V第四件书信亦即僧恒安与在京的张议潮书，认为此封写于咸通九年的信札提到最近的“不意凶祸”“奄从倾逝”，当指张议潭的去世，甚至认为张议潭在张议潮入京时尚存③，可知沙州保密工作做得极出色。惜被淮澄墓志泄密——王使臻指出，凶祸一语多指向同辈或晚辈，恰好张淮澄于此年去世④。僧恒安对沙州“阿郎”们的公子向来留意，故特向议潮悼之。

但前人误读确是巧妇为无米之炊的结果：归义军时期的敦煌文书库藏虽极丰富，然于大关节处反而付之阙如。张氏归义军时期比较著名的历史事件如张淮深之死，全部死因只有八字“竖牛作孽君主见欺”，至于竖牛为谁，如何作孽，无人去讲。张议潮女张太夫人扶立侄承奉初期由李氏兄弟主政，但是在900年之前，李氏兄弟皆莫名身故，死因为何亦不得知。914年，曹议金取代张承奉为节度使，结束了张氏归义军的统治，而二人究系如何交代，张承奉是否已然身死人手，亦让人全然不晓。曹氏归义军时期，曹议金妻天公主子尚书等数人

① P.3804“尚书责子二小郎君”，尚书是张议潮。S.2589《中和四年十一月一日肃州防戍都营田康汉君县丞张胜君等状》载：“先淮诠郎君……郎君二人及娘子、家累、军将、常住等廿人……并在邠州。淮诠郎君拟随嗢末使发来。”杨宝玉等认为《唐宗子陇西李氏再修功德记》碑所云“兄亡弟丧、社稷倾沦”是指淮诠、淮鼎二位亲兄弟的相继死亡。见杨宝玉、吴丽娱：《归义军政权与中央关系研究——以入奏活动为中心》，中国社会科学出版社，2015年，第163–176页。

② 荣新江《归义军史研究》（上海古籍出版社，1996年，第6页）云咸通八年，张议潭卒于长安，二月，张议潮应召入长安。杨秀清《张议潮出走与张淮深之死——张氏归义军内部矛盾新探》（《敦煌研究》1996年第4期，第78页）云：“咸通八年前后张议潭去世，张淮深借机逼走张议潮，独揽归义军大权。这便是《张淮深碑》所记‘事有进退，未可安然。须拜龙颜，束身归阙’的原因所在。”杨宝玉、吴丽娱认为，张议潭死亡和张议潮出发都应于咸通七年，参见杨宝玉、吴丽娱：《归义军政权与中央关系研究——以入奏活动为中心》，中国社会科学出版社，2015年，第38页。另二氏据P.3730V恒安书状，认为“凶祸”云云当是追悼此前不久去世的张议潭，参见吴丽娱、杨宝玉：《P.3730V张氏归义军时期书状考释》，载中国文物研究所编《出土文献研究》第7辑，上海古籍出版社，2005年，第283页。冯培红认可杨、吴观点，认为张议潭在京生活了13年之久（大中七年—咸通七年），见冯培红：《敦煌的归义军时代》，甘肃教育出版社，2013年，第115页。

③ 李军：《再论张议潮时期归义军与唐中央政府之关系》，《中国边疆史地研究》2017年第1期，第94页。

④ 王使臻：《敦煌文献P.3730V书信与出土〈唐张淮澄墓志〉的联系》，《西华师范大学学报（哲学社会科学版）》2020年第1期，第12页。

"手足顿倾于厚夜"，此事为何人所谋，发生于何年月亦难确知[①]。1002年即宋真宗咸平年间，曹宗寿弑杀节度使曹延禄、瓜州防御使曹延瑞，此事上了《宋史》[②]和《续资治通鉴长编》[③]，而在敦煌未留下只言片语的记载。可知敦煌文书亦有极大局限性。正如台风的中心反而无风，处于政事漩涡中心的敦煌，亦甚难留下秉笔直书的文字。

议潮、议潭、淮深昔曾争权，沙州刺史一职的初归属特能体现其事。正史记载，晚唐第一位沙州刺史是张议潮。《旧唐书·宣宗本纪》："（大中五年八月）沙州刺史张义潮遣兄义潭（潭）以瓜、沙、伊、肃等十一州户口来献，自河、陇陷蕃百余年，至是悉复陇右故地。以义潮为瓜沙伊等州节度使。"[④]《新唐书·吐蕃传》："义潮阴结豪英归唐……遂摄州事。"[⑤]《资治通鉴》胡三省注引《唐实录》："（大中）五年二月壬戌，天德军奏沙州刺史张义潮、安景旻及部落使阎英达等差使上表，请以沙州降。"[⑥]可知自摄州事至议潭晋京，沙州刺史皆是张议潮。吾等已知议潭入质后的大中七年，沙州刺史换成了其子淮深，那么淮深是继谁而立的呢？西安《张淮澄墓志》有云："兄曰淮深，幼有胆气材略，代季父司空为沙州刺史。"季父司空无疑即张议潮，这说明沙州刺史确实一直为张议潮所担当：从初摄州事到大中五年归义军建立后张议潭入质。但以上又与S.6161等卷拼合的《敕河西节度兵部尚书张公（淮深）德政之碑》所记相悖。此碑记其叔张议潮职衔先后为"河西节度""兵部尚书""左仆射""检校司空""司徒""左神武统军""太保"等，而偏偏落下"沙州刺史"；而记其皇考张议潭，则明确为"前沙州刺史、金紫光禄大夫、检校鸿胪大卿、守左散骑常侍"；记张淮深则是"诏令承父之任，充沙州刺史，左骁卫大将军"，无疑撰碑人认为张淮深的"沙州刺史"与其后来检校的"散骑常侍"一般是承其父议潭而来。撰碑人一说是僧悟真[⑦]，一说是张球[⑧]，此二人与两任节度使皆关系密切。立于敦煌的《德政碑》与埋于长安的墓志铭，在"沙州刺史"这一官职的归属上发生冲突，当以何为准？

笔者以为，在长安的议潮、议潭家族都并无往自己脸上贴金的必要，撰书墓志者玄景与张氏家族并无利害关系，故可做到客观书写。而前者于风暴的涡眼沙州撰碑，其时议潭、议潮悉已离世，所作又为继任节度使淮深氏之德政碑，故无疑可视作其府主淮深授意下的特别书写——撰碑人有意从张议潮身上剥离"沙州刺史"的标志，转赋予今任节度之父执，当在暗示淮深才是归义军的法定继承人，他只是把父亲出让的东西取了回来而已：沙州刺史这个归义军最重要的职位，从来只属于议潭系。

关于张议潭的具体职衔，还有一些异文。莫高窟第94窟张议潭题名曰"金紫光禄大夫

① 盖佳择、杨富学：《归义军史上三起人伦悲剧疑云剖析——晚唐五代节度使家族权力争端之一瞥》，载敦煌市博物馆编《第三届丝绸之路与敦煌历史文化学术研讨会论文集》，万卷出版公司，2021年，第73-83页。

② ［元］脱脱等：《宋史》卷490《外国传》，中华书局，1977年，第14124页。

③ ［宋］李焘：《续资治通鉴长编》卷52，中华书局，1995年，第1147页。

④ ［后晋］刘昫等：《旧唐书》卷18《宣宗纪》，中华书局，1975年，第629页。

⑤ ［宋］欧阳修、宋祁：《新唐书》卷216《吐蕃传下》，中华书局，1975年，第6107-6108页。

⑥ ［宋］司马光编著，［元］胡三省音注《资治通鉴》卷249大中五年十一月条胡三省注引《唐实录》，中华书局，1975年，第8049页。

⑦ 荣新江：《敦煌写本〈敕河西节度兵部尚书张公德政之碑〉校考》，载本书编委会编《周一良先生八十生日纪念论文集》，中国社会科学出版社，1993年，第206-216页。

⑧ "张球说"最有说服力的论证，见杨宝玉：《〈张淮深碑〉作者再议》，《敦煌学辑刊》2015年3期，第74-79页。

检校户部尚书直左金吾卫大将军兼左御史大夫赐紫金鱼袋南阳郡开国公讳议潭”[①]，此为其入朝后的官方身份。P.3556《南阳郡娘子张氏墓志铭》云议潭为归义军节度兵马留后使，同卷议潮侄女《张戒珠邈真赞》则提到其父为墨离军守瓜州刺史金紫光禄大夫检校工部尚书兼御史大夫上柱国张公。归义军留后当可理解为在张议潮外出征战时议潭或即以“节度留后”的身份主理州政，此虽孤证，却有其合理性。而《张戒珠邈真赞》里的张公，其检校官（工部尚书为其卒赠检校官）、勋官、宪衔与张议潭均相一致，唯瓜州刺史的身份不见任何一件文书。邈真赞情理上不会造假，那么可提出两种假设。其一是张议潭并非兄弟二人，而至少有三人，而这三人皆位高权重，这才符合戒珠尼“莲府豪宗”身份。但若有这一位同样显赫的叔父，淮深、淮澄的相关文书中必亦颂之，今则全无见——P.4660《河西道节度押衙清河张议广邈真赞》之赞主，亦泛“议”字，然郡望并非南阳，位亦止押衙。那么只能认同第二种假设，即此为议潭所领实职。

前已指出《张淮深碑》所录议潭的“沙州刺史”身份存疑，我们或可做以下两种解释：一是沙州刺史为朝廷赠官张议潭，命之遥领，至七年而交予张淮深；二是沙州刺史属卒赠官。然既出朝廷任命或追认，何以史书无载?《张淮深碑》亦云卒赠工部尚书。看来张议潭曾任沙州刺史之事确无可安置的空间，可认为出自张淮深的向壁虚造，或为其自行追授。更合理的解释是，张淮深有意移乙当甲。张议潭兄弟既然手足相扶，同营开辟，那么一个主政沙州，一个主政瓜州，达成政治均势无疑是妥当安排——后张淮深以“德合亲懿”的索勋为瓜州刺史；李氏执政时期三兄弟任职瓜、沙、甘；曹氏时期先后将同样亲懿的慕容归盈及亲子、兄弟委任瓜州，亦与此类。而张淮深所以在父逝后更其瓜州刺史之职为沙州，乃正借此塑造自己为归义军正统所在——沙州为归义军官牙所在，担任沙州刺史者非节度使即储君。中和二年（882）淮深为己立功德碑时，秉政沙州已十五年余，“五稔三迁”，乾符之政劳苦功高，河西旌节指日可得，依淮深的心理，自然是要立己子而非堂弟为接班人，况中原黄巢之乱，议潮之二郎君死生未明，更打击了议潮派的士气。由此知情的老人儿惧其权势，亦不敢力辩其非，任他去颠倒黑白。张议潭之死如此重大之事在敦煌都显得毫无声息，府主之父是否曾任沙州军政长官就更不会有人去较真。张淮深理归义时期，议潮派显然不甚得势，而两者的较量一定早在议潮尚在沙州任节度使而淮深任沙州刺史时即已开始。

张淮深担任沙州刺史时致力于对归义军治下蕃浑的驯服。碑文云“河西创复，犹杂蕃浑，言音不同，羌龙嗢末，雷威慑伏，训以华风，咸会驯良，轨俗一变”，大约收拢之以为己用。淮深时虽不掌军权，然张议潮长期征战在外，府内事务主要由淮深管理（作为沙州刺史主要任务当是民事），也就更可能结党奥援。而从其一代议潮守藩垣，掌河西军务马上“秣马三危，横行六郡”看，他的军事能力亦十分出众，《张淮深变文》称他“年初弱冠即登庸，匹马单枪突九重，曾向祁连□□□，几回大漠虏元凶”[②]，为少年豪侠，文武双全。唯孙楷第、杨秀清曾据《张淮深变文》认为咸通间收复凉州为淮深之力[③]，则似觉解读过度。

---

① 徐自强、张永强等编《敦煌莫高窟题记汇编》，文物出版社，2014年，第71页。

② 项楚：《敦煌变文选注》，中华书局，2006年，第1779-1780页。

③ 孙楷第：《敦煌写本张淮深变文跋》，载《“中研院”历史语言研究所集刊》第7本第3分，1937年，第387页；杨秀清：《张议潮出走与张淮深之死——张氏归义军内部矛盾新探》，《敦煌研究》1996年第4期，第77页。

但总而言之议潮、淮深的势力无疑应有一个此消彼长的过程。

随着归义军势力渐大，进逼秦中，虑及吐蕃或河朔之事重演，朝廷便欲行遏制。议潮叔侄暗中不和，这当是沙州公开的秘密，故李行素之行很可能接洽淮深，而以朝廷之威与地方实力派之逼迫使议潮入京。入京之前，张议潮举办了一场盛大的法会，记载于P.3804愿文中。根据杨宝玉、吴丽娱的研究，这次法会举办于咸通七年八月中秋[①]——可知李行素单车西凉并与议潮谈洽显然还在本年八月以前。法会赞颂了节度使张议潮的功德并超度了早已去世的前鸿胪大卿张议潭，而议潭子“刺史明公”张淮深则夹在二人间。文中赞议潮“常为大唐之忠臣，永作人轮（伦）之舟楫。然后拥旌持节，以靖八方，万里归投，摄伏者无二”，可知议潮仍将以现任节度使的身份“束身归阙”，于是他率领全家族发心造塔以求功德。议潮面临的压力主要来自朝廷方面——“圣明”的思念及宰辅“台阶”的相迎，潜在因素则当为侄淮深的坐大。议潮去后，被总委军务的淮深则更暴露了其赤裸裸的权力欲，S.1156《光启三年（887）沙州进奏院状》[②]云“二十年已前，多少楼罗人来论节不得”，当是蓄谋已久。一自叔入朝起，淮深便积极谋划求取节钺，而其在境内抑或早就自称河西节度使[③]，根本无视在京的正牌节度使议潮之存在。

迫于内外的双重压力，张议潮隆冬出走沙州。次年二月至长安，然九月前便要接二位郎君同至长安[④]。如此急迫，自然并非出于朝廷压力，亦不单单是为享天伦之乐，而当是感受到了侄男迫近的压力，诚恐二子为其加害。议潮最后因“悬蛇之疾”即蛇影杯弓去世，除了朝廷的猜忌外，淮深在沙州与长安的一系列小动作可能也是其害疾之因[⑤]。议潮逝后，羽翼渐丰的淮诠、淮鼎二郎君之西归被认为是张淮深之死的导火索[⑥]，恐非虚言。

张议潮入朝后，由于仍遥领节度使之职，故对沙州政局影响力并未消泯。终议潮世，张淮深都无法得到归义军节钺，议潮逝后多年其方获之，得到不久即被杀害。我们看到张淮深

① 杨宝玉、吴丽娱：《归义军政权与中央关系研究——以入奏活动为中心》，中国社会科学出版社，2015年，第39页。

② IDP（国际敦煌项目）：Or.8210/S.1156 Recto R.1 official communique，全篇录文见荣新江：《归义军史研究》，上海古籍出版社，1996年，第187-189页。

③ 按S.6161+S.3329+S.11564+S.6973+P.2762《张淮深碑》记载：“尘轻一道，加授户部尚书，充河西节度”。据荣新江研究，为张淮深“乾符之政”的记功碑（《归义军史研究》，上海古籍出版社，1996年，第64页），时在张议潮去世后若干年。此外《张淮深变文》末后云“自从司徒归阙后，有我尚书独进奏，□节河西理五州”，其正文中复云“虎骑龙节曜双旌”，称张议潮为司徒而非卒赠官太保，可知此时议潮健在京师。而张淮深已经自认持节治理河西五州了。故荣新江指出，张淮深在张议潮在京的咸通八年至十三年间已经自称节度使了（《归义军史研究》，第78-84页）。唯荣氏据《张淮深碑》推测其在咸通八年后不久即自称节度使则稍显过早，实际上按《张淮深碑》的相关记载，从太保归阙总委侄男淮深到其加授户部尚书充河西节度是有一个过程的。

④ P.3281V《押衙马通达状稿（三件）》记“先随司空到京，遣来凉州，却运家累”，另杨宝玉、吴丽娱录P.3730v恒安书状，考证出写作时间为张议潮咸通八年初至京后，状中提到郎君，即张议潮子淮鼎，见《P.3730V张氏归义军时期书状考释》，《出土文献研究》第7辑，第278-286页。李军《晚唐中央政府对河陇地区的经营》（博士学位论文，兰州大学，2008年，第152页）引述二氏观点，得出咸通八年九月前即有人从京归沙，而二郎君到京时间约为咸通九年二月前。

⑤ 李军：《从敦煌龙兴寺看张氏归义军的内部矛盾》，载郑炳林、樊锦诗、杨富学主编《敦煌佛教与禅宗学术讨论会文集》，三秦出版社，2007年，第110页。

⑥ 杨宝玉、吴丽娱：《归义军政权与中央关系研究——以入奏活动为中心》，中国社会科学出版社，2015年，第175页。

每次求节，进奏使中都有不和谐音符，常有人质问仆射（淮深）有何功劳？这些人都是张议潮一系的亲信，如张文彻等，后来保了议潮嫡孙张承奉。另据学者研究，张议潮在长安，不仅与沙州僧官故友一直保持密切联系，还让二子也多试探拉拢他们[①]，或就此刺探沙州中上层的情报。而管内要事，沙州张淮深还要通过议潮表递与皇帝，如S.10602关于退浑的奏报[②]等。淮深作为沙州地区实际上的最高统治者，自亦不甘心事事听从长安调停，其一心培植自己势力：其诸子多具文武之才，充任要职。故在议潮入京的咸通八年至十三年间，敦煌实际“二日”并存，下边人亦各有算计，或右议潮，或右淮深，造成沙州政局的极大分裂——这可能是朝廷乐见的。况后朝廷任命卢潘、翁郜等继帅河西[③]，迫近归义军，近一步激化矛盾。张淮深帅归义初期之政令非出一处，实际已埋下了后期“兄亡弟丧、社稷倾沦”，张、索、李争斗不休而为曹氏坐收渔翁之利的结局。

张氏归义军从851年确立至914年易主，实际上只有张议潮、张淮深统治的四十年政局相对稳定，相比之下，接手归义军的曹议金家族却是传承五代八位节帅。中原皇帝如走马灯般轮换时，沙州却稳如泰山，在1002年曹延禄兄弟被杀害前享有近90年的太平日子，其原因何在？一如张氏，曹氏归义军也是兄弟二人创建的，即指挥尚书曹良才和节度使尚书曹议金（仁贵）[④]，然而居长的良才不居功，不将自家后嗣排进归义军的接班梯队中，旌节只在曹议金的子孙中传承，这就避免了动荡的可能。另外，五代宋初，中原自顾不暇，敦煌俨然独立王国，只需奉正朔，毋庸交质子，这样就避免了多个权力中心的形成。

结语

张议潭、议潮兄弟手足相扶，同声共气，偕同蕃、胡汉众，开创六郡百万之家的归义军基业。虽然每每向国输诚，可谓恭顺，然唐朝对之却一度有莫及之憾，并心存警惕，以“归义”为之名，本即视同羁縻番邦之意[⑤]，非比天宝间位高权重的河西陇右节度使（按归义军节帅们往往会将河西陇右同时加入自己的节度使号中，如《乾宁碑》之称张议潮[⑥]）。故宣宗一朝并未对归义军藩镇内政作出过多干涉，与其在同属新收的三州七关上的积极作为恰相反。于是归义军的官吏选拔就全归节度使一人主掌，仅需事后呈报中央披览。甚至于节度使本人在管内可使用远高于朝廷所赐检校官号——张议潮在赐号尚书时已经满境称司空了。而节度使的继任人选显然也由张氏家族内部自行决定，朝廷从不干涉。归义军从不必向中央缴纳赋税，只需进奉贡物，实与河朔三镇等视之。不过至懿宗朝，随着河西重镇凉州之获收

① 杨宝玉、吴丽娱：《张议潮束身归阙后与沙州人士的往来及其对敦煌政局的影响》，载刘进宝、高田时雄编《转型期的敦煌学》，上海古籍出版社，2007年，第331–342页。

② 荣新江编撰《英国图书馆藏敦煌汉文非佛教残卷目录（S.6981—13624）》，新文丰出版公司，1994年，第168–169页。

③ 李军：《晚唐中央政府对河陇地区的经营》，博士学位论文，兰州大学，2008年，第72–80页。

④ 荣新江：《关于曹氏归义军首任节度使的几个问题》，《敦煌研究》1993年第2期，第46–53页。

⑤ 会昌二年六月，唐中央为表彰嗢没斯的慕义归化之举，曾建立一支“回鹘归义军”，大中建归义军当仿会昌。见赵贞：《回鹘归义军始末》，《西域研究》2006年第2期，第23–30页。唐薛逢诗云“昨夜蕃兵报国仇，沙州都护破凉州”，称归义军为“蕃兵”，可知是视之为异类的。

⑥ 李氏兄弟执政沙州时所撰《唐宗子陇西李氏再修功德记》功德主为其父李明振，因在乾宁年间（894—898）修碑，故称乾宁碑，文中称（李明振）“妻父河西陇右一十一州节度管内观察处置押蕃落营田支度等使”云云，见李永宁：《敦煌莫高窟碑文录及有关问题》（一），载《敦煌研究》创刊号，1982年，第66页。

复，朝廷乃对前朝政策做出调整，积极经营河西，将归义军势力挤压到沙州。唐臣李行素单车西凉，和断张议潮与嗢末，实际就是劝说其放弃凉州的所有权而束身归阙。李行素也是身经百战的大唐统帅，议潮当亦颇生相惜之情。然其归朝而不放权，至于归前借“张族庆寺法会”宣告自己仍是归义军绝对的领袖。

张议潮的出走造成了归义军的分裂，后其子二小郎君的归来更加剧了这种分裂趋势。遗憾的是，张淮澄不幸于二小郎君入京之当年在长安去世，由此引发“蝴蝶效应”：张氏归义军失去一次自救机会。若久后淮澄与淮诠、淮鼎同时回归沙州，则或可成为议潭系与议潮系势力的缓冲。长期在京的张淮澄本当与堂兄弟淮诠等交好，而与淮深同胞兄弟的身份又会使其能劝谏淮深在子侄间一碗水端平，如此则未始不能斡旋矛盾，避免淮深身死人手、归义军持久动荡的悲剧结局。

敦煌曲子词《望江南》再考察

——兼论张曹继代的和平过渡

杜　海（兰州大学敦煌学研究所）

【摘要】《望江南》曲子词兼具文学性与实用性，只有综合考察《望江南》曲子词的文意、曲子词抄写的时代背景，充分考虑《曲子词》相关写本的综合性、实用性等特征，才能深入挖掘其背后反映的真实历史事件。《望江南》曲子词与张、曹继代的历史并无紧密的联系，其中有可能记录曹议金取代张承奉历史的只有《曹公德》。《曹公德》应形成于曹议金称大王以后了，"靖难论兵扶社稷"也与张、曹继代无直接联系。"恒将筹略定妖氛"中"妖氛"的内涵也不一定是对张承奉时代的影射。S.3914《河西节度使尚书结坛发愿文》或许反映了张曹继代之际的情况。

【关键词】曹议金　张承奉　《望江南》　S.3914文书　敦煌

曹氏取代张氏执掌归义军的过程中，敦煌政权内部没有出现大规

模的军事冲突及政变[①]。不过亦有学者认为曲子词《望江南》是关于张曹继代历史过程的反映，笔者拟结合敦煌文献对相关史实做进一步的分析。敦煌文献关于曲子词《望江南》的记载主要有以下几件文书：

P.3911《望江南（平）》包含：《娘子面》《龙沙塞》《敦煌郡》[②]；

P.2809《望江南》包含：《娘子面》《龙沙塞》《敦煌郡》[③]；

S.5556《望江南》包含：《边塞苦》《龙沙塞》《曹公德》[④]；

P.3128V《望江南》包含：《曹公德》《敦煌悬》《龙沙塞》《边塞苦》[⑤]。

对于曲子词《望江南》的内容，王重民等先生对其进行过细致的录文[⑥]。在此基础上，学者还做了深入的讨论，笔者首先以曲子词的篇目为单位逐一进行分析。《望江南·敦煌郡》的内容如下：

> 敦煌郡，四面六蕃围。生灵苦屈青天见，数年路隔失朝仪，目断望龙墀。
>
> 新恩降，草木总光辉。若不远仗天威力，河湟必恐陷戎夷，早晚圣人知。

该曲子词，P.3911、P.2809作《敦煌郡》，P.3128V作《敦煌悬》，除个别字词的差别外，几个写卷中《敦煌郡》《敦煌悬》的内容基本一致。至于其创作时代，有张淮深时期、曹议金时期、曹元忠时期等不同观点。任二北先生考证《敦煌郡》的创作年代在后晋出帝开运元年（944），即曹元忠即位初期[⑦]。苏莹辉先生认为其创作年代在曹议金时期[⑧]，杨富学先生亦赞同此观点，认为该词与曹元忠无涉，应作于曹议金当政之初[⑨]。汤涒先生认为其为张淮深时代的作品[⑩]。伏俊琏先生综合P.3911写卷上下文内容，认为该写卷为咸通八年（867）至十

---

① 学者多认为张曹继代是一个和平过渡的过程，参见荣新江：《敦煌归义军曹氏统治者为粟特后裔说》，《历史研究》2001年第1期，第68页；冯培红：《敦煌的归义军时代》，甘肃教育出版社，2013年，第68页。不过亦有学者持不同观点，苏莹辉先生认为张曹继代是诉诸武力（参见苏莹辉：《论敦煌本〈望江南〉杂曲四首之写作时代》，《新社学报》（新加坡）1973年第5期。收入苏莹辉：《敦煌论集续编》，台湾学生书局，1983年，第122页、第126页）。杨富学先生提出，张承奉自立为帝，曹议金奉梁朝为正朔，二者执政理念有根本冲突，因此张曹之间的易代绝非不流血的和平过渡。杨文赞同苏莹辉的观点，认为《望江南》曲子词中的"向主立殊勋"，只能指曹议金归附后梁皇帝，因而"靖难论兵""略定妖氛"即平定西汉金山国之乱（参见杨富学：《曹议金奉天靖难及其与甘州回鹘之关联》，《敦煌学辑刊》2019年第1期，第187—195页）。然而，曹氏归义军时期，敦煌文书中不乏称张承奉为"金王""帝""先王"的文书，所谓"尽忠孝"，若将其看作曹议金继位之初笼络人心之言论，亦未尝不可。即便"尽忠孝"指曹议金效忠后梁，也不能证明曹议金对张承奉采取了武力行动，"靖难论兵""略定妖氛"亦可能指对张承奉左右"奸佞""宠臣"的清除，而非针对张承奉本人。《望江南》曲子词《曹公德》中"尽忠孝，向主立殊勋"，以及"靖难论兵扶社稷"，两句的真正意涵，尚难定论。

② 上海古籍出版社等编《法藏敦煌西域文献》第29册，上海古籍出版社，2003年，第208页。

③ 上海古籍出版社等编《法藏敦煌西域文献》第18册，上海古籍出版社，2001年，第343-344页。

④ 中国社会科学院历史研究所等合编《英藏敦煌文献（汉文佛经以外部分）》第8卷，四川人民出版社，1992年，第10-11页。

⑤ 上海古籍出版社等编《法藏敦煌西域文献》第21册，上海古籍出版社，2002年，第352页。

⑥ 王重民辑《敦煌曲子词集》（修订本），商务印书馆，1956年，第41-44页。

⑦ 任二北：《敦煌曲初探》，上海文艺联合出版社，1954，第258页。

⑧ 苏莹辉：《论敦煌本〈望江南〉杂曲四首之写作时代》，载苏莹辉：《敦煌论集续编》，台湾学生书局，1983年，第120页。

⑨ 杨富学：《曹议金奉天靖难及其与甘州回鹘之关联》，《敦煌学辑刊》2019年第1期，第189页。

⑩ 汤涒：《敦煌曲子词与河西本土文化》，载项楚主编《中国俗文化研究》第2辑，巴蜀书社，2004年，第193页。

三年前后的作品①。从该曲子词的文意上看，其内容讲述的是敦煌与中原王朝经历了长期隔绝后，中原使者终于到达敦煌的情景。然而，根据“若不远仗天威力，河湟必恐陷戎夷，早晚圣人知”一句的内容，可知中原与敦煌虽然建立起联系，但是敦煌面临的危机似乎未得到根本性的转变。总之，《敦煌郡（悬）》一篇缺少标志时间的准确信息。其内容既可以用来形容张淮深时期的情形，又可以形容曹议金去世后十年间的政治形势。

《望江南・曹公德》的内容如下：

曹公德，为国托西关。六戎尽来做百姓，压坛河陇定羌浑，雄名远近闻。

尽忠孝，向主立殊勋。靖难论兵扶社稷，恒将筹略定妖氛，愿万载作人君。

P.3128V、S.5556文书中存曲子词《曹公德》，其中，P.3128V中的“托西关”三字，在S.5556中作“拓边西”。王重民先生指出该内容述归义军曹氏功德，不似在曹元忠以后，疑当在曹议金时代②。任二北先生根据曹议金托西大王称号等，认为《曹公德》歌颂者应是曹议金③。苏莹辉先生考《曹公德》等其余几首望江南曲子词的写作时期，都是在贞明六年（920）至同光元年（923）之间，认为其所记内容与张、曹两姓的政权交替有关，“靖难论兵”说明两者的交替是诉诸武力，“妖氛”指西汉金山国时期的“妖孽气氛”④。杨富学先生同意苏莹辉先生的观点，同时认为苏莹辉“曹氏乃以金山国余孽为仇寇”的观点显然是一个扩大化的结论，只能说金山国叛逆集团之首恶在曹氏时期已悉数被清除⑤。

详观前述几位先生的论述及《曹公德》词文内容，除了“靖难论兵”“妖氛”这样的影射之语，并无直接内容记叙张、曹继代的过程。如果仅就《曹公德》内容本身而言，相关结论仍有探讨余地。《曹公德》称曹公“为国托西关”或者“为国拓边西”，与曹议金“托西大王”“拓西大王”的称号有关，根据研究，曹议金长兴二年（931）始称“大王”，清泰二年（935）去世后亦有“托西大王”或“拓西大王”称号⑥。那么《曹公德》创作的时间可能在清泰二年以后了，汤涒先生认为，《曹公德》一词歌颂曹议金事迹，其内容创作于934—935年之间⑦。此时距张、曹继代已经20余年，因此即便“妖氛”是指张承奉时期的政治氛围，或许也不是曹议金为张承奉时代定性之辞。相关记载很难证明曹议金取代张承奉的过程是一场血腥政变。此外，曹元忠在966年以后也有“托西大王”“西平王”称号，《曹公德》有无歌颂曹元忠的可能呢？似乎也不能完全排除。对此，笔者将在后文做一综合讨论。

《望江南・龙沙塞》的内容如下：

龙沙塞，路远隔烟波。每恨诸蕃生留滞，只缘当路寇雠多，怨屈争那何。

皇恩溥，圣泽遍天涯。大朝宣差中外使，今因绝塞暂经过，路远合通和。

P.3911、P.2809、P.3128V、S.5556皆存《龙沙塞》。任二北先生认为，后晋高祖天福三

① 伏俊琏等：《敦煌文学写本研究》，上海古籍出版社，2021年，第286页。

② 王重民辑《敦煌曲子词集》（修订本），商务印书馆，1956年，第16页。

③ 任二北：《敦煌曲初探》，上海文艺联合出版社，1954年，第257页。

④ 苏莹辉：《论敦煌本〈望江南〉杂曲四首之写作时代》，载苏莹辉：《敦煌论集续编》，台湾学生书局，1983年，第122页、第126页。

⑤ 杨富学：《曹议金奉天靖难及其与甘州回鹘之关联》，《敦煌学辑刊》2019年第1期，第194页。

⑥ 荣新江：《归义军史研究——唐宋时代敦煌历史考索》，上海古籍出版社，1996年，第107页。

⑦ 汤涒：《敦煌曲子词与河西本土文化》，载项楚主编《中国俗文化研究》第2辑，巴蜀书社，2004年，第193页。

年（938）遣使赴于阗，使者过沙州时，曹元深郊迎，《龙沙塞》所记或为此事①。苏莹辉先生认为此次使者是为了处理沙州政变，并授予曹议金归义军节度使留后②。杨富学先生亦取此说，认为或是后梁王朝对曹议金清除张承奉等的嘉奖③。汤涒先生认为《龙沙塞》歌颂曹元深事迹，其间提到了天福五年二月（940）曹元深郊迎天子册封于阗使节、问天子起居事，故其写作于天福五年与开运四年（947）之间④。该曲子词创作时间或许就在后晋天福四年（939），且在是年十一月底之前完成⑤。根据"今因绝塞暂经过"一句，可知中原王朝使者并不是专门册封曹议金的，《龙沙塞》的创作时间很可能在天福四年底。

《望江南·边塞苦》的内容如下：

边塞苦，圣上合闻声。背蕃归汉经数岁，常闻大国作长城。今牓有加名。

太保化，永报更延龄。每抱沉机扶社稷，壹人有庆万家荣。早愿拜龙族。

P.3128V、S.5556文书中存《边塞苦》，后半段中的人物称号，P.3128V作"太傅"，S.5556作"太保"。王重民先生据"背蕃归汉经数岁"，认为《边塞苦》歌颂敦煌人民起义归唐事，应当创作于张氏归义军时期⑥。任二北先生根据"太傅"称号，认为《边塞苦》歌颂的是曹元忠，时代在开运年间（944—946）⑦。苏莹辉先生认为，如果是"太保"，当指张议潮；如果是"太傅"，当指曹议金⑧。张议潮卒后，诏赠太保⑨，《边塞苦》作为文学作品，不一定创作于张议潮在世时期，因此该曲子词可以形容张氏归义军时期的情形。此外"太保"又作"太傅"，此"太傅"应当用于歌颂曹氏归义军时期的节度使，至于具体指谁，下文将在综合考察诸篇内容的基础上试做判断。

根据不同篇目的内容及学者对于《望江南》曲子词反映的历史事实的分析，可知目前学界对相关问题尚未形成一致的观点。笔者认为，应结合曲子词的内容与功用进行综合研究，或对于相关问题的深入考察有所裨益。饶宗颐先生认为曲子词的兴起在五代至宋初，其功能不是单纯抒情，而是兼具施用与说理的⑩。因此《望江南》几首曲子词的创作年代虽不能遽定，但根据每个曲子词的特征，可知《望江南》曲子词中，《曹公德》无疑属于曹氏归义军时期，《龙沙塞》与曹元深郊迎中原使臣一事极其相合，至少后半段"皇恩溥"部分应该创作于曹元深时期。《边塞苦》《敦煌郡》两篇的创作年代难以确定，其内容不一定创作于曹氏归义军时期，或许张氏归义军时期就已经有这两首曲子词。如果结合曲子词、词集、及其所

① 任二北：《敦煌曲初探》，上海文艺联合出版社，1954年，第257-258页。

② 苏莹辉：《敦煌论集续编》，载苏莹辉：《敦煌论集续编》，台湾学生书局，1983年，第121页。

③ 杨富学：《曹议金奉天靖难及其与甘州回鹘之关联》，《敦煌学辑刊》2019年第1期，第195页。

④ 汤涒：《敦煌曲子词与河西本土文化》，载项楚主编《中国俗文化研究》第2辑，巴蜀书社，2004年，第193页。

⑤ 李青青：《S.5556〈望江南〉三首曲子词所涉人事及创作时间考订》，《陇东学院学报（社会科学版）》2017年第6期，第18页。

⑥ 王重民辑《敦煌曲子词集》（修订本），商务印书馆，1956年，第16页.

⑦ 任二北：《敦煌曲初探》，上海文艺联合出版社，1954年，第259页。

⑧ 苏莹辉：《敦煌论集续编》，载苏莹辉：《敦煌论集续编》，台湾学生书局，1983年，第121页。

⑨ 参《张淮深碑》等文书，荣新江：《归义军史研究——唐宋时代敦煌历史考索》，上海古籍出版社，1996年，第72-78页。

⑩ 饶宗颐：《从敦煌所出〈望江南〉〈定风波〉申论曲子词之实用性》，原载《第二届敦煌学国际研讨会论文集》，（台北）汉学研究中心，1991年。此参饶宗颐：《敦煌曲续论》，新文丰出版公司，1996年，第158页。

属写卷的整体特征，可以进一步判断不同写卷的时代背景。

P.3911《望江南》包含《娘子面》《龙沙塞》《敦煌郡》几首。《龙沙塞》记录的是天福四年（940）的情形，根据《敦煌郡》中“新恩降”一句，可知《敦煌郡》亦可以用来形容天福四年后不久敦煌归义军面临的实际情况。这一组《望江南》是在曹元深统治时期使用的，后晋使臣张匡邺到达沙州后，沙州军民欢欣鼓舞，因而用这一组《望江南》表达其喜悦之情。

P.2809《望江南》亦出现《娘子面》《龙沙塞》《敦煌郡》，说明该写卷的时代也在天福四年后不久。曹元深时期，《娘子面》《龙沙塞》《敦煌郡》可能是经常使用的一组固定的曲子词组合。

S.5556《望江南》包含《边塞苦》《龙沙塞》《曹公德》，《龙沙塞》为天福四年的作品，那么即便《边塞苦》创作于张氏归义军时期，而该写卷的目的是歌颂曹氏归义军节度使。根据“太保”称号，可知其有可能形容曹议金、曹元德、曹元忠[①]。《曹公德》中出现“拓西边”，前文笔者已经分析，该段可能指称曹议金或曹元忠。对于S.5556这组《望江南》的时代，很难给出最终的论断。不过，结合P.3128V《望江南》的情况，我们可以尽可能给出一个相对合理的解释。

P.3128V写卷年代在948年以后，此据该写卷正面存“戊申年七月十三日”题记。任二北先生认为，“戊申年七月十三日”题记指后汉隐帝乾祐元年（948）[②]。荣新江先生考证曹元忠在947到949年称太傅，那么《边塞苦》中出现的“太傅”应指曹元忠。P.3128V写卷的年代较晚，该曲子词中的这组《望江南》很可能是经过编撰者加工整理的，《曹公德》《敦煌悬》《龙沙塞》《边塞苦》四首曲子词或是依照时间顺序排列，《曹公德》歌颂的是曹议金，《敦煌悬》《龙沙塞》记叙曹元德末年、曹元深初年中原使臣到访沙州的情形，《边塞苦》即歌颂太傅曹元忠。那么，S.5556中这组《望江南》曲子词或许与P.3128V写卷所歌颂的对象相类，S.5556中《龙沙塞》的年代即在947年曹元忠称太保时期，《龙沙塞》《曹公德》则分别属于曹元深、曹议金时期。P.3128V、S.5556两个写卷是歌颂曹议金、曹元德、曹元深、曹元忠父子四人的统治。

综合以上讨论，《望江南》曲子词与张曹继代的历史并无紧密的联系，其中有可能记录曹议金取代张承奉历史的只有《曹公德》。不过，《曹公德》应形成于曹议金称大王以后了，其时距离张曹继代已经20余年。这样看来，“靖难论兵扶社稷”也与张、曹继代无直接联系。只有“恒将筹略定妖氛”或是直接歌颂曹议金改变了张承奉时期政治氛围这一功绩。但是，若细致检索敦煌文献，可知“妖氛”的内涵也不一定是对张承奉时代的影射。兹取敦煌文献中提到“妖氛”的几篇文书做一考察。

S.2146《行城文》记载：“唯愿增威力，益神通，并妖氛，驱疫疠。次持胜福，奉用庄

① 曹氏归义军前中期，曹议金、曹元德、曹元忠有太保称号。荣新江：《归义军史研究——唐宋时代敦煌历史考索》，上海古籍出版社，1996年，第132页。

② 任半塘：《敦煌歌辞总编》，上海古籍出版社，2006年，第456-473页。不过，饶宗颐先生认为“戊申”为唐僖宗文德元年（888）（饶宗颐：《敦煌曲》，法国远东学院，1971年，第233页）。

严我圣神赞普。"[①]该文书时代在吐蕃统治时期[②]。

P.2569《儿郎伟》记载："扫瘴尽妖氛。夫人寿万岁。郎君爵禄增勋。小娘子如初月。"[③]文中提到"太夫人""李郡君"，应是张氏归义军时期文书。P.2569与P.3552文书中部分内容相同，李正宇先生考证其为李氏家族执掌敦煌时期的文献，年代在893年底。[④]

P.2058《发愿文》记载："殄疫难，却妖氛，鬼魅逐千里之馀。"[⑤]后文提到河西节度使"令公"、都僧统和尚、都衙以下诸官吏。该文书应属于曹议金称"令公"时期。

S.5639《亡文范本等》记载："结胜坛以静妖氛，转真言而祈祥福。"[⑥]文中提到了节度使"司空"和"国母天公主"，应为曹元德时期的文书。

此外还有P.2255、S.4624、S.5637、P.2854等文书亦出现"妖氛"，根据敦煌文书记载，诸如"妖氛""妖气"等词汇为常用词，并非特指张承奉时期的政治氛围。其使用的场景往往在举办大型仪式的时候，表达祛灾祈福的愿望，可能与疫病、战争、灾荒等有关。综合以上讨论，我们很难将《望江南》曲子词与曹议金发动政变取代张承奉政权联系起来。

根据笔者考察，敦煌文书S.3914《河西节度使尚书结坛发愿文》或许反映了张曹继代之际的情况。因文书内容重要，兹录文如下：

盖□（闻）我佛应化，悲愿起于三千。救苦兴慈，巡历状接八万。独尊利现，示教多门。感圣扬雄，神力难测者也。厥今九秋来至，建胜会于寿昌。七日清斋，置随求于西角。幡花备席，乐奏八音，供养三时，梵呗无瑕。两上巡绕，香汤遍洒于六街。经咒真言，演畅声□（驰）于四陌。钱银数贯，奉献土地灵神。玉馔香喰，供佛延僧请圣。阖城士庶女弟童男牧野村人咸称乞告者，为谁施作？时则有我河西节度使尚书先奉为金山圣跡，以定遐蕃。玉女渥洼，保清社稷。江神海兽，护一界之民民。欢喜龙王，顺风调而应节。人无楚忉，不染分介之灾。牛马六畜驼羊，疫毒时消时散。亦乃当今帝主，福被遐陬，四海趋风，八方顺化。尚书宝位，千年崇镇于河隍。永耀麾旌，万载抚安于陇右。国母公主，宠泰不失于琼宫。刺史郎君，雅志芳能而继嗣。小娘子桂质，弃垢而贞。内外城隍，咸昌宁谧之福会。伏惟我尚书天才降世，雄气神资，按星剑而羌虏魂惊，杖韬略而诸蕃胆丧。临机运筹，善韩白之深谋。匡济生灵，扇尧年之大化。近睹灾侵入界，妖祸邻人，恐害民民。邀僧仗佛，所以遥瞻大觉，置道场于金山。远望神威，延圣凡于西角。故得像敷，月面辉八相之灵光。经赞无为，佛声骤九顶之上空。遂使随蕃落井，伤煞孤魂，失土离乡，奔波绝户；或是从军北战，殁殒沙场；或谓讨掠南征，身埋弃世，奉公东使，逢贼云亡；或是远遣西游、他州违（遗）骨，断亲绝嗣，不葬幽灵，客

① 黄征、吴伟：《敦煌愿文集》（岳麓书社，1995年，第555页）收录了S.2146《行城文》等的相关文书。杨富学、李吉和亦做了完整录文，参见杨富学、李吉和：《敦煌汉文吐蕃史料辑校》第1辑，甘肃人民出版社，1999年。

② 陆离：《有关吐蕃太子的文书研究》（《敦煌学辑刊》2003年第1期，第29-41页）认为文书所载的吐蕃王子为墀德松赞与没卢妃莽布支所生长子臧玛，大约798—815年间来到敦煌。

③ 黄征、吴伟：《敦煌愿文集》，岳麓书社，1995年，第946页。

④ 李正宇：《索勋、张承奉更迭之际史事考》，载郝春文主编《敦煌文献论集——纪念敦煌藏经洞发现一百周年国际学术研讨会论文集》，辽宁人民出版社，2001年，第126页。

⑤ 上海古籍出版社等编《法藏敦煌西域文献》第3册，上海古籍出版社，1995年，第368页。

⑥ 黄征、吴伟：《敦煌愿文集》，岳麓书社，1995年，第219页。

鬼巡门，越乡移界；或是山丘野泽，落水火烧，牧放牛羊，狼残虎咬；或是贫寒冻熬，缺食乏衣，春夏秋冬，居巢住穴；或谓犯龙蛇，触海兽风神。为复七魄先亡，为是近时怀恨，并愿听经声来就道场，逐铃音而降法会。沾福沾利，领受钱财。灯光照引于善途，呗梵通驰于香积。转生天路，速处莲花。莫惱害我敦煌，弃灾星于境外，愿祸消灭三况。是时也，经收宝箧，像卷银筒。舍七珍已（以）殄妖灾，仰三尊乞加保护。即使吉神吉将，主善族坚守川园。凶将凶神，趁非邪他乡远走。帝皇永寿，凤闺延春，四海恩波，八方频泽。尚书禄位，同峻岳之嵩高。节政遐陬，誓押关西之境。国母公主，播美理于深闱。匡顺民民，保贞松之莫变。刺史郎君兄弟，雄才芳佐于□君。六艺转清，福比筠篁之岁久。应小娘子内外，闺兰茂实于香车。玉树金枝，不变寒云之色。又持胜福，次用庄严，则寿昌都衙副使监使押衙都知以（与）水官兵马使等，伏愿文武备晓，弓裘永佐于谯王。福峻禄深，班位常增而清吉。安人抚域，不失于规模。边上忠勤，保贵恒昌于万载。阖城大小，贤者以优婆夷清信女男表里上下。伏愿心恒佛日，福俉嵩山，意切宗乘，财盈满室。六畜强盛，家家贵富而新荣。七宝来庭，户户丰添而海藏。蝗飞避境，猛虎移川，庄野燕歌，牧童舞寿，芝泉郁茂，草芥丰林，社庙灵祇，绕坚廓宇。然后休戈罢甲，戒马亭衔。五谷时收，岁稔成□□。[①]

文书中出现“尚书”“国母公主”，笔者认为曹氏归义军时期有两位节度使夫人称“国母”夫人，分别是曹议金夫人回鹘公主、曹延禄夫人于阗公主。S.3914《河西节度使尚书结坛发愿文》中出现“谯王”[②]，可知该文书反映的是曹议金时期的情况。此文书应写于甘州回鹘公主嫁到敦煌不久，回鹘公主起初被称为“国母公主”，尚未称“天公主”。该文书中，两次出现“金山”，第一处为“时则有我河西节度使尚书先奉为金山圣跡，以定遐蕃”，第二处为“邀僧仗佛，所以遥瞻大觉，置道场于金山”。此文书创作时代或许是曹议金自甘州回鹘迎娶回鹘公主返回敦煌后不久，刚继承张承奉之位伊始。文书中的确提到了敦煌曾经面临的灾祸，即“近睹灾侵入界，妖祸邻人，恐害民民”，不过在随后段落，文书用大量篇幅为南征北伐、东征西游的亡者，以及身处苦难中的敦煌百姓发愿祈福。因为法会举办的地方在寿昌，因此文书还用较多篇幅为寿昌官员祈福，包括寿昌都衙、副使、监使、押衙、都知、水官、兵马使等，反映了曹议金对基层官吏的重视与笼络。该段文书创作之时，以“金山”为敦煌的代称，表明敦煌地区尚未发生政权更替，或许张承奉此时并未去世。根据S.3914《河西节度使尚书结坛发愿文》，可知敦煌在与甘州回鹘的战争中受到沉重打击，尚未恢复实力，百姓生活比较艰难，如此情境之下，张曹继代的过程似乎并未经历残酷的政治清洗。至于张曹继代的历史细节，尚待更多的文献来说明。据曹氏前期的相关文献可知，当时未出现对张承奉时期僚属采取大规模打击排挤的迹象。

曹氏政权对张氏政权的替代过程或许暗流汹涌，但表现出来的却是一场和平的过渡。正因如此，归义军政权实力得以保存，内外压力也得到缓冲，最终曹议金积蓄力量，打败甘州回鹘政权，保障了敦煌归义军政权的长期稳定。

---

① 中国社会科学院历史研究所等合编《英藏敦煌文献（汉文佛经以外部分）》第5卷，四川人民出版社，1992年，第200–201页。

② “谯王”常见于曹议金时期的文书，并不一定是曹议金称“大王”以后的称号。

S.389《肃州防戍都状》文本研究*

敖特根（西北民族大学）
袁　嘉（西北民族大学）

【摘要】随着学者们对敦煌文献研究的深入，部分研究在不同程度上已离原始文本渐行渐远，我们的做法有时候显得不是很认真，录文错漏百出，以讹传讹成为普遍现象。在此情况下，敦煌文献研究需要放慢脚步，回归文本。出于这种考虑，本文在全面收集前人研究资料的基础上，对S.389《肃州防戍都状》进行全文抄录、标点和注释，并对文书内容及其所反映的问题进行解读与分析，不当之处，敬请方家指正。

【关键词】敦煌文献　S.389　《肃州防戍都状》　文本

一、文书与研究信息

S.389号《肃州防戍都状》，敦煌写卷，现收藏于英国国家图书馆；黄褐色纸，首全尾残，长78 cm，宽27 cm；楷书，字迹工整，存42行

* 本文系国家社会科学基金重大招标项目“俄藏蒙古文文献目录译介与研究”（项目编号18ZDA323）及甘肃省教育厅高校教师创新基金项目“中华民族共同体意识视角下西北少数民族‘大一统’思想与实践研究”（项目编号2023B-057）研究成果。

592字。文书正背面都有文字，背面为《孝子传》[①]。文书右下角盖有大英博物馆的红印(British Museum)。由于残缺，写成年份不明，荣新江先生认为，文书系于唐中和四年(884)十二月中旬[②]。国内外很多学者先后对此残卷进行了研究，或在研究中利用了此残卷，其大体情况如下[③]。

1.介绍

Stein，A.，1921年，第2卷，第918页："Ch. 936. Rolled document containing official report from the frontier of Su—chou. Pl. CLXVII. [Ch. 936. 成卷的文书。含从边境城市肃州发来的官方报告。图版167。]"[④]；斯坦因著（1921），巫新华等译（1998），第2卷，第509页[⑤]；向达，1939年，第397页[⑥]；Giles，L.，1957年，第254页[⑦]。

① 首尾俱残，存29行，行18～20字。所存为明达、郭臣、舜子、文让、向生等人孝顺故事。参阅王重民等编《敦煌变文集》（下），人民文学出版社，1957年，第901-913页；L. Giles, *Descriptive Catalogue of the Chinese Manuscripts from Tunhuang in the British Museum*, London: British Museum, 1957， p. 254［黄永武主编《敦煌丛刊初集》(一)：《英伦博物馆汉文敦煌卷子收藏目录》，新文丰出版公司，1985年］；黄永武主编《敦煌宝藏》第3册，新文丰出版公司，1981年，第303页；Victor H. Mair, "Lay Students and the Making of Written Vernacular Narrative: an Inventory of Tun-huang Manuscripts", *Chinoperl Papers* ［《中国演唱文艺研究会论集》］，10（1981），pp. 5-96；郑阿财:《敦煌孝道文学研究》，博士学位论文，"中国文化大学"，1982年；王三庆:《〈敦煌变文集〉中的〈孝子传〉新探》，《敦煌学》第14辑，1989年，第189-220页；曲金良:《变文的讲唱艺术——转变考略》，《敦煌学辑刊》1989年第2期，第85-97页；中国社会科学院历史研究所等编《英藏敦煌文献（汉文佛经以外部分）》第1卷，四川人民出版社，1990年，第180页；程毅中:《敦煌本"孝子传"与睒子故事》，《中国文化》1991年第2期，第149-153页；谢明勋:《敦煌本〈孝子传〉"睒子"故事考索》，载《敦煌学》第17辑，1991年，第21-50页；潘重规《敦煌变文集新书》，文津出版社，1994年，第1257-1275页；曲金良:《敦煌写本〈孝子传〉及其相关问题》，《敦煌研究》1998年第2期，第156-164页；魏文斌、师彦灵、唐晓军:《甘肃宋金墓"二十四孝"图与敦煌遗书〈孝子传〉》，《敦煌研究》1998年第3期，第75-90页；郝春文主编《英藏敦煌社会历史文献释录》第2卷，科学出版社，2003年，第253-256页；王昊:《敦煌小说研究》，博士学位论文，中国社会科学院，2003年，第32页；张鸿勋:《从印度到中国——丝绸路上的睒子故事与艺术》，《天水师范学院学报》2003年第6期，第51-58页；伏俊琏:《敦煌小说叙录》，载王萍主编《中国古代小说戏剧研究》第9辑，甘肃人民出版社，2013年，第3-27页；张婷、李晓明:《试论敦煌变文孝道观的特点》，《孔子研究》2017年第6期，第113-120页；赵洋:《中古时期孝子形象的历史书写与传播——从正史到敦煌写本》，《中国典籍与文化》2021年第4期，第25-34页；潘文竹:《敦煌孝亲类说唱文献研究》，博士学位论文，山东大学，2022年，第171-205页。

② 荣新江:《甘州回鹘成立史论》，《历史研究》1993年第5期，第32-39页；荣新江:《归义军史研究——唐宋时代敦煌历史考索》，上海古籍出版社，1996年，第305页。

③ 申国美、李德范编《英藏法藏敦煌遗书研究按号索引》第1册，国家图书馆出版社，2009年，第97-100页。

④ Sir Aurel Stein, *Serindia. Detailed Report of Explorations in Central Asia and Westernmost China*, Vol. II, Text,Oxford: The Clarendon Press, 1921.

⑤［英］奥雷尔·斯坦因著，巫新华等译《西域考古图记》第2卷，广西师范大学出版社，1998年。

⑥ 向达:《伦敦所藏敦煌卷子经眼目录》，《北平图书馆图书季刊》1939年新第1卷第4期，第397-419页；收入向达:《唐代长安与西域文明》，生活·读书·新知三联书店，1957年，第199页（2015年商务印书馆重印本第217页）；郑学檬、郑炳林主编《中国敦煌学百年文库·文献卷》(一)，甘肃文化出版社，1999年，第187-209页。

⑦ L. Giles,*Descriptive Catalogue of the Chinese Manuscripts from Tunhuang in the British Museum*, London: British Museum,1957.

2.图版

Stein，A.，1921年，第4卷，图版CLXVII（Ch. 936）[①]；斯坦因著（1921），巫新华等译（1998），第4卷，图版CLXVII/167（Ch. 936）[②]；黄永武，第3册，1981年，第302-303页[③]；中国社会科学院历史研究所等，第1卷，1990年，第179页[④]；唐耕耦、陆宏基，第4辑，1990年，第487-489页[⑤]；马托弟、韩树伟，2017年，第112页[⑥]；国际敦煌项目（IDP）：Or. 8210/S.389。

3.录文

前田正名著（1964），陈俊谋译（1993），第204-205页[⑦]；唐耕耦、陆宏基，第4辑，1990年，第487-489页；王震亚、赵荧，1993年，第216-217页[⑧]；荣新江，1993年，第36页；荣新江，1994年，第63-64页[⑨]；荣新江，1996年，第304-305页；郝春文，第2卷，2003年，第250-251页[⑩]；马托弟、韩树伟，2017年，第112页。

4.主要研究

唐长孺，1962年，第275-298页[⑪]；前田正名著（1964），陈俊谋译（1993），第204-208、230页；山口瑞凤，1968年，第437页注（109）[⑫]；山口瑞凤，1970年，第116页注（89）[⑬]；梅村坦，1980年，第210页[⑭]；森安孝夫，1980年，第307页[⑮]；荣新江，1986年，

① Sir Aurel Stein, *Serindia. Detailed Report of Explorations in Central Asia and Westernmost China*, Vol. IV, Plates, Oxford: The Clarendon Press, 1921, pp.102.

② ［英］奥雷尔·斯坦因著，巫新华等译《西域考古图记》第4卷，广西师范大学出版社，1998年。

③ 黄永武主编《敦煌宝藏》第3册，新文丰出版公司，1981年。

④ 中国社会科学院历史研究所等编《英藏敦煌文献（汉文佛经以外部分）》第1卷，四川人民出版社，1990。

⑤ 唐耕耦、陆宏基编《敦煌社会经济文献真迹释录》第4辑，全国图书馆文献缩微复印中心，1990年。

⑥ 马托弟、韩树伟：《三封〈肃州防戍都状〉相关问题研究》，《天水师范学院学报》2017年第2期，第111-116页。

⑦ ［日］前田正名著，陈俊谋译《河西历史地理学研究》，中国藏学出版社，1993年。

⑧ 王震亚、赵荧：《敦煌残卷争讼文牒集释》，甘肃人民出版社，1993年。

⑨ 荣新江：《敦煌邈真赞所见归义军与东西回鹘的关系》，载饶宗颐主编《敦煌邈真赞校录并研究》，新文丰出版公司，1994年。

⑩ 郝春文：《英藏敦煌社会历史文献释录》第2卷，科学出版社，2003年。

⑪ 唐长孺：《关于归义军节度使的几种资料跋》，载《中华文史论丛》第1辑，上海古籍出版社，1962年，第275-298页；后收入沙知、孔祥星编《敦煌吐鲁番文书研究》，甘肃人民出版社，1984年，第161-182页；唐长孺：《山居存稿》，武汉大学出版社，2013年，第381-400页。

⑫ ［日］山口瑞鳳：《蘇毗の領界－rTsaṅ yulとYan lag gsum paḥi ru－》，载《東洋学報》第50卷，1968年，第387-455页。

⑬ Yamaguchi Zuihō, "Su-p'i 苏毗 and Sun-po 孙波: A Historico-geographical Study on the Relation between rTsaṅyul and Yan lag gsum paḥi ru", *Acta Asiatica* 19(1970), pp. 97-133.

⑭ ［日］梅村坦：《住民の種族构構成——敦煌をめぐる諸民族の動向》，载《講座敦煌》3《敦煌の社会》，大东出版社，1980年，第197-223页。

⑮ ［日］森安孝夫：《ウイグルと敦煌》，载《講座敦煌》2《敦煌の歴史》，大东出版社，1980年，第297-338页。

第24-44页[①]；邓文宽，1986年，第86-98页[②]；邓文宽，1987年，第62-68页[③]；钱伯泉，1989年，第63-78页[④]；颜廷亮，1989年，第38-39页[⑤]；黄盛璋，1989年（1），第1-8页[⑥]；黄盛璋，1989年（2），第41-71+40页[⑦]；黄盛璋，1990年，第51-67+115页[⑧]；荣新江，1990年（1），第119-144页[⑨]；荣新江，1990年（2），第1-13页[⑩]；苏北海、丁谷山，1990年，第32-29页[⑪]；陆庆夫，1991年，第31-39页[⑫]；邵文实，1992年，第25-35页[⑬]；王震亚、赵荧，1993年，第216-218页；荣新江，1993年，第32-39页；邓文宽，1993年，第217-232页[⑭]；郑炳林，1994年，第142-155页[⑮]；荣新江，1994年，第57-129页；荣新江，1995年，第144-160页[⑯]；陆庆夫，1995年（1），第67-83页[⑰]；陆庆夫，1995年（2），第31-40页[⑱]；荣新江，1996年，第10、186、298-309页；陆庆夫，1997年（1），第169-178页[⑲]；陆庆夫，1997年（2），第110-114页[⑳]；郑炳林，2002年（1），第11-19页[㉑]；郑炳林，

① 荣新江：《归义军及其与周边民族的关系初探》，《敦煌学辑刊》1986年第2期，第24-44页。

② 邓文宽：《张淮深评定甘州回鹘史事钩沉》，《北京大学学报（哲学社会科学版）》1986年第5期，第86-98页。

③ 邓文宽：《〈凉州节院使押衙刘少晏状〉新探》，《敦煌学辑刊》1987年第2期，第62-68页。

④ 钱伯泉：《回鹘在敦煌的历史》，《敦煌学辑刊》1989年第1期，第63-78页。

⑤ 颜廷亮：《敦煌文学》，甘肃人民出版社，1989年，第38-39页。

⑥ 黄盛璋：《敦煌于阗文书与汉文书中关于甘州回鹘史实异同及回鹘进占甘州的年代问题》，《西北史地》1989年第1期，第1-8页。

⑦ 黄盛璋：《敦煌于阗文P. 2741、Ch. 00296、P. 2790号文书疏证》，《西北民族研究》1989年第2期，第41-71页。

⑧ 黄盛璋：《敦煌于阗文书中河西部族考证》，《敦煌学辑刊》1990年第1期，第51-67页。

⑨ 荣新江：《通颊考》，载《文史》第33辑，中华书局，1990年，第119-144页；后收录于傅杰编《二十世纪中国文史考据文录》，云南人民出版社，2002年，第2100-2121页；Rong Xinjiang, translated by Wilhelm K. Müller, "Mthong-Khyab or Tongjia: A Tribe in the Sino-Tibetan Frontiers in the Seventh to Tenth Centurie", *Monumenta Serica*, 39, no.1(1990): 247-299.

⑩ 荣新江：《沙州张淮深与唐中央朝廷之关系》，《敦煌学辑刊》1990年第2期，第1-13页。

⑪ 苏北海、丁谷山：《瓜沙曹氏政权与甘州回鹘于阗回鹘的关系》，《敦煌研究》1990年第3期，第32-39页。

⑫ 陆庆夫：《略论敦煌民族文献的史料价值》，《敦煌学辑刊》1991年第1期，第31-39页。

⑬ 邵文实：《唐代后期河西地区的民族迁徙及其后果》，《敦煌学辑刊》1992年第1-2期，第25-35页。

⑭ 邓文宽：《敦煌文献〈河西都僧统悟真处分常住榜〉管窥》，载周绍良等编《周一良先生八十生日纪念文集》，中国社会科学出版社，1993年，第217-232页。

⑮ 郑炳林：《敦煌本〈张淮深变文〉研究》，《西北民族研究》1994年第1期，第142-155页。

⑯ 荣新江：《龙家考》，载中亚文化协会编《中亚学刊》第4辑，北京大学出版社，1995年，第144-160页。

⑰ 陆庆夫：《略伦敦煌民族史料的价值》，载郑炳林主编《敦煌吐鲁番文献研究》，兰州大学出版社，1995年，第67-83页。

⑱ 陆庆夫：《甘州回鹘可汗世次辨析》，《敦煌学辑刊》1995年第2期，第31-40页；后收入郑炳林主编《敦煌归义军史专题研究》，兰州大学出版社，1997年，第469-470页。

⑲ 陆庆夫：《从焉耆龙王到河西龙家——龙部落迁徙考》，《敦煌研究》1997年第2期，第169-178页；后收入郑炳林主编《敦煌归义军史专题研究》，兰州大学出版社，1997年，第486-503页。

⑳ 陆庆夫：《略论粟特人与龙家的关系》，《敦煌学辑刊》1997年第1期，第110-114页；后收入郑炳林主编《敦煌归义军史专题研究》，兰州大学出版社，1997年，第504-513页。

㉑ 郑炳林：《晚唐五代敦煌归义军行政区划制度研究》（之一），《敦煌研究》2002年第2期，第11-19页。

2002年（2），第68-73页①；郝春文，第2卷，2003年，第250-252页；冯培红，2004年，第22-30页②；李军，2005年，第90-100页③；郑炳林，2006年，第9-21页④；李军，2006年，第87-88页⑤；李军，2007年（1），第71-79页⑥；李军，2007年（2），第27-41页⑦；冯培红，2014年，第145页⑧；马托弟、韩树伟，2017年，第111-116页；杨富学等，2021年，第210-211、278、363、364、389-390、393-395页⑨。

5.译文

荣新江（Rong Xinjiang，《通颊考》），trans. Wilhelm K. Müller， 1990， pp. 283-284.

二、文书录文

从上面的文字中可以看出，前人对这件文书的研究已经非常深入。然而，笔者认真对照原始文本与有关研究成果之后，发现各家录文及断句略有出入。现以国际敦煌项目（IDP）⑩中的文书原件图版为底本，并参照近人多种录文，将本件全文抄录、标点如下（录文方括号中的数字表示行数）：

[1] 肃州防戍都 状上

[2] 右当都两军军将及百姓并平善，堤[3]备（备）一切仍旧。

自十月卅日崔大夫到城[4]家，军将索仁安等，便将本州印与崔[5]大夫。其大夫称："授防御使讫，全不授[6]其副使。"索仁安今月六日往向东，随[7]从将廿（廿）人，称：于迴（回）鹘王边充使，将赤[8]驃（騍?）父马一疋（匹）、白鹰一联，上与迴鹘王。[9]二乃有妹一人，先嫁与凉州田特啰禄，其[10]妹夫身死，取前件妹，兼取肃州旧人[11]户十家五家。其肃州印，崔大夫称不[12]将与凉州防御使去不得，其索仁安[13]临发之时，且称将去，发后，其印避崔[14]大夫衷私在氾建立边留下。

又今月[15]七日，甘州人杨略奴等五人充使到肃[16]州，称：其甘州吐蕃三百，细小相兼五[17]百余众，及退浑王拨乞狸等，十一月[18]一日并往帰（归）入本国。其退浑王拨乞[19]狸，妻则牵驮，夫则遮駈（驱），眷属细小[20]等廿已来随往，极甚苦切。余者百姓[21]、奴、客并不听去。

先送崔大夫迴鹘九人内，[22]七人便随后寻吐蕃踪亦（迹）往向南，二人[23]牵馲嘉麟，报去甘州共迴鹘和断事[24]由。其迴鹘王称："须得龙王弟及十五家[25]只

① 郑炳林：《晚唐五代敦煌归义军行政区划制度研究》（之二），《敦煌研究》2002年第3期，第68-73页。

② 冯培红：《从敦煌文献看归义军时代的吐谷浑人》，《兰州大学学报（社会科学版）》2004年第1期，第22-30页。

③ 李军：《晚唐五代肃州相关史实考述》，《敦煌学辑刊》2005年第3期，第90-100页。

④ 郑炳林：《晚唐五代河西地区的居民结构研究》，《兰州大学学报（社会科学版）》2006年第2期，第9-21页。后收入郑炳林主编《敦煌归义军史专题研究四编》，三秦出版社，2009年，第1-31页。

⑤ 李军：《晚唐（公元861—907年）凉州相关问题考察——以凉州控制权的转移为中心》，《中国史研究》2006年第4期，第77-89页。

⑥ 李军：《晚唐凉州节度使考》，《敦煌研究》2007年第6期，第71-79页。

⑦ 李军：《晚唐政府对河西东部地区的经营》，《历史研究》2007年第4期，第27-41页。

⑧ 冯培红：《敦煌的归义军时代》，甘肃教育出版社，2014年。

⑨ 杨富学等：《敦煌民族史》，社会科学文献出版社，2021年。

⑩ International Dunhuang Project（http://idp.bl.uk），简称IDP。

（质），便和为定。”其龙王弟不听充只：“若［26］发遣我迴鹘内入只，奈可（何）自死！”缘［27］弟不听，龙王更发使一件，其弟推［28］患风疾，不堪充只。“更有迤次弟一人［29］及儿二人内，堪者发遣一人及十五家［30］只，得不得，取可汗处分。”其使今即未［31］迴。

其龙王衷私发遣僧一人，于凉州嗢［32］末首令（领）边充使。将文书称：“我龙家［33］共迴鹘和定，已（以）后恐被迴鹘侵凌，甘州［34］事，须发遣嗢末三百家已来，同住甘［35］州，似将牢古（固）。如若不来，我甘州便共［36］迴鹘为一家讨你嗢末，莫道不报。”

［37］其吐蕃人国去后，龙家三日众衙商［38］量，城内绝无粮用者，拣得龙家丁壮及［39］细小壹伯（百）玖人，退浑达票拱榆昔、达［40］票阿吴等细小共柒拾贰人，旧通颊［41］肆拾人，羌大小叁拾柒人，共计贰伯伍［42］拾柒（捌）人，今月九日并入肃州，且令逐粮，居（后缺）

三、词语注释

文书中出现不少人名、职衔名、部族名、地名、机构名和日期等，现将其表列并试作解释如下（括号内数字表示出现次数）。

（一）人名

崔大夫（5）、索仁安（3）、田特啰禄、氾建立、杨略奴、拨乞狸（2）

1. 崔大夫：唐政府派遣之官吏①。P. T. 1288吐蕃《大事纪年》中也出现一位“崔大夫”（730），称：“夏，赞普驻于巴局之丁丁塘。唐廷使者崔大夫（ཚེ་ཏེ་ཕུ）前来致礼。”②但二人生活的年代相差百余年。

2. 索仁安：敦煌大族，是归义军肃州防戍都的军将。索仁安之妹嫁凉州田特啰禄为妻，反映出敦煌民族间的通婚融合③。

3. 田特啰禄：杨富学先生认为汉姓蕃名④。吐蕃借用汉姓主要有郝、任、陈、田、董、申、郭、梁、张、杨、朱、杜、邓、王、彭、卢、阴等⑤。笔者认为，在正确复原“田特啰禄”的藏语对音之前很难断定此人为吐蕃人。依据突厥语系部族名称qarluq（“葛逻禄”）推想，倒是像突厥人的名字。

4. 氾建立：归义军肃州防戍都的军将之一，又见于P. 2937号附断片一中的第二件文书，称“肃州使氾建立”。军将索仁安出使回鹘时把肃州印交给他保管，可知他也是肃州的重要守将⑥。

---

① 李军：《晚唐五代肃州相关史实考述》，《敦煌学辑刊》2005年第3期，第90-100页。

② 王尧、陈践译注《敦煌古藏文文献探索集》，上海古籍出版社，2008年，第14页、第96页、第159页。

③ 杨富学等：《敦煌民族史》，社会科学文献出版社，2021年，第278页。

④ 杨富学等：《敦煌民族史》，社会科学文献出版社，2021年，第278页。

⑤ 杨富学等：《敦煌民族史》，社会科学文献出版社，2021年，第273页。

⑥ 荣新江：《甘州回鹘成立史论》，《历史研究》1993年第5期，第32-39页；荣新江：《归义军史研究——唐宋时代敦煌历史考索》，上海古籍出版社，1996年，第307页；李军：《晚唐五代肃州相关史实考述》，《敦煌学辑刊》2005年第3期，第90-100页。

5. 杨略奴：甘州人，唐中和四年（884）12月7日出使肃州。

6. 拨乞狸：甘州吐谷浑人的首领，号称“退浑王”。

（二）职衔名

大夫（6）、军将（2）、防御使（2）、（防御）副使、回鹘王（3）、退浑王（2）、龙王（4）、可汗

1. 大夫：官名①。这件文书中的“大夫”指的皆为崔大夫，是御史大夫的省称。

2. 军将：状文中两处出现“军将”。第2行有“两军军将”；第4行有“军将索仁安”。郑炳林、冯培红在《晚唐五代宋初归义军政权中都头一职考辨》一文中提到“侍卫亲军马军‘每都有军使、副兵马使、十将、将虞候、承勾、押官，各以其职隶于马军司’，侍卫亲军步军则‘每都有都头、副都头、十将、将虞候、承勾、押官，各以其职隶于步军司’”②。据此笔者推测，状文中的“两军”或许指马军和步军。

3. 防御使：官名。唐武则天圣历（698—700）年间开始设置的地方军事长官。安史之乱之后，唐于军事要地置防御使，以防御敌军入侵，一般由刺史兼任，不赐旌节。又“防御使、副使、判官、推官、巡官，各一人”③。归义军在收复河西诸州后，在凉州、凉州西界、沙州、瓜州、肃州等地设立了防御使④。

文书中两处出现“防御使”。第5—6行有“其大夫（崔大夫）称：‘授防御使讫，全不授其副使’”；第12行有“凉州防御使”。归义军在收复河西之后，在肃州、凉州等地设立了防御使。根据唐朝制度，防御使“不赐旌节”，但是唐政府派遣崔大夫去河西，任命凉州、肃州等地防御使，说明这些地方的防御使是由朝廷任命的。值得注意的是，崔大夫没有前往归义军统治中心的瓜沙地区，肃州为其河西之行的最后一站。

4.（防御）副使：防御副使。“官名。唐玄宗天宝（742—756）后置，佐防御使掌本州军事防务。”⑤参见职衔名第3条。

5. 回鹘王：文书中三处提到“回鹘王”。两处与索仁安有关，一处与回鹘和龙家之间的“和断事”有关。索仁安“于回鹘王边充使”，反映出归义军与回鹘间的暧昧关系。研究敦煌于阗文文书的学者认为，光启元年（885）九、十月回鹘可汗就在甘州城死亡⑥。

6. 退浑王：甘州吐谷浑部落首领，叫拨乞狸。状文中两次提到“退浑王拨乞狸”。唐僖宗中和四年（884）十一月一日，此人率领吐谷浑部落大小20人，跟随吐蕃大小500余人退

① 吕宗力主编《中国历代官制大辞典》（修订版），商务印书馆，2015年，第32页；王震亚、赵荧：《敦煌残卷争讼文牒集释》，甘肃人民出版社，1993年，第217页。

② 郑炳林、冯培红：《晚唐五代宋初归义军政权中都头一职考辨》，载郑炳林主编《敦煌归义军史专题研究》，三秦出版社，2009年，第72页。

③［宋］欧阳修、宋祁：《新唐书》卷49下《百官志四下》，中华书局，1975年，第1310页；王震亚、赵荧：《敦煌残卷争讼文牒集释》，甘肃人民出版社，1993年，第218页；吕宗力主编《中国历代官制大辞典》，商务印书馆，2015年，第434页。

④ 李军：《晚唐五代肃州相关史实考述》，《敦煌学辑刊》2005年第3期，第90-100页。

⑤ 吕宗力主编《中国历代官制大辞典》，商务印书馆，2015年，第434页。

⑥ 黄盛璋：《敦煌于阗文P. 2741、Ch. 00296、P. 2790号文书疏证》，《西北民族研究》1989年第2期，第41-71页。

出甘州，一路向南，回归故土。P. 2962《张议潮变文》中记载了位于沙州西南方向一千多里的退浑国，文中亦有“吐浑王”。可见虽说公元663年吐谷浑被吐蕃征服，但亡国后的吐谷浑人“仍以部落为单位独立存在着”①，其世袭王室汗族仍继续保留。参见人名第6条。

7. 龙王：状中“龙王”凡四见。“龙王”（藏语：lung— rje）即龙家或龙部落首领②。

8. 可汗（Qaγan）：目前学术界关于首任甘州回鹘可汗的观点，主要有四种，其中第四种意见认为首任甘州回鹘可汗是出现于我们所讨论的S.389号《肃州防戍都状》里的回鹘王③。荣新江先生指出，这件文书中出现的回鹘王或可汗应当算作甘州回鹘的第一任可汗④。文书中出现“回鹘王”和“可汗”两种称呼。我们认为“可汗”应该是龙王对“回鹘王”的称呼，这段文字应视为直接引语。

（三）部族名

迴鹘（9）、吐蕃（3）、退浑（3）、嗢末（3）、龙家（3）、通颊、羌

1. 迴鹘：即回鹘（Uyghur），原称回纥，古族名，原为漠北铁勒诸部之一。状文中“迴鹘”共出现9次，说明回鹘为此状核心话题。“迴”为“廻（回）”的异体字⑤。唐天宝三载（774），破东突厥，建政权于今鄂尔浑河（蒙古语为Орхон гол；英语为Orkhon River）流域。安史之乱（755年12月16日—763年2月17日，共记7年2个月1天）时，助唐平乱，与唐关系密切。贞元四年（788），自请改称回鹘。开成五年（840）为黠戛斯（Kïrġız/Qïrqïz，840—931）所破，部众分三支西迁。一迁吐鲁番盆地，称高昌或西州回鹘；一迁葱岭（帕米尔高原，塔吉克语为Помир）西楚河（吉尔吉斯语为Чүй）流域，称葱岭西回鹘；一迁河西走廊，称河西回鹘。状文中称回鹘是指河西（甘州、凉州）回鹘⑥。据本件状文，中和四年（884）十一月，回鹘可汗的牙帐仍在甘州城外，未进占甘州城。荣新江先生认为，甘州回鹘政权的正式成立应在884—887年间⑦。

2. 吐蕃：敦煌藏文文献写作བོད（Bod），突厥文《毗伽可汗碑》（735）东面第5行写作Tüpüt⑧，《蒙古秘史》（1240）§260写作Töböd，汉语旁译作“西番”⑨。“吐蕃”是7世纪初到9世纪中叶（618—842）存在于青藏高原的古代藏族政权名，由松赞干布到朗达玛延续了两百多年。“吐蕃”也是古地名、古民族名。它不是汉语本有词，而是一个音译词。有学者认为该词来源于突厥语Tüpüt，是古突厥人对古藏人的称呼，由突厥语tüp和藏语bod形成

① 杨富学等：《敦煌民族史》，社会科学文献出版社，2021年，第142页。

② 荣新江：《龙家考》，载中亚文化协会编《中亚学刊》第4辑，北京大学出版社，1995年，第144-160页。

③ 陆庆夫：《甘州回鹘可汗世次辨析》，《敦煌学辑刊》1995年第2期，第31-40页。

④ 荣新江：《甘州回鹘成立史论》，《历史研究》1993年第5期，第32-39页。

⑤ 张涌泉、张小艳、郜同麟主编《敦煌文献语言大辞典》，四川辞书出版社，2022年，第895页；黄征：《敦煌俗字典》，上海教育出版社，2005年，第167页。

⑥ 王震亚、赵荧：《敦煌残卷争讼文牒集释》，甘肃人民出版社，1993年，第22页。

⑦ 荣新江：《甘州回鹘成立史论》，《历史研究》1993年第5期，第39页。

⑧ 耿世民：《古代突厥文碑铭研究》，中央民族大学出版社，2005年，第151页。

⑨ ［日］栗林均编《〈元朝秘史〉モンゴル语汉字音訳・傍訳汉语対照语汇》，（日本）东北大学东北アジア研究センター，2009年，第471页。

tüp+bod的结构，义为“蕃部族”。藏族则自称“博巴”或“博（bod），是藏文བོད的转写[①]。

公元7世纪初，松赞干布统一青藏高原，建立了吐蕃王朝，定都逻些（今拉萨）。公元755年，安史之乱爆发，西北地区的精锐部队被朝廷调动支援内地，导致西北边防空虚，给了蛰伏在青藏高原的吐蕃帝国可乘之机，逐步将势力扩大至陇右及包括敦煌在内的河西地区。公元786年，最终攻占敦煌，统治一直延续了六十余年[②]。吐蕃占领河陇之后，频频四处征战，东侵唐朝，北征回鹘，西抗大食。各族民众在吐蕃的统治下，备受压迫和奴役[③]。随着统治的日趋稳定，该地区的民众进入了漫长的“吐蕃化”时期，直到吐蕃统治结束。842年，吐蕃赞普朗达玛遇刺身亡，国内大乱，河西走廊和塔里木盆地南部的吐蕃统治秩序迅速崩溃[④]。

3.退浑：即吐谷浑。“吐谷浑”这个名字兼具“人名、姓氏、族号和国号等多重含义”[⑤]。《梁书》《南史》等南朝汉籍中又称“河南国”[⑥]。“吐谷浑”的上古汉语拟音为thɑʔ—jok—guən[⑦]。早在1921年，伯希和就曾指出，“吐谷浑”之名，可追溯至最初的*Tu'uγ—γun（*Tuyuγ—γun）或*Tu'uγun（*Tuyuγun），唐末被简化成“退浑”和“吐浑”[⑧]。藏文文献载为འ་ཞ་（'A—zha）[⑨]。斯坦因敦煌古藏文文书《吐谷浑纪年》中称作Thogon［ཐོ་གོན་］[⑩]。由南朝梁沈约（441—513）等人所撰《宋书》卷96《鲜卑吐谷浑传》开头第一句是“阿柴虏吐谷浑，辽东鲜卑也”，同书又载“西北诸杂种谓之为阿柴虏”。关于这一点，伯希和指出“阿柴虏”非吐谷浑人自称，而是“西北诸杂种”即西北少数民族用来称呼他们的名称。“阿柴”可以追溯到一个古老的*A—žai或*A—ǰai，传入藏语后便成了'A—ža[⑪]。有学者认为《蒙古秘史》（§256）中提到的唐兀惕人“阿沙敢不”（Aša Gambu），其名字前半部分“阿沙”（Aša）便是古藏文对吐谷浑人的称呼'A—zha的音写，说明吐谷浑人的民族身份至少

---

① 朱宏一：《再谈“吐蕃”的读音及其规范》，《辞书研究》2022年第6期，第104-116页。

② 陈国灿：《唐朝吐蕃陷落沙州城的时间问题》，《敦煌学辑刊》1985年第1期，第1-7页。

③ 荣新江：《归义军及其与周边民族的关系初探》，《敦煌学辑刊》1986年第2期，第24-44页。

④ 荣新江：《龙家考》，载中亚文化协会编《中亚学刊》第4辑，北京大学出版社，1995年，第144-160页。

⑤ 杨富学等：《敦煌民族史》，社会科学文献出版社，2021年，第136页。

⑥ Andrew Shimunek, *Languages of Ancient Southern Mongolia and North China: a Historical-Comparative Study of the Serbi or Xianbei Branch of the Serbi-Mongolic Language Family*, *with an Analysis of Northeastern Frontier Chinese and Old Tibetan Phonology*, Wiesbaden: Harrassowitz Verlag, 2017, p. 169.

⑦ Schuessler, Axel., *An Etymological Dictionary of Old Chinese*, Honolulu: University of Hawaii Press, 2007, pp.502, 259, 290.

⑧ Paul Pelliot, "Note sur les Tou-yu-houen et les Sou-p'i", *T'oung Pao.* Second Series 20, No. 5(1921): 323-331；杨富学等：《敦煌民族史》（社会科学文献出版社，2021年，第153-154页）称，吐谷浑灭国（663）后，遗民移居河东、河西诸地，被称作退浑、吐浑。

⑨ Christopher I. Beckwith, *The Tibetan Empire in Central Asia: A History of the Struggle for Great Power Among Tibetans, Turks, Arabs, and Chinese During the Early Middle Ages*, Princeton-New Jersey: Princeton University Press, 1993, p. 17.

⑩ Andrew Shimunek, *Languages of Ancient Southern Mongolia and North China: a Historical-Comparative Study of the Serbi or Xianbei Branch of the Serbi-Mongolic Language Family, with an Analysis of Northeastern Frontier Chinese and Old Tibetan Phonology*, p. 169.

⑪ Paul Pelliot, "Note sur les Tou-yu-houen et les Sou-p'i", *T'oung Pao,* Second Series 20, No.5 (1921): 324.

名义上在西夏帝国多元化的民族构成中得以保留[①]。青海都兰县吐谷浑人古墓的古代DNA数据显示，他们的基因是藏缅人群和阿尔泰人群的融合。此项研究第一次展示了古代吐谷浑（慕容鲜卑+古代羌人）的基因成分[②]。

关于吐谷浑语，伯希和、李盖提、卡拉等人进行过研究[③]，认为吐谷浑语属于古蒙古语（Ancient Mongol）东南语支（鲜卑语支）中的一个分支。2015年，法国学者武阿勒撰文称："吐谷浑语其实并不属于蒙古语族的主流，而是一种旁蒙古语（Para-Mongolic）。"[④]美国青年学者沈安筑博士提出了鲜卑—蒙古语系（Serbi-Mongolic languages）的观点，并认为："蒙古语分支（包括现代蒙古语族语、中古蒙古语及其直系祖先）和鲜卑语分支（包括契丹语、拓跋语、吐谷浑语和其他语言）是一种共同的原始语言即原始鲜卑—蒙古语的姊妹分支。"[⑤]

自六世纪末起，吐谷浑即越过南山山脉（祁连山），进入河西[⑥]。七世纪末期，因受唐蕃之争的余波，吐谷浑逐渐定居于从关陇大地经河西走廊到西域的广袤的土地。唐高宗龙朔三年（663），吐谷浑被吐蕃所灭，诺曷钵（624—688）可汗奔凉州，率数千帐内附唐。咸亨三年（672），唐置安乐州（治今宁夏同心县东北），以诺曷钵为安乐州刺史，子孙仍世袭青海地号，直至贞元（785—805）时为止。由于吐谷浑部族逐渐与各族人民相融合，因而11世纪以后的文献中已不再有吐谷浑部落活动的记载。

对于吐谷浑人之前的辗转迁徙的历史，学界多有研究，兹不赘述。关于吐谷浑历史和文

---

① Andrew Shimunek, *Languages of Ancient Southern Mongolia and North China: a Historical-Comparative Study of the Serbi or Xianbei Branch of the Serbi-Mongolic Language Family, with an Analysis of Northeastern Frontier Chinese and Old Tibetan Phonology*, pp. 171-172.

② Yu Xue-er, *et al.*, "Ancient DNA from Tubo Kingdom-related tombs in northeastern Tibetan Plateau revealed their genetic affinity to both Tibeto-Burman and Altaic populations", *Molecular Genetics and Genomics* 297(2022): 1755-1765.

③ Paul Pelliot, "Note sur les Tou-yu-houen et les Sou-p'i", pp. 323-331; Louis Ligeti, "Le tabghach, un dialect de la langue sien-pi", In: *Mongolian Studies,* L. Ligeti(ed.), Budapest: Akadémiai Kiadó, 1970, pp. 265-308; György Kara, translated by John R. Krueger, *Books of the Mongolian Nomads: More than Eight Centuries of Writing Mongolian,* Bloomington: Research Institute for Inner Asian Studies, Indiana University, 2005.

④ Alexander Vovin, "Some Notes on the Tuyuhun（吐谷浑）Language: in the Footsteps of Paul Pelliot." *Journal of Sino-Western Communications* 7 (2015): 157-166. 关于"Para-Mongolic"一语，沈安筑博士指出："The English prefixpara—in the sense of 'parallel to something' is from Ancient Greek παρά 'alongside, beside, by the side of'". [英语中表示"与某物平行"的前缀"para-"源自古希腊语"παρά"，意为"在旁边、旁边、靠近"。]（AndrewShimunek, *Languages of Ancient Southern Mongolia and North China: a Historical-Comparative Study of the Serbi or Xianbei Branch of the Serbi-Mongolic Language Family, with an Analysis of Northeastern Frontier Chinese and Old Tibetan Phonology*, p. 14, n. 51）; "The English construction 'para-X' implies a language family *parallel* to language family X, and not a language family which is *divergently related* to language family X." [英语中的"para-X"结构指的是一个平行于语系X的语系，而不是一个与语系X有分化关系的语系。]（Andrew Shimunek, *Languages of Ancient Southern Mongolia and North China: a Historical-Comparative Study of the Serbi or Xianbei Branch of the Serbi-Mongolic Language Family, with an Analysis of Northeastern Frontier Chinese and Old Tibetan Phonology*, p. 14）。目前"Para-Mongolic"又被译为"准蒙古语""类蒙古语""蒙古语亲属语言"等。

⑤ Andrew Shimunek, *Languages of Ancient Southern Mongolia and North China: a Historical-Comparative Study of the Serbi or Xianbei Branch of the Serbi-Mongolic Language Family, with an Analysis of Northeastern Frontier Chinese and Old Tibetan Phonology*, Wiesbaden: Harrassowitz Verlag, 2017, p. 13.

⑥［日］前田正名著，陈俊谋译《河西历史地理学研究》，中国藏学出版社，1993年，第22页。

化的重要资料包括：《周书》《南齐书》《晋书》《宋书》《北史》《资治通鉴》《魏书》《梁书》《通典》，以及吐蕃《大事纪年》（P.T.1288，Or.8212）、古藏文《礼仪问答》（P.T.1283）等[①]。

4.嗢末：又称温末、浑末。“嗢末”一词来源于藏语，首次对该词进行讨论的是托马斯（F. W. Thomas）。他提出这个术语的藏语名称为mun—dmag[②]，并认为“除了mun—（d）mag之外，藏语中没有其他可能与这个浑/嗢末对应的词；而mun—dmag很可能是汉人从曾以非战斗员身份在吐蕃军队‘后方’服役的吐蕃士兵那里听到的词语。这可能是汉人无意中重新获得了本属于他们自己的东西；因为mun在藏语中没有词源或恰当的意义，它本身可能是从汉语中借来的，就是‘文’（唐音mɒn，高本汉，no. 1315）。在‘文’的意义上它与‘武’是对立的”[③]。也就是说，托马斯认为“嗢末”为藏语mun—dmag的音译，意为“文军”，其中mun又是汉语“文”在藏语中的借词。而国内最早对该词进行研究的应是王忠先生，他认为“嗢末”为藏语的གཡོག（g.yog），仆役之义[④]。法国学者石泰安（R. A. Stein）提出“浑”（Houen < **xuən*）和“嗢”（Wou /Wa < *·*uət*/·*uən*）为藏文dpon和dbon（或bon）的对音。在安多方言中，首字母组*dp*—发音为*h*—；*b*变为*w*—以及*db*— > *hw*—或*w*—。这样，“浑”和“嗢”的交替问题在安多方言的语音框架中得到了完美的解释。在敦煌写本中'Bon或dBon[⑤]有时用来指'A—ža族人的君主（'A—ža rje），即吐谷浑王。“末”（**muât*）为dBal或dBa'的对音[⑥]，该族人是西藏北部游牧部落，在吐蕃占领河陇时期来到西藏的东北边界[⑦]。后来金雷女士在《嗢末新考》中质疑了王忠的观点，她认为“嗢末”对应的藏语词汇应是དབོན་པོ（dbon—po），意思是“侄、甥”[⑧]。吐蕃占领区的部落首领相对于吐蕃政权来说称嗢末“དབོན་པོ”（dbon—po），相对于其本部落内部来说，称作本波“དཔོན་པོ”（dpon—po），意思是“官、首领或头人”。史籍中“浑末，亦曰嗢末”一语，似可作dpon—po即dbon—po来理解[⑨]。陆离先生在总结前人的观点后，利用新出土的吐蕃简牍文书和传世藏语文献，认为“嗢末”即为吐

---

① Andrew Shimunek, *Languages of Ancient Southern Mongolia and North China: a Historical-Comparative Study of the Serbi or Xianbei Branch of the Serbi-Mongolic Language Family, with an Analysis of Northeastern Frontier Chinese and Old Tibetan Phonology*, Wiesbaden: Harrassowitz Verlag, 2017, p. 172.

② མུན་དམག（mun-dmag），字面意思为“暗军”。

③ Frederick W. Thomas, “Some Notes on Central-Asian Kharoṣṭhī Documents”, *Bulletin of the School of Oriental and African Studies*, Vol. 11, Iss. 3(1945): 513-549.

④ 王忠：《新唐书吐蕃传笺证》，科学出版社，1958年，第165-166页。

⑤ འབོན（'bon）或དབོན（dbon），为“侄、甥”之义。

⑥ dPal（= dBal）仅仅是dPa'(= dBa')的另一种变形写法，dBa'的真正发音应该是Wa。见R. A. Stein, *Les Tribus Anciennes des Marches Sino-tibétaines Légendes, classifications et Histoire*, Paris: Presses Universitaires de France, 1961, p. 17.（Bibliothèque de L'Institut des hautes études chinoises, vol. XV）；［法］石泰安著，耿昇译，王尧校《川甘青藏走廊古部落》，四川民族出版社，1992年，第29页。

⑦ R. A. Stein, *Les Tribus Anciennes des Marches Sino-tibétaines Légendes, Classifications et Histoire*, Paris: Presses Universitaires de France, 1961, pp. 66-70；［法］石泰安著，耿昇译，王尧校《川甘青藏走廊古部落》，四川民族出版社，1992年，第115-118页。

⑧ 金雷：《嗢末新考》，《西藏研究》2007年第4期，第17-22页。

⑨ 金雷：《嗢末新考》，《西藏研究》2007年第4期，第21页。

蕃文 vbangs myi 的音译，亦即འབངས་མྱི（'bangs myi）。“唱”对应'bangs，发音与安多藏语'bangs相同，意为“奴部、庶民”，在安多藏语中发“汪”音，和“唱”音非常接近；“末”对应myi，意为“人”，发音也与唐五代的“末”相近。后来吐蕃文myi字为mi所取代，'bangs myi 就演变为现代藏语中的'bangs mi 了[①]。最近，德国波恩大学东亚研究所才让三周（Tsering Samdrup）博士发表了《炽烈的光——唱末藏语原名考》一文，认为金雷的观点在音系学上和从文本的角度看都不合理。并认为陆离提出的'bangs mi 和“唱末”之间同样无法建立语音对应关系。他利用三件古藏文文献，同时对“唱末”的中古西北方音进行构拟，论证最初由匈牙利学者乌瑞（Géza Uray）提出的'Od—'bar（འོད་འབར）[②]是“唱末”正确的藏语对音，意为“烈光”，指代位于青藏高原东北边界的一个特定的政治实体[③]。

根据史籍记载，吐蕃在征服周边部落和民族的过程中，先后将苏毗改名为“孙波”（藏语为སུམ་པ，换写为 sum—pa），多弥改名为“难磨”（藏语为ནམ，换写为 nam），白兰改名为“丁零”，党项改名为“弭药”（藏语为མི་ཉག，换写为 mi—nyag），吐谷浑改名为“阿柴”（藏语为འ་ཞ，换写为'A—zha）。这些民族虽然改了名字，但吐蕃并没有将他们彻底废弃，而是维持了其部落集团的存在，旧的族名仍然流传了下来。但是，史籍中没有出现吐蕃将某一民族改称为“唱末”的情况[④]，因此，正如陆庆夫先生所言，唱末是一个包含多民族成份的混合体，以河陇地区吐蕃化的汉族为主体，同时也包含苏毗、羊同、白兰、党项、吐谷浑、吐蕃等部族[⑤]。《资治通鉴》卷250“咸通三年（862）”条载：

> 是岁，唱末始入贡。唱末者，吐蕃之奴号也。吐蕃每发兵，其富室多以奴从，往往一家至十数人，由是吐蕃之众多。及论恐热作乱，奴多无主，遂相纠合为部落，散在甘、肃、瓜、沙、河、渭、岷、廓、叠、宕之间，吐蕃微弱者反依附之。[⑥]

唱末最初就是一个没有实际行政区划、没有实际部落组成的称呼，是吐蕃对其所征服的各民族的总称。但在吐蕃统治河西地区的后期，唱末就逐渐向一个具有实力的部落集团演变。唐武宗会昌二年（842），吐蕃洛门川（今甘肃武山县）讨击使论恐热（藏语为བློན་ཁྲོམ་བཞེར，换写为 blon Khrom bzher，？— 866）举兵叛乱，和吐蕃鄯州（今青海乐都）节度使尚婢婢争得你死我活，由于吐蕃高层间的内斗，对吐蕃在河陇地区的势力有了致命的打击，而这恰好为唱末提供了脱离吐蕃自立的机会。再加上张议潮收复河西的契机，长期受制于吐蕃的唱末“揭竿而起”，发起“啸合”起义，自此，真正意义上的“唱末部落”开始崛起。

---

① 陆离：《唱末音义考》，《敦煌研究》2009年第4期，第97-102页。

② Pelliot tibétain 1082: 11. 王尧、陈践录为འད་འཅར（'od-'car），并译作“［前往］俄布塔”（王尧、陈践译注《敦煌古藏文文献探索集》，上海古籍出版社，2008年，第222页、第292页）。说明他们将'od-'car（'od-'bar）理解为地名。

③ Tsering Samdrup Usen, "'Blazing Light': On the Original Tibetan Name for *wamo* 唱末", *Acta Orientalia Hung* 75, no.4(2022): 655-666.

④ 张青平：《唐宋之际河西地区的唱末考察》，硕士学位论文，兰州大学，2011，第11页。

⑤ 陆庆夫：《敦煌民族文献论稿》，甘肃文化出版社，2019，第237页。

⑥［宋］司马光编著，［元］胡三省音注《资治通鉴》卷250“咸通三年”条，中华书局，1956年，第8101-8102页。

势力逐渐壮大的嗢末部落，利用唐王朝和归义军的矛盾，占领了河西咽喉要地凉州。有学者认为归义军征服了嗢末，但公元848年沙州人张议潮聚众起义，于851年以沙、瓜、甘、肃、伊、西、鄯、河、兰、岷、廓11州天宝旧图归唐[①]，此时并不包括凉州。归义军收复凉州是在861年[②]，而根据史料来看，在收复了凉州的第二年，嗢末便驱逐了驻守的唐军，开始向朝廷进贡，标志其成为一个独立的政治集团，而归义军并未真正地控制也没有实力降伏"凉州嗢末"。凉州嗢末后发展为与肃州龙家、甘州回鹘等实力相当的河西少数民族部族。

五代时期，嗢末及其后裔的活动印迹还能依稀见于史料。后来逐渐融入以潘罗支（北宋时吐蕃西凉府六谷部首领）为首的六谷蕃部，直到北宋大中祥符（1008—1016）年间，西夏占领凉州，六谷蕃部灭亡，嗢末部落也逐渐消失在历史的洪流中。

5. 龙家：又称龙部落。有学者认为于阗文dūṃ、吐蕃文lung— rje、古突厥文lum čisi、回鹘文lawxan čigši，均为汉文"龙家"或"龙王"的对音或意义关联[③]。"龙家"一语，在《新五代史·四夷附录第三·回鹘》中记载："又有别族号龙家，其俗与回纥小异。"[④]这是在正史中的唯一一处记载。然而，中原王朝对短暂的龙家历史知之甚少，欧阳修对龙家的来源和族属也未知全貌，因此称龙家为回鹘的别族不符合史实。相较之下，敦煌文书的可信度则更高。S.0367《沙州伊州地志》载："龙部落，本焉耆人，今甘、肃、伊州各有首领。其人轻锐，健斗战，皆禀皇化。"[⑤]可见龙部落最初是居于西域的焉耆人[⑥]，由于焉耆世代帝王姓龙，百姓有跟随君主姓氏的传统，故又称"龙家"或"龙部落"。据荣新江先生研究，龙家最早在河西的出现是在9世纪末叶，其背井离乡来到河西的原因，"可能是回鹘西迁，庞特勤率二十万众占据焉耆的结果"。甘州地区的龙家曾一度与回鹘争夺甘州的主要部族。但在西迁回鹘与甘州城内缺粮的压力下，一部分龙家及退浑、通颊、羌等部族在中和四年（884）末进入归义军的辖境肃州[⑦]，并于中和四年至光启三年（887）间，龙家等族建立了肃州政权[⑧]，

① 荣新江：《归义军史研究——唐宋时代敦煌历史考索》，上海古籍出版社，1996年，第149页。

② 唐长孺：《关于归义军节度使的几种资料跋》，载《中华文史论丛》第1辑，上海古籍出版社，1962年，第275-298页；荣新江：《归义军史研究——唐宋时代敦煌历史考索》，上海古籍出版社，1996年，第150-152页；李军：《晚唐五代肃州相关史实考述》，《敦煌学辑刊》2005年第3期，第92页；郑炳林：《晚唐五代河西地区的居民结构研究》，《兰州大学学报（社会科学版）》2006年第2期，第9-21页；李宗俊：《晚唐张议潮入朝事暨归义军与嗢末的凉州之争再探——以新出李行素墓志及敦煌文书张议潮奏表为中心》，《敦煌研究》2017年第4期，第89-97页。

③ 洪勇明：《胡语文献涉"龙"诸名考辩》，《新疆师范大学学报（哲学社会科学版）》2010年第2期，第95-102页。

④ ［宋］欧阳修：《新五代史》卷74《四夷附录第三》"回鹘"条，中华书局，1974年，第916页。

⑤ 唐耕耦、陆宏基编《敦煌社会经济文献真迹释录》第1辑，书目文献出版社，1986年，第41页。

⑥ 焉耆（Karashahr），又称乌耆（焉耆语为Arśi），位于塔里木盆地东北部，是汉唐时代与龟兹（今库车）并称的西域强国。焉耆在回鹘时代被称作Solmi"唆里迷"。参耿世民、张广达：《唆里迷考》，《历史研究》1980年第2期，第147-159页；荣新江：《龙家考》，载中亚文化协会编《中亚学刊》第4辑，北京大学出版社，1995年，第144-160页。

⑦ 荣新江：《龙家考》，载中亚文化协会编《中亚学刊》第4辑，北京大学出版社，1995年，第144-160页。

⑧ 李军：《晚唐五代肃州相关史实考述》，《敦煌学辑刊》2005年第3期，第94页。

故“龙家”又有“肃州家”一称[①]。10世纪以后，龙家主要居住于瓜州常乐一带。后来，瓜州和甘州的龙家逐渐被当地的汉族、回鹘族或其他民族同化，失去了其部族特征[②]。

6. 通颊：系藏文མཐོང་ཁྱབ（mThong—khyab）/ མཐོང་ཀྱབ（mThong—kyab）之对音[③]。文书称“旧通颊肆拾人”，说明通颊有新旧之分，学者们认为“旧通颊”是吐蕃统治时留下的部落名称[④]。通颊一词，鲜见于正史资料，而在敦煌文书中多次出现[⑤]。日本学者山口瑞鳳（Yamaguchi Zuihō，1926—）首次将敦煌藏文文书中出现的mThong khyab比定为汉文文书中的“通颊”[⑥]。他指出：“在敦煌汉文文献中，Thong khyab被转录为通颊，而在藏文文献中，它被视为一个单独组成*sde*的部落群体。”[⑦]在现代藏语中，mthong意为“见，看明，察觉，觉知；估量，评价，理睬，看待”[⑧]，khyab意为“遍满，充盈，周延；普遍及于全面”[⑨]，但由mthong和khyab组成的专名在后来的藏文书籍中很少出现[⑩]。法国著名藏学家玛塞尔·拉露（Marcelle Lalou，1890—1967）女士对敦煌P.T.1089号文书进行研究后认为“mThong kyab”是指代一个地区或一种人，但她的学生山口瑞鳳认为“mThong khyab”就是汉文文书

① 关于敦煌文献中的“肃州家”是否等于龙家的问题，荣新江教授持否定态度，认为肃州地区的民族成分十分复杂，肃州家很可能是指肃州地区的各部族（荣新江：《龙家考》，载中亚文化协会编《中亚学刊》第4辑，北京大学出版社，1995年，第155页）。

② 荣新江：《龙家考》，载中亚文化协会编《中亚学刊》第4辑，北京大学出版社，1995年，第156页；黄盛璋：《敦煌汉文与于阗文书中之龙家及其相关问题》，《西域研究》1996年第1期，第26-39页。

③ 参看P.T.1287“赞普传记”，第383行：མཐོང་ཁྱབ（王尧、陈践：《敦煌古藏文文献探索集》，上海古籍出版社，2008年，第36页、第115页）；P.T.1089“吐蕃职官考信录”，第14—15行：མཐོང་ཀྱབ（王尧、陈践：《敦煌古藏文文献探索集》，上海古籍出版社，2008年，第365页）。顺便说一句，蒙古人常见的藏文名字-ǰab（“扎布”），系藏语kyab（藏语为སྐྱབས།，换写为skyabs）之对音，意为“保护者，掩蔽处，靠山。佛书译作皈依处”（张怡荪：《藏汉大辞典》，民族出版社，1993年，第142a页）；“бурхан; аврагч, хамгаалагч, аврал, ивээл”(Л. Тэрбиш &Т. Чулуун Эрдэнэ, *Төвд-Монгол Их Толь Бичиг*, Osaka: National Museum of Ethnology, 2011, p. 92)。

④ 杨铭：《通颊考》，《敦煌学辑刊》1987年第1期，第113-117页；荣新江：《通颊考》，载傅杰编《二十世纪中国文史考据文录》，云南人民出版社，2002年，第2115页；Rong Xinjiang, translated from Chinese by Wilhelm K. Müller,“Mthong-Khyab or Tongjia: A Tribe in the Sino-Tibetan Frontiers in the Seventh to Tenth Centuries”, *Monumenta Serica*, 39, no.1(1990): 285.

⑤ 据山口瑞鳳教授介绍，“通颊”见于S.389，S.4276，S.1485，P.2222，P.4083和其他一些文书中。参Yamaguchi Zuihō,“Su-p‘i苏毗 and Sun-po孙波: A Historico-geographical Study on the Relation between rTsaṅ yul and Yan-lag gsum paḫi ru”, *Acta Asiatica* 19 （1970）: 97-133.

⑥ 转引自荣新江：《通颊考》，载傅杰编《二十世纪中国文史考据文录》，云南人民出版社，2002年，第2100-2121页。

⑦ Yamaguchi Zuihō, “Su-p‘i苏毗 and Sun-po孙波: A Historico-geographical Study on the Relation between rTsaṅyul and Yan lag gsum paḫi ru”, *Acta Asiatica* 19 (1970): p. 116.

⑧ 张怡荪：《藏汉大辞典》，民族出版社，1993年，第1221页。

⑨ 张怡荪：《藏汉大辞典》，民族出版社，1993年，第252页。

⑩ 荣新江：《通颊考》，载傅杰编《二十世纪中国文史考据文录》，云南人民出版社，2002年，第2100-2121页；Yamaguchi Zuihō,“Su-p‘i苏毗 and Sun-po孙波: A Historico-geographical Study on the Relation between rTsaṅ yul and Yan lag gsum paḫi ru”, *Acta Asiatica* 19 (1970): 115.

中出现的“通颊”，指代一个部落[①]。杨铭先生通过对《贤者喜宴》（1564年成书，作者巴俄·祖拉陈瓦）及来自米兰的藏文文书的分析，指出“通颊”是在松赞干布时期，吐蕃所设驻守在唐蕃边境的斥候军，常用于守卫、巡逻的役职部落[②]。荣新江《通颊考》一文，利用藏文史籍，特别是敦煌出土的藏、汉文书材料，对通颊部落的来龙去脉做了全面系统的考察，并认为通颊部落是吐蕃王国在东北边境设置的一级军政组织，设于松赞干布时期，是吐蕃对唐作战的主力军。进入归义军时代之后，通颊部落失去了其军事部落联盟的性质，逐渐地同化为当地的汉人[③]。王尧、陈践先生解释说：“吐蕃在占有瓜沙、河西及西域以后，将唐人及其他民族混合编入部落，称为通颊，民户则称为通颊百姓。”[④]

吐蕃在河、陇很多地区均设有通颊部落，因此其民族构成较为复杂。敦煌文献和木简的记载显示，通颊部落的民族成份在不同的地区有所不同，如吐蕃人、汉人、粟特人、突厥人，都出现在与通颊部落相关的记载中，且都是由各民族中地位较低的人组成了这一部落[⑤]。而荣新江先生认为，通颊部落至少应有“羌、氐、汉、藏、粟特等系属的民众”，以及生活在西北地区的一些小部族[⑥]。通颊和嗢末具有一些相似之处，他们都是吐蕃在对外征战过程中，由被征服民族构成的部落或群体，其民族构成也是随着吐蕃的对外战争不断变化的。但通颊是以部落的实体形式存在，而嗢末没有部落存在，更多意义上是对一个群体的称呼。

7. 羌：《说文解字·羊部》云：“羌，西戎牧羊人也。从人，从羊。”[⑦]据陆庆夫先生介绍，羌族人有以羊角作首饰的习俗，考古工作者曾在疏勒河流域发现的火烧沟文化遗址的殉葬品中发现了较多的羊骨及成对的羊角，说明该遗址就是古羌人的聚居地。又根据对C^{14}的测定，发现火烧沟先民生活的年代大约与夏朝相当，且河西地区很多地方分布有火烧沟文化类型。故而，河西地区早在夏商时期，就生活着大量羌人[⑧]。

陆庆夫先生指出，S.389文书中出现的“羌”，应指党项部族[⑨]。《旧唐书·西戎传》记载：“党项羌，在古析支之地，汉西羌之别种也。”[⑩]党项本西羌之后，早先曾居住在东起今四川松潘，西至且末、鄯善，南连青海吐蕃，北与吐谷浑相属，绵亘数千里的山谷间[⑪]。

王静如先生认为，西羌族每以“党”音名其部族，“党”即上古“羌”之化音。他的推论方法如下：《说文》云“羌，西戎牧羊人也，从人，从羊”。那么，根据“羊”的古音为

① Yamaguchi Zuihō, “Su-p‘i 苏毗 and Sun-po 孙波: A Historico-geographical Study on the Relation between rTsaṅyul and Yan lag gsum paḥi ru”, *Acta Asiatica* 19 (1970): 116. 此处转引自荣新江：《通颊考》，载傅杰编《二十世纪中国文史考据文录》，云南人民出版社，2002年，第2100页。

② 杨铭：《通颊考》，《敦煌学辑刊》1987年第1期，第113-117页。关于“斥候军”，参见齐德舜：《吐蕃斥候考》，《中国藏学》2009年第3期，第155-159页。

③ 荣新江：《通颊考》，载傅杰编《二十世纪中国文史考据文录》，云南人民出版社，2002年，第119-144页。

④ 王尧、陈践：《敦煌古藏文文献探索集》，上海古籍出版社，2008年，第378页，注⑫。

⑤ 杨铭：《通颊考》，《敦煌学辑刊》1987年第1期，第113-117页。

⑥ 荣新江：《通颊考》，载傅杰编《二十世纪中国文史考据文录》，云南人民出版社，2002年，第2119页。

⑦［东汉］许慎著，汤可敬译注《说文解字》，中华书局，2020年，第1638页。

⑧ 陆庆夫：《敦煌民族文献论稿》，甘肃文化出版社，2019年，第5页。

⑨ 陆庆夫：《党项的崛起与对河西的争夺》，《敦煌研究》1998年第3期，第110-118页。

⑩［后晋］刘昫等：《旧唐书》卷198《西戎传》，中华书局，1975年，第5290页。

⑪ 陆庆夫：《党项的崛起与对河西的争夺》，《敦煌研究》1998年第3期，第110页。

aiȋng ~ ziȋang，“羌”（古音为k’iȋang）的上古音或为zk’iȋang，即复辅音字。汉代之“当”（tang）并从“向”（xiȋang）声，其在上古也是tk’——类的复辅音字。从而证明党项之“党”为一复辅音字。由复辅音字zk’ang或txang变为tang或t’ang，最明显的证据则是将甘肃沙州“党河”在五代译为“都（tao）乡（xiȋang）河”，而“党”由“都乡”二音演变而来，“都乡”与“党项”同音，以二字译复辅音，是有tx或tk的可能。至于元代的Tangut（“唐兀惕”）一语，他认为其音实为“Tang”，而非Tang为“党”，gut或ngut为“项”。其中，—ut仅为蒙古语复数后缀[①]。

值得注意的是《蒙古秘史》（§249）作Tangγut（“唐兀惕”）[②]，拉施特《史集》（Jāmi’al—Tawārīkh，14世纪初）作Tangğud（“唐兀惕”），《河南登封县少林寺圣旨碑》中的“蒙哥汗回鹘式蒙古文圣旨”（1254）作tangγu，原有汉语译文作“河西”[③]。说明，该词是由“tangγu +蒙古语复数后缀—d”构成的。

岑仲勉先生对王静如的观点并不认同，他认为Tangut一名最早见于开元末突厥文《毗伽可汗碑》[④]，其名之存在，最少可上推于隋朝。党项与Tangut实为“同原异式之译法”。“党”对应Tang；蒙古语复数词缀为—ut，单数为—un；g—可变为h—，—n可延长为—ng，又a、o、u三元音可互相转换；“项”字在《切韵》中的读音为ghang，广州话hong，也就是说，正好Tangun变Tang—hung，便是“党项”音译。“党项”之“党”字不存在复辅音问题[⑤]。

李志清先生认为，党项的“党”，为“大”的对音通假；“项”读“向”，和四季的“夏”读音相近。所以“党项”一词读音所对应的，应为“大夏”，中古读音之通假可为“都乡”或“党项”。史学家之所以在记录时没有写成“大夏”而是以“党项”或“大峡”代替，大概是为了避免与上古禹国“大夏”同号，故借以通假以音表名，以音明义[⑥]。

对于“党项”的构成，黄兆宏先生在总结周伟洲等学者的观点后，提出其是在“东起临洮、西平，西据叶护”这一范围之内所居住的鲜卑、羌、匈奴等多种族的部落集合体的总称[⑦]。党项族在丝绸之路上不断壮大其势力，为了生存发展，逐渐开始把目标盯向了理想的生存之地——河西走廊。最终，在三代人的共同努力下，党项于景祐三年（1036）占领了河西地区，持续了190年的归义军政权至此画上了句号。景祐五年（1038），李元昊建国称帝，国号“大夏”[⑧]。

---

① 王静如：《西夏国名考》，载白滨编《西夏史论文集》，宁夏人民出版社，1984年，第660-672页。

② ［日］栗林均编《〈元朝秘史〉モンゴル语汉字音訳・傍訳汉语对照语汇》，（日本）东北大学东北アジア研究センター，2009年，第446页。

③ 道布、照那斯图：《河南登封县少林寺出土的回鹘式蒙古文和八思巴字圣旨碑考释》（续一），《民族语文》1993年第6期，第59-69页。

④《毗伽可汗碑》建于唐开元二十三年（735）。Tangut（“党项”）见于东面第24行。参见耿世民：《古代突厥文碑铭研究》，中央民族大学出版社，2005年，第148、158页。

⑤ 岑仲勉：《党项及于弥语原辨》，载岑仲勉：《中外史地考证》，中华书局，1962年，第278-281页。

⑥ 李志清：《西夏诸名称音义析辨及其族源探索》，载宁夏文物管理委员会办公室、宁夏文化厅文物处编《西夏文史论丛》第1辑，宁夏人民出版社，1992年，第170-222页。

⑦ 黄兆宏：《“党项”涵义辨析》，《文史杂志》2013年第5期，第56-58页。

⑧ 陆庆夫：《党项的崛起与对河西的争夺》，《敦煌研究》1998年第3期，第117页。

（四）地名

肃州（5）、凉州（3）、甘州（6）、嘉麟

1. 肃州：今甘肃省酒泉市[①]。文本中“肃州”凡五见，另外“城家”“本州”等指的也是“肃州”。肃州为古丝绸之路上的重镇。唐大历元年（766）陷于吐蕃，大中三年（849），由张议潮收复[②]。在张淮深统治（867—890）晚期，归义军设置了“肃州防戍都”的建制，以加强对河西东部地区的管理[③]。在张淮深统治的末年，肃州脱离了归义军[④]。对肃州脱离归义军的具体时间，学界也曾进行过讨论。李军认为于中和四年（884）至光启三年（887）间，龙家等族建立了肃州政权，光启三年四月时，肃州政权已经建立，归义军也已经丧失了对肃州的控制权[⑤]。荣新江先生则认为光启三年十一月的文书（P.2937号附断片一中的第二件文书）表明，肃州此时尚在归义军手中。“P.3569V《光启三年四月官酒户龙粉堆牒》和《押衙阴季丰牒》中与西州回鹘、凉州嗢末并列记录的肃州使，似也不能当作是肃州脱离了归义军之证。”[⑥]根据S.0367《沙州伊州地志》，肃州地区本身就有龙家人的活动，而且肃州地区的龙家还有自己的首领。曹氏归义军晚期，统和二十八年（1010）之前，肃州政权为甘州回鹘吞并[⑦]。

2. 凉州：今甘肃省武威市，地处甘肃省西北部，河西走廊东端，由于贸易、文化、交通等原因，历来是各方势力必争之地[⑧]。汉唐之际，凉州是中国西北地区仅次于长安的最大古城。唐前期一直是横断吐蕃和突厥的河西节度使所在地[⑨]。唐中央政府多以凉州为重心对河西进行统治[⑩]。吐蕃势力侵占河西，凉州首当其冲，广德二年（764）被吐蕃攻陷[⑪]。近百年之后的咸通二年（861），归义军将其从吐蕃手中夺回[⑫]。但是，在归义军攻取凉州以后，唐朝立刻采取了一系列措施，阻止张议潮势力的过分膨胀。从郓州（今山东）天平军调2500人镇守凉州，设立凉州节度使，拒绝将凉州划归归义军管辖。凉州节度使的主要作用实际上

---

① P. 3451《张淮深变文》记：“天使才过酒泉，回鹘王子领兵西来，犯我疆场。”

② 郑炳林：《晚唐五代敦煌归义军行政区划制度研究》（之一），《敦煌研究》2002年第2期，第11-19页。

③ 唐长孺：《关于归义军节度使的几种资料跋》，载《中华文史论丛》第1辑，上海古籍出版社，1962年，第294页；李军：《晚唐五代肃州相关史实考述》，《敦煌学辑刊》2005年第3期，第92页。

④ 唐长孺：《关于归义军节度使的几种资料跋》，载《中华文史论丛》第1辑，上海古籍出版社，1962年，第294页。

⑤ 李军：《晚唐五代肃州相关史实考述》，《敦煌学辑刊》2005年第3期，第94页。

⑥ 荣新江：《甘州回鹘成立史论》，《历史研究》1993年第5期，第38页；荣新江：《归义军史研究——唐宋时代敦煌历史考索》，上海古籍出版社，1996年，第307页。

⑦ 李军：《晚唐五代肃州相关史实考述》，《敦煌学辑刊》2005年第3期，第97-98页。

⑧［日］前田正名著，陈俊谋译《河西历史地理学研究》，中国藏学出版社，1993年，第301-302页。

⑨ 荣新江：《归义军史研究——唐宋时代敦煌历史考索》，上海古籍出版社，1996年，第149-150页。

⑩ 李军：《晚唐（公元861—907年）凉州相关问题考察——以凉州控制权的转移为中心》，《中国史研究》2006年第4期，第77-89页。

⑪ 前田正名认为吐蕃军最早侵入河西地区，是在万岁通天元年（696）对凉州的攻击。见［日］前田正名著，陈俊谋译《河西历史地理学研究》，中国藏学出版社，1993年，第45页。

⑫ 李军：《晚唐（公元861—907年）凉州相关问题考察——以凉州控制权的转移为中心》，《中国史研究》2006年第4期，第77页；郑炳林：《晚唐五代敦煌归义军行政区划制度研究》（之一），《敦煌研究》2002年第2期，第16页；李军：《晚唐五代肃州相关史实考述》，《敦煌学辑刊》2005年第3期，第92页。

是防范归义军[①]。自此以后，唐政府、归义军和嗢末三股势力为凉州的控制权明争暗斗直至唐亡[②]。但事实上，在中和四年（884）以前，归义军已经失去了凉州的控制权[③]。晚唐五代凉州地区居民主要是吐蕃、吐谷浑和嗢末，以嗢末为主[④]。

3. 甘州：今甘肃省张掖市，地处河西走廊中部，历来为河西走廊重镇。“甘州”在状文中凡六见。由于回鹘步步侵扰甘州城，甘州自然也就成了肃州防戍都关注的重点。大历元年（766），甘州陷于吐蕃[⑤]，大中三年（849）由张议潮收复。唐僖宗乾符（874—879）年间，归义军和张淮深得不到唐朝的支持，势力遽衰。中和元年（881）以后，甘州被吐蕃、退浑及龙家占据。中和四年（884）以后，甘州渐渐成为回鹘可汗牙帐所在地。光启三年（887），“甘州回鹘”一名首次出现在敦煌文书中，说明甘州回鹘政权的正式成立应在884—887年间[⑥]。唐长孺先生称：“甘州为回鹘牙，而凉、瓜、沙三州将吏犹称唐官”[⑦]。张氏归义军时期，甘州是一个多民族聚居的城市，有吐蕃、吐谷浑、龙家、通颊、羌等[⑧]。

4. 嘉麟：唐代凉州的管辖县，敦煌文献有多处记载[⑨]。

（五）机构名

防戍都：依照唐长孺、李军等人的观点，其设置年代似乎是张淮深统治（867—890）晚期[⑩]。张淮深统治晚期，由于归义军东部凉州、甘州地区逐渐失控，所以归义军在肃州设置防戍都，试图改变对肃州以及东部甘州、凉州的管理[⑪]。此处“都”应该是“唐末藩镇亲军的称号”[⑫]，即“一部之军谓之一都”[⑬]。

---

① 荣新江：《归义军史研究——唐宋时代敦煌历史考索》，上海古籍出版社，1996年，第159页。

② 李军：《晚唐（公元861—907年）凉州相关问题考察——以凉州控制权的转移为中心》，《中国史研究》2006年第4期，第77页。

③ 郑炳林：《晚唐五代敦煌归义军行政区划制度研究》（之一），《敦煌研究》2002年第2期，第16页。

④ 郑炳林：《晚唐五代河西地区的居民结构研究》，《兰州大学学报（社会科学版）》2006年第2期，第19页。

⑤ 赵晓星：《敦煌落蕃旧事》，民族出版社，2004年，第65页。

⑥ 参见荣新江：《甘州回鹘成立史论》，《历史研究》1993年第5期，第32页、第39页。陆庆夫先生认为：“此时甘州回鹘尚在草创时期，在甘州立脚未稳，……直到乾宁元年（894），甘州尚在归义军手中。”（陆庆夫：《甘州回鹘可汗世次辨析》，《敦煌学辑刊》1995年第2期，第33页。）

⑦ 唐长孺：《关于归义军节度使的几种资料跋》，载《中华文史论丛》第1辑，上海古籍出版社，1962年，第293页。

⑧ 冯培红：《从敦煌文献看归义军时代的吐谷浑人》，《兰州大学学报（社会科学版）》2004年第1期，第22-30页。

⑨ 唐长孺：《关于归义军节度使的几种资料跋》，载《中华文史论丛》第1辑，上海古籍出版社，1962年，第290页；王震亚、赵荧：《敦煌残卷争讼文牒集释》，甘肃人民出版社，1993年，第215-216页；郑炳林：《晚唐五代敦煌归义军行政区划制度研究》（之二），《敦煌研究》2002年第3期，第68-73页。

⑩ 唐长孺：《关于归义军节度使的几种资料跋》，载《中华文史论丛》第1辑，上海古籍出版社，1962年，第294页；李军：《晚唐五代肃州相关史实考述》，《敦煌学辑刊》2005年第3期，第90-100页。

⑪ 李军：《晚唐五代肃州相关史实考述》，《敦煌学辑刊》2005年第3期，第90-100页。

⑫ 徐中舒主编《汉语大字典》第6卷，四川辞书出版社、湖北辞书出版社，1989年，第3777页。

⑬ ［宋］司马光编著，［元］胡三省音注《资治通鉴》卷254“僖宗中和元年”条，中华书局，1956年，第8254页。

（六）其他词语

1. 状：书信[①]。Wilhelm K. Müller译作“reports”[②]。

2. 右：南开大学文学院刘艳红博士对敦煌文献表状笺启中“右”的含义进行了专门研究，认为“单独标注的‘右’表示‘如上、如前’的意思，它紧跟在官衔、姓名之后，指代写表状官员的官衔和姓名”。这跟古代的从右向左书写的格式有关[③]。英国剑桥大学亚洲与中东研究系高奕睿（Imre Galambos）教授也提出了相似的观点，认为“……在这个标题的右边是‘右’字，通常是［社司］转帖主文本的开头”；“转帖主文本的第一个字是‘右’，在这个语境中它是指‘上述的，前述的’，指的是出现在标题中的‘社司’”[④]。由此可见，S.389《肃州防戍都状》开头的“右”显然是指出现在标题中的“肃州防戍都”。

3. 将：（1）（读作jiàng）将帅、将领，如“军将”；（2）（读作jiāng）进献，如“将本州印与崔大夫”“不将与凉州防御使去不得”；（3）将近，如“将卄（廿）人”；（4）赠送，如“将赤騍父马一匹…上与回鹘王”；（5）将要、快要，如“且称将去”；（6）传达、表达，如“将文书称”；（7）乃、这才、才能够，如“似将牢古（固）”[⑤]。

4. 平善：平安、安康[⑥]。

5. 堤備：同“堤备”，意为“防备”。“堤”为“隄”的换旁异体，“備”同“備（备）”[⑦]。

6. 家：本件中“家”字共出现10次，分别为崔大夫到城家、肃州旧人户十家五家、十五家只（2）、龙家（3）、嗢末三百家、共回鹘为一家。

归纳起来，文书中的“家”字有四种含义：第一，用于住户的量词，如“肃州旧人户十家五家”“十五家只”“嗢末三百家”。其中“十家五家”为中国古代乡里控制体系的基本结构[⑧]。第二，家庭也，如“共回鹘为一家”。第三，此处的“城家”，当为“家”之字义的衍伸，指的应该是归义军在肃州设置的防戍都等衙门。第四，关于“龙家”，荣新江指出，“龙家的‘家’是一种人、一类人的意思，在此应是‘部落’的同义语。龙家应即龙部落，其确切的含义是以‘龙’为号的一种部落组织或其成员”[⑨]。

7. 其：本件中“其”共出现14次，是一个使用十分频繁的词。文中主要用作代词，表示“（他、它、他们）的”或“这”“那”等意思。

---

① 张涌泉等：《敦煌文献语言大辞典》，四川辞书出版社，2022年，第2747页；吴丽娱：《下情上达：两种“状”的应用与唐朝的信息传递》，杜文玉主编《唐史论丛》第11辑，三秦出版社，2009年，第65-70页。

② Rong Xinjiang荣新江：（《通颊考》），trans. Wilhelm K. Müller，p. 283.

③ 刘艳红：《敦煌文献表状笺启中“右”的含义》，《宁夏大学学报（人文社会科学版）》2009年第3期，第25-27页。

④ Imre Galambos, “Scribbles on the Verso of Manuscripts Written by Lay Students in Dunhuang”，载［日］高田时雄主编《敦煌写本研究年报》第10号，2016年，第497-522页。

⑤ 徐中舒主编《汉语大字典》第4卷，四川辞书出版社、湖北辞书出版社，1988年，第2375-2377页。

⑥ 张涌泉等：《敦煌文献语言大辞典》，四川辞书出版社，2022年，第1516页。

⑦ 黄征：《敦煌俗字典》，上海教育出版社，2005年，第13页；张涌泉等：《敦煌文献语言大辞典》，四川辞书出版社，2022年，第472页。

⑧ 鲁西奇：《中国古代乡里控制体系的基本结构》，《南国学术》2018年第4期，第562-574页。

⑨ 荣新江：《龙家考》，载中亚文化协会编《中亚学刊》第4辑，北京大学出版社，1995年，第144页。

8. 騵：同“騵”？指赤毛白腹的马①。

9. 父马：雄马。又作“駁马”②。

10. 联：量词，用以称量成对的事物。犹言“对”“双”③。

11. 取：（1）拿，特指借取，如“取前件妹，兼取肃州旧人户十家五家”；（2）听取、采纳，如“取可汗处分”④。

12. 前件：复指前文提及的人、物、事⑤。

13. 得：（1）行、可以，如“去不得”“得不得”；（2）令、使，如“须得龙王弟及十五家只（质）”；（3）了，如“拣得龙家丁壮及细小壹伯（百）玖人”⑥。

14. 本国：另有“入国”说。所述“七人便随后寻吐蕃踪亦（亦，即迹）往向南”等，是因为吐蕃、吐谷浑故地在祁连山以南之故⑦。正如荣新江教授所言，“我们似乎不应把这里的‘国’解为具有‘独立王国’意义的国”⑧。

15. 遮：掩盖、掩蔽、掩护。

16. 细小：家眷、妻小⑨。

17. 苦切：非常痛苦⑩。

18. 百姓、奴、客：从中可以窥见吐谷浑部落组织的人员构成。

19. 踪亦：踪迹。

20. 䮾：唐长孺以下诸家的录文均检录为“拢”（唐长孺）、“拢”“栊”“胧”等，实为“䮾”字。义为“马笼头”。“牵䮾”即“牵马的笼头，牵马”之意。今据原文图版改正。早期研究者从缩微胶卷中抄录了敦煌文书，难免会出现一些错误。䮾字的各种录文，根据我们目前所掌握的资料，有胧、栊、栊、拢等几种。右偏旁“龙”，都没有问题。问题出在左偏旁。出现了“木”“月”“扌”等不同形式⑪。

21. 只：通“质（质）”。用作抵押的人或物⑫。文书中有“充只”“入只”等词。

22. 可：通“何”。如“奈可”，为何。

23. 缘：因为、由于⑬。

24. 迤：“迤”字本义为斜行，地势曲折延伸⑭。此处可理解为“顺延”。“更有迤次弟”

---

① 徐徐中舒主编《汉语大字典》第7卷，四川辞书出版社、湖北辞书出版社，1990年，第4570页。

② 张涌泉等：《敦煌文献语言大辞典》，四川辞书出版社，2022年，第699页。

③ 张涌泉等：《敦煌文献语言大辞典》，四川辞书出版社，2022年，第1244页。

④ 张涌泉等：《敦煌文献语言大辞典》，四川辞书出版社，2022年，第1738-1739页。

⑤ 张涌泉等：《敦煌文献语言大辞典》，四川辞书出版社，2022年，第1615页。

⑥ 张涌泉等：《敦煌文献语言大辞典》，四川辞书出版社，2022年，第461页；徐中舒主编《汉语大字典》第2卷，四川辞书出版社、湖北辞书出版社，1987年，第829页。

⑦ ［日］前田正名著，陈俊谋译《河西历史地理学研究》，中国藏学出版社，1993年，第23页。

⑧ 荣新江：《龙家考》，载中亚文化协会编《中亚学刊》第4辑，北京大学出版社，1995年，第150页。

⑨ 张涌泉等：《敦煌文献语言大辞典》，四川辞书出版社，2022年，第2272页。

⑩ 张涌泉等：《敦煌文献语言大辞典》，四川辞书出版社，2022年，第1182页。

⑪ 张涌泉等：《敦煌文献语言大辞典》，四川辞书出版社，2022年，第1602页。

⑫ 张涌泉等：《敦煌文献语言大辞典》，四川辞书出版社，2022年，第2704页。

⑬ 徐中舒主编《汉语大字典》第5卷，四川辞书出版社、湖北辞书出版社，1988年，第3433页。

⑭ 徐中舒主编《汉语大字典》第6卷，四川辞书出版社、湖北辞书出版社，1989年，第3817页。

就是换成第二个弟弟。

25. 衷私：私下、背地[①]。部分学者将“衷私”理解为龙王的名字，显然有误。

26. 首令：同“首领”。

27. 已后：同“以后”。

28. 已来：同“以来”。用在数量词后，表概数，犹“左右”“上下”[②]。

29. 丁壮：指能担任赋役的成年人，犹“壮丁”[③]。

30. 逐：寻求、追求[④]。逐粮，指追逐粮食，即让百姓到有粮食的地方去逃荒。

31. 状文中的“退浑达票拱榆昔达票阿吴”等语，不知是人名还是部落名，近人尚无定论，出现多种不同断句，甚至有些混乱。S.4276《管内三军百姓奏请表》记有“通颊退浑十部落”，据此，“达票拱榆昔达票阿吴”等或许可以理解为退浑部落之称，但是这种可能性极小。不少学者对S.389号文书进行转录时在“退浑”后面加了顿号，把这些名称与“退浑”并列，这显然是不妥当的[⑤]。文中“达票”一语出现两次，似当系退浑官衔，估计与P.2569中的“官酒户马三娘”[⑥]等相同的结构，那么“拱榆昔”和“阿吴”应该是人名。笔者认为，吐谷浑与吐蕃言语相通，“达票”似乎可以作为藏语解释。藏语中把掌马官叫做“达本”（རྟ་དཔོན། rta—dpon），窃以为“达票”有可能是类似于“达本”的一种官衔。

四、文书内容解读

此件文书是唐僖宗中和四年（884）十二月，中旬归义军在肃州设置的防戍都上给沙州归义军节度衙门的报告。它的出土地点也能证明当时这份报告应该已送到沙州，即敦煌。归义军在沙州和肃州之间设立了走马使，其主要职责就是传递信息[⑦]，因此，我们有理由认为此份报告应该是由走马使送到沙州的。报告中谈到了自中和四年10月30日至12月9日这40余天内发生在肃州、甘州、凉州等地的一些事情。主要记载了归义军与朝廷之间的复杂关系，以及在西迁回鹘部众的冲击下甘州部落联盟瓦解时的情况。从用词来看，这件状文具有明显的口头语体特点，并且基本按照唐代状文的行文格式书写。现将具体内容解读如下：

肃州防戍都状上：

统领两军之军将与百姓一同平安顺遂，守备一切如旧。

10月30日，朝廷派崔大夫到肃州，任肃州防御使一职。归义军肃州防戍都副使、军将索仁安等人便将州印交于崔大夫执掌。崔大夫说：“我来任命防御使官员一事现已完成，不再安排副使的职位。”12月6日，索仁安率随从近二十人，向东出发。此去一是出使回鹘，

---

① 张涌泉等《敦煌文献语言大辞典》，四川辞书出版社，2022年，第2710页。

② 张涌泉等《敦煌文献语言大辞典》，四川辞书出版社，2022年，第2481页。

③ 徐中舒主编《汉语大字典》第1卷，四川辞书出版社、湖北辞书出版社，1986年，第3页。

④ 徐中舒主编《汉语大字典》第6卷，四川辞书出版社、湖北辞书出版社，1989年，第3839页。

⑤ 冯培红：《从敦煌文献看归义军时代的吐谷浑人》，《兰州大学学报（社会科学版）》2004年第1期，第25页；李军：《晚唐五代肃州相关史实考述》，《敦煌学辑刊》2005年第3期，第93页；杨富学等：《敦煌民族史》，社会科学文献出版社，2021年，第211页。

⑥ 唐长孺：《关于归义军节度使的几种资料跋》，载《中华文史论丛》第1辑，上海古籍出版社，1962年，第294页。

⑦ 李军：《晚唐五代肃州相关史实考述》，《敦煌学辑刊》2005年第3期，第92页。

并向回鹘王贡送赤騼马一匹、白鹰一双；二是去接回之前嫁给凉州人田特啰禄的妹妹，其妹夫现已身亡，故前去将她和肃州的十多家旧户一同接回。在索仁安出发前，崔大夫命他将肃州印交予凉州防御使，否则不能离开。但索仁安在离开之际，嘴上答应会按照吩咐将印交于凉州防御使，在离开时却避开了崔大夫，私自将印留给了另一位将领氾建立。

12月7日，甘州人杨略奴等五人出使肃州，说道："甘州城内的三百个吐蕃人连同家眷共五百余人，以及退浑王拨乞狸等于11月1日回归故里。退浑王拨乞狸一家，妻子则牵着马，马上驮着东西，丈夫则掩护着家眷，共二十来人跟随着吐蕃人一同离去，其情景异常艰苦和凄凉。剩余的百姓、奴仆和门客等没有一同前往。

之前护送崔大夫前往肃州的九个回鹘人中，七人追随吐蕃的踪迹向南行去，另外二人则骑马前往嘉麟，前去凉州汇报甘州与回鹘的和断情况。回鹘王说："龙王必须将自己的弟弟及十五户龙家百姓作为人质交给我们，以便决定讲和之事。"但是龙王的弟弟并不同意去当人质，说道："把我送去回鹘做人质，岂不是自寻死路!"由于弟弟并不服从，龙王又换了一位使者（前去游说），但弟弟还是以风疾为由拒绝去当人质。于是龙王说："我打算将我的第二个弟弟作为替代人选，从他和他的两个儿子中选出一个愿意担此重任的人，再加十五户百姓前去充当人质，这个方案是否可行，一切听可汗定夺。"前去沟通此事的使者目前还未归来。

甘州的龙王私下派遣一名僧人出使凉州[①]，前去向凉州的嗢末首领求援。信中写道："龙家和回鹘即使议和成功，也担心日后回鹘再来侵扰。为了保障甘州的安全，你方务必要派遣约三百户嗢末人共同驻守甘州，这样城防才会牢固。如果不答应，龙家会联合回鹘一同讨伐你嗢末，届时不要说没有提前向你们通报。"

在吐蕃归故国之后，龙家部族的高层商量了三日，从城内彻底断粮的民户中挑选了年轻力壮的龙家男性和家眷109人，退浑达票拱榆昔、达票阿吴等的家眷72人，旧通颊40人，羌族老少37人，共计258人，于12月9日一同进入肃州乞讨食物，居住［后缺］。

根据事件的前后顺序，我们将本状内容大致梳理如下：

10月30日（阳历11月21日），朝廷派崔大夫到肃州，任肃州防御使一职。

12月6日（阳历12月26日），归义军肃州防戍都副使、军将索仁安率随从近二十人，向东出发，出使回鹘。此时崔大夫尚未离开肃州。

12月7日（阳历12月27日），甘州人杨略奴等五人出使肃州（他们很可能是龙王派来的），他们向肃州方面转告了甘州城内发生的三件大事。其一，11月1日（阳历11月22日），甘州吐蕃五百余众及退浑王拨乞狸一家撤出甘州，回归故里；其二，甘州与回鹘的和断情况；其三，甘州的龙王私下派遣一名僧人出使凉州，前去向凉州的嗢末首领求援。

12月7日（阳历12月27日）后不久，崔大夫命令之前护送他前往肃州的九个回鹘人中的七人追踪吐蕃的行踪，向南行进。另外二人被派往嘉麟，向凉州节度使衙门汇报甘州与回鹘的和断情况。

---

① 河西人口中僧尼占很大比例，尤其吐蕃统治时期僧尼人数剧增（参荣新江：《归义军及其与周边民族的关系初探》，《敦煌学辑刊》1986年第2期，第26页），说明僧尼的社会地位相对较高。在这样的情况下，僧人充使现象不乏其例（冯培红：《归义军时期敦煌与周边地区之间的僧使交往》，载郑炳林主编《敦煌佛教艺术文化国际学术研讨会论文集》，兰州大学出版社，2002年。）

12月9日（阳历12月29日），从甘州来的258人一同进入肃州乞讨食物。肃州防戍都衙门估计从他们的口中得知当时甘州城内严重缺粮。也就是说，文书最后一段文字的消息来源不是杨略奴等人，而是这258人。

五、关于文书内容的几点思考

由以上分析，我们可以得出以下结论：

第一，崔大夫被朝廷派往肃州任肃州防御使。抵达肃州后，归义军肃州防戍都副使索仁安等立即将肃州印交给了他。然而，崔大夫却意外地宣布取消了防御副使的职务，导致索仁安对崔大夫的这个决定非常不满。虽然如此，索仁安不能公开对抗朝廷的官员，只能以出使回鹘为借口向崔大夫请示。这一计划一方面表明归义军不愿意放弃对肃州的控制权，另一方面也意味着他有意拿回鹘来威胁崔大夫，以示朝廷不支持他们的后果。这与甘州龙家在请求凉州嗢末支援时用回鹘来威胁嗢末的情况相似。崔大夫自然也明白索仁安欲出使回鹘的用意，因此他采取了一种策略，决定将肃州印交给索仁安，并要求他在抵达凉州后将肃州印交给凉州防御使。换句话说，崔大夫并没有明确反对索仁安出使回鹘，但要以废除肃州防戍都的建制作为代价。令崔大夫意外的是，索仁安答应了这个要求，但他临行前却没有携带肃州印，而是将其留给了另一位将领氾建立。索仁安深知如果没有了印，肃州防戍都衙门就会失去其合法性。由此可见，当时朝廷和归义军的关系非常微妙且复杂，彼此之间不信任，存在着激烈的矛盾。朝廷对藩镇势力过于担忧，这在安史之乱后尤为明显，正是这种担忧最终导致了河西地区的失控以及不同民族政权的建立。在朝廷的眼里，归义军和回鹘等少数民族政权都是一回事。这种中央和地方相互不信任的现象在历史上也并不罕见。

第二，从杨略奴等人出使肃州，并向肃州方面汇报甘州城内发生的事情来看，甘州的龙家在某种程度上仍然依附于归义军。另外，虽然回鹘兵临城下，甘州局势异常动荡，但是回鹘人并未将甘州城围得水泄不通，在甘州与肃州之间依然有人员往来。

第三，据《资治通鉴》记载，乾符元年（874），活动在甘、凉一带的退浑和嗢末似乎在额济纳河一带合力击败“进入走廊内部而立足未稳的回鹘”[①]。因此，在退浑撤出甘州的情况下，为了有效地抵御回鹘人的入侵，甘州的龙家向凉州的嗢末寻求救援，说明9世纪中后期的嗢末已经是相当强大的势力。

第四，在回鹘人围困甘州，归义军势力日渐衰微且不能控制局势的情况下，本来依附于归义军的少数民族就开始纷纷脱离，自谋生路。甘州吐蕃五百余众及退浑王拨乞狸等在此紧要关头离开甘州回归故里。另外，当时甘州城正面临严重的粮食短缺，搞得人心惶惶。这种内忧外患的局面自然引起了当时与回鹘争夺甘州的主要部族龙家权贵阶层的高度重视。于是，龙家各衙门里的官员们聚集在一起共同商讨此事。这个会议持续了三天，讨论的激烈程度可想而知。不管怎么样，他们做出了最后决议：从甘州城内彻底断粮的民户中挑选出258人，让他们“组团”到肃州有粮食的家中去乞讨食物。由于这件文书尾部残缺，这些人就食肃州的具体情况不得而知，但我们可以断定这只是一次“令民逐粮”事件，不能视作甘州龙家及其他部落从此“退往肃州”“撤入肃州”“退出甘州”，甘州从此变成了一座空城。如果龙家退出了甘州，也就没必要向凉州的嗢末首领求援。另外，特别引起我

① 荣新江：《甘州回鹘成立史论》，《历史研究》1993年第5期，第35页。

们注意的是，状文中给出了此次外出逐食的具体人数，而且书写者此处特意采用了汉文的大写数字。很显然，用大写的数字不容易篡改，也能反映肃州防戍都衙门对此事件的重视程度。挑选的258人中，有龙家109人、退浑72人、通颊40人、羌37人；其中既有壮丁，又有儿童。这说明当时甘州的龙家高层充分考虑了“逐粮团队”成员的民族、年龄和体力等诸多因素。

西北地区出土文物中使用的“五胡十六国”时代的年号

——研究史回顾*

[日] 关尾史郎　著（日本东洋文库、新泻大学）
田卫卫　译（北京外国语大学）

在属于中国西北地区的吐鲁番、河西两地，出土了“五胡十六国”（以下简称“五胡”）时代的各种文物。从这些文物当中毫无疑问可以看到当时正史所载年号的使用情况，但同时也能看到不少在正史等史书中看不到的年号。本文回顾了以“五胡”时代年号研究为中心的学术史，以此提示相关领域今后的研究方向与研究课题。

一、《吐鲁番出土文书》刊行前后

在西北地区出土的“五胡”时代的各种文物中，无疑吐鲁番文书是最为集中的史料群，与此同时，围绕年号的研究史也是以该史料群为轴心展开的。因此，本节首先以吐鲁番文书中看到的年号研究史为中心进行整理。

在平装本《吐鲁番出土文书》第一册（以下简称《文书一》）发行之前，已知其存在的“五胡”时代吐鲁番出土、所获文书加上题记

* 本报告改写自关尾《〈五胡〉時代の文書と元号——西北出土文献研究 第一》（待刊）的序章《西北出土文物に用いられた〈五胡〉時代の元号——研究と史料》之前半部分。

本报告为关尾史郎所主持的JSPS科学研究补助金16H05678《域圏論の視点による中国古代地域社会像の構築》，以及同为关尾史郎主持的JSPS科学研究补助金21K00904《出土史料よりみた、中国古代における死生観・冥界観とその思想的・宗教的背景の研究》两课题的阶段性研究成果。

的数量屈指可数，引起争议的年号也只有白雀[①]。白雀是后秦姚苌于公元384年（白雀元年）4月在前秦独立时制定的年号，后来被用于吐鲁番所获随葬衣物疏之上。黄文弼在《吐鲁番考古记》中作为“白雀元年物品清单”进行介绍的《白雀元年九月八日某人随葬衣料疏》（中国国家博物馆藏）便是此物。关于这件1928年从吐鲁番农民那里购买到的文书[②]，黄先生的观点是，因为这是从后秦据点北地（陕西省铜川市）来到吐鲁番的难民或商人所携带的物品清单，所以使用了后秦的年号。与此相对，在阐明这是随葬衣物疏的史树青《新疆文物调查随笔》研究成果的基础上，尝试复原残片的马雍《吐鲁番的“白雀元年衣物券”》指出了关于白雀一说的几种可能性。正如黄氏所认为的，如果说这是姚苌的年号，那么可以设想在其据点北地客死的高昌出身的某人，死后被归葬到吐鲁番的情形，以及近代以后在北地出土的东西偶然被带到了吐鲁番的情形，但这些可能性都不高，倒不如说应该认为是461年到498年的诸氏高昌国时代（诸氏高昌国纪年据马氏本人研究）的东西。这些讨论从一开始就排除了正当384年9月之时在吐鲁番当地使用该年号的可能性。

被期待已久的平装本《文书一》发行于1981年，“五胡”时代的年号研究呈现出活跃盛况也是在这之后的事情。领导《吐鲁番出土文书》整理组的唐长孺先生在《新出吐鲁番文书发掘整理经过及文书简介》中[③]，也介绍了文书里可以看到的“五胡”时代的年号，并在此基础上对重要的年号分别发表了见解。例如，“真兴”是大夏的年号，所以北凉臣服于大夏；“缘禾”通北魏“延和”，因为北凉臣服于北魏，所以私下的文书中使用了这个年号（假设公文中使用了北凉独自的年号）；“建平”可能是继“承和”之后北凉使用的年号，等等。但关于孤例“龙兴”，即使唐先生也秉持保留意见。

唐先生的论文引起了人们对吐鲁番文献的广泛关注，这一情形在“五胡”时代的年号方面也不例外。在日本，白须净真很早就在兼及介绍《文书一》的情况下撰写了《〈吐鲁番出土文书 第一册〉——新刊介绍与纪年考察》（《〈吐魯番出土文書 第一冊〉—その紹介と紀年の考察—》）。正如其副标题所示，该论述不仅对“五胡”时代的年号逐一进行了解说，而且在史料介绍方面也是很好的成果[④]。

此后，在阿斯塔那三八二号墓出土的缘禾纪年文书一经公布（新疆吐鲁番地区文管所《吐鲁番出土十六国时期的文书——吐鲁番阿斯塔那三八二号墓清理简报》）之后，白须氏就撰写了《高昌阚爽政权与缘禾・建平纪年文书》（《高昌・闞爽政権と縁禾・建平紀年文書》），旨在阐明从北凉末期到高昌北凉时期吐鲁番的政治状况。

① 门什科夫（Меньшиков）曾指出，在白雀之外，根据同时记录的干支推断，《缘禾三年（434）岁次甲戌九月五日比丘法融写〈大方等无想大云经卷六〉题记》（Φ320）的缘禾相当于北魏的延和。参Меньшиков, Л. Н.［ред.］, *Описние к итайских рукописей дуньхуанского фонда Института Народов Азии*, ВыпускII, p.221（袁席箴、陈华平译《俄罗斯科学院东方研究所圣彼得堡分所藏敦煌汉文写卷叙录》下册，第204页）。

② 黄文弼：《吐鲁番考古记》33页，有“系一九二八年我在吐鲁番考古时，购自哈拉和卓一农民之手。据说同出哈拉和卓旧城中”［［日］土居淑子译《黄文弼著作集第2卷 吐鲁番考古记》（《黄文弼著作集第2巻 トルファン考古記》），第56页］。

③ 以1981年1月在东京进行的演讲为基础。池田温《中国吐鲁番文献整理研究进展》（《中国における吐魯番文書整理研究の進展》）是该演讲的翻译和解题。此外，整理组负责“五胡”时代文书工作的马雍《吐鲁番出土高昌郡时期文书概述》对掌握概要也有帮助。

④ 在此之前，白须氏与荻信雄先生合著《高昌墓砖考释》（一）（二），之后是单著《高昌墓砖考释》（三），其成果也需要一并对照。

笔者也是一边学习白须氏的这些成果，一边才有机会在《北凉政权与“真兴”年号的使用》（《北凉政権と〈真興〉奉用》，刘学堂译）、《前凉“升平”始末》（《前涼〈升平〉始終》）、《“缘禾”与“延和”之间》（《〈縁禾〉と〈延和〉のあいだ》）、《“建平”的结局》（《〈建平〉の結末》）、《“白雀”臆说》（《〈白雀〉臆説》，裴成国译），以及《“龙兴”纪年随葬衣物疏考》（《〈龍興〉紀年の随葬衣物疏考》）等文章中分别选取主要的年号，探讨其制定或奉用的时期和理由等问题①。另外，关于后述的侯灿氏的学说，笔者也尝试在《吐鲁番文书中所见四、五世纪年号再论》（《吐魯番文書にみえる四・五世紀の元号再論》）一文中进行了讨论②。

此外，还有町田隆吉在《关于五世纪吐鲁番盆地的灌溉》（《五世紀吐魯番盆地における灌漑をめぐって》）一文中讨论吐鲁番灌溉的过程中，也以文书年号为线索，涉及了北凉末期至高昌北凉初期的政治状况。

这些关于白须氏、关尾以及町田氏个人的主张，在町田《吐鲁番盆地小史》（《トルファン盆地小史》）中有很好的要领总结。不过，比日本的成果更值得关注的还是中国的成果。

对“五胡”时代年号研究投入精力最多的中国研究者是在乌鲁木齐从事调查和研究的侯灿先生。侯氏以《北凉缘禾年号考》为开端，继之以《升平十一年王念卖驼契及其说明的历史问题》《前凉年号新考辨》《西晋至北朝前期高昌地区奉行年号之探讨》《大凉且渠封戴墓表考释》③《晋至北朝前期高昌奉行年号证补》《四—六世纪高昌奉行年号再探》《再论吐鲁番出土文书中所见高昌奉行的年号问题》，以及《再论四—六世纪高昌奉行的年号》等文章，其论文发表持续了整个20世纪80年代。这些论文后来都被收录在侯氏本人的《高昌楼兰研究论集》和《西域历史与考古研究》等专著中，不仅重复不少④，其视点和方法也存在很多问题⑤。

更值得注意的是作为整理组成员之一的吴震的文章《吐鲁番文书中的若干年号及相关问题》，以及同为整理组成员之一的朱雷的文章《出土石刻及文书中北凉沮渠氏不见于史籍的年号》等。吴震论文不仅对“五胡”时代，还对吐鲁番直到六世纪初使用的年号进行了重点考察。其中，特别耗费篇幅的是白须、町田两人重视的从北凉末期到高昌北凉初期的年号。而朱雷的论文则仅限于上述问题，同时将出土于河西的佛塔铭也纳入视野进行了研究。

另外，在吐鲁番从事发掘调查的柳洪亮也关注北凉末期至高昌北凉初期的年号问题，公开发表了《吐鲁番出土文书中的缘禾纪年及有关史实》《吐鲁番出土文书中“建平”“承平”

---

①［日］关尾史郎著，朴永哲译《中国史上的年号与国际关系》（《中国史における元号と国際関係》）概括了一系列年号研究。

②《晋至北朝前期高昌奉行年号证补》收录在侯灿《高昌楼兰研究论集》中，伊藤敏雄・关尾史郎《书评：侯灿著〈高昌楼兰研究论集〉》曾对其进行了批判。

③初刊于《新疆社会科学研究》1984年第11期，但由于是内部发行，未能得见。

④特别是《晋至北朝前期高昌奉行年号证补》与第二年的《四—六世纪高昌奉行年号再探》内容完全相同。关于详细情况，关尾史郎《〈吐鲁番文书中所见四、五世纪年号再论〉附记》（《〈吐魯番文書にみえる四・五世紀の元号再論〉の附記》）中有提及。

⑤详参关尾史郎《吐鲁番文书所见四、五世纪年号再论》（《吐魯番文書にみえる四・五世紀の元号再論》）及伊藤敏雄・关尾史郎《书评：侯灿著〈高昌楼兰研究论集〉》。

纪年索隐》两篇论文。

此外，以彭琪《北凉缘禾年号蠡测》为首，还有段连勤《公元五世纪上半叶高昌历史发微》、余太山《吐鲁番出土文书所见“缘禾”“建平”年号》，以及殷光明《北凉缘禾、太缘年号及相关问题之辨析》等文章，成果不胜枚举[①]。

从上面的概说可以看出，从北凉末期到高昌北凉初期的年号尤为引人关注。与正史在内的史书对北凉420年代以后的年号按照玄始—承玄—义和—承和（永和）[②]这一顺序进行改元的记载相对，在吐鲁番和河西出土的文物中，如果包括高昌北凉初期的话，则包括玄始、真兴、承阳、承玄、义和、缘禾、太缘、建平以及承平等记录，可以说实际上使用了更多的年号。另外，承玄和太缘似乎只见于河西所产文物之上，与此相反，义和与建平则看起来只存在于吐鲁番发现的文物之中[③]。这让笔者想到了一个问题，那就是一直被认为平等处于北凉统治下的吐鲁番和河西，实际上可能面临着不同的政治状况。但上文所列举的笔者旧稿《“缘禾”与“延和”之间》《“建平”的结局》两文，对于上述问题还没能做出有说服力的回答。

二、王素《高昌史稿》统治编以后的课题

从事图录本《文书一》编辑事务的王素氏，在其经验的基础上，著有《高昌史稿》的统治篇和交通篇。特别是统治篇，一边同时瞩目于史书和出土文物，一边认真地叙述了从姑师（车师）据吐鲁番的先秦时代直到麹氏高昌国灭亡这一漫长时期里吐鲁番的政治动向。关于“五胡”时代的内容在全6章中占2章8节[④]，关于前凉、前秦、后凉、段氏北凉的内容在第三章《高昌郡［上］》，关于西凉、沮渠氏北凉、阚爽政权，以及沮渠氏北凉流亡政权（本报告所说的“高昌北凉”）的内容在第四章《高昌郡［下］》。王素氏通过对有关年号史料的分析，在详述政治过程的同时，论述各政权对吐鲁番的统治情况。

《高昌史稿》的特征是，不仅限于吐鲁番出土文书范围内的文物，还对以镇墓瓶铭、佛塔铭为首的河西出土文物以及各种史书进行了博采广集，并逐一探讨和批判了相关的前人研究学说，这里将其与本文相关范围内的课题总结如下。

第一，从《高昌史稿》统治篇的书名中也可以看出，王素氏的课题是吐鲁番的政治史。正因如此，在将吐鲁番编入统治下的时期和脱离其统治时期的考察中，从前凉到沮渠氏，北

① 本文所提出的只是以年号为主题的内容，这一时期研究北凉吐鲁番文书的文章或多或少都会论及年号。另外，关于曾经讨论过的白雀，谢初霆《〈吐鲁番白雀元年衣物券〉补释》也在尝试重新审视。

② 《魏书》卷99《胡沮渠蒙逊附牧犍传》中有“第三子牧犍统任，自名河西王……改称承和元年”，而《资治通鉴》卷122文帝元嘉十年（433）四月条有“（沮渠）蒙逊卒，谥曰武宣王，庙号太祖。牧犍即河西王位，大赦，改元永和”。另外，《十六国春秋》北凉录（《太平御览》卷一二四偏霸部八沮渠茂虔条所引）中也有“（蒙）逊逝，僭即河西王位，大赦，改年为永和元年”。从北凉改元的规律性考虑，应该是承和，但承和、永和都未见带有相应纪年文物出土的例子。

③ 直到1998年，承阳一直没有在吐鲁番发现的文物中得到证实。

④ 这两章中，第三章第一节第一项《有关前凉的纪年资料及前凉的年号问题》和第四章第二节《沮渠氏北凉》分别以《敦煌出土前凉文献所见“建元”年号的归属——兼谈敦煌莫高窟的创建时间》和《沮渠氏北凉建置年号纪律新探》为基础。

凉的各个政权有很多篇幅是被分割开来的[①]。虽然河西出土的文物确实也得到了作者充分的关注（这是其写作特色），但这是因为除阚爽政权和高昌北凉以外的其他政权都控制着河西和吐鲁番两个地区，而绝不是相反的因果逻辑。

第二，年号始终只是阐明政治状况的线索。既然年号象征性地表明了制定或使用它的政治权力的意图和方向性，那么这样的手法也可以说是理所当然，也许不应该被批判。特别是在五胡时代，有很多行用华北和江南政权年号的事例。关于这样的年号，可以说是为了探索该政治权力的国际位置和方向性而不得不着眼于年号。但从这样的观点来看，绝对不能明确年号的本质[②]。

第三，是王素氏将文物和文献中看到的“五胡”时代的所有年号，都视作被制定或使用于特定政治权力的信息，予以肯定的观点。在文物上所看到的年号中，也有被误记的东西和私下的所谓“私立年号”[③]。此外，在文献记录的年号中，也可能有在传抄过程中被错误传达的内容。既然不能全面排除这些可能性，文献自不必说，但对文物，是否也需要更详尽的史料批评呢?

第四，自《高昌史稿》统治篇发行以来的这四分之一个世纪，吐鲁番和河西都大量出土或公布了具有“五胡”时代纪年的文物。当然，这不是王素氏的责任，但其解释目前需要修改的地方也有很多。王素氏本人在《高昌史稿》刊行前后也没有懈怠对于此类文物的关注[④]，著有《略谈香港新见吐鲁番契券意义》一文[⑤]。但近年来，比起吐鲁番，河西出土了更多的文物。在以包括河西在内的整个西北地区为对象的情况下，有必要更加关注这一现状。

在以上几点问题的基础上，笔者想努力明确今后的课题。

三、河西地区出土文物

《高昌史稿》统治篇出版之后，也有新被确认存在、出土于吐鲁番的“五胡”时代的文书、题记。关于这些，我也在顺便介绍史料的同时，把自己的见解写成了《“承阳”备忘》（《〈承陽〉備忘》）、《吐鲁番所获“五胡”时代契约文书简介》（《トゥルファン将来、〈五胡〉時代契約文書簡介》）、《关于吐鲁番出土〈菩萨忏悔文承阳三年题记〉》（《トゥルファン将来、〈五胡〉時代契約文書簡介》），以及《吐鲁番新出〈前秦建元廿年（384）三月高昌郡高宁县都乡安邑里户籍〉试论》（《トゥルファン新出〈前秦建元廿（384）年三月高昌郡高寧縣都鄉安邑里戸籍〉試論》）等文章[⑥]。其中，迄今只在河西出土的佛塔铭中得

① 例如，在论述前凉初置高昌郡的第三章第一节中，第一项《有关前凉的纪年资料及前凉年号的问题》中有13页存在倒置现象，与此相对，第二项《高昌郡的设置及前凉对高昌郡的统治》中有14页存在倒置现象。

② 这也反映了年号在今天仍具有法律地位的日本与已经成为过去式遗产的中国之间的差异。仅管写成较早，然而关尾史郎《中国的年号研究》（《中国の元号研究》）指出，在中国，人们对年号的关注相对较低。

③ 这里指久保常晴《日本私年号的研究》（《日本私年号の研究》）作为第二类提出的“主要是平安时代以后，多数在中世纪，对公年号的使用抱有反感，或者为了消灾招福等，私人创作并使用的年号”（第8页）。

④ 例如，关于西胁常记《柏林、吐鲁番收藏汉语文献研究》（《ベルリン・トルファン・コレクション漢語文書研究》）首次介绍、笔者在《“承阳”备忘》中讨论的《承阳二年（426）十一月高昌郡高宁县残户籍》，《高昌史稿》统治篇的第四章第二节《沮渠氏北凉》在最后一节的《补记》中有所提及。

⑤ 王素氏将这篇《略谈香港新见吐鲁番契券的意义》收入《汉唐历史与出土文献》时又附了《后记》。

⑥ 其中，关于“建元廿年（384）三月高昌郡高宁县都鄉安邑里户籍”的内容，在关尾史郎《〈前秦建元廿年（384）三月高昌郡高宁县都乡安邑里户籍〉新释》中进行了分析，敬请参照。

以确认的承阳，在吐鲁番出土的文书、题记中也得到了确认，这一点尤为重要。另外，《建平四年（440）十二月十六日道人佛敬夏田券》告诉我们，在王素氏认为使用龙兴年号的440年的那个时间点，既不是“龙兴”也不是“缘禾”，而是使用了沮渠牧犍规定的年号“建平”。

但是，作为近年来的动向，这里要特别提及河西地区各地出土了带有四世纪纪年的各种文物这一情况。在其资料集成工作方面，日本的町田隆吉氏很早就已经开始着手［《关于敦煌出土四、五世纪陶罐等铭文》（《敦煌出土四・五世紀陶罐等銘文について》）、《甘肃省高台县出土魏晋十六国汉语文书编年》（《甘粛省高台県出土魏晋十六国漢語文書編年》）、《河西出土魏晋、五胡十六国时代汉语文书的基础整理》（《河西出土魏晋・五胡十六国時代漢語文書の基礎的整理》），等等］。笔者也在继续做关于镇墓瓶铭和柩铭的集成工作［关尾编《中国西北地区出土镇墓文集成（稿）》（《中国西北地域出土鎮墓文集成（稿）》）、关尾编《河西魏晋・五胡墓出土镇墓瓶铭（镇墓文）集成》（《河西魏晋・〈五胡〉墓出土鎮墓瓶銘（鎮墓文）集成》）、关尾编《河西魏晋、五胡墓出土图象资料（砖画、壁画）目录补遗》（《河西魏晋、〈五胡〉墓出土図像資料（塼画・壁画）目录補遺》）、关尾编《河西魏晋・五胡墓出土镇墓瓶铭（镇墓文）集成补遗》（河西魏晋・〈五胡〉墓出土鎮墓瓶銘（鎮墓文）集成補遺》）、关尾编《2015年度敦煌佛爷庙湾—新店台墓群出土镇墓瓶铭（镇墓文）集成》（《2015年度敦煌仏爺廟湾一新店台墓群出土鎮墓瓶銘（鎮墓文）集成》）、关尾《西北地区的柩铭及其展开》（《西北地方における柩銘とその展開》）等］。

另外，中国的贾小军和吴浩军等人正在致力于与町田氏同样的工作（贾小军等《魏晋十六国河西镇墓文、墓券整理研究》、吴浩军《河西墓葬文献研究》），贾氏根据河西出土文物对河西地区的年号复原方面进行了挑战（氏著《河西出土魏晋十六国文献纪年信息申论》）。特别是散布在甘肃省高台县和玉门市区域内的古墓群中，共出土了20件以上的简牍（墓券和随葬衣物疏等），其中也包含了以有趣的内容而受到关注的内容①。可以说，这是要求研究者一边使用这些资料，一边还要批判地继承《高昌史稿》统治篇的论说②。

列举个别问题如下。

第一，龙兴年号的处理。王素氏认为这是自称（高昌）王的阚爽使用于438—440年之间的年号。但“建平四年（440）十二月十六日道人佛敬夏田券”（香港佳士得拍卖品）的出现，要求学者对这一说法进行重新探讨。但是，关于这个年号，难道原本就没有误记以及属于私立年号的可能性吗?

第二，北凉末期，尽管缘禾已经改元为太缘，但仍有必要查明吐鲁番持续使用缘禾年号的情况。缘禾和太缘都是由沮渠氏北凉的二代王沮渠牧犍将北魏延和、太延用音通字异的方

① 仅就主要成果而言，包括赵雪野、赵万钧《甘肃高台魏晋墓墓券及所涉及的神祇和卜宅图》、刘卫鹏《甘肃高台十六国墓券的再释读》、寇克红《高台骆驼城前秦墓出土墓券考释》、刘乐贤《生死异路，各有城郭》、町田隆吉《高台县出土冥婚书相关》（《甘粛省高台県出土の冥婚書をめぐって》），以及郭永利《河西高台出土的几件前凉、前秦时期墓葬文书》等等。

② 白须净真：《晋建兴五年（317）故酒泉表是都乡仁业里、大女、夏侯妙々衣物疏》（《晋の建興五（317）年、故酒泉表是都郷仁業里・大女・夏侯妙々の衣物疏》）着眼于标题中的衣物疏纪年，如同提出一个新问题一样叙述“应该如何理解这个始于张寔的建兴纪年的行用问题呢?”（第6页，裴成国译《晋建兴五年夏侯妙衣物疏初探》第102页），但笔者认为这在关尾《前凉“升平”始末》中已有充分阐述。

式加以标记行用的。阚爽在吐鲁番加强自立化倾向的过程中，一般的理解是不遵从牧犍从缘禾到太缘的改元[①]，这是为什么呢？缘禾若和太缘一样，都是牧犍定下的年号，就需要更简洁明快的解释。难道就不能设想除了北凉和阚爽以外的第三大政治势力的存在吗？这是一个朴素的疑问。不管怎么说，如何解释阿斯塔那三八二号墓出土的“北凉缘禾五年（436）二月四日民杜犊辞”（79TAM382:6—2）中的“胡族”，以及“北凉缘禾六年（437）二月廿日阚连兴辞”（79TAM382:5—2）中的“虏使”等情况，是很重要的一点。

以上两点都是围绕吐鲁番文书的解释问题，但如果将视野扩大到河西地区出土文物，以下问题也会浮出水面。

第三，即敦煌出土的2件镇墓瓶的铭文“建元六年某人镇墓瓶铭”（82DXM20出土）和“建元六年九月廿日魏得昌镇墓瓶铭（一）”（85DQM371:5）中的“建元”元号的使用问题[②]。关于这个年号，可以确认到东晋康帝司马岳（343—344）和前秦世祖苻坚（365—385）这两例。统治西北地区的前凉是在376年（建元12年）被前秦覆灭，如果是这以后的年份就没有问题了，但出土的镇墓瓶铭的纪年都是“建元六年”。对应东晋是348年（东晋穆帝司马聃的永和4年），而前秦则相当于370年。前人研究的解释分为“348年说”和“370年说”。如前所述，王素氏认为东晋的年号是私立奉用，但在通过深化镇墓瓶本身的器型分析来扬弃两种说法的基础上，必须对前凉特意使用这个年号的情况进行考察（当然，正如王氏所说，也有可能这不是出自政权的判断）。

第四，玉门出土随葬衣物疏所载年号的混乱。2002年进行发掘调查的玉门市花海镇毕家滩墓群出土了8件带有“五胡”时代纪年的木板随葬衣料疏等物（张俊民《甘肃玉门毕家滩出土的衣疏初探》），年代集中在前凉末期到西凉初期的30多年期间，出土了“升平廿二年（378）三月大女赵宜随葬衣料疏”（M37出土）、“麟嘉十五年（403）三月黄平随葬衣料疏”（M20出土）等带有纪年的物品。就前者而言，在前凉末期，行用的东晋年号由升平（穆帝年号，357—361）改为咸安（简文帝年号，371—372）（关尾《前凉“升平”始末》），而且376年以后，应该是用前秦的建元代替前凉统治此地（378年是建元14年），这一点从敦煌出土的镇墓瓶铭和高台出土的墓券和棺板题记等也可以看出。另外，关于后者，麟嘉年号是后凉太祖吕光的年号（389—396），但这片土地从后凉经过北凉，当时应该是在西凉的统治之下。实际上，从同一墓群出土了“庚子四年（403）九月田氏家妇吕皇女随葬衣料疏”（M30出土）这一带有西凉年号的同一年的随葬衣料疏[③]。随葬衣料疏是纯粹的私人文书，这样的混乱也许也不是什么特别的事情，但如果是这样的话，那么也有必要对当时人们的年号观重新关注。但这也可能是管理这个墓群的乡、里等基层社会所存在的固有情况。

① 对于相关前人研究，王素《高昌史稿》统治篇第四章第三节《阚爽政权》中有网罗性提及。

② 关于这两点镇墓瓶铭，在关尾史郎编《河西魏晋、五胡墓出土镇墓瓶铭（镇墓文）集成》（《河西魏晋·〈五胡〉墓出土鎮墓瓶銘（鎮墓文）集成》）第33页、第130页都有录文。

③ 这件《庚子四年（403）九月田氏家妇吕皇女随葬衣料疏》中所谓的墓主“吕皇女”，让人联想到后凉王室的吕氏女性。

结语——迈向新课题

正如以前在《“白雀”臆说》中所叙述的那样[①]，笔者之所以想要讨论吐鲁番文书中所见“五胡”时代的年号，有两个理由。一方面是要阐明统治吐鲁番一带的政治权力行用华北、江南政治权力年号的理由，以及制定并使用自己的年号的理由，通过这些理由，进一步加深对年号本质的理解。另一方面，作为对吐鲁番文书进行古文书学分析的前提工作，希望掌握文书制作时代的政治和社会情况。其中，关于后者，笔者正在对高昌郡及其管辖下的县所制作的公文书以及作为私人文书的随葬衣物疏等进行分析[②]。但笔者的课题只有前者这一项，只是后来经过了很长时间，过去的课题也需要修正。准确地说，是课题变得更加复杂了。

如前所述，年号象征着制定或使用它的政治权力的意图和方向。特别是在五胡时代的西北地区，行用华北和江南政权年号的事例特别多，关于这样的年号，不得不探索该政治权力的国际位置和方向性[③]。但另一方面，统治西北地区的政权，除了将前凉迫入灭亡境地而暂时成功统一华北的前秦以外，几乎都是局部政权。在这种情况下，处于某一政权统治下的地区的社会归附趋势，将左右该政权的成败。也就是说，必须重新对吐鲁番、河西两地区的地域社会结构和动向进行多方面的考察。

幸运的是，河西地区社会的结构和动向等问题，是很早就被关注研究的得天独厚的领域之一。在日本，前田正名的历史地理学研究被定位为一个高峰，但不可否认的是，其研究资料并没有超过以正史为首的史书的范围，现在已经变成了学说史上的一页。倒不如说，在考古学成果中担负很多的白须净真《当地豪族、名族社会——一至四世纪的河西》（《在地豪族、名族社会——一～四世紀の河西），以及以佛教的传播与普及为视野的佐藤智水《五胡十六国到南北朝时代》（《五胡十六国から南北朝時代》）等著述至今仍很有意义。另外，中国方面，在20世纪末，有齐陈骏、陆庆夫、郭锋的《五凉史略》、洪涛的《五凉史略》，以及赵向群的《五凉史探》等等，长期身处兰州的研究者们相继出版了关于“五胡”时代河西地区政治和社会的概述性论著。受此影响，一直置身兰州的学者们利用出土文物进行研究的成果，直至今天仍时有问世，如贾小军的《魏晋十六国河西史稿》和《魏晋十六国河西社会生活史》、冯培红的《敦煌学与五凉史论稿》等。

同样是西北地区，但吐鲁番的地域社会结构和动向仍然是今后的课题。不过或许以下问题也可进行思考。

众所周知，此前作为中原王朝前线基地的吐鲁番设立高昌郡，并将其转化为名副其实的

---

① 关尾史郎：《〈白雀〉臆说》第66页以下（裴成国译《〈白雀〉臆说》第14页）。

② 有关公文书的文章包括《条呈》（《條呈》），《五胡时代、高昌郡文书的基础考察》（《〈五胡〉时代、高昌郡文書の基礎的考察》），《五胡时代户籍制度初探》，以及《〈新获吐鲁番出土文献〉收录五胡时代公文书试探》（王蕾、冯培红译）等文章；有关随葬衣物疏的文章包括《随葬衣物疏与镇墓文》、《〈后秦白雀元年九月某人随葬衣物疏〉补说（裴成国译）等，都已经分别进行过讨论。笔者计划将这些论文一并编辑成册。

③ 最近讨论行用前凉建兴年号的板桥晓子《从“周缘”看东晋的正统性》（《〈周縁〉からみた東晋の正統性》）一文就是从这样的观点出发所获得的成果。

生活空间是在前凉时代的327年（建兴15年）①。但是在那之前已经开始逐渐转向生活空间，正如唐长孺《魏晋时期有关高昌的一些资料》所述，笔者也认为曹魏初期敦煌出身的张恭、张就父子被任命为西域戊己校尉驻扎在吐鲁番（高昌壁）一事促进了其生活空间化［关尾《三国志的考古学》第六章《魏与中亚》（《三国志の考古学》·《魏と中央アジア》）］。正因为有了这样的基础条件，才可以推测，“五胡”时代的移动、移居浪潮波及中亚的结果，诞生了高昌郡［关尾《古代中国的移动与东亚》《内乱与移动的世纪》（《古代中国における移動と東アジア》《内乱と移動の世紀》）、田卫卫译《“五胡”时代西北地区汉族群之传播与迁徙》］，以吐鲁番为目的地进行移动的人群，大多是以最近的敦煌为首的河西地区连接着本贯的人们，从麴氏高昌国时代（501—640）的吐鲁番人所留下的墓志记载中可以清楚地看出这一点［关尾《本贯的记忆和记录》（《本貫の記憶と記录》）、《关于吐鲁番出土墓志的本贯记载》（《吐鲁番出土墓誌の本貫記載について》）、《三国志的考古学》第六章］。也就是说，河西和吐鲁番不仅仅是在地理上接近，吐鲁番的地域社会还以河西的地域社会为母体，甚至可以说是从中派生而来的。被北魏赶出河西的北凉王族们逃到吐鲁番建立了高昌北凉政权，并能够统治此地近20年，如果将吐鲁番地区这一社会成立情形视作原因之一，也是可行的吧。可以说，“西北地区”这一范畴的积极意义也正在于此。

---

① 虽然《初学记》卷八州郡部陇右道第六车师国田地县条所引《地舆志》中所载“晋咸和二年（327），置高昌郡，立田地县”是其根据，但依然有松田寿男《古代天山的历史地理学研究》增补版（《古代天山の歴史地理学的研究》增補版）、第二部序说《高昌屯田的始末》（《高昌屯田の始末》）“咸和四年（329）说”等多种见解并存。另外，王素氏认为《舆地志》的记载是正确的（氏著《高昌史稿》统治篇，第121页）。

论高昌在地建国与文化完善的进程

裴成国（西北大学历史学院）

【摘要】高昌国由高昌郡发展而来，麴氏高昌在谋求内徙失败后开始了在地建国和文化完善的历程。本文运用发展的眼光考察了高昌国文化完善的进程，指出六世纪中叶高昌基本完成了在地建国的目标。向中原王朝学习是高昌文化完善的最重要方向，七世纪初和隋朝恢复交通之后对隋文化诸多方面的学习和吸纳也充分证明了这一点。基于高昌的实际和西域的外部环境，高昌的文化也呈现鲜明的多元化特点。尽管高昌国是魏晋南北朝到唐初汉文化在西域传播和发展的最重要成果，但不宜将高昌的汉文化水平估计过高，墓志书写的情况即一个例证。

【关键词】高昌　文化　在地建国　西域

以汉人移民为主体建立的高昌国是魏晋南北朝西域重要的绿洲王国。高昌国的前身为高昌郡，系十六国时期河西诸政权的直辖郡县。笔者的问题是高昌何以由郡发展成了国的规模[①]，并形成了独具特色的文化[②]。这个过程显然不是一朝一夕完成的，具体措置亦必定有先后之别。以往的研究中都是将高昌国文化总体上看作一个平面的既成体系，

① 关于这个问题，關尾史郎已经作了许多探讨，参见［日］關尾史郎：《高昌国とその周辺世界》，2001年7月15日唐代史研究会夏期シンポジウム（於箱根静雲荘）；［日］關尾史郎：《トゥルファン出土、漢文文書研究の現在：高昌国の国制をめぐる問題を中心に》（待刊）。

② 关于高昌文化的专门论述参见王欣：《高昌文化综论》，载敦煌研究院编《段文杰敦煌研究五十年纪念文集》，世界图书出版公司，1996年，第504-513页；该文以《以东西文化交融为特点的高昌文化圈》为题作为一节收入余太山主编《西域文化史》之第三章《魏晋南北朝时期》（该章由周伟洲、王欣执笔），中国友谊出版公司，1995年，第110-125页。吴玉贵：《高昌地区的文化》，余太山主编《西域文化史》之第四章《隋唐时期》之第四节，中国友谊出版公司，1995年，第191-202页；孟宪实也从祭祀制度、衣物疏、佛教等方面探讨了高昌国的文化，参见孟宪实：《汉唐文化与高昌历史》之第五章《高昌文化》，齐鲁书社，2004年。

未能做纵向的考察。要将高昌国文化的研究进一步引向深入，笔者认为考察高昌国国家制度和文化建设的完备进程是一个可行的途径。用这种发展的眼光看待高昌国文化，相信我们可以获知其更多的面向，从而加深我们对高昌国文化的理解。

高昌郡时期，当地从郡县乡里组织、军府机构到文书行政制度都与中原内地郡县相一致[①]。至460年，柔然扶植阚爽为高昌王，经历五世纪末六世纪初马儒、麴嘉等人数次向北魏求内徙未获成功之后，高昌国政权转而立足当地以谋求发展，实现在地建国，逐渐完善自身的文化建设。至七世纪中叶被唐朝攻灭之前，高昌国家制度和文化都已经很完备。高昌的建制经历了从郡到国的升级过程，文化也逐渐完备。这个完备的过程，史书不载，但凭借出土文献和学者们的既有研究成果，可以大致爬梳出一些重要的关节点，虽然很不全面，但仍可看出其逐渐完善的轨迹[②]。

442年，沮渠氏北凉流亡政权据有高昌，443年，沮渠无讳建元承平。承平三年（445），沮渠安周造《凉王大且渠安周功德碑》[③]。当时，南北新译佛教经卷迅速被传写，可见当时当地佛教文化的先进性[④]。沮渠安周时期，开始以干支纪年[⑤]，承平十三年（455），改称“大凉”。大凉政权时，高昌已有史官并有国史编纂[⑥]。

马儒之世，“左右长史”应当是最高臣僚[⑦]。

义熙十二年（521），即北魏正光二年，麴嘉遣使奉表，“自以边遐，不习典诰，求借五经、诸史，并请国子助教刘燮以为博士，肃宗许之”[⑧]。

① 相关研究参见唐长孺：《吐鲁番文书中所见高昌郡县行政制度》，《文物》1978年第6期；收入唐长孺：《山居存稿》，中华书局，1989年，第360页；柳洪亮：《高昌郡官府文书中所见十六国时期郡县官府机构的运行机制》，《文史》总43辑，1997年，第86页。

② 需要特别说明的是，制度建设和文化关系密切，广义的文化本身也包含制度在内。以下部分的爬梳，涉及制度的内容不少，实际上对于我们的考察是有帮助的。

③ 荣新江：《〈且渠安周碑〉与高昌大凉政权》，载燕京研究院编《燕京学报》新5期，北京大学出版社，1998年，第65-92页。

④［日］池田温：《高昌三碑略考》，载《三上次男博士喜寿記念論文集·歷史編》，平凡社，1985年，102-120页。此据谢重光译文，《高昌三碑略考》，《敦煌学辑刊》1988年第1-2期，第149页。

⑤ 马雍：《吐鲁番出土高昌郡时期文书概述》，此文系马雍先生1983年在日本举行的国际第三十一届亚洲、北非人文科学会议上宣读的论文，后来发表于《文物》1986年第4期；收入马雍：《西域史地文物丛考》，文物出版社，1990年，第120-121页。按，干支纪年的采用应当在某种程度上具有政权创建的意义。正如后来麴氏亡国，唐西州建立之后，干支纪年的书写方式又有变化。

⑥《凉王大且渠安周功德碑》的作者为“中书郎中夏侯粲”，碑文第十三行记“爰命史臣，载籍垂训”，说明当时大凉政权有史臣和史籍修纂。另，王素对俄藏吐鲁番文书Дx2670v的研究指出，该文书的年代为麴氏高昌中前期，“是当事人根据相关史籍按照自己的需要做的摘抄”；该文书中称且渠蒙逊为“先王”，并且从奉用纪年来看，知其视刘宋为正统。由此可知，这件麴氏高昌国时期的文书应当是直接依据大凉政权时代所作的史籍写成。参见吴震：《俄藏“揖王入高昌城事”文书所系史事考》，《吐鲁番学研究》2001年第2期，收入《吴震敦煌吐鲁番文书研究论集》，上海古籍出版社，2009年，第199-207页；王素：《关于俄藏“揖王入高昌城事”文书的几个问题》，《吐鲁番学研究》2009年第2期，第19-27页。按，该文书使用了麴氏高昌国时代的通行的干支纪年方式，说明当事人对大凉政权的史籍有意做了编辑以符合当时的纪年书写习惯；既然有对前朝史籍的编辑，麴氏高昌国应当也有本朝史籍的修纂。本朝史籍修纂对于一个政权来说意义重大，这应当是不言而喻的。这种修纂大凉政权既已开始，并且麴氏高昌国时期应当也存在。

⑦［日］北条祐勝：《麴氏高昌国の成立について》，《白山史学》第5号，1959年，第26页。

⑧［北齐］魏收：《魏书》卷102《西域传》“高昌条”，中华书局，2018年，第2431页。

高昌郡时期，当地已经有祆教寺院[①]，最晚到章和五年（535），祆教神祇已经被纳入高昌国的国家祭祀[②]，永平二年（550）之前，高昌职官系统中出现“萨薄”（簿）[③]。高昌国的祭祀分布在一年中的很多时候，祭祀对象有“风伯”“清山神”“树石”“大坞阿摩”，另外还有“始耕”和“谷里祀”等名目，此外，正月一日还要“敬祀诸神”[④]，之前就会安排官员各自负责不同的神祇，应该也形成了与祭祀制度相关的吉礼。

章和七年（537）左右，高昌重新开始墓表的制作和随葬。章和十年（540），即梁武帝大同六年，麹坚遣使向梁朝贡。使者携回梁朝佛教写经及《论语郑氏注》，并从梁移植“儒林参军”一职[⑤]。又，《梁书》记高昌国“姻有六礼”[⑥]。麹坚当政时期（531—548），“于坐室画鲁哀公问政于孔子之像”[⑦]。《隋书》记载麹坚时其国内职官设置情况，已经稍显完备[⑧]，

① 荣新江对1965年吐鲁番安伽勒克古城出土的《金光明经》第二残卷题记年代和其中提及的“高昌城东胡天南太后祠”的不同理解进行了辨正，确认该题记年代为430年，其中的“胡天”是指祆祠。荣新江：《吐鲁番出土〈金光明经〉写本题记与祆教初传高昌问题》，载朱玉麒主编《西域文史》第2辑，2007年，科学出版社，第1-12页。

② 阿斯塔那524号墓所出的《高昌章和五年（535）取牛羊供祀帐》（《吐鲁番出土文书》壹，第132页）中出现了丁谷天和大坞阿摩，据研究分别为不同祆神。参见姜伯勤：《论高昌胡天与敦煌祆寺》，《世界宗教研究》1993年第1期，第1-18页；姜伯勤：《敦煌吐鲁番文书与丝绸之路》，文物出版社，1994年，第226-243页；张广达：《吐鲁番出土汉语文书所见伊朗地区宗教的踪迹》，《敦煌吐鲁番研究》第4卷，北京大学出版社，1999年，收入《张广达文集·文本、图像与文化流传》，广西师范大学出版社，2008年，第233-239页。

③《高昌永平二年（550）十二月卅日祀部班示为知祀人上名及謫罚事》中出现了“萨薄”（唐长孺主编《吐鲁番出土文书》壹，北京文物出版社，1992年，第136页）；王素指出，“萨甫”一官为北魏所创置，高昌国文书中“萨簿”一官虽始见于永平二年（550）文书，其设置必然早于永平二年，高昌设置“萨簿”与北魏设置“萨甫”应在同一时期，很难说是谁效法谁（王素：《高昌火祆教论稿》，《历史研究》1986年第3期，第173页）。魏义天则认为高昌国的萨簿制度系学自北魏，Étienne de la Vaissière, *Sogdian Traders: A History*, p.150。相关研究成果的梳理参见荣新江：《萨保与萨薄：北朝隋唐胡人聚落首领问题的争论与辨析》，载叶奕良编《伊朗学在中国论文集》第3集，北京大学出版社，2003年，第128-143页；荣新江：《萨保与萨薄：佛教石窟壁画中的粟特商队首领》，载荣新江、华澜、张志清主编《粟特人在中国——历史、语言、考古的新探索》，中华书局，2005年，第49-71页。

④ 参阅《高昌章和五年（535）取牛羊供祀帐》《高昌永平元年（549）十二月廿九日祀部班示为明正一日知祀人上名及謫罚事》，载唐长孺主编《吐鲁番出土文书》壹，北京文物出版社，1992年，第132-134页。

⑤ 王素：《麹氏高昌职官“儒林参军”考略》，《文物》1986年第4期，第34-36页；王素：《高昌史稿·交通编》，文物出版社，2000年，第398-404页。

⑥［唐］姚思廉：《梁书》卷48《诸夷传》“高昌条”，中华书局，2020年，第896页。六礼即纳采、问名、纳吉、纳征、请期、亲迎，是形成于周代而完备于汉代的婚姻礼俗的主导原则，参见陈顾远：《中国婚姻史》影印本，上海文艺出版社，1987年，第151页。

⑦［唐］魏徵等：《隋书》卷83《西域传》“高昌条”，中华书局，2020年，第2077页。

⑧ 嶋崎昌推测，自麹嘉受北魏封“平西将军·（泰临县）开国伯”的爵位之后，以其为规格开始官制创设，至第三代麹坚也从北魏受封“骠骑大将军·西平郡开国公”的爵位为止，王国的官制大体创设齐备，参见嶋崎昌：《麹氏高昌国官制考》，《中央大学文学部紀要》，第28、32号，1962年；嶋崎昌：《隋唐時代の東トゥルキスタン研究——高昌国史研究を中心として》，東京大学出版会，1977年，第276-279页；關尾史郎《高昌国とその周辺世界》，2001年7月15日唐代史研究会夏期シンポジウム（於箱根静雲荘）。

其中有“侍郎”，出土文献也显示此时高昌出现了侍郎这一官职①。

高昌与西魏（535—556）交通，西魏因而得到高昌伎乐。高昌伎乐的形成必定不晚于和平年间（551—554）②。按，高昌乐使用的乐器与龟兹乐、疏勒乐基本相同③，至隋炀帝大业中，虽有高昌伎乐但隶属于龟兹乐，并未独立。高昌乐应当源自龟兹乐，至晚在和平年间，高昌已经完成制礼作乐。

六世纪四十年代，佛教因素开始出现在随葬衣物疏中④。研究麹氏高昌国时代墓葬文化的学者指出，六世纪中期立足本地、显示自身张力、具有诸多新鲜元素的麹氏高昌国文化登场。反映在墓葬文化方面，高昌继承了敦煌流行的聚族而葬和用砾石堆垒茔圈的葬俗，却又较之更规范，茔区也往往规模更大，延续使用时间更长；继承了斜坡墓道单室土洞墓的汉式墓葬形制，却又不用覆斗顶或穹窿顶，而使用中原同类墓葬基本不采用的平弧顶结构；随葬陶器大多继承了河西西晋十六国以来的器类、器形，却又别出心裁地将其纹饰与佛教的莲花图案联系在一起；伏羲女娲画像虽与汉代中原、魏晋河西一脉相承，却又不是简单的承袭，而是在佛教再生观念下所做的特意选择⑤。

和平四年（554年），突厥侵高昌。同年，麹斌芝使突厥。高昌与突厥“同盟结姻”，麹宝茂娶突厥木杆可汗之女，同时麹宝茂女儿嫁突厥。高昌国与突厥建交⑥。建昌元年（555），

---

①《高昌延昌二年（562）张洪墓表》记“新除明威，补为侍郎”，其中的“侍郎”应为侍从官员，侯灿、吴美琳：《吐鲁番出土砖志集注》，巴蜀书社，2003年，第79页；高昌国的诸部侍郎和诸部郎中都是一种荣誉官号，关于高昌国的“侍郎”的学术史梳理参见王素：《高昌史稿·统治编》，文物出版社，1998年，第407-410页。

②冯承钧：《高昌事辑》，原载《国立华北编译馆馆刊》第2卷第9期，1943年，收入冯承钧：《西域南海史地考证论著汇辑》，中华书局，1957年，第72-73页；王素：《高昌史稿·交通编》，文物出版社，2000年，第404-407页。

③关也维：《唐代音乐史》，中央民族大学出版社，2006年，第51-52页。

④目前所见最早的一例是《高昌章和十三年（543）孝姿随葬衣物疏》（72TAM170:9，《吐鲁番出土文书》壹，北京文物出版社，1992年，第143页），其中出现了“比丘果愿”“佛弟子”“持佛五戒、专修十善”等用语。参见白須淨真：《アスターナ· カラホージャ古墳群の墳墓と墓表・墓誌とその編年（一）——三世紀から八世紀に亙る被葬者層の變遷をかねて》，《東洋史苑》34·35合并，1990年，第37-41页；孟宪实：《汉唐文化与高昌历史》，齐鲁书社，2004年，第235-251页。

⑤倪润安：《麹氏高昌国至唐西州时期墓葬初论》，载朱玉麒主编《西域文史》第2辑，科学出版社，2007年，第15-74页。按，倪润安的研究依据的主要是交河沟西墓地的资料，其时代上限是麹氏高昌时代，但高昌国的历史并不自麹氏始。倪润安在文章中对前麹氏高昌国时代的墓葬形制的发展也有概要介绍，很具参考价值。此前刘文锁将吐鲁番地区先秦至唐代的墓葬归纳为三种基本形制：第一种是竖穴土圹墓，第二种是竖穴偏室墓，第三种是斜坡道墓道土洞墓。根据它们之间相互形成的早晚关系，可分为四期：第一期是竖穴土圹墓的时代，第二期是竖穴土圹墓与竖穴偏室墓并存的时代，第三期是竖穴偏室墓与斜坡墓道土洞墓并存的时代，第四期是斜坡墓道土洞墓的时代（刘文锁：《吐鲁番盆地古墓葬的几种基本形制——以交河故城的墓地为例》，《吐鲁番学研究》2001年第1期，第69-75页）。一般认为，竖穴土圹墓和竖穴偏室墓代表的是姑师及车师人的考古遗存。其中第三期与第四期的分界线，以450年北凉沮渠安周攻破车师前国都城交河城为契机。倪润安所论的麹氏高昌国属于第四期，即斜坡墓道土洞墓的时代。从交河沟西墓地出土的墓表年代来看最早的是在章和、和平年间，即六世纪中期，也即作者判定的高昌国文化形成的时代。近年对吐鲁番哈拉和卓和阿斯塔那墓地的墓葬形制进行研究的还有持田大輔：《トゥルファンにおける中原系墓制的傳播と變遷》，载早稻田大学丝绸之路调查研究所编《中国シルクロードの变遷》，创生社，2007年，第81-98页。

⑥马雍：《突厥与高昌麹氏王朝始建交考》，《向达先生纪念论文集》，新疆人民出版社，1984；收入马雍：《西域史地文物丛考》，商务印书馆，2020年，第238-250页。

《高昌新兴令麹斌芝造寺施入记》中有高昌令尹、绾曹郎中并诸号将军，说明当时高昌国通过学习北魏，又结合自身实际独自创制，完善了国内的行政及职官系统[①]。

研究者认为，突厥曾在西域实行“邬落马”交通体制，突厥控制高昌国之后对其交通体制必定有影响，高昌国设“驿”可能始于此时[②]。在突厥内乱（582）前，高昌已建立“珂寒寺”“提懃寺”等。

延和七年（608）四月，《张叔庆妻麹太明墓志》中，中原新式“墓志”代替高昌传统的“墓表”，这是因为当时高昌国与隋恢复交通，中原文化流入高昌，高昌国的墓志书写因而受到影响[③]。研究者认为，高昌城至七世纪之后开始分区设坊，应当是当时与隋、唐王朝恢复交通之后向中原王朝学习的结果[④]。隋大业元年（605）、大业六年（610）依古制创制衣冠[⑤]。麹伯雅延和十一年（612）自隋返国，颁令进行衣冠发服及车舆等多方面的改革，遇阻失败[⑥]。目前所见文书显示，自义和五年（618）开始，高昌国在赋税征收中使用条记文书。研究者认为，这是高昌国受中原王朝影响的结果[⑦]。

重光元年（620），麹伯雅开始用定朔来安排大小月。按，唐朝从武德二年（619）开始使用定朔。此年，麹伯雅复辟，七月遣使向唐朝贡。高昌使者有可能就在这次把宣布使用定朔的《戊寅历》带回国[⑧]。

麹文泰自重光年间即开始模仿唐朝进行改革，具体内容包括上奏文书加“臣”字并盖

---

① 侯灿：《麹氏高昌王国官制研究》，《文史》第22辑，中华书局，1984年；收入侯灿：《高昌楼兰研究论集》，新疆人民出版社，1990年，第37页；孟宪实《汉唐文化与高昌历史》，齐鲁书社，2004年，第108–113页。

② 王素：《高昌史稿·交通编》，文物出版社，2000年，第533页。相关研究参见荒川正晴：《トゥルファン出土漢文文書に見えるulaɤについて》，《内陸アジア言語の研究》Ⅸ，1994年，第1–25页。李德范、孙晓林译《关于吐鲁番出土汉文文书中的ulaɤ》，载胡厚宣等编著《出土文献研究》第3辑，中华书局，1998年，第198–211页。

③ ［日］白須淨真：《アスターナ·カラホージャ古墳群の墳墓と墓表·墓誌とその編年（一）——三世紀から八世紀に亙る被葬者層の變遷をかねて》，第43–44页；白須淨真：《トゥルファン古墳群の編年とトゥルファン支配者層の編年——麹氏高昌國の支配者層と西州の在地支配者層》，《東方学》第84号，1992年，第116–118页；王素：《高昌史稿·交通编》，文物出版社，2000年，第421页。

④ 關尾史郎：《高昌国の坊制に関する二、三の問題》，《唐代史研究会報告第Ⅷ集東アジア史における国家と地域》，刀水书房，1999年，第304页。

⑤ 關尾史郎：《“義和政變”前史——高昌國王麹伯雅の改革を中心として》，《東洋史研究》第52卷第2号，1993年，第157–159页。

⑥ 关于麹伯雅改革的颁令时间、改革失败原因等问题的学术史梳理，参见王素：《高昌史稿·统治编》，文物出版社，1998年，第365–372页。王素之后的研究成果参见片山章雄：《中央アジア遊牧民の社会と文化》，载間野英二主編《中央アジア史》（アジアの歴史と文化８），角川书店，1999年，第32–41页；张铭心：《“义和政变”与“重光复辟”问题的再考察——以高昌墓砖为中心》，载季羡林等主编《敦煌吐鲁番研究》第5卷，北京大学出版社，2000年，第117–146页。

⑦ ［日］關尾史郎：《“義和政變”前史——高昌國王麹伯雅の改革を中心として》，《東洋史研究》第52卷第2号，1993年，第155页；關尾史郎：《西域文書からみた中国史》，山川出版社，1998年，第50页。

⑧ 王素：《麹氏高昌历法初探》，《出土文献研究续集》，文物出版社，1989年，第173页。

“奏闻奉信”官印、中央政府增置官号①、下行文书的下达程序、命妇制、高昌城的建制②、征收远行马价钱③等方面。

以上所列诸条中，“章和七年（537）左右，高昌重新开始墓表的造作和随葬”需要加以说明。麹氏高昌国时代目前所见的最早墓表纪年是章和七年（537），当年入葬者的墓表目前发现了三方。此后一年，即章和八年（538）的墓表也已发现了两方。而章和七年之前三十多年间的墓表，目前一方也没有发现。这种情况用考古发掘的偶然性来解释，恐怕难以成立。麹氏高昌国之前的墓表，沮渠氏大凉政权时期有四方，此后直到章和年间的八十多年间，仅近年在洋海墓地发现了一枚阚氏高昌时期的木质墓表④。侯灿先生在关于《大凉承平十三年（455）且渠封戴墓表》的说明中指出，“他们（指沮渠氏及其携至高昌的移民）当然也把汉族文化的习俗带到了高昌，可是这种埋葬墓表的形式并未在吐鲁番地区迅速发展起来，出土资料表明在此之后的80多年间，这里通行的仍然是埋葬纸质衣物疏的习俗，直到麹氏高昌王国章和七年（537）才有第二方确切纪年的砖志墓表出现”⑤。显然侯灿先生也注意到章和之前长期没有墓表随葬的问题。为什么墓表随葬的习俗在章和年间重新被人们重视并延续了下去？笔者认为这和当时的时代背景密切相关。关尾史郎先生认为麹嘉在屡请内徙不获成功之后，521年向北魏遣使求借经史之书并请国子博士，是其放弃内徙计划之后寻求在当地立足确立思想和认同的表现⑥。儒家重视养生送死，慎终追远，对于决心在当地立足的麹氏来说，倡导完善丧葬制度，随葬墓表应当是一项具有重要意义的举措。尽管当地缺乏石材，制作石质墓志有取材方面的困难，然而当地最终创造性地用灰砖来替代。随葬墓表应当与扩充完善官制一样，都是当时麹氏建国进程中的重要步骤。

麹氏高昌国时代目前可知的年代清楚的政治和文化变革情况大致如上所列。我们认为，高昌国的在地建国进程自大凉政权时就已经开始，但是就制度完善等方面而言，似乎长期没有取得进展，其中的原因何在，也值得研究。高昌国的制度和文化发展取得长足进步并趋于完善是在六世纪二十年代，经过三十余年到六世纪中叶，高昌国的职官系统、祭祀制度、礼

① 关于改革内容的相关学术史的梳理参见王素：《高昌史稿·统治编》，文物出版社，1998年，第401–410页；孟宪实、姚崇新：《从“义和政变”到“延寿改制”——麹氏高昌晚期政治史探微》，载季羡林等主编《敦煌吐鲁番研究》第2卷，北京大学出版社，1997年，第181–182页。

② 孟宪实、姚崇新：《从“义和政变”到“延寿改制”——麹氏高昌晚期政治史探微》，《敦煌吐鲁番研究》第2卷，北京大学出版社，1997年，第181–182页；又收入孟宪实：《汉唐文化与高昌历史》，齐鲁书社，2004年，第308–317页。

③［日］關尾史郎：《トゥルファン出土高昌国税制関係文書の基礎的研究——條記文書の古文書学的分析を中心として》（六），《新潟大学人文科学研究》第84号，1993年，第125页；關尾史郎：《〈高昌延壽元年（624）六月勾遠行馬価銭敕符〉をめぐる諸問題》（上），《東洋史苑》第42、43合并号，1994年，第62–82页。

④ 这枚《阚氏高昌张祖墓表》1997年出土于洋海1号墓中，参见荣新江、李肖、孟宪实主编《新获吐鲁番出土文献》，中华书局，2008年，第124页。相关研究参见王素：《关于吐鲁番新出阚氏王国张祖墓表的几个问题》，《文物》2009年第1期，第41–44页、第47页。

⑤ 侯灿、吴美琳：《吐鲁番出土砖志集注》，巴蜀书社，2003年，第5页。大凉政权的墓表之前，吐鲁番墓葬中曾出土过高昌郡时代前凉绢质柩铭，应当具有类似墓表的性质。参见维吾尔自治区博物馆：《（1963—1965）吐鲁番县阿斯塔那——哈拉和卓古墓群发掘简报》，《文物》1973年第10期，第12页。

⑥［日］關尾史郎：《高昌国とその周辺世界》，2001年7月15日唐代史研究会夏期シンポジウム（於箱根静雲荘）。

乐制度、丧葬制度等都臻于完善，高昌国真正意义上实现了建国。六世纪初叶，高昌国之所以在短期内获得了迅速发展，有主客观两方面的原因。主观上高昌国在屡请内徙不获成功之后终于决心在当地立足；客观上当时北魏势力进入西域，高昌国臣服北魏之后获得了安定的外部环境，同时也具备了制度文化完善的条件。

就高昌文化的完善进程而言，明显可以分为两个阶段。第一个阶段是六世纪中叶以前，高昌国完成了国家基本制度的建设。之后高昌与突厥建交，与中原王朝的交通中断近半个世纪，到七世纪初叶方与隋朝恢复交通，开启了第二个阶段。因为双方之间人员往来密切，高昌向隋朝学习更为方便。就衣冠制度和《戊寅历》的学习来看，从隋朝创制到高昌学习几乎没有时间差，说明在双方长期中断的联系恢复后高昌学习中原文化之急迫。

通观上列逐条，我们发现中原王朝始终是高昌国学习借鉴的重要对象。具体方式既有高昌国的使节甚至国王、世子前往中原王朝朝贡，也有向中原王朝请派学者的情况，即麴嘉向北魏请国子助教刘燮一事，后者对于高昌国的制度草创尤其具有重要影响①。在制度文化完善的六世纪中期之后，高昌国向中原王朝学习的进程也并未停止。从上文罗列的冠服制度、“墓志”书写、历法引入、都城分区设坊到具体的经济领域的纳税证明书，甚至可能包含宦官制度②，涉及的领域不可谓不宽。与中原王朝通使是高昌国向中原王朝学习的主要途径，这与高昌国的主体居民系汉人移民的背景密不可分。同一时期的中原王朝始终是高昌国制度和文化的主要来源，这当是不容否认的事实。

具体比较中原王朝和高昌国的各方面制度，我们又发现两者之间也有显著差异。《周书》记“其刑法、风俗、婚姻、丧葬，与华夏小异而大同”③，只能说大体正确。高昌国具有国土面积狭小、人口族属多元、长期臣服于周边政权等特点，因此对中原制度的学习必须结合高昌国的实际，而不能照搬。具体而言，如中央机构设置、地方行政制度、文书制度等无不具有其自身的特质和独特性④。另外，北魏实行的三长制、均田制、府兵制、租庸调制、门阀制等高昌都没有照搬。这种独特性的形成除了与高昌国的国情有关之外，还有其他的制约因素。首先，高昌受同时期的中原政权册封，与后者保持朝贡关系，国家建制上只能保持王国的规模，学习中原政权的制度也必须变通并坚守这一底线，不能僭越。其次，高昌国地处西域，与中原王朝相距遥远，稳定、频繁的通使关系很难长期维持。再次，由通使引入的制度文化不可能巨细无遗，在交通阻绝的时期和引入不及的领域，高昌文化必然另觅他途以求发展。作为上层建筑的政治制度文化应当是最容易为使节所注意的领域，因而也是高昌国受中原影响最为突出的方面。由于传世典籍《高昌传》出于中原史家之手，出土文献又多为涉及政府行政的官府文书，所以关于高昌国政治制度的研究最为深入，来自中原王朝的影响也因而被凸显。

---

① 孟宪实推测刘燮西来，大约相当于王肃北奔，强调刘燮对于高昌国政制完善的重要意义。孟宪实：《汉唐文化与高昌历史》，齐鲁书社，2004年，第113页。

②《大慈恩寺三藏法师传》记载麴文泰留“黄门侍宿”“阉人侍卫”，可知有宦官制度。[唐] 慧立、彦悰著，孙毓棠、谢方点校《大慈恩寺三藏法师传》，中华书局，2000年，第19页。

③ [唐] 令狐德棻等：《周书》卷50《异域传》，中华书局，2022，第993页。

④ 关于高昌国政治制度的研究已有深厚的积累，参见孟宪实：《汉唐文化与高昌历史》第四章《麴氏高昌的政治制度》，齐鲁书社，2004年，第93–208页。孟宪实在该章中亦强调高昌国的制度特色，认为高昌国以弹丸小国而得以长期存在，其制度特色，应是不可低估的内在因素（《汉唐文化与高昌历史》，第146页）。

从上文的梳理中，我们看到高昌音乐的主体是西域的龟兹乐，墓葬文化中佛教的因素非常突出，这些涉及国家根本的文化方面也有显著的外来文化因素影响。地处西域的高昌，受北族的影响又逐渐形成辫发胡服的习俗和骑射之风①，而发服制度实际上是华夏文明的重要特征，所以才会有麹伯雅针对发服及其他制度的“汉化改革”。统治阶层受突厥影响，还被迫接受了收继婚俗。这些都使得高昌文化呈现出多元化的突出特点②。

尽管从总体上来说，吐鲁番地区的高昌国是魏晋南北朝到唐初汉文化在西域传播和发展的最重要成果③，但也不宜把高昌文化的汉文化水平估计过高。我们从墓志书写的情况做一说明。

如前文所述，高昌国自章和七年（537）左右，作为文化完善进程中的一项重要举措重新开始在墓葬中随葬墓表。就墓表内容而言，大多只记入葬时间④、历官情况、墓主姓名等，个别记载墓主享年，总体来说内容比较简单，与同一时期铭文繁富的中原墓志相比具有显著区别，应当是在并无同期中原墓志模仿的情况下高昌国重新创制了体例⑤。墓表的高、宽、厚等尺寸虽然大体相近，但并无严格的统一标准，字迹有朱书、墨书、阴刻、阴刻填朱，杂然纷呈。就“墓表”这一名称而言，也与当时中原地区使用“墓志”不同。中原地区的墓志在正式定型之前，其名称的变化大体上经历了“墓记—墓表—墓志”三个阶段，至北魏早期正式形成了“墓志”的名称⑥。高昌国早期的墓表在形制上较为粗糙，内容上也很不成熟，这是不容否认的事实。作为汉化的一项举措，北魏的墓志是在孝文帝迁都洛阳之后定型⑦。虽然十数年后，高昌曾经从北魏请来了国子助教刘燮，但是刘燮显然并未把墓志书写的规范传授给高昌。高昌人曾经有过的墓志制作经历是在大凉政权时期，当时都称作“墓表”，所以当八十年后再次决定以墓志随葬的时候，他们在没有中原模式可供借鉴的情况下，就仍旧根据“历史记忆”称之为“墓表”。当地人与中原接轨，开始规范地使用“墓志”这一名称要到一百多年之后的唐西州时代。七世纪初，当高昌恢复与中原王朝交通之后，一度出现了内容上合乎中原书写规范、有繁富铭文内容的“墓志”，即《高昌延和七年（608）张叔庆妻麹太明墓表》⑧，但仅仅是昙花一现，影响很有限。这方合乎中原书写规范的“墓志”的发

---

① 裴成国：《论高昌的骑射之风》，《西域研究》2016年第1期，第1-12页、第148页。

② 这也是之前研究高昌文化的学者指出的高昌文化最显著的特点。

③ 吴玉贵：《高昌地区的文化》，载余太山主编《西域文化史》之第四章《隋唐时期》之第四节，第191-202页；裴成国：《魏晋南北朝汉文化在西域的传播》，载武汉大学中国三至九世纪研究所编《魏晋南北朝隋唐史资料》第49辑，上海古籍出版社，2024，第2-13页。

④ 张铭心：《高昌墓砖书式研究——以“纪年”问题为中心》，《新疆师范大学学报》2003年第1期，第54-61页。

⑤《高昌章和七年（537）张孝贞妻索氏墓表》上仅书三行内容，墓表尚留有大半空白（侯灿、吴美琳：《吐鲁番出土砖志集注》，巴蜀书社，2003年，第21-22页）；《高昌章和十三年（543）张洪妻焦氏墓表》制作较为精良，但整块墓表仅有五行二十九字，尚留近四行空白（侯灿、吴美琳：《吐鲁番出土砖志集注》，第31-32页）。可知当时墓表内容简单并非因为墓表尺寸所限。

⑥ 赵超：《古代墓志通论》，紫禁城出版社，2003年，第50-51页。近年的相关研究参见张铭心：《十六国时期碑形墓志源流考》，《文史》2008年第2辑，第37-54页。

⑦ 川本芳昭：《魏晋南北朝時代の民族問題》，汲古書院，1998年，第393-395页。

⑧ 侯灿、吴美琳：《吐鲁番出土砖志集注》，巴蜀书社，2003年，第270-272页。当年随葬的墓表目前出土的还有三方，但都采用高昌墓表的惯有格式书写，未见特殊之处。

现，却用一种极端的方式凸显了高昌国和中原文化的不同步①。

高昌国的砖志书写中值得瞩目的问题还有“讳”和“字”的使用问题。中原王朝的墓志在开始部分用“讳某字某”来标识墓主的名字，这是通行的基本规范。但高昌国的砖志自章和年间重新创制时就不存在这种规范。目前出土砖志中规范使用了“讳”和“字”的仅有一例，即《高昌永平二年（550）画承夫人张氏墓表》，其中记“高昌兵部主薄……讳承字全安”②。此外还有一例墓砖中出现了使用“讳”的情况③；另有若干例使用了“字”，但用法都不规范④，但自延昌三十一年之后，即便是不规范的使用也不复存在⑤。由画承的情况我们知道，高昌国至少官员阶层应该是有名有字的，如张雄夫人的墓志中记载张雄“讳雄字太欢”⑥。既然高昌墓表中曾经有过正确使用“讳”“字”的情况，为何这种规范的写法没有被继承下来？笔者认为这是由于在高昌国的墓表书写模式中没有以“讳某字某”来标识墓主名字的规范所致，尽管这在当时的中原是通行的写法；因为没有规范，所以即使有个别墓表中出现了“讳某字某”的写法，也只能是特例。而当唐西州建立之后，中原规范一经导入，当地人终于确立了这种书写模式。没有中原王朝为依托的高昌国，即便有过在墓表中正确书写“讳”和“字”的先例，但因为这种先例得不到确认和强化，最终仍然会消失。在仅靠通使维持交流的时代，高昌国的汉文化发展无法与中原保持一致，独立发展并形成自己的特点应当是必然的趋势。

本文从在地建国和文化完善两个角度梳理和分析了高昌国文化发展的历程。本研究认为，高昌国到六世纪中叶基本完成了在地建国的任务，完善了文化面貌，也逐渐形成了多元化的突出特点。七世纪与隋恢复交通后，高昌学习中原王朝的先进文化更为迫切，涉及面广，隋的文化传入高昌几乎没有时差。高昌因为自身藩属国的地位和地处西域的环境等因素导致与中原文化有显著的差异，尽管高昌国是魏晋南北朝到唐初汉文化在西域传播和发展的最重要成果，但也不宜把高昌文化的汉文化水平估计过高。

---

① 类似的例证还可举出高昌梵宇由“祠”改称“寺”的时间远较中原为迟，参见王素：《高昌佛祠向佛寺的演变》，《学林漫录》第11集，中华书局，1985年，第141页；王素：《高昌史稿·统治编》，文物出版社，1998年，第291页。

② 侯灿、吴美琳：《吐鲁番出土砖志集注》，巴蜀书社，2003年，第45–46页。

③《高昌延昌四年（564）张孝真墓表》，其中记“敦煌张氏讳孝真”。侯灿、吴美琳：《吐鲁番出土砖志集注》，巴蜀书社，2003年，第87–88页。

④ 与《高昌永平二年（550）画承夫人张氏墓表》有明显的不同：即这些使用“字”者并无“名”“讳”等。如《高昌章和八年（538）宋阿虎墓表》记“燕国宋字阿虎”（侯灿、吴美琳：《吐鲁番出土砖志集注》，巴蜀书社，2003年，第29–30页）；《高昌延昌十五年（575）张买得墓表》记“字买得张氏之墓表”（同上，第129–130页）；《高昌延昌十六年（576）曹阿桧墓表》中记“镇西府兵曹主簿字阿桧”（同上，第133–134页）；《高昌延昌十八年（578）辛苟子墓表》记“字苟子”（同上，第141–142页）；《高昌延昌廿一年（581）马阿卷墓表》中记“字阿卷马氏之墓表”（同上，第149–150页）等。以上墓表中的“字”既未与“名”“讳”同时出现，亦与用于“表德”之字相去甚远。笔者认为此处的“字”是“小字”，即“小名”，其实也就是墓主生前使用的名字。

⑤ 目前所见的最后一例使用“字”的是《高昌延昌卅一年（591）孟孝□墓表》（侯灿、吴美琳：《吐鲁番出土砖志集注》，巴蜀书社，2003年，第208页）。

⑥《唐永昌元年（689）张雄夫人麹氏墓志铭》，载侯灿、吴美琳：《吐鲁番出土砖志集注》，巴蜀书社，2003年，第585–586页。吴震曾指出，“疑‘鼻儿’是其名，字曰‘端’”，参见吴震：《麹氏高昌国史索隐——从张雄夫妇墓志谈起》，《文物》1981年第1期，收入《吴震敦煌吐鲁番文书研究论集》，第209页。

从高昌到西州：试论中古吐鲁番社会的再结构过程

董永强（西安电子科技大学人文学院）

【摘要】结构过程（structuring）是人类学者研究特定区域社会变迁史时提出的新概念。主要注重的是各色人群编织或维系新旧社会“关系与意义网络”的过程。本文借用“结构过程”理论，主要从事件、市场和族群三大因素分析吐鲁番社会的结构性变迁过程。唐灭高昌是吐鲁番区域史的重大历史事件，它打破了麴氏高昌王国旧的社会关系和意义网络。坚强有力的军政保障使得丝绸之路再次畅通无阻，吐鲁番市场繁荣，唐王朝各地的商品和人群频繁出入吐鲁番绿洲。通过市场和商品，西州将自身与唐王朝其他地区结成不可分割的一体，经济交往范围更加广阔，交往人群也更为多样。以汉族为主体的多民族杂居共处于吐鲁番盆地，他们共同创造出西州社会多元的文化样态。从高昌到西州，各色人群不得不重新通过自身有目的的行动，创造和经营此生新的目的和意义网络，进而实现吐鲁番社会的再结构过程。

【关键词】结构过程　高昌　西州　吐鲁番文书

在区域社会史的研究中，长期致力于研究珠江三角洲地区的历史学家，如刘志伟，十分注重吸收和借鉴人类学的理论和概念，他们频繁引用的概念便是耶鲁大学人类学家萧凤霞（Helen F. Siu）创造的术语“结构过程”①。事实上，萧凤霞是在研究中国“既统一又差异”命题时提出“结构过程”这一概念的。她关注的核心问题是不同时期的中国政治实体在面临地区文化的巨大差异和周期性兴衰变迁时，究竟是怎样维系着人民共同的想象的。她从学者们将研究重点从现象分析转向产生现象的过程中得到启发，尤其是深受艾布拉姆斯（Philp

① 参见刘志伟：《地域社会与文化的结构过程——珠江三角洲研究的历史学与人类学对话》，《历史研究》2003年第1期，第54-64页。

Abrams）[①]的影响，提出“结构过程”概念。她说：

> 我们一直以来往往不必要地把“结构”和“变迁”这两个概念截然二分。实际上，我们要明白“个人”在分析研究中所发挥的“作用”，要了解的不是“结构”（structure）而是“结构过程”（structuring）。个人透过他们有目的的行动，织造了关系和意义（结构）的网络，这网络又进一步帮助或限制他们作出某些行动；这是一个永无止境的过程。[②]

此外，人类学家黄应贵在其台湾研究中强调区域研究应跳出“区域”的地域界限，提出“区域再结构”概念[③]。赵世瑜对“结构过程”概念评价甚高，认为它“可以作为不同区域历史研究共同的核心概念之一，也可以作为多学科区域历史比较的理论平台”[④]。他不仅比较了人类学者和历史学者在使用“结构过程”或“再结构过程”概念时关注方向上的较大差异，而且指出了判断原有结构过程是否中断的观察点，即“要看特定的区域人群是否在继续编织那个‘关系和意义’的网络。当历史发生重大变化的时候，原有人群或新的人群是否开始努力编织新的网络，从而开始一个新的‘结构过程’”[⑤]。

华南研究的学者们广泛应用的“结构过程”概念对区域社会史的研究具有普遍的适用性，当然对我们讨论长时段下吐鲁番社会史的结构性变迁以及不同人群在此历史变迁中“意义和关系”网络的更迭有着极为重要的借鉴意义。借由它，能使吐鲁番社会史的研究跳脱汉人中心主义开发史的意识形态窠臼，有利于理解多元一体格局在吐鲁番地区的发生演进过程。本文尝试用“结构过程”概念重新解释唐朝平灭高昌王国，就地设立西州，打破了吐鲁番社会在高昌国时期结构过程的延续性，以强力将唐的力量推进吐鲁番区域史的历程。在此过程中，不同人群是怎样通过其有目的的行动，编织出了什么样的关系和意义的网络，这些网络又是如何影响其此后的行动，进而反过来破坏了此前的网络，实现了吐鲁番社会的再结构过程？从高昌到西州，这一历史过程的“结构”是什么？

一、唐灭高昌打破了高昌王国旧的社会关系和意义网络

贞观十四年八月“癸酉，侯君集克高昌”[⑥]，“君集分兵掠地，下其三郡、五县、二十二城、户八千，口三万七千七百，马四千三百匹。其界东西八百里，南北五百里”[⑦]。

侯君集大军围攻高昌城，高昌王麴智盛“开门出降”。唐军分兵略地，遂平高昌，这是改变吐鲁番历史进程的重大事件。它的发生有破旧立新的重大意义。唐军占其地，得其人，

① Philp Abrams: *Historical Sociology*, New York, Cornell University Press, 1982.

② 萧凤霞：《廿载华南研究之旅》，《清华社会学评论》2001年第1期，第181-190页，载萧凤霞著，余国良编《踏迹寻中：四十年华南田野之旅》，香港中文大学出版社，2022年，第17页。

③ 黄应贵：《人类学的视野》，群学出版有限公司，2006年，第163页。

④ 赵世瑜：《结构过程·礼仪标识·逆推顺述——中国历史人类学研究的三个概念》，《清华大学学报（哲学社会科学版）》2018年第1期，第1-11页。

⑤ 赵世瑜：《在空间空间中理解时间》之《叙说：从区域社会史到历史人类学》，北京大学出版社，2017年，第10页。

⑥ ［宋］欧阳修、宋祁：《新唐书》卷2《太宗纪》，中华书局，1975年，第40页。

⑦ ［后晋］刘昫等：《旧唐书》卷198《西戎传·高昌》，中华书局，1975年，第5295-5296页。

如何处置它们，唐廷内部虽然有过短暂的争论①，争论的焦点是要不要以高昌为州县。最终，唐太宗坚持己见，改羁縻性质的西昌州为西州，从此开启吐鲁番区域史的属唐阶段。唐克高昌后，在此推行了一系列与中原一体化的立新举措，对此，张广达先生早有真知灼见，并广为学界征引②。从破旧方面来看，唐灭高昌，从本质上而言是推翻了麴氏统治高昌的政治基础，打破了高昌国既有的社会秩序和社会关系，使其原有的王国体制下人群之间的政治关系、经济关系、社会关系完全破灭，无法再继续编织高昌国时期的"关系与意义"网络。那么，从社会变迁的视角来看，高昌国各色人群原有的关系怎样，他们通过能动的、有目的的活动在编织着怎样的意义网络，唐灭高昌到底是怎样破坏了旧的社会关系与社会秩序呢？

入唐前，麴氏高昌是吐鲁番盆地一个高度君主集权的独立王国。《周书·高昌传》对其权力结构有明确记载：在最高统治者高昌王之下，"官有令尹一人，比中夏相国；次有公二人，皆王子也：一为交河公，一为田地公；次有左右卫；次有八长史：日吏部、祠部、库部、仓部、主客、礼部、民部、兵部等长史也；次有建武、威远、陵江、殿中、伏波等将军；次有八司马，长史之副也；次有侍郎、校书郎、主簿，从事、阶位相次，分掌诸事；次有省事，专掌导引。其大事决之于王，小事则世子及二公随状断决。评章录记，事讫即除。籍书之外，无久掌文桉。官人虽有列位，并无曹府，唯每旦集于牙门评议众事。诸城各有户曹、水曹、田曹。每城遣司马、侍郎相监检校，名为城令"③。《北史·高昌传》对高昌官制的记载与此一致。

入唐前，高昌的田制也具有鲜明的地方特色。据杨际平先生研究，高昌国的土地有官田与民田两种之别。在官田中，屯田又占比相当大④。高昌的大规模屯田可追溯到西汉元帝时期，"置戊己校尉屯田"⑤，此后，汉在高昌的屯田也从交河城发展到高昌壁一带⑥。十六国时期，高昌屯田分为军屯与民屯。

吐鲁番哈拉和卓91号墓出土了一件《兵曹下八幢符为屯兵值夜守水事》，这是高昌在北凉时期设有军屯的典型例证：

1 ——右八幢知中部屯。次屯之日，幢共校将一人撰（选）兵十五人夜住
2 　守水。残校将一人，将残兵，值苟（狗）还守。
3 兵曹掾张预、史左法强白。明当引水溉两部。
4 司马　　蔺　　功曹史　　　璋
5 　　　　　　　典军主簿　　　嘉
6 录事参军　悦　　五官　　　　洿⑦

① 董永强：《平高昌前后的争论与唐初西域政策的转向》，《唐都学刊》2021年第2期，第5-12页。

②张广达：《唐灭高昌国后的西州形势》，载张广达：《文书、典籍与西域史地》，广西师范大学出版社，2008年，第114-152页。

③［唐］令狐德棻等：《周书》卷50《异域下·高昌》，中华书局，1971年，第914-915页；［宋］司马光编著，［元］胡三省音注：《资治通鉴》卷195"唐太宗贞观十四年"，中华书局，1956年，第6156页。

④ 杨际平：《麴氏高昌土地制度试探》，《新疆社会科学》1987年第3、4期，第86-102页。

⑤［汉］班固：《汉书》卷96下《西域传下》，中华书局，1962年，第3924页。

⑥ 王素：《高昌史稿·统治篇》，文物出版社，1998年，第69-83页。

⑦ 唐长孺主编《吐鲁番出土文书》录文本第1册，文物出版社，1981年，第138页；图录本（壹），文物出版社，1992年，第70页。

唐长孺先生研究指出，此件应属义和、建平年间文书。幢是高昌郡军队的基本编制[①]，所谓“八幢知中部屯”，是指中部屯田的任务由八个幢来负责。具体内容是郡兵曹向八幢下符，要求八幢拣选十五员屯兵负责值夜守水，灌溉中部屯田。中部之外，高昌郡屯田应当还有东部，也是由其他幢负责屯种。部是汉代屯田单位，北凉因袭，“明当引水溉两部”即就此而言。从中部屯田需要八幢来负责，仅值水就需要十五人来判断，高昌郡时期，军屯的规模相当大。

杨际平先生援引《高昌崇光（620—623）某年条列得部麦田、□丁头数文书》指出，“此件乃计丁授田文书，主持授田的机构属于军事系统，授田者应为兵丁，所授之田乃‘部麦田’”。在他看来，这些“部麦田”应属于屯田机构所有[②]。此说应与事实相近。官方屯田被授给兵丁，计丁授田；兵丁赖以生存的经济基础——官田，来自屯田机构的授给，因此，他们依附于麴氏高昌政权而存在，并承担相应的义务。

麴氏高昌时期，高昌国设立专门机构负责对屯田进行管理。阿斯塔那591号墓《高昌延寿十七年（640）屯田下交河郡、南平郡及永安等县符为遣麴文玉等勘青苗事》：

1 令　敕交河郡、南平郡、永安县、安乐县、洿林县、龙泉县、安昌县、□□□□

2　昌县，郡县司马主者：彼郡县，今遣麴郎文玉、高[　　]

3　青苗去，符到奉　　　　　　　　□。

4　　　　威远将军门下校郎麴　　　　□□

5 延寿十七年庚子岁四月九日　起

6　　　　虎贲将军屯田□□高　　　　□□

7　　　　屯　田　司　马司空　　　　□□

　　　　虎贲将军中兵校郎张　　世隆[③]

这是一件以高昌王的名义下发的敕令。文书内容是屯田曹向各郡县下符通报，高昌王派遣麴文玉等到各郡县勘察屯田苗情，要求郡县负责屯田的司马主者，“符到奉行”。麴氏高昌在辖境内设有交河、南平、横截、田地四郡，二十一县。此件中，勘青苗事涉及吐鲁番盆地西部两郡七县的屯田，有理由推断，吐鲁番盆地东部的郡县也有类似的官方屯田。可见，麴氏高昌屯田机构管理的土地范围相当广泛，遍布四郡二十余县。屯田经济成为麴氏高昌的经济命脉，为此，高昌国设立专职屯田机构——屯田部。“屯田司马”为专门负责与屯田相关具体事务的官员。

除军屯由附于军籍的“部兵”“部隤”垦种外，高昌官方屯田采取租佃方式经营，出现屯田租佃化、私有化的现象。阿斯塔那24号墓出土《高昌延昌酉岁屯田条列得横截等城葡萄园顷亩数奏行文书》反映出屯田租佃税收的情况：

1 [　　　　　　　　]□截俗四半　交河俗二半六十步

2 [　　　]安乐俗八亩　洿林俗四亩　始昌俗一半　高宁僧二半

① 唐长孺：《吐鲁番出土文书中所见的高昌郡军事制度》，《社会科学战线》1982年第3期，第154–163页。

② 杨际平：《再谈麴氏高昌与唐代西州“部田”的历史渊源》，《中国史研究》1988年第2期，第23–33页。

③ 唐长孺主编《吐鲁番出土文书》录文本第4册，文物出版社，1983年，第124页；图录本（贰），文物出版社，1994年，第71页。

3　　都合桃（萄）壹顷究（玖）拾叁亩半

4 谨案条列得桃（萄）顷亩列别如右记识奏诺奉　　□

5　门 下 校 郎 麹　　　　　琼

6　通 事 令 史 麹　　　　　□

7　通 事 令 史 史　　　　　□□

8　　　　□　　　　　□

9　　　　□　　　　　□

10　　　　和　　　　　隆□

11　　　　阴　　　　　□

12 ＿＿＿＿酉岁九月十五日＿＿＿＿

13　□□□军肤叠□吐诺他跋鍮屯发高昌令尹麹　伯雅

14　右 卫 将 军 绾 曹 郎 中麹　绍徽

15　虎 威 将 军 兼 屯 田 事焦　□□

16　屯　田　参　□　　□　□□

17　屯　田　参　□　　□　□□

18　屯　田　吏　　　索　善护

19　屯　田　吏　　　阴　保相①

此残件中存有横截、交河、安乐、洿林、始昌、高宁六城，基本全都位于吐鲁番盆地西部。“都合萄壹顷玖拾叁亩半”，说明屯种葡萄的土地有709.5亩。文书中在城名后标注“僧”或“俗”，应是指该城的葡萄园是由僧俗租佃耕种的，之所以区别僧俗很可能是征收租税时税额有所差别。此件5—19行中，有多位官员联署，其中包括“虎威将军兼屯田事”“屯田参□”“屯田吏”等专事屯田者，这说明，麹氏高昌后期，屯田部门的职能发生变化，负有对屯田租佃者的征税之责。

平高昌后，麹氏政权被唐推翻，统治高昌的权力机构被摧毁，唐朝打压麹氏高层世族地主的同时，又笼络下层百姓。这方面的做法有二：一方面“智盛君臣及其豪右，皆徙中国”②，王姓麹氏及大族张氏被迫迁往内地，置于长安、洛阳两京③，“曲赦其部内大辟罪以下”④，并遣使安抚百姓和僧尼；另一方面，将“彼州所有官田，并分给旧官人首望及百姓等”⑤，由此可见，唐克高昌后，麹氏官田尽被唐所有，唐又将其分给当地需要依靠的人群。高昌旧官人、首望，及为乡闾所服者则成为唐朝治理西州、恢复秩序的社会基础⑥。这些人

① 唐长孺主编《吐鲁番出土文书》录文本第5册，文物出版社，1983年，第2-4页；图录本（贰），文物出版社，1994年，第168-169页。

② ［后晋］刘昫等：《旧唐书》卷198《西戎传·高昌》，中华书局，1975年，第5296页；［北宋］王钦若等编《册府元龟》卷1000《外臣部·亡灭》，中华书局，1960年，第11740页。

③ 陈国灿：《跋武周张怀寂墓志》，《文物》1981年第1期，第47-50页。

④ ［北宋］王钦若等编《册府元龟》卷84《帝王部·赦宥三》，中华书局，1960年，第988-989页。

⑤ 罗国威整理《日藏弘仁本文馆词林校证》卷664《贞观年中巡抚高昌诏一首》，中华书局，2001年，第249页。

⑥ 梁振涛：《“旧官人、首望及为乡闾所服者”：唐初西州治理的社会基础》，《云南大学学报（社会科学版）》2018年第6期，第64-74页。

群之所以能够被唐有选择地任用，前提是唐朝对麴氏官田[①]进行了国有化改造和利用，贞观十四年九月开展的户口和土地调查就是为这种改造和利用所做的前期工作。此后，唐朝新的户籍制度和土地制度得以迅速在西州实施；牢牢掌控土地和人口两大资源，这为唐朝在西州推行与中原一体化的军政体制奠定了稳固的基础。

唐灭高昌事件使麴氏高昌与统治人群的原有关系发生割裂，失去政权后，高昌王国的行政机构被捣毁，再也无法依据政权的力量占有官田，屯田机构也无法“计丁授田”给兵丁，更无法对官田征收租税，失去维持统治的经济来源。总之，高昌国原有人群（高层与基层、官府与兵民、商贾与屯民）之间的“意义与关系网络”被打破，被新的关系网所取代。正是由于新的异于高昌的政治势力的直接强力介入，唐朝的州县制度、户籍制度、土地制度、官僚制度、军事制度等一系列中原体制也被有目的地引入西州，在西州社会各个方面都实现了对原有社会的革新，完成了一次结构性的变迁过程。这次结构过程是对高昌国取代高昌郡结构过程的中断，因此可以视作吐鲁番社会的再结构过程。从此，独立王国阶段结束，唐西州阶段开启，吐鲁番社会又进入一个全新的“关系与意义网络”的生成与维护过程。

二、市场繁荣使得吐鲁番社会的商品和人群流动更为频繁

吐鲁番是丝绸干道上的交通枢纽，是中原进入西域的门户，得天独厚的地理位置使得它自然而然成为丝绸之路上重要的贸易中转站。麴氏高昌时期，麴伯雅曾臣服铁勒，规定“有商胡往来者，则税之，送于铁勒”[②]，而且对高昌市场上的买卖征收交易税。朱雷先生通过阿斯塔那514号墓所出《高昌内臧奏得称价钱帐》讨论了麴朝对胡商征收的某种商税[③]。节引文书部分记载如下：

1 起正月一日，曹迦钵买银二斤，与何阜尸屈二人边得钱二文。即日，曹易[婆]□

2 罚银二斤五两，与康炎毗二人边得钱二文。次二日，翟陁头买金九两半，与

3 □显祐二人边[得]▭。[次]三日，何阿陵遮买银五斤二两，与安婆□

4 □□□□钱五文。即日，翟萨畔买香五百七十二斤，鍮石叁[拾]▭

5 ▭[文]。次五日，康夜虔买乐（药）一百肆拾四斤，与宁祐憙二人[边]

6 ▭觞买糸（丝）五十斤、金二十两，与康莫毗多二人边得钱七文半。

7 ▭五斤，与▭得钱七十文。次八

8 ▭二人边得钱肆拾二文。

9 都合得钱一百肆拾柒文。

---

① 李宝通认为，魏晋南北朝时期高昌的土地所有制关系，应视为世族所有制占主导地位的土地所有制形态。按：此为见地之论。高昌土地虽实质上为世族地主占有，但在名义上称“官田”，故仍从之。参见李宝通：《试论魏晋南北朝高昌屯田的渊源流变》，《西北师范大学学报》1992年第6期，第80–85页；后收入北京图书馆敦煌吐鲁番学资料中心、台北《南海》杂志社合编《敦煌吐鲁番研究论集》，书目文献出版社，1996年，第304–321页。

② ［唐］魏徵等：《隋书》卷83《高昌传》，中华书局，1973年，第1848页。

③ 朱雷：《麴氏高昌王国的“称价钱”——麴朝税制拾零》，载武汉大学中国三至九世纪研究所编《魏晋南北朝隋唐史资料》第4辑，武汉大学历史系魏晋南北朝隋唐史研究室，1982年，第17–24页。

10 ______岁正月十五日内藏　　　　奏[①]

从这件奏文记载来看，买卖双方有康、何、曹、安、石等姓的昭武九姓胡人，也有白姓龟兹人，翟姓高车人，还有西突厥人。其中昭武九姓胡人占绝大多数。交易的商品包括金、银等贵金属和鍮石、铜，还有香料、郁金根、硇沙、药材、丝绸、石蜜等等。交易不是零售，而是以上商品的大宗批发贸易。可见，这些产自高昌以外地区的商品通过丝绸之路汇集于此，高昌市场成为大宗货物的集散地。麴氏高昌对在其市场交易的商品征收商税，不同商品税率有所差异，获利丰厚。朱先生最后指出，这种“称价钱”与“臧钱”同样是商税，都是麴氏王室通过“内臧”机构直接向商胡征收的，然后奏申高昌王。麴文泰控制高昌市场，征收重税以维持麴氏王朝的财政收入，供养王室、官吏、士兵和僧侣。由于高昌市场的巨大利益诱惑，“伊吾之右、波斯以东，职贡不绝、商旅相继，琛宝遭其寇攘，道路由其拥塞”。不仅如此，麴氏还对“畜牧园果，悉有征税”，最终导致“众力既尽，人财已竭”[②]，横征暴敛成为唐伐麴文泰的八宗罪之一。

入唐后，商道疏通，李唐王朝对域内外不同族群采取开放宽和政策，大力促进经济文化交流。东来西往的商胡，主要是昭武九姓粟特商人相继来西州贸易。西州市场得到空前发展。西州都督府治高昌城。从高昌城建筑遗址中可见，城南分布着居民区、手工业作坊和商业市场。在固定的商业区里，不仅有摊贩交易之地，也有鳞次栉比的店铺，店内货物琳琅满目。西州商品经济的发展水平已经相当高，市场上已有按照商品种类分行业经营的店铺，这在《唐天宝二年（743）交河郡市估案》中有比较集中的体现：

[市司]　牒上郡仓曹司

米面行

白面　壹斗　上直钱叁拾捌文　次叁拾柒文　下叁拾陆文

北庭面　壹斗　上直钱叁拾伍文　[次]

……

帛练行

大练　一疋　上直钱肆佰柒拾文　次肆佰陆拾文　下肆佰伍拾文

……

果子行

干葡萄　壹胜　上直钱拾柒文　次拾陆文　下拾伍文[③]

交河郡市场上，类似“米面行”“帛练行”“果子行”“釜铛行”等商铺，多达四十余个。众多店铺经营着当时来自益州、梓州、蒲州、陕州、常州等地的大量纺织品，通过西州市场销往天山南北各地，甚至中亚、西亚。从波斯、印度和罗马运来的毛织品、香料以及各种奇珍异货，也在市场上展销。在西州市场上交易的货物要按照官方制定的统一价格售卖，活跃于西州市场的胡商群体通过商品货物将自己的文化和信仰也带入吐鲁番盆地，使得吐鲁番社

① 唐长孺主编《吐鲁番出土文书》录文本第3册，文物出版社，1981年，第318-319页；图录本（壹），文物出版社，1992年，第450-451页。

② ［宋］宋敏求编《唐大诏令集》卷130《蕃夷·讨伐》“讨高昌王麴文泰诏”，商务印书馆，1959年，第702-703页。

③ ［日］池田温撰，龚泽铣译《中国古代籍帐研究》，中华书局，2007年，第303-318页。

会更为多样多元。他们不仅在丝绸之路上长期从事长途贩运，而且入籍伊、西、庭等州，逐渐成为西州都督府治下的定居人口，实现了从游走四方到定居市镇的转变。他们中有的按照唐朝的均田制占有西州土地，承担着均田农民的义务。他们的融入，给西州社会注入了新的活力。

与发达的商品经济相适应，在吐鲁番社会经济活动中，发展出高度发达的契约文化，规范约束着经济行为的利益相关方。目前可知，吐鲁番出土的契约总数有265件之多。总体来看，高昌郡时期的契约有7件，高昌国时期有94件，唐代则有160件，还有几件时代不明。吐鲁番出土契约的一半以上都是唐代签订的，可见唐代西州商品经济的发达。吐鲁番出土的唐代契约中租佃契与借贷契占大宗，此外，还有为数不少的买卖契。在古代社会的经济活动中，无论标的物是什么，租佃和借贷行为多发生在邻里熟人之间，因此，契约担保人也是当地社会小圈子里的熟人。买卖交易中，地缘关系对买卖行为的发生起着至关重要的作用。高昌国时期，买卖双方基本都在高昌狭小的范围内活动。但在西州时期不是这样。比如，买卖契约双方都要附加籍贯或身份等说明文字。

阿斯塔那35号墓所出《唐咸亨四年（673）西州前庭府杜队正买驼契》较为完整，移录如下：

1 咸亨四年十二月十二日，西州前庭府队正杜（后缺）
2 交用练拾肆疋，于康国兴生胡康乌破延 边
3 买取黄敦（驤）驼壹头，年十岁，其驼及练即
4 交想（相）付了。若驼有人寒盗认 佲
5 者，一仰本主及保人酬当，杜悉不知。叁日
6 不食水草，得还本主。待保未集，且立
7 私契；保人集，别立市契。两和立契，获指
8 □验。
9 驼主康乌破延［画指］
10 买驼人杜
11 保人都护人敦
12 保人同乡人康莫遮［画指］
13 知见人张轨端①

本件契约中，买方杜某前附加籍贯“西州”和身份“前庭府队正”。卖方康乌破延边也附加籍贯“康国”和身份“兴生胡”。契约中写明“若驼有人寒盗认名者，一仰本主及保人酬当，杜悉不知”。从此卖方责任内容来看，这件买驼契应是卖方出具给买方杜队正的单契。双方都指明籍贯和身份，说明西州汉人与康国兴生胡是在平等的地位下订立的契约，也说明当事人个人信息含量比高昌国时期增大，买卖行为发生的范围也比高昌国时期有所扩大，突破邻里、县乡范围，不仅在西州及其周边地区，而且扩大至内地，甚至中亚。粟特商胡在西州社会生活中极为活跃，他们交易的范围广泛扩大，拓宽了丝路商贸网络，使更广阔地域中的人群通过西州市场得以联系起来。

① 国家文物局古文物研究室等编《吐鲁番出土文书》录文本第7册，文物出版社，1986年，第389-390页；图录本（叁），文物出版社，1996年，第485页。

三、多民族杂居共处共同创造出吐鲁番社会的多元文化

两汉以来，汉族一直是吐鲁番盆地的主体民族，汉族与其他族群、部族共同杂居、聚居于此，放牧耕种，生息繁衍。

杜斗城、郑炳林先生曾撰文讨论过高昌国的民族结构。他们根据高昌国时期的吐鲁番文书中居民姓氏出现次数的多少，推断各姓在高昌人口中所占的比重，并统计出《高昌王国各姓出现次数对照表》。两位先生经过分析后，得出以下结论："高昌居民分两部分，一部分是从中原迁来的汉族，一部分是从西域等地移居高昌的古代少数民族。我们从各姓氏出现的比率可以计算出，在高昌人口中，汉族是高昌王国的主要民族，占人口的70%～75%，而少数民族居民占25%～30%。从高昌王国的民族结构，可以得出高昌王国是一个以汉民族为主体的多民族成份的政权。"①此论已成学界共识。根据笔者对西州时期胡汉新增姓氏的研究，各色人群以不同方式、不同原因迁入西州的情况并未停止。以汉族为主，多民族共处的基本格局得以延续。

汉人之外，无论是在高昌国时期，还是在唐西州时期，粟特人都在当地社会占有相当大比例，而且社会地位不低。他们之中，有些长期定居高昌，入籍之后，与当地其他各族百姓一样，成为唐西州政府的均田农民，可依据均田令获得土地，并承担相应的赋役；有的进入军政官僚体系，成为里正、佐史、驿长、仓督、队正、主帅等中下级官吏。他们不仅有自己的寺院，如"康寺"；还有自己的家族墓地，比如康姓粟特人，他们的家族墓地在交河沟西台地被考古发现②。康氏家族墓地茔院内有33座墓冢，出土有康姓墓表、墓志3方，是沟西墓地最大的茔院之一。墓冢南北成行，东西成排，排列有序，显然是聚族而葬的结果。这表明他们在交河故城传承多代，已然是一个大家族。

多个民族在吐鲁番的分布状态呈现大杂居、小聚居的特点。陈国灿先生曾分析过魏晋至隋唐间以武威为中心的河西地区胡人的聚居特点，指出："这些分布在河西诸州郡的胡人，与汉族居民之间，在大的范围内，形成一种交错杂居的局面；而在小的局部地区又是相对集中的，保持着聚居的状态，如武威的乌城、胡村、太平乡，敦煌的从化乡等。大杂居的局面使得他们不能不出现民族间的融合或汉化，而小聚居的状况又使他们有力量拥兵自卫，长期维护着本民族的一些特点，使民族融合或汉化的进程缓慢而冗长。"这段话准确概括了在民族聚居区杂居与聚居的关系，以及杂居与融合的关系。就整个吐鲁番盆地而言，杂居是吐鲁番民族分布的基本格局。分布在吐鲁番地区的各族居民，与汉族在整个盆地范围内形成交错杂居的状态；但在小的局部又有相对集中的现象存在，呈现聚居局面。粟特人即如此。

从5世纪到7世纪，粟特人不断东来，在麹氏高昌前期，粟特人便以部落移民的方式进入高昌③。进入高昌的粟特人有相当部分是以聚落形式聚居的，至于高昌粟特的聚落位置，

① 杜斗城、郑炳林：《高昌王国的民族和人口结构》，《西北民族研究》1988年第1期，第86页。

② 吐鲁番地区文物局：《新疆吐鲁番地区交河故城沟西墓地康氏家族墓》，《考古》2006年第12期，第12-26页。

③ 吐鲁番阿斯塔那31号墓出土的《高昌曹莫门陀等名籍》（图录本第1册，第359页）和514号墓出土的《高昌内藏奏得称价钱帐》（图录本第1册，第450-453页），据姜伯勤先生研究，前者是"客胡"名册，后者是官府收取进口贸易管理附加税的记录，买卖双方大部分为粟特人（包括入籍和未入籍两类）。

荣新江先生指出："麹氏高昌时期，高昌城及其周边地区有粟特聚落当无疑义。至于其具体位置，一个可能在高昌城东胡天近旁。一个可能在文书中提到过的'丁谷天'所在的吐峪沟沟口一带。"[①]唐灭高昌，设立西州后，吐鲁番地区也被纳入唐朝地方行政体制之下，实行郡县乡里制度。入籍高昌的粟特人被集中归入乡里。姜伯勤先生对阿斯塔那35号墓出土的《唐神龙三年（公元707年）高昌县崇化乡点籍样》研究后，指出高昌县崇化乡有相当数量的粟特裔民聚居[②]。经池田温进一步考证，崇化乡的粟特人主要集中在安乐里，而其他里则多有汉姓户口[③]。荣新江先生在前两位先生研究后补充道："值得注意的一点是，安乐里的粟特人名直译较多，年龄大多数在40岁以上，而且非常集中，表明他们原本是生活在粟特聚落中的胡人，被唐朝强行编入乡里。"[④]可见，麹氏高昌时代的高昌城东胡天附近、吐峪沟沟口一带，以及西州时期的高昌县崇化乡安乐里，都是粟特人相对集中的区域。

再如西突厥人。高昌城西武城乡一带有西突厥游奕部落存在，这已为吐鲁番出土唐代文书所证实。阿斯塔那509号墓出土有一件《唐开元二十二年（公元734年）西州都督府致游奕首领骨罗拂斯关文为计会定人行水浇溉事》，有残缺，共存9行，其文如下：

1 □□葛腊啜下游奕首领骨逻拂斯

2 □□得中郎将麹玄祚等状称：西面武（后缺）

3 检校。今共曹长史，与此首领计会，传可汗（后缺）

4 计会定人数，长令浇溉，更不用多杂人出（后缺）

5 一水子专领人勾当。首领请与多少粮食。（后缺）

6 用遣杨嘉运领人者。游奕突厥，令于此计会，（后缺）

7 行水浇溉。关牒所由准状者。关至准状，谨关。

8 （前缺）元廿二年八月十二日

9 （前缺）府高山[⑤]

同墓又出土有一件《唐开元二十二年（公元734年）西州高昌县申西州都督府牒为差人夫修堤堰事》，其中第4—8行内容如下：

4 右得知水官杨嘉恽、巩虔纯等状称：前件堤堰

5 每年差人夫修塞。今既时至，请准往例处分

6 者。准状，各责得状，料用人功如前者。依检案

7 （前缺）例取当县群牧、庄坞、底（邸）店及夷、胡户

8 （前缺）日功修塞，件检如前者。[⑥]

---

① 荣新江：《北朝隋唐粟特人之迁徙及其聚落》，《国学研究》第6卷，北京大学出版社，1999年，第34页。

② 姜伯勤：《敦煌吐鲁番文书与丝绸之路》，文物出版社，1994年，第167页。

③［日］池田温：《神龙三年高昌县崇化乡点籍样について》，载《中国古代の法と社会·栗原益男先生古稀记念论集》，1988年，第248-250页、第257-258页。转引自荣新江：《北朝隋唐粟特人之迁徙及其聚落》，《国学研究》第6卷，北京大学出版社，1999年，第34页。

④ 荣新江：《北朝隋唐粟特人之迁徙及其聚落》，《国学研究》第6卷，北京大学出版社，1999年，第34页。

⑤ 唐长孺主编《吐鲁番出土文书》录文本第9册，文物出版社，1990年，第104-105页；图录本（肆），文物出版社，1996年，第315页。

⑥ 国家文物局古文献研究室等编《吐鲁番出土文书》录文本第9册，文物出版社，1990年，第107-108页；图录本（肆），文物出版社，1996年，第317-318页。

有关这两件文书，有不少学者进行过研究。诸家从不同角度切入，对西州突厥游奕部落在西州的位置、部落组织结构、巡逻职责、与西州当局的关系等问题均有分析[①]。笔者在此主要关注的是此突厥部落的位置。从上引前件文书中“西面武（后缺）”来看，似应在高昌县城西武城乡一带，“武”字下可补“城乡”二字。孙晓林文对此有详细考证，此处不赘，笔者认为孙氏文中的分析是有道理的。因此可知，高昌县武城乡一带在开元中后期存在着一支以部落组织形式聚居的突厥人，他们接受西州都督府的统一管辖，被编入“夷胡户”中，保持较大的独立性。其生产方式正由游牧向农耕转变，他们引水灌溉，参加兴修堤堰等大规模水利工程，同时还设置游奕，巡逻警戒，为西州边防安全出力。

粟特人原本多信奉祆教，突厥人多信仰萨满教，他们进入以汉人为主体的高昌社会，入籍为西州百姓后，不断受汉文化影响。佛教在西州大为兴盛，唐代有寺名的佛寺多达50多座。宋人王延德在《西州使程记》中说：“佛寺五十余区，皆唐朝所赐额。”在佛教广为流传的情况下，定居吐鲁番盆地的有些粟特人和突厥人改信了佛教。1980年在柏孜克里克千佛洞出土了10件粟特文书写的佛经残片，据吉田丰先生考证，有两片出自《四分僧戒经》[②]。陈国灿先生认为这是西州粟特人信奉佛教最有力的证据。

萨满教是突厥人的原始宗教信仰。北齐时，中原佛法传入漠北，突厥人开始信奉佛教。《北齐书》卷20《斛律羌举传》中有东突厥信奉佛教的记载：“代人刘世清……能通四夷语，为当时第一。后主命世清作突厥语翻《涅槃经》，以遗突厥可汗，敕中书侍郎李德林为其序。”[③]突厥他钵可汗时代，在其汗国境内建有佛寺。《北史》卷99《突厥传》云：“齐有沙门惠琳，掠入突厥中，因谓他钵可汗曰：‘齐国富强，皆为有佛法。’遂说以因缘果报之理。他钵闻而信之，建一伽蓝，遣使聘齐，求《净名》《涅槃》《华严》等经，并《十讼律》。他钵亦躬自斋戒，绕塔行道，恨不生内地。”[④]不但如此，突厥王室还在其附庸国——高昌——建有佛寺。阿斯塔那517号墓出土的《高昌曹石子等传供食帐》中有：“次传，三斗，供珂寒寺中”[⑤]。高昌崇信佛法，大族均建有家寺，如麹氏所建立的佛寺称“麹寺”，康氏所建的“康寺”，还有“白寺”“车寺”等等佛寺。此件文书中的“珂寒寺”应是“可汗寺”，必为突厥某可汗在高昌所立的王寺。除可汗建寺外，突厥贵族也在高昌建寺，如特勤所立的“特勤寺”。西突厥最南面的属国是迦毕试（今阿富汗贝格拉姆）。当年统叶护可汗派摩出达官送玄

① 吐鲁番文书整理小组、新疆维吾尔自治区博物馆：《吐鲁番出土晋—唐墓葬出土文书概述》，《文物》1977年第3期，后收入新疆社会科学院考古研究所《新疆考古三十年》，新疆人民出版社，1983年，第253-254页；孙晓林：《唐西州高昌县的水渠及其使用管理》，载武汉大学历史系魏晋南北朝隋唐史研究室编《敦煌吐鲁番文书初探》，武汉大学出版社，1983年，第538页；李锦绣：《唐代财政史稿》第3分册，北京大学出版社，1995年，第1088页；李锦绣：《“城傍”与大唐帝国》，载《唐代的历史与社会》，武汉大学出版社，1998年；刘安志：《唐代西州的突厥人》，载武汉大学中国三至九世纪研究所编《魏晋南北朝隋唐史资料》第17辑，武汉大学出版社，2000年；李方：《唐西州的突厥游奕部落》，载周伟洲主编《西北民族论丛》第2辑，中国社会科学出版社，2003年，第88-104页。

② ［日］吉田豊：《柏孜克里克千佛洞出土的粟特文残片》，载柳洪亮主编《吐鲁番新出摩尼教文献研究》，文物出版社，2000年，283-295页。

③ ［唐］李百药：《北齐书》卷20《斛律羌举传》，中华书局，1972年，第267页。

④ ［唐］李延寿：《北史》卷99《突厥传》，中华书局，1974年，第3290页。

⑤ 国家文物局古文献研究室等编《吐鲁番出土文书》录文本第4册补遗，文物出版社，1983年，第27页；图录本（壹），文物出版社，1992年，第363页。

奘法师西行，护送的终点就是迦毕试。西突厥强盛时，其势力所及东南达迦湿弥罗（今克什米尔）。据《悟空入竺记》记载，迦湿弥罗有“可敦寺，突厥皇后置也”，“也里特勤寺，突厥王子置也”；健驮逻（今巴基斯坦白沙瓦、拉瓦尔品第一带）有“特勤洒寺，突厥王子造也”，“可敦寺，突厥王后造也”①。

道教是我国中原地区原生的宗教，它在吐鲁番盆地的传播可以追溯到高昌郡时期。在魏晋时期，道教信仰通过敦煌传入高昌。高昌国时期，在当地百姓的墓葬文书——随葬衣物疏中，道教咒语“急急如律令”比比皆是。唐以前，道教虽在吐鲁番有传播痕迹，但规模和范围都有限，更多是作为民间信仰表现在丧葬习俗之中，远不及佛教势力影响之大。

入唐后，虽然李唐王朝大力提倡道教，但在唐平高昌，西州初立之时，道教仍然保持着较为原始的面貌。开元以前，吐鲁番盆地并未出现道观纷纷建立的情形，即可见一斑。荣新江先生研究指出，西州在各县设立道教宫观，如高昌县的紫极宫、交河县的唐昌观、柳中县的总玄观、蒲昌县的龙兴观、天山县的安昌观，始于唐玄宗时期②。大历四年（769）的吐鲁番文书中出现了天山县的道门领袖张真等人，他们也极可能是安昌观的道士。开元二十九年（741），玄宗诏令在全国诸州设置玄元皇帝庙，专为供奉道教始祖老子。西州道观的建立是响应玄宗诏令的结果。道教信仰多种天神，并通过斋醮活动达到宗教目的。阿斯塔那332号墓出土的《五土解》和《祭五方神文》就是对东方青帝、南方赤帝、西方白帝、北方黑帝、中方黄帝五方天神祭祀的祭文，目的是使“百病驱使消除，日夜觉差，身轻目明”③。吐鲁番出土的道教经典残片，经过比定，有《道德经序诀》《道德经河上公注》《太上洞玄灵宝无量度人上品妙经》《太上业报因缘经》《太玄真一本际经》④等等。

从高昌到西州，西州的儒家教育也有长足的发展。设立西州后不久，唐朝就在西州的州县建立官学，哈拉和卓1号墓所出《唐西州某乡户口帐》证实，西州不仅设有州学、县学，还有医学。

1　　　人［　　　］
2 合当乡归朝总［　　　］
3 　六人并［　　　］
4 　　四人 男□
5 　　二人 妇女
6 合当乡良贱总四百廿七
7 　四百廿七　良
8 　一百六十九 男夫
9 　二百五十八 妇女
10 □ □ 人 贱

① 《游方记抄》卷1《悟空入竺记》，T51，P0980a。

② 荣新江：《唐代西州的道教》，载季羡林等主编《敦煌吐鲁番研究》第4卷，北京大学出版社，1999年，第127-144页。

③ 陈国灿：《高昌社会的变迁》，新疆人民出版社，2013年，第171页；张鹏：《唐写本〈五土解〉性质再探》，载刘永明编《丝绸之路道教历史文化论集》，甘肃文化出版社，2020年，第107-124页

④ 赵洋：《唐代西州道经的流布》，《中华文史论丛》2013年第3期，第163-192页。

11 □当乡白丁、卫士三百卅五人
12 □ [十] 七 人 卫 士、队□
13 □ 人 校尉、旅帅、队副已上
14 四人 侍 丁
15 六十人 见 在
16 二 百 六 十 八 人 白丁
17 ○ ○ 杂 任
18 二 人 医 学 生
19 [七] □ 州 [学] 生
20 □ [人] 县 □ 生
21 □ 人 □ 士
22 ▭ 白 直
23 ▭ 人 □ 衣
五十
24 ▭ 四 人 见 在①

此件无纪年，唐长孺先生推测大致是在贞观时期②，王永兴先生则推定是在唐灭高昌后一两年间③。第2行“合当乡归朝总”应是指唐灭高昌后，该乡投归唐朝的当地百姓总计人数。18—20行，明确记有州学、县学和医学的学生申报归朝。

西州州县官学学生主要的学习教材是儒家经典，除了《急就章》《千字文》《开蒙要训》等启蒙读物之外，还包括《孝经》《礼记》《诗经》《尚书》等。最典型的是《论语》。阿斯塔那363号墓出土的孔氏本郑玄注《论语》，残存178行文字④，是高昌县宁昌乡12岁的义学生卜天寿抄写的。随后，他写打油诗一首：“写书今日了，先生莫咸池（嫌迟），明朝是贾（假）日，早放学生归。”可见，官学学生是要集中住校学习的。

除了经史子集四部典籍之外，在吐鲁番文书中，还发现有古医方、历书、书仪、阴阳书、家书书牍等实用书籍。这说明唐朝在西州推行一体化举措后，汉文化在当地影响日益深化且广泛，它成为各民族交往交流交融最为基本的文化背景。在此基础上，各民族不断发展和保持着自己民族独特的文化、信仰和风俗，逐渐形成一种多元一体的文化格局。

小结

唐灭高昌是吐鲁番地方史上的重大事件。从某种程度上而言，它打破了高昌国在吐鲁番绿洲独立发展的历史进程和方向。以麹氏王室为核心的世家大族统治高昌的历史被终结，连同其统治方式也宣告解体。由于唐朝依靠武力强行介入，原本在旧高昌国体制下的官、民、

① 唐长孺主编《吐鲁番出土文书》录文本第4册，文物出版社，1983年，第7-9页；图录本（贰），文物出版社，1994年，第7-8页。

② 唐长孺：《唐西州诸乡户口帐试释》，载武汉大学历史系编《敦煌吐鲁番文书初探》，武汉大学出版社，1983年，第132页。

③ 王永兴：《唐灭高昌及置西州、庭州考论》，载《北大史学》第2期，北京大学出版社，1994年，第71页。

④ 唐长孺主编《吐鲁番出土文书》录文本第7册，文物出版社，1986年，第533-548页；图录本（叁），文物出版社，1996年，第571-581页。

商社会等级秩序不复存在，汉、胡族群之间的政治、经济、文化关系也被打破，全体高昌旧人长久以来依靠个体能动地建立起来的意义网络也完全破裂，不能再继续延续下去。政权失位，大族失势，社会失序，生业失守，人心失定。

为恢复安定，唐朝就地设置西州，此举带有十分明确的战略目标，就是要将西州纳入王朝直接控制下的地方州县秩序中来，这种具有鲜明目的性的制度设计成为生活于斯的各色人群无法突破而必须适应的根本前提和最大基础。在此前提基础上，唐朝对高昌体制进行一体化改造。比如，推行新的户籍制度、州县乡里制度、均田制和赋役制、府兵制度、馆驿制度等。西州治下的各色人群不得不重新通过自身有目的的行动，创造和经营此生新的目的和意义网络，并由此成为推动唐西州历史继续向前的依靠力量。

经过改造之后，丝绸之路畅通无阻，西州市场随之大为繁荣。不仅继承了高昌国时期的大宗过境贸易，而且在西州主要城市设置商业区，按照商品种类开设各种店铺，展销零售。西州商品琳琅满目，来自西州之外的内地土贡奇货，甚至域外的珍奇异宝都能在市场上见到。作为唐帝国的西陲边州，西州通过市场和商品将自身与唐王朝其他地区结成不可分割的一体，经济交往范围更加广阔，交往人群也更为多样。以汉族为主体的多民族杂居共处于吐鲁番盆地，他们共同创造出西州社会多元的文化样态。

由于汉人大多信仰佛教，西州佛寺林立，最盛时有50余座各式各类的佛寺。所以，西州社会基本上可以视作一个佛教社会。佛教及其文化基本上主宰着西州人的精神世界。有些西州人在日常生活中遭遇疾病与死亡时，常常求神拜佛以化解人生疾苦。佛教不仅深深影响着汉人的信仰，而且还波及其他族群。吐鲁番盆地上活跃的粟特人改为信奉佛教者也大有人在，甚至突厥人也有改信佛教的。有些粟特人和突厥人改信佛教是他们主动融入西州汉人社会，谋求在新政权、新社会中自己生存地位的举措。唐朝政府将道教与儒家思想大力向西州输送，可以视作唐王朝对高昌体制在精神层面上改造的具体措施。

在保持多元化的同时，强调一体性，在政体、市场、文化三大方面，当地社会实现了从高昌到西州的结构性变迁。西州取代高昌是中古吐鲁番社会的再结构过程，其实质就是吐鲁番社会由独立发展向与内地一体化演进，结成休戚与共共同体的过程。无论是站在地方、个体，还是国家立场上，这个过程都是进步的，因为它极大地推动了央地之间、族群之间，以及西州与其他地区之间的交往交流交融。

唐代告身书法研究

——以敦煌吐鲁番出土材料为中心

毛秋瑾（苏州大学）

【摘要】本文在整理唐代传世及出土告身资料的基础上，对告身书写人的身份进行考索，并以敦煌吐鲁番出土告身为例，说明告身原件和抄本在书法上的特征及其和唐代重要书家的关联，从而管窥唐代行政体系中的书手及其书写状况。

【关键词】唐代　告身　书法　敦煌吐鲁番

告身为古代的授官文书，其作用是告知朝廷授官旨意、供被授任者收执以为凭信。告身起源于南北朝时期，至隋唐臻于完备，两宋继续盛行，后逐渐式微[①]。保存至今的唐宋告身实物，主要可分为传世和新出土两类。告身作为政治、社会地位的象征，极受古人重视，在朝廷颁给告身原件之外，多请书法名家抄缮、复写，并有刻石立碑者。故传世告身多以碑帖的形式存留，譬如《忠义堂帖》收入颜氏一门六件告身。而20世纪以来陆续出土的告身，以敦煌、吐鲁番两地为多，有纸写本的告身原件及抄本，亦有告身刻石。史学界的研究者大多从告身内容本身及涉及的公文制度、制作流程入手进行研究。书法界则较多关注传世的告身墨迹，譬如唐代颜真卿《自书告身帖》、传为徐浩的《朱巨川告身卷》，宋代《书司马光拜左仆射告身》《司马光充史馆修撰告身》。这些都是书法史上流传有绪的名作。

① 有关告身起源、定名及发展、衰亡的研究，参见白化文、倪平：《唐代的告身》，《文物》1977年第11期，第77-80页；王铭：《告身文种钩沉》，《浙江大学学报》2011年1月，第36-43页；阴雯艳：《告身档案小考》，《兰台世界》2015年第13期，第67-68页。另参见李萌：《唐宋告身略论》，硕士学位论文，厦门大学，2014年；张博文：《告身制度兴衰考》，硕士学位论文，华东政法大学，2019年。

近二十年来，南宋告身的拍卖和出土多次成为热点①。由于这一情况，告身也成为学术界、收藏界关注的对象。但学界对告身书法还缺乏较全面和深入的研究。本文在整理唐代传世及出土告身实物资料的基础上，将从告身书写者的身份、告身的书写与复制、告身的书法特征及其与唐代重要书家的关联等角度对唐代告身书法进行研究。

一、传世及出土唐代告身资料

历史学者徐畅对存世的唐代告身及相关研究情况进行了细致的梳理，她将唐代告身分为传世文献著录告身、出土告身原件、出土告身抄本、出土告身刻石这四类，在文后用表格的形式进行了整理，共收入41件告身资料，但未用图版②。徐畅的论文发表于2012年，由于近年又有出土告身刻石的新材料出土并公布，加上笔者搜集到的未被其收入文章的材料，本文记录的告身共有50余件。笔者研究的重点在告身书法，因此清晰的图版尤为重要。本文将按前述四类对保存在文献中及现存的告身实物一一整理，告身实物尽可能使用高清图版，每件告身相关的著录和出版徐畅文中有的不再赘述，仅补充新增加的内容。

（一）传世文献著录告身

1. 武德四年（621）汪华越国公告身（诏授告身）（见图1）

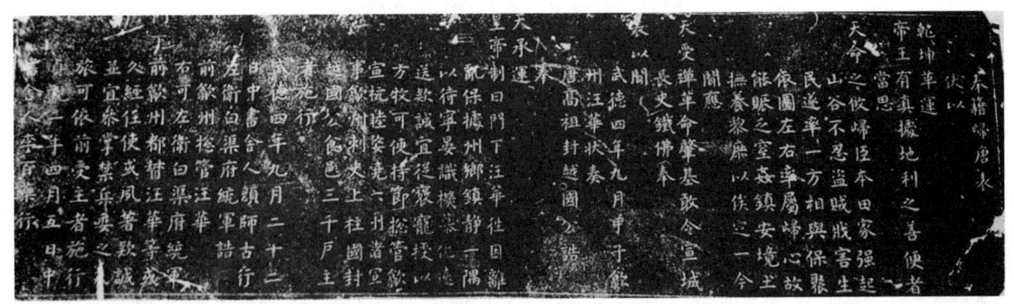

图1　唐武德四年(621)汪华越国公告身

（引自《北京图书馆藏中国历代石刻拓本汇编》③第11册第12页）

2. 神龙二年（706）某氏告身（制授告身）（见图2）

① 2001年，中国嘉德春拍推出以朱熹等三家六劄为首，共五件詹氏所藏南宋书札、文献的整体拍品——包括詹仪之父詹棫《詹棫王曮易任暨詹棫军器监主簿告身》、宋孝宗封赠詹仪之故父詹棫的《詹棫赠朝议大夫、夫人赠安人告身》、宋孝宗“赐詹骙及第诗”拓本及状元詹暌谢表卷、詹仪之弟《詹傚之文林郎告身》，最终被故宫博物院收藏。北京匡时2015春季拍卖会推出南宋《司马伋告身》《吕祖谦告身》，被上海龙美术馆收藏。此前南宋《徐谓礼文书》于2012年随着盗墓案的破获被发现，2019年5月在浙江省博物馆展出；2020年11月27日至30日，遂安詹氏旧藏“南宋淳熙年间詹仪之任官告身”在北京嘉德艺术中心进行预展；12月2日正式上拍。詹氏收藏品相关信息参看“展玩”微信公众号2020年11月23日《惊世国宝！奇迹存世的「南宋詹仪之告身」再现，八百年家族世代守护的传奇》。

② 徐畅：《存世唐代告身及其相关研究述略》，《中国史研究动态》2012年第3期，第33-43页。

③ 北京图书馆金石组编《北京图书馆藏中国历代石刻拓本汇编》，中州古籍出版社，1989年。下文简称《北图拓本》。

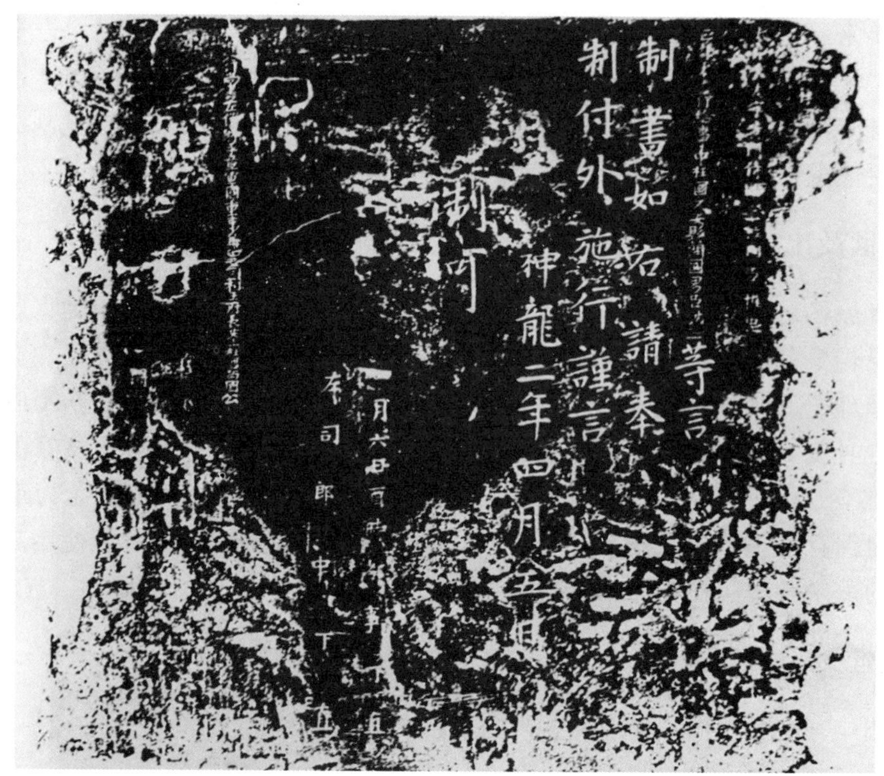
等言
制書如右請奉
制付外施行謹言
神龍二年四月五日
制可

图2　唐神龙二年（706）某氏告身

（引自《北图拓本》第20册26页，徐畅文中标注“第11册”，有误）

3. 开元二年（714）颜元孙滁州刺史告身（制授告身）（见图3）

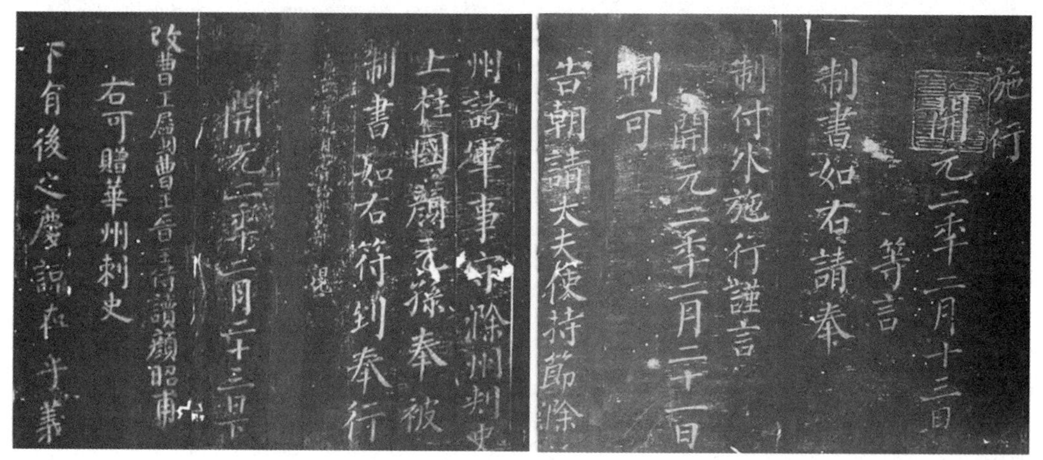
施行
開元二年二月十三日
制書如右請奉
等言
制付外施行謹言
開元二年二月二十一日
制可
告朝請大夫使持節滁
州諸軍事守滁州刺史
上柱國顏元孫奉被
制書如右符到奉行
開元二年二月二十三日
右可贈華州刺史
下有後之慶詔在于篆

图3　唐开元二年（714）颜元孙滁州刺史告身局部

4. 开元二十年（732）李暹汾州刺史告身（制授告身）

5. 开元二十二年（734）张九龄银青光禄大夫守中书令告身（制授告身）（见图4）

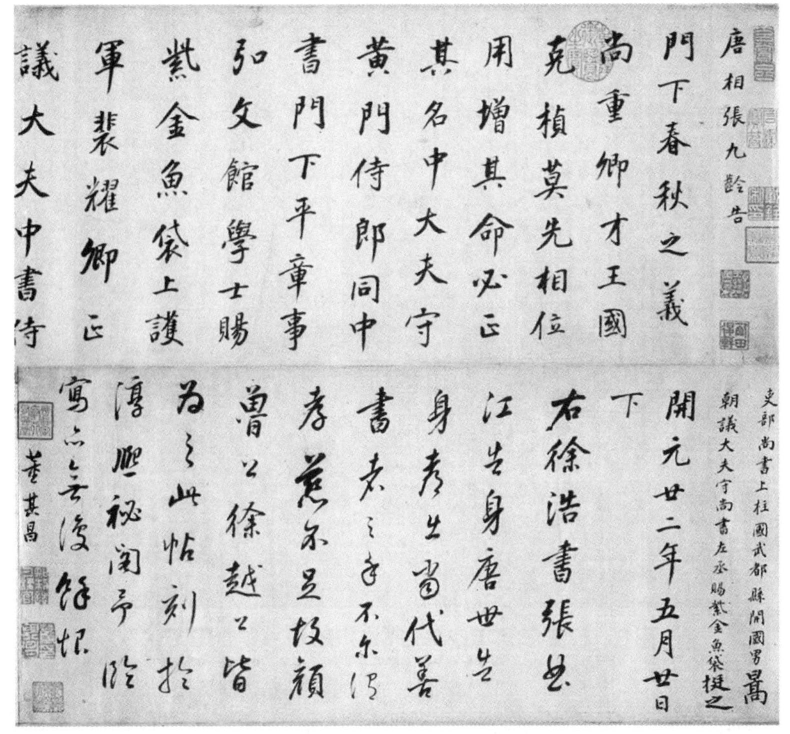

图4　明董其昌临唐开元二十二年(734)张九龄银青光禄大夫守中书令告身局部

6. 乾元元年（758）颜昭甫赠华州刺史告身（制授告身）（见图5）

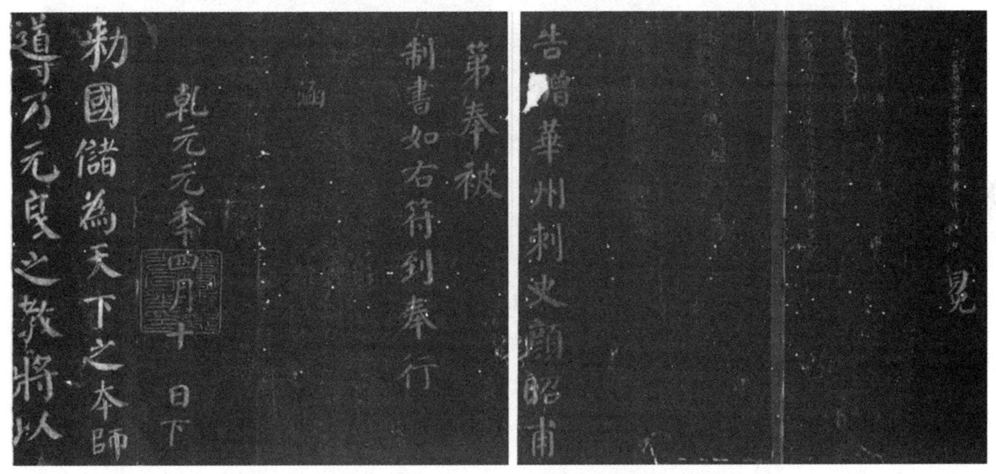

图5　唐乾元元年(758)颜昭甫赠华州刺史告身局部

7. 宝应元年（762）颜惟贞赠秘书监告身（制授告身）（见图6）

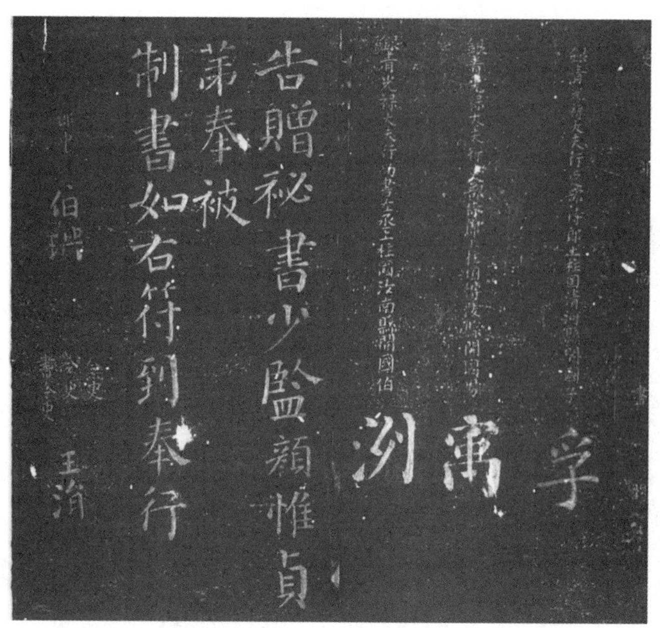
告贈祕書少監顔惟貞
第奉被
制書如右符到奉行

图6　唐宝应元年(762)颜惟贞赠秘书监告身局部

8. 宝应元年（762）颜允南母殷氏赠兰陵郡太夫人告身（制授告身）（见图7）

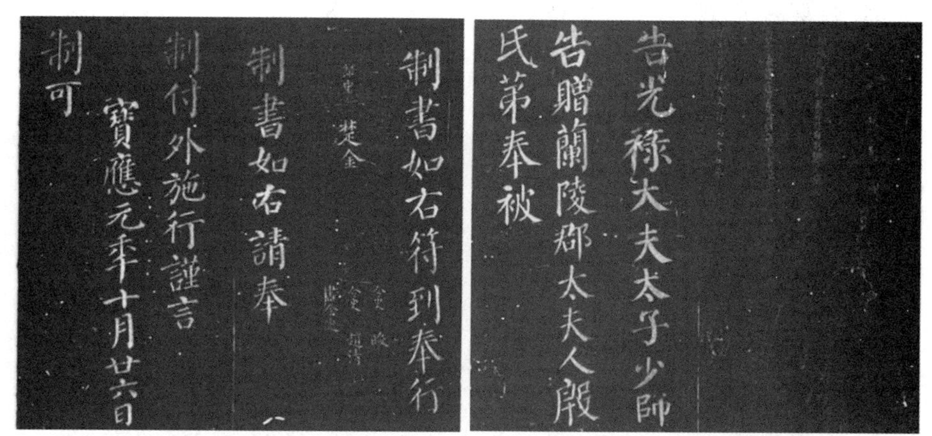
告光祿大夫太子少師
告贈蘭陵郡太夫人殷
氏第奉被
制書如右符到奉行
制書如右請奉
制付外施行謹言
寶應元年十月廿六日
制可

图7　唐宝应元年(762)颜允南母殷氏赠兰陵郡太夫人告身局部

9. 大历三年（768）朱巨川试大理评事兼豪州钟距县令告身（敕授告身）（见图8、图9）

图8　唐大历三年(768)朱巨川试大理评事兼豪州钟距县令告身

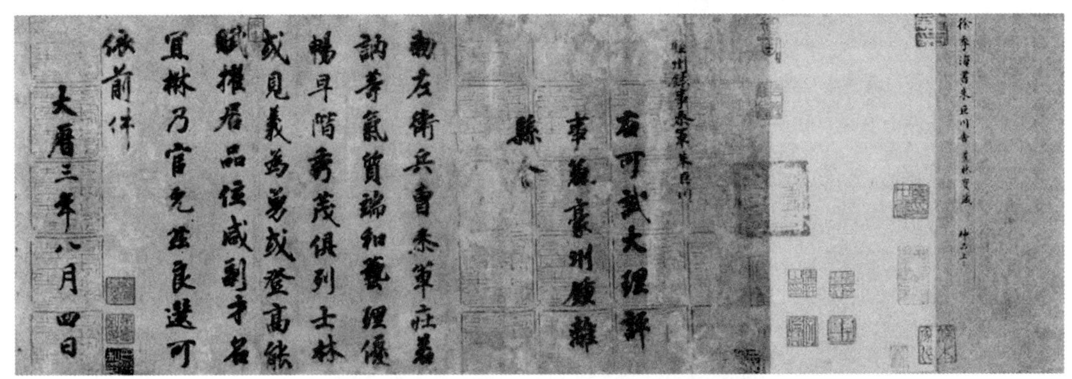

图9　唐大历三年(768)朱巨川试大理评事兼豪州钟距县令告身局部

10. 大历十三年（778）颜真卿刑部尚书告身（制授告身）（见图10）

图10　唐大历十三年(778)颜真卿刑部尚书告身局部

11. 大历十四年（779）张令晓资州磐石县令告身（敕授告身）（见图11）

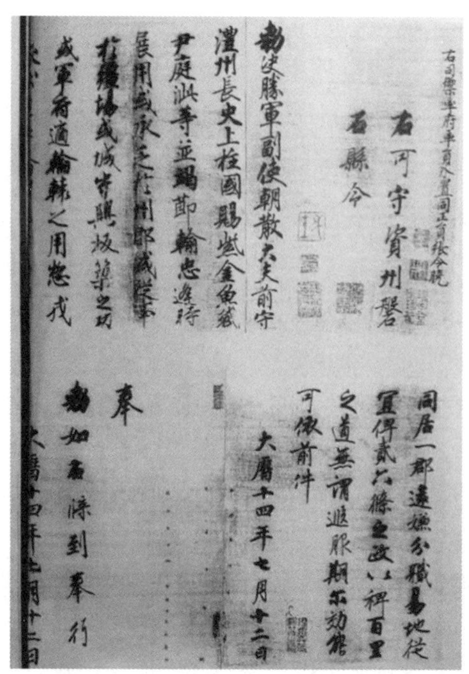

图11　唐大历十四年(779)张令晓资州磐石县令告身

12. 建中元年（780）颜真卿太子少师充礼仪使告身（敕授告身）（日本书道博物馆藏墨迹本见图12，《忠义堂帖》刻帖见图13）

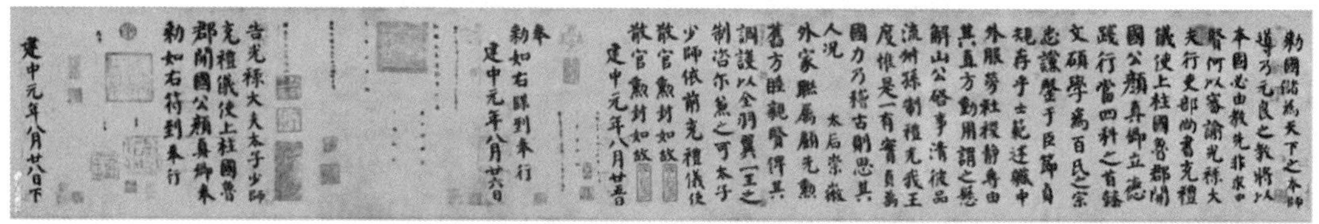

图12　唐建中元年(780)颜真卿太子少师充礼仪使告身写本
（日本书道博物馆藏）

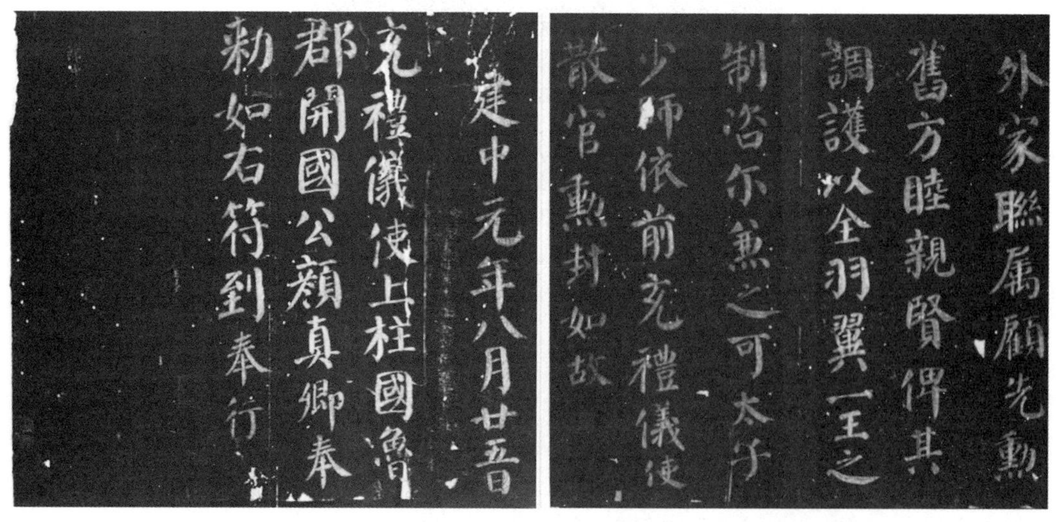

外家聯屬顧先勳
舊方睦親賢俾其
調護以全羽翼（王之
制沿爾無之可太子
少師依前充禮儀使
散官勳封如故

建中元年八月廿五日
充禮儀使上柱國魯
郡開國公顏真卿奉
勅如右符到奉行

图13　唐建中元年(780)颜真卿太子少师充礼仪使告身刻帖局部

13. 建中元年（780）朱巨川朝议郎行起居舍人试知制诰告身（奏授告身）

14. 建中三年（782）朱巨川朝议郎守中书舍人告身（敕授告身）（见图14）

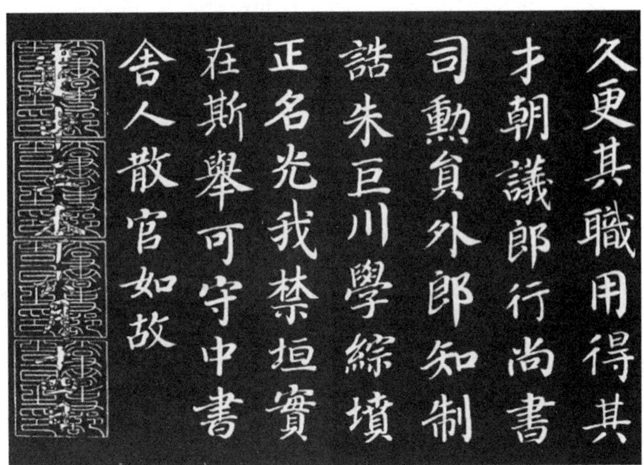

图14　唐建中元年(780)朱巨川朝议郎守中书舍人试知制诰告身局部

15. 会昌二年（842）李绅守中书侍郎同中书门下平章事告身（制授告身）

16. 咸通二年（861）范隋勋官上柱国告身（敕授告身）

17. 元和元年（806）高阶远成中大夫试太子中允告身（敕授告身）

18. 永泰元年（765）金刚三藏赠开府仪同三司及大弘教三藏号告身（敕授告身）

19. 永泰元年（765）不空三藏赠特进试鸿胪卿兼赐大广智不空三藏号告身（敕授告身）

20. 大历九年（774）不空三藏开府仪同三司肃国公告身（敕授告身）

21. 大历九年（774）不空三藏赠司空谥大辨正三藏和上告身（敕授告身）

（二）出土告身原件

1. 高宗—武周（650—662、670—690）间令狐怀寂勋官护军告身（诏授告身）（法国吉美博物馆藏EO.1208V，见图15）

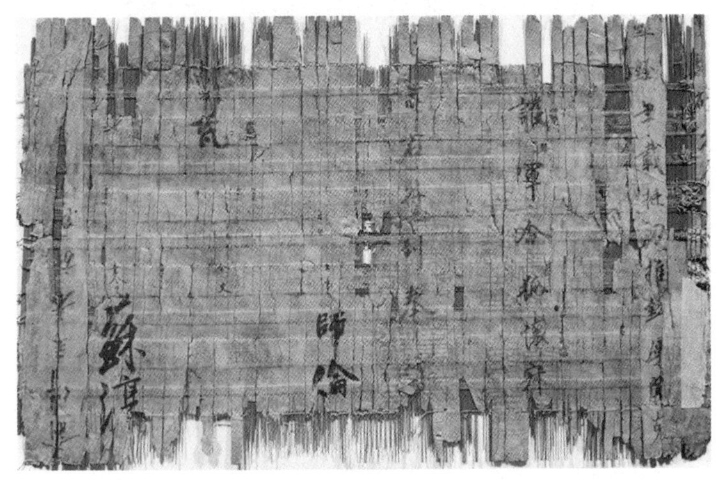

图15　唐高宗、武后时期《令狐怀寂护军告身》残片

（法国吉美博物馆藏EO.1208V）

2. 开元四年（716）李慈艺勋官上护军告身（制授告身）（见图16）

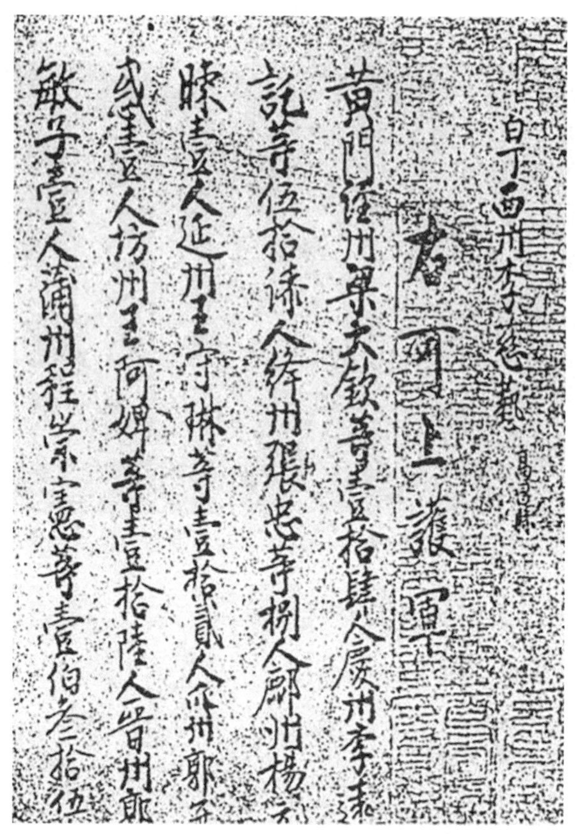

图14　唐开元四年(716)李慈艺勋官上护军告身

3. 开元二十三年（735）某人勋告（制授告身）

4. 开元廿九年（741）张怀钦勋官骑都尉告身（制授告身）（P.2547，见图17）

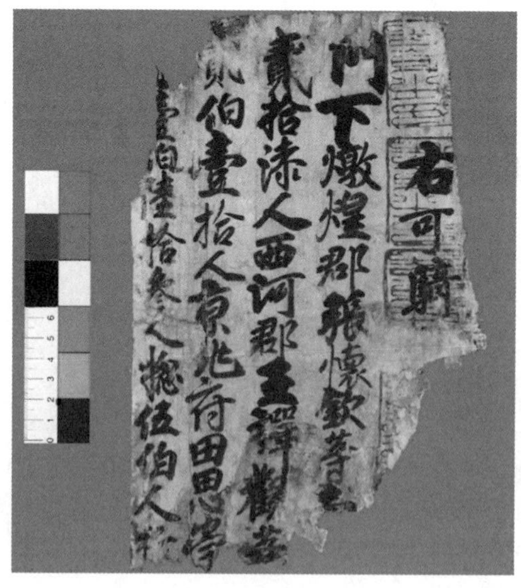

图17　唐开元廿九年(741)P.2547张怀钦勋官骑都尉告身局部

5. 天宝十四年（755）秦元勋官骑都尉告身（制授告身）（S.3392，见图18）

图18　唐天宝十四年(755)S.3392秦元勋官骑都尉告身

（三）出土告身抄本

1. 乾封二年（667）郭伯醜勋官护军告身（诏授告身）（见图19）

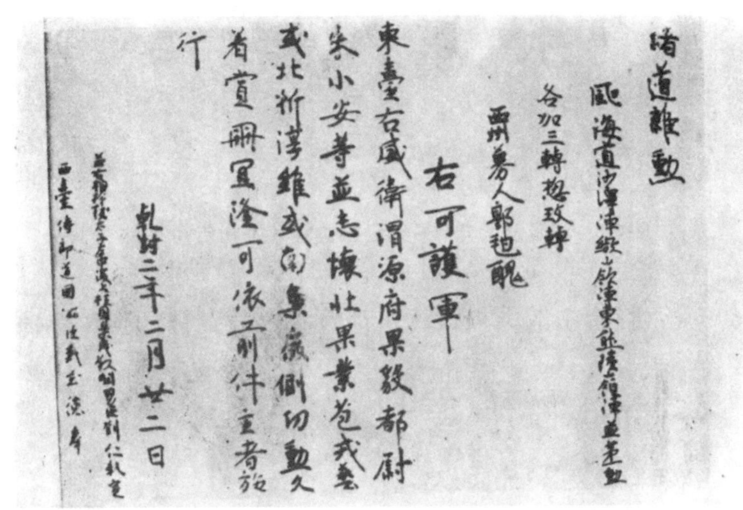

图19　唐乾封二年(667)郭伯醜勋官护军告身抄件

2. 乾封二年氾文开（667）上护军告身（诏授告身）

3. 上元二年（675）和氏容城县太君告身（奏授告身）

4. 永淳元年（682）氾德达飞骑尉告身（令授告身）（见图20）

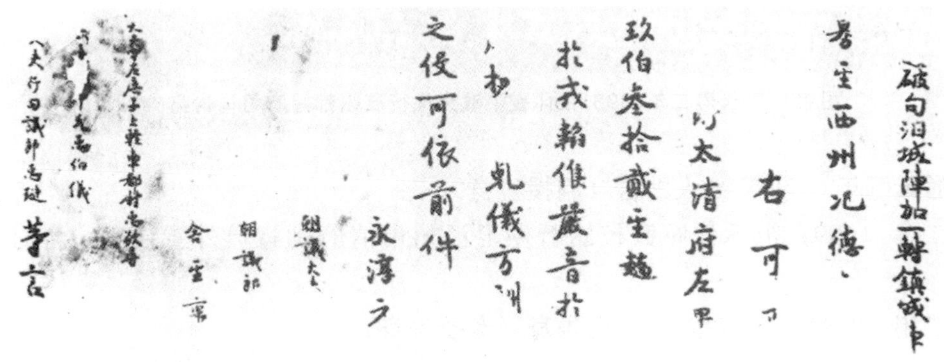

图20　唐永淳元年(682)氾德达飞骑尉告身抄件

5. 延载元年（694）氾德达轻车都尉告身（制授告身）（见图21）

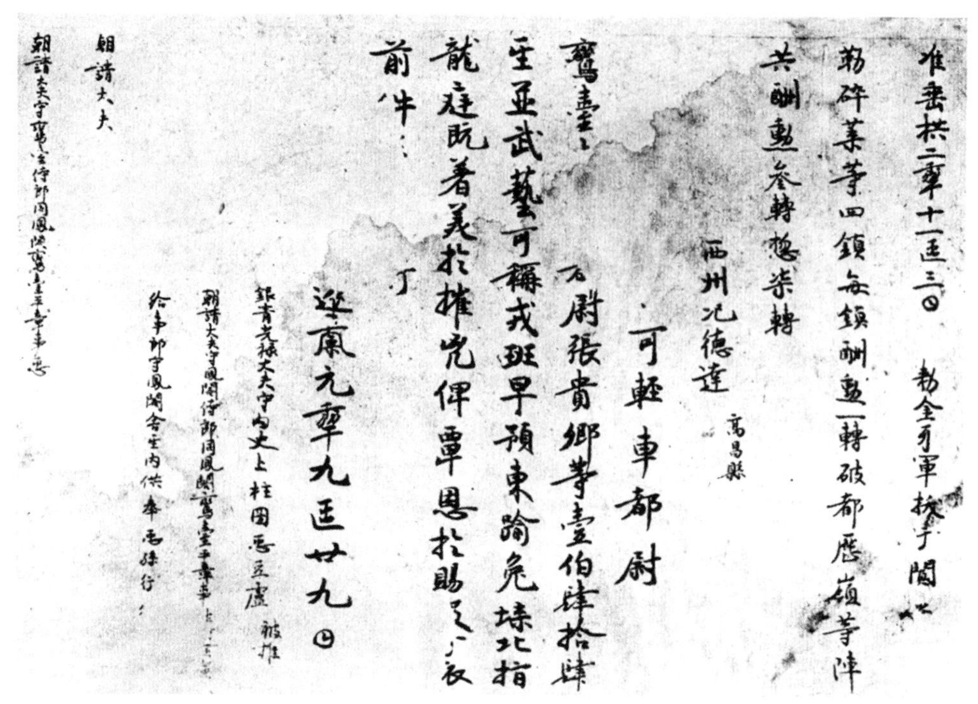

准垂拱二年十一月三日

勅碎葉等四鎮每鎮酬勳一轉破都歷嶺等陣

共酬勳叁轉總柒轉

西州氾德達 高昌縣

可輕車都尉

右尉張貴鄉等壹伯肆拾肆

至亞武藝可稱戎班早預東踰危堞北指

龍庭既著美於摧兇俾覃恩於賜

延載元年九月廿九日

图21 唐延载元年(694)氾德达轻车都尉告身抄件

6. 长寿二年（693）张怀寂中散大夫行茂州都督府司马告身（制授告身）（见图22）

图22 唐长寿二年(693)张怀寂中散大夫行茂州都督府司马告身

7. 万岁通天□年（696）某人勋告（制授告身）

8. 圣历二年（699）氾承俨昭武校尉行左卫泾州肃清府别将员外置同正员上柱国告身（制授告身）

9. 景龙二年（708）□文楚陪戎校尉告身（奏授告身）

10. 景云二年（711）张君义勋官骁骑尉告身（奏授告身）（见图23）

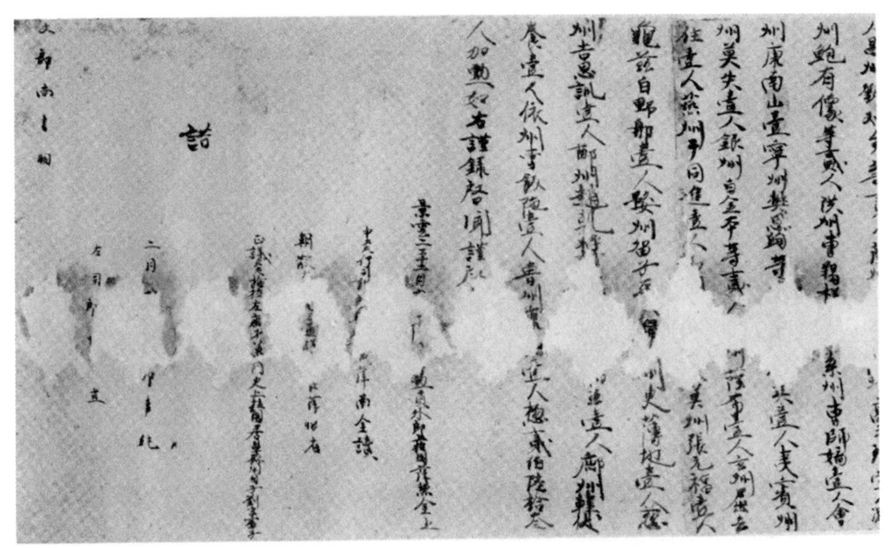

图23　唐景云二年（711）张君义勋官骁骑尉告身

11. 天宝十载（751）张无价游击将军守左武卫同谷郡夏集府折冲都尉员外置同正员告身（制授告身）（见图24）

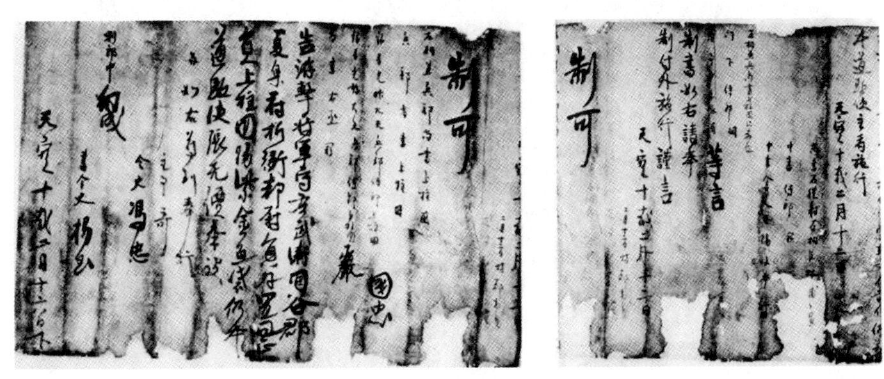

图24　唐天宝十载（751）张无价游击将军守左武卫同谷郡夏集府折冲都尉员外置同正员告身抄件局部

（四）出土告身刻石

1—5. 高祖李渊第十五子虢王李凤和妻刘氏合葬墓出土5块册书刻石（册书）①（见图25）

武德八年（625）封李凤为豳王册书、贞观十二年（638）封虢王李凤为虢州刺史册书、显庆三年（658）封虢王李凤为宋州刺史册书、麟德元年（664）封虢王李凤为青州刺史册书、贞观十四年（640）封刘氏为虢王妃册书。

① 王静、沈睿文在《唐墓埋葬告身的等级问题》中指出，虢王李凤墓随葬册文石而非诏授告身石，其原因在于授官一般采用制授的形式，而授册则是效法古代传统的册命仪式，具有较强的传统意味，并尊贵于制授官。更为重要的是，这种仪式在唐代也并非经常有之。换言之，虢王李凤使用册文刻石下葬意在更加凸显其尊贵的地位，更何况册文本身也记录了授册之官。在已被认定的47道告身中，尚不见册授告身。若依上文推论，颇疑册授告身式的存在。论文刊载于《北京大学学报（哲学社会科学版）》2013年7月第50卷第4期，第35-41页。

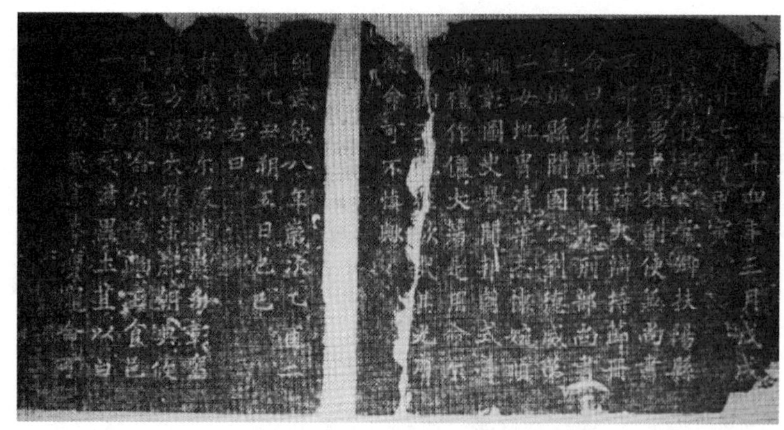

图25 唐武德八年(625)封李凤为豳王册书、
贞观十四年(640)封刘氏为虢王妃册书
（富平县文化馆、陕西省博物馆、陕西省文物管理委员会：《唐李凤墓发掘简报》，《考古》1977年第5期，第313-326、368-369页）

6. 贞观十五年（641）临川郡公主告身（诏受告身）（见图26）

图26 唐贞观十五年(641)临川郡公主告身

7. 永徽元年（650）临川郡长公主告身（诏授告身）（见图27）

图27 唐永徽元年(650)临川郡长公主告身

8. 贞观十八年（644）《授滕王李元婴金州刺史诏》（制授告身）（见图28）

图28　唐贞观十八年(644)《授滕王李元婴金州刺史诏》

（引自赵振华、王迪：《读贞观十八年〈授滕王李元婴金州刺史诏〉》，《故宫学刊》2016年第2期，第31-37页）

9. 乾封三年（668）授苑大智上柱国封武威郡开国公食邑二千户诏（制授告身）（见图29）

图29　唐乾封三年(668)授苑大智上柱国封武威郡开国公食邑二千户诏

（引自赵振华：《记唐代苑大智将军的告身与墓志》上，《洛阳考古》2018年第2期，76-85页）

10. 上元二年（675）授苑大智守左威卫翊府中郎将诏（制授告身）

出处同上。

11. 仪凤二年（677）授苑大智守右监门卫将军诏（制授告身）

出处同上。

12. 永隆元年（680）授苑大智守左领军卫将军员外置同正员诏（制授告身）

引自赵振华《记唐代苑大智将军的告身与墓志》下，《洛阳考古》2018年第3期，第66-78页。

13. 永淳元年（682）授苑大智壮武将军守左领军卫将军员外置同正员诏（制授告身）

出处同上。

14. 神龙三年（707）赠韦洽使持节绛州诸军事绛州刺史并葬事官给制（制授告身）

引自赵振华《记唐代外戚韦洽墓志与赠官诏葬制书》，《洛阳考古》2019年第1期，62–72页。

15. 永昌元年（689）授武承嗣纳言诏书（诏受告身）[①]（见图30）

图30 唐永昌元年(689)授武承嗣纳言诏书

（引自赵振华：《谈武周授封武承嗣的诏书和册书——以新见石刻文书为中心》，《湖南科技学院学报》2013年2月第34卷第2期）

16. 天授二年（691）命武承嗣文昌左相封魏王册书（册书）[②]（见图31）

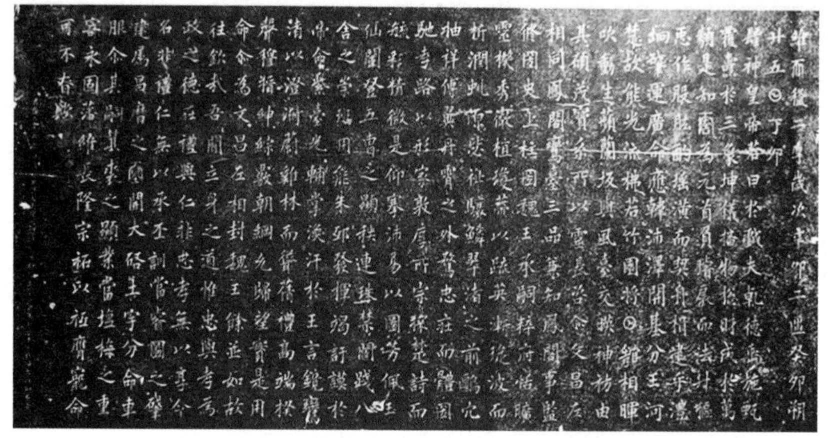

图31 唐天授二年(691)命武承嗣文昌左相封魏王册书

（引自赵振华《谈武周授封武承嗣的诏书和册书——以新见石刻文书为中心》，《湖南科技学院学报》2013年2月第34卷第2期）

17. 长寿三年（694）封苑嘉宾武威郡开国公食邑二千户制书（制授告身）

赵振华：《谈武周苑嘉宾墓志与告身——以新见石刻材料为中心》，杜文玉主编《唐史论丛》第17辑，陕西师范大学出版社，2014年，第191页。

① 根据赵振华的描述，拓片横长方形，长100厘米、宽50厘米。楷书31行，前30行每行14字，字体硕大，端丽劲健。最末行为蝇头小字。

② 诏书呈拓片横长方形，长74厘米、宽36厘米。楷书38行，字体大小不一，排列参差。

18. 圣历元年（697）授苑嘉宾定远将军守右豹韬卫卢山府折冲都尉仍旧长上制书（制授告身）

出处同上，第192页。

19. 开元二十二年（734）张九龄银青光禄大夫守中书令告身（制授告身）[①]（见图32）

告銀青光祿大夫守中
書令集賢院學士知院
事兼修國史上柱國曲江
縣開國男張九齡奏被
制書如右符到奉行

图32　唐开元二十二年(734)张九龄银青光禄大夫守中书令告身

20. 建中元年（780）十一月赠钟绍京受赠诰文（敕授告身）（见图33）

图33　唐建中元年(780)十一月赠钟绍京受赠诰文

（陈柏泉编著《江西出土墓志选编》，江西教育出版社，1991年，第1-2页；

张子明：《钟绍京受赠诰文碑》，《南方文物》2001年第4期，第129页）

① 赵振华：《谈武周授封武承嗣的诏书和册书——以新见石刻文书为中心》，《湖南科技学院学报》2013年第2期，68-74页。

附：文献中共保存有五件钟绍京告身抄件，除此件有出土告身石碑外，其他四件均为文献著录，包括：唐唐隆元年（710）六月钟绍京中书侍郎告身、唐唐隆元年（710）六月钟绍京同中书门下三品告身、唐唐隆元年（710）六月钟绍京中书令告身、唐唐隆元年（710）六月钟绍京户部尚书告身[①]。

21. 大中五年（851）洪䛒京城内外临坛大德告身（敕授告身）

二、唐代告身的制作流程及书写者身份

有关唐代告身研究的学术史，李方和徐畅的两篇文章中有精到的概述[②]。历史学者的分析能令人明晰和告身相关的制度规定及制作流程等问题，但学者们对告身的书写者还未展开研究，尚有讨论空间。

（一）唐代告身分类

唐代告身的分类，白化文、倪平指出，除了官告、勋告之分外，依所授予人群任官品级、身份差别，可分为册授、制授、敕授、旨授、判补五类[③]，这点已成为学界共识。唐代朝廷颁布政令使用的诏令文书称为“王言之制”。《新唐书·百官志》云：“凡王言之制有七：一曰册书，立皇后、皇太子，封诸王，临轩册命则用之；二曰制书，大赏罚、赦宥虑囚、大除授则用之；三曰慰劳制书，褒勉赞劳则用之；四曰发敕，废置州县、增减官吏、发兵、除免官爵、授六品以上官则用之；五曰敕旨，百官奏请施行则用之；六曰论事敕书，戒约臣下则用之；七曰敕牒，随事承制，不易于旧则用之。”[④]应当说，告身属于“王言”之一种。

关于告身授予的官职性质及品阶，《通典》记载：“凡诸王及职事正三品以上，若文武散官二品以上及都督、都护、上州刺史之在京师者，册授。五品以上皆制授。六品以下、守五品以上及视五品以上，皆敕授。凡制、敕授及册拜，皆宰司进拟。自六品以下旨授。其视品及流外官，皆判补之。凡旨授官，悉由于尚书，文官属吏部，武官属兵部，谓之铨选。”[⑤]按

① 刘安志指出，1991年，陈柏泉先生在其编著的《江西出土墓志选编》一书中，刊布了一方1966年出土于江西兴国县的碑文，并题名为“《钟绍京受赠诰文》（建中元年十一月）”。中村裕一先生曾据陈柏泉先生的录文进行了复原和研究，指出其是《唐建中元年钟绍京敕授告身》的抄件。文中对五通告身的复原结果及考释意见公布出来。参见刘安志：《关于唐代钟绍京五通告身的初步研究》，《唐代国家与地域社会研究》，上海古籍出版社，2008年，第99-120页。

② 李方：《唐代西域告身研究》，《石河子大学学报（哲学社会科学版）》2011年第5期，第1-7页；徐畅：《存世唐代告身及其相关研究述略》，《中国史研究动态》2012年第3期，第33-43页；赵彦昌、姜珊：《近三十年来唐宋告身整理与研究述评》，《兰台世界》2018年第9期，第37-43页。

③ 白化文、倪平：《唐代的告身》，《文物》1977年第11期，第77-80页。关于告身的功能、颁授流程等问题，参见刘后滨：《唐代选官政务研究》第五章，社会科学文献出版社，2016年，第96-117页。关于这五类告身颁授的不同场合等情况，参见张东光：《唐代官凭文书告身若干问题研究》（上），《档案学通讯》2014年第2期，第43-46页。

④［宋］欧阳修、宋祁：《新唐书》卷47《百官志》，中华书局，1975年，第1210页。《唐六典》中也记载有“凡王言之制有七”，参见［唐］李林甫等撰，陈仲夫点校《唐六典》卷9，中华书局，1992年，第273-274页。相关研究可参阅孟宪实：《关于敦煌吐鲁番出土的“王言”》，载郝春文主编《敦煌吐鲁番研究》第18卷，上海古籍出版社，2019年，第135-152页。

⑤［唐］杜佑：《通典》，中华书局，1992年，第359页。

照大庭修的定义，告身“是在赐与新的职事官、散官、勋官、封爵，或是在剥夺现有的官爵时，官方通过所规定的程序，采用《公式令》所定的公文格式交给本人的文书”①。由此可看出，告身的授予是整个铨选流程的最后一环。《资治通鉴》记载：“旧制，三品以上官册授，五品以上制授，六品以下敕授。”②“敕授”即“旨授”。当然，除铨选以外，告身还被广泛应用于赴任、门荫和旌表个人功绩等社会政治生活的诸多方面③。

（二）唐代告身制作流程

有关唐代王言的制作流程，李锦绣先生下面这段文字被反复引用：

> 经过中日学者的共同努力，制书形成过程可概括如下：1.中书省起草进画，署名颁下。中书舍人（唐后期为知制诰者及翰林学士）起草诏书后，进与皇帝画日。其后，御画的诏书返回中书省，中书省将皇帝画日者留为案，重新抄写一通，中书令、侍郎、舍人依次署名宣、奉、行，并加盖中书省之印。2.门下省覆奏注制可而施行。经过中书省官吏署名的诏书到了门下省后，门下省的侍中、侍郎、给事中依次审署，然后覆奏皇帝请施行。皇帝在诏书上画“可”，然后下给门下省。门下省将御画可的诏书留为案，更写一通，由侍中注制可，侍中、侍郎、给事中依次署名，然后加盖门下省之印，送尚书省。制书的起草颁下经过两次御画，中书、门下省两次覆奏，中书、门下省官员依次署名等多道程序，以保证诏文准确无误，而颁下者则是两次留为案之后的抄件。3.尚书省施行。尚书都省接到门下省送来的制书，由都事接受，注明收受日期，并署名，然后由左右司郎中按制书内容分别付与尚书省六部二十四曹。至此敕书的起草、进奏、颁下程序才告一段落。④

以制书为代表的“王言”和政府文件“符”“移”等公文书共同运行。“王言”的传达，通常需要转换为官文书如符。敦煌出土的P.2819唐代“公式令”，具体涉及移式、关式、牒式、符式、制授告身式、奏授吏部告身式等，这里过录“制授告身式”如下：

1.门下：具官封姓名（应不称姓者依别制，册书亦准此）。德行勋庸云云。

2　可某官。（若有勋官封及别兼带者，云某官及勋官封如故。其非贬责，漏不言勋封者，同衔授法）主者施

3.　行。（若制授人数多者，并于制书之前名历名件授）

4.　年月日。

5.　　　　　　中书令具官封臣姓名宣

---

① 引自［日］小田义久撰，李济沧译《唐代告身的一个考察——以大谷探险队所获李慈艺及张怀寂告身为中心》，载武汉大学历史系魏晋南北朝隋唐史研究室、武汉大学中国三至九世纪研究所编《魏晋南北朝隋唐史资料》第21辑，武汉大学文科学报编辑部，2004年，第162页。

② ［宋］司马光编著，［元］胡三省音注《资治通鉴》卷210唐睿宗景云元年，中华书局，1956年，第6660页。

③ 相关研究参见张东光：《唐代官凭文书告身若干问题研究》（上），《档案学通讯》2014年第2期，第43-46页。

④ 李锦绣：《敦煌吐鲁番文书与唐史研究》，福建人民出版社，2006年，第309页。雷闻《唐代论事敕书的成立过程》这章细致分析了论事敕书与制书成立过程的异同，参见雷闻：《官文书与唐代政务运行研究》，上海古籍出版社，2023年，第29-63页。

6. 中书侍郎具官封臣姓名奉
7. 中书舍人具官封臣姓名行
8. 侍中具官封臣名
9. 黄门侍郎具官封臣名
10. 给事中具官封臣名 等言
11. 制书如右，请奉
12. 制付外施行，谨言。
13. 年月日
14. 制可。
15. 月日都事姓名受
16. 右（左）司郎中付某司
17. 左丞相具官封名。
18. 右丞相具官封名。
19. 吏部尚书具官封名。
20. 吏部侍郎具官封名。
21. 吏部侍郎具官封名。
22. 左丞具官封名。(其武官则右丞具。若左右丞内一人无，仍见在者通署)
23. 告具官封名，奉被
24. 制书如右，符到奉行。
25. 主事姓名。
26. 吏部郎中具官姓名，令史姓名。
27. 书令史姓名。
28. 年月日下。
29. 右制授告身式，其余司应授官符者，准此。①

孟宪实先生指出："公式令中既然把书写格式用法令的方式如此明确地书写下来，说明事关重大，必须遵守。括号中则把其他情况列入，具有分明的指导意义。即使是签署，相关格式若有缺少或错误，如前文《唐律》所规定，要接受惩罚。"②

既然公示令有着明确的规定，那么告身的书写是非常严谨的事，必须按程序进行。现存传世和出土告身原件可以印证公示令的规定。以S.3392天宝十四载（755）秦元勋官骑都尉告身（制授告身）（见图18）为例，这是出土告身原件，国际敦煌项目网站提供了较为清晰的彩色图版。这件告身基本完整，起首部分略有残缺，底部也有残损。钤有"尚书司勋告身之印"二十余方。最后几行能清晰地看到主事、员外郎、令史和书令史的署款。这里引出的问题是，告身由谁来书写？从告身的制作流程来看，需要经过各省主管官员的签署审核，但

① P.2819《公式令》残卷，见唐耕耦、陆宏基编《敦煌社会经济文献真迹释录》第2辑，全国图书馆文献缩微复制中心，1990年，第558-560页。转引自孟宪实：《关于敦煌吐鲁番出土的"王言"》，载郝春文主编《敦煌吐鲁番研究》第18卷，上海古籍出版社，2019年，第139-140页。

② 孟宪实：《关于敦煌吐鲁番出土的"王言"》，载郝春文主编《敦煌吐鲁番研究》第18卷，上海古籍出版社，2019年，第139-140页、第140页。

具体事务应当是由相关部门中的令史、书令史负责的，告身的书写也由他们承担。

（三）唐代告身的书写者

既然告身在唐代被广泛应用于铨选等社会政治生活的诸多方面，那么唐朝政府每年颁授的告身数量必定很大。《通典》记载贞观时“参选者七千人，而得官者六千人”[①]；《唐会要校证》记载高宗总章（668—670）年间参选者的数量“岁有万人”[②]，得官者人数应当超过贞观时期；《旧唐书》记载高宗时“战士授勋者动盈万计”[③]等等。此外，相关研究还指出，在唐玄宗开元二十一年（733）左右，唐王朝府兵制度日趋瓦解，十道节度使体制逐渐建立。随着开疆拓土，征战不已，勋官颁授猥滥，原有折冲府的官职，如“别将、果毅、都尉”之类，逐渐被大量酬予兵士。杜佑曾说，安史之乱前夜，几乎每一个普通边防士兵都有类似“果毅”“别将”的官号，军队里几乎没有无官资的白丁，“唐天宝十载制授张无价游击将军告身”正是产生于这种历史背景[④]。这些得官者和授勋者应该都被授予了告身。除了流内官、流外官和勋官以外，其他散官、卫官、爵位、命妇、赠官等政治身份的授任也需要告身，因此告身的抄写成为相关机构的重要任务。

史书中关于告身抄写者并无太多记载，但通过对文献和现存告身的分析，能确定令史、书令史是告身的书写者。已有研究表明，根据唐中央各部门的职掌，告身的签署和抄写一般是在尚书省吏部或兵部进行的。其中吏部所领吏部司负责文官告身，司勋司负责勋官告身，司封司负责封爵、命妇告身，兵部所领兵部司则负责武职告身，并且按照告身的发放部门，分别加盖“尚书吏部告身之印”“尚书司勋告身之印”“尚书兵部告身之印”[⑤]。根据《唐六典》的记载，可以将尚书省二十四司所设令史、书令史的数量列出表格，从中可以看出，吏部司、司勋司、兵部司所设令史、书令史的数量在尚书省二十四司中是最多的，每司令史和书令史加起来有九十至一百多人，数倍于其他各司。上述各司正是负责颁授告身的部门，而唐代颁发的告身数量又极大，因而从事相关抄写、制作流程的人员数量多就不难理解了[⑥]。

闫章虎根据文献记载对唐代告身的书写者有进一步的分析，他指出，除上述令史、书令史外，为了应对大量的告身书写任务，唐代还设有专门的“写急书告身官”。与常设的令史、书令史不同的是，这些“写急书告身官”带有“临时”的性质，并没有形成固定的制度。他引用《唐会要》的记载说明，唐玄宗天宝（742年正月—756年七月）以来“写急书告身官”是在“征伐多事，每年以军功官授官十万数”的情形下所设，是由于所需告身数量激增，原来的令史、书令史已不足以应对这些繁重的书写任务而增设的。这些增设的“写急书告身

① ［唐］杜佑：《通典》，中华书局，1992年，第363页。

② ［宋］王溥撰、牛继清校证《唐会要校证》，三秦出版社，2012年，第114页。

③ ［后晋］刘昫等：《旧唐书》卷42《职官志一》，中华书局，1975年，第1808页。

④ 吕博：《践更之卒，俱授官名——“唐天宝十载制授张无价游击将军告身”出现的历史背景》，《中国史研究》2019年第3期，第96-109页。

⑤ 闫章虎：《政治制度视角下的唐代书法史研究》，博士学位论文，吉林大学，2019年，第301页。关于唐代告身用印及其制度演变，参见唐星：《释令狐怀寂告身》，载中国敦煌吐鲁番学会等编《敦煌吐鲁番研究》第12卷，上海古籍出版社，2011年，第413-428页。

⑥ 表格及相关分析参见闫章虎：《政治制度视角下的唐代书法史研究》，博士学位论文，吉林大学，2019年，第302页。

官”和令史、书令史一样，都设置在吏部司封、司勋及兵部。《旧唐书·浑瑊传》记载建中时期（780年正月—783年十二月）泾原兵变时，为了“募诸军突将敢死之士”，唐德宗一次就赐予浑瑊“空名告身”千余轴。在这种较为紧急的情况下，如此大量的告身书写任务，仅由数量有限的令史和书令史在短时间内是难以完成的，其中部分告身应当就出自“写急书告身官”笔下。唐代宗大历（766年十一月—779年十二月）以后，吏部、兵部等部门都“自写官告”，“急书官无事，但为诸曹役使，故宰臣请罢之”。到唐德宗贞元十一年（795），则“罢吏部司封、司勋写急书告身官九十一员”。《唐会要》没有提到这些“写急书告身官”的来源，但“给粮，经五年后酬以官”显示，“写急书告身官”应该是从流外官、胥吏等群体中选择的书法水平较好、书写速度较快的善书者①。

闫章虎还指出，除上述告身书写与颁授的“正常程序”以外，在某些特殊情形下，为了显示皇帝恩宠或是告身接受者的身份较高，朝廷还会指定具备一定身份的人书写告身，以示崇重②。譬如开元二十三年（735），唐玄宗指定宰臣为荣王等人加官书写告身③，天宝九载（750），寿王为安禄山书告身④，薛稷为韦嗣立拜中书令书写告身⑤等等。

告身也存在自写的情况。《天圣令·杂令》唐13条：“诸勋官及三卫诸军校尉以下，诸蕃首领归化人、迓远人遥授官等告身并官纸及笔为写，（其勋官、三卫校尉以下，附朝集使，立案分付迓远人，附便使及驿送）。若欲自写，有京官识及缌麻以上亲任京官为写者，并听。”⑥根据刘后滨的研究，“自写”告身可以分为两种情况，“一是自供纸笔、自己书写，二是自供纸笔、吏部或兵部的胥吏统一书写”⑦，第二种情况即上文所讨论的由各部令史及书令史书写，第一种情况还能分为两种情形。一是由告身接受者本人书写，这可能是为了简化程序，更快捷地取得告身，同时也是为了免交告身钱；二是由告身接受者请求善书者书写，这主要是出于提高个人或家族声誉的考虑。《沈师黄墓志》记载沈师黄请求时为“天下之名书”的柳公权为其妻书写“阳武县封邑告身”，自然有借其名声以自抬身价的想法，而时人的反应——乡里荣之——也证明这种观念在当时是广泛存在的⑧。自写告身情况的存在为书

① 闫章虎：《政治制度视角下的唐代书法史研究》，博士学位论文，吉林大学，2019年，第303页。引文参见［宋］王溥撰，牛继清校证《唐会要校证》，三秦出版社，2012年，第839页。

② 闫章虎：《政治制度视角下的唐代书法史研究》，博士学位论文，吉林大学，2019年，第304页。

③ 此条为：“开元二十三年，加荣王已下官，敕宰臣入集贤院，分写告身以赐之。侍中裴耀卿因入书库观书，既而谓人曰：‘圣上好文……’。”参见［唐］刘肃：《大唐新语》，载陶敏主编《全唐五代笔记》，三秦出版社，2012年，第659页。宋人洪适《容斋随笔》唐人告命条，也记载了这一故事：“唐人重告命，故颜鲁公自书告身，今犹有存者。韦述《集贤注记》记一事尤著，漫载于此：‘开元二十三年七月，制加皇子荣王已下官爵，令宰相及朝官工书者，就集贤院写告身以进。于是宰相张九龄、裴耀卿、李林甫，朝士萧太师嵩，李尚书暠，崔少保琳，陈黄门希烈，严中书挺之，张兵部均，韦太常陟，褚谏议庭诲等等十三人，各写一通，装缥进内，上大悦。赐三相绢各三百匹，余官各二百匹。’……”参见［宋］洪适：《容斋随笔》卷3，中华书局，2005年，第43页。

④［唐］姚汝能：《安禄山事迹》，中华书局，2006年，第80页。

⑤［唐］郑处诲：《明皇杂录》，载陶敏主编《全唐五代笔记》，三秦出版社，2012年，第1017页。

⑥ 戴建国：《唐〈开元二十五年令·杂令〉复原研究》，《文史》2006年第3辑，第109页。

⑦ 刘后滨：《唐代选官政务研究》，社会科学文献出版社，2016年，第109页。刘后滨还指出第三种可能，是“官府提供纸笔、自己书写”。但他认为这种情况应当是不存在的，因此不具引。另外必须说明的是，这些“自写”的告身多是流内官告身，而且在“自写”之后，还需要到相关部门钤盖官印。

⑧ 闫章虎：《政治制度视角下的唐代书法史研究》，博士学位论文，吉林大学，2019年，第305页。

法史上存在争议的问题——颜真卿自书告身的可能性——提供了论证的依据，有关这点下文将展开讨论。

赖亮郡在对《天圣令·杂令》唐13条的讨论中指出，本条令文的主旨，是强调告身必须由中央书写；自写告身只是附带规定，而且有其条件限制，并非令文强调的重点。这是因为大历（766—779）以后，曾一度任由诸道自写告身，朝廷为了收回告身书写权，才颁定本条令文，宣示告身仍由中央写定。因此，本条令文可视为唐朝中央想要重新支配地方的努力。因而学者推测本条并非开元时期的令文，而是形成或修定于贞元11年（795）以后，反映出唐代中后期，朝廷与地方为争夺告身书写权而较劲、妥协的痕迹[①]。

综上所述，正如闫章虎的总结，唐代告身书写人的身份是非常多样的，无论是相关机构中的令史和书令史、专设的写告身官、皇子、宰臣、知名书家甚至告身接受者本人，都有可能参与告身的书写。但是像寿王、裴耀卿、柳公权等人书写告身的情况是很少见的。与唐代每年所颁授告身的数量相比，他们书写的告身数量无疑是凤毛麟角。大部分的告身，尤其是那些低级官吏、勋官等群体的告身，应当是出自令史、书令史、写告身官甚至告身接受者本人笔下[②]。值得注意的是，不同身份的书写者在不同的需求和书写情境下，采用的书体必然有区别，书法水平也有高下之分，这些情况下文将详细讨论。

三、告身书法及相关问题

从目前已搜集的三十余种告身图版来看，唐代告身书法可以分为两种情况，一种用正楷书写，还有一种是行书、行草的样式。用正楷书写的告身载体既有碑石又有纸本，而行书、行草则都在纸本上。

（一）告身碑石

告身碑石都是以正楷书写，这当然是由于铭碑刻石是极为郑重之事。纸质原本为告身的载体，唐代官颁的告身对用纸和装裱有统一规定[③]。王静和沈睿文对唐代墓葬中发现的告身进行了研究，在17种唐墓出土告身中，8种为纸质，9种为石质，除开元四年（716）李慈艺勋官上护军告身为原件外，其余都是原颁告身的抄本。其原因在于告身原件存世仍可世袭以福荫子孙；而石质随葬品是墓葬等级制度中的一个指标，经常成为朝廷额外恩赐亦即厚葬的重要元素，得以使用石质告身者缘于墓主的特殊身份和政治地位。根据李凤、李孟姜墓志文，虢王李凤“葬事所须并宜官给”、临川长公主亦是“凶事葬事并令官给”，可知分别见诸二墓的石册文、石告身抄本很可能便是直接由朝廷制作、提供[④]。从图25、图26、图27这几种册书、石告身书法来看，是比较典型的唐初楷书的风格，前一种册书带有北碑遗意，后两

① 赖亮郡：《唐代特殊官人的告身给付——〈天圣令·杂令〉唐13条再释》，《台湾师大历史学报》2010年6月第43期，第119-172页。参看摘要部分。

② 闫章虎：《政治制度视角下的唐代书法史研究》，博士学位论文，吉林大学，2019年，第305页。

③ 丁春梅：《中国古代公文用纸等级的主要标识》，《档案学通讯》2004年第2期，第43-46页；王铭：《告身文种钩沉》，《浙江大学学报（人文社会科学版）》2011年第3期，第36-43页。

④ 王静、沈睿文：《唐墓埋葬告身的等级问题》，《北京大学学报（哲学社会科学版）》2013年第4期，第38-40页。另参见雷闻：《官文书与唐代政务运行研究》第八章《吐鲁番出土文书与唐代的公文用纸》，上海古籍出版社，2023年，第222-247页。

种石告身颁授时期不同，前后相差9年，但它们应当是永淳元年（682）下葬时同时书丹上石的，因此风格比较一致，有欧阳询书法的风貌。告身上有令史和书令史的署名，这应是告身原件的书写者，但由于是抄件[①]，不知和原件是否为同一人所书。唐贞观十八年（644）《授滕王李元婴金州刺史诏》（见图28）也是如此，字迹清隽，结体内敛，用笔含蓄，为初唐的楷书风貌。如果这些皇室成员的石质册书和告身是朝廷制作的，那么由谁来负责书写、刊刻，书写人是否即为令史和书令史？这些问题有待发现更多材料后再进一步讨论。

图32是唐开元二十二年（734）张九龄银青光禄大夫守中书令告身石刻拓片，图版来源于黄流沙《张九龄〈告身帖〉石刻考略》一文。这篇文章叙述了1982年石刻在广州街巷流散出现的情形，作者根据石刻边上有小楷“淳三”两字，比对《淳化阁帖》和《淳熙秘阁续帖》目录，发现续帖中有《张九龄三相暨李绅告身》帖目。三相告身是张九龄、裴耀卿、李林甫同时任命为相的合一官诰，内容除叙录三人官衔爵位之外，还有表彰三人才德的话，共二百字。张九龄个人“告身”则只有四十五字，除叙录官衔爵位外，别无誉扬才德的话。因而作者推断，三相“告身”与张九龄加封“告身”是两回事，前者可能用于下达州郡官府，后者则发给本人。文章根据书法风格，将此石判断为宋刻原石[②]。细观其书法，笔力遒劲。赵振华根据此文观点，认为这件唐开元宰相张九龄的制书原件由宋代人分段临摹于石，所谓《告身帖》为系列石刻之一，是用于观摩唐人书迹的刻帖，而且宋人将连续的“尚书吏部之印”也契刻于石，保留了朝廷授予张九龄官爵的关键文辞[③]。日本东京国立博物馆还藏有董其昌《临徐浩书张九龄告身卷》绢本，内容和石刻上的文字不同，检容庚《丛帖目》可知出自《淳熙秘阁续法帖》，即上文提及《张九龄三相暨李绅告身》。董其昌将之定为徐浩所书，不知是否有依据。徐浩（703—782）为张九龄（673—740）外甥，是唐代著名书法家，当时朝廷诏令很多出于徐浩之手。他擅长楷书，圆劲浑厚，自成一家。1960年，张九龄墓被发掘清理，棺床下的墓志石盒内有墓志铭文276字，铭文中有“大中大夫守中书侍郎集贤院学士东海县开国男徐安贞撰”，徐安贞（671—743）为唐中宗神龙二年进士，擅长五言诗。徐安贞和张九龄是同辈人，比徐浩年长一辈。墓志石盒连同其他墓中文物现藏广东省博物馆[④]。

告身碑石中还有收录在宋代所刻《忠义堂帖》中的颜氏一门告身，是书法史研究关注的热点，其中包括现藏日本书道博物馆的颜真卿《自书告身帖》纸本原件。曹宝麟和朱关田经过考证，认为此帖并非真迹，或者书吏所作，或者颜氏后人所为[⑤]。启功也认为“自书己告，

---

① 此方面的研究参见刘后滨：《唐代告身的抄写与给付——〈天圣令·杂令〉唐13条释读》，载荣新江主编《唐研究》第14卷，北京大学出版社，2008年，第465-480页。

② 黄流沙：《张九龄〈告身帖〉石刻考略》，《岭南文史》1983年第2期，第104-105页。

③ 赵振华：《谈武周授封武承嗣的诏书和册书——以新见石刻文书为中心》，《湖南科技学院学报》2013第2期，第68页。

④ 参见李振林：《张九龄家族墓及其祠堂》，2016年12月7日360doc个人图书馆“雄鹰凯旋”发布，2020年12月13日网络检索资料。黄流沙在《张九龄〈告身帖〉石刻考略》一文中说“张九龄死后的墓志铭，也是出于徐浩之手”，显然是错的，徐安贞和徐浩不是一人，见该文第105页。

⑤ 曹宝麟：《颜真卿自书告身证讹》，《中国书法》1986年3期，第31-34页；朱关田：《中国书法全集·颜真卿》，载《唐代书法考评》。

实事理之难通者”[①]。刘启林则提出对曹宝麟所用“统计法”的质疑，并从字形结构、章法等方面展开分析，认为此件告身书法风格疏朗峻厚，用笔刚劲，雄伟高耸，结体稍紧，疏密有致，充分体现了颜真卿晚年书法的特征[②]。日本历史学者石田肇在内藤湖南、大庭修所提出的疑问和否定说的基础上，叙述了《自书告身》的出现经过与其背景、南宋初期对颜真卿的评价，以及蔡襄和米友仁的跋文等问题，认为南宋初期出现假托颜真卿自书告身的可能性十分充分[③]。

从上一节关于《天圣令·杂令》唐13条的讨论中可以获知，大历（766—779）以后，朝廷曾一度任由各地方自写告身，到贞元11年（795）以后，朝廷才收回告身书写权。《自书告身帖》即《颜真卿太子少师充礼仪使告身》（写本见图12，刻帖见图13）写于建中元年（780），正好在可以“自写告身”的时间范围内，是符合当时历史情境的。从书法风格的角度来说，这件告身属于典型的颜体楷书。闫章虎指出，在《忠义堂帖》中，还可以找到与此风格接近的乾元元年（758）《颜昭甫赠华州刺史告身》（见图5）及宝应元年（762）《颜允南母殷氏赠兰陵郡太夫人告身》（见图7），这种书风可能是颜氏家族内部独有的风格。此外，《忠义堂帖》还收录有其他颜氏告身多件，颁授时间不同，风格也各有差异，但除了大历十三年（778）的《颜真卿刑部尚书告身》外，总体风格都与颜楷近似，因此这些告身或许是由颜氏子弟所书，但不一定出自颜真卿本人之手。《忠义堂帖》的编集者留元刚在题跋中说“右颜氏告身，世传鲁公亲笔，或谓頵、颙辈所书（按：颜頵、颜颙为颜真卿之子）”，或许更接近实情。闫章虎还对大历十三年（778）《颜真卿刑部尚书告身》（见图10）进行了重点分析。他指出，与《忠义堂帖》所收其他颜氏告身一般只摹刻一方官印不同，这件告身似乎把原件所钤“尚书吏部告身之印”全部摹刻了出来，完整地复制了纸本的面貌。另外，这件告身以行楷书写，字体、风格都与上述告身不同，而是更接近颜真卿在刑部尚书任上所书《朝回帖》。因此，如果《朝回帖》不伪的话，那这件告身或许就出自颜真卿本人之手。而留元刚完整地复制了这件告身，可能也是因为这一点[④]。综上所述，笔者认为，《自书告身帖》纸本原件也许存在种种疑点，但如果将其与《忠义堂帖》所收的其他告身进行比较，从书法风格上能够判断其为颜氏家族特有的书风。

近年还有告身碑石材料被陆续公布，主要集中在赵振华发表的系列论文中，本文第一部分已列出论文出处；其中包括授滕王李元婴金州刺史诏刻石1种，名将苑大智碑石两方记录告身5种，其子苑嘉宾告身2种，外戚韦洽告身1种，外戚武承嗣册书1种、告身1种。《苑大智制书刻石》两方，一方载乾封三年（668）正月、上元二年（675）二月、仪凤二年

① 启功：《论书绝句》（增补本）第49首自注，生活·读书·新知三联书店，1997年，第100-101页。

② 刘启林：《颜真卿〈自书告身墨迹〉书法续考——与曹宝麟先生商榷》，《汕头大学学报（人文社会科学版）》2006年第4期，第18-22页。

③［日］石田肇著，姚宇亮译《南宋初期的颜氏和颜真卿评价——以〈自书告身〉为中心》，《书画世界》2015年9月号，总第171期，第24-27页。

④ 闫章虎：《政治制度视角下的唐代书法史研究》，博士学位论文，吉林大学，2019年，第310-311页。告身之印由“尚书吏部之印”改为“尚书吏部告身之印”是开元二十三年（735）之后的事，相关讨论参见唐星：《释令狐怀寂告身》，载中国敦煌吐鲁番学会等编《敦煌吐鲁番研究》第12卷，上海古籍出版社，2011年，第413-428页。

(677）四月制诏流程，一方载永隆元年（680）九月和永淳元年（682）九月制诏流程[①]。以最后一种永淳元年的告身为例，制诏程序为中书省致门下省公文，门下省接收、审核中书省公文后，署名同意，门下省完成诏书在本衙署的运作后转尚书省主官署名，再交兵部誊抄下颁。诏书由中书省于九月十八日拟文，门下省于十九日核准，尚书省于廿日颁下，前后用时3天。5件诏书的主事、令史、书令史等掌案文簿的吏员未有重见者，概因其人数较多或不能长期稳定在署从事[②]。以上苑氏父子连同韦洽、武承嗣这些告身刻石未见印章，表明它们都已经是抄本而非原件，应是家族成员请人复制。这些告身刻石都是用工整的楷书书写，字的大小应参考原件的样式，武周所用新字在同时期的碑石上也有体现。这些碑石书法应能反映原件的风格。

（二）纸质告身

纸质告身可分原件和抄件。原件除颜真卿《自书告身帖》以外，大历三年（768）八月《朱巨川试大理评事兼豪州钟离县令告身》（见图8、图9）也极受关注，历来被认为是徐浩所书。前人判断的依据主要是元代鲜于枢等人在卷末题跋中因循《宣和书谱》的说法，称这件为“唐太子少师会稽郡公徐浩字季海书钟离县令朱巨川告”。晚明董其昌的跋文也是这一观点，并且推许为徐浩“最得意书”。但这种结论主要是依据书法风格的相似性得出的，并无实际根据。朱关田在《徐浩事迹系年》中详细列举徐浩生平官历。据他考证，徐浩自大历二年（767）五月出任广州刺史、岭南节度观察使之后，至少到大历三年（768）十月方才返回长安任吏部侍郎兼集贤院学士副知院事[③]。若此结论不误，那么将颁授于大历三年（768）八月的《朱巨川告身》归到徐浩名下显然是不太合理的。无论如何，当时尚在广州的徐浩也不太可能去长安书写一件县令告身。因此，如果这件告身确实是朱巨川请求善书者所写的，那这位善书者不会是徐浩，而应该是一位学习徐浩的书家。从这件告身的书法水平与当时普遍存在自写告身的做法来看，这种可能性是存在的[④]。徐浩传世书迹，所见结体和笔法均与此卷不同，徐邦达分析此卷书法“但还平正浑厚，正是一般的唐代省吏书”[⑤]，何传馨认为书风具见中唐典型[⑥]。整体看来，全卷书法结体倾向上下伸展的态势，书者用笔藏锋，饱满圆润的点画内含劲力，在方整的楷书中融会篆书用笔的意趣。或许是书者个人用笔的惯性，点画时见横画稍细、竖画略粗的变化，偶然以行书笔法连带，活络行气，避开笔笔浓重厚实的感觉，展现轻重调和的平衡；无论从处理文书的角度，还是书艺的角度来看，都显现唐人的气度和水准[⑦]。新近的研究将这件《朱巨川告身》与《张令晓告身》（见图11）联系起来，主要通过笔迹形态、取势姿态的对比，提出这两件告身的书写者为唐代书法家王缙（702—

① 李雪梅：《公文碑与古代行政程序探析》，《政法论坛》2020年第1期，第120-131页。

② 赵振华：《记唐代苑大智将军的告身与墓志》下，《洛阳考古》2018年第3期，第68-69页。

③ 朱关田：《徐浩事迹系年》，《唐代书法家年谱》，江苏教育出版社，2001年，第278页。

④ 闫章虎：《政治制度视角下的唐代书法史研究》，博士学位论文，吉林大学，2019年，第309页。

⑤ 徐邦达：《古书画过眼要录》，湖南美术出版社，1987年，第90-93页。

⑥ 何传馨：《唐徐浩书朱巨川告身》，《故宫书画菁华特辑》，台北“故宫博物院”，1996年，第24-25页。

⑦ 王竞雄：《朱巨川告身》，《晋唐法书名迹》，台北故宫博物院，2008年，第189-191页。

781）的观点[①]。笔者认为分析合乎情理，可以采纳，但还需要进一步探讨王缙在何种情形下书写了这两件告身，为何主事、令史、书令史另有署名，《张令晓告身》上“真卿”二字如何解释等问题。

上文所论为唐代传世纸质告身原件，出土纸质告身原件目前所知有5件，都在敦煌、吐鲁番发现，都属于勋官告身，分别藏于英、法、美、日等国。勋告的颁授由司勋司负责，所颁勋官告身都钤有官印，这点已得到证实。其中4件笔者搜集到图片。《令狐怀寂护军告身》（EO.1208V）（见图15）属于诏授告身，大约书写于高宗、武后时期。这件文书为残片，裱糊在一件经帙的里层，并钤有若干方“尚书吏部之印”[②]。这件勋告原件以行书书写，书迹与下面《李慈艺上护军告身》相近，都是当时文书吏书写公文时所用书体。告身还保存了书令史“苏淳”的签名，签名字迹比正文大，《李慈艺上护军告身》也是如此，由于留存的字数太少，也没看到实物，很难判断这件告身是否由他抄写。

开元四年（716）的《李慈艺上护军告身》（制授）（见图16）钤有“尚书司勋告身之印”多方，也是一件难得的保存完好的勋告原件，为20世纪初大谷探险队在吐鲁番发掘所得，但实物已失，仅有照片传世[③]。就书法形态而言，这件告身以行楷书写，字形偏长，字距比《令狐怀寂勋官护军告身》紧密，字迹也更为工整。总体上说，这件告身的书法水平并不算高，只能说是反映了令史、书令史等人日常办公时的书法形态。

《张怀钦骑都尉告身》（P.2547）（见图17）为制授告身原件，写于开元二十九年（741），但残损严重，仅余五行。这件勋告同样以行楷书写，但与前举两件告身相比，具有明显的风格趋向。由图可以看到，告身字形较大，排列紧密。字形方正，点画粗壮，尽管略显粗糙，其风格形态仍然让我们联想起玄宗时期宫廷书法的典型特征——“丰满肥劲，风骨巨丽”。唐玄宗本人的风格如此，颜真卿更是这一时期的代表书家。甚至仅依据书法风格，我们也可以大致断定其书写年代。由此可见，即使这些实用性的书法，也无法独立于时代风格之外。《贾氏谈录》曾记“贞元中翰林学士吴通微，尝工行草，然体近吏，故院中胥徒尤所仿效，其书大行于世”，这件告身或可视为“胥徒”效仿流行风格之一证[④]。

保存较为完整的是唐天宝十四年（755）S.3392秦元勋官骑都尉告身（见图18）。这是一件制授告身，通篇来看，其书体是书写速度很快的行草书。和其他几件告身原件相比，秦元勋告身用笔流畅、笔画粗细变化明显；结构精准、细节处理到位，显示出书写者具备高超的书法技艺。其娴熟的书写技巧，应该是长期从事这类工作练就的。查考这一时期翰林院书手，刘秦擅长行书，他所书写的《唐玄宗第五孙女志》[⑤]，在字形笔势上和秦元告身颇有可比之处。虽然墓志文字为楷书带有行书笔意，告身为行草书，但“奉”字和“秦”字撇捺的

---

① 张焱：《〈朱巨川告身〉与〈张令晓告身〉书者新解》，《书法》2020年第5期，第63–69页。西川宁在《张令晓告身》一文中提及“真卿”二字或许为后人补笔，参见《书道》第9卷第2号，1940年2月；后收入《西川宁著作集》（二），二玄社，1991年，第105–109页。

② 唐星：《释令狐怀寂告身》，载中国敦煌吐鲁番学会等编《敦煌吐鲁番研究》第12卷，上海古籍出版社，2011年，第413–428页。

③［日］小田义久著，乜小红译《关于德富苏峰纪念馆藏“李慈艺告身”的照片》，《西域研究》2003年第2期。

④ 闫章虎：《政治制度视角下的唐代书法史研究》，博士学位论文，吉林大学，2019年，第314–316页。

⑤ 朱关田：《中国书法史·隋唐五代卷》，江苏教育出版社，2007年，第143页。

舒展，整体字势的开张，可看作这一时期朝廷书法的特征。

综上所述，敦煌、吐鲁番发现的这几件纸质告身原件应是从朝廷颁发至西北边陲地区，或是官员受勋后将告身随身携带而留存至今，为我们了解唐代基层官吏的书写水准提供了重要的材料，也从一个侧面反映了唐代不同时期的书法风貌。

纸质告身除5件告身原件以外，还出土有多种告身抄件，目前所知有11件。这些抄本一般为随葬所用，没有钤盖官印，不属于正式的官方文书。笔者在《吐鲁番出土文书》中能看到部分抄本的黑白图版，用于分析书法并不理想，只能说书写较为随意，应当是抄录后下葬时所用。

其中图20、图21均为汜德达告身，现藏新疆博物馆，这两件都是1968年新疆吐鲁番阿斯塔那100号墓出土。一为永淳元年（682）“告飞骑尉汜德（达）”，残长84.7厘米，残高14厘米，原系两整张麻纸连接，存文二十九行，残破过甚。一为延载元年（694）“告轻车都尉汜德达”，通长126.9厘米，高29.2厘米，由三张麻纸连接，存文三十五行，内容基本完整。二者均为抄件，无印钤。后一件记金牙军拔于阗、安西、疏勒、碎叶四镇，破都历岭有功，汜德达得酬勋七转为轻车都尉。前件告身内容可与史书中裴行俭招募西州子弟参战的记载互为印证。据记载，安西都护府行政长官裴行检护送波斯王子泥涅师回国时，曾在西州招兵，汜德达应招入伍。永淳元年，汜德达参加了平定西突厥阿史那车薄的叛乱，立下战功，获“飞骑尉”军衔。《唐永淳元年汜德达飞骑尉告身》经学者复原[①]，是永淳元年四月起皇太子（后来的中宗）李哲（显）监国（代行国政），以东宫系统行文格式向外所发“令授告身”[②]，其署名者皆东宫衙署官员，与同为682年的苑大智第5件告身署名人物无涉[③]。笔者还见到一件《汜德达供养佛经》的图版，为吐鲁番出土武周久视元年（700）九月十五日汜德达供养《弥勒上生经》残卷，题记为“久视元年九月十五日白衣弟子汜德达供养普照寺僧法浪校定 交河县龙泉乡主贾方素抄”[④]，供养人汜德达应当和勋告主人为同一人。另外，《吐鲁番出土砖志集注》第609页收有汜德达墓志。汜德达的两件告身抄件书迹相同，为一人所写。

西域出土的告身为我们将唐代早期楷书、行楷与中晚期书法进行对比提供了参照。汜德达的两件告身与张怀钦告身字势存在差异。相对来说，唐前期的楷书直接承自南北朝，告身呈现的书法面貌与吐鲁番出土的部分高昌墓表书迹可谓一脉相承，书风渐次递进。两件汜德达告身和郭伯醜勋官护军告身文字书法均为中间收得较紧，两边舒展开来，字势略有欹侧，从而显出古意。郭伯醜告身中的“军”“隆”“行”诸字，皆有摇曳之态；汜德达告身中的“可”“拾”“音”等字，亦显摇摆之姿。虽然是抄件，但也能看到字势紧凑，与《赵荣宗妻韩氏墓表》（555）、《张买得墓表》（575）有相通之处。而到唐玄宗开元年间，字体已经基本规范化，字势平正，已经少有跌宕起伏之姿。从此，楷书进入一个新的发展阶段，书风渐渐

① 王永兴、李志生：《吐鲁番出土“汜德达告身”校释》，载北京大学中国中古史研究中心编《敦煌吐鲁番文献研究论集》第2辑，北京大学出版社，1983年，第503-508页。

② 赖亮郡：《六朝隋唐的皇太子监国》，《台东师院学报》2002年12月第13期（下），第308页。

③ 赵振华：《记唐代苑大智将军的告身与墓志》下，《洛阳考古》2018年第3期，第69页。

④ 王素：《高昌至西州时期的弥勒信仰》，《中国佛学》第1卷第1期，台湾《南海菩萨》杂志社，1998年，第311-318页。

变得更具有规范性，字体也少了活泼天然之趣。

综上所述，告身书法水平的差异与官员品级相关，五品以上官员的告身，一般由宰相或皇帝亲自颁给，因此这类告身不会书写得太过草率。由于唐代朝廷每年所需告身量极大，低品级官员的告身由各部门令史、书令史来书写，较为随意草率，勋官告身更是不被重视，这类告身的书法体现了唐朝廷官吏的一般书写水准。“自书告身”的情况在唐代确实存在，“自书”可以是自己书写，也可以请书法名家来书写，这类告身中书法水平高的被作为法帖范本传世，经过历代递藏，还有部分被摹勒上石而保存至今。

吐蕃前期的朵思麻与东境

沈 琛（南开大学历史学院）

众所周知，吐蕃的地方行政制度为茹（ru）—千户（stong sde）制度，于654年为吐蕃大相禄东赞所设立。一级行政设置为茹或万户（khri sde），茹亦可意译为翼，包括吐蕃中央四茹：卫茹（’Bu ru，即中茹）、左茹（g.yo ru）、右茹（g.yas ru）和支茹（Ru lag，又音译作茹拉），其中支茹建立最晚，在7世纪末8世纪初方从右茹中析置而来。苏毗设有孙波茹（Sum pa Ru）。象雄（Zhang zhong，即羊同）虽然未被称为茹，但也同茹一样被划分为10个千户。传世藏史如《贤者喜宴》多以五茹并提，然而在敦煌藏文文献中只有吐蕃中央四茹被视为吐蕃本族之地，象雄、苏毗、吐谷浑等则被视为外族。吐蕃东境还设立了朵思麻（Mdo smad）这一特殊的军政区划，也因此成为一个地域概念。Mdo smad又译作“朵康”或“多康”，mdo有汇合处、交叉地方的意思，也有外部、山谷低平处的意思，smad是下部、低下之意，因为青藏高原地势西高东低，因此以上部（stod）指代西方，以下部指代东方，Mdo smad一名符合青藏高原东部大河源头众多、地势陡降的地理特征。吐蕃后期出现的地名朵甘思（Mdo gams）以及晚近的地名安多（A mdo）都与Mdo smad有直接的关系。“朵思麻”是我们了解吐蕃疆域构成与政治体制的关键概念，但对于“朵思麻”的管辖范围和运行方式，学界聚讼纷纭，并未取得一致的意见。

元代在藏区东部地区设置了朵思麻宣慰司和朵甘思宣慰司，前者治所在河州（今甘肃临夏附近），后者治所当在青海玛沁一带①。此处的“朵思麻”即“Mdo smad”之音译，但其地理范围已经与吐蕃时期不同②。关于吐蕃时期朵思麻的地域范围，于伯赫（H. Uebach）认为在卫藏的东北方有朵思麻和朵甘思两个紧密联系又有所区隔的地理和文化

① 任乃强、泽旺夺吉：《“朵甘思”考略》，《中国藏学》1989年第1期，第136-146页。

② 黄维忠、王维强：《藏文mdo gams和mdo khams考》，《民族研究》2004年第1期，第87-91页。

区，朵思麻位于孙波茹东北、玛曲军镇之南，包括今安多南部和康区的西部[①]。杜晓峰（B. Dotson）也认为朵思麻不包括苏毗，孙波茹与卫藏四茹同为吐蕃腹地所在[②]。任小波认为，朵思麻是指朵甘思的东北地区如青海、河湟一带[③]。

对朵思麻的记载集中于敦煌藏文《吐蕃王朝编年史》（一译《吐蕃大事纪年》，以下简称《编年史》），在这部吐蕃官方编年史书中频繁提到朵思麻会议（Mdo smad gyi'dun ma），是我们了解朵思麻的基础史料。会议（'dun ma，亦可译为“会盟”）制度是吐蕃内政与外交的基本政治制度。自673年起，吐蕃采用冬夏会议制度处理国家大政，冬夏会议地点成为流动的政治中心。每年冬、夏两季，赞普本人或者赞普指派的宰臣在吐蕃本土的某一地点召集会议处理政务，可以称为中央会议。自692年起，开始实行朵思麻会议，主要处理东境事务，由驻东境之大相和战区将领召集，而中央会议则处理吐蕃本土及象雄的政务。《吐蕃王朝编年史》中所记载的朵思麻会议的召集地点和管辖事务，成为了解朵思麻地域范围的一手材料。以下对朵思麻与东境的孙波茹、吐谷浑、玛曲军镇的关系进行分析。

一、苏毗与孙波茹

关于苏毗的族源和领地，学界仍有争议。尼雅出土的3—4世纪的佉卢文书中常见苏毗人（Supiye）的记载，尼雅的粟特语文书中也提到了苏毗[④]。苏毗人常常从南山（昆仑山）到且末（Calmadna）、精绝（Cad'ota）一带劫掠，布娄（T. Burrow）认为，这些苏毗人应是居住于鄯善王国东南的昆仑山脉当中[⑤]。实际上，这一推论可能并不稳妥，苏毗多从南山出没并不意味着南山就是苏毗的聚集地。

《新唐书·苏毗传》云：“苏毗，本西羌族，为吐蕃所并，号‘孙波’（Sum pa），在诸部最大。东与多弥接，西距鹘莽硖，户三万。”[⑥]苏毗在被吐蕃征服后被编为孙波茹（Sum pa'i ru）[⑦]。多弥国西界通天河，鹘莽硖即今唐古拉山口，则苏毗大约在通天河以西、唐古拉山口以东。而据《贤者喜宴》的记载，孙波茹（Sum pa'i ru）东至聂域朋那（Gnye yul bum

① H. Uebach, “On the Tibetan Expansion from Seventh to Mid-Eighth Centruries and the Administration (khö) of the Countries Subdued”, *Tibet and Neighbours: A History*, ed: Alex Mckay, London 2003, 24; Uebach, “On Dharma-colleges and their teachers in the ninth Century Tibetan Empire”, Daffinà, P.(ed.), *Indo-Sino-Tibetica: Studi in onore di Luciano Petech. A collection of Oreintal Studies prested to professor Petech on the occasion of his 75th Birthday* (StudiOrientali, 9). Roma, Bardi Editore, 1990, pp. 405 - 406.

②B. Dotson, *The Old Tibetan Annals: An Annotated Translation of Tibet's First History*, Wien: ÖAW, 2009, p. 41.（以下简称OTA）。

③ 任小波：《吐蕃帝国兴佛运动与西藏早期中观传统——《大乘经纂要义》以及相关文本研究》，载《“中央研究院”历史语言研究所集刊》第93本第2分，2022年，第412-417页。

④ N. Sims-Williams & Bi bo, “A Sogdian Fragment from Niya”, in Rong Xinjiang & Chen Huaiyu eds., *Great Journeys across the Pamir Mountains, A Festschrift in Honor of Zhang Guangda on his Eighty-fifth Birthday*, Brill, 2018, pp. 83-104.

⑤ T. Burrow, *The Language of the Kharosthī Documents from Chinese Turkestan*, London, 1937, p. 131.

⑥ ［宋］欧阳修、宋祁：《新唐书》卷221《苏毗传》，中华书局，1975年，第6257页。

⑦ 山口瑞凤认为Sum ru是“支部第三茹”（Gsum pa'i ru）的省称，而将“苏毗”比定为“rgod tsang”，这一观点并不为学界所接受，参见山口瑞凤：《苏毗の领界——rTsang yulとYan lag gsum pa'i ru》，《东洋学报》1968年第50卷第4号，第1-69页；Z. Yamaguchi, “Su-p'i and Sun-po: A Historico-geographical Study on the Relation between rTsang yul and Yan lag gsum pa'i ru”, *Acta Asiatica* 19 (1970): 115-122。

nag），南至弥地曲那（Smri ti chu na），西至叶晓丁波切（Yel zhabs sdings po che），北至纳雪斯柴（Nags shod bzi'phrd），以仓甲雪达园（Tshang rgya shod stag bthsal）为中心①。学者考据这一范围大体在今西藏东北部与青海交界处，在唐古拉山脉南北的草原地区②，与《新唐书》所记载的位置大体相近。吐蕃时期驻扎在萨毗军镇的多是孙波茹和吐谷浑的军队，苏毗沿唐古拉山脉北麓西出昆仑山脉到达且末和尼雅一带是非常便捷的，3—4世纪尼雅文书中所记录的苏毗人应该也是沿着这条路线进出南山的。

汉文史料中经常出现多弥国、白兰国，《新唐书·多弥传》记有"滨犁牛河而居"，犁牛河即今通天河，又写作犛牛河。《新唐书·地理志》云："渡西月河，二百一十里至多弥国西界，又经犛牛河度藤桥。"③西月河即今扎曲，可见多弥国西界通天河。学者指出，多弥国位于今玉树州东部，以玉树县的巴塘草原为中心④。山口瑞凤认为，白兰羌是苏毗的朗氏（Rlang）部落⑤。孙波茹应该也是包括了多弥部落在内的。那么，孙波茹是否属于朵思麻的地域范围之内呢？

朵思麻这一地名在《吐蕃王朝编年史》653年条下就已经作为地理名词出现⑥：

mdo smadu kam khri bzang bye'da' thong myis bkum ste sha gnyard phar lo gchIg//

在朵思麻Kam bzang Bye'da'被仇杀，继而复仇。是为一年。

第二次出现是在692年，此年首次召开朵思麻会议⑦：

mdo smad gyI dgun'dun rgyam shI gar du'duste/ sum pa'I sho tshigs bzung bar lo gcig/

朵思麻冬季会议在Rgyam shi gar召开，掌握孙波的税例（Sho tshigs），是为一年。

第二次朵思麻会议发生在702—703年，主要内容是⑧：

mdo smad gyI dgun'dun nam ldong prom du khu mang po rje lha zung dang/ blon mang rtsan ldong zhIs bsduste/ sum ru'I mkos chen po bgyIs/

朵思麻冬季会议由麹莽布支拉松（Khu Mang po rje lha zung）与论莽赞笼息（Mang rtsan long zhi）在Nam ldong prom召开，在孙波茹进行大调集（mkos chen po）。

"（m）kho（s）"一词在《编年史》中多次出现。乌瑞指出"mkhos"有两种含义，一种是会计一类的经济活动，在这种含义下与rtsis同义，另一种则是军事的调集⑨。于伯赫分析了

---

① 巴卧·祖拉陈瓦著，黄灏、周润年译注《贤者喜宴——吐蕃史译注》，中央民族大学出版社，2010年，第32页。

② 佐藤长：《チベット历史地理研究》，岩波书店，1978年，第357页。

③［宋］欧阳修、宋祁：《新唐书》卷40《地理志》"鄯州"条，中华书局，1975年，第1041页。

④ 陈小平：《唐蕃古道》，三秦出版社，1989年，第91页。

⑤［日］山口瑞凤：《吐蕃王国成立史研究》，岩波书店，1983年，第686-687页。

⑥ OTA，p. 84.

⑦ OTA，p. 97；关于Sho tshigs译为税例，参见任小波：《暗军考——吐蕃王朝军政体制探例》，《中国藏学》2017年第2期，第112页。

⑧ OTA，pp. 101-102；王尧、陈践：《敦煌古藏文文献探索集》，上海古籍出版社，2008年，第92页。

⑨ G. Uray, "The Four horns of Tibet according to the Royal Annals", *AOHX* (1960): 54.

mkho的用法，认为吐蕃在征服地区实行大调集是实行直接统治的表现。他进一步指出此次在孙波茹进行大调集，表明孙波茹在此时设立，并且在行政上隶属于朵思麻①。王尧先生将“mkhos chen po”翻译为“大料集”，应该是参考了汉文史料的记载。贞元十六年（800），韦皋联合南诏累破吐蕃，《新唐书·南蛮传》记载：“至是，大料兵，率三户出一卒，虏法为大调集。”②《旧唐书·吐蕃传》：“吐蕃遂大搜阅，筑垒造舟，潜谋寇边。”③《新唐书》所载的“大调集”之“虏法”，即《旧唐书》之“大搜阅”，亦即《编年史》中的“(m)k(h) os chen po”。这是一种在千户体制下进行征兵、点兵的活动，此时的孙波茹很明显已经实施了“茹—千户”体制。赞普赤都松于699年除掉噶尔家族，论赞婆等将领率众降唐，赞普遂自掌兵权，亲征东境，此时在孙波茹进行大调集，显然是出于补充东境兵源的军事目的④，次年冬季赞普即首次亲征蛮地。自孙波茹至云南最为便捷，此次出征的士兵中应该有一大部分是孙波茹征集的士兵。

在此之后，每年召开朵思麻会议逐渐成为常态。755年之后，朵思麻会议从仅在冬季召开变为冬、夏两季召开。自朵思麻会议常态化之后，孙波茹就很少出现在《编年史》的叙述中。

《贤者喜宴》与《弟吴宗教源流》记载松赞干布时期曾将部队划分为三勇部（dpa'ba'i sde gsum），上勇部征服突厥（即西域），中勇部征服蛮地（即后来南诏之地），下勇部征服汉地，中勇部主力即为孙波茹。《弟吴宗教源流》⑤记载：

> bar gyi dpa' sde ni/ ri spen ma lung gyi yar bcad/ chags sgo dang pas mar bcad pa'i yul de na rgyal sde bcu gnyis la/ nags shod stong bu chung gis dpon byas te/
>
> 中勇部位于Ri spen ma lung以下，Chags sgo dang pa以上。在其地域内，纳雪（Nags shod）小千户为十二王部之首。

《贤者喜宴》略同，不过上下边界分写作Ri pe Nam lung和Cha skong Dar—ba⑥。荣新江先生指出，三勇部的设置时间应该在赤都松在位时期⑦，杜晓峰根据赤都松703年亲征蛮地的史事，认为三勇部设立于此时或稍早⑧。纳雪（Nags shod）小千户即属于孙波茹，所谓中勇部即以孙波茹为主。

由于苏毗被征服后设为孙波茹，故后世往往五茹并举，将孙波茹与卫藏四茹等量齐观，因此在叙述吐蕃地理时都将苏毗视作吐蕃腹地或本土。实际上，苏毗迟至7世纪中叶才被吐

---

① Uebach, “On the Tibetan Expansion from Seventh to Mid-Eighth Centruries and the Administration (khö) of the Countries Subdued”, p. 24.

② ［宋］欧阳修、宋祁：《新唐书》卷222《南蛮传》，中华书局，1975年，第6278页。

③ ［后晋］刘昫等《旧唐书》卷196《吐蕃传》，中华书局，1975年，第5259页。

④ Ch. Beckwith, *The Tibetan Empire in Central Asia: A History of the Struggle for Great Power among Tibetan, Turks, Arabs, and Chinese during the Early Middls Ages*, Princeton, 1987, p.63-64.

⑤ D. Martin, *History of Buddhism in India and Tibet*, Expanded Version of the Dharmas Origins Made by the Learned Scholar Deyu, Somerville: Wisdom Publications, 2021, p.545.

⑥《贤者喜宴——吐蕃史译注》，中央民族大学出版社，2010年，第35页；《贤者喜宴》（藏文本），民族出版社，2013年，第102-103页。

⑦ 荣新江：《通颊考》，《文史》第33辑，1990年，第122-123页。

⑧ B. Dotson, “Administration and Law in the Tibetan Empire: the Section on Law and State and Its Old Tibetan Antecedants”, PHD Thesis, Oxford University, 2006, p.382.

蕃吞并，无论从吐蕃、唐朝乃至于阗的角度来看，在整个吐蕃王朝时期，苏毗族仍然保持了相当的独立性，无论从民族还是地理概念上都与吐蕃判然有别。P.t.1089《吐蕃沙州官吏呈请状》也是将苏毗人、吐蕃人与汉人区别对待。在关于于阗的藏文史料中，《牛角山授记》《无垢光请问经》中多处记载了孙波、吐蕃（称为“赭面”，gdong dmar can）、吐浑、突厥、汉人对于于阗的入侵[①]，《于阗阿罗汉授记》则记载为苏毗（so byi）：“（阿罗汉预言）在于阗等三国（安西及疏勒），汉人、赭面、苏毗、突厥与回鹘（Hor）等敌人非常猖獗，彼等之争斗将使此地遭受荼毒。”[②]这些文献的编成时间大约在9世纪上半叶吐蕃统治于阗时期[③]，可见当时于阗对于孙波的族属仍有比较清晰的认识。在吐蕃占据河陇之后，大量苏毗部落连同吐谷浑部落被迁入新占领区，成为当地重要的战争移民。孙波与吐谷浑是吐蕃东境作战的主力部队，但是孙波与吐蕃之间一直有嫌隙存在，吐蕃末年论恐热就是出身于苏毗末氏，所率士兵也以苏毗人为主力。

总之，孙波茹在整个吐蕃王朝时期并不被认为是吐蕃本土的一部分。孙波茹处于朵思麻的地域范围之内，受朵思麻会议管辖。

二、吐谷浑与青海军镇

朵思麻与吐谷浑的关系如何，这是另一个引人注目的问题。吐谷浑自公元4世纪上半叶立国于青海一带，至663年被吐蕃完全征服，存在时间近三百五十年，是吐蕃之前青藏高原上最为重要的政权。吐谷浑被吐蕃征服后，仍然拥有一定程度的自治，维持了可汗的统治地位，不过进行了万户—千户制度改革，上层与吐蕃联姻，境内有吐蕃驻军，吐谷浑军队也被纳入吐蕃军队作战序列当中。大相禄东赞几乎每年都去往吐谷浑，自659至666年，除了662年前往象雄进行大调集外，禄东赞似乎都停留在吐谷浑境内，吐谷浑由此成为噶尔家族的大本营。670年，禄东赞之子论钦陵举吐蕃全国之兵力在大非川击败唐军，巩固了吐蕃对吐谷浑的控制，在此之后论钦陵又多次去往吐谷浑（670、693、695、696年）。699年，论钦陵之子论弓仁降唐时，“以所统吐谷浑七千余帐来降”，当年七月，又有“吐谷浑部落一千四百帐内附”[④]。值得注意的是，长期经营朵思麻地区的论钦陵之弟论赞婆也在同时降唐，但史言其“帅所部千余人来降”，“（武后）使将其众守洪源谷”，与论弓仁所部显然不同，论赞婆所帅的应该是来自吐蕃本土的士兵。

虽然大批吐谷浑部落降唐，但是吐蕃在吐谷浑的统治似乎并未受到太大影响。《编年史》记载，689年，吐蕃将墀邦（Khri bangs）公主嫁给吐谷浑可汗，两者结为舅甥（zhang dbon）关系，墀邦公主也成为影响吐谷浑国政的重要力量，706—714年依然非常活跃。赞普赤德祖赞在727年亲临吐谷浑，与吐谷浑可汗再次确立舅甥关系，封赏吐谷浑将士。吐蕃赞普与吐谷浑可汗的舅甥关系既确保了吐蕃对吐谷浑国政的控制权，又使得吐谷浑保持了半独立的地

① F. W. Thomas, *Tibetan Literary Texts and Documents concerning Chinese Turkestan 1*, London, 1935, p.20, 24, 28, 192, 193, 196.

② Thomas, *Tibetan Literary Texts and Documents concerning Chinese Turkestan, 1* London, 1935, p.78.

③ 朱丽双：《〈于阗国授记〉译注》（上），《中国藏学》2012年S1期，第223页；朱丽双：《〈于阗国教法史〉译注》，载荣新江、朱丽双：《于阗与敦煌》，甘肃教育出版社，2013年，第418页。

④ 沈琛：《入唐吐蕃论氏家族新探——以〈论惟贞墓志〉为中心》，《文史》2017年第3辑，第85-89页。

位。需要指出的是，一些学者认为《编年史》中出现的达延莽布支（Da rgyal Mang po rje）、坌达延墀松（'bon Da rgyal Khri zung）与坌达延赞松（'bon Da rgyal Btsan zung）是吐谷浑可汗或王子①，但根据乌瑞（G. Uray）、于伯赫的分析，“达延”（Da rgyal）乃是同样与赞普家族结为甥舅关系的达布（Dags po）小邦王族的尊称，意为“达布王”，而非吐谷浑可汗（'A zha rje）②。

IOL Tib J 1368《吐谷浑编年史》反映了706—714年吐谷浑国内的政治形势，其中记载大朵论（Mdo blon ched po）'Bro zhang Brtan sgra ya sto两次到吐谷浑（710年，第24行；714年，第32行）。伯戴克（Petech）认为，其与706—710年召开朵思麻会议的大臣zhang Rgya sto可能为同一人，乌瑞对此持怀疑态度。但二者年代相近，职衔相符，名字发音类似，zhang Rgya sto很有可能是'Bro zhang Brtan sgra yas sto的别写形式。于伯赫指出，朵论在吐谷浑的出现表明，朵思麻的管辖区域实际上包括了吐谷浑③，该论断是可信的。

吐蕃在676年建立了青海军镇（Khri bshos khrom）④，这是已知的吐蕃最早设立的军镇，其设立的目的正是统一指挥吐谷浑境内的蕃浑军队。青海军镇设立很可能与吐谷浑划分千户是同时进行的，此军镇设立后，吐蕃连年进攻鄯、廓、洮、叠、河、扶、松州等州，678年大破李敬玄、刘审礼率领的十八万唐军于青海之上⑤。乌瑞认为这一军镇在730—740年的唐蕃拉锯战中被摧毁了，755年该军镇又得以重建⑥。但实际上，755年恢复的是玛曲军镇，并非青海军镇，青海军镇应该是一直存在。

吐蕃青海军镇的出现早于唐朝节度使制，有学者据此认为khrom是来自唐朝的“都督府”⑦。新近发现的敦煌《吐蕃兵律》颁行于700年，其中多次提到khrom，但其意义为行军作战的临时性兵营，这应该是khrom的原义。在对唐作战的过程中，随着新占领区的扩大，khrom开始成为战区、军团之类高级别的军政机构。传世史料将khrom译作节度，敦煌文献又称作“大行军衙”“大行军都节度衙”，敦煌的译法反映了khrom由行军兵营到战区军政机构的转变。

---

① F. W. Thomas, *Tibetan Literary Texts and Documents concerning Chinese Turkestan 2*, London, 1951, p.5-6; Beckwith, *The Tibetan Empire in Central Asia*, p.57；山口瑞凤《吐蕃王国成历史研究》，第651-656页；周伟洲、杨铭：《关于敦煌藏文写本〈吐谷浑（阿柴）纪年〉残卷的研究》，载《中亚学刊》第3辑，中华书局，1990年，第103页。

② G. Uray, “Die Lehnfürstentümer des tibetisches Reiches im VIII-IX. Jahrhundert”, *Trudy Dvadcat 'pjatogo Mezdunarodnogo kongressa vostokovedov*, Moscau, 1963, p. 206; H. Uebach, “Eminent ladies of the Tibetan Empire according to Old Tibetan texts”, in S.G. Karmay and P. Sagant (eds.), *Les Habitants Du Toit Du Monde*, Nanterre, 1997, p.61; *OTA*, pp. 35-36；沈琛：《敦煌吐蕃兵律文书补考》，《文史》2023年第3期，274-275页。

③ H. Uebach, “On Dharma-colleges and their teachers in the ninth Century Tibetan Empire”, P. Daffinà (ed.), *Indo-Sino-Tibetica: Studi in onore di Luciano Petech. A collection of Oreintal Studies prested to professor Petech on the occasion of his 75th Birthday* (StudiOrientali, 9). Roma: Bardi Editore, 1990, p. 406.

④ *OTA*, p. 91.

⑤ ［后晋］刘昫等：《旧唐书》卷196《吐蕃传》，中华书局，1975年，第5224页。

⑥ G. Uray, “*Khrom:* Administrative Units of the Tibetan Empire in the 7th-9th Centuries”, *Tibetan Studies in honour of Hugh Richardson*, ed. by Michael Aris and Aung san Suu Kyi, Aris & Philips Ltd. Wrminster England, 1979, p. 313；荣新江译《军镇：公元七至九世纪吐蕃帝国的行政单位》，《西北史地》1986年第4期，110页。

⑦ 马德：《KHROM词义考》，《中国藏学》1992年第2期，第98-101页。

青海节度亦常见于汉文史料，天宝元年（742）十二月，皇甫惟明“奏破青海道莽布支营三万余众”[①]，此处的青海道应为青海节度[②]，此说甚是。这一战役亦为《编年史》所证实，742年“在Khu—nye Mon—gangs，论莽布支举行吐谷浑之料集（khu nye mon gangsu blon mang po rjes’a zha’I mkhos bgyIs/）”[③]。但不清楚这次军事调集与战败之事孰先孰后。贞元五年（789），韦皋大败青海节度，《新唐书·南蛮传》载：

分兵大破吐蕃青海、腊城二节度军于北谷，青海大兵马使乞藏遮遮、腊城兵马使悉多杨朱、节度论东柴、大将论结突梨等皆战死。乞藏遮遮，尚结赞子也，以尸还。其下曩贡节度苏论百余人行哭，……以马载尸而去。[④]

《册府元龟》卷九七三《外臣部·助国讨伐》记载为“青城、腊城二节度”，金滢坤认为唐时蜀州有青城县，从地理上看青城较青海更为恰当，故认为当是青城节度[⑤]，这一结论得到不少学者的认同。不过，《旧唐书·韦皋传》《旧唐书·吐蕃传》《新唐书·韦皋传》《册府元龟》卷九八七《外臣部·讨伐》皆为“青海”，并非“青城”，孤证难立。再者，吐蕃一般以所据州设节度，青城县隶于蜀州，吐蕃从未占据蜀州乃至青城县，没有理由设青城节度。关于青海大兵马使乞臧遮遮，应即节度使（dmag dpon），其为大相尚结赞（Sna—nam zhang Rgyal—tsan lha—snang）之子，在783年取代尚结息为大相，在河陇经营多年，主持清水会议，助唐平朱泚，之后策划平凉劫盟，连年侵唐[⑥]。由吐蕃朝廷的重要将领担任青海节度使应是常态。

吐蕃倚重吐谷浑的兵源与良马，但是汉藏史料中未见领军的吐谷浑将领，大多是由吐蕃将领直接征集吐谷浑的士兵出征。这也显示吐谷浑没有独立的军事指挥权，处于受支配的地位。唯一一次吐谷浑可汗率军出征见于《吐蕃王朝编年史》745年条下[⑦]：

/dbon’a zha rje dang blon mang pho rje gnyis gyis mkhar jid par la brgalde/ rgya’I ram’da’ jId par du/ phud gon mkhar pho cer drangste/ rgya phal cer bkum/

外甥吐谷浑王与论莽布支二人攻下石堡城（mkhar Jid—par），唐人调集援军至石堡之普固大堡，唐人大部被杀。

此处吐谷浑可汗随青海节度使论莽布支一同进军石堡城，而非单独领兵。《旧唐书·玄宗本纪》载：“陇右节度使皇甫惟明与吐蕃战于石堡城，官军不利，副将褚直廉等死之。”[⑧]印证了《编年史》记载的可靠性。804年入蕃副使吕温所作《蕃中答退浑词》云：“万群铁马从奴虏，强弱由人莫叹时。”正是这一现状的反映。青海节度一直存在到吐蕃末年，会昌二年（842），洛门川讨击使论恐热“与青海节度使同盟举兵，自称国相”[⑨]。

---

①［宋］司马光编著《资治通鉴》卷215，中华书局，1956年，第6856页。

②陈庆英：《唐代西北吐蕃部落述略》，载陈庆英：《中国藏族部落》，中国藏学出版社，1990年，第560页。

③*OTA*, p. 122.

④［宋］欧阳修、宋祁：《新唐书》卷222《南蛮传》，中华书局，1975年，第6318页。

⑤金滢坤：《吐蕃节度使考述》，《厦门大学学报》2001年第1期，第101页。

⑥陈楠：《吐蕃大相尚结赞考述——兼论吐蕃宰相制度变化的几个阶段》，《中国藏学》1997年第3期，第51-66页。

⑦Beckwith, *The Tibetan Empire in Central Asia*, p.129; OTA, p. 126.

⑧［后晋］刘昫等：《旧唐书》卷9《玄宗本纪》，中华书局，1975年，第219页。

⑨［宋］司马光编著《资治通鉴》卷256，中华书局，1956年，第7970页。

《吐蕃王朝编年史》741年条下提到军镇，可以据此考订青海军镇的驻地[①]：

sbrul gyI lo la/ btsan po dbyard chab srId la gshegste/ rgya'I mkhar dar khwa hywan phab/ zho don gyI zhang tsal du btsan po'i spyan sngar/ khrom gyI mkos chen po bgyIs/

蛇年（741）夏，赞普以政务出巡临边，进攻汉之达化县城。在树敦（Zho don）之尚园（Zhang tsal），他们在赞普驾前进行军镇之大调集。

从文本语境来看，文中“军镇之大调集”实际上是赞普在树敦城检阅凯旋的青海军镇士兵，树敦城或许为青海军镇的驻地所在。树敦城曾为吐谷浑旧都，位于青海湖东南，《资治通鉴》载天宝九载（750）“关西游弈使王难得击吐蕃，克五桥，拔树敦城，授白水军使。胡注：树敦城以古犬戎王树惇名城，隋在吐谷浑界，唐在吐蕃界”。严耕望考订树敦城在察汗古城（今共和县东北倒淌河乡附近）[②]，佐藤长认为树敦城即赤水城，隋代以为河源郡治所（今青海兴海县东南）[③]，谭其骧《中国历史地图集》将树敦城置于共和县东南黄河西岸，今青海共和县曲沟乡原菊花城（现已被龙羊峡水库淹没）被认为是树敦城。

青海军镇是统辖青海周边蕃浑军队作战的主要军政机构。吐蕃在青海湖之北设立鱼海、新罗等军，在祁连山脉沿线设立祁连城等，这些军镇戍堡应是隶属于青海军镇。吐蕃常从青海之西进攻瓜、肃、甘州，自此率军进攻河西的吐蕃将领如悉诺逻也是朵思麻会议的召集者，可见青海军镇也是由朵思麻会议统一指挥的。

三、玛曲军镇

关于朵思麻的北界，于伯赫等人认为是以黄河为界，与玛曲军镇（Rma khrom）相隔。玛曲军镇最早见于《编年史》704年条下[④]：

byard btsan po yab rma grom gyI yo tI cu bzangs na bzhugs shIng/ yum khrI ma lod yar'brog gI'o dang na bzhugste/'dun ma brag sgor'dus/ dgun btsan pho chab srId la mywa la gshegs pa las/ dgung du gshegs/

（704年）夏天赞普父王（赤都松）驻于玛曲军镇（Rma grom）之Yo ti Cu bzangs。墀玛类母后驻于羊卓之沃塘（'O dang）。会议召集于扎高（Brag sgo）。冬，赞普衔帐赴蛮地，薨。

“grom”即“khrom”之异写。石泰安（R. Stein）根据晚近的地理材料，认为玛曲军镇位于今青海果洛地区，这一推断也为乌瑞所接受[⑤]。这一地区北接吐谷浑与九曲之地，南接孙波，向东可去松州乃至蛮地，交通方便，且倚积石山为天然屏障，是设置军镇的绝佳地点。玛曲军镇的设立时间应在704年或之前不久，即赤都松在位时期。

玛曲军镇后来向北延伸到“九曲之地”。黄河在绕过积石山（即今阿尼玛卿山）以后折向西北，在同德境内又折向东北，到共和县始正东流。共和县以上至积石山，河流曲折，称

---

① *OTA*, p. 122.

② 严耕望：《唐代交通图考》，“中研院”史语所，1985年，第536–537页。

③ ［日］佐藤长：《チベット历史地理研究》，岩波书店，1978年，第212–213页。

④ *OTA*, p.102.

⑤ G. Uray, “*Khrom:* Administrative Units of the Tibetan Empire in the 7th–9th Centuries”, p. 313.

为“九曲”①。一般认为，景云元年（710）吐蕃得九曲之地作为金城公主的汤沐之所，不过开元二年姚崇、卢怀慎上《请毁河桥奏》则说法不同：

顷者吐蕃以河为界。神龙年中（706）降公主，吐蕃遂过河筑城，置独山、九曲两军，去积石三百里，又于河上造桥。吐蕃今既叛我，此桥即应毁拆。桥既见毁，城自然拔。臣等望与郭知运、盖思贵等计议，克期翦扑。②

吐蕃早在神龙年间（705—707）即在九曲之地新建独山、九曲两军及洪济、大莫门二城，景云元年应该只是唐廷在鄯州都督的奏请下正式承认吐蕃对九曲的占领。独山、九曲应是归玛曲军镇管辖，玛曲军镇北并九曲，与廓州接境。“吐蕃既得九曲，其地肥沃，堪顿兵畜牧，又与唐境接近，自是复叛。”③天宝十二载（753），陇右节度使哥舒翰收复河西九曲之地，攻取玛曲军镇的北部领土，次年新置洮阳郡、浇河郡，分隶洮州、廓州④，在廓州设立金天军、武宁军⑤，吐蕃的玛曲军镇大约在这一段时间内被废掉⑥。

其后安史之乱爆发，吐蕃趁机进攻廓、鄯、河、洮等州，占领九曲之地，复立玛曲军镇。749—754年的《编年史》散佚不存，755年恢复记载，恰好记录了一系列历史事件：

blon khri bzang dang/ zhang stong rtsan gnyis gyis/ mkhar te’u cu phab/ rma grom pyir btsugste/ zhang mdo bzher rma grom gyi dmag dpon du bka’stsald/ mdo smad gyi dbyar’dun dbu le lam nag du/ blon khri sgra dang/ mang rtsan’pan gang dang/ blon mdo bzher las stsogs phas bsduste/ te’u cur dra ma drangste/ dgun’dun zhang rgyal zigs gyis rag tagI kog du bsduste/

（755年）论倚祥叶乐（Khri bzang）与尚悉东赞（Stong rtsan）二人进攻洮州，复建玛曲军镇。尚多热（zhang Mdo bzher）被任命为玛曲军镇的将军。论乞力逻（Khri sgra）、莽赞盘恭（Mang rtsan’Pan gang）与论多热（blon Mdo bzher）等在Dbu le lam nag召开朵思麻夏季会议。他们引军向洮州（Te’u cu）。尚野息（Rgyal zigs）在Rag tag之廓地（Kog）召开朵思麻冬季会议。

此年，吐蕃复立玛曲军镇，尚多热被任命为节度使（即将军，dmag dpon）。当年朵思麻夏季会议最后一位召集者是论多热，与尚多热当系一人，这证明玛曲军镇受朵思麻会议管辖。当年朵思麻冬季会议召开于Rag tag之廓州（Kog），Kog一地白桂思指出为唐之廓州（Kog cu，今青海贵德、循化一带）的音译简称⑦。白桂思认为，Rag tag应是汉文史料中位于黄河九曲的“骆驼（桥）”一带⑧，可备一说。Rag tag所包含的地域较广，朵思麻会议曾在Rag tag的三个地点举行，即Nya bu（708年冬），Rma rong（707年冬、759年冬）和Kog

① 严耕望：《唐代交通图考》第2卷，“中研院”史语所，1985年，第543页。

② ［宋］王钦若等编《册府元龟》卷992《外臣部·备御二》，凤凰出版社，2006年，第11487页。

③ ［后晋］刘昫等：《旧唐书》卷196《吐蕃传》，中华书局，1975年，第5228页。

④ ［宋］司马光编著《资治通鉴》卷217，中华书局，1956年，第6918、6927页。

⑤ ［宋］欧阳修、宋祁：《新唐书》卷40《地理志》，中华书局，1975年，第1043页。

⑥ 乌瑞认为玛曲军镇是于730—740年唐朝向黄河上游推进的时候被摧毁的，参见Uray, “Khrom: Administrative Units of the Tibetan Empire in the 7th-9th Centuries”, p.313.

⑦ Beckwith, *The Tibetan Empire in Central Asia*, p.129, n.24. 然而《吐蕃王朝编年史》745—746年条下记载的Kog-yul应是Gog yul之讹，即护密（今瓦罕），参*OTA*, p.126.

⑧ Beckwith, *The Tibetan Empire in Central Asia*, p.129.

（755年冬、759年冬）。Nya bu的位置不可考，Rma rong字面意义为“黄河谷”，石泰安已经指出应在黄河上游[①]。不过根据《元和郡县图志》的记载，廓州是在“乾元元年（758）陷于西蕃”[②]，非在756年。但据《资治通鉴》，756年，“吐蕃陷威戎、神威、定戎、宣威、制胜、金天、天成等军，石堡城、百谷城、雕窠城”[③]。其中金天军、百谷城都在廓州境内，“（廓州城）西南百四十里洪济桥有金天军，其东南八十里百谷城有武宁军。……皆天宝十三载（754）置”[④]。二者皆属于俗称的河西九曲之地，约在今贵德以西黄河南岸附近，755年冬季吐蕃召开朵思麻冬季会议的Kog应是在廓州境内无疑。

后期，玛曲军镇移至廓州。P.t.1082《回鹘登里可汗书》是10世纪上半叶甘州回鹘登里可汗致归义军节度使的信函，其中第9—10行提到“廓州玛曲军镇的使者来到此处，玛曲万户向（可汗）致礼”（gog chu rma grom gI pho nya spya ngar mchIs / / rma grom khrI sde cIg zha du blta zhes gsol/）。这里“廓州玛曲军镇”已经清楚地表明了当时玛曲军镇即设于廓州[⑤]。当然这时候的廓州已经完全为吐蕃部落所占领，与前期唐蕃在廓州争战时期情况又有不同。对于玛曲军镇改治廓州的时间，以及玛曲军镇在吐蕃王朝后期的状况，目前还不清楚。

到《编年史》结束的8世纪60年代为止，朵思麻这一军政区划涵盖了吐蕃帝国的整个东境，是除了卫藏四茹之外最为重要的地区。其核心领域为孙波茹，并且随着吐蕃疆域向东北扩张，涵盖地域延伸到吐谷浑与黄河九曲之地。吐谷浑境内之军事由青海军镇统辖，黄河上游之军事由玛曲军镇统辖，两者都受朵思麻会议的管辖。后期，朵思麻会议地点主要集中于对唐前线的青海周边及黄河上游地区。

朵思麻作为吐蕃的重要地理概念也传到了伊斯兰世界。10世纪成书的《世界境域志》提及“Twsmt（Tūsmat），此地之前为汉人所有，现在为吐蕃人占据。这里有隶属于吐蕃可汗的军队”[⑥]。埃及马穆鲁克王朝的失哈不丁·奴瓦叶里（Shihāb al—Dīn Ahmad bin'Abd al—Wahhāb al—Nuwayri，1279—1333）在其编著的《博雅技艺之终极目标》（*Nihayat al—arab fi funūn al—adab*）一书中引用了980年左右写成的《新娘的颜色与灵魂的芳香》（*Jayb al—'arūs wa—rayḥān al—nufūs*）：“麝香有很多种类，最好的麝香是产自朵思麻（Dhū samt），然后被带到吐蕃，中间两个月路程，之后被运到呼罗珊（Khūrāsān）。”[⑦]这里说的麝香产地正位于吐蕃东境与汉地、南诏交界处的朵思麻。

四、朵思麻会议与东境扩张

朵思麻会议是管辖东境政务的流动政治中心，也是东境作战的军事指挥部。朵思麻设有

① ［法］石泰安著，耿昇译《汉藏走廊古部族》，中国藏学出版社，2013年，第44页。

② ［唐］李吉甫撰，贺次君点校《元和郡县图志》卷39《陇右道上》，中华书局，1983年，第993页。

③ ［宋］司马光编著《资治通鉴》卷219，中华书局，1956年，第7011页。

④ ［宋］欧阳修、宋祁：《新唐书》卷40《地理志》，中华书局，1975年，第1043页。

⑤ ［日］岩尾一史：《古チベット語史料からみた10世纪前半の青海东部地域》，《チベット・ヒマラヤ文明の歴史的展开》，京都大学人文科学研究所，2018年，第12-13页。

⑥ V. Minorsky&Hudūd al-'Ālam. *The Regions of the World. A Persian Geography 372 A.H. - 982 A.D*, Oxford, 1937, p.93, 259.

⑦ Shihāb al-Dīn al-Nuwayrī, *The Ultimate Ambition in the Arts of Erudition: A Compendium of Knowledge from the Classical Islamic World*, tr. by Elias Muhanna, New York: Penguin Books, 2016, p.215.

大朵论，为常设军政首长，由中央派驻，吐蕃大相及其他重要宰臣也多驻东境统筹对唐作战。这些人共同构成朵思麻会议的召集者，是吐蕃东境的实际负责人。贞元年间蕃相尚结赞曰："蕃法，进军以统兵大臣为信"①，说的正是吐蕃边将自专防务的情况。

论钦陵之弟论赞婆应该是最早的朵思麻会议召集人。《旧唐书·吐蕃传》载："吐蕃自钦陵兄弟专统并兵马，钦陵每居中用事，诸弟分据方面，赞婆则专在东境，与中国为邻，三十余年，常为边患。"②从670年代开始，轮赞婆就在朵思麻地区经营。692年朵思麻会议首次召开之时，无疑就是由论赞婆主持。噶尔家族于主政的7世纪下半叶，将吐蕃东境打造为吐蕃帝国的军事重心所在，大相频繁领兵东境也成为常态。

之后的朵思麻会议召集人大多见于《吐蕃王朝编年史》(见附表)，其中许多都是唐蕃关系史上的著名将领：

1. 麴莽布支（Khu Mang—po—rje Lha—zung），702年主盟，705年任大相。

2. 韦·乞力徐尚念（Dba's Khri—gzigs Zhang—nyen），705—721年任大相，715—719年间主盟。

3. 韦·悉诺逻恭禄（Dba's Stag—sgra Kong—lod），726年主盟，727年悉诺逻攻破瓜州后入朝为大相。

4. 久若·乞力徐囊恭（Chog—ro Khri—gzigs Gnang—gong），711、721—724、727年主盟，736年为河西节度使崔希逸破于青海。

安史之乱爆发后，吐蕃举全国之力对河陇展开进攻，至763年，"吐蕃入大震关，陷兰、廓、河、鄯、洮、岷、秦、成、渭等州，尽取河西、陇右之地"③，并在同年攻陷长安，留十五日而去。在此期间，朵思麻增开夏季会议，主持人数从一人多至三人不等，与吐蕃本土之间的人员流动也更为频繁。朝廷重臣轮番前往朵思麻会议，并领兵出征，在中央与东境之间来回奔走。这一时期召集朵思麻会议的朝中重臣有：

1. 韦·囊热腊赞（Dba's Snang—bzher Zla—brtsan），756年冬、757年夏主盟，754—764年为大相。

2. 尚野息（zhang Mchims Rgya—zigs Shu—theng），又译作"尚结息"，755年冬、757年夏主盟，764年为内大相（nang blon）之首，768年为大相。

3. 桂·倚祥叶乐（Mgos Khri—bzang Yab—lhag），756年冬主盟，764年为大相。

4. 尚悉东赞（zhang Stong—rtsan），758年夏主盟，764年为四境元帅（so mtha bzhI dmag pon）。

这些重臣皆在764年被授予大尚论（即"宰相同平章事"）的职衔。时任大相的韦·囊热腊赞与内大相尚结息最为忙碌，在吐蕃中央会议与朵思麻会议之间来回穿梭，还要亲自率兵攻唐。也有朝中重臣参与东境战争但未召集朵思麻会议的，如已经担任内大相兼整事大相的马重英（zhang Ngan—lam Stag—sgra Klu—khong）。另外，常驻东境的玛曲节度使论多热、莽赞盘恭与论乞力逻三人仍然是朵思麻会议的频繁召集者，不过在朝中将相联合召集会议时多居末席。另外一位东境重臣尚赞磨（zhang Rtsan—ba）在759—764年领兵东境，参与长安

① [后晋] 刘昫等：《旧唐书》卷121《李怀光传》，中华书局，1975年，第3493页。

② [后晋] 刘昫等：《旧唐书》卷196《吐蕃传》，中华书局，1975年，第5225页。

③ [宋] 司马光编著《资治通鉴》卷109，中华书局，1956年，第7146页。

之役，并未主盟。

此后不久，吐蕃为了统治新占领的河陇地区，在河陇设置了东面节度使。《新唐书·吐蕃传》："（大历）三年（768），虏引众十万复攻灵州，略邠州。先是，尚悉结自宝应后数入边，以功高请老，而赞磨代之，为东面节度使，专河、陇。"[①]此处的尚悉结很有可能是尚结悉之讹，即上述之尚结息。尚结息763年曾引兵入长安，虽任内大相，仍总兵于河陇，"永泰元年（765）九月，吐蕃大将尚结息、赞磨、尚息东赞及马重英等十万众寇奉天、醴泉等县"[②]。尚结息应是首任东面节度使，至768年以功高而入朝任大相之职，而以尚赞磨继任东面节度使。此东面节度使的设置时间不早于764年，主要管辖新占领的河陇地区，并最终独立于朵思麻而成为单独的军政区域，亦即藏文史料中的德甘思（bde khams）或德论大区（Bde blon khams ched po）。

结论

在吐蕃王朝扩张的过程中，东境一直是其军事重心所在。从《吐蕃王朝编年史》来看，吐蕃几乎形成了吐蕃本土及象雄与东境的二元疆域结构。在占领河陇之前，吐蕃东境统称为朵思麻，其军政要务由朵思麻会议管辖，而吐蕃本土及象雄的政务则由中央会议管辖。朵思麻早期的核心地区为孙波茹，向北则扩展到吐谷浑和黄河上游地带。吐谷浑的青海军镇和河曲的玛曲军镇都受朵思麻会议的支配。朵思麻与唐朝交界，其核心任务即对唐作战。朵思麻的长官称为"朵论"（Mdo blon），是平常朵思麻会议的召集者，若宰相在则由宰相主盟。自论钦陵时期开始，吐蕃大相便常去东境作战，大相也常由在东境立功的名将担任，朵思麻成为吐蕃宰相的"回翔之地"。

---

① ［宋］欧阳修、宋祁：《新唐书》卷216下《吐蕃传下》，中华书局，1975年，第6091页。

② ［宋］王钦若等编《册府元龟》卷987《外臣部》，凤凰出版社，2006年，第11422页。

暾欲谷碑译注*

白玉冬（兰州大学敦煌学研究所、中国历史研究院白玉冬工作室）

【摘要】 后突厥汗国暾欲谷碑自发现以来，国内外相关研究成果丰硕。2018年夏和2019年夏，兰州大学“胡汉语碑刻考察团”对暾欲谷碑进行了调查，结合实地考察和大阪大学网上公开的拓片图版，对暾欲谷碑的研究获得了推进，碑文的换写、转写和译注得到了进一步梳理。碑文的建造年代、鲁尼文字母▭和⋈之语音、第一碑东面2行的W s i N B W nt T W、东面6行的č ü l g i z r i及南面7行的Q W R D nt a之释读、碑文中出现5次的türk sir bodun之释读问题有了新突破，为学界争议问题的解决提供了新思路。

【关键词】 暾欲谷碑　后突厥汗国　唐朝　鲁尼文

一、研究史介绍

后突厥汗国暾欲谷碑，由沙俄考古学会克莱门茨（D. A. Klementz）率领的探险队，于1897年在今乌兰巴托东南60千米的纳来哈（Nalayh）近郊发现。克莱门茨现场制作的拓本照片和拉德洛夫（W. Radloff）修补过的拓本照片，以及遗址照片，1899年由拉德洛夫发表于《蒙古古代文物图录》（*Atlas*）的第四分册中①。拉德洛夫关于暾欲谷碑的解读研究，则收录于其执笔编著的有关突厥碑铭的重要系列著作《蒙古的古突厥碑文》的最后一卷，即1899年出版的第2编中②。其中包括换写、转写、德译文和词注，以及德国学者夏德（F. Hirth）利用汉文史

* 本文系国家社科基金重大项目“北朝至隋唐民族碑志整理与研究”（项目编号18ZDA177）、兰州大学中央高校基本科研业务费专项资助项目“隋唐至北宋古突厥语族群与华夏中央王朝之间的交流交往交融史研究”（项目编号2023jbkyzx011）阶段性成果。

① W. Radloff, *Atlas der alterthümer der Mongolei. Arbeiten der Orchon-Expedition*, Sankt-Peterburg, 4vols., 1892, 1893, 1896, 1899, vol.4, CV-CXVIII.

② W. Radloff, “Die Inschrift des Tonjukuk”, in: *Die alttürkischen Inschriften der Mongolei*, vol. 2, St. Petersburg: Eggers, 1899, p.1-115.

料对暾欲谷碑所作的相关论考[①]。与拉德洛夫并驾齐驱的突厥鲁尼文解读先驱丹麦学者汤姆森（V. Thomsen），于1916年发表其成果[②]。该书并非暾欲谷碑研究专著，其关于暾欲谷碑的新解和对拉德洛夫释读的补充意见散见于书中。1922年，汤姆森发表暾欲谷碑文的丹麦文译文，不过只收录有对碑文的解说和翻译[③]，没有换写与转写。H. H. Schaeder将汤姆森的这一研究成果译为德文[④]，包括阙特勤碑、毗伽可汗碑、暾欲谷碑三大碑文的译文及其解说，以及译者的简单译注。汤姆森关于暾欲谷碑的研究成果，还由洛斯（E. D. Ross）译成了英文[⑤]。1936—1940年，土耳其学者奥尔昆（H. N. Orkun）出版古突厥文史料集，其第1卷中包含暾欲谷碑铭的换写、转写及土耳其文译文，以及简单的注释[⑥]；其第3卷收有转载自*Atlas*的暾欲谷碑遗址和碑文的照片，还有芬兰兰铁司（G. J. Ramstedt）采集的拓本照片[⑦]，惜照片质量一般。M. Sprengling翻译了暾欲谷第1碑的南面，内容不完整[⑧]。日本学者小野川秀美1943年出版突厥三大碑铭译注，包括暾欲谷碑文的转写、日译文和注释[⑨]。他主要依据拉德洛夫和汤姆森的解读成果，并利用汉文史料对碑文的相关问题进行了考述。苏联的马洛夫（C. E. Малов）编纂古突厥文史料著作，其中收录了暾欲谷碑铭，包括换写、转写及俄译文[⑩]。1958年，芬兰的阿勒陶（P. Aalto）依据实地考察，给出换写、转写和德译文在内的暾欲谷碑的新解读，其中包括兰司铁1909年第二次调查期间的报告与所拍摄的16张碑文照片，以及阿勒陶自身的调查报告[⑪]。法国学者吉罗（R. Giraud）1961年出版了关于暾欲谷碑铭的专著，包括换写、转写、法译文和详细的注释[⑫]。土耳其学者特勤（T. Tekin）于1968年出版关于突厥碑文语法的著作，给出了突厥三大碑和阙利啜碑及翁金碑的转写和英译文，其中包括暾欲谷碑[⑬]。苏联学者阿依达洛夫（Айдаррв）1971年以俄文出版突厥碑文研究专著，其中

① F. Hirth ,“Nachworte zur inschrift des Tonjukuk”, in: W. Radloff, *Die altturkischen Inschriften der Mongolei,* 2. Bd., 2. Folge, St. Petersburg, 1899, pp. 1–128.；［德］夏德著，陈浩译《跋〈暾欲谷碑〉——以汉文史料为中心的东突厥汗国史》，载陈浩主编《西方突厥学研究文选》，商务印书馆，2020年，第98–214页。

② V. Thomsen, Turcica. *Études concernant l'interprétation des inscriptions turques de la Mongolie et de la Sibérie (Mémoires de la Société Finno-Ougrienne 37)* , Helsingfors,1916.

③ V.Thomsen, “Gammel-tyrkiske indskrifter fra Mongoliet i oversxttelse og med indledning(hidtil utrykt)”, in: *Samlede Afhandlinger 3*, København, Ibid, 1922, pp. 502- 511.

④ V.Thomsen, “Alttürkische inschriften aus der Mongolei”, (Trns.by H.H. Schaeder) *Zeitschrift der Deutschen Morgenländischen Gesellschaft,* Band 78, N. F. 3–2, 1924, pp. 121–175.

⑤ E. D. Ross, “The Tonyukuk Inscription: Being a Translation of Professor Vilhelm Thomsen's final Danish redering”, *Bulletin of the School of Oriental Studies,* vol. 6, 1930, pp. 37–43.

⑥ H. N. Orkun , *Eski Türk Yazıtları,* Istanbul: Devlet Basımevi 1936–1940, vol.1, pp. 100–124.

⑦ H. N. Orkun , *Eski Türk Yazıtları,* vol.3, pp. 218–234.

⑧ M.Sprengling , “Tonyukuk's Epitaph: An Old Turkish Masterpiece Introduction, Text, Annotated Scientific Translation, Literary Translation and Transliteration” , *The American Journal of Semitic Languages and Literatures*, vol. 56, no. 1, 1939, pp. 1–19, no.4, pp. 365–383.

⑨［日］小野川秀美：《突厥碑文譯註》，载《满蒙史論叢》第4辑，1943年，第69–79页、第142–151页。

⑩ S. E. Malov, *Pamyatniki drevnetyurkskoj pis'mennosti: teksty i issledovaniya,* Moskva–Lenigrad: Izdatel'stvo Akademiya nauk SSSR ,1951, pp. 55–73.

⑪ P. Aalto, “Materialien zu den alttürkischen inschriften der Mongolei, gesammelt von G. J. Ramstedt, J. G. Granö und Pentti Aalto”, *Journal de la Société Finno-Ougrienne,* vol. 60, no.7, 1958, pp. 1–91，兰司铁照片见pp.14–29.

⑫ R. Giraud, *L'inscription de Baïn Tsokto, édition critique*, Paris: Adrien Maisonneuve, 1961.

⑬ T. Tekin, *A Grammar of Orkhon Turkic,* Bloomington: IndianaUniversity, 1968, pp. 249–253, 283–290.

包括暾欲谷碑的录文、转写和俄译文①。此后，英国学者克劳森（G. Clauson）利用波兰学者特里亚尔斯基（E. Tryjarski）的调查结果，于1971年出版了对暾欲谷碑铭的研究②。1994年，土耳其学者特勤出版暾欲谷碑铭的单行解读文本③，之后在1995年和2003年刊出突厥三大碑文的译注，其中包括暾欲谷碑④。1997年，芬兰学者芮跋辞（V. Rybatzki）出版暾欲谷碑译注，包括换写、转写和德译文，其注释详实丰富⑤。德国学者Taube于2002年发表暾欲谷碑第1—16行的换写、转写、德译文和注释，以及第17—32行的研究笔记⑥。2004年，匈牙利学者阿帕德（Berta Árpad）出版突厥汗国和回鹘汗国鲁尼文碑文的研究著作，其中包括暾欲谷碑的研究史介绍、重点文献目录、换写、转写和匈牙利文译注⑦。2005年，土耳其学者成吉思（Ç. Alyilmaz）出版关于突厥鄂尔浑三大碑文的研究著作，其中包括暾欲谷碑的部分录文和转写⑧。值得一提的是，该书收录了大量清晰的鄂尔浑碑文及其遗址的局部或整体照片，值得参考。2006年，日本学者铃木宏节对暾欲谷碑研究史进行了概述，该文由罗新翻译成中文⑨。2008年，俄国学者吐谷舍娃（Л. Ю. Тугушева）出版突厥汗国和回鹘汗国鲁尼文碑刻的研究文集，其中包括暾欲谷碑的转写和俄译文⑩。2010年，蒙古学者包勒道（L. Bold）出版暾欲谷碑的研究专著，包括录文、换写、转写和蒙古文译注⑪。2012年，土耳其学者爱丁（E. Aydin）出版突厥汗国碑文的研究著作，给出了录文、转写和土耳其语译文，其中包括暾欲谷碑⑫。2013年，土耳其学者裕勒麦孜（M. Ölmez）在其鲁尼文碑文的研究著作中，给出了暾欲谷碑的录文、转写和土耳其语译文⑬。近年来，韩国学者Li Yong-Sŏng连续发表关于

① G. Aydarov, *YAzyk orkhonskikh pamyatnikov drevnetyurkskoy pis'mennosti VIll veka*, Alma-aTa, 1971, pp. 319-333.

② G. Clauson, "Some Notes on the Inscriptions of Toñuqoq", L. Ligeti ed, *Studia Turcica*, Budapest: Akadémiai Kiadó, 1971, pp. 125-132.

③ T. Tekin, *Tunyukuk Yaziti（Türk Dilleri ArastrmalarDizisi5）*, Ankara, 1994.

④ T. Tekin, *Les inscriptions de l'Orkhon: Kul Tighin, Bilghé Qaghan, Tounyouqouq（Dil ve Edebiyat Dizisi 2）*, Simurg : T. C. Kültür Bakanliği, 1995；T. Tekin, *Orhon Yazıtları: Kül Tigin, Bilge Kağan, Tunyukuk*, Ankara: Sanat Kitabevi, 2003.

⑤ V. Rybatzki, *Die Toñuquq-Inschrift*, Szeged: University of Szeged, 1997.

⑥ J. Taube,"Eine runentürkische inschrift（Tonyukuk, 01-16）im Lichte von. Jean Gebsers Geschichte der Bewußtwerdung（Mit einem Nachtrag zu Tonyukuk17-32）" in: M.Ölmez & S.-C. Raschman eds., *Splitter aus Gegend von Turfan. Festschrift für Peter Zieme anlä βlich seines 60. Geburtstags（Turk Dilleri Arastrmalar Dizisi35）*, Istanbul/Berlin, 2002, pp. 333-365.

⑦ Á. Berta, *Szavaimat jól halljátok…, A türk és ujgur rovásírásos emlékek kritikai kiadása*, Szeged: Jate, 2004, pp. 25-87.

⑧ A. Cengiz, *Orhun Yazıtlarının Bugünkü Durumu*, Ankara: Kurmay Yayınları, 2005, pp. 176-250.

⑨［日］铃木宏节：《トニュクク碑文研究史概論》，载森安孝夫主编《シルクロードと世界史》，大阪大学21世纪COEプログラム<インターフェイスの人文学>，2003年，第114-129页；［日］铃木宏节著，罗新译《暾欲谷碑文研究史概论》，《中国史研究动态》2006年第1期，第20-27页。

⑩ L. Ju. Tuguševa, *Tyurkskiye runicheskiye pis'mennyye pamyatniki iz Mongolii*, Moskva, 2008 , pp. 68-86.

⑪ L. Bold, *Orkhon bichgiin dursgal III（Toniyukukiin bichees）*, Ulaanbaatar: Soyombo Printing, 2010.

⑫ E. Aydın, *Orhon Yazıtları（Köl Tegin, Bilge Kağan, Tonyukuk, Ongi, Küli Çor）*, Konya（Kömen Yayınları 87）, 2012, pp. 103-124.

⑬ M. Ölmez, *"Xi'an Yazıtı", Orhon-Uygur hanlığı dönemi Moğolistan'daki eski Türk yazıtları*, 2nd version, 2013, pp.175-205.

暾欲谷碑的解读研究论文[①]。

国内方面，老一辈学者韩儒林和岑仲勉，早年依据汤姆森研究，给出了中译文和相关注释[②]。耿世民最早在林干《突厥史》中刊出中译文，相同内容后收入林干《突厥回纥史》中[③]。2005年，耿世民在《古代突厥文碑铭研究》中，给出转写、中译文和简单词注[④]。相比1988年译文，其2005年的译文有改进之处。芮传明在《古突厥碑铭研究》中，刊出了中译文和简单词注[⑤]。不过，正如作者在前言中所介绍，该译文以特勤1968年的*A Grammer of Orkhon Turkic*为主要参照本，若其有误，则按更正确者改定。白玉冬对暾欲谷碑疑难之处进行了再解读[⑥]。陈浩在最新研究中给出了换写、转写和英译文[⑦]。

值得一提的是，法国的吉罗、苏联的克利亚什托尔内、日本的护雅夫[⑧]，都利用包括暾欲谷碑在内的突厥碑铭进行历史研究，成果显著。克劳森的《13世纪以前的突厥语语源辞典》中[⑨]，引用了不少其关于暾欲谷碑文的研究成果，惜散在辞典各条目。

在研究资料方面，土耳其合作开发部（TIKA）在1995年出版突厥碑文的图版集，收录自拉德洛夫*Atlas*以来有关突厥碑文的照片、拓本照片及遗址地图，其中包含暾欲谷碑[⑩]。1996—1998年，日本大阪大学教授森安孝夫获日本文部省资助[⑪]，组织日、蒙两国学者在蒙古国境内进行科研调查，并采集拓片。其研究成果报告书《蒙古国现存遗迹碑文调查研究报告》于1999年出版，书中包括暾欲谷碑遗址景观的情况[⑫]。森安考察队采集了暾欲谷碑拓

---

① Li Yong-Sŏng,"On ČŴLGL（or ČŴLGIL）in the Kül Tegin and Bilgä Kagan Inscriptions", *Acta Orientalia Academiae Scientiarum Hungaricae,* vol. 70, 2017, no.4, pp. 378-410; Li Yong-Sŏng, "On ïKIzLKNM:tẅktI:KRAtrm:yẄgrtI in the 52th Line of the Tuñuquq Inscription", *Zeitschrift der Deutschen Morgenländischen Gesellschaft,* vol.168, 2018, pp.135-149; Li Yong-Sŏng, "A New Reading of the Second Sentence in Line 18 of the Tunyukuk Inscription", *Acta Orientalia Academiae Scientiarum Hungaricae,* vol. 75, no.2, 2022, pp. 217-229.

② 韩儒林：《突厥文〈暾欲谷碑〉译文》，《禹贡》1936年第6卷7期，载韩儒林：《蒙元史与内陆亚洲史研究》，兰州大学出版社，2012年，第232-243页；岑仲勉：《突厥集史》，中华书局，1958年，第857-877页。

③ 耿世民：《突厥文碑铭译文》，载林干：《突厥史》，内蒙古人民出版社，1988年，第245-253页；《突厥文碑铭译文》，载林干：《突厥回纥史》，第254-260页。

④ 耿世民：《古代突厥文碑铭研究》，中央民族大学出版社，2005年，第92-114页。

⑤ 芮传明：《古突厥碑铭研究》，上海古籍出版社，1998年，第277-294页；芮传明：《古突厥碑铭研究》（增订本），商务印书馆，2017年，第241-258页。

⑥ 白玉冬：《华夏称号"王"在暾欲谷碑中的发现》，载孙伯君主编《中国民族古文字文献研究》第一辑，黄山书社，2021年，第89-98页；《〈暾欲谷碑〉Az考》，载刘迎胜主编《中西元史》第2辑，商务印书馆，2023年，第147-166页。

⑦ Chen Hao, *A History of The Second Türk Empire（ca. 682-745AD)*, Leiden/Boston: Brill, 2021, pp. 154-173.

⑧ R. Giraud, *L' inscription de Baïn Tsokto, édition critique*, Paris: Adrien Maisonneuve, 1961； S. G. Klyashtorny, *Drcvnctyurksklyc runiçeskiyc pamyatnikl kak Istoçnik po istorİİ Sredney Azli*, Moskva, 1964；护雅夫的众多研究成果，均收入［日］护雅夫：《古代トルコ民族史研究》第1卷，山川出版社，1967年；《古代トルコ民族史研究》第2卷，1992年；《古代トルコ民族史研究》第3卷，1997年。

⑨ G. Clauson, *An Etymological Dictionary of Pre-Thirteenth Century Turkish*, Oxford: The Clarendon Press, 1972.

⑩ Turkish International Cooperation Agency eds, *Orhun: The Atlas of Historical Works in Mongolia*, Ankara, 1995.

⑪ 科研项目名称为"突厥・ウイグル・モンゴル帝国時代の碑文及び遺蹟に関する歴史学・文献学的調査"，项目编号08041014。

⑫［日］森安孝夫、敖其尔编《モンゴル国現存遺跡・碑文調査研究報告》，中央ユーラシア学研究会，1999年，第58-59页。

片，一部赠给了蒙古科学院，一部留存于大阪大学。

据笔者所掌握，暾欲谷碑拓片收藏机构有四处，分别是俄罗斯科学院语言学研究所圣彼得堡分所（克莱门茨拓片），芬兰芬—乌戈尔协会档案部（兰司铁拓片），蒙古国科学院历史研究所，以及日本大阪大学文学研究科东洋史研究室。其中，大阪大学所藏拓片的图片可以在大阪大学“综合学术博物馆统合资料データーベース”（http://www.museum.osaka-u.ac.jp）上检索预览并下载。

二、遗迹状况

暾欲谷碑，地理坐标为北纬47度41分41秒，东经107度28分42秒，海拔1425米。碑文现存于乌兰巴托的成吉思汗博物馆。石碑与遗迹位于巴颜楚克图（Bayn Tsokto）山丘西北2～3千米的草原上，故又被称为巴颜楚克图碑铭。碑铭由两块石碑构成，没有龟趺，各从西面起按逆时针方向四面镌刻，共8面62行鲁尼文。2018年8月8日，兰州大学“胡汉语碑刻考察团”成员郑炳林、白玉冬、吐送江·依明、裕勒麦孜进行了调查，调查中拍摄的暾欲谷碑照片见图1—5。

图1　暾欲谷第一碑西面整体照片

图2　暾欲谷第一碑南面整体照片

图3　暾欲谷第一碑东面整体照片

图4　暾欲谷碑第一碑北面整体照片

图5　暾欲谷第二碑北面

暾欲谷碑所在的盆地状草原，南北长9～10千米，东西宽3～4千米。暾欲谷碑遗址位于向东倾斜的缓坡上，为土耳其政府援建的方形铁制围栏所圈住。围栏入口（东面）竖有土耳其文和蒙古文的看板。围栏内南北两方碑石，南侧的是第一碑，北侧的是第二碑。从两块碑石的形状来看，暾欲谷碑恐怕是利用了蒙古草原常见的鹿石刻成。碑石西面约20米处，有4块大型石板，上有花纹。同样花纹可见于哈萨克斯坦、吉尔吉斯斯坦和蒙古国的牧民毡房装饰纹样中。石板和碑文之间有四个高30～60厘米不等的石柱，内侧凹陷。石柱和碑文之间，有青砖铺地。青砖长23～28厘米、宽29～30厘米、厚6～8厘米。杀人石从南北两个碑石的中间、靠近北侧碑石（第二碑）处向正东偏北方延伸。杀人石的大小各不相同，大的杀人石高于地表约150厘米。

据哈萨克斯坦文化信息部网站介绍，暾欲谷碑遗址的构造如下：①一个四边形构造物。②带有四根柱子的祭祀用灵庙，现只见到柱子的位置。③两个四边形石椁，一个长225厘米、宽125厘米，另一个长宽均为170厘米。④第一碑由浅蓝色大理石制成，铭文保存几乎完整。⑤第二碑由浅灰色石英花岗岩制成，铭文部分保留。⑥八件石雕物。⑦杀人石共有289块，绵延约1.3千米。遗址内的这些建筑构造，现今除碑文、杀人石、石椁板石和立柱之外，均已不见。不过，在克莱门茨和兰司铁拍摄的照片中，还可以见到突厥石人像。据拉德洛夫刊出的图片，上述八件石雕物中，包括至少4个立姿突厥石人雕像和3个坐姿突厥石人雕像。关于这些石雕物与碑文之间的位置关系，参见成吉思的介绍和刊出的照片[①]。

据笔者实地测量，暾欲谷碑第一碑最高处约243厘米，四面宽度不一，最宽处约64厘米，最窄处约32厘米。第二碑最高处约217厘米，最宽处约50厘米，最窄处约28厘米。第一碑西面顶端中间部位有倒三角形印记，三边长度约12.5厘米。

在已发现的突厥碑文中，暾欲谷碑保存状况比较良好。在天气晴好的情况下，反复实地观察暾欲谷碑，依据阳光变换视角，会对解读有所帮助。笔者的释读，以实地识别和现场采集的照片，以及大阪大学网上公开的拓片图版为依据。

三、关于碑文考察的新体会

依据笔者释读，并结合笔者对后突厥汗国其他碑文的释读成果，关于暾欲谷碑的新的发现或看法，重点归纳如下。

第一，在暾欲谷碑能够识读的文字中，出现与阙特勤碑和毗伽可汗碑所见的鲁尼文正字法相悖的现象。例如，表示前后舌音的辅音字母t与T、y与Y的混用等，共出现9次。这喻示碑文镌刻之时鲁尼文正字法尚未完善，碑文的镌刻年代要早于阙特勤碑和毗伽可汗碑的创建年代（732年和734年）。此看法，与碑文最后一句所言“我暾欲谷令人为突厥毗伽可汗国家书写”相合。

第二，关于学术界尚未达成共识的鲁尼文字母▭（第一碑南面第1行）和⋈（第一碑北面第2行），笔者建议分别读作š和rt，相对应的单词转写作äsäg（减弱殆尽）和art（山口）。详见对应词注。

第三，关于第一碑东面第2行的W s i N B W nt T W，以往学者释读意见不一。此处建议转写作oosïn bunta atu，解释作“在那里射杀他们的王”。其中，首字母W是以一个字母代写

① A. Cengiz, *Orhun Yazıtlarının Bugünkü Durumu*, pp. 234-241.

汉语借入词“王”（oo）。

第四，第一碑东面第6行的č ü l g i z r i，是困扰学术界多年的难题。笔者建议转写作ăčü iligi az äri，解释作“祖先的依恋物（即人牲）阿囒部男人”。其中的az（阿囒），可以勘同为《酉阳杂俎》记录的，突厥祖先传说中的被充当人牲的部落名阿囒。

第五，关于碑文中出现5次的türk sir bodun，学术界意见不一。其中的sir，有意见认为是汉文史料的薛部之“薛”。毗伽可汗碑东面第1行中的（al?）tï sir（六姓?薛）之sir，与toquz oγuz（九姓铁勒）、eki ädiz（二姓阿跌）并列出现，可以视作薛部之“薛”。然暾欲谷碑中的sir，笔者以为现阶段视作借自粟特语syr（美丽、美好），似乎也与文义相合。

第六，第一碑南面第7行中出现的Q W R D nt a，与紧前面的“在东面从契丹（öŋrä qïtañda），在南面从唐朝（beriyä tavγačda）”和紧后面的“在北面从铁勒（yïrïya oγuzda）”相呼应。其中的Q W R D n，恐怕是当时突厥所在的总材山北麓与黑沙地方（今晋陕蒙交界地带至阴山北麓）以西的国名或部族名之代表。此Q W R D n，或可以转写作aq ordon，视作统万城。

第七，据碑文整体内容，尤其是据碑文末尾三行（第二碑北面第2—4行）内容，暾欲谷碑的建造时间视作默啜可汗去世后，毗伽可汗即位（716年）后不久较为稳妥。

除此以外，其他具体史实及其历史意义，有待学界同仁挖掘批判。

四、换写、转写与译注

笔者的释读，除参考前人研究外，底本据笔者2018年8月8日和2019年8月10日实地考察采集的图片和大阪大学综合学术博物馆网上公开的拓片图片。因文字乱码问题，本稿鲁尼文录文从略，只给出换写（transliteration）、转写（transcription）、中译文和必要词注。引文范例见表1：

表1　引文换写、转写、译文范例表

换写	元音：a>ä/a，e>e，i>i/ï，W>o/u，ü>ö/ü 辅音：小写字母代表拼写前舌音文字与前后舌双舌音的文字，大写字母代表拼写后舌音文字 符号：( ) 内文字表示能够见到残余笔划文字，[ ] 内表示推测复原的欠缺文字，/ 表示欠缺文字，: 表示碑文所刻停顿符号
转写	/ 表示不能复原的破损之处，[ ] 内表示推测复原部分，< > 内表示补充的忘刻文字
译文	( ) 内文字为补充说明，……相当于换写和转写之中不能复原的破损部分

（一）译文

第一碑文

西面：

共7行，第1—5行开头处稍有破损，其余完好。第1行宽度约为其他行的2倍，文字约大1倍。第2—4行开头处约5个字符空间刻有三角形印记，形状为倒三角形，应是暾欲谷家族印记。

1. b i （l） g a T W ñ uQ uQ: b n ü z m: T B G č i l ŋ a: ïQ i l nt m: t ü r k B W D N: T B G č q a: ük ü r r r t i:

bilgä toñuquq bän özüm tavγač iliŋä qïlïntïm. türk bodun tavγačqa körür ärti.

贤明的暾欲谷，我自身生长于唐朝时期。（那时）突厥民众曾经服属于唐朝。

2. ［t ü r］ k B W D N: Q N i n B W L m y n: T B G č d a: D R lt i: Q N L nt i: Q N i n uQ W D p: T B G č Q a: Y N a i č k d i: t ŋ r i: nč a t m s r nč: Q N b r t m

türk bodun qanïn bulmayïn tavγačda adrïltï. qanlantï qanïn qodup tavγačqa yana ičikdi. täŋri anča temiš ärinč. qan bertim

突厥民众未能找到他们的汗，就脱离了唐朝。他们自己称汗了，（但）他们丢掉自己的汗，重新内属于唐朝了。天一定这么说了：“我给了汗，

3. ［Q N ŋ n］ uQ W D p: i č k d ŋ: i č k d ük: ü č n: t ŋ r i: ü l t m s r nč: t ü r k B W D N: ü l t i L Q nt i: Y uQ B W lt i: t ü r k s i r B W D N: y r i n t a

［qanïŋïn］ qodup ičikdiŋ. ičikdük üčün täŋri öl temiš ärinč. türk bodun ölti. alqïntï. yoq boltï. türk sir bodun yerintä

（但）你们丢掉［你们的汗］而内属了（唐朝）。”因为内属了（唐朝），天一定这么说了：“死亡吧！”突厥民众死亡了，衰弱了，消失了。他们（即突厥民众）在突厥美好善良的民众的土地上，

4. （B） W D Q L m D i: i D a T š D a: Q L m s i: uQ W B R N p: y t i y ü z B W lt i: k i ü l g i: T L G r t i: b （i） r ü l g i: Y D G r t i: y t i y ü z: k i s i g

bod qalmadï. ïda tašda qalmïšï quvranïp yeti yüz boltï. eki ülügi atlïγ ärti. bir ülügi yadaγ ärti. yeti yüz kišig

没有留下种落。留在荒原上的人们集合起来，达到了七百人。其二部分是骑兵，其一部分是步兵。统领七百人

5. W D z G m a: W L G i: š D r t i: Y G L t i d i: Y G m s i: b n r t m: b l g a T W ñ uQ uQ: Q G N m W ïQ i S Y i n t d m: S Q nt m: T W R uQ B W uQ L i: s m z B W uQ L i: i R Q D a

uduzïγma uluγï šad ärti. ayγïl tedi. ayïγmasï bän ärtim. bilgä toñuquq. qaγan mu qïsayïn tedim. saqïntïm. turuq buqalï sämiz buqalï ïraqda

的大人是个设。他说道：“你说吧！”那个说话者是我——贤明的暾欲谷。我说道：“我要推举可汗吗?”。我想了：“据说，瘦公牛与肥公牛一起，如果从远处

6. b ü l s r: s m z B W uQ a: T W R uQ B W uQ a t y n: b i l m z r m s t y n: nč a S Q nt m: nt a k i s r a: t ŋ r i: b i l g b r t ük ü č n: ü z m ük: Q G N Q i S D m: b i l g a T W ñ uQ uQ: B W Y L a B G （a） T R Q N:

bölsär sämiz buqa turuq buqa teyin bilmäz ärmiš teyin anča saqïntïm. anta kisrä täŋri bilig bertük üčün özüm ök qaγan qïsdïm. bilgä toñuquq boyla baγa tarqan

区分的话，不知道（哪个）是肥公牛（哪个是）瘦公牛”——我这么想了。之后，由于天赐智慧，正是我自己推举了可汗。我要和毗伽暾欲谷裴罗莫贺达干

7. b i r l a : i l t r s Q G N: B W L Y N: b r y a : T B G č G: ü ŋ r a Q i T ñ G: Y i R Y a W G z: G : ü k s ük ü l r t i: b l g s i: č B s i: b n ük r t m: č W G Y Q W z i n: Q R a Q W m G: W L R W R: r

t m z:

birlä ilteriš qaγan bolayïn biriyä tavγačïγ öŋrä qïtañïγ yïrïya oγuzïγ üküš ök ölürti. bilgäsi čavïšï bän ök ärtim. čoγay quzïn qara qumïγ olurur ärtimiz.

一同成为聚集民众（颉跌利施）的可汗——为此，正是他（即后突厥汗国首任可汗颉跌利施可汗），在南边把唐人，在东边把契丹人，在北边把铁勒人杀死很多。其谋臣与侍从官正是我。我们占据了总材山北麓与黑沙（地方）。

南面：

第1—2行最高，第3—5行逐渐降低，第6—10行比第1—2行低3—4个字符。

1. k y k y i y ü: T B S G N y y ü: W L R W R: r t m z: B W D N: B W G z i: T uQ r t i: Y G m z: t g r a: W č uQ t g r t i: b i z: s̀ g: r t m z : nč a W L R R r k l i: W G z D nt N: k ü r g k l t i:

keyik yiyü tavïšγan yiyü olurur ärtimiz. bodun boγuzï toq ärti. yaγïmïz tägrä učuq täg ärti. biz äsäg ärtimiz. anča olurur ärkli oγuzdïntan körüg kälti.

我们吃着野兽与野兔占据着。民众的肚子（直译是“喉咙”）是饱的。我们的敌人在周围就像飞禽一样，而我们减弱殆尽。这样住着的时候，从铁勒人处来了探子。

2. k ü r g S B i nt G: T W Q z W G z:B W D N : ü z a: Q G N:W L R T i t i r: T B G č G R W: uQ W N i: s ŋ ü n g : i D m s: Q i T ñ G R W: T W ŋ R a s m g: i D m s: S B nč a i D m s: z Q ñ a: t ü r k:

körüg savï antaγ: toquz oγuz bodun üzä qaγan olurtï ter. tavγačγaru qunï säŋünüg ïdmïš. qïtañγaru toŋra simäg ïdmïš. sav anča ïdmïš. azqïña türk

探子的话是这样的：“我说有可汗君临九姓铁勒民众之上，据说向唐朝派遣了Qunï将军，向契丹派遣了同罗司马。据说送去了这样的话：‘听说有少数突厥人

3. Y W R i Y W R r m s:Q G N i: L p:r m s : Y G W č i s i:b i l g a :r m s : W L k i k i s i: B R r s r: s i n i: T B G č G: ü l r t č i: t i r m n: ü ŋ r a ïQ i T ñ G: ü l r t č i: t i r m n: b i n i W G z G

yorïyur ärmiš. qaγanï alp ärmiš. ayγučïsï bilgä ärmiš. ol eki kiši bar ärsär sini tavγačïγ ölürtäči ter män. öŋrä qïtañïγ ölürtäči ter män. bini oγuzuγ

在活动着，其可汗是英勇的，其顾问是睿智的。我说那二个人在的话，将杀死你们唐朝人，我说在东边将杀死契丹人，我说正将

4. ü l r t č i uQ : t i r m n: T B G č:b r d n y n t g : ïQ i T ñ : ü ŋ d n y n t g: b n y i R D nt Y N: t g y i n: t ü r k s i r B W D N: y r i n t a: i d i Y W R m z W N: W S R i d i:Y uQ ïQ i S L m

ölürtäči oq ter män. tavγač bärdin yän täg. qïtañ öŋdün yän täg. bän yïrdïnta yan tägäyin. türk sir bodun yerintä idi yorïmazun. usar idi yoq qïsalïm

杀死我们铁勒人。我说，唐朝从南侧进攻吧！契丹从东侧进攻吧！我从北侧进攻！希望突厥美好的民众在其土地上一点也不活动，如可能，我们片甲不留地碾碎（他们）’”。

5. t i r m n: W L s B G: s d p: t ü n W D s i Q m: k l m d i: k ü n t z: W L R S Q m k l m d i: nt a ü t r ü: Q G N m a ü t n t m: nč a ü t n t m: T B G č:W G z: ïQ i T ñ: B W č g ü: Q B S R

ter män. ol savïγ ešidip tün udïsïqïm kälmädi. küntüz olursïqïm kälmädi. anta ötrü qaγanïma ötüntüm. anča ötüntüm. tavγač oγuz qïtañ bu üčägü qavïsar

听到这话后，我夜不能寝，昼不能息。之后，我对我的可汗上言了。我这样上言了：“如果唐朝、铁勒、契丹这三者在一起联合的话，

6. Q lt č i b z: ü z č a T S N: T W T m s t g b i z: Y W Y Q a r k l i: t W p L G L i: W č z r m s: y nč g a r k l ［i］: ü z g l i: W č z: Y W Y Q a : Q L N B W L S R: T W p L G W L uQ:L p r m s: y nč g a

qaltačï biz. özčä tašïn tutmïš täg biz. yuyqa ärkli tupulɣalï učuz ärmiš. yinčgä ärkli üzgäli učuz. yuyqa qalïn bolsar tupulɣuluq alp ärmiš. yinčgä

我们将成为废物。我们要如同自身那样掌握住外面（的情况）。常言道，薄的时候要穿透是容易的，细的时候要折断是轻松的，如果薄的变厚，那穿透就难了，

7. y W G N B W L S R: ü z g l ük : L p r m s : ü ŋ r a : ïQ i T ñ D a : b r y a : T B G č D a: Q W R Y a : Q W R D nt a : Y i R Y a : W G z D a: k i ü č b i ŋ: s ü m z : k l t č m z : B R m W n a : nč a ü t n t m

yoɣun bolsar üzgülük alp ärmiš. öŋrä qïtañda beriyä tavɣačda qurïya aqoradanta （?） yïrïya oɣuzda eki üč biŋ sümüz kältäčimiz bar mu nä. anča ötüntüm

如果细的变粗，那折断就难了。在东面从契丹，在南面从唐朝，在西面从统万城（?），在北面从铁勒，我们的两三千人军队将到来，有（这事）吗?”我这样说了。

8. Q （G N ）［b n ü z m］ b i l g a T W ñ uQ uQ: ü t n t ük ü t nč m n: s d ü b r t i: k ü ŋ l ŋ č a: W D z t d i: k ü k ü ŋ g: Y W G R W: ü t k n y i S G R W: W D z t m: i n g k ük l k n : T W G LD a: W G z k l t i

qaɣanïm ［bän özüm］ bilgä toñuquq ötüntük ötünčümün ešidü berti. köŋülüŋčä uduz tedi. kök öŋig yoɣuru ötükän yïšɣaru uduztum. ingäk kölükin toɣlada oɣuz kälti.

我的可汗听取了我自己贤明的暾欲谷说的（这些）请求。他说道:“按你的想法统领吧!”跨过蓝色的浑义河，我朝着于都斤山林统领了。铁勒人带着乳牛和驮畜，从独乐（河）来了。

9. （s）［ü s i］ / / / / / r m s: b i z: k i B i ŋ: r t m z: s ü ŋ s d m z: t ŋ r i Y R L Q D i: Y ñ D m z: ü g z k a: t ü s d i: Y ñ D uQ Y W lt a: y m a: ü l t i ük ük: nt a ü t r ü: W G z uQ p n: k l t i:

süsi / / / / / ärmiš. biz eki bïŋ ärtimiz. šüŋüšdümüz. täŋri yarlïqadï. yañdïmïz ögüzkä tüšdi. yañduq yolta yämä ölti kök. anta ötrü oɣuz qopïn kälti:

他们的军队是……，我们是两千人。我们交战了。上天赐福。我们击溃了（他们）。铁勒人掉在了河里。他们更在败走的道路上死掉了。之后，铁勒人全部来了。

10. t ü （r） ［k Q G N G］ : t ü r k B W D N G: ü t k n y r k a: b n ü z m: b i l g a T W ñ uQ uQ: ü t k n y r g: uQ W N m s t y n: s d p: b r y k i: B W D N :uQ W R Y Q i: y i R Y Q i: ü ŋ r k i: B W D N k l t i:

türk ［qaɣanïɣ］ türk bodunuɣ ötükän yerkä. bän özüm. bilgä toñuquq ötükän yerig qonmïš teyin ešidip bäryäki bodun qurïyaqï yïryaqï öŋräki bodun kälti.

把突厥可汗、突厥民众引向于都斤之地！我自己！听到毗伽暾欲谷占据了于都斤之地，南面的民众，西面的、北面的、东面的民众（都）来了。

东面：

总体上来说，开头部分各行不一，有10～12个字符左右的损毁。

1. k i B i ŋ r t （m z）［k］（i t m）［n B ］（W） lt i: t ü r k B W D N: （Q i L N G） L i: t ü r k

Q G N: W L R G L i: S nt W ŋ B L ïQ a: T L W Y ü g z k a: t g m s y W Q r m s: Q G N m a: ü t n p: s ü l t d m

eki biŋ ärtimiz eki tümän boltï: türk bodun qïlïnɣalï türk qaɣan olurɣalï šantuŋ balïqqa taluy ögüzkä tägmiš yoq ärmiš. qaɣanïma ötünüp sülätdim.

我们两千人，达到了两万人。“自突厥民众被创造以来，自突厥可汗君临以来，还没有进抵山东（诸）城和大海。”我向我的可汗说后命令进军了。

2. S nt W ŋ Y ［z i Q a］（T L W Y）［ ü g z k ］ a: t g ü r t m: ü č W T z B L ïQ s i d i: W s i N B W nt T W: y W R T D a:Y T W Q L W R r t i: T B G č Q G N: Y G m z r t i: W N uQ Q G N i: Y G m z r t i

šantuŋ yazïqa taluy ögüzkä tägürtim. üč otuz balïq sïdï. oosïn bunta atu yurtda yatu qalur ärti. tavɣač qaɣan yaɣïmïz ärti. on oq qaɣanï yaɣïmïz ärti.

我让（军队）抵达了山东平原与大海。他们摧毁了23个城镇。他们在那里射杀他们的王，并停滞在了营地。唐朝可汗是我们的敌人。十箭（即西突厥）可汗是我们的敌人。

3. （R）［T uQ ïQ i R Q z ］（k ü ）［č l g Q G N Y G m z］ （ B W） lt i: W L ü č Q G N: ü g l s p: L T W N Y i s ü z a: Q B s L m t m s: nč a ü g l s m s: ü ŋ r a: t ü r k Q G N G R W: s ü l l m t m s: ŋ R W s ü l m s r: Q č n ŋ r s r: W L b z n i

［artuq qïrqïz küčlüg qaɣan yaɣïm］ ïz boltï. ol üč qaɣan ögläšip altun yïš üzä qavïšalïm temiš. anča ögläšmiš. öŋrä türk qaɣangaru sülälim temiš. aŋaru sülämäsär qač näŋ ärsär ol bizni

异常强大的黠戛斯可汗成为了我们的敌人。这三位可汗一起协商说：“我们在金山（即阿尔泰）山林会合吧！”他们这样协商说：“我们向东方突厥可汗进军吧！如不向他进军的话，不论何种情况，他会把我们，

4. ［ ïQ i R Q z G t ü r g s g T B G］ č i ［ G ］ （T W） ［Q ］ （R r） m s: Q č N ŋ r s r: ü l r t č i ük ük: ü č g ü n: Q B s p: s ü l l m: i d i y uQ: ïQ i S L m: t m s: t ü r g s Q G N: nč a t m s: b n ŋ B W D N m: nt a r ü r: t m s

［qïrqïzïɣ türgišig tavɣačïɣ］ toqïr ärmiš. qač näŋ ärsär ölürtäči kök. üčägün qavïšip sülälim. idi yoq qïsalïm temiš. türgiš qaɣan anča temiš. bäniŋ bodunïm anta ärür temiš.

把黠戛斯、突骑施、唐朝击败，不论何种情况，他会杀掉（我们）。我们三方联合起来一起出兵吧！我们（把他）消灭得无影无踪吧！”突骑施可汗这么说道：“我的民众正在那里，

5. //////////// B W L G （D） ［uQ ü č］（ n） W G z i y m a: T R Q nč W L t m s: W L s B i N : s d p: t ü n y m a :W D s ïQ m: k l m z r t i: W L R s Q m: k l m z r t i:nt a S Q nt m a

//////////// bulɣaduq üčün oɣuzï yämä tarqïnč ol temiš. ol savïn ešidip tün yämä udïsïqïm kälmäz ärti. olursïqïm kälmäz ärti. anta saqïntïm—a

由于搅乱了……，其铁勒也不安定。”他说道。听到这话，我夜晚不能寝息。那时我考虑了啊：

6. ////////// a: s ü ////r////// : t d m: ük ü g m n: Y W L i: b i r r m s: T W m s t y n s d p: B W Y W L N: Y W R i S R: Y R m č i t d m: y r č i t l d m: č ü l g i z r i: B W L T m

////////// —a sü — /////// tedim. kögmän yolï bir ärmiš. tomïš teyin ešidip bu yolun yorïsar yaramačï tedim. yerči tilädim. äčü iligi az äri bultum.

：“……”。我说道：“军队（出军？）……。”曲漫（山）之路有一条。听说（这条路）封闭后，我说道：“顺着这条路进军的话，我们不会顺利。”我寻找了领路人。我找到了祖先的依恋物（即人牲）阿噶部一个男人。

7. / / / / / / / / / / / N i b / / / / / / / / / / / / / / / m s : b i r T W R W uQ i: r m s : N i N B R m s: ŋ R Y T p: b i r T L G B R m s t y n: W L Y W L N : Y W R i S R: W nč t d m : S Q nt m: Q G N m a

/ / / / / / / / / / / N i b / / / / / / / / / / / / / / / mïš/mïš. bir at oruqï ärmiš. anïn barmïš. aŋar ayïtïp bir atlïγ barmïš teyin. ol yolïn yorïsar unč tedim. saqïntïm. qaγanïma

/ / / / / / / / / /过。有条一匹马能通过的羊肠小道。（我）问他：“顺着那条路（有人）去过吗。”（他）说道：“一个骑士去过。”我说了，我想了：“如果顺着那条路走会顺利。”我向我的可汗

北面：

自第1行起，至第5行逐渐升高。第1—3行相比第6—10行，低5—6个字符。

1.（低5个字符） ü t n t m: s ü Y W R i T D m: T L T ［N］（D） m: （nč） ［a］ t r m l k č a : W G R Q L T d m: T ü z a: b （i z） r a Q R G : s ük d m: Y uQ R W: T y t a Y D G N: i G č T W T N W: G T W R T m: ü ŋ r k i r:

ötüntüm. sü yorïtdïm. atlatandïm. anča tärmil käčä uγur qalïtdïm. at üzä bizrä qarïγ sökdim. yoqaru at yäti yadaγïn ïγač tutunu aγturtïm. öŋräki är

说了。我让军队出发了，我让（军队）自己上马了。就这样越过塔米尔河，我让（军队）等待时机。在马上我冲开了我们（前面）的雪。我让（军队）牵着马，徒步抓着树木向上攀登。前面的战士

2.（低5个字符）Y W G R č a: （W D）［W］ : i B R rt: S D m z: Y W B L W: i n t m z : W N t ü n k a: Y nt Q i: T W G b i r ü: B R D m z: y r č i : y r Y ŋ L p: B W G z L nt i: B W ŋ D p:Q G N: y l ü ük r t m s

yoγurča udu ï bar art ašdïmïz. yuvulu entimiz. on tünkä yantaqï tuγ ävirü bardïmïz. yerči yer yaŋïlïp boγuzlantï. buŋadïp qaγan yälü kör temiš.

踏开（路），我们跟着越过了长有灌木的山口。我们翻滚着下了山。十个晚上，我们在身边挥舞着纛旗而前进。向导搞错了路，被杀掉了。困难之际，可汗说：“驱马看看！”

3.（低5个字符） N i s W （B） / / / / W L S W B uQ W D i: B R D m z: S N G L i: t ü s ü r t m z: T G: i Q a: B Y W R r t m z: ük ü n y m a: t ü n y m a : y l ü: B R D m z: ïQ i R Q z G: W Q a B S D m z

anï suv / / B / / / / ol suv qodï bardïmïz. ašanγalï tüšürtimiz. atïγ ïqa bayur ärtmiz. kün yämä tün yämä yälü bardïmïz. qïrqïzïγ uqa basdïmïz.

Anï 水……。我们顺着那条河而下。为了翻山我们下了马。我们把马系在灌木上。我们白天黑夜都急行军。我们袭击黠戛斯于睡眠之中。

4.（低2个字符）（W） s ü ŋ g n: č （D） m z: Q N i : s ü s i: t r l m s: s ü ŋ s d m z: S nč D m z: Q N i n: ü l r t m z: Q G N Q a: ïQ i R Q z: B W D N i: ič k d i: y ük n t i: Y nt m z: ük ü g m n Y i S G: b r ü: k l t m z u süŋügün ačdïmïz. qanï süsi terilmiš. süŋüšdimiz. sančdïmïz. qanïn ölürtimiz. qaγanqa qïrqïz boduni̇ ičikdi yükünti. yantïmïz. kögmän yïšïγ ävirü kältmiz.

我们用矛打破（他们的）睡眠。黠戛斯的汗和军队集合起来了。我们交战了。我们获胜了。我们杀掉了他们的汗。黠戛斯民众内属于可汗，向可汗屈膝卑躬。我们回师了。我们绕着曲漫山林回来了。

5.（低2个字符左右） ïQ i R Q z D a: Y nt m z: t ü r g s Q G nt a: ük ü r g k l t i: S B i nt g: ü ŋ d n Q G N G R W: s ü y W R i L m t m s: Y W R M s R : b i z n i: Q G N i L p r m s: Y G W č i s i: b i l g a r m s: Q č n ŋ r s r

qïrqïzda yantïmïz. türgiš qaγanta körüg kälti. savï äntäg. öŋdün qaγanγaru sü yorïlïm temiš. yorïmasar bizni <ölürtäči >. qaγanï alp ärmiš. ayγučïsï bilgä ärmiš. qač näŋ ärsär

我们从黠戛斯回师了。从突骑施可汗处来了探子。探子的话是这样的："他说了'我们要朝着东方的可汗进军。如果不进军，他一定会杀死我们。听说其可汗勇敢，其谋臣贤明。无论发生什么，

6. b i z n i: ü l r t č i k ük: t m s: t ü r g i s Q G N i: T S ïQ m s t i d i: W N uQ B W D N i: Q L i s z T S ïQ m S: t i r : T B G č s ü s i: B R r m s : W L S B G: s d p: Q G N m: b n b g r ü: t ü s y i n t i d i

bizni ölürtäči kök temiš. türgiš qaγanï tašïqmïš tedi. on oq bodunï qalsïz tašïqmïš ter. tavγač süsi bar ärmiš. ol savïγ ešidip qaγanïm bän ävgärü tüšäyin tidi.

一定会杀死我们。'"他说了："听说突骑施可汗出动了"，"我说听说十箭百姓一个不剩地出动了，听说还有唐朝军队。"听到这话后，我的可汗说了："我要返回大帐下马歇息。"

7. Q T W N :Y uQ B W L m s r t i: N i Y W G L T Y i n: t d i: s ü B R ŋ: t d i: L T W N Y i S D a: W L R ŋ t d i: s ü B S i: i n l Q G N: T R D W s S D: B R z W N: t d i: b i l g a T W ñ uQ uQ a: B ŋ a Y D i

qatun yoq bolmïš ärti. anï yoγlatayïn tedi. sü barïŋ tedi. altun yïšda olurïŋ tedi. sü bašï inäl qaγan tarduš šad barzun tedi. bilgä toñuquqa baŋqa aydï.

他说了："听说可敦去世了，我要为她办理丧礼。"他说了："你要出军！你要在金山山林驻军！"他说了："愿作为军队首领移涅可汗和达头设前往！"他对我毗伽暾欲谷说了。

8. B W s ü g l t: t i d i: ïQ i Y n G: ük ü ŋ l ŋ č a Y: b n s ŋ a n a Y Y i n: t i d i : k l i r r s r: ük ü r ü k l ü r: k l m z r s r: t i L G S B G: L i W L W R: t i d i: L T W N Y i S D a: W L R T m z

bu süg elät tedi. qïyïnïγ köŋülüŋčä ay. bän säŋä nä ayayïn tedi. kälir ärsär körü kälür. kälmäz ärsär tïlïγ savïγ alï olur tedi. altun yïšda olurtïmïz.

他说了："你要率领这支军队！"他说了："按你自己的心情做出惩罚！我要给你说点什么。"他说了："（敌人）如果来的话，就派人探查，如果不来的话，就获取情报（直译是舌头和话）。"我们住在金山山林。

9. ü č ük ü r g: b i b i k l t i: S B i: B i r: Q G N i s ü T S ïQ D i: W N uQ s ü s i: Q L i s z: T S ïQ D i: t i r: Y R S Y z i D a: T i r l l m t m s: W L S B G s d p: Q G N G R W: W L S B G i T m: Q nt Y N: S BG: Y N a

üč körüg ävi ävi kälti. savï bir. qaγanï sü tašïqdï. on oq süsi qalïsïz tašïqdï ter. yaraš yazïda terilälim temiš. ol savïγ ešidip qaγanγaru ol savïγ ïttïm. qanta-yan savïγ yana

三个探子急匆匆地来了。他们的话是一样的。他们说:“其可汗出军了。我说十箭的军队一个不剩地出军了。他们说‘让我们在邪罗斯(Yaraš)平原会师吧!’”听到这话后,我把这话上报给了可汗(即inäl qaɣan移涅可汗)。从汗那里传回来了话。

10. k l t i: W L R ŋ t i y n: t m s: y l m a: Q R G W: d g ü t i: W R G L: B S T m a: t m s: b ü g Q G N : B ŋ R W: nč aY i D m s: p a T R Q N G R W: ič r a S B: i D m s: b i l g a T W ñ uQ uQ: ñ i G W L: ü z W L

kälti. olurïŋ teyin temiš. yälmä qaraɣu ädgüti urɣïl. basïtma temiš. bög<ü> qaɣan baŋaru anča ay ïdmïš. apa tarqanɣaru ičrä sav ïdmïš. bilgä toñuquq añïɣ ol. üz ol.

他说了:“你们要待在原地!”他说了:“你要妥当地设置好斥候和哨兵!不要让(敌人)袭击!”匐俱可汗向我传递了这样的话。他给阿波达干传去了秘密话语:“毗伽暾欲谷是坏的,是(令人)憎恨的。

11. s ü Y W R i L m t d č i: W N a m ŋ: W L S B G s d p: s ü y W R i T D m: L T W N Y i S G: Y W l s z n S D m: r t s ü g z g: k č g s z n : k č d m z: t ü n Q T D m z: B W L č W Q a: T ŋ ü n t r ü: t g d m z

sü yorïlïm tedäči. unamaŋ. ol savïɣ ešidip sü yorïtdïm. altun yïšïɣ yolsïzïn ašdïm. ärtiš ögüzüg käčigsizin käčdimiz. tün aqïtdïmïz. bolčuqa taŋ üntürü tägdimiz.

(他)会说‘我们进军吧!’不要让他得逞!”听到这话后,我命令进军了。我翻过了无路可走的金山山林,我们渡过了没有渡口的曳咥河。我们命令夜间突袭。我们天亮时抵达了布尔津(Bolču)。

第二碑文

西面:

整面文字均清晰可见。

1. T i L G k l ü r t i: S B i nt G: Y R S Y z i D a: W N t ü m n: s ü t r l t i: t i r: W L S B G s d p: b g l r: uQ W p

tïlïɣ kälürti. savï antaɣ. yaraš yazïda on tümän sü terilti ter. ol savïɣ ešidip bäglär qop

他们带回了俘虏。他的话是这样的:“我说在邪罗斯川聚集了十万军队。”听到这话,诸匐均

2. Y N L m: R i G W B T i y g: t d i: b n nč a t i d (m)(b n) b i l g a T W ñ uQ uQ: L T W N y i S G: S a k l t m z: r t s ü g z g

yanalïm. arïɣ uvutï yeg tedi. bän anča tedim. bän bilgä toñuquq altun yïšïɣ aša kältimiz. ärtiš ögüzüg

说道:“我们返回吧!洁净的耻辱比较好。”我这样说了——我贤明的暾欲谷说道:“我们翻过金山山林而来,我们渡过曳咥河而来,

3. k č a k l t m z: y l m s i: L p t i d i: T W Y m d i: t ŋ r i W m Y: i D uQ y r s W B: B S a b r t i r nč: n k a t z r b i z

käčä kältimiz. yälmiši alp tedi. tuymadï. täŋri umay ïduq yer suv basa berti ärinč. näkä täzär biz.

有人说那个急行军艰难,(可是)他没有觉察到。(这)一定又是上天、乌迈(母神)和神圣的土地给予的。我们为什么要逃跑?

4. ük ü s t y n: n k a uQ W R uQ W R b i z: z t y n: n a B S N L m: t g l m t i d m: t g d m z: Y W L i D m z: k i n t i ük ü （n）

üküš teyin näkä porqur biz. az tiyin nä basïnalïm. täglim tedim. tägdimiz. yulïdïmïz. ekinti kün

我们为什么因为他们人多就害怕？因为人少我们就会被击败吗？我们前进吧！”我们进取了。第二天，

5. ü r t č ä ïQ i z p k l t i: s ü ŋ s d m z: b i z n t a: k i W č i: s i ŋ R č a: R T uQ r t i: t ŋ r i Y R L Q D uQ ü č n: ük ü s t y n:

örtčä qïzap kälti. süŋüšdimiz. bizintä eki učï sïŋarča artuq ärti. täŋri yarlïqaduq üčün üküš teyin

他们像火焰一般冲过来了。我们交战了。他们的两翼比我们多出一半左右。由于上天赐福，我们没有因为（他们）人多而害怕。

6. uQ W R Q m D m z: s ü ŋ s d m z: T R D W s: S D R a: W D i: Y ñ D M z: Q G N i n: T W T D m z: Y B G W s i n: S D i n

qorqmadïmïz. süŋüšdimiz. tarduš šadra uddï. yanyudïmïz. qaɣanïn tutdïmïz. yabɣusïn šadïn

我们交战了。他们追踪了达头设一方。我们击败了（他们）。我们捕获了他们的可汗，将他们的叶护和设，

7. nt a ü l r t i: l g č a r: T W T D m z: W L uq t ü n: B W D N i n S Y W: i T m z: W L S B G s d p: W N uQ b g l r i: B W D N i: uQ W p

anta ölürti. äligčä är tutdumuz. ol oq tün bodunïn sayu ïttïmïz. ol savïɣ ešidip on oq bägläri bodunï qop

在那里杀掉了。我们俘获了约五十人。就在那晚，我们传话给其民众。听到那话后，十箭的诸匐官和民众全来了，

8.（低1个字符）k l t i: y ü ük n t i: k l g m a: b g l r i n: B W D N i N: i t p （Y）i （G p）:（z č）a B W D N: t z m s r t i: W N uQ s ü s i n: s ü l t d m

kälti. yükünti. käligmä bäglärin bodunïn etip yïɣïp azča bodun täzmiš ärti. on oq süsin sülätdim.

臣服了。在组织召集来到的诸匐官和民众后，小部分民众逃跑了。我让十箭的军队出征了。

9.（低5个字符）b i z y m a: s ü l d m z: N i r t m z: y nč ü g z g: k č a: t i n s i W G L i: Y T G m a: b ŋ l g k T G G: r t ü

biz yämä sülädimiz. anï ärttimiz. yinčü ögüzüg käčä tinsi oɣulï aytïɣma biŋ älig（?） äk taɣïɣ ärtü

我们也出征了。我们超越了他们（即on oq süsi十箭的军队），渡过真珠河，穿过了称作天子之子的千王（?）äk taɣ山，

南面：

1.（低2个字符）t m r Q p G Q a: t g i : i r t m z : nt a Y nt W R T m z: i n l Q G N Q a:（T R D）［s S］（D）Q a: t z i k: T uQ R （k） i n

tämir qapïɣqa tägi irtimiz. anta yanturtïmïz. inäl qaɣanqa tarduš šadqa täzik toqar ekin

我们到达了铁门（关）。我们从那里回师了。和大食人、吐火罗人二者一起，

2. nt a b r ük i: S uQ B S L G S W G D Q: B W D N: uQ W P k l t i: （y） ük n t i: （W T z）:

（t ü） r ük B W D N: t m r Q p G Q a: t i n s i W G L i

anta bärüki as oq bašlïγ soγdaq bodun qop kälti. yükünti. otuz türk bodun tämir qapïγqa tinsi oγulï

在那里的以As部落（或正以As）为首的粟特人全部来降于伊涅可汗和达头设。三十姓突厥民众，此前从未到达过铁门关和

3. t i n s i W G L i: Y T G M a: T G Q a: t g m s i d i Y uQ r m s: W L y r （k a ）: b （n） b （i） l g a: T W （ñ uQ ） uQ: t g ü r t ük （üč） n

tinsi oγulï ayïtïγma taγqa tägmiš idi yoq ärmiš. ol yerkä bän bilgä toñuquq tägürtük üčün

称为天子之子、天子之子的山。由于我贤明的暾欲谷使得（三十姓突厥民众）抵达那些地方，

4. S R G L T W N: ü r ŋ ük ü m s: ïQ i z uQ W D z: g r i t b a: （D i） B W ŋ s z:k （l ü） r t i: i l t r s Q G N: b i l g s i n ü （č ）[n] :

sarïγ altun: ürüŋ kümiš: qïz qoduz: ägri tävä: idi buŋsïz: kälürti: eltäriš qaγan: bilgäsin üčün:

他们将黄金、白银、女子、单峰驼，毫无顾虑地带回来了。由于颉跌利施可汗的贤明、

5. L p i n ü č n:T B G č Q a:y t i y g r （m） i:s （ü ŋ） s d i: （ïQ） i T （ñ） Q a :y t i s ü （ŋ） s d i:W G z Q a: b i s ü ŋ s d i:nt a Y G W č s i:

alpïn üčün: tavγačqa: yeti yegirmi: süŋüšdi: qïtañqa: yeti süŋüšdi: oγuzqa: biš süŋüšdi: anta ayγučïsï:

勇敢，他对中国作战十七次，对契丹作战七次，对铁勒（乌古斯）作战五次。那时，他的顾问官，

6. y m a b （n） ük r t m :Y （G） [W] （ č） s i:y （m a） b n [r t] （m） : （i l） t r s （Q G N Q ） a: t ü r ük （b g ü Q G N Q a） : t ü r ük b i l g a Q G N Q a

yämä: bän: ök ärtim: ayγučïsï: yämä bän ärtim: eltäriš qaγanqa: türk bögü qaγanqa: türk bilgä qaγanqa

仍然正是我。那个顾问官仍然是我，颉跌利施可汗的，突厥默啜可汗的，突厥毗伽可汗的。

东面：

1. （难以识别文字据前人研究复原） Q p G N Q G N i （l m a） : （W） T （z） / （ü r ük r d） [i] / （l） k lt [i b] （n ü z m ）[l] （t r s ） Q G N m n （n ü z m ） Q a G （N） D a T （W） T D m: t ü n W D m T i:

qapγan qaγan elima otuz türk ärdi. / （l） k lt [i] . bän özüm ilteriš qaγan. män özüm qaγanda tutudïm: tün udïmatï.

我默啜可汗的国家呀！曾经是三十姓突厥。……我自己是聚国安民可汗。我自己由可汗掌控（?），夜晚未睡觉，

2. ük ü n t z W L R m t i: ïQ z l （Q N m t k t i） : Q R a t （r） m y g ü r t m. s i g k ü č g （m n） b a r t m ük: W z N y l m g y m a i t m uQ

küntüz olurmatï. qïzïl qanïm töküti. qara tärim yügürtüm. isig küčig män bärtim ök. uzun yälmäg yämä ïttïm oq.

白天不休息。我流出了红色的血，洒出了黑色的汗，我真是贡献了劳力。正是我还派遣了远征的斥候，

3. R Q W Y Q R G W G W L G R T D m uQ: Y N G m a: Y G G k l ü r r r t m. Q G N m n s ü l t d m z. tŋ r i Y R L Q z W

arquy qaraγuγ olγurtdïm oq: yanïγma yaγïγ kälürür ärtim: qaγanïmïn sü eltdimiz. täŋri yarïlqazu

正是我设置了边境的（?）哨兵。我使逃归的敌人返回。我和我的可汗一同统领军队。老天保佑，

4. B W t ü r ük B D N R a : Y R Q L G Y G G: y l t ü r m d m: t ü g n l g T G y ü g r t m d m: i l t r s Q G N: Q z G N m S r

bu türk bodun ara yarïqlïγ yaγïγ yältürmädim. tögünlig atïγ yügürtmädim: elteriš qaγan qazγanmasar

在这突厥的民众之中，我没让武装的敌人驰骋，没让有纹饰的马匹奔跑。如果颉跌利施可汗不努力，

5. W D W b n ü z m Q z G N m S R : l y m a B W D N y ma Y W Q r t č i r t i: Q z G N T uQ N ü č n: W D W ü z m: Q z G N T uQ m ü č n

udu bän özüm qazγanmasar: il yämä bodun yämä yoq ärtäči ärti. qazγantuqïn üčün udu özüm qazγantuqïm üčün

如果我自己不追随着努力，国家和民众都将不会存在的。由于他的努力，由于我自己追随着他的努力，

6. i l y m a i l B W lt i: B W D N y m a B W D N B W lt i: ü z m Q R i B W lt m W L G B W lt m: n a ŋ y r d k i: Q G N L G B W D N Q a

il yämä il boltï. bodun yämä bodun boltï. özüm qarï boltïm uluγ boltïm: näŋ yärdäki qaγanlïγ bodunqa

国家才成了国家，民众才成了民众。我自己衰老了，年迈了。对任何一个地方的、拥有可汗的民众而言，

7.（上部凹陷，约30字幅空白） b i n t g i: B R r s r: n a B W ŋ i B R r t č i r m š

bäntägi bar ärsär: nä buŋï bar ärtäči ärmiš.

只要有和我一样的人，那他们就会有悲伤。

8. t ü r k b i l g a Q G N ŋ i l i a b i t i t d m:b n b i l g a T W ñ uQ uQ

türk bilgä qaγanïŋ iliŋä bititdim: bän bilgä toñuquq.

我令人为突厥毗伽可汗之国书写了，我贤明的暾欲谷。

北面：

1. i lt r s Q G N: Q z G N m S R: Y W Q r t i: r s r: b n ü z m b i l g a T W ñ uQ uQ: Q z G N m S R: b n Y uQ r t i m r s r

elteriš qaγan qazγanmasar yoq ärti ärsär bän özüm bilgä toñuquq qazγanmasar bän yoq ärtim ärsär

如果颉跌利施可汗不努力，如果他不曾存在，如果我自己贤明的暾欲谷不努力，如果我

不曾存在，

2. Q p G N Q G N: t ü r k s i r B W D N: y i r nt a: B W D y m a: B W D N y m a: k i š i y m a: i d i Y uQ r t č i r t i

qapɣan qaɣan türk sir bodun yirintä bod yämä: bodun yämä kiši yämä idi yoq ärtäči ärti.

在默啜可汗和突厥美好善良民众的上地上，完全不会有部落机体、民众和人类存在过。

3. i l r s Q G N: b i l g a T W ñ uQ uQ: Q z G nt uQ ü č n : Q p G N Q G N : t ü r ük s i r B W D N: Y W R i D uQ i B W

elteriš qaɣan bilgä toñuquq qazɣantuq üčün qapɣan qaɣan türk sir bodun yorïduqï bu.

由于颉跌利施可汗和贤明的暾欲谷的努力，默啜可汗、突厥美好善良民众的曾经的生活才是如此。

4. t ü r ük b i l g a Q G N: t ü r ük s i r B W D N G: W G z B W D N G: i g d ü: W L R W R

türk bilgä qaɣan türk sir bodunuɣ oɣuz bodunuɣ igidü olurur.

突厥毗伽可汗在养育着突厥美好善良的民众与乌古斯民众。

（二）词注

第一碑

西面第1行：此段介绍暾欲谷出生并成长于唐朝羁縻统治时期。贞观四年（630），东突厥汗国灭亡后，突厥降众被唐朝安置在河曲一带。唐贞元十七年（801）杜佑撰《通典》卷197《突厥上》介绍太宗采纳中书令温彦博建议：“于朔方之地，幽州至灵州置顺、祐、化、长四州都督府，又分颉利之地六州，左置定襄都督府，右置云中都督府，以统其众。”①详见《新唐书·地理志七下》羁縻州之关内道条②。

bilgä toñuquq（毗伽暾欲谷）：后者toñuquq亦可转写作tonyuquq，二者之间只是转写符号的不同。在碑文中共出现11次。除第一碑西面第6行作bilgä toñuquq boyla baɣa tarqan（毗伽暾欲谷裴罗莫贺达干）外，其余均作bilgä toñuquq。爱丁（E. Aydin）专文讨论，认为tonyuquq是专有名称人名，bilgä toñuquq boyla baɣa tarqan中，真正的称号是Lilga，之后的boyla baɣa tarqan是修饰限定用的附属成分③。唐代史料记录，暾欲谷是后突厥汗国三朝权臣。罗新认为暾欲谷是一组官号，由暾（ton）和欲谷（yuquq）两个官号联合而成④。夏德（F. Hirth）基于汉籍记录的后突厥汗国阿波达干阿史德元珍在西征突骑施时战死是假情报，推测暾欲谷即阿史德元珍⑤，小野川秀美对此表示赞同⑥。岩佐精一郎认为暾欲谷和阿史德元

① ［唐］杜佑撰，王文锦等点校《通典》，中华书局，1992年，第5415页。

② ［北宋］欧阳修、宋祁：《新唐书》卷43下《地理七下》，中华书局，1975年，第1120页。

③ E. Aydın, “On the Name and Titles of Tonyuquq”, *Türkbilig*, vol. 37, 2019, pp. 1-10.

④ 罗新：《再说暾欲谷其人》，《文史》第76辑，2006年第3期，收入罗新：《中古北族名号研究》，北京大学出版社，2009年，第213-224页。

⑤ F. Hirth, “Nachworte zur Inschrift des Tonjukuk”, pp. 9-16；［德］夏德著，陈浩译《跋〈暾欲谷碑〉——以汉文史料为中心的东突厥汗国史》，载陈浩主编《西方突厥学研究文选》，商务印书馆，2020年，第109-115页。

⑥ ［日］小野川秀美：《突厥碑文譯註》，载《满蒙史論叢》第4辑，1943年，第386-387页，注168。

珍从最初开始就分别以莫贺达干和阿波达干的称号辅佐骨咄禄，暾欲谷非阿史德元珍①。刘茂才、岑仲勉亦认为夏德意见不可信②。克利亚施托尔内（С. Г. Кляшторныи）则支持夏德意见，逐条反驳刘茂才，并提出toñuquq（tonyuquq）的ton对应汉语“元”，yuquq对应“珍”，二者结合起来相当于“元珍”③。护雅夫在克氏研究基础上主张暾欲谷最早称号是apa tarqan（阿波达干），后在默啜执政时期被降格为boyla baγa tarqan（裴罗莫贺达干），故暾欲谷即阿史德元珍④。罗新重点依据后突厥汗国阙利啜碑中存在官职或官号čïqan tonyuquq，反对将暾欲谷勘同为阿史德元珍⑤。王丁倾向认为暾欲谷即阿史德元珍⑥。关于暾欲谷是否为阿史德元珍，有待加深讨论。

tavγač（中国，此处指唐朝）：古突厥语材料和东罗马（拜占庭）史料中对中国的称呼。最早出现于6—7世纪拜占庭史家席摩喀塔（Theophylactus Simocatta）的著作《历史》中⑦。据其介绍，遭突厥人追击的阿瓦尔人的故乡有个民族叫Ταυγάστ（拉丁文转写为Taugast）。马合木·喀什噶里（Maḥmūd al Kāšγārī）在11世纪70年代编《突厥语大词典》（*DîvânuLuġat al—Turk*）Tawγač（桃花石）词目下介绍“现在Tawγač指的是Māsīn（马秦，笔者按：即宋），而契丹指的是Sīn（秦）”⑧。北宋人蔡绦的《铁围山丛谈》，记录于阗黑汗王致北宋国书中称呼对方为“條贯主”⑨。1221年长春真人丘处机前往中亚觐见成吉思汗，其弟子李志常在《长春真人西游记》中记录阿力麻里人言“桃花石诸事皆巧”，“桃花石谓汉人也”⑩。

① ［日］岩佐精一郎：《突厥の復興に就いて》，学士学位论文，东京大学，1934年，收入和田清编《岩佐精一郎遺稿》，岩佐傳一发行，1936年，第148-149页注46。

② Mao Tsai-Liu , *Die Chinesischen Nachrichten zur Geschichte der Ost-Türken*（*T'u-küe*）. Göttinger Asiatische Forschungen, Band 10, Harrassowitz: Wiesbaden, 1958,p.593-597；岑仲勉：《突厥集史》，中华书局，1958年，第865-866页。

③ ［苏］克里亚什托尔内著，李佩娟译《古代突厥鲁尼文碑铭——中亚细亚史原始文献》，黑龙江教育出版社，1991年，第24-27页。相关介绍，另参见［日］护雅夫：《古代トルコ民族史研究》第1卷，山川出版社，1967年，第562-564页。

④ ［日］护雅夫：《阿史德元珍とTonyuquq》，载护雅夫：《古代トルコ民族史研究》第2卷，山川出版社，1967年，第86-97页。

⑤ 罗新：《再说暾欲谷其人》，《文史》第76辑，2006年第3期，第213-224页。

⑥ 王丁：《胡名释例》，载高田时雄主编《敦煌写本研究年报》第13号，2019年，第105页。

⑦ 相关内容，主要参见P. A. Boodberg, “Marginalia to the Histories of the Northern Dynasties”, *Harvard Journal of Asiatic Studies*, vol.3, no.3/4 (1938): 222-223；［法］戈岱司编，耿昇译《希腊拉丁作家远东古文献辑录》，中华书局，1987年，第104-105页；张星烺编著，朱杰勤校订《中西交通史料汇编》第1册，中华书局，2003年，第190-191页。

⑧ Maḥmūd al Kāšγārī, *Compendium of the Turkic Dialects*, Edited and Translated with Introduction and Indices by Robert Dankoff, in Collaboration with James Kelly, Cambridge: Harvard University Printing Office, 3 vols (1982-1985, vol.1): 341；麻赫穆德·喀什噶里著，校仲彝等译《突厥语大词典》第1卷，民族出版社，2002年，第479页。

⑨ 蔡绦著，冯惠民校《铁围山丛谈》卷1，中华书局，1983年，第8-9页。冯惠民点校作“条、贯主”，不取。此国书又见于南宋人张世南《游宦记闻》卷5（中华书局，1981年，第46页），张茂鹏等点校作“条贯主”，可取。

⑩ 王国维：《长春真人西游记校注》，载罗振玉编《海宁王忠悫公遗书》，1928，胡逢祥点校本收入谢维扬、房鑫亮主编《王国维全集》第11卷，浙江教育出版社，第587页；李志常著，党宝海译注《长春真人西游记》，河北人民出版社，2001年，第51页。

Taugast、條贯主、桃花石均为Tawγač的音译[①]。关于tavγač的词源，学界主要有拓跋、大魏、唐家、大贺、天子、大汗、大汉等意见[②]。其中，伯希和提出的“拓跋说”影响最大[③]。刘迎胜对此说进行了补充完善[④]。

iliŋä:il（国家、民众、地方）：后续第三人称与格，用于表示时间。同属后突厥汗国的翁金碑西面第4行记录碑主的成长经历，写作qapγan elteriš qaγan eliŋä qïlïntïm[⑤]。其中，eliŋä的el是il的另一种语音和写法，eliŋä与此处讨论的iliŋä含义相同。不难看出，翁金碑的该处是说明墓主成长于默啜可汗和颉跌利施可汗统治时期。翁金碑的eliŋä qïlïntïm与暾欲谷碑的iliŋä qïlïntïm表达意思完全相同。故译作“成长于（唐朝）时期”。

türk（突厥）：与第2字“厥”带有入声韵尾—t的汉字译音突厥之间存在不合。关于该问题，最早注意到的马迦特（Marquart），他建议汉字突厥是突厥语türk带有复数词缀—t的音译[⑥]。伯希和基于突厥之名是通过操蒙古语族语言的柔然人传入中国这一主张，认为汉字突厥的尾音—t源自蒙古语的复数词缀—t[⑦]。不过，伯希和的这一意见尚未获得同时期语言文字材料的支持，只能说是推测。相反，哈玛塔（J. Harmatta）和克拉克（L. Clark）认为汉字突厥的尾音—t是粟特语起源[⑧]。此说获得从事突厥语民族历史研究的高登（P. B. Golden）

① P. Pelliot, “L'origine du nom de Chine”, *T'oung Pao* (1912): 730–733；［法］伯希和著，冯承钧译《支那名称之起源》，载冯承钧译著《西域南海史地考证译丛》一编，商务印书馆，1962年，第40–42页；黄时鉴：《“條贯主”考》，载《文化与传播》第1辑，上海文化出版社，1993年，收入黄时鉴：《黄时鉴文集》第2册《远迹心契》，中西书局，2011年，第11–15页。

② 相关归纳和介绍，主要参见阿地力、孟楠：《百年来关于“桃花石”问题研究综述》，《中国史研究动态》2006年第2期，第10–16页；朱振宏：《“桃花石”考释》，《中国边政》2008年，第71–77页、第80–81页。

③ 主要参见Pelliot, P. “L'origine du nom de Chine”, pp. 730–733；［法］伯希和著，冯承钧译《支那名称之起源》，载冯承钧译著《西域南海史地考证译丛》一编，商务印书馆，1962年，第40–42页；朱振宏：《“桃花石”考释》，《中国边政》，第72–73页；亦邻真：《中国北方民族与蒙古族族源》，《内蒙古大学学报（哲学社会科学版）》1979年第3–4期，收入齐木德道尔吉等编《亦邻真蒙古学文集》，内蒙古人民出版社，2001年，第559页。

④ 刘迎胜：《“拓跋”与“桃花石”（“條贯主”）两名关系新探》，《西北民族研究》2022年第3期，第22–46页。

⑤ 主要参见W. Radloff, *Die alttürkischen inschriften der Mongolei*, vol. 3, pp. 249；G. Clauson, “The Ongin Inscription,” *Journal of the Royal Asiatic Society of Great Britain and Ireland*, no. 3/4, 1957 , p. 182；耿世民：《古代突厥文碑铭研究》，中央民族大学出版社，2005年，第187页；T. Ōsawa, “Site and Inscription of Ongi Revised—On the Basis of Rubbing of G. Ramstedt and Our Field Works of Mongolia—,” *Türk Dilleri Araştırmaları*, vol. 18, 2008, p. 268；T. Ōsawa, “Revisiting the Ongi Inscription of Mongolia from the Second Turkic Qaγannate on the basis of Rubbings by G. j. Ramstedt,” *Journal de la Societe Finno–Ougrienne*, vo. 93, 2011, p. 169.

⑥ J. Marquart, *Untersuchungen zur Geschichte von Eran*, vol. 2, Leipzig, 1905, p.252及其脚注③；J. Marquart, “Über das Volkstum der Komanen”, in: W. Bang and J. Marquart eds., *Osttürkische Dialektstudien*, Berlin, 1914, p. 72及其脚注④。

⑦ P. Pelliot, “L'origine de T'ou–kiue, nom chinois des Turcs”, *T'oung Pao*, 1915, pp. 687–689;［法］伯希和著，冯承钧译《汉译突厥名称之起源》，载冯承钧译著《西域南海史地考证译丛》一编，商务印书馆，1962年，第48–53页。

⑧ J. Harmatta, “Irano–Turcica”, *Acta Orientalia Academiae Scientiarum Hungaricae*, vol. 25, 1972, pp. 263–273; L. V.Clark, “Mongol Elements in Old Turkic?”, *Journal de la Société Finno–Ougrienne*, vol. 75, 1977, pp. 118–121.

支持①，笠井幸代进一步对此进行了补充②。在第一突厥汗国布古特碑粟特文面中，突厥写作tr'wkt③。据武阿勒（A. Vovin）解读，该碑婆罗米文面是以柔然语婆罗米文写成④。由于残泐严重，在婆罗米文面中我们无法确认突厥的写法。不过，同属第一突厥汗国的慧斯陶鲁盖（Khüis tolgoi）碑文同样是以柔然语婆罗米文写成⑤。其中，在第5行和第10行中突厥写作türüg。众所周知，突厥之名首次传入中国是在西魏大统十一年（545）。西魏权臣宇文泰在当年派遣酒泉粟特人安诺盘陀出使突厥，次年突厥遣使西魏，双方建立起联系。看来，汉字突厥源自粟特语的意见更令人信服。

西面第2行：此段介绍后突厥汗国成立之前突厥人的二次起事称汗。《通典·突厥下》云："调露元年（679），单于管内突厥首领阿史德温傅、奉职二部落相率反叛，立泥熟匐为可汗，二十四州并叛应之。高宗遣鸿胪卿萧嗣业、右千牛将军李景嘉率众讨之，反为温傅败，兵士死者万余人。又令礼部尚书裴行俭为定襄道行军大总管，率太仆少卿李思文、营州大都督周道务等统众三十余万，讨击温傅，大破之，泥熟匐为其下所杀，并擒奉职而还。永崇元年（681），突厥又迎颉利从兄之子阿史那伏念于夏州，将渡河立为可汗，诸部落复响应从之。又令裴行俭率师讨之。伏念窘急，诣行俭降，遂虏伏念诣京师，斩于东市。"⑥

bulmayïn（未能找到就）：动词bul—（发现、寻找）后续副动词词缀—mayïn，用于表示未进行某一动作，而进行另一动作，相当于汉语的"不……就，在……之前"。关于此处的

---

① P. B. Golden, "Some Thoughts on the Origins of the Turks and the Shaping of theTurkic Peoples", in: V. H. Mair ed., *Contact and exchange in the ancient world,* Honolulu: University of Hawai'i Press, 2006, p. 142.

② Y. Kasai, "The Chinese Phonetic Transcriptions of Old Turkish Words in the Chinese Sources from 6th–9th Century : Focused on the Original Word Transcribed as Tujue 突厥"，《内陸アジア言語の研究》第29辑，2014年，第107－110页。

③ B1面（左侧面，即西面）第1行。参见S. G. Klyashtorny, and V. A. Livšic, "The Sogdian Inscription of Bugut Revised", *Acta Orientalia Academiae Scientiarum Hungaricae,* vol. 26, no. 1, 1972, in V. Spinei and Ch. Spinei eds., *Old Turkic Runic Texts and History of the Eurasian Steppe,* Editura Academiei Române , 2008, pp.81–83；［苏］克里亚什托尔内、列维谢茨著，陈浩译《第一突厥汗国〈布古特碑〉释读》，收入陈浩主编《西方突厥学研究文选》，商务印书馆，2020年，第47–49页；［日］吉田丰：《ブグド碑文》，载森安孝夫、奥其尔编《モンゴル国現存遺跡・碑文調査研究報告》，中央ユーラシア学研究会，1999年，第122–125页；Y. Yoshita, "Sogdian Version of the Bugut Inscription Revisited", *Journal Asiatique,* vol. 307, no.1, 2019, pp. 104–106；［日］吉田丰：《布谷特碑粟特语部分再考》，王丁译，《中山大学学报》2020年第2期，第112–114页。

④ B1面（左侧面，即西面）第1行。参见S. G. Klyashtorny, and V. A. Livšic, "The Sogdian Inscription of Bugut Revised", *Acta Orientalia Academiae Scientiarum Hungaricae,* vol. 26, no. 1, 1972, in V. Spinei and Ch. Spinei eds., *Old Turkic Runic Texts and History of the Eurasian Steppe,* Editura Academiei Române , 2008, pp.81–83；［苏］克里亚什托尔内、列维谢茨著，陈浩译《第一突厥汗国〈布古特碑〉释读》，收入陈浩主编《西方突厥学研究文选》，商务印书馆，2020年，第47–49页；［日］吉田丰：《ブグド碑文》，载森安孝夫、奥其尔编《モンゴル国現存遺跡・碑文調査研究報告》，中央ユーラシア学研究会，1999年，第122–125页；Y. Yoshita, "Sogdian Version of the Bugut Inscription Revisited", *Journal Asiatique,* vol. 307, no.1, 2019, pp. 104–106；［日］吉田丰著，王丁译《布谷特碑粟特语部分再考》，《中山大学学报》2020年第2期，第112–114页。

⑤ D. Maue,"Signs and Sounds", *Journal Asiatique*, vol. 306, no. 2, 2018, pp. 291–301; A. Vovin, "An Interpretation of the Khüis Tolgoi Inscription", *Journal Asiatique*, vol. 306, no. 2, 2018, pp. 303–313; A. Vovin, "A Sketch of the Earliest Mongolic Language: the Brāhmī Bugut and Khüis Tolgoi Inscriptions", *International Journal of Eurasian Linguistics,* vol. 1, no.1, 2019, pp. 190–191.

⑥［唐］杜佑撰，王文锦等点校《通典》卷198《突厥中》，中华书局，1992年，第5433页。

释读有bolmayïn（未成为就）[①]、bulmayïn（未能找到就）二种意见[②]。鉴于此词紧前面的qanïn是名词qan（汗）后续宾格词缀—ïn，故紧随其后的B W L，相比非及物动词bol—（变成、成为），转写作及物动词bul—（发现、寻找）更为贴合。

t ŋ r i>täŋri（天）：在古突厥语文献中出现频率极高，与蒙古语天tengeri同源。《周书》卷50《突厥传》在介绍第一突厥汗国的国家信仰时谈道："于都斤四五百里，有高山迥出，上无草树，谓其为勃登凝黎，夏言地神也。"[③]此处"勃"即土地之义，登凝黎即täŋri / tängri[④]。看来，早在6世纪，täŋri既有天和神之义。在早期（约8—9世纪）的鲁尼文碑刻文献中，往往是原始萨满教天神崇拜的对象，即天。在稍晚（约10—14世纪）的以回鹘文回鹘语为典型代表的写本印本文献中，衍生出"神圣的"等词义，并充当称号的核心部分，如täŋrikän（圣上）、täŋrim（邓林，贵夫人之义）等。护雅夫曾搜集后突厥汗国碑刻中的täŋri之用例并逐一分析，论证突厥人心目中的täŋri的形象是赐予他们勇敢与贤明，赐予他们国家和可汗，护佑他们的建国、统治与国家繁荣，同时对违背天神意志者作出惩罚的万能形象[⑤]。

西面第3行：自上一行末尾至下一行开头处，讲述前文介绍的在调露元年和永崇元年称汗失败后，突厥各部重新归属唐朝。

türk sir bodun：暾欲谷碑中共出现5次türk sir bodun。分别是，第一，türk sir bodun yerintä bod qalmadï（第一碑西面第3—4行，即此处）；第二，türük sir bodun yerintä idi yorïmazun（第一碑南面第4行）；第三，qapɣan qaɣan türük sir bodun yirintä bod yoq yämä bodun yämä kiši yämä idi yoq ärtäči ärti（第一碑北面第2行）；第四，qapɣan qaɣan türük sir bodun yorïduqï bu（第二碑北面第3行）；第五，türük bilgä qaɣan türük sir bodunuɣ oɣuz bodunuɣ igidü olurur（第二碑北面第4行）。据古代突厥语语法，虽然在第一、第二和第三次中，türk和sir bodun存在断读的可能性，但根据第四和第五次，尤其是第五次，türk sir bodun不应被断读。上述五句可以分别译作，第一，他们（即突厥民众）在突厥sir民众的土地上没有留下种落；第二，希望他们（即突厥人）在突厥sir民众的土地上一点也不活动；

① W. Radloff, *Die alttürkischen inschriften der Mongolei*, vol. 2, pp. 2–3; V. Thomsen, "Alttürkische Inschriften aus der Mongolei", p. 162脚注②; H. N.Orkun, *Eski Türk Yazıtları*, vol.1, 1936, p. 100；［日］小野川秀美：《突厥碑文譯註》，第69页；S. E. Malov, *Pamyatniki drevnetyurkskoj pis'mennosti: teksty i issledovaniya*, pp. 61, 64; P. Aalto, "Materialien zu den alttürkischen Inschriften der Mongolei, gesammelt von G. J. Ramstedt, J. G. Granö und Pentti Aalto", pp. 30–31；耿世民：《古代突厥文碑铭研究》，第94页；韩儒林：《突厥文〈暾欲谷碑〉译文》，收入韩儒林：《蒙元史与内陆亚洲史研究》，第233页；岑仲勉《突厥集史》第857页据汤姆森的解读，亦可归为此类。不过。汤姆森提出了读作bulmayïn的可能。

② E. D. Ross, "The Tonyukuk Inscription: Being a Translation of Professor Vilhelm Thomsen's final Danish redering", p. 38; R. Giraud, *L'inscription de Baïn Tsokto, édition critique*, pp. 53, 59; T. Tekin, *A Grammar of Orkhon Turkic*, pp. 249, 283; T. Tekin, *Les inscriptions de l'Orkhon: Kul Tighin, Bilghé Qaghan, Tounyouqouq*, p. 82; V. Rybatzki, *Die Toñuquq-Inschrift*, pp. 43, 79; M. Ölmez, *Orhon-Uygur Hanlığı Dönemi Moğolistan'daki Eski Türk Yazıtları, Metin-Çeviri-Sözlük*, pp. 177, 184；芮传明：《古突厥碑铭研究》，第277页；芮传明：《古突厥碑铭研究》（增订本），第241页。其中，Ross是按汤姆森脚注给出的意见bulmayïn翻译。

③［唐］令狐德棻等：《周书》，北京，中华书局，1971年，第910页。

④ 白玉冬：《突厥"于都斤"崇拜渊源蠡测》，载刘迎胜、姚大力主编《清华元史》2020年第6辑，商务印书馆，2020年，第14–18页。

⑤［日］护雅夫：《古代トルコ民族史研究》第2卷，山川出版社，1967年，第347–356页。

第三，在默啜可汗和突厥sir民众的土地上没有种落，也完全没有民众、人员存在；第四，默啜可汗和突厥sir民众曾经生活才是如此；第五，突厥毗伽可汗养育着突厥sir民众和铁勒（乌古斯）民众。关于türk sir bodun的sir，学术界意见不一。早年的拉德洛夫未给出意见，此为后来的马洛夫（C. E. Malov）、阿勒陶（P. Aalto）、吉罗（R. Giraud）、特勤（T. Tekin）、芮跋辞（V. Rybatzki）、裕勒麦孜（M. Ölmez）所继承①。不过，阿勒陶同时提出sir源自粟特语syr（美丽、美好），此说获得克劳森（G. Clauson）支持②。汤姆森（V. Thomsen）译作vereinigten（?）（合众的?），此为奥尔昆（H. N. Orkun）、韩儒林、罗斯（E. D. Ross）、岑仲勉所承袭③。德国人夏德认为sir对应汉籍记录的部落名称薛，并推定薛延陀是sir tarduš，此说获得艾克拜尔·吐尼亚孜支持④。小野川秀美译作“坚硬”⑤。国内耿世民、芮传明译作“薛”，视作汉籍记录的薛部落，进而把türk sir译作突厥—薛⑥。此外，洪勇明尝试把sir与铁勒的思结部勘同起来，包文胜结合蒙古语sir—（炼），推定türk sir有炼铁、锻铁之义⑦。作为突厥属下的部族名称，在《毗伽可汗碑》东面第1行中，与toquz oγuz（九姓铁勒）、eki ädiz（二姓阿跌）并列出现（al?）tï sir（六姓?薛）⑧。故，将sir视作汉籍记录的薛部之意见较受欢迎。《通典·薛延陀》云：“薛延陀，铁勒之别部也，前燕慕容俊时，匈奴单于贺剌头率部三万五千来降，延陀盖其后。与薛部杂居，因号薛延陀。”⑨看来，当时的漠北地区确实曾经存在一个薛部，单独的sir有可能对应薛部。不过，在暾欲谷碑中还出现7处türk bodun

① W. Radloff, *Die alttürkischen inschriften der Mongolei,* vol. 2, pp. 2–3; S. E. Malov, *Pamyatniki drevnetyurkskoj pis' imennosti: teksty i issledovaniya,* pp. 61, 65; P. Aalto, “Materialien zu den alttürkischen Inschriften der Mongolei, gesammelt von G. J. Ramstedt, J. G. Granö und Pentti Aalto”, pp. 30–31; R. Giraud, *L'inscription de Baïn Tsokto, édition critique*, pp. 53, 59; T. Tekin, *A Grammar of Orkhon Turkic,* pp. 249, 283; T. Tekin, *Les inscriptions de l'Orkhon: Kul Tighin, Bilghé Qaghan, Tounyouqouq,* pp. 82–83; V. Rybatzki, *Die Toñuquq-Inschrift,* pp. 43, 79; M. Ölmez, *Orhon-Uygur Hanlığı Dönemi Moğolistan'daki Eski Türk Yazıtları, Metin-Çeviri-Sözlük,* pp. 177, 184.

② P. Aalto, “Materialien zu den alttürkischen Inschriften der Mongolei, gesammelt von G. J. Ramstedt, J. G. Granö und Pentti Aalto”, pp. 50–51; G. Clauson, *An Etymological Dictionary of Pre-Thirteenth Century Turkish,* p. 843 sir.

③ V. Thomsen, “Alttürkische inschriften aus der Mongolei”, p. 162; E. D.Ross, “The Tonyukuk Inscription: Being a Translation of Professor Vilhelm Thomsen's final Danish redering”, p. 38; H. N. Orkun, *Eski Türk Yazıtlar,* vol.1, p.100; 韩儒林：《突厥文〈暾欲谷碑〉译文》，收入韩儒林：《蒙元史与内陆亚洲史研究》，第233页；岑仲勉：《突厥集史》，中华书局，1958年，第857页。

④ F. Hirth, “Nachworte zur inschrift des Tonjukuk”, pp. 129–133；夏德：《薛延陀考》，陈浩译，载陈浩主编《西方突厥学研究文选》，商务印书馆，2020年，第87–90页；艾克拜尔·吐尼亚孜：《浅析古代突厥文〈暾欲谷碑〉中出现的türk sir bodun——兼论薛延陀汗国灭亡以后薛延陀部落的历史》，《中央民族大学学报》2011年第5期，第149–151页。

⑤［日］小野川秀美：《突厥碑文譯註》，《满蒙史論叢》第4辑，1943年，第69页。

⑥ 耿世民：《古代突厥文碑铭研究》，中央民族大学出版社，2005年，第95页、第109页；芮传明：《古突厥碑铭研究》，上海古籍出版社，1998年，第277页；芮传明：《古突厥碑铭研究》（增订本），商务印书馆，2017年，第241页。

⑦ 洪勇明：《试析古突厥文中Sir的族属》，《西北民族大学学报（哲学社会科学版）》2011年第4期，第125–128页；包文胜：《读〈暾欲谷碑〉札记——türk sir与“锻奴”》，《敦煌学辑刊》2012年第3期，第105–107页。

⑧ T. Tekin, *A Grammar of Orkhon Turkic,* pp. 243, 275；耿世民：《古代突厥文碑铭研究》，中央民族大学出版社，2005年，第149页。

⑨［唐］杜佑撰，王文锦等点校《通典》卷199《薛延陀》，中华书局，1992年，第5465页。

（突厥民众）。倘若türk sir寓意后突厥汗国的民众是突厥部落和薛部/薛延陀部落的联合体，那么这7处单独的türk bodun（突厥民众）怎么考虑为好？同一时期的后突厥汗国碑文，尤其是作为国家层面纪念碑性质的毗伽可汗碑和阙特勤碑亦未对这一如此重要的“联合体”给予记录该如何解释？总之，该问题有待加深讨论。笔者姑倾向sir借自粟特语syr（美丽、美好），视作“美好善良”。顺提一下，上面列举的关于sir的五条史料中，第二条türük sir bodun yerintä idi yorïmazun（希望他们在突厥美好善良的民众的土地上一点也不活动）属于引文，是计划联合唐朝和契丹攻击突厥人的铁勒使者之言的一部分。作为突厥的敌对势力，铁勒人言“突厥美好善良的民众”与常理不合。该段内容，视作对铁勒使者之言的间接引用为好。

西面第4行：此行至下一行开头处，讲述突厥人在骨咄禄率领下起事。《通典·突厥中》云：“永淳二年，突厥阿史那骨咄禄复反叛。骨咄禄者，颉利之疏属，其父本是单于右厢云中都督舍利元英下首领，代袭吐屯啜。”[①]

西面第5行：此行至下一行讲述暾欲谷推举骨咄禄为可汗的原委，并引用古突厥语谚语来隐喻暾欲谷的高风亮节。谚语之前的三句表明骨咄禄称汗之前曾经征求暾欲谷意见。

ayγïl tedi（他说道：“你说吧！”）：拉德洛夫转写作yaγïl tädi，奥尔昆、马洛夫转写作yaγïl tidi，三者均译作“他命令集合起来”[②]。汤姆森译作“他说：‘随我来吧！’”，韩儒林与岑仲勉译文同汤姆森[③]。小野川秀美转写作yaγul tidi，译作“‘靠近我！’他说道”[④]。阿勒陶转写作yaγïl tidi，译文同汤姆森[⑤]。吉罗最早转写作ayγïl tedi（他说道：“你说吧！”），此为后来的裕勒麦孜所承袭[⑥]。特勤在1968年书中转写作yï（γ）γïl tidi（他说道：“集合起来！”），后改变初衷，转写作ayγïl tedi（他说道：“你说吧！”）[⑦]。芮跋辞转写作yïγïl tidi，译作“他说：‘集合起（军队）。’”[⑧]耿世民转写作yï（γ）γïl tidi，译作“他说：‘请集合（我们的队伍）吧！’”[⑨]罗斯、芮传明译作“‘加入我吧！’他说道”[⑩]。由于之后出现qaγan mu

① ［唐］杜佑撰，王文锦等点校《通典》卷198《突厥中》，中华书局，1992年，第5433页。

② W. Radloff, *Die alttürkischen inschriften der Mongolei*, vol. 2, pp. 4–5; H. N. Orkun, *Eski Türk Yazıtları*, vol. 1, p.100; S. E. Malov, *Pamyatnikidrevnetyurkskoj pis'mennosti: teksty i issledovaniya*, pp. 61, 65; V. Rybatzki, *Die Toñuquq-Inschrift*, pp. 43, 79; M. Ölmez, *Orhon-Uygur Hanlığı Dönemi Moğolistan'daki Eski Türk Yazıtları, Metin-Çeviri-Sözlük*, pp.177, 184.

③ V. Thomsen, “Alttürkische inschriften aus der Mongolei”, p. 162；韩儒林：《突厥文〈暾欲谷碑〉译文》，收入韩儒林：《蒙元史与内陆亚洲史研究》，第233页；岑仲勉：《突厥集史》，中华书局，1958年，第857页。

④ ［日］小野川秀美：《突厥碑文譯註》，《满蒙史論叢》第4辑，1943年，第69页。

⑤ P. Aalto, “Materialien zu den alttürkischen inschriften der Mongolei, gesammelt von G. J. Ramstedt, J. G. Granö und Pentti Aalto”, pp. 30–31.

⑥ R. Giraud, *L'inscription de Baïn Tsokto, édition critique*, pp. 53, 59; M. Ölmez, *Orhon-Uygur Hanlığı Dönemi Moğolistan'daki Eski Türk Yazıtları, Metin-Çeviri-Sözlük*, pp. 177, 184.

⑦ T.Tekin, *A Grammar of Orkhon Turkic*, pp. 249, 283; T. Tekin, *Les inscriptions de l'Orkhon: Kul Tighin, Bilghé Qaghan, Tounyouqouq*, pp. 82–83

⑧ V. Rybatzki, *Die Toñuquq-Inschrift*, pp. 44, 82–83.

⑨ 耿世民：《古代突厥文碑铭研究》，中央民族大学出版社，2005年，第95、109页。

⑩ E. D. Ross, “The Tonyukuk Inscription: Being a Translation of Professor Vilhelm Thomsen's final Danish redering”, p. 38；芮传明：《古突厥碑铭研究》，上海古籍出版社，1998年，第277页；芮传明：《古突厥碑铭研究》（增订本），商务印书馆，2017年，第241页。

qïsayïn tedim（我说道："我要推举可汗吗？"）一文，此处转写作 ayγïl tedi 为好。

ayïγmasï（那个说话者）：前人释读意见不一，详见前注 ayγïl tedi 所介绍的各类论著，兹不赘述。据之后文义，取 ayïγmasï 较为贴合。

西面第6行：此处古突厥语谚语 turuq buqalï sämiz buqalï ïraqda bölsär sämiz buqa turuq buqa teyin bilmäz ärmiš，直译是"瘦公牛和肥公牛一起，如果从远处区分的话，不知道（哪个是）肥公牛（哪个是）瘦公牛。"该句出现于描述暾欲谷推举骨咄禄为可汗的段落之中。由于缺乏相关资料，难以把握真实含义，姑作一推测。充满野性的公牛，对游牧民来说代表力量和权威。这里把并肩战斗的带领七百名战士的设（即骨咄禄）和暾欲谷比喻作肥瘦两头公牛，隐喻除了他们二者以外，别人无法分辨出他们之中哪一个更优秀，更无法判断并推举某一个为突厥的可汗。相反，身为骨咄禄亲密战友的暾欲谷了解到骨咄禄的优秀，之后明言蒙上天赐给智慧，暾欲谷自身推举骨咄禄为可汗。这影射暾欲谷牺牲个人利益，主动退让，成全骨咄禄，暾欲谷是和骨咄禄平起平坐的英雄人物。

bilgä toñuquq boyla baγa tarqan（毗伽暾欲谷裴罗莫贺达干）：暾欲谷的称号，出现在直接引用的骨咄禄的祈愿文，即 bilgä toñuquq boyla baγa tarqan birlä ilteriš qaγan bolayïn（我要和毗伽暾欲谷裴罗莫贺达干一同成为聚集民众的可汗）之中。护雅夫认为暾欲谷的最初称号是 apa tarqan（阿波达干），后在默啜执政时期被降格为 boyla baγa tarqan（裴罗莫贺达干）①。笔者以为，该称号出自直接引用的骨咄禄之口，表明辅佐骨咄禄的暾欲谷当时就是这一称号。

西面第7行：此段记录骨咄禄称汗后突厥人出击唐朝、契丹和铁勒，其根据地是阴山地区和黑沙地方。其中，骨咄禄的祈愿文 bilgä toñuquq boyla baγa tarqan birlä ilteriš qaγan bolayïn（我要和毗伽暾欲谷裴罗莫贺达干一同成为聚集民众的可汗）是直接引用文。该祈愿文与前面关于肥瘦公牛的暾欲谷的想法相呼应，二者共同展现出骨咄禄与暾欲谷惺惺相惜，成就珍贵友谊的情景。《通典·突厥中》云："伏念既破，骨咄禄鸠集亡散，入总材山，聚为群盗，有众五千余人。又抄掠九姓，得羊马甚多，渐至强盛，乃自立为可汗，以其弟默啜为设，咄悉匐为叶护。"②汉籍的此条记录正与暾欲谷碑相合。

ilteriš qaγan：直译是"聚集民众的可汗"，后突厥汗国首任可汗骨咄禄的称号即此。此处作为骨咄禄出击四方的目的语的一部分，出现在直接引用文——骨咄禄的祈愿文 bilgä toñuquq boyla baγa tarqan birlä ilteriš qaγan bolayïn（我要和毗伽暾欲谷裴罗莫贺达干一同成为聚集民众的可汗）中。从出自骨咄禄口中的直接引用文的此词可以看出，暾欲谷碑寓意暾欲谷是骨咄禄认同的能够与其一同称汗的人物。

qïtañ（契丹）：亦有学者转写作 qïtany。qïtañ 与 qïtany 语音相同，只是转写方式的不同。包括本处在内，qïtañ（契丹）之名在暾欲谷碑中共出现7次（第一碑西面第7行，第一碑南面第2、3、4、5、7行，第二碑南面第5行），均作 Q i T ñ>qïtañ（qïtany）。此外，契丹之名还出现于后突厥汗国的阙特勤碑、毗伽可汗碑和阙利啜碑中，共11次，均作 qïtañ（qïtany）③。据这些碑文内容，可以得知契丹曾是后突厥汗国的征讨对象和服属部族，这与

① 护雅夫：《阿史德元珍とTonyuquq》，山川出版社，1967年，第86-97页。

② ［唐］杜佑撰，王文锦等点校《通典》卷198《突厥中》，中华书局，1992年，第5433页。

③ 主要参见 T. Tekin, *A Grammar of Orkhon Turkic*, p. 345. 特勤转写作 qïtan̄。

汉籍记录契丹曾归属后突厥汗国相符。继突厥之后称雄漠北的回鹘，亦曾在约8世纪60年代至其亡国的840年为止，统领契丹[①]。惜在已获发现解读的漠北回鹘汗国碑刻中，尚未发现契丹之名。敦煌出土伯希和藏文藏卷P.t.1283《北方若干国君之王统叙记》，记述的是8世纪中后期北亚各民族分布状况。其中两次出现契丹之名，分别作ge taṅ（ge tang）和ge tan[②]。显然，此二名源自汉语或契丹语，并不能说明漠北回鹘以此名称呼契丹。不过，随着年代的下降，回鹘文文献以qïtay记录契丹。例如，哈密顿（J. Hamilton）著《敦煌出土九至十世纪回鹘语文书》中编号23的回鹘文书[③]，是Bäg Yegän“匐易言”与Bay Totoq“Bay都督”写给他岳父Soγdu Bäg“粟特匐”及其家人的。其中提到baban čor elitmiš tavar üčün baban čor qïtay qa barïr ärmiš（巴班啜由于带来的财物，巴班啜去了契丹）。古突厥语契丹的读音从qïtany发展成qïtay，即从ny/n语言发展到y语言，相比方言之间的区别，更可能属于年代的更新[④]。后突厥汗国碑刻所记契丹之音qïtañ（qïtany），或有助于从历史语言学角度探讨部族名称契丹最初的语音。

oγuz：关于其词源，伯希和（P. Pelliot）鉴于古突厥语的toquz oγuz对应汉籍的“九姓”，推测oγuz与回鹘文中的oγus（笔者按：即oγuš）相同，相当于汉文中的“姓”[⑤]。哈密顿对马迦特（Marquart）之oq（箭）+uz（人）、卜弼德的uγur（角）、巴赞（L. Bazin）的oγuz/oγus（公牛）等见解持反对意见，在对伯希和上述意见表示赞同的同时，提出toquz oγuš>toquz oγuz>oγuz这种假设，并把toquz oγuz之音的产生求于古突厥语的语音谐和与“回声字”对于成双的嗜好[⑥]。程方毅在最新研究中，认为哈密顿关于oγuz来自oγuš的意见存在问题[⑦]。通常认为，5—7世纪拜占庭史料记录的欧亚草原西部的游牧民oγur即oγuz[⑧]，oγuz属于汉籍

① 白玉冬：《契丹祖源传说的产生及其与回鹘之关系考辩》，《中西文化交流学报》2013年第2期，第24-27页。

② 文书第27-29页，参见［日］森安孝夫：《チベット語史料中に現れる北方民族——DRU-GUとHOR——》，《アジア・アフリカ言語文化研究》1977年第14辑增刊，第4页、第13页。

③ 文书第8行，参见J. Hamilton, *Manuscrits Ouïgours du IXe-Xe siècle de Touen-Houang: Textes Établis*, Traduits, Paris: Peeters France, 1986, pp. 126, 127，哈密顿转写作Xitay。

④［日］森安孝夫：《トルコ仏教の源流と古トルコ語仏典の出現》，载《史学雑誌》第98编第4号，1989年，修订稿收入森安孝夫：《東西ウイグルと中央ユーラシア》，名古屋大学出版会，2015年，第618-622页。

⑤ P. Pelliot, “La version ouiguré de l'histoire des princes Kalyānamkara et Pāpankara”, *T'oung Pao* (1914): 257。此处转引自J. Hamilton,“Toquz-OGGuz et On-UyGGur”, Journal Asiatique , vol. 250(1962): 24-25；［法］哈密顿著，耿昇译《九姓乌古斯与十姓回鹘》（上），《敦煌学辑刊》1983年第4期，第131页。

⑥ J. Hamilton, “Toquz-OGGuz et On-UyGGur”, pp. 23-25；［法］哈密顿著，耿昇译《九姓乌古斯与十姓回鹘》（上），第131页。

⑦ Cheng Fangyi（程方毅）, “The Research on the Identification Between Tiele and the Ogharic Tribes”, *Archivum Eurasiae Medii Aevi*, vol.19, 2012, p. 103.

⑧ 主要参见J. Hamilton, “Toquz-OGGuz et On-UyGGur”, pp. 33-35；［法］哈密顿著，耿昇译《九姓乌古斯和十姓回鹘考（续）》，《敦煌学辑刊》1984年第1期，第128-133页；P. B. Golden, “The Peoples of the Russian forest belt”, in: *The Cambridge History of early inner Asia*, Cambridge: Cambridge University Press, 1990, pp. 234-235；P. B. Golden, “Some Thoughts on the Origins of the Turks and the Shaping of the Turkic Peoples”, in: V. H. Mair ed., *Contact and exchange in the ancient world*, Honolulu: University of Hawai'i Press, 2006 , p.137；Cheng Fangyi(程方毅), “The Research on the Identification Between Tiele and the Ogharic Tribes”, pp. 88-93.

记录中铁勒的一支①。阙特勤碑东面第14行记录这一时期的突厥人境况，其中有云 yïrïya baz qaγan toquz oγuz bodun yaγï ärmiš（在北方Baz可汗和九姓铁勒民众是敌人）。该记录与此处“在北边把铁勒人杀死很多”遥相呼应。

čavïš：亦有学者转写作čabïš，古突厥语称号之一，亦充当人名。汉籍多作车鼻施，亦作车毗尸。西安出土回鹘王子葛啜墓志中，鲁尼文面的墓主父名čavïš对应汉文面的车毗尸②。克劳森按čabuš收录，其“军事指挥官”之解释，相比特金的“副官、辅助官”较为贴合③。吉田丰认为čabïš（čavïš）称号源自压达，经由粟特语传入突厥语中④。

čoγay quz（总材山北麓）：古突厥语quz通常指山的阴面，此处čoγay quz是指čoγay 山的北麓。阙特勤碑南面第6行出现的čoγay yiš（总材山林），即前面介绍的“骨咄禄鸠集亡散，入总材山”之总材山。关于čoγay yiš的地理位置，早年的拉德洛夫、夏德、汤姆森、奥尔昆、冯加班、吉罗等人认为是漠北的杭爱山一带⑤。岩佐精一郎最早主张大体是在今呼和浩特北面的阴山⑥。泽格莱迪（K. Czeglédy）专文考证，认为čoγay之义相当于汉语的“阴”（北麓、阴面），čoγay yiš为阴山，čoγay quz 为阴山北麓⑦。岑仲勉、小野川秀美、铃木宏节、包文胜从阴山说⑧。芮传明考述čoγay一名为外来语，相当于蒙古语zagan（白色），在汉籍中作总材，位于今内蒙古白云鄂博附近⑨。李锦绣发现，《大周故左羽林卫将军上柱国定阳郡开国公右北平阳君（玄基）墓志铭并序》记录墓主“永淳元年，加壮武将军、太子左清道率，

---

① 主要参见J. Hamilton, “Toquz-OGGuz et On-UyGGur”, pp. 26-28；［法］哈密顿著，耿昇译《九姓乌古斯与十姓回鹘》（上），第132-135页；P. B. Golden, “Some Thoughts on the Origins of the Turks and the Shaping of the Turkic Peoples”, pp. 137-139；Cheng Fangyi（程方毅），“The Research on the Identification Between Tiele and the Oghuric Tribes”, pp. 81-98, 103.

② 白玉冬：《回鹘王子葛啜墓志鲁尼文志文再释读》，《蒙古史研究》第11辑，科学出版社，2013年，第47页、第49页；张铁山：《〈故回鹘葛啜王子墓志〉之突厥如尼文考释》，《西域研究》2013年第4期，第74页、第77-78页；林俊雄：《2013年西安発見迴鶻王子墓誌》，《創価大学人文論集》2014年第26辑，第3页、第6-10页；［日］森安孝夫：《チベット語史料中に現われる北方民族——DRU-GUとHOR——》，载森安孝夫：《東西ウイグルと中央ユーラシア》（修订版），名古屋大学出版会，2015年，第513-514页。

③ T. Tekin, *A Grammar of Orkhon Turkic*, pp. 249, 283; G. Clauson, *An Etymological Dictionary of Pre-Thirteenth Century Turkish*, p. 399.

④ Y. Yoshita, “Some Reflections about the Origin of Čamūk”，载森安孝夫主编《中央アジア出土文物論叢》，朋友书店，2004年，第130-132页。

⑤ 相关归纳介绍，参见李锦绣：《总材山考》，载向群、万毅编《姜伯勤教授八秩华诞颂寿史学论文集》，广东人民出版社，2019年，第152-153页。

⑥ 岩佐精一郎：《突厥の復興に就いて》，学士学位论文，东京大学，1934年，第107-117页。

⑦ K. Czeglédy, “Čoγay-quzï, Qara-Qum, Kök-Öng”, *Acta Orientalia Academiae Scientiarum Hungaricae* , vol.15,no. 1/3 (1962): 57-61.

⑧ 岑仲勉：《突厥集史》，中华书局，1958年，第870页；［日］小野川秀美：《突厥碑文译注》，《满蒙史論叢》第4辑，1943年，第144页；［日］铃木宏节：《突厥トニュケケ碑文劄記——斥候か逃亡者か——》，《待兼山論叢》2008年第42号，第61-62页；包文胜：《qaraqum与黑沙及相关地理考释》，《敦煌学辑刊》2020年第1期，第160-161页。

⑨ 芮传明：《čoγay和Kara Kum方位考》，《西北民族研究》1990年第2期，第151-160页；芮传明：《古突厥碑铭研究》，上海古籍出版社，1998年，第16-20页；芮传明：《古突厥碑铭研究》（增订本），商务印书馆，2017年，第13-20页。

奉敕于岚州总材山守捉……频破突厥有功”[①]。并重点依据此条记录和敦煌出土P.2511《诸道山河地名要略》岚州条记录的“惣林”（总材），考证čoγay yiš（总材山）位于黄河之西，在唐岚、胜州之间，在今内蒙古、陕西、山西交界处，最可能位于今陕西神木[②]。李锦绣之意见基于其对墓志、敦煌出土文献和汉籍史料的综合考证，很具说服力，此说可从。不过，学界最大困惑——古突厥语čoγay与汉语总材之间在第2音节的γay与材（dzɒi）[③]上存在不合，此问题仍未获得解决。笔者查看阙特勤碑拓片，čoγay的文字清晰可见，与此处相同，写作𐰲𐰆𐰍 𐰖[④]。鲁尼文z的写法𐰕与G的写法𐰍有几分相似。虽然存在把𐰕刻成了𐰍，即čozay变成了čoγay的可能，但两处都被误刻的可能性微乎其微。顺提一下，关于此处čoγay quzïn的+ïn，有学者认为是属格词缀，进而把čoγay quzïn qara qum译作“阴山之北麓的黑沙”[⑤]。不过，据笔者浅识，古突厥语属格词缀只有+ŋ和+n°ŋ（°表示元音），尚未出现过+n。故，笔者视作共同格词缀，čoγay quzïn qara qum译作“总材山北麓和黑沙”。

qara qum（黑沙）：亦出现于回鹘希内乌苏碑（磨延啜碑）北面第8行，内容讲述回鹘的敌人经过qara qum（黑沙）[⑥]。《旧唐书》从《通典》言“骨咄禄鸠集亡散，入总材山，聚众为盗”[⑦]。同一事件在《新唐书》中记作“（骨咄禄）保总材山，又治黑沙城”[⑧]。可见，qara qum（黑沙）相当于《新唐书》所记黑沙城。关于qara qum（黑沙）的位置，有些学者相信其位于呼和浩特北面[⑨]，也有学者认为在包头市白云鄂博西北方[⑩]，更有学者认为与《新唐书》记录的“中受降城入回鹘道”的碛口相同，位于今内蒙古乌拉特中旗川井苏木一带[⑪]。唐李吉甫撰《元和郡县图志·关内道四》东受降城条云“北至黑砂碛口七百里”[⑫]。《册府元龟》载永隆二年（681）镇压阿史那伏念和温傅叛乱经过，其中提到“声言伏念、温傅等在黑沙北，各有二十骑以下，煮人肉而食之，可单马而擒也”，并记录唐军回营时依次经由“碧渌泊”、长城[⑬]。笔者与包文胜重点依据发现于阴山北麓的鲁尼文查干敖包题记和此条史

① 李锦绣：《总材山考》，载向群、万毅编《姜伯勤教授八秩华诞颂寿史学论文集》，广东人民出版社，2019年，第158页。该墓志图版见《洛阳新获墓志续编》，第75页，录文见吴钢主编《全唐文补遗》（千唐志斋新藏专辑），三秦出版社，2006年，第330-331页。

② 李锦绣：《总材山考》，载向群、万毅编《姜伯勤教授八秩华诞颂寿史学论文集》，广东人民出版社，2019年，第158-166页。

③ 中古音据郭锡良：《汉字古音手册》，北京大学出版社，1986年，第125页。

④ Turkish International Cooperation Agency eds., Orhun: *The Atlas of Historical Works in Mongolia*, p. 24.

⑤ 包文胜：《qara qum与黑沙及相关地理考释》，《敦煌学辑刊》2020年第1期，第160-161页。

⑥ 白玉冬：《〈希内乌苏碑〉译注》，载朱玉麒主编《西域文史》第7辑，科学出版社，2013年，第83页。

⑦ ［后晋］刘昫等：《旧唐书》卷194《突厥传》，中华书局，1975年，第5167页。

⑧ ［北宋］欧阳修、宋祁：《新唐书》卷215下《突厥传》，中华书局，1975年，第6044页。

⑨ 主要参见［日］岩佐精一郎：《突厥の復興に就いて》，学士学位论文，东京大学，1934年，第109-116页；羽田亨：《唐代回鶻史の研究》，载《羽田博士史学論文集》上册，京都大学文学部东洋史研究会，1957年，第245-246页；K. Czeglédy,“Čoγay-quzï, Qara-Qum, Kök-Öng”, pp. 58-60；马长寿：《突厥人和突厥汗国》，广西师范大学出版社，2006年，第60页；岑仲勉：《突厥集史》，中华书局，1958年，第298-299页。

⑩ 芮传明：《古突厥碑铭研究》，上海古籍出版社，1998年，12-16页；芮传明：《古突厥碑铭研究》（增订本），商务印书馆，2017年，第10-13页。

⑪ 包文胜：《qara qum与黑沙及相关地理考释》，《敦煌学辑刊》2020年第1期，第163-165页。

⑫ ［唐］李吉甫撰，贺次君点校《元和郡县图志》卷4《关内道4》，中华书局，1983年，第108页。

⑬ ［北宋］王钦若：《册府元龟》（明本）卷443《将帅部·败衄3》，中华书局，1960年，第5255页。

料，以及在阴山以北地区的实地考察，考述黑沙应在今包头市达茂旗北部中蒙边境一带，应视为《元和郡县图志》记录的东受降城北七百里的“黑砂碛口”之“黑砂”，衔接漠南和漠北商路的满都拉口岸视作戈壁大漠南入口“黑砂碛口”合乎情理①。

南面第1行：此段记录突厥人在总材山北麓的艰苦生活，以及周围生存环境的恶劣。关于其中的 W č uQ> učuq 和□ϵ>s g>äsig，学术界尚未达成共识。

učuq（猛禽）：拉德洛夫转写作 učuq，推定译作“腱”②。汤姆森提出 učuq 是动词 uč—（飞翔、死亡）的派生名词，尝试解释做“猛禽类”③。此说为奥尔昆、马洛夫、吉罗、克劳森、芮八慈、韩儒林、小野川秀美、岑仲勉、耿世民所承袭④。特勤在最初译作山峰，后加问号，但之后更正作“壁炉（?）”⑤。芮传明从特金最早的“山峰”⑥。铃木宏节转写作 uč oq（国境、正）⑦。鉴于之后的□ϵ>s g 可以转写作 äsäg，解释作“减弱殆尽”，兹取猛禽之义。

□ϵ>s g>äsäg：在大阪大学拓片图版上，四方框中间似有一点（⊡），然据彩色照片和实地确认，中间并无一点。兹不从视作 nt 之变体⊡的汤姆森之说⑧。叶尼塞碑铭中，相同文字□可以读作 ŋ（ng）或 ś（s、š）⑨。参此而言，此处的□g 存在转写作 ängäg / ängig / säg / sig / äsäg / äsig / šäg / šig / äšäg / äšig 的可能。奥尔昆将□视作叶尼塞碑铭的 s，□ϵ 转写作 seg，译作“警戒”，后加问号，以示存疑⑩。特勤在早期转写作 ašig，译作“山间小路”，然在之后均加问号，以示存疑⑪。特勤的转写，是基于他把之前的 učuq（飞禽）解释作“山峰”使然，兹不从。马洛夫转写作 šäg，译作“腐肉”，并注言属于推测⑫。笔者查阅手头保有的古代突

---

① 白玉冬、包文胜：《内蒙古包头市突厥鲁尼文查干敖包铭文考释——兼论后突厥汗国“黑沙南庭”之所在》，《西北民族研究》2012年第1期，第83-86页。

② W. Radloff, *Die alttürkischen inschriften der Mongolei*, vol. 2, p. 5.

③ V. Thomsen, “Alttürkische inschriften aus der Mongolei”, p. 163.

④ H. N. Orkun, *Eski Türk Yazıtları*, vol.1, p. 102; S. E. Malov, *Pamyatnikidrevnetyurkskoj pis' mennosti: teksty i issledovaniya*, pp. 61, 65; R. Giraud, *L' inscription de Baïn Tsokto, édition critique*, pp. 60, 77–78; G. Clauson, *An Etymological Dictionary of Pre–Thirteenth Century Turkish*, p. 22; V. Rybatzki, *Die Toñuquq–Inschrift*, p. 87; 韩儒林：《突厥文〈暾欲谷碑〉译文》，《禹贡》1936年第6卷7期，第234页；［日］小野川秀美：《突厥碑文譯註》，《満蒙史論叢》1943年第4辑，第70页、第145页；岑仲勉《突厥集史》中华书局，1958年，第858页；耿世民：《古代突厥文碑铭研究》，中央民族大学出版社，2005年，第96页。

⑤ T. Tekin, *A Grammar of Orkhon Turkic*, pp. 249, 83; T. Tekin, *Les inscriptions de l 'Orkhon: Kul Tighin, Bilghé Qaghan, Tounyouqouq*, pp. 84–85.

⑥ 芮传明：《古突厥碑铭研究》，上海古籍出版社，1998年，第278页、第288页注释⑧；芮传明：《古突厥碑铭研究》（增订本），商务印书馆，2017年，第10–13页。

⑦［日］铃木宏节：《突厥トニュケケ碑文劄記——斥候か逃亡者か——》，《待兼山論叢》2008年第42号，第62页。

⑧ V. Thomsen, “Alttürkische inschriften aus der Mongolei”, p. 163。此观点多得支持，参见 R.Giraud, *L' inscription de Baïn Tsokto, édition critique*, pp. 60,77–78; V. Rybatzki, *Die Toñuquq–Inschrift*, p. 87; *T. Tekin, Les inscriptions del' Orkhon: Kul Tighin, Bilghé Qaghan, Tounyouqouq*, pp. 84–85；铃木宏节：《突厥阿史那思摩系譜考——突厥第一可汗国の可汗系譜と唐代オルドスの突厥集团——》，《東洋学報》2005年第87卷第1期，第62–64页。

⑨ 参见白玉冬：《牢山剑水——鲁尼文叶尼塞碑铭译注》，上海古籍出版社，2021年，第3页凡例。

⑩ H. N. Orkun, *Eski Türk Yazıtları*,vol.1, pp. 102, 122–123.

⑪ T. Tekin, *A Grammar of Orkhon Turkic*, pp. 249, 283.

⑫ S. E. Malov, *Pamyatnikidrevnetyurkskoj pis 'mennosti: teksty i issledovaniya*, pp. 61, 65, 70.

厥语词典和拉德洛夫的《突厥语方言词典》，惜未找到具有腐肉之义的šäg[①]。不过，克劳森词典收录有äs（腐肉）[②]。虽然□> s 可以转写作äs（腐肉），但据鲁尼文正字法，打头的i通常不被省略，故ʕ >g转写作ig（疾病）的可能性微乎其微。据冯·佳班的语法归纳，古突厥语动词词干后续词缀—g构成表示动作结果的名词[③]。据此，°g（°表示元音）可以视作由动词派生名词的构词词缀。克劳森词典收录有两个动词äs—，分别有“风吹、吹、筛（谷物）”和“伸展”之义[④]。威尔肯斯（Wilkens）编词典收录有两个动词es—，第一个是“筛（面粉）”，第二个是“减少、没收、抢占”之义[⑤]。此处取“减少”之义的es—，äsäg视作由动词es—派生的名词[⑥]，表示减少带来的结果，译作“减弱殆尽”。此种解释，正好与后文中引用的古突厥语谚语相合。

körüg（探子）：按鲁尼文的写法 k ü r g，该词还可以转写作küräg（逃跑者）[⑦]。铃木宏节详细讨论了读作körüg（探子）的理由[⑧]。本稿取“探子”之义。

南面第2行：此段反映身在漠南的突厥主动出击，派遣斥候至漠北九姓铁勒处，得知九姓铁勒联络唐朝和契丹，欲夹击突厥。

simäg（司马＋宾格词缀g）：关于s m g>simäg，前人释读意见不一，兹不赘述。本稿从耿世民意见[⑨]。

南面第3行：此行比第1—2行约低1个字符。从第2行末尾至第5行开头均是探子之言，以直接引用法引用，展现出突厥人身陷囹圄，四面楚歌的鲜活画面。

yorïyur（支撑着）：文字Y W R i Y W R中，第1个R在大阪大学拓片上仅见到残片，实地拍摄图版清晰可见。

南面第4行：此行比第3行低3个字符左右。

uQ>oq（正、就）：uQ在大阪大学拓片上近似m，然下方有向左上方延伸的小勾。据实地拍摄的彩色图版，读作uQ较为稳妥。此处以单独的uQ构成oq，用以表示强调语气。

南面第5行：此行与第4行高低相同。叙述暾欲谷为国家的安危而操劳，向可汗进言。

č g ü>üčägü（三个在一起）：按鲁尼文的正字法而言，打头的ü通常会写出，但此处被省

---

① W. Radloff, *Versuch eines Wörterbuches der Türk-Dialecte*, vol.3； K. Grønbech, *Komanisches Wörterbuch: Türkischer Wortindex zu Codex Cumanicus*, København: Einar Munksgaard, 1942; G. Clauson, *An Etymological Dictionary of Pre-Thirteenth Century Turkish*, p.22; J. Wilkens, *Handwörterbuch des Altuigurischen, Altuigurisch-Deutsch-Türkish*, Akademie der Wissenschaften zu Göttingen(Hrsg.), 2021.

② G. Clauson, *An Etymological Dictionary of Pre-Thirteenth Century Turkish*, p.240.

③［日］冯·加班著，耿世民译《古代突厥语语法》，内蒙古教育出版社，2004年，第63页108节。

④ G. Clauson, *An Etymological Dictionary of Pre-Thirteenth Century Turkish*, p.240-241.

⑤ J. Wilkens, *Handwörterbuch des Altuigurischen, Altuigurisch-Deutsch-Türkish*, p.263.

⑥ 在古突厥语9个元音中，e音位于前舌音i与前舌音ä之间，e与ä语音相近。方言的差异或作者的习惯，使得此二音在转写时出现相混的现象。如克劳森按äs-（“风吹、吹，筛（谷物）”）收录的动词，威尔肯斯按es-收录。

⑦ 铃木宏节对此进行了归纳，参见［日］铃木宏节：《突厥トニュケケ碑文劄記——斥候か逃亡者か——》，《待兼山論叢》2008年第42号，第56-58页

⑧［日］铃木宏节：《突厥トニュケケ碑文劄記——斥候か逃亡者か——》，《待兼山論叢》2008年第42号，第64-72页。

⑨ 耿世民：《古代突厥文碑铭研究》，中央民族大学出版社，2005年，第96、109页。

略了。

南面第6行：高度与第5行保持一致，但下端相比其他行，空出6个字符左右的空间。此处暾欲谷的进言中引用了古突厥语谚语。其寓意可与《魏书》记录的吐谷浑国王阿豺（阿柴）教子折箭的故事，以及《蒙古秘史》记录的“五子折箭”故事近同①。

ü z č a T S N: T W T m s t g b i z>özčä tašïn tutmïš täg（我们要如同自身那样掌握住外面）：自早期的拉德洛夫，直至最新的芮跋辞为止，学术界多把停顿符号“:”之前的部分转写作özčä tašïn（自身那样＋把外面）或öz iči tašïn（自身的那个内部＋把外面）②。其中，ü z č a>özčä的a的下端向左上方延伸的小勾，虽然在彩色图版上不太清晰，但在大阪大学拓片上清晰可见。兹不取öz iči tašïn。近来，爱丁主张该部分应转写作üz （öz?） eči atasïn tutmïš täg biz，理解作“相反，我们处于像邪恶的兄弟抓住了他的父亲那样的状态”，并认为“邪恶的兄弟”可能是指与敌人合作对抗突厥的乌古斯人，即铁勒人③。

t W p L G L i>tupulγalï（穿透）：打头的T写作前元音的t，与鲁尼文正字法不合。

南面第7行： 暾欲谷进言的最后一部分，以反问的语气结束，透露出其与可汗骨咄禄之间的亲密关系。其中，关于Q W R D nt a的转写和词义，学术界未达成共识。

y W G N>yoγun（粗）：打头的Y写作前元音的y，与鲁尼文正字法不合。

Q W R D nt a aq ordontal（?）：末尾的ta构成名词从格词缀，故前面的Q W R D n充当名词。按与东面的契丹，南面的唐朝，北面的铁勒对称而言，应该是当时突厥人所在的总材山—黑沙之地以西的部族或国家名称。关于Q W R D n，前人释读意见不一④。以汤姆森为首的早期学者多转写作qurïdïn（qurï是西方之义，dïn是名词从格词缀），视作西突厥。特勤的转写从克劳森，但译作“在西方、西面”。克劳森转写作qordan，视作于阗。耿世民转写从克劳森，倾向于于阗。芮传明译作于阗，后加问号存疑，并在注释中提出qordan与于阗的语音khotan不合。Q W R D n还可以转写作qoradan / quradan。如是，此音与波斯语中呼罗珊之名Khorāsān / Khurasan之间，前两个音节完全吻合。据吉田丰研究，在回鹘汗国九姓回鹘可汗碑的粟特文面第21行中出现呼罗珊之名，作xwr's'n⑤。就第三音节的dan与sān / san而言，—d音与—s音之间存在龃龉。而且，呼罗珊之地距总材山—黑沙之地异常遥远，似乎不太有什么救兵到来的可能。反观之，Q W R D n另可以转写作aq ordun。其中，aq是白色之义，ordun虽然尚未发现完全一样的字词，但尾音—n脱落后的形式ordu在古突厥语中是皇宫、宫殿之义⑥。而且，在与古突厥语存在诸多同源词的蒙古语中，皇宫、宫殿之义的词，

① 关于吐谷浑人和蒙古人之间“教子折箭”故事的流传和比对，参见刘迎胜：《探寻13世纪以前的“蒙古”概念》，《黑河学院学报》2021年第1期，第2页。

② 相关归纳，参见E. Aydın, “Satırındaki Deyim Üzerinde Yeni Bir Okuma ve Anlamlandırma Önerisi”, *Türkbilig*, vol.39, 2020, pp.72-74，兹不赘引。

③ E. Aydın, “Satırındaki Deyim Üzerinde Yeni Bir Okuma ve Anlamlandırma Önerisi”, pp.74-78.

④ 相关介绍，参见芮传明：《古突厥碑铭研究》，上海古籍出版社，1998年，第289页注释⑩；芮传明：《古突厥碑铭研究》（增订本），商务印书馆，2017年，第252-253页，注释⑩。

⑤ ［日］森安孝夫、吉田丰：《カラバルガスン碑文漢文版の新校訂と訳註》，《内陸アジア言語の研究》2019年第34辑，第47、50页；森安孝夫、吉田丰著，白玉冬、乔玉蕊译《喀剌巴剌噶孙碑文汉文版的新校订与译注》，载罗丰主编《丝绸之路考古》第5辑，科学出版社，2021年，第192、195页；Yoshida Yutaka, “Studies of the Karabalgasun Inscription: Edition of the Sogdian Version”, *Modern Asian Studies Review*, vol.11, 2020, pp. 19, 68.

⑥ G. Clauson, *An Etymological Dictionary of Pre-Thirteenth Century Turkish*, p. 203 ordo.

除ordu外，尚有ordon①。我们知道，北朝十六国时期的大夏国赫连勃勃所建造的都城统万城位于今陕西省靖边县最北端，位于总材山的西面，黑沙之地的西南。由于该城城墙发白，当地今人称之为白城子。该白城子，或许可与aq ordun相联系起来。只是，隋唐时期统万城是否被称作白城子，尚无确切史料予以证明，有待加深讨论。

南面第8行：记录暾欲谷进言获得采纳，暾欲谷率领突厥人越过翁金河，北渡大漠，抵达了于都斤山，铁勒人闻讯从图拉河南下。

ötükän（于都斤）：狭义的于都斤是指于都斤山（Ötükän Yïš，即今杭爱山脉），广义的于都斤是指于都斤地方（Ötükän Yer / Ötükän El）乃至于都斤国（El Ötükän）。突厥、回鹘均具有于都斤山崇拜。《周书·突厥传》言："虽移徙无常，而各有地分。可汗恒处于都斤山，牙帐东开，盖敬日之所出也。每岁率诸贵人，祭其先窟。又以五月中旬，集他人水，拜祭天神。于都斤四五百里，有高山迥出，上无草树，谓其为勃登凝黎，夏言地神也。"②其中的勃登凝黎，可复原作bor tängri，即土地神之义③。伯希和（P. Pelliot）1929年提出，ötükän与蒙古的女神ätügän或itügän 含义相同④。同年，符拉基米尔佐夫（Б. Я. Владимирцов）亦提出，ötükän与蒙古的地神etügän或ötügen相同，都是萨满的信仰、概念和萨满的称谓⑤。之后的学者，多在此基础上进行发挥⑥。于都斤，汉籍又作乌都鞬、尉都楗、乌德楗（建、鞬）、郁督军等⑦。其中，第2字德、督的中古音tək⑧与tuok⑨带有入声韵尾—k，第3字鞬、楗、建、斤、军的中古音声母均是k。若按汉字音乌德楗（建、鞬）和郁督军反推，则其古突厥语音作ötük kän较为贴合。其中，ötük与蒙古语大地之义的öteg具有相同含义，kän是表示高等级

① 内蒙古大学蒙古语文研究所编《蒙汉词典》(增订本)，内蒙古大学出版社，1999年，第220页ordo。

② ［唐］令狐德棻等：《周书》卷50《突厥传》，中华书局，1971年，第910页。

③ 白玉冬：《突厥"于都斤"崇拜渊源蠡测》，载刘迎胜、姚大力主编《清华元史》2020年第6辑，商务印书馆，2020年，第14–18页。

④ ［法］伯希和著，冯承钧译《古突厥之"于都斤"山》，中译文收入冯承钧译《西域南海史地考证译丛》五编，商务印书馆，1995年，第120–126页。其中，ätügän原文作atügän。

⑤ 此处转引自波塔波夫（Л. П. Потапов）著，蔡鸿生译《古突厥于都斤山新证》，载蔡鸿生著《唐代九姓胡与突厥文化》，中华书局，1998年，第235–236页。

⑥ 主要参见岑仲勉：《外蒙于都斤山考》，《历史语言研究所集刊》1939年第8本第3分册，收入岑仲勉：《突厥集史》下册，中华书局，1958年，第1076–1089页；山田信夫：《テユルクの聖地ウトゥケン山——ウトゥケン山に関する覚書1——》，《静冈大学文理学部研究报告》第1辑，1950年，收入山田信夫：《北アジア遊牧民族史研究》，东京大学出版会，1989年，第59–71页；包文胜：《古代突厥于都斤山考》，载《蒙古史研究》第10辑，2010年，第54–62页；玉努斯江·艾力、玉苏甫江·艾买提：《论〈福乐智慧〉中的"梅禄""可汗"和"于都斤"的名称》，《西北民族研究》2012年第1期，第130–133页；白玉冬：《回鹘语文献中的Il Ötükän Qutï》，载荣新江主编《唐研究》第22卷，北京大学出版社，2016年，第397–409页。

⑦ 岑仲勉：《外蒙于都斤山考》，第1076–1084页、第1088页对此进行了归纳与介绍。岑先生以为《元史》记录的瓮鐵金+辜胡蘭山、《圣武亲征录》记录的月忒哥忽兰也是于都斤之异名。笔者对此意见不敢苟同。

⑧ B. Karlgren, *Etudes sur la phonologie chinoise*, Stockholm: Norstedt & Söner, 1926, p. 877；郭锡良：《汉字古音手册》，北京大学出版社，1986年，第22页。

⑨ B. Karlgren, *Etudes sur la phonologie chinoise*, p. 894；郭锡良：《汉字古音手册》，北京大学出版社，1986年，第103页。

事物的名词构词词缀[①]。顺提一下，回鹘语文献中的ötükän qutï多含有于都斤的感召力[②]，于都斤女神或守护灵之义[③]。

W D z t m>uduztum（我统领了）：词中的t以前元音t书写，有悖于鲁尼文正字法的元音和谐。

南面第9行：描述铁勒人前来于都斤山地区和突厥人作战，战败后归属突厥。

uQ p n>qopïn：工具格词缀以前元音n写成，有悖于鲁尼文正字法的元音和谐。

南面10行：描述暾欲谷引领突厥人北上占领于都斤之地，其结果是后突厥汗国的复兴。敦煌出土10世纪时期的Or.8212-161鲁尼文占卜文书第28卦言： qan olurupan ordu yapmiš. ili turmiš. tört bulungtaqï ädgüsi uyurï tirilipän mängiläyür bädizläyür tir. anča bilinglär ädgü ol。意思为："当上了可汗，建起了宫殿，国家诞生了。四方的杰出人物聚集起来，欢喜着，辅佐（原意为"点缀"）着（他）。你们要知道，此为吉。"[④]对比暾欲谷碑文内容，则发现占卜文书所言当上可汗、建起宫殿和国家诞生，与暾欲谷占据于都斤地方的效果异曲同工。

东面第1行：讲述突厥人的发展壮大，以及暾欲谷进言进军山东地区和沿海地带。此行开始，文中的可汗是指第二任可汗默啜。

türk bodun qïlïnγalï türk qaγan olurγalï：古突厥语词缀+γalï / gäli有"为了做"和"自做……之后，从做……以来"两种意思。前文南面第7行出现的yuyqa ärkli tupulγalï učuz ärmiš yinčgä ärkli üzgäli učuz（薄的时候要穿透是容易的，细的时候要折断是轻松的）中，+γalï / gäli显然是"为了做"之义。此处或应译作"为了突厥民众生长，为了突厥可汗安稳（即位?）。"

šantuŋ（山东）：汉语词山东的音译。就之后的taluy ögüz直译是"海河"，且同碑下一行（东面第2行）接着谈到šantuŋ yazïqa taluy ögüzkä tägürtim（我让抵达到了山东平原与大海）而言，此šantuŋ（山东）似乎与海滨相近。阙特勤碑南面第3行在记录毗伽可汗功绩时云：ilgärü šantuŋ yazïqa tägi sülädim taluyqa kičig tägmädim（向东方，我进军到了山东平原，差一点到达大海）。该条记录与暾欲谷碑的此处相合。芮传明重点依据汉籍记录的突厥对唐朝的侵扰，以及684年出生的毗伽可汗14岁（697年）时当上达头部首领设等，考述此处的突厥出征是697年前后默啜可汗对契丹和奚、霫等东方部族的远征[⑤]。并认为此处的šantuŋ（山东）不仅包括传统所指的太行山以东之地，还包括——甚至主要是指——契丹、奚、霫诸政权的辖境，即今内蒙古东部和辽宁省等地，进而推测其相当于古代所称"河北"之地，突厥

① 白玉冬：《"于都斤"释音释义》，《中山大学学报（哲学社会科学版）》2021年第1期，第168-169页。

② ［日］森安孝夫：《ウイグルから見た安史の乱》，《内陸アジア言語の研究》2002年第17辑，修订稿收入森安孝夫：《東西ウイグルと中央ユーラシア》，第23-24页

③ J. Wilkens,"Ein Bildnis der Göttin Ötükän",收入张定京、阿不都热西提·亚库甫编《突厥语文学研究——耿世民教授八十华诞纪念文集》，中央民族大学出版社，2009年，第449-461页；白玉冬：《回鹘语文献中的IlÖtükän Qutï》，载荣新江主编《唐研究》第22卷，北京大学出版社，2016年，第450-456页。

④ T. Tekin, *Irk Bitig : The Book of Omens*, Wiesbaden: Harras-sowitz Verlag, 1993, p.16.

⑤ 芮传明：《古突厥碑铭研究》，上海古籍出版社，1998年，第30-33页；芮传明：《古突厥碑铭研究》（增订本），商务印书馆，2017年，第25-27页。

碑铭借用汉人的“山东”并加以引申[①]。敦煌出土P.t.1283文书是记录8世纪中后期北亚民族分布情况的地理勘察报告，在谈到渤海国时介绍道：“在山东地区的大臣张忠志（Čhaṅ Čhuṅ—čhi）的领域——这个高丽（Ke'u—li）地方”云云[②]。据森安孝夫介绍，奚族人张忠志一般以唐朝所赐的李宝臣之名为人所知，他担任河朔三镇中的成德军节度使，统治着今山东省和河北省，其领地与当时占领辽东的渤海国隔着渤海相连[③]。虽然年代晚于暾欲谷碑，但渤海国因邻近山东河北而被记录作“山东地区的大臣张忠志（Čhaṅ Čhuṅ—čhi）的领域”。与此近同，在突厥人看来，京津冀—辽宁—内蒙古东南一带可能也被视作“山东”地区的一部分。

taluy ögüz：直译是“海河”，此处取大海之义。芮传明主张是指辽东湾[④]。笔者以为此处是指包括辽东湾和渤海湾在内的渤海。

y W Q>yoq（没有）：第一个字母y以前舌音字母写成，有悖于鲁尼文元音和谐律。

B L ïQ a>balïqqa（向城镇）：以一个ïQ字标示连续出现的两个q音。

东面第2行：此句重点讲述突厥军队出征今京津冀和辽宁、内蒙古东南部，并记录唐朝和西突厥是突厥的敌人。其中，W s i N B W nt T W是困扰学术界百年的难题。前一部分令人联想起万岁通天元年（696）和神功元年（697）突厥对契丹的奔袭和征服。

W s i N B W nt T W> oosïn bunta atu（在那里射杀他们的王）：拉德洛夫、汤姆森、奥尔昆、小野川秀美转写作Usïn Bundatu，马洛夫作Usïn Buntatu，阿勒陶作Usyn Bundatu，均视作地名[⑤]。芮跋辞转写作usïn buntatu，视作人名[⑥]。吉罗与特金转写作usïn buntatu，前者译作“让他的精神呆滞”，后者译作“未能睡足”，裕勒麦孜转写作usïn buntutu，解释作“从他们的头脑中获取心智”[⑦]。国内学者中，韩儒林、岑仲勉从汤姆森视作地名，芮传明从特金译

① 芮传明：《古突厥碑铭研究》，上海古籍出版社，1998年，第45-46页；芮传明：《古突厥碑铭研究》（增订本），商务印书馆，2017年，第36-37页。

② ［日］森安孝夫：《シルクロードと唐帝国》，讲谈社，2007年，第319页；森安孝夫：《チベット語史料中に現われる北方民族——DRU-GUとHOR——》，载森安孝夫：《東西ウイグルと中央ユーラシア》（修订版），名古屋大学出版会，2015年，第52-53页。

③ 森安孝夫在1977年之际尚未解读出Čhaṅ Čhuṅ-čhi即张忠志，后在2007年给出答案。参见［日］森安孝夫：《チベット語史料中に現れる北方民族——DRU-GUとHOR——》，第3页；森安孝夫：《シルクロードと唐帝国》，第325-327页。

④ 芮传明：《古突厥碑铭研究》，上海古籍出版社，1998年，第38-40页；芮传明：《古突厥碑铭研究》（增订本），商务印书馆，2017年，第31-32页。

⑤ W. Radloff , “Die inschrift des Tonjukuk”, vol. 2, pp. 10-11, 第20行；V. Thomsen, “Alttürkische inschriften aus der Mongolei”, p. 165, 第19行；H. N. Orkun, *Eski Türk Yazıtları*, vol.1, p. 106；［日］小野川秀美：《突厥碑文譯註》，第71页；S. E. Malov, *Pamyatniki drevnetyurkskoj pis'mennosti: teksty i issledovaniya*, pp.62, 66, 第19行；P. Aalto, “Materialien zu den alttürkischen inschriften der Mongolei, gesammelt von G. J. Ramstedt, J. G. Granö und Pentti Aalto”, pp.36-37.

⑥ V. Rybatzki, *Die Toñuquq-Inschrift*, pp.52, 100-101.

⑦ R. Giraud, *L'inscription de Baïn Tsokto, édition critique*, pp.55, 62；T. Tekin, *A Grammar of Orkhon Turkic*, pp.250, 285；T. Tekin, *Les inscriptions de l'Orkhon: Kul Tighin, Bilghé Qaghan, Tounyouqouq*, pp.86-87；M. Ölmez, *Orhon-Uygur Hanlığı Dönemi Moğolistan'daki Eski Türk Yazıtları, Metin-Çeviri-Sözlük*, pp.179, 186, 第19行。

作“未能睡足”，耿世民未予以翻译①。不过，usïn buntatu这一专用名词，其存在无法获得佐证，并在语义上无法释清。吉罗、特金和裕勒麦孜的意见虽有可取之处，但与前文之间文义不顺。鲁尼文碑文中存在以一个字母代写前后连续出现的同一音的现象，而且在源自隋唐汉语音的日本汉字音中王作oo②，在以回鹘文标记的元人释智汉译《圣妙吉祥真实名经》的回鹘语（古突厥语方言之一）残片SI Kr. IV 817文书中王作ww>oo（wo）③。据以上三点，笔者主张第一个字母W转写作oo不悖于理，可以视作源自隋唐西北方音的汉语王的译音。进言之，相关句子可以转写作oosïn bunta atu yurtda yatu qalur ärti，译作“他们在那里（或在那时）射杀其王并留居在了营帐内”，该句讲述万岁通天元年（696）和神功元年（697）突厥对契丹的奔袭和征服④。

y W R T>yurt（营帐、营地）：开头的第一字y以前舌音字母写成，有悖于元音和谐律。

W N uQ>on oq：直译是“十箭”，即西突厥。《旧唐书》卷149下《突厥下》记录：“沙钵罗咥利失可汗以贞观九年上表请婚，献马五百疋。朝廷唯厚加抚慰，未许其婚。俄而其国分为十部，每部令一人统之，号为十设。每设赐以一箭，故称十箭焉。又分十箭为左右厢，一厢各置五箭。其左厢号五咄六部落，置五大啜，一啜管一箭；其右厢号为五弩失毕，置五大俟斤，一俟斤管一箭，都号为十箭。其后或称一箭为一部落，大箭头为大首领。五咄六部落居于碎叶已东，五弩失毕部落居于碎叶已西，自是都号为十姓部落。”

东面第3行：讲述唐朝、黠戛斯与西突厥后裔突骑施三方商量，出击后突厥汗国。其中，“黠戛斯可汗”相关部分是根据文义和残余笔画的复原。

(R)［T uQ ïQ i R Q z］（k ü）［č l g Q G N Y G m z］>artuq qïrqïz küčlüg qaɣan yaɣïm］ïz（异常强大的黠戛斯可汗＋我们的敌人）：据之后东面第6—7行和北面第1—4行，突厥军队出征黠戛斯并杀掉其可汗。可见，此行提到的三位可汗是指唐朝皇帝、黠戛斯可汗和突骑施可汗。在此处损毁的约20个字符中，应该有黠戛斯可汗字样。在拉德洛夫采集的拓片中，无法见到R与k ü等文字⑤。在大阪大学拓片中，只能见到l ü。若据此而言，该处可以复原

① 韩儒林：《突厥文〈暾欲谷碑〉译文》，《禹贡》1936年第6卷7期，第235页；岑仲勉：《突厥集史》，中华书局，1958年，第859页；芮传明：《古突厥碑铭研究》，上海古籍出版社，1998年，第279页；芮传明：《古突厥碑铭研究》（增订本），商务印书馆，2017年，第243页；耿世民：《古代突厥文碑铭研究》，中央民族大学出版社，2005年，第99页19行。

② 相关介绍，参见王保田：《汉语韵母与日语汉字音读的对应规律》，《江苏大学学报（社会科学版）》，2002年第4期，第71–72页。

③ 第5行。参见庄垣内正弘：《ロシア所蔵ウイグル文献の研究——ウイグル文字表記漢文とウイグル語仏典テキスト——》，载《ユーラシア古文献研究叢書》第１辑，京都大学大学院文学研究科，2003年，第24页，图版见同书テキストE SI Kr. IV 817。

④ 白玉冬：《华夏称号“王”在暾欲谷碑中的发现》，载孙伯君主编《中国民族古文字文献研究》第一辑，黄山书社，2021年，第93–95页。

⑤ Turkish International Cooperation Agency eds., *Orhun: The Atlas of Historical Works in Mongolia*, p.49.

作 qïrqïz qaγan lü yïlqa yaγïmïz boltï（黠戛斯可汗在龙年成了我们的敌人）①。不过，在阿勒陶公开的兰司铁采集的拓片中，这些文字隐约可见，阿勒陶据此进行了复原②。兹从阿勒陶。

东面第4行：引述唐朝、黠戛斯与突骑施三方之言。其中，“把黠戛斯、突骑施、唐朝击败”是根据文义和残余笔画的复原。

ïQ i R Q z G t ü r g s g T B G č i G >qïrqïzïγ türgišig tavγačïγ（把黠戛斯、突骑施、唐朝）：T B G č i G> tavγačïγ（把唐朝）的 č i 清晰可见。相比其他行文字，č之前约缺损15个文字。据文义作此复原。

T W Q R>toqïr（击败）：动词toqï—的现在进行时。T W可见下半部，R可见上半部。

y uQ>yoq（没有）：y以前舌音文字书写，有悖于鲁尼文正字法。

东面第5行：

s B>sav（话）：打头的s以前舌音字s写成，有悖于鲁尼文元音和谐律。

W D s ïQ m>udïsïqïm（我的睡眠状态）：词中的s以前舌音字s写成，有悖于鲁尼文元音和谐律。

W L R s Q m>olursïqïm（我的休息状态）：词中的s以前舌音字s写成，有悖于鲁尼文元音和谐律。顺提一下，M之后的停顿符号“:”与紧随之后的k之间有约2个字符的空白。据实地勘察和彩色图版，此处碑石表面凹陷断裂，未能镌刻文字。

S Q nt m a>saqïntïm—a（我考虑了啊）:古突厥语中，第一人称词缀＋m后续a表示名词与格，显然此处并非此用法。此处a存在两种可能。第一种是具有感叹意味的语气词，与之前的saqïntïm构成saqïntïm—a，相当于汉语的“我考虑了啊!”第二种是与下一行的开始部分构成一词。不过，a下面尚有4字左右空间未被镌刻，且同一词相跨两行的可能性微乎其微。兹从第一种。

东面第6行：此行讲述突厥军队开往曲满山（萨彦岭）出征黠戛斯。据阙特勤碑（东面第34—35行）和毗伽可汗碑（东面第26—27行），这次战斗发生在阙特勤26岁、毗伽可汗27岁时，即709年③。其中，č ü l g i z r i是困扰学界百年的难题。

T W m s>tomïš（封锁）：末尾的s以前舌音字s镌刻，有悖于鲁尼文正字法。

t d m y r č i >tedim yerči：m后面的“:”与紧随之后的k之间有约2个字符的空白。据实地勘察和彩色图版，此处碑石表面凹陷断裂，未能镌刻文字。

---

① 古突厥语中，汉语龙的音译有ulu / lüi / lü / lu等。其中，lüi yïl（龙年）和lü yïl（龙年）见于大澤孝关于翁金碑的最新解读中，分别出现在南面第4—5行和顶端南面的附属文第4行中。参见T. Ōsawa,“Site and Inscription of Ongi Revised—On the Basis of Rubbing of G. Ramstedt and Our Field Works of Mongolia—”, pp.270, 273, 276, 300, 305；T. Ōsawa, “Revisiting the Ongi Inscription of Mongolia from the Second Turkic Qaγannate on the basis of Rubbings by G. j. Ramstedt”, pp.170, 172, 174。不过，早年的克劳森，将上述二处中的第一处视作不确定词，复原做qony yïl（羊年），第二处读作lü yïl（龙年）。参见G. Clauson, “The Ongin Inscription”, pp.183，189。虽然大泽孝言第一处的lüi yïl（龙年）在兰司铁（Ramstedt）的拓片和圣彼得堡藏亚德林采夫（Yadrintsev）的拓片中清晰可见，但令人困惑的是——在同一碑文中为何会出现两种不同的表述——lüi yïl（龙年）和lü yïl（龙年）？鉴于第二处lü yïl（龙年）确切无误，此处讨论的l ü复原做lü yïl（龙年）较为稳妥。

② P. Aalto, “Materialien zu den alttürkischen Inschriften der Mongolei, gesammelt von G. J. Ramstedt, J. G. Granö und Pentti Aalto”, pp.18, 36, 第20行。

③ 相关讨论，主要参见［日］岩佐精一郎：《突厥毗伽可汗碑文の紀年》，《东洋学報》1936年第23卷第4期，收入和田清编《岩佐精一郎遺稿》，岩佐傳一发行，1936年，第196-197页。

č ü l g i> äčü iligi（祖先的思念物）：拉德洛夫、奥尔昆、小野川秀美、马洛夫、阿勒陶、耿世民转写作čölgi，视作荒漠、沙漠、漠地①。吉罗的čöllig（沙漠），特金和裕勒麦孜的čölgi（平原）②，以及S. E. Hegaard的čölüg（沙漠）同样源自čöl（沙漠）③。克劳森言古突厥语čöl一词是来自古蒙古语的借词，在察哈台语之前的时代无法追觅到其踪迹④。故而他对上述čölgi（沙漠）持否定态度，并将其转写作Čülgi，视作专用名词。芮传明遵循克劳森意见，视作地名"丘基"⑤。鉴于čölgi的gi在语法和构词法上无法解释，且无确凿证据表明蒙古语čöl在察哈台语之前为古突厥语所借入，笔者不倾向于认为该词源自čöl。由汤姆森提出，并获罗斯、韩儒林、岑仲勉支持的辽远之义⑥，由于没有任何语言学方面的根据，同样不足为信。阿勒陶在čülügi的译文Fremden（陌生的）后面加上（?），以示存疑⑦。芮跋辞的čölüg是把čöl视作蒙古高原乌里雅苏台西面的一个地名，把lüg视作表示出生地的名词后缀⑧。不过，芮跋辞意见的最大弱点在于无视最后一字i，不免牵强之嫌。鉴于之后的部族名称az，可以视作唐段成式（约803—863年）著《酉阳杂俎》记录的突厥祖先传说中的人牲阿嚩部落（见下注），兹转写作äčü iligi，解释作"祖先的思念物"，即人牲。

z>az（阿嚩）：部落名称。鲁尼文z用于书写前后舌双舌音z。是故，原则上来说，该处az另有转写作äz的可能。兹从学界主流意见，转写作az。az族之名，除见于阙特勤碑和毗伽可汗碑外，还见于叶尼塞碑铭中。国内学者中，韩儒林译作Az，岑仲勉、耿世民、芮传明均译作阿热。不过，据《新唐书·回鹘传》黠戛斯条，阿热是黠戛斯可汗之名，并非部族名。而且，据最新研究，阿热可以复原作古突厥语inäl（幼子）⑨。S. Divitçioğlu引用突厥和回鹘

① W. Radloff , "Die inschrift des Tonjukuk", pp.12-13，第24行；H. N.Orkun, Eski Türk Yazıtları , vol.1, p. 108第23行；［日］小野川秀美：《突厥碑文譯註》，《满蒙史論叢》第4辑，1943年，第73页；S. E. Malov, *Pamyatniki drevnetyurkskoj pis' mennosti: teksty i issledovaniya* , pp.62, 66, 第23行；P. Aalto, "Materialien zu den alttürkischen inschriften der Mongolei, gesammelt von G. J. Ramstedt, J. G. Granö und Pentti Aalto", pp.38-39；耿世民：《古代突厥文碑铭研究》，中央民族大学出版社，2005年，第100页23行。

② R. Giraud, *L'inscription de Baïn Tsokto, édition critique*, pp.55, 61，第23行；T. Tekin, *A Grammar of Orkhon Turkic*, pp.250-251, 286；T.Tekin, *Les inscriptions de l'Orkhon: Kul Tighin, Bilghé Qaghan, Tounyouqouq*, pp.86-87; M. Ölmez, *Orhon-Uygur Hanlığı Dönemi Moğolistan'daki Eski Türk Yazıtları*, pp.179, 187，第23行。

③ S. E. Hegaard, "Some expressions pertaining to death in the Kök-Turkic inscriptions", *Ural-Altaische Jahrbücher (Neue Folge)*, vol. 48, 1976, pp.89-115. 此处转引自V. Rybatzki, *Die Toñuquq-Inschrift*, p. 104脚注270。

④ G.Clauson, *An Etymological Dictionary of Pre-Thirteenth Century Turkish*, p. 420 čülig.

⑤ 芮传明：《古突厥碑铭研究》，上海古籍出版社，1998年，第280页、第290页注14；芮传明：《古突厥碑铭研究》（增订本），商务印书馆，2017年，第243页、第253页注14。R. Giraud, L' inscription de Baïn Tsokto, édition critique , pp.55, 62；T.Tekin, *A Grammar of Orkhon Turkic*,pp.250, 285；T. Tekin, *Les inscriptions de l' Orkhon: Kul Tighin, Bilghé Qaghan, Tounyouqouq*, pp.86-87；M. Ölmez, *Orhon-Uygur Hanlığı Dönemi Moğolistan' daki Eski Türk Yazıtları, Metin-Çeviri-Sözlük*, pp.179, 186, 第19行。

⑥ V.Thomsen, "Alttürkische inschriften aus der Mongolei", p. 165；E. D. Ross, "The Tonyukuk Inscription: Being a Translation of Professor Vilhelm Thomsen's final Danish redering", p. 40；韩儒林：《突厥文〈暾欲谷碑〉译文》，《禹贡》1936年第6卷7期，第235页23行；岑仲勉：《突厥集史》，中华书局，1958年，第869页。

⑦ P. Aalto, "Materialien zu den alttürkischen inschriften der Mongolei, gesammelt von G. J. Ramstedt, J. G. Granö und Pentti Aalto", pp.38-39.

⑧ V. Rybatzki, *Die Toñuquq-Inschrift*, pp.55, 104及其脚注270。

⑨ R. Alımov, *Tanrı Dağı Yazıtları: Eski Türk Runik Yazıtları Üzerine Bir İnceleme*, Konya: Kömen Yayınları, 2014, pp.266-279.

的碑刻史料，以及敦煌出土藏文P.t.1283地理文书，考述8世纪时期的Az部落与可史擔和拔野古一同构成拔悉密的分族[①]。高登（P. B. Golden）则简要介绍Az的居地位于今俄罗斯萨彦—阿勒泰地区，由部族首领俟利发统领，可能有突骑施任命的都督，他们与伊朗语族的As族有关等[②]。克劳森在其词典中归纳介绍了Az[③]：As/Yaz/Az是突厥部落之一，是公元前7世纪伊什库扎斯基泰人（Ishkuza Scythians）的名称，是在公元前2世纪征服巴克特里亚（Bactria）的As吐火罗人（As—Tokhars），是欧洲从古典到中世纪过渡期的原Massagets / Masguts人的As/Alans，并认为Az是源自中古伊朗语的借词。不过，多次出现在古突厥语鲁尼文碑文上的Az部落之名源自中古伊朗语As这一看法，只是从语音的相近而推测得出的，并无确凿证据。唐人段成式的志怪小说《酉阳杂俎》卷4《境异》记载，突厥之先曰射摩、舍利海神，神在阿史德窟西。射摩有神异，海神女每日暮，以白鹿迎射摩入海，至明送出。经数十年。后部落将大猎，至夜中，海神（女）谓射摩曰："明日猎时，尔上代所生之窟当有金角白鹿出，尔若射中此鹿，毕形与吾来往。或射不中，即缘绝矣。"至明入围，果所生窟中有金角白鹿起，射摩遣其左右固其围。将跳出围，遂杀之。射摩怒，遂手斩阿嘞首领，仍誓之曰："自杀此之后，须人祭天，即取阿嘞部落子孙斩之以祭也。"至今突厥以人祭纛，常取阿嘞部落用之。射摩既斩阿嘞，至暮还，海神女报射摩曰："尔手斩人，血气腥秽，因缘绝矣。"[④]据此可知，因误杀出自阿史那氏先窟的金角白鹿，阿嘞首领为射摩可汗所杀，且阿嘞部落子孙成为射摩祭天的人牲。笔者以为，出现于突厥起源传说中的此阿嘞即Az[⑤]。

东面第7行：记录暾欲谷和az族向导之间的对话，及其内心思想活动。文中的可汗是指默啜可汗。

Y W L N : Y W R i S R>yolïn: yorïsar：N后面的停顿符号"："与之后的Y之间有约2个字符的空白。据实地勘察和彩色图版，此处碑石表面凹陷断裂，未能镌刻文字。

北面第1行：此行描述突厥军队出征黠戛斯时，渡过塔米尔河，翻山越岭。其中，t r m l >tärmil（塔米尔河）是学术难点。

（nč）［a］>anča（这样）：前人读作aq。不过，该部分有2个字符空间，书写aq的一个文字Q无法填满，且看不出任何Q的痕迹。据彩色图版，紧靠之前的停顿号"："，可见第一字的下端部位是上下走向的曲线。该曲线视作nč合乎情理。故作此复原。

t r m l>tärmil：拉德洛夫在t之前复原出Q，转写作aq tärmäl，视作专用名词[⑥]。这一读法影响深远，汤姆森、奥尔昆、M. Sprengling、小野川秀美、韩儒林、马洛夫、阿勒陶、吉罗、

① S. Divitçioğlu, "The Mystery of the Az People（VIII Century），" *Archivum Eurasiae Medii Aevi*, vol. 12, 2002-2003, pp.5-14.

② P. B. Golden, *An Introduction to the History of the Turkic Peoples : Ethnogenesis and State-Formation in Medieval and Early Modern Eurasia and the Middle East*, Wiesbaden: Harrassowitz, 1992, p.142.

③ G. Clauson, *An Etymological Dictionary of Pre-Thirteenth-century Turkish*, p. 277.

④ 录文参考《四部丛刊初编》第468册所收《酉阳杂俎》，商务印书馆，1929年影印本，第1页；台湾学生书局《中国南海诸群岛文献汇编之一》所收《酉阳杂俎》，1986年影印本，第30-31页。

⑤ 白玉冬：《〈暾欲谷碑〉Az考》，载刘迎胜主编《中西元史》第2辑，商务印书馆，2023年，第147-166页。

⑥ W. Radloff , "Die inschrift des Tonjukuk", pp.12-13，第26行。

芮跋慈、贝尔塔（Á. Berta）均遵循此读法[①]。特勤转写作aq tärmil[②]。岑仲勉把aq tärmäl译作白贪漫[③]。耿世民转写作aq tärmäl，翻译作Aq Tarman[④]。克劳森推定aq tärmil是位于杭爱山和唐努山之间的河流[⑤]。吉罗以为是特勒敏湖（Telmen Nor）[⑥]。芮传明遵循特勤意见，转写作aq tärmil，考证为塔米尔河[⑦]。铃木宏节建议拉德洛夫复原所读的Q应为W，是前一词T L T（N D uQ） m（W z）> atlatanduqumuz“我们上马了”的一部分。据笔者意见，t r m l之前的文字并非Q，亦非W z，而是nč a>anča，兹不从。在暾欲谷碑中，渡河用käč—，翻山用aš—。如第一碑北面第11行云ärtiš ögüzüg käčigsizin käčdimiz（我们渡过了没有渡口的曳咥河），第二碑西面第2—3行云ärtiš ögüzüg käčä kältimiz（我们渡过曳咥河而来），第二碑西面第9行言yinčü ögüzüg käčä—（渡过珍珠河……），第一碑北面第2行云ï bar art ašdïmïz（我们翻过了长有灌木的山口），第一碑北面第11行云altun yïšïγ yolsïzïn ašdïm（我们翻过了无路的金山山林），第二碑西面第2行云altun yïšïγ aša kältimiz（我们翻过金山山林而来）。此t r m l应是河流。笔者注意到，暾欲谷碑中加有ögüz（河）的是指远离突厥核心地区的河流，如ärtiš ögüz（曳咥河，即今额尔齐斯河）、yinčü ögüz（珍珠河）。而突厥核心地区近旁的河流，如第一碑南面第8行的öŋi（浑义河，今翁金河），只给出河名，不附加ögüz（河）。参此而言，t r m l对突厥人而言应该是个很熟悉的名称。《周书》卷42《突厥传》言突厥“又以五月中旬，集他人水，拜祭天神”[⑧]。此处“他人水”是唐人为避唐太宗李世民讳所改称，实应为“他民水”。“他民”语音上可与tärmil甚同，故取tärmil。虽然芮传明关于aq tärmil的aq之讨论现在看来未必有益于问题的解决，但其把tärmil视作塔米尔河，即唐人所记他人（民）水应无误。

Y D G N: i G č>yadaγïn ïγač（以徒步 树木）：停顿符号“:”与i之间有约2个字符的空白。据实地勘察和彩色图版，此处碑石表面凹陷断裂，未能镌刻文字。该凹痕从东面第5、6、7行贯穿至北面第1行。

北面第2行：此行描述突厥军队出征黠戛斯的困难场景。其中，i B R rt>ï bar art（长有

① V.Thomsen, “Alttürkische inschriften aus der Mongolei”, p. 166; H. N.Orkun, *Eski Türk Yazıtları*, vol.1, pp.108–109, 第25行；M. Sprengling, “Tonyukuk's Epitaph: An Old Turkish Masterpiece Introduction, Text, Annotated Scientific Translation, Literary Translation and Transliteration”, p.15, 第25行；［日］小野川秀美：《突厥碑文譯註》，《滿蒙史論叢》第4辑，1943年，第73页，第25行；韩儒林：《突厥文〈暾欲谷碑〉译文》，《禹贡》1936年第6卷7期，第235页；S. E. Malov, *Pamyatniki drevnetyurkskoj pis'mennosti: teksty i issledovaniya*, pp.58, 62, 第25行；P. Aalto, “Materialien zu den alttürkischen Inschriften der Mongolei, gesammelt von G. J. Ramstedt, J. G. Granö und Pentti Aalto”, pp.38–39, 第25行；R. Giraud, *L'inscription de Baïn Tsokto, édition critique*, pp.26, 55, 94, 第25行；V. Rybatzki, *Die Toñuquq-Inschrift*, pp.33, 57, 106；Á. Berta, *Szavaimat jól halljátok…, A türk és ujgur rovásírásos emlékek kritikai kiadása*, pp.36, 58, 81.

② T. Tekin, *A Grammar of Orkhon Turkic*, pp.251, 286; T.Tekin, *Les inscriptions de l'Orkhon: Kul Tighin, Bilghé Qaghan, Tounyouqouq*, pp.86–87; T. Tekin, *Orhon Yazıtları: Kül Tigin, Bilge Kağan, Tunyukuk*, pp.86–87, 141.

③ 岑仲勉：《突厥集史》，中华书局，1958年，第850页、第872页。

④ 耿世民：《古代突厥文碑铭研究》，中央民族大学出版社，2005年，第100页，第25行。

⑤ G. Clauson, “Some Notes on the Inscriptions of Toñuqoq”, L. Ligeti ed, *Studia Turcica*, Budapest: Akadémiai Kiadó, 1971, p. 129.

⑥［法］吉罗著，耿昇译《东突厥汗国碑铭考释》，新疆社会科学院历史研究所，1984年，第240页。

⑦ 芮传明：《古突厥碑铭研究》，上海古籍出版社，1998年，第83-94页；芮传明：《古突厥碑铭研究》（增订本），商务印书馆，2017年，第68-69页。

⑧［唐］令狐德棻等：《周书》卷50《突厥传》，中华书局，1971年，第910页。

灌木的山口）是难点。出征黠戛斯时的可汗是指默啜可汗。

i B R rt>ï bar art（长有灌木的山口）：关于此处i B R之后出现的⋈，学术界释读意见不一。汤姆森转写作？[①]。拉德洛夫摹写作ïQ i，换写作Qi，视作与之前的i B R > ï bar构成固有名词[②]。小野川秀美推定作ïγ，视作名词宾格语尾[③]。吉罗换写转写均作ča，视作与之前的B R> bar构成barča“完全，从头到尾”[④]。马洛夫转写作bas（笔者按：应即baš），但未译出[⑤]。阿勒陶转写作lïq，括号内后加“?”，以示存疑，并在注释中介绍可能是luq[⑥]。上述诸意见中，拉德洛夫的摹写虽然获得奥尔昆首肯[⑦]，但该释读案并非立足于对词义文义的分析，臆测成分较大，后人多不信从。小野川秀美的读法词义上可通，但用于拼写ïγ的G字在突厥鲁尼文碑文上利用率极高，难以想象此处专用一个并不常见的另一原字来代替它。而吉罗的释读B R ⋈ >barča“一切、所有物”，就i B R > ï bar“长有灌木”的i之前是停顿符号“:”而言，即B R >bar“有、存在”是与i“灌木丛”构成词组而言，难以服人。再者，就紧前面相隔7～8字即有文字č a而言，亦不理解为何此处专用另一个单独的文字来特意代替它。而马洛夫和阿勒陶的释读，相比其他意见具有一定的说服力。其中，马洛夫的释读baš获得Á. Berta、特勤、耿世民、西内夫（M. Шинэхүү）、宝乐德（Л. Болд）、片山章雄等人的支持[⑧]。后者阿勒陶的释读lïq则获芮八慈支持，芮氏进而在注释中介绍barlïq是一个与barïm“财产”有关的地名，位于图瓦最西部[⑨]。另，关于中亚鲁尼文碑铭的此字，特伊贝科娃（Л. Н. Тыбыкова）等《阿尔泰山古代突厥鲁尼文纪念铭文图录》中列出的字母表，阿里莫夫《天山铭文：对古代突厥鲁尼文铭文的考察》中列出的西部天山地区的铭文字母表，从阿勒陶释读的lïq[⑩]。关于叶尼塞碑铭中的此字，科尔姆辛（И. В. Кормушин）换写和转写均作lïq。库兹拉索夫（И. Л. Кызласов）在关于叶尼塞碑铭稀见异体字的字母表中音值拟构为ïs，在重

① V. Thomsen, “Alttürkische inschriften aus der Mongolei”, p.166脚注③。另据吉罗，汤姆森曾转写作X。参见R. Giraud, *L 'inscription de Baïn Tsokto, édition critique*, p.97.

② W. Radloff , “Die inschrift des Tonjukuk”, pp.14–15, 第27行。

③［日］小野川秀美：《突厥碑文譯註》，《滿蒙史論叢》第4辑，1943年，第74页，第26行。

④ R.Giraud, *L 'inscription de Baïn Tsokto, édition critique*, pp.26, 55, 第26行，pp.97–98.

⑤ S. E. Malov, *Pamyatniki drevnetyurkskoj pis 'mennosti: teksty i issledovaniya*, pp.58, 62, 67, 第26行。

⑥ P. Aalto, “Materialien zu den alttürkischen Inschriften der Mongolei, gesammelt von G. J. Ramstedt, J. G. Granö und Pentti Aalto”, pp.38–39, 55, 第26行。

⑦ H. N. Orkun, *Eski Türk Yazıtları*, vol.1, pp.108–109, 第26行，但未给出转写和译文。

⑧ Á. Berta, *Szavaimat jól halljátok…, A türk és ujgur rovásírásos emlékek kritikai kiadása*, pp.36, 59，第26行, p.81；T. Tekin, *A Grammar of Orkhon Turkic*, pp.251, 286; T. Tekin, *Les inscriptions de l 'Orkhon: Kul Tighin, Bilghé Qaghan, Tounyouqouq*, p. 88; T.Tekin, *Orhon Yazıtları: Kül Tigin, Bilge Kağan, Tunyukuk*, pp.88, 141；耿世民：《古代突厥文碑铭研究》，第100页，第26行；M. Shinkhüü, “Orkhon–Yenisyein bichig Mongolyn malyn tamgatai kholbogokh ni”, *Mongolyn etnografiin asuudal*, Ulaanbaatar: Shinjlekh ukhaany akadyemiin khevlel, 1976, p.67; L. Bold, *Orkhon bichgiin dursgal III (Toniyukukiin bichees)*, Ulaanbaatar: Soyombo Printing, 2006, p. 10；［日］片山章雄：《タリアト碑文》，载森安孝夫、奥其尔编《モンゴル国現存遺跡・碑文調査研究報告》，中央ユーラシア学研究会，1999年，第168–171页。

⑨ V. Rybatzki, *Die Toñuquq–Inschrift*, pp.33, 58–59脚注163, p.106,脚注274。

⑩ L. N. Tybykova, I. A. Nevskaya and M. Zrdal, *Katalog drevnetyurkskikh runicheskikh pamyatnikov Gornogo Altaya*, Gorno–Altaysk: Gorno–Altayskiy gosudarstvennyy universitet, 2012, p. 26; R. Alımov, *Tanrı Dağı Yazıtları: Eski Türk Runik Yazıtları Üzerine Bir İnceleme*, Konya: Kömen Yayınları, 2014, p.26.

建的鄂尔浑字母表中给出sï的音值，最终推定⋈音值为s①。阿曼吉奥洛夫（C. Аманжолов）换写作rt②。笔者建议读作rt③。

Y nt Q i: T W G b i r ü>yantaqï tuγ ävirü（在身边挥舞着纛旗）：还可以转写作yantaqï toγ ävirü，意思为"绕行着身边的障碍物"。如下面词注所述，由于紧后面的向导被杀可以理解做"祭纛"，兹取yantaqï tuγ ävirü（在身边挥舞着纛旗）。

B W G z L nt i>boγuzlantï（被割了喉咙）：在前文东面第5行词注z>az（阿咏）中，笔者介绍过唐人段成式著《酉阳杂俎》卷4《境异》言"至今突厥以人祭纛，常取阿咏部落用之"。向导是az（阿咏）部落之人，则此处向导被杀，恐怕是被突厥人用于祭纛了。

北面第3行：此行记录突厥人翻山越水袭击黠戛斯。

N i s W （B）>anï suv：古突厥语suv是汉语"水"的音译，该河名为Anï 。据突厥的行军路线而言，该河位于黠戛斯本土，今仍同名。此河发源于西萨彦岭北麓，向北汇入阿巴干河。

北面第4行：此行记录突厥击败黠戛斯，经由萨彦岭班师。

北面第5行：描述突厥与突骑施之间战争发生前的情景。

nt g>äntäg（这样）：与南面第2行出现的nt γ>antaγ（这样）不同，此处末尾的g以前舌音文字写成。

ük ü r g>körüg（探子）：亦可转写作küräg（逃亡者）。据文义，取körüg（探子）为好。

y W R i L m>yorïlïm（我们要进军）：打头的y以前舌音字y写成，有悖于鲁尼文元音和谐律。

Y W R M s R> yorïmasar（如果不进军）：词中的s以前舌音字y写成，有悖于鲁尼文元音和谐律。

北面第6行：此行转引有探子的情报。其中第一句是间接引用，第二句和第三句是直接引用。

北面第7行：此处引述默啜可汗之言。关于该可汗，克利亚什托尔内主张是指默啜长子匐俱可汗④。恐怕有误。

i n l Q G N>inäl qaγan（移涅可汗）：即默啜子匐俱。《通典》卷198《突厥中》言："（圣历）二年（699），默啜立其弟咄悉匐为左厢察，骨咄禄子默矩为右厢察，各主兵马二万余人。又立其子匐俱为小可汗，位在两察之上，仍主处木昆等十姓兵马四万余人，又号为拓西可汗。""（开元四年，716）骨咄禄之子阙特勤鸠合旧部，杀默啜子小可汗及其诸弟并亲信略尽，立左贤王默棘连，是为毗伽可汗。"古突厥语inäl是"末子"之义，inäl qaγan直译是"末子可汗"。鉴于默啜子实名是匐俱（bögü），汉籍的小可汗恐怕就是inäl qaγan的意译。

T R D W s S D>tarduš šad（达头设）：突厥汗国右翼达头部（tarduš）的首领称为šad，汉

---

① I. L. Kyzlasov, *Runicheskiye pis'mena yevraziyskikh stepey*. Moskva: Vostochnaya literatura, 1994, pp.118, 125,131.

② A. S. Amanzholov, *Istoriya i teoriya drevnetyurkskoy pis'mennosti*, Almaty: Mektep, 2003, p.112,第5行。

③ 白玉冬：《突厥鲁尼文原字⋈的释音》，载白玉冬：《关山明月——古突厥回鹘碑志写本的历史语言研究》，上海古籍出版社，2022年，第90–111页。

④ ［苏］克利亚什托尔内著，李佩娟译《古代突厥鲁尼文碑铭——中亚细亚史原始文献》，黑龙江教育出版社，1991年，第157页。

字又作杀、煞等。毗伽可汗碑东面第15行言tört yegirmi yašïmqa tarduš bodun üzä šad ärtim（在我十四岁时，我是达头民众上面的设），此即汉籍记录的圣历二年（699）默啜封默矩一事。达头设即后来的毗伽可汗。既然“匐俱为小可汗，位在两察之上，仍主处木昆等十姓兵马四万余人，又号为拓西可汗”，则在默啜返回漠北后，突厥军队的最高指挥官应该就是小可汗（inäl qaɣan）匐俱，其次是达头设，即后来的毗伽可汗。顺提一下，T R D W s >tarduš的š以前舌音字s写成，有悖于鲁尼文正字法。

北面第8行：此行重点转引默啜可汗之言。

t i L G>tülïɣ：第一字t以前舌音字t写成，有悖于鲁尼文元音和谐律。

北面第9行：关于突骑施情况的探子的话语中，出现直接引文和间接引文。

b i b i>ävi ävi（急匆匆地）：前人释读意见不一。例如，吉罗、耿世民转写作kiši（人），芮传明未译出[①]。动词äv—（匆忙、急忙）的副动词形式。

yaraš Y R S Y z>a yaz（邪罗斯川，耶罗斯川）：同一地名yaraš还出现于回鹘希内乌苏碑南面第7行和西面第6行[②]。其中，南面第7行讲述回鹘出击葛逻禄，西面第6行因文字漫漶，内容不详。《新唐书·西突厥传》记录唐将苏定方统帅大军出征西突厥，其中言“（苏）定方命（萧）嗣业、婆闰趋邪罗斯川追虏”。虽然其地理位置尚需要认真考察，但语音上而言，yaraš与汉籍记录的邪罗斯川、耶罗斯川相合[③]。yaraš平原大致在阿尔泰山—额尔齐斯河以南靠近突骑施居地一带[④]。芮传明认为是指塔尔巴哈台城正西方的雅尔河流域[⑤]。

北面第10行：此行透露出在出征突骑施之前，突厥内部曾发生矛盾。其中，bögü qaɣan（匐俱可汗）、apa tarqan（阿波达干）是学界疑难问题。

b ü g Q G N>bög<ü> qaɣan（匐俱可汗）：其中，bögü的ü未刻。汤姆森、韩儒林以为是指默啜之子匐俱，即前面介绍的inäl qaɣan[⑥]。吉罗对此持怀疑态度，并认为bögü在这里只是一个简单的形容词，即“聪明、狡猾”[⑦]。岑仲勉主张是指默啜本人[⑧]。芮跋慈引用回鹘文文献等，考述bögü之含义，倾向于默啜[⑨]。据碑文整体内容而言，此处bögü qaɣan（匐俱可汗）

① R. Giraud, *L'inscription de Baïn Tsokto, édition critique*, pp.101,第33行；耿世民：《古代突厥文碑铭研究》，中央民族大学出版社，2005年，第102页；芮传明：《古突厥碑铭研究》，上海古籍出版社，1998年，第282页；芮传明：《古突厥碑铭研究》（增订本），商务印书馆，2017年，第245页。

② 白玉冬：《〈希内乌苏碑〉译注》，载朱玉麒主编《西域文史》第7辑，科学出版社，2013年，第90、93页yaraš。

③［日］岩佐精一郎：《突厥の復興に就いて》，学士学位论文，东京大学，1934年，第160–161页，注76。松田寿男同意岩佐观点，同时认为“（苏）定方命（萧）嗣业、婆闰趋邪罗斯川追虏”的邪罗斯川是多罗斯（talas）川之误。见［日］松田寿男：《古代天山の歷史地理學的研究》（增補版），早稲田大学出版部，1970，第347页及其注71。

④［日］岩佐精一郎：《突厥の復興に就いて》，学士学位论文，东京大学，1934年，第160–161页，注76；［日］内藤みどり《西突厥史の研究》,早稲田大学出版部，1988年，第254页。

⑤ 芮传明：《古突厥碑铭研究》，上海古籍出版社，1998年，第102–105页；芮传明：《古突厥碑铭研究》（增订本），商务印书馆，2017年，第77–79页。

⑥ V.Thomsen, "Alttürkische inschriften aus der Mongolei" p.167;韩儒林：《突厥文〈暾欲谷碑〉译文》，《禹贡》1936年第6卷7期，第236页。

⑦ R. Giraud, *L'inscription de Baïn Tsokto, édition critique* p.102 bög.

⑧ 岑仲勉：《突厥集史》，中华书局，1958年，第874页。

⑨ V. Rybatzki, *Die Toñuquq-Inschrift*, pp.62–63.

应是指小可汗inäl qaγan（移涅可汗）。

p a T R Q N>apa tarqan（阿波达干）：《通典》卷197《突厥上》言："其子弟谓之特勤，别部领兵者谓之设，其大官屈律啜，次阿波，次颉利发，次吐屯，次俟斤。"看来，apa tarqan（阿波达干）是达干（tarqan）称号中的最高官阶。《通典》卷198《突厥中》言："至阿史德元珍，习中国风俗，知边塞虚实，在单于检校降户部落，尝坐事为单于长史王本立所拘絷。会骨咄禄入寇，元珍请依旧检校部落，本立许之，因而便投骨咄禄。骨咄禄得之，甚喜，立为阿波大达干，令专统兵马事。"又言："元珍后率兵讨突骑施，临阵战死。"据此，学界主流意见认为阿史德元珍即此处暾欲谷碑文记录的apa tarqan（阿波达干）。不过，这一问题又涉及暾欲谷和阿史德元珍的勘同问题，尚无定论。大泽孝认为，后突厥汗国时期，存在数个apa tarqan（阿波达干），该称号给予阙特勤那样的可汗兄弟出身者，或阿史德部出身的阿史德元珍、暾欲谷等优秀的军事指挥官[①]。

ü z>üz（憎恨、仇恨）：或应理解做üz（聋子），用于表达暾欲谷固执，不采纳他人意见。

北面第11行：此行描述暾欲谷率领军队出征突骑施。

r t s ü g z>ärtiš ögüz：唐代史料记作曳咥河，即今阿尔泰山南麓的额尔齐斯河。成书于11世纪中期的迦尔迪齐（Mahmūd Gardīzī）《纪闻花絮》（Zainu'l—axbār）记录有寄蔑（Kīmek）部落源自达靼（Tatar）的起源传说，其中谈到额尔齐斯之名的由来：首领达靼死后，二子不和，幼子设（Šad）带着心爱的女人逃到了某条河畔，后来有七个达靼亲戚来到他们这里。那个女孩看见他们后便跑出去喊道："额尔齐斯（ärtüš）"，意为"男人下马！"正是因为这个缘由，这条河便被命名为额尔齐斯（ärtiš）了[②]。

B W L č W>bolču：地名。同一地名还出现在阙特勤碑东面第37行和毗伽可汗碑东面第28行[③]。与此处内容相同，讲述的是突厥军队翻越阿尔泰山，渡过额尔齐斯河，征讨西突厥（十箭）后裔突骑施。不过，在回鹘的希内乌苏碑南面第1行中是以河名出现的，内容讲述回鹘军队渡过额尔齐斯河后，在bolču河击溃三姓葛逻禄[④]。据岩佐精一郎和克利亚施托尔内之说，后突厥汗国是在711年出征突骑施[⑤]。岑仲勉提示见于《西域水道记》的额尔齐斯河支流博喇济河（现布尔津河），就语音而言，相当于上述诸碑所记bolču。另行探讨的芮传明也与岑仲勉观点一致[⑥]。不过，内藤みどり主张见于暾欲谷碑的额尔齐斯河为黑额尔齐斯河，

① T. Ōsawa, "Who was Apa Tarkan during the Reign of the Second Eastem Turkic Kaghanate in Mongolia", pp.206–219.

② A. P. Martinez, "Gardīzī's Two Chapters on the Turks", Archinum Eurasiae Medii Aevi , vol. 2, 1982, pp.120–121；［俄］瓦·弗·巴托尔德著，王小甫译《加尔迪齐著〈记述的装饰〉摘要》，《西北史地》1983年第4期，第107–108页。

③ 主要参见［日］小野川秀美：《突厥碑文譯註》，《满蒙史論叢》第4辑，1943年，第327页、第300页、第303页；T. Tekin, *A Grammar of Orkhon Turkic*, pp.251, 288, 236, 269, 243, 276.

④ 主要参见G. J. Ramstedt, "Zwei Uigurische Runenin Schriften in der Nord–Mongolei", *Journal de la Société Finno-Ougrienne*, vol. 30, no.3, 1913, pp.24–25, 56；白玉冬：《〈希内乌苏碑〉译注》，载朱玉麒主编《西域文史》第7辑，科学出版社，2013年，第89页。

⑤［日］岩佐精一郎：《突厥毗伽可汗碑文の紀年》，《东洋学報》1936年第23卷第4期，第198页；［苏］克里亚什托尔内、列维谢茨著，陈浩译《第一突厥汗国〈布古特碑〉释读》，商务印书馆，2020年，第158页。

⑥ 岑仲勉：《突厥集史》，中华书局，1958年，第875页；芮传明：《古突厥碑铭研究》，上海古籍出版社，1998年，第105–108页；芮传明：《古突厥碑铭研究》（增订本），商务印书馆，2017年，第87–89页。

进而推定bolču在乌伦古湖附近，川崎浩孝则认为不能明断布尔津河就是该处的bolču河[①]。据希内乌苏碑，可知回鹘军队在抵达bolču河之前曾渡过arqar的河源地带。河名arqar之语音，与当今地图所标阿拉哈克河近同。而阿拉哈克河正位于布尔津河之东，二者间最短距离约30千米。回鹘军队自东向西行军，那么在渡过arqar（阿拉哈克）河之后抵达的bolču河，视作现在的布尔津河较为贴合。换言之，此处地名bolču，应该就是指布尔津河流域。

第二碑

西面第1行：讲述驻军于今布尔津河一带的突厥军队俘获俘虏，得知对手突骑施大军聚集于邪罗斯川。

西面第2行：R i G W B T i> arïγ uvutï（洁净的耻辱）：形容词arïγ（纯洁、纯粹、纯净）和名词uvut（谦虚、害羞）后续第三人称词缀+ï的组合。此处arïγ也可能是毫无杂念或直截了当之意。如此，之后的uvut理解作退却为好。即，arïγ uvutï可能是毫无杂念地退却之意。

西面第3行

y l m s i>yälmiši（急行军，动词yäl—后续表示完了的词缀—miš，再后续第三人称词缀i）：由于鲁尼文的y与k写法接近，故前人多转写作kälmiši（来的那个人）[②]。在大阪大学拓片上，y清晰可见。在彩色图片上，y的运笔明显与k不同。兹不取kälmiši。

W m Y>umay（乌迈）：原义是胎盘、胎衣，后衍生出具有保护妇女和儿童功能的女神之义[③]。此处应该是与上方的代表täŋri（上天）和下方的代表yer suv（土地）并列存在的保护神之名。在阙特勤碑东面第31行中，以毗伽可汗的语气言：umay täg ögüm qatun qutïŋa inim köl tegin är at bultï（由于像乌迈一样的我的母亲——可敦的福气，我的弟弟阙特勤获得了成人名字）。该词还存在于蒙古语和通古斯语中。赛诺（D. Sinor）认为，古突厥语umay借自古蒙古语[④]。

y r s W B>yer suv（土地）：直译是地水。居住在内陆干燥地带的古代突厥语族群和蒙古语族群，一般称呼人民使用于生活的土地时，利用“地”和“水”之组合来表现。如古突厥语的yer suv（地水）和蒙古语的γaǰar usu（地水）。此处与上方的天täŋri对应出现，且是给予的主体，即人格化的神的形象。阙特勤碑东面第10—11行言：üzä türk tängrisi türük ïduq yeri suvï anča temiš（上方的突厥天神和突厥神圣的土地这样说了）云云。其中，说te—的主体之一的突厥türk的ïduq yeri suvï（神圣的那个水、那个土，i / ï是第三人称词缀）与此处的ïduq yer suv（神圣的水土）词义相同。顺提一下，第一字s以前舌音字刻写，有悖于鲁尼文正字法规则。

西面第4行：Y W L i D m z>yulïdïmïz（动词yul—后续过去式词缀dï以及第一人称词缀

① ［日］内藤みどり：《西突厥史の研究》，早稲田大学出版部，1988年，第254、250页注81；［日］川崎浩孝《カルルク西迁年代考——シネウス・タリアト両碑文の再検討による——》，载《内陸アジア言語の研究》第8辑，1993年，第106页注34。

② 耿世民：《古代突厥文碑铭研究》，中央民族大学出版社，2005年，第103页。

③ G. Clauson, *An Etymological Dictionary of Pre-Thirteenth-century Turkish* p.165.

④ D. Sinor,“‘Umay’, A Mongol Term in Old Turkic”, in: D. Sinor, *Studies in Medieval Inner Asia*, Aldershot & Brookfield: Ashgate, 1997, Ⅳ, pp.1-7；赛诺：《“乌迈”，一个受到突厥人礼敬的蒙古神灵》，罗新译，载赛诺：《丹尼斯·赛诺内亚研究文选》，中华书局，2006年，第359-365页。

mïz）：前人多解释作劫掠。动词yul—本义是拔出，有多种扩张含义①。如al— yul—是收回、取回、收复之义。不过，此处与yul—搭配使用的动词täg—是前进之义。兹按本义拔出理解，与tägdimiz（我们前进了）合译为“我们进取了”。

西面第5行：描述战争情况。其中，句尾的“我们没有害怕qorqmadïmïz”位于下一行西面第6行的开头处。

s i ŋ R>sïŋar（一半）：s以前舌音字写成，有悖于鲁尼文正字法规则。

西面第6行：描述击败突骑施之役的成果。阙特勤碑东面第18—19行记录同一场战争时言：türgiš qaγan türüküm bodunum ärti. bilmädükin üčün biziŋä yaŋïluqïn üčün qaγanï ölti. buyruqï bägläri yämä ölti. on oq bodun ämgäk körti（突骑施可汗曾经是我的突厥，我的民众。因为他们的无知，因为他们对我们犯错，其可汗死掉了，其诸梅录和诸匐官也死掉了。十箭民众体验了痛苦）。《旧唐书》卷194《突厥上》言：“默啜景云（710—712）中率兵西击娑葛，破灭之。”《通典》卷199《突厥下》突骑施条介绍得较为详细：“景龙三年（709），娑葛弟遮弩恨所分部落少于其兄，遂叛入突厥，请为乡导，以讨娑葛。默啜乃留遮弩，遣兵二万人与其左右来讨娑葛，擒之，与娑葛俱杀之。”

T R D W s: S D R a>tarduš šadra（达头设一方）：达头设后续表示构成场所的名词词缀＋ra。单独的R a通常可以转写作ara，用于表示空间上的一点或中间之义。故，有学者转写作tarduš šad ara②。不过，此处之后的文字是动词ud—（跟踪、追踪）后续过去式词缀—d及第三人称词缀—ï。若转写为表示空间之一点或中间之义的ara，则整句文义不通。窃以为转写作tarduš šadra更合语法和文义③。古突厥语中，名词后续词缀＋ra / rä构成表示场所的新的名词，如内廷大臣称作ičräki，是名词ič（内）后续＋rä再后续表示时间或地点的词缀＋ki，burada（在这里）是名词bu（这个）后续＋ra再后续名词位格词缀＋da。此处tarduš šadra表示达头设一方的军队，看得出当时虽然暾欲谷和达头设一同参战，但在采取军事行动时二者统帅的部队是分离的，突骑施军队曾跟踪达头设的部队。该tarduš šad（达头设）是指后来的毗伽可汗。其中，T R D W s的s以前舌音字写成，有悖于鲁尼文正字法规则。

Y ñ D M z>yanyudïmïz（我们击败了）：奥尔昆、马洛夫、小野川秀美、耿世民转写作yaydïmïz（我们击溃了）④。据黑白图版和彩色图版，第2字并非Y，而是ñ。故有学者转写作

---

① 主要参见G. Clauson, *An Etymological Dictionary of Pre-Thirteenth-century Turkish* p.918.

② H. N. Orkun, *Eski Türk Yazıtları*, vol.1 p.114行41；［日］小野川秀美：《突厥碑文譯註》，《滿蒙史論叢》第4辑，1943年，第76页第41行；S.E. Malov, *Pamyatniki drevnetyurkskoj pis'mennosti: teksty i issledovaniya p*.63，第41行；R. Giraud, *L'inscription de Baïn Tsokto, édition critique* p.56第41行；耿世民《古代突厥文碑铭研究》，中央民族大学出版社，2005年，第104页，第41行。另，W. Radloff , “Die Inschrift des Tonjukuk”, pp.20-21第42行给出了录文和换写，但译文取ara。

③ 主要参见P. Aalto, “Materialien zu den alttürkischen inschriften der Mongolei, gesammelt von G. J. Ramstedt, J. G. Granö und Pentti Aalto” p.45，第41行；T.Tekin, *A Grammar of Orkhon Turkic p*.252西面第6行；T. Tekin, *Orhon Yazıtları: Kül Tigin, Bilge Kağan, Tunyukuk* p.90，第B6行；M. Ölmez, “Xi'an Yazıtı”, *Orhon-Uygur hanlığı dönemi Moğolistan'daki eski Türk yazıtları*, 2nd version, 2013 p.181行41；V. Rybatzki, *Die Toñuquq-Inschrift p*.67，第41行。

④ H. N. Orkun, *Eski Türk Yazıtları*, vol.1 p.114，第41行；S. E. Malov, *Pamyatniki drevnetyurkskoj pis'mennosti: teksty I issledovaniya*, pp.59,第41行；［日］小野川秀美：《突厥碑文譯註》，《滿蒙史論叢》第4辑，1943年，第76页第41行；耿世民：《古代突厥文碑铭研究》，中央民族大学出版社，2005年，第104页，第41行。

yanydïmïz[①]。其中，吉罗引注说动词yany—是击败之义[②]。按前后文义而言，yany—取击败之义大概没有问题。不过，令人费解的是，克劳森在编纂《13世纪以前的突厥语语源辞典》时频繁使用了鲁尼文碑刻史料，但未收入yany—。最新出版的威尔肯斯有关古突厥语和德语的词典重点使用了古突厥语写本和印本文献，同样未收入yany—。出现于早期碑刻文献的anyïγ / añïγ（坏），在晚期的写本和印本文献中写作anïγ / ayïγ。假定同样的现象发生在Y ñ D M z> yanyudïmïz上，则克劳森收录的yanu—（研磨）之词义与此处所言yanyu—近同。值得一提的是，鲁尼文正字法中，nč𐰨的写法与ñ𐰭极其接近。实际上在叶尼塞碑铭中，上述二字存在混用现象。此处看起来是ñ的文字，也可能是nč，抑或是镌刻时的笔误。关于动词yanč—含有压碎、粉碎、击毁等词义，参见克劳森和威尔肯斯词典[③]。

Q G N i n>qaγanïn（将其可汗）：特勤指出后突厥汗国碑文在标记名词宾格时，第三人称的宾格均以前舌音字n标记，且不省略之前的第三人称词缀+i / ï[④]。此处正与此相合。

西面第9行：讲述出征中亚，越过锡尔河。

r t m z> ärttimiz（我们超越了）：前人多转写作ärtimiz。克劳森收录有抵达、到达、遇见（?）之义的är—，并转引拉德洛夫的《突厥语方言词典》，介绍说är—可能与吉尔吉斯方言有跟踪之义的är—有关[⑤]。同时，他还收录有穿越之义的ärt—和带领、抵达、到达、遇见之义的ärt—，并把暾欲谷碑的该段转写作ärttimiz（我们穿越了）[⑥]。威尔肯斯词典收录的ärt—词义众多，包括通过、穿越、越过、克服、翻译等[⑦]。笔者注意到，该句中r t m z紧前面的单词anï，是指示代词ol（那个）的宾格词缀。这表明anï后面的动词应该是及物动词。鉴于此点，从克劳森意见，取ärttimiz（我们超越了）。

y nč ü g z>yinčü ögüz（真珠河）：yinčü为汉语珍珠的音译，yinčü ögüz指的是今中亚锡尔河。汉籍中的音译名药杀水，以及古希腊罗马史料的河名Jaxartes，均可以古波斯语jaxšarta / jaxša—arta（珍珠）来进行词源分析[⑧]。《通典·边防九》石国条言“石国，隋时通焉。居于药杀水，都柘折城，方十余里。本汉大宛北鄙之地。东与北至西突厥界，西至波腊国界，西南至康居界，南至率都沙那国界。王姓石。”又言：“杜环经行记云‘其国城一名赭支，一名大宛。天宝中，镇西节度使高仙芝擒其王及妻子归京师。国中有二水，一名真珠河，一名质河，并西北流。土地平敞，多果实，出好犬良马。’”[⑨]九姓回鹘可汗碑汉文面记录怀信可汗

---

① 主要参见P. Aalto, “Materialien zu den alttürkischen inschriften der Mongolei, gesammelt von G. J. Ramstedt, J. G. Granö und Pentti Aalto” p.45，第41行；R. Giraud, *L' inscription de Baïn Tsokto, édition critique p.*56，第41行；T. Tekin, *A Grammar of Orkhon Turkic p.*252西面，第6行；T. Tekin, *Orhon Yazıtları: Kül Tigin, Bilge Kağan, Tunyukuk* p.90，第B6行；M. Ölmez, “Xi'an Yazıtı” p.181，第41行；V. Rybatzki,Die Toñuquq-Inschrift p.67，第41行。

② R. Giraud, *L' i nscription de Baïn Tsokto, édition critique* p.106.

③ G. Clauson, *An Etymological Dictionary of Pre-Thirteenth-century Turkish p.*944； J. Wilkens, *Handwörterbuch des Altuigurischen, Altuigurisch-Deutsch-Türkish p.*860.

④ T. Tekin, *A Grammar of Orkhon Turkic*, pp.59-61, 122.

⑤ G. Clauson, *An Etymological Dictionary of Pre-Thirteenth-century Turkish p.*194.

⑥ G. Clauson, *An Etymological Dictionary of Pre-Thirteenth-century Turkish* p.202.

⑦ J.Wilkens, *Handwörterbuch des Altuigurischen, Altuigurisch-Deutsch-Türkish p.*119.

⑧［苏］克里亚什托尔内、列维谢茨著，陈浩译《第一突厥汗国〈布古特碑〉释读》，商务印书馆，2020年，第75-76页。

⑨［唐］杜佑撰，王文锦等点校《通典》卷193《西戎五》，中华书局，1992年，第5275页。

统领回鹘军队深入中亚时言：“〇〇天可汗躬惣师旅，大败贼兵，奔逐至真珠河。”[①]此真珠河即yinčü ögüz。值得注意的是，虽然唐代汉籍多以药杀水音译锡尔河，但突厥语音并非源自波斯语，而是来自其汉语意译名称。换言之，虽然早期的突厥汗国在6世纪后半叶占据了锡尔河一带，但西突厥汗国灭亡后唐朝在中亚西域设置的军政管理体系影响深远，以至于后突厥汗国直接借用锡尔河的汉语意译名称。

t i n s i W G L i>tinsi oγulï（天子的那个儿子）：汉语音译词天子（tinsi）后续儿子（oγul）再后续第三人称所属格词缀＋ï。敦煌出土Or.8212-161鲁尼文占卜文书第一卦言：tänsi män. yarun kičä altïn örgin üzä olurupan mängiläyür män. anča bilinglär ädgü ol（我是天子，我朝夕坐在黄金宝座上享乐着，汝要知此为吉）[②]。上述占卜文书的tänsi（天子），据暾欲谷碑此处而言，或应转写作tinsi。从突厥军队的行进路线推断，此名为“天子之子”的山应该属于天山西段。tinsi（天子）构成山名的一部分，反映汉语在当时的中亚西域具有一定的影响力。

b ŋ l g >biŋ älig（千王?）：如下注所言，之后的k T G>äk taγ可以视作aq taγ（白山）。如此，b ŋ l g看来是修饰限定äk taγ之词。字面上b ŋ l g存在多种转写可能，实际上前人的转写意见不一，莫衷一是[③]。姑作此复原，以待日后。

k T G>äk taγ：568年，西突厥首任可汗室点密（Istämi）派粟特人马尼亚赫（Maniach）出使拜占廷。同年，拜占廷派出以蔡马库斯（Zemarchos）为首的使团回访突厥。蔡马库斯记录突厥可汗牙帐所在地名为Ectag[④]。此Ectag，原音即古突厥语aq taγ，白山之义，是指龟兹以北的天山，也即隋裴矩《西域图记》记录的白山[⑤]。虽然äk并非白色之义的aq，不过就语音而言，此处äk taγ与Ectag（白山）相合。另，《旧唐书》卷40《地理志》伊州伊吾县条下记录有白山。不过，这些白山均位于天山东段，与此处出现的äk taγ位置不合[⑥]。芮传明译作阿克套，推定位于索格底亚那正北约二百千米[⑦]，其说于理可通。

南面第1行：讲述出征到铁门关后班师回朝。

t m r Q p G>tämir qapïγ（铁门）：即铁门关。《新唐书·地理志》载贞元年间宰相贾耽著

---

① 关于九姓回鹘可汗碑汉文面的研究成果众多，兹不赘述。森安孝夫和吉田丰近来梳理不同残片拓片，给出了完整详细的录文，并援引粟特文面进行相关史实考证。兹据［日］森安孝夫、吉田丰：《カラバルガスン碑文漢文版の新校訂と訳註》，载《内陸アジア言語の研究》第34辑，2019年，第22页；［日］森安孝夫、吉田丰：《喀剌巴剌噶孙碑文汉文版的新校订与译注》，载白玉冬、乔玉蕊译，罗丰主编《丝绸之路考古》第5辑，科学出版社，2021年，第173页。

② 主要参见T. Tekin, *Irk Bitig : The Book of Omens*, pp.8–9；耿世民：《古代突厥文碑铭研究》，中央民族大学出版社，2005年，第287页。

③ 参见V. Rybatzki, *Die Toñuquq-Inschrift*, pp.68–69注192。

④ 相关史料，参见［日］内藤みどり：《西突厥史の研究》，早稻田大学出版部，1988年，第376–395页。

⑤ 相关考证，主要参见沙畹：《西突厥史料》，冯承钧译，商务印书馆，1935年，第210–211页；［日］松田寿男：《古代天山の歴史地理學的研究》（增補版），早稻田大学出版部，1970年，第260–267页；［日］内藤みどり：《西突厥史の研究》，早稻田大学出版部，1988年，第389页注释12。

⑥ 相关考证，主要参见［日］松田寿男：《古代天山の歴史地理學的研究》（增補版），早稻田大学出版部，1970年，第260–267页。

⑦ 芮传明：《古突厥碑铭研究》，上海古籍出版社，1998年，第283、292页注释26；芮传明：《古突厥碑铭研究》（增订本），商务印书馆，2017年，第256页注释26。

《入四夷之路与关戍走集》，其中的“安西入西域道”言：“自焉耆西五十里过铁门关”[①]。显然，此铁门关非暾欲谷碑之铁门关。同书《西域传》康国条言：“史，或曰佉沙，曰羯霜那，居独莫水南康居小王苏薤城故地。西百五十里距那色波，北二百里属米，南四百里吐火罗也。有铁门山，左右巉峭，石色如铁，为关以限二国，以金锢阖。”[②]玄奘《大唐西域记》卷一《铁门》言：“铁门者。左右带山。山极峭峻。虽有狭径。加之险阻。两傍石壁其色如铁。既设门扉又以铁锔。多有铁铃悬诸户扇。因其险固遂以为名。”同卷《睹货逻国故地》言：“出铁门至睹货逻国（旧曰吐火罗国，讹也）。故地，南北千余里，东西三千余里，东厄葱岭，西接波剌斯，南大雪山，北据铁门，缚刍大河中境西流。”[③]此粟特地区的铁门，位于今乌兹别克斯坦境内，即暾欲谷碑所言 tämir qapïɣ。在阙特勤碑中，南面第3—4行言 qurïɣaru yinčü ögüz käčä tämir qapïɣqa tägi sülädim（向西方，我渡过真珠河出征到了铁门），东面第2—3行言 ilgärü qadïrqan yïšqa tägi kerü tämir qapïɣqa tägi qonturmïš. idi oqsuz kök türük anča olurur ärmiš（他们居住在东到卡迪尔汗山林，西达铁门之处，与突厥人没有间隙地这样居住着），东面第8行言 ilgärü kün tuɣsuqda bökli qaɣanqa tägi süläyü bermiš qurïɣaru tämir qapïɣqa tägi süläyü bermiš（他们向东出征到了日出之地的高句丽可汗处，向西出征到了铁门），东面第17行言 äčim qaɣan birlä ilgärü yašïl ögüz šantuŋ yazïqa tägi sülädimiz. qurïɣaru tämir qapïɣqa tägi sülädimiz（和我叔可汗一起，我们向东出征到了绿河与山东平原，向西出征到了铁门），东面第39行言 soɣdaq bodun etäyin teyin yinčü ögüzüg käčä tämir qapïɣqa tägi sülädimiz（为了整顿粟特民众，我们渡过真珠河出征到了铁门）。其中，第二条东面第8行是讲述唐朝统治下的突厥人参与唐军作战，其他是记录后突厥汗国的军事行动。从这些内容可知，中亚的铁门是后突厥汗国军事活动范围的西端，在他们看来也是西方地区的代表之一。

t z i k>täzik（大食）：汉文史料又作大石、大寔等，即阿拉伯帝国（8世纪前半叶及之前为倭马亚王朝，8世纪后半叶开始为阿拔斯王朝）。大食在兴起之后，于7世纪中叶推翻萨珊波斯，并在8世纪上半叶逐步将中亚粟特诸国纳入其统治范围。暾欲谷碑反映的8世纪10至20年代，大食正开始蚕食粟特地区。在平安时代（794—1192）的日本，曾经存在一张以汉藏两种文字书写的东方世界“地图”，其中包括唐、回鹘、吐蕃、天竺、大食等22个国家或地区名称。据森安孝夫介绍，该地图是由9世纪来唐的日本弘法大师空海或智证大师圆珍当中的某位从唐朝带回的可能性很大，镰仓时代（1185—1333）近江国园城寺的僧人禅觉曾誊写过该地图。虽然禅觉抄本现已不存，但其明治和大正时代的抄本仍保存完好[④]。在该“地图”中，“唐”位于东方（序号21），“大突厥”位于西北角（序号4），“大石”（序号3）紧

① ［北宋］欧阳修、宋祁：《新唐书》卷43《地理志下》，中华书局，1975年，1151页。

② ［北宋］欧阳修、宋祁：《新唐书》卷221《地理志下》，中华书局，1975年，6247-6248页。

③ ［唐］玄奘、辩机著，季羡林等校注《大唐西域记校注》，中华书局，1985年，第98页、第100页。

④ ［日］森安孝夫：《唐代における胡と仏教的世界地理》，《東洋史研究》第66卷第3期，2007年，第538-560页，修订版收入森安孝夫：《東西ウイグルと中央ユーラシア》，第530-532页（反页）；［日］森安孝夫：《チベット語史料中に現われる北方民族——DRU-GUとHOR——》，载森安孝夫：《東西ウイグルと中央ユーラシア》（修订版），名古屋大学出版会，2015年，第382-383页；［日］森安孝夫著，白玉冬、何春兰译《唐代的胡与佛教世界地理》，载刘进宝主编《丝路文明》第7辑，上海古籍出版社，2022年，第203-204页。

邻“大突厥”南侧，其邻近的东方是“胡国”（序号7）①。森安孝夫考证此“胡国”即粟特本土，同时认为“大突厥”的首选是蒙古高原的后突厥汗国，不过若考虑到与其对应的藏文Taḥa Thor—kus中的Thor—kus，则“大突厥”也有可能是指盘踞在天山山脉北麓的原西突厥后裔突骑施。由于该地图中回鹘以“迴骨國”、黠戛斯以“葛々斯”出现，故可以确定此“地图”是在8世纪末至9世纪中叶绘制的，同时还混杂着一些较为陈旧的信息。虽然笔者倾向认为“大突厥”是指突骑施，但从此图不难看出，当时的“大突厥”与“大石”曾有过接触。麦克唐纳（A. MacDonald）对伯希和获自敦煌的P.t.958藏文文书进行了解读研究，发现该文书是在西藏被传承下来的世界四主说之起源的最古老的文字资料（下限为11世纪初）②。其中写到，东方是统领人的中国之王，南方是统领象和学问的印度之王，西方是在狮子之国统领商品的“拂林格萨尔（’Phrom Ge—sar）”，北方则是统领北方骏马的“大食与Dru—gu之王’Bug—čor（Ta—zig taṅ Dru—gu’i rgyal—po’ Bug—čor）”。诚如森安孝夫所言，此处大食是伊斯兰帝国，Dru—gu是突厥人的总称，’Bug—čor是8世纪前半叶统治全体突厥人的后突厥汗国第二代可汗Qapγan可汗的本名“默啜”的译音。“大食与突厥之王默啜”这种说法，与默啜在位的710—712年，突厥征服突骑施，征战到铁门，短暂占有大食治下的东部领域之史事相符③。

T uQ R>toqar（吐火罗）：又作睹货逻、睹货罗、兜呿罗等。玄奘《大唐西域记》卷一在介绍完铁门关后言：“出铁门至睹货逻国（旧曰吐火罗国，讹也）。其地，南北千余里，东西三千余里，东厄葱岭，西接波剌斯，南大雪山，北据铁门，缚刍大河中境西流。自数百年王族绝嗣。酋豪力竞，各擅君长，依川据险。分为二十七国。虽画野区分，总役属突厥。”④唐义净著《南海寄归内法传》和《大唐西域求法高僧传》也将速利（即粟特）区别于睹货罗，在鸠摩罗什译《大智度论》中将修利（即粟特）区别于兜呿罗（吐火罗）⑤。唐代龟兹出生的僧人利言编撰的《梵语杂名》（约成书于763年以后的8世纪后半叶）现存于日本，其中将

---

①［日］森安孝夫：《唐代における胡と仏教的世界地理》，第538-560页，修订版收入森安孝夫：《東西ウイグルと中央ユーラシア》，第530-532页（反页）；［日］森安孝夫：《チベット語史料中に現われる北方民族——DRUGUとHOR——》，载森安孝夫：《東西ウイグルと中央ユーラシア》（修订版），第382-383页；［日］森安孝夫著，白玉冬、何春兰译《唐代的胡与佛教世界地理》，载刘进宝主编《丝路文明》第7辑，上海古籍出版社，2022年，第203-204页。

② A. Mac Donald, “Note sur la diffusion de la “Théorie des quatre fils du ciel” au Tibet”, *Journal Asiatique*, vol.250, no. 4 (1962): 531-548.

③［日］森安孝夫：《唐代における胡と仏教的世界地理》，第538-560页，修订版收入森安孝夫：《東西ウイグルと中央ユーラシア》，第514-513页（反页）；［日］森安孝夫：《チベット語史料中に現われる北方民族——DRUGUとHOR——》，载森安孝夫：《東西ウイグルと中央ユーラシア》（修订版），第398-399页；［日］森安孝夫著，白玉冬、何春兰译《唐代的胡与佛教世界地理》，载刘进宝主编《丝路文明》第7辑，上海古籍出版社，2022年，第216页；［日］齊藤茂雄：《突厥第二可汗国の内部対立——古チベット語文書（P.t.1283）にみえるブグチョル（’Bug-čhor）を手がかりに》，《史学雜誌》第122编第9号，2013年，第40页。

④［唐］玄奘、辩机著，季羡林等校注《大唐西域记校注》，中华书局，1985年，第100页。

⑤［日］大谷勝眞：《窣利に就きて（一・二）》，《史学雜誌》1913年第24编第11、12号，第1428页、第1449页、第1563-1564页。

“胡”（即粟特）与“吐火（罗）—睹佉罗—Tukhara”区分开来①。看得出，虽然吐火罗之地与粟特近同，但唐人对此仍有区分。关于吐火罗一词的研究史归纳及其寓意的发展变化，参见荣新江论文②。

南面第2行：讲述粟特人归降于突厥。

nt a b r ük i>anta bärüki（在那里的）：anta（在那里、在那时）与bärüki（在这里的）的近义词重叠，也有可能译作“在那时在这里的”。此外，古突厥语名词从格词缀＋ta后续bärü含有“自……以后、自……以来”之义。由于bärüki的＋ki除用于表示场所外，还用于表示时间，故anta bärüki亦有可能译作“自那时以来”。不过，正如阙特勤碑东面第39行所言soγdaq bodun etäyin teyin yinčü ögüzüg käčä tämir qapïγqa tägi sülädimiz（为了整顿粟特民众，我们渡过真珠河出征到了铁门）突厥军队出征到铁门是为了整顿粟特民众。因铁门位于粟特地区南境，这里anta bärüki看来更是在强调铁门以北的地区。兹从克劳森在bärüki词目下引用的该处译文③。

S uQ B S L G >as oq bašlïγ（以As部落为首的或正以As为首的）：其中的S uQ，亦可以转写作suq /asuq /soq /asoq或šuq /ašuq /šoq /ašoq等，前人释读意见不一。古突厥语词oq存在两种词义，第一种是箭，也可以用于表示部落，第二种是强调用词，相当于汉语的“正、就”。由于之后的B S L G>bašlïγ定是“为首的”之义，故oq不论取哪一种词义，均不妨碍之前的S表示某一专称。据米诺尔斯基（M. Minorsky）介绍，980年左右成书的佚名作者著波斯文《世界境域志》（*Ḥudūd al—Ālam*）记录的Alān人属于伊朗语族，他们在后来被称为Ās人，即蒙元时期的阿速人，是今奥赛德人的祖先④。《世界境域志》记录的Alān人居住在高加索地区，该居地与此处的粟特地区不合。不过，S. Divitçioğlu引用俄罗斯学者V. Kouznetsov和J. Lebendyinsky的研究⑤，介绍说属于印欧语族的Alān人，约在550年时居住在最终取名为Asai的Bactria（巴克特里亚、大夏）地方，即后来的吐火罗地区。巴克特里亚即今阿富汗、乌兹别克斯坦和塔吉克斯坦一带，其地理位置正与粟特地区近同。或许，在当时的粟特人内存在出自Alān /Ās部落之人。需要指出的是，部分学者主张突厥鲁尼文碑文记录的部族名Az即上述As⑥，笔者对此观点不敢苟同。

---

① ［日］森安孝夫：《唐代における胡と仏教的世界地理》，第538–560页，修订版收入森安孝夫：《東西ウイグルと中央ユーラシア》，第534–533页（反页）；［日］森安孝夫：《チベット語史料中に現われる北方民族——DRU-GUとHOR——》，载森安孝夫：《東西ウイグルと中央ユーラシア》（修订版），第379–381页；［日］森安孝夫著，白玉冬、何春兰译《唐代的胡与佛教世界地理》，载刘进宝主编《丝路文明》第7辑，上海古籍出版社，2022年，第216页，第200–201页。

② 荣新江：《所谓“吐火罗语”名称再议——兼论龟兹北庭间的“吐火罗斯坦”》，载王炳华主编《孔雀河青铜时代与吐火罗假想》，科学出版社，2017年，第181–191页。

③ G. Clauson, *An Etymological Dictionary of Pre–Thirteenth–century Turkish* p.364.

④ V. Minorsky, *The Regions of The World : A Persian geography*, London: Messrs. Luzac and Company, Ltd, 1937, pp.445–446.

⑤ V. Kouznetsov and J. Lebendyinsky, *Les Alains*, Edition Errance, 1994.

⑥ 主要参见S. Divitçioğlu, “The Mystery of the Az People（VIII Century),” *Archivum Eurasiae Medii Aevi*, vol. 12, 2002–2003, pp.5–14; P. B. Golden, *An Introduction to the History of the Turkic Peoples : Ethnogenesis and State–Formation in Medieval and Early Modern Eurasia and the Middle East* p.142; G. Clauson, *An Etymological Dictionary of Pre–Thirteenth–century Turkish* p.277 az.

S W G D Q>soγdaq（粟特）：玄奘《大唐西域记》卷一《素叶水城》云："素叶已西数十孤城，城皆立长，虽不相禀命，然皆役属突厥"。同卷《窣利地区总述》言："自素叶水城至羯霜那国，地名窣利，人亦谓焉。"[①]这表明当时从天山西部七河地区至中亚河中地区的各城邦国家均被视为粟特人的领域。玄奘笔下的窣利，义净所云速利，《梵语杂名》的蘇哩、Sulī（印度悉昙文）和ソリ（日语片假名），均被认为是梵语Śūlika—（大谷胜真说）或于阗语Sūlī（熊本裕说）的译音[②]。此处古突厥语的soγdaq当是粟特语Suγδīk的直接借人。《后汉书·西域传》及《晋书·西戎传》中的粟弋，《魏书·西域传》及《周书·异域传》中的粟特亦为Suγδīk的音译。

东面第3行：此行起至末尾，讲述暾欲谷的功绩。

R Q W Y Q R G W>arquy qaraγu（边境？的哨兵）：克劳森推测，其中的arquy或许是地名[③]。按ar有褐色之义，quy是洼地、河床、河岸之义而言，arquy的本义是褐色的洼地/河床/河岸之义。或许，与紧前面文中所言暾欲谷派遣的uzun yälmä（远征的斥候）相对应，此处修饰哨兵的arquy是指就近的地带或边境，或可与汉文中常见的"紫塞"相堪同。

s ü l t d m z>sü eltdimiz（我们统领了军队）：也可转写作sülätdimiz（我们让出征了）。

东面第4行：讲述暾欲谷的功绩。

B D N>bodun（民众）：鲁尼文中，通常会在B和D之间写上W，此处未写出。

综上，暾欲谷曾经侍奉后突厥汗国前三代可汗颉跌利施可汗、默啜可汗和毗伽可汗，暾欲谷碑是其年迈时"令人为毗伽可汗的国家书写"。碑文重点描述暾欲谷于后突厥汗国的功绩，充满了个人英雄主义色彩。相关史实透漏出后突厥汗国在第二代默啜可汗执政时期，统治阶层内部就已经出现了政治斗争。鉴于此点，若能结合其他后突厥汗国碑文和汉籍史料，则有望对后突厥汗国的衰败和亡国之原委重新进行考察和定位。

以上是笔者的一些浅识。具体史实及其历史意义，有待学界同仁挖掘批判。

---

① ［唐］玄奘、辩机著，季羡林等校注《大唐西域记校注》，中华书局，1985年，第72页。

② ［唐］玄奘、辩机著，季羡林等校注《大唐西域记校注》，中华书局，1985年，第73-74页；［日］森安孝夫：《唐代における胡と仏教的世界地理》，第538-560页，修订版收入森安孝夫：《東西ウイグルと中央ユーラシア》，第535-534页（反页）；［日］大谷勝眞：《窣利に就きて》（一・二），《史学雑誌》1913年第24编第11、12号，第1568-1569页；熊本裕："Hagauṣṭa. Sūlī"，《四天王寺国際仏教大学文学部紀要》1985年第17卷，第17页。

③ G. Clauson, *An Etymological Dictionary of Pre-Thirteenth-century Turkish* p.139.

日本天理图书馆藏敦煌所出汉文借绢马文书的时代、性质与价值

杜立晖（山东师范大学历史文化学院）

如所周知，日本是除俄国、中国、英国等之外收藏我国西夏文献最多的国家，而天理图书馆所藏西夏文献甚多。其所藏者，主要是来自张大千及清野谦次的收藏品。这批流失异域的珍贵文化宝藏，从20世纪以来不断吸引着我国敦煌学界、西夏学界等多领域的学者前往追寻、探索①。循着前人的足迹，笔者也于2019年造访了该馆，并对其中的有关藏品进行了细致的考察。在天理图书馆的诸多藏品中，一件敦煌所出“西夏”《汉文借绢马文书》引起了笔者的注意。目前对于此件文书学界已有所探索，但对其所属时代及性质等的判定尚有不确，对其蕴含的重要学术价值亦未发覆。故今撰拟专文以对其进行粗浅的探讨，不当之处，祈请方家批评指正。

一、关于汉文借绢马文书的先行研判

《汉文借绢马文书》的原件收录于天理图书馆所藏《西夏回鹘文书断简》一书之中，该书的所有文书均来自张大千的收藏。张大千曾在该书正文前做过题跋，如其云“此西夏文质，据敦煌千佛洞发见”②可知，该文献是张大千从敦煌莫高窟所得。该书中还收录了一件回鹘文文书，对此张亦有跋语：“此回鹘文出自叙利亚，是北凉初或五代时刻本。”由此可知，此《西夏回鹘文书断简》一书的拟名，正是张大千据书中文书之时代、语言等所做判断而定。因之，此件《汉文借绢马文

---

① 如王三庆先生曾到该馆考察，并撰有《日本天理大学天理图书馆典藏之敦煌写卷》一文（《第二届敦煌学国际研讨会论文集》，台北汉学研究中心，1991年）。此后，荣新江先生又加以考察，写定《日本天理图书馆藏敦煌文献考察纪略》一文（《敦煌研究》1995年第4期）。另外，武宇林先生等也进行了探访，并编纂了《日本藏西夏文文献》一书（中华书局，2010年）等。

② 武宇林、［日］荒川慎太郎：《日本藏西夏文文献》下册，中华书局，2010年，第330页。

书》在张大千看来，虽然其并非西夏文，但当属于西夏文献。然在《西夏回鹘文书断简》一书中，此件并无拟题，其拟题则是来自《日本藏西夏文文献》一书。正如武宇林先生在《日本藏西夏文文献》一书序言中所言："《日本藏西夏文文献》上下两册系统地展示了日本馆藏的西夏文文献资料。"①其实不唯西夏文文献资料，西夏王朝的一些汉文文献也收录于该书之中，可以说，该书是有关日本所藏西夏文献的重要成果，也正如作者所云，该书的出版"为西夏学研究提供新的研究视野和空间"②。《日本藏西夏文文献》一书不仅将此件《汉文借绢马文书》的黑白图版载录其中，而且将其拟定了现题，足见《日本藏西夏文文献》一书的编者亦肯定了张大千的判断，即将此件文书视为西夏的汉文文献。另外，从此件的拟题还可看出，《日本藏西夏文文献》一书认为此件是一件涉及"借绢马"等物品的文书，而我国古代有关物品的借贷、借用之类的文书，多为契约。故此推测，该书将此件视为西夏的契约类文书。

此后，刘广瑞先生对日本所藏的张大千旧藏西夏汉文文书进行了研究，并对天理图书馆所藏的19件西夏汉文"典谷"文书进行了整理，在这19件文书中即包括本文所探讨的此件《汉文借绢马文书》。刘先生对此件的释文如下：

1 黑米

2 黄□□二疋□□臣又二疋

3 少妇伴出□二疋

4 □□已召户□都出□

5 □子□吟只下

6 呈 一户□雇黑青肩马一疋半半□□

7 一白 ？

8 一□例□□□兀艮马□义兀□□

9 □马一十疋 ？

10 及人纳 ？③

刘先生首次对此件进行了整理，其贡献值得肯定，然而，由于其所释录的文本残缺严重，且相关文字在文中的含义不明，故此件的内容多不可解。但通过刘先生对此件的归类来看，一方面刘先生认可了张大千及《日本藏西夏文文献》一书对此件文书时代的判断，即此件属于西夏时期的汉文文献。另一方面，刘先生又在《日本藏西夏文文献》一书拟题的基础上，进一步认为此件并非一件"借绢马"的文书，而应是一件"典谷"类文书。同时，其在文中还研究了包括此件在内的相关"典谷"类文书所展现的西夏"文契"的"立契时间"与"文契的格式与形制"等问题。如此可知，刘先生亦视此件为西夏汉文契约，但对此"契约"内容的解读与《日本藏西夏文文献》一书有所不同。

总之，从以上学界对此件天理图书馆所藏《汉文借绢马文书》的认识和判断不难看出，当前学界的基本共识是，此件是一件西夏王朝的汉文文书，且是一件契约类文书，但对此契

① 武宇林、[日] 荒川慎太郎：《日本藏西夏文文献》下册，中华书局，2010年，第8页。

② 武宇林、[日] 荒川慎太郎：《日本藏西夏文文献》下册，中华书局，2010年，第8页。

③ 刘广瑞：《日本藏西夏汉文文书初探——张大千旧藏西夏汉文文书研究之一》，载杜建录主编《西夏学》第10辑，上海古籍出版社，2013年，第146页。

约所涉及内容的判定，略有歧义。那么，此件的所属时代和性质是否果真如此呢？下面即对此问题先做探析。

二、汉文借绢马文书的时代及性质等再判定

为进一步认识《汉文借绢马文书》的所属时代、性质等问题，今先将其图版（见图1）及笔者所作录文，移录如下。

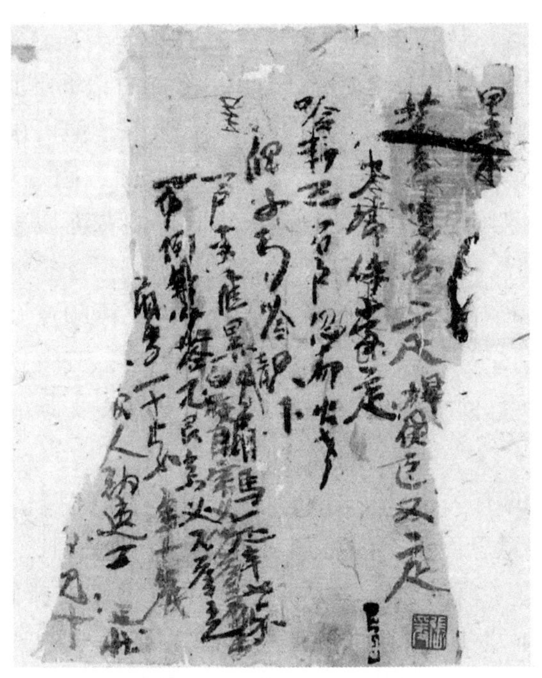

图1 《汉文借绢马文书》图版

（前缺）

1. 黑木□
2. 荅巴嗄妥二疋，杨使臣又一疋，
3. 少带伴当二疋。
4. 哈剌巴百户忽都火者。
5. 牌子头哈只下：
6. 一户，索萨黑青色扇马一疋，年七岁。
7. 一户[①]，倒死一白脸自家义必多者马疋[②]，荅兀良索义兀輩定。
8. 扇马，一十岁。年十岁。
9. □ 官人纳速歹 （签押）状
10. □ □巴（签押）

（后缺）

如上可知，此件前后均缺，第1行下部及第9、10行上部残缺，文书的文字不仅书写潦

① “一户”，此两字均有圈划符号。

② “一白脸良家义必多者马”，为右行补写。

草，有涂改、补写痕迹，文字笔迹亦非一致。如第4行的“色”字，第7行的“荅”字等文字上方或右侧，均有插入符号。同时，第7行的“一白脸自家义必多者马疋”一语，第8行的“年十岁”等文字笔迹显然与其他各行不同，且其墨色较之他行要淡。因此可知，此件曾经过多次书写，而上述的第7、8行内容无疑当属于二次书写的部分。从此件的书写笔迹判断，其与已经刊布的黑水城元代文书非常相似，而与黑水城文献中的西夏汉文文书有所不同。

此外，此件还载有多枚印章，其中第2行的下方载有一枚张大千的印章，这表明此件确系来自张大千的收藏品。另，从文书图版可见，此件第1、2行的上部还钤有一长方形的朱印，其印文反写，由此推知，此朱印当钤盖于此件的背面，而非该面，故今不予释录。第3行的下方又载一反写的八思巴文墨戳印，其印文虽不能识，但可以推知，一方面此墨戳印亦非钤印于文书的此面，而应该钤盖于文书之背；另一方面，因八思巴文为元代的官方文字，故可以确定此件的背面文献当属于元代文献。既然此件的背面属于元代文献，则此件属于西夏文献的可能性就大大降低。另，文书第5、6行的上方还书有一反写的“呈”字，可以推见该字亦当来自此件的背面，故今亦不予释录。由上述几枚印章及“呈”字可知，此件实为一双面书写的文书，而此前学界仅载录了此件的正面图版，或将正背文字同时释录在了一件文书之内。总之，通过有关印章等推断，此件属于西夏汉文文献的可能性不大，而更可能是元代文献。

再者，通过文书所载的有关词语，亦可对此件的时代归属做一大致判断。如第5行的“牌子头”一词，就其字面意思而言，似可理解为执牌子的头目，故此词语可视作一类职官。在西夏王朝中确曾设置过于有关“执牌”的职官，如“银牌安排官”，相关内容主要记载于黑水城西夏南边榷场使文书之中，如俄藏编号为ИНВ.No.315（1）拟题为《西夏南边榷场使申银牌安排官状为王大成等博买货物扭算收税事》的文书：

（前缺）

1. 南边榷场使
2. ______ 准：　银牌安排官头 ______
3. ______ 成等元带所有下项 ______
4. ______ 褐段等尽卖，博买回 ______
5. ______ 会印讫，仍将回货一就 ______
6. ______ 银牌安排官所前去 ______
7. ______ 上者①

（后略）

但通过“银牌安排官”的名称即可看出，其与“牌子头”明显不同，且上述文书也展现了“牌子头”与“银牌安排官”的不同职能。其中，前者涉及管理各户的马匹问题，而后者则涉及西夏榷场贸易的管理问题，故此二者显然不能等而视之。但除“银牌安排官”外，在已有的西夏文献中并未发现“牌子头”以及与“牌子头”相关的其他记载。故从此角度而言，“牌子头”这一职官并非来自西夏。

---

① 孙继民等：《俄藏黑水城汉文非佛教文献整理与研究》，北京师范大学出版社，2012年，第682页。

然而在元朝却一直设有“牌子头”类职官，且其设置时间可追溯至蒙古国时期。如《蒙鞑备录》记载：“牌子头者，乃彼国十人之长也。”[①]《黑鞑事略》又载“其民户体统十人，谓之排子头，自十而百，百而千，千而万，各有长”[②]，此处的“排子头”，当即“牌子头”。时至元代，该制度行之不替，如《元史》卷九九《兵志二》记载，至元“四年七月，谕东京等路宣抚司，命于所管户内，以十等为率，于从上第三等户，签选侍卫亲军一千八百名。若第三等户不敷，于第二等户内签补。仍定立千户、百户、牌子头，并其家属同来，赴中都应役”[③]。这里即记载在至元四年（1267）确立签充“牌子头”的制度。因此，从此角度讲，此件《汉文借绢马文书》当属于元代文书而非西夏文献。

另外，通过此件的背面文书（见图2），也可进一步证实此件的时代属性。为方便研究，今将其图版及笔者所作录文移录如下：

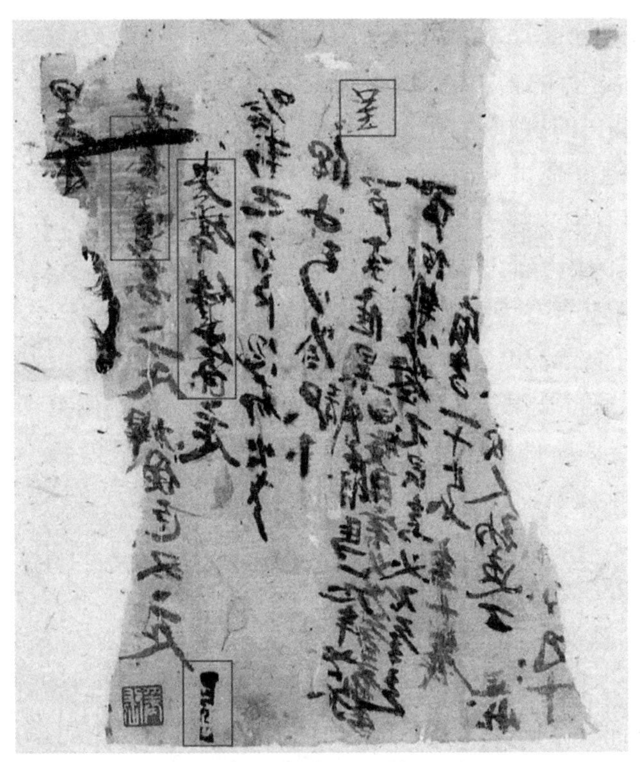

图2 《汉文借绢马文书》背面图版

（前缺）

1. 呈

2. 至正十年十月　　　　（八思巴文墨戳印）

3. [帖]分金[良]

（朱印）（河西陇北道肃）

① [宋] 赵珙著，王国维笺注《蒙鞑备录》，《蒙古史料校注四种》，清华大学研究院刊行，1926年，第3页。

② [宋] 彭大雅、徐霆著，王国维笺注《黑鞑事略》，《蒙古史料校注四种》，清华大学研究院刊行，1926年，第16页。

③ [明] 宋濂等：《元史》卷99《兵志二》，中华书局，1976年，第2531页。

4.　□一□　□日□

（后缺）

据以上可见，此件现存文字4行，其中第4行文字墨色浓、字体大，而其他各行的字体、墨色则比较相似，第2行载有时间“至正十年十月”。“至正”是元顺帝妥欢贴睦尔使用的最后一个年号，据此可知，此件当系一元代文书无疑。同时，经辨识发现，第3、4行处所钤长方形朱印的残存印文为“河西陇北道肃”，由此残文推知，该枚印章当系“河西陇北道肃政廉访司”之印。河西陇北道肃政廉访司是元代隶属于陕西行御史台的四道廉访司之一，设置于甘肃行省，其管辖范围涵盖该省全境[①]。由此可知，此件当系至正十年（1350）河西陇北道肃政廉访司发出的呈文，同时由其载录的时间、签押等信息推断，此件当系一呈文的尾部。然而因文书残缺，且第3行所载文字较为模糊，故此呈文的具体内容及呈送对象等尚不能确知。

又，因此件钤盖了官方印章，故可以确认此件属于一件正式的官方文书，而《汉文借绢马文书》是利用其背面进行的书写。故由此推断，《汉文借绢马文书》的形成时间可能与河西陇北道肃政廉访司呈文的撰拟时间至正十年（1350）不相上下。若此推断不误，则此件《汉文借绢马文书》可能也是属于至正时期的元代文书。另，此“呈文”与《汉文借绢马文书》的笔迹不同，内容有别，故书写于此纸正背面的两件文书在内容上似无直接关联。

另外，就文书所载的内容而言，《汉文借绢马文书》虽然涉及马匹，但并未载有“绢”，且无相关“借贷”“借用”等信息，因此将其称之为“借绢马文书”，并不准确。再有，文中亦无粮食、谷物之类的物品，更无“典买”“典卖”等相关信息，故将其视之为“典谷”文书，亦有不确。同时，通过文书第9行所载的“官人纳速歹”，相关“签押”，以及第10行所载的有关“签押”推断，此件也很可能属于一件正式的官方文书，其中“官人”，可能是“纳速歹”此人的职名。故从此件所载内容判断，其并非有关“借绢马”或“典谷”的契约文书。

另，在《汉文借绢马文书》的所载内容中，其第1至3行登载了相关人员的姓名及其使用马匹的数量等信息，而第4至8行则登载了百户、牌子头的姓名以及两户马匹的有关信息，其中有一户的马匹属于“倒死”状态。故可见上述内容实则包含马匹的使用信息，以及现有马匹的有关情况。故此件系对有关马匹使用、见在情况的登记。而在元代，对相关马匹使用等情况进行登记，多属于站赤的管理内容。“倒死”一词多是对站马死亡情况的描述，第2行的“使臣又一疋”一语则表明，使用此马匹者是有某些使命的官员。而在站赤中，驿马的主要功能即为过往的使臣提供坐骑服务。故由此推断，此件当属于一件有关元代站赤马匹管理的文书。同时，在文书第7行“一”字的下方等处还有圈划痕迹，此符号表明，此件文书已经过了审核，而元代对于站赤马匹等进行审核的文书，由相关黑水城文献来看，当属于“整点站赤”文书，关于此点，将在下文详述，自此不赘。故据此进一步判断，此件可能属于“整点站赤”类的文书。

总之，据以上可知，此件天理图书馆所藏《西夏回鹘文书断简》一书中收录的所谓“西夏”《汉文借绢马文书》，实则为元代至正时期的站赤整点文书，此之为笔者对其重新审视后

---

① 杜立晖：《元代河西陇北道肃政廉访司分司的设置与运作——以黑水城文献为中心》，《宁夏社会科学》2017年第3期，第197-202页。

所做出的判断。

三、文书所见元代站赤整点的运作

此件天理图书馆所藏敦煌站赤整点文书对于认识元代站赤整点的实际运作情况，提供了不可多得的一手信息，具有重要价值，下面试对此问题略加探析。

正如党宝海先生所说，“为了保证驿站正常运转”，元“政府要对驿站进行整顿清查，即所谓‘整点’”①，而“整点驿站是地方政府的重大事务”②。然而对于地方政府如此的“重大事务”，传世文献却言之极简，如《经世大典》记载，至大四年（1311）九月“省部议得，定额给驿提调整点之事，累奉诏旨施行”③。据此，我们仅知元代存在对站赤的整点之事，但其具体内容等则无从获知。近年来新出的黑水城元代文献则弥补了这一缺憾，在该批文献中载有一组拟题为《至正二十四年整点站赤文卷》的文书14件，这也是目前所知唯一一批有关元代站赤整点的第一手资料，如其中编号为F116:W558的文书记载：

1. 皇帝圣旨里亦集乃路□□府案呈云云：
2. ［　　］　　当府合行移
3. ［　　］
4. □烦为将引司吏一名驰驿前
5. ［　　］　督责提领、百户人等即[将]
6. ［　　］　见在官给驼马并馆
7. ［　　］　陈什物等件，须要整
8. □□备，听蒙走递，具写□马
9. □□色、齿岁、膘分，同花户姓名
10. 保结开坐，回示施行。
11. ［　　］总府除外，差本役
12. 参随本路同知阿速海奉训一同驰驿
13 前去各站，督责提领百户人等，即将
14. 各站实有官给驼马并馆舍铺陈
15. □物等件，须要整点完备，听蒙走递，具
16. □□□疋、毛色、齿岁，同花户姓名保结开坐
17. □□，仰照验依上施行。
18. ［　　］　□站　总府除外，合下仰照验，
19. 即将各人乘骑铺马，依例
20. 应付施行。

——————（骑缝章）——————

21. ［　　］
22. ［　　］　年六月　吏郭　斌（签押）

① 党宝海：《蒙元驿站交通研究》，昆仑出版社，2006年，第93页。

② 党宝海：《蒙元驿站交通研究》，昆仑出版社，2006年，第94页。

③［明］解缙等：《永乐大典》，中华书局，1986年，第7226页。

23. □控案牍聂 元宗（签押）
24. □ 事
25. 经 历
26. （签押）（签押）
27. 初二日
28. （签押）（签押）[①]

据此件及相关黑水城文献的记载，党宝海先生指出，元代站赤“整点的主要意图是明确掌握各站财产状况，包括各站驼马毛色、齿数、膘分、粮食、羊口、绳子、席子、雨衫、鞭、顶毡等，同时还登记站官和当站站户姓名。在整点过程中，很多地方官员如总管、同知、经历、判官等都参与其事”[②]。党先生所言得当，但我们也应当看到，由此件的首行可知，此件的发文机关为亦集乃路总管府，而亦集乃路总管府下达此公文的目的是整点站赤一事，要求有关站赤“合下仰照验，即将各人乘骑铺马，依例应付施行”。也即，此件旨在要求相关站赤（主要是在城站）提供站马以为相关官员乘驿之需，故此件实则并非真正意义上的站赤“整点”文书。其他《至正二十四年整点站赤文卷》除有多件与此件相似外，还有多件是因涉及站赤整点，而要求差拨司吏的文书，如编号为84H·F116:W155/1327的文书：

（前缺）

————（骑缝章）————

1. 至正廿四年八月 吏朱□
2. 整点站赤差
3. 提控案牍聂□
4. 司吏杨彬
5. □□
6. 经 历
7. 初七日
8. （签押）[③]

此件所存者系一文书结尾，由此推知，此件是因为整点站赤一事而要求“差司吏杨彬”所下达的公文。《至正二十四年整点站赤文卷》中的其他文书或与以上两件的内容相关，或因残缺首尾等，具体意图不明。但可以肯定的是，该批整点站赤文卷均是为“整点站赤”而下达的文书，其本身并非站赤整点的有关记录。因此，据之我们并不清楚元代站赤的整点在实际中是如何执行的。恰恰天理图书馆所藏的此件元至正时期的站赤整点文书，为我们认识元代站赤整点的实际运作情况，提供了珍贵的一手信息。由此，我们可以认识到如下两方面问题：

其一，关于站赤马匹整点的涉及事项。

作为乘驿工具的驼马，是元代站赤运行中最核心和最重要的物资，由前文黑水城《至正二十四年整点站赤文卷》可知，在站赤整点的物资中，驼马首当其冲。据此，党宝海先生总

① 孙继民等：《中国藏黑水城汉文文献的整理与研究》，中国社会科学出版社，2016年，第885-886页。
② 党宝海：《蒙元驿站交通研究》，昆仑出版社，2006年，第94页。
③ 孙继民等：《中国藏黑水城汉文文献的整理与研究》，中国社会科学出版社，2016年，第899页。

结对站赤驼马的整点涉及“各站驼马毛色、齿数、膘分”等三项内容。现通过天理图书馆所藏的至正时期站赤整点文书，可以对站赤马匹整点的涉及事项有更进一步的认识。

据前文文书可知，在本文所讨论的此件文书中，对于“站马”的登记分为两部分内容：第一，站马的使用情况；第二，站马的见在情况。在登记站马的使用情况时，文书逐一列出了使用者、使用数量等信息，如此件第2行所载的“荅巴嗄妥二疋”“杨使臣又一疋”等即是。同时据第2、3行推断，第1行的“黑木”二字也很可能为一乘驿站马人员的人名，而该行亦是对乘驿者、乘驿站马数量的登载。关于驿站马匹的使用情况，《至正二十四年整点站赤文卷》并未载明要将其纳入整点的范围，而由此件实际使用的文书可知，在整点的过程中，对于站马的清查整顿不仅局限于站马本身的情况，还涵盖了站马的使用信息。

另外，有关见在站马的登记，通过文书可知，首先要登记其所属站赤、站官、户主等信息，然后再登记其数量、毛色、齿数等内容。如第4行所载的“哈剌巴百户忽都火者”，其中“哈剌巴”可能为一地名，此地名也当即为此站赤之名称，而“百户忽都火者”则为此站赤之站官。据元廷在至元二十八年（1291）六月所下达的规定“随处设站官二员，大都至上都置司吏三名，余设二名，祗应头目、攒典各一名。站户及百者，设百户一名”[①]不难得见，“百户忽都火者”正当为该站赤的站官。而第5行的“牌子头哈只”，据文义可知，其当属于“百户忽都火者”所辖。党宝海先生指出，元代“在太宗元年时，汉地的站官为百户，最低级的组织单位是牌甲（十户）”[②]，“有些驿站设有牌头，每个牌头管理十户站户，他们应是最低的管站人员”[③]。文书中的“牌子头”，当是党先生所言的“牌头”“牌甲”组织的头目，而在有关驿站中，“牌头”正是在站官百户下所设的职官，无疑此件文书的记载与之不谋而合。

另，在第5行之后，又以“一户”为单位，分别登记了有关马匹的户主，如第6行的“索萨”，第7行的“荅兀良索义兀羣定”等。当然，由于第7行有关文字既有涂改，书写又甚为潦草，故相关人名的识读不一定完全准确，但可以肯定的是，在第8行“扇马”之前的文字应为一人名。故可以推断，此人名当属于此站马的户主。显然以上两户均属于“牌子头哈只下”所辖，但其与传世文献中所载“牌头”管理十户站户不同，此处的牌子头仅管领两户。此现象一方面可能是因为元末的站户消乏，导致了牌子头管领站户的减少；另一方面则更可能是因为，“十户”仅是牌子头管领人户的上限，而非硬性要求，在实际中牌子头的管领人户数量，需视具体情况而定，在黑水城文献中就同样存在这一情形[④]。

要之，文书中对有关“哈剌巴”百户、牌子头、站户相关内容的记载，正是黑水城《至正二十四年整点站赤文卷》中要求对“站官和当站站户姓名”等信息登记的具体体现。文书的这些内容，一方面印证了黑水城文献记载的相关信息在站赤整点中确实存在；另一方面则又进一步展现了“站官和当站站户姓名”等登记的具体形式与逻辑，细化了对黑水城文献记载的认识。

---

① ［明］解缙等：《永乐大典》，中华书局，1986年，第7191页。

② 党宝海：《蒙元驿站交通研究》，昆仑出版社，2006年，第37页。

③ 党宝海：《蒙元驿站交通研究》，昆仑出版社，2006年，第98页。

④ 如编号为F249:W22的《吾即忍布等牌子下户籍》文书，所载的多个“牌子”，其所辖人户均不满十户，少的仅有一户。详见塔拉等主编《中国藏黑水城汉文文献》第1册，国家图书馆出版社，2008年，第42页。

另，在登记完上述信息后，文书又进一步登记了相关马匹的毛色，如第6行的“黑青”、第7行的“白脸”等。此外，还登记了马匹的数量、齿数等，如第6行的“一疋，年七岁”。

另，文书还登记了马匹的现实状况，如据第7行可知，该行所载的站马虽已“倒死”，但也要对其进行详细的登记。如此可知，对于站马的整点，还要考察相关马匹的实有数量、见在情况等信息。

总之，由以上不难得见，元政府对于站赤马匹的整点，实际上较之黑水城《至正二十四年整点站赤文卷》所提出的要求，内容更为丰富。

其二，关于站赤整点中的复核问题。

通过前文已知，此件文书的书写笔迹、墨色等并不完全相同，且有涂改、补充等痕迹。其中第8行在载明“扇马一十岁”之后，又书写了“年十岁”等文字，而该行的两个“岁”字，写法明显不同，可以确认，“年十岁”等字属于第二次书写的内容。第7行的“一白脸自家义必多者马疋”等字，笔迹、墨色亦与其他各行不同，书写于插入符号的右侧，显然亦当属于第二次书写。另外，第7行起首处“一”字的下方，“户”字的右侧，均有一圈划符号，该符号显然亦不应属于第一次书写的内容。

目前看来，在第二次书写之前，文书的文意已基本表达完整，如第8行的“一十岁”，此文已准确地表示了该站马的齿数，而在该行的“扇马”之前，也写明了该马的户主等。那么，为何在文书表意已基本清楚的前提下又另笔书写了其他文字与符号呢？笔者推测，这些二次书写的文字、符号等可能是相关官员对此件整点站赤文书进行复查、核验后所书，属于复核类的字符。

之所以此件中的二次书写内容均出现在第7、8行，而同样是对“一户”站马进行登记的第6行，却未出现二次书写的内容，通过第7行“一户”二字下方与右侧的圈画符号可以推知，可能基于文书对该户站马的登记存在问题，故方予以补充和复核。其中“一白脸自家义必多者马疋”等文字属于补充的内容，而“年十岁”等字则属于复核的内容。第6行可能并不存在登记不实的问题，故而未进行补充等二次书写。当然，未进行第二次书写，并不代表不会对该行所写内容进行复核。

总而言之，此件整点站赤文书显示，在站赤的整点过程中还存在有关人员对站赤整点文书进行复核的程序，而这一程序在此前并不为人所知。另外，泰定元年（1324）之后，元政府将对于站赤的管理权收归路总管府手中①，而黑水城《至正二十四年整点站赤文卷》也表明，在至正时期的亦集乃路，前去整点站赤者主要是路总管府的“总管”“同知”“经历”等人。因之推断，对此件天理图书馆藏站赤整点文书进行复核者，可能即为此件文书所在路的相关官员。而此件文书的发现地为“敦煌”，其在元代属于沙州路所辖，故此官员有可能来自该路总管府。

① 党宝海：《蒙元驿站交通研究》，昆仑出版社，2006年，第91页。

汉晋北朝敦煌大族文化发展研究

孔令梅（敦煌研究院）

古代敦煌地处河西走廊最西端，是连通中原和西域的枢纽之地。特殊的地理位置和历史因素，使得敦煌成为一个既开放又封闭的家族式社会。佛教在敦煌社会占有独特的重要地位。本文以佛教为中心，通过对汉晋北朝时期敦煌大族与佛教的关系进行系统的探究，梳理敦煌大族的文化发展情况。

一、汉晋时期

自汉武帝设敦煌郡以来，大批中原大姓由于各种原因迁徙至敦煌，并逐渐在敦煌立足。最初他们以军功起家，获取官职，成为敦煌当地的豪门强宗，后来又以儒学为正统，为官仕宦，成为敦煌大族[①]。敦煌大族在敦煌居于主导地位，他们掌握着敦煌的统治权，使敦煌成为典型的家族社会。在敦煌大族初入敦煌的同时，佛教也传入了敦煌。不过此时，佛教的发展主要是靠域外胡僧来传播的，敦煌大族只是初步接触佛教，他们并未广泛信仰佛教。

这时，由中原迁入敦煌的大族主要有曹氏、令狐氏、索氏、氾氏、阴氏、宋氏等等。曹氏是最早迁入敦煌的中原大族之一，早期敦煌曹氏以曹全一家为代表，《郃阳令曹全碑》记载了曹氏在汉武帝时期迁徙敦煌的情况[②]；敦煌李氏、翟氏等大族形成和发展的时间则更晚，他们崛起于魏晋十六国北朝时期[③]。

在汉武帝时期，曹氏随着汉武帝拓边向西迁徙，有的就定居在敦煌。这是敦煌曹氏的缘起。敦煌曹氏很快在敦煌成为儒学高门世家，官居要职，成为大族。西汉末年，王莽篡夺政权，来自令狐氏家族的建威将军令狐迈反对王莽篡权，与翟义共同起兵讨伐，令狐迈兵败身

① 冯培红：《汉晋敦煌大族略论》，《敦煌学辑刊》2005年第2期，第100-116页。

② ［清］王昶：《金石萃编》卷18《郃阳令曹全碑》，光绪癸巳（1893年）上海醉六堂印，第一函。

③ ［清］王昶：《金石萃编》卷18《郃阳令曹全碑》，光绪癸巳（1893年）上海醉六堂印，第一函。

亡，其子孙“皆奔敦煌”，长子伯友、次子文公一直逃到西域龟兹、疏勒等地。据《新唐书》记载[①]，敦煌令狐氏家族历代官任要职，其中不乏儒学雅士，成为敦煌的高门儒宦世家[②]。索氏最初在西汉武帝时，因避难西来。P.2625《敦煌名族志》索氏条记载，“汉武帝时，太中大夫索抚、丞相赵周直谏忤旨，徙边，以元鼎六年（前111年）从钜鹿南和迁于敦煌。凡有二祖，号南索、北索。初，索抚在东，居钜鹿之北，号为北索。至王莽天凤三年（公元16年），鸣开都尉索骏复西敦煌，骏在东，居钜鹿之南，号为南索。莫知长幼，咸累代官族”[③]。索氏家族在敦煌或以军功立足，或具有深厚的儒学修养，世代为官，是敦煌的儒业高门。西汉末年，张氏来到敦煌，家于此地。P.2625号文书前半部分残损严重，池田温先生将文书中前半部分的张氏分为三个家谱，认为文书仅存张瓘、张庆方一族和张襄、张端一族，但他们仅是敦煌张氏家族中不重要的旁支。至于东汉张奂、张芝等张氏人物，则应该是文书中佚失的大部分内容[④]，他们是敦煌张氏的重要一支。早期敦煌张氏名人辈出，文武兼备，是敦煌著名的高门大族。氾氏于西汉末年迁徙敦煌。据S.1889《敦煌氾氏家传并序》载，敦煌氾氏最初“遭亡秦避于氾国……成帝御史中丞氾雄，直道见惮，河平元年（前28年）自济北卢县徙居敦煌。代代相生，遂为敦煌望族。孝廉纪世，声誉有闻”。敦煌氾氏亦以精通儒学而著称，在敦煌，他们不断地向令狐氏、索氏、张氏等敦煌大族学习儒业，“代代相生，遂为敦煌望族，孝廉纪世，声誉有闻”[⑤]。

汉晋时期，敦煌大族势力基本以索、张、氾、令狐、阴、宋等姓为代表[⑥]。初入敦煌的中原汉姓家族或以军事武功起家，或以儒学为业，举孝廉，进仕宦，奠定了其敦煌大族的地位。

佛教在两汉之际传入中国，其传播路线一般认为是自印度，由西域，经过河西，传播到中原内地。敦煌处于河西走廊最西端，是连通中原和西域交通的枢纽，也是佛教传入内地的必经之地。佛教经过敦煌，也应该在此地扎根和发展起来。在《魏书·释老志》中就载有敦煌佛教的发展繁盛景象，“敦煌地接西域，道俗交得其旧式，村坞相属，多有塔寺”[⑦]。那么在汉晋时期，佛教也应该已经有了较快的发展。据史籍和敦煌文献所载，西晋“敦煌菩萨”竺法护及其弟子竺法乘在敦煌翻译佛经，立寺延学，向敦煌民众传播佛教[⑧]。三国时期，敦煌出现了信众所抄写的佛教写经，如景初二年（238）敦煌太守仓慈为众生抄写供养《佛说

---

① ［宋］欧阳修、宋祁：《新唐书》卷75下《宰相世系五下》，中华书局，1975年，第3397页。

② 孙晓林：《汉—十六国敦煌令狐氏述略》，《北京图书馆馆刊》1996年第4期，第92-96页、第24页。

③ P.2625《敦煌名族志》，载上海古籍出版社等编《法藏敦煌西域文献》第16卷，上海古籍出版社，2001年，第329页。

④ 池田温：《唐朝氏族志研究——关于〈敦煌名族志〉残卷》（原载《北海道大学文学部纪要》1965年第13卷第2号，第3-64页），载《唐研究论文选集》，中国社会科学出版社，1999年，第68-121页。

⑤ S.1889《敦煌氾氏家传并序》，载《英藏敦煌文献（汉文佛经以外部分）》第3卷，四川人民出版社，1995年，第168-169页。

⑥ 杨际平、郭锋、张和平：《五——十世纪敦煌的家庭与家族关系》，岳麓书社，1997年，第118页。

⑦ ［北齐］魏收：《魏书》卷114《释老志》，中华书局，1974年，第3032页。

⑧ ［梁］释慧皎：《高僧传》卷1《竺昙摩罗刹（竺法护）传》、卷4《竺法乘传》，中华书局，1992年，第23-25页、第155页。

五王经》[1]。西晋时期索靖在敦煌莫高窟题壁仙岩寺[2]。莫高窟本是佛教艺术瑰宝，仙岩寺应该就是佛教寺院，这说明敦煌佛教建筑在莫高窟建立，大族已经较早接触了佛教。除了这些佛教经典的传播和佛教建筑外，在敦煌汉简中也发现了与佛教相关的踪迹。在敦煌最早发现的佛教踪迹就是浮屠简，也是目前发现的唯一的佛教汉简。此枚佛教汉简是由甘肃省考古所于2008年发现的，对研究敦煌早期佛教史有非常重要的价值和意义。汉简中的文字摘录如下："少酒薄乐，弟子谭堂再拜请。会月廿三日，小浮屠里七门西入。"[3]根据研究，悬泉浮屠简的时间应当在东汉明帝（58）以后的半个世纪之内，中间经历了明帝、章帝、和帝三代。不论这枚浮屠简的具体性质如何，其中的佛教术语和佛教内容是十分清楚的。"根据悬泉浮屠简的记载，早在公元一世纪下半叶，佛教就已传入敦煌，而且一开始就流行在民间。"[4]

汉晋之际，随着中西交通的发展，外来很多胡僧进入中国传播佛教，他们经过敦煌，在此地驻足，胡僧翻译佛经促进了佛教在敦煌的传播和发展。外来胡僧在敦煌的佛经翻译和传播中充任了主角角色，为敦煌早期的佛教传播贡献巨大。佛教逐渐在敦煌立足、发展。最初，佛教的发展主要是由域外胡僧完成的，他们在敦煌及内地翻译和传播相应的佛经及其思想。佛教并不立刻被大族所接受，但是它对大族的思想亦起到了熏陶作用。敦煌大族与佛教的关系经历了由初步接触，到开始接受和信仰的过程。

二、十六国时期

十六国时期，是敦煌大族思想文化发生转变的关键时期。十六国时期以来，地处西北的敦煌进入了四个"凉"和一个"秦"政权统治的五凉时期[5]。

此时，五凉诸政权大多崇信佛教和支持佛教的发展。正如《魏书·释老志》所描述："凉州自张轨后，世信佛教，敦煌地接西域，道俗交得其旧式，村坞相属，多有塔寺"[6]。五凉政权是在敦煌大族支持下建立和发展的，故此时敦煌大族在五凉政权中占有重要的地位，他们成为诸届政权的支柱。但面对五凉时期频繁的战乱和政权的更迭，敦煌大族的命运兴衰不定，经常发生变化。有的大族由于政治灾祸的原因，势力急剧衰落，有的大族由于受宠于统治者，家族声望反而更加显赫。为了保持各自家族的良好状态，找到更好的生存环境，敦煌大族在思想意识领域也开始发生了变化，他们逐渐接受或信仰了外来的宗教佛教，由儒学独尊逐渐转变到了儒释兼行。敦煌令狐氏、张氏、索氏、宋氏等大族，在此时有着显著的表现。

自汉至十六国前期，令狐氏在敦煌的政治、文化等方面都很显达，尤其以儒术传家的特

---

① 陈直：《文史考古论丛》，天津古籍出版社，1988年，第497页。

② 莫高窟晚唐第156窟前室北壁《莫高窟记》，载敦煌研究院编《敦煌莫高窟供养人题记》，文物出版社，1986年，第72页。

③ 郝树声、张德芳：《悬泉汉简研究》，甘肃文艺出版社，2009年，第185-194页。

④ 郝树声、张德芳：《悬泉汉简研究》，甘肃文艺出版社，2009年，第185-194页。

⑤ 这时期，敦煌主要出现过四个"凉"政权和一个"秦"政权。"四凉"指五凉政权中的前凉、后凉、西凉、北凉，无南凉；"一秦"即前秦政权。我们也可以总体称此时期为"五凉时期"。

⑥［北齐］魏收：《魏书》卷114《释老志》，中华书局，1974年，第3032页。

征最为突出。令狐氏成为敦煌大族之一[①]。公元421年，北凉灭掉西凉，敦煌于是处于北凉政权的统治之下。但是有关北凉时期敦煌令狐氏的仕宦情况，在史载中罕有发现，故学界推测，此时，令狐氏家族不受北凉统治者重用，处于消沉状态。令狐氏家族为了维持生计，开始谋求新的发展道路。接受佛教、参与佛教传播事业，正是令狐氏解决现实不顺的良药，能够从思想上慰藉失落的心灵。在北凉石塔和敦煌写经文献中，就保存了令狐氏接触佛教的宝贵资料。这些资料主要有北凉马德惠石塔[②]、北凉程段儿石塔[③]、日本东京书道博物馆《妙法莲华经·方便品》[④]写经、《佛说首楞严三昧经下》[⑤]写经。

北凉石塔和佛教写经是令狐氏接触佛教、从事抄经工作的较早文化遗存。抄经人令狐飒、令狐岌、令狐广嗣等经常为佛教信徒供养人抄写、刻写佛经。这跟敦煌令狐氏的家族命运及其以儒术传家，具有很高的文化素养有关。令狐氏以儒术传家，具有接触佛教及从事佛经抄写工作的文化基础。北凉时期，令狐氏离开北凉政权舞台后，为了生存，在敦煌以外的酒泉等地区，开始为广大信众抄写佛经，通过抄经，既从思想上慰藉了失落的心灵，又实现了自己的家族价值。令狐氏逐渐地由以儒术传家的传统大族，转变为儒释兼通的新型大族。

五凉时期，敦煌张氏以儒学传家，为官仕宦[⑥]，同时，他们的信仰也逐渐发生了变化。自五凉时期以来，敦煌张氏开始更多地信仰佛教，如后凉政权吕绍的妻妾“张氏”来自敦煌张氏。敦煌“张氏”就是一位非常虔诚的佛教信徒，在吕绍死后，“张氏”为了保持贞洁身份，免受吕隆的侵扰，出家为尼。面对吕隆的侵扰，“张氏”义正辞严，从门楼跳下，至死诵经，足见其佛教信仰的虔诚态度[⑦]。

其他敦煌大族，如索氏、宋氏等大族，在五凉时期，皆不同程度地信仰了佛教。敦煌索氏是很早就迁入敦煌的大族之一，亦以儒术传家，在五凉政权中也非常活跃[⑧]。宋氏在五凉政权中势力时起时伏，显于前凉、西凉、北凉，隐于前秦、后凉[⑨]。索氏、宋氏等敦煌大族作为五凉政权的依靠力量，在五凉政权统治者尤其是北凉沮渠氏非常崇信佛教的背景下，也信仰了佛教。在北凉石塔中，沮渠缘禾四年（435），信士索阿俊与休息（僧人）昙智、法定

---

① 敦煌文献S.1889《敦煌氾氏家传并序》记述了东汉以令狐溥、令狐富为代表的令狐氏儒学修养情况。《晋书》卷86《张轨传》载，令狐亚、令狐浏是前凉富有才干的重臣；卷87《李玄盛传》记载了西凉令狐溢、令狐迁、令狐赫分别被委任重要官职。这些材料很好地表现了令狐氏儒宦高门的形象。

② 史岩：《酒泉文殊山的石窟寺院遗址》，《文物参考资料》1956年第7期，第53–59页；张宝玺：《甘肃佛教石刻造像》，甘肃人民美术出版社，2001年，第42页。

③ 殷光明：《北凉石塔研究》，觉风佛教艺术文化基金会，2000年，第36–38页、第356页。

④［日］磯部彰编集《台東区立書道博物館所蔵中村不折旧蔵禹域墨書集成》卷下，文部科学省科学研究费特定领域研究〈東アジア出版文化の研究〉総括班，2005年，第3页。

⑤ 黄文弼：《吐鲁番考古记》，中国科学院，1954年，第26–27页。

⑥［清］张澍辑，李鼎文校点《续敦煌实录》，甘肃人民出版社，1985年，第16–26页。

⑦［宋］李昉等：《太平御览》卷439《人事部·贞女上》，中华书局，1960年，第2021页。

⑧［清］张澍辑，李鼎文校点：《续敦煌实录》，甘肃人民出版社，1985年，第33–49页。齐陈俊、陆庆夫、郭锋：《五凉史略》，甘肃人民出版社，1988年。

⑨ 李聚宝：《十六国时期敦煌的政治状况》，《兰州学刊》1987年第3期，第80–86页。关于敦煌宋氏又见施光明：《西州大姓敦煌宋氏研究》，《魏晋南北朝史论文集》，齐鲁书社，1991年，第166–176页。

等众人共立佛塔。其中索氏就是敦煌大族，索氏信仰佛教情况可现[①]。与索阿俊所立佛塔几乎同时，僧人昙智、法定又与信士宋文惠、王叟坚等佛教信徒共同建造了佛塔[②]。北凉石塔的修造活动，反映了北凉时期敦煌索氏、宋氏皆信仰佛教的情况。

敦煌大族由于政治仕途上的显达和家族命运的兴衰，家族思想发生巨大变动，他们开始广泛信仰佛教，由儒学独尊逐渐转变为儒释兼通的文化面貌。从此，佛教成为敦煌大族思想文化的重要组成部分，在敦煌大族的发展过程中发挥着重要的作用。同时，敦煌大族也极大地促进了敦煌佛教的发展和繁荣。

十六国时期，敦煌佛教也有很大的发展。早在两汉之际，佛教由西域经过河西走廊传入内地。通过外来胡僧翻译佛经，传播佛教，佛教逐步发展壮大起来，逐渐被敦煌大族接受和信仰。五凉时期，佛经翻译达到了一个新的发展时期，以北凉佛教译经最为突出。在北凉政权统治者的支持和带动下，许多佛典被翻译，佛教思想得到了广泛的传播，推动了敦煌佛教的发展。敦煌佛教的大发展始于莫高窟的创建。在修建塔寺、石窟方面，敦煌佛塔建筑较多，前秦的乐僔、法良二位禅师最先开凿两龛，揭开了敦煌莫高窟营建的历史。

敦煌文献在P.2551V《武周圣历李君莫高窟佛龛碑并序》（《李君修慈悲佛龛碑》）和莫高窟晚唐第156窟前室北壁《莫高窟记》（P.3720V《莫高窟记》）中有载。

承前所述，五凉时期是佛教快速传播和发展的时期，也是佛经翻译重要且关键的时期。此时，佛教经籍获得了大量翻译，但是翻译工作仍然主要由外来胡僧进行，当地河西大族等也有参与。在北凉佛教发展的影响之下，敦煌地区也有敦煌大姓家族人员出家为僧，如敦煌释道法、释法颖等人，他们的早年正处于北凉时期。释道法，俗姓曹，敦煌人，他自幼信奉佛教，精研禅法，兼通神咒，后来离开敦煌，到成都继续研修禅法[③]。释法颖，来自索氏家族，敦煌人，研习经律论三藏，尤其以律最为精通。后来，他离开敦煌，东下至江南游学，成为“律学宗师”[④]。他们早年就喜好佛法，出家为僧，后来到南方学习，成为佛界高僧。

五凉时期频繁的战乱和政权的更迭，使得敦煌大族的命运兴衰不定。有的大族由于政治灾祸，势力急剧衰落；有的大族由于受宠于统治者，家族发展反而更加顺利。为了保持各自家族的良好状态，找到更好的生存环境，敦煌大族在思想意识领域中也开始发生变化，他们逐渐接受了外来信仰，如令狐氏、张氏、索氏、宋氏等敦煌大族，逐渐转变观念，开始信仰佛教，逐步实现了由儒学独尊到儒释兼通的转变。

三、北朝时期

北朝时期，敦煌大族的结构发生巨大变化，汉族大族势力一度衰落，鲜卑、粟特等少数民族在敦煌的势力发展壮大，成为敦煌大族成员的一部分。此时，他们皆信仰和支持佛教的发展。这一时期，大族家窟修建的序幕揭开，敦煌佛教有了长足的发展。

---

① 石塔分别藏于克利富兰艺术馆、敦煌市博物馆，殷光明：《北凉石塔研究》，觉风佛教艺术文化基金会，2000年，第47-51页。

② 石塔分别藏于克利夫兰艺术馆、敦煌市博物馆。殷光明：《北凉石塔研究》，觉风佛教艺术文化基金会，2000年，第44-47页。

③［梁］释慧皎：《高僧传》卷11《释道法传》，中华书局，1992年，第420页。

④［梁］释慧皎：《高僧传》卷11《释法颖传》，中华书局，1992年，第436页。

北魏占领敦煌后，敦煌大族的命运发生重大变化。北魏对任何一个地方占领之后，都会把当地受降人口带到自己的控制势力范围之内。如北魏太武帝太延五年（439），拓跋焘率领大军消灭了河西地区的北凉政权，统一了北方。北魏攻克凉州后，“徙凉州民三万余家于京师”[①]，在被迁徙到代北魏都凉州的三万余家民众中就包含了很多敦煌大族名士。《魏书》《北史》等史籍记载了北魏政权迁徙的来自河西及敦煌大族的重要人物，其中包括敦煌儒士宋繇、索敞、张湛、刘昞等人，还有很多普通民众及工匠随之东迁至魏都。河西及敦煌大族的外徙，对敦煌的大族结构和势力产生了重要影响。有学者认为，河西士人的东迁，使河西及敦煌当地的学在家族的模式不复存在，为河陇文化的衰落埋下了祸根[②]。

元荣、于义等北朝统治者入居敦煌，也带来了中原的佛教文化，使敦煌莫高窟石窟内容和艺术特征具有明显的中原因素。北朝时期，以瓜州刺史东阳王元荣、建平公于义为代表的鲜卑大族，是敦煌地区的最高统治者，迁入敦煌的鲜卑、匈奴、高车、西域等少数民族，是其统治的社会基础，这也丰富了敦煌的民族结构。同时，消隐后的汉族大姓以令狐氏为代表，他们通过辅佐鲜卑元氏、北周宇文氏的方式，得以重新振兴、崛起。

在元荣、李贤、于义等瓜州刺史的带领下，敦煌佛教有了长足的发展。同时，仍留居敦煌的汉族大族佛教信仰也非常兴盛。敦煌大族以令狐氏、张氏、阴氏等为典型，成为敦煌大族信仰佛教的代表。北朝时期，阴氏在敦煌的势力比较强大，他们参与修建了莫高窟第285窟。敦煌令狐氏以抄写佛经为业，主持敦煌官方写经事业，为佛教的发展做出了突出的贡献。

（一）令狐氏与佛教

此时，敦煌大族与佛教建立了密切的关系，敦煌大族的佛教信仰比较发达。令狐氏在两汉之际入居敦煌，在东汉中期成为敦煌大族。十六国五凉政权时期，令狐氏为各政权所重用。同时，在思想文化上，令狐氏也是非常先进的大族，他们不仅是儒学文化传家的大族，也是信仰佛教的大族，对佛教在敦煌的传播和发展做出了突出的贡献。在北魏时期，敦煌地方组织了官方佛教写经活动，令狐氏在其中起着非常重要的主导作用，这一点由敦煌文献资料可以看出。在北魏时期，敦煌出现了地方官方主持的佛教抄经写经事业。以令狐崇哲为代表的令狐氏家族成员为敦煌官方佛教写经事业做出了突出的贡献。在敦煌文献中，官方佛教写经主要存有21件，集中在511—521年[③]。官方抄经有着统一的形式，一般皆会在所抄佛经末尾注明参与抄经的人员。以S.2067《华严经》卷第16题记为例：

1. 华严经卷第十六
2. 延昌二年岁次水巳（513）七月十九日敦煌镇经
3. 生令狐永太写此经成讫。
4. 　　　　　　用纸廿四张
5. 　　　　　　校经道人

① ［北齐］魏收：《魏书》卷4《世祖纪》，中华书局，1974年，第90页。

② 李智君：《五凉时期移民与河陇学术的盛衰——兼论陈寅恪“中原魏晋以降之文化转移保存于凉州一隅”说》，《中国史研究》2006年第2期，第67-84页。

③ ［日］池田温：《中國古代寫本識語集錄》，東京大学東洋文化研究所，1990年，第101-108页。

6.　　　　　　典经帅令狐崇哲[①]

从敦煌文献可知，参与官方写经事业的经生人员构成比较复杂，主要来自敦煌各个家族，大多属于敦煌大族之列。其中，令狐氏和张氏各占经生总数中的三分之一。令狐氏家族人员是敦煌官方写经事业的主力军，在敦煌官方写经中占有的重要地位。令狐崇哲不仅是经生，而且是典经帅，负责管理敦煌官方佛经抄写工作，故以令狐崇哲为代表的令狐氏是敦煌官方佛教写经事业的管理者和领导者。敦煌令狐氏在北魏敦煌官方佛教写经事业中发挥着主导作用[②]。

除了官方佛教写经之外，敦煌令狐氏信众抄经奉佛也非常普遍。主要有：

太平真君七年（446），令狐箅在唐儿祠写《大集经》卷第23，为诸佛弟子祈愿[③]。敦研113号北魏天安二年（467），令狐阝帚儿等人习书《维摩经》[④]。正始二年（505），清信女令狐陀咒供养《妙法莲华经》卷4[⑤]。P.2189西魏大统三年（537），令狐休抄《东都发愿文》，赞颂元荣统治。大统五年（539），令狐休为“流通末代”（末法思想）而抄写《大般涅槃经义记》卷4[⑥]。令狐氏或研习佛典，或抄经供养，这些都反映了北朝时期的佛教信仰状况。

十六国北朝时期，敦煌令狐氏的思想文化发生了重大变化，在敦煌官方写经事业中占有重要地位，是敦煌官写经事业的主导和主力之一。而且，令狐氏信众的佛教信仰非常虔诚，是北朝时期敦煌大族中佛教信仰的杰出代表。

（二）张氏的佛教信仰

北魏以来，敦煌张氏的佛教信仰也进一步发展，抄经诵经的数量明显增多。并且，在敦煌官写经中，张氏也发挥了主力军的作用。

北朝敦煌张氏的佛教信仰持续发展。敦煌张氏所抄写供养的佛经种类比较繁多，主要有《大般涅槃经》《维摩诘经》《金光明经》《华严经》《法华经》《大云无想经》《大集经》等经典。敦煌张氏不仅作为佛教信徒供养佛经，他们跟敦煌令狐氏一样也从事着经生职业，为敦煌官方写经事业做出了重要贡献。敦煌张氏官写经有：

延昌二年（513）六月，敦煌镇经生张显昌写《大楼炭经》[⑦]；延昌二年七月十八日，敦煌镇经生张显昌写《华严经》[⑧]；延昌二年七月廿八日，敦煌镇官经生张乾护写《大智度经》[⑨]；延昌三年四月十二日，敦煌镇经生张阿胜写《大方等陀罗尼经》[⑩]；神龟元年（518）七月十三日，经生张凤鸾写《维摩诘经》[⑪]。

① 黄永武主编《敦煌宝藏》第15册，新文丰出版公司，1986年，第645页。

② 孔令梅、杜斗城：《十六国北朝时期敦煌令狐氏与佛教关系探索》，《敦煌研究》2010年第5期，第99-104页。

③［日］池田温：《中國古代寫本識語集錄》，東京大學東洋文化研究所，1990年，第85页。

④ 段文杰主编《甘肃藏敦煌文献》第1册，甘肃人民出版社，1999年，第151页。

⑤［日］池田温：《中國古代寫本識語集錄》，東京大學東洋文化研究所，1990年，第100页。

⑥［日］池田温：《中國古代寫本識語集錄》，東京大學東洋文化研究所，1990年，第121页。

⑦ 黄永武主编《敦煌宝藏》新文丰出版公司，1981年，第3册，第167-172页。

⑧ 王三庆：《日本所见敦煌写卷目录提要》，载《敦煌学》第15辑，1989年，第98-99页。

⑨［日］池田温：《中國古代寫本識語集錄》，東京大學東洋文化研究所，1990年，第104页。

⑩ 黄永武主编《敦煌宝藏》第51册，新文丰出版公司，1986年，第45-51页。

⑪ 上海图书馆、上海古籍出版：《上海图书馆藏敦煌吐鲁番文献》第1册，1999年，第250-259页。

敦煌张氏也有出家为僧者。释超辩，源自敦煌张氏家族，年少"神悟孤发"，"屡操深沉"，诵《法华经》《金刚般若经》。后来，他离开敦煌，南下至京师，学习佛法，诵《法华经》，每天一遍，非常有恒心，礼拜千佛一百五十余拜，从来不出门，长达三十余年[①]。敦煌张氏僧俗信徒的佛教信仰非常虔诚。

北朝时期，敦煌张氏继续信仰佛教，张氏抄写供养了大量种类繁多的经典，表现出北朝禅观佛教的特征。敦煌张氏也是北魏官方写经事业中重要主力之一。张氏也有人出家为僧，而且佛学造诣很高。敦煌张氏也是北朝敦煌大族信仰佛教的重要代表之一。

（三）阴氏、李氏、张氏等大族与洞窟营建

五凉时期，阴鉴遭前凉张峻的忌害之后，阴氏家族的势力受到了沉重的打击而沉寂下去，到了北朝时期，敦煌阴氏家族逐渐崛起，这可以从阴氏家族在莫高窟的石窟修建表现中看出。莫高窟第285窟是瓜州刺史东阳王元荣的功德窟，贺世哲、马德先生对此有细致的研究[②]。但是，此窟中存有敦煌阴氏的题记，说明西魏时期阴氏参与修建了莫高窟第285窟。

第285窟北壁上部为七铺说法图，每铺下面是发愿文和供养人。西起第一铺说法图下发愿文右边是三身男供养人形象，都头戴笼冠，身穿深衣袍。贺世哲先生认为这是王公贵族的形象，第一身是东阳王元荣。发愿文左边与男供养人相对的是女供养人，身穿贵族妇女的六袿衣，为东阳王家眷[③]。第285窟建造于西魏大统年间，此时，正是东阳王元荣任瓜州刺史之时。通过对第285窟供养人题记的分析，可知窟内各铺说法图下的发愿文及供养人各自为一组，发愿文左侧、右侧分别为男女供养人，他们之间为家眷亲属关系。这些供养人来自不同的敦煌家族。第285窟应该是由多个家族共同营造的石窟。张元林认为，第285窟是法华邑社邑窟[④]。供养人题记中发现有阴氏、史氏、滑氏等姓氏。其中，阴氏家族位于第二铺说法图发愿文之列，在第一铺说法图及供养人东阳王元荣一组之后，可见阴氏家族在敦煌当地的重要地位。阴氏家族信徒有阴安归、阴苟生、阴无忌、阴胡仁、阴普仁、阴氏比丘辩化等人及女性家眷。与阴安归相对的女供养人是史崇姬，史姓是粟特人姓氏，可知敦煌阴氏与粟特人结有姻亲关系。粟特人善于经商，经济实力雄厚，故可以推测阴氏的经济实力也较为强大。阴氏能够在莫高窟参与修建元荣窟，既可以表现出敦煌阴氏在政治上与瓜州刺史元荣的某些联系，又可以表现出阴氏较为强大的经济实力。北朝时期，属于敦煌佛教发展的前期，此时，敦煌大族及民众的佛教信仰处于比较纯粹的虔诚信仰时期。

《武周圣历李君莫高窟佛龛碑》记载了"刺史建平公、东阳王等各修一大窟，而后合州

---

① ［梁］释慧皎：《高僧传》卷12《释超辩传》，中华书局，1992年，第471页。

② 贺世哲：《从供养人题记看莫高窟部分洞窟的营建年代》，《敦煌莫高窟供养人题记》，文物出版社，1986年，第197–198页；马德：《敦煌莫高窟史研究》，甘肃教育出版社，1996年，第67–69页。

③ 贺世哲：《从供养人题记看莫高窟部分洞窟的营建年代》，《敦煌莫高窟供养人题记》，文物出版社，1986年，第198页；马德：《敦煌莫高窟史研究》，甘肃教育出版社，1996年，第68页。

④ 张元林：《〈法华经〉佛身观的形象阐示——莫高窟第285窟北壁说法图新解》，载敦煌研究院主编《2004年石窟研究国际学术会议论文集》（上），上海古籍出版社，2006年，第249–275页；《粟特人与莫高窟的营建——粟特人及其艺术对敦煌艺术贡献》，载云冈石窟研究院编《2005年云冈国际学术研讨会论文集·研究卷》，文物出版社，2006年，第405页。

黎庶造作相仍”[①]。东阳王就是瓜州刺史元荣，主持修建了第285窟。建平公于义在莫高窟也修建了洞窟。于义，来自代北大族于氏，世代为官。北周时期，于义曾在敦煌担任瓜州刺史，而且是北朝时期敦煌大族中非常信仰佛教的重要代表人物。宿白[②]、施萍婷[③]等先生对建平公于义进行了研究，其在莫高窟所修大窟就是第428窟。

除了《李君莫高窟修佛龛碑》所载的“刺史建平公、东阳王等各修一大窟”，即莫高窟第285、428窟之外，陇西大姓李贤也曾出任瓜州刺史，在莫高窟也有所作为，修建了第290窟。关于李贤窟，贺世哲[④]、樊锦诗、李崇峰、赵青兰等皆有研究[⑤]，李茹对第290窟做了深入的阐述[⑥]。李贤家族与北周宇文氏统治者的关系至为密切，李贤建造第290窟不仅是为“李氏家族做功德”，也是“为了宣传当政者的英明盖世”。

北周时期，敦煌张氏也在莫高窟修造早期的洞窟，即第442窟。在第442窟中尚只发现敦煌张氏的踪迹，别无其他族姓氏。故此窟应该是张氏家族的家族窟。第442窟中所存供养人题记共4身，在主室北壁自东向西依次为：

1. ······县开国子张□供养

2. 弟······主簿鸣沙县丞张缌供养佛时

3. 弟□□将军□（帅）都督前敦煌郡主簿张□······

4. 息······州······张诣供养佛时[⑦]

从现存的供养人题记看，张缌担任郡主簿和鸣沙县丞，其弟弟张□也担任敦煌郡主簿，其子张诣任职于州职，他们之间是兄弟、父子的关系，而且皆担任州郡县三级官职。其中主簿属于郡属官，县丞是县令辅官。严耕望先生经过研究，认为北朝时期，地方属吏皆用本地人[⑧]。可知张缌一族都是敦煌当地人，他们担任郡主簿和县丞，把持了敦煌州郡县三级的属官，故第442窟就是张家窟，反映了敦煌张氏强大的实力和崇高的地位。

不论是西魏第285窟，还是北周第290窟、第428窟、第442窟等，这些洞窟作为莫高窟的早期洞窟皆由敦煌当地最高统治者主持修建，代表了敦煌上层势力和敦煌大族的文化和势

---

① P.2551V《武周圣历李君莫高窟佛龛碑》，图版收录于上海古籍出版社等编《法藏敦煌西域文献》第15卷，上海古籍出版社，2001年，第310页。

② 宿白：《敦煌莫高窟早期洞窟杂考》，载《大公报在港复刊三十周年纪念文集》卷上，香港《大公报》出版，1978；此据宿白：《中国石窟寺研究》，文物出版社，1996年，第214–225页。

③ 施萍亭（婷）：《建平公与莫高窟》，《敦煌研究文集》，甘肃人民出版社，1982年，第144–150页；施萍亭（婷）：《关于莫高窟第428窟的思考》，《敦煌研究》1998年第1期，第1–12页。

④ 贺世哲：《石窟札记》，《敦煌研究》1999年第4期，第50–55页。

⑤ 樊锦诗、马世长、关友惠：《敦煌莫高窟北朝洞窟的分期》，载敦煌研究院编《敦煌研究文集》，甘肃人民出版社，1982年，第365–369页；杜斗城：《北凉佛教研究》，第170–187页；李崇峰：《敦煌莫高窟北朝晚期洞窟的分期与研究》，载敦煌研究院编《敦煌研究文集·石窟考古编》，甘肃民族出版社，2000年，第29–111页；赵青兰：《莫高窟中心塔柱窟的分期研究》，载《敦煌研究文集·石窟考古编》，甘肃民族出版社，2000年，第211–256页。

⑥ 李茹：《李贤与李贤窟研究》，硕士学位论文，兰州大学，2007年，第46–47页；《敦煌李贤及其功德窟相关问题试论》，《敦煌学辑刊》2009年第4期，第114–126页。

⑦ 敦煌研究院编《敦煌莫高窟供养人题记》，文物出版社，1986年，第166–167页。

⑧ 严耕望：《中国地方行政制度史——魏晋南北朝地方行政制度》，上海古籍出版社，2007年，第382–386页。

力情况。北朝时期敦煌大族的修窟活动，代表了北朝时期敦煌当地民众虔诚的佛教信仰面貌。

结论

汉晋之际，初入敦煌的大族刚刚接触新传入的佛教文化，他们并未广泛信仰佛教。五凉时期，敦煌大族实现了由儒学独尊到儒释兼通的思想文化转变，他们抄经奉佛，开始广泛信仰佛教。北朝时期，敦煌大族的佛教信仰长足发展，他们抄写供养大量佛经，参与莫高窟早期石窟的修建，但是大族家窟的数量尚比较少。

敦煌大族的佛教信仰及信仰活动促进了敦煌佛教的发展。敦煌佛教经历了汉晋之际初步立足、发展，五凉北朝时期长足发展，为唐宋时期的繁荣兴盛打下了基础。

出土财计文献中的“簿”“籍”与“历”“案”“帐”关系探论*

王祥伟（西北师范大学历史文化学院）

【摘要】 唐宋时期写本文献中作为文书名称的“历”“案”“帐”与简牍时代的“簿”“籍”关系密切。随着时代的演变，简牍时代的财物簿、名籍等文献在唐宋时期的写本文献中一般可以称为“历”，但唐宋写本文献中并非用“历”完全取代了“簿”“籍”之名，而是“历”与“簿”“籍”之名共存。同时，四柱式的帐册在简牍时代称为“簿”，至唐宋时期的写本中则称为“案状”“帐状”，也可略称为“案”“帐”。

【关键词】 简牍　文书　簿　籍　历　帐

出土文献中有大量的财计文献，其中简牍中有众多名为“簿”“籍”的财计文献，而在唐宋时期的写本文献中又有许多名为“历”“案”“帐”的财计文献。从形式、内容、性质等方面来看，唐宋时期写本文献中的“历”“案”“帐”的名称系由简牍时代的“簿”“籍”发展演变而来。本文即主要以相关出土资料为中心对此演变情况进行讨论说明，敬请方家指正。

一、“簿”“籍”与“历”

虽然作为文书名称的“历”在传统文献和出土文献中均有记载，但各类辞书字典在解释“历”的含义时，并未解释“历”作为文书名称的含义。那么，何谓“历”？王永兴先生解释：“历是一种重要的文书形式，历不仅存在于财物文书之中，如唐代勾官印署、行朱讫，必书于历，这种历与财物无关，但从出土文书看，财物历更为普遍。”接着他又以几件敦煌吐鲁番官方财物历文书为依据解释：“某年某月某日、因某事支某物或纳某物若干、经手人姓名三项，为‘历’所必备

* 本文系国家社科基金后期资助重点项目“敦煌寺院会计文书整理研究”（项目编号20FZSA005）研究成果。

者，支历如此，纳历也是如此，这种随时随事所记的文书，即称为历。”[①]诚然，在目前所见的“历”类文书中，有的历与财物记录无关，而更多的历是对财物收支的记录，至于财物历的要素，则会因财物历的性质、用途等的不同而发生变化，历文书的内容既有随时随事所记者，也有非随时随事所记者。其实，“历”的名称是从文书形式上来命名的，即财计“历”是一种用一一列示的方式进行的记录。当然，非财计文书的公文历，也是对相关内容进行条列记录，使其内容历历在目。故敦煌吐鲁番出土的“历”类文书中多有如条记、条列、条疏、抄目、抄录、分析如后、具列如后、谨具如后等词语和表述，而此等词语和表述体现了“历”类文书在记录形式上的特征。

将条列记录相关内容的文书称为“历”最早始于何时，暂时不便定论。目前所见较早的记载是唐代，如《唐六典》卷12“内官宫官内侍省”载：“若用府藏物所造者，每月终，门司以其出入历为二簿闻奏。一簿留内，一簿出付尚书。”“内给使掌诸门进物、出物之历。”[②]与之相应，在敦煌吐鲁番文书中，我们能看到较早明确标题为“历”的文书也是在唐代。其中，吐鲁番文书中虽有大量被学界拟题为“历”的文书，但由于文书残缺太甚，故保存有“历”标题者凤毛麟角[③]，而敦煌文书中明确标题为“历”者较多。孙继民先生云：“历作为一种类似于帐簿的文书种类，至少在唐代已经大量使用。”[④]其所说的“历”是财物历，虽然目前所见将相关文书称为“历”的较早时间在唐代，但这并不等于此类文书在唐代才出现。从简牍资料来看，财物历在魏晋以前就已大量使用，只不过当时没有以“历”来命名，而主要是以“簿”“籍”称之。简牍中簿、籍的种类特别多，中外学者在对其进行科学分类方面付出了大量精力[⑤]。在这些簿、籍简牍中，有大量是对财物的记录，其中虽然有明确标题为“名籍”“簿”“出入簿”等者，但可惜这些有标题者一般没有保存下来详细的内容。有更多的简牍没有明确标题为“簿”“籍”，整理者根据内容将其拟名或归入“簿”“籍”中。从记录形式上来看，简牍中的财物簿与敦煌文书中有明确“历”标题的财物历不乏相同者，如《居延汉简释文合校》中562·1A载：

> 光 光 四月十三日乙亥
> 乙亥出麦一石，又驿小史一石十六。
> 丙子出麦八斗，茭十九。
> 丁丑出麦石二斗，茭廿。
> 戊寅出麦石二斗，茭十五。
> 己卯出麦九斗，茭廿。
> （中略）
> 戊子出麦石二斗，廿四。

① 王永兴：《敦煌社会经济文书导论》，新文丰出版公司，1994年，第330页、第334页。

② ［唐］李林甫等撰，陈仲夫点校《唐六典》，中华书局，1992年，第357页、第359页。

③ 仅有72TAM223:47（b）《唐吴神感等纳钱历》的原标题保存了下来。参见国家文物局古文献研究室、新疆维吾尔自治区博物馆、武汉大学历史系编《吐鲁番出土文书》（录文本）第8册，文物出版社，1987年，第269页。另外，在个别吐鲁番历状类文书中也有明确称为“历”者。

④ 孙继民、魏琳：《南宋舒州公牍佚简整理与研究》，上海古籍出版社，2011年，第168页。

⑤ 关于中外学者对秦汉简牍的分类情况，参见李均明：《秦汉简牍文书分类辑解》引言，文物出版社，2009年。

己丑出麦石二斗，廿八。凡十五日

庚寅出麦

辛卯出麦[①]

该簿被学者归为“计簿”类[②]，内容是按日干支逐日条列帐目，系典型的序时流水帐。这种序时流水帐在敦煌文书中明确称为“历”，如敦煌文书S.6829V《丙戌年（806）正月十一日已后缘修造破用斛斗布等历》载：

1丙戌年正月十一日已后，缘修造破用斛斗布等历。

2十九日，买张奉进木，付麦肆硕。

3廿二日，买康家木价，付布肆疋，计壹伯柒拾陆尺，折麦壹拾硕，又付粟叁硕。

4二月十一日，付翟朝木价布壹疋肆拾伍尺。却入。

5三月十四日，出麦捌斗，雇索鸾子等解木手工城西。

6四月二日，出麦柒斗，付曹昙恩解木七日价。

7同日，出麦贰斗，付索家儿充解木两日价。又一日价，麦壹斗。

8九日，出粟柒斗，付索鸾子充解木五日价。

9廿一日，出麦柒斗，付彭庭贤雇车载城西木。

10廿三日，出麦肆硕捌斗，付唐十一回造白面，又出麦壹硕贰斗，帖回造。

（后略）[③]

与前引简牍计簿一样，该件也是按照时间序列依次记录支出的麦粟等及其用途。可见，财物簿、财物历相通，只是不同时代有不同的名称而已。

当然，虽然至唐代将条列记录财物的相关文书称为“历”，但“簿”在唐代的文书制度中也存在，其中就有财物簿。如前引《唐六典》卷12所云“门司以其出入历为二簿闻奏”，似乎簿是依据出入历编造的，说明唐代的“历”与“簿”有别。虽然敦煌吐鲁番文书中有被拟名为“簿”者，但均非原有标题，而是后来整理者所拟。故唐代的财物簿与财物历有何区别，财物簿的形式如何，我们难窥其貌。宋代文献中保存下来了一些“簿”的格式，如《庆元条法事类》卷30“财用门一・上供”中对“诸路转运等司稽考上供钱物簿”的格式进行了规定，又该书卷47“赋役门一・税租簿”中记载到税簿、税租簿、税租割受簿、税租等第产业簿等诸种税租簿，其中还规定了夏秋税租簿的置簿格式[④]。但是，由于簿的内容很广泛，即便同是财物簿，其格式也不尽一致。在宋代，财物历与簿也是有别的，如《文书令》载：“诸州县场务收支历，如遇官司取索推究者，先申所属，别置簿，瞻入见在数目，印押讫行驶，方得发送。”[⑤]方宝璋先生在讨论宋代的历与簿

① 谢桂华、李均明、朱国炤：《居延汉简释文合校》上册，文物出版社，1987年，第658页。

② 李均明：《秦汉简牍文书分类辑解》，文物出版社，2009年，第283页。

③ 唐耕耦、陆宏基编《敦煌社会经济文献真迹释录》第3辑，全国图书馆文献缩微复制中心，1990年，第146-147页。

④ 谢深甫编撰，戴建国点校《庆元条法事类》，载杨一凡、田涛主编《中国珍稀法律典籍续编》第1册，黑龙江人民出版社，2002年，第447-448、第634-637页。

⑤ 谢深甫编撰，戴建国点校《庆元条法事类》，载杨一凡、田涛主编《中国珍稀法律典籍续编》第1册，黑龙江人民出版社，2002年，第542页。

时云：

由于历比较原始，记录比较粗糙繁杂，查阅起来颇为不易，因此有些部门曾将历改为簿……宋代的“簿”与“历”有区别，如上引发运副使贾伟节所言催纲历改为催纲簿。但由于这些簿经常与历在具体经济部门中混合使用，而且有的不易区别，因此有时就连称为簿历。宋朝上自中央下至地方之仓场库务均设有各种窠名的簿，对会计原始凭证和记录进行统计整理，分门别类登记成册……除各具体经济部门登记具体事务的簿之外，宋代还设有专门的簿来分管一些重要的经济活动，如未绝簿、少欠簿、销钞簿等。①

唐代的情况应与宋代相似，虽然财物历与财物簿也有区别，但二者也经常混合使用，故唐代文献中簿、历连称的现象也甚为普遍。

在敦煌文书中，虽然不见财物文书中标题有“簿”者，但有称为“籍”者。籍与簿关系密切，如《说文解字》第五篇云：“簿，籍也。”②又《史记》卷58《梁孝王世家》中张守节《正义》云：“籍，谓名簿也。”③那么，簿、籍究竟有何区别呢？《释名》卷6“释书契”云：“簿，言可以簿疏物也。”“籍，籍也，所以籍疏人名户口也。”④此说基本为后人所沿用。吴昌廉先生在讨论居延汉简中的簿、籍时云：“若言‘人入名籍，物录簿书’，大抵如是，但少数有变例。居延汉简所见之名籍簿书，可细分数十种，足证簿籍于名称方面，似无定制，全视任务需要，常作灵活运用。”⑤是说籍以登录人为主，而簿以登录物为主，同时强调也有变化，没有定制。学界对簿、籍的讨论较多，但认识基本相似，如永田英正先生在对居延汉简中的簿、籍进行区分时认为，“籍是以人为对象的名单，与之相比，簿则首先是以物为对象的”⑥。李均明先生认为“簿与籍之体式有许多共同之处，其称谓常混用（尤其先秦及魏晋时）……秦汉时期簿与籍之区别在于簿常以人或钱物的数量值为主项，而籍大多数以人或物自身为主项。即所谓‘人入名籍，物录簿书’”⑦。后来凌文超先生也对秦汉魏晋时期简牍中的籍与簿进行了区别，认为统计人数的称为簿，而不称为籍；簿即为笏、牍，而籍为册书；籍一般专指名籍，而簿指代较为宽泛，各类行政文书似皆可称为簿⑧。相较而言，凌文超的区别更为全面，而且强调了簿登载人、物及其数量之外的其他行政文书。但从敦煌文书来看，简牍中的名籍到后来也可以称为历，如谢桂华先生复原的居延汉简《建平五年十二月官吏名籍》内容如下：

1·建平五年十二月官吏名籍

2令史田忠 十二月食三石三斗三升少 十一月庚申自取

3·右吏四人 用粟十三石三斗三升少

① 方宝璋：《略论宋代会计帐籍》，《中国经济史研究》2004年第3期，第22页。

② ［清］段玉裁：《说文解字注二》，商务印书馆，1996年，第7页。

③ ［汉］司马迁：《史记》，中华书局，1959年，第2084页。

④ ［汉］刘熙撰，毕沅疏证《释名疏证》，丛书集成初编本，中华书局，1985年，第182–183页。

⑤ 吴昌廉：《居延汉简所见簿籍述略》，载简牍学报编辑部主编《简牍学报》第7册，台北简牍学会，1980年，第157–163页。

⑥ ［日］永田英正著，张学锋译《居延汉简研究》（上），广西师范大学出版社，2007年，第255–258页。

⑦ 李均明：《秦汉简牍文书分类辑解》，文物出版社，2009年，第247页。

⑧ 凌文超：《走马楼吴简采集簿书整理与研究》，广西师范大学出版社，2015年，第89–92页。

4郭卒□□ 盐三升 ［十二月食三石三斗三升少］ 十一月庚申自取

5郭卒李就 盐三升 十二月食三石三斗三升少 十一月庚申自取

（中略）

12·凡吏卒十七人 凡用盐三斗九升 用粟五十六石六斗六升大

13·建□□年十二月吏卒廪名籍①

与这件名籍记录格式相同的敦煌文书很多，一般的敦煌“纳赠历”和“纳设历”文书的记录格式均是如此，仅是在结尾处很少有合计数，如S.5509《甲申年（925）十二月十七日王万定男身亡纳赠历》载：

1甲申年十二月十七日王万定男身亡纳赠历

2社官苏流奴 面柴并（饼）粟麻 绿绫子一疋非（绯）绵绫二丈三尺

3社长韩友松 面柴并（饼）粟麻 碧锦绫内四妾（接）五段故破一丈三尺

4社老裴川儿 面并（饼）柴粟麻 紫绢一丈二尺淡绢一丈三尺故破

5席录邓憨子 面并（饼）柴粟麻 白丝生绢壹疋非（绯）衣兰八尺

6录事张通盈 面并（饼）柴粟麻 黄绢壹疋白练故破内四妾（接）五段

7石不勿 面并（饼）柴粟麻 弘（红）绫子壹疋黑白去壹疋罗底二丈

8石衍子 面并（饼）柴粟麻 甲緤三丈五尺故破罗底一丈五尺

（后缺）②

我们注意到，二者的格式均是先记录人名或职务名，然后记录物品及数量。除了纳赠历和纳设历外，其他有关敦煌文书中也有此类情况，如P.2162V和S.5822均是对交纳地税的记录，格式也是先记纳税人姓名，每人之下再记录应纳税数目，而这两件文书的原标题分别是“左三将纳丑年突田历”和“杨庆界寅年地子历”③。可见，这些敦煌文书标题中的“历”与居延汉简《建平五年十二月官吏名籍》标题中的“名籍”是相通的，也即汉简中的此类“名籍”在敦煌文书中也可以称为“历”，而敦煌文书中的纳赠历也即纳赠名籍，纳地子历也即纳地子名籍。甚至敦煌文书中单纯的名册也可以称为历，如P.3423是专门对数十名新登戒僧人法名的记录，其原标题是“丙戌年五月七日乾元寺新登戒僧次第历”，又S.2729是关于敦煌诸寺僧尼名单的状文，其标题也是“辰年三月五日算使论悉诺罗按谟勘牌子历”，二者均称为“历”而非“名籍”④。当然，这种现象并不是说敦煌文书中均用“历”取代了“籍”，实际情况是，“历”与“籍”在敦煌文书中并存，甚至有时“籍”与“历”还可混用。如P.3236的原标题是“壬申年三月十九日敦煌乡官布籍”⑤，此处称为“籍”而非“历”。又如P.3231（11）由7件文书内容组成，记录了敦煌平康举办官斋时硙

① 谢桂华：《居延汉简的断简缀合和册书复原》，载武汉大学简帛研究中心主编《简帛研究》第2辑，法律出版社，1996年，第248-255页。

② 宁可、郝春文辑校《敦煌社邑文书辑校》，江苏古籍出版社，1997年，第408页。

③ 录文参见唐耕耦、陆宏基编《敦煌社会经济文献真迹释录》第2辑，全国图书馆文献缩微复制中心，1990年，第405-407页。

④ 录文参见唐耕耦、陆宏基编《敦煌社会经济文献真迹释录》第4辑，全国图书馆文献缩微复制中心，1990年，第103-104页、第194-204页。

⑤ 录文参见唐耕耦、陆宏基编《敦煌社会经济文献真迹释录》第2辑，全国图书馆文献缩微复制中心，1990年，第452-453页。

面、押油、造食等的负责人及有关面、油、粟等的收支情况，其中除了第1件开头残缺外，其他第2—7件的开头较为完整，每件首行标题依次如下：

癸酉年九月卅日，平康乡官斋籍，计壹百柒拾贰人料。

甲戌年五月廿九日，平康乡官斋籍，计一百柒拾贰人料。

甲戌年十月十五日，平康乡官斋历，计壹伯柒拾贰人料。

乙亥年五月十五日官斋。

乙亥年九月廿九日，平康乡官斋历，计壹伯柒拾贰人料。

丙子年五月十五日，平康乡官斋历，计一百七十贰人料。[①]

这几件的内容、格式基本是一致的，一般均记录了官斋中负责相关事宜的硙面头、押油头、蒸饼头、䭔饼头、餬饼头、煮菜头、食布头等类，每类下面有若干人，有的类别下人名后还记录有面、油、饼等的数目。其中除了第5件没有明确称为“籍”或“历”外，第2、3件称为“官斋籍”，而第4、6、7件却称为“官斋历”，即“籍”与“历”混用。

此外，给马、牛等畜产造籍的历史甚为悠久，故文献中多有相关畜产名籍的记载。如居延汉简中的“☐传马名籍（203·39）”“河平四年十月辰庚朔丁酉肩水候丹敢言之谨移传驿马名籍□□敢言之（284·2A）”“☐十五日令史宫移牛籍太守府求乐不得乐吏毋告劾亡满三日五日以上（36·2）”等均明确记载马籍和牛籍[②]。又《新唐书》卷48载：“马之驽、良，皆有籍，良马称左，驽马称右。每岁孟秋，群牧使以诸监之籍合为一。”[③]敦煌文书中也有一些与羊、牛、马等畜产有关的簿籍文书，其中标题明确称为“籍”者有S.3048《丙辰年（956）东界羊籍》、P.2484《戊辰年（968）十月十八日归义军算会群牧驼马牛羊现行籍》和Ch.i.0021a（IOL.C.107）《甲申年二月十一日牧羊人曹定安群见行羊籍》等，其中S.3048的内容格式如下：

1丙辰年东界羊籍。

2吴保德羊一口。张清儿羊四口，又一口。

3贺迁子羊一口，付本主又一口。

（中略）

15令狐员住羊一口，流定捉一口，七月一口，二月二日羊一口。

16韩清儿一口。梁清奴两口，又一口，又一口，又羊两口。

（后残）

该件的记录格式是先人名，然后在每人名下记录羊只数量。由于牧羊人名下的羊只数量很少，仅有一只或数只，故应不是牧羊人所负责的羊群总数。P.2484的记录内容要较S.3048更详细一些，具体是在相关每名牧羊人、牧马人等后先记录羊、马、牛、驼的种类与数量，然后进行合计[④]。Ch.i.0021a（IOL.C.107）的内容格式与S.3048、P.2484也有别，

① 唐耕耦、陆宏基编《敦煌社会经济文献真迹释录》第3辑，全国图书馆文献缩微复制中心，1990年，第239-245页。

② 谢桂华、李均明、朱国炤：《居延汉简释文合校》上册，文物出版社，1987年，第57页、第318页、第477页。

③［宋］欧阳修、宋祁：《新唐书》，中华书局，1975年，第1255页。

④ 唐耕耦、陆宏基编《敦煌社会经济文献真迹释录》第3辑，全国图书馆文献缩微复制中心，1990年，第585-586页、第590-595页。

具体如下：

1甲申年二月十一日牧羊人曹定安群兵马破殁后见行羊籍：

2大白羊羯贰拾叁口，二齿白羯壹拾伍口，儿落悉无贰

3拾柒口，大白母羊伍拾口，二齿白母羊壹拾肆口，女落

4悉无肆拾叁口，白羊大小共计壹伯柒拾贰口，

5大羖羊羯拾壹口，二齿羖羊羯两口，儿只无肆口。

6大羖母羊贰拾口，二齿羖母羊贰口，女只无柒口，

7　　　右羊大小共计肆拾陆口

8当年白羊羖羊并子肆拾捌口（印）[①]

该件是关于牧羊人曹定安一人名下的羊籍，主要记录每类羊只的种类和数量，最后对各类羊只数量进行合计。敦煌的这些畜产籍文书不仅有助于我们了解历史上畜产名籍的内容和格式，而且其名称也延续使用“籍”而非“历”。

总之，随着时代的演变，简牍时代的“财物簿”“名籍”等文献在唐宋时期的写本文献中一般可以称为“历”，但唐宋写本文献中并非用“历”完全取代了“簿”“籍”之名，而是“历”与“簿”“籍”之名共存。

二、“簿”与“案”“帐”

在中国古代的财计文献中，有一种按照“四柱”格式记录的帐册。其中，“四柱”系指上一会计期的结余帐和本会计期的收入帐、支出帐、结余帐四部分，这种四柱帐册还可以和状文的格式相结合而形成四柱帐状，相当于会计报告。这类四柱帐册的名称在历史上也一直处于演变之中，不同时期的名称并不统一。汉代的简牍资料中，这种四柱帐册可称为“簿”，如《居延汉简释文合校》中128·1简册载：

广地南部言永元五年六月官兵釜硙月言簿

承五月余官弩二张、箭八十八枚、釜一口、硙二合。

今　余官弩二张、箭八十八枚、釜一口、硙二合。

赤弩一张，力四石，木关。

陷坚羊头铜　箭卅八枚。

故釜一口，鍉有锢口呼长五寸。

硙一合，上盖缺二所各大如踈。

●右破胡隧兵物

●赤弩一张，力四石五，木破，起缴往往绝。

盲矢铜　箭五十枚。

硙一合，敝尽不任用。

●右涧上隧兵物

●凡弩二张、箭八十八枚、釜一口、硙二合。毋入出。

永元五年六月壬辰朔一日壬辰。广地南部

① 中国社会科学院历史研究所等合编《英藏敦煌文献（汉文佛经以外部分）》第14卷，四川人民出版社，1995年，第272页。

候长信叩头死罪敢言之。谨移六月见官兵物
月言簿一编。叩头死罪敢言之。
广地南部言永元五年七月见官兵釜硙月言簿
承六月余官弩二张、箭八十八枚、釜一口、硙二合。
（后略）①

该简册内容较多，包括三件“月言簿”和两件“四时簿”，引文中第1—16行为永元五年六月的月言簿，最后两行为七月的月言簿的部分内容。从内容可知，六月的月言簿记录的兵物主要是官弩二张、箭八十八枚、釜一口、硙二合，这些兵物属于破胡隧和涧上隧。而月言簿的内容也是按照前帐结余和今帐新入、破用、结余四部分记录的，如“承五月余”是前帐结余，“毋入出”指在本月没有收入和支出，最后的“凡”是今帐结余，而该结余又是下一月月言簿中的“承六月余”，如引文最后一行七月月言簿记录的即是。该简册中其他月言簿和四时簿也是如此。这说明，汉代“簿”的内容非常广泛，四柱帐册也可以称为“簿”。

在唐宋时期，四柱帐册可称为“案”“帐”，这在敦煌寺院和官府的四柱帐册中有集中体现。如敦煌文书P.2838（1）是唐中和四年（884）敦煌安国寺的四柱帐册，其末尾有僧官都僧统悟真的判词，其云：“勘算既同，连附案记。正月十九日。都僧统悟真。”S.1625是后晋天福三年（938）敦煌大乘寺的四柱帐册，其结尾也云：“右通前件斛斗油面粟等，破除及见存，一一诣实如前，谨录文案，与充后算为凭。”又如敦煌归义军官府的四柱文书S.2472V云：“辛巳年（981）十月三日，算会州司仓公廨斛斗，前主持第五队押衙阴保升、押衙杜幸德等两队，准旧案上硕数升斗，合管交过与新把仓第一队头押衙龙员昌、队头裴万通等……”②可见，这些唐宋时期的四柱帐册均可被称为“案”“文案”，文书中的“前案”“旧案”即指上一会计期的四柱帐册③。

唐宋时期的四柱帐册不仅可以称为“案”，而且也可以称为“帐”。如敦煌文书P.2838（2）是唐光启二年（886）敦煌安国寺的四柱帐册，其载：“从辰年正月已后，至午年正月已前，中间叁年应入硙课、梁课、厨田及前帐回残斛斗油苏等，总叁佰肆拾捌硕玖斗叁胜……叁拾叁硕陆斗叁胜斛斗油等前帐旧”。P.3352是丙午年（886或946）敦煌三界寺的四柱帐册，其载：“合从乙巳年正月一日已后，至丙午年正月一日已前，中间一周年，徒众就北院算会法松手下应入常住梁课、硙课及诸家散施兼承前帐回残及今帐新附所得麦粟油面黄麻夫查豆布毡等总肆伯贰拾六石四斗六升九合。”又P.2974V是唐乾宁四年（897）敦煌金光明寺的四柱帐册，其载：“从丙辰年正月五日已后至丁巳年正月十九日已前，中间承前帐及今帐新附麦粟黄麻豆油苏等总叁佰壹硕柒斗壹胜半壹抄……壹佰伍拾玖硕陆斗壹胜半壹抄麦粟黄麻豆

① 谢桂华、李均明、朱国炤：《居延汉简释文合校》上册，文物出版社，1987年，第211-213页。

② 唐耕耦、陆宏基编《敦煌社会经济文献真迹释录》第3辑，全国图书馆文献缩微复制中心，1990年，第322-327页、第398-399页、第287页。

③ “案”作为财务文书的名称在汉简中就已经存在，如居延汉简中的《始建国天凤四年四月尽六月当食者案》保存完整，记录了四月至六月戍卒的食用帐。释文参见胡之主编《内蒙古居延汉简》（二），重庆出版社，2008年，第20页。

油苏等前帐旧。”[①]这些四柱帐册中的“前帐”与前述几件中的“前案”“旧案”是一回事，就是指前一会计期的四柱帐册。

既然唐宋时期的四柱帐册可以称为“案”“帐”，而其又是状文的格式，故也可以称其为“案状”“帐状”。《唐会要》卷59“比部员外郎”条载：

建中元年四月，比部状称，天下诸州及军府赴勾帐等格，每日诸色勾征，令所由长官录事参军、本判官，据案状子细勾会。其一年勾获数及勾当名品，申比部。[②]

引文中有案状和勾帐。虽然案的种类、内容很多，即便是财物记录方面的案，在格式和内容方面也不一致，但是也不排除此处案状的内容就是四柱记帐形式的可能；同时，唐代的勾帐不但也在使用四柱帐式，而且也会有状文的格式[③]，故引文中的勾帐也可能是四柱帐式的帐状。唐代文献中关于“案”“帐”的记载非常多，但是“案状”“帐状”名称出现很少，这应是将“案状”“帐状”分别略称为“案”“帐”所致，因为下面将要论及，“帐状”可以简称为“帐”。在宋代的传统文献里面，“帐状”一词比比皆是，帐状的种类也非常多，有不同地方、不同机构的帐状，如“一州之帐状，司法主之；一路之帐状，漕属主之；率诸路帐状上之户部”，即州、路各有帐状[④]。若以时间言之，有年帐、半年帐、季帐、月帐、旬帐等，这在宋人李元弼《作邑自箴》卷5“规矩”条中有载：

一年终帐状限次年正月二十日，半年帐状限次半年孟月十五日，每季帐状限次季孟月初十日，月帐状限次月初五日，旬申帐状限次旬二日，夏秋税管额帐当年五月一日纳毕，单状税满，限四十日并要申发讫呈检。[⑤]

宋朝还专门设置总管天下帐状的机构——提举帐司，如《宋史》卷163载：“绍兴中，专置提举帐司，总天下帐状，以户部左曹郎官兼之。”[⑥]帐状也可以简称为“帐”，如《宋会要辑稿》载：

（宋神宗熙宁）九年四月二十六日，诏诸在京府界仓库所供月、季、年帐，并于合满后依限申省，月、季帐二十五日，半年帐四十日，年帐五十日。[⑦]

这里的月、季、年“帐”在《作邑自箴》则相应地称为“帐状”。关于宋代官府帐状的性质，方宝璋先生认为一般是对各种会计凭证旁、帖、券和原始半原始记录历、簿等各种会计资料的汇总和简括，基本上全面反映地方路州县或中央太府寺、司农寺等所辖仓场库务经济活动的面貌[⑧]。从格式和内容来看，虽然宋代的帐状非常复杂，但是其中不乏四柱式的帐

---

① 唐耕耦、陆宏基编《敦煌社会经济文献真迹释录》第3辑，全国图书馆文献缩微复制中心，1990年，第328-336页。

② ［宋］王溥：《唐会要》，中华书局，1955年，第1036页。

③ 李锦绣：《唐代财政史稿》，北京大学出版社，1995年，第237-249页。

④ ［清］徐松辑：《宋会要辑稿》“食货六九”，中华书局，1957年，第6344页。

⑤ ［元］李元弼：《作邑自箴》四部丛刊续编本，商务印书馆，1934年，第27-28页。

⑥ ［元］脱脱等：《宋史》，中华书局，1977年，第3849页。关于提举帐司设置的具体年代，《续资治通鉴》卷144记载是绍兴七年（1137），其载：“绍兴七年，臣僚有请仿本朝三司之制，专置提举帐司，总天下帐状，以户部左曹郎官兼之，积习既久，视为文具。”

⑦ ［清］徐松辑：《宋会要辑稿》“食货六二”，中华书局，1957年，第5954页。

⑧ 方宝璋：《略论宋代会计帐籍》，《中国经济史研究》2004年第3期，第22页。

状。除了前面引用的敦煌文书中宋代的四柱帐状外，《庆元条法事类》卷37中“仓库式”下的《诸州申钱帛帐》《转运司申钱帛计帐》《杂物帐》《诸州申粮草帐》《转运司申粮草计帐》等均采用四柱帐式，限于篇幅，此处不再详细引用了[①]。

总之，四柱式的帐册在简牍时代称为“簿”，至唐宋时期的写本中则称为“案状”“帐状”，也可略称为“案”“帐”。

① 谢深甫编撰，戴建国点校《庆元条法事类》，载杨一凡、田涛主编《中国珍稀法律典籍续编》第1册，黑龙江人民出版社，2002年，第581-593页。

《新唐书·宰相世系表》陇西李氏丹杨房世系正补

——兼论初唐名将李靖与武周名臣李昭德之亲缘关系

吴炯炯（兰州大学历史文化学院）

一、学术史回顾及问题提出

初唐名将李靖与武周朝名臣李昭德，皆官至宰相，且二人在两《唐书》中均有专传。依《新唐书·宰相世系表》（以下简称《新表》）所载，二人同出陇西李氏丹杨房：

> 陇西李氏定着四房：其一曰武阳，二曰姑臧，三曰敦煌，四曰丹杨。宰相十人……丹杨房有靖、昭德。[①]

虽云同出一房，但二者亲缘关系究竟如何，文献记载语焉不详。《旧唐书·李靖传》仅云："李靖本名药师，雍州三原人也。祖崇义，后魏殷州刺史，永康公。父诠，隋赵郡守。"[②]《旧唐书·李昭德传》载："李昭德，京兆长安人也。父乾祐，贞观初为殿中侍御史。"[③]均未提及二人之亲缘关系。

就现存文献而言，有关陇西李氏丹杨房世系之记载，以《新表》为最详，共收录上下11世、36人之世系，也是李靖、李昭德二人亲缘

① ［宋］欧阳修、宋祁：《新唐书》卷72上《宰相世系表二上》，中华书局，1975年，第2473页。"丹杨"作为房名，文献中亦作"丹阳"，当是异写，所指相同，本文以《新唐书·宰相世系表》为准，故行文中均作"丹杨"，特此说明。

② ［后晋］刘昫等：《旧唐书》卷67《李靖传》，中华书局，1975年，第2475页。《新唐书》卷93《李靖传》（第3811页）记载更略，仅云："李靖字药师，京兆三原人。"

③ ［后晋］刘昫等：《旧唐书》卷87《李昭德传》，中华书局，1975年，第2853页。《新唐书》卷117《李昭德传》（第4255页）记载略同："李昭德，雍州长安人。父乾祐，贞观初为殿中侍御史。"

关系最为直观之呈现，兹引录如下（见表1，表中官职从略）[①]：

丹杨房：晋东莞太守雍长子曰伦，五世孙文度，西凉安定太守，与族人宝入后魏，因居京兆山北。

表1 《新唐书·宰相世系表》节选

																文度。
																权。
																崇义。
	伟节。															诠。
	乾祐。		正明。						客师。					靖字药师,相太宗。		药王。
余福。	昭德，相武后。	志贞。	志览。		大志。		大惠。		嘉字大善。				德奖。	德謇。	修行。	修志。
	元纮。		庆远。	令问。	令哲。			思孝。	守节。							元慎。
							炅。									
						琛。	錤。			沅。	汗。	湜。	浚。			
						正封，字中护。										

如表1所示，李靖之父李诠与李昭德之祖李伟节同处一行，且伟节以上空白，若依《新表》“旁行斜上”之例解读，似乎二人是兄弟关系，即昭德乃靖之从侄。南宋邓名世《古今姓氏书辩证》就持此种观点，云：“靖叔父传（伟）案《唐世系表》“传”作“伟”。节，司隶州刺史。生唐刑部尚书乾祐。乾祐生昭德，相武后。”[②]

清人沈炳震指出，“《昭德传》：‘乾祐，贞观初为殿中侍御史。’不言靖弟子。且靖，雍州三原人；昭德，京兆长安人，不同贯也。伟节盖别一房，非诠幼子”[③]。因为《旧唐书·

① [宋] 欧阳修、宋祁：《新唐书》卷72上《宰相世系表二上》，中华书局，1975年，第2464–2467页。

② [宋] 邓名世：《古今姓氏书辩证》卷21，商务印书馆，1936年，第291–292页。又参见 [宋] 邓名世撰，王力平点校《古今姓氏书辩证》卷21，江西人民出版社，2006年，第318页。

③ 虽然沈氏所据《新表》，文度与欢之间无阙载一代，故李伟节与李靖同排，与百衲本、点校本均不同，然沈氏之论甚有见地，参见沈炳震：《唐书宰相世系表订伪》卷3，收入《续修四库全书》，上海古籍出版社，2002年，第289册，第491页上–492页上。

李昭德传》不载李昭德与李靖的关系，又以两人籍贯不同，认为李靖与李昭德当属不同房支。

王昶在《金石萃编》中收录《李靖碑》，并在按语中考证李靖世系曰："《碑》叙曾祖、祖官爵与《表》同，惟曾祖权，《碑》作'懽'，为异。"[①]罗振玉在《新唐书宰相世系表补正》中依据《李靖碑》进一步指出，李靖曾祖之名《新表》作"权"有误，当作"懽"，又揭出《李景阳墓志》《张朏墓志》，补正李靖、李昭德家族部分世系，但未能解决李靖、李昭德是否分属不同房支、亲缘关系等问题[②]。

周绍良先生据杨炯所撰《李嘉墓志》[③]校正李靖家族世系，又据《张朏墓志》，在李昭德家族世系中补入李乾祐另一子李昭礼（"礼"误为"孔"）[④]。赵超先生详细搜罗前人有关《新表》之校正文字，先列沈、罗、周三氏考证，继而揭出《李爽（字乾祐）墓志》，再次确认李靖与李昭德并非同一房支[⑤]。

此外，陈尊祥[⑥]、赵力光[⑦]、聂溦萌[⑧]、贺华[⑨]、李超[⑩]、梁景宝[⑪]、郝明[⑫]、方琦[⑬]、傅清

---

① 李靖碑，即李靖神道碑，原碑现存陕西省礼泉县昭陵碑林，碑额题曰"唐故开府仪同三司尚书右仆射司徒卫景武公"，首题则作"大唐故尚书右仆射特进开府仪同三司上柱国赠司徒并州都督卫景武公之墓碑并序"，故罗振玉简称《卫景武公李靖碑》，乃昭陵茔域内之名碑，前代金石著述多有涉及，学界使用该碑录文及相关考证时，多据王昶：《金石萃编》卷51（嘉庆十年刻同治钱宝传等补修本，上海古籍出版社，2020年影印，第843页下-850页上）。但需要指出的是，更为常见的1921年扫叶山房本《金石萃编》中涉及李靖曾祖名讳、官职之录文则误作"曾祖权，后魏河秦□州刺史、□县开□公"（中国书店，1985年影印，叶四）。本文引用此碑文时，依据张沛编著《昭陵碑石》（三秦出版社，1993年，图版见第34页，录文见第136-139页），图版同时参考传世宋拓《李靖碑》，见上海博物馆编《李靖碑》，收入《上海博物馆藏碑帖珍本丛刊》第4辑，上海书画出版社，2021年。

② 罗振玉：《新唐书宰相世系表补正》，载罗继祖主编《罗振玉学术论著集》第8集，上海古籍出版社，2010年，第580页。

③［宋］李昉等编《文苑英华》卷959《志二十五·职官二十一·隰川县令李公墓志铭》，中华书局，1960年，第5039页下-5040页下。董诰等编《全唐文》卷195杨炯《隰州（川）县令李公墓志铭》，中华书局，1983年影印，第1977页上-1978页上。祝尚书撰《杨炯集笺注》卷9，中华书局，2016年，第1219-1242页。

④ 周绍良：《〈新唐书·宰相世系表〉校异》，载周绍良《绍良文集》中册，北京古籍出版社，2005年，第944页。

⑤ 赵超编著《新唐书宰相世系表集校》，中华书局，2018年，第252-253页。

⑥ 陈尊祥、郭盼生：《唐李爽墓志铭考释》，载西安碑林博物馆编《碑林集刊》第1辑，西北大学出版社，1993年，第139-145页；《唐李爽墓志铭补考》，《考古与文物》1995年第5期，第63-66页。

⑦ 赵力光：《长安细柳原乡出土唐〈李志览墓志〉考》，载西安碑林博物馆编《碑林集刊》第7辑，陕西人民美术出版社，2001年，第91-94页。

⑧ 聂溦萌：《唐初元勋的家族历程——以〈李药王墓志〉与李靖家族为中心》，载荣新江主编《唐研究》第17卷，北京大学出版社，2011年，第179-198页。

⑨ 贺华：《唐〈李楷墓志〉略考》，《文博》2014年第5期，第55-59页。

⑩ 李超、范允明：《唐李器墓志研究》，载杜文玉主编《唐史论丛》第23辑，三秦出版社，2016年，第299-309页。

⑪ 梁景宝：《洛阳出土〈李浚墓志〉考释》，《安康学院学报》2017年第4期，第71-77页。

⑫ 郝明：《新见唐李瀛墓志考》，载丁伟、樊英峰主编《乾陵文化研究》第12辑，三秦出版社，2018年，第304-312页。

⑬ 方琦：《唐〈李津墓志〉考释》，载丁伟主编《乾陵文化研究》第13辑，三秦出版社，2019年，第254-260页。

音[①]、拜根兴[②]等学者围绕出土陇西李氏丹杨房成员墓志展开研究，涉及家族世系、人物关系之讨论颇多，对陇西李氏丹杨房家族世系进行了不同程度的补正。

前人的研究虽然深化了我们对丹杨房家族世系传承、内部人物关系等方面的认知，但是有关李靖、李昭德二者亲缘关系到底如何，至今尚无定论。近年来，该房人物墓志不断出土与刊布，解决此问题似乎成为可能。本文即在前人研究基础上，全面搜集并利用该房人物墓志资料，分别对《新表》所载李靖、李昭德二人之家族世系进行正补，进而探讨李靖、李昭德二人的亲缘关系，以就教于方家大雅。

二、《李津墓志》所见李靖家族早期世系传承

两《唐书》中《李靖传》追叙前代世系仅至李靖之祖李崇义，因李靖于太宗朝位登宰相，故其家族相对完整之世系被收录在《新表》中，前代世系上溯至丹杨房始迁京兆之祖李文度，大大超出两《唐书》本传之记载。

如前文所述，清人王昶、近人罗振玉等已利用《李靖碑》，指出《新表》所载文度之孙、靖之曾祖——“权，后魏河秦二州刺史、杜县公”，“权”乃“懽”之形讹。但限于材料，李靖之高祖，即《新表》所阙文度与懽之间一代，前人均未补出，致使李靖家族早期世系仍然不完整，存在一定“缺环”。

唐人碑志多详载家族世系与人事关系，一定程度上可以补足传世文献记载之“缺憾”，在家族世系考证中价值尤高，颇受学者关注。新见李靖侄孙（李靖弟李正明之孙）李津墓志，载家族先代世系甚详：

> 公讳津，字虚舟，陇西成纪人也。……十二代祖广，前汉武骑常侍，陇西上谷七郡太守，拜未央卫尉。七代祖文度，后魏安定郡守、狄道侯，为镇军三年，徙居京兆。六代祖灵顺，后魏正平郡守、成纪公。五代祖众欢，后魏金门郡守。高祖崇义，后魏京兆郡太中正、散骑常侍、河南龙门二郡太守，封永康公。曾祖诠，隋朝车骑大将军、开府仪同三司、赵郡太守，皇唐赠荆州刺史。祖正明，皇唐右屯左骁等卫大将军、金紫光禄大夫、灵原秦等州都督，袭封永康公，陪葬昭陵。父志贞，皇唐太中大夫、盐延二州司马。……属圹之际，至孝犹申。告诸胤子，遣于金城县西槿原大茔左侧安置。[③]

志文记家族世系，起于陇西李氏丹杨房始迁京兆之祖李文度，迄于志主本人，前后八代，正可勘正《新表》所记李靖家族先代世系，补其中之“缺环”。

前文已论，《新表》中之“权，后魏河秦二州刺史、杜县公”，即文度之孙，亦即靖之曾祖，当正作“懽，后魏河秦二州刺史、杜县公”。此志虽作“众欢”，但两者实为同一人。

---

① 赵力光、傅清音：《唐李浚夫妇墓志考释》，载裴建平主编《碑林论丛》第24辑，三秦出版社，2019年，第73-81页。

② 拜根兴、林泽杰：《新出隋唐之际李祯墓志关联问题探微》，《社会科学战线》2021年第12期，第86-96页。

③ 开元十八年（730）七月九日《大唐故汝州梁县李府君（津）墓志铭并序》（以下简称《李津墓志》），盖题“大唐故/李府君/墓志铭/”，拓片图版见赵君平编《秦晋豫新出墓志搜佚》四二二，国家图书馆出版社，2012年，第537-538页；齐运通主编《洛阳新获七朝墓志》一九七，中华书局，2012年，第197页。研究参考方琦：《唐〈李津墓志〉考释》，三秦出版社，2019年，第254-260页。

《说文解字·心部》："懽，喜歀也。"①段玉裁注："懽、歀迭韵。歀者，意有所欲也。《欠部》曰：'欢者，喜乐也。'懽与欢，音义皆略同。"②故就"欢喜"一义而言，"懽"与"欢"实即异写③，故后世子孙在墓志中叙及，或用"懽"字，如《李靖碑》："曾祖懽，后魏河秦二州刺史、杜县开国公。"④或用"欢"字，如《李药王墓志》："曾祖欢，魏河、陕二州刺史，永康县公。"⑤《李歕墓志》："曾祖欢，魏河、陕二州刺史，永康县公。"⑥而此志作"众欢"，当是其完整名讳。至于何以后来或作"懽"，或作"欢"，大抵存在中古时期省略行辈字的可能，抑或是常见的复名单称现象。

据《李津墓志》所载世系可将李靖家族早期世系复原，见表2：

表2　李靖家族早期世系表

			文度，后魏安定郡守、狄道侯。
			灵顺，后魏正平郡守、成纪公。
			众欢，后魏金门郡守。
			崇义，后魏京兆郡太中正、散骑常侍、河南龙门二郡太守、永康公。
			诠，隋车骑大将军、开府仪同三司、赵郡太守，唐赠荆州刺史。
正明，唐右屯左骁等卫大将军、金紫光禄大夫、灵原秦等州都督，袭封永康公。	客师。	靖字药师，相太宗。	药王。

三、李靖兄弟诸人已降世系正补

前文已据《李津墓志》复原了李靖一族早期之世系。李靖家族绵瓞繁茂，生生不息，至李靖一辈，《新表》自右至左，依次收录药王、靖、客师、正明等兄弟四人。正因两《唐书》本传及《新表》所录世系较为简单，已经出土多方李靖兄弟及其后代墓志，成为梳理李靖家族世系的绝佳新材料。故本节立足相关墓志资料，参以传世文献，对李靖兄弟诸人及以降世系进行考辨、复原。

①［汉］许慎撰：《说文解字》，中华书局，1963年，第219页。

②［汉］许慎撰，［清］段玉裁注《说文解字注》，上海古籍出版社，1988年，第507页。

③汉语大字典编辑委员会编纂《汉语大字典》第2版，崇文书局、上海辞书出版社，2010年，第2537页。

④张沛编著《昭陵碑石》，三秦出版社，1993年。图版见第34页，录文见第136–139页。

⑤拓片图版及录文见穆渭生、刘波：《唐贞观二年〈李药王墓志〉简释》，载《陕西历史博物馆馆刊》第15辑，三秦出版社，2008年，第167–172页；胡戟、荣新江主编《大唐西市博物馆藏墓志》三二，北京大学出版社，2012年，第68–69页。

⑥拓片图版及录文见胡戟、荣新江主编《大唐西市博物馆藏墓志》三一，北京大学出版社，2012年，第66–67页。

（一）李药王以降世系正补

李药王乃李靖之兄，《新唐书·李靖传》有附传，仅云：“靖兄端，字药王，以靖功袭永康公、梓州刺史。”①不载后代情况。《新表》载其后代世系至孙辈：药王生修志、修行；修志生元慎。已知李药王家族人物墓志仅其本人一种，对其家族世系略有记载：

> 公讳药王，字，陇西狄道人也。……曾祖欢，魏河、陕二州刺史，永康县公。大父义，周岐州刺史，抚军将军，袭爵永康公。……考诠，隋赵郡太守，上开府仪同三司，袭爵永康公。……以隋大业九年正月十九日终于东都之尚善里舍，春秋卌有七。……贞观二年正月七日迺下诏曰：“隋故大将军、永康公李药王，昔在隋朝，早立功绩，久从风露，松价（槚）成行，眷言遗范，情深震悼，宜加宠命，被以哀荣。可赠持节梓州诸军事，梓州刺史。”公第三弟刑部尚书，检校中书令，永康公药师。……以其月十九日迁厝于雍州长安县之高阳原。②

《旧唐书·李靖传》载：“李靖本名药师，雍州三原人也。”③据此可知，墓志所记“公第三弟刑部尚书，检校中书令，永康公药师”即是初唐名将李靖，亦可证史书“李靖本名药师”之所言不虚。据此志所载，李药王隋开皇九年（589）袭爵永康公，历任婺州刺史、南宁道行军总管、云州道行军总管、朔州道行军总管。开皇二十年（600）与突厥战，因战败而被免官。隋大业九年卒于东都。唐太宗贞观二年下诏赠梓州刺史，当月迁葬雍州。可惜墓志未载药王子嗣情况，也不见其后人墓志出土，故无法对《新表》所录世系进行补正。

（二）李靖以降世系正补

虽然两《唐书》均为李靖立传，但限于体例，记载后代情况较为简略。《旧唐书》只称：“子德謇嗣，官至将作少匠。”④《新唐书》除记载有子德謇外，还记载：“靖五代孙彦芳，大和中，为凤翔司录参军。”⑤《新表》则记载李靖有二子：德謇、德奖。德奖以下两代不载，仅录曾孙四人：浚、湜、汗、沅。

已知李靖后人墓志出土有三种。

贞元六年（790）十二月四日《大唐嘉州刺史李公故夫人河东裴氏墓志铭并序》（以下简称《李浚妻裴氏墓志》）载：

> 夫人其先河东人也。曾祖陟，皇滑州司马。祖纪，皇赠司空。父缨，皇密州诸城县尉。……犍为守李公，即卫公之嫡玄孙也。……长男士方；次男直方，前监门

① ［宋］欧阳修、宋祁：《新唐书》卷93《李靖传》，中华书局，1975年，第3816页。

② 贞观二年（628）正月十九日《李药王墓志》（无首题），拓片图版及录文见胡戟、荣新江主编《大唐西市博物馆藏墓志》三二，北京大学出版社，2012年，第68-69页。聂溦萌曾围绕《李药王墓志》，结合《李靖碑》《李敳墓志》《李令问墓志》《李景阳墓志》《李嘉墓志》等对李靖家族世系进行考察，参见聂溦萌：《唐初元勋的家族历程——以〈李药王墓志〉与李靖家族为中心》，北京大学出版社，2011年，第179-198页。

③ ［后晋］刘昫等：《旧唐书》卷67《李靖传》，中华书局，1975年，第2475页。

④ ［后晋］刘昫等：《旧唐书》卷67《李靖传》，中华书局，1975年，第2482页。

⑤ ［后晋］刘昫等：《旧唐书》卷93《李靖传》，中华书局，1975年，第3816页。

卫录事参军；次男知方；次男式方。长女适颍川韩徽。①

贞元九年（793）十二月二十一日《唐故朝议大夫使持节都督嘉州诸军事守嘉州刺史袭卫国公李公（浚）墓志铭并序》（以下简称《李浚墓志》）载：

> 公讳浚，字明源，陇西成纪人，汉将军广之后也。六代祖让，周开府仪同大将军、龙门郡太守，封永康郡公。五代祖诠，隋开府仪同三司、赵郡太守、定襄道总管，袭永康公，皇朝赠特进、荆衡澧朗四州诸军事、荆州刺史，谥曰襄。高祖靖，开府仪同三司、尚书右仆射、中书令、卫国公，赠司徒，谥曰景武，从飨于太庙，陪葬于昭陵。……曾祖德奖，延州刺史。祖友谦，秦州司马。父齐贤，太子家令寺丞，皆袭爵卫公，陪葬昭陵。公即家令丞第五子也。……有子四人：士方；直方，前右监门卫录事参军；知方；式方。②

宝历二年（826）十一月二十七日《唐故左金吾卫兵曹参军陇西李公（瀛）墓志铭并序》（署"从侄前试太常寺奉礼郎休撰"，以下简称《李瀛墓志》）载：

> 公讳瀛，其先陇西成纪人也。皇朝尚书右仆射，赠司徒靖，翼戴兴王，封卫国公，即公之高王父也。曾祖德奖，延州刺史。祖友谦，秦州司马。父尊贤，邵王府掾。……夫人窦氏，资州刺史承恩之女。……后公一岁而殁，年四十有五，生一子裕方。……先是，卫公六代祖，后魏安定郡太守、狄道侯文度，始家京兆。及卫公陪葬昭陵，今三世矣，封域既大，卜宅从吉，礼也。犹子太常寺协律郎宗简。③

由《李浚墓志》《李浚妻裴氏墓志》可知，德奖生友谦，秦州司马；友谦生齐贤，太子家令寺丞；齐贤生浚，嘉州刺史；浚生士方、直方、知方、式方④，恰可补足《新表》所阙德奖与浚之间两代。又据《李瀛墓志》可知，除齐贤外，友谦尚有一子尊贤，邵王府掾；尊贤生瀛，左金吾卫兵曹参军；瀛生裕方。另外，《李瀛墓志》记李瀛有侄宗简，可知宗简乃尊贤之孙，其父与瀛为兄弟行。又，此志署"从侄前试太常寺奉礼郎休撰"，所谓"从侄"者，从兄弟之子也，故休之父与瀛属从兄弟，两人之祖同是秦州司马友谦，不知是否即齐贤之孙，暂且存疑。

据前文之考证，可重列李靖以降世系，见表3：

---

① 盖题"卫国夫/人裴氏/墓志铭/"，拓片图版见齐运通、杨建锋编《洛阳新获墓志二〇一五》二三五，中华书局，2017年，第235页。

② 盖题"大唐故/李府君/墓志铭/"，拓片图版见齐运通、杨建锋编《洛阳新获墓志二〇一五》二四二，中华书局，2017年，第242页。图版、录文及研究参见梁景宝：《洛阳出土〈李浚墓志〉考释》，《安康学院学报》2017年第4期，第71–77页；赵力光、傅清音：《唐李浚夫妇墓志考释》，载裴建平主编《碑林论丛》第24辑，三秦出版社，2019年，第73–81页。

③ 盖题"大唐故/李府君/墓志铭/"，拓片图版、录文参见郝明：《新见唐李瀛墓志考》，载丁伟、樊英峰主编《乾陵文化研究》第12辑，三秦出版社，2018年，第304–312页。

④ 据志文所载，李浚任嘉州刺史，在贞元九年之前，郁贤皓先生在《唐刺史考全编》（凤凰出版社，2022年，第2972页）中据《新表》著录，推测约在大历中，可据此志移正。

表3 李靖以降家族世系表

									靖字药师。
								德奖，延州刺史。	德謇。
								友谦，秦州司马。	
	尊贤，邵王府掾。							齐贤，太子家令寺丞。	
某。	瀛，左金吾卫兵曹参军。	沅。	汗。	湜。				(五子)浚。	
宗简。	裕方。				式方。	知方。	直方。	士方。	

（三）李客师以降世系正补

李客师乃李靖之弟，《旧唐书·李靖传》附《李客师传》《李令问传》，略述其世系曰：

> 靖弟客师，贞观中，官至右武卫将军，以战功累封丹阳郡公。……总章中卒，年九十余。
>
> 客师孙令问，玄宗在藩时与令问欵狎，及即位，以协赞功累迁至殿中少监。……大和中，令问孙彦芳任凤翔府录事参军，诣阙进高祖、太宗所赐卫国公靖官告、敕书、手诏等十余卷，内四卷太宗文皇帝笔记，文宗宝惜不能释手。①

李客师以降世系，两《唐书》本传仅载李客师有孙李令问，《旧唐书》称令问孙彦芳，而《新唐书》则以彦芳为靖五代孙："靖五代孙彦芳，大和中，为凤翔司录参军。"②彦芳进献高祖、太宗两朝颁给李靖官告、敕书及皇帝手诏等先祖遗物。又据上文，李靖之五世孙多命名为"某+方"，"方""芳"同音又可假借，《古今姓氏书辩证》亦作"靖五世孙彦方，凤翔司录参军"③，故《新唐书》记载"彦芳"为李靖五代孙似乎更为可信，用"方"字更接近事实。

《新表》载李客师以降世系甚详，计三子、四孙、一曾、二玄、一云等五世十一人，详细程度于李靖兄弟诸人中为最，出土人物墓志也最多，总数达到七种。

开元二年（714）五月十日《□（大）□（唐）故左羽林卫左武卫将军宜春县开国子李公（器）墓志铭并序》（以下简称《李器墓志》）载：

> 君讳器，字大志，陇西成纪人也。……曾祖义，周开府仪同大将军、黄和复硖殷五州刺史、永康县公。……祖诠，隋上开府仪同、荆州大都督、永康公。……父客师，隋文皇帝挽郎、涿郡司户，皇朝授幽州总管府属、秦王府统军、太子左内

① ［后晋］刘昫等：《旧唐书》卷67《李靖传附李客师传》，中华书局，1975年，第2482-2483页。《新唐书》卷93《李靖传附李客师传》所载略同，第3816-3817页。

② ［宋］欧阳修、宋祁：《新唐书》卷93《李靖传附李客师传》，中华书局，1975年，第3816页。

③ ［宋］邓名世：《古今姓氏书辩证》卷21，商务印书馆，1936年，第291页。

率、左右千牛卫将军、左右骁卫将军，特授冠军大将军，禄俸一依在职，赠镇军大将军、丹阳郡开国公。……公即丹阳公之第四子也。……有子令悊，见任太子仆。……次子令问，银青光禄大夫，行殿中少监、上柱国、宋国公。①

开元六年（718）十二月一日《唐故六泉大监李君（约）墓志铭并序》（以下简称《李约墓志》）载：

> 君讳约，字诚盈，陇西郡人也。……曾祖诠，隋开府仪同三司、永康公、车骑大将军，追赠荆松等六州都督。祖客师，唐左右骁卫将军、滁州刺史、丹阳公，赠镇军大将军。……父大惠，唐左千牛，累迁资州内江县令。……公即府君第三子也。……夫人霍郡柴氏，宜家灼灼。……粤以开元六年冬十二月一日，合葬于京兆之西细柳原也。……子嗣光、女贯氏。②

开元十八年（730）十月二十八日《故右散骑常侍宋国公陇西李公（令问）墓志铭并序》（以下简称《李令问墓志》）载：

> 君即凉武昭王十代孙。君讳令问。曾祖诠，隋车骑将军、开府仪同三司、赵郡太守、永康公，赠荆州大都督。祖客师，皇左卫大将军、丹阳公，赠镇军大将军、幽易妫檀平燕六州诸军事。祖母长孙氏，即文德皇后堂姊也。父大志，左武卫将军、安北大都护，赠礼部尚书、宜春公。……伯祖靖，尚书左仆射、卫国公。……春秋六十有六，以开元十七年十月廿日，终于抚州之官舍。制赠太仆卿。……夫人高平徐氏，隋度支尚书寔之孙，唐中武将军率玄福之女。……以开元十八年十月廿八日，合葬于京兆细柳营之东原，礼也。嗣子俊，夔州别驾；次子仪，均州别驾；次子佋，太子通事舍人；次子倨；次子侗，尚舍直长；次子佝；次子承重，尚乘直长等。③

除上述三种出土墓志外，传世文献中保留了杨炯所撰李客师之子李嘉墓志，志中亦对李客师家族世系有所记载：

> 公讳嘉，字大善，陇西成纪人也。赵郡太守、雍州大中正、上开府、永康公之孙，幽州都督、镇军大将军、上柱国、丹阳公之子。……长子随州光化县令守节等。④

《新表》不载大惠之子，仅载其孙炅，及炅以下两代。据《李约墓志》，可补入大惠第三子约（字诚盈），六泉大监；约生嗣光。《新表》不载大惠官职，亦可据此志补入内江县令。

① 拓片图版、录文参见西安市文物稽查队编《西安新获墓志集萃》四四，文物出版社，2016年，第113–115页。相关研究参见李超、范允明：《唐李器墓志研究》，三秦出版社，2016年，第299–309页。

② 盖题“大唐故/李府君/墓志铭/”，拓片图版见赵文成、赵君平编《秦晋豫新出墓志搜佚续编》四一四，国家图书馆出版社，2015年，第531页；胡戟：《珍稀墓志百品》四五，陕西师范大学出版社，2018年，第120–121页。

③ 拓片图版及录文参见胡戟、荣新江主编《大唐西市博物馆藏墓志》二一〇，北京大学出版社，2012年，第462–465页；黄正建：《唐六尚长官考补——兼论李令问、井真成墓志》，载中国社会科学院历史所隋唐宋辽金元史研究室编《隋唐辽宋金元史论丛》第2辑，上海古籍出版社，2012年，第35–53页。

④ 弘道二年（684）正月二十六日《隰川县令李公（嘉）墓志铭》是陇西李氏丹杨房众多人物墓志中惟一一种传世文献，周绍良最早揭出并用于校正世系。此志所载世系与《新表》略同，祝尚书先生曾撰文考证杨炯乃李客师之婿，李嘉乃杨炯妻兄，参见祝尚书：《杨炯乃唐开国大将李靖弟婿考》，《文献》2013年第6期，第163–166页。

《新表》不录令问以下世系，据《李令问墓志》可补入令问七子：俊、仪、佋、倨、侗、侚、承重。

在已知李客师后人墓志中，还有四种出自李客师另一子李楷（字德谟），其人为《新表》所不载。

永徽六年（655）七月二十八日《大唐上柱国李君（楷）墓志铭并序》（以下简称《李楷墓志》）载：

> 君讳楷，字德谟，陇西成纪人。……曾祖，周京兆中正、雍州都、河南龙门二郡太守、太中大夫、使持节、车骑大将军、和州刺史、仪同三司、永康县开国公，谥曰威。……祖，周雍州主簿，隋车骑大将军、仪同三司、赵郡太守、雍州中正、上开府，袭爵永康公，谥曰襄。……父，皇朝左领左右府将军、右领左右府将军，授以滁州刺史。寻追入京，优隆恩煦，后遣左右骁卫将军，上柱国、丹阳郡开国公。①

开元六年（718）正月二十六日《李嗣先墓志》（无首题）载：

> 大唐故国子监明经，拟徐州沛县主簿陇西李嗣先，以开元五年五月三日，遘疾不禄于东都嘉庆里，春秋廿有八。公皇朝幽州刺史、镇军大将军、丹阳郡开国公讳客师曾孙，太中大夫、衢州司马、上柱国、成纪侯讳处廉第四子。②

开元十八年（730）七月十四日《大唐故宁州司马陇西李府君（承先）墓志铭并序》（以下简称《李承先墓志》）载：

> 君讳承先，字傅，陇西成纪人。……高祖诠㓜，隋车骑大将军、赵郡太守、永康县开国伯，谥襄。曾祖客师，皇左领军卫大将军、幽州刺史、丹阳郡开国公，谥安。……祖德謩，皇尚辇奉御。父处廉，皇衢州司马、成纪县开国侯。……终无胤嗣。③

开元十九年（731）二月十七日《唐故华州郑县主簿李府君（景阳）墓志铭并序》（以下简称《李景阳墓志》）载：

> 君讳景阳，陇西成纪人也。曾祖客师，皇冠军将军、丹阳郡开国公。祖德謩，尚辇奉御。父守真，虢州司兵。……以开元十八年十一月卅日，遇头疽，终于馆舍，春秋卌有四。君素无胤嗣，孀妻平凉员氏。④

---

① 拓片图版及录文参见赵力光主编《西安碑林博物馆新藏墓志续编》三三，陕西师范大学出版社，2014年，第96–98页。相关研究参见贺华《唐〈李楷墓志〉略考》，《文博》2014年第5期，第55–59页。

② 盖题“大唐故/李府君/墓志铭/”，录文参见吴钢主编《全唐文补遗》第8辑，三秦出版社，2005年，第351–352页。拓片图版参见赵君平、赵文成编《河洛墓刻拾零》一七五，北京图书馆出版社，2007年，第224–225页。拓片图版及录文参见赵文成、赵君平编选《新出唐墓志百种》，西泠印社出版社，2010年，第104–105页。

③ 拓片图版参见赵君平编《邙洛碑志三百种》一二八，中华书局，2004年，第150页；张乃翥辑《龙门区系石刻文萃》，国家图书馆出版社，2011年，第153页。

④ 此志前代学者早已揭出利用，拓片图版见河南省文物研究所、河南省洛阳地区文管处编《千唐志斋藏志》，文物出版社，1984年，第703页；陈长安主编《隋唐五代墓志汇编·洛阳卷》第10册，天津古籍出版社，1991年，第19页；北京图书馆金石组编《北京图书馆藏中国历代石刻拓本汇编》第23册，中州古籍出版社，1996年，第44页。录文参见周绍良主编《唐代墓志汇编》开元三二一，上海古籍出版社，1992年，第1379页；吴钢主编《全唐文补遗》第2辑，三秦出版社，1995年，第485–486页。

罗振玉最先据《李景阳墓志》补出《新表》未收录之李客师又一子德謩[①]。《李楷墓志》仅载李楷以上三代人物之官职，不载名讳。今以《新表》所载李客师、李诠、李崇义三人官职揆之，可推知李楷（字德谟）即李客师之子，其人永徽六年卒，享年五十岁，另可推知其生于隋大业二年（606）。今据楷、承先、嗣先、景阳四志[②]可知：楷子处廉，衢州司马。处廉子承先，宁州司马；嗣先，国子监明经。

据前文所考，可重列李客师一支世系，见表4：

表4　李客师一支世系表

															客师。
		楷字德謩。								（四子）器，字大志。			大惠。		嘉字大善。
守真。		处廉。							令问。	令哲。	（三子）约。			思孝。	守节。
景阳。	（四子）嗣先。	承先。	承重。	佝。	侗。	倨。	佋。	仪。	俊。		嗣光。		炅。		
												琛。	铁。		
												正封。			

（四）李正明以降世系正补

李正明乃李靖之弟，死后亦陪葬昭陵，《唐会要·陪陵名位》所载"原州都督李政明"[③]，当即此人。两《唐书》均未为李正明立传，故其以降世系，《新表》也仅载两代三人而已。已知李正明后嗣墓志共三种，可据以对《新表》稍作补正。

圣历三年（700）二月十六日《大周故朝议大夫上柱国前赵州司马李府君（志览）墓志铭并序》（以下简称《李志览墓志》）载：

> 君讳志览，字，陇西成纪人也。……曾祖崇义，宇文朝河南龙门二郡太守、雍

① 罗振玉：《新唐书宰相世系表补正》卷上，载《罗振玉学术论著集》第八集，上海古籍出版社，2010年，第580页。

② "谟""謩"为异体字，三志所载略有不同，参见汉语大字典编辑委员会编纂《汉语大字典》（第二版），崇文书局、上海辞书出版社，2010年，第4267页。

③ ［宋］王溥：《唐会要》卷21，上海古籍出版社，2006年，第481页。

州导驾刺史、使持节、车骑大将军、和州刺史、上仪同三司、永康公。祖诠，隋车骑大将军，袭爵永康公，谥曰襄，唐六州诸军事、荆州都督。父正明，唐左骁右屯左卫将军、兰夔原灵三州都督、金紫光禄大夫、上柱国、永康公，赠秦渭等四州诸军事、秦州都督。……嗣子庆远等。①

开元十八年（730）七月九日《李津墓志》，因前文已引录志文中的世系部分，此处不赘。

天宝七载（748）七月十四日《唐故益昌郡绵谷县令李府君（璲）墓志铭并序》（以下简称《李璲墓志》）载：

君讳璲，天水郡成纪人也。曾祖正明，灵原秦三州都督、永康公。……祖志览，赵郡司马。……君即新平之门子也。……三子衔恤，一等加人。②

《新表》载正明生志览、志贞；志览生庆远；不载志览、志贞、庆远等人官职及志贞以下世系。据《李志览墓志》可补入志览官赵郡司马，生庆远。据《李璲墓志》可知志主李璲乃志览之孙，官绵谷令，志中仅云“君即新平之门子”，阙载其父名讳，不知是否即庆远之子，又知其子三人。

据前文所考，可重列李正明一支世系，见表5：

表5　李正明一支世系

		正明。
志贞，盐、延二州司马。		志览，赵郡司马。
津字虚舟，梁县令。	某（新平）。	庆远。
	璲，绵谷令	

（五）增补李数以降世系

前文论及《新表》有载之李靖昆弟李药王、李客师、李正明。此外，李靖尚有一兄弟李数，《新表》等文献均阙载，因有墓志出土而可补入李靖家族世系，且略知其仕宦行年：

君讳数，字，陇西狄道人也。……曾祖欢，魏河、陕二州刺史，永康县公。……祖义，周和、岐二州刺史，抚军将军，袭爵永康公。……考诠，隋赵郡太守，上开府仪同三司，袭爵永康公。……春秋卌八，以（武德）六年四月十七日，卒于

① 录文参见吴钢主编《全唐文补遗》第8辑，三秦出版社，2005年，第8-9页。录文参见吴敏霞主编《长安碑刻》，西安人民出版社，2014年，第424-425页。拓片图版及录文参见陕西历史博物馆：《风引薤歌：陕西历史博物馆藏墓志萃编》，陕西师范大学出版总社，2017年，第46-49页。相关研究参见赵力光：《长安细柳原乡出土唐〈李志览墓志〉考》，陕西人民美术出版社，2001年，第91-94页。

② 拓片图版及录文参见西安市长安博物馆编《长安新出墓志》，文物出版社，2011年，第174-175页；吴敏霞主编《长安碑刻》，图版见第112页，录文见第465页。

京师之弘化里舍。[①]

据此，李敳武德六年（623）卒，享年四十八岁，可推知其生当北周建德五年（576）。按照《李药王墓志》所载，药王"隋大业九年正月十九日，终于东都之尚业里舍，春秋卌有七"，可推知其生当北周天和二年（567）。《李药王墓志》又明言"公第三弟刑部尚书，检校中书令，永康公药师"，盖除靖以外，药王尚有一弟。据《旧唐书》记载，李靖贞观"二十三年（649），薨于家，年七十九"，则可推知其生当北周天和六年（571）。可知李敳乃李靖之弟，并非其兄。

四、李昭德家族世系考原

李昭德乃武周朝名臣，其家族世系，两《唐书》本传、《新表》等所记较为简略，仅追叙至其祖李伟节。相比而言，《新表》所录较本传稍详，然伟节以上也是"空白"，有关《新表》之"空白"亦有两种解读：其一，按照"旁行斜上"之原则，伟节以上世系与同处一行且居右之李诠相同，正如《古今姓氏书辩证》所言，伟节与诠为兄弟行；其二，伟节以上之世系并非依"旁行斜上"之例同前省略，只因修《新表》之际谱牒早已散佚不存，故阙而未录，则如沈炳震所言，李昭德与李靖并非同支。实际情况如何，前人亦聚讼纷纭，难有定论。

赵超先生在《新唐书宰相世系表集校》中首先揭出西安出土李伟节之子李爽（字乾祐）墓志，志中所记家族世系甚详：

> 公讳爽，字乾祐，陇西成［纪］人也。……曾祖众庆，魏奉朝请，雍州大中正、宁朔将军、奉车都尉、新城永安二郡守。……祖亮，周仪同三司、京兆郡大中正、雍州州都、宕渠郡守、司藩大夫、光州刺史。……父伟节，隋殿中侍御史、菊潭县令、侍御史、岐州渭滨县令、司隶刺史、朝请大夫、洛阳县令，皇朝通直散骑侍郎。……以总章元年七月四日，卒于九成宫中御府之官舍。……子昭德等。[②]

据此可还原伟节父祖两代之名讳、官职——祖众庆、父亮，并将李昭德一族世系在《新表》基础上上溯两代。此志虽然在一定程度上补正了李昭德之前代家族世系，但依旧无法复原李昭德家族的全部世系。

在西安市文物保护考古研究院的考古发掘中，同时出土了李祯（字伟节）、李宁（字士安）昆仲墓志，可据以考察李昭德家族世系，进一步厘清李昭德家族内部世系。

贞观十四年（640）正月二十三日《大唐故隋司隶刺史李君（祯）墓志》（以下简称《李

① 贞观二年（628）正月十九日《唐故利州总管府司马李君（敳）墓志铭并序》，拓片图版及录文参见胡戟、荣新江主编《大唐西市博物馆藏墓志》三一，北京大学出版社，2012年，第66–67页。

② 总章元年（668）十一月二十二日《大唐故银青光禄大夫守司刑大常伯李公（爽）墓志铭并序》（以下简称《李爽墓志》），盖题"大唐故银/青光禄大/夫守司刑/大常伯李/公墓志铭/"，拓片图版参见陕西省文物管理委员会编《西安羊头镇唐李爽墓的发掘》，《文物》1959年第3期，第43–53页；吴钢主编《隋唐五代墓志汇编·陕西卷》第1册，天津古籍出版社，1991年，第43页。拓片图版、录文见毛汉光：《唐代墓志铭汇编附考》第七册，"中研院"历史语言研究所，1987年，第269–275页；中国文物研究所等编《新中国出土墓志·陕西》（贰）四二，文物出版社，2003年，拓片图版见上册第42页、录文见下册第30–32页。录文参见周绍良主编《唐代墓志汇编》总章〇二〇，上海古籍出版社，1992年，第493–495页；吴钢主编《全唐文补遗》第1辑，三秦出版社，1994年，第46–48页。

祯墓志》）载：

君讳祯，字伟节，陇西成纪人也。……曾祖灵寿，魏使持节、车骑大将军、仪同三司、太中大夫、咸阳陇西二郡太守，狄道侯，赠秦州刺史。……祖庆，宁朔将军、奉车都尉、新城永安二郡守、雍州大中正，赠河州刺史。……考亮，魏京兆郡大中正，周雍州州都、渠州流江县令、光州长史。……武德五年，诏假通直散骑侍郎，授以旌节，为聘新罗国使。……夫人河东裴氏，镇远将军、平阳郡守、晋州刺史和之孙，汾阴郡守元儒之女。……哀子黎州治中宏，奉义郎、行侍御史干祐，洛州阳城县尉余福。①

贞观十四年正月二十三日《隋故蜀郡玄武县长李君（宁）墓志》（以下简称《李宁墓志》）载：

公讳宁，字士安，陇西成纪人也。……曾祖寿，魏太中大夫、咸阳陇西二郡守、使持节、车骑大将军、仪同三司、狄道侯，赠秦州刺史。祖庆，宁朔将军、奉车都尉、新城永安二郡守、雍州大中正，赠河州刺史。……考亮，魏京兆郡大中正、雍州州都、光州长史。……贞观七年二月十八日卒于高望里第，春秋七十有三，粤以十四年岁次庚子正月乙亥朔廿三日辛酉，合葬于万年县之杜原，哀子善本、知人等，惧陵谷之迁贸。②

除李祯、李宁兄弟两人墓志之外，西安还出土了两人之父李景亮墓志，即隋大业元年（605）十一月四日《周故流江先令李府君（景亮）墓志铭》（以下简称《李景亮墓志》）：

君讳景亮，陇西成纪人也。六世祖宠，镇西大将军、秦州刺史。五世祖演，河南郡太守，因居京兆。……祖灵寿，魏秘书监，赠秦州刺史、雍州主簿。父庆，安定郡太守、京兆郡功曹。……乃除流江县令，又辟京兆郡平正。③

据前引祖孙三代四人墓志所载世系，我们大致可补出《新表》所阙载之李祯（字伟节）以上三代世系，进而可将李昭德之家族世系上溯至其五世祖，并初步复原如下：灵寿生众庆；众庆生景亮；景亮生祯（字伟节）、宁；祯生宏、爽（字乾祐）、余福；爽生昭德。宁生善本、知人。除可在《新表》中补入伟节子宏以外，亦可将《新表》中误降一格之余福上移，与乾祐同行。

据《李景亮墓志》所载可知，前引《李祯墓志》中所载“考亮，魏京兆郡大中正，周雍州州都、渠州流江县令、光州长史”，《李宁墓志》中所记“考亮，魏京兆郡大中正、雍州州都、光州长史”，《李爽墓志》中所称“祖亮，周仪同三司、京兆郡大中正、雍州州都、宕渠郡守、司藩大夫、光州刺史”即此志志主李景亮，但在其子、孙墓志中均单称亮，或是复名单称，或是省略行辈用字。从墓志记载可知，李景亮官至流江县令、京兆郡中正，在后代墓志中出现的更高级的官职，极有可能是身后的赠官，后世子孙不能明辨实任与赠官，故为后世读者造成了困扰。

---

① 录文及相关考证参见拜根兴、林泽杰：《新出隋唐之际李祯墓志关联问题探微》，《社会科学战线》2021年第12期，第86-96页。

② 此志乃西安市文物保护考古研究院发掘资料。

③ 拓片图版及录文参见王其祎、周晓薇编著《隋代墓志铭汇考》第3册，线装书局，2007年，第159-162页。

除上述三种李昭德先祖墓志外，至今已经发现的李昭德家族成员墓志尚有三种。

天授二年（691）二月十八日《唐故郢州刺史卢君夫人陇西县太君李氏墓志铭》载：

> 夫人，陇西狄道人也。祖伟节，隋司隶刺史、河南郡洛阳县令。父乾祐，唐御史大夫、邢魏沧三州刺史、刑部尚书。①

开元二十六年（738）四月四日《大唐故绛州司马元公墓志》载：

> 公讳释，字敬本，河南人也。……夫人陇西李氏，曾门亮，光州刺吏（史），祖伟节，皇洛阳令。刑部尚书乾祐之女，中书令昭德之妹。②

天宝十二载（753）八月二十八日《唐故太中大夫守新定郡太守张公（朏）墓志铭并序》载：

> 夫人陇西李氏，陇西郡君，夫荣也。刑部尚书乾祐之孙，相州尧城县令昭礼之女，中书令昭德之侄女。③

前两志志主乃李昭德之妹，第三志志主则是李昭德侄女。三志所叙前代世系与前引墓志所载相符，仅《表》不载乾祐有子昭礼，尧城县令，可据以补入。

据上文考证可重列李昭德家族世系，见表6：

表6　李昭德家族世系表

					宠，镇西大将军、秦州刺史。
					演，河南郡太守。
					灵寿。
					众庆。
					景亮。
	宁，字士安，隋玄武县长。				祯，字伟节，隋司隶州刺史。
知人。	善本。	余福。		爽字乾祐。	宏。
			昭礼，尧城令。	昭德，相武后。	
				元纮。	

① 图版及录文参见陈振濂、陈花容主编《千唐志斋碑铭全集》四七九，朝华出版社，2022年，第958–959页；录文参见吴钢主编《全唐文补遗·千唐志斋新藏专辑》，三秦出版社，2006年，第63页。

② 图版及录文参见胡戟、荣新江主编《大唐西市博物馆藏墓志》二二三，北京大学出版社，2012年，第490–491页。

③ 图版参见孙兰风、胡海帆：《隋唐五代墓志汇编·北京大学卷》第一册，天津古籍出版社，1992年，第155页；北京图书馆金石组：《北京图书馆藏中国历代石刻拓本汇编》第26册，中州古籍出版社，第91页。录文参见周绍良主编《唐代墓志汇编》天宝二二一，上海古籍出版社，1992年，第1685–1686页。此志最早由罗振玉在《新唐书宰相世系表补正》（第580页）中揭出，并用以补正李昭德家族世系。

五、李靖、李昭德亲缘关系考实及陇西李氏丹杨房世系重列

（一）李靖、李昭德亲缘关系考实

要考察出自同一家族，但行辈相隔较远人物的亲缘关系，应当追溯人物的前代世系；如果确系出自一脉，那么各人的前代世系必定会重合于某一人物。因此，在各人前代家族世系基本梳理清楚的情况下，通过世系排比，可以弄清人物的亲缘关系和在家族内部的行辈问题。

前文已在前人研究基础上，利用出土陇西李氏丹杨房家族人物墓志，全面补正《新表》所录李靖、李昭德家族之世系，很大程度上复原出李靖家族、李昭德家族的世系传承原貌，为厘清李靖与李昭德亲缘关系奠定了基础。

通过仔细观察李靖、李昭德两人之前代家族世系，我们从先代人物的人名用字中发现了一些规律，这些“蛛丝马迹”成为解决问题的关键。据前文所考，李靖之高祖①名“灵顺”，李昭德之五世祖名“灵寿”（《李宁墓志》作单名“寿”），两人似乎以“灵”字连名，“灵”字极有可能是行辈用字；李靖之曾祖名“众欢”（《李靖碑》作单名“懽”，前文已有详考），李昭德之高祖名“众庆”（《李伟节墓志》《李宁墓志》均作单名“庆”），似乎“众”字也是行辈用字。且《李津墓志》明确记载，李灵顺乃李文度之子，故我们推测灵顺、灵寿两人是兄弟关系，乃陇西李氏丹杨房迁居京兆始祖李文度之二子，两人之子众欢、众庆份属从兄弟。依照现在掌握的墓志资料，前后两代四人，均符合中古时期兄弟、从兄弟辈使用同一行辈字这一特征。

中古时期，除兄弟外，同祖的从兄弟，乃至同曾祖的再从兄弟，在取名时使用同一行辈字的情况也较为常见。根据已知的陇西李氏丹杨房人物墓志资料，没有直接记载证明李灵寿就是李文度之子，是否还存在李灵顺与李灵寿并非兄弟关系，而是从兄弟或者再从兄弟关系的可能性呢？依据《新表》之记载，李靖、李昭德两族均属陇西李氏丹杨房，而开丹杨房之基者，可明确是曾任西凉安定太守，后追随李宝入北魏，定居于京兆北山的李文度。因此，我们可以认为隋唐时期自称出自陇西李氏丹杨房者，应该都是李文度的后人。假如李灵顺与李灵寿是从兄弟关系，李灵寿即李文度之侄；那么作为李灵寿后人一系的李昭德家族，就不能算作陇西李氏丹杨房，在这点上，重视婚宦的唐人应该不会混淆。从这个角度思考，因两支世系均收入《新表》陇西李氏丹杨房，李灵顺与李灵寿应该就是兄弟关系。

《李景亮墓志》载：“六世祖宠，镇西大将军、秦州刺史。五世祖演，河南郡太守，因居京兆。”说明该家族在李景亮五世祖李演之时已经迁居京兆。这与《李津墓志》所载“七代祖文度，后魏安定郡守、狄道侯，为镇军三年，徙居京兆”及《新表》所云“晋东莞太守雍长子曰伦，五世孙文度，西凉安定太守，与族人宝入后魏，因居京兆山北”均有不同。且《李景亮墓志》恰好缺载其曾祖、高祖两代，是否其五世祖演即为李文度？虽然中古计算世系时，有连本身与不连本身两种方法，但按照上文之推断，李文度乃李景亮之曾祖，无论如

① 中古时期计算世系的方法，有不连本身与连本身两种，中古时期使用前者较多，本文亦使用前者。高祖指曾祖之父，具体可参见岑仲勉：《唐集质疑·杜甫世系》，中华书局，2004年，第373页。

何均不可称其为五世祖；又碑志所叙世系，离志主时代越近，则可信度越高，似乎已成学界定论，故《李景亮墓志》所载其五世、六世之祖，不足作为凭据。

史称李靖与李昭德同属陇西李氏丹杨房，《新表》在“陇西李氏丹杨房”中将昭德家族世系附于李靖家族世系之后，则毫无疑问。而沈炳震所谓“伟节盖别一房”，从陇西李氏丹杨房而言，所言不确。

根据上文的考证，我们认为：李靖一支出自丹杨房迁居京兆始祖李文度子李灵顺，而李昭德则出自李文度另一子李灵寿一支，可推知李靖与李昭德之父李爽（字干祐）为共五世祖之四从兄弟，故从辈分而言，李靖乃李昭德之四从伯，李昭德乃李靖四从侄。

我们分析，导致《新表》记载阙误的原因主要有两点：其一，宋人编纂《新表》时，有关陇西李氏丹杨房家族世系的记载已经残佚，李昭德祖父以上世系已经阙而无闻；其二，虽然今天出土了不少该家族成员的墓志，但由于年代久远，加之众多后世文献中，多将人名中的行辈字或“连名”用字省略，导致人物关系隐晦而不明晰。

在中古谱牒文献亡佚殆尽的背景下，《新表》因保存了大量中古家族的谱系资料，对于我们认识中古家族的世系传承、支脉绵瓞，具有重要的文献学价值与谱牒学意义。由于社会变迁、学术风气转移等原因，至《新表》编纂之时可资利用的中古谱牒文献已多有散佚而残缺不全，势必导致以“旁行斜上”形式编纂的《新表》在家世传承、人物登录等方面存在不同程度的阙误。因此，完全机械地按照“旁行斜上”的原则去释读表中登录的家族世系，虽然绝大部分时候是正确的，但误差一定不可避免。若需勘误《新表》，可以将本文作为一个典型案例来看待，主要利用比《新表》更为早期、更为原始的出土陇西李氏丹杨房家族成员墓志，首先对《新表》所录陇西李氏丹杨房家族世系进行全面补正，进而依据人名规律推考李靖、李昭德的亲缘关系，提出了我们自己的见解。这一过程也可以彰显近代大量出土的以家族为单位的墓志资料，在中古家族世系考订中的特殊价值。

（二）陇西李氏丹杨房世系重列

前文按照丹杨房内部李靖一支、李昭德一支分别进行考证，利用出土墓志22种，传世墓志1种，补充《新表》阙载人物41位，补正了若干重要的世系误差：如在李靖以降世系中，补入靖子德奖以下两代人物，使《新表》此处之世系“缺环”成为完璧；又补入李靖弟李客师另一子李楷及相关世系；在李昭德一族世系中，补全李昭德以上六代世系，又补入李昭德叔李宁及相关世系。在补正世系的基础上，将此前众说纷纭的李靖与李昭德二人之亲缘关系进行了梳理，提出了我们的看法。现在以《新表》为基础，结合前文世系考证，重列陇西李氏丹杨房世系（见表7，官职从略）：

表7 陇西李氏丹阳房世系表

宠。	演。		文度。	灵顺。	众欢。	崇义。	诠。	端字药王。	修志。	元慎。			
									修行。				
								靖字药师。	德謇。				
									德奖。	友谦。	齐贤。	(五子)浚。	士方。
													直方。
													知方。
													式方。
												湜。	
												汗。	
												沅。	
											尊贤。	瀛。	裕方。
												某。	宗简。
								客师。	嘉字大善。	守节。			
										思孝。			
									大惠。		炅。	。	
												琛。	正封字中护。
										(三子)约字诚盈。	嗣光。		
									(四子)器字大志。	令哲。			
										令问。	俊。		
											仪。		
											佋。		
											倨。		
											侚。		
											承重。		
									楷字德謇。	处廉。	承先。		
											(四子)嗣先。		
										守真。	景阳。		
								正明。	志览。	庆远。			
										某(新平)。	璲。		
									志贞。	津字虚舟。			
								数。					
				灵寿。	众庆。	景亮。	祯字伟节。	宏。					
								爽字乾祐。	昭德。	元纮。			
									昭礼。				
								余福。					
							宁字士安。	善本。					
								知人。					

敦煌吐鲁番文书所见的“打鏊”与“铸鏊”

黄　楼（武汉大学）

敦煌吐鲁番文书中有不少器物帐，主要记录官府、寺院、民众使用或库存的各种器物的名称、数量及保存者等信息。这些器物涉及当时民众日常生活的方方面面，内容十分丰富，是研究中古敦煌及西域地区民众社会生活史的宝贵资料。其中多数器物名称沿用至今，也有部分器具及用途渐不为人所知。例如，敦煌吐鲁番文书中屡次出现“打鏊”“大鏊”“铸鏊”“柱鏊”等。“鏊”即“鏊”，是一种至今仍在使用的炊具。但是，文书中出现的这些鏊各有什么特点，前人罕有论及。今拟结合文字学、考古学等相关史料，略陈己见，以求教于方家[①]。

一、“鏊”的文字学溯源

“鏊”是中古时期比较常见的炊具，在敦煌文书和吐鲁番文书中多次出现，但是也有细微的差别。敦煌文书中常有“铸鏊”“柱鏊”，吐鲁番文书中则作“打鏊”。吐鲁番文书中的材料相对简单，故本文拟从吐鲁番文书入手，展开讨论。

1972年，吐鲁番阿斯塔那150号墓出土一件《唐翟建折等杂器物帐》（72TAM150:46，见图1），略云：

1 ▭木碗四 翟建折铛一口
2 ▭解延台桢葙一 令狐隆仁楮十
3 ▭[康]婆德打鏊一 曹不之拟打鏊一

① 敦煌地区的铁鏊及相关饮食文化，主要研究参见高启安：《唐五代敦煌饮食文化研究》第二章第三节《炊具》，民族出版社，2004年，第72-74页。关于历史上的“鏊”，论文可参见杨贵金、毋建庄：《河南焦作市出土西汉铜鏊》，《中原文物》1994年第2期；张松林：《中国新石器时代陶鏊初考》，《中原文物》1997年第3期；董玉芹：《辽宁岫岩发现金代铁鏊》，《北方文物》1997年第3期；申永峰、王可钦：《古鏊源流》，《收藏家》2019年第4期；白月：《许从赟墓出土鏊盘及相关问题研究》，《文物天地》2020年第9期；郭凤：《从“鏊”一窥辽金饮食生活》，《文物鉴定与鉴赏》2021年第7期。

4 [ ] 子箱 索永达酒瓮（瓮）[ ]

5 [ ] 一张海相油瓶、牛怀愿 [ ] ①

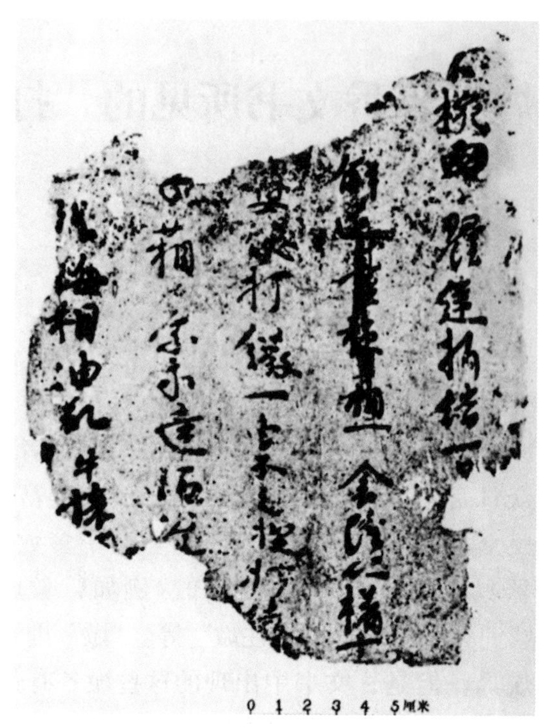

图1 《唐翟建折等杂器物帐》(72TAM150:46)②

王启涛《吐鲁番出土文献词典》“鏉”条引高启安先生之说，认为鏉是一种平底锅，用于烙饼，“打鏉”是“一种用熟铁打造的鏊子”③。凡铁器，打造一般用延展性较好的熟铁。高先生这里应该是将“打鏉”之“打”释为“打造”。除本件文书外，同墓所出《唐□尾尾等杂器物帐》内记“□尾尾大鏉一”。两件文书中，一作“打鏉”，一作“大鏉”。张小艳先生认为“打”通“大”，“打鏉”即“大鏉”，指容量較大的鏊子④。这一解释颇有启发性。事实上，“大”写作“打”，在吐鲁番文书中也有其他例子为证。阿斯塔那15号墓所出《唐杂物牲畜帐》(64TAM15:18)曰：“中凿壹，小凿肆。打磨槌壹。切刀叁。”⑤此处“打磨槌”应即“大磨槌”。因此将“打鏉”释为“大鏉”应该是没问题的。但是，“大鏉”究竟是怎样的一种炊具呢？

“鏉”字屡见敦煌、吐鲁番文书，此字在后世的字书里一般写作“鏊”。二字笔画完全相同，只是由左右结构改为上下结构。这种现象在汉字演变史中较为多见，如“鏕”与

① 中国文物研究所、新疆维吾尔自治区博物馆、武汉大学历史系编，唐长孺主编《吐鲁番出土文书》(图录本叁)，文物出版社，1996年，第28页。

② 图1转录自唐长孺《吐鲁番出土文书》(图录本叁)，文物出版社，1996年，第28页。

③ 王启涛：《吐鲁番出土文献词典》，巴蜀书社，2012年，第17页。

④ 张小艳：《吐鲁番出土文献字词考释》，载《吐鲁番学的回顾与展望学术研讨会会议论文集》(武汉大学，2023年3月)，拟刊《魏晋南北朝隋唐史资料》第49辑。

⑤ 唐长孺主编《吐鲁番出土文书》(图录本叁)，文物出版社，1996年，第37页。

“鏖”，“腰”与“膂”，“群”与“羣”，“概”与“槩”等。敦煌吐鲁番中古写本无一例外皆作“鏊”，今人则皆作“鏊”，“鏊”字的字形当有一个演变的过程。考诸字书，东汉许慎《说文解字》中无“鏊”或“鏊”字[①]，“鏊”最早出现于《韵略》。唐慧琳《一切经音义》卷四一引《韵略》：“鏊，作饼烧器也”。《韵略》今已亡佚，据《隋书·经籍志》，作者为刘宋的杨林之。南朝梁顾野王《玉篇》：“鏊，饼鏊也”。辽代僧人行均《龙龛手鉴》：“鏊，正，鏊今，五到反，饼鏊也。”《龙龛手鉴》特意强调，“鏊”为正字，“鏊”为今字，意即“鏊”是辽、宋以后兴起的新字，这一论断同敦煌吐鲁番文书的情况是完全吻合的。但是，成书于南朝的《玉篇》明明已收录“鏊”字，又该如何解释呢？事实上，《玉篇》原本已佚，今宋、元诸刻本经过唐高宗上元元年孙强补字，早已非原本。《玉篇》中的“鏊”字，存在两种可能。一种即《玉篇》同《说文》，本无“鏊”或“鏊”，今本“鏊”为唐人或宋人所补；另一种即《玉篇》本已收录“鏊”字，但宋代刻工刻字时，径直把字形厘作“鏊”。慧琳撰《一切经音义》时曾多次引用《玉篇》，解释“鏊”字时不引《玉篇》，而是引用杨林之《韵略》，似乎在暗示《玉篇》本无其字。不过，杨林之为刘宋时人，时代比萧梁的顾野王更早一些。我们有理由相信，“鏊”字大约出现于魏晋南北朝，至迟在唐前期已通行于世。

下面我们再来考察“鏊”在字书里的释义。在唐代字书里，“鏊”是“饼鏊”或“作饼烧器”。宋代“鏊”写作“鏊”后，字义大体相同。司马光《类篇》：“鏊，牛刀切，釜属。又牛召切，烧器。又鱼到切。”丁度《集韵》卷三云“鏊，釜属”，卷八又云“鏊，烧器”。宋代两种字书大概辗转相抄，都没有提及“饼”，字义更为模糊。明代《正字通》：“鏊，今烙饼平锅曰饼鏊，亦曰烙锅鏊。”清毛奇龄《古今通韵》：“饼鏊，炊饼之鏊，今俗以熬饼者为鏊盘，是也，此方音也。”显而易见，饼鏊是一种做饼的盘状“烧器”。其工作时，下面生火加热，上置面饼。“鏊”由左右结构，变成上下结构的“鏊”，也总让人联想到面饼加热的图景。

通过剖析字形、字义，我们得知，“鏊”字在两汉时尚未出现，此字大约始见于魏晋南北朝，唐代通用的字形为“鏊”，约宋代定型为“鏊”。当然，上面的推论主要以字书为依据，古人用字较为灵活，也可能南北朝时有部分士人将“鏊”写作“鏊”，只是使用频率低，未被字书收录罢了。不过，我们的目标是循名责实，通过对“鏊”（“鏊”）字的考察来追溯鏊子的大致出现时间。这个时间大致当在魏晋南北朝时期。

二、考古发掘及壁画中所见的“鏊”

“鏊”（为行文方便，其下非直接引文，一般径作“鏊”）字多见于敦煌吐鲁番文书，也见于历代字书。但其在中古时期的具体形状，还需要借助考古发掘资料。

现代考古学上，通常把形状为圆盘形，盘底生火，盘面烙制食物的烧器统称为鏊。这种据形定名的方式并不一定准确。目前，被称为“鏊”的出土器具已追溯至新石器时代。1981

①《说文解字》卷5金部有“鏕”字：“鏕，温器也。一曰金器。从金，麀声，读若奥。”清人王筠《说文解字句读》：“按读若奥，则鏕即鏊也。鏊面圆而平，三足，高二寸许。”段玉裁云：“《广韵》曰：‘鏕，铜瓮也。’今江东尚有鏕執之语，与《火部》以微火温肉之爊义同。或作爊，或作鏖，《集韵》曰：‘尽死杀人曰鏖糟，汉霍去病合短兵，鏖皋兰下’是也。一曰金器。则非炊物器。”段注是，“鏕”即鏖战之“鏖”，王筠误。

年，河南荥阳青台仰韶文化遗址出土了完整的“陶鏊”（见图2）。1989年，河南焦作市嘉禾屯林场的汉代铜器窖藏中出土一件带盖弦纹“青铜鏊”（见图3）。据前文所考，虽然中国人很早就开始种植小麦，但汉代尚以粒食为主，甚至连“鏊”字都未出现。石器时代所谓的“陶鏊”，虽然用来烙烤食物，但其表面是平的，烙烤之物大约是“糗”之类的干粮，当时没有精细的面粉，不可能有面饼，因此不算是完整意义上的鏊子。汉代所谓“铜鏊”，器物底部下凹，有一定的容量，可以存水，其上有盖，且器脚过于矮小，其下不足以生火，所谓的“青铜鏊”很可能是一种容器而非炊具，称之为“鏊”并不恰当。

图2　河南荥阳广武镇仰韶文化遗址陶“鏊”①

图3　河南焦作嘉禾屯林场汉代青铜“鏊”

鏊子是一种烤制面饼的炊具。《说文解字》：“饼，面餈也。从食，并声。”中国人在两汉前多粒食，以蒸或煮制粟、稻等为主，小麦也被蒸制成麦饭食用。将小麦磨成面粉，制成各种各样的“饼”，需磨面技术达到一定程度之后。东汉刘熙《释名·释饮食》中罗列了大量饼类食物名称，有胡饼、蒸饼、汤饼、蝎饼、髓饼、金饼、索饼等等。当时凡用面做的食物，多称为饼。蒸饼、汤饼等都是含有汤水的食物，能确认用火烘烤的饼，大概只有胡饼。据《后汉书》记载，汉灵帝爱吃胡饼，带动洛阳显贵群起仿效，这从侧面说明面饼在东汉仍比较稀有。面饼在普通民众间得以普及，应该下延至魏晋南北朝时期②。考古材料中比较可信的鏊子及其形象，当在东汉之后。

目前比较早关于“鏊”的图像是嘉峪关的魏晋壁画。1972年，考古学家在甘肃嘉峪关市东北戈壁滩古墓中相继发现600多幅精美的汉晋壁画，生动描绘了当时人们的日常生活情景。图4出自嘉峪关1号墓葬。砖画左下角女子跪坐，前有一炊具。炊具圆形三足，足尖向里弯曲，平底，底下火苗蹿上。由于砖稍残，女子手持食物不明。女子身后两个木案

① 图2、3、4、6、7皆转录自申永峰、王可钦：《古鏊源流》，《收藏家》2019年第4期。

② 参见朱大渭等：《魏晋南北朝社会生活史》第三章《饮食习俗》第二节《主食》，中国社会科学出版社，1998年，第120–127页。

上，堆放着圆形食物，应该是大饼之类的面食。壁画足以证明，两晋时期西部地区已使用鏊子制作面食。

图4　甘肃省嘉峪关市嘉峪关1号墓壁画“烙饼图”

吐鲁番文书中多处提及“打鏉”，如“康婆德打鏉一”“曹不之拟打鏉一”“□尾尾大鏉一”。打鏉的主人多非汉人，而是来自中亚的昭武九姓胡。这与学者推测“饼”是由波斯、中亚一带传入似可印证。除出土文书外，吐鲁番地区的考古发掘中还发现了具体的鏊子形象。阿斯塔那201号墓出土一组进行粮食加工劳作的彩绘女俑泥偶（见图5）。女俑们有的在转动磨盘磨粮食，有的在用力捣米，有的手持簸箕，挑拣粮食。其中一个女俑，双手在案子上做擀面状，在她旁边，有一个圆形炊具，上面画一个圆饼，和案上的圆饼相呼应。泥塑与嘉峪关壁画中的“鏊”形制几乎完全相同，应该是西北各地普遍流行的炊具。

图5　吐鲁番阿斯塔那出土彩绘劳作俑群[①]

唐代面食在内地已比较普及，除西域外，内地也出土了用作陪葬明器的印花陶鏊。宋、辽、金时代，铁鏊的实物或壁画形象也时有发现。1984年，山西省大同市原南郊区辽代许从赟墓中出土一个铁鏊。鏊子直径17.8厘米，高8厘米（见图6）。2003年，河南登封告成镇高村发掘了一座宋代壁画墓，墓室甬道西壁绘画有“烙饼图”（见图7）。图中有三个女子，最左侧穿着蓝色褙子、菱纹围裙的妇人，正于鏊前持物翻饼。鏊子呈穹庐状鼓起，同现代铁鏊

① 图5转录自穆舜英：《中国新疆古代艺术》，新疆美术摄影出版社，1994年，第157页。

无异。翻饼妇人右侧放一圆盒，内有烙好的煎饼。中间的女子，身着红色褙子、红色碎花围裙，面前放一矮案，正持杖擀制面饼。

图6　唐代墓葬出土印花陶鏊

图7　河南登封高村宋代壁画墓“烙饼图”(局部)

鏊子经唐宋流传一千多年，时至今日，在面食流行的鲁、豫及皖、苏、鄂北部地区的广大农村仍在使用。现代鏊子的形状为一个中部凸起的薄铁圆盘（见图8），与唐代泥塑鏊子相比无太大变化。使用时，首先在桌案上将面团擀制成面盆大小的薄饼，然后将鏊子三足用砖块支起，其下用麦秸生火。待鏊子热后，便将面饼贴上去。一般需要两人协作，一人擀面饼，一人蹲鏊旁，不停用竹批挑起翻面，直至面饼烤熟，翻面饼被称为“翻鏊子”（见图9）。在安徽农村，这种薄面饼被称为“烙馍”，而制作的过程则称“烙烙馍”。烙馍非常柔软，可以包卷大葱或其他菜肴食用。也可以延长烘烤时间，烘干馍内水分，使之变为干脆的“干馍”。在山东的一些地区，做煎饼的平锅也被称为“鏊子”，但其表面为平的，大约可算鏊子的改进型。

图8　现代铁鏊

图9　翻鏊子

三、敦煌文书中的“薄鏉”“铸鏉”

通过前文的分析，我们已初步了解了唐代鏊的基本情况。吐鲁番文书中关于鏊的记载较为简略，更复杂的记载见于敦煌文书，下面我们来具体探讨敦煌文书中的“鏉”。

鏊的结构非常简单，所制面饼水分少，且可保持较长时间，尤其适合西北干旱地区，在敦煌普及度非常高。S.0367《唐光启元年（885）书写沙州伊州地志残卷》（见图10）记载，伊吾县风俗，“有文字，田夫商贩之人，唯有平铁为鏉，冬夏常食饼，无釜甑之具，杯碗匙筋皆不蓄，渴则渠踞地而饮”[①]。此说虽有夸张，也从中反映鏊子的重要性。

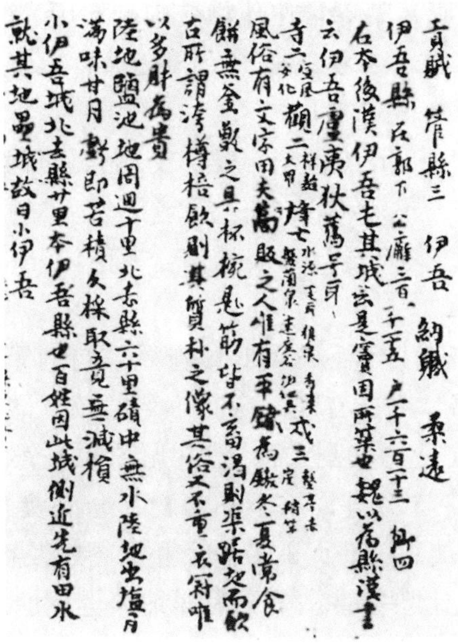

图10　S.0367《唐光启元年(885)书写沙州伊州地志残卷》

（局部，图版转引自《敦煌社会经济文献真迹释录》）

敦煌社会生活文书多与寺院生活有关，文书中的鏊很多情况下属于寺院资产。为便于讨论，现将《敦煌社会经济文献真迹释录》中关于“鏉”的记载条列如下[②]。

P.2613《唐咸通十四年（873）正月四日沙州某寺交割常住物等点检历》（第10、12页）：

贰尺伍寸鏉壹面，列（烈）（第21行）

生铁鏉子一，三片（第78行）

S.1624《后晋天福七年（942）某寺交割常住什物点检历》（第21页）：

壹尺八寸鏉壹面，壹尺贰寸鏉壹面，顶破（第42行）

贰尺烈（裂）鏉壹面……又烈（裂）鏉壹面（第44行）

P.2917《乙未年（935或995）后常住什物交割点检历》（第26页）：

新大主鏉贰，内一有列（教真僧正打破），叁脚具全（第2—3行）

薄铁鏉壹，重肆斤（第9行）

S.4199《年代不明（10世纪）某寺交割常住什物点检历》（第28页）：

破铁鏊不堪所用，在库，大铸鏊壹面无底（第5行）

熟薄鏉壹面，重肆斤（第6—7行）

① 唐耕耦、陆宏基编《敦煌社会经济文献真迹释录》第1辑，书目文献出版社，1986年，第40页。

② 唐耕耦、陆宏基编《敦煌社会经济文献真迹释录》第3辑，全国图书馆文献缩微复制中心，1990年。

新大铸鏊贰，各壹尺捌寸，底上有破碎烈（裂）子，各叁脚全（第9—10行）

P.3598《年代不明（10世纪）某寺交割常住什物点检历》（第31页）：

铸鏊子壹面，宽壹尺肆寸，底上有烈（第20行）

P.3067《庚子年（940或1000）后某寺交割常住什物点检历》（第33页）：

薄铁鏊壹，重肆斤（第13行）

新大铸鏊贰，在库，内壹有裂（第16—17行）

P.3161《年代不明（10世纪）某寺常住什物交割点检历》（第40页）：

又叁斗铛壹口，列（裂）至心，贰尺柱鏊壹面，无底，有列（烈）；又贰尺叁寸柱鏊壹面，内有破（第35—37行）

S.2607 1—4V《年代不明（公元10世纪）某寺交割常住什物点检历》（第44页）：

贰尺肆寸大铸鏊壹□，有烈（第51—52行）

壹尺壹寸铸鏊壹□，又壹尺柒寸铸鏊壹面，□□子，又贰尺铸鏊壹面，有□烈子（第54—55行）

受历史条件的局限，《敦煌社会经济文献真迹释录》的录文存有一些讹误。如S.1624，误作“S.1642”。P.2917号文书“内一有列”旁有小字“教真僧正打破”漏录。P.3161《年代不明（公元10世纪）某寺常住什物交割点检历》（见图11）第35行“叁斗铛壹口，列（裂）至心”句，“铛”字讹作“鏊”，“叁斗鏊”不知何物，令人费解，有研究者受错误录文的诱导，猜测“叁斗鏊”为一次能加工三斗面的鏊，今并据图版改正。

敦煌文书中的鏊名目明显比吐鲁番文书更为详细，也更加复杂。经过比对、分析，我们发现，文书中的鏊，其实可分为两大类别。

第一类，薄鏊。有的称“熟薄鏊”。顾名思义，是一种很薄的铁鏊，由熟铁打制。薄鏊无外形的描述，却注明“重肆斤”。敦煌属于边州，熟铁是打制兵甲的原料，较为珍贵，直接按斤两标注其价值。唐代一斤约当600克，四斤约现4.8斤。现代的铁鏊直径35～43厘米，重量3.5～4.5斤。考虑到唐代工艺同现代有一定的差距，我们相信，敦煌文书中的薄鏊应即吐鲁番文书中的“打（大）鏊”，其外形与今天的铁鏊相似，甚至略大一点。

第二类，铸鏊，或者柱鏊。“铸”“柱”同音，二者所指为同一物。铸鏊与薄鏊虽同属鏊，但差距很大。在各种器物帐中，薄鏊和铸鏊常常相隔很远，说明唐人并不将二者视为同一物件。二者的区别主要有以下三个方面：

其一，外形不同。敦煌文书中不少词语涉及铸鏊的形状，如“贰尺柱鏊壹面，无底”，“鏊壹面，顶破”，“底上有破碎烈子，各叁脚全”，“鏊壹面，内有破”等。“顶破”只出现一次，从音韵学的角度，“顶”可通“底”，二字同韵。S.4654号《舜子变》：“立（妾）有姑（孤）男姑（孤）女，流（留）在儿婚手顶（底）。”[①]铸鏊是否有“顶”（或盖），尚不可下定论，但可以确定其为有三支脚、有底、有内的烧器。薄鏊结构简单，就是一张中间微凸的圆形铁片，不可能出现无底或底有裂等情况。

其二，材质不同。熟铁延展性好，适宜打制出轻薄的铁器，薄鏊用铁不多，主要是熟铁打制。铸鏊体积较大，且熟铁在当地比较珍贵，故只能用生铁铸造。生铁成型性差，器物厚重，优点是导热慢但保温持久；缺点是受热不均时，容易出现裂纹。我们发现，几乎所有的

① 张涌泉、张小艳、郜同麟：《敦煌文献语言大辞典》，四川辞书出版社，2022年，第478页。

铸鏊都出现裂纹，甚至“新大铸鏊”也是如此。此外，文书特别强调“三脚具全”，可见鏊脚也是容易断裂的部位。而薄鏊相关记录则几乎从未提及裂纹。

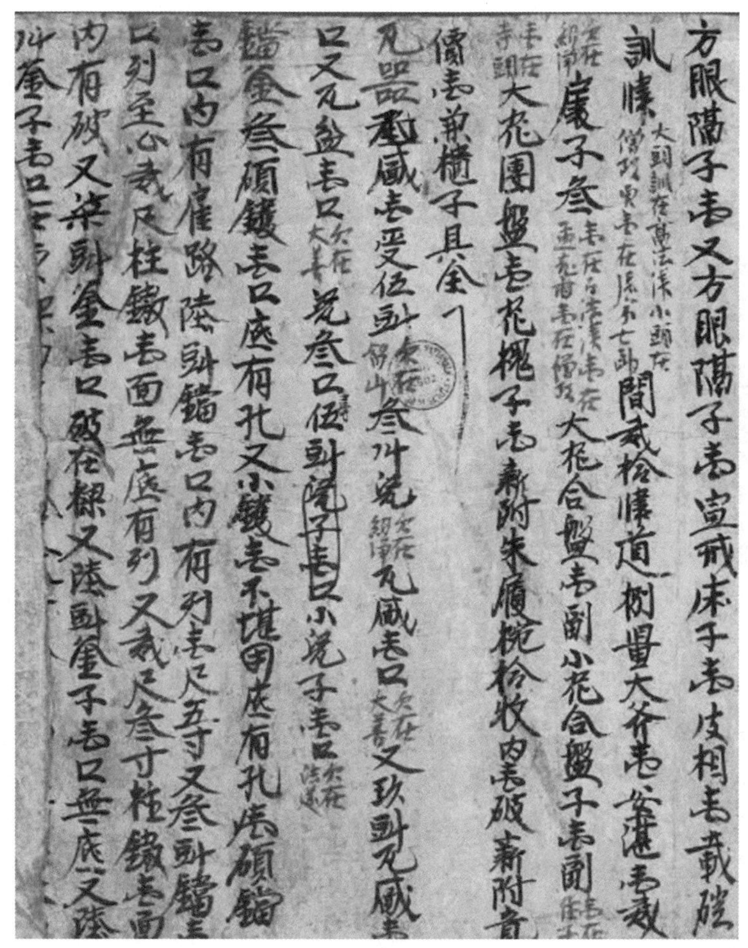

图11　P.3161《年代不明（公元10世纪）某寺常住什物交割点检历》

（局部，法国国家博物馆网高清图版）

其三，铸鏊的计量单位是面，且面宽尺寸有明确的规格，如“壹尺四寸”“壹尺捌寸”“贰尺”“贰尺三寸”“贰尺肆寸”。唐代的一尺合现在30.7厘米。贰尺肆寸的大铸鏊，直径可达73.7厘米，是普通铁鏊的两倍，加上有底，可算得上是庞然大物。而薄鏊以斤两估价值，直径同其厚度相关，帐历中不统计尺寸，只记重量。

铸鏊有底有脚，其具体形状是什么样子的呢？我们注意到，p.2613号文书有 “生铁鏉子一，三片”。一个鏊子，如已裂成三块，为什么不直接当废铁处理呢？这里的“三片”，恐怕不能直接理解为碎片。从常理推测，既然铸鏊可以无底，脚也容易破裂，很可能是分体式的，方便替换损坏的部件，“三片”会不会指铸鏊中加热饼的三个鏊面呢？也就是说，这个铸鏊有三层，像个蒸笼的蒸屉，只不过蒸屉是靠水蒸气加热食物，而铸鏊是靠加热铁片传导热量。其形状大概是一个下面有脚的柱状炊具，以方便从下面生火加热，若推测不误，“柱鏊”或许为其本名。

非常遗憾的是，目前尚未能从壁画等考古发掘中找到铸鏊的形象。据高启安先生研究，今天西北许多地区仍在用一种有盖的鏊子来烧制各种饼（见图12）。这种鏊子往往一个村里只有两三个，过节时全村集中烧烤。有些大鏊子重数百斤，盖上有双耳，需要几个人抬，一次能烧二三十斤面[①]。在西北也存在或两层或三层的多层鏊子。这种鏊有底有盖，所加工的饼，自然不可能是前面所介绍的那种可以随时翻面的薄饼，其烤制的面饼，有“火鏊子”“火烧”“烧锅子”“鏊饼”等不同叫法（见图13）。这些硕大的鏊子，与家家户户使用的薄铁鏊区别十分明显，源头很可能就是敦煌文书中所谓的“铸鏊”。

图12　流行在河西地区的多层鏊子[②]

图13　甘肃永登县烧锅子

薄鏊和铸鏊，都在一千年后找到其传承器具，这是一件非常神奇的事情。总体来说，二者各有千秋。薄鏊比较小巧，适合一家一户使用，铸鏊直径大，可以满足寺院这种多人进食的需要。二者所加工的面饼也大不一样。薄鏊加热快，需要把面团擀成一张薄面饼，加热时反复翻面，快速成熟。铸鏊加热慢，但保温较为持久，适合烘烤比较厚的面饼。薄鏊更适合家用，几乎所有北方面食区的农村都在使用，而铸鏊较为笨重，主要在西北的农村地区流行。

小结

敦煌吐鲁番文书中蕴含了丰富多彩的中古饮食文化。文书中多次出现名为“鏉”的一种炊具。“鏉者，饼鏊也”。对很多人来说，这是一种较为陌生的炊具。结合考古发掘、壁画等，我们对敦煌吐鲁番文书中的“鏉”作了系统的梳理，大体上得到以下几点新认识。

第一，“鏉”字较为晚出，不载于东汉许慎的《说文解字》，最早始见于刘宋杨林之《韵略》，又见于梁顾野王《玉篇》。大体可以相信，“鏉”字约出现于魏晋南北朝，在唐代作为正字被广泛使用，今天的标准字“鏊”则是宋代以后兴起的新字。

第二，中国北方地区饮食习惯由粒食转向面食，大约发生在魏晋南北朝时期。鏊作为制作面饼的烧器，出现在这一时期是合乎历史逻辑的。部分学者将鏊的历史追溯到新石器时代，所谓的“陶鏊”“青铜鏊”，其准确性还有商讨的余地。

第三，吐鲁番文书中出现“打鏉”，即“大鏉”。据吐鲁番唐代墓葬出土的鏊子泥塑，唐代鏊子的外形与今天北方农村的铁鏊基本一致。

① 高启安：《唐五代敦煌饮食文化研究》，民族出版社，2004年，第73页。

② 图12转录自高启安：《唐五代敦煌饮食文化研究》，民族出版社，2004年，第75页。

第四，敦煌文书也有大量关于“鏊”的记载。敦煌地区的“鏊”主要有两种，一种为“薄鏊”，熟铁打制，重约四斤，当即吐鲁番文书中的“打鏊”。另一种为“铸鏊”，也作“柱鏊”，生铁铸造，有底，有脚，可能还有“顶”，适宜多人共食时使用。今天西北地区有盖甚至多层的鏊子，或即由其演变而来。

第五，薄鏊和铸鏊在我国北方农村都能找到对应的炊具。二者除了都称“鏊子”外，不论是外观，还是加工的“面饼”，差异性都非常大。鏊子及其发展历史充分证明了中国饮食文化的丰富性和传承性。

唐代的“五熟行”

周尚兵（山东师范大学历史文化学院）

【摘要】唐前期饮食行业出现了“五熟行”，尚未有专文研究。五熟从业者掌握四种成熟的起面技术，溲和成发面、硬面、烫面、半烫面，运用破、象、卷、交、范、翻、包、兜等技法制作出中式、印式、胡式三大系列的面食，对异域传入的面食品种完成了中国本土化的改造，满足了唐人多样化的口味需求。从食品制作技法入手，澄清胡饼、包子、油条等长期混淆不清的概念。经过唐人的集成创制，齐全的五熟品类奠定了此后五熟行发展的基本格局。各式翻花的膏糜、各式间破的花卷、各式造型的面蒸是唐人面食艺术创意留给我们的文化遗产。

【关键词】唐代　五熟行　面食　鲊菜　制作技法

《房山石经题记汇编》记天宝十三载（754）范阳郡有“五熟行”①，此为“五熟行”最早见于文献记载。直到明代初年才有对五熟行的具体解释：“何谓五熟行？卖面的唤做汤熟，卖烧饼的唤做火熟，卖鲊的唤做腌熟，卖饮饼的唤做气熟，卖馉饳的唤做油熟。”②从上面的解释来看，汤、火、气、油四熟属于今面食行业，腌熟属于今腌货行业，两行业间的生产和营销方式差异较大。然而唐人却又将之聚合成为一个“行”，这是因为这五种从业者都需要使用米面发酵工艺。

唐代五熟行的出现，说明五熟从业者已具有一定数量的人员规模，掌握了成熟而有特色的职业技术，以及多样化产品的供应能力。唐代五熟业职业技术的发展，奠定了此后五熟业发展的基本格局，唐人创制的五熟产品至今仍是百姓生活中的常食。

唐人五熟行的发展情形尚未有专文研究。五熟行虽未有专文讨论，但对五熟各业的具体研究并不少见。唯学界现有研究多是搜集史料具

---

① 北京图书馆金石组、中国佛教图书文物馆石经组《房山石经题记汇编》，书目文献出版社，1987年，第101页。

② ［明］罗贯中、冯梦龙：《平妖传》，上海古籍出版社，1981年，第172页。

述五熟相关食物品种，讨论五熟各业的市场情形①，对唐代五熟产品的制作技法缺乏应有的关注，使得一些食物概念长期含混不清，以致唐人在五熟业的真正贡献没有得到应有的彰显。确切地说，学界对唐人韦巨源《烧尾宴食单》、段成式《酉阳杂俎·酒食》、段公路《北户录·食目》中的制作技法，如“兜猪肉”“黄方粕徹”“飞面法”等缺乏应有的释读。从中原传入敦煌地区的唐人蒙书《俗务要名林·饮食部》②以及敦煌经济文书中的佐证材料，比如伯三六一六号背“造起面饼叁斗伍胜”中的发酵工艺，同样未受五熟各业研究者的充分重视。今以上述文献为中心探讨唐代五熟业的发展情形，或有不当，幸请方家指正。

一、唐代的四种起面方法

“饼，并也，溲面使合并也。”③刘熙的定义，虽指出了造饼有“溲面”的技术环节，却没有说明溲面的具体技法。至贾思勰《齐民要术》撰“饼法”一节，始有较为系统的溲面技法说明。及至唐代，有四种溲面技术：中式起面法、印度起面法、胡人起面法、水溲起面法。

（一）中式起面法

中式起面法在汉代的叫法之一为“媒糵”，唐人称为“酵暖”，又写作“酵烦”。媒糵，孟康曰：“媒，酒教也。糵，曲也。”颜师古注云：“孟说是也。齐人名曲饼曰媒。”④酒教，即用酒汁发酵起面。曲饼，即用发酵面做成的饼。中国传统的起面方式有酸浆起面法、酵面起面法、酵汁起面法、酒浆起面法。贾思勰记载了汉魏时期汉人用酸浆、酒浆起面，直到唐代仍复如斯，释慧琳《一切经音义》云：“酵烦，谓起面酒酵也。”⑤清人总结说：“餢飳，饼也。《正字通》：餢飳，起面也，发酵，使面轻高浮起，炊之为饼。贾公彦以酏食为起胶饼，

① 黄兴宗在《面粉及面食制作》中讨论了馄饨、包子、饺子的起源，因未引用谢讽《食经》等相关材料，未追溯到包子、饺子“含浆饼”的真正源头，参见黄兴宗：《李约瑟·中国科学技术史》第六卷第五分册《发酵与食品科学》，科学出版社，2008年，第408-412页。国内隋唐史通史著作对唐代饮食的讨论局限于罗列史料而不涉制作技术的问题，付婷的博士论文业已揭示出来。这种现象在饮食类通史著作、硕博论文、饮食专著中同样存在，如徐海荣主编《中国饮食史》（杭州出版社，2014年）第三卷第八编有“饼的烹饪”“鲊”，其实只是列举几种饼和鲊，并未讨论具体制作技法；邱庞同《中国面点史》（青岛出版社，2010年）第三章同样只具列了唐代各种面点的名目；王迪：《唐宋时代面食制作方法对比研究》（硕士学位论文，郑州大学，2020年）虽以制作方法为名，也是排比史料，于唐代面食的制作技法实无讨论。相关饮食论著尚有李肖：《论唐宋饮食文化的嬗变》，博士学位论文，首都师范大学，1999年；付婷：《隋唐饮食文化研究》，博士学位论文，陕西师范大学，2015年；傅及光：《唐代饮食文化研究》，博士学位论文，台湾中山大学，2015年；彭嘉祺：《唐宋时期面点研究》，硕士学位论文，云南师范大学，2021年；王赛时：《唐代饮食》，齐鲁书社，2002年；黄正建：《唐代衣食住行》（插图珍藏本），中华书局，2013年；刘朴兵：《唐宋饮食文化比较研究》，中国社会科学出版社，2010年。余不一一备举。

② 《俗务要名林》目前有多种释录本，本文采用郝春文编著《英藏敦煌社会历史文献释录》第三卷中的录文，社会科学文献出版社，2003年，第373页。

③ ［汉］刘熙：《释名》卷4《释饮食第十三·饼》，中华书局，1985年，第62页。

④ ［汉］班固撰，［唐］颜师古注《汉书》卷54《李广苏建传》，中华书局，1964年，第2456页。

⑤ ［唐］慧琳：《一切经音义》卷26，见徐时仪校注《〈一切经音义〉三种校本合刊》，上海古籍出版社，2008年，第958页。

胶即酵也。涪翁说：起胶饼，今之炊饼也。《齐民要术》有‘餢 ’。”[①]按照贾公彦、颜师古、释慧琳等人的认识，用传统的中式酒酵起面法制作的各种饼都叫作“起酵饼”，区别于当时广为流行的“胡饼”。用酒酵起面法制作的饼，贾思勰以“白饼”称之，“作白饼法：面一石。白米七八升，作粥，以白酒六七升作酵中，著火上。酒鱼眼沸，绞去滓，以和面。面起可作”[②]。此处的“白饼法”，强调的是传统的用酒浆发酵的起面方法，不是指饼成后的颜色和具体形状，待面发起之后，可随性作成各种饼。故此，斯六二三三号中的“九日，出面一斗，造白饼”，应当理解为以“酒酵”之法造饼，即制作中式饼。

中式传统起面法沿用至今，其缺陷是起面时间长，发酵过程不太好把控，偶尔会发面不起，有“膳夫以酒酵和面，拟为饼调，候时不起”[③]。今山东人所推尚的老面馒头，使用的就是传统的酵面起面法，起面时间虽长，效果却甚佳。

对于唐人来说，以酒酵起面法最为通用，故此将用酒酵发成的面称为“大例面”或“太例面”。相比而言，用酸浆起面法就成了例外。灵岩寺的僧人严守清规戒酒，只得采用酸浆起面法，“‘若将酒及糟起面，并糟羹之类食者，咸招越法之罪。’律有成制，不须致疑。灵岩道场常麸浆起面，避其酒过”[④]。麸浆起面，是把麸皮淀粉水发酵成酸浆后起面。

（二）印度起面法

随着佛教东来，印度起面法传入中国。韦巨源烧尾宴食单中有“婆罗门轻高面笼蒸”，李益民指出，婆罗门轻高面是取法印度发酵方法制作的饼[⑤]。印度发酵法以糖、蜜、乳、酥为原料起面，如百叶饼，《大毗卢遮那成佛经疏》卷七有“漫荼迦是此方薄饼。其［百］叶饼是天竺饼法，以糖、蜜诸味和面、酥，油煮之，至为甘美”[⑥]。印度起面法传入中国后，有一种称为“乳麩”者，释慧琳云：“乳麩，以牛乳和面、酥，煮油饼也。”[⑦]亦写作“乳 ”。

酥是印度起面法的关键用料，《俗务要名林·饮食部》释“酥”为“凝牛羊乳”。在从乳到酥的生产过程中有发酵的工序，鲜乳熬炼发酵为酪，酪冷却后表层凝结的白奶皮即为酥。以其“凝”的全过程，佛经中称它为“乳醅”[⑧]，与中式起面法用“酒醅”的原理相同。

（三）胡式起面法

自东汉以来，胡饼就流行于中国。各种胡饼以油、蜜为原料起面，这是胡饼与中式起面

---

① 汉语大词典编纂处编《康熙字典标点整理本》，汉语大词典出版社，2005年，第1417页。

② ［后魏］贾思勰撰，缪启愉校释《齐民要术校释》（第二版）卷9《饼法第八十二》，中国农业出版社，1998年，第632页。

③ ［唐］道宣撰，郭绍林点校《续高僧传》卷28《隋中天竺国沙门阇提斯那传》，第1087页。

④ ［唐］义净撰，王邦维校注《南海寄归内法传校注》卷4，中华书局，1995年，第219页。

⑤ ［宋］陶谷撰，李益民注《清异录》（饮食部分），中国商业出版社，1985年，第6页。下文引韦巨源食单中的内容皆出自此书，不另注。

⑥ ［日］小野玄妙等编《大正新修大藏经》第39册，台北佛陀教育基金会，1934年，第658页。“百”，据《大日经义释》卷五“其百叶饼”校补。

⑦ ［唐］慧琳：《一切经音义》卷35，载徐时仪校注《〈一切经音义〉三种校本合刊》，上海古籍出版社，2008年，第1129页。

⑧ ［唐］慧琳：《一切经音义》卷71，载徐时仪校注《〈一切经音义〉三种校本合刊》，上海古籍出版社，2008年，第1756页。

饼的本质区别。“山药胡饼”最能说明这个特点，其饼法为“熟山药二斤，面一斤，蜜半两，油半两，和溲擀饼”[①]。山药胡饼没有一样原材料产自中土之外，而又被命名为“胡饼”者，只是因为它运用了胡式起面技法——油蜜起面法。再结合贾思勰所说的烤制胡饼“以髓脂、蜜，合和面”[②]，则胡饼的起面技法就了然无遗。只要采用了胡式的油蜜起面法，无论烧蒸煎炸，都属于胡饼。唐代文献中有蒸胡饼、油胡饼。

（四）水溲起面法

崔寔云：“距立秋，毋食煮饼及水溲饼。”[③]所谓“水溲”，指仅用水和面，关键在于和好面团后的静置饧面，务使水和面粉的蛋白质分子充分结合而舒展。用充分饧好的水溲面团做饼，“与常酵者不异”[④]。唐代以前将使用“水溲”起面法制作的饼称为“水溲饼”，将使用酒酵等起面法制作的饼称为“面起饼”[⑤]“起面饼”[⑥]。唐人仍其旧称，《北户录·食目》中有“水溲饼”。伯二〇四〇号背记录“面壹斗，交库日造水饼用”，水饼为“水溲饼”的省称。伯三六一六号背《面破历》记载：“造起面饼叁斗伍胜。”

以水溲法起面，在用水上有用量多少和热水凉水的区别，贾思勰分别称为“刚溲”和“汤溲”[⑦]。刚溲，今称为硬面；汤溲，今称为烫面；又有半烫面，即和面时一半面粉以凉水溲，一半面粉以热水溲，各自溲好后再合揉在一起，唐人称为“生熟粉”[⑧]。视面制品的口感和质量要求，采用不同的溲面方法溲面。用热汤溲，水温也很讲究，贾思勰用“鱼眼沸”“接沸”来说明，鱼眼沸的温度大约在七十度以上，接沸则指开水。

总上四条，从溲面方式看，唐人的饼有中式、胡式、印式三种风格。

二、唐代“汤熟”的技法与产品

卖面的唤做“汤熟”，汤熟指用火方式为“汤煮”。用汤水煮熟的各种面食，汉人刘熙称为“汤饼”[⑨]，崔寔称为“煮饼”[⑩]。唐人沿袭汉人旧称，如牛生赴举，“宿一村店，其日雪甚，令主人造汤饼”[⑪]。伯三六一六号背《面破历》记载：“［造］煮饼，破面捌斗。”

汤饼、煮饼皆为类属总名，其形状多种多样，各有专称。在刘熙那里，除了将今天的面

---

①［元］佚名：《居家必用事类全集》庚集《饮食类》，载《续修四库全书》第1184册，上海古籍出版社，2002年，第585页。

①［后魏］贾思勰撰，缪启愉校释《齐民要术校释》（第二版）卷9《饼法第八十二》，中国农业出版社，1998年，第632页。

③［东汉］崔寔撰，缪启愉辑释《四民月令辑释》，农业出版社，1981年，第54页。

④［唐］道宣撰，郭绍林点校《续高僧传》卷28《隋中天竺国沙门阇提斯那传》，第1087页。

⑤［唐］徐坚等：《初学记》卷26《器物部·饼十七》，中华书局，1962年，第643页。

⑥［宋］司马光编著，［元］胡三省音注《资治通鉴》卷137齐武帝永明九年春正月，中华书局，1956年，第4305页。

⑦［后魏］贾思勰撰，缪启愉校释《齐民要术校释》（第二版）卷9《饼法第八十二》，中国农业出版社，1998年，第635页。

⑧［唐］段公路撰，［唐］崔龟图注《北户录注》卷2，文物出版社，2022年，第76页。

⑨［汉］刘熙：《释名》卷4《释饮食第十三》，中华书局，1985年，第62页。

⑩［汉］崔寔撰，缪启愉辑释《四民月令辑释》，农业出版社，1981年，第54页。

⑪［宋］李昉等编《太平广记》卷348《鬼三十三·牛生》，中华书局，1961年，第2785页。

条称作“索饼”外，其余的水煮饼都称为汤饼①。贾思勰将汤饼细分为水引、馎饦、綦子面、粉饼、浑沌饼等品种②，缪启愉解释说：“水引是面条。”③到了唐代，汤饼依然是泛称，其下的专属名称则有索饼、馎饦、冷淘、馄饨等。在专属名称之外，唐人还加上形容词来指称各种汤饼的特点，如韦巨源烧尾宴中的“生进鸭花汤饼”，鸭花指汤饼的形状用模具切成各种花形；也直接用汤饼的形状来指称汤饼，如“汉宫棋”，指双钱形态印花棋子汤饼④。敦煌文献中的汤饼名称有馎饦、索饼、冷淘、饡饦、馄饨等。唐人汤饼名目固然繁多，其实则可以分为四大类：一类为长条形状的面，主要有索饼、薄夜饼；二为片块形状的面，主要有馎饦、饡饦；三是颗粒坨状的无馅面粑，有方綦、切面筋；四是包有馅料的丸状饼，有馄饨、汤中牢丸等。

（一）索饼、薄夜饼

索饼，有圆、扁两种形状，用贾思勰描述的竹节或牛角漏斗模具挤制，扁形也可以用刀切，制作方法与今作手擀面条相同。面条可干拌吃，也可入臛汤吃，唐人用于药膳的“黄雌鸡索饼”即其例：“黄雌鸡随多少，炒，作臛。面半斤，桂末一分，伏苓末一两。右以桂末、伏苓末，和面溲作索饼，熟煮，兼臛食之。”⑤文中“兼臛食之”有异文作“入臛食之”，即面条煮熟后，挑入鸡臛汤中食之，其实就是今天的鸡汁汤面。在面粉之外，葛粉、豆粉、米粉、薯芋粉等皆可作索饼，如《食医心镜》中有对治中风脾热的“葛粉索饼”⑥。冷淘，即今过水凉面，杜甫有《槐叶冷淘》诗，是用槐叶汁溲面做成的冷面。刘晏路过衡山县，“吃冷淘一盘，香菜茵陈之类，甚为芳洁”⑦。

段公路《食目》中有“薄夜饼”，崔龟图注云“用鸡臛”⑧。准崔注，薄夜饼当校作“薄液饼”，即贾思勰记录的“粉饼”。薄液指粉料调和为稀液状态，“更以臛汁溲，令极泽铄铄然”⑨。用鸡臛者，即先用臛汁溲粉入味，粉熟之后再用鸡肉作浇头。是否用臛汁溲米粉，得看怎么吃，若是用酪、胡麻饮之类的调味料干拌着吃，则“直用白汤溲之，不用肉汁”⑩。此即唐人米粉系列的汤饼。《说文》云：“演，长流也。”稀薄的米粉料自牛角漏斗中漏出之时，如水长流，段成式命此制作法为“薄演法”⑪，今人则称为“漏粉”。

---

①［汉］刘熙：《释名》卷4《释饮食第十三》，中华书局，1985年，第62页。

②［后魏］贾思勰撰，缪启愉校释《齐民要术校释》（第二版）卷9《饼法第八十二》，中国农业出版社，1998年，第633、635页。

③［后魏］贾思勰撰，缪启愉校释《齐民要术校释》（第二版）卷9《饼法第八十二》，中国农业出版社，1998年，第638页。

④［宋］陶谷撰，李益民注《清异录》（饮食部分），中国商业出版社，1985年，第8页。

⑤［唐］昝殷撰，尚志钧辑《食医心镜》（重辑本），安徽科学技术出版社，2003年，第242页。

⑥［唐］昝殷撰，尚志钧辑《食医心镜》（重辑本），安徽科学技术出版社，2003年，第227页。

⑦［宋］李昉等编《太平广记》卷39《神仙三十九·刘宴》，中华书局，1961年，第245页。

⑧［唐］段公路撰，［唐］崔龟图注《北户录注》卷2，文物出版社，2022年，第84页。

⑨［后魏］贾思勰撰，缪启愉校释《齐民要术校释》（第二版）卷9《饼法第八十二》，中国农业出版社，1998年，第635页。

⑩［后魏］贾思勰撰，缪启愉校释《齐民要术校释》（第二版）卷9《饼法第八十二》，中国农业出版社，1998年，第636页。

⑪［唐］段成式撰，方南生点校《酉阳杂俎》卷7，中华书局，1981年，第70页。

（二）馎饦

馎饦，韩鄂称为“馎饦片子”[①]，即今各种形状的“面片”。馎饦又写作“餺饦”“不托”“不饦”。敦煌文献中“馎饦”的异词称呼最多：馎饦、勃饦、饽饦、没饦、饦。唐人杨晔明确地说：“不饦，有薄展而细粟者；有带而长者；有方而叶者；有厚而切者；有侧粥者，有切面筋、夹粥、蕝粥、劈粥之徒，其名甚多，皆不饦之流也。”[②]据此，唐人馎饦的形状甚多，至少有四种最常见的形状，有薄展而细粟的小圆面片，有带而长的扯面片，有方而叶的切面片，有厚而切的块状面片，常见为菱形。其他更多的形状如“柳叶”等等，难以一一称名，“皆不饦之流也”。在具体做法上，有一种做法是贾思勰所记录的搓面成粗条，切为二寸小段备用，要吃时再将小段挼压成小薄片[③]，上引杨晔所谓“薄展而细粟者”大抵如是。

晚唐王文公凝“食餺饦面，不过十八片”[④]。馎饦片子的具体吃法有三种。

一是煮熟后，加上浇头带汤吃。如伯三四九〇号《辛巳年（九二一或九八一）某寺诸色斛斗破历》：“油半抄，騟淤日造馎饦、炒臛，众僧斋时用。”日僧圆仁在今山东过中秋节时，“寺家设馎饦、饼食等，作八月十五日之节”[⑤]。羹饦为寺家带汤馎饦在敦煌的专称，斯二五七五号《后唐天成四年（九二九）三月六日应管内外都僧统置方等戒坛牓》：“羹饦粥流，随宜进饱。”浇头也可以是胡式汤羹，唐人将胡式汤羹称为“鹘突”“胡突”，鹘突饦的具体做法：“又有羊肉生致碗中，以不饦覆之，后以五味汁活之，更以椒酥和之，谓鹘突不饦。”[⑥]即将鲜羊肉切为脍片，入碗底，以热不饦浇盖，随后调五味汁及椒酥。其作为胡食的特点在于最后的胡式椒酥调味，这是一种与今云南鸡汤过桥米线极其相似的吃食。

二是捞出馎饦，以各种浇头、麻汁或葱油干拌吃。沂密间有僧人“爱吃脂葱杂面餺饦”[⑦]。脂葱，指用油脂熬炼分葱而成的葱香油，斯三八三六号背《杂集时用要字》列有“脂葱”，今称为“葱油”，至今犹有“葱油拌面”的吃法。

三是水煎着吃，伯二〇三二号背《后晋时代净土寺诸色入破历算会稿》：“面五㪷，善惠开七斋时煎馎饦用。”即以少水煮，入味，煎收汁，类似于今天的炒面片。

（三）方碁、方饦

方碁、切面筋在形状上都是颗粒坨状的面魹。具体做法是：饧好面，搓成细条状，或揪或切为小颗粒魹。贾思勰的做法是“切作方碁”，蒸熟晾干，待吃时再入锅煮。从形制上看，缪启愉说：“此面食很像杭州的名点‘猫耳朵’。”[⑧]

---

① ［唐］韩鄂撰，缪启愉校释《四时纂要校释》卷4《七月》，农业出版社，1981年，第179页。

② ［唐］杨晔：《膳夫经手录》，《续修四库全书》，上海古籍出版社，2002年，第1115册，第525页。

③ ［后魏］贾思勰撰，缪启愉校释《齐民要术校释》（第二版）卷9《饼法第八十二》，中国农业出版社，1998年，第635页。

④ ［五代］孙光宪撰，贾二强点校《北梦琐言》卷4《王文公叉手睡》，中华书局，2002年，第46页。

⑤ ［日］圆仁撰，白化文等校注《入唐求法巡礼行记》卷2，花山文艺出版社，2007年，第175页。

⑥ ［唐］杨晔：《膳夫经手录》，载《续修四库全书》第1115册，上海古籍出版社，2002年，第525页。

⑦ ［唐］刘崇远：《金华子杂编》卷下，载陶敏主编《全唐五代笔记》，三秦出版社，2012年，第3149页。

⑧ ［后魏］贾思勰撰，缪启愉校释《齐民要术校释》（第二版）卷9《饼法第八十二》，中国农业出版社，1998年，第635、639页。

在面麨的称呼上，唐人沿袭前代旧称，又新创“方饦”称呼。斯三二二七号背＋斯六二〇八号《杂集时用要字·饮食部》列有“方碁”。唐末，“南蛮陷交址，征诸道兵赴岭南。诏湖南水运，自湘江入澪渠，江西造切面粥以馈行营”①。

杨晔明确地将“切面筋”归为“不饦之流”。斯三九〇五号《唐天复元年（九〇一）金光寺造窟上梁文》：“馎饦空中乱撒，恰似雨点一般。”如雨点般的馎饦，显然是指颗粒麨状的方碁馎饦，而且还是贾思勰所记录的那种做法，才能用作上梁时抛撒的干果。伯三三九一号、斯三八三六号背《杂集时用要字》皆记载有“飭饦”，但“飭”字字书未载，是“方”字涉饮食类而产生的增旁新字，故此“飭饦”当校作“方饦”，为唐人对“方碁馎饦”的新构名词。方饦是唐人“一日节”的节令食品，斯五六五八号《珠玉抄》云：“十月晓，又曰‘旦’，何谓？昔汉高祖十月一日入秦，故作‘一日节’，方饦为尚。”

（四）馄饨、饺子

《俗务要名林·饮食部》列有“馄饨”。韦巨源烧尾宴食单中有“生进二十四气馄饨花形、馅料各别，凡二十四种”，就是现场制作二十四种花形和馅料都不相同的馄饨，每种花形和馅料代表一个节令的特征。馄饨的形制多种多样，二十四气馄饨刻意捏出来的二十四种形制，为烧尾宴之类的宴会所用，并不通行于民间。民间常见的形制有三种。最简单的一种，用手掌捏握成麨状混沌样，即“浑沌饼”得名之由。又一种捏成偃月状，崔龟图注“浑沌饼”云：“《［齐民］要术》书上字。《广雅》曰：‘馄饨也。’《字苑》作‘餫’。颜之推云：‘今之馄饨，形如偃月，天下通食也。’”②再一种为折角馄饨，吐鲁番出土有唐代的实物，是现今常用样式之一。

日常生活中，馄饨馅的用料与口味可随心调制，如唐人的“猪肾馄饨”，以猪肾一对为原料，用“胡椒、橘皮、盐、酱、椒末等”调味，“溲面如常法，作馄饨，熟煮，空腹食之”③。所谓“溲面如常法”，指溲面时除了水以外不再添加其他原料。而“非常法”则指溲面时添加了蔬菜汁、姜汁、鸡蛋液、萝卜泥等其他原料，例如做鸡蛋索饼，“以鸡子清溲面，作索饼，熟煮”④；做羊肉索饼、羊肉馄饨，“以生姜汁溲面更佳”⑤；白萝卜“研如泥，制面，作馎饦佳”⑥。唐人的槐叶冷淘索饼、萝卜泥馎饦片子，流传到元代就成了著名的“翠丝面”和“萝菔面”⑦。

将带皮肥肉或鱼肉熟煮或熟蒸后再冷凝，就可制成胶冻状的肉皮冻，唐人的“冻猪肉”⑧“鱼肉冻”⑨即此类也。北朝《食经》中的“犬牒”，就是将熟蒸过的带皮狗肉经过压

---

①［后晋］刘昫等：《旧唐书》卷19，中华书局，1975年，第652页。

②［唐］段公路撰，［唐］崔龟图注《北户录注》卷2，文物出版社，2022年，第84页。

③［唐］昝殷撰，尚志钧辑《食医心镜》（重辑本），安徽科学技术出版社，2003年，第241-242页。

④［唐］昝殷撰，尚志钧辑《食医心镜》（重辑本），安徽科学技术出版社，2003年，第240页。

⑤［唐］昝殷撰，尚志钧辑《食医心镜》（重辑本），安徽科学技术出版社，2003年，第240页。

⑥［唐］萧炳撰，尚志钧辑《四声本草》（辑复本），安徽科学技术出版社，2006年，第160页。

⑦黄兴宗：《李约瑟·中国科学技术史》第6卷第5分册《发酵与食品科学》，科学出版社，2008年，第415页。

⑧［唐］张鷟撰，赵守俨点校《朝野佥载》卷四，中华书局，1997年，第90页。

⑨［唐］段成式撰，方南生点校《酉阳杂俎》卷7《酒食》，中华书局，1981年，第71页。

实和冷冻处理而凝结成的胶冻肉，“跟现在的‘羊肉冻’、镇江的‘肴肉’有些相似”①。如今山东沂源一带就径直称为“狗肉冻”。因肉皮冻的形态，隋唐时期又称其为“交脂”“夹脂”。交脂、夹脂与药胶、沾胶为同一技术源起，原料皆为带脂肉皮。药胶、沾胶熬制时间长，要将肉皮全部融化为一体，如“阿胶”。其日常食用者，仅仅只是熬出胶原蛋白就停火，大量的条状肉皮仍交杂夹于胶原蛋白汁中，遂以其形名为“交脂”“夹脂”，今称为“肉皮冻”（见图1）。肉皮冻中未化完的肉皮条，即段成式所记“皮索饼”②中的“皮索”。

图1　肉皮冻

各种带脂肉皮皆可制作肉皮冻。韦巨源食单中把用香狸皮脂做的皮冻称为“狸肉夹脂”。谢讽《食经》把用鸭脂皮做的皮冻称为“交加鸭脂”③，加鸭为“家鸭”之音讹，按唐人的称法，当称作“家鸭交脂”。自隋朝时起，“交脂”“夹脂”加入到馄饨制馅的序列，于是出现了“交脂馄饨”“夹脂馄饨”，民间遂简称为“交脂”“夹脂”，随后因食物而从宋代开始类化增旁而演变为“饺子”“餗子”，宋代夹子、餗子的文献记录颇多④。

富含胶原蛋白的交脂馅包在面饼中受热融化为浆汁，使得交脂馅饼呈现出“含浆包汁”的突出特点，故此谢讽《食经》中称此类饼为“含浆饼”⑤，即今之“灌汤”系列食品。交脂与其他食材配合制馅，灌汤系列品种极为丰富，不能一一。以交脂为馅的馄饨，从馄饨中独立出来成为一个特色品类，即只有灌汤馄饨才能被称为“饺子”，二者间的本质区别在于是否“包汁”，而不在于具体的形状。今山东人将饺子称为“水包子”，仍旧保持着饺子“包汁”的原初含义。

① ［北魏］贾思勰著，缪启愉校释《齐民要术校释》（第二版）卷9《作脖奥糟苞第八十一》，中国农业出版社，1998年，第630、631页。

② ［唐］段成式撰，方南生点校《酉阳杂俎》卷7，中华书局，1981年，第71页。

③ ［宋］陶谷撰，李益民注《清异录》（饮食部分），中国商业出版社，1985年，第14页。下文引谢讽《食经》皆出自此书，不另注。

④ 原始文献见于《东京梦华录》《梦粱录》等。在韦巨源食单中，可以看到“交”“角”通假互用的例子。宋人只写作“角子”，疑为与纸币“交子”区分开而有意为之。今人综述交子、夹子的情形，参见邱庞同：《中国面点史》，青岛出版社，2010年，第109页。

⑤ 今人李益民注释本误录为“含酱饼”，清李锡龄校刻本等诸本实为“含浆饼”。也可参见孔一校点本，［宋］陶谷撰，孔一校点《清异录》，上海古籍出版社，2012年，第106页。

以馄饨、饺子多为汤煮，故于汤熟中述之，其实还可以油熟、煎熟、气熟。馄饨是唐人冬至节的节物。伯三五〇二号背《新集诸家九族尊卑书仪》“冬至相仰书”云：“长至将启，佳节应期。空酒馄饨，幸垂过访。”圆仁在中国的旅行日记证实了唐人冬至日饮食方面的习俗，“时行馄饨、果子”[①]，过新年也时行馄饨，“廿五日，更则入新年。众僧上堂，吃粥、馄饨、杂菓子”[②]。

凡造汤饼，煮制时都讲究“汤清”，汤不清则影响汤饼的色形和味道。萧家馄饨的“汤清”成为唐人汤熟行业的标杆：“有萧家馄饨，漉去汤肥，可以瀹茗。”[③]至今兰州牛肉面讲究“一清二白三红四绿五黄”，把“汤清”作为首要质量标准。长安城颁政坊中有“餛饨曲”[④]，是以馄饨为主题特色的小食街市。

（五）汤中牢丸、团子

段成式的酒食美味清单中有“笼上牢丸、汤中牢丸”[⑤]。据束晳《饼赋》的记录，研究者有确认牢丸为“包子”者，有确认为“汤团”者，有合二者而认为笼上牢丸为包子，汤中牢丸为汤团[⑥]。然，将笼上牢丸、汤中牢丸分释为两种食物于义难符；释为包子、汤团则没有反映出牢丸自身独有的特征，况且包子自有起源，与牢丸并不相涉。

“牢丸”之命名沿袭了汉代“随形而名之”[⑦]的传统，牢丸之“丸”指明它属于丸饼，牢丸之“牢”形容面皮的柔韧。丸饼是饼食传承至今的一大支系，牢丸是其中包馅面皮柔韧的品种，类似于今之“包心丸子”。牢丸用半烫面制作，王仁兴的反复实验证实了唯有半烫面才能使牢丸具有束晳《饼赋》所描述的“形如圆球、皮面皎白、光滑松软、馅心隐约可见”的特点[⑧]。

在唐代，丸饼除了“牢丸”外，还有团子和䭔子。商人窦乂利用“煎饼及团子”[⑨]招徕儿童去填平洼地。团子是唐人端午节四大节物之一，元稹《表夏十首》诗云：“灵均死波后，是节常浴兰。彩缕碧筠粽，香秔白玉团。”[⑩]三五亲朋知己饮菖蒲酒、赏团子和粽子是唐人端午活动之一。敦煌文献中有端午聚会的邀请书仪，如斯二二〇〇号《新集吉凶书仪·端午相迎书》：“喜逢嘉节，端午良辰。献续同庆，传自荆楚。但惭羁泊，何可申怀。空备团粽，幸请光临。”

唐人的团子有多种颜色，现知有白团、青团、红团。斯三二二七号背＋斯六二〇八号《杂集时用要字·饮食部》中有“白团”，即元稹诗中的“香秔白玉团”，是用粳米粉和糯米

① ［日］圆仁撰，白化文等校注《入唐求法巡礼行记校注》，花山文艺出版社，2007年，第357页。

② ［日］圆仁撰，白化文等校注《入唐求法巡礼行记校注》，花山文艺出版社，2007年，第360页。

③ ［唐］段成式撰，方南生点校《酉阳杂俎》卷7，中华书局，1981年，第71页。

④ 吴钢主编《全唐文补遗》第7辑，三秦出版社，2006年，第123页。

⑤ ［唐］段成式撰，方南生点校《酉阳杂俎》卷7，中华书局，1981年，第70页。

⑥ 钱仓永：《“牢丸”考辨》，《淮阴师范学院学报》2018年第6期；曾维华、张斌：《我国古代食品“牢丸”考》，《河北广播电视大学学报》2013年第2期；王仁兴：《牢丸·包儿——中国包子形制的演变》，《美食研究》2021年第4期。

⑦ ［汉］刘熙：《释名》卷4《释饮食第十三·饼》，中华书局，1985年，第62页。

⑧ 王仁兴：《牢丸·包儿——中国包子形制的演变》，《美食研究》2021年第4期。

⑨ ［宋］李昉等编《太平广记》卷243《治生一·窦任氏》，中华书局，1961年，第1877页。

⑩ ［清］彭定求等编《全唐诗》卷402元稹《表夏十首》，中华书局，1960年，第4494页。

粉按一定比例揉制而成。添加粳米粉的目的，是增加团子面皮的柔韧度，使其成为“牢丸”。笔者幼年时，因家中长辈年长忘事，在一次制作白团时添加了两次粳米粉，吃了一次十分筋道的“牢丸”。不加粳米粉的纯糯米团子才是“汤团”，又称“粉团”，以滑腻见称，唐时都中端午节以射粉团为戏，“盖粉团滑腻而难射也”①。

团子也可以用面粉制作。唐人的青团，“春月采嫩艾作菜食。或和面作馄饨如弹子”②。要让青团既具有弹子般的可弹质感，又不失黏柔酥糯的特点，面皮须用半烫面。

牢丸和团子以其包馅皮柔韧，蒸、煮、煎、炸无不适宜。束皙《饼赋》描写“汤中牢丸”下锅时“纷纷驳驳，星分雹落”③。

（六）粽子

韦巨源食单中有“赐绯含香粽子蜜淋”，这是做粽子时对糯米进行了增香、增色处理，食用时再淋蜜增味。粽子是中国传统的汤熟食品，唐人有箬叶粽、竹筒粽。

汤饼制作中尚有一点小注意事宜。崔寔云：“唯酒溲饼入水即烂也。”④酒溲，指用酒浆起面，则中式发酵的面团不适合做汤饼。中式汤饼的面料不需发酵，只需用水溲面饧面。面饧好，切成汉宫棋等各种形状，或者擀成面片包上馅料，入汤锅煮熟，此为中式手擀面。

三、唐代“油熟”的技法与产品

卖馉饳的唤作“油熟”。馉饳是宋代油熟面食的代表性产品，其可以确认的形制之一是圆形的“油炸的带馅的面果”⑤，其他的形制已不可详考。唐代油熟的代表性产品有䭔子、餢飳、膏䭃、五色饼、砂碁、寒具、煎饼、饸饼等。

（一）䭔子

娄师德与其乡邻之子“一楪䭔饼”⑥。王梵志诗云：“贪他油煮䭔，我有波罗蜜。”⑦䭔饼为油熟食品中的一支，又称“䭔子”。其制作过程分为三个环节：调面、包馅、成形。

先说调面。伯四六三九号《官斋历》分配给䭔子头的原料有：“面一斗八升。油一升半。粟一斗。”伯三二三一号《平康乡官斋籍》分配给䭔子头的原料有：“面一斗七升。油一升半。粟一斗。”因原料中没有糯米，故䭔子的糯柔口感只能靠发面技法来实现，必须采用半汤面制作技法和制面团。尚食局䭔子手用的是面餬，以至于在包馅时“五指间各有面透出，以篦子刮却”⑧。粟的用法，高启安已指出是做䭔子的表层粘裹料，粘裹料还有大米、糯米

---

① ［五代］王仁裕撰，曾贻芬点校《开元天宝遗事》卷上，中华书局，2006年，第29页。

② ［唐］孟诜撰，张鼎增补，尚志钧辑校《食疗本草》卷2，安徽科学技术出版社，2004年，第49页。

③ ［唐］徐坚等:《初学记》卷26《器物部·饼十七》，中华书局，1962年，第643页。

④ ［东汉］崔寔撰，缪启愉辑释《四民月令辑释》，农业出版社，1981年，第54页。

⑤ 邱庞同:《中国面点史》，青岛出版社，2010年，第110页。

⑥ 李时人编校《全唐五代小说》外编卷7《娄师德》，中华书局，2014年，第3591页。

⑦ ［唐］王梵志著，项楚校注《王梵志诗校注》（增订本）卷6《麤行出家儿》，上海古籍出版社，2010年，第629页。

⑧ ［宋］李昉等编《太平广记》卷234《食·尚食令》，中华书局，1961年，第1795页。下引此文不另注。

和芝麻等[①]。其中外裹芝麻者，今俗称为“麻团”。

䭔子有馅，其馅要事先制好，包馅时“于盒中取䭔子馅”[②]。馅分三大类：糖馅、脂馅、菜果馅。《俗务要名林·饮食部》有“脂䭔”，是以“交脂”为馅的䭔子，类似于今“撒尿丸”。以菜丝、果块为馅者，既可以是包馅，也可以直接和于面糊中。这种和制的面炸熟后，上表层呈现火焰起伏状，即韦巨源食单中的“火焰盏口䭔上言花，下言体”，“火焰”描述其外形，“盏口”则指制作模具（见图2）。

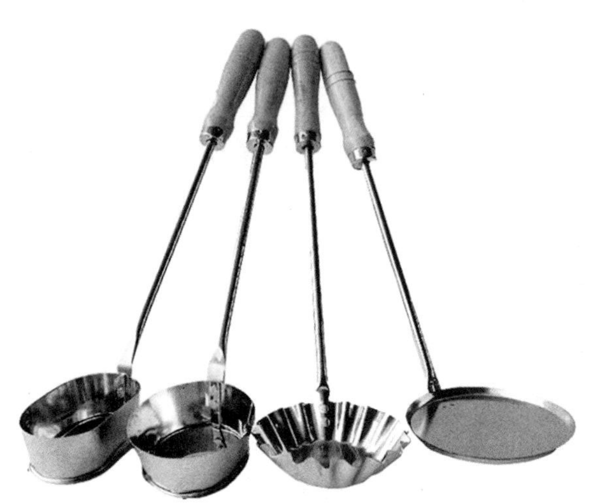

图2 制作䭔饼的盏口模具

䭔子的常见形状有以下四种：其一，不用模具，如同尚食局䭔子手那样直接用手搓捏成圆丸状的䭔子，这是如同牢丸一样的典型的丸饼。《集韵》灰韵：“䭔，丸饼也。或作餢、䴕、糙。”其二，用面糊，使用各种形状的盏口模具制成的䭔子，称为“盏口䭔”，今俗称为“油墩子”。其三，用浅平盏口模具制成的䭔子，唐人称为“平䭔”，今俗称为“油餈”。韦巨源食单中的“金粟平䭔鱼子”，就是在油餈上铺一层金黄色的鱼子。平䭔之又一种，是将圆䭔用少油煎，在煎的过程中逐渐缓压成扁平，今俗称为“煎䭔”。其四，不用模具，用面团，将其切为长方条，两两相叠，压痕如同双筯并排，唐人称为“筯头䭔子”[③]，今俗称为“油馃子”“油条”者。

各种䭔子为百姓常食，苏五奴所谓“吃䭔子亦醉”[④]。颜真卿等人联句诗云：“拈䭔舐指不知休。”[⑤]唐代著名的䭔子手当为“马周之妻，卖䭔媪也”[⑥]。诸种䭔子是中国传统油熟食品，“餢飳”为域外传入的油熟食品。

---

① 高启安：《唐五代敦煌饮食文化研究》，民族出版社，2004年，第124页。

② ［宋］李昉等编《太平广记》卷234《食·尚食令》，中华书局，1961年，第1795页。

③ 李时人编校《全唐五代小说》卷95《降魔变押座文》，中华书局，2014年，第3331页。

④ ［唐］崔令钦撰，吴企明点校《教坊记》，中华书局，2012年，第17页。

⑤ ［清］彭定求等编《全唐诗》卷788颜真卿等《七言馋语联句》，中华书局，1960年，第8886页。

⑥ ［宋］钱易撰，黄寿成点校《南部新书》丁卷，中华书局，2002年，第45页。

（二）餢飳

《俗务要名林·饮食部》列有“餢飳”，敦煌经济文书中又写作“麬麸”“餢飳”“餢飳”等。释慧琳云：“麬麸，俗字也。诸字书本无此字也。颜之推《证俗音》：‘从食，作餢飳。’《字镜》与《考声》、祝氏《切韵》等并从麦作麬麸，音与上同。顾公云：今内国餢飳以油酥煮之。案：此油饼本是胡食，中国效之，微有改变，所以近代方有此名。诸儒随意制字，元无正体，未知孰是。胡食者，即饆饠、烧饼、胡饼、搭纳等是。”[①]唐皇甫枚《三水小牍》：“乃令溲面煎油食，作所谓麬麸者。”[②]总之，“餢飳”的字形虽然多样，其实则一，指胡式油炸饼，为油熟食品中的又一分支。

在贾思勰记录的餢飳制作法中，明确说明了“起面如上法”[③]，贾思勰共记录了中式起面、胡式起面、水溲起面三种方法。餢飳既是胡式饼，其起面则使用油蜜起面法。慧琳所云中国对餢飳制法微有改变，是指改变了油蜜起面法的配方，用内国产的植物油、猪油替代了胡人的牛羊髓脂。地道的胡式起面餢飳在敦煌文书中称为“胡餢飳”“油胡饼”。斯一三六六号记载寒食座设造“胡餢飳八百八十枚”，强调的是用地道胡式起面法制作油饼。伯二六四一号《丁未年（九四七）六月都知头宴设司宋国清等诸色破用历并判凭》：“寿昌迎于阗使细供陆拾份，壹胡饼，又胡饼壹佰枚。油胡饼子肆佰枚，每面贰斗，入油壹升。”论者谓“油胡饼是将油加入面中制成饼烤制，不再添加其他物品”[④]。此处油胡饼指油炸的胡式饼，确实是用油蜜和面，惟其用火方式为油炸而不是炉烤。用炉烤制的称为“酥饼”而不是油饼，即后世的酥蜜饼，宋《吴氏中馈录》中有烤制“酥蜜饼”的配方：“油酥四两，蜜一两，白面一斤。”[⑤]

贾思勰记录的餢飳为圆轮形，不用模具。也可以使用模具制成其他形状，如圆环形，即《岭表录异》描述的“中心有窍”的餢飳[⑥]，今荆州人称为“面窝”。

（三）膏䭔

《俗务要名林·饮食部》列有“膏䭔”，义注为“餢飳之别名”。按“膏䭔”的字面义，是用膏油炸熟面䭔子。面䭔子可做成各种花式形状，今称为麻䭔、翻面花、炸面䭔等。严格说来，膏䭔不是餢飳的别名，而是油熟食品中的一个独立品种，以花样美观见称，多用作看食和点心。吐鲁番阿斯塔那出土的唐代面点实物中就有膏䭔类的产品，如图3所示。其关键点是，餢飳为胡食，而膏䭔却不一定是胡食，因为膏䭔面料的制作也可以采用中式起面法。从制作工艺上看，膏䭔不使用模具，全凭制作者的审美创意把面䭔翻穿成各式花型。也有最简单的没有任何翻花的面䭔。

---

① ［唐］慧琳：《一切经音义》卷37，见徐时仪校注《〈一切经音义〉三种校本合刊》，上海古籍出版社，2008年，第1154页。

② ［唐］皇甫枚：《三水小牍》卷上，见陶敏主编《全唐五代笔记》，三秦出版社，2012年，第2766页。

③ ［后魏］贾思勰撰，缪启愉校释《齐民要术校释》（第二版）卷9《饼法第八十二》，中国农业出版社，1998年，第633页。

④ 解梅：《“胡饼”考略》，《农业考古》2012年第1期。

⑤ ［宋］浦江吴氏撰，孙世增等注释《吴氏中馈录》，中国商业出版社，1987年，第28页。

⑥ ［唐］刘恂著，鲁迅校勘《岭表录异》卷上，广东人民出版社，1983年，第9页。

图3 吐鲁番出土的唐代点心

（四）五色饼、薄甘脆

使用模具按制而成的各种花式饼，段成式统称为“五色饼”，又把按制的动作形容为“斗钉”。其模具“刻木莲花，藉禽兽形按成之，合中累积五色竖作道”，各种模具上还可以视需要刻上文字，为“赍字五色饼”①。唐人按制成的各色花式饼有吐鲁番出土的实物（见图3）。此类饼成形后，主要用油炸熟或者用炉烧熟，即今天的饼干类食品。

流传至今的唐人饼干精品为段公路所记录的胡食“白甘脆”②。“白”“帛”“薄”，中古音同在并母，音同可通，“白甘脆”当校作“薄甘脆”，今称为“甜薄脆”，宋人称为“糖薄脆”。韦巨源食单中有油浴饼，其特点“见风消”，形容其饼薄脆，见风可碎。言甘言甜言糖者，指饼料用油与糖或蜜起面，口味上则可甜可咸。宋人的糖薄脆饼用“白糖一斤四两、清油一斤四两”起面，口味“加酥油、椒盐”，制法“溲和成剂，捍薄，如酒盅口大，上用去皮芝麻撒匀”，用火方式“入炉烧熟”，口感“食之香脆”③。这是地道的胡式油蜜起面和胡式调味，属胡食。用炉烧还是用油浴，只是熟饼用火方式上的差异，反映出唐代以来油熟、火熟两类业者都可以制作出香脆型的薄饼干。

（五）沙棋、粰糀

《俗务要名林·饮食部》列有“砂棋”，段成式记作“沙碁”，并记述制作沙棋用的模具为“色作一合者”，原料有“糖、蜜”④。沙棋的面料和成烫面团，将面团擀薄，切成小细条，用油炸熟备用；将糖蜜熬成稠汁，再放沙棋料入锅中搅和均匀，入模按制成大块“作一合”，出模切成小方块。小细条的面料炸熟膨胀，形如棋子，制作过程犹如聚沙成团，故名为“沙棋”，是古人油熟中的特色食品，至今流传。

与沙棋同类型者又有“粰糀”，《俗务要名林·饮食部》释为“以餹、馓为团也”，今称为“糖团”。亦可制为方块，段公路称作“黄方粡馓”，其制作之法“以煎米、以糖，饼

① ［唐］段成式撰，方南生点校《酉阳杂俎》卷7，中华书局，1981年，第70页。
② ［唐］段公路撰，［唐］崔龟图注《北户录注》卷2，文物出版社，2022年，第86页。
③ ［宋］浦江吴氏撰，吴世增、唐艮注释《吴氏中馈录》卷下，中国商业出版社，1987年，第31页。
④ ［唐］段成式撰，方南生点校《酉阳杂俎》卷7，中华书局，1981年，第71页。

之”[①]。所谓煎米，是将糯米蒸熟，晾极干，油炸成为金黄色的膨化米粕。如沙棋法熬糖汁，下粕料和匀，入模作一合，出模切成小方块，是为“黄方粕馓”。此处“黄方粕馓”应当校作“黄方粕、黄方馓”，指用粕或馓皆可做此黄方饼。今坊间仍有用糯米馓子制作“黄方馓”者。黄方粕，今荆州人称为“米子糖”。黄、方指色形，粕、馓指原料。

沙棋、黄方粕是唐人的膨化类食品，至今市场内仍有它们的身影。

（六）馓子

寒具是指不用生火现做就可以直接食用的食品，是油熟饼中的一大分支，其别称很多，仅《俗务要名林·饮食部》所列的名目就有五个：馓子、䴵䴵、糫饼、膏环、粔籹。唐代文献中则有餢饼、捻头、糤子、蝎饼、截饼、巨胜奴、番饙头等。不同名称的背后，映射出寒具形状的多样化。缪启愉总结说：“面粉的、糯米粉的、甜的、咸的，各式各样形状的油炸馓子，都可以叫做‘寒具’。”[②]

崔龟图注云：“寒具，《证俗音》：䴵䴵。内圆呼为环饼，亦呼为寒具。郑玄注周官有寒具，未知是䴵䴵否?”则知寒具食品由来已久，历代称谓多有不同，先秦时称为“粔籹”，南北朝时称为“䴵䴵”“膏环”“糤”，唐代多称作“餢饼”“馓子”，别称“捻头”“糤子”等。

贾思勰记录了中国寒具的制作方法：“膏环一名粔籹：用秫稻米屑，水、蜜溲之，强泽如汤饼面。手搦团，可长八寸许，屈令两头相就，膏油煮之。”[③]以其制作时手部动作为“捻”，唐人又称其为“捻头”，字又从食类化为“饙头”。刚炸出来的饙头香鲜，崔铉以为珍味，“从事开筵，先一夕前，必到使院索新煮饙头也”[④]。

唐人李绰谓寒具“是今所谓餢饼”[⑤]，环形只是常见形制之一。圈圈相环状的馓子是寒具最常见的形制，南北朝时写作“糤”，胡三省注云：“糤，盖即今之馓子是也，可以供茶。”[⑥]。皮日休诗云：“村祭足茗糤，水奠多桃浆。”[⑦]

胡式起面法传入中国后，亦用胡式起面法来制作寒具。韦巨源食单中有“巨胜奴酥蜜寒具”，是“一种用酥油、蜜水和面，外粘黑芝麻的油炸食品”[⑧]。这种用地道的胡式油蜜起面法做成的寒具，唐人又称为“番饙头”，以区分中国本土用糯米为原料制作的饙头。天宝二年（713）鉴真东渡准备的食品中有“干胡饼两车，干蒸饼一车，薄饼一万，番饙头一半车”[⑨]。胡、汉两种饙头的区别在于原料和起面方式的不同。

① ［唐］段公路撰，［唐］崔龟图注《北户录注》卷2，文物出版社，2022年，第86页。

② ［后魏］贾思勰撰，缪启愉校释《齐民要术校释》（第二版）卷9《饼法第八十二》，中国农业出版社，1998年，第638页。

③ ［后魏］贾思勰撰，缪启愉校释《齐民要术校释》（第二版）卷9《饼法第八十二》，中国农业出版社，1998年，第632页。

④ ［五代］孙光宪撰，贾二强点校《北梦琐言》卷4《诸重德好尚》，中华书局，2002年，第72页。

⑤ ［唐］李绰撰，罗宁点校《尚书故实》，中华书局，2019年，第138页。

⑥ ［宋］司马光编著，［元］胡三省音注《资治通鉴》卷137，齐武帝永明九年春正月，中华书局，1956年，第4305页。

⑦ ［清］彭定求等编《全唐诗》卷610皮日休《包山祠》，中华书局，1960年，第7041页。

⑧ ［宋］陶谷撰，李益民注《清异录》（饮食部分），中国商业出版社，1985年，第6页。

⑨ ［日］真人元开撰，汪向荣校注《唐大和尚东征传》，中华书局，1979年，第47页。

（七）煎饼和印式飞面、䬥餬饼

煎饼的用火方式为“煎”。斯二〇七一号《切韵笺注》仙韵：“煎，洗（细）熟煮。”即在锅具中细火慢熬，扬雄《方言》曰：“凡有汁而干谓之煎。”[①]各种饼料皆可用煎法，随其所宜，用油、水或油水混煎。面食行业遂有油煎、水煎系列的食品，油煎以“锅贴”为代表，水煎则以“水煎包”闻名。姑且将煎法归之于油熟，《俗务要名林·饮食部》释“煎”云：“煎饼也。”煎饼，又称为“烙饼”“烙面”，伯三三九一号《杂集时用要字》中有“烙面”；斯二四七二号背第一二行有“饹饼”。

唐人中式煎饼之细节，李硕已详述。只是他虽揭示出印度煎饼用糖、蜜、牛乳等材料，但不能确定这种制作方法是否传入中国，“鉴于唐代僧俗之间交流广泛，这种制作方法或许也影响到民间”[②]。不用怀疑，印度煎饼法确实已传入唐代民间，段成式称为“飞面法”[③]。在韦巨源的食单中，我们可以清楚地看到唐人将印度传入的饼类称为“面”，则“飞面法”即“飞饼法”。飞，正是描述印度煎饼在制作时通过旋转式抛掷产生的离心力把面料变得如同薄纸的独有动作，即今人称“印度飞饼”“印度抛饼”者。

传入中土的印式煎饼尚有“䬥餬饼”[④]。䬥餬，即“䬾餬”的同音异写，释玄应《一切经音义》云：“䬾餬，《通俗文》：酪酥谓之䬾餬。”[⑤]以酪酥为原料制作的䬥餬饼，今俗称为“芝士煎饼”。䬥餬饼同佛教一样被中国化了，唐人用中国传统的饵饼“餦餭”创制了“䬥餬餦餭”[⑥]。

（八）饸饼、餗饼

《俗务要名林·饮食部》列有“饸饼”，又作“餗饼”。释慧琳云：“餗饼，饆饠之类，著脄（熟）油煑饼也。”[⑦]所谓“饆饠之类”，是指餗饼同饆饠一样包馅，且二者在形状和制作方式上类似。饸饼即今韭菜饸子、酥饺之类的有馅油炸品。这里又透露出饆饠的扁平形制和用油炸制的用火方式。

四、唐代“气熟”的技法与产品

卖饮饼的唤做“气熟”。炊饼是宋人的称呼，汉人称为“蒸饼”，唐人沿袭汉人旧称。“气熟”指用火的方式为气蒸，因为气蒸所用的工具为蒸笼，唐人又称为“笼饼”，《俗务要名林·饮食部》中有“笼饼”。

---

① ［西汉］扬雄撰，华学诚汇证《扬雄方言校释汇证》卷7，中华书局，2006年，第514页。

② 李硕：《唐代煎饼新探》，《农业考古》2018年第4期。

③ ［唐］段成式撰，方南生点校《酉阳杂俎》卷7，中华书局，1981年，第70页。

④ ［唐］段成式撰，方南生点校《酉阳杂俎》卷7，中华书局，1981年，第70页。

⑤ ［唐］玄应：《一切经音义》卷14，载徐时仪校注《〈一切经音义〉三种校本合刊》，上海古籍出版社，2008年，第307页。

⑥ ［唐］段成式撰，方南生点校《酉阳杂俎》卷7，中华书局，1981年，第69页。

⑦ ［唐］慧琳：《一切经音义》卷37，载徐时仪校注《〈一切经音义〉三种校本合刊》，上海古籍出版社，2008年，第1148页。

（一）烧尾宴蒸饼的制作技法

武后时，侯思止命膳夫做“笼饼”，要求“缩葱加肉”，以区别于市售笼饼的“葱多而肉少”[①]。唐人蒸饼分为有馅、无馅两类。具体制作技法，姑以韦巨源《烧尾宴食单》中的八种蒸饼为例说明之。

1. 单笼金乳酥是饼，但用独隔通笼，欲气隔

金乳酥饼，指牧民制作的纯乳饼。单笼金乳酥是用牧人的纯乳饼为原料，为保持乳香，以带盖小笼单独蒸，蒸熟后饼面上泛出奶油黄色。笼蒸乳饼类似于今天牧民的“蒸奶豆腐”。

2. 婆罗门轻高面笼蒸

此处强调的是制作印式蒸饼，蒸熟后轻高浮起，与今天的“蒸面包”相类。

3. 七返膏七卷作四花，恐是糕子

七返膏是将饼料平卷作长筒形，有七卷，每卷中间的馅料颜色各不相同，卷好后切成小段，横截面呈现为四种花色，即今筒状的带馅花卷。“七返”是制作技法，“膏”指加色的膏质馅料。

4. 双拌方破饼饼料花角（交）

“破”是唐代饮食和服装行业的专业术语，指不同颜色的原料相间杂错。“船中皆有米，吴郡即三破糯米、方文绫”[②]，“三破糯米”即三种颜色的糯米混杂在一起，武后的“七破裙”天下闻名。“花角”，当读如“花交”，是对“破”的具体解释之一。“双拌方”，指溲面时分成两团，分别加入不同颜色的蔬果汁，最常用的蔬果汁为菠菜汁、苋菜汁和红枣汁。双拌方破饼是用两种颜色的饼料交绕成的花式蒸饼，即今之双色花卷、多色花卷。上面的七返膏，也可以称作“四拌方破饼”，是破饼的另一种形式。

5. 八方寒食饼用木范

把“刚溲面”按捺进木范制作成的印花饼，上笼蒸熟，可作为寒食节的节令食品，故名“寒食饼”。因寒食节是为纪念介子推，又称为“子推蒸饼”。宋人庞元英记载唐人寒食节物有“子推蒸饼”[③]。这种饼也可以烘焙而熟。

6. 素蒸音声部面蒸，象蓬莱仙人，凡七十字

采用“象”的技法取真，把发酵好的面料制作成音声人的形象，也可以制作成山水风景、动物等其他的形象，与今天山东的花饽饽相类。“素蒸”，指不带馅料，其实就是今天没有馅料的染色花样馒头。圆仁记述的唐人“空饼”[④]也许更能阐释“素蒸”的含义。

7. 天花饆饠九炼香

用五台山出产的天花蕈和九炼香调制馅料，用面皮包好馅料，上笼蒸熟，与《岭表录异》所记录的“蟹饆饠”[⑤]只是馅料不同，制作过程与方法并无差别。“九炼香”，九种原料配制成的厨用香料，谢讽《食谱》中有“十二香”。见于史载的唐代饆饠尚有樱桃饆饠、苦荬饆饠。

---

①［宋］李昉等编《太平广记》卷258《嗤鄙一·侯思止》，中华书局，1961年，第2012页。

②［后晋］刘昫等：《旧唐书》卷105《韦坚传》，中华书局，1975年，第3222页。

③［宋］庞元英：《文昌杂录》卷3，中华书局，1985年，第21页。

④［日］圆仁撰，白化文等校注《入唐求法巡礼行记》卷4，花山文艺出版社，2007年，第485页。

⑤［唐］刘恂著，鲁迅校勘《岭表录异》卷下，广东人民出版社，1983年，第80页。

贾思勰时代传入内地的胡饭卷饼，被唐人改造成了春卷和饼餤。油饼餢飳，唐人改了配方；印度䬾䬿饼，唐人换了中式饼材，还给取了印中结合的新名字——䬾䬿餦餭。饆饠东传后，其原料和用火方式也先后被改，最后只有制作流程和食用方法被保留了下来，终于被取了新的名字“兜子”。

原生形态的饆饠是“抓饭”，前贤考订已明[①]，因此将原生形态的饆饠按唐人习惯加定冠词为“抓饭饆饠”。只有从原生形态的抓饭饆饠出发去考察它的食用方法，才能明了唐人对饆饠进行了何种后续的改进。抓饭的本质是以羊油、羊肉和蔬果等为原材料做的蒸饭，出锅温度高，遂有热吃和凉吃两种方式。凉吃就是把抓饭晾到不烫手的程度，直接用手抓着吃。刚出锅的热抓饭则是用薄饼包着吃，牧人用随身的食刀将抓饭挑入薄饼。随各人心性，包抓饭的形状大致有三种：团成小饭团，唐人的盏口“兜子”、后世的“烧麦”显露其迹；又一种包成扁平状，即前引慧琳所云形类餢饼、饸饼的扁平饆饠，亦即日本《类聚名物考》所记述的唐风糯米皮扁饆饠；再一种包成柱状形，即“诸王修事”条中“形粗大”[②]的饆饠。有研究者认为“抓饭显然是不好用‘形粗大’来形容的”[③]，则是忽略了抓饭热吃的方式。现今牧民让旅游的汉人用隔热锡纸包着抓饭吃，有古人饆饠包食吃法的遗韵。抓饭热吃与凉吃的口感区别较大，尤其在寒冷的冬天。

如前已述，薄夜饼的食法不同，制作方法不同。饆饠东传后，随着食法不同，制作方法也不同。抓饭饆饠在东传过程中，手抓式吃法与习于箸匙进餐的唐人饮食习惯相悖，唐人更乐于接受包食式吃法，遂引发唐人对原生形态“抓饭饆饠”的一系列改进。唐人对三种形状的抓饭饆饠进行了二次开发：一改内馅；二改包裹原料。天花饆饠、蟹饆饠、苦荬饆饠、樱桃饆饠等说明唐人饆饠的馅料已不止于原生形态的羊肉抓饭，馅子被改换成了唐人喜爱的各式风味，最主要的是将内国的主打肉食——猪肉加入了制馅的行列。饆饠的用火方式本来只有蒸，经唐人的二次开发之后，又有慧琳所述的煎炸，饆饠产品的表现形式更加多样化了。

二改面皮为米粉皮。用米粉皮、糯米皮包裹而又保持抓饭羊肉味道的饆饠，后世称为“水晶饆饠”，其法：“精羊肉半斤，奶肪、羊肚、羊尾子膘、竹笋、决明各四两，羊舌五个，煮熟缕切，橘丝半两，姜丝二两，香油二两，炒葱丝五茎，面酱半两研，盐斟酌用，姜末半两，调粉捧四两，打拌匀。粉皮熟油抹过，切作四片，盏盛，装馅蒸熟，匙翻楪内，浇好汤供。”[④]青木正儿讨论过唐代用糯米皮包的饆饠，面点研究者认为“只能聊作参考。因为在中国的文献中，饆饠是面粉制品，而不是米粉制品”[⑤]。然而青木正儿的说法有可靠的中国文献证据链，糯米粉皮用糯米制作，米皮用米浆和豆粉制作，与面饼的质量相同，今荆州人称为“豆皮子”。只是用粉皮包成的饆饠，在称为“水晶饆饠”的同时，唐人又根据它的新样态取了个新名字“兜子”。世居荆州的段成式把猪肉馅的兜子称作“兜猪肉”[⑥]，按照宋人的

---

① 向达：《唐代长安与西域文明》，河北教育出版社，2001年，第51-52页。

② ［宋］李昉等编《太平广记》卷234《食·御厨》，中华书局，1961年，第1792页。

③ 邱庞同：《中国面点史》，青岛出版社，2010年，第72页。

④ ［元］佚名：《居家必用事类全集》庚集《饮食类》，载《续修四库全书》，上海古籍出版社，2002年，第1184册，第585页。

⑤ 邱庞同：《中国面点史》，青岛出版社，2010第73页。

⑥ ［唐］段成式撰，方南生点校《酉阳杂俎》卷7，中华书局，1981年，第70页。

叫法，当称“猪肉兜子”。《饮膳正要》等典籍明确记载兜子以“豆粉作皮”[①]。今荆州人仍然食用粉皮兜子，一种兜子以小盏、碗为盛具包制，盏蒸古风犹存；另一种直接包兜，可兜成扁平形、柱状形。扁平兜子较少蒸制，多用油煎，为荆州人的早餐点心和夜宵，称“煎豆皮子”（见图4左），这种食用方法正是青木正儿依据《类聚名物考》所指出的糯米皮扁饆饠[②]；柱状兜子粗大，蒸、炸两宜，既可为菜式，也可为小吃，今称“豆皮包肉”，其实应该叫“豆皮兜肉”（见图4右）。

图4　荆州的糯米馅、猪肉馅煎豆皮子（左图）和猪肉兜子（右图）

总之，在唐人的各种本地化改造之后，原生的羊肉抓饭饆饠最终只剩下了制作流程和食用方法，于是唐人一面袭用旧名“饆饠”，一面又另构新词“兜子”，饆饠终于有了它本地化后的新名字。在唐代后期，饆饠已是“一物而两名”。张手美家制作的“涅盘兜二月十五日”[③]其实就是纪念佛祖的印度抓饭。在宋元文献中，可以看到饆饠和兜子的制作流程完全相同，但饆饠一词的使用频率愈来愈低，而兜子却日渐通行，如江鱼兜子、荷莲兜子、鹅兜子、蟹黄兜子等等[④]。高启安感到“奇怪的是，到了宋代以后，饆饠一名渐次消失”[⑤]，渐次消失的只是旧有称谓，兴起的是唐人新构的名字“兜子”。

8.**清凉臛碎**封狸肉夹脂。

“封”，缄也。前已指出狸肉夹脂是用香狸的带脂肉皮做的肉皮冻，将肉皮冻切碎，加上配料和成馅，再用面皮包起来，蒸熟。韦巨源的“封狸肉夹脂”、谢讽的“含浆饼”、段成式的“皮索饼”互为补苴，共同阐释了这种饼的食材、做法和特征：食材为带脂肉皮；做法是切成皮索，熬为肉皮冻“清凉臛”；特征为含浆包汁。五代起开启了把含浆饼这种“包汁”饼称为“包子”的历程。包子的原初特点就是“含浆包汁”，这是它与其他有馅饼，尤其是与有馅馒头的本质区别。宋人包子酒店专卖的“灌浆馒头”[⑥]准确地把握住了

① ［元］忽思慧撰，李春方译注《饮膳正要》，中国商业出版社，1988年，第98页。

② ［日］青山正儿著，范建民译《中华名物考》，中华书局，2005年，第104页。

③ ［宋］陶谷撰，李益民注《清异录》（饮食部分），中国商业出版社，1985年，第29页。

④ 邱庞同：《中国面点史》，青岛出版社，2010第110页。

⑤ 高启安：《太白阴经的饮食史料价值——兼论“饆饠”名实的变异》，《饮食文化研究》2009年上。

⑥ ［宋］吴自牧撰，黄纯艳整理《梦粱录》卷16，载《全宋笔记》第8辑第5册，大象出版社，2017年，第247页。

隋唐时期包子“含浆”的特点，馒头与包子的界限分明。唐人的“封清凉臛碎”，即今人的“灌汤包子”。

总言之，面皮、糯米皮、豆皮以及“破”“包”“卷”“交”“象”“兜”“范”制作技法，今人之蒸食制作技法，唐世已然齐备。

（二）蒸饼的品种

业气熟者，既可以蒸制中式饼，又可以蒸制胡式饼，还可以做印度蒸饼。印度蒸饼有前引的“婆罗门轻高面笼蒸”。刘晏上朝，“中路前卖蒸胡饼之处，热气上腾”[①]。皮日休《初夏即事寄鲁望》诗云：“胡饼蒸甚熟，貊盘举尤轻。”[②]三种蒸饼法各有优长，段成式综三者之长进行了新的改进，“蒸饼法：用大例面一升，练猪膏三合”[③]。前文已述，大例面是指用酒酵法酵好的面，再结合胡人的油蜜起面法，遂有段成式加了猪油的新蒸饼法。

唐人蒸饼尚有曼头、笼上牢丸、糕饆、枣糕、糕糜、粄、䭔女饼等具体名目。

1. 曼头

晋代时已有“曼头”。崔龟图注“曼头饼”云：“《齐民要术》书上字。”缪启愉认为这是今本《齐民要术》佚阙了“曼头饼”这个条目[④]。曼头的命名，同样沿袭了汉代“随形而名之”的传统，“曼头”形容其身修曼，直立如柱，上端如头。今山东沂水高庄的老面馒头还保持着原先曼头“修曼”的形状，这也是“馒头”又别称为“玉柱”的由来。唐人则形容这种曼头有如美人玉指尖，故此别称“曼头”为“玉尖面”，陶谷《清异录》云：“赵宗儒在翰林时，闻中使言：‘今日早馔玉尖面，用消熊、栈鹿为内馅，上甚嗜之。’问其形制，盖人间出尖馒头也。”[⑤]所谓“人间馒头”，指百姓日常生活中普遍食用的馒头。在指头形状的长馒头外，还有圆堆形的馒头，时人云“馒头似碗，胡饼如笠”[⑥]。则知唐代的曼头饼是有馅的蒸饼。

2. 笼上牢丸

如前述，笼上牢丸使用半烫面制作，圆丸形状，糯弹口感，这是它与发面曼头的本质区别。

3. 丸饼、糕饼

唐人“膏以粉饵，蒸以糖䊦”[⑦]，以稻、粟、黍等米粉为原料制作的米饼是唐代“气熟”系列之一。米饼主要有丸饼、糕饼两类，释慧琳云：“糕饼，《考声》云：餻，蒸米屑为之。”[⑧]以大米为原料制作的糕，称为“糕饼”或“糕”；以黍为原料制作的糕，称为“糜糕”

---

①［唐］刘禹锡：《刘宾客嘉话录》卷上，见陶敏主编《全唐五代笔记》，三秦出版社，2012年，第1436页。

②［清］彭定求等编《全唐诗》卷609皮日休《初夏即事寄鲁望》，中华书局，1960年，第7028页。

③［唐］段成式撰，方南生点校《酉阳杂俎》卷7，中华书局，1981年，第71页。

④［后魏］贾思勰撰，缪启愉校释《齐民要术校释》（第二版）中国农业出版社，1998年，前言，第6页；《饼法》，第633页。

⑤［宋］陶谷撰，李益民注《清异录》（饮食部分），中国商业出版社，1985年，第25页。

⑥［宋］李昉等编《太平广记》卷262《嗤鄙四·张咸光》，中华书局，1961年，第2049页。

⑦［清］董诰等编《全唐文》卷418常衮《重阳谢糕酒状》，中华书局，1981年，第4277页。

⑧［唐］慧琳：《一切经音义》卷62，载徐时仪校注《〈一切经音义〉三种校本合刊》，上海古籍出版社，2008年，第1606页。

或“糕糜”。韩滉入宫奏对，“适遇太官进食，有糕糜一器”[①]。

韦巨源食单中有“水晶龙凤糕枣米蒸破，见花乃进”，今称为“水晶枣糕”。有用糯米皮包的䭔子，谢讽《食经》中称为“象牙䭔”。要达到水晶般透明犹如象牙白的效果，其饼料必用半烫粉，段公路云：“广州俗尚米饼，合生熟粉而为之。规白可爱，薄而复明。亦食品中珍物也。”[②]粟米丸饼的制作使用烫粉，捣粟米为粉，“以沸汤和，丸如桐子大”[③]。

制作米饼时可以添加各种植物汁液增色增味。鼠曲草，俗称“香茅”，是南方人广为采用的增味增香用料，《荆楚岁时记》记三月三日习俗：“是日，取鼠曲汁、蜜和粉，谓之龙舌粁，以厌时气。”[④]唐人食用粁，以鼠曲汁“杂米粉作糗，食之甜美”[⑤]。制粁为唐代儿童应知基础常识之一，《俗务要名林·饮食部》列有“粁”，字又作“粄”。有麻粁、米粁、豆粁等，释玄应曰：“餈类也。”[⑥]段成式记录了他家乡荆州“龙舌粁”的原料和模具，特意指明了制作“起粄”[⑦]，起粄即起酵粄。大枣是百姓常用的增色增味用料，唐人用红枣汁和米粉制作枣糕、枣团，斯三八三六号背、伯三三九一号《杂集时用要字》都列有“枣糕”，宣慈寺“每求化人，先留食软枣糕”[⑧]。白居易诗云：“寒食枣团店，春低杨柳枝。”[⑨]槐米、蔬菜汁之类的极多，不烦备举。诸染色的米饼，即后世“米锦”系列产品。

4.餪女饼

段公路食目中记有“餪女饼”，释云：“媛女，《字林》曰：馈女也。《证俗音》云：今谓女嫁后三日饷食为餪女也。”[⑩]餪女饼是胡式的油蜜蒸饼：“三日，女家送彩段、油蜜蒸饼，谓之‘蜜和油蒸饼’。”[⑪]这里做餪女饼，寄望女儿婚后生活如蜜里调油般甜蜜。

唐人从业“气熟”者甚众，如长安人邹骆驼“常以小车推蒸饼卖之”[⑫]。房光庭因故晚归，“会鬻糕饼者，与同行数人食之”[⑬]。贞元中，包佶所居里门“傍有卖糕者，其气爞爞”[⑭]。胡式蒸饼中的油蜜成分，使得蒸饼酥软细腻；中式蒸饼至今讲究筋道、有嚼头，这与胡式蒸饼酥软的风格追求明显不同。

---

① ［宋］李昉等编《太平广记》卷151《定数六·韩滉》，中华书局，1961年，第1086页。

② ［唐］段公路撰，［唐］崔龟图注《北户录注》卷2，文物出版社，2022年，第76页。

③ ［唐］昝殷撰，尚志钧辑《食医心镜》（重辑本），安徽科学技术出版社，2003年，第241页。

④ ［梁］宗懔撰，（隋）杜公瞻注，姜彦稚辑校《荆楚岁时记》，中华书局，2018年，第36页。

⑤ ［唐］陈藏器撰，尚志钧辑释《本草拾遗辑释》卷3《草部》，第121页。

⑥ 释玄应撰《一切经音义》卷18，载徐时仪校注《〈一切经音义〉三种校本合刊》，上海古籍出版社，2008年，第378页。

⑦ ［唐］段成式撰，方南生点校《酉阳杂俎》卷7，中华书局，1981年，第70页。

⑧ ［五代］冯贽撰《云仙杂记》卷四《软枣糕》，载陶敏主编《全唐五代笔记》，三秦出版社，2012年，第3450页。

⑨ ［清］彭定求等编《全唐诗》卷462白居易《寒食日过枣团店》，中华书局，1960年，第5260页。

⑩ ［唐］段公路撰，［唐］崔龟图注《北户录注》卷2，文物出版社，2022年，第88页。

⑪ ［宋］孟元老撰，伊永文笺注《东京梦华录注》卷5，中华书局，2006年，第481页。油蜜蒸饼，伊永文笺释为蜜、油、蒸饼三种物品，参见第503页。

⑫ ［唐］张鷟撰，赵守俨点校《朝野佥载》卷5，中华书局，1997年，第119页。

⑬ ［宋］李昉等编《太平广记》卷494《杂录四·房光庭》，中华书局，1961年，第4053页。

⑭ ［宋］李昉等编《太平广记》卷341《鬼二十六·李俊》，中华书局，1961年，第2702页。

五、唐代“火熟”的技法与产品

卖烧饼的唤做“火熟”。火熟指熟饼用火方式为火烧，因此称为“烧饼”。因为烧饼所用的工具为火炉，又称烧饼为“炉饼”，谢讽《食经》中有“云头对炉饼”。

（一）烧饼的炉具

烧饼用的炉子有传自胡地的胡式炉和中土本地衍生的中式炉。郑氏子在长安升门里看见里门旁“有胡人粥饼之舍，方张灯炽炉”①。胡式炉直立、上开口，操作方便，闫艶考述已明②。韦巨源食单中有“曼陀样夹饼公厅炉”，所谓“公厅炉”，指先秦以来中国人在公厅、客厅里冬季取暖用的地炉和侧开口的立式壁炉。唐人喜爱地炉，唐肃宗每于地炉上亲自“烧二梨”③以待李泌。侧开口的立式壁炉占用一立方米左右的室内空间，秦宫八号室壁炉“炉身用土坯垒砌，再抹草泥，表面涂朱红色”④。唐玄宗的暖殿就是如秦宫八号室那样带有壁炉取暖设施的沐浴间，陆龟蒙《汤泉》诗云：“暖殿流汤数十间，玉渠香细浪回环。”⑤

用落地的侧开口立式壁炉做烧饼，操作上极为不便，后世遂有将中式烧饼炉，用杠杆、链索或者架子等把侧开口炉抬高到到合适高度以便于操作，今称为“吊炉”（见图5）。

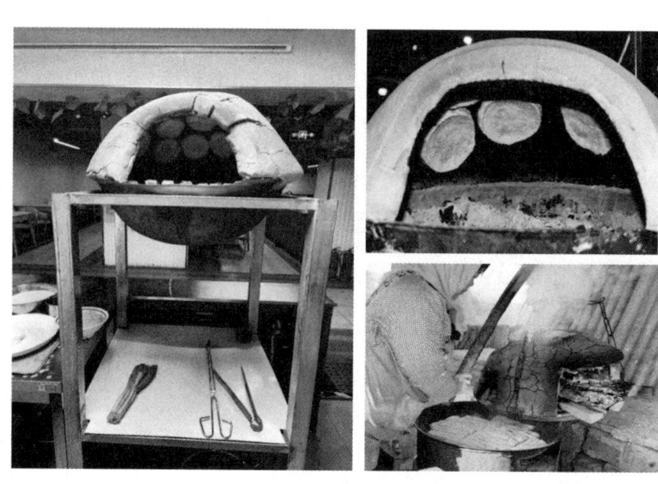

图5　今山东使用的侧开口烧饼炉

吊炉有两种用火方式：一是将饼料贴在炉壁上烤熟，这种用火方式与胡饼炉的用火方式并无实质上的差异，只有饼料侧进与上进的区别，此类饼后来又称为“火烧”。二是上火下锅，饼料隔火在下面的平底锅具中炕烘而熟，此类饼后来又被称为“炕饼”。今山东西南的吊炉烧饼仍是这两种用火方式，炉子的样式与用料仍有汉唐遗风。

---

①［宋］李昉等编《太平广记》卷452《狐六·任氏》，中华书局，1961年，第3693页。

②闫艶：《释“烧饼”兼及“胡饼”与“馕”》，《内蒙古师范大学学报》2016年第5期。

③［宋］李昉等编《太平广记》卷38《神仙三十八·李泌》，中华书局，1961年，第241页。

④秦都咸阳考古工作站：《秦都咸阳第一号宫殿建筑遗址简报》，《文物》1976年第1期。

⑤［清］彭定求等编《全唐诗》卷629陆龟蒙《开元杂题七首·暖殿》，中华书局，1960年，第7226页。

（二）烧饼的口味与品种

韦巨源食单中的“甜雪蜜爁太例面”可以确定为中式炉饼，在做好的起面饼上抹蜜，入炉爁炙。食单中的“金铃炙酥揽印脂，取真”可以确定为印式饼，“酥揽印脂”即《新修本草》记载的把熟酥通过“杵炼”而成的醍醐[①]，以模印成块，即黄油块。用黄油起面，为印式起面法，饼形仿真金铃，金铃炙即今烤制的面包。

综合整个食单，韦巨源的“曼陀样夹饼公厅炉”应当是胡饼。胡式起面法中的油、蜜，在入炉烧炙时发挥了“起酥剂”的作用，使得这一类型的胡饼呈现出“面脆油香”的特点。胡麻饼尤其突出地显示了这个特点，“面脆油香新出炉”，白居易说得再清楚不过。

胡饼是指用油蜜起面法制作的所有类型的饼。胡饼与胡食均是类属概称，并无专指。只有一种特殊的情形，胡麻饼有时候被简称为“胡饼”，与作为类属总名的“胡饼”时有混淆。其混淆源起于刘熙，《释名》云“胡饼，作之大漫沍也，亦言以胡麻著上也”[②]。刘熙仅是解释了胡麻饼，然而胡饼绝不止是胡麻饼这一个品种。斯一三九六号记有“作大胡饼十五枚，油麻制”，这是特意指明用“油麻”即芝麻制作胡麻饼，同时也揭示出不用芝麻也可制作胡式烧饼。这就是慧琳在说明胡食时把“胡饼、烧饼”并列的缘由，慧琳所说的胡饼只是“胡麻饼”的省称。胡饼与汉饼的本质区别在起面方法的不同，不在于炉具和是否使用芝麻。

综前所述，制唐代面食业食品品类表，见表1：

表1　唐代五熟行面食名目简表

油熟		气熟		汤熟		火熟	
唐名	今名	唐名	今名	唐名	今名	唐名	今名
䭔子	麻团	轻高面	蒸面包	索饼	面条	胡饼 麻饼	馕 芝麻烧饼
脂䭔	撒尿丸	七返膏	四色花卷	薄夜饼	米粉 米线	烧饼	烧饼 火烧
盏口䭔	油墩子	双拌方破饼	双色花卷	馎饦 馎饦片子	面片	公厅炉饼	吊炉烧饼
平䭔	油餈 煎䭔	素面蒸	花饽饽	方碁 方饦	棋子面 圪坨儿	炉饼	烧饼
箭头䭔	油条 油馃子	含浆饼 皮索饼	灌汤包子	馄饨	馄饨	金铃炙	烤面包
餢飳	油饼 面窝	玉尖面 曼头饼	馒头	交脂馄饨 夹脂馄饨	饺子	甜雪	老面烧饼

① ［唐］苏敬等撰，尚志钧辑复《新修本草》（辑复本第二版），安徽科学技术出版社，2004年，第214页。

② ［汉］刘熙撰《释名》卷4《释饮食第十三》，中华书局，1985年，第62页。

续表1

油熟		气熟		汤熟		火熟	
唐名	今名	唐名	今名	唐名	今名	唐名	今名
膏饠	麻饠 炸面饠 翻面花	水晶龙凤糕 象牙䭔	水晶枣糕 水晶丸子	汤中牢丸	包心丸子		
五色饼 薄甘脆	饼干 甜薄脆	笼上牢丸	包心丸子	粉团	汤团 汤圆		
馓子 餲饼 饒头	馓子	糕糜	黄米糕	粽子	粽子		
沙棋 粔籹 黄方粕	沙琪玛 糖团 糖球 米子糖	饆饠 兜子	烧麦 煎豆皮子 豆皮包肉	米饼	粑粑 印子粑		
饸饼 餗饼	饸子	团子	团子	冷淘	凉面		
煎饼	煎饼	糕饼	米糕	香秔白团	白团		
飞面	印度飞饼 印度煎饼	艾团	青团				
餅餬饼	芝士煎饼	餪女饼	蜂蜜蒸饼				

总上所述，文中胡式饼系列有胡饼、麻饼、薄甘脆、蒸胡饼、油胡饼、䭔饦。印式饼有轻高面、金铃炙、飞面、餅餬饼、乳餡。分属于火熟、气熟、油熟。

六、唐代“鲊熟”的技法与产品

卖鲊的唤做“腌熟”。《释名》云：“鲊，滓也，以盐、米酿鱼以为菹，熟而食之也。”①

唐代以前的鲊法，贾思勰总结为五种鲊法、六个风味②。一是“坛鲊”，即用箬叶封坛发酵、以茱萸调味的香辣酸鱼鲊。因百姓广泛应用，被视为“凡鲊”。二是“荷鲊”，即用荷叶封裹发酵的“荷香鲊”，只须二三日便成熟，又称“暴鲊”。三是“蒲鲊”，即用蒲叶封裹发酵的“蒲香鲊”，有两个风味：一为少盐速渍的淡味蒲鲊，因为用盐量少，腌的时间多则一宿、短则“一食顷”，又“更净洗鱼”，还糁中不与盐，导致发酵时会散发出微臭气味，是为“臭味蒲鲊”；二是厚盐久渍的咸味蒲鲊，不仅厚盐腌五六宿，在裹饭糁时还继续在饭中加盐，因此在发酵时不会产生异臭味，饭糁会充分发酵而散放出浓郁酒香，是为“酒香蒲鲊”，

① ［汉］刘熙撰《释名》卷4《释饮食第十三・鲊》，中华书局，1985年，第62页。

② ［北魏］贾思勰撰，缪启愉校释《齐民要术校释》（第二版）卷8，中国农业出版社，1998年，第573–578页。贾氏所记的鲊法，黄兴宗认为有八种方法，并排比了各自的用料，未讨论鲊的风味问题，详见氏著第324–325页。在本质上，三个蒲鲊法只能算作一种。

这种鲊法以长沙为代表，故此又称“长沙蒲鲊”。四是“鲏鲊”，即将干鱼鲏充分水发后糁饭拌，茱萸调味，入坛泥封，日中发酵。腌熟后口味酸辣，肉质筋道，熟成后烧烤和烩煮尤佳。五是“肉鲊”，即以熟肉为原料切薄片糁拌入坛，于日光下发酵。

唐人沿用贾思勰时代的各种鲊法。方干“味嗜鱼鲊”[①]，唐玄宗赐给安禄山“野猪鲊”[②]。白居易咏荷叶裹鲊：“就荷叶上包鱼鲊，当石渠中浸酒瓶。”[③]王建咏蒲叶裹鲊：“蒲鲊除青叶，芹齑带紫芽。”[④]韦巨源《烧尾宴食单》中的“吴兴连带鲊不发缸”，即蒲叶裹鲊，香蒲草细长，不能如荷叶那样直接包裹，要挑选成熟叶子结为叶带，一圈圈地缠裹，鲊块的发酵在蒲包中完成，即注释所说的“不发缸”。段成式记录了荆州地区的鲏鲊，“鲤鲋鲊法：次第以竹枝赍头置日中，书复为记”[⑤]，这是分批次做鱼鲏，再按批次将鲏做成鲊。

把鱼肉鲊法应用于菜蔬是唐人在鲊菜上的新贡献。释玄应云：“淹菜为菹，藏鱼、笋为鲊。”[⑥]笋鲊做法为“春间取嫩笋，剥净，去老头，切作四分大、一寸长块，上笼蒸熟，以布包裹，榨作极干，投于器中，下油用。制造与麸鲊同。”[⑦]岭南“老咸齏”是唐代著名的菜鲊，“采老菜，以饭和盐藏之，一如常法。有入蕉心者。其瓮埋于池塘间，至三年，菜色如金，土人所重。”[⑧]老咸齏的特别之处，在于鲊好菜后置于塘底密闭充分发酵。又有鲜花鲊，皮日休诗云：“竹叶饮为甘露色，莲花鲊作肉芝香。”[⑨]自唐代起，鱼肉菜蔬皆可鲊，加之菜蔬易得，腌熟业提供的菜品丰富起来，且愈来愈平民化。

“卖鲊市中何许人？钓鱼坐上谁家子。”[⑩]鲊鱼、腌鱼、干鱼是唐代“捕鱼为业”的渔民必备的职业技能。在江南，“池州民杨氏以卖鲊为业”[⑪]。在岭南，女子的生存之技不是“针缕绩纺”，而是善于“醯盐菹鲊”[⑫]。从事鲊业者很常见，唐人经过比较、总结，以齐地北海郡所产的北海盐为腌鲊最佳用盐，“北海盐黄，草粒大，以作鱼鲊及咸菹，乃言北海胜”，盖北海盐“以浸鱼肉，则能经久不败”[⑬]。北海盐作鲊经久不败的卓越性能，提高了制鲊的成功率，有力地促进了唐代腌鲊业的大发展。

总结

满足消费者多样化的口味需求是整个饮食行业的终极目标和根本任务，五熟行亦莫能例

---

①［宋］王谠撰，周勋初校证《唐语林校证》卷7，中华书局，1987年，第678页。

②［唐］段成式撰，方南生点校《酉阳杂俎》卷1，中华书局，1981年，第3页。

③［清］彭定求等编《全唐诗》卷451白居易《桥亭卯饮》，中华书局，1960年，第5094页。

④［清］彭定求等编《全唐诗》卷299王建《饭僧》，中华书局，1960年，第3392页。

⑤［唐］段成式撰，方南生点校《酉阳杂俎》卷7，中华书局，1981年，第71页。

⑥［唐］玄应：《一切经音义》卷22，见徐时仪校注《〈一切经音义〉三种校本合刊》，上海古籍出版社，2008年，第454页。

⑦［宋］浦江吴氏撰，吴世增、唐艮注释《吴氏中馈录》卷下，中国商业出版社，1987年，第25页。

⑧［唐］段公路撰，［唐］崔龟图注《北户录注》卷2，文物出版社，2022年，第82页。

⑨［清］彭定求等编《全唐诗》卷613皮日休《奉和鲁望四月十五日道室书事》，中华书局，1960年，第7077页。

⑩［清］彭定求等编《全唐诗》卷243韩翃《赠华阴道士》，中华书局，1960年，第2735页。

⑪［宋］李昉等编《太平广记》卷472《水族九·池州民》，中华书局，1961年，第3891页。

⑫［宋］李昉等编《太平广记》卷483《蛮夷四·岭南女工》，中华书局，1961年，第3983页。

⑬［唐］苏敬等撰，尚志钧辑校《新修本草（辑复本第二版）》卷19《米等部》，第287页。

外。从满足消费者多样化口味需求的角度，唐人五熟各业实现了各自产品品类的精细化，很好地满足了消费者多样化的口味需求。其精细化的具体进程体现为六个方面：

第一，成熟的起面技术支持。面食的制作皆从面料准备开始，有硬面、烫面、半烫面、发面之分，发面又有中式、印式、胡式三种发酵方法。古代中国人所使用的发面方法已尽现于唐代，给行业发展提供了坚实的技术与技法基础。至今，面点行业的面料准备不出硬面、烫面、半烫面、发面的范畴。唐人面食行业中式、印式、胡式三大风格于此成型。集成改进前代起面技术，引进印度起面技术，这是唐人的新贡献。

第二，面点造型制作技法成熟。配色以“破”为代表，造型以“象”为特征，制法以“卷”“交”“范”“翻”“包”“兜”为重点，开启了唐人面食制作艺术创意的进程。各式翻花的膏饙、各式间破的花卷、各式造型的面蒸是唐人面食艺术创意留给我们的文化遗产。

第三，加料溲面是唐人提升面食质量的重要技术手段。通过添加鸡蛋、蔬菜汁等加料溲面，唐人实现了面食的增色、增味，改善了面食的营养结构，加料溲面也因此成为唐人保健、食疗的重要手段。加料溲面在提升面食质量的同时，还给消费者树立了营养食品的美好印象。

第四，从印式餢飳饼到中式餢飳餦餭的典型个案中，可以极为清晰地看到中国人对域外传入食品本土化改造的进程。

第五，唐人将鱼肉鲊法扩展应用于菜蔬，因菜蔬品种丰富而易得，使得腌熟业提供的菜品丰富起来，而且愈来愈平民化。

第六，丰富的面点品类很好地满足了唐人多样化的口味需求，齐全的品种奠定了此后五熟行发展的基本格局，后世唯有踵事增华，在唐人的品类上更加细致化。

气熟的馒头、包子、花卷、米糕；油熟的麻团、油墩、油饼、油条；汤熟的汤团、面条、米粉、馄饨、饺子；火熟的烧饼、吊炉烧饼、甜薄脆、烤面包，唐人的五熟业具备了多样化产品的供应能力。在“民以食为天”的世界里，唐人一直陪伴在我们身边从未走远。俟他日有暇，与君共品大唐菜式！

敦煌藏文本P.3288V《逐日人神所在法》整理研究*

张福慧（甘肃省博物馆）
陈于柱（甘肃省文物局）

【摘要】作为现存时代最早的古藏文针灸禁忌文献，法国藏敦煌藏文写卷P.3288V《逐日人神所在法》约抄写于吐蕃晚期，是根据汉文人神禁忌文献改编而成，有部分内容源自唐代中原医书。古藏文、回鹘文、西夏文人神禁忌文献的相继出土，说明中医针灸禁忌不仅在唐宋时期的中原颇为流行，而且对中国古代的吐蕃、回鹘、西夏等少数民族均产生过重要影响。敦煌藏文本《逐日人神所在法》的译释和刊布，有力地说明了唐宋之际以针灸术为代表的藏、汉医学有着紧密联系，并为吐蕃医学在发展过程中曾积极借鉴、学习中医养分的观点提供了直接证据和确凿的实证资料，是深入研究吐蕃医学形成发展以及汉、藏医学交流的珍贵新史料。

【关键词】敦煌藏文文献　吐蕃医学　针灸禁忌　中医

法国国家图书馆庋藏的敦煌写卷P.3288由多纸粘连而成，首尾均缺，正面抄汉文文献《玄像西秦五州占》《太史杂占历》等①，背面存有多纸藏文书写，相继抄有沐浴洗头占、星占、人神占、宅经等四种占法②。笔者此前对P.3288V藏文文献所存第三种占法——人神占——

* 本文系教育部人文社科规划基金项目“新疆出土唐代汉、藏文术数文献整理释录与综合研究”（项目编号21YJA770001）、甘肃省文物保护科学和技术研究课题（课题编号GSWW202236）研究成果。

① 参见郑炳林、陈于柱：《敦煌占卜文献叙录》，兰州大学出版社，2014年，第66页。

② 刘英华：《敦煌本P.3288 3555A V° 藏文星占文书研究之一——九曜和二十八宿名表释读》，《西藏民族大学学报（哲学社会科学版）》2017年第5期，第48-55页；陈于柱、张福慧：《敦煌汉、藏文〈宅经〉的比较历史学研究》，《敦煌研究》2021年第4期，第32-41页。

进行了文字释读与汉译，以便于学界利用①。

P.3288背面自右向左相继抄写《佛典摘抄》《佛曲》《乐住山》《五台山赞》，其后是古藏文文献，之后依次是《乾宁三年（896）丙辰岁正月归义军节度押衙某杂写》《步军都知兵马使张贤庆衔名》《归义军节度马步都虞侯银青光禄大夫检校太子宾客兼监察御史上柱国张怀政邈真赞并序》，其中第187至213行抄有与古代针灸禁忌相关的《逐日人神所在法》。萨仁高娃2010年发表《国外藏敦煌汉文文献中的非汉文文献》对P.3288背面藏文文献进行了首次著录，但将此件文献定名为藏文咒语②，不确。2017年，刘英华先生初步分析了P.3288背面藏文的内容构成，正确指出此件文献中存有人神相关书写③。不过由于P.3288背面藏文文字多有漫漶，在很大程度上增加了辨识的难度，所以关于其中人神禁忌的文字释读、文献定名、历史来源、学术价值等关键问题一直没有解决。人神禁忌是古代针灸医学的重要内涵，故此件文献的公布和译释，不仅对进一步研究吐蕃医学的形成和发展有着积极的意义，而且对于唐宋汉、藏医学交流史，以及整个中国医学史的研究都具有重要的参考价值。

一、文字译释

P.3288背面藏文原件的图版已于2002年由上海古籍出版社刊布，卷中有关人神禁忌的书写，藏文首题“逐日人神所在不宜行火灸及针灸禁忌”，起“一日在足大趾”，迄“三十日在脚踝和背及掌心，完”，存有三十组文字，较完整地规定了一月三十天中人神在人体的特定部位，并强调于其所在部位忌用针灸。下面是藏文文本的汉文翻译，文字残缺之处均用“□”表示，并视具体情况适当延长或缩短（后同），希望能为中医古籍研究者提供一件新的资料。

逐日人神所在不宜行火灸及针灸禁忌。一日在足大趾和□。二日在足外踝。三日在股内。四日在腰和足。五日在口内。六日在手的□和腹部。七日在内踝。八日在手腕。九日在尻。十日在脊背和腰。十一日在鼻柱。十二日在鬓角和发际。十三日在牙齿。十四日在喉咙和手的□和胃脘。十五日在遍身，故此日不宜针灸及火灸。十六日在胸乳。十七日在气冲及牙齿及胁部。十八日在大腿、腹内及□。十九日在足□及掌心。二十日在足趺及外踝骨，膝下。二十一日在手小指及足的□。二十二日在胸腹及足外踝。二十三日在□及足。二十四日在手。二十五日在手中指及足的□及足掌心。二十六日在肩头上下。二十七日在膝。二十八日在男根、女阴。二十九日在大腿内外及膝盖。三十日在脚踝和背及掌心，完。④

① 陈于柱、张福慧：《敦煌藏文本P.3288V〈逐日人神所在法〉题解与释录》，《天水师范学院学报》2019年第5期，第31-34页。

② 萨仁高娃：《国外藏敦煌汉文文献中的非汉文文献》，载国家图书馆善本特藏部编《文津学志》第3辑，国家图书馆出版社，2010年，第148页。

③ 刘英华：《敦煌本P.3288 3555A V°藏文星占文书研究之一——九曜和二十八宿名表释读》，《西藏民族大学学报（哲学社会科学版）》2017年第5期，第48-55页。

④ 陈于柱、张福慧：《敦煌藏文本P.3288V〈逐日人神所在法〉题解与释录》，《天水师范学院学报》2019年5期，第31-34页。

二、关于文献定名问题

以上译文中的“人神”是中国古代针灸禁忌中的一种，这一医学观念最早源于《内经》，指特定时间段中，气血会在人体不同部位消长。在针灸过程中，要规避相应时间和部位，以免破坏气血的消长及人体的平衡，否则会引发出血甚至死亡等严重医疗事故[①]。作为较早系统记录人神禁忌的专著，成书于汉晋间的《黄帝虾蟆经》阐述了人神禁忌是以月之圆缺对人体气血变化的影响为医理基础。魏晋以降，有关人神禁忌的记载愈发丰富，其传统直至清代从未断绝，尤其是唐代的《备急千金要方》《外台秘要》将当时散见诸处的人神禁忌相关文字汇集一起，后世医书如《黄帝明堂灸经》等多沿用其内容，鲜有超出者[②]。严格来讲，针灸人神禁忌并无科学依据，但长期为古代针灸者所信奉。

唐宋社会针灸活动中对人神的敬畏，通过敦煌文献亦可窥豹一斑。敦煌汉文文献所存人神禁忌的写卷既有医书，如P.2675《新集备急灸经》（甲本甲卷、乙本）、S.5737《灸经明堂》、P.3247《人神流注残卷》[③]；也有具注历日，如P.2765《唐大和八年甲寅岁（834）具注历日》、P.4996+P.3476《唐景福二年癸丑岁（893）具注历日》、P.3247V《后唐同光四年丙戌岁（926）具注历日一卷并序》、S.95《后周显德二年丙辰岁（956）具注历日并序》、S.3985+P.2705《宋端拱二年己丑岁（989）具注历日》等[④]；还有术数书，如P.2675V《阴阳书》、S.930V《推人辰法》、S.6167《人神游日》[⑤]、罗振玉藏敦煌文献《推年人神所在法》[⑥]。医书、具注历日以及术数书对人神的广泛收录，充分表明人神禁忌已成为唐宋时代医界与社会民众重要的实用性知识或常识性知识，并获得官方的认可[⑦]。

在上述文献中，根据人神禁忌时间周期对应人体特定部位的特点，可划分古代中医针灸人神为行年人神禁忌、十二部人神禁忌、四季人神禁忌、十干十二支人神禁忌、十二建人神禁忌、逐日人神禁忌（日辰忌）、十二时人神禁忌等多种类别。敦煌藏文写本P.3288V中的人神书写属于逐日人神禁忌，该类别人神禁忌在古代文献中的名称并不固定，如敦煌历日S.612《宋太平兴国三年戊寅岁（978）应天具注历日》题作“推逐日人神针灸法”、宋《黄帝明堂灸经》书作“人神所在不宜针灸”、清《协纪辨方书》称作“逐日人神所在”、日本医书《医心方》以“人神所在法”为题。参考以上题名，并结合P.3288V藏文人神禁忌首题“逐日人神所在不宜行火灸及针灸禁忌”，笔者认为敦煌写本P.3288V藏文针灸禁忌书写定名为“逐日人神所在法”较妥。

---

① 张仁：《针灸意外事故的历史与现状》，《中西医结合学报》2004年第4期，第306-313页。

② 华澜（Alain ARRAULT）撰，李国强译《9至10世纪敦煌历日中的选择术与医学活动》，载季羡林、饶宗颐主编《敦煌吐鲁番研究》第9卷，中华书局，2006年，第433页。

③ 马继兴等辑校《敦煌医药文献辑校》，江苏古籍出版社，1998年，第513-534页。

④ 邓文宽辑校《敦煌天文历法文献辑校》，江苏古籍出版社，1998年，第140-660页。

⑤ 黄正建：《敦煌占卜文书与唐五代占卜研究》（增订版），中国社会科学出版社，2014年，第155页。

⑥ 赵贞《敦煌占卜文书残卷零拾》，季羡林等主编《敦煌吐鲁番研究》第8卷，中华书局，2005年，第210页。

⑦《唐六典》卷14《太卜署》载：“凡历注之用六：一曰大会，二曰小会，三曰杂会，四曰岁会，五曰建除，六曰人神。”［唐］李林甫等撰，陈仲夫点校《唐六典》，中华书局，2014年，第413页。

三、敦煌藏文《逐日人神所在法》的文本来源与使用群体

敦煌藏文本P.3288V《逐日人神所在法》所载内容，与同样出自藏经洞的敦煌诸件汉文本逐日人神禁忌在文例编排与内容书写上基本一致，但文字略有差异。这主要体现在三个方面：一是不同时间对应的身体部位不尽相同，如十四日人神禁忌在藏文本中写作“十四日在喉咙和手的□和胃脘”，而敦煌汉文本几乎全写作“十四日在胃管”，没有涉及藏文本中的喉咙和手这两个身体部位。关于十四日人神在人体三个部位的记录，目前主要保存在《千金翼方》与《外台秘要》这两本唐代汉文医籍中，其文字表述为“十四日胃脘喉咙足阳明”[①]，其中的“足”在敦煌藏文本中被写成了“手”。二是藏文本对针灸安全的强调更显突出，尤其表现在十五日人神禁忌上，汉文本普遍用“十五日在遍身”一语概括，而藏文本则进一步强调“十五日在遍身，故此日不宜针灸及火灸”，这是所有汉文针灸禁忌文献所未见的。三是对人体部位描述的精确度不同，以二十八日人神所在为例，敦煌汉文本多书作“廿八日在阴”，敦煌藏文本则写作“tshes nyi shu brgyad la pho mtshan dang mo mtshan la gnas（二十八日在男根、女阴）”，其表述相较敦煌汉文本而言，更显吐蕃语言特色。

此前所知最早的藏文逐日人神所在法，保存在17世纪藏族名医塔曼然巴洛桑曲扎大师编著的《藏医秘诀》[②]。此书与汉文医籍、敦煌文献中的逐日人神禁忌相比较，在文例编排方面基本一致，在内容书写上彼此却相近者少、相异者多，特别是有关各日人神与对应身体部位的描述差异较大。例如，八日，《千金翼方》、P.3288V《逐日人神所在法》分别作“八日足腕一云脚”“八日在手腕”，《藏医秘诀》作“八日在心”；十三日，《千金翼方》、P.3288V《逐日人神所在法》均是人神“在牙齿”，《藏医秘诀》写作“十三日在囟门”；十七日，《千金翼方》、P.3288V《逐日人神所在法》分别是“十七日气冲及胁部”“十七日在气冲及牙齿及胁部”，《藏医秘诀》则是“十七日在肩部”。比较而言，敦煌藏文本P.3288V与汉文医籍的人神禁忌书写更为相近。根据P.3288背面藏文文字自汉文《乾宁三年（896）丙辰岁正月归义军节度押衙某杂写》右侧空约三行处自左向右抄写的情形判断，此件藏文文献的抄写年代应在唐乾宁三年（896）左右，属吐蕃晚期的作品，比《藏医秘诀》整整早了近七个世纪。从这一角度来看，敦煌本P.3288V《逐日人神所在法》无疑应是目前所存时代最早的古藏文针灸人神禁忌文献。

通过与敦煌汉文本人神禁忌文献以及传世汉文医籍的比较，可以断定敦煌写本P.3288背面藏文《逐日人神所在法》是根据相关汉文针灸人神禁忌文献改编而成的，并有部分内容源自唐代中原医书《千金翼方》或《外台秘要》。

---

① ［唐］孙思邈著，李景荣等校释《千金翼方校释》，人民卫生出版社，1998年，第437页。

② 青海省藏医药研究所、《藏医药经典文献集成》编委会编《藏医秘诀》，民族出版社，2006年，第230–231页。其汉译文为：“人神处所（bla gnas）的计算方法（brtsi tshul）是，（每月）一日在足大拇指，二日在脚踝，三日在小腿肚，四日在膝关节大腿内侧，五日在腘窝（在膝关节后），六日在大腿的沟（腹股沟），七日在心窝部（胸部正中），八日在心，九日在颈项，十日在喉头部，十一日在鼻尖，十二日在前额，十三日在囟门，十四日在耳尖，十五日由头顶到全身，十六日在后颈窝，十七日在肩部，十八日在臀部，十九日在颈项，二十日在肘部，二十一日在肋部，二十二日在腋下，二十三日在手，二十四日在肾，二十五日在髋臼，二十六日在百那，二十七日在生殖器，二十八日在胫面部，二十九日在背部，三十日在从足心到全身。”刘英华：《敦煌藏文写卷P.T.1044再探》，载《敦煌吐蕃文化学术研讨会论文集》，甘肃民族出版社，2009年，第275页。

由于藏文自八世纪中叶开始逐渐成为河西与西域地区的一种共享语言，故敦煌藏文本P.3288V《逐日人神所在法》的使用群体问题就变得复杂，需进一步落实。就整体而言，敦煌文献P.3288背面用藏文相继抄有沐浴洗头占[1]、星占、人神禁忌、宅经等内容，前后藏文字迹相同，为一人所抄。在《逐日人神所在法》后面有一段漫漶较为严重的藏文文字，其首行书作："rus ni gtsang□gyi□lang dang skas（藏裔□阶梯□恶业）"，经笔者与才让教授、朱丽双教授讨论[2]，一致认为此件藏文文献中的"gtsang"当译为"后藏"，即今西藏日喀则及其附近地区。此外，在《逐日人神所在法》之前的藏文星占书写中，还有"调服牦牛"的表述。文本中的这些信息足以表明，包括《逐日人神所在法》在内的敦煌藏文文献P.3288V的编译者与使用群体应是吐蕃人。

四、敦煌藏文本《逐日人神所在法》重要的文献学与历史学价值

敦煌藏经洞出土古藏文医学文献是研究吐蕃医学的珍贵资料，学界此前释读整理出S.t.756《医疗术长卷》、S.t.1254《医疗术》、P.T.1057《医疗术》、P.T.127《火灸疗法》、P.T.1044《火灸疗法》、P.T.1058《藏文穴位图》六件写卷。作为目前所知时代最早的古藏文针灸人神禁忌文献，敦煌本P.3288V《逐日人神所在法》的发现尚属首次，此件写本的译释和刊布，不仅进一步扩展了学界对吐蕃医学文献的认识，而且为研究吐蕃针灸医学的传承衍变提供了弥足珍贵的新史料，有助于保存并丰富吐蕃民族文献。

需加注意的是，在出土文献中已发现回鹘文和西夏文两种少数民族语言的人神禁忌文献，但前者因残缺不全而难以窥其全貌[3]，后者则仅存《十二部日人神不宜灸》《十二时不宜灸》《十二部年人神不宜灸》，未见逐日人神禁忌相关书写[4]。所以，敦煌藏文本《逐日人神所在法》也是目前出土的少数民族语言文献中唯一保存完整的逐日人神所在法写本。毫无疑问，敦煌汉、藏文人神禁忌文献与吐鲁番出土回鹘文、黑水城出土西夏文人神禁忌文献的相继发现，说明作为医疗安全规范重要内容的中医针灸禁忌，不仅在唐宋时期的中原颇为流行，而且对中国古代的吐蕃、回鹘、西夏等少数民族均具有重要影响。这充分证明了历史时期西北少数民族和中原内地在医学领域的交流与融合，同样是中国边疆民族关系的主旋律之一。

学界目前关于唐宋时代汉、藏医学的关系研究，主要采取两种路径开展：一是利用传世西藏教法史籍中的相关记载予以建构[5]，所用资料主要有《红史》《贤者喜宴》《西藏王臣记》《月王要诊》等，然西藏教法史籍的成书时代普遍较晚，并且常充满神话色彩，因此很多内容仍需进一步考证和落实。二是通过此前业已刊布的敦煌藏文医学文献与中原医学在取穴方

① 陈于柱、张福慧：《敦煌古藏文写本P.3288 V（1）〈沐浴洗头择吉日法〉题解与释录——P.3288V研究之一》，《敦煌学辑刊》2019年第2期，第94-99页。

② 感谢才让教授、朱丽双教授的不吝赐教！

③ 杨富学、张田芳：《回鹘文〈针灸图〉及其与敦煌针灸文献之关联》，《中医药文化》2018年第2期，第5-18页。

④ 聂鸿音：《西夏译本〈明堂灸经〉初探》，《文献》2009年第3期，第60-66页。

⑤ 黄颢：《唐代汉地医学对藏族医学的影响》，《民族研究》1980年第5期，第21-26页。

法、主治病症、治疗原则等方面的比较，以探究藏、汉医学的若干相近性[①]，但诚如相关研究者所坦承的那样，这些比较仍是较为粗浅的。总而言之，既有研究均缺乏直接的实证材料以具体而微地阐明唐宋时代汉、藏医学的关系，所以学界目前或否认古代藏医灸法曾受中医灸法的影响[②]，提出汉、藏两个传统医药体系中的灸疗术是相对独立地发展起来的[③]；或认为吐蕃火灸术主要是与突厥、波斯、古印度等西域民族的火灸术互相交流、互相融汇而发展起来的[④]。

作为一种实用性文书，敦煌藏文写本P.3288V《逐日人神所在法》的发现与释读，不仅有力说明了唐宋之际以针灸术为代表的藏、汉医学有着紧密联系，吐蕃民众主动学习和应用中医针灸禁忌，而且为解决吐蕃医学在发展过程中曾积极借鉴、吸收中原汉族医学养分提供了直接证据和确凿、完整的实证资料。总的看来，敦煌藏文本《逐日人神所在法》涉及吐蕃医学的诸多问题，是客观认识吐蕃医学形成及汉、藏医学交流的珍贵史料，具有重要且独特的学术价值，应该得到学界的足够重视。

---

① 罗秉芬：《敦煌本吐蕃医学文献〈火灸疗法〉的研究》，载罗秉芬主编《敦煌本吐蕃医学文献精要：译注及研究文集》，民族出版社，2002年，第72–75页。

② 洪武娌：《敦煌本吐蕃医学卷子中的疗法初探》，载罗秉芬主编《敦煌本吐蕃医学文献精要：译注及研究文集》，民族出版社，2002年，第116页。

③ 蔡景峰：《藏医学通史》，青海人民出版社，2002年，第74页。

④ 罗秉芬：《敦煌本吐蕃医学文献〈火灸疗法〉的研究》，载罗秉芬主编《敦煌本吐蕃医学文献精要：译注及研究文集》，民族出版社，2002年，第67页。

唐五代时期敦煌地区流传的《张仲景方》源流考*

田永衍（河西学院、兰州大学）

【摘要】作为现存最早的中医方药治疗专著，东汉末年张仲景撰著的医方医论深刻影响了其后中医方药治疗学的发展。敦煌藏经洞遗书中就发现了张仲景《伤寒论·辨脉法》残卷（S.202及P.3287部分）与《伤寒论·伤寒例》残卷（P.3287部分），说明唐五代时期敦煌地区有《张仲景方》的流传。S.202与P.3287之“辨脉法”内容应是形成于中唐以后，可能是由中唐以后医家选录《脉经》及当时流传的其他题名仲景著作中的有关文字编撰而成。P.3287之“伤寒例”内容非一时一人之作，是晋唐时期诸多医家集体智慧的结晶，其形成年代可能要晚于《外台秘要》成书时间，即大唐天宝十一载。

【关键词】唐五代　敦煌　张仲景方　源流

作为现存最早的中医方药治疗专著，东汉末年张仲景撰著的医方医论深刻影响了其后中医方药治疗学的发展。张仲景医方医论撰著完成不久，即因汉末兵燹而流散。北魏高湛《养生论》记载，西晋初年，王叔和“编次《张仲景方》，论编为三十六卷，大行于世。”晋唐八百年间，该书传抄离合散乱。北宋仁宗嘉祐二年（1057），朝廷置校正医书局，有组织地对前代医籍进行校勘整理、刊刻印行。先后刻印源于《张仲景方》的《伤寒论》与《金匮要略方论》。之后学者对张仲景医方医论及相关学术问题的研究大多围绕宋定本展开。因宋定本《伤寒论·序》出现《伤寒杂病论》之书名，故宋后又将张仲景医方医论名为《伤寒杂病论》。

唐代开元时期关于医疗卫生与医学教育的《医疾令》第3条记载，“诸医、针生，各分经受业。医生习《甲乙》《脉经》《本草》，兼习

* 本文系国家社科基金“晋唐流传《张仲景方》汇辑与考释”（项目编号22XTQ009）研究成果。

《张仲景》《小品》《集验》等方。针生习《素问》《黄帝针经》《明堂》《脉诀》，兼习《流注》《偃侧》等图，《赤乌神针》等经”[①]，可见唐代医学教育中是教授《张仲景方》的。敦煌藏经洞遗书中就发现了张仲景《伤寒论·辨脉法》残卷（S.202及P.3287部分）与《伤寒论·伤寒例》残卷（P.3287部分），说明唐五代时期敦煌地区有《张仲景方》的流传。

一、S.202、P.3287《伤寒论·辨脉法》源流考

《伤寒论·辨脉法》见于敦煌遗书S.202与P.3287。S.202抄录内容基本完整，P.3287节抄其中一部分。

赵健雄根据S.202之“皿”“徽”等书写用字，认为其抄写于唐代[②]。马继兴[③]、丛春雨[④]、王淑民[⑤]等学者根据S.202对“坚”（隋文帝杨坚）、“世”（唐太宗李世民）、“治”（唐高宗李治）、“旦”（唐睿宗李旦）等字皆未避讳，认为该卷子的抄写年代当在隋以前。钱超尘先生更是据S.202不避“顺”字（梁武帝萧衍之父），认为其抄写年代可上溯到南朝宋齐时代[⑥]。窦怀永指出，在敦煌文献研究中，“将避讳作为断代手段，大约要受到写卷的纸张、书法、内容及书手等多种因素的综合影响。同一种文献，由官方经生抄写和乡间百姓抄写，其避讳情况显然是不尽相同的”[⑦]。同时，不避某字讳，可能抄写于某朝之前，也可能抄写于某朝之后，应该说单纯据避讳的断代结论是不能让人信服的。

从中医学术史的角度考察，S.202与《金匮玉函经·辨脉第二》可能源于同一祖本。《千金翼方》之卷九、卷十与《金匮玉函经》主体内容基本相同，说明也可能源于同一祖本。但不仅《千金翼方》之卷九、卷十未见《金匮玉函经·辨脉第二》的内容，通观《千金要方》《千金翼方》，皆未见相关文字，说明大概彼时此篇尚未形成——以孙思邈学识之富[⑧]与其对张仲景学术的推崇[⑨]，若其见到此篇，当会收载。故S.202之内容应形成于中唐以后，可能是由中唐以后医家选录《脉经》及当时流传的其他题名仲景著作中的有关文字编撰而成。这也就可以解释了S.202为什么不避隋唐名讳，盖安史之乱后敦煌先后由吐蕃和归义军占领，之前已经存在的避讳字形，可能作为书写习惯继续留存，但不避讳成为书写的常态[⑩]。

如前所述，魏晋之际，王叔和对《张仲景方》进行了搜集整理，同时，王叔和在编撰《脉经》时，将《张仲景方》的伤寒内容按治法的“可”与“不可”（“病不可发汗证”“病可发汗证”“病不可吐证”“病可吐证”“病不可下证”“病可下证”等）为主要结构编入了

① 冯卓慧、王霖冬：《从开元“医疾令”看唐代的医疗法》，《西安财经学院学报》2013年第1期，第102-112页。

② 赵健雄：《敦煌医粹》，贵州人民出版社，1988年，第265页。

③ 马继兴：《敦煌古医籍考释》，江西科学技术出版社，1988年，第97页。

④ 丛春雨等：《敦煌中医药全书》，中医古籍出版社，1994年，第233页。

⑤ 王淑民：《英藏敦煌医学文献图影与注疏》，人民卫生出版社，2012年，第156页。

⑥ 钱超尘：《伤寒论文献通考》，学苑出版社，2000年，第583页。

⑦ 窦怀永：《论敦煌文献残损对避讳断代的影响》，《敦煌学辑刊》2011年第1期，第166页。

⑧《旧唐书·方伎列传》载：“魏征等受诏修齐、梁、陈、周、隋五代史，恐有遗漏，屡访之，思邈口以传授，有如目睹”。

⑨《千金要方·伤寒上》有“江南诸师，秘仲景要方不传”之叹，《千金翼方·伤寒上》有“伤寒热病，自古有之。名贤睿哲，多所防御。至于仲景，特有神功，寻思旨趣，莫测其致”之赞。

⑩ 窦怀永：《敦煌文献避讳研究》，博士学位论文，浙江大学，2007年，第171-172页。

《脉经》第七卷，杂病内容编入了《脉经》第八卷，其余各卷还散在的收录了一些仲景遗论，如卷五之《张仲景论脉》。因目前《伤寒论》的通行本为宋本，所以，可以认为《脉经》是《伤寒杂病论》的最早传本。《脉经》中并无《辨脉法》专篇，但其近一半文字散见于《脉经·卷一》之“脉形状指下秘决第一”“辨脏腑病脉阴阳大法第八”“辨脉阴阳大法第九”“诊病将瘥难已脉第十五”与《脉经·卷七》之“病可发汗证第二”“病不可下证第六”“病发汗吐下以后证第八”“病不可水证第十四”“病不可火证第十六”，以及《脉经·卷八》之“平血痹虚劳脉证第六”各篇中。

从晋至唐，《伤寒论》可能以《张仲景辨伤寒》《伤寒卒病论》等名称流传[①]。唐代孙思邈在撰《千金翼方》时将其内容收入《千金翼方》卷九、卷十。故《千金翼方》之卷九、卷十为唐代《伤寒论》的重要传本。但《千金翼方》之卷九、卷十中亦未见《辨脉法》内容。

《辨脉法》内容首见于《金匮玉函经·辨脉第二》[②]。《金匮玉函经》书名则首见于《宋史·艺文志》。但《金匮玉函经》与《千金翼方》之卷九、卷十不但内容基本相同，而且条次亦多相同[③]，唯较《千金翼方》多出“证治总例”与“辨脉第二”两大部分。

《伤寒论·辨脉法》之内容形成后，一方面，可能有医家将其与唐本《伤寒论》汇编，再在其前加一个序言性质的“证治总例”，便是我们今天看到的《金匮玉函经》。另一方面，可能此篇还有以单篇别行形式流传者——否则很难解释为什么敦煌文献中没有发现《金匮玉函经》的主体内容，即三阴三阳病证治与方药。鉴于敦煌出土医学文献具有突出的实用性特点，照理，三阴三阳病证治与方药的实用性更强，是更应该被抄录的。一个间接的证据是，据《宋史·艺文志》，当时可见与张仲景有关的著作有“张仲景《脉经》一卷，又《五藏荣卫论》一卷。张仲景《伤寒论》十卷，《五藏论》一卷。《金匮要略方》三卷（张仲景撰，王叔和集）。张仲景《疗黄经》一卷，又《口齿论》一卷，《金匮玉函》八卷（王叔和集）”。“张仲景《脉经》一卷”与“《金匮玉函》八卷”等著作均不见于前代史志，可能就是唐五代时方才出现。其中的“张仲景《脉经》一卷”可能就是该单篇别行者——亦即S.202的传本系统。

另，敦煌文献P.3287亦载有与S.202《伤寒论·辨脉法》五脏阴阳气绝内容相似的文字。从P.3287所载《伤寒论·辨脉法》起首即为“问曰：上脉状如此，未知何脏先受其灾”的表述来看，这段文字应不是单独成篇，而是对相关文献的摘录[④]，故其抄写时间可能在《伤寒论·辨脉法》形成之后。但P.3287所载《伤寒论·辨脉法》部分文辞与S.202有异，如S.202载“阳反独留，形体如烟，直视摇头，此为心绝”，相似内容P.3287作“身如烟熏，直视摇头者，心先绝也”；又如，S.202载“未知何脏前绝，阳气前绝，其死必青；阴气前绝，阳气后绝，其死必赤。腋下为温，心下必热”，相似内容，P.3287作“又问：未知何脏阴阳于先绝，其状何似？答曰：若阳气先绝，阴气后竭者，死必肉色青也；若阴气先绝，阳气后竭者，死必肉色赤。腋下暖，心下热也”。这反映了抄本文献版本不确定的特点。

① 钱超尘：《伤寒论文献通考》，学苑出版社，2000年，第19-30页。

② ［汉］张仲景：《金匮玉函经》，人民卫生出版社，1955年，第21-26页。

③ 钱超尘：《伤寒论文献通考》，学苑出版社，2000年，第3页。

④ 从P.3287《素问·三部九候论》《伤寒论·伤寒例》《不知名氏辨脉法之一》《伤寒论·辨脉法》《不知名氏辨脉法之二》（以上命名据《敦煌中医药全书》）五部分内容看，都不是对相关文献的全录，都是摘录。

二、P.3287《伤寒论·伤寒例》源流考

《伤寒论·伤寒例》见载于敦煌遗书P.3287。P.3287全卷现存149行文字，包括了《素问·三部九候论》节抄、《伤寒论·伤寒例》节抄、《无名氏脉经之一》、《伤寒论·辨脉法》节抄、《无名氏脉经之二》等数种内容。

马继兴[①]、丛春雨[②]等学者据P.3287避唐太宗与唐高宗讳而不避唐睿宗讳，认为其抄写于唐高宗时期，赵健雄认为其抄写于武则天时期[③]。

关于《伤寒论·伤寒例》的著述者，古今聚讼不休，有认为是王叔和者[④]，有认为非王叔和者[⑤]。要准确确定其著述者，就必须考析其内容的来源。

从中医学术史的角度考察，目前可见的"伤寒例"有两个不同版本，一为中医学术界熟知的宋本《伤寒论》"伤寒例"，二为《千金要方·伤寒上》之"伤寒例"。因十卷本的宋本《伤寒论》可能就是最早见于《新唐书·艺文志》的《伤寒卒病论》十卷，而首见于《新唐书·艺文志》的著述多成书于唐开元之后，故《千金要方·伤寒上》之"伤寒例"可能还在宋本《伤寒论》之"伤寒例"之前。

将宋本《伤寒论·伤寒例》与《脉经》《诸病源候论》《千金要方·伤寒例》《外台秘要·第一卷》《太平圣惠方·伤寒叙论》《圣济总录·伤寒统论》等晋唐宋时期医学文献比较，我们发现其广泛引用了晋唐医家的相关论述，个别文字与宋代医书有同源关系。

其首段"阴阳大论云：春气温和，夏气暑热，秋气清凉，冬气冰冽，此则四时正气之序也。……是以一岁之中，长幼之病多相似者，此则时行之气也"，《诸病源候论》《千金要方》《外台秘要》伤寒部分皆有相同记载。区别在于，《外台秘要·第一卷》亦明确此为《阴阳大论》内容，而《诸病源候论·伤寒候》《千金要方·伤寒例》则混言"经曰"，未明出处。

其后之"夫欲候知四时正气为病，……为治不同，证如后章"一段，因最后有"证如后章"四字，应是引自他书，但暂不知引自何书。

之后"从立春节后，……但治有殊耳"一段与《诸病源候论·时气候》所论基本相同，应引自《诸病源候论》。

之后"十五日得一气，……此必然之道，可不审明之"一段暂不知出处。

之后"伤寒之病，逐日浅深，以施方治。……临病之工，宜须两审也"两段，《外台秘要·第一卷》明确为"王叔和曰"。

之后"凡伤于寒，则为病热。……脉之变证，方治如说"一大段，因最后有"方治如说"四字，应是引自他书，暂不知引自何书。但其主体之六经与两感于寒病证内容无疑来自《素问·热论》，而其"太阳受病，脉尺寸俱浮；阳明受病，脉尺寸俱长；少阳受病，脉尺寸俱弦；其太阴受病，脉尺寸俱沉细；少阴受病，脉尺寸俱沉；厥阴受病，脉尺寸俱微缓"之论，与《神巧万全方·论三阳三阴内外证候》记载颇为相似，可能有同源关系。

① 马继兴：《敦煌古医籍考释》，江西科学技术出版社，1988年，第2页。

② 丛春雨等：《敦煌中医药全书》，中医古籍出版社，1994年，第96页。

③ 赵健雄：《敦煌医粹》，贵州人民出版社，1988年，第7页。

④ 田思胜：《伤寒例考析》，《中医文献杂志》1995年第2期，第19-20页。

⑤ 尚启东：《伤寒例篇非王叔和所作》，《安徽中医学院学报》1983年第1期，第49-50页。

之后“凡人有疾，不时即治，隐忍冀差，以成痼疾。……服药不如方法，纵意违师，不须治之”一段，《千金要方·伤寒例》作“论曰”，应为孙思邈之言。

之后“凡伤寒之病，多从风寒得之。始表中风寒，入里则不消矣，未有温覆而当不消散者”一句，《千金要方·伤寒例》亦在“论曰”下，应为孙思邈之言。

之后“不在证治，……重者必死”一段暂不知出处。

之后“夫阳盛阴虚，汗之则死，……仁者鉴此，岂不痛哉”一段，《千金要方·伤寒例》与《外台秘要·第一卷》均明确作“王叔和曰”。

之后“凡两感病俱作，……安危之变，岂可诡哉”一段，《外台秘要·第一卷》在“王叔和曰”之下，应为王叔和之言。其后“世上之士，但务彼翕习之荣，而莫见此倾危之败，惟明者居然能护其本，近取诸身，夫何远之有焉”一句应是化源于《伤寒论·序》。

之后“凡发汗温暖汤药，……若汗不出者，死病也”一段应是源于《伤寒论》桂枝汤后煎服法。

之后“凡得时气病，至五六日，……忽然大汗出，是为自愈也”一段，《千金要方·伤寒例》在“论曰”下，应为孙思邈之言。

之后“凡得病，反能饮水，……因成其祸，不可复数”一段与《太平圣惠方·伤寒叙论》记载颇为相似，可能有同源关系。

之后“凡得病，厥脉动数，服汤药更迟，脉浮大减小，初躁后静，此皆愈证也”一句暂不知出处。

之后“凡治温病，可刺五十九穴，……刺之为灾，并中髓也”一段，《千金要方·伤寒例》在“论曰”下，应为孙思邈之言。

之后脉四损、五损、六损三句，与《脉经·热病脉损日死证》基本相同，应是引《脉经》之言。

之后“脉盛身寒，得之伤寒，脉虚身热，得之伤暑”一句源自《素问·刺志论》。

之后“脉阴阳俱盛，大汗出不解者死。……逆冷脉沉细者，不过一日死”一段与《伤寒直格·死生脉候》记载颇为相似，可能有同源关系。

总的来看，《伤寒论·伤寒例》虽然确实引用了王叔和的许多论述，但其内容非一时一人之作，是晋唐时期诸多医家集体智慧的结晶。

就晋唐医著而言，《伤寒论·伤寒例》引用不少《千金要方·伤寒例》之论，说明其形成年代不会早于《千金要方》。另，《外台秘要》引用《阴阳大论》文字下有小字注曰：“《仲景》《病源》《小品》《千金》同”，说明王焘所见唐代《张仲景伤寒论》中有此段文字。但《外台秘要》引用王叔和文字下有“《小品》《千金》同”或“《千金》同”小字注，却无“《仲景》同”小字注，说明王焘所见唐代《张仲景伤寒论》没有这些文字。甚至“凡两感病俱作，……安危之变，岂可诡哉”一段下连“《小品》《千金》同”或“《千金》同”亦无，那么《伤寒论·伤寒例》引用的这段文字有很大可能就是源于《外台秘要》。若果真如此，则其形成年代还要晚于《外台秘要》，即大唐天宝十一载。那么P.3287的抄写年代亦将不早于天宝十一载。

将P.3287“凡伤寒之病，多从风寒始也……近取诸身，何远之有”一段与宋本《伤寒论·伤寒例》相应文字比较，我们发现有不少出入，这是书籍在以手抄本形式流传时的常见情形，不足为奇。但P.3287本节句首言“《阴阳大论》云”，认为此节源于《阴阳大论》则是误读，应是P.3287抄手误认为此节文字属于篇首的《阴阳大论》一书。另，P.3287本节“《阴阳大论》云”前尚有“仲景曰”三字，说明P.3287抄手抄写本节文字时，其已被收入仲景著述——即《伤寒论·伤寒例》。

敦煌“幽禜”发微：以张淮兴供养《炽盛光佛并五星神图》为例

孟嗣徽（故宫博物院）

在唐宋时期敦煌人们的观念中，绘制绢、麻、纸本的绘画品，与开窟造像一样都是佛教造像的供养活动，是做“功德”。与之不同的是，开窟造像的功德活动需要耗资巨大的工程支撑。因此，具有高级社会地位并经济实力雄厚的地方长官、世家大族、高僧大德是开凿石窟的主要供养人，普通百姓只能通过结义邑社团的形式集体参与开窟造像活动。而绘制绢、麻、纸本画对供养人的经济能力要求比开窟造像要小得多。因此，在绢、麻、纸本绘画品的供养人中，既有少数地方高官及其家人，更多的是中低阶官吏和普通僧俗信徒。敦煌遗画中的尊像画供奉的主尊主要有佛、菩萨、天王等。佛尊有释迦牟尼佛、多宝佛、弥勒佛、药师佛、炽盛光佛等，再往下一层，还有诸佛的脇侍和其统领下的部属。这些尊像画有些供奉于某种祈祭仪式上，有些则在法会结束后依从禳灾仪轨而焚毁[①]。

唐代，随佛经的传入而出现的炽盛光佛与星象崇拜图像，至宋元时期广布于华夏大地。对于炽盛光佛麾下的诸曜星神的身份与图像来源的考证，已有多篇论文详述之，其间汇聚了希腊、波斯、印度、中国各种文化因素。大英博物馆藏绢制彩绘挂幅《炽盛光佛并五星神图》，是斯坦因收集品。挂幅出土于敦煌莫高窟第17窟（藏经洞），绢本设色，上下有残，画面左上角墨书题记表明供养人是“张淮兴”，并有唐“乾宁四年（897）正月八日”的纪年，是迄今遗存最早的炽盛光佛与诸曜星神的图本。画面内容以乘坐牛驾辂车的炽盛光佛为中心，周围簇拥着其麾下的五曜星神，展现了炽盛光佛统率星界诸曜诸宿众神祇游空巡行的场面（见图1）。关于此图内容，笔者已在多篇文章中

① 关于炽盛光佛与诸曜星神一类尊像画的用途，参见孟嗣徽：《西来“设覩嚕”法：占星术中祈福禳灾的秘密空间》，载《马可·波罗与10—14世纪的丝绸之路》，北京大学出版社，2019年，第299-321页。

讨论过。本文讨论的是“正月初八”是什么日子？张淮兴在“正月初八”要“表庆”什么？

图1　大英博物馆藏敦煌唐代绢质挂幅《炽盛光佛并五星神图》

一、“正月初八”是什么日子？

（一）炽盛光佛及其属下

对炽盛光佛与星界诸神的崇拜，是近二十年来为学者们所关注并激烈讨论的主题。在讨论过程中，被发现和认识的炽盛光佛与诸曜诸宿的图像资料也越来越多。佛教密宗中炽盛光佛与麾下诸曜诸宿的信仰，由域外传入中国，至唐代逐渐盛行。在晚唐至明季的这段漫长的时间里，人们信奉供养炽盛光佛可以禳息消弭星宿界引发的灾祸。于是，基于此而产生的“炽盛光佛与诸曜诸宿”的变相图，成为一种与星学联系起来的佛教图像。应炽盛光佛与其麾下的星界诸神祇的信仰而产生的图本最初出现于晚唐，至宋元时期逐渐流布于中国各地。从遗存的图像资料来看，虽然其广布于华夏大地，终归在西域流行最盛。西域无疑是此类图像与样式的入口，敦煌理所当然是必经之路。

敦煌遗存的唐宋时期炽盛光佛与星宿崇拜的图本，主要有伦敦大英博物馆和巴黎法国国立图书馆所藏原敦煌莫高窟藏经洞出土的几件绘画作品。

大英博物馆（The British Museum）藏绢制彩绘挂幅《炽盛光佛并五星神图》，藏品号1919,0101,0.31，原编号：Stein Painting 31.Ch.liv.007，为斯坦因（Marc Aurel Stein，1862—1943）收集品。挂幅横55.4厘米，纵80.4厘米，上下有残，绢本设色，出土于敦煌莫高窟第

17窟（藏经洞），是有明确纪年和供养人题记的炽盛光佛与星界诸神的绘画作品[①]。挂幅左上角有墨书题记，自左向右竖排：

炽盛光佛并五星/神，乾宁四年（897）正月八日/弟子张淮兴画，表庆/讫。

挂幅的内容描绘了以乘坐牛驾辂车的炽盛光佛为中心，周围簇拥着五曜星神在天空中巡行的场面：画面中央炽盛光佛坐于双轮辂车的仰莲座上，无头光身光，周身散出数道五彩霞光；车前白色牡牛驾车，车尾斜插一大一小四斿云纹旂旗[②]，佛尊头上高悬着缯幡装銮的华丽伞盖，座前放置一典雅的供案，案上摆放着仪式所用的香具与祭器，辂车周围簇拥着五曜星神。木星神卿相，着蓝色官服，头戴猪首冠，双手捧果盘；水星神女相，着青衣，头戴猴首冠，右手持笔，左手持札；土星神为一老者，头戴牛首冠，裸上身，赤足，持杖，牵牛走在车旁；金星神女相，戴凤头冠，着白练衣，双手抱曲项琵琶，左手触弦，右手持拨子弹拨；火星神武士状，头戴马首冠，裸上身，皮肤赤色，跣足，四臂各持不同的武器，作愤怒状。各五星神性别、头冠和手持物的图像学特征与佛经经本描述相符[③]。关于五曜星神图像的形成及相关的经本，已有多篇文章详述，此处不赘[④]。这一行人物行进在五彩祥云之上，展现了炽盛光佛统率星界诸曜神祇游空巡行的盛大场面。

法国国家图书馆（Bibliothèque Nationale de France）藏纸质彩绘挂幅《炽盛光佛与诸曜星神图》（见图2），晚唐（约九世纪），藏品号：Pelliot Chinois 3995，为伯希和（Paul Pelliot，1878—1945）收集品。挂幅横30.5厘米，纵76.4厘米，上下有残，出土于莫高窟第17窟。图中央炽盛光佛结跏趺坐于双轮辂车仰莲座上，头上方有华盖，头光身光外有五彩霞光。车前黄牛驾车，车尾左右各插一面六斿云纹旌旗。周围五曜星神簇拥，行进在五彩云团之上。挂幅在左上、右上、左下三个角分别绘有三个愤怒相的面具状头像，上部的两个头像，其颈部和头发中分别绘有两个蛇头和九个蛇头，应为罗睺与计都。在瓜州榆林窟第35窟前室门北侧壁宋代壁画《炽盛光佛与诸曜星神图》的下方，出现了两个与此图相同的“面具”状头像，左侧者已残损，右侧者有明确榜题“计都星”，由此可互证。《史记·天官书》中称罗睺、计都“在天为隐星”，或因之只出现其头像[⑤]。此外，在一行修撰的《梵天火罗九曜》中出现的罗睺和计都的图像也只有头部[⑥]，此图像或与他们是出生于印度教神祇的传说

① 图版载大英博物馆编《西域美术：大英博物馆スタイン· コレクション》第一卷“敦煌绘画”，图版27，讲谈社，1982年，第320—321页。

② 关于辂车的车旗有“旂”“旌”等称呼，杆首有铃为“旂”，无铃为“旌”。旗上飘带称“斿”，斿数多少以乘辂者的身份为差。

③ 描述诸曜星神图像的经本主要有［唐］金俱吒撰：《七曜攘灾决》，《大正新修大藏经》第21册，No.1308，第449页；［唐］一行修撰《梵天火罗九曜》，《大正新修大藏经》第21册，No.1311，第459-461页。

④ 关于炽盛光佛属下的诸星神图像的形成，笔者曾撰文述之。参见王永衍：《五星图像考源——以藏经洞遗画为例》，《艺术史研究》第3辑，中山大学出版社，2001年，第397-419页；《十一曜星神图像考源——以西夏时期〈炽盛光佛与十一曜星神官宿图〉为例》，载波波娃、刘屹主编《敦煌学：第二个百年的研究视角与问题》，Slavia出版社，2012年，第167-179页；《盛唐名绘〈五星二十八宿神形图〉研究》，载《宋元绘画研究——庆贺薄松年教授从教60周年》，故宫出版社，2015年，第183-222页等。

⑤［西汉］司马迁：《史记》卷27《天官书》，中华书局，1959年，第1289页。

⑥［唐］一行修撰：《梵天火罗九曜》，《大正新修大藏经》第21册，No.1311，第459-462页。

有关[①]。图左下角的面具状头像也应为“隐星”，身份待考。挂幅上方有星图，残留两星，其形状似北斗七星“斗魁”的魁底，应为七星中的天璇、天玑二星[②]。

图2　法国国家图书馆藏敦煌唐代纸质彩绘挂幅《炽盛光佛与诸曜星神图》

另，大英博物馆藏纸质画叶《计都星神·辰星神陀罗尼符画》，五代（907—960），藏品号：1919,0101,0.170，原编号：Ch. lvi 0033（见图3）。为斯坦因收集品，出土于莫高窟第17窟。画叶横30厘米，纵42.7厘米，是一幅画在敦煌皮纸上的符画。符画画面分上下两栏，周围绘有黑白两色的回波纹，上栏画计都、辰星（水星）二星神像，下栏为符箓和发愿文。上栏右侧者是计都星神，男性，披发，裸上身，赤足，拱手立于绿色云朵之上。左上方有朱色榜题：

谨请计都星护身保命，弟子一心供养

① 印度史诗《摩诃婆罗多》（Mahabarata）中，罗睺是一位阿修罗。他被称为统领众魔的龙神，性残暴并好为非作歹。在大神毗湿奴（Vishnu）与阿修罗搅乳海以制不死之水时，罗睺偷饮长生甘露被发现并告发，毗湿奴当即用神盘砍下了罗睺的头和手臂。由于罗睺已喝了不死之水，成就不死之身。于是他的上半身变成了暗星，常吞噬太阳和月亮引起日食和月食。计都则附会了罗睺的图像。参见孟嗣徽：《衢地苍穹：中古星宿崇拜与图像》之第四篇《十一曜星神图像考源：以西夏时期〈炽盛光佛与十一曜星神宫宿图〉为中心》，生活·读书·新知三联书店，2023年。

② 北斗七星，由天枢、天璇、天玑、天权四星构成斗魁；玉衡、开阳、摇光三星构成斗杓。

图3 大英博物馆藏敦煌五代纸画《计都星神·辰星神陀罗尼符画》

左侧“北方神星”者，应为五曜星神中之辰星（水星）神。辰星神与大英博物馆藏《炽盛光佛并五星神图》中之水星神的图像学特征一致：女相，头戴花冠，插金钗，着红黑色相间云肩大衣，内着绿色裙装，立于红色祥云之上。她左手执札，右手持笔，形象及神态与经本中水星神的特征相符。左上方有朱色榜题：

谨请北方神（辰）星护身保命，弟子一心供养

下栏右侧四分之三篇幅为朱色陀罗尼符箓，左侧自右向左竖排有三行朱色发愿文：

此符陀罗尼符带者得神通，除罪千劫，十方/诸佛惣（总）在目前，去者无不吉利，达一世得人恭/敬，功得（德）无比，护净急急如律令。

其后有朱笔花押。

此图大英博物馆据榜题定名“北方神星·计都星像护符”①，“神星”乃“辰星”之笔误，在《梵天火罗九曜》中辰星（或称水星）主管北方。这幅符画很可能是一组符画册叶中之一叶，据图中发愿文所示，应该是发愿人随身佩戴以求“护身保命”的符箓画。

在敦煌地区，除上述三幅出自莫高窟藏经洞的炽盛光佛与星界诸神的遗画之外，还有瓜州榆林窟第35窟前室门北侧壁宋代壁画《炽盛光佛与诸曜星神图》，内容为炽盛光佛与九曜星神（见图4）；肃北五个庙第1窟东壁西夏壁画《炽盛光佛与诸曜星神宫宿图》，内容为炽盛光佛与九曜星神、黄道十二宫、二十八宿神等；莫高窟61窟甬道南北两壁西夏壁画《炽盛光佛与十一曜星神宫宿图》，内容为炽盛光佛与十一曜星神、黄道十二宫、二十八宿神等。这批图像在敦煌出现的年代始于晚唐，经五代、宋、元、西夏，之后逐渐消失。

① 图版载大英博物馆编《西域美术：大英博物馆スタイン· コレクション》第二卷“敦煌绘画”，图版61，讲谈社，1982年。

图4　甘肃瓜州榆林窟35窟宋代壁画《炽盛光佛与诸曜星神图》

（二）“幽禜”文化

在中国本土，自古就有祭星的传统，早在炽盛光佛与诸曜诸宿的信仰传入中国之前，祭星就是重要的祭礼之一。每年春至，天子出东郊设坛而祭祀星辰，称“幽禜”。“幽禜”者，古代设坛祈祭星辰之称。至今在中国许多地区，民间仍保留以农历正月初八为众星下界之日，制小灯燃而祭之的“幽禜”活动。这种习俗可以追溯到春秋时期。在《孔丛子·论书》中记载：

> 主于郊宫，所以祭日也；夜明，所以祭月也；幽禜，所以祭星也。①

在《礼记·祭法》中对各种祭法有详细的记载：

> 王宫，祭日也；夜明，祭月也；幽宗，祭星也；雩宗，祭水旱也；四坎坛，祭四方也。郑玄注：“宗”皆当为“禜”字之误也。幽禜，亦谓星坛也。星以昏始见。“禜”之言“营”也。

孔颖达疏：

> 幽，闇也。“宗”当为“禜”。禜，坛域也。星至夜而出，故曰幽也。为营域而祭之，故曰幽禜也。②

“禜”者通“营”，《说文解字·示部》曰：“禜，设绵蕝为营，以禳风雨雪霜水旱疠疫于

①《论书》篇是《孔丛子》当中的一个单篇，主要内容是孔子在与弟子或各诸侯国君论及《尚书》时所阐述的一系列见解。傅亚庶：《孔丛子校释》，中华书局，2011年，第19页。

② 郑玄注、孔颖达疏《礼记正义》卷46《祭法》，北京大学出版社，1999年，第1295-1296页。

日月星辰山川也。”[①]“绵蕝”者，在野外画地为宫，引绳为“绵”，立表为“蕝”，用以习礼仪。“蕝”，原为古代朝会时表示位次的茅束，“置茅蕝，设望表”。“绵蕝为营”即为祈祭而设坛，“禜”由设坛而引申为祭祀的行为，如“幽禜”“雩禜”“禜城”“禜门”等等[②]。“禳风雨雪霜水旱疠疫”之灾为“禜”之目的。

可见中国祭星文化古已有之。先民祭祀具有明显的功利目的。在当时人观念中，天上和地上的神祇各有所司，它们的职能是不同的。祭祀也有一定章法规制，遇到不同的灾害，要祭祀不同的神。《左传·昭公元年》载：

山川之神，则水旱疠疫之灾，于是乎禜之。日月星辰之神，则雪霜风雨之不时，于是乎禜之。[③]

《孔丛子·论书》曰：

幽禜所以祭星也，雩禜所以祭水旱也。[④]

由此可见，祭星为“幽禜”，祭水旱为“雩禜”。

先秦时期祭星的礼仪通常有两种情况，一种是禜祭，一种是时祭。禜祭是禳灾之祭，祭祀的是具体的星辰，它在时间上不固定，在出现的灾害被认为与某个星辰有关时便随时祭祀。时祭则不同，它所祭祀的不是某一具体星辰，而是众星之主，在时间上是固定的[⑤]。祭星的日期，在《管子·轻重己》篇中有详备记载：

以冬日至始，数九十二日谓之春至，天子东出其国九十二里而坛，朝诸侯、卿、大夫、列士，循于百姓，号曰祭星。[⑥]

以上这些典籍对祭星的时间、地点和方式有详备的记载。除列祭星典礼外，还有祭日、祭月的记载。祭日、祭月、祭星之礼，在《礼记·郊特牲》篇中也有记载，具体仪式与《管子·轻重己》所载大体相合，由此可相互印证。综上可知，在古人的宇宙观里，雪霜风雨是否调顺是由日月星辰之神掌管的，因此要适时祈祭。“时祭”一般在岁首举行，祈祭这一年的风调雨顺，“禜祭”则着眼于风雨的时与不时，雨淫而祈晴，旱久则祷雨。要之，“幽禜”与农事密切相关。

自先秦始祭星礼注重与农事的关系，在时间上以春至为节时。何时合为正月初八日？中国人一直将岁初的几日珍视为重要的节时。在西汉东方朔的《岁占》里，谓岁后八日，一日为鸡，二日为犬，三日为猪，四日为羊，五日为牛，六日为马，七日伟人，八日为谷。所谓“岁占”，早在战国时期，天文星占家根据天象纪年，即“岁星纪年法”。其“岁”指太岁，“星”即岁星。后代由占岁发展成一系列的祭祀、庆祝活动。有初一不杀鸡，初二不杀狗，初三不杀猪……初七不行刑的风俗。正月初八是“谷日”，而民间则认为初八是众星下界的

---

① ［汉］许慎撰《说文解字》，中华书局，2020年，第2页。绵蕝，《汉书·叔孙通传》：“与其弟子百余人为绵蕞野外，习之月余。”颜师古注：“蕞与蕝通。”绵蕝：即在野外画地为宫，引绳为绵，立表为蕝，用以习礼仪。蕝，特指古代朝会时表示位次的茅束，《国语·晋语》中“置茅蕝，设望表。”望表，华表的雏形。

② “禜城”“禜门”，参见张玉莲：《“禜门”与唐代祈晴祭祀研究》，《宗教学研究》，2022年第4期，第259-264页。

③ ［春秋］左丘明：《左传》卷41《昭公元年》，上海古籍出版社，2015年，第702页。

④ 傅亚庶：《孔丛子校释》，中华书局，2011年，第19页。

⑤ 李炳海：《祭星主祈风雨的生动画面——〈九歌·东皇太一〉新探》，《求索》1988年第6期，第86-91页。

⑥ ［春秋］管仲著，［清］黎翔凤撰，梁运华整理《管子校注》，中华书局，2021年，第1529页。

日子。此日家家户户制做小灯燃而祭之，称为“顺星”或“接星”，即祭星礼。“谷日”祭星，昭显的或许仍是与农事的关系。南朝梁简文帝萧纲有诗《正月八日燃灯应令》云：“藕树交无极，花云衣数重。给竹能为象，缚荻巧成龙。落灰然蕊盛，垂油湿画峰。天宫倘若见，灯王愿可逢。”[①]这首诗真实地再现了当时宫城中燃灯的盛景。

在北京白云观有个元辰殿，正月初八祭星活动延续至今。元辰殿原名丁卯瑞圣殿，始建于金章宗明昌元年（1190）。传说因金章宗母亲瑞圣皇太后得病求医，久治不愈，于正月初八日祈祷丁卯元辰神，从此疾病痊愈。于是敕建了丁卯瑞圣殿，奉丁卯元辰神像以纪神功，同时陪祀六十元辰神像。由此，遂有向元辰神祈请福祉，免除灾难之说，称之为“顺星”。按照白云观的旧制，每年正月初八晚举行祭星仪式，届时设坛，斋供一桌、币帛五份、定香二束、蜡烛两对；另备有灯、燃灯花等物。坛中布三台，供奉七星及左辅、右弼。仪式开始，经师跪叩礼拜，诵北斗经，顺星诰等[②]。白云观的祭星，注重的是一年中人的运命。民间相信行“顺星”礼，即使本命流年不利，尚可通过祭拜祈祷本命元辰神而得到护佑，变不利为顺遂。由此，每年正月初八日特定为“顺星节”，香火鼎盛，相沿至今已八百余年。

晋东南壶关地区，有在正月初八、十八、二十八祭星的习俗，以求风调雨顺，家人安康。是日，家中女性备香二十七炷、炒米二十七盅，准备黄表纸神码一个，上书“供奉九曜星君之神位”。准备妥当后，在自家院落面北设香案一张，将神码、香、香炉、炒米置于香案之上；待香燃尽，即于香案上取下神码，由祭祀人当庭焚之，再取水将火焰浇灭，祭仪完成。作为祭品的炒米则被制成炒米饭阖家分食[③]。

内蒙古赤峰敖汉旗牛夕河村有悠久的“祭星”仪式历史。每年正月初八在青城寺举行“祭星”仪式，是牛夕河村蒙汉民众的群体性祭祀仪式。每年农历正月初八晚，院内摆放香炉、插香、燃烛，案上供奉九星（曜）神码、五色旗、十二生肖面塑、十二盏灯，同时供祭酒、奶、五谷食品等祭品，祈求一年平安顺利。祭星活动最后一项仪式是焚烧“九星”神码，并抛撒五谷[④]。

以上两例祭星仪式将顺星和分谷的活动结合起来。

新疆奇台观音阁的顺星朝斗法会一年有两次，正月初八的朝斗顺星日举行一次，九月初九的斗母元君诞辰日举行一次。顺星朝斗法会和白云观一样要设坛，坛中布三台，供奉七星及左辅、右弼。届时有上香、礼佛、燃灯、诵经、顺星、拜斗等仪式。顺星时，经师唱完一个属相，就高声提醒该属相的人上香，上完香鞠三躬，之后依次往下排。顺星先从属鼠的人开始，最后是属猪的人上香[⑤]。

上述几例祭星仪式大致可以分为两类。壶关和敖汉旗祭星仪式中祭拜的是九曜星神，即日、月、金、木、水、火、土、罗睺、计都九位星神，这九位星神都来自域外[⑥]。奇台的祭

---

① 逯钦立辑校《先秦汉魏晋南北朝诗》，中华书局，1983年，第1962页。

② 董中基：《“祭岁星”是怎么回事》，《文史知识》1987年第5期，114-116页。

③ 郭炳亮：《壶关地区的祭星习俗》，《寻根》2020年第1期，35-38页。

④ 周元珍：《敖汉旗牛夕河村“祭星”仪式的人类学解释》，硕士学位论文，内蒙古师范大学，2020年。

⑤ 夏雷鸣：《新疆民间宗教的活化石：奇台观音阁顺星朝斗法会解析》，《新疆大学学报（哲学·人文社会科学版）》2008年第6期，第58-64页。

⑥ 参见孟嗣徽：《衢地苍穹：中古星宿崇拜与图像》之第四篇《十一曜星神图像考源：以西夏时期〈炽盛光佛与十一曜星神宫宿图〉为中心》，生活·读书·新知三联书店，2023年。

星活动祭拜的对象是斗母元君和她的属下北斗七星，即天枢、天璇、天玑、天权、玉衡、开阳和摇光。和白云观的祭星活动相似，祭拜的是本命年的元辰星主，属北斗崇拜系统的祭星活动。

可见正月初八顺星日，祈祭的对象不只与农事谷物有关，还有自己的元辰星主，简言之称“元神”。元辰神一般有十二位，用十二种相应的动物相配。又称“十二属”“十二生肖”“十二元神”等①。其源头可追溯到战国末期，在湖北云梦睡虎地秦简《日书》（约前277）和甘肃天水出土的放马滩秦简《日书》（约前246）中首先出现了十二兽名。在后世的数术书中，生肖的主要功能是与年相配，用于标志生年，供人推测本年命运走势②。白云观陪祀的六十元辰神实际上对应的是六十甲子，即十天干和十二地支顺序相配，由“甲子”起，至“癸亥”止，满六十为一周，故名六十甲子。我国古代用干支纪年、纪月、纪日、纪时，周而复始，循环往复。

二、张淮兴要“表庆”什么？

英藏彩绘挂幅《炽盛光佛并五星神图》中榜题记：

炽盛光佛并五星/神，乾宁四年（897）正月八日/弟子张淮兴画，表庆/讫。

“表庆”是指设斋庆赞的仪式。张淮兴是归义军节度使张淮深同宗兄弟③，他在正月初八要“表庆”什么？

（一）何为“庆赞”

“庆赞”一词的使用见于宋代施护所译的《一切如来安像三昧仪轨经》：

欲造佛像，先得了知十种法则阿阇梨。复须善知佛身一切圆满之相，及停分大小之量，于息灾增益等。真言印法仪轨之事皆悉明了，然得于彼寺舍殿塔之内造诸尊像。……令前知法阿阇梨，依真言仪轨，请佛安像供养庆赞。

经中还细说安像庆赞诸法：

安像庆赞结净之法：欲建曼拏罗，先拣吉星吉日，于结界胜地清净之处，陈设伞盖、幢幡、香华、灯、果，然令阿阇梨依法仪轨一心召请。先于结界地上下，五色粉絣线作曼拏罗。请五族如来及菩萨眷属等，须依此根本仪轨，不得依别仪请召。又阿阇梨入佛堂殿安像之时，须手腕及指，带钏镮等庄严于身。阿阇梨并弟子，一心观想如来一切圆满之相。然后合掌作礼瞻仰圣贤，以清净香花、香水、

① 关于十二生肖的起源的研究成果有很多，参见李学勤：《干支纪年和十二生肖起源新证》，《文物天地》1984年第3期；林梅村：《十二生肖源流考》，载《西域文明——考古、民族、语言和宗教新论》，东方出版社，1995年；李零：《十二生肖的起源》，载《中国方术正考》，中华书局，2006年。

② 李零：《战国秦汉时期的日书》，《十二生肖的起源》，载《中国方术正考》，中华书局，2006年，第156-183页。

③ 关于张淮兴的身份，有多位学者做过研究。藤枝晃认为他是张淮深的兄弟辈，其父张议潭，参见《沙州归义军节度使始末》（一），《东方学报》1941年第12册第3分册，第73页；马德认为张淮兴即《乾宁碑》中之张淮□，继承张淮深而为归义军第三任节度使，参见《张淮兴敦煌史事探幽》，《敦煌学辑刊》1994年第2期，第77-78页；冯培红认为张淮兴乃张承奉的叔父辈，很可能被任命为瓜州刺史，参见《敦煌的归义军时代》，甘肃教育出版社，2010年，第190页。故此文认为张淮兴与张淮深为同宗兄弟。

灯、果依法仪轨献阏伽香灯。献已，入定心离疑念。诵此真言三遍。①

在四川大足石窟晚唐至五代时期，有许多“设斋表庆”的记载。如北山240号观音龛有镌记：“敬造欢喜王菩萨一身，比丘尼惠志造，奉报十方施主，乾宁三年（896）五月十六日设斋表庆讫，永为供养”。北山第39窟，开龛供奉的是“大威德炽盛光佛”像，窟内有前蜀乾德四年（922）温孟达等人的题记，以示“修斋表庆讫……陪法百年……永无障堤”。北山第281号药师龛造有药师琉璃光佛、十二神王、阿弥陀佛等像，其造像记：“以广政十七年（954）太岁甲寅二月丙午朔，十一日丙辰设斋表赞讫，永为瞻敬”②等等。

从大足石窟的几个案例来看，宗教语境中的“庆赞”仪式，不只似“开光”那样，其主要目的是使图像能够具有或被赋予生命，成为人与神灵相通的中介。唐宋时期的“庆赞”仪式，虽然也是为新制作的造像或画像举行的，但其目的似乎在将图像“激活”以外，更多的则是被当作一种向神祇表达虔敬之情的“功德”，对新建造的功德表示“庆贺”和“赞美”③。所以“庆赞”仪式本身更意味着，通过对所造的佛像表示“赞美”而获得功德。

（二）唐宋时期敦煌的节庆和具注历日

敦煌地区素有岁时庆祝活动的习俗。岁时节庆本是民间常规性的活动，带有浓厚的传统民俗色彩，但随着佛教的传入，佛俗与中国传统的岁时活动相互交融，演变为民俗与佛俗相互影响的节庆活动。

唐宋时期敦煌地区正月的岁时佛俗，从敦煌遗书P.4542《寺院残帐》中“音声”的支出，体现出正月频繁的设乐活动：

> ……
>
> 十五日出粟肆斗充音声。
>
> 二十三日出麦贰斗、粟叁斗充与音声。
>
> 二十九日出粟壹斗充与音声。
>
> 三十日出粟伍斗充与音声……
>
> 二月一日出麦伍斗、粟伍斗充音声。④

“音声”即音声人，亦称乐人。《新唐书·礼乐志》：“唐之盛时，凡乐人、音声人、太常杂户子弟，隶太常及鼓吹署，皆番上，总号音声人。”⑤敦煌的音声人因其归属的不同，有寺属音声人和官府音声人之分⑥，而P.4524《寺院残帐》中所记当为寺属音声人，包括演唱者和奏乐者。敦煌的这些设乐活动，据谭婵雪先生的研究主要集中在佛教的“六斋日”中⑦。据《摩诃般若波罗蜜经》载：

---

①［宋］施护译：《一切如来安像三昧仪轨经》，《大正新修大藏经》第21册，No. 1418，第933–935页。

② 大足石刻艺术博物馆、重庆市社会科学院大足石刻艺术研究所编《大足石刻铭文录》，重庆出版社，1999年。

③ 邹建林：《“庆赞”小考》，载《大足学刊》第1辑，2016年，第212–223页。

④ 唐耕耦，陆宏基：《敦煌社会经济文献真迹释录》第3辑，全国图书馆文献缩微复制中心，1990年，第231页。

⑤［宋］欧阳修：《新唐书》卷22《礼乐志》，中华书局，1975年，第422页。

⑥ 姜伯勤：《敦煌音声人略论》，《敦煌研究》1988年第4期，第1–9页。

⑦ 谭蝉雪：《唐宋敦煌岁时佛俗——正月》，《敦煌研究》2000年第4期，第65–71页。

六斋日：月八日、二十三日、十四日、二十九日、十五日、三十日，诸天众会。善男子善女人为法师者，在所说般若波罗蜜处皆悉来集。是善男子善女人在大众中说是般若波罗蜜，得无量无边阿僧祇不可思议不可称量福德。①

P.4542《寺院残帐》是一本残卷，所示“音声”支出的几天适逢佛教六斋日。前面缺失的两天应该是“初八日”和“十四日”。依佛经所示，信徒要在每月这六天中持斋念佛，方得不可称量之“福德”。由此寺院在正月的六斋日中设乐，开启一众僧俗信徒的佛事活动②。

正月乃一年之首，因此正月的“六斋日”更显重要。正月初八适逢岁时，又是佛教“六斋日”之首。张淮兴显然不仅仅是在斋日里持斋念佛，他为什么独独钟情于“表庆”炽盛光佛与其麾下的五曜星神呢？我们不禁联想到中国遥远的“幽禜”仪式。

敦煌在806年至993年之间，亦即在唐中期至宋初的一段时间之内，使用具注历日纪年。之所以被称作“具注历日”，是因为在各日之下注上了诸如“二十四节气”“七十二物候”以及本日神煞和吉凶宜忌等供选择的内容。在敦煌具注历日中出现许多“本命元神”及相关图像，当指中国古代北斗七星禄命信仰体系下相对于本命星神而言的元辰星神。例如法藏P.2675bis《七星人命属法》，是一件依据人出生时日将人命与北斗七星联系起来的占卜文书；在英藏S.2404《后唐同光二年（924）具注历日并序》（见图5）中有“葛仙公礼北斗法”。画面上方画有北斗七星，其下方毯上站立一官员，手持笏板，旁有一案，上置香炉，前方一人跪拜行礼。其下文字：

葛仙公礼北斗法/昔仙公至心每/夜顶礼北斗延/年益筭……

在“葛仙公礼北斗法”下方还有一图。画一头戴猴冠的官员，手持笏板立于方毯之上，左上方有一猴神形象。下方文字：

申生人猴相本/命元神，若有/精心之者遂□/供養元神者，消/灾益福及畫形/頭前安之大吉。

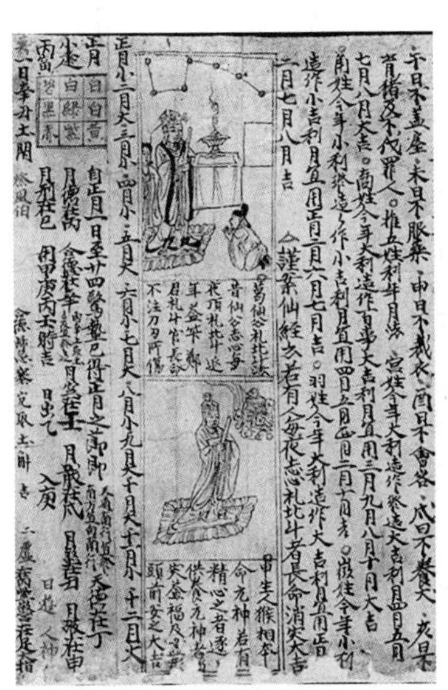

图5　英藏S.2404《后唐同光二年(924)具注历日并序》

① [后秦] 鸠摩罗什译《摩诃般若波罗蜜经》第12《摩诃般若波罗蜜经无作品第四十三》，《大正新修大藏经》第8册，No. 0223，第308-311页。

② 谭蝉雪：《唐宋敦煌岁时佛俗——正月》，《敦煌研究》2000年第4期，第65-71页。

敦煌“具注历日”中出现的“本命元神”，与白云观元辰殿供奉的六十“元辰神像”，其祈请的目的是一致的。

在唐宋敦煌具注历日里，祈祭的内容非常庞杂。除了北斗系统的运命规则，还有来自域外的运命方式。例如英藏敦煌文献S.P6《唐乾符四年丁酉岁（877）具注历日》写本，卷中出现“六十甲子宫宿法”“推七曜直用日法立成”“推男女□运行年灾厄法”“十二相属灾厄法”“推十（天）干得病日法”等等（见图6、图7）。其中“推七曜直用日法立成”属域外传入的运命。同时我们在英藏敦煌文献S.P6《唐乾符四年丁酉岁（877）具注历日》、S.2404《后唐同光二年甲申岁（924）具注历日》，以及法藏敦煌文献P.2693号写本《七星历日一卷并十二时》中，可以看到其中出现了七曜的粟特语纪日法。说明此时《宿曜经》《七曜攘灾决》《梵天火罗九曜》等域外经典已传入并在敦煌普遍使用了①。

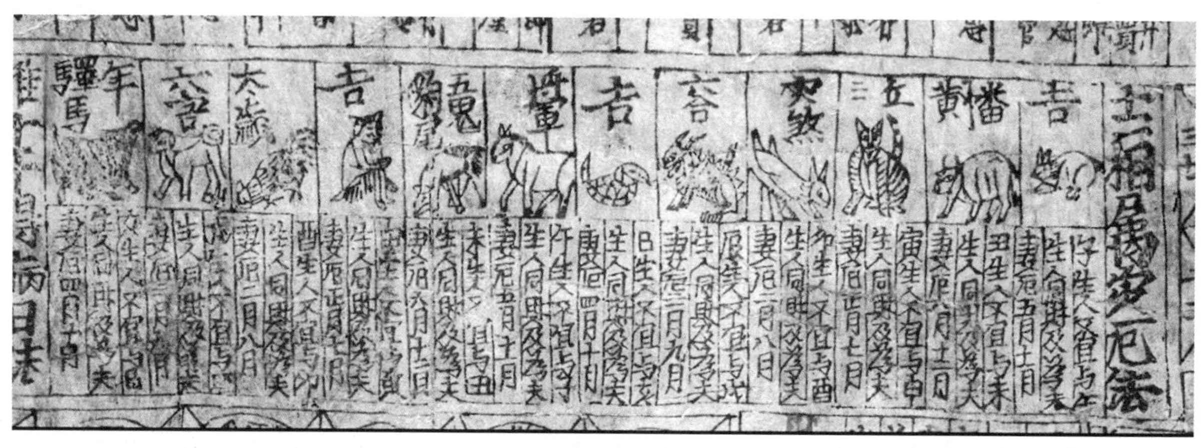

图6 英藏S.P6《唐乾符四年丁酉岁（877）具注历日》十二相属灾厄法

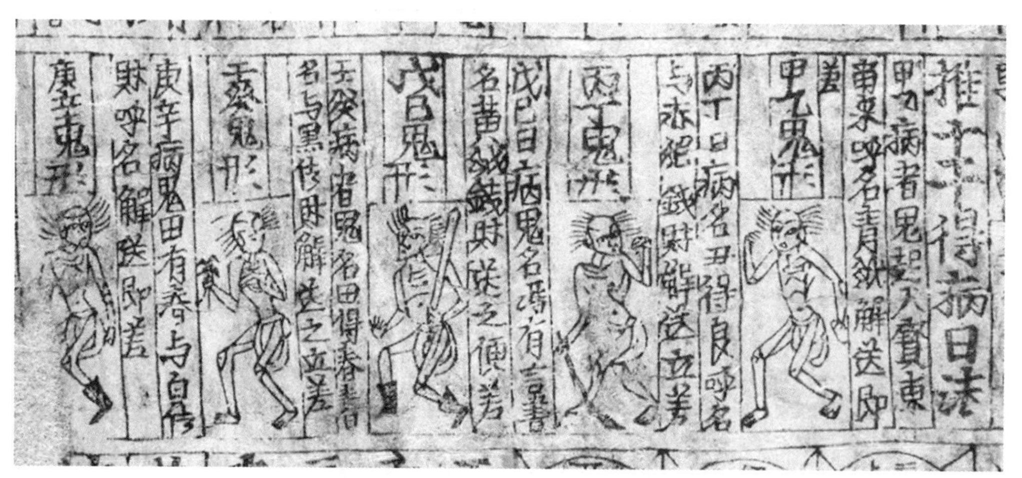

图7 英藏S.P6《唐乾符四年丁酉岁（877）具注历日》推十（天）干得病日法

① 孟嗣徽：《五星图像考源：以藏经洞遗画为中心》，《艺术史研究》第3辑，中山大学出版社，2001年，第397–419页。

例如P.2693号写本《七星历日一卷并十二时》全卷分为“蜜”“莫空”“云汉”“嘀日”“温没斯”“郍溢”“鸡缓”七章。每章先述此日各种吉凶宜忌，然后按十二支各列出十二小节，详述各“支”入“宫”时的吉凶。这是以人出生时刻所属的日（何曜当值）和时（以时表征宫，如出生时刻恰好初升或中天的宫）来预言其人一生的贵贱吉凶休咎。前揭大英博物馆藏《计都星神・辰星神陀罗尼符画》就属于这一类护身保命的符箓画。而“蜜”“莫空”“云汉”“嘀日”“温没斯”“郍溢”“鸡缓”等即为粟特语“日”“月”“火”“水”“木”“金”“土”七曜的汉字转写，在唐代佛经《七曜攘灾决》《梵天火罗九曜》和《宿曜经》中均有出现①。

在英藏S.612《宋太平兴国三年戊寅岁应天具注历日》卷（978）中有一《换太岁并十二元神真形各注吉凶图》（见图8），图前也出现了与“十二支”命位对应的占辞，如“官符在午”“病符在丑”“大耗在申”“小耗在未”等。图中为十二元神的“真形”图像。十二元神着官服，个个头戴所分属的生肖动物头冠，或拱手或持笏板分列于四方。图像之后记有：

> 右件十二元神，凡人本命之日，于夜静烧银钱、驼马、名香、恭果，并画形供养，必得除灾添寿，故安历上切宜。

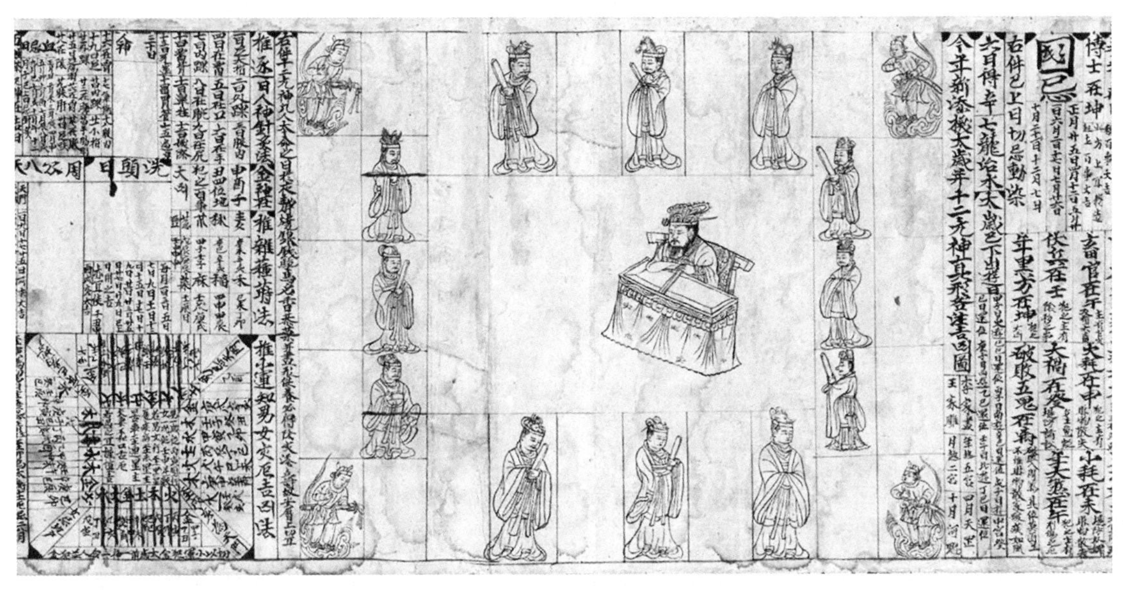

图8 英藏S.612《宋太平兴国三年戊寅岁应天具注历日》换太岁并十二元神真形各注吉凶图

在北凉昙无忏所译《大方等大集经》中记载着菩萨以十二时兽形象游行世间并教化世人的故事。有十二种动物分别居住在四方的神山上：南方琉璃山居住着“蛇”“马”“羊”；西方颇梨（玻璃）山居住着“猴”“鸡”“犬”；北方银山居住着“猪”“鼠”“牛”；东方金山居住着“师（狮）子”“兔”“龙”。每座山各有一罗刹女和五百眷属围绕供养。依佛经所示，

① ［唐］金俱咤译《七曜攘灾决》卷中，《大正新修大藏经》第21册，No.1308，第541—542页；［唐］不空译《文殊师利菩萨及诸仙所说吉凶时日善恶宿曜经》，《大正新修大藏经》第21册，No.1299，第394-395页；［唐］一行修述《梵天火罗九曜》，《大正新修大藏经》第21册，No.1311，第459-462页。详见孟嗣徽：《五星图像考源：以藏经洞遗画为例》，载《艺术史研究》第3辑，中山大学出版社，2001年，第397-419页。

此十二种动物原为菩萨，为调伏众生而化现为动物来阎浮提世界教化[①]。《换太岁并十二元神真形各注吉凶图》中十二元神的方位与《大方等大集经》中“十二时兽”居住的方位一致。其中十二元神头冠中的动物，除了“虎”与佛经中的“狮子”有出入外，其他动物完全一致。

在德国柏林亚洲艺术博物馆藏MIK III-8451号，原吐鲁番柏孜克里克石窟回鹘时期的壁画《炽盛光佛与九曜星神十二元神图》（见图9）中，出现了十二元神和九曜星神同框的图像。画面中央炽盛光佛趺坐于六边形仰莲束腰须弥台座上，两旁有弟子、胁侍菩萨和听法僧众等。佛尊左侧是十二元神，右侧是九曜星神。十二元神均为人形，男女相间，上下分为三排。每个元神头冠上踞有一个象征其身份的动物，或首或全身。男性神祇双手执笏板，在笏板的上端用回鹘字母写有突厥语的属相名，女性神祇则无文字显示。上排自内向外分别为“鼠”“牛”“虎”“兔”；中排为“龙”“蛇”“马”“羊”；下排为“猴”“鸡”“狗”“猪”[②]。

图9　德国亚洲艺术博物馆藏吐鲁番元代壁画《炽盛光佛与九曜星神十二元神图》

十二元神真正与印度波斯系统的星界神祇的结合要从黄道十二宫传入中国说起。黄道十二宫的概念源于两河流域的古巴比伦文明，之后在欧亚大陆蔓延。至迟在高齐时期（550—577）已通过译经活动随佛经传入中国，学者对此已有定论。在不空译《文殊师利菩萨及诸仙所说吉凶时日善恶宿曜经》（758）中，我们看到黄道十二宫与二十七宿的对应关系。在这部经中不空指出“西国……以其天主事之故。十二宿犹唐十二次”，此处所谓“西国”当指古印度。而“十二宿”实际是指西来黄道十二宫。又说“西国以子丑十二属

① ［北凉］昙无忏：《大方等大集经》卷23《虚空目分中·净目品第五》，《大正新修大藏经》第8册，No.397，第166-168页。

② 孟嗣徽：《衢地苍穹：中古星宿崇拜与图像》之第六篇《文明与交汇：吐鲁番龟兹地区炽盛光佛与星界诸神图像研究——以德藏伯孜克里克石窟MIK III—8451号壁画为中心》，生活·读书·新知三联书店，2023年。

记年，以星曜记日，不用甲子”，很明显，“子丑十二属”即指鼠、牛等十二属相，相当于中国的十二支。说明古印度也是以“十二属”纪年，以“七曜”纪日。不同的是，印度没有“六十年一甲子”的说法。而“十二宿犹唐十二次”一语，即将黄道十二宫与中国的十二属相对应起来了。

十二元神和诸曜的关系，也反映在金俱咤所译《七曜攘灾决》（806）中，在此经卷中有一《运命十二宫图》，从里到外共画有四圈，以“运命十二宫”配五行、七曜、黄道十二宫、二十八宿、十二支等。其第一圈为金、木、水、火、土五行；第二圈为日天子、月天子、辰星、太白、荧惑等七曜；第三圈为黄道十二宫配子、丑、寅、卯等十二支；最外圈为二十八宿、运命十二宫配十二支。此图之后有《五星临十二宫吉凶法》，从其内容来看，为各星临运命十二宫时所主之吉凶①。据姜伯勤先生考证，运命十二宫的概念源于中古波斯星命文书中表示命运的“十二位”，其名为寿命位、财库位、兄弟位、田宅位、儿孙位、奴仆位、夫妻位、临终位、迁移位、天央位、福德位、祸害位②。在《七曜攘灾决》中译出的名字分别为“命位”“财物”“兄弟”“田宅”“男女”“僮仆”“夫妻”“疾病”“迁移”“官禄”“福德”“困穷”。在中国晚出的星占文书《张果星宗》中的“运命十二宫”分别为“命宫”“财帛”“兄弟”“田宅”“男女”“奴仆”“妻妾”“疾厄”“迁移”“官禄”“福德”“相貌”③。至此，十二元神与“运命十二宫”也有对应关系④。

相传金章宗母瑞圣皇太后得病求医，于正月初八日祈祷丁卯元辰神之后疾病痊愈，由此将每年正月初八日定为“顺星节”，遂向元辰神祭拜祈福，免除灾难。此说是否可以辐射至新疆奇台、内蒙古敖汉旗这么边远的地区？张淮兴供养的《炽盛光佛并五星神》挂幅中出现的“正月初八”“表庆”的字样，说明此挂幅正是当日祭星仪式所用物品。比相传的金章宗母瑞圣皇太后所定正月初八为“顺星日”的传说早了近300年。

“乾宁四年”是唐昭宗李晔（867—904）的年号，公元897年，干支纪年为丁巳年。张淮兴，其人在史籍中无传，学者的研究也未形成定论。大胆设想一下，或许张淮兴的属相是“巳蛇”，丁巳年正值他的本命年。无论怎样，张淮兴供养的《炽盛光佛并五星神》挂幅，图中五曜星神的图像，源于域外传入的经本。挂幅上端现残留了长11.5厘米的宽幅紫色绢，据斯坦因的发掘报告*Serindia*记载，当时约有75厘米，说明它是曾被当作挂幅在某种仪式中使用的，而下端的装裱在发现时已缺失了。有学者认为，它很可能在实际使用中就是挑挂在画中所描绘的游行队伍中的⑤。《炽盛光佛并五星神》挂幅现存纵高80.4厘米，画面高约69厘

① ［唐］金俱咤译：《七曜攘灾决》卷中，《大正新修大藏经》第21册，No.1308，第541-542页。

② 参见姜伯勤：《敦煌所见星占与波斯星占》。波斯星命“十二位”见其所引伊藤义教译《班达希申》“天文篇”，载《敦煌吐鲁番文书与丝绸之路》，文物出版社，1994年，第59-63页；另参见陈万成：《杜牧与星命》，载《中外文化交流探绎——星学·医学·其他》，第15-22页。

③ 《张果星宗》卷八“观星要诀”，《图书集成·艺术典》卷57《星命部》，文星书店，1964年。

④ 关于十二元神与运命十二宫的对应关系，参见孟嗣徽：《衢地苍穹：中古星宿崇拜与图像》之第六篇《文明与交汇：吐鲁番龟兹地区炽盛光佛与星界诸神图像研究——以德藏伯孜克里克石窟MIK Ⅲ—8451号壁画为中心》，生活·读书·新知三联书店，2023年。

⑤ 大英博物馆编《西域美术：大英博物馆スタイン· コレクション》（日文）第一卷“敦煌绘画”，图版27。图本情况参见伦敦大学韦陀（Roderick Whitfield）教授据斯坦因考古报告*Serindia*所述而撰写的说明，载320-321页。

米，如果加上上端75厘米的紫色绢纵高约144厘米。如果没有残缺，这个挂幅很有可能与人等高或超过人的身高，可以想见，此画在当时是极为富丽的。结合以上所示敦煌其时普遍使用的“具注历日”，以及注重祈祭本命元神等情况。至此我们可以明晰，这种仪式来自祭星古老的“幽禜”仪式。正月初八祭星，祈请人寿年丰，既合于中国传统的“谷日”，又合于佛教“六斋日”之首。

中古历日阴阳杂占探论

——以S.P6《乾符四年具注历日》为中心*

赵　贞（北京师范大学历史学院）

中古历日中还渗透着许多“阴阳杂占”的社会民俗文化内容。《唐六典·太卜署》载：“凡阴阳杂占，吉凶悔吝，其类有九，决万民之犹豫：一曰嫁娶，二曰生产，三曰历注，四曰屋宅，五曰禄命，六曰拜官，七曰祠祭，八曰发病，九曰殡葬。”①这说明凡有关婚娶、丧葬、发病、镇宅等事项的推占，俱属“阴阳杂占”之列，它们在中古历日中多有渗透。以S.P6《乾符四年丁酉岁（877）具注历日》为例，该历不仅保存了二月十日至十二月三十日的历注信息，还收录了镇宅符、十二相属灾厄法、推十干得病日法、周公五鼓逐失物法、吕才嫁娶图、五姓修造法等二十多项“阴阳杂占”内容。这些反映中古阴阳占卜和术数文化的特别“知识”，在以往有关敦煌占卜文书和术数文献的研究中屡有提及，有时甚至被学者视为敦煌术数文献的组成部分。严格说来，学界对敦煌历日中的“杂占”知识给予了高度重视，并保质保量地完成了文本的整理与辑校工作②，这为进一步深入探讨“杂占”文本的属性及其关联的礼俗文化信仰打下了坚实的基础。本文即在梳理S.P6中杂占条目的基础上，探察杂占文本与占卜文书和术数文献的关联，

---

* 本文系中央高校基本科研业务费专项资金资助“敦煌吐鲁番及黑水城历日文献的整理与研究”项目成果；故宫博物院2021年开放课题“故宫博物院藏清代《时宪书》整理与研究”研究成果；本课题得到中国青基会梅赛德斯-奔驰星愿基金、北京故宫文物保护基金会的公益资助。

① ［唐］李林甫等撰，陈仲夫点校《唐六典》卷14《太卜署》，中华书局，1992年，第413页。

② 邓文宽：《敦煌本〈唐乾符四年丁酉岁（877年）具注历日〉“杂占”补录》，载《敦煌学与中国史研究论集——纪念孙修身先生逝世一周年》，甘肃人民出版社，2001年，第135-145页；关长龙辑校《敦煌本数术文献辑校》，中华书局，2019年，第55-73页。

进而揭示阴阳占卜知识和术数文化向具注历日渗透的趋势。

一、S.P6《乾符四年丁酉岁（877）具注历日》的性质

S.P6为印本历日，分栏排印，从上至下共有四栏，第一与第二栏存有二月十日至十二月三十日历日，涉及月大小、月建、月九宫、月神煞、蜜日注、节气、物候及吉凶宜忌等内容。第三、四栏则为与历日相关的“杂占”条目，可以视为阴阳术数知识的汇编。末尾题写文字两行：“四月廿六日都头守州学博士兼御史中丞翟写本。报䴵大德永世为父子，莫忘恩也。”[①]严敦杰最早用历法学知识，推算乾符四年的月朔、闰月、各节气干支（平气）等，俱与S.P6符合，进而指出S.P6《乾符四年具注历日》“用《宣明历》推算毫无疑义”[②]，其性质应是来自中原王朝的历书，且被学界认为“是我国现存最早的印本历书之一”[③]。邓文宽据该历末尾题记及历注内容有不少错误的情况，认为S.P6是敦煌某位姓翟的州学博士根据中原历改造而成的[④]。2013年，邓文宽撰文指出，唐乾符四年敦煌使用的仍是当地自编的写本历日，而S.P6这件印本中原历日，“是后来翟奉达从某种途径获得并作为制历参考使用的”[⑤]。简言之，S.P6《乾符四年具注历日》并非敦煌自编历书，而应是来自中原地区的历日。

通常而言，学界对于敦煌历与中原历的比较，主要聚焦于月建大小和朔日干支的异同，由此大致得出敦煌历的朔日干支较中原历或早一日、或晚一日的认识[⑥]。以此标准来看，S.P6的历注内容固然有不少错误（比如蜜日的标注），但月建大小（含闰二月）和二十四节气的标注与张培瑜《三千五百年历日天象》、王双怀《中华通历》（隋唐五代卷）完全相同，由此进一步推知，S.P6的朔日干支与中原历也完全相同。这说明S.P6《乾符四年丁酉岁（877）具注历日》就是一部不折不扣的中原历日（S.P6月建大小和节气对照见表1）。

不仅如此，S.P6所附“杂占”条目中，收有“周公五鼓”“周公出行”“八门占雷”和“周堂用日”等内容，这些“杂占”知识和技法图文并茂，言简意赅，通常在敦煌自编的历日中未曾收录，但却在部分中原历日中尚能见到。比如“周公五鼓”“周公出行”和“八门占雷”均见于S.P12《上都东市大刀家印具注历日》[⑦]，该件印制于长安东市的大刀家店铺，因而是名副其实的中原历日。至于“周堂用日”，尽管在唐宋历日中很少看到（S.P6除外），却广泛出现于元代授时历日、明代大统历日和清时宪书中。由此不难看出，S.P6对于后世历

① 邓文宽：《敦煌天文历法文献辑校》，江苏古籍出版社，1996年，第225页；关长龙辑校《敦煌本数术文献辑校》，中华书局，2019年，第73页。

② 严敦杰：《跋敦煌唐乾符四年历书》，载中国社会科学院考古研究所编《中国古代天文文物论集》，文物出版社，1989年，第243-251页。

③ 中国社会科学院考古研究所编著《中国古代天文文物图集》，文物出版社，1980年，第121页。

④ 邓文宽：《敦煌天文历法文献辑校》，江苏古籍出版社，1996年，第198-233页。

⑤ 邓文宽：《两篇敦煌具注历日残文新考》，《敦煌吐鲁番研究》第13卷，上海古籍出版社，2013年，第197-201页。

⑥ 王重民：《敦煌本历日之研究》，《东方杂志》1937年第34卷第9号，收入王重民：《敦煌遗书论文集》，中华书局，1984年，第116-133页；施萍亭：《敦煌历日研究》，载敦煌文物研究所编《1983年全国敦煌学术讨论会文集》文史遗书编上，甘肃人民出版社，1987年，第305-366页，收入施萍亭：《敦煌习学集》，甘肃民族出版社，2004年，第66-95页；邓文宽：《敦煌天文历法文献辑校》附录一《中原历、敦煌具注历日比较表》，江苏古籍出版社，1996年，第701-735页。

⑦ 赵贞：《S.P12〈上都东市大刀家印具注历日〉残页考》，《敦煌研究》2015年第3期，第54-60页。

日的深刻影响。当然，这与S.P6中原历的性质是密不可分的。

表1 S.P6月建大小和节气对照表

月建大小		二十四节气	S.P6	中华通历	三千五百年历日天象
正月大	壬寅	立春	正月十四丙戌	正月十四丙戌	正月十四丙戌
		雨水	正月卅日壬寅	正月三十壬寅	正月三十壬寅
二月大	癸卯	惊蛰	二月十五丁巳	二月十五丁巳	二月十五丁巳
		春分	二月卅日壬申	二月三十壬申	二月三十壬申
闰二月小	癸卯	清明	闰二月十五丁亥	闰二月十五丁亥	闰二月十五丁亥
三月大	甲辰	谷雨	三月一日壬寅	三月一日壬寅	三月一日壬寅
		立夏	三月十七戊午	三月十七戊午	三月十七戊午
四月小	乙巳	小满	四月二日癸酉	四月二日癸酉	四月二日癸酉
		芒种	四月十七戊子	四月十七戊子	四月十七戊子
五月大	丙午	夏至	五月三日癸卯	五月三日癸卯	五月三日癸卯
		小暑	五月十九己未	五月十九己未	五月十九己未
六月小	丁未	大暑	六月四日甲戌	六月四日甲戌	六月四日甲戌
		立秋	六月十九己丑	六月十九己丑	六月十九己丑
七月小	戊申	处暑	七月五日甲辰	七月五日甲辰	七月五日甲辰
		白露	七月廿日己未	七月二十己未	七月二十己未
八月大	己酉	秋分	八月七日乙亥	八月七日乙亥	八月七日乙亥
		寒露	八月廿二庚寅	八月廿二庚寅	八月廿二庚寅
九月小	庚戌	霜降	九月七日乙巳	九月七日乙巳	九月七日乙巳
		立冬	九月廿二庚申	九月廿二庚申	九月廿二庚申
十月大	辛亥	小雪	十月九日丙子	十月九日丙子	十月九日丙子
		大雪	十月廿四辛卯	十月廿四辛卯	十月廿四辛卯
十一月小	壬子	冬至	十一月九日丙午	十一月九日丙午	十一月九日丙午
		小寒	十一月廿四辛酉	十一月廿四辛酉	十一月廿四辛酉
十二月大	癸丑	大寒	十二月十日丙子	十二月十日丙子	十二月十日丙子
		立春	十二月廿六壬辰	十二月廿六壬辰	十二月廿六壬辰

二、S.P6所附“杂占”与敦煌占卜文书的互证

前已提及，S.P6《乾符四年丁酉岁（877）历日》的第三、四栏附有镇宅符、推地囊法、六十甲子宫宿法、吕才嫁娶图、推游年八卦法、太岁将军同游日、日游所在法、五姓修造日等二十多项内容。这些“杂占”条目既然附于历日之下，说明这些阴阳术数知识对于解读历日的社会文化意涵起着不可或缺的作用。我们知道，中古历日除了“敬授民时”和纪日序事的政治文化功用外，还为民众的日常社会生活起着“检吉定凶”的指导作用。简言之，即为民众的“择吉”需要提供参考。但准确来讲，在写本时代，庶民大众接受教育的程度以及他们的文化素养尚不能估计过高，民众能否真正读懂具注历日的要义并直接从中获取“择吉”的指导，恐怕还得有赖于这些“杂占”条目中汇总的阴阳占卜技术和术数知识。要言之，这些“杂占”可以视为历日的补充和注释，对于解读历日的社会文化意义至关重要。如果我们将具注历日比作民众日常必读的一种“经典”知识，那么这些“杂占”无疑就是解读这种“经典”知识的“注疏”。正像儒家经典《十三经注疏》的生成、流传一样，随着时代的演进，经典与注疏合而为一，这些“杂占”内容逐渐被“历日”所统涵并最终融入具注历日中。

（一）镇宅符

S.P6中有两幅镇宅符，图文并茂。一幅排印于第一栏“闰二月”月序之后，且题有文字：“凡人宅舍不安，多有虚耗，但取本姓未日朱书之，常置□大□吉。”①另一幅编排于“推丁酉年五姓起造图”下方，其后文字曰：“凡人频年□随所为不□，宅舍不安，多有虚耗，宜用立春日、本姓利日，朱书此符于中庭，高一丈二尺，文一。”②或可参照的是，P.2615《诸杂推五姓阴阳等宅图经》“镇宅”条同样图文并茂，其下文字：“凡人家宅不安，朱书此符，皆长一尺二寸，以一丈竿子头县（悬）之庭中，皆令大吉。急急如律令。”③仔细比较，这三幅镇宅符的构造基本相同，大致借用了“大”“天”“月”“鬼”，以及“日”（或“口”）等汉字。尤其是“鬼”字，在各种禳灾祈福的符箓中经常看到，几乎贯穿了所有符咒、符箓形制的始终。至于镇宅文字，上述三“符”虽然略有不同，但在朱书此符、悬挂中庭和安定宅舍方面有异曲同工之妙。

（二）推地囊法

地囊作为日神之一，旨在强调不宜动土。S.P6中绘有“推地囊法图”，题曰：“凡修造地动，逐月下看日辰，犯之牢索一尺，损之大凶。”该图由内外两圆组成，内圆分为十二等份，依次排列十二月；外圆分为二十四等份，即每月对应两个干支。按照这种编排方式，该图文

① 中国社会科学院历史研究所等编《英藏敦煌文献（汉文佛经以外部份）》第14卷，四川人民出版社，1995年，第244页。

② 中国社会科学院历史研究所等编《英藏敦煌文献（汉文佛经以外部份）》第14卷，四川人民出版社，1995年，第245页；关长龙辑校《敦煌本数术文献辑校》，中华书局，2019年，第69页。

③ 上海古籍出版社、法国国家图书馆编《法藏敦煌西域文献》第16册，上海古籍出版社，2001年，第278页；关长龙辑校《敦煌本数术文献辑校》，中华书局，2019年，第744页。

字可释读为：

> 正月庚子庚午，二月癸未癸酉，三月甲子甲寅，四月己卯己丑，五月戊午戊辰，六月己巳己未，七月丙申丙寅，八月丁卯丁巳，九月戊午戊辰，十月庚戌庚午，十一月辛未辛酉，十二月乙未乙酉。①

地囊各月所在的干支日辰，P.2615《诸杂推五姓阴阳等宅图经》“推地囊日”也有收录，文字与S.P6相同，且特别强调说：“地囊所在之处，不得动土修造，切忌，慎之。”②

（三）六十甲子宫宿法

S.P6中“六十甲子宫宿法”为列表的形式，覆盖了自兴元元年（784）至乾符四年（877）共计97年的纪年干支、纳音和男、女命宫。盖由于此，邓文宽指出，六十甲子宫宿法“不啻是一份古代的年表，其余多是星命家的说教”③。中古时代的历日文化中，有“三元甲子”的说法。一般来说，上元甲子起于隋仁寿四年（604），中元为唐麟德元年甲子岁（664），下元甲子为开元十二年（724），共计180年。至唐兴元元年甲子岁（784）又为上元，会昌四年甲子岁（844）为中元，天祐元年甲子岁（904）为下元，形成新一轮的三元甲子。依此循环，往复不绝。由此来看，S.P6中的“六十甲子宫宿法”实际上涵盖了上元甲子（60年）和中元甲子（37）的纪年。

六十甲子宫宿法的作用有二：一是以甲子为序进行纪年，即干支纪年；二是通过“宫宿法”进行禄命占卜。“宫”指九宫，有男、女之分，即通过男、女九宫的数字进行命理的推占。S.612v《宋太平兴国三年戊寅岁（978）具注历日》云：“一岁戊寅土，太平兴国三年，男二宫，女一宫生。”S.1473《宋太平兴国七年壬午岁（982）具注历日》云“今年生男，起七宫，女起五宫。”P.3403《宋雍熙三年壬午岁（986）具注历日》云：“今年生男起三宫，女起九宫。”这些都是男、女九宫数字的描述。P.2482v《推男女生宫法》曰：“男起生宫一四七，女起生宫二八五，男五寄二，女五寄八。男兴元甲子起七上元，会昌甲子起一中元，天祐甲子起四下元。女兴元甲子起五，会昌甲子起二，天祐甲子起八。”④该件对三元甲子的男、女九宫数做了描述，这实际上也是推算男、女九宫的一般法则。

为便于讨论，兹以兴元元年至贞元十五年的甲子宫宿法为例，见表2：

表2　兴元元年至贞元十五年甲子宫宿法

贞元	贞元	贞元	贞元	贞元	贞元	贞元	兴元
十四年戊寅 十五年己卯	十二年丙子 十三年丁丑	十年甲戌 十一年乙亥	八年壬申 九年癸酉	六年庚午 七年辛未	四年戊辰 五年己巳	二年丙寅 三年丁卯	元年甲子 元年乙丑

① 中国社会科学院历史研究所等编《英藏敦煌文献（汉文佛经以外部份）》第14卷，四川人民出版社，1995年，第244页。

② 上海古籍出版社、法国国家图书馆编《法藏敦煌西域文献》第16册，上海古籍出版社，2001年，第278页；关长龙辑校《敦煌本数术文献辑校》，中华书局，2019年，第746页。

③ 邓文宽：《敦煌天文历法文献辑校》，江苏古籍出版社，1996年，第226页。

④ 上海古籍出版社、法国国家图书馆编《法藏敦煌西域文献》第15册，上海古籍出版社，2001年，第256页；关长龙辑校《敦煌本数术文献辑校》，中华书局，2019年，第1367页。

续表2

贞元	贞元	贞元	贞元	贞元	贞元	贞元	兴元
土	水	火	金	土	木	火	金
一二	三四	五六	七八	九一	二三	四五	六七
二一	九八	七六	五四	三二	一九	八七	六五

此表共有5行，第1行为年号，第2行为干支纪年，第3行为干支五行纳音，第4行是男九宫数，第5行则为女九宫数。以“兴元”年号为例，兴元元年甲子（784）和贞元元年乙丑（785），五行纳音均为“金”。若以男、女九宫而言，兴元元年男起七宫，女起五宫。贞元元年男起六宫，女起六宫。贞元二年男起五宫，女起七宫。贞元三年男起四宫，女起八宫……若从右向左横向来看，随着纪年的依次推进，第4行男九宫的数字却按照“九八七六五四三二一”的顺序逆行递减。但第5行女九宫正好相反，按照“一二三四五六七八九”的次序顺行递增。天文学史专家陈遵妫总结说：“男宫逐年减一，一之后为九，女宫逐年加一，九之后为一。”①如此循环往复，在“六十甲子宫宿法”中有明确反映。

或可参照的是，S.612v《宋太平兴国三年戊寅岁（978）具注历日》附有“六十相属宫宿法”，同样结合了纪年和男、女九宫的内容。其文曰：

一岁戊寅土，太平兴国三年，男二宫、女一宫生。

二岁丁丑水，太平兴国二年，男三、女九宫生。润（闰）七月。

三岁丙子水，太平兴国元年，男四、女八宫〔生〕。

四岁乙亥火，开宝八年，男五、女七宫生。

五岁甲戌火，开宝七年，男六、女六宫〔生〕，润（闰）十月。

六岁癸酉金，开宝六年，男七、女五宫生。

七岁壬申金，开宝五年，男八、女四宫〔生〕，润（闰）二月。

八岁辛未土，开宝四年，男九、女三宫生。

九岁庚午土，开宝三年，男一宫、女二宫生。

……

五十七壬午木，天祐十五（九）年，男四、女八宫〔生〕。

五十八辛巳金，天祐十八年，男五宫、女七宫生。

五十九庚辰金，天祐十七年，男六、女六宫生。润（闰）六月。

六十己卯土，天祐十六年，男七、女五宫生。②

不难看出，上述“宫宿法”以年岁递增顺序来排列，始于一岁，即太平兴国三年戊寅岁（978）生人，终于六十岁，即天祐十六年己卯岁（919）生人。其后的男九宫也随着年岁的增长而递增，至九宫后又按照一至九的次序运行。女九宫的情况正好相反，随着年岁的递增而递减，至一宫后又按照九至一的倒序排列。考虑到这种“宫宿法”是一种倒叙的纪年方式，可知本件中的男、女九宫的次序变化，实际上与S.P6“六十甲子宫宿法”完全相同。再

① 陈遵妫：《中国天文学史》，上海人民出版社，2016年，第1170页注④。

② 郝春文编著《英藏敦煌社会历史文献释录》第3卷，社会科学文献出版社，2003年，第293-301页。

看《大明成化十五年岁次己亥（1479）大统历》中“纪年”的记载：

成化十五年己亥木，一岁，猪，男五宫，女七宫，闰十月。

成化十四年戊戌木，二岁，狗，男六宫，女六宫。

成化十三年丁酉火，三岁，鸡，男七宫，女五宫，闰二月。

成化十二年丙申火，四岁，男八宫，女四宫。

成化十一年乙未金，五岁，羊，男九宫，女三宫，闰六月。

成化十年甲午金，六岁，马，男一宫，女二宫。

成化九年癸巳水，七岁，蛇，男二宫，女一宫。

成化八年壬辰水，八岁，龙，男三宫，女九宫。

……

永乐二十一年癸卯金，五十七岁，兔，男七宫，女五宫。

永乐二十年壬寅金，五十八岁，虎，男八宫，女四宫，闰十二月。

永乐十九年辛丑土，五十九岁，牛，男九宫，女三宫。

永乐十八年庚子土，六十岁，鼠，男一宫，女二宫，闰正月。[①]

显然，《大统历》的纪年也是按照倒叙的方式排列的。以成化十五年（1479）生人为一岁算起，至永乐十八年（1420）生人为六十岁，故此处纪年共有六十条。每条内容包括年号干支、五行纳音、年岁、属相、男九宫、女九宫，有时还有闰月的信息。除了属相外，《大统历》的纪年序列性质上与S.612v相同，因而是名副其实的“六十属相宫宿法”。只是不知何故《大统历》还是摒弃了这种题名，而代之以“纪年”来涵盖“六十属相宫宿法”，似乎更为强调这种“宫宿法”的纪年功能。但不管怎样，都不能否认S.612v中的“六十属相宫宿法”对明代《大统历》有着直接的影响，而追究“宫宿法”的来历，似乎与S.P6有着无法割裂的关系。

（四）九宫八□□立成法

底本仅有一图，题有“凡五宫生人，与二宫同用”。图中分别以生气、福德、天医、皈魂、游魂、绝体、绝命、五鬼为中宫，其前后左右皆有九宫数字，由此形成八个九宫图形。结合P.2830《推人游年八卦图》和S.P6中“游年八卦法”（见表3），可知生气、福德、绝命、五鬼等俱为游年八卦爻变时的专称，它们居于某一方位，表达着一定的吉凶象征意义。明人熊宗立编纂的《类编历法通书大全》（简称《通书大全》）卷7《男女合婚》“吕才云”：“合得生气、天医、福德为上吉，子孙昌盛。……如遇绝体、游魂、归魂者，称之中等，可以较量轻重而言之。命取命卦，通和月中少忌，然后可以成婚。婚姻之事理无十全，但得中平之上者，用之亦吉；若遇五鬼之婚，于男女多主挠搅，口舌相连；若遇绝命之婚，祸必深重，于男女各有忧亡。使命卦和悦，又得九吉相当，亦不宜为其婚也。”[②]这是假托唐代阴阳大师吕才而将游年八卦用于男女合婚的一般论述。概言之，男女合婚得生气、天医、福德为上佳

① 北京图书馆出版社古籍影印室编《国家图书馆藏明代大统历日汇编》第1册，北京图书馆出版社，2007年，第381–384页。

② ［元］宋鲁珍通书，［元］何士泰历法，［明］熊宗立类编《类编历法通书大全》，《续修四库全书》1062册《子部·天文算法类》，上海古籍出版社，2002年，第288–289页。

之选。如遇绝体、游魂、归魂为中平之上，婚姻尚可。若遇五鬼、绝命，则不宜合婚。

表3　九宫游年八卦立成法

<table>
<tr><th>命宫</th><th colspan="2">生气</th><th colspan="2">福德</th><th colspan="2">天医</th><th colspan="2">皈魂</th><th colspan="2">游魂</th><th colspan="2">绝体</th><th colspan="2">绝命</th><th colspan="2">五鬼</th></tr>
<tr><td rowspan="4">S.P6</td><td colspan="2">三九</td><td colspan="2">四九</td><td colspan="2">二四</td><td colspan="2">三四</td><td colspan="2">二九</td><td colspan="2">三四</td><td colspan="2">三七</td><td colspan="2">二三</td></tr>
<tr><td colspan="2">六七</td><td colspan="2">六八</td><td colspan="2">三六</td><td colspan="2">六七</td><td colspan="2">三八</td><td colspan="2">二六</td><td colspan="2">六九</td><td colspan="2">四六</td></tr>
<tr><td colspan="2">八二</td><td colspan="2">七二</td><td colspan="2">九七</td><td colspan="2">九八</td><td colspan="2">七四</td><td colspan="2">八七</td><td colspan="2">八四</td><td colspan="2">九八</td></tr>
<tr><td colspan="2">四一</td><td colspan="2">三一</td><td colspan="2">八一</td><td colspan="2">二一</td><td colspan="2">六一</td><td colspan="2">九一</td><td colspan="2">二一</td><td colspan="2">七一</td></tr>
<tr><td rowspan="4">《通书大全》</td><td>六七</td><td>一四</td><td>六八</td><td>一三</td><td>六三</td><td>一八</td><td>六六</td><td>一一</td><td>六一</td><td>一六</td><td>六二</td><td>一九</td><td>六九</td><td>一二</td><td>六四</td><td>一七</td></tr>
<tr><td>七六</td><td>二八</td><td>七二</td><td>二七</td><td>七九</td><td>二四</td><td>七七</td><td>二二</td><td>七四</td><td>二九</td><td>七八</td><td>二六</td><td>七三</td><td>二一</td><td>七一</td><td>二三</td></tr>
<tr><td>八二</td><td>三九</td><td>八六</td><td>三一</td><td>八一</td><td>三六</td><td>八八</td><td>三三</td><td>八三</td><td>三八</td><td>八七</td><td>三四</td><td>八四</td><td>三七</td><td>八九</td><td>三二</td></tr>
<tr><td>九三</td><td>四一</td><td>九四</td><td>四九</td><td>九七</td><td>四二</td><td>九九</td><td>四四</td><td>九二</td><td>四七</td><td>九一</td><td>四三</td><td>九六</td><td>四八</td><td>九八</td><td>四六</td></tr>
</table>

那么，男女合婚如何能够获得生气、天医、福德等命卦呢？按照《通书大全》的描述，“男女两宫之数合卦，假如一命在一宫，一命在四宫，即合成生气，其余仿此例”①，即结合男、女九宫数来确定具体命宫。

（五）推十干得病日法

这是一种以十天干为据进行疾病推占及禳除病患的占卜方式。敦煌写本发病书中（P.2856），收录了多种疾病推占方式，大致有推十二日得病法、推十二时得病法、推十二祇得病法、推五子日病法、推四方神头胁日得病法、推十干病法等，总体依据时日的不同划分，形成了多种不同时间系统的疾病推占。比如P.2856《发病书》“推十干病法”：

> 甲乙日病者青色凶，非其色吉，戊己日小重，庚辛日小差，头宜西首，吉。
>
> 丙丁日病者赤色人凶，非其色吉，庚辛日小重，壬癸日小差，头宜西（北）首，吉。
>
> 戊己日病者黄色人凶，非其色吉，壬癸日小重，甲乙日小差，头宜东首，吉。
>
> 庚辛日病者白色人凶，非其色吉，甲乙日小重，丙丁日小差，头宜南首，吉。
>
> 壬癸日病者黑色人凶，非其色吉，丙丁日小重，戊己日小差，头宜东首，吉。
>
> 右件病人皆以器盛水，去［头］五寸置之，大吉。②

此件发病书强调“非其色吉”，似表明与五行对应的五方色可能会给人带来病患。禳除病患的方式也比较简单，并没有随着十干的变化而有所不同，而是始终固定在“以器盛水，去头五寸置之”，看起来略显单一。相比之下，S.P6中的“推十干得病日法”有两处变化：一是图文并茂，依次绘有甲乙鬼形、丙丁鬼形、戊己鬼形、庚辛鬼形和壬癸鬼形（见图1）；

① ［元］宋鲁珍通书，［元］何士泰历法，［明］熊宗立类编《类编历法通书大全》，上海古籍出版社，2002年，第288页。

② 上海古籍出版社、法国国家图书馆编《法藏敦煌西域文献》第19册，上海古籍出版社，2001年，第141页；关长龙辑校《敦煌本数术文献辑校》，中华书局，2019年，第1211页。

二是占辞精练且明确提到鬼的姓名。简言之，S.P6中的疾病推占，旨在表达十干日得病，很大程度上是由于鬼神作祟。其文曰：

甲乙鬼形：甲乙病者，鬼起天宝，东南来，呼名，青綵解送即差。

丙丁鬼形：丙丁日病，名丑得良，呼名，与赤绝，钱财解送立差。

戊己鬼形：戊己日病，鬼名冯有言，书名黄线，钱财送之便差。

壬癸鬼形：壬癸病者，鬼名田得春，书名，与黑传财，解送之立差。

庚辛鬼形：庚辛［日］病，鬼田有春，与白传财，呼名，解送即差。①

图1　S.P6“推十干得病日法”鬼形

敦煌发病书中的鬼名，主要见于“推初得病日鬼法”（P.2856）：“卜男女初得病日鬼名是谁，若患状相当者，即作此鬼形，并书符厌之，并吞及著门户上，皆大吉。书符法用朱沙，闭气作之。”以酉日、戌日为例：“酉日病者，［鬼］名耆耆，绿面非（绯）身，特气俄，吐舌而行。令人狂颠，四支沉乱，不别亲疏。以其形厌之，即去。此符朱书，病人吞之，并著门户上及卧处，吉；戌日病者，鬼名石擎，□眉，生两翅，手持刀而逢人即斫人。病人腹泻，耳聋，恶口。以其形厌之，即去。此符朱书，病人身上著及吞之，门户上，大吉。”②本件中，酉日鬼名耆耆，戌日鬼名石擎，亥日鬼名东僧，但在另一件发病书（S.1468）中，“酉日病［者］，鬼姓学名少杨”，“戌日病者，鬼姓清名仲卿”，“亥日病者，鬼姓刘名伯子”③。由此看来，敦煌发病书中至少存在着两种不同文本系统的“推初得病日鬼法”。

具体到十干日疾病推占，涉及鬼神作祟及鬼神姓名的发病书并不多见。唯P.3556v《推十干》有相关描述：

甲乙日病者，鬼姓起名天宝，令人头痛。以青帋身，呼名求之，吉。

丙丁日病者，鬼姓田名良，令人吐逆，以赤帋身，呼名求之，差。

戊己日病者，鬼姓冯名有言，令人恍惚。以黄帋身，呼名求之，差。

庚辛日病者，鬼姓□名之春，令人心痛。以白帋身，呼名求之，吉。

---

① 中国社会科学院历史研究所等编《英藏敦煌文献（汉文佛教以外部份）》第14卷，四川人民出版社，1995年，第246页。

②上海古籍出版社、法国国家图书馆编《法藏敦煌西域文献》第19册，上海古籍出版社，2001年，第138-139页；关长龙辑校《敦煌本数术文献辑校》，中华书局，2019年，第1199-1202页。

③ 郝春文等编著《英藏敦煌社会历史文献释录》第7卷，社会科学文献出版社，2010年，第19-20页。

壬癸日丙者，鬼姓王名互生，令人心狂。以黑脔身，呼名求之，吉。①

此件的文本结构显然与S.P6比较接近，文句看起来差异较大，但甲乙鬼姓名起天宝、戊己鬼姓名冯有言亦与S.P6相合，因此就性质而言，P.3556v《推十干》与S.P6中"推十干得病日法"可能源出同一系统，只是以后在流播与传抄过程中出现了析分。尽管如此，仍然不能否认两者具有一定的互证、对校和参考价值。

（六）周公五鼓逐失物法

"周公五鼓逐失物法"应是后世编纂而托名"周公"的一部失物、走失占卜文献。现知敦煌历日中，S.P6、S.P12、S.612中都有涉及五鼓逐失物法的内容（五鼓图形对照见表4）。其中S.P12仅存部分占辞，S.612附有"五鼓图"，唯S.P6图文并茂，既有五鼓图，又有相关占辞，其文曰：

凡大月从上数至下，小月从下数至上，到失物日止。值圆画，急求得，迟不得。至长画，失物走者得脱。至短画，失物日亡者不逐自来，走者不觅自至。唯在志心，万不失［一］。②

可见，周公五鼓占法的核心是圆、长、短三种形式的数值笔画，在失物、走失的占卜中，它们分别代表着"急求得""得脱"，以及"不逐自来"且"不觅自至"三种结果。又P.2572绘有两幅五鼓图，残存"五故（鼓）卜走失法：月大从上数，月小从下▭"诸字③，强调的虽然是走失，但其卜法与性质，应与S.P6中周公五鼓逐失物法类似。或可参照的是，P.3602v《神龟推走失法》亦有五鼓图和相关占辞：

大月从上向下数之，至失时止；小月从小向上数之，至失时止。数值长画者，走失下（不）可捉得。数值罗城者，走失急捉得。数值短画者，走失不捉自来，万无一失。④

此件标题含有"神龟"，但若将"罗城"理解为"圆画"，则其占法中的长画、圆画和短画三种数值，分别代表着"不可捉得""急捉得"和"不捉自来"三种结果⑤。据此，本件"神龟推走失法"的性质，无疑与"周公五鼓逐失物法"完全相同。此外，杏雨书屋藏羽56V题有"卜卦：右件卜法，大月从上数，小月"诸字⑥，推测亦应是周公五鼓卜法中的文字。

---

① 上海古籍出版社、法国国家图书馆编《法藏敦煌西域文献》第25册，上海古籍出版社，2002年，第259页；关长龙辑校《敦煌本数术文献辑校》，中华书局，2019年，第1244页。

② 中国社会科学院历史研究所等编《英藏敦煌文献（汉文佛教以外部份）》第14卷，四川人民出版社，1995年，第246页。

③ 上海古籍出版社、法国国家图书馆编《法藏敦煌西域文献》第16册，上海古籍出版社，2001年，第42页；关长龙辑校《敦煌本数术文献辑校》，中华书局，2019年，第1185页。

④ 上海古籍出版社、法国国家图书馆编《法藏敦煌西域文献》第26册，上海古籍出版社，2002年，第64页；关长龙辑校《敦煌本数术文献辑校》，中华书局，2019年，第1184页。

⑤ 黄正建：《敦煌占卜文书与唐五代占卜研究》（增订版），中国社会科学出版社，2014年，第133页；赵贞《S.P12〈上都东市大刀家印具注历日〉残页考》，《敦煌研究》2015年第3期，第54-60页。

⑥［日］武田科学振兴财团编集《敦煌秘笈》影片册1，武田科学振兴财团，2009年，第362-363页。

表4 五鼓图形对照表

S.P6	S.612	P.2572	P.3602v

（七）八门占雷

此条图文并茂，系用上图下文格式编排（见图2）。上栏图有内外两层，题曰："内行图，外占雷"，是说内层图用于出行占卜，外层图用于"占雷"即年岁光景的推占。下栏文字为占辞，其文曰：

> 雷起天门，人民不安；起水门，五谷火（大）贱；起鬼门，人民暴亡；起木门，五谷不成；起风门，多风雨；起火门，其年大旱；起石门，注损田苗；起金门，同铁贵[①]。

显而易见，"外占雷"是通过雷起天门、水门、鬼门、木门、风门、火门、石门、金门来预言年岁善恶、五谷丰歉和物价贵贱等情况，故有"八门占雷"的说法。此种占法，也见于S.P12《上都东市大刀家大印具注历日》，虽然仅存左半，但也是上图下文，图文并茂（见图3）。韩鄂《四时纂要》还记载了一种"八卦占雷"，通过雷声起于乾、坤、坎、离、巽、震、艮、兑八卦方位来"卜五谷之贵贱"，进而与"八门占雷"联系起来[②]。

图2 S.P6中八门占雷图

图3 S.P12"八门占雷"残页

① 中国社会科学院历史研究所等编《英藏敦煌文献（汉文佛经以外部分）》第14卷，四川人民出版社，1995年，第246页。

② 赵贞：《S.P12〈上都东市大刀家印具注历日〉残页考》，《敦煌研究》2015年第3期，第54-60页。

再看“内行图”。内层圆圈的“八天”及对应日期，从根本上说是为出行的吉凶推占服务的。按顺时针方向排列，内圆依次为天门，一日、九日、十七、廿五；天贼，二日、十日、十八、廿六；天财，三日、十一、十九、廿七；天阳，四日、十二、廿、廿八；天宫，五日、十三、廿一、廿九；天阴，六日、十四、廿二、卅日；天富，七日、十五、廿三；天盗，八日、十六、廿四。通过这样的归类和编排，每月30日依次被分配于“八天”中，且始终以八日为周期，循环分布。由此，每相隔为“八”的日期具有相同的占卜意象，而每一日的出行吉凶，都可以从“八天”中知晓。

“八天”的占卜意象，敦煌写本S.612、S.5614、BD10335以及藏文本S.6878v都有描述。S.612《宋太平兴国三年戊寅岁（978）具注历日》“周公八天出行图”云：

天门：一日、九日、十七、廿五日，所求大吉。

天贼：二日、十日、十八、廿六，伤害，凶。

天财：三日、十一、十九、廿七日，百事吉。

天阳：四日、十二、廿、廿八日，出行平。

天宫：五日、十三、廿一、廿九日，开通吉。

天阴：六日、十四、廿二、卅日，主水灾，凶。

天富：七日、十五、廿三日，求财吉。

天盗：八日、十六、廿四日，主劫害，凶。[①]

可以看出，“八天”的占卜事项其实并不限于出行，还涉及求财、举动百事等。就吉凶意象而言，天门、天财、天宫、天富对应的奇数日期俱为吉兆。而偶数中的吉日，仅限于天阳对应的四日、十二日、廿日和廿八日，其他偶数日期俱为凶兆。再看S.5614《占周公八天出行择日吉凶法》的记载：

1. 每月一日、九日、十七[日] ▭

2. 行日，大吉，得财。十一日、三日、十九日、廿七日是天财日，出 ▭

3. 吉。十三日、五日、廿一日、廿九日是［天］宫日，小吉，出行恐失 ▭

4. 廿三日是天富日，出行觅财、求官，四路□ ▭

5. 天阳日，出行平安，大吉，得官禄。十八日、二日、十 ▭

6. 伤折，或逢贼劫剥。十四日、六日、廿二日是天阴 ▭

7. 官事起。十六日、八日、廿四日是［天］盗日，出行 ▭[②]

本件对于“八天”的排列，采用了“吉日在前，凶日在后”“奇数在前，偶数在后”的原则，首先描述吉兆的奇数“四天”（天门、天财、天宫、天富）；其次为偶数的天阳，也是吉兆；最后则为凶兆的偶数“三天”（天贼、天阴、天盗）。这种处理方式，大致比较符合民众趋吉避凶的社会实际，某种程度上正是择吉文化传统深厚积淀的产物。

（八）洗头日

对于身体关照中的洗头，S.P6有专门的规定：“（每月）三日、八日富贵，九日加官，

① 郝春文编著《英藏敦煌社会历史文献释录》第3卷，社会科学文献出版社，2003年，第288–289页。

② 中国社会科学院历史研究所等编《英藏敦煌文献（汉文佛经以外部份）》第8卷，四川人民出版社，1992年，第150页；关长龙辑校《敦煌本数术文献辑校》，中华书局，2019年，第177–178页。

十日招财，十一、十二日目明，十五、廿日大吉，廿四日招财，廿六日有酒食。已上日吉，余日凶。”①有关洗头的择吉，S.612《宋太平兴国三年（978）应天具注历日》也有描述：“每月一日、三日、五日、七日、九日、十一日、十三、十五日、十七日、十九日、廿一日、廿三日、廿五日、廿七日、廿九日，已上日用之吉。亦宜使子、丑、申、酉、戌、亥，大吉。”②似乎每月奇数日都适宜于洗头。P.2661v《诸杂略得要抄子》：“凡洗头、沐浴，子、丑、未、酉、亥吉。”③大致与S.612比较接近。S.6886v《宋太平兴国六年辛巳岁（981）具注历日》还有“洗”字的标注，即正月三日辛丑、十五癸丑、廿七乙丑、二月五日癸酉、十九日丁亥、廿一己丑、廿九丁酉、三月三日庚子、四月十七甲申、廿九丙申、五月一日丁酉、十七癸丑、廿九乙丑、六月七日癸酉、廿一丁亥、廿三己丑、七月一日丙申、五日庚子、八月十七甲申、廿九丙申、九月三日庚子、十月廿一丁亥、廿三己丑、十一月一日丁酉、十七癸丑、廿九乙丑、十二月十九甲申等，皆注有“洗”字④，表明是该年洗头的吉日。传世本《大宋宝祐四年丙辰岁（1256）会天万年具注历》中“沐浴”的标注⑤，基本也限定于子、丑、申、酉、亥日，这与S.612、P.2661v中的“洗头”吉日完全一致。

值得注意的是，明代官方颁行的大统历日中也有“洗头日”的说明：“每月宜用三日、四日、八日、九日、十日、十一日、十三日、十四日、十五日、二十二日、二十三日、二十六日、二十七日及申、酉、亥、子日。不宜伏社、建、破、平、收日。”⑥清代《时宪书》和敕修的《协纪辨方书》亦收录“洗头日”，内容与明代大统历相同。由此可见，“洗头日”进入具注历日，绝非历家术士的随意兴致所为，而应根植于民众实际的择吉需要，说明“检吉定凶”的具注历日对于庶民大众的社会生活确有一定的指导作用，凸显出历日实用性强的特点。

历日之外，敦煌藏文写本P.3288V（1）《沐浴洗头择吉日法》、德藏吐鲁番汉文文献Ch.3821v《剃头良宿吉日法·洗头吉日法》均有“洗头”吉日的记载，陈于柱、张福慧和游

① 中国社会科学院历史研究所等编《英藏敦煌文献（汉文佛教以外部份）》第14卷，四川人民出版社，1995年，第244页。

② 郝春文编著《英藏敦煌社会历史文献释录》第3卷，社会科学文献出版社，2003年，第288页。

③ 关长龙：《敦煌本数术文献辑校》，中华书局，2019年，第1274页。

④ 中国社会科学院历史研究所等编《英藏敦煌文献（汉文佛经以外部份）》第11卷，四川人民出版社，1994年，第213-217页；邓文宽《敦煌天文历法文献辑校》，江苏古籍出版社，1996年，第530-556页。

⑤ 南宋《宝祐四年具注历》中，正月十七日己酉、二十九日辛酉、二月十日壬申、十三日乙亥、二十二日甲申、二十五日丁亥、三月六日丁酉、十七日戊申、十八日己酉、二十日辛亥、二十一日壬子、二十九日庚申、三十日辛酉、四月二日癸亥、三日甲子、十五日丙子、二十七日戊子、五月六日丙申、九日己亥、十八日戊申、二十二日辛亥、六月一日庚申、四日癸亥、十三日壬申、十四日癸酉、十六日乙亥、二十五日甲申、二十六日乙酉、二十八日丁亥、二十九日戊子、七月二十日己酉、二十三日壬子、八月三日辛酉、六日甲子、十四日壬申、十七日乙亥、二十六日甲申、二十九日丁亥、九月九日丙申、二十一日戊申、二十二日己酉、二十四日辛亥、十月三日庚申、四日辛酉、六日癸亥、十六日癸酉、十九日丙子、二十八日乙酉、十一月一日戊子、十日丁酉、二十一日戊申、二十四日辛亥、十二月三日庚申、六日癸亥、十五日壬申、十八日乙亥、十九日丙子、二十七日甲申等，俱有“沐浴”的标注。参见［宋］荆执礼等编《宝祐四年会天历》，［清］阮元编《宛委别藏》第68册，江苏古籍出版社，1988年影印本，第1-54页。

⑥ 《大明成化十六年岁次庚子大统历》，北京图书馆出版社古籍影印室编《国家图书馆藏明代大统历日汇编》第1册，北京图书馆出版社，2007年，第415页。

自勇有专门研究[①]。此外，Дx.1064+Дx.1699+Дx.1700+Дx.1701+Дx.1702+Дx.1703+Дx.1704《推皇太子洗头择吉日法》也是一部专门推占洗头吉日的专书，该件残损过甚，首部4行曰："凡每月三日、八日洗头，□日□十日□廿日□日得□已上日吉。余别日及阴日洗头凶，慎之。"[②]从残存文字来看，该件有关洗头吉日的描述，主旨应与S.P6契合。不仅如此，该件还记载了十二日洗头择吉日法：

子日洗头，令人有好事及得财，吉；丑日洗头，令人富贵，宜六畜；寅日洗头，令人死不上堂，凶；卯日洗头，令人发白更黑，大吉；辰日洗头，令人起事数数被辱；巳日洗头，令人宜远行无忧；午日洗头，令人破伤生疮，凶；未日洗头，令人发美长好，吉；申日洗头，令人见鬼，凶；酉日洗头，令人得酒食；戌日洗头，令人死伤；亥日洗头，令人□。贵[③]

不难看出，十二日洗头中，寅、午、申、戌日皆为不吉，这与前引S.612所说的"子、丑、申、酉、戌、亥（日洗头），大吉"还是略有出入。此种择吉日法之外，《推皇太子洗头择吉日法》还提供了一种方法：

□六月七日、七月七日、八月一日□九日、廿日、十月十一日、十一月十四日、廿日、十二月一日，并大吉利，余日即凶恶。

又法：正月五日洗头，至老不入狱，不被官嗔；二月八日洗头，至老不入狱；三月廿六日、廿一日洗头，令人高迁；四月十二日洗头，令人长□；□廿日洗头，令人眼明；六月八日洗头，令人富贵长命；七月七日、廿一日洗头，令人不死□；八月廿一日洗头，令人大吉贵；九月九日、十九日洗头，颜色好；十月四日、十一日洗头，令人大吉贵；十一月□日洗头，□十□洗头，□富贵；□[④]

显然，以上是一年十二月中洗头吉日的汇总，是另一种更为具体的洗头吉日。若结合历日来看，对于"洗头"这一常日活动，人们也尝试了多种"择吉"的探索，进而选取了一种简单易行、通俗易懂且易于民众操作的洗头吉日，并最终被编入具注历日中[⑤]，由此成为民众"沐浴更衣"时的必要参考。这应当是S.P6"洗头日"的生成过程。

---

① 陈于柱、张福慧：《敦煌古藏文写本P.3288V（1）〈沐浴洗头择吉日法〉题解与释录——P.3288V研究之一》，载《敦煌学辑刊》2019年第2期，第94–99页；游自勇：《敦煌吐鲁番汉文文献中的剃头、洗头择吉日法》，《文津学志》第15辑，国家图书馆出版社，2021年，第229–236页；张福慧、陈于柱：《敦煌藏文写本P.3288V（1）〈沐浴洗头择吉日法〉的历史学研究》，《中国藏学》2022年第4期，第84–89页。

② 俄罗斯科学院东方研究所等编《俄藏敦煌文献》第7册，上海古籍出版社，1996年，第294页。

③ 俄罗斯科学院东方研究所等编《俄藏敦煌文献》第7册，上海古籍出版社，1996年，第294页；关长龙《敦煌本术数文献辑校》，中华书局，2019年，第1266页。

④ 俄罗斯科学院东方研究所等编《俄藏敦煌文献》第7册，上海古籍出版社，1996年，第294–295页；关长龙：《敦煌本术数文献辑校》，中华书局，2019年，第1267页。

⑤ 游自勇认为，《洗头吉日法》这类占卜书籍原本应是独立存在的，9世纪以后其内容散见于具注历日和日常生活类书中。随着历书、民用类书的广泛传播，原本单独存在的占卜书籍渐次消失，其内容由于已经渗入百姓的日常生活当中而获得了更为长久的生命力。参见游自勇：《敦煌吐鲁番汉文文献中的剃头、洗头择吉日法》，《文津学志》编委会编《文津学志》第15辑，国家图书馆出版社，2021年，第229–236页。

（九）推七曜直用日法立成

七曜即日曜、月曜、火曜、水曜、木曜、金曜和土曜，这是中古时代传入中国的一种外来纪日方法，现今通行的星期制即源于此。按照粟特康居的译名，七曜直日又分别称为蜜日、莫日、云汉日、嘀日、温没斯日、那颉日和鸡缓日，它们的时日宜忌，在S.P6、S.1473、S.2404、P.3403等历日文献中均有记载。或可参照的是，P.2693《七曜历日一卷》、P.3081《七曜日吉凶推法》亦有七曜直日的内容。相较而言，与历日文本最为接近的内容，莫过于P.3081中“七曜日忌不堪用等”：

蜜日不得吊死、问病、出行、往亡、殡葬、斗竞、咒誓，速见耻辱，凶。

莫日不得裁衣、冠带、剃头、剪甲、买奴婢、六畜及欢乐，凶。

云汉日不得聚会作乐、结交朋友、合火下及同财、迎妻纳妇，凶。

嘀日不得出行，未曾行处不合去，冠带、沐浴、著新衣，凶。

鬱没斯日不得恶言啾啾、奸非盗贼、吊死、问病、斗讼，凶。

那颉日不得合和汤药、往亡、殡葬、哭泣、兴易，凶。

鸡换日不得出财，一出不回，作欢乐聚会、赏歌舞音声，凶。[①]

两相对比，七曜的宜忌，S.P6、P.3403等历日更多强调的是“宜”，即适宜做某事；S.3081描述的是“不得”或“忌不堪用”，即不宜做某事，故而各条均以“凶”字收尾。此外，该件还有七曜日得病望、七曜日失脱逃走禁等事、七曜日生福禄刑推、七曜日发兵动马法、七曜日占出行及上官、七曜日占五月五日直六条，俱为七曜占的文本内容[②]。

（十）推男女小运行年灾厄法

此条按照“左文右图”顺序排列。右侧有天门地户图（见图4），内方外圆，外层的圆周排列着六十甲子纳音，强调“至戌亥为天门，至辰巳为地户”，“男忌天门，女忌地户”。内层的方框内题写“男女行年至黑星，忧疾病至重厄。至赤星，有口舌［事］非，有横事，官灾厄。至连星，夫妻刑害，官灾连累之厄”，并强调“男一岁从丙寅顺行，女一岁从壬申逆数”。

左侧为行年自寅至丑十二支及对应的十二神、占辞和避忌月份。按照隋萧吉《五行大义》的记载，游年凡有三名，即游年、行年和年立。游年以“运动不住为义”，行年即年立，“以立住为义”。二者的区别是，“游年从八卦而数，年立从六甲而行”。而六甲的推演，“男从丙寅左行，女从壬申右转，并至其年数而止”[③]，正与本条强调的“男一岁从丙寅顺行，女一岁从壬申逆数”契合。实际上，传世志书和敦煌文献中题名“行年”的阴阳典籍并不少见，如《新唐书·艺文志》著录的王叔政《推太岁行年吉凶法》，《宋史·艺文志》收录的《行年起造九星图》《行年五鬼运转九宫法》《大行年入局韬钤》《大行年推禄命法》等，以及

---

① 上海古籍出版社、法国国家图书馆编《法藏敦煌西域文献》第21册，上海古籍出版社，2002年，第259-260页；关长龙辑校《敦煌本数术文献辑校》，中华书局，2019年，第143页。

② 赵贞：《〈宿曜经〉所见“七曜占”考论》，《人类学研究》第8卷，浙江大学出版社，2016年，第282-309页；收入赵贞：《敦煌文献与唐代社会文化研究》，北京师范大学出版社，2017年，第293-323页。

③［日］中村璋八：《五行大义校注》（增订版），汲古书院，1998年，第203页。

P.3724v《推九天行年灾厄法》、P.3779《推九曜行年灾厄法》、P.3838《推九宫行年法》等，俱为禄命推占著作。

需要说明的是，S.612《宋太平兴国三年戊寅岁（978）具注历日》附有“推小运知男女灾厄吉凶法”，亦是“左文右图”格式编排（天门地户图见图5），其占辞虽然较为简省，但主旨大致与S.P6相同。现制作表格，进一步比较S.P6和S.612的异同（见表5）。

图4　S.P6中天门地户图①

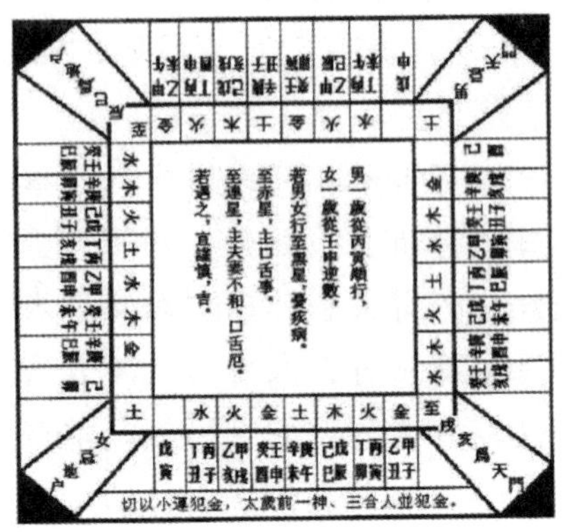

图5　S.612中天门地户图

表5　推男女小运灾厄法对照表

名称	推男女小运行年灾厄法(S.P6)	推小运知男女灾厄吉凶法(S.612)
天门地户图	男一岁从丙寅顺行，女一岁从壬申逆数。男女行年至黑星，忧疾病至重厄。至赤星，有口舌[事]非，有横事，官灾厄。至连星，夫妻刑害，官灾连累之厄。	男一岁从丙寅顺行，女一岁从壬申逆数。若男女行至黑星，忧疾病。至赤星，主口舌事。至连星，主夫妻不和、口舌厄。若遇之，宜谨慎，吉。切以小运犯金，太岁前一神，三合人并犯金。
占辞	行年至寅，寅为功曹，有贵人征司。忌正月、七月。	至寅为功曹，主喜。忌正月、七月。
	行年至卯，卯为天冲，有离别之厄。忌二月、八月。	至卯为太冲，主厄。忌二月、八月。
	行年至辰，辰为天罡，有疾病重厄。忌三月、九月。	至辰为天罡，主疾病。忌三、九[月]。
	行年至巳，巳为太一，切忌官灾、口舌。忌四月、十月。	至巳为太一，生(主)灾厄。忌四、十月。
	行年至午，午为胜先，合有喜事。己(忌)五月、十一月。	至午为胜先，大吉。忌五月、十一月。
	行年至未，未为小吉，田蚕大收吉。忌六月、十二月。	至未为小吉，主喜。忌六、十二月。
	行年至申，申为传送，宜出行在外，忌正月、七月。	至申为传送，出行吉。忌正、七月。
	行年至酉，酉为从魁，有蛇鼠作怪。忌二月、八月。	至酉为从魁，主灾。忌二月、八月。
	行年至戌，戌为何(河)魁，有鬼魅为灾。忌三月、九月。	至戌为河魁，主灾厄。忌三、九月。
	行年至亥，亥为登明，所作皆成，吉。忌四月、十月。	至亥为登明，大吉。忌四月、十月。
	行年至子，子为神后，造作无咎，吉。忌五月、十一月。	至子为神后，百事吉。忌五、十一月。
	行年至丑，丑为大吉，钱财不失，吉。忌六月、十二月。	至丑为大吉，主损财。忌六、十二月。
备注		今年但是亥、卯、未人犯金神，歌曰：若言小运犯金神，凡事都来不可论。举意尽皆多抑塞，求财望(妄)动必逢迍。父身得病需看子，子运灾衰救没因。夫病忽然妻见服，定知灾祸在逡巡。

① 图片采自关长龙辑校《敦煌本数术文献辑校》，中华书局，2019年，第67页、第107页。

需要说明的是，表格中的功曹、太冲、天罡、太一、神后、大吉等，为六壬十二鬼神。《五行大义》卷5《第二十论诸神》："六壬所使十二神者，神后主子，水神；大吉主丑，土神；功曹主寅，木神；太冲主卯，木神；天刚主辰，土神；太一主巳，火神；胜先主午，火神；小吉主未，土神；传送主申，金神；从魁主酉，金神；河魁主戌，土神；微（徵）明主亥，水神。"[①]这种与十二支对应的十二神占法，也见于P.3222B《六壬式》中，性质上应属"式占"之类。

（十一）推游年八卦法

此条分上下两栏，采用"上图下文"方式编排，上栏为游年八卦图，又分为上、下两层，各有八卦游年图八幅，题有"上宫男，下宫女"，可知八卦游年图有男女之别（游年八卦图文对照见表6）。按照从右向左的顺序，上层或上宫八图依次为离、坤、兑、乾、坎、艮、震、巽八卦，此为男子游年八卦图。下层或下宫八图依次为坎、艮、震、巽、离、坤、兑、乾八卦，即为女子游年八卦图。下栏为占辞，依次对应上图八卦，共有八条，每条旨在描述本宫、生气、天医、福德、绝体、游魂、五鬼、绝命等命宫方位。

表6　游年八卦图文对照表

分类	游年八卦图	游年八卦图释文
上宫男		离：一岁、［八］、十六、廿四、三十二、卌、卌八、五十六、六十四、七十二、八十一
		坤：二岁、九、十七、廿五、三十三、卌二、卌九、五十七、六十五、七十三、八十二
		兑：三岁、十、十八、廿六、三十四、卌三、五十、五十八、六十六、七十四、八十三
		乾：四岁、十一、十九、廿七、三十五、卌四、五十一、五十九、六十七、七十五、八十四
		坎：五岁、十二、廿、廿八、三十六、卌五、五十二、六十、六十八、七十六、八十五
		艮：六岁、十三、廿一、廿九、三十七、卌六、五十三、六十一、六十九、七十七、八十六

① ［日］中村璋八：《五行大义校注》，汲古书院，1998年，第172页。

续表6

上宫男		震:七岁、十四、廿二、三十、三十八、卌七、五十四、六十二、七十、七十八、八十七
		巽:[八][岁]、十五、廿三、卅一、卅九、[卌][八]、五十五、六十三、七十一、[七][十][九]、[八][十][八]、九十五
下宫女		坎:一岁、八、十六、廿四、卅二、卌、卌八、五十六、六十四、七十二、八十
		艮:十五、廿三、卅一、卅九、[卌][七]、五十五、六十三、七十一、七十九
		震:七、十四、廿二、卅、卅七(八)、卌七、五十四、六十二、七十、七十八
		巽:六、十三、廿一、廿九、卅七、卌六、五十三、六十一、六十九、七十七
		离:五、十二、[廿]、廿八、卅六、卌五、五十二、六十、六十八、七十六
		坤:四、十一、十九、廿七、卅五、卌四、五十一、五十九、六十七、七十五
		兑:三、十、十八、廿六、卅四、卌二、五十、五十八、六十六、七十四
		乾:二、九、十七、廿五、卅三、卌一、卌九、五十七、六十五

再看下栏的占辞，按照上述游年八卦的顺序，重点是命宫方位的描述：

离：本宫正南，生气正东，天医正西，福德东南，绝体正北，游魂西南，五鬼东北，绝命西北。

坤：本宫西南，生气东北，天医东南，福德西北，绝体正西，游魂西南，五鬼正东，绝命正北。

兑：本宫正西，生气西北，天医正南，福德西南，绝体东北，游魂东南，五鬼正北，绝命正东。

乾：本宫西北，生气正西，天医正东，福德东北，绝体西南，游魂正北，五鬼东南，绝命正南。

坎：本宫正北，生气东南，天医东北，福德正东，绝体正南，游魂西北，五鬼正西，绝命西南。

艮：本宫东北，生气西南，天医正北，福德西北，绝体正西，游魂正东，五鬼正南，绝命东南。

震：本宫正东，生气正南，天医西北，福德正北，绝体东南，游魂东北，五鬼西南，绝命正西。

巽：本宫东南，生气正北，天医西南，福德正南，绝体正东，游魂正西，五鬼西北，绝命东北。①

作为“占辞”的核心内容，这些命宫方位的标识到底有何吉凶意义？P.2830《推人游年八卦图》或许能提供一些启示，现以“离”卦为例：

☲离家火，一、八、十六、廿四、卅二、卌、五十六、六十四、七十二、八十一、八十八、九十六、一百四、一百十二、一百廿。

游年在离，南方。其年之中，宜姓侯、吕、董交通，吉。其年病者□□，与东北神愿不赛，所以遭口舌。

祸害在艮，东北方。若有寡男子并小儿来时，大凶，□▭。

绝命在乾，西北方。乾为老公，忌九月戌日，不宜向西北方吊问▭忌西北修造，亦有断后鬼修灶不次，故使此病▭

生气在震，正东。取青衣师看病，青药，有肉乾辅，▭大吉。以铁二斤悬在西北角上。离神姓冯，家（字）仲▭②

可以看出，“离家火”的年龄数字，大致与S.P6中“上宫男”离卦图相同。其下四句中，“游年在离”即为本宫，位于正南方，祸害在东北方，绝命在西北方，生气在正东，它们都有一定的吉凶象征意义，正说明游年八卦中的命宫方位具有一定的占卜价值，或传输出某种意象上的吉凶祸福。考虑到上述四句大致与离卦占辞中“本宫正南，生气正东”，“五鬼东北，绝命西北”对应，可知S.P6中“推游年八卦法”占辞的方位描述，原本亦有标识吉凶祸福的意义，只是在被历家术士编入历日时，一些表达具体占卜意象的语词也被一并剔除了。

---

① 中国社会科学院历史研究所等编《英藏敦煌文献（汉文佛经以外部份）》第14卷，四川人民出版社，1995年，第246–247页；关长龙辑校《敦煌本数术文献辑校》，中华书局，2019年，第69–70页。

② 上海古籍出版社、法国国家图书馆编《法藏敦煌西域文献》第19册，第18页；关长龙辑校《敦煌本数术文献辑校》，中华书局，2019年，第1350页。

三、S.P6中的“合婚”和五姓修造

S.P6中的阴阳杂占，内容广泛，涉及的阴阳技术和术数知识比较庞杂，种类繁多，上文已有部分论述。总体来看，该印本历日渗透较多的是禄命、婚嫁和五姓修造三方面，禄命部分上文已有揭示，以下试对婚嫁推占和五姓修造做论述。

（一）十二相属灾厄法

S.P6是现知十二相属进入历日的最早文献。该件“十二相属灾厄法”分为上下两栏，图文并茂，上栏绘有十二相属图[①]，且被冠以“吉”（鼠、蛇、猴）、“黄幡”（牛）、“三丘”（虎）、“灾煞”（兔）、“六合”（龙）、“将军”（马）、“五鬼”、“豹尾”（羊）、“太岁”（鸡）、“六害”（狗）和“年驿马”（猪）等词。其中太岁、将军、黄幡、豹尾、灾煞、五鬼为年神[②]；“三丘”为六壬神煞，常与“五墓”相提并称，并成为阴阳家禄命、生死、疾病推占的专门术语之一[③]。“六合”指子与丑合，寅与亥合，卯与戌合，辰与酉合，巳与申合，午与未合[④]。“六害”，萧吉《五行大义》卷2《第十二论害》曰：“相害者，逆行相逢于十二辰，两两相害，名为六害。戌与酉，亥与申，子与未，寅与巳，卯与辰，是六害也。”[⑤]至于“驿马”，S.612v《失名占书》“推驿马法”曰：“寅午戌驿马在申，巳酉丑驿马在亥，申子辰驿马在寅，亥卯未驿马在巳。”[⑥]S.6157《禄命书》“推驿马合法”载：“凡人行至驿马合者，君子求官必得禄位，大吉；小人求名身易得，吉。”[⑦]清代敕修《协纪辨方书》引《神枢经》曰：“驿马者，驿骑也，其日宜封赠官爵，诏命公卿，远行赴任，移徙迁居。”[⑧]总之，历家术士将这些神煞与十二相属联系起来，究竟表达怎样的寓意，值得进一步探究。

再看下栏文字，这是十二相属对应的简单占辞，其文曰：

> 子生人，不宜与午生人同财及为夫妻，厄五月十一月。
> 丑生人，不宜与未生人同财及为夫妻，厄六月十二月。
> 寅生人，不宜与申生人同财及为夫妻，厄正月七月。
> 卯生人，不宜与酉生人同财及为夫妻，厄二月八月。
> 辰生人，不宜与戌生人同财及为夫妻，厄三月九月。

---

① S.612《宋太平兴国三年戊寅岁（978）具注历日》绘有“十二元神真形图”，内中十二元神的冠冕各有对应相属，汇总起来即为十二相属。这或许可以视为十二相属进入历日的另一种形式。

② 邓文宽：《敦煌天文历法文献辑校》附录二《年神方位表》，江苏古籍出版社，1996年，第736-737页。

③ P.3081v抄有“推人三丘五墓知人生死十二月忌日”条：“三丘五墓临病，可讨治之，慎。春三月，三丘亥，五墓午。夏三月，三丘巳，五墓卯。秋三月，三丘寅，五墓未。冬三月，三丘申，五墓丑。”参见上海古籍出版社、法国国家图书馆编《法藏敦煌西域文献》第21册，上海古籍出版社，2002年，第263页；关长龙辑校《敦煌本数术文献辑校》，中华书局，2019年，第1256-1257页。

④ S.612v《失名占书》，郝春文编著《英藏敦煌社会历史文献释录》第3卷，社会科学文献出版社，2003年，第312页；[日] 中村璋八：《五行大义校注》，汲古书院，1998年，第72-73页。

⑤ [日] 中村璋八：《五行大义校注》，汲古书院，1998年，第81页。

⑥ 郝春文编著《英藏敦煌社会历史文献释录》第3卷，社会科学文献出版社，2003年，第311页。

⑦ 中国社会科学院历史研究所等编《英藏敦煌文献（汉文佛经以外部份）》第10卷，四川人民出版社，1994年，第107页；关长龙辑校：《敦煌本数术文献辑校》，中华书局，2019年，第1305页。

⑧《协纪辨方书》卷6《义例四》，《四库术数类丛书》（九），上海古籍出版社，1991年，第310页。

巳生人，不宜与亥生人同财及为夫妻，厄四月十月。

午生人，不宜与子生人同财及为夫妻，厄五月十一月。

未生人，不宜与丑生人同财及为夫妻，厄六月十二月。

申生人，不宜与寅生人同财及为夫妻，厄正月七月。

酉生人，不宜与卯生人同财及为夫妻，厄二月八月。

戌生人，不宜与辰生人同财及为夫妻，厄三月九月。

亥生人，不宜与巳生人同财及为夫妻，厄四月十月。①

有关十二属相的推占，敦煌所出汉文本P.3398、P.4058v、S.6157以及藏文本《推十二时人命相属法》（P.t.127、I.O.741/ch.80.IV）均有描述，兹以“子生鼠相人”为例，试作比较。

P.3398《推十二时人命相属法第卌五》载：

子生鼠相人，命属北方黑帝子，日料黍三石五十（斗）一升，宜著黑衣，有病宜复（服）黑药，大厄子午之年，小厄五月十一月，不得吊死问病，不宜共午生人同财出入②。

P.4058v《推十二相属法》残存鼠、牛、大虫（虎）、兔相图四幅，占辞四条，其第一条曰：

子生鼠相人，命属北方黑帝子，料黍三石五斗一升，宜著黑衣，有病宜服黑药，大厄子午之年，小厄五月十一月，不得吊死问病，□共午生人同财。③

S.6157《推十二相属法》残存鼠相图，其文曰：

子生鼠相人，命属北方黑帝子，日料黍米三石二斗一升，宜著黑衣，有□④

P.t.127《推十二时人命相属法》云：

鼠年生人者，星宿为东方大帝之子，命相落于鼠年之上，俸粮每日黍一舍（一仓库？一屋?）；衣服宜穿红色，病时宜服红色药。为人心地善良，名声逐年提高，有福德且贤能；其危险厄运者，仲夏月与仲冬月两月之内不宜探视病人，吊唁死者；鼠与马不合。⑤

由此可见，就子生鼠相人而言，汉文、藏文《十二相属法》的占辞结构及内容基本近似（或雷同），大体涉及命属、日料、大厄、小厄及有关宜忌，内容显然要比S.P6丰富一些。相比之下，S.P6中的子年生人，除了不宜与午年生人“同财”外，还强调不宜与相属为马的人“为夫妻”。《五行大义》卷2《第十三论冲破》曰：“冲破者，以其气相格对也。冲气为轻，

① 中国社会科学院历史研究所等编《英藏敦煌文献（汉文佛教以外部份）》第14卷，四川人民出版社，1995年，第244-246页；关长龙辑校《敦煌本数术文献辑校》，中华书局，2019年，第59-61页。

② 上海古籍出版社、法国国家图书馆编《法藏敦煌西域文献》第24册，上海古籍出版社，2002年，第77-80页；关长龙辑校《敦煌本数术文献辑校》，中华书局，2019年，第1340-1343页。

③ 上海古籍出版社、法国国家图书馆编《法藏敦煌西域文献》第31册，上海古籍出版社，2005年，第54页；关长龙辑校《敦煌本数术文献辑校》，中华书局，2019年，第1344-1346页。

④ 中国社会科学院历史研究所等编《英藏敦煌文献（汉文佛经以外部份）》第10卷，上海古籍出版社，1995年，第107页；关长龙辑校《敦煌本数术文献辑校》，中华书局，2019年，第1305页。

⑤ 陈于柱：《区域社会史视野下的敦煌禄命书研究》，民族出版社，2012年，第395-396页。

破气为重。……支冲破者，子午冲破，丑未冲破，寅申冲破，卯酉冲破，辰戌冲破，巳亥冲破。此亦取相对，其轻重皆以死生言之。"[①] S.612v《失名占书》"十二支相冲法"有"子午卯酉冲破，兼为四仲。寅申巳亥，为四孟。辰戌丑未，为四季"[②]，即言十二地支中，子午相对，互为冲破，故不能同财，自然也不宜男女婚配。进一步来说，十二相属中互相冲破者，如鼠与马、牛与羊、虎与猴、兔与鸡、龙与狗、蛇与猪，皆不宜婚配，这是中古社会婚姻择吉的属相禁忌。

（二）周堂用日

此条绘图一幅，内圆中仅一"中"字，外圆顺行依次为夫、姑、堂、姈、第、灶、厨、妇八字。题曰："凡大月从妇顺数，小月从夫逆行，值堂、厨、灶，余者皆不吉。"[③]P.2905《推择日法第八》云："凡周堂法，大月从户右行，小月从寡左［行］，到用日止。值公妨公，值姑妨姑嫜，值户大吉，值寡妨夫，值灶大吉，值路阳大吉，值爵富贵高迁，值富资财百陪（倍）。"[④]黄正建指出，该件中的八种称呼即公、户、灶、爵、姑、寡、陆阳、富，与S.P6和清代《协纪辨方书》（翁、第、灶、妇、姑、夫、厨、堂）有很大不同，认为该文书内容的撰写时代一定早于S.P6即唐乾符四年（877），并推断嫁娶周堂法基本定型于唐代末期[⑤]。

周堂用日的内涵寓意，清人解释说："乾为父，老翁也，故翁居乾位。坤为母，姑婆也，故姑居坤位。坎，第宅也，宅居北而南向，故第居坎位。艮为灶，丙火之长生也，故灶居艮位。巽为厨，万物洁齐之所，故厨居巽位。兑为堂内堂也，处于公婆之间者也，故堂居兑位。妇居于震者，东方生气之主，而妇人在厨灶之间以主中馈者也。夫为离位者，南方离明之位也。夫居离而妇居震，木火之相资，以妇而助夫，以水而生火，有雷火之象焉。大月顺从夫，小月逆从妇者，阳从夫之阳，顺。阴从妇之阴，逆也，亦天尊地卑，夫面南离妇立东方之意也。"[⑥]据此，周堂用日的八种称呼、所居方位及排列次序均与八卦寓意密切相关（见表7），原本较为复杂，但在婚嫁推占的社会实践中，八卦元素渐次为人们所剔除，由此在诸多占婚嫁方式中，周堂用日反而成为一种简单易行的婚嫁选择方法，所以才被编入历日中，流传很广，至元代时已更名为"婚嫁周堂"，元代的民用百科全书《事林广记》、民间同通书

① ［日］中村璋八：《五行大义校注》，汲古书院，1998年，第83-84页。

② 郝春文编著《英藏敦煌社会历史文献释录》第3卷，社会科学文献出版社，2003年，第311页。

③ 中国社会科学院历史研究所等编《英藏敦煌文献（汉文佛经以外部份）》第14卷，四川人民出版社，1995年，第246页。

④ 上海古籍出版社、法国国家图书馆编《法藏敦煌西域文献》第19册，上海古籍出版社，2002年，第382-383页；关长龙辑校《敦煌本数术文献辑校》，中华书局，2019年，第176页。

⑤ 黄正建：《敦煌占婚嫁文书与唐五代的占婚嫁》，载项楚、郑阿财主编《新世纪敦煌学论集》，巴蜀书社，2003年，第274-293页；收入《敦煌占卜文书与唐五代占卜研究》（增订版），中国社会科学出版社，2014年，第227-246页。

⑥ ［清］缪之晋辑《大清时宪书笺释》，《续修四库全书》1040册《子部·天文算法类》，上海古籍出版社，2002年，第704页。

及吐鲁番发现的蒙古文《授时历》残叶中都有“婚嫁周堂图”①。明代《大统历日》《类编历法通书大全》及《大清时宪书》《协纪辩方书》等也绘有“嫁娶周堂图”，图文并茂，题文曰：“凡选择嫁娶日，大月从夫顺数，小月从妇逆数，择第堂厨灶日用之。如遇翁姑，而无翁姑者，亦可用。”②与唐代的周堂用日图相比，嫁娶周堂图中夫妇的位置与顺序发生了变化，但共同点是遇到堂、厨、灶为吉，而遇到翁、姑、夫、妇为凶。唯有“第”，最初为凶，最迟至明代已转化为吉了（S.P6与《大统历日》周堂图对照见表8）。总之，我们从周堂用日到嫁娶周堂的演进中，不难看出唐代历日对后世历书的深刻影响。

表7　周堂八卦方位对应表

周堂	翁	姑	第	灶	厨	堂	妇	夫
八卦	乾	坤	坎	艮	巽	兑	震	离
方位	西北	西南	正北	东北	东南	正西	正东	正南

表8　嫁娶周堂图对照表

S.P6《周堂用日图》	《大统历日》中《嫁娶周堂图》
妇 厨　　　夫 灶　　　姑 第　　　堂 妐	夫 厨　　　姑 妇　　　堂 灶　　　翁 第

（三）吕才嫁娶图

吕才，官署太常博士、太常丞，精通阴阳、方技、音乐等学，贞观十五年（641），受诏整理阴阳学典籍，撰成《阴阳书》53卷③，对于当时的宅经、禄命、葬法学说多有批判。据学者研究，吕才《阴阳书》内容广泛，包罗葬法、卜宅、禄命、历法、嫁娶、星占等，“乃综合性占筮书”④。作为太常卿官员，吕才对于男女合婚及婚姻礼法甚为重视，认为婚姻是合二姓之好，“兴万世之始也”，“夫妇之道，乃天地之大义，风化之本源”，“偶配生成，必致昌益之道”⑤。正由于此，吕才对男女合婚及婚嫁推占颇有精研，后世阴阳术数典籍如《类编历法通书大全》《协纪辨方书》等多以“吕才云”论及合婚，对吕才言论常有征引。敦

① 何启龙：《〈授时历〉具注历日原貌考——以吐鲁番、黑城出土元代蒙古文〈授时历〉译本残叶为中心》，载饶宗颐主编《敦煌吐鲁番研究》第13卷，上海古籍出版社，2013年，第263-289页。

② 北京图书馆出版社古籍影印室编《国家图书馆藏明代大统历日汇编》第1册，北京图书馆出版社，2007年，第383页；[清] 缪之晋辑《大清时宪书笺释》，《续修四库全书》1040册《子部·天文算法类》，上海古籍出版社，2002年，第657-706页。

③ 吕才：《阴阳书》的卷数，诸家史籍并不统一。《旧唐书·经籍志》作五十卷，《旧唐书·吕才传》《唐会要》《新唐书·艺文志》作五十三卷，司马光《资治通鉴》作四十七卷。本文以《旧唐书》本传“勒成五十三卷，并旧书四十七卷”为据。

④ 孙猛：《日本国见在书目录详考》，上海古籍出版社，2015年，第1550页。

⑤ 吕才：《进大义婚书表》，《全唐文》卷160，中华书局，1983年，第1635页。

煌所出占婚嫁文书P.2905《推择日法第八》提到，“吕才云，有（右）件婚礼、年命、择月日等同一也，但取三从二逆，则可用之，苦无妨碍。若觅总吉，百年不遇一件，师亦不能为之，主人便入疑惑，审而详之，取吉多而用也”①。由此可见，吕才在婚嫁推占方面造诣颇深，成就突出，故而后世阴阳书往往有所征引。

S.P6中“吕才嫁娶图”采用上图下文的形式编排，共有八图。每图画一圆周，圆周内书写天干或地支，并用弧线将相关干支连接起来，圆周正中写有“吉”字。每图下有四言四句占辞。

第1图②，甲︵己，乙︵庚，丙︵辛，戊︵癸，丁︵壬（符号︵表示相合关系）。

此图表示十天干间的5组相合关系，占辞曰“干合为婚，五男二女。夫妻久长，法居印绶”，宜合婚嫁娶。

第2图，寅︵子︵戌，亥︵酉︵未，申︵午︵辰，巳︵卯︵丑。

此图是以子午卯酉为中心的地支相合。占辞仅存三字，据其格式可复原为“□□□□，□□□□，夫□（妻）□□，车马□□”，宜合婚嫁娶。

第3图，辰︵子︵申，丑︵酉︵巳，戌︵午︵寅，未︵卯︵亥。

此图是以子午卯酉为中心的另一种地支相合，占辞为“三五合婚，夫妻保爱。男孝女贞，永无离背”，宜合婚嫁娶。

第4图，丑︵亥，戌︵申，未︵巳，辰︵寅

此图为四组地支相合，占辞为“四检□□，命合□□。夫妻□□，男□□□”。

第5图，子︵巳，丑︵午，卯︵申，午︵亥，寅︵酉，丑︵申

此图为六组地支相合，占辞为“支合相取，命会天星。百年并老，夫贵妻贞”，宜合婚嫁娶。

第6图，申︵丑，亥︵辰，寅︵未，巳︵戌

此图为四组地支相合，占辞为“八通□□，子孙孝义。夫妻恩和，终身吉利”，宜合婚嫁娶。

第7图，子︵丑，寅︵亥，卯︵戌，辰︵酉，巳︵申，未︵午

此图为六组地支相合，占辞为“支合夫妻，命合天亲。二男五女，多足金银”，宜合婚嫁娶。

第8图，寅︵戌，丑︵巳，辰︵申，未︵亥

① 上海古籍出版社、法国国家图书馆编《法藏敦煌西域文献》第19册，上海古籍出版社，2002年，第382-383页；关长龙辑校《敦煌本数术文献辑校》，中华书局，2019年，第176页。

② 采自关长龙辑校《敦煌本数术文献辑校》，中华书局，2019年，第64-65页。以下同，不另出校。

此图为四组地支相合，占辞为“八开为婚，五男二女。奴婢不□，金玉满堂”，宜合婚嫁娶。

需要说明的是，以上所述吕才婚嫁图，传世典籍未见收录，考虑到吕才《阴阳书》是一部综合性占筮书，笔者推测，此条“吕才婚嫁图”及以下“同属婚姻”可能都是吕氏《阴阳书》中的内容。

（四）同属婚姻

此条亦是男女合婚方面的描述，总体原则是“同属相取，福禄自随。相生即吉，相克不宜”，强调属相相同，五行相生者宜于合婚，反之不吉。其下将合婚情况分为三刑、六害、四绝、惆怅、夹角、勾校、岁星、四极、冲破九种，并用十句五言“占辞”总结说：

> 三刑婚最忌，六害不宜□。四绝多伤绝，惆怅足悲场（伤）。夹角妨男女，勾校自刑殃。岁星有产厄，四极寿子长。相冲须大忌，不久见分张。[①]

这十句占辞中，除了四极（酉午子卯）寓意“寿子长”较为吉利外，其余诸句均为不吉。前引《类编历法通书大全》引“吕才云”：“合得生气、天医、福德为上吉，子孙昌盛，不避冲刑、害绝、钩绞、岁星、惆怅、夹角及胎胞，有犯月内诸凶，并无忌也。”[②]正说明冲刑（即冲破、三刑）、害绝（六害、四绝）、钩绞、岁星、惆怅、夹角等，俱为男女合婚定局中的诸凶，故须远避之。考虑到六害、冲破又见于“十二相属灾厄法”，笔者推测，此条“同属婚姻”与前举“十二相属灾厄法”关系密切，它们同属男女合婚推占中的内容，甚至有可能是吕才《阴阳书》的组成部分。

（五）五姓修造

S.P6中的五姓修造，见于“推丁酉年五姓起造图”“五姓安置门户井灶图”“五姓修造日”三条。“五姓”是基于阴阳五行来判断吉凶的基础原理，将人之姓氏尽归于宫商角徵羽五音分类，并以此来规范婚丧嫁娶等日常生活[③]。与五音密切相关的“五姓”原本在风水术或《宅经》中加以应用，但后来被广泛运用到日常生活的其他领域中，以致在具注历日中也有“五姓”的渗透。比如农事活动中的种莳，S.P6中“五姓种莳法”条曰：“禾，用巳、酉、丑日吉；麦，用卯、亥日大吉；豆，用子、寅、丑日吉；床，卯日、戌日吉；乔，申、酉日吉；稻，未日、午日吉；葱韭苽茄，用寅、卯日大吉。”[④]这些种莳吉日似乎适用于所有五姓。唯S.612中“五姓祭祀神在吉日”，依次描述宫、商、角、徵、羽五姓的祭祀吉日，正是五姓或五音用于祭祀活动的体现。

但与种莳、祭祀相比，“五姓”用于修造活动更为常见。这在S.2404、S.681、S.1473、

① 中国社会科学院历史研究所等编《英藏敦煌文献（汉文佛经以外部份）》第14卷，四川人民出版社，1995年，第244页。

② ［元］宋鲁珍通书，［元］何士泰历法，［明］熊宗立类编《类编历法通书大全》，《续修四库全书》1062册《子部·天文算法类》，上海古籍出版社，2002年，第288-289页。

③ ［法］茅甘：《敦煌写本中的“五姓堪舆法”》，载《法国学者敦煌学论文选萃》，中华书局，1993年，第249-256页；［日］高田时雄：《五姓说之敦煌资料》，载《敦煌·民族·语言》，中华书局，2005年，第328-358页。

④ 中国社会科学院历史研究所等编《英藏敦煌文献（汉文佛经以外部份）》第14卷，四川人民出版社，1995年，第246页。

P.3403等历日所见“推五姓利年月法”中均有生动反映。简言之，历日对修造吉日的描述，往往与“五姓”学说联系起来。比如S.P6中“五姓修造日”条曰：

修宅，用甲子、乙丑、甲午、戊申，吉。

起土，甲子、己卯、天恩、母仓，大吉。

移徙，用甲子、乙丑、丁卯、壬辰。

修门，甲子、甲午、壬午、癸巳。

修井，甲子、甲午、庚午、乙巳。

灶，乙亥、乙酉、庚子、甲午。

碓磑，甲子、甲戌、丙子、丙申。

修厕，丙子、壬子、己卯、丁卯。

扫舍，壬午、丙子、天赦，大吉。

上梁，甲子、甲午、己巳、壬子。

破折，辛巳、壬辰、辛卯、癸未。

杂修，甲子、乙巳、辛卯、己卯。[①]

以上有关五姓修造的吉日，P.2615《诸杂推五姓阴阳等宅图经》“五姓杂修造日法”也有类似的表述[②]，只不过稍显简略，其中也有若干差异。相比之下，S.P6似乎更为强调甲子日在大多数情况下都比较适合修造事宜。我们知道，甲子是六十干支的开始，在历法学中还有一元复始的意义。《旧唐书·傅仁均传》载：“夫理历之本，必推上元之岁，日月如合璧，五星如连珠，夜半甲子朔旦冬至。”[③]由于年始于冬至，月始于朔旦，日始于夜半，故历法学通常假定以甲子那天恰好是夜半朔日冬至，作为历元起算的开始[④]。冬至既为一年之始，那么作为“十一月甲子朔旦冬至之日”的甲子实际上具有了除旧布新和一元复始的内涵，自然也被赋予了吉庆祥和的意义。根据史籍记载，武王伐纣即在甲子日，杨坚建立隋朝，应天受命也在甲子日。开皇时期编纂的第一部历法《开皇历》也称为《甲子元历》。之后，李渊起兵举事、进封唐王、登基称帝也都在甲子日[⑤]。此外，还有历法学中对三元甲子的推崇，都赋予了甲子吉庆、甲子大吉的意义。由此，甲子日适宜修造自然也是十分合理了。

五姓修造在历日中的渗透，除了前举S.2404、S.681、S.1473、P.3403等历日外，P.2765《唐大和八年甲寅岁（834）历日》也有“五姓”吉凶的有关描述。该卷《历序》提到，“若论种莳，约次行用，修造亦然。恐犯神祇，一一审自祥（详）察，看五姓行下。”在正文中，也多次强调五姓“用之凶”。兹以正月为例，试列举几条：

正月一日，加冠、结婚、入学、移徙、修宅、碓磑、种莳、斩草、门户、仓、厕。宫商二姓用之凶。

① 中国社会科学院历史研究所等编《英藏敦煌文献（汉文佛经以外部份）》第14卷，四川人民出版社，1995年，第246页。

② P.2615“五姓杂修造日法”条：“修宅，甲子、甲午日；起土，天恩、母仓日；移徙，乙丑、壬辰日；修门，甲子、甲午日；修井，甲子、乙巳日；作厕，丙子、丁卯日；修灶，乙亥、乙酉日；修碓磑，甲子、甲戌日；扫舍，壬午、天赦日吉；上梁，己上（卯）、己巳日吉；破折，辛未、辛卯日。杂修，甲子、乙丑。右前件修造日，审看之，为得天赦日总吉，次得天恩、母仓日亦吉。”参见关长龙：《敦煌本堪舆文书研究》，第303–304页。

③［后晋］刘昫等：《旧唐书》卷79《傅仁均传》，中华书局，1975年，第2713页。

④ 赵贞：《唐宋天文星占与帝王政治》，北京师范大学出版社，2016年，第215–216页。

⑤ 赵贞：《李渊建唐中的“天命”塑造》，《唐研究》第25卷，北京大学出版社，2020年。

四日，祭祀、拜官、结婚、移徙、修宅、治病、解除、斩草吉。宫徵二姓用之凶。

七日，祭祀、加冠、拜官、移徙、修宅吉。宫羽用之凶。

九日，祀灶、葬、治病吉，移徙、坏垣、破屋。宫商用之凶。

廿四日，入学、移徙、起土、斩草吉。修碓硙、井、灶、仓。商羽用之凶。

廿五日，祭祀、加冠、结婚、修宅、斩草、移徙、竖柱、仓、厕。宫徵二姓用之凶。

廿七日，拜官、修宅。角羽用之凶。

廿八日，造作、修治、起土、谢宅。角羽二姓用之凶。①

以上这些事项固然多为吉庆，但对于“五姓”而言并不完全适用。“宫商二姓用之凶”“宫羽用之凶”“角羽用之凶”等，表明那些在某日适宜某事的情况，可能仅适用于五姓中的“三姓”，而对另外“二姓”来说往往“用之凶”，故而需要避忌。在这些具体事项中，诸如修宅、碓硙、种莳、斩草、门户、仓、厕、造作、修治、起土等，大致都可以视为修造活动，它们的吉凶选择同样要考虑“五姓”的因素。又S.P6中“推丁酉年五姓起造图”云：

今年宫羽得大利，起造拾财益人口；商姓小利，年起造亦吉；徵姓起造害财；角姓切忌修造，凶。宫徵羽三月九月墓，凶吉□不用；商角姓六月十二月墓。②

可以看出，五姓中宫、商、羽三姓当年“起造”俱为吉利，而徵、角二姓则不宜修造。为进一步说明五姓宅的方位布局，历日还配有“五姓安置门户井灶图”（见图6），对宫、商、角、徵、羽五姓宅第的庭院布局作了总体概括，并以当年修造“得大利”“拾财益人口”的宫姓为例，附有《宫姓宅图》，形象地描绘出宫姓人家中大门、便门、厨、佛堂、仓库、井、碓硙、厕、马坊、鸡栖、羊［圈］、猪［栏］等屋舍安置的具体方位。如大门在南方丁位，仓库在西方辛位，猪栏在北方亥位，羊圈在北方癸位等（五姓庭院布局方位见表9），这些布局大体与“五姓安置门户井灶图”相一致。

图6　S.P6五姓安置门户井灶图

表9　五姓庭院布局方位表

五姓	大门	便门	井	灶	佛堂	硙	仓	厕	马	牛	羊	猪
宫	丁	庚	巳	酉	酉	甲	辛	亥	巳	癸	癸	亥
商	庚	乙	巳	子	酉	甲	辛	壬	午	申	癸	亥
角	丙	甲	辰	子	酉	寅	申	壬	丁	庚	癸	□
徵	丁	甲	酉	辰	丑	庚	辛	亥	申	申	癸	□
羽	甲	庚	丙	子	酉	寅	申	壬	申	子	癸	子

① 上海古籍出版社、法国国家图书馆编《法藏敦煌西域文献》第18册，上海古籍出版社，2001年，第129-131页；邓文宽：《敦煌天文历法文献辑校》，江苏古籍出版社，1996年，第140-145页。

② 中国社会科学院历史研究所等编《英藏敦煌文献（汉文佛经以外部份）》第14卷，四川人民出版社，1995年，第245页。

考虑到P.3594《三元宅经》有“推五姓墓月法”“推五姓祭祀修造月日法”，P.3281v《阴阳五姓宅经》有“五姓安置场地法”“五姓移徙法”，P.2615《诸杂推五姓阴阳等宅图经》更是收录“推五姓以定吉凶八卦图法”“五姓安佛堂地法”“五姓安井吉地”“五姓安楼台地”“五姓安场地法”“五姓安门开户法图”“五姓杂修造日法”“凡五姓合阴阳置门法”“五姓合阴阳置仓库法”等条目。我们可以认为，历日中的五姓修造元素显然是编者为满足日常生活中民众的“起造”与择居需要，进而对《宅经》文献进行加工、改造与吸收的客观产物，在一定程度上也反映了《宅经》向具注历日渗透的必然趋势。

那么“五姓”或“五音”究竟是如何确立和区分的？唐代阴阳大师吕才对当时颇为流行的五姓学说予以批判，“至于近代师巫，更加五姓之说。言五姓者，谓宫、商、角、徵、羽等。天下万物，悉配属之，行事吉凶，依此为法。至如张、王等为商，武、庚等为羽，欲似同韵相求。及其以柳姓为宫，以赵姓为角，又非四声相管。其间亦有同是一姓，分属宫商，后有复姓数字，徵羽不别。验于经典，本无斯说，诸阴阳书，亦无此语，直是野俗口传，竟无所出之处。”吕才抨击五姓学说是“野俗口传，竟无所出之处”，“此则事不稽古，义理乖僻者也”[①]。但这种批判收效甚微，五姓学说反而在术数文化中愈演愈烈，流传很广。敦煌所出《诸杂推五姓阴阳等宅图经》的两个写卷（P.2615、P.3492）题为“朝散大夫太常卿博士吕才推卅六宅并八宅阴阳等宅”，即托名为吕才编纂。而在历日文化中，五姓学说亦渗透其中，无有停绝。比如明代《大统历日》中，即有“五姓修宅”一条：

宫姓属土，今年害财，宜六、七、八、十二月，不宜三、九月。

商姓属金，今年小通，宜七、八、十、十一月，不宜六、十二月。

角姓属木，今年小通，宜正、二、十、十一月，不宜六、十二月。

徵姓属火，今年气绝鬼贼，宜正、二、四、五月，不宜三、九月。

羽姓属水，今年大通，宜正、二、十、十一月，不宜三、九月。[②]

清《时宪书》因袭了《大统历日》的格式和体例，因而也有五姓修宅的条目。清人注释说：“凡人各有姓，凡姓各有所属。姓之所属惟五，宫、商、角、徵、羽是也，故曰五姓。五音姓氏修造，各有宜忌年月，择其所宜中月用事则吉，不宜之月则忌之。”[③]可谓对五姓学说的最佳解释。

至于五姓对应的姓氏，敦煌本《宅经》（P.2615、P.2632）和传世《类编历法通书大全》和《大清时宪书笺释》皆有著录，现列表对照（见表10），从中增进对五姓学说的认知和理解。

---

① ［后晋］刘昫等：《旧唐书》卷79《吕才传》，中华书局，1975年，第2721页。

② 参见《大明成化十五年岁次己亥（1479）大统历》，北京图书馆出版社古籍影印室编《国家图书馆藏明代大统历日汇编》第1册，北京图书馆出版社，2007年，第384页。

③ ［清］缪之晋辑：《大清时宪书笺释》，《续修四库全书》1040册《子部·天文算法类》，上海古籍出版社，2002年，第704页。

表10　五姓所属姓氏对照

<table>
<tr><th>五姓</th><th>诸杂推五姓阴阳等宅图经（P.2615、P.2632）</th><th>大清时宪书笺释</th></tr>
<tr><td rowspan="2">宫姓属土</td><td>阴、叶、范、冯、阚、廉、阎、任、稷、严、邯、益、刘、孔、園、郑、夫、宋、谢、孙、审、仇、屈、我、和、苗、牛、宿、游、明、富、陵、曲、咸、鲍、幸、蘭、彦、满、司徒、柳、陆、宫、沙、中、要、伏、谈、雄、南、宗、业、牢、口、九、冬、郸、丰、门、季、仲、隗、氾、摄（P.2615）</td><td rowspan="2">孙安乐、冯始平、沈吴兴、严天水、魏巨鹿、陶济阳、水吴兴、范高平、彭陇西、凤邵阳、任乐安、酆京兆、鲍上当、岑南阳、倪千乘、殷汝南、明吴兴、计京兆、谈广平、宋京兆、熊江陵、屈临海、闵陇西、童雁门、林河西、丘河南、应汝南、支鄱阳、宗京兆、麴吴兴、封渤海、松东莞、隗余杭、蓬长乐、仲中山、宫太原、仇南阳、甘渤海、针河西、景晋阳、幸雁门、司顿丘、韶太原、蓟内黄、薄雁门、白南阳、屠陈留、蒙安定、欝太原、爽天水、贡广陵、逄谯国、冉武陵、桂天水、牛陇西、农雁门、晏齐郡、阎太原、充赞皇、茹河内、容敦煌、戈临海、暨渤海、都黎阳、耿高阳、满河东、寇上谷、广丹阳、阙下邳、夔京兆、隆南阳、勾平阳、敖谯国、融南康、简范阳、空弱丘、沙汝南、乜晋阳、丰括阳、荆广陵、红平昌、游广平、恒谯国、居渤海、仰汝阳、权天水、栢谯国、公括阳、鹿河南、酒江陵、钦太原、栗黎阳、蹇山阳、奄内黄、欧阳渤海、东方平原、大叔东平、公孙高阳、仲孙高阳 、闾丘顿丘、水丘吴兴、南门河南、折中京兆、豆卢范阳</td></tr>
<tr><td>阴、采、氾、冯、阚、廉、阎、任、稷、严、邯、益、刘、孙、审、仇、屈、我、和、苗、牛、宿、明、富、陵、曲、谢、门、熊、峦、禠、戚、汲、封、甘、咸、鲍、幸、蘭、彦、满、司徒、柳、陆、宫、和、闾、求、梧、舍、沙、中、要、伏、谈、雄、南、宗、叶、牢、口、九、冬、郸、丰、门、季、仲、舟、隗、宋、左（P.2632）</td></tr>
<tr><td rowspan="2">商姓属金</td><td>张、王、梁、唐、阳、索、常、何、荆、左、程、风、路、姚、上管（官）、庄、□、□、康、郎、扈、威、□、仓、处、向、党、章、广、尚、赏、桑、叶、贺、车、掌、令狐、强、长、蔡、丁、蒋、石、颜、雷、安、山、邢、蘭、卢、景、韩、谢、郝、啖、付、襄、伤、白、英、柏、会、度、葙、房、剧、羌、方、庆、展、辰、西、即、藉、屠、裴、夏、井、南、家、傅、成、黄、合（P.2615）</td><td rowspan="2">王太原、讲乐安、杨弘农、何庐江、张清河、戚东海、谢陈留、相魏郡、章河间、潘荥阳、葛顿丘、奚谯国、郎山中、昌汝南、花东平、方河南、柳河东、雷冯翊、贺广平、汤中山、邬颍川、安武威、常平原、康京兆、元河南、平河内、黄江夏、姚吴兴、邵博陵、湛豫章、汪平阳、狄天水、臧东海、伏太原、成上谷、茅东海、庞始平、项鲁国、祝太原、梁安定、杜京兆、阮陈留、席安定、麻上谷、强天水、贾威武、路内黄、危晋江、江淮阳、颜鲁国、郭太原、徐东海、骆内黄、蔡济阳、樊上党、万扶风、柯济阳、卢范阳、莫巨鹿、房清河、解平阳、杭余杭、左济阳、崔博陵、钮吴兴、程安定、嵇谯国、邢河间、滑下邳、裴河东、荣上谷、惠扶风、郦平阳、糜汝南、巫平阳、牧弘农、山河内、全京兆、班扶风、伊太原、暴魏郡、郜平原、鄂武昌、籍广平、蔺中山、阴始平、能太原、苍武陵、党冯翊、申魏郡、郤济阳、桑黎阳、寿京兆、通西河、冀渤海、尚上党、温太原、柴平阳、慕敦煌、习东阳、向河内、庾济郡、衡历门、匡晋阳、文雁门、欧平阳、巩山阳、库内黄、佘雁门、叶南阳、鄞汝南、留安南、铎鄱阳、介河内、庆河内、长河南、苌魏郡、拔琅琊、过高平、靖临海、附南阳、谯京兆、万侯兰陵、上官天水、夏侯谯国、赫连渤海、公羊顿丘、轩辕邰阳、令狐太原、长孙济阳、濮阳博陵、东平河东、鲜于太原、拓跋颍川、贺兰河东、司寇平昌、青阳荥阳</td></tr>
<tr><td>王、梁、唐、阳、索、张、常、荆、左、程、风、路、姚、上官、庄、康、郎、扈、威、仓、向、章、尚、桑、贺、掌、强、长、赏、葵（蔡）、蒋、石、颜、安、卢、景、韩、郝、啖、付、襄、白、槙（柏）、度、剧、庆、展、藉、葛、骆、屠、裴、夏、井、南、家、傅、成、黄、合（P.2632）</td></tr>
<tr><td>角姓属木</td><td>庞、翟、朱、窦、公孙、沐、卫、毛、侯、董、隻、所、孔、桑、门、毕、鍾、蒋、管、五、繒、巢、禹、玉、西郭、院、穆、赵、曹、进、乐、红、雍、周、崔、古、雙、宗、寇、高、妻、嚣、坎、官、须、成、车、左、向、萧、尧、廉、银、兵、刀、邵、卜固、粟、曲、随、原、涿、行、尚、牛、屈、东方、富、劳、烛、蒙、竺、贵、笃、漏、沙（P.2615）</td><td>赵天水、周汝南、朱沛国、孔鲁国、曹谯国、华武陵、金彭城、邹范阳、俞江夏、廉河东、乐南阳、和汝南、萧河南、董陇西、高渤海、虞陈留、裘渤海、洪敦煌、陆河南、家京兆、乌颍川、焦中山、秋天水、刘彭城、郜京兆、印冯翊、怀河内、从东莞、索武威、乔梁国、雍京兆、濮鲁国、艾天水、弘太原、国下邳、侯中山、车京兆、宓平昌、晁京兆、密太原、曲陈留、革济阳、药汝南、虢新平、岳冯翊、敬平阳、虑会稽、钟离会稽、澹台太山</td></tr>
</table>

续表10

<table>
<tr><th>五姓</th><th>诸杂推五姓阴阳等宅图经
（P.2615、P.2632）</th><th>大清时宪书笺释</th></tr>
<tr><td rowspan="2">徵姓属火</td><td>李、史、陈、□、田、郭、郑、基(綦)母、贾、丁、秦、登(邓)、麴、申、宁、载、薪、辛、鲁(曾)、齐、邵、尹、段、应、礼、直、纪、伏、苟、薛、万、訾、黎、滕、己、费、晋、柴、采、六、时、岐、伊、见(儿)、支、施、师、单、荀、西方、巩、言、知、弦、娲、子、士、咸、诸、律、质、宁、列、报、生、习、密、班、竺、宰、解(P.2615)</td><td rowspan="2">钱彭城、李陇西、郑沛国、陈颍川、秦天水、尤吴兴、施吴兴、窦扶风、云琅琊、史京兆、唐晋阳、薛河东、滕南阳、罗豫章、毕河南、郝太原、时陇西、皮天水、齐汝南、尹天水、祁太原、米京兆、戴谯国、纪高阳、舒京兆、蓝汝南、季渤海、娄谯国、刁弘农、锺颍川、田雁门、昝太原、管平昌、经范阳、子颍川、丁济阳、宣始平、贲宣城、邓南阳、单南阳、诸琅琊、石威武、吉冯翊、荀河内、甄中山、芮平原、井扶风、段京兆、巴平阳、宁济郡、乐西河、厉平阳、黎京兆、宿东平、咸汝南、赖颍川、卓西河、池西平、闻吴兴、莘天水、翟南阳、谭弘农、劳松江、姬南阳、宰西河、郦新蔡、边陇西、郏武陵、别京兆、庄天水、瞿松阳、连上党、官中山、易太原、慎天水、廖武威、终南阳、禄扶风、东平阳、利河南、师太原、聂河东、冷京兆、訾渤海、辛陇西、那天水、竺东海、逯广平、姜天水、真上谷、员天水、智鲁国、晋平阳、练河东、曾天水、新河东、巩山阳、祭河南、司马河内、诸葛琅琊、尉迟太原、申屠京兆、司徒赵郡、司空顿丘、西门晋阳、独孤高平、讫千魏郡、屈南武陵、北门京兆、呼延监石、屈突河内、东门济阳、斛斯武威</td></tr>
<tr><td>李、史、陈、田、郑、基(綦)母、贾、丁、秦、邓、麴、申、宁、载、薪、辛、曾、齐、邵、尹、段、应、礼、直、纪、伏、苟、薛、万、訾、黎、滕、己、费、晋、柴、采、六、时、岐、伊、儿、支、施、师、单、荀、漆、西方、粟、巩、言、知、弦、娲、子、士、咸、诸、律、质、宁、[列]、[报]、[生]、习、密、班、竺、宰(P.2632)</td></tr>
<tr><td rowspan="2">羽姓属水</td><td>吴、吕、表(袁)、彭、马、孟、贾、淳于、燕、褚、黄、荣、郭、鲁、牟、巫、平、郈、楚、步、虞、徐、盈、武、温、胡、霍、苏、扈、潘、卜、欧阳一云商、鲍、阅、鱼、受(臾)、如、汝、皮、[夏]侯、卫(P.2615)</td><td rowspan="2">吴渤海、褚河南、卫河东、许高阳、吕河东、喻江夏、苏扶风、鲁扶风、韦京兆、马扶风、袁汝南、费江夏、于河南、卞济阳、伍安定、余下邳、卜西河、顾武陵、孟平昌、穆河南、毛河西、禹陇西、贝清河、梅汝南、夏会稽、胡安定、霍太原、缪兰陵、包上党、翁监官、於京兆、羿济阳、储河东、汲清河、富济郡、弓太原、谷上谷、戎江陵、武太原、苻琅琊、詹河东、东南阳、龙武陵、蒲河内、胥琅琊、扶京兆、堵河东、扈京兆、燕范阳、浦京兆、鱼冯翊、古新安、步高阳、殳武陵、沃太原、蔚琅琊、越晋阳、饶平阳、曾扶风、养山阳、鞠山阳、须渤海、后东海、苗东阳、祖范阳、盛广陵、凌河间、夔京兆、龚武陵、涂豫章、楚新平、来河内、旅南安、牟平昌、璩黎阳、母巨鹿、靳西河、皇甫京兆、公冶鲁国、宗政彭城、淳于河南、单于千乘、宇文赵郡、慕容敦煌、闻人河内</td></tr>
<tr><td>吴、吕、表(袁)、彭、马、孟、贾、淳于、燕、褚、黄、荣、郭、解、鲁、牟、巫、平、楚、步、虞、徐、盈、武、温、胡、霍、苏、扈、潘、卜、欧阳、鲍、于、阅、巢(鱼)、浸、如、汝、皮、何、员、夏侯、卫(P.2632)</td></tr>
</table>

若将敦煌本《宅经》（简称敦煌本）与《大清时宪书笺释》（简称传世本）两相对照，可以看出，宋、冯、沈、范、屈、鲍、仇等为宫姓，张、王、梁、谢、常、康、姚、黄等为商姓，赵、朱、周、高、曹、车、乐等为角姓，李、陈、郑、齐、史、秦、尹等为徵姓，吴、吕、卫、袁、孟、马、楚等为羽姓，这是两者的共通之处。P.3403《宋雍熙三年壬午岁(986）具注历日》所载的“宫姓今年小墓修造不吉”，大概是说，诸如宋、冯、沈、范等姓氏，一概不宜修造。

但仔细对校，两者对于“五姓”的区分与归属还是有明显区别。如“井”姓，敦煌本归为商姓，传世本归为徵姓；又如“刘”，敦煌本归为宫姓，传世本归为角姓……总体来看，传世本的编排显然更为合理，每个姓氏后都有郡名，大致是中古时代士族郡望的积淀和延续。对于姓氏中的复姓，同样按照五音，统一编排于五姓末尾。相比之下，敦煌本的编排稍显凌乱，往往出现同一个姓氏前后重出的情况。如“和”，属宫姓，前后重复出现；又如

“竺”，既见于角姓，又见于徵姓；还有“牛”，在宫姓和角姓中皆有所见。尤为混乱的是“左”姓，传世本归为商姓，而敦煌本在宫姓、商姓、角姓中均有收录。所有这些都反映出敦煌本在“五姓”归属的问题上模糊不清，由此才会出现同一姓氏由于分属不同“五姓”，进而产生相互抵牾之处。

总结

总体来看，作为一件印本历日，S.P6分栏编排，图文并茂，信息量极大，无论对于历日形制还是术数文化都有重要的参考价值。尤其是该件历日中配有数十幅图像，或者上图下文，或者右图左文，图文对照，相映成趣，开启了中古历日随文配图的编纂方式。这种做法一方面丰富了具注历日的基本内容（诸如十二相属灾厄法、推游年八卦法等条，其配图信息实际上已超出了文字所能表述的内容），另一方面也加深了民众对于历日文化的准确理解。联系S.P10《唐中和二年（882）剑南西川成都府樊赏家印本历日》中的“推男女九曜星图”，S.P12《上都东市大刀家印具注历日》中的残“八门占雷”图，以及S.612《宋太平兴国三年戊寅岁（978）具注历日》中的“十二元神真形各注吉凶图”，似表明随文配图是敦煌所出中原历日的普遍特征之一。

从内容来看，S.P6是一件“非典型性”历日，该历中的“六十甲子宫宿法”、八门占雷、周公五鼓逐失物法、洗头日、周堂用日图、推游年八卦法、五姓修造、“太岁将军同游日”、“日游所在法”等条，多见于元明清的历日中。《傅与砺文集》卷7《书邓敬渊所藏大明历后》曰：“右邓君敬渊所藏至元十四年丁丑岁大明具注历一本，盖国朝混一天下始颁正朔之制也。其十二月下所注与今授时历小异而加详焉。……若八门占雷、五鼓卜盗、十干推病、八卦勘婚，凡以使民勤事力业趋吉避凶者，亦莫不备至。”[①]在这部体现元授时历法的《具注历》中，凡有关民众生产生活及“趋吉避凶”的内容，莫不记载。其中的“八门占雷、五鼓卜盗、十干推病、八卦勘婚”，也见于S.P6诸条中，且图文并茂，由此不难看出晚唐中原历日对于后世历书的深刻影响。晚唐五代，民间私造、印历之风屡禁不止，很大程度上应与私家历日普遍渗透的“趋吉避凶”“阴阳杂占”内容有很大关系。

不仅如此，S.P6中充斥的“阴阳杂占”其实还是中古术数知识和占卜技法的大杂烩。其中的镇宅术、推地囊法、九宫八□□立成法、推十干得病日法、推七曜直用日法立成、推男女小运行年灾厄法、十二相属灾厄法、吕才嫁娶图、同属婚姻等条，多与敦煌占卜文书相呼应，诸如宅经、发病书、婚嫁书、推十二时人命相属法、七曜占、禄命占、失物占、出行占等术数知识，都在S.P6中有所渗透。尤其是题名为“太常卿博士吕才”编纂的P.2615《诸杂推五姓阴阳等宅图经》，在S.P6的镇宅术、推地囊法、五姓修造等条中多有互证和呼应。这说明，具注历日渗透的“阴阳杂占”内容，应是编者结合民众的社会生活实际，进而对中古时期的阴阳术数文献进行采摘、撷取和加工的最终结果，并通过历日体现的时间秩序，对人们的日常生活和各种活动（如公务、医疗、农事、丧葬）施加影响，从而达到“决万民之犹豫”的效果。因此，在某种程度上，具注历日丰富多彩的社会文化具有中古社会“百科全书”的象征意义。

---

① 《北京图书馆古籍珍本丛刊》第92册，书目文献出版社，1991年影印本，第721页。

敦煌汉、藏文乌鸣占书与武威西夏木板画“太阳”互证研究*

陈于柱（甘肃省文物局）
张福慧（甘肃省博物馆）

一、“太阳”木板画文物概况

武威西夏二号墓出土有二十多件彩绘木板画，其中一件绘制位于圆圈之中的三足乌（日轮），其下有卷云依托，画板长15厘米、宽7厘米，侧面墨书汉字题记“太阳”（见图1）①。宁笃学先生、钟长发先生、史金波先生、陈炳应先生、陈育宁先生对此件木板画均有介绍②，于光建先生从考古学视角出发，着重通过与河西地区魏晋壁画墓的比较，解决了该图像的墓葬神煞性质，推动了学界对此件木板画的了解③。但以三足乌为代表的“太阳”缘何能够进入墓葬，成为冥神？墓葬中“太阳”的具体象征观念来源，其意蕴为何？目前学界对以上问题总体上失之笼统，言之不详，相关立论尚未见之。因此，有必要借助包括敦煌文献在内的更多资料，从文献学、历史学视角综合予以进一步探绎。而这些问题的厘清，将有助于更为深入地考察和认识武威西夏二号墓的墓葬文化特质，以及历史时期汉、吐蕃、西夏的文化联系。

* 本文系甘肃省社科规划项目“甘肃省博物馆馆藏古藏文文献的分类整理与研究”（项目编号2023YB080）研究成果。

① 宁笃学、钟长发：《甘肃武威西郊林场西夏墓清理简报》，《考古与文物》1980年第3期。

② 陈炳应：《甘肃武威西郊林场西夏墓题记、葬俗略说》，《考古与文物》1980年第3期；史金波、白滨、吴峰云编著《西夏文物》，文物出版社，1988年，第297页；陈育宁、汤晓芳：《西夏艺术史》，上海三联书店，2010年，第125页。

③ 于光建：《武威西夏墓出土太阳、太阴图像考论》，《宁夏社会科学》2017年第3期。

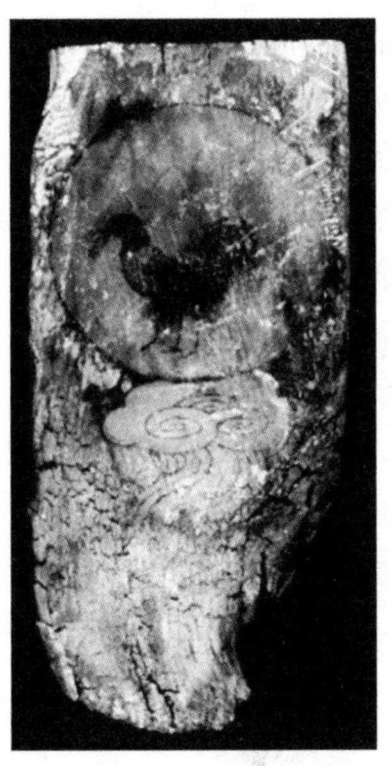

图1　武威西夏木板画“太阳”

（采自杨福主编《甘肃武威西夏二号墓木板画》）

二、“太阳”木板画的冥器性质

成书于金元时期的《大汉原陵秘葬经》中的《盟器神煞篇》，详细记录了古代丧葬礼制中天子、亲王至庶人墓葬中的各类冥（明）器与规制①，在其“天子山陵用盟器神煞法”“亲王盟器神煞法”“公侯卿相盟器神煞法”等三则子目中均记录“太阳”和对应的“太阴”，如：

> 公侯卿相盟器神煞法：十二元辰，长二尺二寸，安十二方位。五精石，五方折五星。五方呼将，长二尺四寸，安五方。天关两个，长二尺二寸，安子午地。地轴两个，长二尺二寸，安卯酉地。仰观伏听，长二尺九寸，安埏道中。祖司祖明，长二尺二寸，安墓堂后。棺前安四夫人，四尚书，二仆射，各长二尺二寸。墓门口安閤门使二人，舍人二人，各长二尺五寸。棺东安客司四人，茶酒司四人。棺西安食厨司五人，设帐司五人，各长二尺三寸。堂后后安三夫人，长二尺五寸。每宫任女二人，长一尺二寸。棺东安仪鱼，长二尺三寸。西北安青松，长二尺三寸。棺南安仪瓶，一尺九寸。正南偏西，安五谷仓，高二尺二寸。当圹、当野，长二尺三寸，安埏道口。金鸡高，二尺二寸，安酉地。玉犬，高二尺二寸，安戌地。方相神，长一尺八寸，五彩结之。墓龙，长四尺，安辰地。玉马，长四尺，高二尺，安午地。金牛，长四尺，高二尺，安丑地。蒿里老公，长二尺三寸，安西北角上。三浆水安棺后。铁猪，重七十斤，安亥地。太阳、太阴，圆一尺二寸，安东南西南。

所谓“盟器”，就是冥（明）器，《孔子家语·曲礼公西赤问》：“其曰盟器，神明之也。”

---

① 徐苹芳：《唐宋墓葬中的“明器神煞”与“墓仪”制度——读〈读大汉原陵秘葬经〉札记》，《考古》1963年第2期，第88页。

《孔子家语·曲礼子夏问》："夫以盟器，鬼器也。"[①]《盟器神煞篇》中"太阳"等均为以冥器形态出现的墓葬神煞——冥神。武威西夏二号墓出土的彩绘木板画"太阳"即为圆形，结合其题记，可以明确此件木板画即承载冥神"太阳"的明器。

武威西夏木板画"太阳"内绘三足乌的日轮图像内容，较早出现在汉墓帛画中，其后与"太阴（月轮）"等图像组合，大量绘制于河西地区的魏晋墓葬壁画上[②]，常和东王公、西王母或伏羲、女娲图像搭配成组出现，其冥神的身份可以说在汉晋时期即已形成。除甘肃武威西夏墓外，目前墓葬考古所见年代最晚的明器"太阳"均出土于四川的宋墓[③]，其形象则演变为手持"日轮"的男性人形陶俑，对应的还有手持"月轮"的女性人形俑。以上考古发现的壁画、木板画、陶俑之"太阳"，其形象不为包括《大汉原陵秘葬经》在内的历史文献所载，因而为今人了解古代明器"太阳"提供了丰富而生动的珍贵实物资料。

三、从乌到神：敦煌乌鸣占书视野下的三足乌神格形成与信仰功能研究

《大汉原陵秘葬经·盟器神煞篇》强调"凡大葬后，墓内不立盟器神，亡灵不安，天曹不管，地府不收，恍惚不定，生人不吉，大殃咎也"。墓葬明器在信仰上主要发挥保护亡魂安稳的功能，如"蒿里老人"即人间维护地方社会秩序基层官吏的象征和翻版。那么，"太阳"的信仰观念究竟为何？于光建先生提出武威西夏木板画图像被赋予镇墓辟邪的作用，固然不错，但对以"太阳"为代表的各类冥器如何体现其镇墓的功能问题，均未有详尽说明。就冥神"太阳"而言，笔者认为，日轮中"三足乌"神格特点与信仰功能的厘清是解决上述问题的关键。

三足乌被借指太阳，源于古代传说有三足乌居于太阳之中。《淮南子·精神训》云："日中有踆乌，而月中有蟾蜍。"高诱注："踆，犹蹲也。谓三足乌。"[④]而金乌的首个神格身份是为西王母取食的给使之鸟。《史记·司马相如列传》曰："载胜而穴处兮，亦幸有三足乌为之使。"张守节正义引张楫曰："三足乌，青鸟也，主为西王母取食。"[⑤]三足乌的原型无疑是自然界的乌鸦，自两汉至唐宋时期，乌鸦的文化意蕴愈加丰富和多元，一方面被赋予鲜明的伦理色彩，被时人称为"孝鸟"，另一方面占卜预言的信仰功能不断凸显。学界以往多将乌鸦能卜善占的原因归结为其长期承载神话传说而具有神异的文化特质[⑥]，笔者认为，以上解说仍未切中关键。敦煌藏经洞出土的一批汉、藏文乌鸣占书为解决这一问题提供了重新讨论的重要契机。

敦煌遗书中的乌鸣占书，保存有汉、藏两种语言形式，亦是学界关注较早的一类文本。自20世纪初以来，国内外学者巴考、劳费尔、茅甘、王尧、陈践、杨士宏、黄正建、陈楠、房继荣、赵贞等，均对敦煌汉、藏文乌鸣占书予以专门研究和整理。目前业已刊布和释读的

---

① 杨朝明、宋立林：《孔子家语通解释》，齐鲁书社，2013年，第565页。

② 郭永利：《河西魏晋十六国壁画墓研究》，博士学位论文，兰州大学，2008年，第111页。

③ 吴敬：《关于成都地区宋代墓葬出土陶俑的几点认识》，《四川文物》2010年第6期。

④［汉］刘安：《淮南子》，中华书局，2014年，第166页。

⑤［汉］司马迁：《史记》卷117《司马相如列传》，中华书局，1959年，第3030页。

⑥ 杨军：《中国古代乌鸦信仰述略》，《陕西师范大学继续教育学报》2004年第2期。

敦煌本乌鸣占书，有汉文本P.3479、P.3988、P.3888、Дx.6133四件和藏文本P.T.1045、P.T.1048、P.3896V、I.O.747四件①。在既有研究中，敦煌汉、藏文乌鸣占书的各自源流及关系问题，是学术界长期关注的问题，为此学界做了不懈努力和有益探讨，提出了敦煌藏文本乌鸣占书可能源自汉文乌鸣占书的推论，但遗憾的是，学界此前未能提出关键证据予以彻底解决这一百年学术问题。法藏敦煌藏文本P.T.1045《乌鸣占》是学术界尤其是藏学界关注较为集中的藏文占卜文献之一，首尾完整，学术价值极高。此件卷首八行藏文文字，藏学界认为系其下乌鸣占法表的序言，其汉译文如下：

乌鸦本是人怙主，尊神派遣到地方。羌塘草原牦牛肉，天神使者好祭享。叫声传达尊神旨，八面上空九方向。三种叫声表神意，祭品多玛快奉上，神鸟乌鸦享用光，如祭尊神一个样。乌鸣并非尽前兆，吉凶尚需辨征兆。占卜大师具申通，执行神意鸟帮忙。祈福消灾有法术，叫声之中吉凶藏。六中羽毛六翅膀，高高神境任飞翔。耳聪目明多灵光，了然天神在何方。传达神意唯鸣唱，虔诚相信莫彷徨。八方上空九方向，咙咙之声表吉祥；嗒嗒之声应无恙。喳喳之声有急事；啤啤之声示财旺；依乌依乌危难降。②

敦煌汉文本P.3479《乌占习要事法》、P.3988《乌占习要事法抄等》（拟）因卷首残缺，尚不明了是否亦有类似序言，同时，Дx.6133《祭乌法》虽有乌鸣恶声、喜声的占辞，然远不如P.T.1045所载“咙咙之声”“嗒嗒之声”“喳喳之声”“啤啤之声”“依乌依乌”具体。序言之后为乌鸣占表格，此表的整体布局与汉文本几乎完全一致，只不过多出一行有关在九个方位上供施多玛仪轨的占辞③。据文义，该仪轨主要是为了在出现凶兆之时，通过供奉祭品“多玛”予以厌禳，以求转危为安。敦煌汉文本Дx.6133《祭乌法》亦有祭祀之说：“常以每月十六日，广与食饮饼物饲之，大吉。……焦贡曰：别法，当与建卯之月二日取大豆二升和煮作饭，又别煮牛乳生米少许，又安息香少许，散于豆饭上。”在祭品种类上，两者都有安息香、牛乳、稻米，然P.T.1045中的“白芥籽”“鲜花”“肉”则未见于汉文本。乌鸣占表格中的占文，陈楠教授业已将其与汉文本进行了详细比较，在此不赘。

综合来看，敦煌藏文本乌鸣占书与汉文本乌鸣占书的内容文例比较接近，但唐宋时代的汉文乌鸣占书是否也存有序言，这是学界一直未能解决的问题。幸运的是，笔者发现流行于明清时期的《玉匣记》引有《鸦鸣鹊噪方向》，其中的卜辞表格不仅与敦煌汉、藏文乌鸣占书基本一致，而且在表格之前亦保存有一段序言：

凡鸦鹊之鸣，有呼群唤子者，有夺食争巢者，其音相似，难以一概占之。其鸣向我者，异于常鸣者，是神使之报也，是以占之，无有不验。经曰：鸦鹊不为世俗鸣，乃因有德者鸣之，以报吉凶。凡占，先看何方飞鸣而来，却看鸣时是何时辰，

① 房继荣：《敦煌本乌鸣占文献研究》，甘肃人民出版社，2016年。

② 陈楠：《敦煌藏汉鸟卜文书比较研究》，载《敦煌吐鲁番研究》第10卷，上海古籍出版社，2007年，第348-349页。

③ 陈楠教授汉译文如下：“东方占凶时，供施牛奶；东南方占凶时，供施白芥子；南方多占凶时，供施净水；西南方占凶时，供施白芥子；西方占凶时，供施肉；西北方占凶时，供施花朵；北方占凶时，供施安息香；东北方占凶时，供施稻米；天空上方占凶时，供施粟米。”陈楠：《敦煌藏汉鸟卜文书比较研究》，上海古籍出版社，2007年，第349-355页。

然后断之，吉凶如响。[①]

《玉匣记·鸦鸣鹊噪方向》的发现，充分表明古代汉地完整的乌鸣占书是包括了序言的，而且该序言与敦煌藏文本P.T.1045《乌鸣占》序言在文义上颇为接近，都阐明乌鸦叫声具有传达神意、预卜吉凶的功能。最为重要的是，两者在认同乌鸦是“神使”身份的表述上具有高度一致性，如《玉匣记·鸦鸣鹊噪方向》强调“其鸣向我者，异于常鸣者，是神使之报也”，P.T.1045《乌鸣占》亦反复强调乌鸦是“尊神派遣到地方。羌塘草原牦牛肉，天神使者好祭享。叫声传达尊神旨，八面上空九方向”。王尧先生曾认为，敦煌藏文本乌鸣占书是吐蕃社会鸟卜习俗的反映[②]，但作者所依据的东女国“鸟卜”史料记述，即通过解剖飞鸟、观察其腹内粮食情况以卜农业丰歉的文化形态[③]，与敦煌藏文本乌鸣占书将乌鸦尊为“天神使者”和以叫声占卜吉凶的记录完全不能匹配，所以敦煌藏文本中的乌鸣占绝不是吐蕃地区流行的“鸟卜”。

那么，乌鸦究竟是信仰世界中谁的使者？“天神”究竟是汉地之神还是吐蕃之神？白居易的《和大觜乌》为彻底解决这一问题提供了珍贵线索：“老巫生奸计，与乌意潜通。云此非凡鸟，遥见起敬恭。千岁乃一出，喜贺主人翁。祥瑞来白日，神圣占知风。阴作北斗使，能为人吉凶。此乌所止家，家产日夜丰。上以致寿考，下可宜田农。”[④]该诗明确表明乌鸦是唐人信仰世界中的“北斗”使者，这一观念有明确的观念来源和经学背景，即在古代谶纬文化中，乌鸦和玉兔等均被理解为北斗之星气。《太平御览》引《春秋运斗枢》佚文“摇星散为乌”；俄藏敦煌谶纬文献Дx.11051A+11051B《春秋运斗枢抄》也记载“维星得，则日月光，乌三足，礼仪修，物类合”；《艺文类聚》引《春秋运斗枢》曰“玉衡星散而为兔”。

北斗信仰在中国古代汉文化中有着极为久远而又重要的影响。近人往往认为北斗注死、南斗注生，但经学界研究，北斗在信仰功能上其实是集“注死回生”为一体的。韦兵先生即明确指出：“南斗在古代天文学中地位远不如北斗，道教南斗受生观念是从北斗受生中演化出来的，其本原仍是与周秦北斗受生观念一脉相承。”[⑤]英藏敦煌文献S.2404《后唐同光二年甲申岁（九二四）具注历日并序》为归义军时期敦煌历法大家翟奉达撰写，其序言记“谨按《仙经》云：若有人每夜志心礼北斗者，长命消灾，大吉”，随后是上下而列的两幅图（见图2）。上图正上方绘北斗七星，中间左侧为一博衣广袖、手持笏板的官者，其身后立侍从一人；图右下方一士人跪于地向官者祷拜。图下题有“葛仙公礼北斗法：昔先公志心每夜顶礼北斗，延年益算；郑君礼斗官，长命，不注刀刃所伤。”

① 《增补完全玉匣记》，中医古籍出版社，2012年，第335-336页。

② 王尧、陈践：《敦煌吐蕃文书论文集》，四川民族出版社，1988年，第96-102页。

③ 《隋书·西域传·女国》载：“俗事阿修罗神，又有树神，岁初以人祭，或用猕猴。祭毕，入山祝之，有一鸟如雌雉，来集掌上，破其腹而视之，有粟则年丰，沙石则有灾，谓之鸟卜。”

④ ［唐］白居易著，谢思炜校注《白居易诗集校注》，中华书局，2006年，第227页。

⑤ 韦兵：《道教与北斗生杀观念》，《宗教学研究》2005年第2期，第139页。

图2　S.2404之《葛仙公礼北斗法》

（采自IDP）

在重获新生的功能上，北斗的“注死回生”对其他文化体系也形成了强大的向心力，如佛教进入中土后就不断地将北斗信仰极力拉入自身体系之中。著名北凉石塔中的高善穆塔，塔肩周开八龛，内浮雕结跏趺坐佛七身，交脚菩萨一身；而塔盖之上清楚地阴刻北斗七星①。由残存的造像题记可知，这七佛一菩萨造像题材是过去七佛与弥勒，即维卫佛、式佛、随叶佛、枸楼秦佛、拘那含牟尼佛、迦叶佛（以上为过去佛）、释迦牟尼佛（现在佛）、弥勒佛（未来佛）。佛教文献对其同样多加宣说，《北斗七星护摩秘要仪轨》记“说是一字顶轮王召北斗七星供养护摩之仪则，为供养者，令共属命星数削死籍还付生籍”。《佛说北斗七星延命经》也游说“若贵若贱大小生命，皆属北斗七星所管。若闻此经受持供养转读，劝于朋友亲族骨肉受持者，现世获福后世得升天上。若善男子善女人，或先亡过者堕于地狱，或受种种苦楚，若闻此经信敬供养，即得先亡离于地狱，生于极乐世界”。《梵天火罗九曜》言“但以亥时面向北斗，至心祭拜本命星。……葛仙公礼北斗法，镇上玄元北极北斗，从王侯及于士庶，尽皆属北斗七星，常须敬重，当不逢横祸凶恶之事，遍救世人之衰厄，得延年益算无诸灾难。”

虽然敦煌出土藏文骰卜文书中提及了北斗，但目前没有证据表明北斗是吐蕃人原始崇拜的神灵，更没有证据显示吐蕃传统文化中存有乌鸦系北斗使者的记录。然而，敦煌地区的吐蕃移民却对北斗有着极为虔诚的信仰。敦煌藏经洞出土了三件以北斗信仰为命理基础的藏文本《推十二时人命相属法》，一件是法国国立图书馆庋藏P.T.127，另外两件是英国印度事务部图书馆所藏斯坦因敦煌藏文写卷I.O.741/ch.80.IV和I.O.748/ch.80.IV.h。二十世纪七十年代，法国学者A.麦克唐纳夫人最早介绍了P.T.127与I.O.748/ch.80.IV.h两件写本②，近来，罗秉芬、刘英华、陈践以及陈于柱等学者对P.T.127相关内容加以释录，极大推动了学界对敦煌

① 殷光明：《敦煌壁画艺术与疑伪经》，民族出版社，2006年，第60页。

② 参见MACDONALD，Une Lecture des P.T.1286,1287,1038,1047 et 1290.In *Etudes Tibétaines*, Paris:Adrien Maisonneuve, 1971, p.284.［法］A.麦克唐纳著，耿昇译、王尧校《敦煌吐蕃历史文书考释》，青海人民出版社，1991年，第123、124页。

藏文术数文献的认识①。敦煌藏文本《推十二时人命相属法》主要根据汉文本《推十二时人命相属法》改编而成，并清楚地记录了敦煌吐蕃移民如何借助北斗“注死回生”的信仰功能来表达寓居敦煌的合法性，如：

羊年生人，北斗七星中有“郭囊僧旺”星，即南方赤帝之子，前世于东方之东普其果修成神法，但半夜被打乱，故降生羊年；命相属热达先星之鳖（乌龟，即玄武）腹下，俸粮每日豌豆半克，衣着及服药宜红色；不施大毒计，傲慢，面临危险，灾害将至；十九岁、三十三岁有大厄，如那时不死，可活到九十九岁，最终五子成器；羊牛不合，季夏月、季冬月不宜探病与吊唁。(P.T.127《推十二时人命相属法》)

汉文化传统的北斗信仰同样对回鹘社群也产生重要影响，吐鲁番出土的一件回鹘文写本，记载了同类内容：

eng'ilki （t） amlūang atlɣ yultuz ol. vū—sï bu ärür. küškü yïl—lïɣ kiši bu yultuz—ɣa sanlïɣ toɣar. （TTT VII 14. 4～8）

首是贪狼星。其符如此。鼠年生人属之。

ikinti kumunsi atlɣ yultuz ol. vū—sï bu ärür. ud yïl—lïɣ, tonguz yïl—lïɣ kiši bu yultuz—ɣa sanlïɣ toɣar. （TTT VII 14. 13～17）

二是巨门星。其符如此。牛年生人属之。

üčün liusun atlɣ yultuz ol. vū—sï bu ärür. tavïšɣan yïl—lïɣ, taqïɣu yïl—lïɣ kiši bu yultuz—ɣa sanlïɣ toɣar. （TTT VII 14. 24～28）

三是禄存星。其符如此。鼠虎及狗年生人属之。

törtunč yunkiu atlɣ yultuz ol. vū—sï bu ärür. küškü yïl—lïɣ kiš i bu yultuz—ɣa sanlïɣ toɣar. （TTT VII 14. 35～39）

四是文曲星。其符如此。兔年及鸡年生人属之。

bišinč limčin atlɣ yultuz ol. vū—sï bu ärür. lū yïl—lïɣ, bičin yïl—lïɣ kiši bu yultuz—ɣa sanlïɣ toɣar. （TTT VII 14.45～49）

五是廉贞星。其符如此。龙年及猴年人属之。

altïnč vukūatlɣ yultuz ol. vū—sï bu ärür. qoin yïl—lïɣ, yïtlan yïl—lïɣ kiši bu yultuz—ɣa （sa）nlïɣ toɣar.（TTT VII 14. 55～59）

六是武曲星。其符如此。羊年及蛇年生人属之。

yit ［ïnč pakunsi］ atlɣ yultuz ol. vū—sï bu ärür. yunt yïl—lïɣ kiši bu yultuz—ɣa（sanlïɣ toɣar）（TTT VII 14. 65～69）

七是破军星。其符如此。马年生人属之。

［säkiz—ïnč……atlɣ yultuz ol. vū—sï bu ärür］. Tonguz yïl—lïɣ kiši bu yultuz—ɣa sanlïɣ toɣar. （TTT VII 14.75～79）

［八是左辅星。其符如此］。猪年生人属之。

---

① 罗秉芬、刘英华：《敦煌本十二生肖命相文书藏汉文比较研究——透过十二生肖命相文书看汉藏文化的交融》，载《安多研究》第2辑，民族出版社，2006年，第1-27页；陈于柱：《区域社会史视野下的敦煌禄命书研究》，民族出版社，2012年，第137-144页。

［toquz—unč……］ atlγ yultuz……（TTT VII 14. 86）

［九是右弼］星……[1]

正是由于拥有北斗信仰的强大背景，作为北斗使者的乌鸦也被唐人奉为家神。元稹《春分投简阳明洞天作》记“雕题虽少有，鸡卜尚多巫。乡味尤珍蛤，家神爱事乌”。《大嘴乌》诗中也提到“专听乌喜怒，信受若神龟”。

至此，学术界百年来未能解决的问题终于得以澄清：敦煌汉、藏文乌鸣占书中乌鸦的神使身份与信仰功能，均来自中原古老汉文化中久远而具有重要影响力的北斗信仰。正是基于这一关键要素以及两者内容结构的近同性，笔者确定，敦煌藏文本乌鸣占书并非吐蕃文士所自创或受印度文化影响，而是根据唐宋时代流行的汉文本乌鸣占书编译而成，并适时地增添了一些吐蕃文化因子。

以上问题的彻底解决，也顺带厘清了武威西夏木板画“太阳（三足乌）”能够进入墓葬的缘由。由于被古人视作北斗之星气，乌鸦借此神格成为北斗的使者，从而拥有了能为人吉凶预卜的功能和护佑生命的家神身份，可谓“上以致寿考，下可宜田农”。加之古史中长期流行的三足乌系西王母取食之鸟的传说，使得以上功能和身份不断得到巩固深化，并借助北斗信仰的强大向心力一跃成为古代社会多个族群信奉和敬畏的对象。

值得注意的是，北斗同时也是秦汉至宋元汉文化中雷法系统与信仰的重要组成部分，道教认为得其雷法者可“驱雷役电，祷雨祈晴，治祟降魔，禳蝗荡疠，炼度幽魂”[2]。墓葬正属于炼度幽魂的范围，因此，在葬墓时把作为北斗代表的金乌神使放置墓中，其意在炼度幽魂，保护亡者免受邪魔精怪的侵扰。包括武威西夏木板画“太阳（三足乌）”在内的一批同类图像和陶俑出现在汉晋至宋元时代的墓葬之中，其历史背景、文化意蕴与信仰功能即在于此。

① 杨富学：《回鹘文献与回鹘文化》，民族出版社，2003年，第262页。

② 《道法会元》卷67，《道藏》第29册，文物出版社、天津古籍出版社，1996年，第213页。

敦煌文献P.T.992《分别讲说人的行止》考论*

王　东（敦煌研究院敦煌文献研究所）

【摘要】敦煌文献P.T.992号《分别讲说人的行止》是吐蕃社会伦理类文献，学界除对部分内容有所涉及外，其他部分鲜有关注。这份文献总结了吐蕃社会各阶层的行为规范，为维系社会安定赋予了政治性意涵。此文献以善恶表现为核心，勾勒出吐蕃崇佛抑苯思想、君臣关系、婚姻朋友关系、畜牧生活等整个社会概貌，有助于学界更深入认识吐蕃统治敦煌时期，吐蕃、敦煌乃至其他统治区域民众的社会生活状态。

【关键词】P.T.992号　《分别讲说人的行止》　社会伦理　吐蕃民众　日常生活

关于P.T.992号文本，学界将其定名为《孔子项托相问书》，并展开了相关研究①。纵观该号整篇内容，不难发现，《孔子项托相问书》仅仅是整个文本的一部分内容。该文本根据内容共分为八个部分，其中前四个部分，由才让先生首次翻译定名并进行了研究②，指出文本作为社会伦理类文献，总结了吐蕃从君臣到主仆亲朋的行为规范。以上结论为我们更进一步研究奠定了基础。

作为政教合一规范下的吐蕃王朝，对“人的行止”规定必然承载着政治教化的使命。这种教化是全方位的，在涵盖社会各阶层的同时，

* 本文系教育部人文社科重点研究基地重大项目“敦煌文献唐蕃文化交流史料整理与研究”（项目编号22JJD770033）研究成果。

① 冯烝：《敦煌藏文本〈孔丘项托相问书〉考》，载金雅声等主编《敦煌古藏文文献论文集》下册，上海古籍出版社，2007年，第496-511页；陈践：《敦煌古藏文P.T.992〈孔子项托相问书〉释读》，《中国藏学》2011年第3期，第95-105页。

② 才让：《法藏敦煌藏文文献P.T.992号〈分别讲说人的行止〉之研究》，《中国藏学》2012年第1期，第107-114页；后收录于才让：《菩提遗珠：敦煌藏文佛教文献的整理与解读》，上海古籍出版社，2016年，第578-599页。

无疑还赋予了教化之外的其他意义，包括表达统治者诉求、民众意愿，进而达到实现各方目的的目标。文本中对“善恶”表现及朋友、婚姻选择的阐释，实际上勾勒出了吐蕃社会的概貌，呈现了清晰、完整的吐蕃民众日常生活状态。以此为基础，可以更加深入地理解吐蕃统治敦煌时期吐蕃、敦煌乃至其他统治区域民众的社会生活状态。为了更好地诠释这份文献的学术价值，在前人研究基础上，笔者就文本内容与吐蕃民众日常生活关系作一简单梳理，不当之处，敬请方家批评指正。

一、译文内容

为了更好进行研究，现将译文转录如下[①]：

分别讲说善恶之义。复次，世人的天性，善于讥讽，而不善于作；善于言说，不善于事。于义如此，虽做善事而不信善恶（业），如同虽站立而（身）弯曲般。因此，应弃者恶，应取者善。应尽力守护（的行为）者不杀生；未予而取者，乃贪欲；若不饮则善者，乃酒；若一点都未作则善者，乃偷窃。对所有人造成损害者，乃尚论窃贼掌控国王；令内外一切争斗者，乃妇女不温良故。妇人掌权者，乃破败魔所控；奴仆不温良者，定是凶狠之人。极富的结果是破败，极贫的结果是患病。过于自大，则使不动奴仆。过于贫穷，则儿子亦会偷窃。人希望生活安逸，牲畜至腿未断之间一直受役使。不适合的惩罚，连儿子都难以忍受；非应得之奖赏，任谁都不会赞扬。对于该惩治的过失，不要特为开脱，不然会阻碍善缘；对善事的奖励若不为，则罪业过失会增加。人不能心灰意冷，牲畜不能厌烦；不厌烦的人思忠诚。强壮的牲畜能忍受鞭打；役使适合的仆役，会长期忠心。男子要学成智者，为了长远的国政。男子若贤惠，则财富方面要通达；女子贤惠者，为家政护育奴仆。男子贤惠者，应寻找永久之道；女子贤惠者，应守护身体的过失。狡诈的人着虎豹衣，使自己的背部成污垢；坏人获得告身，长久则会成为（自己的）负担。无知识而喜被赞扬者，乃坏人之本性；虽未有过失而反省过失者，乃贤者之本性。（眷属）无论多友善，而嗔恨眷属者，乃行为恶劣者的本性；家狗恶劣者，咬自家人。对做善事者，不要吝惜慈悲；对无罪过者，不要嗔恨。神亦不能特别多，不适宜时亦不请鬼。做占卜禳解众事，成为鬼集会处；活动频繁者，乃灾难之前兆。乞丐微笑者，乃饿鬼之本性。为利而见财者，乃本性恶劣者的行为。大臣不要太偏袒，平民不要吝啬。小事不要疑虑，大事不要交给占卜者。虽值得争强，但亦有要点和做法。对于小事常无羞愧心，几许罪过几许心想者，亦不忠于国王。此生不行欺诈。忠诚之人连自身都不顾；行为善好之人不看（他人）情面。《诗经》中云：因以勤奋劝勉。过于勤奋亦有过失，亦有益处。亦有将卑劣而欺诈（的行为）丢弃一边，为获益而勤奋者。未有错误而勤奋，乃是益处。谗言亦有益处，亦有过失。善恶真实之话语亦需讲说，亦需听闻。不做一切不真实的诽谤；仅说零星的（诽谤语）亦是恶劣，听闻亦是恶劣。凡做任何事时，应观察而做。技巧虽不学世能善巧，作为

① 才让：《法藏敦煌藏文文献P.T.992号〈分别讲说人的行止〉之研究》，《中国藏学》2012年第1期，第109-113页；后收录于才让：《菩提遗珠：敦煌藏文佛教文献的整理与解读》，上海古籍出版社，2016年，第581-595页。

经典的基础，书算是不可缺少的；通达书算，乃是智慧之源。需要的房舍者，应与（自己的）条件相当。闲话多者，则损害生计法，并增长罪业。虽难而需守护的是法律，虽苦而需要喝的是药。对父母极为孝敬者，乃姓氏高贵者的后代；对兄弟友爱者，可入上流之辈。斗升按计量者，万善规之基；不追逐商业利润者，乃本性正直者的行为。人做不适宜事，则行为恶劣，而且言语恶劣；畜群因受灾，不仅消耗，并且身体亦会瘦弱。波浪大的地方，（说话的）声音小；行为良好的下属者，性情（亦）温和。对恶业不能追求，对善（事）应报答。

特别讲说有益之总则。人不要集结，畜群不要大。人不要在一个地方扎堆，部落不要成对地纠集在一起。人要想军队能胜，牲畜要转往开阔地。人者内心不要急，牲畜者不要学玩耍。人在黑暗的地方者，距幸福之地遥远；缓缓流淌之水，渐渐则成江河。不要对他人有害心，无损害之生计不要放弃。要降伏强大外敌，则内部的方法要极为团结。若命运好，则无需筹划生计法。做外部事务，（要学）技能之著作；处理内部的事务的方法应高低平等。皮甲兵器坚者，能救护生命；乘骑的快马是男人的助伴。公马要耐跑，需（策之）以大声；小牛犊、羊者，长远（益处）从褐布是可知。打仗的计谋，临战时应宣布；织褐布的方法，应与老一辈的（做法）相合。外出他乡之法是要有警惕（心），晚上应（住于）有水草的（地方）。找适宜的条件而安置，是外出时最重要的（事）。具色香味的食物未有过失，应享用。吃合适的食物，乃是良药；自己不偏袒者，乃殊胜之道。医生要选最精通的；医药无论需要多少种，应该寻找。儿童不依恶劣的经典。心愿不要放在财物和嗜好上。

讲说如何选择朋友和婚姻。若与有兄弟和姓氏者进行联姻，则家族优良；若与正直者联姻，则家政牢固。联姻方面的过失者，乃以鬼神、不净之妇女行占卜，使与经典（所说）合适不合适者于此集结。与大富豪联姻，则家政方面会出现离间女，并是遭受损害之根源；与娼妓、患瘟疫、贫穷、单身一人者联姻，则使家门破败，并使所有人不与其结交。年轻的贤者可择为长期的朋友；贤明的邻居作为兄弟的替代，应该寻求。适宜依靠的朋友：一是正直而贪欲小；二是秉性善良而且事少；三是不傲慢而且珍惜光阴；四是心意相合；五是（心胸）宽广；六是喜欢佛法，并通晓教义。不能选择为朋友，与以上所说各项相反。智慧虽小，但为人正直并稳重者可择为朋友。

说善恶之特征。国王要喜欢人，并善于用人；大臣应正直，并善于以贤明护政。人应心正直，并对他人慈爱。人者性格要稳健；牲畜者口要轻。人不要在议事厅聚集，牲畜不要在围栏中汇集。家长在地方上游历，集会处由儿子守护。本地人在跳舞，游人在做游戏，居家者在看热闹，老人在抚胡须，青年擦镜子。对神要敬，对鬼要舍离。家长要宽宏，妇女要恭敬。儿子要精明能干，奴仆要单纯。随从不偷窃，孩子话少而（心）开阔。对父母要特别孝顺，对子孙要善教育。对仆人要尊重温和，对邻居要慈爱。家室不要建在小碉堡中，院子不以荆棘围绕。玩耍时要缓慢，装束要宽大。谈话要悦耳。饮食要有营养。行为要高尚，地方要舒适。对比丘要敬重，若见乞丐要援手。本地人不守打青稞之场，旅客晚上不巡逻。本地人

（居住）天堂（一般），旅客如同回到家中。

恶之特征，国王喜欢畜生，而不选择人；大臣狡黠，而十分偏袒。属民以欺诈为生，并对他人起嗔恨。人的肉心忙乱，牲畜的草场狭窄。人将议事厅抛弃，牲畜不能圈入围栏。本地人计算赋税，游客示傲慢。男子因惊惧而老，女子因妒忌而衰。牲畜在太阳未落山时收入圈中，天未亮人就起来。家室置在小碉堡中，院子以荆棘篱笆围绕。对于穷人，虽乞求，但不施舍；对自己所依靠者，甚至允诺做奴仆。若有财物地方，连死地亦行；若见酒者，连监狱亦入；若有利益，则连儿子亦会出售。以打仗为游戏；艰难时，则施放咒语。男子知识少而倔强，女子坏而不和蔼。男子自己恶劣，却对他人讥毁；女子自己淫荡，却嗔恨娼妇。衣服窄小，食物没有营养。所行处阴险，地方小而寒冷。若见比丘，则关门；若见乞丐，则放狗。对邪恶的宗教，未观察而跟随；对好的经典，不熟悉而诽谤。

分别讲说人的行止，完毕。

二、文本与民众日常生活

（一）重佛抑苯

吐蕃传统文化中，民众对赞普的认识，更多源自“君权神授”的影响。P.T.1286《小邦邦伯家臣及赞普世系》载：“天神自天空降临，在天空降神之处上面，有天父六君之子，三兄三弟，连同墀顿祉共为七人。墀顿祉之子即为墀聂墀赞也。”①这是对吐蕃赞普世系的最初记载，天神之子入主人间，为赞普来源蒙上了神秘面纱，这样就将赞普塑造成了“神君人”三位一体的基本形象。早期苯教文化对于吐蕃历史文化传统、道德价值观念的孕育和形成，起到了极其重要的作用，而苯教文化的核心内容之一——多神灵信仰恰好与赞普神性相一致。吐蕃王朝早期，告身授予对象包括宗教人士，诸如可以被赐予大银文字告身的寺院阿阇黎、持咒者，以及可以被赐予小银文字告身的担负保护（王臣）身体职责的苯教徒②。至少在吐蕃王朝初期，无论是佛教还是苯教，均处于一个和谐共处的状态。

佛教影响日益壮大，至赤松德赞时期，吐蕃确立佛教为国教，赞普父子与小邦王子、诸论臣工一同盟誓弘扬佛法③。菩提萨埵去世后，赤松德赞任命益西旺波为佛法宗师，并降旨：“益西旺波具有神通，彼系我王臣属民之善知识，故其（所说）则同于佛之所言，遂赐其会议室一处，并委任其为世尊（佛教）之宗师。继之，又颁布了佛法方面的命令，并赐予益西旺波以大金字告身（yig tshangs gser gyi yi ge chen po），故其地位则在大尚论之上。”④以益喜旺波为代表的佛教僧人政治地位的提升，表露了赞普崇佛抑苯的态度；还有后来娘·定埃增参与国政，“（娘·定埃增）及任平章事之社稷大论，一切所为，无论久暂，对众人皆大有

① 陈践、王尧译注《敦煌古藏文文献探索集》，上海古籍出版社，2008年，第125页。

② ［元］巴卧·祖拉陈瓦著，黄颢、周润年译注《贤者喜宴——吐蕃史译注》，中央民族大学出版社，2010年，第36页。

③ 王尧：《王尧藏学文集》（卷二）《吐蕃金石录·藏文碑刻考释》，中国藏学出版社，2012年，第158-161页。

④ ［元］巴卧·祖拉陈瓦著，黄颢、周润年译注《贤者喜宴——吐蕃史译注》，中央民族大学出版社，2010年，第202页。

裨益”[①]。

吐蕃占领敦煌后，大力弘扬佛法，P.T.1070《大蕃敕尚书令尚起律心儿圣光寺功德颂》中尚起律心儿建造圣光寺、Дx.1462+P.3829《吐蕃监军论董勃藏重修伽蓝功德记》中论董勃藏修复佛寺等，这些都是统治阶层对佛教发展的支持与推动。文本中“虽做善事而不信善恶（业），如同虽站立而（身）弯曲般”之“善业”，即指佛教。

佛教思想贯穿P.T.992整个文本，其中佛教五戒（杀生、盗窃、邪淫、妄语、饮酒）即为核心表现，“应尽力守护（的行为）者不杀生；未予而取者，乃贪欲；若不饮则善者，乃酒；若一点都未作则善者，乃偷窃”。“若见酒者，连监犹亦入”，表明过度饮酒将导致神志不清；“此生不行欺诈”和“妄语”均属于一类；“闲话多者，则损害生计法，并增长罪业”，属于佛教中因果报应思想的体现。文本中，朋友选择的标准之一就是“喜欢佛法，并通晓教义”的人，说明是否尊崇佛法是与人交往的准则，同时又专门提出了“对比丘要敬重”，比丘即僧人，这与赤松德赞等统治者尊崇佛教、礼敬三宝的政策是一致的。

从中原史籍所载中，我们可以看到“重鬼右巫”是吐蕃社会最为典型的习俗，“其俗，重鬼右巫，事羱羝为大神”[②]。因此，赞普作为“神君人”三位一体的综合体，更需要有巫师作为中间人来传递上天神明的旨意，这种表现渗透于社会各个层面，无论是国家军政要事，还是百姓的祝福祈愿，都有巫师（苯教徒）的身影。苯教文化中，无论是鬼神精灵还是命数运道，都要通过苯教师以占卜、咒语及特殊仪轨的形式加以展现，统治者对苯教徒给予了高度重视——授予告身。卜占作为一种古老而神秘的文化，源自对大自然的敬畏[③]，占卜是苯教徒基本职能之一，从一开始就被赋予了神秘的色彩。“做占卜禳解众事，成为鬼集会处”，这是吐蕃社会生活中很典型的鬼神色彩。

随着佛教地位提升，苯教遭遇抑制打压，“对邪恶的宗教，未观察而跟随；对好的经典，不熟悉而诽谤”。“邪恶的宗教”自然就是指佛教之外的其他宗教，尤其是影响力颇深的苯教。“墀松德赞成年后，生起佛法之念。于是，桂氏（mgos）大臣贝玛恭赞（padma gung btsan）等一些崇佛大臣（chos blon），实现了墀松德赞王的理想，下令处决了一些作为佛教之敌的奸臣。”[④]这些崇佛大臣通过极端手段将“佛教之敌的奸臣”予以处决。很显然，“奸臣”自然就是指的那些具有苯教背景的大臣。敦煌文献P.T.1047号文书载：“邦色苏孜与当皆闷忠心耿耿于赞普驾前，卜问：‘如向李迷夏征讨，能否获胜？’”[⑤]这是松赞干布时期，通过占卜形式来决定对象雄李迷夏是否用兵的记载，权臣邦色苏孜参与其中，当然是苯教的坚定支持者。因此，才有了“小事不要疑虑，大事不要交给占卜者”，这是避免苯教徒通过占卜的方式来左右国政要事。甚至，文书中将婚姻的不幸福都归结于占卜，“联姻方面的过失者，乃以鬼神、不净之妇女行占卜，使与经典（所说）合适不合适者于

① 陈践、王尧译注：《吐蕃文献选读》，四川民族出版社，2003年，第89页。

② ［宋］欧阳修、宋祁：《新唐书》卷216上《吐蕃传上》，中华书局，1975年，第6072页。

③ 如对神山、圣湖的崇拜。相关研究参见谢继胜：《藏族的山神神话及其特征》，《西藏研究》1988年第4期，第83-97页；李晓丽：《浅谈藏族的山神崇拜及其文化内涵》，《中央民族大学学报》2012年第5期，第69-72页；魏强：《论藏族水神崇拜习俗的几个特点》，《西藏艺术研究》2009年第4期，第76-81页。

④ ［元］巴卧·祖拉陈瓦著，黄颢、周润年译注《贤者喜宴——吐蕃史译注》，中央民族大学出版社，2010年，第122页。

⑤ 陈践编著《吐蕃卜辞新探》，上海远东出版社，2015年，第131页。

此集结”，人们处于生活事业低谷之际，恶性的特征就会显现，“艰难时，则施放咒语”。由此看来，作为本土文化生长起来的苯教对吐蕃社会的影响是根深蒂固的，这也是佛苯之争贯穿整个吐蕃王朝的重要症结所在。

（二）君臣关系

为了更好约束和改善赞普与臣属之间的关系，赞普在用强硬手段镇压反对者的同时，还利用吐蕃传统文化中的盟誓充当了君臣之间的润滑剂，这也是促进内部团结的一个重要手段。《敦煌本吐蕃历史文书》“大事纪年”中记载了150余次议事会盟，形式内容各异[①]，显示出盟誓在吐蕃政治生活中的重要性。吐蕃社会强调重咒誓思想，《旧唐书》载：“（赞普）与其臣下一年一小盟，刑羊狗猕猴，先折其足而杀之，继裂其肠而屠之。令巫者告于天地山川日月星辰之神云：‘若心迁变，怀奸反覆，神明鉴之，同于羊狗。’三年一大盟，夜于坛墠之上与众陈设肴馔，杀犬马牛驴以为牲，咒曰：‘尔等咸须同心戮力，共保我家，惟天神地祇，共知尔志。有负此盟，使尔身体屠裂，同于此牲。’”[②]从松赞干布与大臣韦·邦多日义策家族、赤德松赞与娘定埃增等盟誓记载看，借助盟誓来约束双方行为，使得君臣间权利与义务进一步明确与强化。

到了赤德松赞时期，君臣关系异常紧张。根据P.T.1288《大事记年》载，在705至754年（其中747至754年记录残缺）的四十年中，大臣中获罪谴者2人，遭放逐者8人，获罪谴者1人，被撤职者1人，被控告者1人，被抄没家族财产的2人[③]。同时，这一时期大相（论）更换频繁，“大相的设置由一人增至四人。重用外戚的倾向明显趋强。任用吐谷浑小王为朝廷重臣。对大臣的猜忌与防范甚严”[④]。正是基于此，赞普君臣关系是与臣属的忠诚度相协调的。“对所有人造成损害者，乃尚论窃贼掌控国王”，“尚论窃贼掌控国王”即说明权臣对国家政权的影响，导致君弱臣强。“狡诈的人着虎豹衣，使自己的背部成污垢；坏人获得告身，长久则会成为（自己的）负担”，意味着权臣的权势日盛，政治野心也随即膨胀，进而影响政局安定。这种状况在吐蕃历史上屡见不鲜。

“国王要喜欢人，并善于用人；大臣应正直，并善以贤明护政。”佛教影响日益壮大，至赤松德赞时期，确立佛教为国教，赞普父子与小邦王子、诸论臣工一同盟誓弘扬佛法[⑤]。菩提萨埵去世后，赤松德赞任命益西旺波为佛法宗师，并降旨：“益西旺波具有神通，彼系我王臣属民之善知识，故其（所说）则同于佛之所言，遂赐其会议室一处，并委任其为世尊（佛教）之宗师。继之，又颁布了佛法方面的命令，并赐予益西旺波以大金字告身（yig tshangs gser gyi yi ge chen po），故其地位则在大尚论之上。”[⑥]以益喜旺波为代表的佛教僧人政治地位的提升，表露了赞普崇佛抑苯的态度。还有后来娘·定埃增参与国政，“（娘·定埃

① 陈践、杨本加：《吐蕃时期藏文文献中的盟誓》，《中国藏学》2009年第3期，第133-141页。

② ［后晋］刘昫等：《旧唐书》卷196上《吐蕃传上》，中华书局，1975年，第5220页。

③ 陈践、王尧译注《敦煌古藏文文献探索集》，上海古籍出版社，2008年，第92-99页。

④ 石硕：《吐蕃政教关系史》，四川人民出版社，2000年，第214页。

⑤ 王尧：《王尧藏学文集》卷2《吐蕃金石录·藏文碑刻考释》，中国藏学出版社，2012年，第158-161页。

⑥ ［元］巴卧·祖拉陈瓦著，黄颢、周润年译注《贤者喜宴——吐蕃史译注》，中央民族大学出版社，2010年，第202页。

增）及任平章事之社稷大论，一切所为，无论久暂，对众人皆大有裨益”[①]。赞普对娘·定埃增的信任和重用，与娘氏对赞普幼年的保护和忠诚有着莫大关系。

（三）婚姻关系

敦煌文献P.T.1283《礼仪问答》中关于婚姻态度的基本原则为“娶妻要选有财富与智慧者，若两者不兼备，应挑选有财富者。选婿要选有智慧而富裕者”[②]，具体指出了嫁夫娶妻的标准。

文本中在联姻问题上又给予了更为细致的指导原则，“若与有兄弟和姓氏者进行联姻，则家族优良；若与正直者联姻，则家政牢固。联姻方面的过失者，乃以鬼神、不净之妇女行占卜，使与经典（所说）合适不合适者于此集结。”与“有兄弟”“姓氏者”联姻，一是体现出吐蕃社会崇尚勇武的社会习俗，正如P.T.1283《礼仪问答》中关于“致富五法”中排在首位的即“英勇为社稷立功（战功）受奖”。提及“家中子多能致富”[③]，则表明家中有男丁的重要性。“姓氏者”说明社会阶层的重要性，无姓氏者无疑属于社会下层，人们与有“姓氏者”阶层的联姻，进而获取更多社会资源。

“若与正直者联姻，则家政牢固”，强调了家风人品重要性，P.T.1070《大蕃敕尚书令尚起律心儿圣光寺功德颂》中追溯先祖时就表明了家世是“世禄良家”[④]，尚起律心儿三代人受赞普信任，并委以重任。松赞干布时代，国家通过政治联姻方式与象雄联合。松赞干布妹妹赛玛噶嫁给了象雄王李迷夏敦伦，但却遭到象雄王冷落，当松赞干布派使者金赞芒穹看望赛玛噶时，赛玛噶以高歌来诉说与李迷夏婚姻的不幸[⑤]。这场不幸的政治婚姻，为松赞干布灭亡象雄埋下伏笔，也说明婚姻与家庭甚至国家政权兴衰的紧密联系。反对与处于社会最底层者即“娼妓、患瘟疫、贫穷、单身一人者”联姻与交往，更是体现出当时社会阶层分化严重。

值得注意的是，文本中对商人阶层的排斥与儒家传统文化中“士农工商”的思想认识相似。“与大富豪联姻，则家政方面会出现离间女，并是遭受损害之根源”，大富豪无疑是商人的代称，那么商人联姻和离间女又存在什么关联呢？从前文赛玛噶诉说婚姻不幸中，“我陪嫁之住地啊……我陪嫁之奴仆们啊……我陪嫁的食物…………我陪嫁之牲畜啊……”[⑥]即可看出，赛玛噶的陪嫁物品是非常丰厚的，包括了住地、奴仆、食物、牲畜等。她强调陪嫁物品，只能说明这些东西属于她的个人财产，和夫家没有任何关联。另外，敦煌文献P.T.1073《纵犬伤人赔偿律残卷》中也凸显了奁产权的特殊性，“有夫之妇放狗咬人致死，将其当初从娘家带来的陪嫁物全部赔与死者一方”[⑦]。陪嫁物是已婚夫妇的财产之一，正如前面所说，这一部分财产可能非丈夫具有个人支配权的财产，只能由女方或者女方家人来支配。学者指出，“这段珍贵的段落还暗示了作为p［h］a—mying，即作为娘家人——父亲和兄长，把由

① 陈践、王尧译注《吐蕃文献选读》，四川民族出版社，2003年，第89页。

② 陈践、王尧译注《敦煌古藏文文献探索集》，上海古籍出版社，2008年，第389页。

③ 陈践、王尧译注《敦煌古藏文文献探索集》，上海古籍出版社，2008年，第391页。

④ 郑炳林、郑怡楠：《敦煌碑铭赞辑释》（增订本），上海古籍出版社，2019年，第118页

⑤ 陈践、王尧译注《敦煌古藏文文献探索集》，上海古籍出版社，2008年，第116页。

⑥ 陈践、王尧译注《敦煌古藏文文献探索集》，上海古籍出版社，2008年，第116页。

⑦ 郑炳林、黄维忠：《敦煌吐蕃文献选辑·社会经济卷》，民族出版社，2013年，第264、224页。

新娘所带来的陪嫁物留给新娘丈夫的家庭，这样一来，这位妇女仍然可以获得陪嫁物品为她的罪行支付赔偿金，她的财富可能是她自有而不可分割的财产，而不是送给丈夫或者夫家的礼品”[①]。文本中还强调了“不追逐商业利润者，乃本性正直者的行为”，这与P.T.1283《礼仪问答》中关于“致富五法”中第四种方法——通过经商致富的记载是相悖的。对“与大富豪联姻”的特别限定，说明当时人们对商人阶层重利轻义的看法，同时也说明商人阶层地位卑微，处于社会下层。

从文献记载来看，吐蕃统治者并不排斥商业行为，与周边保持着密切的商贸往来关系[②]。吐蕃通贡中原以来，双方经济文化往来不断。《全唐文》记载，“鸿胪寺中，土蕃使人素知物情，慕此处绫锦及弓箭等物，请市，未知可否？（主客二条）”[③]说明互市成为官方贸易的主要方式。吐蕃占领敦煌西域后，依托丝绸之路，与西域、中亚等地联系更加频繁，这一点可从青海都兰吐蕃墓葬文物中得以证实。这批文物中出土的丝绸部分是来自中亚、西亚的“胡锦”[④]。况且唐朝之始，中原王朝统治者就推行怀柔远人的政策，“西域诸国咸欲因文泰遣使入贡……魏徵谏曰：‘……若听其商贾往来，与边民交市，则可矣，傥以宾客遇之，非中国之利也’”[⑤]；“若商旅往来，兴贩货物，任择利润，一切听从，关镇不得邀诘”[⑥]，这进一步推动了以丝绸之路为纽带的东西方贸易交往。敦煌地处丝绸之路枢纽地带，以昭武九姓为代表的商业民族更是充当了中转商的角色，频繁往来于东西方，进一步推动了丝路商业的发展。

吐蕃占领敦煌后，竭力推行吐蕃文化，但文本中提到了《诗经》，这涉及唐蕃文化交流。公元731年，金城公主向唐朝方面求《春秋》《礼记》等儒家经典，说明儒家文化在吐蕃上层已经产生了较大影响。

中原统治者对商人阶层是予以限制的，“凡天下人户，量其资户，定为九等……士农工商，四人各业，食禄之家，不得与下人争利。工商杂类，不得预于士伍”[⑦]。在封建社会中，对士农工商阶层等级的固化认识，使得商人阶层带有明显的特征，即富贵与卑贱并存。也就是说，他们拥有家财万贯但社会地位低下，属于典型的富而不贵。特别是商人追求财富的过程与儒家推崇的人格品质显得格格不入，使得他们在获取巨额财富的同时，纷纷结交攀附权贵，以此来提升自己的社会地位，更有甚者通过金钱来获取官职爵位。安史之乱后，唐朝财政危机，国库空虚，商人纷纷出资买官，“肃宗建号灵武，后用云间郑叔

---

① Brandon Dotson. *Divination and Law in the Tibetan Empire: The Role of Dive in the Legislation of Loans, Interest, Marital Law and Troop Conscription*. Matthew T.Kapstein and Brandon Dotson(ed.), *Contributions to the Cultural History of Early Tibet*, Brill: Leiden·Boston, 2007, p.14.

② 张雪慧：《试论唐宋时期吐蕃的商业贸易》，《西藏研究》1998年第3期，第55-65页；沈琛：《麝香之路：7-10世纪吐蕃与中亚的商贸往来》，《中国藏学》2020年第1期，第49-59页。

③［清］董诰等编《全唐文》卷182之“张鷟”条，中华书局，1983年，第1757页。

④ 许新国：《中国青海省都兰吐蕃墓群的发现、发掘与研究》，《西陲之地的东西方文明》，北京燕山出版社，2006年，第139页。

⑤［宋］司马光编著，［元］胡三省音注《资治通鉴》卷193“唐太宗贞观四年十二月条”，中华书局，1956年，第6083页。

⑥［清］董诰等编《全唐文》卷79宣宗《收复河湟制》，中华书局，1983年，第826页。

⑦［后晋］刘昫等：《旧唐书》卷48《食货志上》，中华书局，1975年，第2089页。

卿为御史，于江淮间豪族富商率贷及卖官爵，以裨国用”[①]。唐人笔记小说中，曾记载商人郭使君花巨资换得了横州刺史一职[②]。深受儒家文化浸染的吐蕃统治者在看待商人阶层时，必然受到一定影响。

除此之外，我们还应该考虑佛教文化的影响。吐蕃统治者尊崇并大力弘扬佛教，而佛教思想中有一条重要的内容就是“不当得利”或者“蓄私产”。按照佛教原始教义规定，严禁僧尼蓄私产，这也是佛教倡导的“少欲知足”“一切皆空”的表达。商人阶层低买高卖，甚至通过欺诈手段获取暴利，这一点从“亦有将卑劣而欺诈（的行为）丢弃一边，为获益而勤奋者”，“不追逐商业利润者，乃本性正直者的行为”得以证实，侧面反映出当时对于商人追逐利润的看法，认为其并非正直者应为。

（四）畜牧生活反映

《旧唐书》卷196上《吐蕃传》载：“畜多牦牛猪犬羊马。……其人或随畜牧而不常厥居。”[③]吐蕃人主要过着逐水草而居的畜牧生活，畜牧业成为其经济生活的重要组成部分。松赞干布统治时期，设置管理畜牧的官吏，“七官（dpon—bdun）是：……戚本（chibs—dpon，意为“司马官”）之职责是（为王）引路；……楚本（phru—dpon）管理母牦牛、犏牛及安营设帐等事……”[④]P.T.1089《吐蕃官吏呈请状》载，吐蕃占领姑臧后，在姑臧节度使衙署内设置有“上部、下部牧地大管理长（stod smad kyi phyug mavi gzhis pon chen po）”“牧地管理都护（gzhis pon spyan）”“畜产大管理官（byung vtsho ched po）”“副牧地管理长（gzhis pon vog pon）”“畜产小管理官（byung vtsho chungu）”[⑤]。敦煌文献P.T.1283《礼仪问答》“致富五法”中将“勤劳地发展牲畜”列为第二个致富途径，仅次于军功致富；其中第（8）（15）（19）（20）（21）（28）（29）（34）（41）（57）（60）号卦卜内容均提及牲畜问题，这在整个文书的62卦占卜所占比例最高，约占18%，证明了牲畜和日常生活的密切关系[⑥]。

牲畜更是吐蕃民众家庭财产的重要组成部分。无论是寺产还是民产，牲畜都是其财产的存在主要形式之一，IOL Tib J 738《骰子占卜文书》第21卦载：“啊！藏北上部地方，有着七只羚羊。盗贼休有妄想，那是女神财富”[⑦]，其中“羚羊”是女神财富的一部分。敦煌文献P.T.1287《赞普传记》也记载，松赞干布之妹赛玛噶在见到使者时高歌“我陪嫁的牲畜啊”。敦煌文献P.T.1071《狩猎伤人律》中对受害人（以及告发人）的赔偿财物中就包括被告所拥有的牲畜，《谐拉康碑》《瓜州榆林寺之寺户、奴仆、牲畜、公产物品之清册》等记录显示，寺院财产中牲畜也是其重要组成部分。

文本中，多处都将“人”和“牲畜”对应连贯在一起，说明这两项是人们日常生活中接

① [后晋] 刘昫等：《旧唐书》卷48《食货志上》，中华书局，1975年，第2087页。

② [宋] 李昉：《太平广记》卷499“郭使君”条，中华书局，1986年，第4097页。

③ [后晋] 刘昫等：《旧唐书》卷196上《吐蕃传上》，中华书局，1975年，第5220页。

④ [元] 巴卧·祖拉陈瓦著，黄颢、周润年译注：《贤者喜宴——吐蕃史译注》，中央民族大学出版社，2010年，第35页。

⑤ 王尧、陈践：《吐蕃职官考信录》，《中国藏学》1989年第1期，第105、110页；杨铭：《吐蕃统治敦煌研究》，新文丰出版公司，1997年，第120-121页。

⑥ 格桑央京：《敦煌藏文写卷Ch.9.Ⅱ.19号初探》，《中国藏学》2005年第2期，第9-17页。

⑦ 陈践：《陈践藏学文集》，中国藏学出版社，2018年，第186-187页。

触最密切也关注最多的对象。“人希望生活安逸，牲畜至腿未断之间一直受役使”；“人不能心灰意冷，牲畜不能厌烦；不厌烦的人思忠诚。强壮的牲畜能忍受鞭打；役使适合的仆役，会长期忠心”；“人要想军队能胜，牲畜要转往开阔地”；“公马要耐跑，需（策之）以大声；小牛犊、羊者，长远（益处）从褐布是可知”；“人者性格要稳健；牲畜者口要轻。人不要在议事厅聚集，牲畜不要在围栏中汇集”；“人的肉心忙乱，牲畜的草场狭窄。人将议事厅抛弃，牲畜不能圈入围栏”等。这些内容涉及日常劳作、忠诚驱驰、人畜秉性问题。文本指出，在牲畜选择上“口要轻”，即选择青壮牲畜；蓄养牲畜需要宽阔草场，不能圈入围栏中养殖，这样不利于牲畜的成长等等。

余论

通过以上梳理可知，敦煌文献P.T.992《分别讲说人的行止》对于吐蕃民众社会生活的呈现是全方位的，从思想到行为，从君臣国政到朋友婚姻无一不包。但因学界多聚焦于《孔子项托相问书》的研究，而忽略了本文本其他部分的学术价值。文本中有关尊佛抑苯思想、君臣共生关系、儒家经典《诗经》等内容，都需要我们予以关注。敦煌古藏文文献P.T.992对于吐蕃王朝史尤其是社会生活史研究具有重要意义，它将吐蕃民众社会生活碎片拼接起来。对其进行考论有助于我们构建完整而立体的吐蕃社会群体生活影像，进而有助于考察唐蕃文化交流视域下的吐蕃与其他民族交融互鉴的历史。

沙与水互渗共融　龙与佛并行传响

——从《敦煌廿咏》看唐五代时期敦煌地区的民俗特征

王志鹏（敦煌研究院）

【摘要】敦煌写卷中的佚名组诗《敦煌廿咏》由一篇小序和二十首五言律诗组成，蕴含着丰富的社会历史文化内容。笔者以此组诗为中心，着重考察隋唐五代时期敦煌地区的民俗特征，概括指出，敦煌地区的民俗虽以儒家文化为主体，但无论是围绕佛教仪式进行的僧俗集会，还是依据当地自然条件而形成的节庆活动，都不仅具有中西文化交融的色彩，而且体现出鲜明的西北地域特征。这在一定程度上反映出唐五代时期敦煌地区丰富多彩的社会生活，以及人们崇尚歌舞、积极乐观的人生态度。

【关键词】《敦煌廿咏》　佛教仪式　民俗特征　祭祀　交融

隋唐五代时期，敦煌地区的佛教十分兴盛发达，而龙作为中华民族的一种象征和特有形象，深入人心。千百年来有多种关于龙的传说，在敦煌也很流行。佛教与我国古代传统文化相互交融发展，佛与龙并行传响。敦煌地处我国西北，四周为戈壁沙漠所围绕，形成干旱少雨的自然环境，一面是浩瀚的沙漠，一面又是珍贵的水源，沙漠与泉水一直互渗共融，相互成就并滋润着这座绿洲城市的成长。这种交互影响，也体现在敦煌写卷中保存的佚名组诗《敦煌廿咏》中。佚名组诗在一定程度上展现出古代敦煌丰富多彩的民俗生活图景，下面拟就其所表现的民风习俗及其特征作简要考察。

一、佚名组诗《敦煌廿咏》中的民风习俗

敦煌有不少表现当地及西北地区的山川风物、习俗民情、古迹名胜的诗歌，蕴含着丰富的社会历史文化内容，地域色彩鲜明，具有浓郁的人文情怀。其中佚名组诗《敦煌廿咏》保存于敦煌 P.3870、

P.3929、P.2748V、P.2983、P.2690和S.6167等六个写卷，是一组歌咏敦煌地区古迹名胜的诗歌，组诗由一篇小序和二十首五言律诗组成，集中展现了敦煌地区的历史文化风貌。诗前小序云：

仆到三危，向逾二纪。略观图录，粗览山川，古迹灵奇，莫可究竟。聊申短咏，以讽美名云尔。

据此可知，作者当是流寓敦煌的外来人士，创作这组诗歌时，在敦煌生活已有二十多年。二十年间，诗人参考图录，巡览山川胜迹，亲历当地的风云变化，不胜感慨，因而创作了这组歌咏敦煌的诗歌。

关于《敦煌廿咏》的创作时代，阴法鲁《敦煌唐末佚诗所反映的当地状况》推断为吐蕃占领沙州之后[①]，李正宇据《敦煌廿咏·水精堂咏》有“可则弃胡塞，终归还帝乡”句，认为其中“可则”即唐人谭可则，进而推断组诗作于大中二年（848）张议潮逐蕃起义之后，又结合敦煌P.3870卷末有“咸通十二年（871）十一月二十日学生刘文瑞写记”等文字，断此为组诗的创作时间下限[②]。这种观点得到大多数学者的认可。

佚名组诗《敦煌廿咏》中有不少诗歌涉及隋唐五代时期敦煌地区的民俗风情。如《白龙堆咏》云：

传道神沙异，暄寒也自鸣。
势疑天鼓动，殷似地雷惊。
风削棱还峻，人跻刃不平。
更寻掊井处，时见白龙行。

诗中所咏的“白龙堆”，当是敦煌城南的鸣沙山。鸣沙山脚下有一湾状似月牙的泉湖，湖水清澈碧蓝，甚为神奇，当地称之为“月牙泉”，至今仍是敦煌一大胜景。敦煌P.2005卷《沙州都督府图经》云：“鸣沙流山，其山流动无定，峰岫不恒。俄然深谷为陵，高崖（岸）为谷；或峰危似削，孤岫如画。夕疑无地，朝已干霄。中有井泉，沙至不掩，马驰人践，其声若雷。”[③]《元和郡县图志》卷四十“沙州”下有云：“鸣沙山，一名神沙山，在县南七里。今按其山积沙为之，峰峦危峭，逾于山石。四面皆为沙垅，背有如刀刃，人登之即鸣，随足颓落，经宿风吹，辄复如旧。”[④]又，敦煌S.5448卷《敦煌录一本》云：“鸣沙山去州十里，其山东西八十里，南北四十里，高处五百尺，悉纯沙聚起。此山神异，峰如削成，其间有井，沙不能蔽，盛夏自鸣，人马践之，声振数十里。风俗：端午日，城中士女，皆跻高峰，一起蹙下，其沙声吼如雷，至晓看之，峭崿如旧。古号鸣沙、神沙而祠焉。”[⑤]诗歌把神话传说、古俗民情连同自然景观融为一体进行歌咏，突出鸣沙山的奇异色彩。据此，鸣沙山神奇之处可以概括为三：其一，沙山流动无定，峰岫经常变化。其二，在这纯沙聚起的山坳间竟然有一处明净的井泉（湖水），移动的沙土从未将之掩蔽覆盖，人马行走其上，还会发出类

① 阴法鲁：《敦煌唐末佚诗所反映的当地状况》，《西北史地》1982年第3期；后收入《阴法鲁学术论文集》，中华书局，2008年，第212-218页。

② 李正宇：《〈敦煌廿咏〉探微》，《古文献研究》，哈尔滨师范大学《北方论丛》，内部铅印本，1989年，第232-251页。

③ 郑炳林：《敦煌地理文书汇辑校注》，甘肃教育出版社，1989年，第5页。

④［唐］李吉甫：《元和郡县图志》，中华书局，1983年，第1026页。

⑤ 郑炳林：《敦煌地理文书汇辑校注》，甘肃教育出版社，1989年，第86页。

似打雷的声音。其三，人们攀登沙山，也会发出声响。

由此可见，唐代人们还保持着端午节到鸣沙山滑沙的习俗：端午节这一天，城中青年男女前往鸣沙山，登上最高处，然后一同快速滑下，就会听到神奇的如雷声响。诗歌前四句“传道神沙异，暄寒也自鸣。势疑天鼓动，殷似地雷惊”，正写此事。因其神异，当地人们还在此进行祭祀。

《莫高窟咏》云：

雪岭干青汉，云楼架碧空。
重开千佛刹，傍出四天宫。
瑞鸟含珠影，灵花吐蕙丛。
洗心游胜境，从此去蒙尘。

此诗歌咏莫高窟。敦煌S.5448卷《敦煌录一本》云：“州南有莫高窟，去州二十五里，中过沙碛，带山坡至彼斗下谷中，其东即三危山，西即鸣沙山，中有南流水，名之宕泉。古寺僧舍绝多，亦有洪钟。其谷南北两头，有天王堂及神祠，壁画吐蕃赞普部从。其山西壁南北二里，并是镌凿高大沙窟，朔（塑）画佛像。每窟动计费税百万，前设楼阁数层，有大像堂殿，其像长一百六十尺。其小龛无数，悉有虚槛通连，巡礼游览之景。”[①]敦煌P.3720v卷《莫高窟记》云：“右在州东南二十五里三危山上。秦建元年中，有沙门乐僔仗锡西游至此，遥礼其山，见金光如千佛之状，遂架空镌岩，大造龛像。次有法良禅师东来，多诸神异，复于僔师龛侧又造一龛。伽蓝之建，肇于二僧。晋司空索靖题壁，号仙岩寺。自兹已后，镌造不绝，可有五百余龛。”莫高窟第156窟前室也保存有墨书《莫高窟记》。《沙州效谷府校尉李君莫高窟佛龛碑》云：“莫高窟者，厥初秦建元二年（公元366年），有沙门乐僔，戒行清虚，执心恬静。尝杖锡林野，行止此山，忽见金光，状有千佛，遂架空凿岩，造窟一龛。次有法良禅师，从东届此，又于僔师窟侧，更即营建。伽蓝之起，滥觞于二僧。复有刺史建平公、东阳王等，各修一大窟。自后合州黎庶，造作相仍。实神秀之幽岩，灵奇之净域也。”敦煌P.4640等卷唐和尚（即悟真）《沙州释门索法律窟铭》有云：“云楼架回，耸倾峥嵘；蹬道联绵，势侵云汉。朱栏赫弈（奕），环拱雕楹。绀窗映焜煌之宝扉，绣柱镂盘龙而霞错。溪芳忍草，林秀觉花。”[②]敦煌S.0214卷《阙题》歌咏莫高窟外景，云：“宝像嵯峨面正东，千龛灵圣数万层。前头流波碧涧水，常光夜现照今容。”

诗歌追怀当年法师开凿石窟、创建佛寺的壮举，着重描绘莫高窟作为佛教圣地的清幽环境。此地鸟语声声，花香阵阵，伴着悠悠梵音及袅袅香烟，充满灵瑞祥和之气。游人到此，心神平静，可以暂时抛却世间种种烦扰，身心得到解脱。

《玉女泉咏》云：

周人祭瑶水，黍稷信非馨。
西豹追河伯，蛟龙遂隐形。
红妆随洛浦，绿鬓逐浮萍。
尚有销金冶，何曾玉女灵。

① 郑炳林：《敦煌地理文书汇辑校注》，甘肃教育出版社，1989年，第86页。

② 郑炳林、郑怡楠辑释《敦煌碑铭赞辑释》（增订本），上海古籍出版社，2019年，第695页、第21页、第293–294页。

玉女泉是唐代敦煌地区盛行的一则有关张嵩的传说。敦煌P.2691卷《沙州城土境》云："玉女泉，州西北一百八十五里。"敦煌S.5448卷《敦煌录一本》云："城西八十五里有玉女泉，人传颇有灵，每岁此郡率童男童女各一人充祭湫神，年则顺成，不尔损苗。父母虽苦生离，儿女为神所录，欢然携手而末。神龙中，刺史张孝嵩下车，求郡人告之，太守怒曰：'岂有川原妖怪，害我生灵！'遂设坛备牲泉侧曰：'愿见本身，欲亲享。'神乃化为一龙，从水而出。太守应玄中喉，拔剑斩首，亲诣阙进上。玄宗嘉称再三，遂赐龙舌，敕号'龙舌张氏'，编在简书。"敦煌S.788卷《沙州图经》云："玉女泉，县西北七十里，绞（蛟）龙曾沉此也。唐贞观刺史张孝养铸铁潜之龙口，逸出于肠，子祚。今长安有龙舌，代见存，今有千称宫在言（焉）。"敦煌P.3721卷《瓜沙两郡史事编年并序》有云："开元三年张嵩刺史赴任敦煌，到郡日，问郡人曰：'此州有何利害?'郡人悲泣而言：'州城西八十五里，瓜、沙二州水尾下，有一玉女泉，每年各索童男童女二人祭享。如若不依，降霜雹损害田苗。其童男童女初闻惊惧，哀恋父母，既出城外，被神收摄魂魄，全无顾恋之情，第相把手，自入泉中。'太守怒曰：'岂有妖怪害我生灵！'乃密设坛场，兼税铜铁百万余斤，统领军兵诣其泉侧，告神曰：'从我者福，逆我者殃，请神出现就坛，我欲面自祭享。'其神良久不现。太守怒曰：'神若不现，我即将污秽之物施入泉中，兼遣三军推沙石填却此泉。'其神怕惧，乃现一龙，身长数丈，出现就坛，嗜于牲酒，久而不去。或侧傍瞻人物，或侧仰望云霞，摆头摇尾，都不舍身。刺史遂乃密索弓箭，射着龙喉，便即拔剑，斫下龙头。其尸由有神通，乃入泉内。将军遂置炉冶六所，销铜铁汁灌入泉中，其龙尸发声腾空而走，至州西二里遗却二茎焦肋，恐为后患，便于龙肋上置佛图两所。莎萁铺遗下小肋壹条，又置佛图一所，至今号为龙肋佛图。自此已后，一郡黎人，并无生离之苦。遂差衙前总管李思敬赍表进其龙头，皇帝大悦，敕命所司断其龙舌，却赐张嵩，永为勋荫，仍赐号曰'龙舌张氏'，并赐明珠七颗及锦彩、器皿、敕书等优奖。仍轻不烦申谢，遂差中使就敦煌送其龙舌也。"[①]《太平广记》卷420"龙三·沙州黑河"条记北庭西北沙州有黑河，唐开元中，南阳张嵩奉诏都护于北庭，与左右以弓矢射龙而死一事。与此相类，《旧唐书》卷103《郭虔瓘列传附张嵩》有云："（张）嵩身长七尺，伟姿仪。初进士举，常以边任自许。及在安西，务农重战，安西府库，遂为充实。"[②]项楚云："玉女泉的传说实际上是敦煌民众对张嵩的口碑，而以神话出之也。"[③]《左传·僖宗五年》载宫之奇劝阻虞公借道于晋，云："臣闻之，鬼神非人实亲，惟德是依。故《周书》曰：'皇天无亲，惟德是辅。'又曰：'黍稷非馨，明德惟馨。'……神所冯依，将在德矣。"[④]

据此可知，此诗题为《玉女泉咏》，实是歌咏敢于为民除害、造福一方的地方贤臣。表现出诗人强调德治，反对淫祀苛政，特别是强烈反对用活人祭祀的鲜明态度。这也表现出当地民众对水的重视和祭祀之风的盛行。

《安城祆咏》云：

---

① 郑炳林：《敦煌地理文书汇辑校注》，甘肃教育出版社，1989年，第39页、第87页、第56页、第83-84页。

② ［后晋］刘昫等：《旧唐书》，中华书局，1975年，第3189页。

③ 项楚：《敦煌诗歌导论》，新文丰出版股份有限公司，1993年，第271页。

④ 杨伯峻编著《春秋左传注》，中华书局，1981年，第309-310页。

板筑安城日，神祠与此兴。
一州祈景祚，万类仰休征。
苹藻采无乏，精灵若有凭。
更看雩祭处，朝夕酒如渑。

祆教又称拜火教，源出波斯，中亚、西域诸国多奉其教。北宋赞宁（919—1001）《大宋僧史略》卷下“大秦末尼”条云：“火祆教法，本起大波斯国，号苏鲁支。有弟子名玄真，习师之法，居波斯国大总长如火山，后行化于中国。贞观五年，有传法穆护何禄，将祆教诣阙闻奏，敕令长安崇化坊立祆寺，号大秦寺，又名波斯寺。”①陈垣《火祆教入中国考》论其起源云：“西历纪元前五六百年，波斯国有圣人，曰苏鲁啊士德Zoroaster，因波斯国拜火旧俗，特倡善恶二原之说：谓善神清净而光明，恶魔污浊而黑暗；人宜弃恶就善，弃黑暗而趋光明；以火以光表至善之神，崇拜之，故名拜火教。因拜光又拜日月星辰，中国人以为其拜天，故名之曰火祆。祆者天神之省文，不称天神而称祆者，明其为外国天神也。”祆教约在北魏神龟年间（518—520）传入我国。陈垣云：“西历二百二十六年，波斯国萨珊王朝兴，定火祆为国教，一时盛行于中央亚细亚。南梁北魏间，始名闻于中国，北朝帝后有奉事之者，谓之胡天。”②唐武宗以后，内地祆教迫令禁止。敦煌P.2005卷《沙州都督府图经》云：“祆神，右在州东一里，立舍画神主，总有廿龛，其院周回一百步。”敦煌P.5034卷《沙州地志》也有“一所祆舍”的记载③。敦煌S.2474卷《归义军衙内油粮破除历》有“城东祆，灯油二升”，其中“城东祆”当指安城祆寺。祆寺的设祭方式是燃灯，敦煌的赛祆活动也往往伴有燃灯。如敦煌S.1366卷记载：“十七日准旧城东祆赛神用神［食］五十七分，灯油一升，面面二斗，灌肠九斤。”敦煌S.2474卷有云：“城东祆灯油二升。”赛祆燃灯与火祆之信仰有关。祆寺也是行人祈愿保佑之所。又，据敦煌S.2241卷《公主君者者上北宅夫人状》④，可知晚唐五代时期敦煌地区燃灯祈愿的风气仍十分流行。

雩祭是我国古代常用的一种祈雨祭祀。郭璞注《尔雅》卷四《释训》云：“雩之祭，舞者吁嗟而请雨。”⑤雩祭时伴有巫舞，故也称“舞雩”。《周礼·司巫》云：“若国大旱，则帅

① ［宋］赞宁撰，富世平校注《大宋僧史略校注》，中华书局，2015年，第216-217页。

② 陈垣：《陈垣学术论文集》，中华书局，1980年，第304页。

③ 郑炳林：《敦煌地理文书汇辑校注》，甘肃教育出版社，1989年，第13页、第49页。

④ 姜伯勤认为君者者可能是于阗国王或回鹘国王之女，这是她在归宁于阗或甘州时寄与曹家北宅夫人的一封信。进而认为曹氏与于阗的友好关系，也影响到沿途祆寺的兴盛，且使祆教风习向敦煌地方民俗中渗透（参见姜伯勤：《敦煌吐鲁番文书与丝绸之路》，文物出版社，1994年，第259页）。李正宇认为君者者是甘州回鹘公主，这是她致沙州司空曹元忠夫人的谢启。参见《敦煌学大辞典》，上海辞书出版社，1998年，第375页。谭婵雪认为君者者是达怛国的公主，达怛国在五代末宋初与沙州归义军政权保持着友好往来的关系，她由敦煌返国时，节度使曹元忠夫人翟氏在祆寺燃灯，为她祈求路途平安，安抵目的地后，她写了感谢信（参见谭蝉雪：《敦煌民俗》，甘肃教育出版社，2006年，第34页）。张小贵《敦煌文书所记“祆寺燃灯”考》一文赞同姜伯勤之说（载《庆贺饶宗颐先生九十五华诞敦煌学国际学术研讨会论文集》，中华书局，2012年，第566-583页）。坂尻彰宏认为君者者是西回鹘公主，这是一封写给沙州归义军节度使曹元忠家族的信（参见坂尻彰宏：《公主君者者の手紙-S.2241の受信者・發信者・背景について》，载《敦煌写本研究年报》第8号）。

⑤ ［晋］郭璞注，［宋］邢昺疏《尔雅注疏》，上海古籍出版社，1990年，第58页。

巫而舞雩。”[①]董仲舒《春秋繁露·精华》云：“大旱雩祭而请雨，大水鸣鼓而攻社，天地之所为，阴阳之所起也。”[②]《左传》“昭公十二年”条下有“有酒如渑，有肉如陵”，注云：“渑水出山东今临淄镇西北古齐城外，西北流，经博兴县入时水。”[③]祆教在吐蕃统治敦煌期间就已流行，到归义军时期更为兴盛。当时敦煌地区每一季节都要举行“赛祆”活动。姜伯勤说：“赛祆是一种祭祀活动，有祈福、酒宴、歌舞、幻术、化装游行等盛大场面，是粟特商胡‘琵琶鼓笛、酣歌醉舞’的庙会式的娱乐活动。”[④]

《安城祆咏》即反映了敦煌地区祆教活动的盛行及其热烈情景。诗人将筑城、神祠、祈福、雩祭、酒宴、庙会等多种民间活动结合在一起进行描写，展现了一幅唐代敦煌地区中西文化交融发展的生动画面。

此外，《敦煌廿咏》还表现了唐五代时期敦煌地区人们自觉以中原王朝为正统，反对割据叛乱的家国情怀，以及尊崇儒家文化艺术的思想特征。如《水精堂咏》云：

阳关临绝漠，中有水精堂。
暗碛铺银地，平沙散玉羊。
体明同夜色，色净含秋霜[⑤]。
可则弃胡塞，终归还帝乡。

水精为“水晶”的古称。敦煌、祁连间盛产多种水晶石，水精堂或为水晶装饰而成。敦煌P.2641卷《莫高窟再修功德记》有云：“窃以州府平广，毗耶接水精之堂；岩壁高深，坛（檀）特莲（连）宕泉之窟。如乃人贤地杰，物产珍奇。乡闾只务于谦恭，士庶各怀于佛道。”[⑥]据诗歌开头两句“阳关临绝漠，中有水精堂”，水精堂当是阳关附近的一所建筑。玉羊，月亮。南朝梁刘孝绰《望月有所思诗》云：“玉羊东北上，金虎西南昃。”[⑦]水精堂建于绝漠边地，体明光亮，色白纯净，可为过往行人提供歇脚，因而也是穿行于漫长丝路古道人们心头的企盼。结尾两句“可则弃胡塞，终归还帝乡”，其中“可则”为人名，即唐人谭可则。唐赵璘《因话录》卷四“角部之次”有云：“元和十五年，淮南裨将谭可则，因防边为吐蕃所掠。初到蕃中，蕃人未知宪宗弃天下，日夜惧王师复河湟，不安寝食。可则既至，械系之置地牢中，绝其饮食，考问累至。可则具告以大行升遐，蕃人尚未之信……先是，每得华人，其无所能者，便充所在役使，辄黥其面；粗有文艺者，则涅其臂，以候赞普之命。得华人补为吏者，则呼为舍人。可则以晓文字，将以为知汉书舍人，可则不愿……可则前后数逃归，辄为候者所得。蕃帅虽不杀，以皮鞭榜之，凡数百，竟得脱。凡在蕃六年，及归，诣阙自陈，敕付神策军前驱使。”[⑧]

诗人以对水精堂的歌咏起兴，结句则盛赞谭可则弃蕃归唐的壮举，表现出反对吐蕃统

---

① 巫舞，故也称“舞雩”。《周礼·司巫》云：“若国大旱，则帅巫而舞雩。”［清］孙诒让撰，王文锦、陈玉霞点校《周礼正义》，中华书局，1987年，第2062页。

② 参见［清］苏舆撰，钟哲点校《春秋繁露义证》，中华书局，1992年，第85页。

③ 杨伯峻编著《春秋左传注》，中华书局，1981年，第1333页。

④ 姜伯勤：《敦煌吐鲁番文书与丝绸之路》，文物出版社，1994年，第255–256页。

⑤ 含，敦煌写卷又作“合”。

⑥ 郑炳林、郑怡楠辑释《敦煌碑铭赞辑释》（增订本），上海古籍出版社，2019年，第1175页。

⑦ 逯钦立辑校《先秦汉魏晋南北朝诗》，中华书局，1983年，第1838–1839页。

⑧［唐］李肇等：《唐国史补·因话录》，上海古籍出版社，1957年，第96–97页。

治，倾心向往和自觉归顺汉政权的思想感情。

《贺拔堂咏》云：

英雄传贺拔，割据王敦煌。
五郡征般匠，千金造寝堂。
绮檐安兽瓦，粉壁架鸿梁。
峻宇称无德，何曾有不亡。

贺拔，即贺拔行威，唐初的叛臣。《新唐书》卷1《高祖皇帝本纪》云：“（武德三年）十二月己酉，瓜州刺史贺拔行威反。”又云：“（武德五年五月）庚寅，瓜州人王干杀贺拔行威以降。”[①]《资治通鉴》卷188唐“高祖武德三年（620）”条有云：“（十二月）己酉，瓜州刺史贺拔行威执骠骑将军达奚暠，举兵反。”同书卷190“武德五年”条云：“五月，庚寅，瓜州土豪王干斩贺拔行威以降，瓜州平。”[②]五郡，即河西五郡。《晋书》卷14《地理志》云：“汉置张掖、酒泉、敦煌、武威郡。其后又置金城郡，谓之河西五郡。”[③]

诗人借描绘贺拔堂内积玉堆金的景象，谴责贺拔行威在敦煌割据称王时不恤民情、大兴土木、奢侈腐化的作风，并指出统治者失德乱常终将导致迅速灭亡的可悲下场。这是对分裂国家行为的愤怒斥责，此诗与《望京门咏》都表现出浓烈的家国情怀。

《墨池咏》云：

昔人精篆素，尽妙许张芝。
草圣雄千古，芳名冠一时。
舒笔行鸟迹，研墨染鱼缁。
长想临池处，兴来聊咏诗。

此诗咏汉代著名书法家张芝练习书法的墨池。张芝，东汉献帝时人。《后汉书》卷65《张奂传》云：“张奂，字然明，敦煌渊泉人……长子芝，字英伯，最知名。芝及弟昶，字文舒，并善草书，至今称传之。”唐李贤注曰：“王愔《文志》曰：‘芝少持高操，以名臣子勤学，文为儒宗，武为将表。太尉辟，公车有道征，皆不至，号张有道。尤好草书，学崔、杜之法，家之衣帛，必书而后练。临池学书，水为之黑。下笔则为楷则，号怱怱不暇草书，为世所宝，寸纸不遗，韦仲将谓之草圣也。’”[④]敦煌P.2691卷《沙州城土境》云：“张芝池，北水池是。”[⑤]敦煌P.3644卷《俗名要务林》有云：“沙州：东水池神庙、西水池神庙、北水池神庙，孔子文宣王庙堂。”敦煌P.3721卷《瓜沙两郡史事编年并序》云：“玄宗开元二年九月正议大夫使持节沙州诸军事行沙州刺史兼豆卢军使上柱国杜楚臣赴任到府，询问张芝学业之处，到于池边，其时未有庙堂。”敦煌P.2005卷《沙州都督府图经》有云：“张芝墨池，在县东北一里，效谷府东南五十步。右后汉献帝时，前件人于此学书，其池尽墨，书绝世，天下

① ［宋］欧阳修、宋祁：《新唐书》，中华书局，1975年，第11、14页。

② ［宋］司马光编著《资治通鉴》，中华书局，1956年，第5898、5951页。

③ ［唐］房玄龄等：《晋书》，中华书局，1974年，第432页。

④ ［南朝宋］范晔撰，［唐］李贤等注《后汉书》，中华书局，1965年，第2144页。

⑤ 郑炳林：《敦煌地理文书汇辑校注》，甘肃教育出版社，1989年，第40页。

名传。因王羲之《（番+页）书论》云：'临池学书，池水尽墨，好之绝伦，吾弗及也。'[①]又草书出自张芝，时人谓之'［草］圣'。其池年代既远，并磨灭，古老相传，池在前件所。去开元二年九月，正义大夫使持节沙州诸军事行沙州刺史、兼豆卢军使、上柱国杜楚臣赴任，寻坟典，文武俱明访睹此池，未获安惜。至四年六月，敦煌县令赵智本到任，其令博览经史，通达九经，寻诸古典，委张芝、索靖俱是敦煌人，各检古迹，具知处所。其年九月，拓上件池中得以石砚，长二尺，阔一尺五寸，乃劝诸张族一十八代孙上柱国张仁会……等，令修葺墨池，中立庙及张芝容。"[②]篆素，篆书于素帛，诗中以此概称书法。鸟迹，代指文字。缁，黑色。

此诗歌咏"草圣"张芝勤学苦练的精神及其卓绝的书法技艺，表现出诗人对儒家文化的推崇。

二、从《敦煌廿咏》看唐代敦煌地区的民俗特征

佚名组诗《敦煌廿咏》以唐五代时期敦煌地区的山川名胜、神沙佛窟、祠庙台堂、圣帝良将、贞女义士、天马宝石、古关灵泉、壁井墨池、瑞草异木、文化遗迹、民情习俗等为歌咏对象，涉及史实、传说、民俗、宗教、祭祀等多种内容。诗中沙水兼取，龙佛共咏，表现出鲜明的地域特征。总的说来，组诗《敦煌廿咏》中表现出的敦煌地区民俗特征分为四类。

（一）围绕佛教仪式活动而形成的民俗[③]

莫高窟是敦煌地区的一大佛教圣地。敦煌S.2146卷《布萨文》云："窃见流沙一方，缁徒累百，其能秉惠讵，建法幢，弘志（至）教于即（及）时，竖津梁于来世。"敦煌S.4359卷《阙题》云："莫欺沙洲是小处，若论佛法出彼所。"此句在颇为自信的语调中道出了敦煌地区佛教盛行的情景。佛教每年在佛诞日、成道日都要举行纪念活动，其间往往有设斋、燃灯、礼佛、行像、供养、置伞、受戒、唱导、诵经、还愿等活动，甚而召开无遮大会，并伴有俗讲、杂戏、舞蹈等活动，这种仪式活动后来逐渐变为民间的节庆活动。

从敦煌写卷来看，当地礼佛与敬神活动都非常流行，而佛教的节庆活动已经融入当地民众的日常生活，成为四时尊奉的风俗习惯而固定下来。唐五代时期，敦煌地区的佛教节庆活动主要有：二月八日设道场讲经说法，举行盛大的行像活动；二月十五日佛陀圆寂之日，举办斋会设供悼念佛陀；四月八日释迦牟尼诞辰，有造幡、写经、集会等多种活动；七月是著名的盂兰盆节，设盂兰盆道场，有祭拜、画像、抄经等活动。在举行佛事活动之时，寺钟鸣响，信众礼佛，香雾缭绕，骤然间天地万物仿佛都笼罩在一片祥和气氛之中，热烈的宗教情

① 以上文字或有误，现存文献所记与此略有出入。如《书苑菁华校注》载王羲之《自论书》云："张精熟过人，临池学书，池水尽墨，若吾耽之若此，未必谢之。"（参见［宋］陈思编撰，崔尔平校注《书苑菁华校注》，上海辞书出版社，2013年，第162页）

② 参见郑炳林：《敦煌地理文书汇辑校注》，甘肃教育出版社，1989年，第83、15–16页。

③ 迄今已有不少相关研究成果，如罗华庆：《9至11世纪敦煌的行像和浴佛活动》，《敦煌研究》1988年第4期；张弓：《敦煌春月节俗探论》，《中国史研究》1989年第3期；谭蝉雪《唐宋敦煌岁时佛俗——二月至七月》（《敦煌研究》2001年第1期）、《唐宋敦煌岁时佛俗——八月至十二月》（《敦煌研究》2001年第2期）、《敦煌民俗——丝路明珠传风情》（甘肃教育出版社，2006年）；郝春文、陈大为：《敦煌佛教与社会》（甘肃教育出版社，2013年）等。

感充满人们内心。下面结合敦煌写卷略述如下。

《二月八日文》又称“二月八日逾城文”或“行城文”，敦煌写卷中保存有十多件。这一天是纪念释迦牟尼出家修道的日子，官方与民间会有多种活动。如敦煌P.2481卷《二月八日法会文》（拟）有云：

今者二月八日，须秉古仪，特起讲筵，仍设法席。

敦煌S.2832卷“二月八日”条云：

时当二月，景在八晨（辰），在菩萨厌王宫之时，如来逾城之日。是以都人仕女，执盖悬幡，疑［拟］白饭之城，似仿朱鬃之迹。

敦煌P.2985卷云：

今则和风迴拂，淑景浮空，当释迦割爱之辰，是太子辞尘之日。遂则佛声振地，鼓乐连天，缁道之竟慕虔诚，遐迩之皆臻法会。

敦煌P.2631、S.5957卷《二月八日文》则云：

今者岸柳未坼，边云尚寒，步莲叶如似再现阎浮，飞宝盖而疑重游天阁。幡花隘路而前引，梵呗盈空耳沸腾；鸣钟鼓而龙吟，吹笙歌而凤舞。群僚并集，缁素咸臻。

敦煌P.2058、P.3566、P.2631等卷《二月八日逾城文》云：

夫能人（仁）善权，务济群品。凡诸妙事，岂胜言哉。今则仲春如月，律中夹钟，暗魂上于一弦，蓂芳生于八叶，后身逾城之月（日），前佛拔俗之晨（辰）。左豁星空，为辟月殿。金容赫奕，犹聚日之影（映）宝山；白毫光晖，为满月之临沧海。乌菊前引，睚眦而张拳；狻猊后行，奋迅而矫尾。云舒五彩，雨四花于四衢；乐奏八音，歌九功于八胤。是日也，玄鸟至，鸿雁翔；翠色入于柳枝，红蕊含于奈苑。

可见，敦煌在二月八日有讲经、歌舞、行像等大型活动。佛教行像也称为“行城”或“巡城”，敦煌写卷中保存有多种《行城文》。如S.2146卷《行城文》有云：

今则三春中律，四序初分，絮拆南枝，冰开北岸。广法王之化迹，冀珍千殃；扬大圣之辞荣，希臻万善。于是不扃月殿，夜击霜钟。爰集缁徒，竞持蟠盖；列四门之胜会，旋一郡之都城。像设金容，云飞梦岭；眉开毫月，花步莲宫。倾市倾城，摇山荡谷。迦维厌欲，岂用年哉！①

佛教行像仪式多见于历代著录。《魏书》卷114《释老志》云：“世祖初即位，亦遵太祖、太宗之业，每引高德沙门，与共谈论。于四月八日，舆诸佛像，行于广衢，帝亲御门楼，临观散华，以致礼敬。”②又据《佛祖统纪》卷三十八载，至孝文帝时于太和二十一年（497），“诏四月八日迎洛京诸寺佛像于阊阖宫，受皇帝散华礼敬，岁以为常”③。又《洛阳伽蓝记》卷三《城南景明寺》条云：“景明寺，宣武皇帝所立也。景明年中立，因以为名……时世好崇福，四月七日，京师诸像皆来此寺。尚书祠曹录像凡有一千余躯。至八日节，以次入宣阳门，向阊阖宫前受皇帝散华。于时金华映日，宝盖浮云，旛幢若林，香烟似雾。梵乐法音，

① 郝春文等编《英藏敦煌社会历史文献释录》第11卷，社会科学文献出版社，2014年，第226页。

② ［北齐］魏收：《魏书》，中华书局，1974年，第3032页。

③ ［宋］志磐撰，释道法校注《佛祖统纪校注》，上海古籍出版社，2012年，第879页。

聒动天地；百戏腾骧，所在骈比；名僧德众，负锡为群，信徒法侣，持花成薮。车骑填咽，繁衍相倾。”①可见佛教行像仪式的广泛流行及其规模之大。

《大唐西域记》卷一《屈支国》载大会场云：“大城西门外路左右各有立佛像，高九十余尺。于此像前建五年一大会处，每岁秋分数十日间，举国僧徒皆来会集。上自君王，下至士庶，捐废俗务，奉持斋戒，受经听法，渴（竭）日忘疲。诸僧伽蓝庄严佛像，莹以珍宝，饰之锦绮，载诸辇舆，谓之行像，动以千数，云集会所。”②屈支即龟兹（今库车），在历史上是西域著名的佛教文化中心。敦煌毗邻西域，也常举行佛教行像仪式及其他佛教活动。敦煌写卷及敦煌壁画中的百戏、舞蹈，以及僧人持书讲读的画面，当是唐五代时期敦煌民众民俗活动的记录，也是对当时生活场景的生动再现。

需要指出的是，唐五代时期敦煌僧团中不仅有专门负责举办行像活动的“行像社”。如P.2023卷有云：“面贰斗七升，油壹升，行像社聚物斋时用。”又云：“麦伍硕行像社人。”而且还设立行像堂，如敦煌P.4909卷云：“二月八日行像堂灯油壹升。”

二月十五日是佛陀圆寂日，佛教也要举行纪念活动。如敦煌S.2832卷、P.2631卷“二月十五日”下有云：

> 仲春二月，十五半旬。双林入灭之时，诸行无常之日。人天号哭，自古兴悲；世界虚空③，于今上（尚）痛。

敦煌P.2044卷《二月十五日文》云：

> 每闻周穆王五十二年二月十五日矣，呜呼！丈六金躯，卧宝床而寂无言说；三千妙相，硷银椁而永绝光明。是时也，岚风忽起，黑雾填空；人天哀哭于跋提，鸟兽悲鸣于双树。乾坤震动，心迷者莫辩（辨）高低；日月苍黄，闷乱者宁知昏晓。血流供（共）金河而混浩，哀声与雷鼓［而］喧轰。传五梦于天中，摩耶惊慢；现双足于椁外，迦叶摧形。叶变鹤林，表吉祥于善逝；沙坚（皆）金色，示真相于如如。二月告归，诫人心于绕豫；中夜入灭，惊劳生于睡眠。悲夫慈母既没，爱浪还深。惠日西沉，魔云却布。人天号泣，永绝说法之音；世界空虚，莫睹白毫之相。遗法弟子，住持茈蒭，缅想双树之悲，攀咽荼毗之日。

在四月八日，敦煌地区还会举行纪念佛陀诞辰的活动。如敦煌S.2832卷有云：

> 时属四月维八，如来诞时。七步莲花，既至于［是］日；九龙吐水，亦至于兹辰。

敦煌地区七月十五日有著名的盂兰盆会。据《盂兰盆经》载，佛陀大弟子目连，得知母亲死后在地狱受苦，求佛救度。佛陀要他在七月十五日即僧众安居终了之日，备百味饮食，供养十方僧众，由此可使其母（青提夫人）得到解脱。敦煌写卷中保存有《大目乾连冥间救母变文》和另外两种有关目连的变文，即是讲述此事。佛教据此兴起盂兰盆会，施斋供僧以救先亡倒悬之苦。活动期间，寺院会举行诵经法会，举办水陆道场、放焰口、放灯等宗教活动。敦煌S.2832卷“七月十五日”条有“盂兰大启，宝供宏开。罗卜请三尊之时，青提免八难之日。故得家家烈（列）馔，处处敷延（筵）。生千种之花，非关春日；陈百散之味，正

① 范祥雍校注《洛阳伽蓝记校注》，上海古籍出版社，1978年，第132–133页。

② ［唐］玄奘、辩机原著，季羡林等校注《大唐西域记校注》，中华书局，1985年，第61页。

③ 敦煌S.2832卷脱“世界”两字，今据P.2631卷补录。

在香盆”，其所述即为盂兰盆会。

佛教的腊八节在后来演变为民间节日，这在敦煌写卷中也有表现。如敦煌S.2832卷记“腊月八日”云：

时属风寒月，景在八辰。如来说《温室》之时，祇试（树）浴众僧之日。故得诸垢已尽，无复烦恼云（之）痕；虚净法身，皆霑功德之水。①

其中“《温室》”指后汉安世高所译《佛说温室洗浴众僧经》，经中有云：“今复请佛及诸众僧，入温室洗浴，愿及十方众药疗病，洗浴除垢，其福无量。”②佛教提倡众僧在腊八节进行沐浴，除垢净身，此俗源自释迦牟尼成道之传说。传说释迦牟尼经过六年苦行，日食一麻一麦，身体极度虚弱，仍不能悟道。于是他放弃苦行，接受了牧牛女的乳糜供养，又到熙连禅河（一作“尼连禅河”）沐浴，体力得到恢复。其后，他趺坐于菩提树下，在腊八这天证悟成道③。因此，佛教以十二月八日作为释迦牟尼的成道日。

需要指出的是，我国古代很早就有在腊月祭祀祖先神灵以祈求丰收和吉祥的习俗。汉应劭《风俗通义》卷8《祀典》“腊”条下云：“谨按《礼传》：‘夏曰嘉平，殷曰清祀，周曰大蜡，汉改为腊。’腊者，猎也，言田猎取禽兽，以祭祀其先祖也。或曰：腊者，接也，新故交接，故大祭以报功也。”④《礼记》卷25《郊特牲》云：“伊耆氏始为蜡。蜡也者，索也，岁十二月，合聚万物而索飨之也。”又云：“蜡之祭也，先主啬而祭司啬也，祭百种以报啬也。”⑤可见腊八祭祀的传统在我国起源较早，后来逐渐将此与释迦牟尼成道日混而为一了。

唐五代归义军时期，敦煌还有安伞行城及四门设坛转经等群众性集会活动，参加者有当地大小官员、寺院僧尼及广大民众。其时，竖幢伞于城阙高处，集会者在鼓乐声中绕城而行，祈福禳灾。敦煌写卷中保存有《置伞文》（S.2146）、《安伞文》（拟）（S.5942）、《竖幢伞文》（P.2854）等相关记载，鉴于学者已对此有过专门探讨⑥，在此就不再赘述了。

隋唐五代时期，随着佛教在敦煌地区的兴盛发展，佛教仪式已经逐渐深入到当时社会生活的各个方面。敦煌P.4640等卷唐和尚《沙州释门索法律窟铭》云：“人驯俭约，风俗儒流，性恶工商，好生去煞，耽修十善，笃信三乘。惟忠孝而两全，兼文武而双美。多闻龙像，继迹繁兴。得道高僧，传灯相次。”由此可以得见佛教对敦煌地区人们社会生活、人生追求及精神世界的深刻影响。与此同时，有的佛教仪式逐渐变为敦煌地区官员民众送旧迎新、祈福禳灾的节庆活动。

此外，我国民间的出行、求子、生育、祈福、祭祀、丧葬及寒食踏歌等活动也与佛教有着一定的关系。

（二）结合敦煌地区气候、地质、物产等自然特点产生的民俗

敦煌地理坐标为北纬40°10’，东经94°40’，地处甘肃河西走廊最西端，此处也是甘、

① 录文参考郝春文等编《英藏敦煌社会历史文献释录》第14卷，社会科学文献出版社，2016年，第254-255页。

② 《大正藏》第16册，第802页。

③ 参见《四十二章经》，第670页。

④ ［汉］应劭撰，王利器校注《风俗通义校注》，中华书局，1981年，第379页。

⑤ ［清］孙希旦撰，沈啸寰、王星贤点校《礼记集解》，中华书局，1989年，第694、695页。

⑥ 谭蝉雪：《敦煌岁时掇琐》文“安伞旋城”条，《敦煌研究》1990年第1期，第46-47页。

青、新三省区的交界地带。西北地区普遍干旱少雨，敦煌周边多是浩瀚的沙漠戈壁。鸣沙山之沙具有细密、柔软等特点，赤脚行走其中，就能够感受到沙粒的温暖舒适。因此，敦煌就产生了特色鲜明的端午节滑沙民俗。这主要见于《白龙堆咏》诗、敦煌S.5448卷《敦煌录》及《元和郡县图志》等史籍记载。

敦煌地区有在端午节互送礼物、邀吃团粽等习俗。如敦煌P.4984《端午送□扇》云："右伏以嘉辰令节，合献微诚。前件物等，谨充续寿。冒触旌麾，无任战越，屏营之至，伏请处分。"敦煌S.5636卷《端午相迎书》云："达（幸）逢嘉节，端午良晨（辰）。有慰同僚，何以申展，空备团粽，辄敢谘邀。状至，幸垂过访。谨状。"当地僧官在端午节也要向节度使奉献礼物，如敦煌P.4638卷有牒状云：

应管内外释门都僧统兼佛法王赐紫沙门龙誓，都僧录赐紫沙门惠云、僧政踢紫沙门绍宗等，酒贰瓮。右伏以运偶昌晨，时当朱夏，麦垄飞芒之际，阶萱吐叶之初。伏惟司空应天文之德，定押河隍（湟）；察地里（理）之祥，肃清九郡，龙誓等桑门折足，释教么愚，幸逢端午之荣，兼值祝寿之庆，前件少尠，虽惭贡献，聊表释仪，伏乞府（俯）踢，特垂容纳，谨录状上。牒件状如前，谨牒。

其中说端午送物是"聊表释仪"，由此可见，在端午节赠送礼物是敦煌地区的一种社会习俗。

水是生命之源，人类的生活离不开水，沙漠中的水尤为宝贵。没有水，生物在沙漠戈壁中就几乎无法生存。古代人类最初多是临河穴居，华夏始祖黄帝和炎帝两大部落也是在姬水和姜水两岸发展起来，并以所居河名作为自己氏族称呼的。水为人类的日常生活带来种种便利，可在洪水泛滥、暴涨的时节又为人类带来灾难性的后果。在古代人们的想象中，河水像一位喜怒无常的神灵。在古代典籍中就保存有关河神、水神、水怪甚或海神的记载，这多是先民生活经验附加上想象的结果。对水神的祭祀，据现存史籍记载，多是用年轻女子，这与《敦煌廿咏》中《玉女泉咏》所咏相同，也与《史记·滑稽列传》中所记魏国邺地为河伯娶妇之事相类，而西门豹破除当地恶俗的事迹也与水神祭祠有关。

此外，敦煌写卷中有风伯、雨师等神庙记载，也存有相关祭文。如P.2005卷《沙州都督府图经》有云：

风伯神，右在州西北五十步。立舍画神主，境内风不调，因即祈焉。不知起在何代。

雨师神，右在州东二里，立舍画神主，境内亢旱，因即祈焉。不知起在何代。

值得注意的是，《沙州都督府图经》对两庙的记载，都说不知起于何代，可见敦煌地区祭祀风伯、雨师的习俗，起源较为古老。同时，敦煌S.1725卷还存有关于雨师、雷神、风伯的祭文，如《祭雨师文》和《祭雷神文》云：

敢昭告于雨师之神，惟神德含元气，道运阴阳，百谷仰其膏泽，三农粢（资）以成功，仓（苍）生是依，莫不［咸］赖。谨以制弊（币）礼（醴）荠，粢（粢）盛庶品，祇奉旧章，式陈明荐，作主侑神。

敢昭告于雷神，惟神德榸元气，道运阴阳，将欲雨施云行，先发声而隐隐。鼓阴凝结，乃震响以雄雄，黎元是依，莫不咸赖。谨以制弊（币）醴荠，粢（粢）盛庶品，祇奉旧章，式陈明荐。

《祭风伯文》云：

> 敢昭告于风伯神，惟神德含元气，体运阴阳，鼓吹万物，百谷仰其结实，三农兹以成功，苍生是依，莫不咸赖。谨以制弊（币）醴荠，粢（粢）盛庶品，祇奉旧章，式予陈明荐，伏惟尚飨。

此外，《敦煌廿咏》中与水有关的诗歌还有《凿壁井咏》《分流泉咏》《贰师泉咏》等。诗人对泉湖池水的多种歌咏及祭祀，表现出敦煌地区人们对水的重视和珍惜之情。

（三）富有中西文化交融色彩的民俗

敦煌是多民族聚居区，又是联系东西方文化的枢纽，特殊的地理位置使其很早就成为西部各民族经济文化交流交融的中心。早在战国之前，这里定居过火烧羌、塞种等部族。到战国秦汉之际，又有月氏、乌孙、匈奴入居。汉代以后，相继有汉、鲜卑、吐谷浑、粟特、吐蕃、嗢末等不同民族在此地迁居繁衍。往来此地的各民族或从事畜牧、或从事农耕，或农牧兼营，或从事商品交易。人们以不同的方式在这片土地上生活生产，共同创造了敦煌地区丰富多元的物质与精神文化。经过历代不断开发，加上汉唐丝绸之路的开通，到隋唐五代时期，敦煌已经成为西北地区以汉族为主，多民族聚居，中西文化交流发展的一大都会。这突出体现在《敦煌廿咏》中的《安城祆咏》。

据历代史籍载，祆教在唐武宗会昌灭佛之后在内地就基本消失，但从敦煌P.2005卷《沙州都督府图经》、P.5034卷《沙州地志》、S.2474卷《归义军衙内油粮破除历》等写卷来看，祆教直到晚唐五代时期的敦煌地区仍然一直盛行，并且与我国传统祭祀的形式——雩祭相融合。

唐五代时期，敦煌地区在寒食节和行像日同时伴有歌舞。如敦煌S.1156卷《光启三年（887）沙州进奏院状》云：“（三月）五日过寒食，至八日假开。”敦煌S.2200、P.2646、P.2556等卷书仪《寒食相迎书》云：“时候花新，春阳满路。节冬（名）寒食，冷饭三晨（辰），为古人之绝烟，除盛夏之温气。”敦煌S.4705卷寺庙破历记有“寒食踏歌羊价麦九斗，麻四斗”。敦煌S.381卷僧人日进抄《龙兴寺毗沙门天王灵验记》云：“大蕃岁次辛巳（801年）闰二月二十五日，因寒食，在城官寮（僚）百姓，就龙兴寺设乐。”唐张说《十五日夜御前口号踏歌词二首》之二云：“帝宫三五戏春台，行雨流风莫妒来。西域灯轮千影合，东华金阙万重开。”①《资治通鉴》卷206“则天后圣历元年（698年）”条载：“默啜使阎知微招谕赵州，知微与虏连手蹋歌《万岁乐》于城下。将军陈令英在城上谓曰：‘尚书位任非轻，乃为虏蹋歌。’”胡三省注云：“蹋歌者，连手而歌，蹋地以为节。”②据此可知，寒食是汉族传统节日，而踏歌是一种集体歌舞，在唐代比较盛行，参加者围成圆形或排列成行，互相牵手或搭肩，以脚踏地为节奏变化，边歌边舞。

敦煌写卷中还存有关于苏摩遮的相关记录。如敦煌S.1053V某寺破历有云：“粟叁斗，二月八日郎君踏悉磨遮用。”敦煌P.4640卷“纸破用数”下云：“（庚申年）二月七日，支与悉么遮粗纸叁拾张。”其中“悉么遮”“悉磨遮”，与“苏摩遮”“苏幕遮”同，均系古印度语音译，是浑脱舞伴歌的曲调名，此处用作浑脱舞代称。在唐代教坊中，浑脱舞与剑器舞、胡旋

① ［清］彭定求等编《全唐诗》卷89，中华书局，1960年，第982页。

② ［宋］司马光编著《资治通鉴》，中华书局，1956年，第6533页。

舞、胡腾舞同为健舞。词体兴起以后，《苏幕遮》又演变为词牌名。唐代诗人张说《苏摩遮五首》有“摩遮本出海西胡，琉璃宝服紫髯胡”“绣装帕额宝花冠，夷歌骑舞借人看”“腊月凝阴积帝台，豪歌击鼓送寒来”等句，诗题下有“泼寒胡戏所歌，其和声云亿岁乐”[①]。唐代慧琳《一切经音义》卷四十一“苏莫遮冒”条云：“苏莫遮，西域胡语也，正云‘飒磨遮’。此戏本出西龟兹国，至今犹有此曲。此国浑脱、大面、拨头之类也。或作兽面，或像鬼神，假作种种面具行状。或以泥水霑洒行人，或作羂索搭钩捉人为戏。每年七月初公行此戏，七日乃停。土俗相传云，常以此发攘厌驱趁罗刹恶鬼食啖人民之灾也。”[②]唐时段成式《酉阳杂俎》卷四《境异》云：“焉耆国元日、二月八日婆摩遮，三日野祀，四月十五日游林，五月五日弥勒下生，七月七日祀先祖。”[③]由此可知，苏摩遮源自西域，约在隋唐之际传入我国内地，到唐代初年就已经比较流行。据《唐会要》卷34《论乐》载，唐中宗神龙二年（706年）三月，并州清源县尉吕元泰上疏云：“比见都邑城市，相率为浑脱，骏马胡服，名为苏莫遮。旗鼓相当，军阵之势也。腾逐喧譟，战争之象也。锦绣夸竞，害女工也。征敛贫弱，伤政体也。胡服相效，非雅乐也。浑脱为号，非美名也。安可以礼仪之朝，法戎虏之俗？军阵之势，列庭阙之下。窃见诸王，亦有此好。自家刑国，岂若是也。”[④]敦煌地区毗邻西域，苏摩遮也很流行。敦煌S.6537卷《剑器词》有云：

排备白旗舞，先自有来由。合如花焰秀，散若电光开。喊声天地裂，腾踏山岳摧。剑器呈多少，浑脱向前来。[⑤]

敦煌写卷中保存有不少与燃灯习俗相关的记载，如P.3405卷《正月十五窟上供养》云：

三元之首，必然（燃）灯以求恩；正旦三长，盖缘幡之佳节。宕泉千窟，是罗汉之指踪；危岭三峰，实圣人之遗迹。所以敦煌归敬，道俗倾心，年驰妙供于仙岩，大设馨香于万室。振虹（洪）钟于筍（笋）檐，声彻三天。灯广车轮，照谷中之万树。佛声接晓，梵响以（与）箫管同音。宝铎弦歌，唯谈佛德。观音妙旨，荐我皇之徽猷；独煞将军，化天兵于有道。

敦煌S.4625《燃灯文》云：

厥今年初肇律，首岁元晨（辰），青阳告节于中旬，正寅运朔于瑞月。百官迤聚，望仙台步步虔诚；万户奔驰，仰灵岩行行顶谒。朝列净食，花开而香积初来；夜显神光，晃耀似灯王再朗。千龛普照，吉祥鸟重备银轮；万圣俱瞻，善财士倍添金烛。巡山念佛，声声振兜率之宫；遍谷焚香，队队满娑婆之境界。八音合响，请十方诸如来；四众倾心，告三世之应现者，有谁施作？时则有我河西节度使令公，先奉为龙天八部，拥护敦煌土地灵祇，保坚社礼。次伏惟令公己躬延寿，似劫石而同长……每岁元初，灵岩建福。灯然合境，食献倾城。福事已圆，重善遐集。其灯乃神光晃耀，炯皎而空里星攒；圣烛耀明，朗映而灵山遍晓。银灯焰焰，香油注玉盏，霞开宝火，素草至金瓶，雾散千龛。会座倘然，创砌琉璃五阁仙层，忽蒙共成

① ［清］彭定求等编《全唐诗》卷28“杂曲歌辞”，中华书局，1960年，第415页。

② 徐时仪校注《一切经音义三种校本合刊》，上海古籍出版社，2008年，第1211页。

③ ［唐］段成式：《酉阳杂俎》，中华书局，1981年，第46页。

④ ［宋］王溥：《唐会要》，中华书局，1955年，第626页。

⑤ 王重民辑《敦煌曲子词集》，商务印书馆，1950年，第65页。

卞璧。遂使铁围山内，并日月而通祥；黑暗城中，遇光明而离苦。上彻三十三天之众，叹不思议；下及一十八之泥犁，皆蒙获益。故之慈力割身苦行，求无上之菩提；灯指然（燃）臂非常，愿度恒沙之有识。于是，幽岩应响，和不二之善音；宝树鸣条，演一如之实理。祥鸟昏集，唯鸣苦空之声，瑞鹊朝臻，共叩无常之理。是时也，银河开浪，萌芽喜北岸之春；玉涧玲珑，柳絮舞南枝之蕊。总斯多善，莫限良缘。先用庄严梵释，四王龙天八部，伏愿威光转盛，福力弥增。兴运慈悲，救人护国，使四时运泰，保稼穑而丰盈；八节调和，定戎烟而永息。亦愿蝗飞台（胎）卵，移眷属于他乡；石勒护将，行灾殃于异域。又将胜福，次用庄严当今帝主贵位。

敦煌正月十五的燃灯习俗，与我国古代民间传统的上元灯节类似，但并不相同。燃灯习俗包含较多燃灯祈福的内容。张弓认为，我国正月十五日的燃灯习俗起源于汉代祠祀太一神，到唐玄宗时期，成为重要的春月节俗行事①。谭蝉雪认为，敦煌的正月十五燃灯分民俗和佛俗两个方面，后者包括设供、焚香、燃灯、诵佛、设乐等多种佛事活动②。郝春文从敦煌文献中保存的燃灯活动中念诵的《燃灯文》出发进行考察，认为唐五代时期敦煌地区的燃灯活动已成为一项燃灯供佛的佛事活动，是汉文化与佛教文化相融合的结果。燃灯既包含供佛做功德的因素，又有娱乐因素③。需要指出的是，敦煌至今仍然有火神庙④，尽管目前学界对于火神庙与祆教之间关系的看法不大相同⑤，但从中仍可看出祆教在敦煌地区的传播，具有我国传统祭祀与外来文化相交融的特征。

在隋唐五代时期，除佛教、道教、祆教外，摩尼教、景教在敦煌地区也有一定程度的传播。多民族、多宗教在敦煌地区共同发展，其文化与我国传统文化相互融合，形成了交融密切、多彩多姿的历史文化风貌。

（四）以儒家文化为主体的多种祭祀

中国古代统治者多奉行三教论衡的政策，因此儒、释、道三教在历史上一直并行发展。其中儒、道二教是在中国文化环境中成长起来的传统学说，佛教是源自印度的宗教，三教之间既有冲突斗争，又相互影响，相互融合。在魏晋六朝直至隋唐五代时期，敦煌地区不仅盛行儒、释、道三教思想观念，而且祆教、摩尼教、景教等也有不同程度的传播，因而形成多种宗教文化共同发展的面貌。其中，又以儒家思想和佛教最为流行。

笔者认为，敦煌世家大族“提倡儒学，是敦煌世家大族奉中原王朝为正统，在西陲竭力坚守汉族政权的表现。儒学作为汉文化的代表，也是敦煌联接中原王朝的精神文化纽带。而世家大族推崇佛教，也是为了更好地维系敦煌与周边少数民族的关系，因此形成了敦煌地区

---

① 张弓：《敦煌春月节俗探论》，《中国史研究》1989年第3期。

② 谭蝉雪：《敦煌岁时掇琐》，《敦煌研究》1990年第1期。

③ 春文：《唐后期五代宋初敦煌僧尼的社会生活》，中国社会科学出版社，1998年，第230页。

④ ［日］小川阳一：《敦煌における祆教庙の祭祀》，《东方宗教》1967年第27号，第25页。也有的学者认为敦煌今存明清时代的火神庙并非祆庙，而是供奉中国传统火神。参见姚崇新：《“火神庙”非祆庙辨》，《世界宗教研究》2009年第3期。

⑤ 有的学者认为在我国古代的正统祀典中，未见有火神祭祀。参见詹鄞鑫：《神灵与祭祀——中国传统宗教综论》，江苏古籍出版社，1992年，第79页。

儒学与佛教密切交融的文化特征”[①]。可以说，儒学和佛教在敦煌地区一直都很盛行，二者长期密切交融配合，对敦煌文化的发展有着重要而久远的影响。

祭祀是古老的文化传统，属传统宗教。祭祀在我国传统文化中有着特殊地位，儒家通过祭祀表达对大自然的敬畏和酬答。《左传》“成公十三年”有云：“国之大事，在祀与戎。”[②]历代国家政权通过对山川神灵的祭祀，昭告天下自身统治的合法性，进而获得对土地和人民的支配权。山水是原始崇拜的神灵，历来都是祀典中的重要神祇。而原始的山川崇拜，源自山川能兴云致雨的自然属性。殷人祭祀最多，祭礼中最重的就是河神。古代所说的“河”即黄河，被誉为哺育中华文明的母亲河。《礼记》卷45《祭法》云：“山林、川谷、丘陵能出云，为风雨，见怪物，皆曰神。有天下者祭百神，诸侯在其地则祭之。”[③]《史记·五帝本纪》张守节正义有云：“鬼之神者曰灵也。鬼神谓山川之神也，能兴云致雨，润养万物也。”[④]《礼记》卷17《月令》云：“天子命有司祈祀四海、大川、名源、渊泽、井泉。”[⑤]名源，即有名的水泉。水与人类渔业、农业及日常生活直接相关，因而受到崇拜。

这种儒家的山川崇拜思想在《敦煌廿咏》组诗中也有突出表现。如《敦煌廿咏》中有《三危山咏》，三危山即敦煌望山，唐代《括地志》卷四“沙州敦煌县”条云：“三危山有三峰，故曰三危，俗名卑羽山，在沙州敦煌县东南三十里。”[⑥]组诗中有多首诗歌都是歌咏泉水，结合相关文献记载，可知所咏井泉多有祭祀活动。此外，《半壁树咏》有云：“森森神树下，祈赛不应赊。”说明在唐五代敦煌地区，无论是沙漠中的一池清水，还是生长于悬崖峭壁上的奇树，只要独特新奇，当时人们都视为“神”物。正如《周易·系辞上》所云：“阴阳不测之谓神。”[⑦]而凡是神奇的事物，人们都要之进行祭祀。从组诗《敦煌廿咏》可以看出，隋唐时期敦煌地区的祭祀对象范围比较广泛，包括山川、泉池、奇树、圣主、贞女、火神等。

龙是中华民族的象征，源自远古先民的图腾崇拜。经过世代加工和神化，到汉魏时期龙的形象基本定型，成为超现实的神灵，主要被视为祥瑞而受人崇拜。张衡《论衡》卷6《龙虚篇》云：“龙之所居，常在水泽之中。”又引《传》云：“山致其高，云雨起焉；水致其深，蛟龙生焉。”[⑧]这种神化山川的观念，反映出古人对于龙的认识。龙的形象也出现在《玉女泉咏》《白龙堆咏》中。此外，敦煌P.2683卷《瑞应图》中的彩绘有龟、龙、凤、麒麟等，而以龙类最多，有蛟龙、黄龙、神龙、黑龙、白龙、五龙、青龙、赤龙、玄龙、黄虬等，还附有皇帝乘龙、帝颛顼乘龙、帝喾乘龙、帝禹御二龙、五龙舞河等条目。这些与龙崇拜相关的记载，都带有明显的儒家文化的特征。

《敦煌廿咏》还表现出敦煌社会崇尚儒家思想文化的倾向。多首诗歌体现了对功臣圣贤的崇拜，对儒家忠贞节义、尚德恤民等思想观念的认同，以及对割据叛乱的坚决反对。诗人表

① 王志鹏：《佛教影响下的敦煌文学》，人民出版社，2021年，第39页。

② 杨伯峻编著《春秋左传注》，中华书局，1981年，第861页。

③［清］孙希旦撰，沈啸寰、王星贤点校《礼记集解》，中华书局，1989年，第1194页。

④［汉］司马迁：《史记》，中华书局，1959年，第12页。

⑤［清］孙希旦撰，沈啸寰、王星贤点校《礼记集解》，中华书局，1989年，第496页。

⑥［唐］李泰等著，贺次君辑校《括地志辑校》，中华书局，1980年，第228页。

⑦［清］李道平撰，潘雨廷点校《周易集解纂疏》，中华书局，1994年，第562页。

⑧ 黄晖：《论衡校释》，中华书局，1990年，第282页。

达出摆脱外族控制，一心归向中原王朝的情感。诗人谴责割据称王的叛臣贺拔行威，歌颂贰师将军李广利志感飞泉，推崇草圣张芝的书法艺术，称赞张嵩敢于废除淫祀，追思建立不世功业的圣帝李暠等。特别是诗歌对唐将谭可则忠贞不屈、历尽艰难，最后弃蕃归唐之事，还有“一入重泉帝，千金市不回”鄙弃名利的天马形象，以及“洁身终不嫁，非为乏良媒”的贞女高尚志节的歌咏等，具有鲜明的感情色彩。其中体现出推崇德治、关切民生、将士同心、体恤下情、重视大义气节、推许儒家文化等思想，字里行间充满对中原王朝及中华文化的深情，这也透露出诗人的理想情怀。

敦煌地区不仅有土地庙、风伯、雨师、雷神等多种庙宇，敦煌写卷中还保存有《释奠文》《祭社神文》《祭社稷文》《祭后土文》《祭稷神文》《祭后稷文》等书仪，以及进行这些祭祀活动时所用物品的记录。其中敦煌S.1725卷《释奠文》是祭祀儒家最为杰出的代表人物——孔子及其弟子颜回的祭文，云：

> 敢昭告于先圣文宣王，惟王固天，被纵诞降生，知经纬礼乐，阐扬文教余烈，遗风千载，是仰俾兹末学，依仁淤（于）艺，谨以制弊（币）醴荠，粢（粢）晟（盛）庶品，祇奉旧章，式陈明荐，以先师兖公配。①
>
> 敢昭告于先师兖公，爰以仲春，率尊故实，敬修释奠于先圣文宣王。惟公庶几体二德，冠四利，服道圣门，实臻壶奥。谨以制弊（币）礼荠，粢（粢）晟（盛）庶品，式陈明荐，作主配神。

祭文明确，祭祀的是先圣文宣王孔子和先师兖公颜子，由此也可见隋唐五代时期儒学在敦煌地区学者心中的崇高地位，以及人们对以孔子为代表的儒家先贤的敬仰之情。这从侧面说明，儒家文化在敦煌地区有着深广的社会影响。

总的说来，敦煌写卷中保存的佚名组诗《敦煌廿咏》包含着丰富的民俗生活内容。当地文化生活虽然以儒家为主体，但无论是围绕佛教仪式进行的僧俗集会，还是依据当地自然条件而形成的节庆活动，不仅具有中外文化交融的色彩，而且体现出鲜明的西北地域特征。这在一定程度上也反映出隋唐五代时期敦煌地区丰富多彩的社会生活，以及当时人们崇尚歌舞、积极乐观、蓬勃向上的人生态度。

---

① 敦煌S.1725卷《释奠文》中“兖”字形似“变”，当是“兖”之讹。兖公，当指兖国公颜回。杜佑《通典》53卷《礼·释奠》云：“周制，凡始立学，必释奠于先圣先师。及行事，必以币。”《通典》53卷《礼·孔子祠》又云：“开元二十七年（739年）八月，有“制”追赠夫子为文宣王，颜子赠兖国公，陪祭于孔庙。”据此可知，兖公当是兖国公的简称，指孔子弟子颜回。参见［唐］杜佑撰，王文锦等校点《通典》，中华书局，1988年，第1471页、1481、1482页。

敦煌吐鲁番事目类文书考辨

赵　洋（中国社会科学院古代史研究所）

官文书的传递覆盖了一个国家所统御的地域。在此地域内，各类官文书经由各个官方驿站和各路官道在规定程限内来往于各个官司之间。唐王朝作为一个统辖广阔地域的大帝国，每天各处官司所收发的文书数量应当极其庞大。而在敦煌吐鲁番出土的各类文书中，就保存有很多抄录了不同地方官司收发文书事目的事目类文书残卷。这类文书抄写的内容，基本都是按照时间顺序条列各种文书收发的相关事宜。这些事目类文书作为官司收发文书的目录，在唐帝国的文书行政过程中扮演着十分重要的角色，对于我们了解唐代地方官司日常政务运行也有所帮助。

一、“事目”与“抄目”再辨

敦煌吐鲁番出土的事目类文书一般都被定名为“事目历”，其定名依据基本来自《唐六典》所载：

> 凡施行公文应印者，监印之官考其事目，无或差谬，然后印之，必书于历，每月终纳诸库。[①]

王永兴先生对敦煌吐鲁番出土的这些“事目历”文书做过细致区分，指明其中应分为抄目和事目两大类，前者是官司某段时间内往来公文目录的记录，后者则是为了请印、上使等各种行政目的而条列的具体文案目录[②]。从唐代勾检制度来看，王永兴先生的观点对于我们理解敦煌吐鲁番出土事目类文书的基本特征，确实有很大启发。此外，方诚峰先生最近发表的大作《敦煌吐鲁番所出事目文书再探》则在王

① ［唐］李林甫等撰，陈仲夫点校《唐六典》卷1“尚书都省”条，中华书局，1992年，第11页。

② 王永兴：《吐鲁番出土唐代西州某县事目文书研究》，载袁行霈主编《国学研究》第1卷，北京大学出版社，1992年，第364-376页。后收入王永兴：《唐代前期西北军事研究》，中国社会科学出版社，1994年，第353-422页。

永兴先生的研究基础上，结合丰富的宋代史料，对敦煌吐鲁番出土的这些事目类文书再做一番检讨，说明了文书事目的产生，并对事目类文书进行了分类，探讨其与宋代勾销承受簿的关系[①]。

以上两位前辈学者的研究，都进一步丰富了我们对于事目类文书的了解。不过，笔者始终对于“事目”和“抄目”这两个名词持有疑论。因为王永兴先生认定抄目历，主要的依据是《唐六典》卷一一“殿中省”条所云“丞掌判监事，兼勾检稽失，省署抄目”[②]，也就是勾官专门负责“省署”并对“抄目”进行勾检。但笔者以为，这里的“抄目”并非名词性的“文书”，而是动名词结构的用法，指抄写勾检之事成为条目，亦即抄写事目而已。

此外，《魏书》卷76《卢同传》载卢同的上表云：

顷来非但偷阶冒名，改换勋簿而已。或一阶再取，或易名受级，凡如此者，其人不少。良由吏部无簿，防塞失方。何者？吏部加阶之后，簿不注记，缘此之故，易生侥幸。自今叙阶之后，名簿具注加补日月，尚书印记，然后付曹。郎中别作抄目，印记一如尚书，郎中自掌，递代相付。此制一行，差止奸罔。[③]

魏明帝时，许多人冒名窃取军功，故而卢同上表提议要在吏部名簿具注补上时间，并且尚书还要加上印记才交付曹司，同时郎中还要“别作抄目”。王永兴先生认为此处“抄目”在名称上与唐代相同，在内容上也相类似[④]。但细审全文，这里所说的“抄目”是要“印记一如尚书”，则表明这里的“抄目”应该是指重新复制一份原件名簿而已。“别作抄目”其实是指另外再制作一份抄件副本，并非王永兴先生所说的唐代“抄目”。

关于“抄目”的理解，学者还援引《令义解》卷二《职员令・神祇官》中对于“上抄”的注解，其云：

释云：唐令私记云，都省令史受来碟而付本头令史，付讫作抄目，谓之“上抄”。其样如左也。

太常寺牒为请差巡陵使事

右壹道付吏部令史王庭[⑤]

这里所说的“抄目”确实是名词用法，注解也列出了事目类文书抄写的标准格式。但首先，这是日本古代学者对于“抄目”的理解，在唐代并不一定是这种用法；其次，前文其实对“上抄”还有解释，“谓上者载也；抄者录也”[⑥]，“抄”本身就是“记录”的意思，代入“抄目”中，其实还是记录事目的含义。

另外，在日本正仓院保存的日本古代文书中，有两件日本天平六年（734）的计会帐值得注意。其中一件“出云国计会帐”是一份非常长的卷子，下面只节录部分录文：

1 出云国计会帐天平六年八月廿日正八位下目小野臣淋奈麻吕

2 天平六年

① 方诚峰：《敦煌吐鲁番所出事目文书再探》，《中国史研究》2018年第2期，第117–134页。

②《唐六典》卷11“殿中省”条，中华书局，1992年，第323页。

③《魏书》卷76《卢同传》，中华书局，1974年，第1682页。

④ 王永兴：《唐勾检制研究》，上海古籍出版社，1991年，第64页。

⑤《令集解》卷2《职员令・神祇官》，吉川弘文馆，1985年，第37页。

⑥《令集解》卷2《职员令・神祇官》，吉川弘文馆，1985年，第37页。

3 正月
4 　七日移壹道浮浪人状
5 　廿四日移太政官下符壹道进紫草停状
6 二月
7 　八日移太政官下符贰道一官稻混合状一国司等贷状
（中略）
41 隐伎国送到移壹拾贰条
42 天平五年
43 八月
44 　廿二日移民部省下符壹道应户编状
45 天平六年
46 正月
47 　十日移建部志麻卖除本籍请附贯状
（中略）
61 石见国送到移贰拾条
62 天平五年
63 七月
64 　十三日移节度使符壹道差点储士并国司郡司等应会集状
（中略）
76 节度使符三拾贰条
77 天平五年
78 八月
79 　一七日符壹道却选杂工生伊福部小岛等合六人状 以八月廿二日到国
（中略）
120 筑紫大宰府符壹条
（中略）
124 解、辨官解文肆拾壹条
125 天平五年
126 八月
（中略）
129 　一九日夏调过期限迟进事
130 　一同月十九日进上水精玉壹伯伍拾颗事
131 　一同日进上主当调庸国郡司历名事
（中略）
140 　　右捌条，附大帐使史生大初位上依纲连意美麻吕进上
（中略）
151 　　右，附贡调使史生大初位上依網连意美麻吕进上
（中略）

184　　右，件公文卷轴，附驿申送

（后略）[①]

此件文书上盖有“出云国印”，是正式的由出云国递送至当时平城京奈良的文书统计簿。其中按照年月时间顺序，抄写了该国天平五年至六年所收到及进上的文书事目。如节抄的1—7行是该国直接收到的文书，节抄的41—47行来自附近隐伎国，节抄的61—64行来自石见国，节抄的76—79行来自节度使，节抄的120行来自筑紫太宰府，还有节抄的124—140行是进上的一些文书，节抄的184行是对前件事目由馆驿申送的说明。虽然这件文书所载事项格式与《令集解》所说的“抄目”样式不完全一致，但其文书形式上与唐代的事目类文书却极其类似，都是当地行政机构对于收发文书的记录，只是信息略有节省。然而，当时日本人将这种来往文书的记录称之为“计会帐”，并非“抄目”。

上文所说日本的“计会帐”文书可能也是来源于唐朝。如S.2703v《天宝年间敦煌郡典应遣上使文解牒并判抄》节录如下：

（前缺）

1 合郡廿五日应遣上使文解总玖道

2　一上北庭都护府为勘修功德使取宫观斋醮料事

（中略）

9　　右各责得所由状俱上使事

10　　目如前

11 牒件检如前 谨牒

12 十二月　日典王隐闻（?）

13 当郡应上使及诸郡文牒共玖道分付

14 长行坊取领如牒长乐馆检领递过

15 讫报。其月日牒为□

（后缺）[②]

这件文书虽然被认为是牒文，但是其中抄写的内容及格式同“出云国计会帐”有相似之处。如文书当中也提到了上使的文解事目，同时还有其文解“分付长行坊取领如牒，长乐馆检领递过”的申送流程记录，这与“出云国计会帐”中第184行“右，件公文卷轴，附驿申送”的记录，十分相近。

此外，在敦煌文书P.2819唐公式令残卷中的符式有小注云：“若事当计会者，仍别录会目，与符俱送都省。”可见，唐代也有需要计会并送往中央尚书都省的事目类文书。《唐六典》同样有载：

凡天下制敕、计奏之数，省符、宣告之节，率以岁中为断。京师诸司，皆以四月一日纳于都省。其天下诸州，则本司推校以授勾官，勾官审之，联署封印，附计帐使纳于都省。常以六月一日都事集诸司令史对覆，若有隐漏、不同，皆附于考

① 录文见《大日本古文书·编年文书》卷1，东京大学出版会，1998年，第586-604页。

② 录文参见郝春文主编《英藏敦煌社会历史文献释录》第13卷，社会科学文献出版社，2015年，第486-487页。

课焉。[①]

为了统计和勾检发送天下的制敕、省符、计奏及宣告，每年都会有专门的勾检文书送往中央的尚书都省。其中，地方的勾检文书会由计帐使送往中央（日本是附大帐使或贡调使上，见上引第140行），这些都会成为相关官员的考课依据。而小注中的“别录会目”可能是指另外抄录统计文书的事目。

另外，专门抄写条列文书事目的记录帐簿，可能在唐代被称为“某历”。如孙继民先生曾缀合的S.11459G、S.11459E和S.11459D中就有：

1 兵曹司开元十五年十二月印历典杜言　　官乐□

2 五日牒中军为收李景廉讫上事

3 牒车坊为收扶车兵王玄方事

4 牒西门为收高汉子事 牒胄曹为磨甲兵事

5 牒东道守捉为置□子事

6　　右伍道 典杜言 官乐琮

（后略）

此件文书应当是兵曹官员对于多件用印文书的记录，孙继民先生据第1行，将其定名为《开元十五年十二月瀚海军兵曹印历》[②]。据上可知，只要是条列多项“事”的文书，都可被称为“某历”。还如《唐会要》记载开元八年（720）关于南选的诏敕云：

其年九月敕：“应南选人，岭南每府同一解，岭北州及黔府管内州，每州同一解。各令所管勘责出身、由历、选数、考课优劣等级，作簿书，先申省。省司勘应选人曹名考第，一事以上，明造历子。选使与本司对勘定讫，便结阶定品，署印牒付选使。”[③]

这条诏敕的规定后来也成为《唐六典》中吏部郎中职掌南选的注解：

应选之人，各令所管勘责，具言出身、由历、选数，作簿书预申省。所司具勘曹名、考第，造历子，印署，与选使勘会，将就彼铨注讫，然后进甲以闻。[④]

诏敕中提到省司在勘定南选之人的考第时，只要有“一事以上”，也需要制作历子，最后还要署印付选使。所以只要有多件“事”需要抄录，都要制作历子，以方便相关人员对其进行勘定。甚至文中提到的官员“由历”，应当也是依据官员出身经历，按照日月事由列为目次，以便相关省司对官员进行审查。

所以笔者以为，“抄目”只是指记录文书事目的这种行为和形式而已，不一定就是一种正式文书名称。在唐代，只要抄录多件“事”的文书，都可被称为“某历”，以便相关人员对其进行勘定审查。不过，唐代的事目类文书到底被称为什么历，我们暂时还无法确知，但这些关于文书事目的历都可以被归入事目类文书的范畴之内。

---

①《唐六典》卷1“尚书都省”条，中华书局，1992年，第12页。

②孙继民：《敦煌吐鲁番所出唐代军事文书初探》，中国社会科学出版社，2000年，第227-232页。

③《唐会要》卷75“南选”条，上海古籍出版社，2006年，第1622页。

④《唐六典》卷2“尚书吏部郎中”条，中华书局，1992年，第34页。

二、事目类文书溯源

敦煌吐鲁番出土的事目类文书，基本都是唐代政务运行过程的产物，其格式已经相当正规与成熟。这类文书伴随着文书行政制度的建立而产生与发展。而文书行政的开端，应当从秦汉开始算起[①]。在已发现的汉简中，确实也保存了不少与往来文书记录相关的简牍。

鲁惟一先生对居延汉简专门进行了分类，其中MD1是发出信件的登记簿，MD2、MD3是某机构处理途经邮件的登记簿，TD1、TD2是大湾地区处理途经邮件的登记簿片段[②]。此外，李均明先生对居延汉简也进行了分类，录课类中其他项的“奏封记录”和“启封记录”，分别就是文书发出和接收的记录[③]。虽然汉简的文书格式与唐代的事目类文书略有差异，但详细考察这些简牍当中所记录的事项，可以发现其形式与事目类文书基本一致。下面就略举两件居延汉简的例子。

第1例：

·遣尉史承禄使七月吏卒病九人饮药有廖名籍诣府会八月旦 ·一事一封 ·七月庚子尉史承禄封[④]

第2例：

·其一封居延都尉章、一封王充印 ·五月戊戌尉史强奏发[⑤]

第1例是汉简的“奏封记录”，先概述发文内容和收文者，然后是发文事类数、封缄数和封装方式，最后是封缄时间和经手人；第2例是“启封记录”，先记收件类别和数量，然后是发件人，最后是启封时间和启封人的职官姓名。虽然以上两例的具体格式与唐代事目类文书有所不同，但是基本还是先记录文书发送或接收的地方，然后是发出或接收的时间，最后是经办人。尤其是“奏封记录”也会概述文书的事项，这其实在形式上已与唐代事目类文书相趋同。

如上引两件居延汉简所见，汉代远居西北边陲的地方官司，已经有了专门记录当处官司文书发出和接收的登记簿。这不会只是居延地区的个别现象，而是当时汉帝国境内文书行政的通用做法。各处官司都要将收发文书的事项、时间和经办人记录下来，按照“一事一封”的方式发送与启封。

还有一件在大湾地区发现的文书，其中提到了从中原发来的文书，略举录文如下：

十二月三日

北书七封

（中略）

---

① 相关研究可参见［日］富谷至著，刘恒武、孔李波译《文书行政的汉帝国》，江苏人民出版社，2013年。

② 鲁惟一：《汉代行政记录》（下），广西师范大学出版社，2005年，第154–182页、第360–370页。

③ 李均明：《秦汉简牍文书分类辑解》，文物出版社，2009年，第429–431页。

④ 录文参见鲁惟一：《汉代行政记录》（下），广西师范大学出版社，2005年，第160页；李均明：《秦汉简牍文书分类辑解》，文物出版社，2009年，第430页。图版见《居延汉简甲乙编》，中华书局，1980年，第125页第1649件。

⑤ 录文参见鲁惟一：《汉代行政记录》（下），广西师范大学出版社，2005年，第171页；李均明：《秦汉简牍文书分类辑解》，文物出版社，2009年，第431页。图版见《居延汉简甲乙编》，中华书局，1980年，第73页第932件。

二封河东大守章皆诣居延都尉府一封十月
甲子起一十月丁卯起一封府君章诣肩水
（十）一月丙午起诏书一封十一月甲辰起
十二月乙卯日入时卒宪受不□卒恭
夜昏时沙头卒忠付骍北卒护①

这件简牍文书是十二月三日当天所收北行文书的记录。其中有两封是盖有河东太守印章的文书，还有一封是来自中央国都的诏书。在该件简牍文书上，详细记录了这三封文书的发送时间、接收时间和经办人。其中两封钤有河东太守印章的文书都是十月份发出，诏书则是十一月发出，但三件文书却都是十二月三日这天同时到达，经过几个卒一同进行传付。一般来说，诏书的传递速度肯定快过普通文书，所以这封诏书文书虽然是后发却还能与河东府发来的文书同时到达，也就不足为奇了。而且，汉代诏书作为当时皇帝最为常用的命令文书，主要用于处理常规行政事务，故而汉简中保存有不少这类文书，如居延汉简有：

·制诏纳言其□官伐材木取竹箭 ·始建国天凤□年十一月戊寅下②

这些出土的汉简诏书，都证明了“奏封记录”和“启封记录”中的文书收发记录具有真实性和有效性。同时这些记录文书往来的“奏封记录”和“启封记录”，也证明了秦汉帝国建立的文书行政覆盖面之广，传递时效之高。

综上所述，我们可以认为，这些“奏封记录”和“启封记录”就是唐代事目类文书的雏形。

不过，还需注意到“启封记录”汉简都会详细记载收到文书的印章，如上文提到的“河东大守章”就是一例。不过在“奏封记录”中却基本见不到印章的记载。而敦煌吐鲁番出土的唐代事目类文书却与此恰恰相反，收到文书的记录中往往都没有提到印章，而在发出文书的记录中则会提到印章。

汉代和唐代对于文书往来记录的这种不同，可能是由于唐代官司所收到的文书事目都会详细说明文书的出处，故而不需要再用印章来解释文书到底从何处而来。不过发出文书却有比较严格的用印程序，故而我们能在敦煌吐鲁番出土的事目类文书中看到印章的记载。如孙继民先生将缀合的S.11453J、S.11453L和S.11453K定名为《唐开元某年某月瀚海军请印历》，其中S.11453K就有：

（前略）
7 虞候状为检王贞群死马一疋事 马仁
8 十二日判牒虞候征皮并肉钱讫 典马仁 价 琼
9　右陆拾壹道请印 发日典 张价 琼
（后略）③

这件请印历虽然是收到文书的记录，却与其他收到文书的记录有些不同。记录当中详细

① 录文参见鲁惟一：《汉代行政记录》（下），广西师范大学出版社，2005年，第366-367页。图版见《居延汉简甲乙编》，中华书局，1980年，第141页第1914A、B件。

② 录文参见李均明：《秦汉简牍文书分类辑解》，文物出版社，2009年，第28页。图版见《居延汉简甲乙编》，中华书局，1980年，第54页第570件。

③ 孙继民：《敦煌吐鲁番所出唐代军事文书初探》，中国社会科学出版社，2000年，第236-242页。

记载了事由处理的结果，如第8行就是朱笔书写的判决，而第9行则是要将判决发出时请印的记录，其实也是在为即将判下发出的文书请印。这些记录之后可能会被抄录到上文提到的“印历”当中，用以最后的勘定审查。

孙继民先生还将S.11459G、S.11459E、S.11459D、S.11453H、S.11453I、S.11459C和S.11459F归为一类，均定名为《唐开元十五年某月的瀚海军勘印历》。其中S.11459F有：

（前略）

2 牒康充并为西界屯事、般□收入团事。牒仓曹为雅□事。

3　右贰拾柒道。典范童，官乐琼。勘印贰拾

4　柒道。琼

（后略）①

这件文书只单纯记录了文书的事目，并没有详细的处理信息，应当是瀚海军的发文记录。当中明确提到“勘印贰拾柒道”，也就是对前面提到的要发出的二十七件文书进行勘印，其后签名的官“琼”，据孙继民先生的考察应是通判官，确实有负责审查文案的职能。而之所以发出的文书都要勘印，主要在于上文提到的“监印之官考其事目，无或差谬，然后印之，必书于历”。依据文书发出的流程，这里的“必书于历”可能就是指“勘印历”，用以在文书发出前勘定审查。上文已提到的吐鲁番出土《开元十五年十二月瀚海军兵曹印历》，也很可能是这类历子的遗存。

再如前文提到过《唐六典》中关于南选的注解提到，“所司具勘曹名、考第，造历子，印署，与选使勘会，将就彼铨注讫，然后进甲以闻”，造历子，也是要署印后才交予选使，最后才能得以上闻。署印是文书得以发出施行的重要标志。

根据王永兴先生对唐代内外官司中勾官的统计，勾官虽然绝大多数只是七品、八品、九品，甚至是无品的胥吏，但多数勾官的确执掌官印②。如《唐六典》卷一四“太常寺主簿”条、卷一七“太仆寺主簿”条、卷一八“大理寺主簿”条、卷一九“司农寺主簿”条和卷二〇“太府寺主簿”条均载：“主簿掌印，勾检稽失，省署抄目。”

不唯中央官司，地方也与此相同。如《唐六典》卷三〇“三府督护州县官吏”记载京兆、河南、太原牧及州、都督府中“司录、录事参军掌付事勾稽，省署杪（抄）目。纠正非违，监守符印”；县中“主簿掌付事勾稽，省署抄目，纠正非违，监印，给纸笔、杂用之事”；都护府中“仓曹掌仪式、仓库，饮膳、医药，付事勾稽，省署抄目，监印，给纸笔，市易、公廨之事”；诸关中“丞掌付事勾稽，监印，省署抄目，通判关事”③。

所以，与事目类文书相关的“抄目”都是由监印的勾官负责。大概也只有这些监印的勾官才懂得辨认这些官文书的正确与否及上面官印的真伪。由此，我们可以认为事目类文书上所抄录的文书绝大部分都是施行并用印的官文书，故而“监印之官考其事目，无或差谬，然后印之，必书于历”。与官印及监印之官有着密切联系，这也是事目类文书的重要特点。

由上可见，唐代的事目类文书基本承续了汉代“奏封记录”和“启封记录”的形式，是文书行政运行中非常重要和特别的一个环节。不过，随着文书收付流程和其具体格式的变

---

① 孙继民：《敦煌吐鲁番所出唐代军事文书初探》，中国社会科学出版社，2000年，第234-236页。

② 王永兴：《唐勾检制研究》，上海古籍出版社，1991年，第4-34页。

③《唐六典》卷30，中华书局，1992年，第748页、第753页、第756页、第757页。

化，唐代的事目类文书也在汉代“奏封记录”和“启封记录”的基础上有所发展。

三、事目类文书分类与文书行政

目前所见敦煌吐鲁番事目类文书的形式有很多种，方诚峰先生主要依据抄写特点，将其中收文登记类的事目类文书划分为四类：其一，规整而连续抄写的收文登记；其二，一事目一行的收文登记；其三，一事目一行的收文登记，左侧小字记录给付对象（及一事目一行的收文登记，小字记录给付时间、给付对象）；其四，墨书一事目一行的收文登记，左侧行间有朱书处理结果①。这种分类确实让我们更加清晰地了解这类文书的特点。但是，一方面，这种分类只是收文登记的分类，而没有考虑发文登记的分类；另一方面，这种依据抄写特点的分类，虽然注意到了不同分类抄写的顺序，但仍未将其与文书行政程序紧密联系起来，其抄写特点背后的深层次原因仍有待挖掘。所以，下文将对这两方面再做申论。

卢向前先生曾对唐代牒式文书的处理程序做过总结，分为六个环节：署名—受付—判案—执行—勾稽—抄目②。虽然这六个环节不一定完全准确，但是其中“受付”和“抄目”两个环节分别对应了事目类文书的收文记录和发文记录，这也说明事目类文书在文书处理程序当中扮演着比较重要的角色。

首先，在受付过程中，收到的文书事目登记应当具备时间、文书事目和交付信息三个要素。这三个要素完整具备的事目类文书，应当是最为标准的收文登记，也是“受付”过程最终完成的标志。而这类文书差不多就相当于方诚峰先生所分的第三类，也就是“斯坦因所获吐鲁番文书《西州诸曹符帖目》”“哈拉和卓2号墓《唐西州事目》”和“阿斯塔纳518号墓《唐西州某县事目》”。这三件事目类文书的抄写形式没有太大差别，其中较为完整的“阿斯塔纳518号墓《唐西州某县事目》”有：

（前缺）

1 二月至［

2 ］火幕六驮限来月一日到州［

3 □□□为麻田依前种并苜蓿未申事三日付曹义

（中略）

7 ］事六日付郑满

（中略）

13 ］二日内申事八日付曹义

（中略）

24 ］典限牒到当日送州事十日付汜让

（后略）

这里只节录数行，其中第1行表明这件事目类文书为某年二月份至某月份收到并交付的文书事目。后面每行所抄事目的最后都会有小字表明哪天交付给某人，如第3行“三日付曹

① 方诚峰：《敦煌吐鲁番所出事目文书再探》，《中国史研究》2018年第2期，第128页。

② 卢向前：《牒式及其处理程序的探讨——唐公式文研究》，原载《敦煌吐鲁番文献研究论集》第3辑，北京大学出版社，1986。后收入卢向前：《唐代政治经济史综论——甘露之变研究及其他》，商务印书馆，2012年，第307-363页。

义”和第7行“六日付郑满”。另外，一般来说，收到文书的登记都是按照收到时间顺次排序，但这件文书尽管上半部分残缺严重，依据下半部分来看，却都是依照交付时间排序。不过，也有可能是文书收到后就被立即交付，所以收到时间和交付时间其实相差无几，故而对于排序并没有影响。比如第13行称“二日内申”和第24行云“限牒到当日送州”，都有明确的事务处理与交付的时间要求，故而其文书处理应当也会相应加快。这也从另一方面证明了该县在处理行政事务时，执行速度相当之快，分工也十分之明确，故而文书的分发才会如此迅速。

根据这件文书的抄写格式来看，当有文书到达时，相关人员会按照一定的时间顺序，将文书事目誊抄下来，等交付后再在其事目下用小字标注。因此，收到文书的事目登记记录伴随着文书到达和交付的过程而进行抄写，文书的来处和内容在第一时间被记录，文书本身也会按照相关要求和规定被处理交付，同时其处理去向也会被如实记录下来。这种事目类文书本身就是文书行政流程的最佳写照。

其次，方诚峰先生所分四类中的第一类和第二类应当被归为一类。因为这两类事目类文书都只记录了文书到达的时间和事目但没有交付的信息，只是由于第一类为连续抄写没有分行，而第二类为分行抄写而已。如第一类中的大谷3473《天山县到来符帖目》有：

（前略）

6 户曹符为不［　　］堪上事。二月十七日到

7 卌　八　道　三　月［

8 户曹符为当县诸色阙官职田仰符到当日堪申事。仓曹［

9 贯文检领讫申事。仓曹符为仓平仓粟出粜每季［

10 仓曹符为直礌石等戍游奕等马三月料事。仓曹符［

11 贮米杂物等事。以上三日到户曹符为翟同闰告敌贵窠外种田［

（后略）

该件第7行就写明接下来是三月的四十八道文书事目，第11行还有小字书写的“以上三日到”，表明以上连续书写的事目是三月三日到达该县，不过没有再抄写交付信息。

而第二类中的阿斯塔那二三〇号墓出土《唐馆驿文书事目》则有：

（前略）

10 廿四日北庭府牒为长行马踖料准状事。

11　同日交河县牒使王弟家人罗鸡马料事。

12　下首领［

13　同日柳中县牒使［

14 廿六日伊坊状请［

15 廿七日伊坊状请［

（后略）

这件事目类文书是一行书写一条事目，而且每行开头都会将时间写出，同日的文书事目也是分开书写，但同样也没有抄录交付信息。

由上两例所见，这两种事目类文书虽然抄写格式确实不一样，但其抄写内容却是一致的，都是只抄写了文书到达时间和事目而已。所以，两者所呈现的内容并没有太大差别，其

功用应当也是一致的，不该断然将其分成两类。而且也诚如方诚峰先生所指出的，这两种事目类文书应当都是事后重新誊抄的文书，而非文书随到随抄的记录，已不再属于文书处理程序中“受付”阶段的记录。不过其抄写根据也应当是前面提到的标准事目类文书，只是其功用与标准事目类文书有所区别。

如果我们再将二者与上文已提到过的日本正仓院所藏“出云国计会帐”对比，可以发现其文书抄写内容和格式十分相近。而这些只专门抄写文书到达时间和事目的事目类文书，可能是用来交由上级相关官司进行“勾检稽失”的参考文书目录，用以核查收付文书是否有延误。因为同样被归入第一类的《岸头府到来符帖目》，其书写格式其实同《天山县到来符帖目》完全一样，只是前者钤有“右领军卫岸头府之印”，后者钤有“天山县之印”；二者很有可能是分别来自岸头府和天山县的受事文书统计簿，最终汇总交由西州进行勘验。此外，据《唐六典》所云：

凡内外百司所受之事，皆印其发日，为之程限：一日受，二日报。[①]

王永兴先生指出，这里的“皆印其发日，为之程限”，“说明了登记受事的始日的意义，有了才能计数程限，才能检查行政办事是否稽程”[②]。这些只总结了文书到达始日时间和事目的事目类文书，很有可能就是上级官司用以核查其下级官司受事文书是否稽程之用。再如《唐会要》记载的贞元五年（789）正月左司郎中严涚奏表云：

“按公式令，应受事，据文案大小，道路远近，皆有程期，如或稽违，日短少差，加罪。今请程序，常务计违一月以上，要务违十五日以上不报，按典请决二十，判官请夺见给一季料钱，便牒户部收管。符牒再下犹不报，常务通计违五十日以上，要务通计违二十五日已上，按典请决四十，判官夺料外，仍牒考功与下考。如符牒至三度固违不报，常务通计违八十日以上，要务通计违四十日已上，按典请决六十，判官请吏部用阙。长官及勾官既三度不存勾当，五品以上，请牒上中书门下殿罚，六品以下，亦请牒吏部用阙。其急要文牒，请付当道进奏院，付送本使，委观察使判官一人发遣送州，取领具月日先报。常务请依常式。以前御史台奏，伏奉去年二月三日敕，宜付御史台商量作条件闻奏者，除京兆府州县及城内百官，并以符到京兆府日为程。如往来累路停滞，日月悬远者，请兼勘责缘路所由，准令式处分。”从之。[③]

虽然这条是贞元五年（789）的奏表，但是奏文有云“按公式令”，故而应当也是有唐一代通行的准则。其中所说“应受事，据文案大小，道路远近，皆有程期，如或稽违，日短少差，加罪”，应当就是指受事文书依据文案的大小、道路的远近，都有严格的“受”与“报”的时间规定，如有违反，相关官员会受一定的处罚。其中还提到“并以符到京兆府日为程”，说明文书到达官司的始日时间是核查文书是否稽程的重要依据。这应当就是这些只抄写了文书到达时间和事目的总结性事目类文书的主要用途。

最后，从严格意义上来看，方诚峰先生所分四类中有朱书处理结果的事目类文书，其实并不能算是收到文书的事目记录。因为就文书处理的程序而言，这种带有处理结果的事目类

① 《唐六典》卷1“尚书都省”条，中华书局，1992年，第11页。

② 王永兴：《唐勾检制研究》，上海古籍出版社，1991年，第11页。

③ 《唐会要》卷58“尚书省左右司郎中”条，上海古籍出版社，2006年，第1176页。

文书已经过了“判案”的阶段，即将进入“执行”的阶段，而非之前的“受付”阶段。也就是说，这种事目类文书所记录的文书都即将被判下执行。如上文已提到过的S.11453J+S.11453L+S.11453K《唐开元某年某月瀚海军请印历》就被方诚峰先生归入第四类，但这件请印历应当与上文同样已提到过的S.11459G、S.11459E和S.11459D《开元十五年十二月瀚海军兵曹印历》，以及S.11459G、S.11459E、S.11459D、S.11453H、S.11453I、S.11459C和S.11459F《唐开元十五年某月的瀚海军勘印历》一样，被视为即将发文的事目类文书。

与事目类文书相关的政务处理程序大概如下：先由典官抄写判决完毕后需请印的事目类文书，然后是请印得到允许并盖上官印后又再抄写所谓印历的事目类文书，最后则是对这些盖完官印的文书进行勘校后发出，而在勘校过程中又会抄写勘印的事目类文书。这应当是一套比较通顺且严格记录每一步即将发出判决结果的文书处理过程的程序，事目类文书在其中起到记录并方便事后进行勘校的重要勾检作用。

此外，同样被方诚峰先生归入第四类的S.2703《天宝年间敦煌郡牒及符事目历》可能是有另一种功用的事目类文书。其中有云：

（前缺）

1　　廿四日判下

2　支度勾覆所牒为同前事　　　　阎（?）（押）

3　　如同前判。张先（押）

4　监河西和籴使牒为主色赃赎勘报事

5　　其日判监和籴使讫史张宾行。　张先（押）

（中略）

11 廿六日

　　　张先（押）

12　尚书省兵部符奉 敕为果毅李腊儿等改授官事

（中略）

34　　已上贰拾贰道其日敕下牒（府）并判（?）稽（?）事同讫史宋光

（后略）[①]

以上节录的第1、3、5、34行都为朱笔书写，《释录》说明里也提到每行事目起首皆有朱笔勘验符号[②]，故而这是一件官司正式且经过勘验的事目类文书。这件事目类文书当中没有文书交付信息，但有判决信息，如朱笔所示。而且更为重要的，是这件文书第34行朱笔所写的内容。如果“稽”字辨认无误，那么就可以证明这件事目类文书应当是整个文书处理程序完成之后，用来勘验文书是否稽程的记录，这与上文所说的事目类文书又有很大区别。

所以，这种带有朱笔的事目类文书与标准的收到文书记录有很大差别，不仅体现在抄写内容和作用上，还体现在经过的文书处理程序不同上。不过其抄录基础应当也是标准的收到文书记录，只是其抄写时间当是最后勘验勾检的其他阶段。

①录文参见郝春文主编《英藏敦煌社会历史文献释录》第13卷，社会科学文献出版社，2015年，第472-475页。

②郝春文主编《英藏敦煌社会历史文献释录》第13卷，社会科学文献出版社，2015年，第476页。

结论

敦煌吐鲁番出土的这些记录官司往来文书的事目类文书，基本都是由相关勾检官吏将其受付和处理信息按时间目次编列并最终汇集到一起。这些事目类文书也并非从唐代才开始出现，早在汉代就有类似的“奏封记录”和“启封记录”的简牍文书，只是唐代的事目类文书的内容、书写格式和作用远比汉代简牍文书复杂。

在唐代，从文书到达各处官司开始，事目类文书就出现于整个文书处理的流程当中。在不同的阶段，勾官需要将文书的受付、处理及请印、勘印信息记录在这些事目类文书当中，以备日后对于文书是否处理失当、是否稽程等问题进行勘校。目前所见的事目类文书，其共同点都是包含文书事目及相关时间，但大体又可分为以下几种：

一、标准事目类文书，包含完整的文书受付信息；

二、只有文书处理（受或付）时间和事目，类似收付文书的目录；

三、有文书最终处理结果，主要用来请印、勘印及录作印历；

四、有文书最终处理信息，主要用来勘验稽程。

以上这四种事目类文书本身就是当地官司处理官方信息的重要证据，也是地方勾检官司对于信息接收与发付的重要体现。

这些事目类文书被抄写及勘校的过程，也是地方官司对于信息传播、吸收与转化过程。国家权力机构可以依据这些事目类文书，针对支撑整个国家事务正常运行的文书行政体系进行相应的维护与监督，同时也可以针对地方官吏处理行政事务的能力进行考察。勾官在此过程中扮演了重要角色，所以，勾官虽然品位都不算很高，但是他们大多都是监印之官，在各处官司当中有着比较重要的作用，也往往处于官方信息传播的核心地位，是保证整个唐帝国范围内地方日常行政事务顺利进行的关键。在各类文书的传递过程中，中央与地方的距离无形中被拉近，事目类文书就是这种关系的最佳文本载体。

由修渠引泉到筑坝勘库

——清代及民国敦煌地区水利开发的探索与实践

董俊霖（兰州大学敦煌学研究所）
陈光文（兰州大学敦煌学研究所）

【摘要】本文基于学界对清代及民国敦煌水利开发历程的梳理，进一步探讨敦煌开发水资源、提高水资源利用率的措施。清初，大批移民进入敦煌，清廷和地方疏浚、修建渠道以供屯田开垦，最终形成了敦煌的十渠灌溉格局。面对水用不足的情况，乾隆初年常钧的浚泉尝试以失败告终。民国时期，敦煌曾计划实施旧渠整理工程及地下水灌溉工程，但皆没有成功。党河水库库址勘察及南山水源勘探虽为地方一再呼吁，却终无下文。敦煌水利建设在清代至民国间经历了波峰与波谷，其限制因素有二：技术限制与国家介入、人口下限及水资源上限。

【关键词】清代　敦煌　水利　民国

敦煌文献S.5487记载“本地，水是人血脉”[①]。自西汉屯田至清初再度开发，水资源对于敦煌居民的生产生活始终具有极端的重要性。敦煌地区自然降水极其稀少，依靠渠道等水利设施由河流、湖泊、泉泽等处引水，成为维系敦煌农业灌溉和民众生活最重要的途径。

随着雍正年间敦煌移民和屯田的展开，人口的增长及经济社会的发展使得水资源用量不断增加，加之敦煌水利灌溉系统自身的不稳定性等因素，敦煌社会水用不足的矛盾日益显现。

学界对清至民国敦煌水利发展已做了详细的梳理，这些研究构成

---

①《英藏敦煌文献（汉文佛经以外部分）》第9卷，四川人民出版社，1994年，第184页。学界惯以该材料出自S.5894号写卷，经胡同庆、杨宝玉研究，其应出自S.5874号写卷，参见胡同庆：《敦煌文献“水是人血脉”出处溯源》，《敦煌学辑刊》2016年第4期，第1–4页。

了本文进一步讨论的基础[①]。将视角放大，学界对清初至民国间的河西水利史研究成果极为丰富，在基本厘清清代至民国河西水利发展脉络的基础上，进一步对河西的水案、水利制度的建设，以及水利开发与生态环境变迁等方向进行了深入的探索[②]。在河西水利史研究的理论方面，学界多与华北区域水利社会史理论进行学术对话，讨论集中在河西水利的类型学研究，以及水利社会运行中的国家与社会关系问题等方面[③]。不过，针对这一时期敦煌水利开发的具体尝试和限制因素等问题，学界仍然缺乏细致深入的讨论。

一、清代敦煌地区的水利建设

清代敦煌的水利开发呈现出独特的历史背景和特点。清初，敦煌成为经略新疆准噶尔部、控扼青海和硕特部的重要战略支撑。为使敦煌成为可靠的后勤基地，在富宁安、年羹尧、岳钟琪等官员的反复上疏请准后，清廷将屯田范围由嘉峪关以西的达里图、西吉木、布隆吉尔一带向西扩展至瓜州、沙州一带。伴随着移民屯种，敦煌的建制由所升卫，后改卫为县，敦煌水利开发的第一次高潮也同步开始。

（一）雍乾时期的渠道修浚与十渠溉田系统的形成

雍正二年（1724）三月，清军大破罗卜藏丹津，沙州屯田事宜得以快速推进。岳钟琪在雍正三年（1725）末派员踏勘沙州地方后，又于雍正四年（1726）亲赴沙州巡视考察屯垦水利事宜，随后上奏：

> 再查沙州城西南党河之东西两岸各有旧渠一道，中间多有地高渠低之处，应接续另开新渠灌溉田亩，实属宽广，再他什地方既设兵屯垦，亦应开小渠一道至黄墩子地方，既由库库沙克舒开河经过黄墩子接至党河交汇约长三十五里，则新河两岸地亩足资灌溉。[④]

---

① 关于清初至民国时期敦煌水利发展的梳理与研究，参见秦佩珩：《清代敦煌水利考释》，《郑州大学学报》，1985年第4期；邢卫：《清至民国敦煌水利设施兴修与管理研究》，硕士学位论文，陕西师范大学，2010年；邢卫：《清代敦煌渠道修建与管理研究》，《古今农业》2010年第1期；陈光文：《西夏至清代敦煌史研究》，博士学位论文，兰州大学，2016年；路伟东：《清代陕甘人口研究》，博士学位论文，复旦大学，2008年。

② 关于清初至民国时期河西水利史的相关研究，参见李并成：《明清时期河西地区水案史料的梳理研究》，《西北师大学报》2002年第6期；王培华：《清代河西走廊水利纷争与水资源分配制度》，《古今农业》2004年第2期；裴庚辛、郭旭红：《民国时期甘肃河西地区的水利建设》，《西北民族大学学报》2008年第2期；钱国权：《清代以来河西走廊水利开发与生态环境变迁研究》，博士学位论文，西北师范大学，2008年；李艳：《近代河西地区的水利、水权、水案与乡村社会》，硕士学位论文，兰州大学，2009年；王忠静、张景平、郑航：《历史维度下河西走廊水资源利用管理探讨》，《南水北调与水利科技》2013年第1期；李艳编著《近代河西走廊水事资料搜集整理与研究》，天津古籍出版社，2016年。

③ 关于河西水利与华北水利的理论对话，参见钞晓鸿：《灌溉、环境与水利共同体——基于清代关中中部的分析》，《中国社会科学》2006年第4期，其中关于地权与水利共同体的讨论对河西地区水利社会研究产生了较大影响；张景平、王忠静：《从龙王庙到水管所——明清以来河西走廊灌溉活动中的国家与信仰》，《近代史研究》2016年第3期；张俊峰：《中国水利史研究的空间、类型与趋势》，《史学理论研究》2022年第4期，此文以类型学的研究方法归纳了现有河西水利社会的典型性研究，主要围绕国家在河西水利社会中扮演的角色及“坝区社会”展开讨论。

④［清］岳钟琪：《奏陈会勘安西沙州城渠屯垦事务管见折（雍正四年六月初五日）》，载张书才主编《雍正朝汉文朱批奏折汇编》第7册，江苏古籍出版社，第403页。

敦煌在继续维持并扩大军屯规模的同时，针对田亩荒废的现状，计划在甘肃境内招民屯垦。在岳钟琪踏勘沙州之后，沙州所旋升为沙州卫。屯垦规模的扩大势必带来用水增加的问题，建渠引水灌溉成为扩大屯垦规模的必要条件。《重修肃州新志·沙州卫》记载：

> 户民到沙，给地屯种，首以水利为重。查沙州前因开东大渠、西大渠、西小渠三道，因有流沙淤塞，未能多为蓄水，今复加开修。查东大渠一道，今名永丰渠，长计三十二里，宽一丈五尺，深八尺，足资八百五十四户之灌溉。西大渠一道，今名普利渠，长计二十三里，宽九尺，深六尺，足资五百一十九户之灌溉。西小渠一道，今名通裕渠，长三十里，宽六尺，深五尺。查此渠水西地东，引水甚远，虽开长三十里，而使水之处实系十里，足资一百八十六户之灌溉。①

上述三渠总计可供一千五百九十五户的灌溉，仍然不能满足敦煌两千四百零五户移民的灌溉需求。因此雍正七年（1729），又新开渠道：

> 又相度地势，查看水源，于农事未兴之先，又新开中渠一道，名庆余渠，计长十七里，宽六尺，深五尺，足资一百九十户之灌溉；又开西中渠一道，名大有渠，计长四十二里，宽一丈二尺，深七尺，足资六百五十六户之灌溉。随时修浚，毋使壅塞。嗣后地方官按照举行，足为屯垦永利。②

以上五渠，合计可灌溉2405户、12余万亩土地，与敦煌移民户数及分给土地数量相合。雍正五渠的形成是在疏浚旧有党河灌渠的基础上，再进行渠道的兴建。

在雍正五渠兴建后，乾隆初年，党河仍有余流由黄墩堡向北流去，利用党河余水新开渠道以为下游田亩提供灌溉便利，成为乾隆年间敦煌水利建设切实可行的方案。敦煌官府首先在雍正年间修成的永丰渠渠口上游之沙山根处增开一渠，名上永丰渠。原永丰渠改名为下永丰渠，渠口在宁州坊。在敦煌城关北门外开新渠窑沟渠。宁远坊附近开三道新渠，分别是庄浪渠、伏羌旧渠与伏羌新渠③。

乾隆年间，敦煌也对旧有渠道进行了扩建工作。西小渠乾隆年间改名为通裕渠，渠道由10里延长至70里，宽度也由6尺拓宽至8尺。西大渠改名普利渠，渠道长度由建设之初的34里延长至57里，宽度也由3尺增至1.2丈。乾隆初年东大渠改称为永丰渠，后在上永丰渠修建后改称下永丰渠。上永丰渠为新建，具体情况见上文所述；而下永丰渠乾隆时基本上维持雍正年间初建时的情况④。由此，敦煌在乾隆年间形成了十渠溉田的稳定灌溉系统。参考乾隆至民国年间的敦煌地方志资料，可以基本梳理出敦煌十渠的详细兴建情况（见表1）。

① ［清］黄文炜纂修，吴生贵、王世雄点校《重修肃州新志校注·沙州卫》，中华书局，2007年，第444页。

② ［清］黄文炜纂修，吴生贵、王世雄点校《重修肃州新志校注·沙州卫》，中华书局，2007年，第444页。

③ ［清］佚名：《乾隆敦煌县志·水利》，载中国西北文献丛书编辑委员会编《中国西北文献丛书》第48册，兰州古籍书店，1990年，第645页。

④ ［清］佚名：《乾隆敦煌县志·水利》，载中国西北文献丛书编辑委员会编《中国西北文献丛书》第48册，兰州古籍书店，1990年，第645页。

表1　敦煌十渠兴建一览表①

渠道	史籍	完工时间	长度(里)	宽度	深度	灌溉规模	距城里数	渠口地
普利渠（西大渠）	《重修肃州新志》	雍正六年(1723)初	23里	9尺	6尺	519户		
	《乾隆敦煌县志》		57里	1.2丈				
	道光《敦煌县志》		62里			15坊		秦家湾
	《重修敦煌县志》		70里			480户	30里	秦家湾上
下永丰渠（东大渠）	《重修肃州新志》	雍正六年(1728)初	32里	1.5丈	8尺	854户		
	《乾隆敦煌县志》							
	道光《敦煌县志》		46里			25坊		宁州坊
	《重修敦煌县志》		50里			600户	10里	宁州坊
通裕渠（西小渠）	《重修肃州新志》	雍正六到七年(1729)	30里,10里使水	6尺	5尺	186户		
	《乾隆敦煌县志》		70里	8尺				
	道光《敦煌县志》		70里			12坊		沙枣墩
	《重修敦煌县志》		74里			240户	40里	沙枣墩
庆余渠（中渠）	《重修肃州新志》	雍正七年(1729)	17里	6尺	5尺	190户		
	《乾隆敦煌县志》		20里	7尺				
	道光《敦煌县志》		13里			7坊		秦家湾下尾
	《重修敦煌县志》		13里			250户	20里	秦家湾下
大有渠（西中渠）	《重修肃州新志》	雍正七年(1729)	42里	1.2丈	7尺	656户		
	《乾隆敦煌县志》							
	道光《敦煌县志》		25里			4坊		渭源坊
	《重修敦煌县志》		25里			130户	3里	渭源坊

① 数据来源于［清］黄文炜纂修，吴生贵、王世雄点校《重修肃州新志校注·沙州卫》，中华书局，2007年；［清］佚名：《乾隆敦煌县志·水利》，载中国西北文献丛书编辑委员会编《中国西北文献丛书》第48册，兰州古籍书店，1990年；［清］苏履吉、曾诚纂修《敦煌县志》卷2《地理志·水利》，成文出版社有限公司，据道光十一年（1831）刊本影印，1970年；吕钟修纂，王渊等点校《重修敦煌县志》卷6《河渠志》，甘肃人民出版社，2002年；［清］常钧：《敦煌随笔》，禹贡学会印本，1937年，又见中国西北文献丛书编辑委员会编《中国西北文献丛书》第98册《敦煌随笔》，兰州古籍书店，1990年。

续表1

渠道	史籍	完工时间	长度(里)	宽度	深度	灌溉规模	距城里数	渠口地
上永丰渠	《重修肃州新志》							
	《乾隆敦煌县志》	乾隆中前期	44里	1.3丈	7尺			
	道光《敦煌县志》		22里			12坊		沙山根
	《重修敦煌县志》		22里			200户	15里	沙山根
窑沟渠	《重修肃州新志》							
	《乾隆敦煌县志》	乾隆中前期	28里	6尺	5尺			
	道光《敦煌县志》		30里			8坊		校场后
	《重修敦煌县志》		30里			130户	1里	北门外里许
庄浪渠	《重修肃州新志》							
	《乾隆敦煌县志》		26里	6尺	5尺			
	道光《敦煌县志》		40里			3坊		宁远坊
	《重修敦煌县志》	乾隆十年(1745年)	40里			130户	10里	宁远坊
伏羌旧渠	《重修肃州新志》							
	《乾隆敦煌县志》		31里	6尺	5尺			
	道光《敦煌县志》		35里			6坊		宁远坊
	《重修敦煌县志》	乾隆二十五年(1760)	35里			160户	10里	宁远坊
伏羌新渠	《重修肃州新志》							
	《乾隆敦煌县志》		30里	6尺	5尺			
	道光《敦煌县志》		40里			5坊		宁远坊
	《重修敦煌县志》	乾隆二十八年(1763)	30里			130户	10里	宁远坊

雍正四年岳钟琪巡视沙州时，曾提出开通疏勒河西流之水与党河下游汇合，以便行船的策略。但最终“一则疏勒之水至砢砢砂石入于漏沙，势微而不能通流，一则党河水之尾既有两岔，其趋黑海子者多而东会疏勒者少，即使党河尾盛，疏勒不竭，两水冲激，亦非安流，难以行舟，于是迄无成功，所造之舟，沉于双塔河焉”①。《西域水道记》也载：“昔岳公钟琪欲通舟运，既凿斯河，而苏勒之水至库库沙克沙，入于漏沙，势微不能流通，病一也；党河之尾趋西支多，趋东支者少，病二也。苏勒与东支并盛时，两水冲激，亦难行舟，病三也。故所造之舟，沈于双塔河焉。”②《西域水道记》又载沈青崖曾经尝试于疏勒河行船并获得成功的情况：“岳帅欲开通二河合流，造舟运粮而不果。余相度河流，用贺兰牛羊皮混沌数十，鼓气实粮其中，顺流而下，达安西镇城，凡二百余里，可少节车马之力。”③可见其时河水之盛至于此。但至道光十一年时，即使是“趋黑海子多”的党河西支，也“今按党河之水分为十渠，无复余流可至黑海”④。敦煌十渠灌溉系统形成后，党河敦煌以下干流河段水量大幅减少，几近断流。

（二）水不足用与浚泉尝试

雍正敦煌五渠所引党河水虽然足以灌溉移民田亩，但随着近水田土相继开垦完毕，敦煌经济发展，人口增长，现有渠道及水源已经不足以支持田亩的进一步开发。

乾隆五年（1740），时任安西兵备道的常钧在勘察过沙州田亩后，认为“沙州户民田地全资党河之水，分引五渠计亩轮灌。其卫城东北蓆芭厂一带，平原之地，旷土颇多，若得远水增添，自可开垦”⑤。常钧经过细致勘察后提出了浚泉的水利开发方案。他首先派遣沙州卫守备等人，根据采访得来消息前往查勘党河源流情况。随后，常钧又传集兵丁老农询问党河上游泉流之情况，为筹备计划疏通泉流做前期准备：

> 离水源下流百余里，河之南有山地名钓鱼沟，山北有沙巴尔拖骆海，俱系草湖。周围四五十里步步生泉，约有数百道，每泉眼上，俱有木椿、石块填压。盖缘沙州从前原系青海诸夷游牧处所，设卫之初，尽行驱出南山之外。此等流泉俱为夷人阻塞，不令通流。昨已试开四十余道泉流，大小不等。其草湖迤北山麓亦有泉脉，多寡不等。⑥

初步浚泉的尝试主要集中在党河源头下游的钓鱼沟及沙巴尔托骆海一带，此处地处党河上游山间谷地，野马南山和党河南山两山夹峙，党河沿两山间宽谷而行，汇集两山雪水及泉水。这一带是党河上游最主要的集水区域。若将堵塞泉流疏浚，则可增加党河径流，为下游开渠创造条件。在了解党河泉流的基本情况之后，常钧计划逐步落实疏通水泉开通渠道的计

① ［清］苏履吉、曾诚纂修《敦煌县志》卷2《地理志·水利》，成文出版社有限公司，1970年，第121–122页。

② ［清］徐松著，朱玉麒整理《西域水道记（外二种）》，中华书局，2005年，第166页。

③ ［清］徐松著，朱玉麒整理《西域水道记（外二种）》，中华书局，2005年，第166页。

④ ［清］苏履吉、曾诚纂修《敦煌县志》卷2《地理志·水利》，成文出版社有限公司，1970年，第122页。

⑤ ［清］常钧：《敦煌随笔》卷下《查勘党河源流》，又见中国西北文献丛书编辑委员会编《中国西北文献丛书》第98册《敦煌随笔》，第397页。

⑥ ［清］常钧：《敦煌随笔》卷下《查勘党河源流》，又见中国西北文献丛书编辑委员会编《中国西北文献丛书》第98册《敦煌随笔》，第398页。

划，一面筹备经费，一面筹划派人赴南北两山开通泉水，若水源充足，则即行开垦，随后招民：

但经营创始，成效非可预期，所需工本未便请动。正项拟同厅、卫垫凑养廉银两，多雇人夫，于明春前赴南北两山出泉处所，尽力开通，引水归入党河，增开渠道。暂令该厅督率该卫试种，如果水泉充裕，开垦成熟，再行招户。①

为保证浚泉工作的顺利进行，常钧又委派安西同治李治邦进一步勘察：

据称：党河远源在希喇哈尔津之东南雪山内，分注三沟，汇成一处。至八汗撒喇汗津沟之下，即入沙石，中隔戈壁约长三十余里，至芨芨台之东，从平地沙碛渗出，极其微细。应以芨芨台为党河之近源，由西下流至额尔得尼布喇，汇合独山子一带泉水及南北两岸海子、擦汗洮河、清水沟、腊牌沟，愈流愈大，俱入党河。至沙州七百三十里，分为五渠，灌溉户民地亩。此党河源流之大概也。②

党河之近源应为额儿得尼布喇上游之芨芨台，流至额儿得尼布喇至独山子一带，水势愈来愈大。徐松《西域水道记》载："水又西百里，经伊克锡尔哈晋南，是曰锡尔哈晋河……出水西流二十余里，入沙。又出于泉脑沟，是为党河源。"③乾隆中期所绘《乾隆内府舆图》，亦以"衣克西尔哈尔近色钦"名党河源头④，"衣克"即蒙古语"大"，"色钦"为蒙古语"水源、来源"。以三者对比，希喇哈尔津、锡尔哈晋、西尔哈尔近三者皆指党河源头。李治邦随后也禀报了工程规模及耗费的有关情况：

惟党河以南之额儿得尼布喇大泉及独山子以下，众泉共数百十处，并南北两岸大小海子二百余处，远近不等，通塞不一。若能相机疏引，使各处泉眼海子之水归入党河，约可增水一渠。党河本属宽深，可以容水，不需开挖，约计工程较希喇哈尔津数处自是减少，而独山子等处疏濬泉水约需六七万工，额儿得尼布喇大泉挖通海子均须绕道转弯，约需二三万工，垫凑廉俸无几，实不敷用。⑤

额儿得尼布喇大泉位于党河伏流露出处附近，独山子则在钓鱼沟汇入党河干流处，二者皆位于党河沿岸，故其疏引工程量较少。党河干流为河谷最低处，地下水水位较高，泉水露头极多，"南北两岸大小海子"应与党河渠道变迁密切相关。此段党河河谷平坦宽阔，河床纵比降较小，党河侧蚀严重而改道频繁，党河改道遗留下的牛轭湖形成了附近的大小海子。将各处泉眼海子之水归入党河，约可增水一渠。虽然此项工程耗费较少，但独山子等处疏浚泉水仍需六七万工，而额儿得尼布喇大泉挖通海子需要二三万工，两者相加数量巨大，常钧等人垫凑的养廉银杯水车薪。李治邦又以塞外气候恶劣、人手不足、运送不便及易堵塞淤沙等理由进一步指出工程"势非易举"。最终，工程于乾隆六年（1741）批饬停止。而敦煌南

① [清] 常钧：《敦煌随笔》卷下《查勘党河源流》，又见中国西北文献丛书编辑委员会编《中国西北文献丛书》第98册《敦煌随笔》，第399页。

② [清] 常钧：《敦煌随笔》卷下《查勘党河源流》，又见中国西北文献丛书编辑委员会编《中国西北文献丛书》第98册《敦煌随笔》，第399页。

③ [清] 徐松著，朱玉麒整理《西域水道记（外二种）》，中华书局，2005年，第147页。

④ 电子化地图参见https://qingmaps.org/maps/qianlong-1766，访问日期：2025年4月21日；汪前进、刘若芳整理《清廷三大实测全图集·乾隆十三排图》，外文出出版社，2007年，九排西七部分。

⑤ [清] 常钧：《敦煌随笔》卷下《查勘党河源流》，又见中国西北文献丛书编辑委员会编《中国西北文献丛书》第98册《敦煌随笔》，第399页。

湖地区则因水利工程量较少，兴修较易，至民国初年已经形成了由四渠组成的独立灌溉系统。

二、民国敦煌地区的水利建设

虽然敦煌自移民初至清末，渠道建设已较为完善，但随着田亩开垦及人口增长，十渠引水的灌溉系统已经逐渐达到了上限。而此时，党河径流几乎已完全被用于灌溉，并无余水以新开渠道。除此之外，水资源的紧缺也使得敦煌的用水矛盾日益尖锐。《重修肃州新志》《乾隆敦煌县志》及道光《敦煌县志》对敦煌灌区使水规则之介绍皆颇为简要①，但在《重修敦煌县志》中记载的民国16年敦煌县长朱恩荣订立的《十渠水利规则》却十分繁复，多达40条，涵盖了渠道分水及行水灌溉的方方面面②，为水利史学者所重视。这反映出道光至民国年间敦煌水利日益严峻的形势，以及官府和民间为应对此种情况所做出的调适，敦煌地区已经形成了一个以水为中心的水利社会。

面对渠道无水可引及用水矛盾突出的两大尖锐问题，民国时敦煌主要计划采取整理旧渠、开发地下水及踏勘建设党河水库等措施，以缓解水用不足的问题。但至新中国成立，这些措施大多尚未落实，敦煌的用水问题仍然未得到根本上的解决。

（一）整理旧渠工程及地下水灌溉工程

抗战军兴，西北开发思想越来越成为一种社会共识。在此背景下，敦煌水利建设在清中后期陷入长期停滞后又重新被提上议事日程。

《民国三十二年安敦玉水利报告》针对关西地区的水资源情况指出："嘉峪关外安西、敦煌、玉门三县，现有渠道大小干支约计九十二道，灌田三十六万七千二百余亩，赖泉水灌溉者展1/3，赖河水灌溉者占2/3，其主要河道凡四，曰疏勒河、党河、赤金河及踏实河。其中赤金河为山泉，疏勒河下游为泉水。"③敦煌水利开发在民国的河西地区并不突出，渠道仅占很少比例。《民国三十二年安敦玉水利报告》以水源为标准，将关西地区渠道分为几等：

> （1）……敦煌南湖之泉水、沟水充足，所灌区域均水量不断，列一等。
>
> （2）党河十渠、赤金河渠上段……虽不断流而水源不足，南山雨露多流旺，反之干旱，列二等……若敦煌十渠则干渠过多，平行间隔仅数十公尺者，下七渠行经沙槽致渗漏更大。④

报告指出，敦煌渠道水源以南湖为最优，党河十渠为第二等，主要存在的问题有二：一

---

① 关于敦煌地方志对于渠规的记载，参见［清］黄文炜纂修，吴生贵、王世雄点校《重修肃州新志校注·沙州卫》，中华书局，2007年，第444页；［清］佚名：《乾隆敦煌县志·水利》，中国西北文献丛书编辑委员会编《中国西北文献丛书》第48册，兰州古籍书店，1990年，第645页；［清］苏履吉、曾诚纂修《敦煌县志》卷2《地理志·水利》，成文出版社有限公司，1970年，第121-123页。关于敦煌渠规的相关研究，参见邢卫：《清代敦煌渠道修建与管理研究》，《古今农业》2010年第1期；李艳编著《近代河西走廊水事资料搜集整理与研究》，天津古籍出版社，2016年。

② 吕钟修纂、王渊等点校《重修敦煌县志》卷6《河渠志》，甘肃人民出版社，2002年，第153-160页。

③《民国三十二年安敦玉水利报告》，1943年，甘肃省档案馆藏，档案号：038-001-0206-0003。

④《民国三十二年安敦玉水利报告》，1943年，甘肃省档案馆藏，档案号：038-001-0206-0003。

是干渠数量多，间隔密；二是下七渠渠道为“沙槽”，渗漏现象严重。针对这种现象，报告最后也给出了整治关外渠道的总体方针，而这也成为日后敦煌整理旧渠的总体方向：

> 故关外主要渠道如进水工程之固定，一部渠道之河渠划分，一部渠道之改线，一部渠道之合并，一部渠道之局部改善（如调整比降、改善断面等），统可为节流以增水量之整理方法，似可与防漏蓄水比拟并用焉。①

民国二十四年（1935）《西北随轺记》载：“（敦煌）全境面积二八八五一方里，人口一二七一三七人，平均每一方里四人。全县耕地面积约有一一六九四〇亩，荒地九七〇〇亩。其中最近由熟地变为荒地者，又约一〇〇〇亩。”②敦煌在民国三十六（1947）年时，可耕地亩共计293770市亩，其中156200市亩属于旧渠整理范围，除房屋道路沟渠等占地17570市亩外，下游存有120000市亩土地许另开源开垦③。民国时这一数字与岳钟琪于雍正四年（1726）踏勘所得基本一致，表明敦煌的水利建设与田亩开垦条件在雍正四年至民国三十六年间变化不大。

敦煌以往渠道系于党河冲积扇下游沙质土地上开挖疏浚而成，引水入田亦是顺地势自流，对渠道的比降，渠线的分布及间隔没有科学的统筹。党河河道宽而纷乱，以往的渠系建设不合理，输水过程中渗漏十分严重。民国时，党河在党河口的最枯流率为8.6秒/立方公尺，最大洪水流率为250秒/立方公尺，在砾石沙砾河段，党河每公里大约损失总径流量的1%至3%，而在流经土质河段时，党河每公里大约损失总径流量的0.6%至3%④。不仅党河干流敦煌河段渗漏现象十分严重，灌区渠道的输水损失也之分惊人。敦煌清代水利开发多修土渠且不加衬砌，这是导致渠水渗漏严重的最主要原因。而减少渗漏、提高水资源利用效率成为民国时期敦煌水资源开发的重点。《敦煌党河流域旧渠整理工程计划书》记载：

> 本计划拟于南湖店之河床中，筑一道拦河滚水坝以堵截全部枯水流率，于河之西岸新开引水干渠至普利渠口，除西岸原有三渠分水外，将余水渡过对岸，再沿河东岸继续开渠至庄浪渠口，全长约37.5公里，除首段2公里长隧洞用1:3灰浆砌条石外，余均用1:3:6白灰三合土及1:3白灰浆砌卵石防漏，以减少渗漏损失，则实得流率为6.5秒/立方公尺，按农田需水量计划，现有耕地恰足敷用。⑤

党河旧渠整理工程的思路即为将枯水期党河径流全部拦入新建总干渠，再由总干渠向十渠分水，并采取防漏措施，减少渗漏率，满足农田的灌溉用水。若旧渠整理计划完工，则于敦煌农业十分有益，一可以改善敦煌农作物种植结构，二可以增加农作物单位面积产量，从而提高农业效益。小麦和棉花的种植面积将会得到扩大，虽然单位成本提高，但产量及收益会得到相应增加。

民国时期，地下水的开发日益受到重视，《甘肃省乡土志稿》记载：“西北各省地处重要，对于水利建设尤不克吝缓，非仅积极于渠道之疏浚，复提倡新式凿井，利用地下之水灌溉于距河较近及平润高原等处，稗河渠不能灌溉，地方之农田亦可永持产量丰收，期免灾荒

---

①《民国三十二年安敦玉水利报告》，1943年，甘肃省档案馆藏，档案号：038-001-0206-0003。

②高良佐著，雷恩海、姜朝晖点校《西北随轺记》，甘肃人民出版社，2003年，第150页。

③《敦煌党河流域旧渠整理工程计划书》，1947年，甘肃省档案馆藏，档案号：038-001-0055-0002。

④《敦煌水利查勘报告书》，1941年，甘肃省档案馆藏，档案号：038-001-0047-0003。

⑤《敦煌党河流域旧渠整理工程计划书》，1947年，甘肃省档案馆藏，档案号：038-001-0055-0002。

之再见，为其旨也。”[①]民国时期敦煌地下水开发的主要目的是引水灌溉下游12000亩土地。据民国三十六年《敦煌党河流域地下水灌溉工程计划书》记载：

> 查党河上游祁连山面积甚广，积雪亦厚，河水均为溶雪集汇而成，因地层疏松，渗漏极大，凡党河流经之地区，地下水量极多，推以来量，精细施测，无法判定确实数量。[②]

为有效利用地下径流灌溉党河下游土地，工程计划利用近代技术将地下水开采分为截水沟、输水沟、测量槽、灌溉渠道、排水道等不同工程进行实施[③]。敦煌地下水灌溉工程计划采用白灰浆衬砌青砖的施工方式，可使敦煌的地下水开采工程更加牢固科学，而这种灌溉方式也是敦煌民国时期区别于引河灌溉的另一种重要的荒地开发方式。

地下水开发工程耗资较大，农民偿还负担较重，其规模对比旧渠整理工程更为浩大也更为复杂。若能成功实施，敦煌可灌溉田亩将扩展至168200亩，增幅7.7%左右，有一定收益。

两份计划书都于民国三十六年（1947年）12月由水利部甘肃河西水利工程总队提交甘肃省水利林牧公司，但最终因解放战争愈演愈烈而不了了之。《甘肃省乡土志稿》中记载有甘肃水利林牧公司整理兴修旧有渠道一览表，其中敦煌仅记载有南湖地区的黄水坝[④]，其余工程并无记载。

（二）党河水库勘察与地方呼吁

党河是敦煌境内最为重要的地表径流，是敦煌灌区最主要的用水来源，但是其不同季节党河径流极不稳定。党河的主要水源补充为祁连山冰川积雪，致其虽然全年皆有径流，但春初深秋水流最旺，而夏秋之交径流不足。每年党河径流量最多时，敦煌的农业灌溉需水量不多，党河水白白流走，而每年春夏之际灌溉需求旺盛，党河流量却显不足，导致地亩灌溉不及，土地荒旱，水案纠纷时有发生。因此，修建水库保证党河径流平稳，在水量丰富时截流，在灌溉需求旺盛时补水，成为一项大有裨益的水利工作。党河水库库址勘查工作在民国三十二年（1943年）即已开始。酒泉工作站准备相关仪器用品，委派专员会同河西工作站在当年春天前往党河上游进行具体勘察。《复拟明春查勘党河上游蓄水库的函》是酒泉工作站发给甘肃水利林牧公司总管理处，关于在民国三十三年春勘察党河蓄水库的回复，其中记载：

> 甘省府代电准省临时参议会提议，派员查勘敦煌党河上游蓄水库，以利灌溉一案，饬即派员查勘议报以凭核转等因，奉此遵查本站拟于明春联合河西工作站组队分头入祁连山查勘各河上游蓄水地点，现在着手准备一切仪器用品，党河蓄水库亦拟俟明春一并前往查勘，理合将拟议办法先行具函。[⑤]

这次调查的效果究竟如何，我们可以从两份档案中一窥究竟。《建议探勘水源以增党河

① 朱允明：《甘肃省乡土志稿二》，载中国西北文献丛书编辑委员会编《中国西北文献丛书》第31册，兰州古籍书店，1990年，第348页。

②《敦煌党河流域地下水灌溉工程计划书》，1947年，甘肃省档案馆藏，档案号：038-001-0055-0001。

③《敦煌党河流域地下水灌溉工程计划书》，1947年，甘肃省档案馆藏，档案号：038-001-0055-0001。

④ 朱允明：《甘肃省乡土志稿二》，载中国西北文献丛书编辑委员会编《中国西北文献丛书》第31册，第327页。

⑤《复拟明春查勘党河上游蓄水库的函》，1943年，甘肃省档案馆藏，档案号：039-001-0494-0007。

流量的建议》由时任敦煌县水利委员会委员胡宝镜、朱琦等人提案，呼吁开源以增党河径流，文中也说明了这一提议的背景情况及面临的困难：

本县耕地全恃党河灌溉，近年以来水量大减，以致连年亢旱，各乡歉收，加以水量不足，荒地逐年增加，地方人士睹此危机，时有开拓水源之议，有言修筑南山钓鱼沟挡水坝者，有言引其他泉源者，议论纷纷，迄今弗息。然以水利人员缺乏，经济力量不逮，徒拥空谈，莫不奈何。现查本县位居重镇，一切建设不容缓图，为补救地方不足及奠基国际基础，计拟请省府派遣水利专家躬赴南山实地调查，果能逐一开通，则党河水量增加，耕地面积保持而生产丰足，人心安定，国计民生，利非鲜也。管见此及，是否有当，尚请公决。①

当甘肃水利林牧公司计划派水利人员对党河上游进行踏勘时，敦煌地方亦在想方设法呼吁省府派遣水利人员前往协助。敦煌面临的情况是，连年亢旱，各乡歉收。据《敦煌市志》记载，1941年敦煌发生4次旱灾，持续60日，1942年发生5次旱灾，持续49天，1943年发生4次旱灾，持续长达117天②。敦煌水不足用的问题日益尖锐，迫切需要开拓水源。在上文提案呈交后，由敦煌县政府所呈提案亦上至甘省参议会，提案说明了近年敦煌地方及前文所述之甘肃水利林牧公司的勘测情况：

查本县水利向以党河为主流，以祁连山山麓之黑海子及滚化雪水为来源，近来流量减少，灌溉不敷，以致农地面积逐年减少，若不迅予增加水量，则全县耕地恐将来益形减少。前查本县南山钓鱼沟迤西之阴阳，泉水水位甚高，尚可利用，前经本县绅民张克诚等开发，因限于经济、人力未能收效，同时本府前与卅二年曾拟定各项计划送请水利林牧公司勘测，亦未举办，若此项工程一经实现，不惟本县水利纠纷即可迎刃而解，即县北之黄墩城、张家墩湾以可继续垦殖。况本县为国防要道，增加生产有益于国计民生者，益非浅鲜。③

耕地面积减少的压力是促使提案的重要原因，疏浚泉水的地点仍与乾隆年间常钧的尝试地点重合，但亦因地方经济与人才限制等原因面临开发困难。民国三十三年水利林牧公司的勘探也是“亦未举办”，敦煌县政府只能一再敦请。而此项提案上呈后，敦煌的水利建设和工程亦没有落实，敦煌仍然饱受缺水之苦。

三、清代及民国敦煌水利开发的限制因素

清代及民国敦煌的水利开发在十渠溉田的基本格局形成后，总体长期停滞不前，其中的因素是多方面的。

（一）技术限制与国家介入

首先，清至民国敦煌的水利开发方式皆集中在修浚渠道、勘察与疏浚水源（包括浚泉、开发地下水等措施）等方面，民国时期则开始大规模计划利用地下水资源及筹建敦煌水库。受自然条件的约束，清至民国，敦煌水利开发呈现出一条明显的主线：对党河水最大程度地

①《建议探勘水源以增党河流量的建议》，1944年，甘肃省档案馆藏，档案号：039-001-0494-0011。

②敦煌市地方志编纂委员会编《敦煌市志上》卷2《自然地理·气候》，中华书局，2016年，第180页。

③《为开发党河水源增加耕地面积案》，1945年，甘肃省档案馆藏，档案号：039-001-0510-0030。

利用。其中包括对地表径流及渗漏地下径流的利用，还有在上游河段开拓水源的不断尝试。在技术层面上，清代敦煌开渠沿用的依然是传统方法，土渠建设缺少科学的规划，导致灌溉系统出现一系列长期问题，渗漏现象尤为严重。而民国时，水利工程的技术已经取得了比较大的进步，在水利开发准备阶段即对河流的水利、地理、气候进行严格的查勘，成立水文站，引进先进的水文监测技术等，在开发前制订科学的水利规划，提出规范的报告，在施工中也引入近代水利工程的技术方法，建设衬渠、水闸、拦水坝、水库等新水利设施，对水泥、钢材等新材料也进行了运用。

其次，敦煌水利的大规模开发工程仍然有赖于国家的强力介入与支持。清至民国，敦煌水利的大规模开发呈现出两个高峰，分别为雍正至乾隆初年，以及20世纪40年代。敦煌僻居西北，开发程度较低，地方力量十分有限，只有当强力的中央政权介入时，敦煌的水利工程才能得到迅速的规划和推进。清初，清廷经营敦煌以备经略新疆青海，推进屯田实边，给予政策支持，党河十渠才能逐步建成通水。民国抗战军兴，西北开发日益重要，政府地方愈加重视，才能编列预算计划，推进工程进展。但是，一旦形势缓和，敦煌便从中央视野中逐渐淡出，成为一边地小县。而在敦煌本地经济落后、人口匮乏、人才稀少的情况下，由地方官员及绅民主导的水利开发项目则往往难以进行，常钧勘察党河源流及民国张克诚浚泉的尝试皆属此类。

（二）敦煌水利开发的人口下限与水资源上限

敦煌水利开发过程中存在一个明显的开发下限与上限的问题。下限是敦煌的人口数量所限定的，而上限则是由可利用水资源量所决定的。张景平认为，在历史时期河西走廊干旱区水资源开发中存在人力成本的下限，灌区需要一定的人口规模才能维持基本灌溉活动。干旱区水资源开发活动中人力成本下限的存在，加剧了传统绿洲经济的脆弱性，集中表现在因战争原因造成人口大幅减少后，经济恢复十分缓慢，并在明清加速落后于东部地区①。这一点在清代至民国敦煌传统水利开发的探索和实践过程中表现得更加突出，不只在基本的灌溉活动方面，在水利工程的兴建及维持耕地规模上，人口下限的存在更加突出。敦煌传统水利开发高峰的形成正与敦煌人口增长的过程相吻合，只有敦煌的人口数量达到一定的程度，水利开发工程才能顺利实施，反之则会因人力缺少而困难重重。以往学者往往重视敦煌水用不足问题与人口压力之间的联系以及由此导致的水案②，但甚少关注河西，尤其是敦煌地区移民社会水利开发中的人口下限问题。

通过对比清代至民国敦煌人口、田亩及水利开发的过程，可以发现敦煌人口数量与水利开发工程的实施呈现出正相关关系（见表2）。当敦煌的人口数量减少或处于低位时，水利开发则陷于停滞，是为敦煌的水利开发存在下限。常钧的浚泉尝试，民国的浚泉尝试、整理旧

① 张景平：《河西走廊传统水资源开发中的人力成本下限管窥》，《云南大学学报（社会科学版）》2021年第3期，第75页。

② 李并成：《明清时期河西地区水案史料的梳理研究》，《西北师大学报》2002年第6期；王培华：《清代河西走廊水利纷争与水资源分配制度》，《古今农业》2004年第2期；张景平、王忠静：《从龙王庙到水管所——明清以来河西走廊灌溉活动中的国家与信仰》，《近代史研究》2016年第3期；张俊峰：《中国水利史研究的空间、类型与趋势》，《史学理论研究》2022年第4期。

渠及开发地下水项目之所以不能大规模实施，贯穿清至民国敦煌水利建设之所以困难重重，人力不足、民众困苦、经济不能负担始终是重要原因。虽然南湖水利工程得以实施，但其规模较小，耗费不多，故而可以较顺利进行。雍正大量移民，乾隆时期人口达到峰值，二十世纪三四十年代敦煌人口数量的恢复，则有助于敦煌水利工程的推进。

表2　清至民国敦煌人口、田亩、水利工程对照表①

	雍正年间	乾隆年间	道光年间	同治兵燹后	光绪年间	宣统年间	民国16年（1927）	民国24年（1935）	民国34年（1945）	1978年
人口数量	20000余口	80000余口	30000至40000余口	25008口	14986口	14405口	18953口	27137口	32692口	93358口
耕地规模	12.025万亩	—	12.24万亩	—	—	—	11.70万亩	11.64万亩	15.62万亩	22.97万亩
水利工程	永丰、普利、通裕、大有、庆余五渠	上永丰、窑沟、伏羌旧、伏羌新、庄浪五渠；常钧尝试浚泉	—	南湖四渠				—	民国32、33年：南湖水利工程、勘察党河水库；民国36年：整理旧渠计划及地下水灌溉计划	党河水库

自清代至民国，尽管敦煌人口数量有起有伏，田亩数量及灌溉范围却波动极小，其主要受水利工程的兴建的影响。南湖水利工程的建设，以及建国后的渠道整理和党河水库建设，大幅扩展了敦煌的灌溉面积。因而水资源的供给量，或者说将不可利用的水资源转化为可利用的水资源的量，促成了敦煌田亩的扩展。水资源的供给量就是敦煌田亩开辟的上限。人口压力需要传导到水资源压力上，才能转化为人地矛盾。技术限制是影响水利建设的直接因素，国家往往通过移民和战乱介入，对人口因素产生影响，资金支持和政策支持也是促进水利开发的重要因素，技术限制和国家介入影响了敦煌地区的人口和水资源开发能力。

① 数据来源于［清］黄文炜纂修，吴生贵、王世雄点校《重修肃州新志校注·沙州卫》，中华书局，2007年；［清］佚名：《乾隆敦煌县志》，中国西北文献丛书编辑委员会编《中国西北文献丛书》第48册，兰州古籍书店，1990年；［清］苏履吉、曾诚纂修《敦煌县志》，成文出版社有限公司，1970年；吕钟修纂，王渊等点校《重修敦煌县志》，甘肃人民出版社，2002年；敦煌市地方志编纂委员会编《敦煌市志上》，中华书局，2016年；《敦煌志》编纂委员会编《敦煌志上》；高良佐著，雷恩海、姜朝晖点校《西北随轺记》，甘肃人民出版社，2003年；路伟东：《清代陕甘人口研究》，博士学位论文，复旦大学，2008年；陈光文：《西夏至清代敦煌史研究》，博士学位论文，兰州大学，2016年。

敦煌地区人口、水利开发及田亩开发三者的互动关系见图1。首先以人口数量的变化为开端，这是外部介入敦煌社会发展的首要因素，表现为因移民或自然增长导致的人口增加，或因战乱、灾害等因素导致的人口减少。人口的变动会引发其他要素的反应，若人口增加，则会导致水用不足，地方和中央呼吁开发水利，且采取多种途径付诸实施。若人口、财力、政策、技术等条件足以支撑水利开发，敦煌可利用的水资源就会增加，敦煌田亩开发的上限就会提高，灌溉效果和灌溉面积就会提高，敦煌社会也随之发展；若可利用的水资源已达灌溉上限或水利开发的尝试失败，水用不足的问题得不到解决，则敦煌田亩开发的上限无法提高，人口的增长也会停滞，社会发展止步。这个规律不仅可以适用于清代至民国时期的敦煌社会，也为我们理解清代及民国的关西社会整体发展模式提供了一条新的思路。

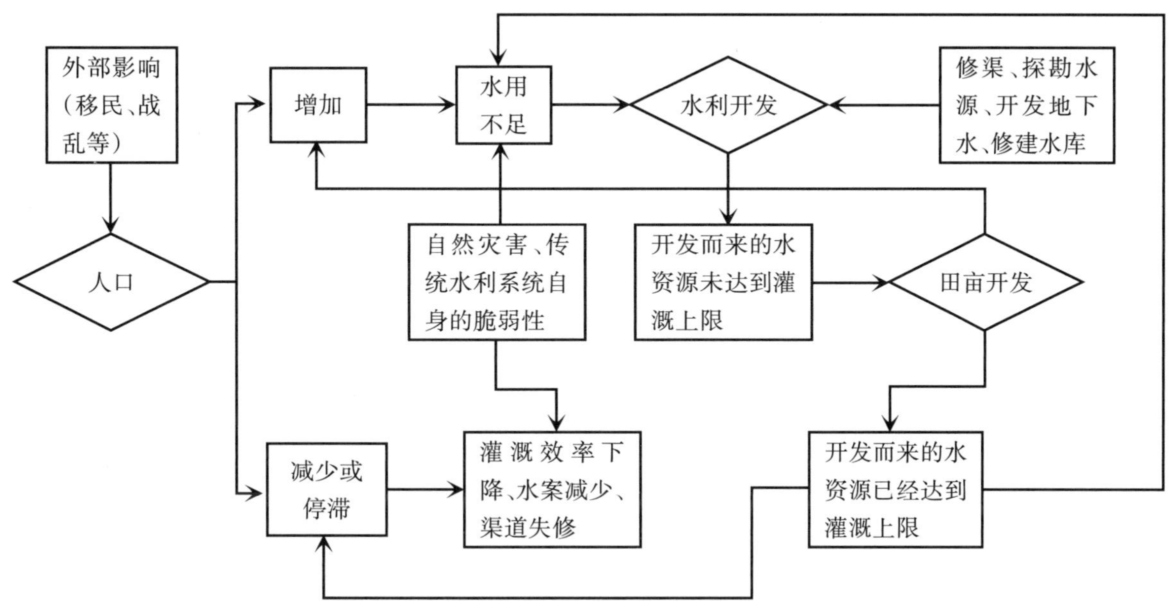

图1　敦煌地区人口、水利开发与田亩开发关系图

结语

清代敦煌的水利开发伴随着移民和屯田的推进。清政府在西北军兴的背景下给与了敦煌水利建设极高的重视，在国家政策和移民到来的推动下，雍正至乾隆中期短短几十年，敦煌的水利建设蓬勃兴起，形成了十渠灌溉的网络。伴随着新疆和青海的平定，敦煌也由边陲成为内地，由卫所成为普通小县。水利的建设由依靠军事需要和国家政策转变为依靠地方自身和经济发展需要。失去了中央强有力的政策扶持和持续的人口增长，加以清中期至民国自然灾害频繁、民族冲突不断、地方军阀残酷剥削、鸦片种植屡禁不止等严重的社会问题，敦煌水利建设虽然有缓慢的进步，但总体仍处于长期停滞的状态。

随着抗战军兴和西北开发思想的兴起，敦煌成为抗战后方和物资中转地，经济地位和战略地位得到加强。敦煌水利再次得到重视，水利建设出现近代化的趋势，水利建设力度

明显加强。但由于地方经济实力有限、拨款不足、通货膨胀严重等原因，民国时期敦煌的很多水利建设计划仅仅停留在计划层面，难以得到持续推进。不过，这些水利工程计划及踏勘成果也为中华人民共和国成立后敦煌的水利建设打下了基础。民国敦煌的水利工程由清代敦煌水利灌溉系统继承发展而来，体现了近代化的因素，但敦煌水利系统的大发展直至完善，仍然需要到中华人民共和国成立后渠道整理工程的完工和党河水库的建设。

清代及民国敦煌的水利建设受两方面因素的严格制约，一是技术限制和国家介入，二是人口下限及水资源上限，前者通过影响后者而直接制约敦煌地区水利开发的成效。

按图与发掘
——石窟壁画与石窟考古研究

三世理念建构下的莫高窟第254窟*

陈菊霞（上海大学）
马丹阳（上海大学）

【摘要】第254窟营建于北魏，是莫高窟最早的中心柱窟之一。其四壁分十个区域绘制了一千余尊千佛，且每尊千佛都配置佛名。通过考察这些千佛题名的抄写规律，我们发现四壁的这些千佛图像与中心柱龛内佛像、西壁中部的白衣佛构建出多重的三世三劫理念。此外，除千佛以外的一些造像组合，如中心柱龛内五佛、南北壁西侧上部八佛、南北壁东侧的本生、佛传（或因缘）与人字披夹角的过去佛及中心柱东向龛的弥勒佛，又构建出多重的三世理念。最后，本文简要分析了第254窟构建多重三世理念的宗教与时代背景。

【关键词】莫高窟　第254窟　三世理念

莫高窟第254窟四壁绘制有北魏1257尊千佛，且每尊千佛都配置佛名。通过对该窟遗存佛名的校录和研究，我们发现这些千佛图像与窟内的其他绘塑作品存在非常密切的关联，共同构建了多重的三世三劫理念。此外，除千佛以外的多铺绘塑作品也在强烈表达着三世思想。由此，本文尝试对第254窟的整体营建理念展开讨论。

一、三世三劫理念的构建

关于莫高窟第254窟遗存的千佛题名，宁强和胡同庆曾做过辑录，并分析过它们的版本依据，认为其与“阙译本”千佛名经有同源关系①。近来，我们参考段鹏琦于1962年抄录的第254窟佛名和利用红外线摄影技术拍摄的第254窟千佛图片，又对该窟的千佛题名做了校录和

* 本文系国家社会科学基金项目“唐宋敦煌石窟图像与洞窟宗教功能研究”（项目编号19BZJ015）阶段性成果。

① 宁强、胡同庆：《敦煌莫高窟第254窟千佛画研究》，《敦煌研究》1986年第4期，第28页。

研究，不仅认可宁、胡两位先生的看法，还在多部藏经中找到了最相近的经本，即第254窟的过去庄严劫佛名与《房山石刻藏》中的“阙译本”《过去庄严劫千佛名经》最相近，而其未来星宿劫佛名与《高丽初雕藏》中的“阙译本”《未来星宿劫千佛名经》最相近①。

就第254窟千佛题名来说，有令人困惑之处，为何该窟千佛题名只抄写过去庄严劫佛名和未来星宿劫佛名，而完全忽略了现在贤劫千佛？对于这一怪异现象，贺世哲先生认为可能是壁面有限，以塑像代之②。但第254窟的佛名近千个，如果在其中插写现在贤劫千佛是完全可行的。从这一角度来看，不抄写现在贤劫佛名当与壁面限制无关，不过贺先生所说的“以塑像代之”是一个非常好的思路。他还进一步指出，第254窟是以塑像、壁画相结合的形式表现三世三千佛③。下面我们就第254窟的千佛图像与其他绘塑作品之间构建的三世三劫思想展开进一步讨论。

（一）南北两大区域构建的双重三世三劫理念

我们在校录第254窟千佛题名时发现，其千佛图像以西壁白衣佛和东壁门窗为中轴线进行对称布局，形成了明显的南北两大区域。如表1所示，北部区域，自东壁门北起，经北壁至西壁北侧，可依次细分为东一区、北一区、北二区、北三区和西一区。这五区的千佛题名基本按照过去佛→过去佛→过去佛→未来佛→未来佛的规律题写。而南部区域，自西壁中部起，经南壁至东壁门南侧，也可依次细分为西二区、南三区、南二区、南一区和东二区。这五区的千佛题名也基本按照过去佛→过去佛→过去佛→未来佛→未来佛的规律题写④。很显然，第254窟的千佛题名是经过精心设计和布局的。

表1　莫高窟第254窟十区千佛题名分布位置表

区划	东二区	南一区	南二区	南三区	西二区
佛名出处	未来星宿劫千佛	未来星宿劫千佛	过去庄严劫千佛	过去庄严劫千佛	过去庄严劫千佛
南部区域 ←←←←←←←←←←←←←←←← 中心柱(现在贤劫千佛) 北部区域 →→→→→→→→→→→→→→→→					
区划	东一区	北一区	北二区	北三区	西一区
佛名出处	过去庄严劫千佛	过去庄严劫千佛	过去庄严劫千佛	未来星宿劫千佛	未来星宿劫千佛

① 陈菊霞、樊锦诗、柴勃隆、马丹阳：《敦煌莫高窟第254窟千佛题名释录与研究》，《敦煌研究》2025年第1期，第1–26页。

② 贺世哲：《关于北朝石窟千佛图像诸问题》，《敦煌研究》1989年第3期，第5页。

③ 贺世哲：《关于北朝石窟千佛图像诸问题》，《敦煌研究》1989年第3期，第5页。

④ 关于这十个区域的界定，我们在《敦煌莫高窟第254窟千佛题名释录与研究》中已做详细说明，在此不再赘述。参见陈菊霞、樊锦诗、柴勃隆、马丹阳：《敦煌莫高窟第254窟千佛题名释录与研究》，《敦煌研究》2025年第1期，第1–26页。

这种对称且有规律的千佛题名布局自然会将我们的视线引向处在南北两区中轴线上的中心柱。第254窟的中心柱四面开龛塑像，总计有五尊佛像，分别是南西北三面龛共计四身禅定佛和东向龛内的交脚佛。我们在《莫高窟第254窟五佛、白衣佛和八佛题材考辨》一文中对这五尊佛像做了考证，认为它们表现的是《现在贤劫千佛名经》所记载的前五佛，即拘那提佛、拘那含牟尼佛、迦叶佛、释迦牟尼佛和弥勒佛[①]。这样，具有现在贤劫千佛意涵的中心柱就分别与南部区域的过去庄严劫千佛、未来星宿劫千佛和北部区域的过去庄严劫千佛、未来星宿劫千佛构建了双重的三世三劫思想。

（二）中心柱环绕通道构建的三重三世三劫理念

佛教石窟中的中心柱是为方便僧尼和信众绕塔观像礼佛而设。僧俗二众在绕塔时基本遵循以中心柱正面主尊的右方为准则[②]进行旋绕，这样，中心柱环绕通道就形成了一个顺时针方向旋绕的局部空间结构。第254窟中心柱环绕通道内外两侧壁的绘塑作品正是围绕这一空间结构进行精心布局，并营建出三重的三世三劫理念。

第一，西壁构建三世三劫理念。西壁以中央下方的白衣佛为中线将千佛图像大体分为南北两个区域，南侧主要题写过去庄严劫佛名，北侧主要题写未来星宿劫佛名。作为分割过去佛和未来佛的白衣佛一直是学界热议的论题。关于其尊格认定，形成了卢舍那佛、释迦佛、弥勒佛等多种说法。我们综合各家之言，进一步考察了白衣佛的尊格，认为陈慧宏的观点最具说服力。她依据《法苑珠林・法服篇》关于贤劫千佛以白色安陀会传法之记载，将第254窟的白衣佛判定为现在贤劫千佛传法付嘱的象征[③]。与其他各家观点相比，这一看法更能合理地解释白衣佛与其南北两侧的过去和未来千佛之关系。由于白衣佛持说法印，我们将其视为现在贤劫千佛之“代言人”[④]。如此，在西壁，作为现在贤劫千佛代表的白衣佛与南侧的过去庄严劫千佛和北侧的未来星宿劫千佛就构建了三世三劫理念。

第二，中心柱绕塔通道的外侧壁构建三世三劫理念。当僧俗二众绕塔礼佛时，依次要巡礼南三区与西二区的过去庄严劫千佛、现在贤劫千佛的代表白衣佛、西一区与北三区的未来星宿劫千佛，这样就完成了三世三劫千佛的巡礼。更有意味的是，南三区和北三区的千佛图像中各绘制一铺说法图，其构图和布局几乎类同，主尊都持说法印（见图1），这表明他们应该分别是过去庄严劫千佛和未来星宿劫千佛之“代言人”。我们注意到这两位“代言人”又与西壁作为现在贤劫千佛“代言人”的白衣佛呈“品”字形分布。由此，当僧尼和信众右绕礼佛时，他们还会依次摄心聆听三世三劫“代言人”的教示。

---

① 陈菊霞、马丹阳：《莫高窟第254窟五佛、白衣佛和八佛题材考辨》，《故宫博物院院刊》2023年第6期，第14-18页。

② 万庚育：《敦煌壁画中的构图》，《敦煌研究》1989年第4期，第25-32页；刘艳燕、吴军：《莫高窟礼佛仪式的左旋与右旋》，《敦煌研究》2015年第6期，第48-51页。

③ 陈慧宏：《敦煌莫高窟早期的千佛图像》，硕士学位论文，台湾大学，1994年，第131-136页。

④ 陈菊霞、马丹阳：《莫高窟第254窟五佛、白衣佛和八佛题材考辨》，《故宫博物院院刊》2023年第6期，第19-20页。

图1　第254窟南壁中央说法图①

第三，中心柱南北通道构建三世三劫理念。南三区的过去庄严劫千佛、中心柱的现在贤劫千佛和北三区的未来星宿劫千佛以近似“川”字形的布局构建出三世三劫理念。当僧尼和信众绕塔礼佛时，仿佛完全置身于三世千佛的佛国世界中。

二、三世理念的构建

莫高窟第254窟除了千佛图像在强烈表达三世三劫思想外，还有一些造像组合内容也反映出三世思想。现分析如下：

（一）中心柱五佛构建的三世理念

我们在前文中提及，第254窟中心柱共有五尊佛像，他们是现在贤劫千佛之前五佛，即拘屡孙佛（又译为拘留孙佛）、拘那含牟尼佛、迦叶佛、释迦牟尼佛和弥勒佛。这五佛中的前四佛因在贤劫中依次出世，又被称作“贤劫四佛”。如《增一阿含经》云：“世尊告曰：‘比丘当知，……于此贤劫中有佛出世，名拘屡孙如来。复于贤劫中有佛出世，名拘那含牟尼如来、至真、等正觉。复于贤劫中有佛出世，名曰迦叶。复于贤劫中，我出现世，释迦文如来、至真、等正觉。’”②此“贤劫四佛” 又与毗婆尸佛、尸弃佛和毗舍婆佛组成“过去七佛”。由此，“贤劫四佛”也常被称作“过去四佛”。据《法显传》和《大唐西域记》记载，4—7世纪的印度盛行过去四佛信仰，在多地建有相应的窣堵波。而这种信仰也通过丝绸之路向东传入我国多地。

对于作为过去四佛的拘屡孙佛（又译为拘留孙佛）、拘那含牟尼佛、迦叶佛和释迦牟尼佛而言，前三佛已在释迦牟尼佛之前成佛，释迦牟尼佛又被视作现在佛，弥勒佛是未来佛，这样现在贤劫千佛之前五佛又体现出三世理念。

① 张元林：《敦煌石窟艺术——莫高窟第二五四窟附第二六〇窟》（北魏），江苏美术出版社，1995年，第106页。

② ［东晋］僧伽提婆译《增壹阿含经》卷45《不善品》，《大正藏》第2册，第790页。

（二）南北壁八佛构建的三世理念

第254窟南北两壁的西侧上部对称各开凿有四个圆券龛，龛内均塑一佛和二胁侍菩萨。我们曾在《莫高窟第254窟五佛、白衣佛和八佛题材考辨》一文中对这八龛组合造像做过分析，认为是“过去七佛+弥勒佛”的组合形式，意在表达三世思想①。故本文不再重复展开讨论。

（三）南北壁人字披下构建的三世理念

第254窟的前部为人字披顶，后部为平棋顶。其人字披下的绘塑作品呈南北对称布局态势，最上方为天宫伎乐，最下方是药叉，而这二者之间除千佛以外的绘塑内容是我们此处讨论的重点。

1.过去佛、佛传（或因缘）、交脚菩萨构成竖三世理念

第254窟南北两壁人字披顶垂线上分布着三类题材。第一，最下方是佛传故事画或因缘故事画，具体而言，南壁画《降魔故事画》，北壁画《难陀出家因缘故事画》②。所谓佛传故事，是指宣扬释迦牟尼一生事迹的故事，包括释迦入胎、降生、求学、出家、成道、涅槃等一系列生平经历；因缘故事是记述释迦牟尼成佛后说法教化的各种事迹。可见，《降魔故事画》和《难陀出家因缘故事画》都意在展现现世存在的释迦牟尼佛。第二，中部塑阙形龛，龛内有一交脚菩萨，南北壁的交脚菩萨仅在手势和璎珞方面存在细小差异。一些学者将阙形龛中的交脚菩萨定名为弥勒菩萨③。如段文杰先生指出“这一时期（十六国、北朝及隋初）多以交脚而坐的弥勒菩萨或弥勒佛为主像，一般都在中心柱或南北壁的上层阙形龛中，象征高居于‘兜率天宫’之中”④。贺世哲先生说：“‘阙’是我国古代宫殿前的一种建筑物，后世以为帝王所居之通称。北朝石窟把弥勒菩萨塑在阙形龛里，其用意可能也是为了表示兜率天宫。”⑤第三，阙形龛顶与人字披夹角形成的三角空间里，是一身结跏趺坐的小禅定佛，左右各配一身飞天（见图2）。

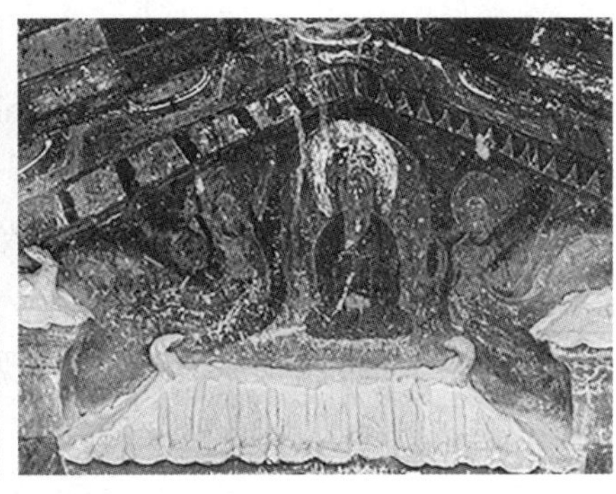

图2　第254窟南、北两壁人字披下小禅定佛⑥

① 陈菊霞、马丹阳：《莫高窟第254窟五佛、白衣佛和八佛题材考辨》，《故宫博物院院刊》2023年第6期，第20–23页。

② 敦煌研究院编《敦煌石窟内容总录》，文物出版社，1996年，第101–102页。

③ ［日］东山健吾著，李梅译《敦煌莫高窟北朝尊像图像学考察》，《敦煌研究》2015年第6期，第4页。

④ 段文杰：《早期莫高窟的艺术》，载敦煌研究院编《中国石窟·敦煌莫高窟》第1卷，文物出版社，2011年，第175页。

⑤ 贺世哲：《敦煌莫高窟北朝石窟与禅观》，《敦煌学辑刊》1983年第1期，第50页。

⑥ 陈海涛、陈琦：《图说敦煌二五四窟》，生活·读书·新知三联书店，2017年，第208–209页。

将下方佛传中的释迦牟尼佛和中部阙形龛内的弥勒菩萨以及阙形龛顶的禅定佛布局在同一垂线上，究竟想表达什么理念呢？考虑释迦牟尼为现在佛，阙形龛内的弥勒菩萨是居兜率天宫说法的补处菩萨，于未来世成佛，那么，上方的禅定佛当表示过去佛。用禅定佛表现过去佛的例子很多，如前文所谈到的第254窟中心柱南西北三面龛的过去四佛均为禅定姿态。如果关于禅定佛为过去佛的推论能够成立的话，南北壁人字披下垂线上就清晰地呈现出三世理念。

同样地，以弥勒菩萨表示未来佛的例子还见于云冈石窟第17窟，其主尊是交脚菩萨，东壁造结跏趺坐佛，西壁造立佛，共同构成三世佛。另外，现藏于山西省博物馆的《陈海龙造像碑》，其三世佛造像采用了纵向排列的形式，即碑阳上、中、下开三大龛，上层佛龛中的立佛是过去佛定光佛，中层佛龛内是呈菩萨形象的弥勒，下层佛龛中是以普贤菩萨和药王菩萨为胁侍的释迦牟尼佛①。

我们再来看第254窟人字披夹角的“过去佛”。虽然因缺乏直接证据，目前难以判定其尊格，但我们还是有倾向性的看法，认为其是迦叶佛。理由主要有两点：第一，燃灯佛和定光佛造像有其具体特征，多以授记或立佛的形象出现②；第二，迦叶佛是释迦之前时间上最近的佛，按照佛经中的说法，释迦菩萨最后成佛是因得到迦叶佛的授记。如《佛本行集经·优波离因缘品》中曰：

> 迦叶如来……有一菩萨，名曰护明（即释迦菩萨）已授记言：“汝于将来，寿百年世，当得作佛，号释迦多他伽多（如来）。”③

《根本说一切有部毗奈耶破僧事》卷一：

> 尔时迦叶波如来……出兴于世。时彼释迦牟尼菩萨。于迦叶佛所，发阿耨多罗三藐三菩提心。净修梵行生睹史多天。④

《维摩经玄疏》卷三：

> 是释迦菩萨生迦叶佛所作补处弟子，净持禁戒行诸功德。迦叶佛授记：次当作佛。⑤

关于迦叶佛、释迦牟尼佛与弥勒的组合造像，见于东魏武定三年（545）郑清等六十人造像碑，其发愿文中有“敬造迦叶石像一区”和“释迦已过，弥勒愿值”之表达。贺世哲先生总结道：“在竖三世佛造像中，弥勒大多数被造成菩萨形象。至于另外两身佛像，无论坐或立，现在学术界大多依据七佛顺序，推定为迦叶佛与释迦牟尼佛。”⑥

可见，第254窟人字披下“通过过去、现在、未来这三世佛的直线排列，重申了佛陀或是佛境的永恒”⑦。

---

① 王静芬著，张善庆译《佛名与忏仪——以张荣迁碑和陈海龙碑为中心》，《敦煌研究》2010年第2期，第15页。

② 王颖：《北齐武平三年马仕悦等造佛石像碑研究》，《贵州大学学报（艺术版）》2019年第3期，第103页。

③［隋］阇那崛多译《佛本行集经》，《大正藏》第2册，第905页。

④［唐］义净译《根本说一切有部毗奈耶破僧事》，《大正藏》第24册，第99页。

⑤［隋］智顗：《维摩经玄疏》，《大正藏》第38册，第532页。

⑥ 贺世哲：《关于十六国北朝时期的三世佛与三佛造像诸问题》（一），《敦煌研究》1992年第4期，第10页。

⑦ 王静芬著，毛秋瑾译《中国石碑——一种象征形式在佛教传入之前与之后的运用》，商务印书馆，2011年，第202页。

2. 本生、佛传（或因缘）、弥勒构成竖三世理念

第254窟南壁佛传故事画和北壁因缘故事画的西侧分别绘制《萨埵饲虎本生故事画》和《尸毗王本生故事画》。所谓本生故事，指宣扬释迦牟尼前世教化众生、普行六度事迹的故事。这两个本生故事，都发生在"乃往（过去）久远阿僧祇劫"[①]，显然意在表达"过去"。这样，在同一壁面上，作为反映释迦前世的本生故事，以及描述释迦今生事迹的佛传或因缘故事，便与佛传上方的交脚弥勒菩萨构建出一重"过去-现在-未来"的三世表达。相似的组合造像早见于莫高窟北凉第275窟。该窟西壁塑交脚弥勒菩萨，北壁中部绘月光王等本生故事，南壁中部绘《太子出游四门》佛传故事。王惠民先生认为三壁完整地体现了过去、现在、未来三世思想[②]。

3. 本生、佛传、弥勒构建双重的三世理念。

就第254窟的前部空间来看，正面是中心柱东向面，其龛内塑交脚弥勒佛一尊，其南北两壁东侧下方对称绘制表现释迦牟尼佛前生的本生故事和表现释迦牟尼事迹的佛传故事或因缘故事各一铺。贺世哲先生指出，中心塔柱东向龛内的塑像不仅是中心柱的主尊，也是整窟的主尊，且与南北壁人字披下壁画说法图中的主尊构成一组造像组合，而且这一组造像组合还是整窟塑像、壁画的主题[③]。

这样来看，南壁的萨埵饲虎本生故事、降魔成道佛传故事与中心柱正面的弥勒佛形成一重三世理念。同样，北壁的尸毗王本生故事、难陀出家因缘故事与中心柱正面的弥勒佛又形成一重三世理念。显然，这二重三世题材是共享中心柱东向龛内的弥勒主尊而呈现出对称布局态势。

余论

关于北朝时期流行的三世思想及其造像，刘慧达先生在《北魏石窟中的"三佛"》中提出三世佛造像的佛典多出于《法华经》[④]。贺世哲先生在系列论文中亦对三世佛问题做了详细讨论，并总结出三世佛造像的多种组合形式[⑤]。赖鹏举先生也对三世佛思想及其造像在印度和犍陀罗地区的形成，之后沿丝绸之路向东传播，进而在河西形成"千佛"观的大乘系禅法等问题做了探讨[⑥]。

从前文分析来看，第254窟的绘塑作品是在精心设计和严格布局下完成的，其构建的多重三世理念当与该窟营建时流行的三世思想密切相关。

第一，三世思想与三世佛造像的产生与传播。佛教诞生于印度，其三世观念的起源虽因历史原因现难以确考，但从诸多早期佛典都有三世之记述来看，三世观念早在部派佛教时期

---

① ［北魏］慧觉等译《贤愚经》，《大正藏》第4册，第351–352页。

② 王惠民：《十年来敦煌石窟内容的考证与研究》，载敦煌研究院编《敦煌石窟内容总录》，文物出版社，1996年，第262页。

③ 贺世哲：《关于敦煌莫高窟的三世佛与三佛造像》，《敦煌研究》1994年第2期，第73页。

④ 刘慧达：《北魏石窟中的"三佛"》，《考古学报》1958年第4期，第91–101页。

⑤ 贺世哲：《关于十六国北朝时期的三世佛与三佛造像诸问题》（一），《敦煌研究》1992年第4期，第1–15页；贺世哲：《关于十六国北朝时期的三世佛与三佛造像诸问题》（二），《敦煌研究》1993年第1期，第1–8页；贺世哲：《关于敦煌莫高窟的三世佛与三佛造像》，《敦煌研究》1994年第2期，第67–86页。

⑥ 赖鹏举：《丝路佛教的图像与禅法》，圆光佛学研究所，2002年，第32–42页。

就已确立。在佛教初传中国时，三世理论当同步传入。由安息人（今伊朗）安世高于2世纪末在洛阳翻译的《阴持入经》中提及三世佛，其文云：

> 四意止、四意断、四神足、五根、五力、七觉意、贤者八种道衔，是为三十七品经法。过去佛亦有是，现在佛亦有是，未来佛亦有是。辟支佛亦从是得度世道，佛弟子亦从是，是为度世无为道。①

从《阴持入经》对三世佛的记载和安世高的传教轨迹来看，至迟在2世纪，三世信仰当已在中亚形成，之后又沿丝绸之路传入内地。

中国内地的三世佛造像组合，北朝时期最早见于炳灵寺第169窟，共有三铺。分别是位于北壁后部的9号三立佛、位于西壁下部的二立佛及一倚坐菩萨和位于北壁前部的14号三坐佛。赖鹏举先生判断，这三铺三佛造像在年代上早于同窟420年的无量寿佛龛，这与西北印犍陀罗地区的“七佛一菩萨”造像在年代上得以衔接，二者皆以过去、现在、未来的“三世观”为造像思想的主轴②。

三佛形式的“三世佛”，除了前述炳灵寺和莫高窟，在北朝时期开凿的诸多石窟里均可得见，从天梯山到金塔寺、马蹄寺，从云冈到麦积山、龙门，几乎普遍流行于当时中国北方③。学界已基本达成早期洞窟的三佛就是三世佛的共识，这里不再赘述。

千佛思想的发展，即由贤劫千佛扩充至三劫三千佛④。据《过去庄严劫千佛名经》⑤《现在贤劫千佛名经》⑥《未来星宿劫千佛名经》⑦等佛名经记载，过去庄严劫时有千尊佛，现在贤劫时有千尊佛，未来星宿劫还将有千尊佛出世。第254窟的千佛标志着这一扩充的最终完成。实际上，无论是贤劫千佛还是三劫三千佛，都以“三世”思想为表里。此举意在突出佛与佛之间从过去到未来的传承，以示佛法永远不灭。

第二，禅观与忏悔的需要。僧人修菩萨行首先需在三世佛像前禅定入三昧，三世佛会在念想中出现。简而言之，观三世佛造像之于禅观修行关系密切。《佛说观佛三昧海经》和《禅秘要法》是5世纪中国僧人坐禅时极受欢迎的禅观经典。在这些经典中，三世佛是观像的重要对象，如《佛说观佛三昧海经》云：“汝今善持，慎勿忘失。过去、未来三世诸佛，是诸世尊皆说如是念佛三昧，我与贤劫诸大菩萨因是念佛三昧力故得一切智威神自在。如是十方无量诸佛，皆由此法成三菩提。”⑧

此外，礼敬三世佛，还应具有忏悔的功能。

梁武帝时所集的《慈悲道场忏法》中有一段称名忏悔的内容：“南无弥勒佛、南无七佛、

---

①［东汉］安世高译《阴持入经》，《大正藏》第15册，第173页。

② 赖鹏举：《丝路佛教的图像与禅法》，圆光佛学研究所，2002年，第38页。

③ 刘慧达：《北魏石窟中的“三佛”》，《考古学报》1958年第4期，第91–101页；宿白：《云冈分期试论》，《考古学报》1978年第1期，第25–38页；贺世哲：《关于十六国北朝时期的三世佛与三佛造像诸问题》（一），《敦煌研究》1992年第4期，第1–15页；［日］久野美树著，官秀芳译，魏文斌校《中国初期石窟及观佛三昧——以麦积山石窟为中心》，《敦煌学辑刊》2006年第1期，第148–161页；魏文斌：《麦积山石窟初期洞窟三佛造像考释》，《敦煌学辑刊》2008年第3期，第128–145页。

④ 陈慧宏：《敦煌莫高窟早期的千佛图》，硕士学位论文，台湾大学，1994年，第30页。

⑤《过去庄严劫千佛名经》，《大正藏》第14册，第365页。

⑥《现在贤劫千佛名经》，《大正藏》第14册，第377页。

⑦《未来星宿劫千佛名经》，《大正藏》第14册，第393页。

⑧［东晋］佛陀跋陀罗译《佛说观佛三昧海经》，《大正藏》第15册，第689页。

……南无庄严劫千佛、南无贤劫千佛、南无星宿劫千佛。”[①]杨明芬（释觉旻）则指出：“在布满千佛的洞窟中，基于礼一佛即礼诸佛的观念，所以行者在中心柱前，以东向面的主尊为代表，对着佛像礼拜、忏悔，即等同礼拜千佛，对千佛忏悔罪业，从而完成礼敬千佛、忏悔灭罪的仪式。”[②]

第三，“末法思潮”的推动。北凉时期，高僧昙无谶首倡末法之说，出现了我国佛教史上的初次末法思潮。纪年为“故凉大沮渠缘禾三年”（434）的北凉白氏塔上，已经出现了“生值末法”的铭刻。北魏太平真君七年（446），太武帝灭佛，全国佛教式微，这更加推动了“末法思想”的浪潮。殷光明先生指出：“尤其是一次灭佛事件之后往往就有一次末法思潮的出现，对当时佛教的发展产生了巨大影响，不仅成为一些佛教思潮和宗派产生的契机，而且也是一些刻经造像等重大佛教艺术活动的起因。”[③]

在末法思想的影响下，三世信仰愈发强烈，佛教中的“三世有佛”思想，实际上是在宣传“佛不灭论”，是对“灭法思想”的一种反击形式[④]。

第四，敦煌当时的社会历史背景。376年，自前凉张氏政权（313—376）覆灭后，敦煌先后为前秦苻氏（376—387）、后凉吕氏（387—400）、西凉李氏（400—420）和北凉沮渠氏（421—442）统治，政权频繁更迭[⑤]。439年，北魏破北凉都城姑臧，沮渠氏残部在敦煌坚持抗击魏军，直到442年才弃城逃往西域。成为北魏领土的敦煌并没有享受多少安宁，随着北方柔然的日益强大，敦煌又一次成为两股势力争夺西域和河西的前沿阵地，北魏朝中甚至一度兴起了放弃敦煌的议论：

> 延兴中，尚书奏以敦煌一镇，介远西北，寇贼路冲，虑或不固，欲移就凉州。[⑥]

群臣讨论，均表示赞同，唯独给事中韩秀以为不妥，力陈弊害。孝文帝听从了他的建议，敦煌才得以保全。

长久的动荡使得敦煌百姓身心俱疲，苦求安定的生活而不得，只能转而以宗教寻找心灵的安慰。在石窟中巡礼观像时，整个洞窟布满佛像，一尊尊佛次第出现，相继而生，他们都在传递过去、现在、未来三世之间佛法永续不绝的道理。甚至就连中心柱的南、北两侧，上层龛中的菩萨和下层龛中的禅定佛，也在无言地述说着佛法的传承。这使人们相信，佛法是永恒不灭的，生生不息。

但人们终究是要回归现实的，正如史苇湘先生所言：“时代如此动荡不安，莫高窟和它的艺术不可能纯属为了佛教修持坐禅之用，只需看一眼第254、257窟的本生故事画，就会发现这些石窟与当时敦煌民众的生活有多么密切的联系。”[⑦]战争要人民付出沉重牺牲，需要借助宗教艺术标榜“自我牺牲”精神。同时，也需要带给民众勇气与决心，唤醒他们心中对

---

① 《慈悲道场忏法》，《大正藏》第45册，第940页。

② 杨明芬（释觉旻）：《唐代西方净土礼忏法研究——以敦煌莫高窟西方净土信仰为中心》，民族出版社，2007年，第182页。

③ 殷光明：《试论末法思想与北凉佛教及其影响》，《敦煌研究》1998年第2期，第89-91页。

④ 杜斗城：《麦积山早期的三佛窟与姚兴的〈通三世论〉》，《敦煌学辑刊》2007年第1期，第121页。

⑤ 刘进宝：《敦煌学通论》，甘肃教育出版社，2019年，第59页。

⑥ ［唐］李延寿：《北史》卷27《韩秀传》，中华书局，1974年，第997页。

⑦ 史苇湘：《敦煌历史与莫高窟艺术研究》，甘肃教育出版社，2002年，第249页。

未来的美好向往。当然，美好事物的产生，总需要一个过程，即使是现世娑婆世界的教主释迦牟尼，在往昔无量劫时，也曾做尸毗王割肉贸鸽，也曾做萨埵太子舍身饲虎，经历了种种磨难。

当巡礼即将结束之时，信众们通过昏暗的甬道后又来到前室，将目光汇集在北壁人字披下，这时释迦牟尼佛似乎仍在教化众生，而弥勒又变回了居于天宫中说法的补处菩萨。再抬眼望一望弥勒头顶的过去佛，人们似乎多了一分坚定，他们明白：佛法不灭、三世永续，只要耐心等待，终会再现光明。

综上所述，第254窟全窟的营造构建出多重三世理念。作为贤劫千佛传法付嘱的象征，白衣佛除了与西壁南北两侧的过去庄严劫佛、未来星宿劫佛构成“三世三劫”，还与南北壁千佛中间的说法像构成了“三壁三佛”的三世佛组合；该窟千佛名题写的顺序，总体上呈过去庄严劫千佛→未来星宿劫千佛，加之中心柱的“贤劫佛”，亦构成了“三世千佛”的序列；人字披下南北两壁的交脚弥勒、释迦佛和小禅定佛是“竖三世佛”；南北壁上部西侧列龛中的八尊佛像，可以看作时间上具有延续性的整体，意在展现“七佛+弥勒佛”的组合，是一种三世佛信仰体系的表达。这些组合的汇集是当时三世佛信仰的产物，旨在重申佛法的永续流传。其宗教功能关涉禅观和忏悔。

敦煌石窟回鹘装王像的身份归属*

沙武田（陕西师范大学历史文化学院）

【摘要】 莫高窟第409、237、148窟及西千佛洞第16窟的回鹘装王像，属于敦煌石窟留存下来的珍贵历史图像，他们是西夏王还是回鹘王，还是其他？其身份属性如何判断，直接关系到对归义军历史和敦煌晚期石窟营建史的认知。瓜沙曹氏归义军政权的回鹘化是此类人物画像出现的历史背景，尤其是到了归义军最后一任节度使曹贤顺时期，归义军与“沙州回鹘”组成政治联盟，以曹贤顺为名义上的首领，辽朝册封曹贤顺为“沙州回鹘敦煌郡王”，归义军政权和沙州回鹘同时并存，瓜沙曹氏政权俨然一个西北独立的小王国。第409、237、148窟三窟重绘壁画有明显的归义军晚期特色，考虑到洞窟营建的时代背景，三窟中的回鹘装王像应属于“沙州回鹘敦煌郡王”曹贤顺的供养像，西千佛洞第16窟王像应为沙州回鹘“镇国王子”或“北亭可汗”。曹贤顺夫妇以回鹘王和王妃像出现在洞窟中，可以说为曹氏归义军与沙州回鹘之间的政治联盟提供了可靠而真实的图像印证，归义军的“回鹘化”有了宝贵的实物图像留存，“沙州回鹘”问题也有了珍贵的考古图像，敦煌晚期石窟分期新方案呼之欲出。

【关键词】 曹氏归义军政权　回鹘化　沙州回鹘敦煌郡王　曹贤顺供养像　西夏王　回鹘王

一、一个现象和疑问：曹氏晚期洞窟营建和供养人画像的基本状况

晚唐五代宋张氏和曹氏归义军时期，是敦煌历史上的地方政权统

* 本文系国家社科基金重大招标项目“敦煌西夏石窟研究”（项目编号16ZDA116）、高等学校学科创新引智基地计划资助（Supported by the Project 111）“长安与丝路文化传播学科创新引智基地”（项目编号B1803）、社科基金冷门绝学团队项目“敦煌壁画外来图像文明属性研究”（项目编号20VJXT04）研究成果。

治阶段，敦煌石窟的营建也因为统治者和当地的信仰需要而出现了一些特殊的现象，历任归义军节度使及张氏与曹氏家族一些重要的人物多以供养像的形式留存在洞窟壁画中，一个个家族男女供养像集体出现在洞窟中，把佛教石窟变成了家族祠堂，给人深刻的印象，也为研究归义军历史提供了重要的形象史料，从而可以借助藏经洞写本与典籍文献，构建一部翔实的归义军历史①。

有趣的是，到了曹氏归义军晚期，主要是最后两任节度使曹宗寿（1002—1014年任节度使）和曹贤顺（1014—1036年任节度使）时期，出现完全相反的现象，不仅之前家族男女集体供养像不见踪影，就连节度使本人的供养像也难觅其踪，因此这一阶段的洞窟营建情况极不清楚。但以藏经洞所在的莫高窟第16窟为代表的一批大窟整窟重修的现象，表明到了归义军晚期洞窟营建仍在有序进行，不过具体方式和方法或营建理念发生了变化，以重修重绘为主。最让人难以理解的是这一时期重修洞窟时供养人画像的集体缺失，之前我们根据这个现象推测藏经洞的封闭与此有关，提出了曹氏归义军受回鹘人影响、制约的可能性②。但当时并没有意识到曹贤顺供养像有可能存在于洞窟中的事实。

对于曹氏归义军历任节度使而言，曹议金、曹元德、曹元深、曹元忠、曹延禄诸位的供养像在敦煌石窟中均有留存，数量不等，其中以曹议金画像最为多见。另在莫高窟第98窟曹议金“大王窟”甬道南壁、第100窟“天公主窟”甬道南壁、第454窟曹延恭功德窟甬道南壁，有他们的集体像，曹延禄画像主要出现在天王堂、莫高窟第454窟，榆林窟第19窟有曹延禄未成年时的画像。曹宗寿的功德窟和供养像均不明确，据伯希和抄录莫高窟第130窟“南大像”，有曹宗寿重绘壁画时留下的其叔父曹延禄的供养像题记“故叔敕谒（竭）诚囗（奉）化功臣河西一十……”③，但遗憾的是相应的供养人画像看不到。我们注意到一个现象，归义军最后一任节度使曹贤顺的画像与题记，由于资料缺失，之前学术界完全没有人论及。

据关友惠研究，在沙州回鹘和西夏之前，即曹氏归义军晚期的曹宗寿、曹贤顺阶段，还是有一批洞窟在这一时期被重绘，其风格和归义军曹氏壁画一脉相承，如有莫高窟第27、29、30、38、65、70、78、81、83、84、87、88、142、151、223、224、235、263、265、291、326、327、328、344、345、347、348、350、352、353、354、365、366、367、382、400、450、430窟等窟，这些洞窟壁画的装饰图案题材与风格是归义军画院作品的延续，不能与西夏洞窟艺术风格等同对待④。关先生这一划分的办法和思路有可借鉴的地方，但在具体的洞窟上显然有严重的扩大化之嫌，并没有充分考虑到西夏时期对曹氏画风的延续问题。

① 荣新江：《归义军史研究——唐宋时代敦煌历史考索》，上海古籍出版社，1996年版、2015年版；冯培红：《敦煌的归义军时代》，甘肃教育出版社，2013年。

② 沙武田：《莫高窟第16窟整体重修时供养人画像的缺失与藏经洞的封闭》，《西夏研究》2012年第2期，第9-27页；沙武田：《归义军时期敦煌石窟考古研究》，甘肃教育出版社，2017年，第231-258页。

③ 敦煌研究院编《敦煌莫高供养人题记》，文物出版社，1986年，第63页；［法］伯希和著，耿昇、唐健宾译《伯希和敦煌石窟笔记》，甘肃人民出版社，1993年，第63页；贺世哲：《从一条新资料谈藏经洞的封闭》，《西北史地》1984年第3期，第83-86页；贺世哲：《敦煌石窟论稿》，甘肃民族出版社，2004年，第609-610页。

④ 关友惠：《敦煌宋西夏石窟壁画装饰风格及其相关的问题》，载敦煌研究院编《2004年石窟研究国际学术会议论文集》（下），上海古籍出版社，2006年，第1111-1141页。

此观点也被王惠民在一定程度上所认可[①]，我之前在论及西夏洞窟分期时也部分秉持这一观点[②]。

也就是说，既然曹宗寿、曹贤顺时期洞窟的营建活动仍在继续，那么他们的供养人画像出现的可能性仍然存在。其中曹宗寿在第130窟的画像虽然看不到，但相应供养人题记的存在，为画像的存在提供了佐证[③]。至于曹贤顺的供养像则需另外考察，现在看来，莫高窟洞窟中存在曹贤顺供养像的可能性并不是完全没有。

学术问题就是在不断地思考和研究中缓慢推进，之前全然没有迹象的问题，随着时间的推移和研究的深入，新的问题则会出现，往往有意想不到的学术收获与全新的历史认知。

在此，首次提出归义军最后一位节度使曹贤顺供养像的问题，既是基于对归义军历史、敦煌晚期石窟的深入研究，同时也是我们在漫长的学术道路上的新认识。

那么，既然前人没有发现过任何有关曹贤顺供养像的蛛丝马迹，现在要提出这一命题，从哪里入手则是问题的关键。幸好，最近成为敦煌学、西夏学、考古学、艺术史学界讨论热点的以莫高窟第409窟回鹘装王像为代表的一类供养像，引起了我们的注意，我们发现其与本文拟论的曹贤顺供养像有密切关联，仔细梳理，或许有新的发现。

二、学界对敦煌石窟回鹘装王和王妃供养像的疑问

在莫高窟第409窟主室东壁门南北两侧、第237窟甬道南北壁、第148窟甬道南北壁西侧、西千佛洞第16窟甬道东西壁，两两对称出现的男女供养人画像，人物面貌和服饰特征很相似，图像组合关系也一致，服饰特征上属明显的回鹘装王和王妃人物供养像，对其服饰特征及通过服饰所判断的民族特性，学术界有详细描述和专题研究可供参考，限于篇幅不再赘述[④]。另单就面貌特征而言，第409、237窟男像面貌特征几乎为同一人，第148窟男像变色严重，五官不清，但面相整体特征相似，均为一壮年男子面相特征，西千佛洞第16窟男像的面相大同小异，略显成熟老成，但考虑到供养人画像在面貌上的美化处理手法、艺术表现的程式化即“千人一面”现象[⑤]，因此在考证人物真实面貌特征时需要小心。

长期以来，学术界对这一类供养像的时代、民族属性颇有争议。最早刘玉权代表敦煌文物研究所公布莫高窟和榆林窟西夏洞窟分期，把第409、237、148窟重修壁画归为西夏时期作品，因此这几窟的供养人王者像即为西夏王和王妃[⑥]。之后刘先生受学术界对回鹘问题研究的启发，从莫高窟、西千佛洞、榆林窟的原西夏洞窟中划分出一批属于“沙州回鹘”的洞

---

① 王惠民：《敦煌西夏洞窟分期及存在的问题》，《西夏研究》2011年第1期，第59-65页。

② 沙武田：《敦煌西夏石窟分期研究之思考》，《西夏研究》2011年第2期，第23-34页。

③ 贺世哲：《从一条新资料谈藏经洞的封闭》，《西北史地》1984年第3期，第83-86页；贺世哲：《敦煌石窟论稿》，甘肃民族出版社，2004年，第609-610页。

④ 对这些人物服饰和图像特征的描述，参见谢静：《敦煌石窟中的少数民族服饰研究》，甘肃教育出版社，2016，第209-213页；张先堂：《敦煌莫高窟第148窟西夏供养人图像新探——以佛教史考察为核心》，载杜建录主编《西夏学》第11辑，上海古籍出版社，2015年，第220页。

⑤ 郑炳林：《敦煌写本相书理论与敦煌石窟供养人画像——关于敦煌莫高窟供养人画像研究之二》，《敦煌学辑刊》2006年第2期，第1-23页。

⑥ 刘玉权：《敦煌莫高窟、安西榆林窟西夏洞窟分期》，载敦煌文物研究所编《敦煌研究文集》，甘肃人民出版社，1982年，第273-318页。

窟，以上4窟即在其中[①]，这是学术界对“沙州回鹘”洞窟专题研究的开端，又因属敦煌研究院官方公布，故其影响颇大，可以说一直到今天，学术界主流意见仍秉持此次洞窟划分的基本观点，把这一类供养像纳入“沙州回鹘”洞窟图像系统中，以杨富学有关“沙州回鹘”的系列研究成果为代表[②]。按此观点，以上4窟中的回鹘装王和王妃像即为沙州回鹘可汗和王妃可敦像。

但是西夏学界以史金波为代表，始终坚持认为此类供养像应属西夏王像[③]，陈育宁、汤晓芳也坚持此说[④]，岳键延续这一说法[⑤]，陈玮在讨论西夏龙信仰[⑥]、李玉峰在研究西夏的龙纹装饰纹样[⑦]时对这一类人物画像均沿用传统的西夏王说，汤晓芳则从服饰、仪仗的角度做了深入的分析，肯定了西夏王说[⑧]，任怀晟最新的专门研究把西夏王说又向前推进了一步[⑨]。几乎同一时间，刘永增发表专论，根据日本学者松井太释读出的第409窟题记文字“el arslan xan”（译成汉文意思为“阿斯兰汗”、“狮子汗”或“国之狮子”）[⑩]，而把此类供养像归为高昌回鹘可汗阿斯兰汗及其王妃像[⑪]。基于最新的讨论，杨富学再次撰文坚持认为属回鹘可汗供养像[⑫]。刘人铭对第409窟回鹘可汗可敦供养像从“汉文化因素”角度做了专论，认为其极有可能是史书和文献中有记载的沙州镇国王子即沙州北亭可汗夫妇供

① 刘玉权：《关于沙州回鹘洞窟的划分》，载敦煌研究院编《1987年敦煌石窟研究国际讨论会文集》（石窟考古编），辽宁美术出版社，1990年，第1-29页。

② 杨富学此方面最新的成果见杨富学：《回鹘与敦煌》，甘肃教育出版社，2013年，第284页、第374页；杨富学：《敦煌民族史探幽》第六章“关于沙州回鹘国的建立”，甘肃文化出版社，2016年，第134-135页；杨富学：《裕固族与晚期敦煌石窟》，《敦煌研究》2017年第6期，第47页；杨富学：《莫高窟第61窟甬道为元代西夏遗民营建说》，载杜建录主编《西夏学》第15辑，甘肃文化出版社，2017年，第92页。

③ 史金波：《西夏皇室和敦煌莫高窟刍议》，载杜建录主编《西夏学》第4辑，宁夏人民出版社，2009年，第165-171页。

④ 陈育宁、汤晓芳：《西夏艺术史》，上海三联书店，2010年，第63-64页。

⑤ 岳键等：《西夏艺术荟萃·书法绘画卷》，阳光出版社，2017年，第231页。

⑥ 陈玮：《西夏龙信仰研究》，载杜建录主编《西夏学》第13辑，甘肃文化出版社，2016年，第201-212页。

⑦ 李玉峰：《西夏装饰纹样中的龙纹及特点》，载杜建录主编《西夏学》第14辑，甘肃文化出版社，2017年，第264-274页。

⑧ 汤晓芳：《对敦煌409窟壁画人物“回鹘国王”的质疑》，《西夏研究》2018年第3期，第54-61页。

⑨ 任怀晟：《敦煌莫高窟409窟、237窟男供养人像考》，《敦煌学辑刊》2019年第3期，第91-103页。

⑩［日］松井太：《敦煌諸石窟のウイグル語題記銘文に關する箚記》（二），载《人文社會論叢》人文科學篇第32号，2014年，第29页；［日］松井太著，刘宏梅译《敦煌石窟中回鹘文题记劄记》（二），《吐鲁番学研究》2019年第1期，第117-119页；［日］松井太、［日］荒川慎太郎编《敦煌石窟多言語資料集成》，東京外國語大學アジア·アフリカ言語文化研究所，2017年，第54页。

⑪ 刘永增：《敦煌“西夏石窟”的年代问题》，《故宫博物院院刊》2020年第3期，第7页。其实森安孝夫在早期的研究中就认为此类画像为西回鹘王像，只是当时并没有翻译出此题记而已，参见［日］森安孝夫：《沙州回鹘集团与西回鹘王国》，《内陆亚细亚史研究》第15号，2000年，第21-35页；［日］森安孝夫著，梁晓鹏译《沙州回鹘与西回鹘国》，《敦煌学辑刊》2002年第2期，第136-146页。

⑫ 杨富学：《敦煌晚期石窟研究的若干思考》，《天水师范学院学报》2020年第2期，第68-73页；杨富学：《莫高窟第409窟的营建时代与民族属性——兼评西夏说与西州回鹘说》，《美术大观》2022年第2期，第42-47页；闫珠君、杨富学：《敦煌回鹘石窟分期断代问题刍议——兼论“六字真言”的概念与使用》，《石河子大学学报（哲学社会科学版）》2022年第1期，第94-102页。

养像[①]。最近，基于以上争论，刘人铭再撰专文，肯定了敦煌石窟回鹘王和王妃供养像的民族属性和身份属性[②]。

汤晓芳、任怀晟和刘永增、杨富学、刘人铭最新成果的推出，使得这一问题显得更加扑朔迷离，也促使我们产生新的思考。

总体而言，目前学术界对以上4窟中出现的王者夫妇供养像的判断，有三种观点，分别为沙州回鹘王与王妃像说、西夏王与王妃像说、西州回鹘可汗与王妃像说。

显然，学术界对这一类供养像时代、民族属性、人物身份的认识，意见并不统一，且有严重分歧，因此需要再做些辨析，以还原图像本来的面貌。

之前研究者判断这些王和王妃供养像属于回鹘族属的基本依据，是吐鲁番柏孜克里克第45、24、31、9、20、16窟等窟和吉木萨尔北庭回鹘佛寺西大寺壁画中的回鹘王和王妃供养像，对二者进行比较后，可以看到以第409窟为代表的供养像，在服饰上具有非常明显的回鹘特征和画像风格。

之前鉴于学术界存在对此类供养像的西夏说和以西夏服饰进行议论的现象，谢静、谢生保从服饰角度做过专题辨析[③]。贾应逸、侯世新则把第409窟回鹘供养像与吐鲁番和北庭西大寺壁画中的回鹘供养像做了详细的比较研究，指出了二者的相同点和区别之处[④]。可以说这些研究已经非常清晰地辨析了敦煌石窟壁画中的这一类供养像的族属关系和图像风格特征，这些供养像作为回鹘王和王妃供养像似乎没有疑问。把这些图像作为回鹘服饰研究的重要图像资料，民族服饰史研究者谢静[⑤]和沈雁有专论[⑥]，可谓详尽，似无须再辨。

既然从人物服饰特征分析，作为回鹘的民族属性似乎是可以确定的，那么为什么学术界还会有如此复杂和完全不同的观点？分歧性意见和不同观点的存在，本身即表明一个事实：即使是从服饰角度来看该类供养人画像的回鹘属性可以确立，但单纯以回鹘王和王妃供养像来对待仍然不具备足够的说服力。如此，就需要考虑其果真有可能不是回鹘王和王妃供养像的可能性。

如果此类供养像不是回鹘王和王妃供养像，又从服饰上是可以基本否定其为西夏王和王妃供养像的判断，那么，就需要提出新的解释来。因此，对这些人物供养像的身份和属性判断，究竟如何指向？这是本文要重点解决的问题。

---

① 刘人铭：《莫高窟第409窟回鹘可汗可敦供养画阐释–以汉文化因素探析为中心》，《绵阳师范学院学报》2018年第4期，第142–146页

② 刘人铭：《敦煌石窟回鹘王像身份属性再思考》，载华东师范大学艺术研究所编《中国美术研究》第38辑，上海书画出版社，2021年，第15–23页。

③ 谢静、谢生保：《敦煌石窟中回鹘、西夏供养人服饰辨析》，《敦煌研究》2007年第4期，第80–85页。

④ 贾应逸、侯世新：《莫高窟409窟与柏孜克里克石窟供养人对比研究》，《吐鲁番学研究》2008年第1期，第110–119页；贾应逸、侯世新：《莫高窟第409窟与高昌回鹘供养人像比较研究》，载敦煌研究院编《敦煌壁画艺术继承与创新国际学术研讨会论文集》，上海辞书出版社，2008年，第515–516页；贾应逸：《莫高窟第四〇九窟与高昌回鹘供养人像比较研究》，载王明明主编《大匠之门》第16期，广西美术出版社，2017年，第49–58页。

⑤ 谢静：《敦煌石窟中的少数民族服饰研究》，甘肃教育出版社，2016年，第203–227页。

⑥ 沈雁：《中国北方古代少数民族服饰研究》（回鹘卷），东华大学出版社，2013年，第88–99页。

三、洞窟整体重绘引发的思考：归义军曹氏供养像的提出

目前的学术现状是：无论是持哪一种观点者，都无法提供绝对的资料和论证，从而使其观点得以确立，均属自圆其说，自说自话，从而使得这个问题进入“公说公有理，婆说婆有理”的怪圈。

面对这样的学术困境，办法只有一个：另辟蹊径。具体到敦煌石窟这一类回鹘装王像和王妃像的身份属性时，我们不应再继续纠缠于回鹘王、西夏王的传统思路，而是从中跳出来，寻找第三条可能的路线，即在沙州（或西州）回鹘王、西夏王之外尝试寻找其他的答案。

图像的解读，在没有合适的文献资料可依据的情况下，只能回到图像本身。“以图证史”的前提是要对图像有准确的认识，离开这一点，也就无史可证，更谈不上“以图证史”[①]。目前，学术界在讨论以第409窟为代表的这一批供养像时，死盯着这些供养像，却对所在洞窟不予关注，几乎忘记了这些供养像是所属具体洞窟中的有机组成部分，难怪问题重重，并且无法产生让人信服之观点。

如果按第409窟为沙州回鹘窟的主流意见，则意味着洞窟整体的壁画题材和艺术风格属于沙州回鹘特征，事实如何？需要做些讨论。

第409窟是后期重修的隋代洞窟，回鹘装王和王妃供养像位于主室东壁门两侧，洞窟主室南北壁为千佛，西壁双层龛内正中和顶上为双树、伞盖，其他各面画长茎大叶花枝纹，双层龛沿和龛外两侧均为千佛，四壁底层一圈的壶门内绘三珠火焰纹，窟顶全是团花纹，四壁与窟顶之间为一圈垂幔纹。整体而言，主室各壁为清一色石绿底千佛图像，窟顶为清一色红底团花装饰纹样。从对整窟壁画观察的结果可以发现一个现象：在第409窟重修的壁画中，是以千佛为主的题材，而千佛在莫高窟回鹘重修的一批洞窟中并不流行，事实上目前划入的回鹘窟中以千佛为主要题材的洞窟是第409窟，其他洞窟是以各类说法图、净土变为主，另有一定数量的药师佛、行脚僧、罗汉像、说法图形式的佛传、儒童本生等题材。但在归义军晚期重修的一批大窟中，如莫高窟第16、94、256、152、233、29窟等窟，几乎是清一色的千佛变，具体是“贤劫千佛变相”[②]。我们把这些归义军晚期重修大窟中的千佛造像和第409窟的千佛作比较，发现均为石绿底，千佛的造型、大小、风格、排列关系均非常相似，几乎没有区别，唯独第409窟东壁门上没有出现这些“贤劫千佛变相”特征性的海水、大莲花、宝瓶、仙人等画面，而是一个大榜题框。另外，第409窟窟顶清一色的团花装饰纹样，也是归义军晚期重修诸大窟顶的常见纹样。关友惠从图案纹样的角度认为以第409窟为代表的回鹘窟可以称为“北宋回鹘窟”，他认为其属于归义军装饰纹样的延续[③]。因此，整体而言，第409窟主室重修的壁画题材和艺术风格，有浓厚的归义军晚期特色，而不具备回鹘洞窟壁画

① [英]彼得·伯克著，杨豫译《图像证史》，北京大学出版社，2008年。

② 梁尉英：《敦煌石窟贤劫千佛变相》，载敦煌研究院编《1994年敦煌学国际研讨会文集·石窟考古卷》，甘肃民族出版社，2000年，第26–53页；梁尉英：《略论敦煌晚唐艺术的世俗化》，载敦煌研究院编《敦煌石窟艺术·莫高窟第九、十二窟》，江苏美术出版社，1994年，第10–34页。

③ 关友惠：《敦煌宋西夏石窟壁画装饰风格及其相关的问题》，载敦煌研究院编《2004年石窟研究国际学术会议论文集》（下），上海古籍出版社，2006年，第1126页。

风格特征，如第207、245、330、310、399、418窟等窟。

再来看同样有回鹘装王和王妃供养像的第237窟和第148窟的情况如何。二窟同属重绘壁画，但不像第409窟是整窟重绘，第237窟仅重绘了甬道和前室，第148窟重绘了甬道和窟内供养人画像，其他均为唐代壁画原作，即盛唐大历十一年（776）完工的涅槃大窟，唐代壁画保留较完好。

第237窟前室重绘壁画保存较为完好的是甬道南北壁的回鹘装王和王妃供养像，甬道平顶团花纹和顶部中间的莲花团龙井心，另西壁门上中间“执扇弥勒”一铺，两侧水月观音；其中的执扇弥勒是敦煌洞窟的新题材，据郭俊叶考证，是据北宋太宗雍熙元年（984）以高文进所绘稿本而制作的弥勒菩萨像版画而来，并把敦煌地区慈氏塔、五个庙第1窟、昌马第2窟及莫高窟第237、363窟几幅执扇弥勒均归为西夏时期作品①。显然，此处执扇弥勒的时代还是要充分考虑到甬道回鹘装供养人像的问题，二者应该是同层壁画，时代也应相同，无论如何不会晚到西夏时期。

对于第148窟的这一组有回鹘服饰特征的供养人画像，张先堂有专文做了深入的研究，他在肯定回鹘王和王妃供养像的同时，考虑到回鹘王像袍衣为团花纹而非团龙纹的现象，因此把这一组重绘的供养像归为西夏时期的回鹘人②。但是在西夏统治下，洞窟中出现回鹘装王和王妃供养像的可能性有多大？这是要慎重考虑的问题。

我们注意到，第237窟和第148窟分别为仅重绘甬道、前室和重绘供养人画像的做法，与曹氏归义军时期自首任节度使曹议金以来在莫高窟重修洞窟的方式方法颇为一致，而回鹘人重修基本上选择的是小型洞窟，采取整窟重绘，并且往往在洞窟四壁下方画男女供养人群像；同时，西夏人在莫高窟的重绘活动也以整窟重绘为主要方式，但几乎不出现供养人画像。因此，第237窟和第148窟重绘的现象，整体上与回鹘人、西夏人在莫高窟的重绘行为均不太符合，而与归义军的重绘行为更为接近。

以上是从洞窟整体重绘的角度分析、梳理和比较的结果，第409、237、148窟回鹘装王和王妃供养像重绘的现象，显然更加接近曹氏归义军的做法。

另外，若把这3个洞窟与莫高窟、榆林窟、西千佛洞的其他回鹘洞窟进行比较，就会发现疑点：在这三处石窟群中被认为具有典型回鹘风格的洞窟中，除了有明显的回鹘风格题材的壁画之外，多有丰富的供养人画像出现。在这一点上，与以上3个洞窟比较，显然有明显的区别。据刘人铭对回鹘洞窟供养人画像的专题研究，以莫高窟第194、245、310、363、418窟等窟为代表，均以较小的人物画像布局在洞窟主室各壁下部，男女分开对称排列，其中男像均着回鹘装，女性则是回鹘装和汉装混合出现，但均没有出现回鹘王和王妃供养像③。

西千佛洞第16窟的情况有例外，容后专论。

至于和西夏洞窟的关系，因为莫高窟西夏洞窟中除了第61窟甬道的助缘僧以外，几乎

① 郭俊叶：《敦煌执扇弥勒菩萨图像考》，《敦煌研究》2021年第2期，第72–84页。

② 张先堂：《敦煌莫高窟第148窟西夏供养人图像新探——以佛教史考察为核心》，载杜建录主编《西夏学》第11辑，上海古籍出版社，2015年，第218–227页。

③ 刘人铭：《敦煌沙州回鹘石窟研究》，硕士学位论文，陕西师范大学，2018年。

不出现供养人画像[①]，所以完全不是一回事。

因此，以上从洞窟整体重绘或重修角度出发的比较和分析，大体上可以把以第409窟为代表的回鹘装王和王妃供养像排除在回鹘和西夏之外。

那么，在这一时期，排除回鹘王、西夏王的可能性之后，其最大的可能性就是归义军曹氏的最高统治者。

四、"沙州回鹘敦煌郡王"曹贤顺的回鹘色彩

曹氏归义军晚期的"回鹘化"、归义军政权与沙州回鹘的关系问题，一直以来是归义军史研究中的一个热点话题[②]，也是关注沙州回鹘问题时绕不过的历史[③]，学术界已有丰富的成果可供参考。据研究，回鹘人对曹氏归义军政权影响很大。到了归义军的后期，先是出现由沙州回鹘构成的"沙州蕃族"部落，曹延禄时期"沙州蕃族"部落与归义军政权关系良好，曾经为归义军出使中原担任向导。随着沙州回鹘的壮大，他们不仅在外交上帮助归义军政权，还可能参与了归义军的内政，支持曹宗寿推翻节度使曹延禄的统治。曹贤顺时期"归义军政权"与"沙州回鹘"联合进行外交出使活动，并且"归义军-沙州回鹘联盟"名义上奉曹贤顺为最高首领。随着敦煌曹氏归义军政权逐渐衰落，代之而起的是沙州回鹘政权，曹氏归义军逐渐衰亡的过程也是沙州回鹘崛起的历史[④]。

由于回鹘化趋势贯穿曹氏归义军政权始终，赤木崇敏甚至指出曹氏归义军节度使曹延恭及曹宗寿以后属于"回鹘派系"，他提出曹氏归义军时期的节度使可划分为"甘州回鹘派""于阗派"[⑤]，而杜海并不同意这一观点，他将曹氏归义军的内斗归为"瓜沙之争"[⑥]，指出实际于阗和敦煌的关系只限于外交、联姻，对内政方面应该没有干涉。但回鹘对曹氏归义军政权有深刻的影响则是事实，前期是甘州回鹘，后期是沙州回鹘；虽然未形成一个贯穿始终

① 沙武田：《西夏时期莫高窟的营建——以供养人画像缺席现象为中心》，载杜建录主编《西夏学》第12辑，甘肃文化出版社，2017年，第101-128页。

② ［日］森安孝夫著，高然译《回鹘与敦煌》，《西北史地》1984年第1期，第107-121页；钱伯泉：《回鹘在敦煌的历史》，《敦煌学辑刊》1989年第1期，第63-78页；荣新江：《归义军史研究——唐宋时代敦煌历史考索》，上海古籍出版社，1996；陆庆夫：《归义军晚期的回鹘化与沙州回鹘政权》，《敦煌学辑刊》1998年第1期，第18-24页；Akagi Takatoshi, *The Genealogy of the Military Commanders of the Guiyijun from Cao Family, Dunhuang Studies: Prospects and Problems for the Coming Second Century of Research*（ed.by Irina Popova and Liu Yi）, St.Petersburg: Institute of Oriental Manuscripts, Russian Academy of Sciences, 2012, pp.8-13;冯培红：《敦煌的归义军时代》，甘肃教育出版社，2013年；杜海：《敦煌曹氏归义军史研究》，博士学位论文，兰州大学，2015年；杜海：《敦煌归义军政权与沙州回鹘关系述论》，《敦煌学辑刊》2015年第4期，第143-150页。

③ 李正宇：《悄然湮没的王国——沙州回鹘国》，载敦煌研究院编《1990年敦煌学国际研讨会文集·石窟史地、语文编》，辽宁美术出版社，1995年，第149-175页；杨富学：《沙州回鹘及其政权组织》，第175-200页；杨富学、牛汝极：《沙州回鹘及其文献》，甘肃文化出版社，1995年；［日］森安孝夫著，梁晓鹏译《沙州回鹘与西回鹘国》，《敦煌学辑刊》2002年第2期，第136-146页；杨富学：《回鹘与敦煌》，甘肃教育出版社，2013年；杨富学：《敦煌民族史探幽》，甘肃文化出版社，2016年。

④ 杜海：《敦煌归义军政权与沙州回鹘关系述论》，《敦煌学辑刊》2015年第4期，第143-150页。

⑤ Akagi Takatoshi, *The Genealogy of the Military Commanders of the Guiyijun from Cao Family, Dunhuang Studies: Prospects and Problems for the Coming Second Century of Research* (ed. by Irina Popova and Liu Yi), St. Petersburg: Institute of Oriental Manuscripts, Russian Academy of Sciences, 2012, pp.8-13。

⑥ 杜海：《敦煌曹氏归义军史研究》，博士学位论文，兰州大学，2015年。

的政治派系，但是回鹘化趋势可以说是贯穿曹氏归义军始终[①]。

在归义军政权回鹘化过程中，曹氏归义军的最后一位统治者曹贤顺与回鹘的关系尤其引人注意。归义军政权到了曹贤顺时期，由于特殊的政治背景和需求，同时向辽和宋进贡。从史书记载可以看到，曹贤顺时期归义军与辽的关系颇为密切，且《辽史》中把这一时期的归义军称为“沙州回鹘”。

《辽史·圣宗纪六》：

> （开泰三年夏四月）乙亥，沙州回鹘曹顺遣使来贡。[②]

《辽史·属国表》：

> （开泰三年夏四月）乙亥，沙州回鹘曹顺遣使来贡，回赐衣币。[③]

《辽史·圣宗纪七》：

> （开泰九年七月）甲寅，遣使赐沙州回鹘敦煌郡王曹顺衣物。
>
> （开泰九年九月）乙亥，沙州回鹘敦煌郡王曹顺遣使来贡。[④]

另据《辽史·圣宗纪三》记载曹贤顺曾亲赴辽京：

> （开泰六年六月）乙酉，夷离堇阿鲁勃送沙州节度使曹恭顺还。[⑤]

可知，辽朝廷在称归义军为“沙州回鹘”的同时，也知道曹贤顺担任宋代的“沙州节度使”一职。曹贤顺本人曾于“开泰六年六月”之前觐辽，亲临上京（今内蒙古赤峰市巴林左旗），辽朝则派专使护送曹贤顺返回敦煌。不仅如此，据《辽史·圣宗纪七》记载，辽朝曾于开泰八年（1019）正月“封沙州节度使曹顺为敦煌郡王”[⑥]，这一事件也记载在“大契丹国故宣徽南院使、归义军节度沙州管内观察处置等使、金紫崇禄大夫检校太尉使持节沙州诸军事、沙州刺史”《韩橁墓志铭》中：

> 明年（即开泰八年）奉使沙州，册主帅曹恭顺为敦煌王。[⑦]

虽然在同时期宋代史料如《宋史·沙州传》《宋会要辑稿·蕃夷》《续资治通鉴长编》等当中仍然以“归义军节度使”称呼曹贤顺，但事实上归义军晚期曹宗寿以后逐渐回鹘化，至曹贤顺时期沙州回鹘取代归义军政权，由最初的“归义军–沙州回鹘联盟”，到《宋史·夏国传》所记“（天圣）八年（1030），瓜州王以千骑降于夏”之时，曹贤顺被沙州回鹘所杀，其弟曹贤惠“瓜州王”投奔西夏，归义军灭亡，沙州回鹘崛起[⑧]。

曹贤顺是归义军第七任节度使曹宗寿的儿子，《续资治通鉴长编》卷八二“宋真宗大中祥符七年（1014）条”记“甲子，以归义军留后曹贤顺为归义军节度使，弟贤惠知瓜州”，

---

① 冯培红：《敦煌的归义军时代》，甘肃教育出版社，2013年，第424页。

② ［元］脱脱等撰《辽史》卷15《圣宗纪六》，中华书局，1974年，第175页。

③ ［元］脱脱等撰《辽史》卷70《属国表》，第1153页。

④ ［元］脱脱等撰《辽史》卷16《圣宗纪七》，第187页。

⑤ ［元］脱脱等撰《辽史》卷12《圣宗纪三》，第131页。

⑥ ［元］脱脱等撰《辽史》卷16《圣宗纪七》，第185页。

⑦ ［辽］李万：《韩橁墓志铭》，陈述辑校《全辽文》卷6，中华书局，1982年，第121页；向南：《辽代石刻文编》，河北教育出版社，1995年，第205页；汤开建：《韩橁出使敦煌年代考》，《甘肃社会科学》1983年第4期，第44–45页。

⑧ 刘玉权：《沙州回鹘史探微》，载敦煌研究院编《1994年敦煌学国际研讨会论文集·宗教文史卷》（下册），甘肃民族出版社，2000年，第3页；冯培红：《敦煌的归义军时代》，甘肃教育出版社，2013年，第453页。

曹贤顺接任归义军节度使，一直到1030年，其间与沙州回鹘有密切的关联，因此有了“沙州回鹘曹贤顺”的称号，同时还有辽册封的“敦煌郡王”，他以“敦煌王”的身份出现，并且使用“瓜沙州大王印”①。考虑到辽朝在之前已称曹宗寿为“沙州敦煌王”②的情况，到了曹贤顺时期，其地方割据性质更加浓厚。

总体来看，一方面，曹贤顺作为归义军最后一位节度使，他身上有浓厚的回鹘色彩，有“沙州回鹘敦煌郡王”的封号，与沙州回鹘保持着紧密的联盟关系；另一方面，在“归义军-沙州回鹘联盟”中，虽然名义上的最高首领是曹贤顺，但实际上却是回鹘人起主导作用③，这也从侧面暗示曹贤顺对回鹘的高度认同。

承蒙杜海教示，曹贤顺时期，归义军节度使服装有可能改变为回鹘样式，原因如下：

第一，中原王朝衰落，敦煌社会文化受到周边少数民族文化的影响。

第二，敦煌“归义军-沙州回鹘联盟”以沙州回鹘使节为导引，导致归义军政权对外形象的逐渐转变。

第三，曹贤顺兼事宋、辽，辽朝作为少数民族政权，对曹贤顺的回鹘身份更加认同。辽朝赐予曹贤顺衣物，应该也是北方少数民族服饰。

第四，辽朝对归义军节度使的称谓由“沙州敦煌王”“沙州节度使”到“沙州回鹘敦煌郡王”的改变，有可能表现在服饰上。

这些变化很有可能导致了现实生活中曹贤顺的着装的变化，体现在石窟中，即由归义军节度使的装扮相应地改为回鹘装。

五、曹贤顺供养像推论

曹贤顺个人历史中所具有的浓厚回鹘色彩和他对回鹘的高度认同，给我们思考他可能的供养像提供了重要的思路。

按照曹氏归义军的传统，作为节度使一级的人物，必然要在莫高窟、榆林窟、西千佛洞、五个庙等归义军统治下的瓜沙“二州八镇”所在的佛教洞窟、寺院中有其供养像。前文已述，归义军晚期洞窟营建以重绘的形式仍在较大规模进行中，那么出现节度使曹贤顺供养像的可能性还是有的。

我们的问题是，曹贤顺兼“沙州回鹘敦煌郡王”“归义军节度使”“敦煌王”“瓜沙州大王”于一身，那么他的供养人画像会以什么面貌出现，是传统的归义军节度使供养人画像特征，还是要充分考虑到他的回鹘色彩？

如果是曹氏历任节度使的传统画像，具体特征是：头戴展脚幞头，身穿红色圆领长袍，腰束革带，脚蹬乌靴，服饰属于五代宋以来洞窟壁画中频繁出现的典型的归义军统治者的汉装常服。若曹贤顺以此类传统的归义军节度使的画像出现在洞窟壁画中，就会面临如何处理与沙州回鹘政权结盟关系的问题。一方面，曹贤顺时期的归义军政权自称“沙州回鹘”，同时曹贤顺又有辽正式册封的“沙州回鹘敦煌郡王”称号；另一方面，这一时期的归义军政权

---

① 王艳明：《瓜沙州大王印考》，《敦煌学辑刊》2000年第2期，第41-53页；冯培红：《敦煌的归义军时代》，甘肃教育出版社，2013年，第439-443页。

② ［元］脱脱等撰《辽史》卷70《属国表》，第1149页。

③ 杜海：《敦煌归义军政权与沙州回鹘关系述论》，《敦煌学辑刊》2015年第4期，第143-150页。

受沙州回鹘的控制，“归义军-沙州回鹘联盟”中的主导者是回鹘，而曹贤顺只是名义上的首领。在这样的政治背景下，曹贤顺的画像以传统的归义军正统形象出现，似乎有回鹘方面的阻力。若结合曹宗寿在咸平五年（1002）借回鹘力量“内外合势”发动政变[①]，推翻了曹延禄的统治，开启了归义军的回鹘化和沙州回鹘势力崛起的新时代[②]，那么曹贤顺时期沙州回鹘的势力应当非常强势，以至于归义军政权最后被沙州回鹘政权终结，之后开启了沙州回鹘政权（或称沙州回鹘国）的新时代[③]。综合上述史实，曹宗寿画像似乎不大可能以历任节度使的正统形象出现，那么只能是第二种情况，即以回鹘装出现，这既符合当时的政治形势，又和他“沙州回鹘敦煌郡王”的封号相呼应。

若“沙州回鹘敦煌郡王”曹贤顺以回鹘装出现在洞窟壁画中，应该就是学术界热烈讨论的莫高窟第409、237、148窟的壁画中的回鹘装王像。若此推论成立，则为扑朔迷离的这一类供养像找到另外一种可能的解释，也可以使被学术界复杂化了的问题简单化。

若第409、237、148窟的回鹘装王像为归义军最后一任节度使、“沙州回鹘敦煌郡王”曹贤顺的供养像，则可以得到如下理由的支持：

第一，符合第409、237、148窟重绘手法、壁画题材与艺术风格为归义军晚期的时代特征。此一点前文已有论述，此不赘述。

第二，符合三窟供养像从回鹘角度看所具有的汉化特征。具体表现在服饰上的团龙纹样、伞盖、仪仗三个方面，对此刘人铭有专门讨论[④]。这里补充一点，虽然到了曹贤顺时期穿上了回鹘装，回鹘色彩非常浓厚，但毕竟在名义上仍然是晚唐五代宋以来瓜沙归义军政权的延续，在和宋朝廷打交道时仍然以“归义军节度使”的身份和称呼出现，只是在这里不得已以回鹘装出现，但总体上还是有渗入骨髓的汉文化的影响在其中。因此，服饰上的团龙纹样、伞盖、仪仗恰是对曹贤顺作为“归义军节度使”“敦煌王”“瓜沙州大王”的间接表现，实属有趣的政治图像。

第三，符合归义军曹氏原本的民族属性与文化认同。据荣新江和冯培红的研究，归义军

---

① ［元］脱脱等撰《宋史》卷490《外国六·沙州传》，第14124页；［清］徐松辑录《宋会要辑稿·蕃夷五》，中华书局，1975年，第7767页。

② 参见冯培红：《敦煌的归义军时代》，甘肃教育出版社，2013年，第426-427页；杜海：《敦煌曹氏归义军史研究》“曹宗寿的政变”相关问题讨论，第160-166页。

③ 杨富学：《再论沙州回鹘国的成立》，载樊锦诗、荣新江、林世田主编《敦煌文献、考古、艺术综合研究——纪念向达先生诞辰110周年国际学术研讨会论文集》，中华书局，2011年，第365-385页。另见杨富学《回鹘与敦煌》相关章节。

④ 刘人铭：《莫高窟第409窟回鹘可汗可敦供养画像阐释——以汉文化因素探析为中心》，《绵阳师范学院学报》2018年第4期，第142-146页。

曹氏为来自中亚的粟特后裔①，我们也从供养人画像的角度对这一问题有过探讨②，魏迎春则以大唐西市博物馆所藏《曹怀直墓志》提出敦煌曹氏一支来自疏勒王族裴氏③。无论是作为粟特后裔的归义军曹氏，还是来自疏勒王族裴氏的曹氏，到了晚期随着回鹘势力的强大，和回鹘人组成政治联盟，以和平方式接受沙州回鹘的控制，是因为他们有共同的民族文化基础，在文化和习俗上相互之间有诸多共同点。当然，以翻领、小袖为特征的回鹘服饰对粟特人而言是熟悉的民族服装，故他们穿起来也没有文化上的隔阂。

第四，服饰的回鹘化是归义军曹氏服饰的基本特征。之前我们对曹氏归义军时期以曹议金回鹘夫人“国母天公主”李氏为代表的，存在于五代宋洞窟壁画中的回鹘装女供养像做过专题考察，在莫高窟第98、100、108、61、55窟等曹氏诸节度使功德大窟，以及莫高窟第22、25、121、205、428窟等一批曹氏重修的功德窟中，看到回鹘的“天公主”们身着本民族的服饰，以“反传统”的服饰形象出现在自我标榜奉中原王朝为正朔，强调来自汉人大姓“亳州谯郡”的曹氏归义政权统治下的洞窟中，可以说是对曹氏民族血统最好的图像诠释。同时，据研究回鹘服饰方面的专家考察，曹氏女供养人画像无论是头冠、面妆，还是颈饰等方面均表现出回鹘装的影响。沈雁认为：“在曹氏归义军当政时期，当时的女性服装不但有回鹘服装、汉族服装，而且有回鹘与汉族服装混合穿着的形式。”④谢静亦有相同的认识：“由于曹氏归义军政权祖孙三代与回鹘联姻，回鹘贵族妇女的服饰受到了汉文化的影响，同时曹氏家族贵族妇女的服饰也受到了回鹘服饰的影响，产生了一种回汉混合的服饰，成了敦煌五代时期上层贵妇们的时尚服饰。”⑤因此，第409、237、148窟的回鹘装王妃供养像，实是曹氏归义军回鹘女供养像的一脉传承。事实上，不仅仅是曹氏女性供养像服饰受回鹘装影响较深，男性似乎也不例外，如在榆林窟第19窟主室和前室之间的后甬道南北壁画“节度使曹元忠”和“凉国夫人浔阳翟氏”的供养像，在曹元忠供养像身后，是曹延禄的供养像，为一小孩特征，榜题“男将仕郎曹延禄”，有趣的是，我们看到曹延禄穿的是回鹘装，圆领紧身小袖长袍，上饰团花纹，腰间革带上挂蹀躞七事。作为“推诚奉国保塞功臣敕归义军节度使特进检校太师兼中书令谯郡开国公曹元忠”的儿子，却以回鹘装公然出现在作为公共场合的佛教洞窟中，充分说明回鹘装应该在较早的时间已是曹氏日常生活中的一种服饰，敦煌人也习以为常。

第五，符合此类供养像被有限绘制的原因。我们注意到，就这一类回鹘装王和王妃供养像而论，无论是把其归入之前刘玉权划分的回鹘期23所洞窟中，还是归入我们主张的曹氏

① 荣新江：《敦煌归义军曹氏统治者为粟特后裔说》，《历史研究》2001年第1期，第65-72页；冯培红：《敦煌曹氏族属与曹氏归义军政权》，《历史研究》2001年第1期，第73-86页；荣新江：《中古中国与外来文明》，生活·读书·新知三联书店，2001年，第258-274页；郑炳林主编《敦煌归义军史专题研究续编》，兰州大学出版社，2003年，第163-189页。

② 沙武田：《敦煌石窟归义军曹氏供养人画像与其族属之判别》，载文化遗产研究与保护技术教育部重点实验室、西北大学丝绸之路文化遗产保护与考古学研究中心、西北大学唐仲英文化遗产研究与保护技术实验室编《西部考古》第7辑，三秦出版社，2012年，第204-234页；中央文史馆、敦煌研究院、香港大学饶宗颐学术馆编《庆贺饶宗颐先生九十五华诞敦煌学国际学术研讨会论文集》，中华书局，2012年，第142-167页。

③ 魏迎春：《唐云麾将军敦煌曹怀直墓志铭考释》，载日本京都大学人文社会科学研究所编《敦煌写本研究年报》第10号第2分册，2016年，第449-466页。

④ 沈雁：《敦煌壁画中的回鹘服饰研究》，硕士学位论文，东华大学，2005年。

⑤ 谢静：《敦煌石窟中回鹘天公主服饰研究》，《西北民族研究》2007年第3期，第17页。

归义军晚期重修的一批洞窟中，就其数量而言，还是明显偏少。如果说曹氏归义军晚期重绘的一批洞窟未出现供养人画像的话[①]，那么典型的回鹘洞窟中是有男女供养人集体画像绘制的[②]。因此，此类供养像被有限并选择性地绘制在归义军晚期重修的几个洞窟中，其实一定程度上说明曹贤顺以新加的“沙州回鹘敦煌郡王”自居，但同时还不忘“归义军节度使”的传统身份，因此并没有把此类较为另类和反传统的供养像大规模地绘制在洞窟中。因为按我们之前对以莫高窟第16窟为代表的一批同时期重绘大窟的研究，这一时期供养人画像几乎是集体缺失，其实一定程度上还存在着敦煌传统的汉人世家大族对回鹘装的文化认同问题[③]，但在这个问题上，节度使与普通民众还是有明显的区别。

第六，对曹贤顺以高等级王像形式出现的解释。对于这个问题的回答，关键点是曹贤顺是以回鹘装的形式展现的“沙州回鹘敦煌郡王”身份，即表示这一时期的归义军政权是由沙州回鹘主导的已近似独立的一个小王国。事实上，整个归义军的历史，由于其自身所处时代和所处地理位置的关系，归义军在动荡的五代十国和宋、辽、金、夏时期，像一叶漂流在诸族林立的西北地区的孤舟，中原王朝自顾不暇，归义军也只能在先后几个大的政权之间回旋求生存，因此独立性很强，节度使们往往称王称帝，以张承奉的“西汉金山国”为代表，到了曹氏时期，曹议金、曹元忠、曹延禄、曹宗寿、曹贤顺均有“大王”称号[④]，也曾经设立“太子”[⑤]。因此，在五代、宋、辽诸朝的正史中，曹氏归义军往往被视作四夷、外国、属国，故冯培红把归义军的性质定义为“从藩镇到王国”[⑥]，可谓恰当。因此，从这个意义上讲，回鹘化了的曹贤顺以回鹘王的形象出现倒也可以理解，也符合他当时在敦煌的身份。

第七，可以在一定程度上消解“西夏王说”和“回鹘王说”的困惑。持“西夏王说”者一直把袍服上的龙纹装饰作为反驳“回鹘王说”的重要证据，在此把其归于作为汉文化代表的归义军最高长官曹贤顺的身上，即有了合理的解释。另据敦煌文献记载，曹氏有可能私下已经穿着龙纹服饰了，P.2704《后唐长兴四至五年（933—934）迴向疏（四件）》中记载曹议金所施舍的物品中包括“紫盘龙绫袄子壹领”[⑦]。同样，持“回鹘王说”者也一直被困扰在作为重要佐证资料的高昌回鹘的王子供养像没有出现龙袍、伞盖、障扇、仪仗式侍从人物的图像当中，现在以“沙州回鹘敦煌郡王”来解读，这个困惑也就自然不存在了。讨论者往往把这几组回鹘装王像中的伞盖、障扇、仪仗式侍从人物和帝王形象相联系，虽然有道理，但与我们在大量的历代图像中看到的情况不一样。在历代佛教造像供养人像非帝王者使用伞盖的情况还是比较常见，单就敦煌绘画而言，早在唐前期的莫高窟“南大像”第130窟弥勒

---

① 沙武田：《莫高窟第16窟整体重修时供养人画像的缺失与藏经洞的封闭》，《西夏研究》2012年第2期，第9-27页。

② 刘玉权：《关于沙州回鹘洞窟的划分》，载敦煌研究院编《1987敦煌石窟研究国际讨论会文集》（石窟考古编），辽宁美术出版社，1990年，第1-29页；刘人铭：《莫高窟第310窟回鹘供养人画像阐释——兼论曹氏归义军的回鹘化》，载沙武田主编《丝绸之路研究集刊》第3辑，商务印书馆，2019年，第318-344页。

③ 沙武田：《莫高窟第16窟整体重修时供养人画像的缺失与藏经洞的封闭》，《西夏研究》2012年第2期，第9-27页。

④ 荣新江：《归义军史研究——唐宋时代敦煌历史考索》，上海古籍出版社，1996年，第130页。

⑤ 杜海：《敦煌“于阗太子”与“曹氏太子”考》，《敦煌研究》2019年第6期，第58-64页。

⑥ 冯培红：《敦煌的归义军时代》，甘肃教育出版社，2013年，第455-458页。

⑦ 参见唐耕耦、陆宏基编《敦煌社会经济文献真迹释录》第3辑，全国图书馆缩微复制中心，1990年，第85页。

大像窟的甬道南北壁的“晋昌郡都督乐庭瓌”和其“都督夫人太原王氏”礼佛图中，二人均使用大大的伞盖，身后是仪仗式的持物侍从们，这一现象在晚唐和五代宋归义军时期的洞窟壁画与藏经洞绢画中较为常见，莫高窟晚唐第156窟张议潮功德窟甬道张议潮夫妇供养像和第196窟甬道索勋供养像可以作为代表图例，而曹氏诸节度使身后跟随持物的仪仗式人物更是数量丰富，只不过这些图中的配置没有第409、237、148窟的规模大，甚至在一些身份并不高的男女供养人像后也有类似现象。因此，此类图像的配置在一定程度上可以说有图式的因素在其中，故不能被眼前看到的图像所误导，因为图像本身也是有规律可循。还有，高昌地区的回鹘王像对应的王妃像，往往是1身，而在敦煌石窟中均是2身，之前不好解释，而若是曹贤顺的夫人，有2身则是正常现象。

第八，被认为具有回鹘特色的小孩像其实也是曹氏的传统。在敦煌石窟中的4组回鹘装王和王妃供养像，每每在男像或女像的前面出现1身或2身小男孩或小女孩供养像，作为供养人画像颇为特殊，因此往往被认为是回鹘王供养像的一个特色，其实此特色在高昌回鹘供养像中并没有看到，但我们在曹氏归义军的供养像中却有发现，代表是莫高窟第205窟主室东壁门两侧的曹氏男供养像之间，各画一位小孩供养像，身着团花袍衣，还有前述榆林窟第19窟的曹元忠与曹延禄父子、浔阳翟氏母女供养像，说明这一图式是曹氏已有的传统，并非回鹘特色。若再往前考察可以发现，在敦煌洞窟历代供养人画像中，在大人之间穿插小孩子供养像较为常见，在此不一一举例，此图式在中原内地不同时代的供养人像中均有出现。

第九，符合画像中不出现胡子的现象。任怀晟注意到第409、237窟回鹘装王像脸部不画胡须的画像细节①，结合回鹘人“卷发深目、眉修而浓，自眼睫而下多虬髯”②的种族特征，指出其与高昌回鹘中成年男子多胡须的画像有明显的区别，进而否定其为回鹘王像之说。但若是曹贤顺的供养像，考虑到他作为归义军节度使的身份和曹氏自称“亳州谯郡”以攀附中原汉人大姓的心理，自然不会出现胡人特征浓厚的胡须。这一点也可以从曹氏归义军时期大量的曹氏家族男性供养像中清楚地看到，其正是曹氏传统画像的面貌特征③。

至此，把第409、237、148窟回鹘装王像归为“沙州回鹘敦煌郡王”曹贤顺的供养像，总体上是可以成立的。那么，对应的两身回鹘装王妃像，应该是曹贤顺的两位夫人。对其夫人的情况，受资料限制，无法展开讨论。

六、“西夏王说”和“回鹘王说”辨析

把第409、237、148窟回鹘装王和王妃像归为“沙州回鹘敦煌郡王”曹贤顺夫妇的供养像，本文的核心问题基本解决，考虑到学术界讨论热烈的“西夏王说”和“回鹘王说”，对此做些简单辨析。

总体上来看，前述学术界对第409、237、148窟王者夫妇形象供养像在时代和民族属性

① 其实第148窟王者像、西千佛洞第16窟王者像均不画胡须，即使是考虑到画面变色模糊的现象，至少可以肯定没有画络腮胡。

② ［宋］洪皓：《松漠纪闻》，载李澍田主编《长白丛书》（初集），吉林文史出版社，1986年，第15页。

③ 沙武田：《敦煌石窟归义军曹氏供养人画像与其族属之判别》，载文化遗产研究与保护技术教育部重点实验室、西北大学丝绸之路文化遗产保护与考古学研究中心、西北大学唐仲英文化遗产研究与保护技术实验室编《西部考古》第7辑，三秦出版社，2012年，第204–234页；中央文史馆、敦煌研究院、香港大学饶宗颐学术馆编《庆贺饶宗颐先生95华诞敦煌学国际学术研讨会论文集》，中华书局，2012年，第142–167页。

上产生完全不同的意见，即“西夏王说”和“回鹘王说”，产生分歧的问题点集中在以下几个方面：

第一，对回鹘装王像服饰龙纹属性的判断。这一点是持“西夏王说”的主要证据，主要是受《天盛律令》对帝王服饰相关规定中的“一身团龙”的启示①。这里需要说明一点：在目前已知有可能为西夏王像的绘画中，其实无一例服饰上有团龙者，这些资料主要包括国家图书馆藏元代刊刻的西夏文《现在贤劫千佛名经》卷首版画《西夏译经图》②，据题记可知左右两侧的帝后像分别为“子明盛皇帝”和“母梁氏太后”，“子明盛皇帝”即西夏第三代皇帝惠宗秉常，头戴尖顶镂冠，内穿圆领中单，外着右衽交领衫；梁太后头戴细钗凤冠，凤冠正中一飞凤立于莲花座上，两侧插有步摇和花钗，身穿交领宽袖衫，下着长裙，腰前垂绶带并缀璎珞，外披宽袖衫。还有俄藏X.2522《清凉国师答顺宗皇帝问》残画③和TK.186《注清凉心要》版画中的帝王像，另有本来是金代版画却被误认为是西夏版画的俄藏X.2531人物画中的一身团花的帝王像④，以及原作遗失仅存照片的被认为是元昊画像的《西夏皇帝像》，包括国家图书馆藏西夏佛经版画中的B11·043［4.08］、B11·045［4.10］、B11·046［4.11］《梁皇宝忏图》中的帝王像⑤。前述谢静、谢生保文章中已利用上述部分图像做过辨析，因此否定了第409、237、148窟回鹘装王像为西夏王的可能性。但在汤晓芳、任怀晟专文中对这些有西夏特征帝王像的图像资料似有所回避，或有不同的看法而把多幅版画归为元代刻版以区别对待⑥。以我个人对这些西夏图像的研读，考虑到相关经典中出现的西夏皇帝的校经题记，我认为这些作品虽然个别为元代，但反映的仍然是西夏人物的服饰面貌，至少作为我们了解西夏帝王服饰的参考资料应该没有大问题。另一方面，西夏服饰整体上有宋代服饰的特征，这是大家的共识，因此西夏王身上断不可能出现具有回鹘装特征的服饰。

第二，对回鹘装王像画面中的伞盖、障扇、仪仗式持物侍从人物属性的判断。几乎所有的研究者均先入为主，把供养像中出现的这些元素立即和帝王画像联系起来，其实这是属于较常见的一类佛教造像中供养人画像的图式化表达方式，确实有明显借佛教图像提高供养者身份地位的意图在其中。但在具体的图像中需要仔细分析其身份方可得出正确的结论。对此问题前文已有详述，在此不赘述。同时，对于引起西夏王说论者关注的在高昌回鹘王像中没有出现的这一类绘画元素，其实也是要给予一定的重视，不能完全视而不见。而这些元素的加入如果是归义军节度使曹氏所为，则完全能够理解，也合情合理。

第三，对第409窟回鹘文题记解读的分歧。一方面，由松井太释读出来的第409窟回鹘

① 史金波、聂鸿音、白滨译注《天盛改旧新定律令》，法律出版社，2000年，第282页。

② 史金波：《〈西夏译经图〉解》，《文献》1979年第1期，第215–229页。图版参见宁夏大学西夏学研究中心等编《中国藏西夏文献》第5册，甘肃人民出版社、敦煌文艺出版社，2005年。

③ 参见俄罗斯艾雨米塔什博物馆、西北民族大学编《俄藏黑水城艺术品》图版224，上海古籍出版社，2008年。

④ 参见俄罗斯艾雨米塔什博物馆、西北民族大学编《俄藏黑水城艺术品》图版232；［美］黄士珊著，杨冰华译《西夏佛经版画再探》，载沙武田主编《丝绸之路研究集刊》第1辑，商务印书馆，2017年，第279–309页。

⑤ 图版参见宁夏大学西夏学研究中心、国家图书馆、甘肃五凉古籍整理研究中心编《中国藏西夏文献》第5册，甘肃人民出版社、敦煌文艺出版社，2005年，第5页、第81页、第135页。

⑥ 任怀晟、魏亚丽：《图像中的西夏皇帝服饰》，《西夏研究》2018年第3期，第62–70页。

王像榜题回鹘文题记，翻译成汉文意思为“国之狮子”或“阿斯兰汗”[①]，杨富学据此断定其为回鹘可汗[②]，事实上松井太本人也对其语法、顺序、书体有疑惑，认为后人书写的可能性很大，任怀晟文中有详细的分析，可参考。另一方面，我们仔细核对画面，男供养像身高175厘米，宽70厘米，头顶伞盖高37厘米，男供养像含伞盖总高度212厘米，供养人榜题框高约131厘米，宽约10厘米，但松井太释读的几则文字仅占其中很小的空间，高35厘米，宽6厘米，而且作两行书写，应该不是原供养人榜题，类似游人题记性质，为草书体，从其文字内容、书写方式、书写的位置看应为后来人所补写，应当是看到其画像的回鹘可汗特征，便如此题写，当然书写者是回鹘人的可能性大，或者是后期懂回鹘文者。近期，我们通过对敦煌研究院保护所柴勃隆团队拍摄的多光谱照片的观察，基本上可以印证松井太认为该题记属后人书写的意见。所以，用这则具有游人书写性质的题记来探讨回鹘王就更没有必要和意义了。

第四，对是否存在独立的沙州回鹘政权（国）而导致供养像归属的分歧。此一点主要是针对西州回鹘王供养像说。学术发展到今天，有关沙州回鹘政权存在与否的问题，以杨富学系列研究为代表，讨论应当还是很充分的，可信可从，此不赘述。

第五，帝王供养像绘画的可能性。西夏皇帝和帝后像能否出现在瓜沙地区的石窟壁画中，是需要讨论的问题。因为我们知道，在历代敦煌石窟的大量供养人画像中，目前还没有发现可以确认为某个时期的皇帝和帝后供养像，唯曹氏归义军时期的几身于阗国王供养像[③]，倒是帝王派头十足，但毕竟描绘的是远在西域丝路南道另一端的一个小国的国王像，而且实际上可严重怀疑其真实性，于阗国王像一派中原帝王的冕服，实在夸张，很大程度上是一幅政治画像[④]，是曹氏归义军时期于阗和敦煌两地密切关系的体现[⑤]。之所以在敦煌石窟中不可能出现历代帝王帝后的供养像，是因为我们从历代画史文献的记载可知，帝王像的绘画，是有专门御用的画家，他们也是“非有诏不得画”；同时，帝王帝后画像的使用场合是有规定的，像远在敦煌的洞窟中要画皇帝皇后的供养像，一是粉本从哪里来？二是谁有资格绘制并使用这些特殊的供养人画像？并且使用帝王像有可能带来政治风险。所有这些问题都是要考虑的。但作为地方小政权、小王国的“沙州回鹘敦煌郡王”曹贤顺的供养像，则没有这些障碍。

七、余论

考证的结果，把莫高窟第409、237、148窟的回鹘装王和王妃供养像，推定为曹氏归义

---

①［日］松井太：《敦煌諸石窟のウイグル語題記銘文に關する劄記》（二），载《人文社會論叢》人文科學篇第32号，2014年，第29页；［日］松井太著，刘宏梅译《敦煌石窟中回鹘文题记劄记》（二），《吐鲁番学研究》2019年第1期，第117–119页；［日］松井太、荒川慎太郎编《敦煌石窟多言語資料集成》，東京外國語大學アジア· アフリカ言語文化研究所，2017年，第54页。

② 杨富学：《裕固族与晚期敦煌石窟》，《敦煌研究》2017年第6期，第47页。

③ 沙武田：《敦煌石窟于阗国王“天子窟”考》，《西域研究》2004年第2期，第60–68页；沙武田：《敦煌石窟于阗国王画像研究》，《新疆师范大学学报（哲学社会科学版）》2006年第4期，第22–30页。

④ 段晴：《飘带来自吉祥——反映在古代于阗画中的袄教信仰符号》，载中山大学艺术史研究中心编《艺术史研究》第17辑，中山大学出版社，2015年，第163页。

⑤ 荣新江：《于阗王国与瓜沙曹氏》，《敦煌研究》1994年第2期，第111–119页。

军最后一位节度使，同时也是史书所记“沙州回鹘”的代表人物，“沙州回鹘敦煌郡王”曹贤顺夫妇的画像，或许可以为长期以来扑朔迷离、难成定论的“西夏王说”“回鹘王说”提供一条解释的出路。

在这里需要强调一点，前文在讨论的过程中，把重点放在了学术界讨论较多的第409、237窟的回鹘装王像上，因为此二窟同类供养像的画像特征完全相同，可作为一组对待，应为同一组人物，即曹贤顺夫妇。第148窟王像属曹贤顺总体上也没有大问题，但鉴于之前有人对其服饰提出疑问，加上窟内出现其他众多的清一色有回鹘装的男女供养像，所以和第409、237窟略有不同，需做些补充说明。

张先堂在研究第148窟的西夏供养人画时，即注意到这4组供养像有共同之处，但针对第148窟的王像，他敏锐地观察到一些不同的地方：“还值得注意的有两点。其一，据笔者实地勘察发现，此男供养人榜题被后世白灰层覆盖，但题记文字仍露出一些残存痕迹，似乎为回鹘文。此点若可确认，更可证明此男供养人当为出身于回鹘族的高官或贵族。其二，此男供养人与上述三处男供养人仍有两点显著不同：一是服饰花纹不同，即后者袍上为团龙纹，而此供养人袍上为团花纹；二是其他三处男供养人身前均有王子，而此供养人没有。这些似乎显示其地位低于其他三位男供养人，或与其他三处供养人所处时代不同。”[①]张先生结合其他供养人画像和题记的特点，最后把第148窟的回鹘供养人归为西夏时期回鹘族或回鹘化的汉族供养人的代表。西夏统治时期是断不能出现具有如此特征的回鹘王与王妃装供养像的。但我们结合本文对曹贤顺供养像的考证，第148窟的回鹘装王和王妃供养像的身份也应该出现新的变化，考虑到窟内其他数量众多的男女供养像服饰清一色回鹘装，或许此王者就是本文所论具有浓厚回鹘色彩和对回鹘文化高度认同的“沙州回鹘敦煌郡王”曹贤顺的供养像，只不过其袍服以团花装饰而已。曹贤顺回鹘装出现两种花纹即团龙和团花的袍服，这一点看似有区别，但作为“沙州回鹘敦煌郡王”，分别出现团龙纹和团花纹的袍服，当不会影响对其身份的判断。

另外，第148窟出现大量的清一色的回鹘装男女供养像，我们认为这是归义军末期洞窟重修重绘的新现象，此一点正好可以和下文所论西千佛洞第16窟出现类似现象作有机联系。

之所以将西千佛洞第16窟王者像和前论莫高窟三所窟内同类供养像区别对待，有以下几个原因：

首先，充分考虑到西千佛洞第16窟洞窟整体重修壁画明显的回鹘风格，结合窟内同时出现的男女供养像及其清一色的回鹘装现象，且女供养像又未出现汉装者，是和前述莫高窟第409、237、148窟供养像组合关系不一样，显然该窟的回鹘色彩更加突出和明显，同时又和归义军时期重修洞窟的现象有很大的区别，应当是沙州回鹘政权或沙州回鹘国时期的作品，因此该王者像才有可能是真正意义上的回鹘王。

其次，在第16窟主室南壁门西供养人画像中有一身青年回鹘王子形象，其前面第一身为一身形高大的高僧像，应为甬道回鹘王（可汗）之王子像[②]，目前没有曹贤顺儿子辈的任何记载，再考虑到他作为最后一位归义军节度使，如此配置也不太符合史实。

① 张先堂：《敦煌莫高窟第148窟西夏供养人图像新探——以佛教史考察为核心》，载杜建录主编《西夏学》第11辑，上海古籍出版社，2015年，第220页。

②谢静：《敦煌石窟中的少数民族服饰研究》，甘肃教育出版社，2016年，第212页。

再次，在归义军时期的洞窟中，只要节度使及其家族男性供养像出现时，在北朝、隋、唐时期常见的出现在男女供养人像前作为引导僧的僧尼供养像往往不再出现，这种现象尤其表现在曹氏归义军男性供养像的组合形式中。而第16窟在回鹘装王子像前出现了一位高大的僧人，这不符合曹氏传统，但与回鹘社会僧人地位的高涨相关联①。

因此，作为沙州回鹘时期的洞窟，窟内的回鹘装王像和王妃像，其最大的可能即学术界已有充分讨论过的“沙州镇国王子”或“沙州北亭可汗”②夫妇的供养像。但其画像特征和组合关系是莫高窟三窟曹贤顺夫妇供养像的延续，说明沙州回鹘洞窟在供养人画像上对曹氏晚期的继承，反过来也恰恰能够证明曹贤顺受回鹘人影响之深，二者之间关系密切。

按此推论，把西千佛洞第16窟的回鹘装王像归为沙州回鹘王，则会产生新的问题：到了沙州回鹘时期，为什么在莫高窟出现回鹘装男供养人画像和回鹘、汉装混同女供养人画像的洞窟如第245、310、363、418、399窟及榆林窟第39窟，同时又出现了一批回鹘风格明显的如莫高窟第207窟③等窟，但在这些洞窟中，却没有出现本文所论的回鹘王和王妃供养像呢④？我们的理解是，根据西千佛洞第16窟女供养像没有出现汉装的现象，可以认为该窟是比较纯正的回鹘人的功德窟，更准确地说就是以沙州回鹘的“镇国王子”或“北亭可汗”为功德主的洞窟。而莫高窟的这一批属于沙州回鹘时期的有回鹘供养人画像的洞窟中，女供养像胡汉混同，似乎表明这些洞窟是属于传统的汉人（也包括粟特人裔民等）世家大族参与下的功德窟，他们的功德窟中没有出现回鹘王和王妃供养像，显然是以汉人世家大族为代表的功德主们在洞窟营建时与新兴的回鹘统治者之间有了明显的区别。这些传统的敦煌汉人和世家大族功德窟中不出现回鹘统治者王子、可汗夫妇像，当另有原因，至少在洞窟供养人画像方面表现出相互之间的认同感不强，或窟内只画和洞窟关系密切的功德主，而不画当时的统治者回鹘王夫妇像。

这一现象的存在，作为宝贵的图像史料，从一个方面印证了归义军晚期曹贤顺虽然在三个洞窟中以“沙州回鹘敦煌郡王”身份出现回鹘王装形象，但同一洞窟中并没有出现更多的男女供养人画像，同时期其他重修洞窟更是不画供养像，实是这些传统的敦煌汉人和世家大族对他的这一公然反传统形象持观望态度的表现；另一方面，他的这一形象也和曹氏归义军政权之前所强调的自身正统形象有着很大的出入，二者之间存在政治归属、文化认同上的矛盾。曹贤顺在这里以回鹘王装出现，作为一种政治意味浓厚的图像，代表着曹氏晚期回鹘的政治势力和其影响之深，而发展到归义军之后的沙州回鹘时期，则在洞窟的供养人画像表现

---

① ［德］茨默著，桂林、杨富学译《佛教与回鹘社会》，民族出版社，2007年。

② 钱伯泉：《沙州回鹘研究》，《甘肃社会科学》1989年第6期，第101-105页；陆庆夫：《归义军晚期的回鹘化与沙州回鹘政权》，《敦煌学辑刊》1998年第1期，第18-24页；［日］森安孝夫著，梁晓鹏译《沙州回鹘与西州回鹘》，《敦煌学辑刊》2002年第2期，第136-146页；刘玉权：《关于沙州回鹘洞窟的划分》，载敦煌研究院编《1987年敦煌石窟研究国际讨论会文集》（石窟考古编），辽宁美术出版社，1990年，第1-29页；李正宇：《悄然湮没的王国——沙州回鹘国》，载敦煌研究院编《1990年敦煌学国际研讨会文集·史地语文编》，辽宁美术出版社，1995年，第149-174页；杨富学：《回鹘与敦煌》第四章“沙州回鹘人与沙州回鹘国”，第239-300页；杨富学《敦煌民族史探幽》第六章“关于沙州回鹘国的建立”，甘肃文化出版社，2016年，第117-148页。

③ 殷博：《莫高窟第207窟初说法图考》，《敦煌研究》2019年第6期，第25-33页。

④ 刘人铭：《敦煌沙州回鹘石窟研究》，硕士学位论文，陕西师范大学，2019年；殷博：《莫高窟回鹘时期比丘形象初探》，载沙武田主编《丝绸之路研究集刊》第4辑，商务印书馆，2019年，第300-316页。

形式上出现完全不一样的现象，再次回应了我们推测第16窟王像为沙州回鹘王或沙州回鹘可汗的可能性。

结语

敦煌石窟作为宝贵的人类文明历史文化遗产，蕴含着极其丰富的人文价值和学术资源，历史信息量之丰富难以估量。本文仅从浩如烟海的敦煌壁画中摘取数量极其有限的几幅供养像入手进行探讨，讨论的结果不仅揭示出这些图像的重要历史价值，还对敦煌壁画的历史、考古和艺术研究提出了一些重要的方法论的启迪与思考。

把莫高窟第409、237、148窟3窟回鹘装王像界定为“沙州回鹘敦煌郡王”曹贤顺供养像，似可平息长期以来学术界或以西夏王、或以回鹘王对这几身供养像的争论，力图还原其真实的历史身份和民族属性，并为一直以来扑朔迷离的瓜沙曹氏归义军政权晚期历史提供难得的图像证据，并为“形象史学”规范下“以图证史”方法论提供一个可供参考的案例。

学术界之所以会对这几身供养像有完全不同的观点，且长期以来争论不休，症结其实是对研究对象所在空间整体考古学观察的严重不足，甚至于完全忽略其所在的空间环境，就图论图。以第409窟为例，研究者紧盯回鹘装王像夫妇供养像，而忘记了该供养像是作为一个完整洞窟整体重绘壁画的有机组成部分，割裂了观察对象与其所在的空间之间的关系，忽视了考古遗存的整体性。故而最后得出的结论虽然各自能够自圆其说，但如果把研究对象还原到其本来的空间当中，则有无法解释的时代现象和艺术史困境。所以，在涉及图像和艺术史的历史研究过程中，细致而得当的考古学观察是必要的，也是可行的，以免误入歧途。

尤其是对其中人物画像中一些属于“图式”现象的讨论，如服饰上的团龙图案的运用、图像组合上伞盖的搭配、侍从人物组合的出现、小孩子画像的组合关系、人物面貌的胡子问题等等，作为重要历史人物画像中的内容，对任何细节引起一定的关注是必要的，但如果完全忽略了艺术史上最基本的“图式”问题，往往就是小题大做，把简单的问题复杂化，剑走偏锋，捡了芝麻丢了西瓜，同样被图像带入了死胡同。

而瓜沙曹氏归义军政权最后一任节度使曹贤顺供养像完全以回鹘装出现在这一时期重绘的洞窟壁画中，一方面揭开了曹贤顺相关历史神秘的面纱，另一方面为曹氏诸节度使的“全家福”画像增添了重要的一员。更重要的是为曹氏归义军政权的回鹘化提供了最具说服力的考古实物图像支撑，也为学界颇有争议的“沙州回鹘”问题提供了一个有利的注脚，至少让我们看到了“沙州回鹘”最后能够取代归义军的有力画面。西千佛洞第16窟的回鹘王夫妇供养像若果真为文献中有记载的“沙州镇国王子”或“沙州北亭可汗”，也就为沙州回鹘历史找到了珍贵的考古图像材料，同时也可以认为距离我们认识学术界颇有争议的“沙州回鹘政权”（或“沙州回鹘国”）真实的历史更近了一步。

另一方面，长期以来，在敦煌晚期石窟研究上，曹氏归义军晚期洞窟、沙州回鹘洞窟、西夏前期洞窟三者之间的界定和关系是关键性的问题，也是困扰学术界对这一时期石窟研究的瓶颈所在。由于莫高窟曹氏晚期和西夏前期洞窟中传统的供养人画像及与洞窟营建相关文字的缺失，又因为藏经洞已经封闭而使得相应的归义军晚期、沙州回鹘、西夏历史文献难以留存下来，再加上这三个阶段洞窟壁画艺术风格的相似性特征，如何界定此三阶段洞窟之间的异同？如何科学地提炼这一时期洞窟三个阶段的分期标准，并真正意义上推进回鹘和西夏

洞窟研究？如果不突破这一瓶颈，则困难重重。而对于归义军最后一任节度使曹贤顺供养像图像的释读问题，若此论确可成立，则可以为解决这一问题初步找到一个可行的出路，把一直认为属于沙州回鹘的一批洞窟就可以划入归义军晚期；还可以为长期以来归义军晚期和西夏早期洞窟纠缠不清的关系问题找到一个突破口，进而为莫高窟归义军晚期洞窟的营建提供新的思路，也为归义军晚期与沙州回鹘洞窟之间找到一个较为清晰的过渡期，并建立一个新的界定标准。这一问题已超出本文所论主题范围，容另做讨论。

敦煌佛教从涅槃到净土思想的转变

——莫高窟第332窟研究*

张景峰（兰州大学历史文化学院）
王斌斌（兰州大学历史文化学院）

【摘要】敦煌莫高窟第332窟是武周时期有确切纪年的中心塔柱窟，洞窟高大，内容丰富。本文对洞窟主室西壁的涅槃图，南壁的涅槃经变，北壁的维摩诘经变，中心塔柱四面的塑像、壁画组合，以及东壁反映西方净土的说法图等内容进行综合讨论，认为第332窟的开凿，完成了敦煌佛教从涅槃思想到西方净土思想的转变。

【关键词】莫高窟　第332窟　涅槃思想　净土思想

莫高窟第332窟位于敦煌莫高窟南区中段第一层，与莫高窟第321、323、328窟等窟在一个层面上（见图1）。

图1　敦煌莫高窟第332窟崖面位置图

* 本文系2020年国家社科基金艺术学重大项目“丝绸之路美术史”（项目编号20ZD14）、2021年中央高校基本科研业务费专项资金优秀青年支持计划项目“敦煌石窟唐代艺术图像研究”（项目编号21lzujbkyjh003）研究成果。

此窟为一个中心柱窟，平面为方形，主室顶部前面为人字披，后面为平顶；中心柱东面与南壁和北壁前部各塑一佛二菩萨立像，南、北两壁后部画通壁经变画，西壁开一长方形大龛，龛内塑涅槃像（见图2）。

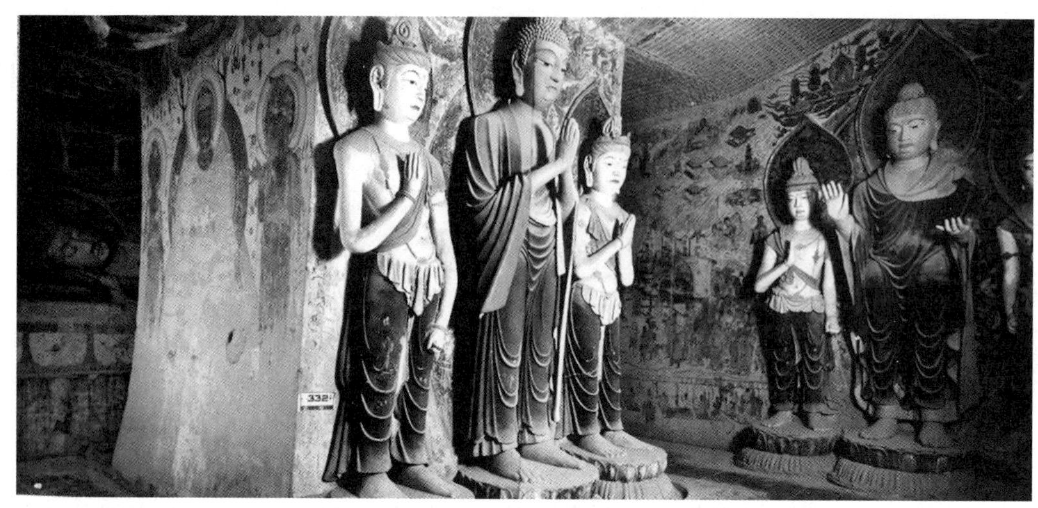

图2　莫高窟第332窟内景

一、问题的提出

莫高窟第332窟是敦煌石窟初唐洞窟中的重要洞窟，前室原立有圣历元年（698）李克让的造窟功德碑，即《圣历碑》，是莫高窟非常重要的纪年洞窟，也是重要的标尺性洞窟。因此，值得我们去研究、去探索。《圣历碑》又名《李君莫高窟佛龛碑》，是武周圣历元年敦煌李氏家族李克让在莫高窟修建今第332窟的功德记。此碑原立于第332窟前室南侧，1921年中华民国时期被流窜于莫高窟的白俄旧部毁坏，断为两截，现今存碑阳一方，碑阴全毁，现存于敦煌研究院陈列中心。此碑文最早见于徐松《西域水道记》，之后，张维《陇右金石录补》、罗振玉先生《西陲石刻录》等均有录文，但均不全。石璋如先生对敦煌千佛洞遗留的《周柱国李君修佛龛碑》《李府君修功德碑》《阴处士修功德记》等十二座遗碑的碑文进行了录文，并对相关问题进行了研究①，在校录《圣历碑》时，将其命名为《周柱国李君修佛龛碑》②。李永宁先生也对莫高窟现存的十方碑刻进行了录文，并对相关问题进行了研究③，将《圣历碑》命名为《李克让修莫高窟佛龛碑》④。宿白先生根据敦煌文书P.2251，并参照徐松和罗振玉的论文，对此碑的录文进行了合校，使碑文残缺部分基本补全⑤。郑炳林先生

① 石璋如：《敦煌千佛洞遗碑及其相关石窟考》，载《“中研院”历史语言研究所集刊》第34本上册，1962年，第37-97页。

② 石璋如：《敦煌千佛洞遗碑及其相关石窟考》，第38-48页。

③ 李永宁：《敦煌莫高窟碑文录及有关问题》（一），《敦煌研究》1982年试刊号第1期，第56-79页。

④ 李永宁：《敦煌莫高窟碑文录及有关问题》（一），《敦煌研究》1982年试刊号第1期，第56-63页。

⑤ 宿白：《〈武周圣历李君莫高窟佛龛碑〉合校》，载宿白著《中国石窟寺研究》，文物出版社，1996年，第262-269页。

也对敦煌文书P.2251及碑文进行了校录[①]。马德先生对此碑文也有录文[②]。

关于第332窟的研究，《敦煌石窟内容总录》除了记录了洞窟内容外，还注明了此窟原存有武周圣历元年的《重修莫高窟佛龛碑》[③]。段文杰先生在对敦煌唐前期的莫高窟艺术进行研究时，列出了莫高窟唐前期有纪年的洞窟，第332窟就在其中；在讨论经变画时，重点对第332窟的涅槃经变进行了分析[④]。萧默先生在对莫高窟的洞窟形制进行研究时，认为石窟形制与佛教发展有密切关系，也与当时的木构建筑的佛寺、佛殿有密切联系，并进一步指出第332窟后壁有卧在石榻上的佛涅槃像，这和新疆克孜尔地区的许多中心塔柱洞窟的布局相似[⑤]。樊锦诗、刘玉权两位先生在《敦煌莫高窟唐前期洞窟分期》中将第332窟划分为第二期[⑥]。贺世哲通过对《圣历碑》中李克让的相关任职进行分析，认为第332窟的开凿年代不会早于684年，完工年代是立碑时的圣历元年（698）[⑦]。马德先生在研究第332窟的营建时沿用了贺先生的观点[⑧]。赖文英认为第332窟出现的塑绘结合的大型涅槃经变的意义，体现了涅槃与大乘思想的融合[⑨]。黄京结合其他内容对第332窟中心塔柱前的三身立佛像进行了研究，认为中心塔柱的主尊为弥勒佛[⑩]。杨效俊认为武周时期因为佛舍利崇拜的兴盛，第332窟一改初唐时期佛殿窟造型，采用中心塔柱式洞窟形制，造像和壁画围绕中心柱布局，将洞窟建筑与涅槃塑像、经变壁画融为一体，形成了完整的建筑与图像程序，营造了李氏家族王权佛法和家族纪念性相结合的宗教空间[⑪]。颜娟英先生对莫高窟涉及的瑞像图进行了梳理与研究，认为第332窟中心柱北向面绘制的壁画为凉州瑞像，并结合洞窟其他内容进行了综合分析，这些内容共同体现了诸佛净土的思想[⑫]。赖鹏举先生认为第332窟的造像思想是华严与涅槃思想并存，出现了代表“十住”思想的卢舍那佛造像与涅槃造像并列的情形，预

① 郑炳林：《李君莫高窟佛龛碑并序》，载郑炳林著《敦煌碑铭赞辑释》，甘肃教育出版社，1992年，第9-15页。

② 马德：《敦煌莫高窟史研究》，甘肃教育出版社，1996年，第275-281页，录文见附录。

③ 敦煌研究院编《敦煌石窟内容总录》，文物出版社，1996年，第135-136页。

④ 段文杰：《唐代前期的莫高窟艺术》，载敦煌文物研究所编《中国石窟·敦煌莫高窟》第3卷，文物出版社，1987年，第161-176页。

⑤ 萧默：《敦煌莫高窟的洞窟形制》，载敦煌文物研究所编《中国石窟·敦煌莫高窟》第1卷，文物出版社，1984年，第187-199页。

⑥ 樊锦诗、刘玉权：《敦煌莫高窟唐前期洞窟分期》，载敦煌研究院编《敦煌研究文集·敦煌石窟考古篇》，甘肃民族出版社，2000年，第143-181页。

⑦ 贺世哲：《从供养人题记看莫高窟部分洞窟的营建年代》，载敦煌研究院编《敦煌莫高窟供养人题记》，文物出版社，1986年，第203页。

⑧ 马德：《敦煌莫高窟史研究》，甘肃教育出版社，1996年，第79页。

⑨ 赖文英：《中唐敦煌石窟造像的涅槃思想》，《敦煌学辑刊》2007年第1期，第64-70页。

⑩ 黄京：《莫高窟第332窟主室中心柱主尊是弥勒佛考》，载敦煌研究院编《2014敦煌论坛：敦煌石窟研究国际学术研讨会论文集》，甘肃教育出版社，2016年，第290-305页。

⑪ 杨效俊：《王权、佛法、家族与敦煌的宗教空间——以莫高窟李氏家族所供养的第332、148窟为中心》，载杜文玉主编《唐史论丛》第28辑，三秦出版社，2019年，第259-273页。

⑫ 颜娟英：《从凉州瑞像再思考敦煌323窟、332窟》，载复旦大学文史研究院编《图像与仪式：中国古代宗教史与艺术史的融合》，中华书局，2017年，第103-128页。

告着隋唐时代莫高窟的主尊造像由“卢舍那佛”思想取代“涅槃”思想的来临①。

关于第332窟壁画题材的研究论文也较多，笔者在此不再细述。整体来看，前人的研究成果多是对莫高窟第332窟窟内相关图像的梳理与探讨，并借助这些图像来讨论整个洞窟的主题思想和佛教信仰。学者们的观点为我们认识第332窟提供了多样的角度，特别是颜娟英和赖鹏举两位先生的观点给笔者带来了很大的启发——第332窟的洞窟内容体现了初唐时期涅槃思想的转变。故本文拟依据第332窟窟内塑像和壁画的整体布局，对洞窟的主题思想进行再探讨。

二、莫高窟第332窟洞窟内容和图像组合

第332窟是莫高窟唐代以后为数不多的中心塔柱窟之一，主室前部人字披顶，后部有中心塔柱。中心塔柱南北西三面都不开龛，南面画卢舍那佛一铺，西面画药师佛一铺，北面画灵鹫山说法图一铺。南北壁前部壁前、塔柱东向面壁前各塑一佛二菩萨立像。西壁圆券龛内塑涅槃像一铺，南壁绘涅槃经变一铺，北壁绘维摩诘经变一铺，东壁门上画珞珈山观音一铺，门南绘一佛五十菩萨图一铺，北壁绘灵鹫山说法图一铺②（见图3）。

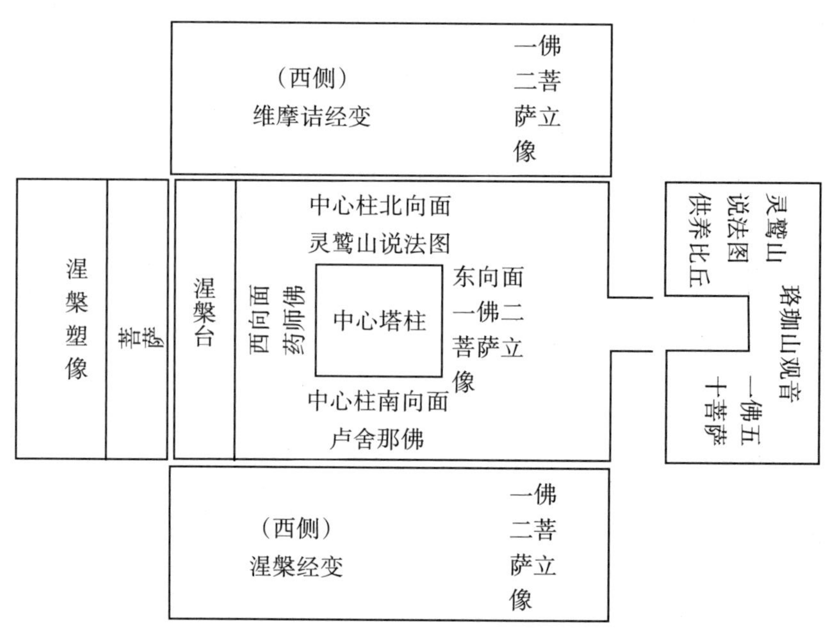

图3　莫高窟第332窟洞窟内容示意图

第332窟西壁圆券龛内的涅槃像，长7米有余，佛像右侧而卧，背后有背屏式佛床。此铺塑像原为群塑，以佛涅槃像为中心，头前、背屏后、足旁都塑有弟子、天龙八部像，现已不存，只存佛的涅槃像，此像为后代重修。释迦佛身后原有一排塑像，均已毁失，现存清代

① 赖鹏举：《从敦煌造像看北朝佛教由涅槃“白衣佛”到华严“卢舍那佛”的转变》，参见赖鹏举著《丝路佛教的图像与禅法》，圆光佛学研究所，2002年，第218-225页。

② 敦煌研究院编《敦煌石窟内容总录》，文物出版社，1996年，第136页。

塑像两身。龛内画娑罗树10棵，龛内北壁画摩耶夫人从忉利天乘云下至娑罗树间哀悼释迦(见图4)。

图4　莫高窟第332窟西壁涅槃像

第332窟南壁的涅槃经变是绘塑结合的开端。此窟的涅槃经变是古代画工糅合后秦佛陀耶舍与竺法念译《长阿含经》卷四《游行经》、萧齐昙景译《摩诃摩耶经》、北凉昙无谶译四十卷本《大般涅槃经》以及初唐若那跋陀罗译《大般涅槃经后分》而绘制的。且画面情节大都符合《大般涅槃经后分》。主要绘出了临终遗教、双树病卧、入般涅槃、商办入殓、再生说法、力士举棺、大众送殡、香楼火化、八王分舍利、起塔供养（见图5）①。可以明显发现，观看顺序画面下部为由右至左，然后由下至上，画面上部则是自左至右，按照时间顺序展开，描绘了“入般涅槃”至“八王分舍利”整个过程。虽然故事情节数量多，但是画师将这十组情节巧妙有序地组织在画面中，给人一种杂而不乱的视觉观感（见图6）。

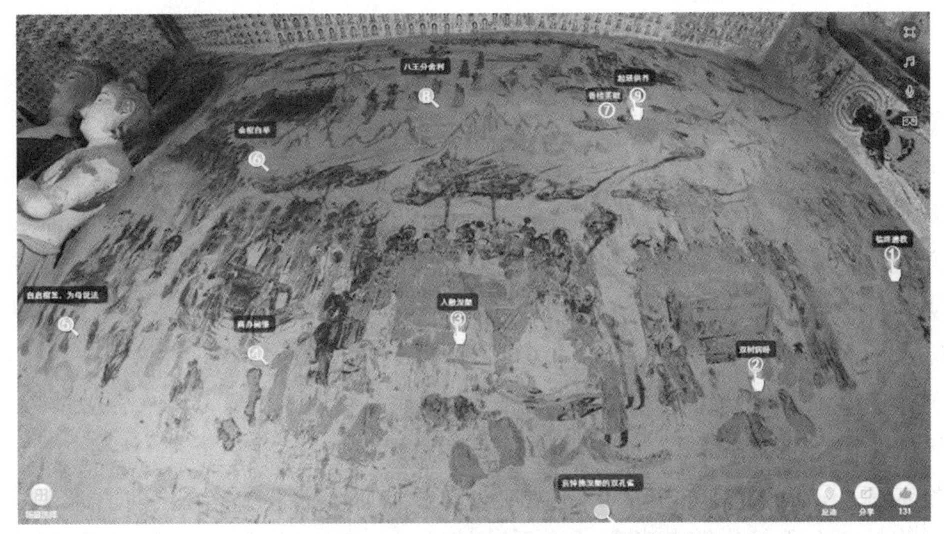

图5　莫高窟第332窟南壁涅槃经变全图

① 贺世哲：《敦煌壁画中的涅槃经变》，载敦煌研究院编《敦煌研究文集·敦煌石窟经变篇》，甘肃民族出版社，2000年，第79-85页。

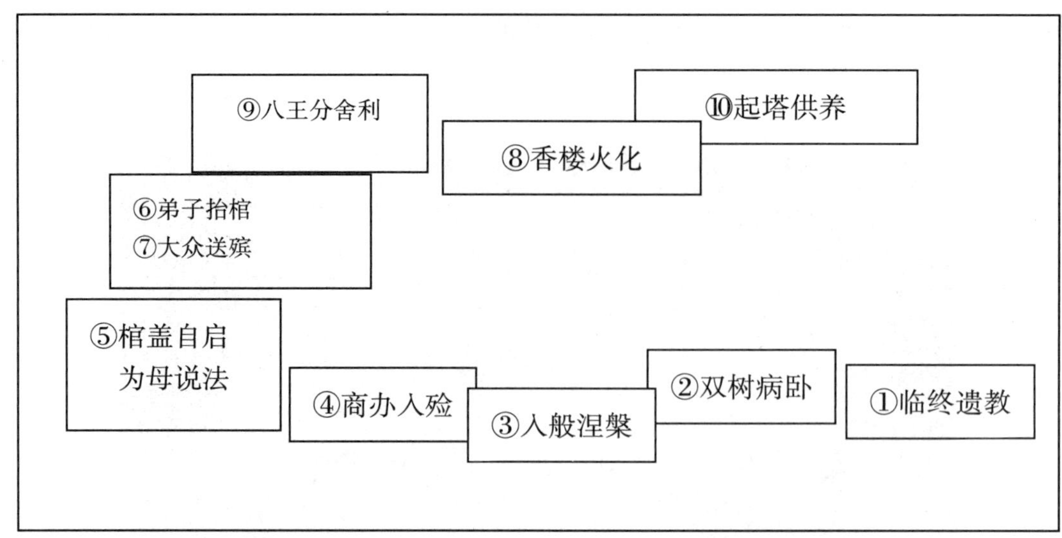

图6　莫高窟第332窟南壁涅槃经变情节与位置示意图

①释迦“临终遗教”。释迦位于画面正中，最前面跪有四个比丘，莲花座下跪有两个供养菩萨，周围围绕着菩萨、弟子及天龙八部，在听释迦牟尼涅槃前的讲法。

> 吾灭度后，汝等四众当勤护持我大涅槃。[①]

②“双树病卧”。释迦讲完法后以狮子卧姿势侧躺，周围的菩萨、弟子、供养人、鸟兽等都开始流露出悲伤慌乱的情绪，劝释迦不要涅槃，整个画面严肃、生动。而在图的上部绘有一个比丘乘云飞天，飞往忉利天宫向佛母摩耶夫人报丧，佛母听闻后从忉利天乘云而出奔丧。

> 佛复告诸大众，我今时至，举身疼痛……，于七宝床，右胁而卧……[②]

③“入般涅槃”。此画面的内容与北周、隋代涅槃图的内容基本相似，表现释迦卧于七宝床上，周围排列着流露哀伤情绪的菩萨、弟子等。

④“商办入殓”。画面表现棺材周围围绕着菩萨、弟子、天龙八部及世俗弟子等，有的哀泣，有的说话，似在商办入殓事宜。棺材上部还有两个飞天散花供养，另外棺材右侧的三个女性形象可能是摩耶夫人和两身天女。

⑤“再生说法”。画面表现释迦盘坐在棺盖上为母说法，头顶华盖，摩耶夫人及二天女跪在佛前聆听，同时听法的还有佛国的诸圣和佛弟子，而且图中人物刻画得也是比较庄严、肃穆，与说法的整个场景相呼应。这幅图是根据《摩诃摩耶经》绘制的。如来为教育后世不孝众生，从金棺出而讲法。唐代儒佛相争，儒家攻击佛教不孝，佛教为了适应中国本土，所以在涅槃经中加入了一些儒家孝义，这也是佛教中国化的一个进程。

> 尔时师尊以大神力故，令诸棺盖，皆自开发，便从棺中，合掌而起……以梵软音，问讯母言：“远屈来下此阎浮提，诸行法尔，愿勿啼泣。”[③]

⑥“起殡图”。“起殡图”佛经又称“力士举棺”。从图中可看出，前后十二个比丘抬着棺椁，棺椁前是三个香炉供养菩萨和八个手执幢幡的比丘，比丘前面就是熙连禅河，过了桥

① ［唐］若那跋陀罗译《大般涅槃经后分》卷上《遗教品》，《大正藏》第12册，第900页。

② ［唐］若那跋陀罗译《大般涅槃经后分》卷上《应尽还源品》，第916页。

③ ［萧齐］昙景译《摩诃摩耶经》下卷，《大正藏》第12册，第1013页。

就是火化场的场景。值得注意的是，此处抬棺人物是比丘形象。按照《大般涅槃经后分》卷下《机感荼毗品》记载[①]，拘尸城的信男善女欲“贪善福”为己有，不让天人抬佛棺，就在拘尸城找了八大力士抬棺，可是费尽力气也抬不起棺。贺世哲先生认为此图与经文稍有出入，此处画面是按照后秦竺佛念译《菩萨处胎经》卷七《复本形品》创作的。经云：

迦叶及五百弟子绕金棺七匝在一面立，阿难提棺西北角，难陀捉棺东北角。诸天在后侍值。[②]

⑦“送殡图”。迦叶等五百弟子送佛棺到宝冠支提，并开始火化。图内比丘抬着棺材，棺材上立有一只鸡，棺材前面刻画的内容是举幡引路的比丘、持香炉供养的菩萨和周围送葬的弟子。整幅画面充满了“送葬”的仪式感。贺世哲先生认为此内容按照唐代玄奘徒弟窥基撰写的《阿弥陀经通赞疏》卷下所绘，经文中说到“西域人命终后，以幢幡为前引，亲友念阿弥陀佛，助死者往生西方极乐世界”。由此也可知道这是属于具有西域特色的葬俗，初唐时期在敦煌地区流传[③]。

关于鸡的形象出现在此处的原因，贺世哲先生认为佛教中的极乐世界在西方，以鸡的形象暗含着特殊的寓意[④]。笔者认同这一观点，从中国传统文化来看，丧葬用鸡是因为鸡有辟邪驱恶的功能，是“吉禽”，有驱除黑暗、迎接光明的象征意义。“鸡”和“吉”谐音，丧葬用鸡也有吉瑞之意；从佛教的角度来说，鸡是西方祥禽。西方是佛教的极乐世界所在，人们渴望死后能脱离六道轮回到西方极乐净土世界生活，“棺上立鸡”正寓意把亡灵引向西方极乐世界。

⑧“香楼火化”。画面中央表现的是大火焚烧的棺材，周围是众多的送葬者，有菩萨、天王、力士、飞天供养、佛弟子等，图右下角还有几个手舞足蹈的比丘形象，好似在庆祝释迦涅槃。《摩诃摩耶经》中对这个情节也有叙述，经云：

当知如来却后三月入于涅。时魔波旬见佛许已。欢喜踊跃不能自胜。[⑤]

⑨“八王分舍利”。释迦火化后留有舍利子，于是八王为争夺舍利的供养权而发动了战争。大多数涅槃经记载火化之后，以阿阇世王为首的七国国王带兵前来，要求与拘尸那国分舍利，险些酿成战争，幸好有一位婆罗门劝告，八国才能达成协议，平分舍利，各自归国起塔供养。而此处以战争争夺舍利的画面显然与涅槃经文不符。图内可看出骑马的士卒拿着长矛盾牌等兵器，英勇冲锋，相互追逐，左边画了七人骑着战马，手执长枪，右边画了六人骑马持枪，其中三人在前，三人在后。画面右端山后画六人骑马朝相反的方向前行，可能是表现各国争得舍利后，收兵回国的场景。贺世哲先生认为此内容是根据《长阿含经》卷四《游行经》绘制，经云：

时诸国王即集群臣，众共立议，作颂告曰：“吾等和议，远来拜首，逊言求分。如不见于，四兵在此，不惜身命。义而弗获，当以力取。”[⑥]

---

①［唐］若那跋陀罗译《大般涅槃经后分》卷下《机感荼毗品》，第1012页。

②贺世哲：《敦煌莫高窟的〈涅槃经变〉》，《敦煌研究》1986年第1期，第1–26页、第103–110页。

③敦煌研究院编《敦煌石窟全集7·法华经画卷》，商务印书馆，1999年，第147页。

④敦煌研究院编《敦煌石窟全集7·法华经画卷》，商务印书馆，1999年，第142页。

⑤［南朝齐］昙景译《摩诃摩耶经》下卷，第1015页。

⑥［后秦］佛陀耶舍共竺佛念译《长阿含经》卷4《游行经》，《大正藏》第1册，第29页。

⑩“起塔供养”。图内中心处绘有一座供养佛舍利的三层佛塔，佛塔左侧有两排跪地的双手成合十礼的人物形象，似在“祈祷”和“诵经”，佛塔前部和右侧各有三个侧身而跪的佛弟子形象，也似在“悼念”。

从以上内容来看，第332窟主室西壁的佛涅槃与南壁的经变共同构成了一铺完整的涅槃变内容，展现了洞窟的涅槃思想。当然，涅槃的重点不是表现释迦右胁而卧，而是要断诸一切烦恼，达到“常乐我净”的境界，实现法身常住“上妙寂灭之乐”。

第332窟北壁绘维摩诘经变一铺，绘出了维摩示疾，文殊来问，异族诸王问疾，菩萨、弟子、天王听法，借座灯王，法供养品，不思议品，佛国品以及香积佛品等内容（见图7、图8）①。

图7　莫高窟第332窟维摩诘经变

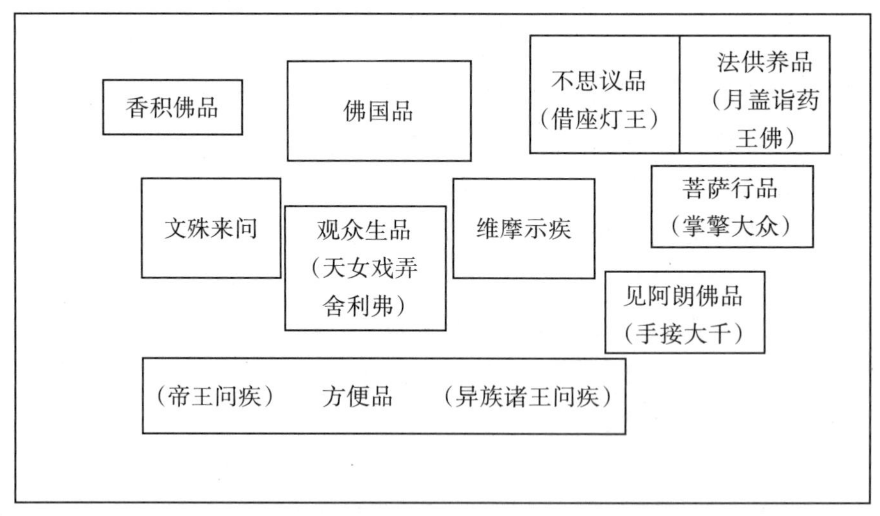

图8　第332窟北壁维摩诘经变情节与位置示意图

① 贺世哲：《敦煌壁画中的维摩诘经变》，载敦煌研究院编《敦煌研究文集·敦煌石窟经变篇》，甘肃民族出版社，2000年，第31–34页。

按照经文顺序分别讨论：

佛国品，经云：

如是我闻：一时，佛在毗耶离庵罗树园，与大比丘众八千人俱，菩萨三万二千。……尔时，毗耶离城，有长者子，名曰宝积，与五百长者子，俱持七宝盖，来诣佛所，头面礼足，各以其盖共供养佛。①

佛国品位于“维摩示疾”与“文殊来问”的上部，画面占据较大空间。释迦牟尼居中说法，左右两侧画诸菩萨、弟子以及天龙八部全都会坐听法。宝积等五百长者子分别立于左右两侧，手举宝盖，向佛供养。在佛国品的西端，画有一幅较小的说法图，表现的是香积佛世界。在香积佛世界的右下画化菩萨飞升香积佛世界“请饭”。在香积佛世界下部，画请香饭的化菩萨与一组香积菩萨，离开香积世界穿越崇山悠然而至，直到画面中央，来到维摩诘与文殊中间，献上香食。与隋代的第420窟相比，初唐的佛国品在以下方面发生了变化：出现了新的题材“宝盖供养”和“释迦说法”。初唐第332窟出现了“宝盖供养”的雏形——画师将手持七宝盖前来供养佛的五百长者子，分别列在佛、菩萨的两边，表达佛国品中所说的释迦牟尼在庵罗树园说法，五百长者子持七宝盖前来供养和听佛说法的内容。这一构图方法不仅对称美观、切合经旨，而且将佛国品中的两个题材“释迦说法”和“宝盖供养”成功地结合在一起，被后世的艺术家所继承和发展，成为维摩诘经变佛国品的典型范式②。

方便品，经云：

长者维摩诘，以如是等无量方便饶益众生。其以方便，现身有疾。以其疾故，国王大臣、长者居士、婆罗门等，及诸王子，并余官属，无数千人，皆往问疾。③

维摩示疾，在简陋的殿堂内，维摩诘居士斜坐于胡床上，褒衣博带，手持麈尾。以维摩示疾为中心，前面画天女戏弄舍利弗，舍利弗左下方画化菩萨请饭，下部画异族诸王问疾，承袭了第220窟东壁方便品的构图形式。走廊台阶下，挤满了菩萨、弟子、天人。后面则是画了阿閦佛品。文殊菩萨下部群像面目虽然不清楚，但是均着世俗装，其中一人身穿衮服，头戴冕旒，再加上前后有侍从举着障扇，不难判断这是表现方便品的内容：帝王问疾，即国王、大臣、长者、居士皆前往问疾。

文殊师利问疾品，经云：

于是众中诸菩萨大弟子，释梵四天王等，咸作是念：今二大士，文殊师利、维摩诘共谈，必说妙法。即时八千菩萨、五百声闻、百千天人，皆欲随从。于是文殊师利与诸菩萨大弟子众，及诸天人恭敬围绕，入毗耶离大城。④

文殊来问，文殊菩萨趺坐于莲花座上，举手论道，神态自如。跟随前来听法的菩萨、天人、弟子众多，或侍立于身后，或侧立于身旁。虽然变色且面目不清，但是仍然可以感受到人物形象生动自然，栩栩如生。

不思议品，经云：

① [姚秦] 鸠摩罗什译《维摩诘所说经》卷上，《大正藏》第14册，第537页。

② 吴文星：《敦煌莫高窟壁画中的维摩诘经变研究》，硕士学位论文，华南师范大学，2002年，第36页。

③ [姚秦] 鸠摩罗什译《维摩诘所说经》卷上，第539页。

④ [姚秦] 鸠摩罗什译《维摩诘所说经》卷中，第544页。

于是长者维摩诘现神通力，即时彼佛遣三万二千师子座，高广严净，来入维摩诘室，诸菩萨大弟子、释梵四天王等，昔所未见！①

前面云端上坐的一佛三菩萨，即不思议品中的须弥灯王及其随从菩萨，后面有五个随风飘来的须弥座，代表须弥灯王佛送给维摩诘的三万二千狮子座。左上侧的一铺说法图是月盖王子请教药王佛何为法供养。前后两铺说法图对称和谐。云中飘动的轮、马、珠、兵、玉女等就是转轮圣王月盖向药王佛供养的“七宝”中的五宝。画师巧妙地把两品配置在一起，浑然天成，天衣无缝，十分成功。

观众生品，经云：

时维摩诘室有一天女，见诸天人闻所说法，便现其身，即以天华，散诸菩萨大弟子上。华至诸菩萨，即皆堕落，至大弟子，便著不堕。一切弟子，神力去华，不能令去。……即时天女以神通力，变舍利弗令如天女，天自化身如舍利弗……如舍利弗非女而现女身，一切女人亦复如是，虽现女身，而非女也。是故佛说一切诸法非男非女。②

维摩诘居士前并列画舍利弗与天女，面目细节无法看清，但是类比第220窟维摩诘经变观众生品构图可知其内容。天女在舍利弗身上散花和互换容貌，借此进一步表明观众生品的主旨：众生如幻，男女无定相。

香积佛品，经云：

于是，维摩诘不起于座，居众会前，化作菩萨，相好光明，威德殊胜，蔽于众会。时化菩萨即于会前，升于上方，举众皆见其去，到众香界，礼彼佛足……时化菩萨既受钵饭，与彼九百万菩萨俱，承佛威神，及维摩诘力，于彼世界，忽然不现，须臾之间，至维摩诘舍。③

从香积佛世界来的两位菩萨，右侧菩萨单膝跪地，双手捧钵，仰视维摩诘，敬献香饭；左侧菩萨面向文殊，侧身而立，上身微向前倾，双手举钵往地上倒香饭，香饭堆积如山。两身菩萨虽已变色，但其造型仍然十分优美。这一品的精彩之处是画师第一次将化菩萨请香饭的过程描绘了出来，艺术家先描写化菩萨乘一束祥云飞向香积佛国向香积佛请香饭，然后画化菩萨带领香积佛国的香菩萨穿过崇山峻岭飞回维摩诘方丈前，整个过程描绘得有声有色，尤其是化菩萨穿越峻岭飞回来的过程，更是精彩纷呈，艺术家巧妙地运用众菩萨飘举的披带，制造出一种速度感。

菩萨行品，经云：

维摩诘即以神力，持诸大众并师子座，置于右掌，往诣佛所。到已著地，稽首佛足，右绕七匝，一心合掌，在一面立；其诸菩萨，即皆避座，稽首佛足，亦绕七匝，于一面立；诸大弟子，释梵四天王等，亦皆避座，稽首佛足，在一面立。于是世尊如法慰问诸菩萨已，各令复座，即皆受教。④

①［姚秦］鸠摩罗什译《维摩诘所说经》卷中，第546页。

②［姚秦］鸠摩罗什译《维摩诘所说经》卷中，第547页。

③［姚秦］鸠摩罗什译《维摩诘所说经》卷下，第552页。

④［姚秦］鸠摩罗什译《维摩诘所说经》卷下，第553页。

这一品主要讲释迦在庵罗树园说法，维摩诘、文殊都想见他，于是维摩诘运用神通力“持诸大众并师子座，置于右掌，往诣佛所”。这就是通常所说的“掌擎大众”题材。从现有遗存看，“掌擎大众”这一题材从初唐才开始出现，第332窟和第335窟都画有此题材。虽然因佛国品的位置不同导致“掌擎大众”在经变中的位置有所不同，但这两铺“掌擎大众”构图样式差不多，都是画维摩诘右手托祥云，祥云上画一铺缩小了的文殊师利问疾图，表示持诸大众往诣佛所。

见阿閦佛品，经云：

> 于是维摩诘心念：吾当不起于座，接妙喜国，铁围山川溪谷江河，大海泉源，须弥诸山，及日月星宿天龙鬼神梵天等宫，并诸菩萨声闻之众，城邑聚落，男女大小，乃至无动如来，及菩提树，诸妙莲华，能于十方作佛事者；三道宝阶从阎浮提，至忉利天，以此宝阶，诸天来下，悉为礼敬无动如来，听受经法。阎浮提人，亦登其阶，上升忉利，见彼诸天。①

这一品是莫高窟维摩诘经变选择较多的内容，此品讲释迦告诉众人，维摩诘本是妙喜国的菩萨，来自美好严净的无动如来世界，于是众人渴望看一看妙喜佛国，维摩诘就运用神通力用右手断取妙喜世界，将妙喜世界变现在众人眼前。画面可看出维摩诘右手托一朵桃形祥云，祥云上画阿修罗站在大海中手托日月、头顶须弥山，须弥山上是妙喜国。值得注意的是，此处须弥山腰画了两条龙，须弥山上画了一座高耸入云的三级佛塔。

法供养品，经云：

> 善男子！法之供养，胜诸供养。……若闻如是等经，信解受持读诵，以方便力，为诸众生分别解说，显示分明，守护法故，是名法之供养。②

这一品内容主要讲释迦告诉天帝，信奉、传扬此经者即以法供养“去今来佛”，是“最上法供养”，比起“七宝塔供养”更得无量福报。总的来说，法供养品讲的是信解受持《维摩诘经》的“功法果报”问题。值得注意的是，第332窟是莫高窟现存的维摩诘经变中最早出现法供养品的洞窟，此铺经变十分巧妙地将法供养品中的“月盖诣药王佛”与不思议品中的“借座灯王”结合在一起，使画面更加完美。画师刻意强调此品内容，正是与涅槃思想的法身观相对应，同时与中心柱北向面凉州瑞像联系起来，借此表示示现方便的不二法门。

东壁门上绘珞珈山观音图，观音和侍从菩萨均结跏趺坐于水中莲花上，池水中泛着涟漪，蓝色的天空中化佛凌空飞来，蓝天绿水，相映成趣（见图9）。

① ［姚秦］鸠摩罗什译《维摩诘所说经》卷1，第555页。

② ［姚秦］鸠摩罗什译《维摩诘所说经》卷1，第556页。

图9　莫高窟第332窟东壁门上珞珈山观音图

东壁门南绘一佛五十菩萨图，阿弥陀佛结跏趺坐于巨型莲座上，身着轻纱透体的袈裟，双手结说法印，有头光和背光，身后双树华盖，下有两重装饰华美的小莲台承托，莲台、座皆由莲茎生出。莲茎左右生出五十二条枝条，枝头均托莲座。阿弥陀佛左右两侧大的莲座内，观音、大势至立于莲座上，头顶均有华盖。其余五十小座其上有菩萨各一身，或交脚坐，或胡跪，正侧向背，顾盼相应，各具情态。中央莲干生一莲蓬，其上面对观者单盘坐一化生，双手合十，斜上左右两侧宝池之中，也有化生结灵莲胎（见图10）。

图10　莫高窟第332窟东壁门南一佛五十菩萨图

东壁门北绘灵鹫山说法图，佛结跏趺坐于金刚座上，头顶有华盖，身穿偏右袒袈裟，左手施与愿印，右手施无畏印，背后有圆环状的头光和背光，左右两侧三弟子一菩萨各躬身侍立，听佛说法，皆有圆环状头光。下方绘二金刚力士站立左右，手持兵器作护法状，下面左右两侧各有一身供养菩萨胡跪于地，身形较小，手中持物不清。画面最下方有三身比丘持花供养，最右侧一身较模糊（见图11）。

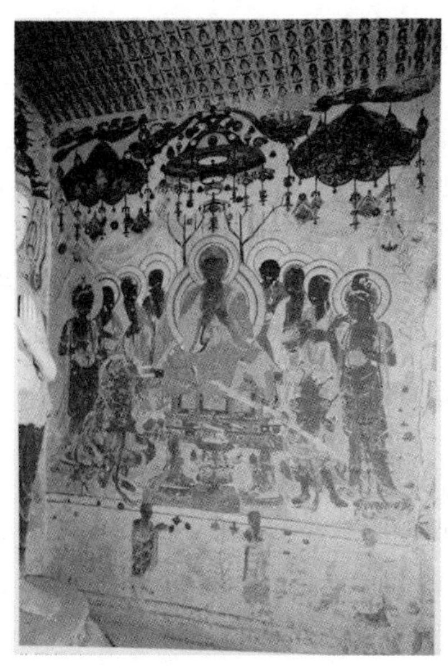

图11　莫高窟第332窟东壁门北灵鹫山说法图

三、从涅槃到净土思想的转变

莫高窟第332窟西壁塑绘结合的涅槃图，是涅槃经变的缘起，南壁绘制的内容大部分反映的是《大般涅槃经后分》的内容，西壁和南壁共同组合成一铺完整的涅槃经变，与莫高窟第148窟主室坛上塑像与西壁壁画的内容基本一致，反映的就是涅槃思想[①]。西壁到南壁展示了涅槃的缘起到涅槃的展开，画面最丰富的内容集中在南壁，而南壁主要是根据初唐若那跋陀罗所译的《大般涅槃经后分》绘制的，可以说这幅涅槃经变是最早按照《大般涅槃经后分》绘制的图像。这说明此处涅槃经变强调的是佛涅槃之后的事情，与南向面的卢舍那佛相对应，也和北壁的维摩诘经变相联系，强调法身常在。南北壁前部和中心柱东向面的三尊立像皆表示释迦"法身常住"（不生不灭、永世长存）的境界。从涅槃转至法身观，把释迦牟尼的涅槃图像转变为众生修行成果的象征，进一步将礼忏和禅定的思想结合起来。正如《圣历碑》中所说："驰心八解脱，缔想六神通，远扣寂灭之乐，后起涅槃之变……法身常住，佛性难原。形色化应，亦显真权。无为卓尔，寂灭凝玄。乘机逐果，示度随缘。"[②]八解脱为渐趋寂灭的修行，直达解脱的禅定；六神通是指菩萨修行的六种次第，以此六神通来神游诸佛净土、礼敬诸佛[③]。这直接指明要潜心禅定，观想诸佛净土。

除了南北壁的涅槃经变和维摩诘经变，东壁的阿弥陀佛和释迦佛与中心塔柱南向面的卢舍那佛、西向面的药师佛、北向面的凉州瑞像图，与塔柱东向面、南北两壁前部各塑的一佛二菩萨立像（法身）以及窟顶的千佛共同构成了现在诸佛世界，意在共同表现法身与净土[④]。同时东壁的三幅说法图也具体地展现了十方净土中众生最易成就的弥陀净土，也即西方净土世界——门北的灵鹫山说法图作为《观无量寿经变》的序分，表示释迦牟尼准备向大众介绍

① 公维章：《涅槃、净土的殿堂：敦煌莫高窟第148窟研究》，民族出版社，2004年。

② 郑炳林、郑怡楠辑释《敦煌碑铭赞辑释》（增订本），上海古籍出版社，2019年，第22页。

③ 颜娟英：《从凉州瑞像再思考敦煌323窟、332窟》，载复旦大学文史研究院编《图像与仪式：中国古代宗教史与艺术史的融合》，中华书局，2017年，第103-128页。

④ 张景峰、王斌斌：《也谈莫高窟第332窟窟内塑像的定名》，待刊。

西方净土世界；观音属于西方净土世界的重要人物，但是其所属道场（空间）在经文中并无描述，所以借用《华严经》对其描述来表现观音所属的空间——珞珈山净土；门南一佛五十菩萨说法图，则是阿弥陀佛向信众展现的西方净土世界。这些内容体现的都是西方净土思想。至于北壁的维摩诘经变，则是以香积、维摩诘、文殊等内容来揭示含有深刻的大乘思想的不可思议解脱法门，向大家展示了大乘佛教的不二法门，佛国品也暗含佛与众生共同成就的净土圣域。可见，莫高窟第332窟的洞窟内容体现了由佛教涅槃思想到净土思想的转变。这也是莫高窟其他洞窟主室南北两壁绘制的西方净土及弥勒经变等组合对净土思想的进一步体现。第335窟南壁绘制的西方净土变、北壁的维摩诘经变，则是敦煌石窟净土时代到来的进一步具体体现[①]。

从以上分析来看，莫高窟第431窟观无量寿经变的出现，预示着敦煌石窟佛教西方净土时代开始到来；而第332窟的开凿、主室涅槃变以及反映西方净土说法图壁画的出现，则标志着敦煌佛教主体思想完成了从涅槃到净土的进一步转变。这些转变直接影响到敦煌莫高窟初盛唐洞窟的营建，具有划时代意义。

① 张景峰：《莫高窟第431窟初唐观无量寿经变与善导之法门在敦煌的流传》，《敦煌研究》2010年第4期，第34-43页、第126-127页。

敦煌莫高窟第249窟窟顶狩猎图为李广狩猎图研究*

顾淑彦（兰州大学图书馆）

【摘要】莫高窟西魏第249窟窟顶绘制了诸多新的壁画内容，在很长一段时间内成为学界关注的热点。经研究发现，第249窟窟顶的龙车凤辇图和狩猎图借鉴了汉画像石体系中出行图加狩猎图的组合，这两组图像一起组成了一幅大型的出行图，而窟顶北披的射虎图不是普通的射虎图，应该被定名为李广射虎图，其图像来源于佛爷庙湾墓葬中的李广射虎图。李广射虎图和周围的狩猎图一起组成了李广狩猎图，在此图像中的作用是陪伴和保护出行的主人顺利到达佛国。

【关键词】莫高窟　第249窟　出行图　狩猎图　汉画像石

一、问题的提出

敦煌莫高窟第249窟位于南区中段二层，建于525—545年前后①，单室，平面呈方形，覆斗顶殿堂式洞窟。西壁开一圆券形龛，龛内塑一倚坐佛像，两侧各塑一尊站立菩萨像。窟顶绘有诸多之前敦煌石窟从未出现过的题材。窟顶南北披，绘制了一组驾着龙车凤车的人物及随从，下部绘制了山林野兽。北披龙车图稍有残损，下部的山林间绘有两位猎人，一位正在射杀前面的鹿群，另一位本来正要射前面仓皇逃窜的野牛，但被后面的一只老虎偷袭，于是转身后射。射虎图和射鹿图及周围的山林等一起构成了一幅大型狩猎图，占据了北披一小半的面积，特别引人注目。

段文杰认为，窟顶这些元素来源于画像石等中国传统艺术，充满

* 本文系国家社科基金艺术学重大项目“丝绸之路美术史”（项目编号20ZD14）阶段性成果。

① 樊锦诗、马世长、关友惠：《敦煌莫高窟北朝洞窟的分期》，载敦煌文物研究所编《中国石窟：敦煌莫高窟》第1卷，文物出版社、平凡社，1982年，第194页。

山间情趣和生活气息，显示了佛教和佛教艺术不断中国化的特色①。宁强认为，东南北三披下部的山林、野兽和狩猎场面，表现的是人间景象和道士登仙前修行的环境，南北披的龙车凤辇图为上士登仙图②。梁尉英从佛教提倡不杀生的角度论证了此处狩猎图应为“不律仪变相”③，从振也认同此观点④。刘永增认为，狩猎图在这里应该是表现了冬猎，代表报功祭祖的腊祭，和上方的升仙图联系起来考虑的话，是窟主人为了祭祀先祖所画⑤。马兆民、赵燕林认为，整个洞窟窟顶画面呈现出一种急速向前的运动，体现了《大方等陀罗尼经》的无穷力量，推测西披内容是《大方等陀罗尼经》的主旨内容，其他各披的画面都是为了烘托这一主题而绘制，狩猎图在这里强调的是猎师的形象，和《大方等陀罗尼经》提到的五戒之一的“不得与猎师家往来”有关⑥。沈睿文把窟顶当成一个整体来研究，认为中古墓葬壁画中的狩猎题材其实是表示出行仪仗的一种，与四披上部的壁画共同构成窟顶出行的意蕴⑦。

可以看出，学者对这一幅画面的解读迥然不同，结论自然就大相径庭，在学界并没有达成统一的定论。但也有论断给这幅图像的重新解读带来启发，把狩猎图放置于窟顶图像的整体中考察，试着探讨狩猎图出现在此处的作用和意义。

二、狩猎图所在的第249窟窟顶南北披图像

莫高窟第249窟窟顶图像内容丰富多彩，四披绘制了多个之前洞窟所没有的新内容。从壁画风格可见，洞窟的南北披呈现了一种向西飞驰的运动状态，主角是一组乘龙车凤辇的人物，应该为一组画面。而东西披画面则相对静止，呈现的基本是一个祥瑞、天人等共处的相对静止的、祥和的环境，如果要说动的话，也是一种原地的动态，并没有飞驰向某个方向的感觉。

第249窟窟顶南披主体是乘凤车的人物及其随从，北披主体是乘龙车的人物及其随从。不论是壁画中飘飞的衣带，还是凤车龙车腾空而起的姿态，都说明了这支队伍正朝着他们的前方飞行⑧。所以，这幅图绘制的是驾龙车凤辇的一批人正在赶路出行的状态，换句话说，这其实就是一幅出行图⑨，而且此种风格的出行图在莫高窟中是第一次出现，绘画风格与之前的图像大相径庭。

---

① 段文杰：《略论莫高窟第249窟壁画内容和艺术》，《敦煌研究》1983年创刊号，第1-9页。

② 宁强：《上士登仙图与维摩诘经变——莫高窟第249窟窟顶壁画再探》，《敦煌研究》1990年第1期，第36-43页、第123-124页。

③ 梁尉英：《莫高窟第249、285窟狩猎图似是不律仪变相》，《敦煌研究》1997年第4期，第3-13页、第187页。

④ 丛振：《敦煌游艺文化研究》，中国社会科学出版社，2019年，第50页。

⑤ 刘永增：《莫高窟第249窟天井画内容新识》，载敦煌研究院编《2000年敦煌学国际学术讨论会文集·石窟考古编》，甘肃民族出版社，2003年，第1-24页。

⑥ 马兆民、赵燕林：《西魏〈大方等陀罗尼经〉的流行与莫高窟第249窟的营建》，《中国美术研究》2017年第4期，第31-38页。

⑦ 沈睿文：《敦煌249、285窟的窟顶图像》，《故宫博物院院刊》2023年第6期，第4-13页、第136页。

⑧ 白文：《“灵山圣会”与“二佛并坐”：敦煌莫高窟第249窟图像结构与主题》，《艺术工作》2019年第4期，第61-67页。

⑨ 沈睿文：《敦煌249、285窟的窟顶图像》，《故宫博物院院刊》2023年第6期，第4-13页、第136页。

学者们还注意到了第249窟窟顶南北披出行图和汉画像石之间的联系，并做了大量的图像学和考古学方面的考证，给这个图像的研究带来了新的角度和突破。

李凇指出，画面的历史来源是汉画像砖石[①]。刘永增指出，龙凤车的主人是人而不是神，是窟主人为祈祷死者亡灵平安升天而画的，与汉代以来画于墓室的升仙图有异曲同工之妙，源于汉画像石，是中国传统的升仙思想和传入的佛教思想相结合的产物[②]。刘惠萍指出，第249窟这类图像的形成，是佛教艺术对中国墓葬艺术的吸收，用中国传统墓室中代表天上世界的图像，在佛教石窟中作为通往佛国净土的象征[③]，田中知佐子也持此观点，认为把这幅图确定为“升天图”更为确切，其性质不同于道士生前修行祈求升天国所谓的“上士登仙图”，而是洞窟供养者为了被供养或者自身死后升天的愿望，指出佛教石窟寺院的升天图承袭了汉画像石图像系谱所反映的主题意义[④]。这些观点解释了出行图在佛教洞窟中出现的缘由。

第249窟窟顶的出行图因为驾车的动物是龙和凤而被称为“龙车凤辇图”[⑤]。之所以用龙和凤，是因为汉代人对升天成仙的愿望非常强烈，为了达到升仙的目的，设想出升仙的工具，龙、虎、凤、鹤都是古人非常崇拜的祥瑞之物，是升仙的理想工具[⑥]。这类图像被巫鸿先生称为“征兆图像”，通常表示祥瑞[⑦]。可见，驾车动物用龙和凤这样带有神话色彩的动物，是希望借助这些祥瑞能将乘者带入仙界，龙和凤同时也代表了性别的不同。

在249窟窟顶北披出行图下部绘制的狩猎图（见图1）[⑧]，图中有两位猎人，一位本来正在追逐前方已经仓皇逃跑的野牛，然后警觉地发现后面山头忽然蹿出了一只老虎，于是返身后射。另外一位猎人在准备射猎前面的三只野鹿。从整个狩猎图来看，可以看到猎人正在向前策马奔腾，很明显和上方的龙车凤辇图保持着同样的前进方向，而且都是正在向西行驶的状态。

在汉画像石图像中，出行图是非常常见的题材。其中，在出行图图像题材配置中，就有一种是出行图加狩猎图[⑨]。这些出行图往往不是单独出现，有些有狩猎图的陪伴，即汉画像

① 李凇：《敦煌莫高窟第二四九窟窟顶图像的新解释》，载敦煌研究院编《1994年敦煌学国际研讨会文集·石窟考古卷》，甘肃民族出版社，2000年，第94-115页。

② 刘永增：《莫高窟第249窟天井画内容新识》，载敦煌研究院编《2000年敦煌学国际学术讨论会文集·石窟考古编》，甘肃民族出版社，2003年，第1-24页。

③ 刘惠萍：《试论佛教艺术对中国神话题材的融摄——以莫高窟第249、第285窟为中心》，《兴大中文学报》2008年第23期，第639-678页。

④［日］田中知佐子著，李茹译《敦煌莫高窟“龙车凤辇图”源考》，《敦煌学辑刊》2009年第2期，第100-120页。

⑤［日］田中知佐子著，李茹译《敦煌莫高窟“龙车凤辇图”源考》，《敦煌学辑刊》2009年第2期，第100-120页。

⑥ 冯沂：《临沂汉画像石中所见车骑出行图考释》，《文博》2004年第1期，第25-29页。

⑦［美］巫鸿著，柳扬、岑河译《武梁祠——中国古代画像艺术的思想性》，生活·读书·新知三联书店，2006年，第94页。

⑧ 敦煌文物研究所编《中国石窟：敦煌莫高窟（第1卷）》，图版107。

⑨ 黄永飞：《汉代墓葬中车马出行图像的类型分析》，《湖北第二师范学院学报》2012年第6期，第63-65页、第92页。

石中的“车马出行图和狩猎图”组合①。其中，出行图是主体，狩猎图依附于它，两者一起组成了一幅大型的出行图。在西安理工大学西汉1号墓的壁画中，发现有狩猎与车马出行的图像，同样的现象也出现在马王堆的黑地彩绘棺的图像中。魏建鹏也注意到了这点，认为第249窟与之前洞窟中不一样的新的画面可能是元荣的儿子叔和从洛阳带去的，是祥瑞、升天、狩猎图的组合，和中原东魏北齐墓葬图像关系密切，这种祥瑞和南北披的升仙与狩猎图的组合常见于同期中原的鲜卑贵族墓里②。

图1　莫高窟第249窟窟顶北披狩猎图

从目前出土的汉画像砖石图像可知，出行图和狩猎图都是当时非常流行的墓室画。可是从其发展过程来看，这两个图像并不是一开始就作为一个整体出现的，而是发展到一定阶段后，有些出行图有狩猎图的陪伴，二者互相交错融为一体③。所以，第249窟窟顶的龙车凤辇图和狩猎图就是一组大型的出行图，狩猎图是出行图的附属部分，这种组合来源于汉画像石图像。所以，要正确而合理地解释第249窟窟顶狩猎图的含义，就必须把狩猎图放在整个出行图中去考虑，不能将其割裂开来单独讨论。在汉画像中，这样的狩猎图出现在出行图中，最主要的作用就是陪伴墓主人向仙境前行④，同时，有守卫者驱赶不祥之物的作用，可以保证墓主在升仙路途中的安全与祥和⑤。

所以，在第249窟窟顶，南北披的图像和其含义都借鉴了汉画像石，绘制的是驾龙车凤辇的人正在出行途中，龙凤车图和狩猎图一起构成了一幅大型出行图，狩猎图出现在这里起着陪伴和保护主人的作用。

① 刘永增：《莫高窟第249窟天井画内容新识》，载敦煌研究院编《2000年敦煌学国际学术讨论会文集·石窟考古编》，甘肃民族出版社，2003年，第1-24页。

② 魏建鹏：《元荣抄经与莫高窟第249窟的营建关系探析》，《敦煌学辑刊》2020年第1期，第124-134页。

③ 刘静：《战国两汉狩猎图探析》，硕士学位论文，中央美术学院，2006年，第28-29页。

④ 刘静：《战国两汉狩猎图探析》，硕士学位论文，中央美术学院，2006年，第27-29页。

⑤ 朱存明：《汉画像之美——汉画像与中国传统审美观念研究》，商务印书馆，2011年，第173页。

三、第249窟窟顶返身射猎图像来源

汉画像石中射虎图很多，和第249窟类似的返身射猎的姿态也有不少，这样的图像由来已久，曾经一度相当流行。如高句丽壁画中出现的狩猎图（见图2）[①]、陕北神木大保当汉墓中的狩猎图（见图3）[②]等，这样的例子不胜枚举。

图2　高句丽壁画中狩猎图

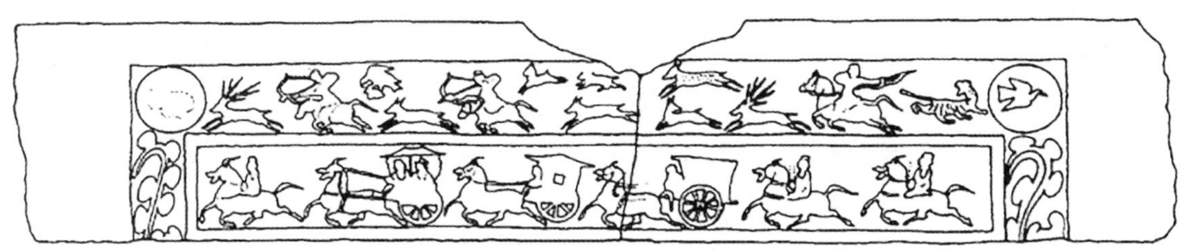

图3　陕北神木大保当汉墓中狩猎图

把这些返身射虎图与莫高窟第249窟的图像相比较，可以发现其中射手的姿势都很类似，但老虎的样子有很大差异。而且不难看出，其他图像中的老虎都和真的老虎非常像，但是第249窟的老虎和真的老虎相差甚远。

然而，有这样一幅图几乎和第249窟窟顶北披的射猎图如出一辙（见图4）[③]，这是出土于敦煌佛爷庙湾的西晋画像砖，属西晋早期[④]，画边上题有李广，因此定名为李广射虎图[⑤]，

① 耿铁华：《高句丽古墓壁画研究》，吉林大学出版社，2008年，第320页。

② 陕西省考古研究所、榆林地区文物管理委员会编《陕西神木大保当第11号、第23号汉画像石墓发掘简报》，《文物》1997年第9期，第1-2页、第26-35页、第97页。

③ 甘肃省文物考古研究所编、戴春阳主编《敦煌佛爷庙湾西晋画像砖墓》，文物出版社，1998年，图版48、49。

④ 甘肃省文物考古研究所编、戴春阳主编《敦煌佛爷庙湾西晋画像砖墓》，文物出版社，1998年，第103页。

⑤ 郭永利：《河西魏晋十六国壁画墓》，民族出版社，2012年，第153页。

这里的虎不是普通的老虎，而是神兽白虎。

如图4所示，李广正骑在一匹飞奔的烈马上，忽然发现身后山间有一只白虎朝他腾空扑来，于是，他立刻回身拉弓。老虎有大半身体已经从山中跃出，另一半隐藏在山中，而从山林中显现出来的身体非常纤细，身体部分尤其修长，额头和嘴也都非常宽大，和真的老虎有非常大的差别。

图4　敦煌佛爷庙湾西晋画像砖李广射虎图

比较图1第249窟的返身射猎图和图4李广射虎图后就会发现，两图中不光射手骑射的姿势是一样的，被射老虎出现的山峦和老虎的样子几乎都一模一样。最大的不同是第249窟的老虎能看到全身轮廓，有细长的身体，还拖着一条很长的尾巴，明显不符合正常老虎的比例。佛爷庙湾墓葬中的李广射虎图中，白虎只绘出了细长的前半段身体，后半段掩藏在群山中。虽然不能窥其原貌，但佛爷庙湾墓葬中有同样特征的虎的图像有很多，从这些图像上也可以看出，这些虎都有一样细长的身体和尾巴，如图5①中这两只位于墓葬照墙天门门扉上的白虎。之前学者已经指出，佛爷庙湾墓葬中白虎图像很多，为强调白虎的神异，都突出了宽额巨口和长尾②。所以，图4中的白虎应该也有一条非常细长的尾巴，只不过是被群山遮挡了。

在莫高窟北魏时期的洞窟中已经出现了白虎的形象，如第257窟中心柱西向面佛龛下面，就有一对白虎的图像（见图6③、图7④）。从这两幅图像中可以看到，北魏时期莫高窟的白虎形象也一样是宽额大嘴，有细长的身体和尾巴，但不同的是这两只白虎都绘有一条巨大的打着卷的舌头和多条又长又飘逸的鬃毛，这两个显著的特点第249窟的白虎却没有。

① 俄军、郑炳林、高国祥：《甘肃出土魏晋唐墓壁画》，兰州大学出版社，2009年，第532页。

② 甘肃省文物考古研究所编、戴春阳主编《敦煌佛爷庙湾西晋画像砖墓》，文物出版社，1998年，第110页。

③ 图像采自“数字敦煌”第257窟。

④ 杨倩：《莫高窟北朝神瑞动物图像研究》，硕士学位论文，兰州大学，2022年，第22页。

图5　敦煌佛爷庙湾西晋墓白虎图壁画砖

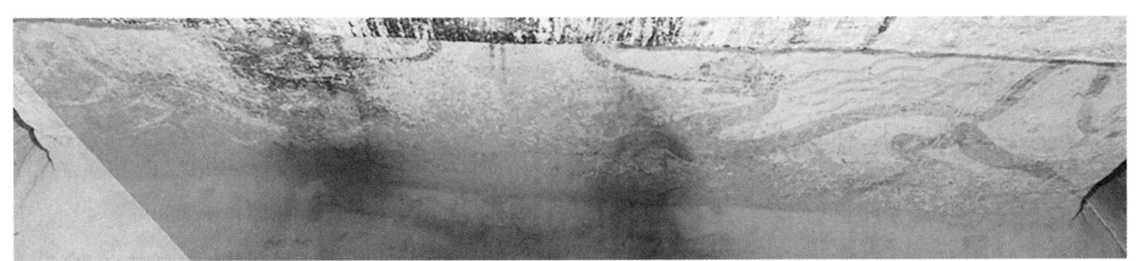

图6　第257窟白虎图像

图7　第257窟白虎线描图

通过上面图像的对比可知，第249窟的白虎和佛爷庙湾墓葬中的白虎特征完全一致，而和莫高窟第257窟的白虎有很大差异。

在20世纪80年代，苏莹辉就已经注意到河西墓室壁画和石窟寺壁画有着密切的传承关系①，戴春阳也指出这两幅射虎图的风格、意境一脉相承②。贺西林指出河西魏晋十六国墓室

① 苏莹辉：《略论河西发现的墓室壁画与石窟寺壁画的画艺传承》，《故宫季刊》1981年第2期，第71–88页。

② 甘肃省文物考古研究所编、戴春阳主编《敦煌佛爷庙湾西晋画像砖墓》，文物出版社，1998年，第115页。

壁画影响了河西北朝石窟壁画的创作①。杨雄也已经注意到两匹马和两个人的动态和姿势都如出一辙，而且除了射虎图外，还有其他几处也有非常相似的地方，两者距离不过十公里，年代相距也不过二百多年，无论空间还是时间上都是近亲，敦煌西晋墓画是敦煌早期壁画的另一个直接源头②。王元林从多角度分析后认为，敦煌地区的画像砖墓证实了本地区石窟与墓葬建筑形制、壁画艺术等有非常深的渊源③。崔慧玲认为，莫高窟第249窟的狩猎图像是佛教中国化进程中外来宗教与中华文化相互融合渗透的一个例证，继承了汉代壁画墓狩猎图的艺术手法，承袭了部分内在含义④。

所以，第249窟窟顶返身射猎图中的动物其实是一只白虎，这幅图被定为射虎图是合理的，图像来源于佛爷庙湾魏晋壁画墓中的李广射虎图。这也解释了为什么在第249窟窟顶绘制如野牛、鹿、猪等现实存在的动物时，都绘制得栩栩如生，唯独射虎图中的这只老虎和真的老虎相差甚远。因为画师绘制的并不是一只普通的老虎，而是一只神兽——白虎。射虎图和周围的射猎图一起组成了一幅大型狩猎图。

四、第249窟窟顶射虎图为李广射虎图考证

既然第249窟的射虎图图像来源于敦煌佛爷庙湾西晋壁画墓的李广射虎图，那么它在第249窟窟顶是作为普通狩猎图中的射虎图还是作为李广射虎图出现在这里呢？笔者认为是作为李广射虎图被绘制在这里，原因有以下几点：

（一）从第249窟窟顶对图像的不同选择方面来分析

莫高窟第249窟窟顶新出现的出行图图像来源于汉画像石，画师在绘制窟顶这些图像的时候，用了汉画像石图像中在很多地方都常见的题材，但是在汉画像石图像中已经有很成熟的狩猎图的情况下，却几乎原封不动地借鉴了佛爷庙湾墓葬中出现的射虎图，画中的白虎图像也并没有选择莫高窟已有的白虎图像，这样的选择一定自有深意。

不同的图像表达的意思自然不同，画师对图像的选择也是对图像所表达意思的选择。画师舍弃了汉画像石中常见的射虎图和莫高窟已有的白虎图像，而偏偏选择了墓葬中出现的李广射虎图，这足以说明画师想要表达的特定含义。

所以，从画师对图像的不同选择方面来看，作为李广射虎图更能表达图像的渊源关系和想要表达的意图。

（二）从图像配置方面来分析

李广射虎的传说自司马迁时就已经存在了。《史记·李将军列传》载“广所居郡间有虎，尝自射之。及居右北平射虎，虎腾伤广，广亦竟射杀之”⑤，因为“广为人长，猿臂，其善

① 贺西林：《古墓丹青：汉代墓室壁画的发现与研究》，陕西人民美术出版社，2001年，第189页。

② 杨雄：《敦煌西晋墓画——敦煌壁画的另一源头》，《内蒙古社会科学（汉文版）》2005年第1期，第60-63页。

③ 王元林：《敦煌石窟与墓葬关系的考古学考察》，载敦煌研究院编《2004年石窟研究国际学术会议论文集》，上海古籍出版社，2006年，第840-873页。

④ 崔慧玲：《河西魏晋壁画墓与莫高窟第249窟狩猎图研究》，《美术文献》2022年第2期，第22-24页。

⑤［汉］司马迁撰《史记》卷109《李将军列传》，中华书局，1959年，第2872页。

射亦天性也，虽其子孙他人学者，莫能及广”[①]。李广具备高超的军事才能，以善骑射闻名于世，终身以射猎为唯一嗜好，箭术达到炉火纯青的地步[②]，李广射虎的传说广为流传，李广在当时已经是被神话了的人物，多次出现在河西墓葬壁画中。而第249窟射虎图中的老虎是一只神兽白虎，不是普通老虎，在敦煌当时特定的历史背景下，这个射虎图中的猎人只有是李广，才能达到图像配置上的要求。

（三）从射虎图出现在墓室中的意义方面来分析

李广射虎图在河西出土的墓葬中与升仙的关系密切，托名李广，应是强调其震慑的力量，射猎类图像出现在众多祥瑞和升仙图像当中，有着镇墓的作用[③]。可见，李广射虎图出现在墓葬中的作用恰好和出行图中狩猎图的作用类似，用于驱疫避邪、镇压邪祟、驱除妖鬼，保护主人。所以，作为李广射虎图，更加强调了狩猎图在这里的意义，和图像要表达的目的一致。

（四）从第249窟窟顶出行人物的身份地位方面来分析

据《汉书·舆服志》记载，汉朝廷对皇帝贵族和各级官员出行的车舆和从骑，无论在种类、数目、装饰、颜色等大小各项，都有明文规定。车马出行图成为汉代墓葬中，除了随葬品以外的另一种明显的身份象征[④]。在第249窟窟顶的出行图中，既绘制了龙凤驾车，又有多种神兽陪同，可见驾驭龙凤车的主人的身份和地位非常高。而且从龙凤车上的华盖、悬幡等装饰物品可推测出其极有可能是贵族专用物，或和东阳王元荣一族有关[⑤]。可见，第249窟窟顶南北披绘制的是一组级别非常高的出行图。在这样一个豪华的出行图中，主人的身份地位自然非同一般，负责陪伴和保护的人物肯定也不能普通。

李广是一代名将，被匈奴人称为“汉之飞将军”[⑥]，他一生都在对抗匈奴，武功超群，在汉军中声望很高[⑦]。李广在当时的敦煌地区备受尊崇，李广射虎图在墓室中多次出现与当时的李广崇拜有很大关系[⑧]。

可见，飞将军李广在敦煌地区拥有异常崇高的地位，在当时等级制度森严的社会环境里，狩猎图中的人物只有李广这样的身份，才更契合驾着龙凤车出行的人的身份和地位。

五、结论

莫高窟第249窟窟顶南北披的龙凤车出行图和狩猎图共同组成了一幅大型的出行图，图

① ［汉］司马迁撰《史记》卷109《李将军列传》，中华书局，1959年，第2872页。

② 张德芳：《甘肃历史名将——李广》，《社会科学》（甘肃）1984年第2期，第98-102页。

③ 郭永利：《河西魏晋十六国壁画墓》，民族出版社，2012年，第153-154页。

④ 黄佩贤：《汉代墓室壁画研究》，文物出版社，2008年，第214页。

⑤ ［日］田中知佐子著，李茹译《敦煌莫高窟“龙车凤辇图”源考》，《敦煌学辑刊》2009年第2期，第100-120页。

⑥ ［汉］司马迁撰《史记》卷109《李将军列传》，中华书局，1959年，第2871页。

⑦ 杨宁宁：《从汉匈战争中认识真实的李广》，《中央民族大学学报》2005年第5期，第65-72页。

⑧ 周银霞、李永平：《敦煌西晋墓出土“李广骑射”彩绘砖及相关问题》，载沙武田主编《丝绸之路研究集刊》第3辑，商务印书馆，2019年，第177-186页、第420页。

像来源于汉画像石中的出行图和狩猎图的组合，狩猎图作为出行图的附属，起着陪伴和保护主人的作用。

第249窟射虎图来源于距离莫高窟不远处的佛爷庙湾西晋壁画墓，这里的虎不是一只普通的老虎，而是一只神兽白虎。从画师对图像的不同选择、图像配置要求、射虎图出现在墓室中的意义和第249窟窟顶出行人物的身份地位等方面来分析，可以推断出第249窟窟顶的射虎图应为李广射虎图。李广射虎图和其上方的射鹿图一起组成了李广狩猎图，为李广将军带领部下一起狩猎，共同陪伴和保护龙凤车中正在出行的主人。

六、余论

自敦煌莫高窟开窟至西魏时期的第249、285窟，风格忽变，新的变化主要表现在窟顶，而窟顶南北披的出行图在第249窟之后在莫高窟还多次出现，统计情况见表1。

表1　莫高窟龙凤车出现图统计表

序号	窟号	洞窟朝代	出现位置	洞窟主尊	飞行方向	构图类型
1	249	西魏	窟顶南北披	倚坐佛	待探讨	有狩猎图
2	296	北周	西壁龛外南北侧上部	倚坐佛	洞窟主尊	单独出现
3	294	北周	西壁龛外南北侧上部	倚坐佛	洞窟主尊	单独出现
4	305	隋	窟顶南北披	趺坐佛	待探讨	单独出现
5	417	隋	窟顶平顶弥勒经变两侧	趺坐佛	弥勒	经变画中
6	423	隋	窟顶平顶维摩诘经变两侧	倚坐佛	维摩诘和文殊	经变画中
7	419	隋	窟顶平顶弥勒经变两侧	趺坐佛	弥勒	经变画中
8	401	隋	外层龛顶两侧	趺坐佛	洞窟主尊	单独出现

通过表1可以看出，在这八幅出行图中，只有第249窟窟顶是配置了狩猎图的，其他都没有狩猎图的陪伴，这种情形也符合其在汉画像石中出行图出现的特点。因为在汉画像石中，狩猎图并不是出行图的固定搭配，它只是出行图图像配置中经常出现的一个元素，其他还有乐舞、饮宴、庖厨图等，而且在出行图的类型中，最常出现的一种就是单纯的出行图，没有其他搭配①。在出行图加狩猎图的组合当中，狩猎图只是陪衬，是附属于出行图的，不是必要出现的元素，图像的主角是出行的人。所以在之后的洞窟中狩猎图没有再次入绘，也不会影响画面要传递的信息和表达的意思。

认真观察这几个洞窟中的出行图后，可以看到，在第296、294、401窟这三窟中，龙凤车的位置处于西壁龛外两侧，龙车和凤车分别朝着洞窟西壁龛内的主尊佛像方向飞行；在第417、423、419窟中，龙凤车出现在经变画中，飞行方向是向着经变画中的主尊，第417、419窟是飞向弥勒经变中的主尊弥勒，第423窟是飞向维摩诘经变中的维摩诘和文殊菩萨。

可见，这些出行图如果单独出现，飞行方向都是朝着洞窟主尊佛；如果出现在经变画

① 黄永飞：《汉代墓葬艺术中的车马出行图像研究》，硕士学位论文，中央美术学院，2009年，第8-25页。

中，都是朝着经变画中的主尊。所以，虽然第249窟和第305窟窟顶出行图的终点看似是洞窟窟顶西披，但其实应该是洞窟西壁主尊佛。

在石窟中，壁画和塑像的主题都是围绕主尊佛而展开的，出行图向着洞窟主尊佛的方向飞行这一行为，是合乎情理的。这也解释了这幅出行图到底要到哪里去的问题。第249窟窟顶出行图借鉴了汉画像石元素，但不是要去升天或者升仙，而是借这样的图像表达了洞窟开凿者希望自己的祖先或者自己及配偶死后可以往生佛国的思想，而李广狩猎图出现在这里就是为了保护出行的主人顺利到达佛国。

关于敦煌西夏后期洞窟的判定

赵晓星（西北工业大学文化遗产研究院）

【摘要】 敦煌石窟西夏时期大致可以以西夏仁宗的大庆元年（1140）为界，此前的时段为西夏前期，此后为西夏后期，后期才是西夏在敦煌石窟展开大规模营建的时期。西夏后期除了沙州外，瓜州也成为西夏营建洞窟的重点地区。因为西夏后期与元代在时间上的衔接，学者们在敦煌西夏后期洞窟的断代上存在较大的争议。本文通过对逐个洞窟的梳理，结合前人研究成果，判定西夏后期新建莫高窟第3、465窟，榆林窟第2、10、3、29窟，东千佛洞第5、2、7窟，并补绘莫高窟第206窟。同时，结合元代敦煌的历史遗迹与史料记载，认为元代占领敦煌前期西夏遗民的洞窟营建活动并未停止，因此敦煌的确存在一批“元代西夏窟”，但这批洞窟仍属于对西夏石窟艺术的延续。

【关键词】 敦煌　西夏　后期石窟

西夏真正在敦煌开始有规模地营建洞窟，应是到了12世纪。这一时期除沙州外，瓜州成为西夏营建洞窟的重点地区。莫高窟、榆林窟、东千佛洞都出现了一批有代表性的西夏经典洞窟。但由于此前敦煌中晚期洞窟的分期不够明确，西夏和元代在时间上前后衔接，因此不少洞窟是西夏还是元代，学者们经过反复争论，仍没能形成统一意见。在此有必要对西夏后期洞窟的断代证据进行梳理，将西夏后期洞窟的判定情况交代清楚。

敦煌洞窟的分期，是一个非常复杂的问题，“按照佛教石窟寺考古的基本方法，石窟形制、文字题记与石窟壁画都可成为判断其年代的不同方面的依据，应当综合加以考虑。但其中若有文字题记，则其重要性无疑要列在各项因素的首位，其次再结合其他因素进行综合比较”[①]。根据前辈的工作基础与笔者实地工作的经验，洞窟断代证据主

① 霍巍：《敦煌莫高窟第465窟建窟史迹再探》，《中国藏学》2009年第3期，第188页。

要包括如下几条：第一，根据洞窟本身的纪年，但西夏洞窟只有供养人题记和游人题记，没有营建时留下的纪年；第二，根据供养人题记，供养人题记中如出现西夏时期独有的职官等身份信息，则可以准确地判定其所营建的洞窟属西夏时期，这一条在部分敦煌西夏洞窟中适用；第三，根据供养人的形象，与洞窟营建同时绘制的供养人中出现西夏人形象的，可作为初步判定为西夏时期的佐证，但不能完全否定存在元代的西夏遗民；第四，根据壁画内容，如出现仅见于西夏时期的图样，则可作为一项判定证据，西夏佛教与元代佛教有很大差别，体现在洞窟中的佛教题材、壁画样式不一样，还有一些建筑和器物两个时代也有不同，同样会反映在壁画当中，这些都能够为洞窟断代提供一定的佐证；第五，根据艺术风格，通常是根据确定的标准窟对同类洞窟进行类型排比，但西夏后期洞窟在艺术风格上差异很大，这条并不适用（西夏个别作品的确存在一些独特的艺术风格，但主要仍是与辽宋夏金时期相一致的风格，因此这一条只能作为佐证，而不能成为判定西夏洞窟时代的主要证据）。

一、莫高窟西夏后期洞窟

西夏最初设置十二监军司时，敦煌只有瓜州监军司。因此，西夏占领敦煌时期，瓜州就成为石窟营建的重点区域。西夏后来增设了沙州监军司，虽然沙州监军司设置的具体时间不详，但可以确定在仁孝时期已经设立，增设监军司本身就说明对沙州地区的重视程度提高。虽然西夏前期在莫高窟营建重修的洞窟极为有限，但在后期，莫高窟确实还是出现了具有代表性的新建洞窟。

（一）新建莫高窟第3窟

莫高窟第3窟（见图1）原来被定为元代洞窟，主要依据是主室西壁龛外门北观音像左下墨书“甘州史小玉笔”。学者们将此条题记与莫高窟第444窟主室西壁龛内北前柱上墨书“至正十七年正月十四日甘州桥楼上史小玉烧香到此”和龛内北后柱墨书“至正十七年正月六日来此记耳/史小玉到此”对应，认为莫高窟第3窟壁画出于元代史小玉之手。因此，传统意见认为第3窟为元代窟，如敦煌研究院编《敦煌石窟内容总录》[莫高窟第3窟注：西壁龛外北侧有“甘州史小玉笔”，据第444窟史小玉至正十七年（1357）题记，知此窟完成于公元1357年顷］[①]和梁尉英《敦煌石窟艺术·莫高窟第四六四、三、九五、一四九窟》（元）[②]均持此观点。

1994年，霍熙亮《莫高窟回鹘和西夏窟的新划分》对“元人史小玉绘制莫高窟第3窟”的观点质疑，包括如下三点：第一，题尾“笔”字不等于“画”，难以证实其身份；第二，假设是他画的，也不敢明目张胆地把姓名写进黑框内显眼的画面上，窟主也难允许；第三，壁画精湛出群，尤以线描独领风骚，但难找出它的来龙去脉，据以往调查的印象，与安西东千佛洞7窟西夏壁画技艺十分接近，若出自元末画工之手，那么如何出现复古的线描[③]？因此，认为将此窟营建年代改定为西夏时期较为合适。

① 敦煌研究院编《敦煌石窟内容总录》，文物出版社，1996年，第5页。

② 梁尉英：《敦煌石窟艺术·莫高窟第四六四、三、九五、一四九窟》（元），江苏美术出版社，1997年。

③ 霍熙亮：《莫高窟回鹘和西夏窟的新划分》，载敦煌研究院编《一九九四年敦煌学国际学术研讨会论文提要》，敦煌研究院，1994年，第54页。

图1 莫高窟第3窟 主室内景 西夏

同时提出莫高窟第3窟为西夏洞窟的，还有关友惠《敦煌宋西夏石窟壁画装饰风格及其相关的问题》，而且对这一问题进行了更为详细的讨论。关文同样否定了史小玉题记是画工题记的说法，并认为莫高窟第3窟的壁画内容、艺术风格与元代至正时期的永乐宫、兴化寺和青龙寺相比差别很大，不可能是元代将要灭亡的至正十七年的作品。他进一步分析，此窟的“观音”题材是西夏流行的题材，“人物造型也是以西夏人审美典型为标准，龛内观音的半侧面像，两腮丰圆，与榆林窟第29窟西夏供养人画像、净土变中的菩萨，内蒙古额济纳旗黑城子出土的12世纪《弥陀来迎》中的佛像面相特征是一致的。观音头戴小冠，脖颈上的三道线和鼻翼线的处理方法，与出自额济纳旗黑城子的西夏绢画‘抬金莲花来迎’中的观音、势至菩萨形象如出同一画师之手”①。

莫高窟第3窟西壁龛内观音（见图2）与黑水城《阿弥陀佛来迎图》中的观音、大势至菩萨（见图3），和榆林窟第29窟普贤变中的菩萨（见图4）相比较，确实如关先生所说能够看出面相特征的一致性，可以看到与前期回鹘风格相似的两腮丰肥的特点，鼻翼的画法也一模一样，但莫高窟第3窟和黑水城绢画人物弓形的柳叶眼，到榆林窟第29窟则变为长眼角的鱼形眼，人物左肩上的衣领也有从波浪状的曲线到硬折线的变化。关先生还认为，莫高窟第3窟的衣纹线法有明显的唐代遗风，体现着西夏和两宋的绘画特征。在壁画装饰方面，指出此窟佛龛顶部装饰布局纹样与曹氏晚期基本相同，主室窟顶的“球璐纹”是西夏壁画多见的样式。关先生总结，无论从窟形、壁画内容还是艺术风格来看，莫高窟第3窟从开凿到壁画绘制最后完工应经历了一段较长的时期，应是西夏诸窟中较早的一窟。

2013年，沙武田、李国《敦煌莫高窟第3窟为西夏洞窟考》对莫高窟第3窟史小玉题记做了辨析，结合窟内壁画内容及其艺术风格特征，联系敦煌石窟西夏和元代洞窟的营建等时代特征，认为莫高窟第3窟实为西夏时期的洞窟②，这篇论文实际上仍是建立在将史小玉题

① 关友惠：《敦煌宋西夏石窟壁画装饰风格及其相关的问题》，载敦煌研究院编《2004年石窟研究国际学术会议论文集》，上海古籍出版社，2006年，第1135-1138页。

② 沙武田、李国：《敦煌莫高窟第3窟为西夏洞窟考》，《敦煌研究》2013年第4期，第1-11页。

记判定为元代游人题记的基础上的。公维章《西夏时期敦煌的观音信仰》认为，莫高窟第3窟西壁北侧的白衣观音菩萨像与莫高窟第308窟的白衣观音像极为相似，“而莫高窟第308窟的白衣观音像为西夏时期所绘，可证莫高窟第3窟为西夏时期开凿的洞窟”①。在《关于敦煌莫高窟西夏前期洞窟的讨论》中已有提及，笔者认为莫高窟第308窟的白衣观音是北宋至沙州回鹘时期的作品，但这篇论文注意到了白衣观音的延续性。

图2　莫高窟第3窟西壁龛内南壁西侧 观音菩萨 西夏

图3　黑水城《阿弥陀来迎图》观音菩萨、大势至菩萨 西夏

图4　榆林窟第29窟普贤变之菩萨 西夏

以上学者对史小玉题记的分析更符合事实，而且只有在洞窟疏于管理时，才能随意让游人出入并留下游人题记。因此，莫高窟第3窟至少在至正十七年（1357）前已经疏于管理，可以让游人出入。那么，这个洞窟更可能开凿于西夏时期。同时，根据以上前辈学者对同类壁画的比较，莫高窟第3窟的壁画明显更接近于宋夏时期的样式，而与元代绘画有较大的差别。至于白衣观音的问题，笔者在《敦煌晚期绘画中的“白衣观音”浅析》有过详细讨论，但其中有一个严重错误，因为忽略了莫高窟第3窟的白衣观音像，而贸然说在沙州回鹘以后，敦煌壁画中再没出现过白衣观音像②。不过，通过这篇论文的分析，我们可以看到敦煌壁画中的白衣观音确实都与回鹘有关。在关于敦煌西夏前期的洞窟讨论当中，可以看到回鹘势力实际上是贯穿敦煌归义军至元代很长的一段时期的，而回鹘人在敦煌晚期石窟营建当中的影响也是自始至终存在的。莫高窟第3窟的白衣观音也可能与回鹘有关，时代上可能属于西夏后期的前段。

莫高窟第3窟壁画均有黑色边框，这是西夏时期敦煌壁画中常见的现象。如将其与相近时代其他地区绘画进行比较，还可以发现莫高窟第3窟南北两壁的飞天（见图5）与山西应

① 公维章：《西夏时期敦煌的观音信仰》，《泰山学院学报》2021年第4期，第35页。

② 赵晓星：《敦煌晚期绘画中的“白衣观音”浅析》，载麦积山石窟艺术研究所编《石窟艺术研究》第4辑，文物出版社，2019年，第91–98页。

县木塔一层的飞天（见图6）在面相、体态、云朵的画法和人物的色彩上都有相似之处。应县木塔一层壁画为辽金时期（1056—1195）的作品，莫高窟第3窟也应绘制于12世纪。

图5　莫高窟第3窟 北壁西上角 飞天 西夏

图6　山西应县木塔 飞天 辽金

（二）补绘莫高窟第206窟

补绘或局部改绘前代洞窟，是莫高窟改朝换代时符合常规的做法，莫高窟第206窟就属于西夏重修改绘。莫高窟第206窟开凿于隋代，前室和甬道均存有五代壁画，主室窟顶藻井（见图7）和东壁窟门附近（见图8）原来被认为是西夏重修重绘，但从造型和上色的特点来看更像沙州回鹘时期的做法，而且相邻的第207窟就被沙州回鹘全窟重修过，这两处被认为是回鹘式的重绘应更合适。

图7　莫高窟第206窟 窟顶藻井 回鹘

图8　莫高窟第206窟 东壁门南 立佛 回鹘

南北两壁中央的说法图（见图9、图10）和下部成排的站姿菩萨，以及东壁下部的供养人呈现出与北宋至沙州回鹘时期截然不同的艺术风格。人物的面部和身体都没有回鹘人那种膨胀式的圆润特点，表情上也较为严肃庄重甚至刻板。与宁夏山嘴沟石窟一样重视眼部的细节，并呈现出统一的黑瞳悬于眼中及长眼角的特征，在敷色上也比较单调。莫高窟第206窟重绘壁画中的人物普遍肩部偏窄，姿态上显得特别拘谨。与之前的构图相比较，虽然沿用了说法图式人物较少的构图，但却没有回鹘时期人物间隔相对疏朗的特点，而是把不多的人物安排得有序且紧密。在壁面下部成排站立的菩萨像中，可以找到人物面部体型和姿态服饰（见图11）都与榆林窟第29窟菩萨（见图12）极为相似的作品。虽然补绘前代洞窟往往发生在新政权占领当地前期，但本窟补绘壁画与西夏后期壁画更为接近，如人物衣领的线条不再用波浪状的曲线，而是用较为平滑简洁的线条。从大量人物形象更接近榆林窟第29窟的情况来看，正如刘玉权的划分，西夏补绘的这些图像应属于西夏后期。

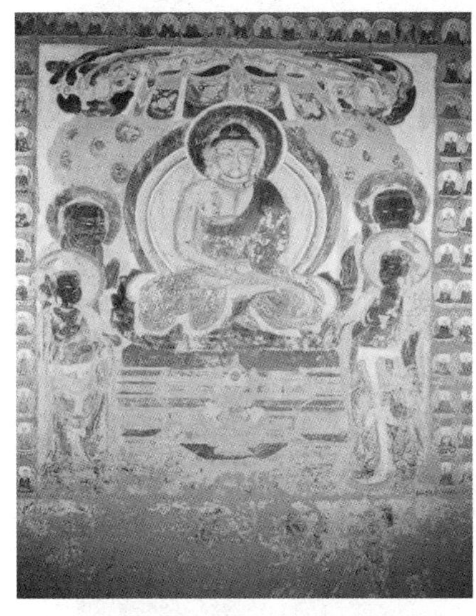

图9　莫高窟第206窟 南壁 说法图 西夏

图10　莫高窟第206窟 北壁 说法图 西夏

图11　莫高窟第206窟 主室北壁 菩萨 西夏

图12　榆林窟第29窟 主室右壁 菩萨 西夏

东壁供养人（见图13）榜题可辨识者包括“故施主圣光寺主僧张和……”“施主故弟僧……”“故□施主赐绯□□□一心供养”“施主故父僧张进□一心供养”。前已提及，沙州圣光寺大概最迟在天禧三年（1019）已由尼寺改为僧寺，圣光寺主僧的出现说明这些壁画绘制于1019年之后。供养人中的比丘全部佩有袈裟环，根据扬之水的研究，袈裟环的普遍使用是在宋代，南宋佛画中明确描绘了佛陀和僧人们使用的袈裟环①。供养比丘袈裟上新出现的袈裟环，也说明他们应绘于12世纪及以后。虽然供养人以僧人为主，但仍是以家族为单位重绘前代洞窟。这个重修洞窟与西夏后期修建的一系列代表性经典洞窟表现出的经济实力和艺术水平有相当大的差距，可能是由于供养人团体的实力不如后期的那些代表洞窟。本窟重绘壁画与沙州回鹘壁画的巨大差异与榆林窟第29窟壁画在细节上的一致，以及供养比丘佩戴袈裟环的现象，都证明这个洞窟主室南北壁说法图及四壁下部壁画应是西夏后期重绘的。

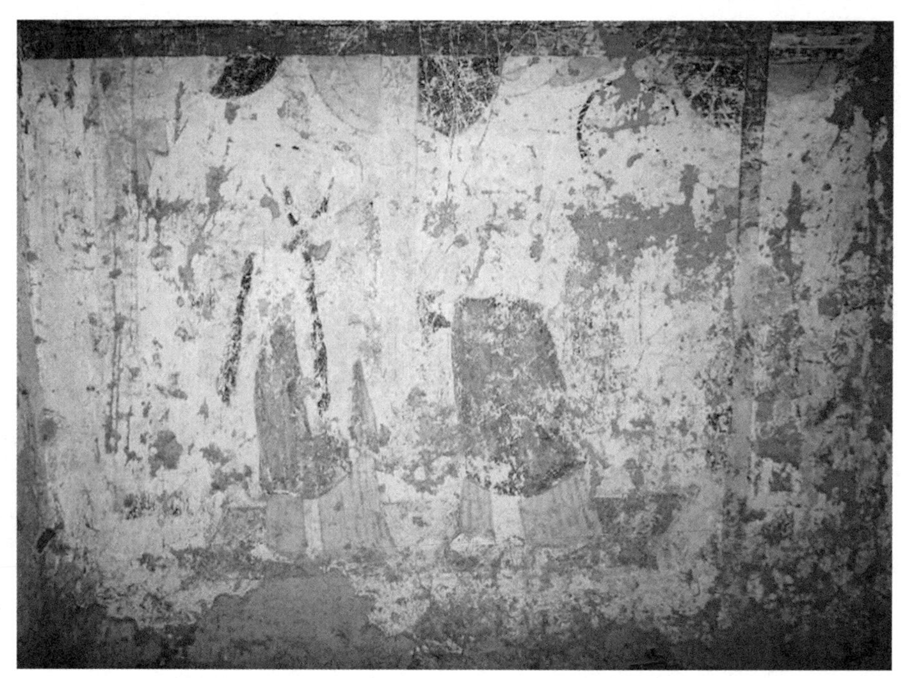

图13　莫高窟第206窟 东壁北侧 供养人 西夏

（三）新建莫高窟第465窟

莫高窟第465窟（见图14）的断代，最早受主室东壁门南藏文题记（见图15）被译成“蕃二十五年全窟建成”的影响，被认为是始建于吐蕃时期。因为可黎可足是唯一使用年号按顺序纪年的吐蕃赞普，所以该窟的建窟时间被推定为彝泰二十五年（839）②。后来，勘措吉《莫高窟第465窟藏文题记释读》将此题记重译成“腊月二十五日全部尸林建成（绘

① 扬之水《读物小札·金环》，《南方文物》2021年第1期，第132–133页。

② 金维诺主编《藏传佛教寺院壁画》第1卷序言，天津人民美术出版社，1989—1993年；金维诺：《吐蕃佛教图像与敦煌的藏传佛教绘画遗存》，载中山大学艺术学研究中心编《艺术史研究》第2辑，中山大学出版社，2000年。

成）”，从而否定了原来的吐蕃建窟说，并将此窟的营建与金刚亥母相联系[①]。随着藏传绘画艺术研究的逐渐深入，学者们认识到这种后弘期的藏传密教图像不可能出现在包括吐蕃时期在内的唐代，因此根据当时对这类图像的认知及洞窟中大量的蒙元时期及元代的游人题记，又将莫高窟第465窟定为蒙元时期或元代[②]。

图14　莫高窟第465窟 主室全景 西夏

图15　莫高窟第465窟 主室东壁门南 藏文题记

2000年，谢继胜提出“西夏说”，并先后发表了《关于敦煌第465窟断代的几个问题》《关于敦煌第465窟断代的几个问题（续）》《敦煌莫高窟第465窟壁画双身图像辨识》《莫高窟第465窟壁画绘于西夏考》一系列论文，且在《西夏藏传绘画：黑水城出土

① 勘措吉：《莫高窟第465窟藏文题记释读》，载樊锦诗主编《敦煌吐蕃统治时期石窟与藏传佛教艺术研究》，甘肃教育出版社，2012年，第463–471页。

② 杨雄：《敦煌石窟艺术：莫高窟第465窟》，江苏美术出版社，1996年，第11页；宿白：《榆林、莫高两窟的藏传佛教遗迹》，载《藏传佛教寺院考古》，文物出版社，1995年，第244–245页。

西夏唐卡研究》中专门进行讨论[①]。其中主要的证据有如下几条：第一，莫高窟第465窟存有大量的元代游人题记，从题记时间上看该窟在元代初年已经废弃，若是蒙古上层精心营建的洞窟，不可能这么快就弃之不用；第二，此窟前室的两条西夏文题记距此窟使用时间不久，经分析这两条题记不应是蒙元时期的，进而说明西夏时曾在这里进行过法事活动，但其中的刻画题记出现时此窟应已废弃不用，所以此窟被废弃的年代更早；第三，莫高窟第465窟壁画与13世纪中叶以后西藏壁画有很大差异，而与西夏腹地所见样式和风格相似，包括对曼荼罗的方格式构图、色彩选择、狮羊形式、大黑天样式、金刚亥母造型、双身像样式、上师僧帽和花卉图案的比较；第四，该窟主室墙壁上贴附的捺按朱砂梵文印流行于西夏早期，如宁夏拜寺沟方塔大安二年（1075）所见金刚座触地印释迦牟尼佛梵文印；第五，此窟出土的西夏文《三才杂字》是西夏初期的刻本，元代管主巴沙州所施西藏文大藏经中是没有世俗文书的[②]。

2012年，黄英杰《从藏传佛教看敦煌莫高窟第465窟艺术》[③]对莫高窟第465窟密教图像系统进行了考证，他指出如下几条证据：第一，噶玛噶举派僧人格西藏布瓦在西夏仁宗仁孝乾祐十九年（1189）就已被迎请至西夏尊为上师，噶举支派金刚称的弟子成为西夏的大乘玄密帝师，这些藏传佛教向西夏输入的历史使12世纪在西夏壁画中出现胜乐图像的事实成立；第二，蒙元时期因为藏传佛教宗派整合成熟，绘画中具有明确的宗派系统，但此窟壁画没有明显的宗派意识，这种情况只可能出现在藏传佛教宗派形成之前的西夏时期。莫高窟第465窟壁画体现出某位译师的传法，而不是藏传宗派的体系，如本窟西壁主尊俱生胜乐金刚（见图16）为噶举派常用的主尊，但东壁出现的惹译师所传之牛头大威德金刚（见图17）是噶举派所不用的；此窟的金刚亥母（见图18）虽以噶举派的为主，但南壁出现了萨迦派的梅粹空行母（见图19）。也就是说，在莫高窟第465窟壁画中出现了噶举派与萨迦派题材共存的情况，这在蒙元时期及以后的壁画中是不可能出现的。在西夏史料中，尚未发现藏传佛教教派矛盾的记载，因此西夏的藏传佛教石窟中才能出现这种跨教派的密教题材共存的现象。

同年，扬之水《曾有西风半点香》提出，莫高窟第465窟壁画中嵌宝式背屏（见图20）来自丹枕，并且仅出现于西夏时期，“丹枕形成印度-吐蕃风格的表现形式之后，传至西夏，又逐渐演变为另一种艺术语汇。内蒙古黑水城遗址出土的西夏绘画作品，如绢本释迦牟尼、棉本阿弥陀佛（残片）、棉布本药师佛等，图像中真正的丹枕已不复存在，却是把丹枕变形为坐具背屏，丹枕两端犹如花朵的束结变作背屏两侧的嵌宝装饰，即所谓两个‘纽扣’样的宝石。而这一细节演变的过程，正显示着印度-吐蕃-西夏的图式传播轨迹。这里可以顺便涉及敦煌莫高窟第465窟的断代问题……第465窟多采用背屏嵌宝的表现形式，黑水城出土的西夏绘画的坐具图式即与此几乎完全相同。但元代遗存中，这种样式已经极少见；而在吐蕃

① 谢继胜：《西夏藏传绘画：黑水城出土西夏唐卡研究》，河北教育出版社，2002年，第384-414页。

② 谢继胜：《关于敦煌第465窟断代的几个问题》，《中国藏学》2000年第3期，第75-92页；谢继胜：《关于敦煌第465窟断代的几个问题（续）》，《中国藏学》2000年第4期，第75-90页；敦煌研究院：《敦煌莫高窟第465窟壁画双身图像辨识》，《敦煌研究》2001年第3期，第1-11页；中国藏学编辑部：《莫高窟第465窟壁画绘于西夏考》，《中国藏学》2003年第2期，第69-79页。

③ 黄英杰：《从藏传佛教看敦煌莫高窟第465窟艺术》，载樊锦诗主编《敦煌吐蕃统治时期石窟与藏传佛教艺术研究》，甘肃教育出版社，2012年，第420-448页。

时期，它应为几乎是忠实于原样的印度式丹枕。这一点，或可作为‘西夏说’诸论据的一个细节补充”①。这是以图像出现的具有时代特点的器物，佐证了莫高窟第465窟的年代。

图16　莫高窟第465窟 主室西壁南起第二铺俱生胜乐金刚曼荼罗 西夏

图17　莫高窟第465窟 主室东壁门上正中 牛头大威德金刚 西夏

图18　莫高窟第465窟主室西壁南起第三铺 金刚亥母曼荼罗 西夏

图19　莫高窟第465窟 主室南壁西起第二铺 黑阎摩敌双身曼荼罗之梅粹空行母 西夏

① 扬之水：《曾有西风半点香》，生活·读书·新知三联书店，2012年，第125-127页。

图20 莫高窟第465窟 主室窟顶西披 嵌宝式背屏 西夏

阮丽《敦煌石窟曼荼罗图像研究》在考证莫高窟第465窟窟顶金刚界五方佛曼荼罗时也指出“在《成就法鬘》中描述有十四种文殊菩萨像，但并未发现一面四臂的尊像。一面四臂尊像仅出现于黑水城（见图21）和第465窟（见图22）中，也可能是出自《文殊真实名经》中的真实名文殊”①。实际上是用真实名文殊的一种样式，佐证了莫高窟第465窟与黑水城出土的绘画品属于一个时代，也就是西夏时期。

从以上这些成果来看，莫高窟第465窟从前室的游人题记、主室的图像系统和图像样式，都可以证明此窟的营建年代要早于蒙元时期，综合窟内的各种因素更符合西夏时期的营建情况。

① 阮丽：《敦煌石窟曼荼罗图像研究》，博士学位论文，中央美术学院，2012年，第52页。

图21 黑水城出土版画 一面四臂文殊 西夏

图22 莫高窟第465窟 南披主佛东侧 一面四臂文殊 西夏

二、榆林窟西夏后期洞窟

西夏建国初年，李元昊在全国设置的十二个监军司中有瓜州西平监军司①，学界普遍认为西夏在敦煌地区经营的重镇是瓜州。这时的榆林窟被称为“朝廷圣宫”或“京师圣宫”②，也成为瓜州城寺院僧侣住锡修行的主要地点。榆林窟出现了一批西夏的代表洞窟，成为敦煌西夏石窟研究最重要的一部分。

（一）新建榆林窟第2窟

榆林窟第2窟（见图23）因其有与洞窟营建同时代的西夏装供养人及西夏文题记（见图24），一直以来都被判定为西夏的代表洞窟。近年有学者提出这些供养人是元代的西夏遗民，并进而推测此窟为元代的西夏窟。但一来此窟中并未发现任何能够证明其为元代的确凿证据，二来位于洞窟主室西壁的男供养人（见图25）戴略呈尖顶的黑帽，穿有抱肚的长袍，为典型的西夏武官服饰。如果此窟是元代开凿，那么这时的官员即使是西夏人，也应该穿着当朝的服饰，而不太可能穿着前朝的官服（特别是武官官服）示人。此外，壁画中的世俗人物和弟子均内着白衫，露出波浪状的白领，这点在版画《西夏译经图》中也非常明显，而元代的白领则是用生硬的折线描绘。

① [元] 脱脱等撰《宋史》，中华书局，1977年，第14029页。

② 榆林窟第12窟西夏文题记 [illegible]，史金波、白滨在《莫高窟榆林窟西夏文题记研究》中将其译为“世界圣宫游者及甘州圣宫”，后史金波先生在2020年7月27日“敦煌晚期石窟研究系列讲座”线上主讲的《敦煌石窟纵横谈》更正其中的“世界圣宫”应译成“朝廷圣宫”或“京师圣宫”。

图23　榆林窟第2窟 主室内景 西夏

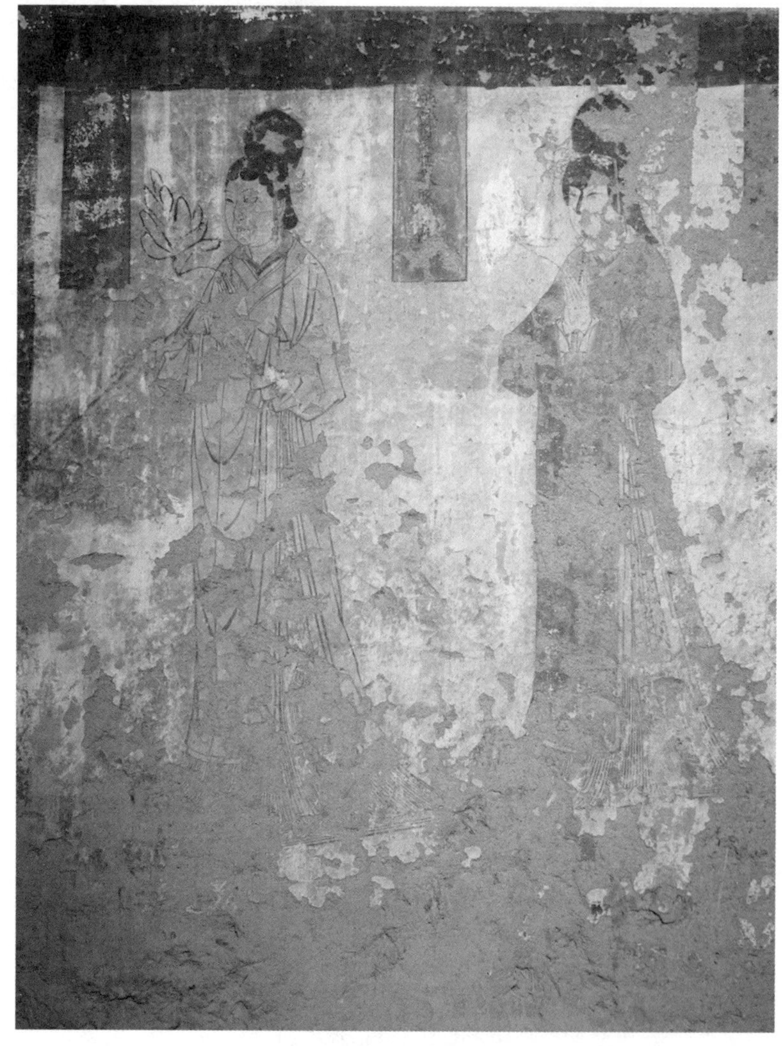

图24　榆林窟第2窟 主室西壁门北 女供养人(局部) 西夏

图25　榆林窟第2窟 主室西壁门南 男供养人 西夏

（二）新建榆林窟第10窟

榆林窟第10窟（见图26）现存壁画不多，仅存甬道和主室窟顶。甬道南、北壁表层为元代壁画，北壁底层露出西夏壁画的一角。关于此窟时代的讨论不多，李路珂《甘肃安西榆林窟西夏后期石窟装饰及其与宋〈营造法式〉之关系初探》对此窟的装饰纹样进行了详细分析，认为“窟型及窟顶边饰构成与第2窟大致相同，而工致繁丽程度略胜于第2窟……藻井边饰纹样与《营造法式》基本相符的，有‘天字’‘王字’‘双钥匙头’‘交脚龟文’‘四出’‘叠晕宝珠’等”①。与该窟窟顶（见图27）相类似纹样的窟顶，目前仅见榆林窟第2窟（见图28）和第3窟，如果这两个洞窟是西夏后期洞窟的话，那榆林窟第10窟也应属于这一时期。

图26　榆林窟第10窟 主室内景 西夏

图27　榆林窟第10窟 主室窟顶 西夏

① 李路珂：《甘肃安西榆林窟西夏后期石窟装饰及其与宋〈营造法式〉之关系初探》（下），《敦煌研究》2008年第4期，第16页。

图28 榆林窟第2窟 主室窟顶 西夏

（三）新建榆林窟第3窟

榆林窟第3窟（见图29）甬道南、北两壁上方现存西夏装供养人，学者们难得一致地认为这些供养人确实是开凿此窟的施主。其中北壁的男供养人（见图30）与榆林窟第29窟男供养人着装一样，均头戴略呈尖顶的云镂冠，冠后垂带，穿圆领窄袖襕袍，腰围有黑色宽边的抱肚，这是典型的西夏武官的服饰。虽然在南北壁下部表层出现了典型的元代供养人，刘永增根据不空绢索五尊曼荼罗经典和五守护佛母曼荼罗传入或出现的时间，认为其主室主要绘制于元代[①]，杨富学据此提出这些人与上部的西夏人属同一时期，进而认为榆林窟第3窟为元代洞窟[②]。

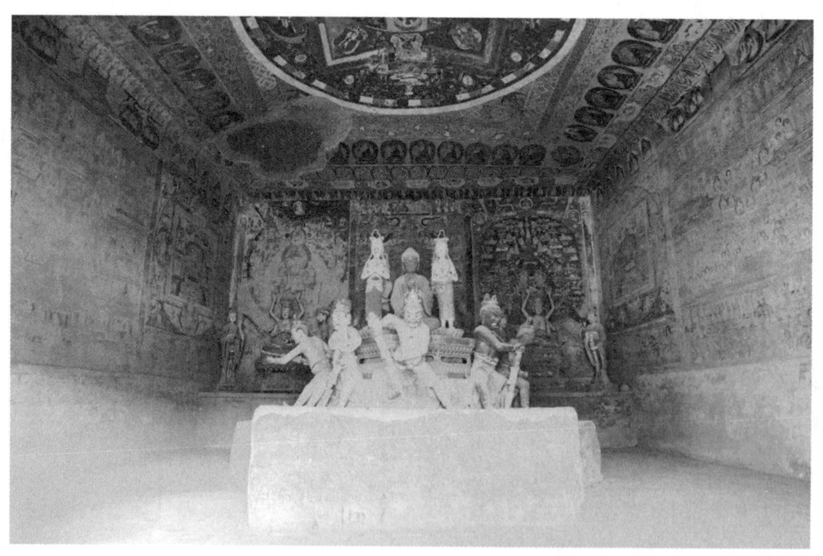

图29 榆林窟第3窟 主室内景 西夏

① 刘永增：《瓜州榆林窟第3窟的年代问题》，《艺术设计研究》2014年第4期，第16–23页。

② 杨富学：《藏传佛教噶玛噶举黑帽系乳必多吉活佛巡礼沙州并布施文殊窟斟议》，《五台山研究》2019年第1期，第47–48页。

一方面，与榆林窟第2窟一样，如果此窟为元代西夏遗民营建的洞窟，那么西夏人不应该穿着西夏王朝的武官官服。另一方面，仔细观察甬道下部表层，可以看出元代供养人像是覆盖在西夏供养人像上面的，也就是说下部表层的元代供养人是重绘的，如果元代人有能力绘制主室全部壁画的话，那么为什么要保留上部比元代供养人高大很多的西夏供养人像？这四身元代男供养人前方分别写有榜题，可识读者有第一身“思钟答里太子”、第三身“知州宝买住”、第四身“本牙答思惠达鲁花赤”。这些人物的身形远比上层的西夏人小得多，而且题记没有题记框，用汉文书写且极为随意。甬道北壁东起第一身供养人与第二身供养人之间还留下一大块空白，并写着“维大元至正廿五年五月十五日/嘉议大夫沙州路总管□□□□舍人……/司吏张维中……瓜□达鲁花？赤？……/同焚到此”，同样写得比较草率。甬道上还有其他的至正年间游人题记，可见至正年间此窟已疏于管理。从元代供养人及游人题记的情况来看，元代如此草率的供养人不可能是主室壁画的施主。

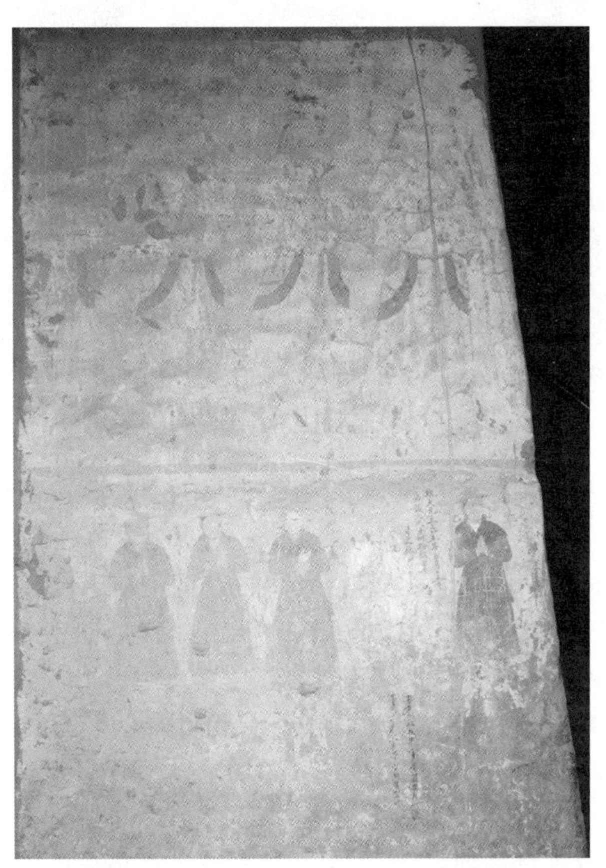

图30　榆林窟第3窟 甬道北壁 男供养人 上层西夏、下层元代

刘永增先生举出的图像证据，贾维维在《榆林窟第3窟壁画与文本研究》中对这两处图像也有论述[①]。刘文中提出：“不空羂索五尊不见于汉文典籍，在《西藏大藏经》中，只在《现观真珠鬘》（Abhisamayamuktāmālā）第90中可以找到不空羂索五尊曼荼罗的记述。《现观真珠鬘》的作者是12世纪后半叶至13世纪活跃在印度、尼泊尔的大成就者米扎瑜伽师

① 贾维维：《榆林窟第3窟壁画与文本研究》，浙江大学出版社，2020年，第293-334页。

(Mitrayogin),《现观真珠鬘》的成立年代在1200年前后，从经典成立到流行，再到向外传播需要一段时间，传至敦煌后被绘制在洞窟中应在1300年前后。”①刘先生对本窟不空绢索五尊曼荼罗（见图31）的解读值得肯定，但认为《现观真珠鬘》从经典成立、流行、传到敦煌需要经过100年，并未对这一说法提供可靠的依据，而只是出于推测。实际上，有时图像的产生并不会比文本晚，而且从北宋西行求法高潮开始，很多经典和曼荼罗都直接由僧人从印度、尼泊尔带来，并不需要经历那么长的传播时间。

图31　榆林窟第3窟 主室北壁 不空绢索五尊曼荼罗 西夏

图32　榆林窟第3窟 主室南壁 五守护佛母曼荼罗 西夏

刘文还提出，汉文典籍中五守护佛母曼荼罗（见图32）最早出现在1341年之后，“五守护佛母曼荼罗出自梵文文献《金刚鬘》(Vajravali),《金刚鬘》是11世纪末至12世纪初印度密教僧无畏生护（Abhayākaragupta）的著述，其中五守护佛母（Pancharakshya）出自《现观真珠鬘》第80。同是汉文典籍的《元代画塑记》中记‘夹铸五护佛陀罗尼佛、蜡鍮石铸五护陀罗尼佛’事在延祐七年（1320）。又，翰林学士程鉅夫（1249—1318）在《送司徒沙罗巴法师归秦州》诗中提到沙罗巴将藏文《五护尊经》译成蒙文，现存新编蒙文大藏经目录《甘珠尔》部（γajuur）五护尊经经目（第179—183号）。沙罗巴（1259—1314年），西夏僧人，秦州法师。秦州相当于今之天水，乃甘肃通往西域之门户，五护尊经转藏为蒙后，不费时日也就会再传敦煌的。在汉文佛教典籍中，《五护陀罗尼》最早见于1341年成立的《佛祖历代通载》，这些资料都表明，五守护佛母经传到汉地的时间应该在元代中晚期”②。但是西夏时期佛教来源众多，不能排除其从西藏甚至印度传入的可能性，更不能以汉文典籍中出现的时间作为判定标准。田秦《新见西夏五守护佛母版画研究》已找出西夏时期存在五守护佛母组

① 刘永增:《瓜州榆林窟第3窟的年代问题》,《艺术设计研究》2014年第4期，第21页。

② 刘永增:《瓜州榆林窟第3窟的年代问题》,《艺术设计研究》2014年第4期，第21-22页。

合图像的例证[①]。

值得注意的是榆林窟第3窟建筑画在断代上的意义。李思洋《〈唐僧取经图册〉时代属性再探及典型建筑复原》认为，窟内壁画建筑上的栏杆华版所用龟背纹装饰（见图33）目前仅见于12世纪左右的包括榆林窟第3窟在内的壁画、绘画及仿木构砖雕墓中[②]，这一判断也间接为榆林窟第3窟为西夏洞窟提供了佐证。李路珂《甘肃安西榆林窟西夏后期石窟装饰及其与宋〈营造法式〉之关系初探》（上）对榆林窟西夏后期的石窟装饰做了专题研究，认为瓜州榆林窟西夏后期的石窟装饰，融合了多种文化，其中北宋中原地区的装饰特色多有体现；此外，还结合《营造法式》的相关记载，将榆林窟第2、3、10窟的装饰纹样分为仿木构件的纹样及藻井纹样两类，与《营造法式》对应纹样进行对比分析[③]，从遵从宋代《营造法式》的规制来看，榆林窟第3窟为西夏时期更为合理。

图33　榆林窟第3窟 主室北壁 阿閦佛净土(局部) 西夏

在人物形象上，榆林窟第3窟部分佛像和菩萨像出现卷耳发的现象，即佛像耳后的头发在耳垂上部绕耳一圈或两圈（见图33），以单圈卷耳发为主。具有卷耳发特征的佛菩萨画像在金代山西崇福寺壁画（见图34）中就已经出现，也同样多为单圈，这种单圈卷耳发到元代继续流行，如王振鹏《姨母育佛图卷》中的人物几乎都有这一特点。榆林窟第3窟人物卷耳发的出现，也说明了其属于西夏晚期作品。

① 田秦：《新见西夏五守护佛母版画研究》，西域历史语言研究所成立十五周年系列活动之“中国人民大学第二届西夏学青年学者论坛”，中国人民大学国学院西域历史语言研究所主办，11月26–27日。

② 李思洋：《〈唐僧取经图册〉时代属性再探及典型建筑复原》，硕士学位论文，南京大学，2014年，第53页。

③ 李路珂：《甘肃安西榆林窟西夏后期石窟装饰及其与宋〈营造法式〉之关系初探》（上），《敦煌研究》2008年第3期，第5–12页。

图34　山西崇福寺弥陀殿壁画 佛像 金代

在山水画方面，对榆林窟第3窟时代的推测也值得注意。赵声良《榆林窟第三窟山水画初探》从山势构成（五代、北宋山水画的特征）、树法（江南山水画的因素）和小景图等方面，探讨了两宋画院画风对敦煌石窟绘画的影响，并认为此窟的山水画很可能作于13世纪初、中叶或者以后，也就是说榆林窟第3窟很可能是西夏晚期至元代前期的作品①。沙琛乔《敦煌西夏石窟山水画探源》则更进一步通过对本窟西壁门两侧文殊变、普贤变中山势、建筑（见图35）、远景、树法和门上维摩诘经变中残存的山水绘画技法的分析，认为榆林窟第3窟山水画在创作时受到金代的影响，并将其对应到金代盛期，同时指出此窟南北壁的建筑界画与金代山西岩山寺壁画（见图36）的相似、本窟东壁南侧的千手观音与金代山西朔州崇福寺弥勒殿同类题材的近似②。将榆林窟第3窟的山水画与金代（1115—1234）绘画进行比定，实际上也倾向于认为此窟绘于西夏晚期。

图35　榆林窟第3窟 主室西壁门南 普贤变中建筑 西夏

① 赵声良：《榆林窟第三窟山水画初探》，载中山大学艺术学研究中心编《艺术史研究》第1辑，中山大学出版社，1999年，第363-380页。

② 沙琛乔：《敦煌西夏石窟山水画探微——以瓜州榆林窟第3窟为例》，载沙武田编著《敦煌西夏石窟艺术新论》，甘肃文化出版社，2022年，第295-325页。

图36　山西岩山寺文殊殿北壁 建筑 金代

（四）新建榆林窟第29窟

榆林窟第29窟（见图37）因其有西夏文“真义国师西壁智海”“沙州监军赵麻玉”等明确题记及供养像（见图38），被学界认可为毫无疑问的西夏标准窟。虽然对营建的具体时间学者们尚存多种说法，但学界统一认为此窟开窟于西夏仁宗时期，所以它也是西夏晚期最具代表性的洞窟。西夏中晚期洞窟风格多样，但此窟仍能为这时的洞窟提供一些参照的标准，主要包括：第一，西夏供养人的服饰特点，包括男性武官的官服、西夏女性的服饰；在左、右衽问题上，此窟证明了西夏左、右衽服饰同时存在的时代特征；第二，西夏国师像，此窟的西夏国师冠帽与宁夏山嘴沟第2窟的上师像和老人形文殊一样，均为尖顶并有两个向上勾起的帽翅；第三，壁画中出现了东方阿閦佛净土变、不动明王、金刚手等新题材；第四，建筑画中宋代建筑开敞式的门窗结构；第五，图像细节中的堆积式卷云。

图37　榆林窟第29窟 主室内景 西夏

图38　榆林窟第29窟 主室南壁门东 男供养人 西夏

三、东千佛洞西夏后期洞窟

同样位于瓜州的东千佛洞，被认为是西夏时期始建，也是西夏主要营建的一处石窟。因其位于榆林窟以东，故称东千佛洞。其始建年代大约为西夏时期，经西夏、元代相继营建，终于清代。东千佛洞营建时代属敦煌艺术的晚期，与榆林窟西夏洞窟题材与艺术风格相似，藏传密教内容成为这时洞窟的主题。张小刚、郭俊叶《黑水城与东千佛洞石窟同类佛教造像题材浅析》通过对阿弥陀来迎图、毗沙门天王与八大夜叉曼荼罗、水月观音、双头瑞像、凉州瑞像等图像的比较后认为，黑水城与东千佛洞艺术品之间具有亲缘关系，东千佛洞壁画可能与黑水城乃至西夏京都的佛教艺术有更加紧密的关系[①]。

（一）新建东千佛洞第5窟

东千佛洞第5窟（见图39）是敦煌石窟中现存西夏供养人像（见图40）最多的一个洞窟，并存有多条现在仍可释读的西夏文供养人题记。张先堂《瓜州东千佛洞第5窟西夏供养人初探》一文认为，其中男性供养人穿着西夏下级武官服饰，从营建时留下的西夏文供养人题记来看，此窟“是由身为寺主、名叫智远的和尚监督指导，由来自多个不同党项族、汉族姓氏的武官、文官家族营造的”[②]。从服饰上来看，其中的男性服饰未见榆林窟第29窟供养人腰间的抱肚。

图39　东千洞第5窟 主室内景 西夏

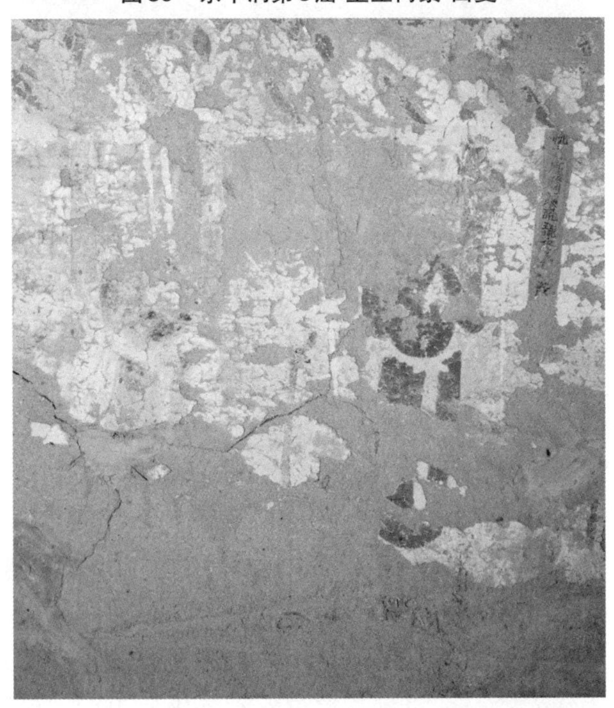

图40　东千佛洞第5窟 主室北壁下部 男供养人（局部）西夏

① 张小刚、郭俊叶：《黑水城与东千佛洞石窟同类佛教造像题材浅析》，《西藏研究》2013年第5期，第61-68页。

② 张先堂：《瓜州东千佛洞第5窟西夏供养人初探》，《敦煌学辑刊》2011年第4期，第59页。

本窟前室正壁佛龛两侧分栏画佛教故事，虽然故事内容尚待考证，但右侧上层右起第一方壁画中的女性头顶高冠，身穿类似短大衣的“旋袄”（见图41）。沈从文《中国古代服饰研究》讲故宫博物院藏《宋人画册·宋瑶台步月图》时说：“衣式如近代短大衣，叫作‘旋袄’，是由唐代上襦发展而成。两宋通行约三个世纪，到南宋则日益加长。元代南方妇女犹因袭不大变，惟本身益长而已。”[①]此处壁画中女性的旋袄明显尚未加长，可知其原为北宋女子服饰，也证明了此窟的年代不会在西夏之后。

图41　东千佛洞第5窟 主室西壁龛外南侧上方故事画 女子 西夏

本窟在整体艺术风格方面尚未找到明确的参照物，但南壁的真实名文殊（即圣妙吉祥文殊）图像样式（见图42）透露出重要的线索。常红红《甘肃瓜州东千佛洞第五窟研究》对河西地区的真实名文殊经典和图像有初步整理，认为东千佛洞第5窟和第2窟这种一面四臂，手持剑、经书和拉弓射箭的样式与俄罗斯科学院东方文献研究所西夏文《圣妙吉祥真实名经》木刻版画、中国台湾“中央研究院”语言所藏《圣妙吉祥真实名经》封面的文殊形象高度一致[②]，实际上也与阮丽考证的莫高窟第465窟的一面四臂文殊即真实名文殊形象为同一类型。

常红红总结说：“诸如东千佛洞的圣妙吉祥文殊图像，这两铺图像均出自同一部经典《圣妙吉祥真实名经》，其中圣妙吉祥文殊图像的‘粉本’为此佛经的经前插图，为罕见的文殊样式，此样式仅见于瓜沙地区及黑水城唐卡中，在西藏及中原地区均找不到与之相似的文殊图像，东千佛洞的妙吉祥文殊更是罕见，仅仅在东千佛洞出现，国内找不到任何与之有渊源的图像，但在12世纪尼泊尔的贝叶经插图及佛经插图里却能见到类似的图像。河西走廊

① 沈从文：《中国古代服饰研究》，上海书店，2006年，第429页。

② 常红红：《甘肃瓜州东千佛洞第五窟研究》，硕士学位论文，首都师范大学，2011年，第30-31页。

地处丝绸之路的中西交通要道上，东来弘佛、西去求法的僧人络绎不绝，这些僧人从印度带来的佛经内籍里有佛经插图，西夏人或许会直接利用这些插图来制作木刻版画，或形诸壁画，这样就可解释东千佛洞出现的具有印度波罗风格的图像在同时代的西藏找不到样式的渊源，这种图像应为12世纪时往来丝绸之路上的僧人直接从印度、尼泊尔得到并传入西夏，东千佛洞的吉祥文殊及妙吉祥文殊像可能就是依据这些佛经插图或者贝叶经插图绘制的。”①因此，从本窟的真实名文殊样式与12世纪尼泊尔佛经插画的一致性及其在国内其他地区所不见、仅限于东千佛洞的特性来看，也可佐证其绘制于西夏占领敦煌时期。

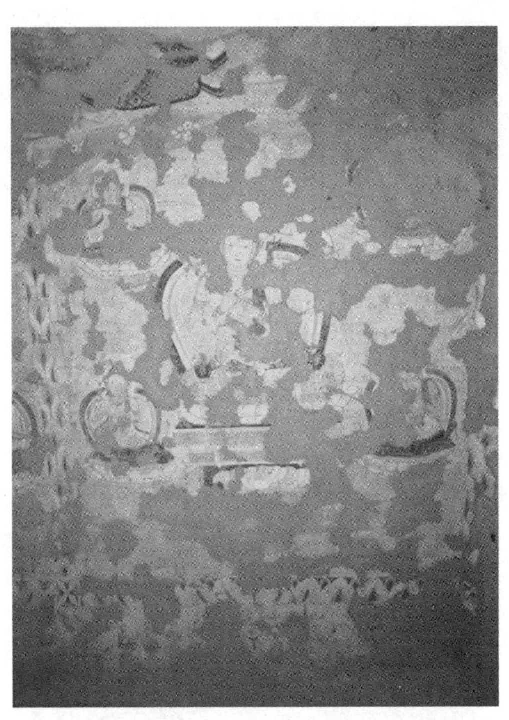

图42　东千佛洞第5窟 主室后甬道南壁 真实名文殊变 西夏

在图像细节上，本窟壁画中的云朵也出现了与莫高窟第395窟、榆林窟第29窟同样的堆积式卷云。更值得注意的是，本窟隐约透出龟兹风格。此窟采用带有拱顶后甬道的龟兹中心柱的洞窟形制，后甬道西壁所绘的涅槃像也带有明显的龟兹风格，涅槃像（见图43）的细长眉、上眼睑略垂呈弓字形、于眼窝施晕染的方法，都是五六世纪龟兹壁画人物的特点，其与库木吐喇壁画人物面部（见图44）的相似性让人不得不怀疑是对龟兹五六世纪壁画的模仿。这种龟兹风格与北宋末期传入敦煌的高昌回鹘风格截然不同，很可能与北宋时期的西行求法高潮有关，一些早期流行的题材和风格再次被带到了敦煌。莫高窟第76窟八塔变的绘制也发生在这样的历史背景之下，在第76窟八塔变壁画中可以明确地看到这一题材到汉地后变成了由汉地画师描摹出的印度波罗风格，这种特点在东千佛洞5窟中也出现了。东千佛洞第5窟有大量的新传入的密教题材，其人物虽然多采用东印度波罗风格，但明显是本地画师绘制，而人物多用朱线勾勒定型的特点，正是北宋末期至回鹘时期常用的技法，西夏在这个洞窟应是继承了这一绘画方法，所以这一洞窟在西夏后期洞窟中时间略偏前。

① 常红红：《甘肃瓜州东千佛洞第五窟研究》，硕士学位论文，首都师范大学，2011年，第61页。

图43　东千佛洞第5窟 后甬道西壁 涅槃像(局部) 西夏

图44　库木吐喇石窟谷沟口第20窟 主室窟顶 佛和菩萨(局部)　五至六世纪

（二）新建东千佛洞第2窟

东千佛洞第2窟（见图45），张宝玺《莫高窟周围中小石窟调查与研究》早已指出，“东千佛洞第2窟窟门侧西夏供养人服饰特征及西夏文题名，表明该窟是西夏社会地位较高的人为建功德而造。门侧左右壁各画六身供养人，虽漫漶，但仍可看出他们与建于西夏乾祐二十四年（1193）的榆林窟第29窟供养人的服饰是一致的，是典型党项人衣冠打扮”[①]。此窟供

① 张宝玺：《莫高窟周围中小石窟调查与研究》，载段文杰等编《1990敦煌学国际研讨会文集·石窟考古编》，辽宁美术出版社，1995年，第89-104页。

养人的服饰与榆林窟第29窟一致，也就是说，男供养人同样穿着围有抱肚的西夏武官服饰(见图46)。更为重要的是，仅存数字的西夏文供养人题记、甬道南壁西起第3身供养人榜题条（见图47）所存西夏文译成汉文为“行愿者”“边检校”，“边检校”为西夏武官名，张先堂《瓜州东千佛洞第2窟供养人身份新探》对此有详细论述[①]。“边检校”是西夏独有的武官名，故此窟为西夏时期营建无疑。

本窟主室东壁门南绘真实名文殊变（见图48），常红红《甘肃瓜州东千佛洞第五窟研究》指出，本窟此经变主尊手中的佛经上明确书写“文殊真实名经”[②]，前已提及其一面四臂，手持剑、经书和拉弓射箭的样式与东千佛洞第5窟、俄罗斯藏黑水城出土版画、中国台湾“中央研究院”语言所藏佛经封面和莫高窟第465窟的真实名文殊形象完全一致，同样也从一个侧面佐证了东千佛洞第2窟为西夏时期营建。

图45　东千佛洞第2窟 主室内景 西夏

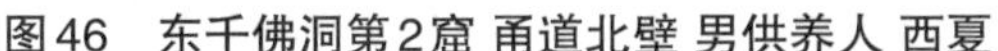

图46　东千佛洞第2窟 甬道北壁 男供养人 西夏　　图47　东千佛洞第2窟 甬道南壁西起第3身供养人榜题 西夏

① 张先堂：《瓜州东千佛洞第2窟供养人身份新探》，《敦煌学辑刊》2006年第4期，第24-32页。

② 常红红：《甘肃瓜州东千佛洞第五窟研究》，第30-31页。

图48　东千佛洞第2窟主室东壁门南 真实名文殊变 西夏

（三）新建东千佛洞第7窟

东千佛洞第7窟（见图49），没有供养人或题记能够证明其准确的开窟时代。相对来说，学界对于东千佛洞第7窟的研究较少，虽然学者们在对此窟的研究中论述过此窟壁画与黑水城出土艺术品、榆林窟第3窟和东千佛洞第2窟的相似之处，但能对此窟进行准确断代的证据极为有限。除了此前学者们列举过的阿弥陀来迎图、净土变之外，本窟还有两种图像细节能为时间的推定提供一些线索。

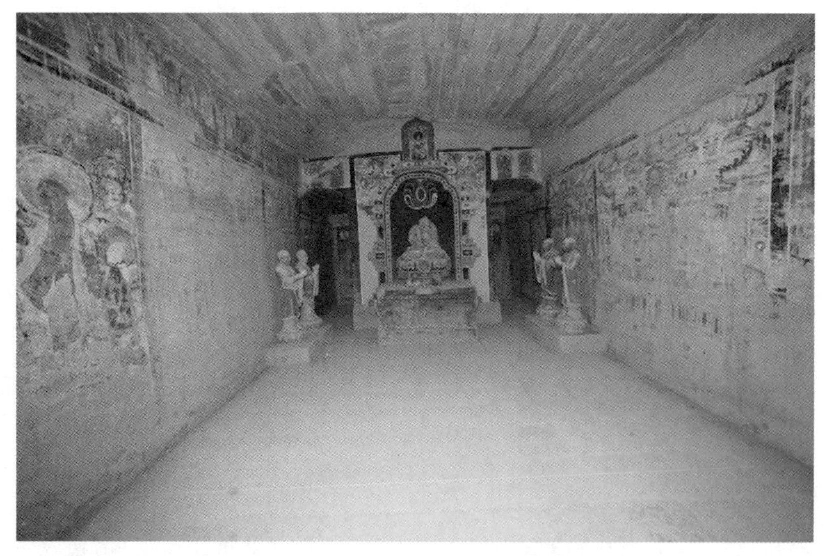

图49　东千佛洞第7窟 主室内景 西夏

本窟后甬道东壁绘八大菩萨曼荼罗，居中一幅的大日如来上方有两身相对而飞的飞天（见图50），飞天头顶有两个向上扬起呈羊角状的短带，这原应是固定发髻用的发带，后来在图像中模糊成发髻的一部分，这一发式在应县木塔的辽金飞天（见图51）中多有出现。应县木塔飞天的时间下限为金明昌四年（1193），时间正好是敦煌的西夏时期。

图50　东千佛洞第7窟 主室后甬道东壁中部 大日如来右上方 飞天 西夏

图51　山西应县木塔 飞天 辽金

此外，东千佛洞第7窟的大量佛像和菩萨像出现卷耳发的现象，佛像耳后的头发在耳垂上部绕耳两圈（见图52）。前已提及，榆林窟第3窟已经出现卷耳发现象，但以单圈为主。日本京都大德寺收藏的南宋法常绘制的《观音图》（见图53）中可见双圈卷耳发，画面左下方署“蜀僧法常谨制”，法常为南宋蜀地画僧，生卒年不详。从卷耳发的出现来看，东千佛洞第7窟的绘制可能比东千佛洞第5窟和第2窟都晚。

图52　东千佛洞第7窟 主室后甬道西壁 涅槃像(局部) 西夏

图53　日本京都大德寺藏 法常《观音图》南宋

四、元代“西夏窟”现象分析

在敦煌西夏后期石窟的判定上，除了榆林窟第29窟外，上述洞窟均有学者质疑其为元代洞窟。经过以上对洞窟判定证据和前辈学者判定依据的梳理，基本上可以判断出以上洞窟应为西夏时期营建。杨富学在多篇论文中提出“敦煌大量晚期洞窟为元代西夏遗民营建或重修”，也就是“元代西夏窟”的概念，虽然在论述上有以偏概全的情况，但“元代西夏窟”确实是敦煌晚期石窟较以往洞窟断代分期中最为特殊的一种现象。而这一现象的出现正是因为元代敦煌存有大量的西夏遗民，这一点在文字记载中也可以得到印证。

史籍中对蒙古军队如何攻占沙州、瓜州的记载较为零乱。《元史·地理志》“元太祖二十二年，破其城以隶八都大王”①，明确了敦煌在1227年结束西夏统治。《元史·昔里钤部传》记载：“太祖时，西夏既臣服，大军西征，复怀贰心。帝闻之，旋师致讨。命钤部同忽都铁穆儿招谕沙州。州将伪降，以牛酒犒师，而设伏兵以待之。首帅至，伏发马踬，钤部以所乘马与首帅使奔，自乘所踬马而殿后，击败之。”②《西夏书事》中宝庆三年（1227）三月亦有同样的记载③，《宣差大名路达鲁花赤小李钤部公墓志》也将“小李钤部让马救帅”作为他的重要功绩进行了重点记述④。

---

① ［明］宋濂等撰《元史·地理志》，中华书局，1976年，第1450页。

② ［明］宋濂等撰《元史·昔里钤部传》，第3011页。

③ ［清］吴广成撰，胡玉冰校注《西夏书事校证》，上海古籍出版社，2021年，第533页。

④ 朱建路：《元代〈宣差大名路达鲁花赤小李钤部公墓志〉考释》，《民族研究》2014年第6期，第94-126页。

但关于沙州被元代攻破后的情况史料极少，幸有《大元故大名路宣差李公神道碑铭并序》（又称《小李钤部神道碑》）记载："明年戊子春，从攻沙州，破之。帝怒，不时下欲屠其城。泣请曰：'彼逆命者渠魁，一二人民何与焉？若悉阬之，恐坚未降者心。且臣贱属咸在，愿赐全宥。'帝录其功忠，许焉，阖城赖以生。既而命贰业伊木沁其部断事官，公不鄙夷其俗，故裁遣终日无倦色，人服其祥明焉。"[①]说明当时沙州城被攻破之后，因小李钤部之请而未遭屠城，本地居民得以保全，也就是说元代敦煌保留了西夏时期的主要居民。元朝于中统二年（1261）立西夏中兴行省，《马可波罗行纪》载："在此沙漠中行三十日毕，抵一城，名曰沙州。此城隶属大汗，全州名唐古忒（Tangout）。"[②]唐古忒，即唐兀、唐兀惕，元朝时蒙古人对党项人及其所建立的西夏政权的称呼。这时的沙州所在的地方被称为唐古忒州，从这段记述可以看出，当时的沙州仍是被作为"西夏地区"的。

1277年，元朝统一中国后，为了加强中央集权，实行行中书省制度。地方行政组织有省、路、府、州、县各级，元朝重设沙州，隶肃州，归元朝中央政府管辖，授当地百姓田种、农具。1280年，沙州升格为路，设总管府，统瓜、沙二州，直接隶属于甘肃行中书省。《元史·地理志》载："至元十四年，复立州，十七年，升为沙州路总管府，瓜州隶焉。"其下注曰："沙州去肃州千五百里，内附贫民欲乞粮沙州，必须白之肃州，然后给予，朝廷以其不便，故升沙州为路。"[③]从以上情况来看，从1227年到1291年向肃州徙民之前，敦煌原有的居民没有太大的变动，从事营建洞窟的人也可能没有太大的变化，所以应有一批洞窟虽然受到改朝换代的影响，但仍能延续西夏的题材和传统继续营建。莫高窟第256窟主室东壁现存有"大元国西夏寺住僧人十五人"的墨书游人题记，也说明元代敦煌仍有西夏寺的僧人活动。

敦煌居民出现大规模变化是从至元二十八年（1291）开始，《元史·地理志》载瓜州"徙居民于肃州，但名存而已"[④]，这次是将瓜州大量的人口迁移到肃州；之后的至元二十九年（1292）又将沙、瓜两州居民迁徙到甘州，"诏于甘、肃两界，画地使耕，无力者则给以牛具农器"[⑤]。这两次大的移民之后，敦煌地区的人口锐减，营建石窟的经济基础和人力均被削弱。《皇庆寺碑》（见图54）对莫高窟元代后期的情况反映得更为直接，其全文如下：

碑阳：

1.重修皇慶寺記 敕授沙州路儒学教授劉奇撰并書丹。

2.沙州皇慶寺歷唐宋迄今，歲月既久，兵火劫灰，沙石埋没矣！

3.速来蛮西寧王崇尚释教，施金帛、采色、米粮、木植，命工匠重修之。

4.俾僧守朗董其事，而守朗又能持疏抄题，以助其成，佛像、壁画、

5.栋宇焕然一新。為今生之福果，作後世之津梁，其樂施之德可

6.谓至矣！嗚呼！寺成而王薨。守朗合掌涕泣而请曰："皇慶寺廢

7.而興、毁而新，皆王之力也，豈可使後之人無聞焉！願先生記

① ［元］王惲：《大元故大名路宣差李公神道碑铭并序》卷51《秋涧先生大全集》，载《元人文集珍本丛刊》第2册，新文丰出版公司，1985年，第114页。

② ［元］马可·波罗著，冯承钧译《马可波罗行纪》，商务印书馆，1935年，第190页。

③ ［明］宋濂等撰《元史·地理志》，中华书局，1976年，第1450页。

④ ［明］宋濂等撰《元史·地理志》，第1451页。

⑤ ［明］宋濂等撰《元史·世祖本纪》，第366页。

8.之。予曰："王之好善，優於前古，口碑載道，奚容予喙！"辞不獲已。

9.遂書其大畧，以弁其端云。時至正十一年歲次辛卯八月上日。

10.劉奇谨誌。晋寧路绛州白臺寺僧守朗立石。奢蓝令栴。

11.沙州路司吏吕文德、張思敏。法师孫東巴、米密津濟。

12.承事郎、沙州路總管府經歷權分治事周秉彝、梁珪。

13.忠顯校尉傳尉忽都刺、長史曲术、都事察黑兒、知印伯颜古里。

14.朝列大夫王傳牙忽、武畧将軍王傳蛮子程艮、任天惠。

15.牙罕沙西寧王、孛羅大王、王子速丹沙、阿速歹。

16.功德主速来蛮西寧王、妃子曲术、公主必列怯、駙馬桑奇答思。

碑阴：

1.沙州施主：桑奇、同知、威羅沙提领、令只沙、乙留吉大使、乙留得、小亡者卜花、乙立嵬、

2.忍束大使、兴都大使、若者、梁朵音利忍布百户、柳王大使、文殊奴、也先帖木、

3.宜吉百户、各立嵬副使、陇布副使、依立嵬、都的哥、拘之立嵬、三宝、文殊奴、

4.延只卜花、買驴、纳麻合巴、教化、太黑奴、觀音奴、兊儿立嵬、若者、

5.拜卜花、右鲁卜花、亦鲁失海牙、華嚴奴、纳林、哈刺陽、卜延义、古刺、

6.長老桑哥失里、耳見、义束、院主忍布、院主耳革、耳立嵬、掠兀沙、兊儿于、

7.兊有、耳赤、何即、朵只巴、律龙布、耳立各尼、教化、昌布、

8.忍匀、仄令布、汝足沙、乙屈、兊南合巴、教化、汝有立吉、忍即、

9.瓦有、朵立只加、屈术世合巴、屈迷勺、乙留的、忍即、亦麻满束有、各只。

10.肅州施主：智宝法师、任兊南巴、杨才義、女善人陳氏買的姐李氏二姐、韩娘娘、安樂姐、

11.朵倫、黑歹□□外家狗、楊六十八、袁大使、万副使、馬提领、蹇侍中、张知事、

12.晋宁路施主：殷君祥、米克諒、安和甫、费教士、李觀音奴、徐子周、蘇贵、李文殊奴、

13.通甫、鄧爺爺、梁受卿、侯国瑞、阎仲方、魏孔益、鄧長受、喬小广、衛清甫、

14.王和甫、孙敬甫、解直甫、祁文焕、何行简、王孝謙、趙克忠、李侍中、候德卿、楊五、

15.沙州路河渠司提领丁虎哥赤、大使李伯昌、副使太平奴、刘才美、侍诏李世荣、李世禄、聖鹰应奴、

16.务提领□寒食狗、大使胡也先卜花、副使徐福壽、王士良、石匠鄧成刻、張拜帖木。

图54　皇庆寺碑 敦煌研究院藏 元代

碑文中清楚指出，在至正十一年（1351）重修皇庆寺之前，“沙州皇庆寺历唐宋迄今，岁月既久，兵火劫灰，沙石埋没矣”。其中所说的“皇庆寺”，王慧慧《敦煌莫高窟皇庆寺碑原址考》对有关皇庆寺的史料有详细的梳理①，在此不再赘述。从清代资料来看，皇庆寺即指莫高窟，而《皇庆寺碑》说这座寺院“歷唐宋迄今，歳月既久，兵火劫灰，沙石埋没矣”，至少说明皇庆寺不是元代新寺，而是从唐代以来就有的古寺。藏经洞出土的唐宋寺院资料丰富，并不见“皇庆寺”之名。如果皇庆寺是以“皇庆”年号命名的，“皇庆”是元朝仁宗的年号，那么其建立的年代只能是1312年或1313年，根本谈不上“历唐宋迄今”。所以皇庆寺很可能是莫高窟前旧有寺院的更名，如果皇庆年间刚刚给寺院更名，到至正十一年时，似乎用“岁月既久，兵火劫灰，沙石埋没”来形容也不太恰当。所以笔者更倾向于元代莫高窟就有了“皇庆寺”的称呼，至正十一年描述的“兵火劫灰，沙石埋没”的情景实际上反映了当时莫高窟的破败景象。从1292年沙州人口内迁至1351年重修皇庆寺，近60年的时间里因为人口的锐减造成莫高窟区一片荒凉是完全可能的。

莫高窟第61窟甬道（见图55、图56）的重修很可能是西宁王速来蛮家族主持重修皇庆寺的工程之一。虽然壁画中的助缘僧、扫洒尼采用汉、西夏文两种文字书写姓名，但正如杨富学先生在讲座中指出的，莫高窟第61窟甬道上的助缘僧索智尊像左衣袖下叠压了元代蒙文题记（见图57）。这条题记可识读的部分被译为“寅年六月初八日亦仁真王子的使臣帖木儿卜花……僧格为这寺庙积善叩拜而返”②。杨富学指出：“被刊布者译作‘亦仁真王子’，实为蒙古诸王亦怜真。史载‘至元二十七年春正月，章吉寇甘木里，诸王术伯、拜答寒、亦

① 王慧慧：《敦煌莫高窟皇庆寺碑原址考——兼谈皇庆寺与莫高窟第61窟、94窟之关系》，《故宫博物院院刊》2018年第1期，第43-54页。

② 敦煌研究院考古研究所、内蒙古师范大学蒙文系：《敦煌石窟回鹘蒙文题记考察报告》，《敦煌研究》1990年第4期，第8页。

怜真击走之’。”①可见，莫高窟第61窟甬道壁画应为元代所绘，值得注意的是，即使是在元代重修壁画时，助缘僧的题名仍用西夏文和汉文书写，而不用蒙古文或只用汉文，说明即使到了至正年间，莫高窟的营建仍是以西夏僧人为主体。从人物形象来看，最明确的画法就是用比较硬的丁头鼠尾描勾画人物衣饰，西夏时期惯于用波浪线绘制人物衣领的特点不见了，衣领处的线条变得直硬，这一特点同样出现在莫高窟第95窟的罗汉像中（见图58）。

图55　莫高窟第61窟 甬道南壁 炽盛光佛变(局部) 元代

图56　莫高窟第61窟 甬道北壁 供养人 元代

从敦煌石窟的情况来看，莫高窟第464窟、第95窟和第61窟的甬道及榆林窟第4窟、肃北五个庙石窟第1窟、东千佛洞第4窟和第6窟暂时难以找到判定时代的确切依据。其中，

① 杨富学：《莫高窟第61窟甬道为元代西夏遗民营建说》，载杜建录主编《西夏学》第15辑，甘肃文化出版社，2017年，第86页。

多数学者认为东千佛洞第4窟和第6窟为西夏后期营建，但仍需更多证据；肃北五个庙石窟第1窟主体继承了西夏时期的特征，可能属于元代早期的西夏人作品；莫高窟第464窟，张丽卉《莫高窟第464窟营建年代新论》有专门论述①，其与回鹘关系密切，很可能为西夏晚期至元代早期回鹘人营建的洞窟。从上述对元代占领敦煌历史背景的分析可知，元代初期敦煌居民没有太大变动，可能仍旧按西夏时期的传统继续营建石窟。但在1291年之后，随着瓜、沙地区人口的大量流失，石窟营建也同时受到了很大的削弱，直到西宁王速来蛮家族重修皇庆寺。莫高窟第61窟甬道上的供养僧人下叠压了元代蒙文题记，如将其与重修皇庆寺相联系，则甬道表层壁画很可能为元代晚期的作品，也就是14世纪中叶及其以后的作品。榆林窟第4窟文殊变中的建筑物样式和尼泊尔式的大白塔，也将该窟的营建时代指向了元代。因此，这些洞窟可能是元代在重修皇庆寺活动的影响下新营建或重修的。但至正二十八年（1368）元朝灭亡，从1351年至1368年只有17年，而且元末还在应对与明朝的交战，能够投入石窟营建当中的人力、物力和时间必定十分有限。

图57　莫高窟第61窟甬道北壁 索智尊像 元代

图58　莫高窟第95窟 后甬道 罗汉像 元代

以上是对敦煌西夏后期洞窟进行的梳理，从12世纪开始，西夏进入在敦煌营建洞窟的高峰，营建或重修了一批具有代表性的洞窟。由于元代未对沙州屠城，元代占领敦煌前期，西夏遗民的洞窟营建活动并未停止，由此出现了一批“元代西夏窟”。在13世纪末，随着人口的迁出，敦煌石窟也与沙州一样不可避免地陷入了衰落。14世纪中叶，西宁王速来蛮重修皇庆寺的活动使莫高窟略有复苏，但不到20年，元朝灭亡，敦煌石窟短暂的复兴也随之结束。

① 张丽卉：《莫高窟第464窟营建年代新论》，硕士学位论文，兰州大学，2022年。

莫高窟唐前期团形纹样造型特征

——以藻井为中心

张春佳（北京服装学院）

【摘要】本文通过对敦煌莫高窟唐前期洞窟藻井中出现的团形纹样进行梳理分析，阐述其流变发展规律，并分析其构成思路与设计之间的关联性，阐释团形纹样在唐前期的流行及其与背后展现的时代审美趋势关联密切。

【关键词】莫高窟　唐前期　藻井　团形　纹样

本研究中莫高窟的团形纹样指以外轮廓为团形的装饰纹样，内部多为放射状中心对称结构，也可以为均衡样式，其基本组成元素为花瓣，因而多称“团花”。但是文中多用团形纹样，是由于与线形纹样并置之时，能更好地体现在整体格局中纹样大类的差异性和造型对比。需要说明的是，由于莫高窟装饰基本上是以植物纹样为主的，少量出现的动物装饰纹样并不占主流，因此没有包含在研究主体内容之中。团形纹样可以指单独花朵，也可以指复合性的团花纹样，本文的研究范畴中所提及的团花纹样绝大部分时候是指复合性团状图案，也就是由中心到四周，团形图案由不同层次的花瓣、叶片或果实以及如意、卷须一类的抽象题材共同构成[①]。

在佛教的诸多传世典籍中，对于“花”的形象描述都充满了赞颂和溢美之词，以花供佛的文字颇为常见。从古代印度开始，人们就以莲花来象征美好的品格以及修行的状态等。佛教典籍中频繁出现。例如，《大般若波罗蜜多经》[②]《正法华经》[③]中都有明确段落描述天花四散以供养佛菩萨；《大乘宝要义论》里面记载了优昙华与佛降临世间的一些现象的关系，充分描述了优昙华的种种美好与出现条件等[④]。《长阿含经》中记载：“阎浮提人所贵。水花优钵罗花钵头摩花拘物头花分陀利花须干头花。柔软香洁。其陆生花解脱花薝卜花婆罗陀花须曼周那花婆师花童女花。拘耶尼爵单曰弗于逮。龙宫金翅鸟宫。水陆诸花。亦复如是。阿须伦宫水中生花。优钵罗花钵头摩花拘物头花分陀利花。柔软香洁。陆生花殊好花频浮花大频浮花。伽伽利花大伽伽利花。曼陀罗花大曼陀罗花。”[⑤]敦煌洞窟装饰基本上使用的是植物纹样，即使外来的联珠纹中使用了动物题材，也在隋代被迅速改为了团花。

团形纹样在莫高窟唐代前期十分流行，并且占据装饰的主导地位。尽管唐前期洞窟中同时出现的装饰纹样类别繁多，但是团形纹样还是在洞窟中占据较大分布优势，并且随着时间的推移和纹样本身复杂程度的深化，团形纹样的适应性和分布范围愈加广泛，在盛唐时期尤为繁盛。这种态势随着窟形的改变而愈发明确，广泛分布在盛唐洞窟中的各个建筑立面上。相比于更具本土审美特点的线形纹样，团形纹样显然受到了更多外来样式的冲击，带有更多的异域审美特点。但是在唐代这样一个极具包容性的时代中，团形纹样连同其他外来艺术样式一起在大唐盛世繁荣起来，并带动着各领域装饰呈现出饱满圆融的艺术特征。

一、团形纹样分布概述

团形纹样在唐前期四个时期中的分布状态不断发生变化。唐一期洞窟中，团形纹样出现

① 敦煌研究院编《敦煌艺术大辞典》（上海辞书出版社，2019年，第540页）中，关友惠先生对“团花”的定义是：“莲花图案纹样的一种。花形结构多作收合向心状，团形，故名。花瓣由多重叶形纹样合成，若干花瓣连成环状，花环层层相套，成为团状花饰。”“团花”一词在《辞海》中的释义是“四周呈放射状或旋转式的圆形纹样”，美术学词典中的定义有：“传统装饰纹样的一种。团花，也称球花。是单独纹样的一种。是将选取的写生素材组成圆形纹样。它有作四周放射状的，有作旋转环绕状的。”《古代汉语词典》中对于“团”的解释跟本文相关的有“圆”“凝聚成圆的东西”“聚集”“环绕，萦绕”。《说文解字》中认为“团”字发音从“专”（專），字形、字意从“口”。仅从字面理解也可以联想到对于形状类似“口”的“团”，花朵集聚在中心的四周的形态描述。“团花”纹样从一方面界定了该纹样的外观总体呈圆形，另一方面，作为若干花卉组成的图案，也可以解释成若干花朵纹样以某种方式集合成外轮廓成圆形的纹样。

② ［隋］阇那崛多译《大般若波罗蜜多经》卷513，《大正藏》第7册，第620页：“种天妙香末及诸天华，奉散世尊及善现上。”

③ ［西晋］竺法护译《正法华经》卷4，《大正藏》第9册，第89页：“佛在树下满十中劫，天华纷纷尽劫不绝。”

④ ［宋］法护译《大乘宝要义论》卷1，《大正藏》第32册，第49-50页：“佛言。阿难。诸佛出世。彼优昙华。俱时而现。其华如金有淨妙光。开敷异香遍由旬内。是华光明能破冥暗。能令念者即得清淨。能息病苦。能作明照。能去恶香。能施妙香。彼香能息四界增损。其华亦非随转轮王遍处皆出。唯金轮王乃可应现。况复破戒诸有情类。唯佛出世是华俱出。此中云何能知彼优昙华于旷远时或有或无。如有缘起中说。无热恼大池北面有山名五峰。而彼山上有优昙华林。若佛世尊从兜率天宫没降生人间入母胎时。彼优昙华而方含蕊。若佛世尊出母胎时。是华增长有开敷相。若佛世尊成阿耨多罗三藐三菩提果时。彼优昙华开敷茂盛。”

⑤ ［后秦］竺佛念译《长阿含经》卷20，《大正藏》第1册，第132页。

的位置相对集中，大致上就是藻井和头光（见图1左上），在其他框架性部位都未出现团形纹样。团形纹样在二期洞窟中分布的范围增大了，从藻井扩展到一些框架性的边饰，例如四披或四壁边饰等部位（见图1右上），在头光、西龛边饰、东壁门上等部位以及南北两壁的壁画中也分布有一部分团形纹样。三期洞窟中这样的优势继续扩大，相比于二期洞窟，由于此时洞窟装饰整体更为丰富，保存下来的洞窟壁画的有效纹样也较多。以第445窟为例，藻井和四壁上边饰以及西龛边饰都使用团形纹样装饰，西龛和南北两壁中也多用团形纹样装饰头光、身光以及壁画中的其他部位（见图1左下）。四期洞窟中（见图1右下），团形纹样在单体洞窟中分布的面积大约是唐前期中最大的，其中的原因有一方面在于洞窟形制的改变——盝顶帐形龛的顶部基本都是由团形纹样阵列装饰，有少部分由于重绘或者损毁，不得见当年的原貌，但是可以依据同时期现存装饰的大致情况推断基本上应该是团花纹样主导。以第171窟为例，除了西龛顶，藻井、四披下缘边饰、南北东三壁以及各壁佛背光都在广泛使用团形纹样装饰。

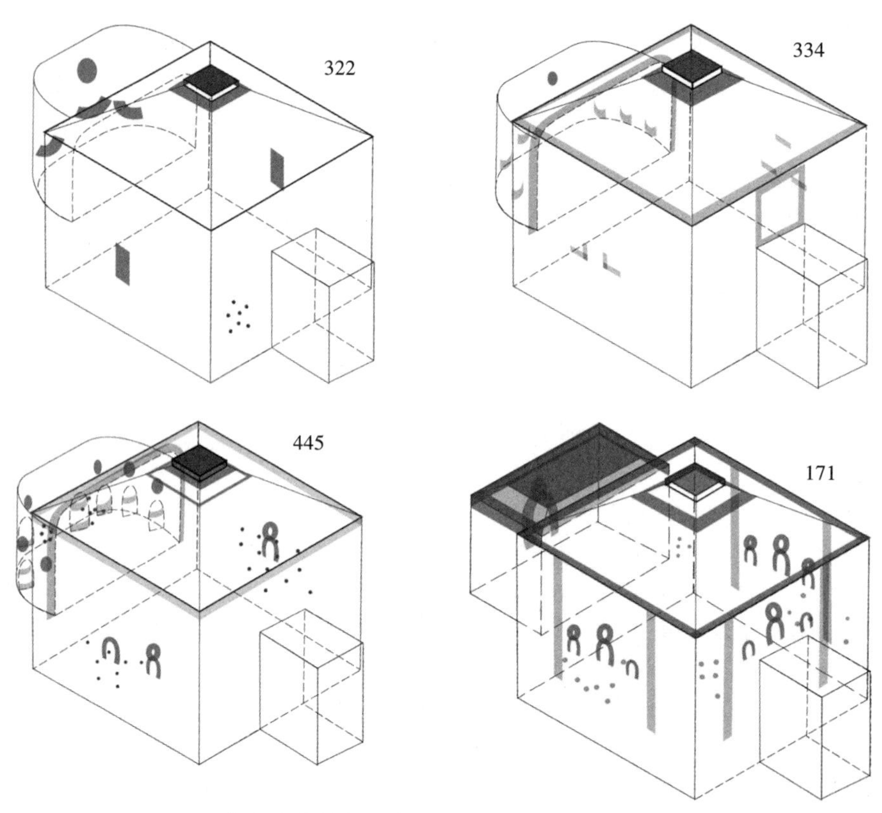

图1　莫高窟唐前期四个时期洞窟团形纹样分布示意图

按照唐前期的四个分期总体观察的话，团形纹样所占的比重逐渐上升，在唐代二期洞窟中逐渐开始较多使用团形纹样装饰，在三期洞窟中团形纹样逐渐占据优势，也就是由于盛唐时期整体装饰风格和状态趋于华丽茂盛，团花纹样适应了这样的局面，将单体纹样发展成更加丰富多变的造型，以细节的极大丰富性来呼应整体的繁茂。从唐前期一期开始，各个洞窟之间的整体装饰和细节造型都具有各异的特点，图案的设计和细节表现均不相同，而且似乎形成了一种求新求异的风气，洞窟之间的差异性和丰富性共同缔造了无与伦比的辉煌，这是其他任何时期都难以比拟的。唐前期洞窟中藻井部分多为中央团花带动周围边饰，而且藻井边饰往往会穿插使用团形纹样和混合型纹样，部分穿插卷草纹。这样设计的原因其中有一部分是对视觉效果节奏感的追求，单一纹样品种不能够很好地丰富这一区域的变化性。对于框架部分的装饰，也就是四壁边饰、四披边饰以及四披和四壁交界处的边饰，从本研究案例提取的范围来看，大体呈现这样的趋势：团形纹样所占比例从一期到四期洞窟逐渐增加，并且在唐四期洞窟达到最大比例。

二、藻井团形纹样结构变迁

唐前期的团形纹样，是在受到多重文化影响的状态下演化出来的一种装饰样式，在唐前期洞窟中具有引领性的意义。唐前期的团形纹样，如果按照结构来讲，大致可以分为团花和半团花。其中，团花纹样内部如果按照构成方式又可以分为十字结构、六瓣结构、八瓣结构、八瓣以上几类团花，半团花也可以参考这样的分型方式。按照这样的分型方式可以大致看到，唐前期的团形纹样的演变可以以考古分期中的唐二期末为分界线——初唐时期，十字型四瓣团花出现的概率比三期之后大很多；而唐三期和四期洞窟中，基本是以八瓣团花为主，总体倾向于复杂化，而且对于花瓣的“花朵化”处理方法也是盛唐时期多用的[①]。从层次感方面，唐一期洞窟继承隋代藻井莲花的结构特点，平面、俯视，层次相对简单；随着装饰日趋华丽和复杂，唐前期的团花也逐渐开始增加层次，在隋末唐初的基本俯视结构基础上复合其他植物题材并且大量增加细节，从初唐开始的2、3个层次增加到7、8个层次甚至更多。题材也从最开始的单一的莲花逐渐变成多种题材复合：莲花、牡丹、如意、卷须、蜀葵、葡萄、茶花等。复合性题材的使用进一步促进了结构层次的复杂化。

莫高窟唐前期洞窟绝大部分是覆斗顶窟形，在这样的空间结构中，藻井部分是全窟的意象空间，这一区域的功能为延续早期的形式，连同四披上的一部分图形，共同模拟华盖的样貌。这一部分的图案往往是全窟最华丽的团形纹样，其复杂和精美的程度一定是该窟最高的。并且由藻井团形纹样引领着全窟装饰的风格，如造型的细节特征、使用的构成元素、题材、色彩特征、技法等等。因此，本研究部分选取了唐前期有代表性的藻井图案，进行形式流变方面的分析。由于本研究是仅就有效图像进行的局部案例分析，还有很多洞窟中的藻井已经损毁或者不具有典型团形纹样的图像特征，就没有纳入，因此所谈及的洞窟只是相对于总量来讲的优势部分，并不代表全部唐代洞窟。

表1中统计了本研究整理绘制和未整理洞窟藻井的基本状况和原因。未绘制藻井中，主要有两大类原因：一是盛唐之后绘制，二是损毁严重，难以识别。因而，本研究只进行了唐前期部分案例的整理分析，希望能从一个侧面来阐述唐前期的藻井团花纹样的整体状况，并辅助说明团形纹样在唐前期的装饰发展进程中的位置。

---

① 对于团花纹样基本结构的分型演变，本文作者在《莫高窟唐代团花纹样研究》一书中有较为详细的阐述，本研究重在对唐前期团形纹样演变过程中牵涉到的细节和差异化路径以及相关成因进行分析。

表1　唐前期洞窟藻井团形图案采样说明

时期	总数	有效藻井	已绘制洞窟数量	已绘制洞窟编号	无关联	无关联窟号	无关联原因	无效洞窟数量	无效洞窟编号	无效原因
唐1	12	11	6	203	5	57	双龙莲花	1	206	西夏绘制
				204						
				287						
				373						
				375						
				381						
唐2	28	20	13	329				9	210	人字披顶，无藻井
				386					220	宋代绘制
				77					242	宋代绘制
				75					332	前部人字披顶，后部平顶，有中心柱，无藻井
				205					371	人字披顶，无藻井
				321					96	大佛窟，无藻井
				331					202	宋代绘制
				333					448	前部人字披顶(毁)，后部平顶，有中心龛柱，无藻井
				334					342	熏黑严重
				335						
				338						
				340						
				341						
唐3	44	34	22	42				10	39	人字披顶 中心柱，无藻井
				45					48	覆斗顶，损毁
				46					116	中唐绘
				49					130	通顶大佛窟，覆斗形顶，宋代绘制
				66					213	212耳室 覆斗顶，损毁
				103					328	西夏绘制
				117					446	损毁
				119					458	损毁
				120					212	人字披顶，无藻井
				122					444	损毁
				123						

续表1

时期	总数	有效藻井	已绘制洞窟数量	已绘制洞窟编号	无关联	无关联窟号	无关联原因	无效洞窟数量	无效洞窟编号	无效原因
唐3	44	34	22	124						
				125						
				208						
				216						
				217						
				218						
				225						
				320						
				323						
				374						
				384						
唐4	34	23	20	23				11	29	西夏绘制
				26					148	拱形顶，无藻井
				31					165	宋代绘制
				32					44	前部人字披顶，后部平顶，有中心龛柱，无藻井
				74					47	疑似中唐画
				91					169	宋代绘制
				113					179	中唐绘
				115					180	中唐绘
				126					164	西夏
				129					264	毁
				162					460	毁+西夏
				166						
				170						
				171						
				172						
				175						
				176						
				185						
				188						
				199						
总计	118	88	61							

（一）唐一期洞窟

此处列举隋代洞窟意在说明，唐一期洞窟藻井的基本结构和团花图案的造型，与隋末有很多相似之处，从隋三期洞窟和唐一期洞窟的布局和纹样结构的比较中，可以看到唐一期洞窟中展现出来的一些承上启下的环节。

唐一期洞窟中的藻井多由基本的单层团形纹样构成，中心为主花，四角往往有呼应的同类结构的四分之一的团花（见图2）。从单体造型来讲，并没有完全脱离前朝的单纯状态。因为北朝窟顶的团形纹样基本上就是俯视的莲花，隋代藻井的团形纹样是单层的莲花加上少量的辅助元素，但是也基本是单层或多层莲花，如图2中所示隋第388、396窟，主体图案题材单纯明确。图2右图中唐一期洞窟中第203、204、381窟藻井团形纹样基本上就是双层莲花，结构简单明了。倒是第373、375窟中的层次感相对丰富一些，并且已经复合了由对叶忍冬组成的石榴纹和如意等元素。这对于前朝的单纯性题材是一个巨大的突破，因为复合性的题材是唐代团形纹样的主要特征之一。

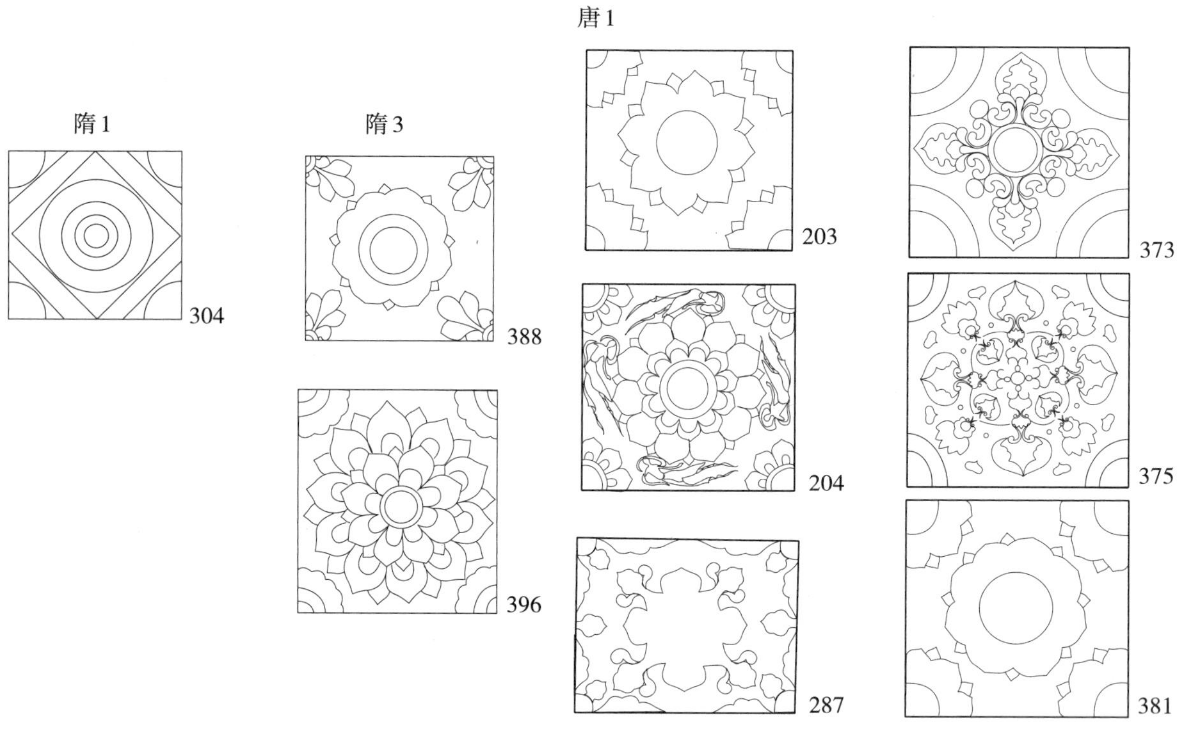

图2　莫高窟隋一期和隋三期、唐前期第一期藻井案例

（二）唐二期洞窟

唐前期第二期洞窟中的藻井团花绝大部分较一期洞窟复杂，并且呈现出丰富的复合性细节（见图3）。出现了多种结构的花型，题材甚至开始尝试脱离莲花的约定俗成，使用其他装饰题材。从绘制的复杂细腻程度来讲，唐二期洞窟比一期洞窟有着巨大的飞跃——无论是题材的复合性、纹样绘制的精细程度抑或绘画技法的成熟性都变化显著。

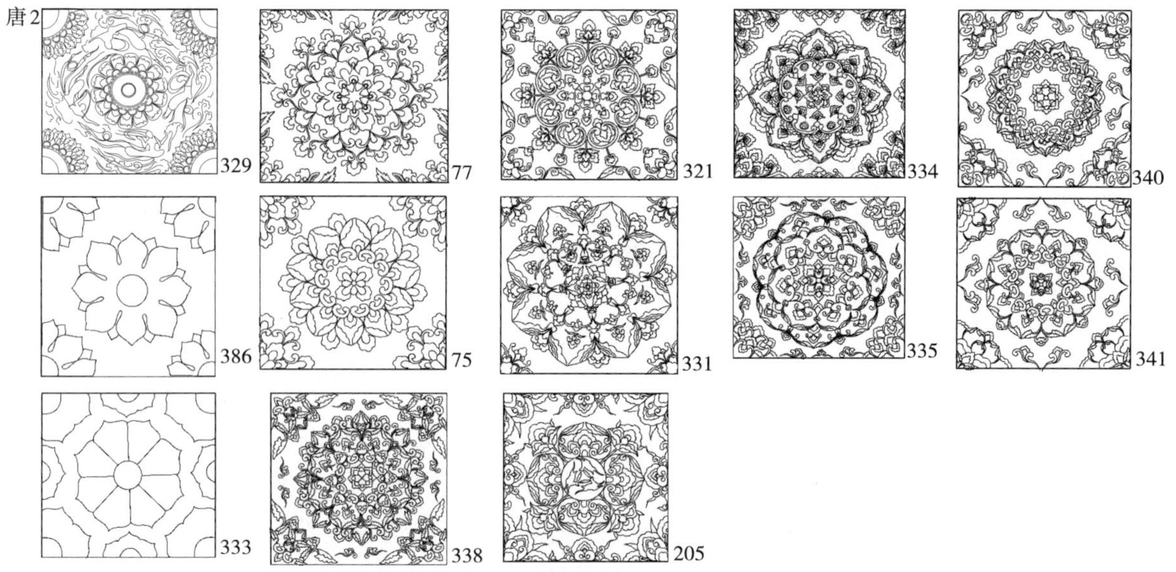

图3 莫高窟唐前期第二期洞窟藻井案例

首先，第333和第386窟的藻井还较为简单，尤其是第386窟，与隋代样式几乎相同。第333窟是单纯地呈现围合中心的状态。莲花的造型细节，如花瓣尖端的曲线变化绘制得较精细，是隋代少见的，而且四周的空间布局较隋代要复杂。第329窟的中央主莲花的状态与其他唐二期洞窟不太一致，其花瓣尖端直接向内翻卷，而其他大多追求侧面翻卷的效果，这样一来，该团花外轮廓就偏平直，而通常联系唐二期的卷草纹的花叶造型也可以发现唐二期洞窟整体会偏尖细，花瓣和叶片末端的角都较锐，与整体造型布局的疏朗之态相协调。但是第329窟的这种造型就将主体图案与四角图案造型特点的差异性表现了出来。在四角侧卷莲花瓣中间绘制了象征石榴籽的点状纹样，这在现实意义的表现上即使没有题材的融合性，也说明了唐代画家对于画面丰富性的追求，或者换言之，他们更注重的是形式感，而非题材性——点状的纹样往往用来代表丰饶多产的石榴籽，但是放在这里来丰富花瓣的图形，其真实的自然属性已经被剥离开，这样的案例在唐代不胜枚举。

唐二期洞窟的藻井团花中已经出现了非常丰富的题材，如牡丹、卷须、如意、石榴、云纹等等，但是其中的主要元素还是莲花、牡丹和卷须。侧卷瓣莲花的花瓣造型或偏瘦或偏宽扁，侧卷瓣部分可以呈现常规的三裂，也可以以多裂契合初唐卷草的花叶造型。都会配合牡丹的三裂或五裂造型，将花瓣内部和外部夹角填充得更加饱满，如意或者卷须在其中绝大部分时候起到的是调和作用。但是在第321窟中却是由如意纹构成花瓣，内部填充牡丹，只是由侧卷莲花瓣装饰四角的伸展部分。第77窟的藻井中没有出现莲花的造型，只是使用了卷须和牡丹，虽然在卷须对称的造型中可以品味到莲花的痕迹，但是显然已经脱离了传统题材。这也意味着从初唐时期开始，洞窟装饰图案也开始弱化宗教表意，倾注更多的力量在装饰本身丰富饱满的形式和题材上，这些较为单纯的因素可以将整个洞窟带入更加符合唐代社会人文精神的状态里。

藻井是洞窟装饰的核心区域，会尽力绘制得丰富饱满。在一些装饰元素的组合方面，也是带入了更多的中原汉文化因素，其中小朵的云气纹形象十分具体，甚至具体到云头的造型类似于用对叶卷须托起牡丹花瓣的造型，并且这样的造型在同时期的金银器上也很多见。在第205、77、321窟等窟中使用了叶片的装饰元素，这可以算作初唐时期较为典型的特征，因为唐三期和四期洞窟中几乎是以纯粹的花瓣为构成元素，极少使用枝条和叶片，这些细节从某种角度来讲还是会带有线造型的因素，它们的介入会使得整体纹样被迫呈现出更多的生机和疏朗的空间，这与初唐时期较为契合，但是对于盛唐极端讲求华丽饱满的风格并不适宜。

第335窟的藻井的莲花瓣图案层被“反复”了两次，这种易行的交错外扩的手法在盛唐时期被较多使用，初唐时期并不多见，毕竟相比于盛唐，初唐时期的纹样其整体风格还是较为疏朗单纯一些。

（三）唐三期洞窟

唐三期洞窟藻井与二期洞窟藻井相比，明显的不同之处就是去掉了卷云、枝条、叶片等元素（见图4）。这些元素使得二期洞窟中的部分藻井更具有自然的生长气息，但是三期洞窟中的藻井更加注重团形纹样本体的构成和丰富程度。将营造气氛的诸多环节省略，在主体团花上投入更多的精力来进行每个层次的丰富和整体的衔接。前面的唐二期洞窟中第335窟藻井就是以反复交错出现的两层莲花瓣来构成主体层次，虽然这样的构成在初唐时期十分少见，但在唐三期洞窟藻井主图形中，这样的手法较为常见，如第66、103、208、217、225窟等窟。

唐3

119 123 208 46 225

120 124 217 216 320

122 125 323 218 374

384 103 66 42 45

49 117

图4　莫高窟唐前期第三期洞窟藻井案例

三期洞窟中的第217窟藻井团花是十分有代表性的案例，呈八瓣结构，放射状中心对称分布，主体莲花瓣为侧卷瓣，共有内外交错分布的两个层次，中间以卷须和牡丹填充，卷须还分布在两花瓣交接处，其动态可以让人产生错觉，引导人们的视线将中间插角部分的补充纹样认作单独的一组，向内也是由卷须纹样的复杂化变体构成内层元素，同时也在插角处填充牡丹等纹样（见图5）。这样的复杂程度在唐三期几乎达到了巅峰。同时更重要的是，本研究在绘制线稿的过程中发现唐前期的藻井纹样中，第217窟的藻井主团花是最规整的唐前期大型团花纹样：各单元绘制极为严谨规范，花瓣对称十分规则，在分布上也严格遵循图纸的单元循环规律，几乎没有误差。这在其他洞窟的藻井中极难做到，与其有相似情况的只有第103窟。其他洞窟在绘制时花瓣大小往往并不均等，具有很大的随机性，对于图形的装饰填充处理也较为随意。即使那些绘制看起来较为严谨的藻井也或多或少存在一定的误差，这也是在昏暗的灯光条件下手工绘制较难把握的。以这样的对比情况，可以推测第217的藻井是严格按照粉本进行绘制的典型案例，画家在绘制装饰纹样的时候严谨地遵循了事先拟好的设计草图，或者采用了更为先进的方法来控制误差概率。仅就该团花的形式感而言，其丰富性和对整体感的把控都是可圈可点的优秀装饰案例。

图5　莫高窟盛唐第217窟藻井团花

另一个需要说明的新的团花构成元素就是在表现主体花瓣时，外围增加了多裂的小花瓣边饰，使本就已经很丰富的花瓣效果愈加复杂化，这使盛唐在追求华丽的道路上更进了一步，并且在前面的时期几乎没有出现。例如，第42、45、120、123、218、320窟都是这样。每个不同的阶段对于美好的佛国世界的理想模型的建构都有一些新的手法——盛唐阶段的团形纹样就是在力求单体纹样的复杂程度最大化。单体纹样的复杂化可以通过几种方式来表达，这种加强外轮廓细节的表现是其中看起来较为直接的一种方法。同时，如上所述，本时期内很多卷须纹样的顶端开始分出更多裂，例如第45、120、217、218、374窟，其中的卷须或者如意的顶端都呈现两裂、三裂甚至更多裂的复杂形态，尤其是第45窟中，原本应该是如意纹的部分，现在两个端点都分出更多裂，并且拓展出几个层次，前后稍稍错位交叠在一起，使整体形态更为华丽复杂。

单体元素复杂化的另一个典型案例就是第323窟（见图6），主体团形图案的花瓣为侧卷瓣莲花，向中心部分的花瓣根部复合卷须以结束该部分图形。莲花侧卷瓣部分的造型已经不是单纯的向内多裂，而是除了分裂更多，还描绘了大的转折分割，也就是花瓣内侧轮廓线出现了两大部分结构，然后每一部分内再进行多裂化处理。外围填充转折处的牡丹也呈现更多裂，向全面复杂化努力着。同时，这种对于莲花侧卷瓣内部的造型处理方式可以称得上是一种形式重于内容的思路——就莲花的造型而言，其典型性和完整性在此时似乎已经不是最重要的

图6　莫高窟盛唐第323窟藻井团花

了，更多是利用它的造型特点也就是形式语言的特征来组织装饰图案。因为在绘制的效果呈现中，画家对于莲花的完整性和原初自然状态以及真实样貌的表现已经被繁复的装饰意图极大弱化了。

二期洞窟中提到过对于宗教表意题材的弱化处理问题，这在三期洞窟中有更多的案例可以联合比较：第45、49、66、117、124窟等窟。第45窟的团形纹样主体图层是复杂化的如意纹的双重叠加，外围的后层图案由小花瓣和卷须等构成，极为繁复。第49窟中的如意和牡丹嵌套的首层构成了主题层，其他的多裂牡丹层层向后累叠，展现同样元素经过反复的手法丰富视觉效果的意图，这种方法简便有效，在盛唐时期的团花题材选择方面体现了较为单纯的装饰目的。与此同理，第117窟也是如此，以侧面视的小花朵为主体花瓣元素构成团形花朵，但是内部仍有卷须相连缀，侧面小花朵疑似蜀葵的造型，四角的花朵为莲花瓣和卷须、牡丹的组合，但是侧卷瓣莲花较为圆润，与该区域偏圆的整体造型相得益彰。第117窟藻井的题材布局使人们看到在盛唐的洞窟营建过程中对于宗教题材的弱化处理。

（四）唐四期洞窟

唐前期第四期洞窟中（见图7），可以见到对于三期洞窟繁复华丽状态的延续和有增无减的努力。对于四期绝大部分洞窟而言，更多地偏离莲花宗教题材、使用纯装饰目的花型和题材的尝试是持续进行的。当然，每个时期的风格都只能是一种总体趋势，而并不是完全的强制，人们无法规定在这一时期的所有洞窟中一定要采用何种题材和风格。就如同即使到了普遍使用覆斗顶窟形的唐前期，也会有热爱中心柱窟形式的供养人，他们心中最正宗的建筑形式来自印度窣堵波，最能诠释他们心中的虔诚。同理，对于装饰纹样的题材和样式，每个时期也只是可以在大概率下感受到整体风格的跃迁。在盛唐中后期出现的这些藻井中，可以观察到更多的对于华丽和饱满的不同角度的阐释，如第26、32、171、166、188、199窟等窟的藻井。这几个藻井的布局十分饱满，在主体团花和四周——已经不仅是四角的辅助花了，还分布着更多的花瓣细节，这种四角之间的空隙都在相连的装饰格局让装饰更加满溢。

在这一时期的主体团花纹样的层次更加繁多，反复的手法应用在建构更多的花瓣层次方面，花朵的饱满之态愈发突出，而且进一步偏离莲花题材。第23、74、91、129、170、171、175、185、199窟等窟都是以非莲花题材的花卉为主体层次的，牡丹是其中所占比例比较大的一类。另外，侧面视小花朵也是非常受欢迎的题材。对于多裂的牡丹花瓣，有必要说明的一点是，对于题材来讲，或许在画家开始使用这种题材的初期，也就是引入期，是在意的，然而经过一段时间的发展和演变，当这样的题材已经被成熟地应用在装饰领域的时候，其本身在引入初期所被重视的含义其实在某种程度上已经被忽略了，人们在设计装饰图案的时候，更加看重的是它的形式感——云曲或多裂的造型、饱满圆润的姿态以及视觉上有外张的引导性、易于组合等等。

图7　莫高窟唐前期第四期洞窟藻井案例

如同三期洞窟中第217窟藻井团花的严谨规整在莫高窟独树一帜一般，四期洞窟中的第185窟也在唐前期莫高窟的藻井团花中占有重要的地位（见图8），原因就是其混合题材的复杂性，几乎达到了莫高窟唐前期洞窟的顶峰。前面提到的几乎所有将纹样复杂化的手法在第185窟的藻井中都能找到。例如，以多裂的小花瓣来装饰外轮廓，使团花纹样的外边缘看起来更加复杂；将原本单线条的卷须的顶端变为多重卷须造型；将原本平面的花瓣替换为有立体造型感的小莲叶和小花的组合，并且融合石榴和石榴籽的造型使细节的丰富程度进一步得到加强。即使与莲花没有直接的关联性，石榴也可以同莲叶形成组合图形。但是需要注意的是，小莲叶呈现的是半俯视的造型，是用一点立体的透视角度来表现前后的空间感，同时中心部位的小莲花也有花蕊非常详细地分布其间，这些从一个侧面说明了唐代装饰体系中的一个写实化的倾向，这是盛唐众多装饰思路中的一个，但是它是契合艺术发展整体趋势的。唐代的雕塑在向着写实大幅前进，绘画也是如此。装饰纹样与平面绘画的指导性观念是不可分割的，因此顺应潮流的写实性表现在装饰纹样上是有着一些小细节的反馈的。

图8　莫高窟盛唐第185窟藻井团花

三、唐前期藻井构成格局流变

莫高窟在唐前期开始逐渐形成了线形纹样向团形纹样的流行转变。团形纹样的重要性日益凸显，这类莫高窟唐代最流行的装饰纹样的代表案例，往往出现在每个洞窟的藻井中，当然，前提是覆斗顶的洞窟形制。由于莫高窟唐代覆斗顶窟形占绝对优势，因此将每个时期最具代表性的藻井井心部分进行比较，会发现唐前期最具代表性、最华丽繁盛的团花纹样其构成格局会发生一定规律的流变。团花纹样与四角也就是团花纹样在井心矩形的装饰区域内的布局结构会有一定的时代性变化，这些布局的状态与团花纹样自身的造型有一定关系。

（一）藻井格局流变

1.北朝及隋代藻井

为了更好地阐述唐前期藻井的构成，先从北朝时期与基本型相关的方井开始，梳理唐以前的简略源流。从表2中可以看到，北周和隋一期洞窟基本上是基本型的布局结构，因为此时的中央主花的层次和细节相对来讲都还比较简单，到了隋三期洞窟时，团花的细节相对复杂一些，但是基本造型还是单纯的莲花，并没有复合其他的题材元素。符合第Ⅰ型的藻井案例在北朝可以看到第272、290窟藻井，隋三期可见第388、396窟藻井。但比较起来，属于第Ⅰ式的北朝的两个藻井都有更多的90度旋转交叠的框架，也就是模仿叠涩的结构，对于建筑结构的平面化模拟也纳入了装饰图案的范畴。而更为单纯的“1+4×1/4”可以在隋三期洞窟的藻井中看到，这时的莲花形象较北朝而言更为复杂饱满，已无早期叠涩结构的表现。第Ⅱ型中的案例从北朝到隋一期洞窟都有，它们都会非常巧妙地利用叠涩的结构在各层的四角嵌入四分之一莲花，使整体图案构成感非常强，但是隋一期的图案还是相对简单，比对后面的会发现，其中有一部分原因或许是对于建筑体结构本身模仿的兴趣已经转移到了对于平面装饰区域的细节描绘上。至于后面的第Ⅲ、Ⅳ、Ⅴ型，基本都是唐代才有的。

表2 北朝及隋代藻井与基本型相关的比较案例

	型	式	案例		
			北朝	隋一期洞窟	隋三期洞窟
I		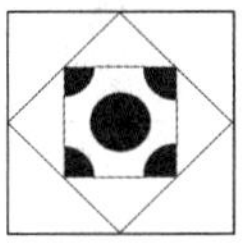	272 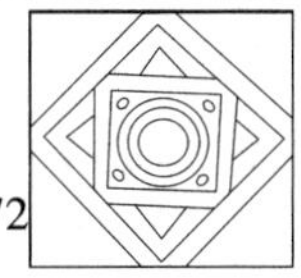 290 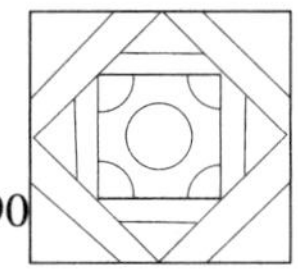		
					388  396 
Ⅱ			297  299  301 	304 	
Ⅲ					
Ⅳ					
V					

2. **唐前期藻井格局与基本型对应状态**

第Ⅰ型，对于第Ⅰ型第Ⅰ式，唐前期无对应案例，第Ⅰ型第Ⅱ式这一基本型在唐前期四个时期的洞窟中都有对应案例出现，而且数量庞大。唐一期洞窟共有4个藻井案例属于此类

型，二期洞窟为3个，三期和四期洞窟分别为11个藻井案例。这样的基本型在盛唐洞窟中尤其占有优势。

第Ⅱ型，在基本型基础上有叠涩的旋转结构，在唐代无对应案例。

第Ⅲ型，中央主团花和四角图案之间有一定的纹样细节填充，分布在四边，这类案例多分布于唐二期洞窟中，共有5个藻井属于此型，唐一期和三期分别有1个相关的藻井案例。

第Ⅳ型，四角图案非常饱满，并且在角之间的边上有细节元素分布，或用以将整体格局带入具有围合倾向的状态中。此型更多分布于第三期洞窟中，共有4个案例，在唐二期和四期中分别出现了2个和1个相关案例。

第Ⅴ型，除了中央主团花之外，四角的图案分布分别向内凹，配合中央团花外张的饱满造型，在两个层次之间形成了一个相对完整的空间层，这型的基本型案例在唐二、三、四期洞窟中的分布状态相对均衡，数量分别为2、3、2。第Ⅴ型中还有一些分支，例如第Ⅰ式是在两个主体层次之间的空隙处的四边分别有少量的细节分布，出现这类布局的案例有第一、二、四期洞窟藻井；第Ⅱ式中，中央主花与四角图案之间的空间非常小，整个图案布局极其紧密，出现这类案例的均为盛唐洞窟，与唐三期相对应的有3个案例，唐四期有5个案例。

3. 唐一期洞窟藻井

唐前期第一期洞窟与隋三期洞窟藻井相比（见表3），团花的造型虽然从轮廓上来看大体相似，但是有非常重要的分水岭就是唐一期的团花开始尝试不同元素复合在一起的形式，也就是单纯莲花团花的时代到此结束了。虽然有例如第203窟那样一部分藻井还在延续前朝的单纯题材，但是最具时代意义的是第283、373、375窟那类的尝试性复合造型。除了第204窟以外，绝大部分周边四角与中央主团花的关系并没有太大变化，还是“1+4×1/4”模式，即四角大体为中央团花的1/4。

4. 唐二期洞窟藻井

唐二期洞窟的藻井井心的布局结构，四周与中央主团花的关系更为密切，以流云等元素连接了两大部分。相比于前面的几个时期，这一发展阶段，藻井中央团花的单体结构有了层次和细节上的飞跃般的变化——复合了多种题材，层次的复杂性骤然增强，绘画的严谨性和细节的高水准处理等多方面的表现都使唐二期洞窟的团花有了可以真正开始代表唐代团花的典型特征。唐二期洞窟中的中央主团花在复杂化、复合化的同时，其与四角或周边局部的关系处理也与前面几个时期有较大的区别。例如第335、338、340、341窟等窟都是在中央主团花和四角中间的环形区域内加上了云纹细节，使两个大区域之间的联系更为紧密，从视觉效果上来讲不至于有较大的断层。而第329窟则使用了飞天和流云来衔接中央和周边层次，甚至衔接层比两侧的主干层更为生动并引人注目。无论复杂与否，出现衔接层的状况之一就是中央的主团花和周边元素自身的复杂性并未达到一定程度，尤其是主团花，相对于盛唐洞窟，还是要简单许多。

5. 唐三期和四期洞窟藻井

唐代三期和四期洞窟相对于唐二期洞窟的藻井，其井心格局发生了一定的转变。如果说三期洞窟如第66窟，还有衔接层这样对前面时代格局的眷恋表现，那么唐四期洞窟的藻井格局就十分单纯了。也就是盛唐时期的藻井井心基本上注重单体层次本身的设计和描绘，当主体图形足够复杂的时候，中间的衔接元素就被去掉了。但是同时中央主团花和四角花之间的空间缩小了，并且四角花的层次更为复杂，向两侧的延展性越来越强，以至于连接起来使内侧轮廓完整围合。如此一来，中央团花和外围层次之间的空隙就是一个非常细薄的圆环形，并且已无添加元素的可能了。那么，比对前面唐二期洞窟藻井格局——其井心主团花和四周纹样本身的复杂性不能与盛唐时期相比，相对简单的单体内容以及相对较大的层次间的空间，使得衔接层得以出现并连接两大区域，格局尽量保持了整体性。然而盛唐时期，尤其是盛唐末期，团花纹样本身的复杂性在不断增加，层次丰富华丽的团花和周边元素已经不需要更多的衔接，而要使整体格局更加清晰明朗，以突出单体图形自身的精彩细节，这是两种不同的设计思路。

表3　唐前期藻井与基本型相关的案例

	型	式	案例			
			唐一期洞窟	唐二期洞窟	唐三期洞窟	唐四期洞窟
Ⅰ		Ⅰ 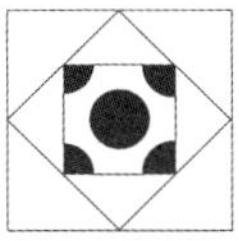				
		Ⅱ 	03  373  375  381 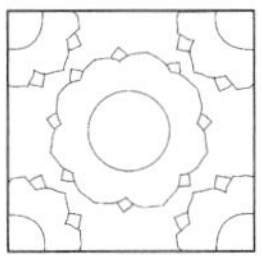	386  75  331 	122  208  217  323 	91  31  126  129 

续表3

	型	式	案例			
			唐一期洞窟	唐二期洞窟	唐三期洞窟	唐四期洞窟
I					46  225  320  374  384  42  117 	175  74  113  170  176  115  23 

续表3

	型	式	案例			
			唐一期洞窟	唐二期洞窟	唐三期洞窟	唐四期洞窟
Ⅱ						
Ⅲ	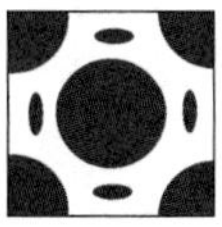		204 	329  340  341  335  338 	66 	

续表3

	型	式	案例			
			唐一期洞窟	唐二期洞窟	唐三期洞窟	唐四期洞窟
Ⅳ				333 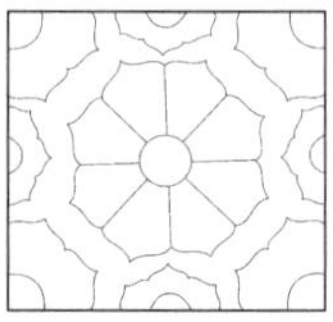 205 	119  120  216  218 	199 
Ⅴ				77  321 	103  45  125 	164  171  32 

续表3

	型	式	案例			
			唐一期洞窟	唐二期洞窟	唐三期洞窟	唐四期洞窟
V		I 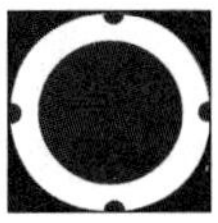	287 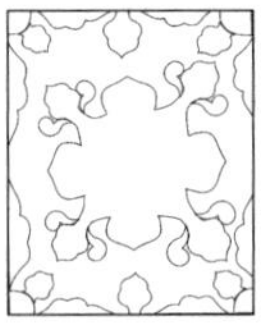	334 		185 
		II 			123  124  49 	26  113  166  172  188 

从北朝、隋代的单体结构和整体格局都十分清晰简单的状态，到初唐时期的追求中央团花与角花或四边的连接性，再到盛唐时期单体极度复杂化的简单化格局，这是一种格局上的回溯，但是单体的细节又是在不断向前发展完善，展现了唐代艺术家的富于应变性的创造力。

前文提到过，藻井中央的团花是全洞窟的装饰纹样的核心所在，代表了一个洞窟最丰富精美的纹样，它的风格直接引导全洞窟的装饰走向。在这样的情况下，它和周边层次、本区域构成元素之间的关联性就非常重要，也会成为影响全窟装饰格调的重要环节。

（二）藻井主花和四角花相似度延续

在藻井单体纹样中，不同细节层次之间的关联性和组合特征同样会使藻井展示出独特的风格。由于本小节所要论述的主体内容就是这样的主花和四角花共同构成的矩形井心格局，那么关于中央团花和四角花之间的相似度的比较，理所应当成为论述的内容之一。

表4中展示了本研究所提取的案例之中，从北朝四期洞窟到隋一期洞窟再到唐四期洞窟，三个大的历史分期中，不同阶段的中央团花和角花的相似性延续状态。可以看到，北朝四期洞窟，也就是北周时期，平棋或藻井中出现的莲花基本呈俯视状态，四角分别为1/4莲花，而这四角的4个1/4莲花也因为整体区域旋转45度的叠涩结构，而进行了不止一次的分散并填充空隙，但是北朝四期和隋一期的案例都是单体的团花造型非常简单。唐一期洞窟是个承上启下的时期，在这一时期中，藻井井心和四角或四边元素之间的关系要更为复杂，但是，如果仅从四角与中央团花的相似度来看，也基本是一致的。这种状况在唐三期和四期洞窟中由于中央团花单体结构的复杂化，而显得不那么直接明了，但是如果仔细观察，会发现四角与中央的造型中的部分元素和组合特征仍然保持了较高的相似性。这种将中央主花分割，采用其中一些局部分散至装饰区域周边的做法，与现代设计中的平面构成有一定的共通性，也就是利用有限的构成元素进行不同的复制，通过不同的排布将整体视觉效果尽量丰富化。

表4　北朝至唐前期藻井四角图案与中央团花相似度延续

北朝4期	隋1期	唐1期	唐2期	唐3期	唐4期
290  297 299 301	 304	 203 204 287 381	 386 333	 225 384 42 323	 115 129 175 176

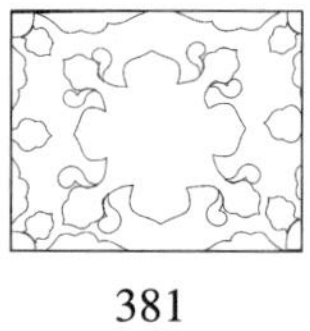

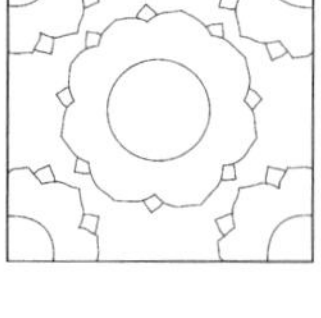

四、团形纹样的艺术特征

从这四个时期团形纹样的分布状况，以及它们与线形纹样的比对状态，可以看到团形纹样在莫高窟唐前期装饰中所占据的日益增大的优势，这与当时的社会流行密切相关，从传世的同时期的金银器皿、纺织品、建筑花砖、陶瓷器皿等不同方面都可以感受到唐代对于团形纹样的喜爱。这是一种时代的整体风尚，影响到敦煌石窟时也毫不减弱，这样的一种由线形纹样流行向团形纹样流行转变的趋势反映在社会生活的多个领域。团形纹样相对于线形纹样有一些装饰方面的独特优势，唐代的团形纹样的流行固然有多重原因，但是它本身所具有的造型优势一定是其中重要的一方面。

（一）边界清晰

团形图案出现在莫高窟中，自唐一期洞窟始，每个洞窟最丰富饱满的团花纹样几乎都出现在藻井井心。藻井的团花引领全窟的装饰风格。其他所有边饰部位的造型细节都与藻井团花相呼应，色彩也是如此。由于井心为方形，藻井中团花纹样的四周会有角花填充，但是井心大团花基本还是会保持自己清晰的边界。这是团形纹样的基本造型特征——与线形纹样的连续性不同，团形纹样总会将边界闭合，内部大多为放射状中心对称。并且团形纹样由于依赖自然界的花朵造型的原型，在造型方面往往会以花瓣围合成圆形或大致为团形的外轮廓，而且内部结构较为紧凑，各个元素并不是随意堆砌，而是有着一定的组合秩序，进行有机结合，而边界闭合也可以使人们很清晰地识别装饰图形的组织结构。

（二）单体纹样易于拓展

团形纹样虽然包含多种内部组织形式，但是在其中最主要的放射状中心对称的结构中，可以看到层叠的花瓣及多种元素。这些组合元素以中央小团花为中心，向外交错地累叠，逐层放大，直至到达装饰区域几乎边缘的位置。理论上，这种交错叠加的外扩可以无限进行下去。它的团块状适应性非常强，无论面积大小，都可以保证构成元素的丰富性、秩序感和装饰区域覆盖完满，而且实现这样的视觉效果并不困难，这恐怕也是其他形式纹样难以比拟的优势所在。构成元素在每一层中可以尽力展示其丰富性，装饰面积的加大并不是简单的放大，这样将保证其所包含的细节的饱满状态。图5中唐三期第217窟的藻井中两层主体莲花瓣的造型严谨美丽，内部的小花瓣或者由卷须转化而来的丰富版的如意纹都有效地调节了节奏的变化，最外围的大花瓣之间的填充也在外轮廓富于节奏感的基础上进行了一定的题材穿插。主体花瓣是侧卷的莲花，上文的线形纹样部分曾经对此有所论述——侧卷瓣部分或为忍冬纹的变相留存，同时三裂或者五裂的牡丹也是唐前期非常重要的纹样类型。这些较为明确的题材在唐二期和三期洞窟中使用量巨大，但是在唐四期洞窟中更多采用较为复杂的以侧面小花朵为花瓣组成的团花纹样。这种情况在唐三期洞窟中就已经出现了，它开启了团花纹样全面复杂化的时代，并且在中晚唐团形纹样装饰的组织结构特征中进行延续并简化。但是有一部分盛唐洞窟还并未进入那种追求细节的状态，因此以牡丹花瓣不断向外反复的手法，会形成盛唐时期较为单纯饱满的团形纹饰——这样的手法可以从唐四期的第171、129窟藻井团花中看到（见图9）。而且这两个纹样造型是从花心开始，向外基本上每层花瓣造型都相

同，这样的反复是众多唐前期相关图案里较为极端的典型案例。这样的反复的手法在唐前期不同类别团形纹样案例中均有出现，如果是两侧伸长的椭圆形外轮廓，那么在相应的横向两侧增加更多层次，而纵向保持基础层元素，因此理论上可以通过元素层次的反复实现无限延展。它的适应性非常强，可以在构成元素大小保持不变的状态下实现整体图案覆盖面积的变化。

图9　莫高窟盛唐第129、171窟藻井团花

（三）组合灵活自由

唐前期的团形纹样，在洞窟中的装饰形式除了藻井中心和头光以外，基本都是以组合的形式出现的。那么，组合基本上可以分为长边饰和大面积装饰两种。在洞窟的各种边饰中，无论是直线形还是曲线形，大多为团花和半团花交错分布。一整二半的形式较为常见，这种边饰类型几乎贯穿了唐前期，其中的花型也有较大变化，可以由非常复杂的多层次的八瓣结构的大团花和半团花构成，也可以是单层的小团花，也可以由纯粹的半团花组成。这三类中，一整二半的形式较有阵列的感觉，因为除了横向的长度，在纵向上由于半团花的形式给人留有一定的视觉想象空间，具有一定的视觉延展效果。这样的组合理论上可以无限循环下去，对于边饰的面积和方向没有任何要求和限制。但是相比于线形纹样，线形纹样只能从一个维度较容易地发展循环，另外一个垂直的维度基本上是固定宽度的，不具有可调节性。因为其依赖于骨架的波状起伏，而起伏的幅度是固定的，无法随机拓展循环。而大面积阵列没有边饰出现得那么多，在一些特定部位是可以见到的，如唐三期第45窟西龛顶的华盖部分，使用了小团花的阵列组合装饰。

还有一类比较特殊的案例，在本研究中并不做重点分析，但是为了研究的全面性和客观性，会提及：服饰小团花纹样。这类纹样大多是模拟了现实中的纺织品效果，这类纺织品在中国新疆多有出土，在日本奈良正仓院也可以见到实物，多为染缬。这是对唐代现实生活的真实反映，虽然壁画人物多为佛国世界里的佛菩萨或者天神等，不是现实世界中的形象，但是画家在绘制壁画时带入了真实的生活经验是毋庸置疑的。服饰的小团花或者出现在壁画中装饰不同面积的团花在进行排布的时候，只需要调整好横纵向的循环距离即可，可以向任意方向进行二方或四方连续循环，以适应不同的边界。相比而言，线形纹样需要依赖卷曲的藤蔓向不同方向生长以构成纹样的基本组织，它本身就是对自然植物生长状态的一种模仿，这样的模仿会在一定程度上限制其抽象性和自由的尺度。而继续上溯的话，对自然的模仿是一直以来贯穿在传统装饰造型系统中的一种思路。唐前期的石榴或者藤蔓卷草出现在大面积装饰中时，一定会有骨架牵制其造型的边界，会有一个内在的有机结构对外张的造型进行“规范”，会将卷草大体规范在可以接受的植株自然造型状态内。但是团花纹样的易于拓展的特征却是相对而言更加抽象的，而且并没有过多地从整体构成上追求中国传统线造型讲求的内在生命力，其规范性和构成感更接近西亚等地的装饰纹样。

在唐代洞窟的装饰格局中可以较为明确地看到团形纹样逐渐显现的优势。此外，即使是框架的联珠纹部分也是由一个个的圆形构成的长线装饰，如果从这一角度来审视的话，团形纹样的优势恐怕还要进一步扩大。联珠纹由于拥有独立的构成体系和深厚的文化背景因素，本研究暂不做展开讨论，但是由联珠纹引发的对于形式的思考倒是可以稍微赘述一下。联珠纹在西亚具有较为广泛的应用基础，以不同类别的工艺美术品传至中国境内的时候，其题材随形式一同为北朝所接纳，但是其发展的盛期更多见于隋唐。这无论从流传至今的纺织品、金银器或者洞窟壁画中都可以见到大量的有效案例。前文所述隋代的联珠纹，是莫高窟联珠纹繁荣的开端，同时保留了大量的波斯题材，譬如狩猎或动物。然而，这些动物题材在圆形区域内的使用并不十分长久，不久之后莫高窟的画家就开始了装饰题材的本土化。联珠纹的圆形形式被保留下来，但是内部的填充纹样逐步更换成花朵，这样的植物题材更多地传达着农耕文化体系内对于美好的界定。本土化的过程十分有趣地向后人传递着多重信息：对于理想生活的向往，对于人和自然之间关系的态度，对于形式感的偏好以及更多深层次象征意义的转化和赋予——剥除其本身的象征性，留下较为单纯的形式感，并由本土的思想和审美观念赋予其更多具有本土文化特征的寓意，这种语义转化是莫高窟装饰艺术发展过程中非常常见的手法。

（四）体现了唐代审美精神

对于西域等地文化艺术的大量接纳和本土化，使得唐代的装饰艺术更多地呈现出融合的态势。其中对于圆形的偏好恐与此有关。联珠纹的规范有序的排列方式对于纺织品有着较为全面的影响，同时圆形图案对于自然界花朵的模仿又十分契合本土农耕文化对于植物自然样貌的喜好。各个时期对于团形纹样都有不同的尝试，从西魏洞窟中团形的忍冬纹到隋代的联珠纹，再到唐代的复合性团花纹样，这样的尝试从未停止。相比于汉代抽象题材的虚幻，唐代的写实主义全面兴起。汉代的云气纹没有骨架支撑，偏重意象表现，显得自由空旷；唐代的装饰纹样开始整体写实，造型的线和题材都依赖现实生活，并且受到联珠纹的刺激，更是将装饰样式的重点转向了团形。

如果从这个角度来审视的话，唐代团花纹样相比于前朝的忍冬纹是多了很多的世俗性，因为从题材到形式，团形纹样都是与现实生活中的植物纹样密切相关的。唐代的团形纹样脱离联珠的形式而独立布局时，内部的植物图案被保留下来，并且为了追求华丽饱满的艺术效果，团形纹样向着复合性的方向极力发展。这同时也形成了这样一种局面：就是相对于线形纹样那种依赖题材的状态，团形纹样的形式与题材的关联性逐步减弱。因为线形纹样在安排组织造型的过程中，对于题材的依赖程度较高，往往会根据相应植物品类的不同而进行适应性改变，一个线形纹样往往就是一株植物，尤其是藤蔓的造型决定了整体纹样的走向和分布面积。但是团形纹样的题材没有太多的限制，只是在不同的花型之间提取元素，进行放射状中心对称的排布，只要外轮廓保持住团状即可。

团形纹样对其所包含的植物元素并无题材依赖性，从中心到外周，可以使用任意品种的花瓣来组合成图案层，层层累叠，最后到达所装饰区域的边界结束循环。其中常见的有莲花、牡丹、如意、卷须、小莲叶、蜀葵等。但是由于时期不同，各个阶段所倾向使用的题材会有所区别。

唐一期、二期洞窟中这种复合性从藻井和边饰中都可以见到。以侧卷瓣莲花、牡丹、卷须几种主要题材构成的典型团形纹样，已经可以非常有序地利用不同题材的造型特点来组织造型。这样的团形纹样内部往往由牡丹构成中心部分，向外可以由卷须或如意纹衔接，并在结束的层次处，以另外的牡丹花瓣填充转折部位形成的交角。这种组合方式可以进一步向外扩展，也可以外接侧卷瓣莲花构成主体层次，最外层又可以由牡丹花瓣单片或组合来填充内凹的角。这样，纹样构成题材之间都可以和谐共存，各自的造型特点和优势也得以发挥。牡丹花瓣的小巧和灵活可以构成细节部分，卷须为衔接元素，同时自己也可以构成对卷纹，形成类似如意的造型。而侧卷瓣莲花无疑是主体，但是其内部往往还有牡丹花瓣的装饰。这些题材的复合感从形式上达到了一种饱满丰富的效果。

如果比对题材的形式感，会发现团形纹样所使用的植物题材中，大多都是自身就十分饱满的，即使是卷须这样的线形元素，也在向多层次和厚重感发展，而莲花瓣、牡丹花瓣等都可以横向拓展，形成外张的视觉引导性。组成团形纹样的同时，元素自身就具有这样饱满的造型特征，它们轮廓圆顺，即使分几裂，也较浅，不像忍冬那样有较深的分裂，整体细瘦修长。团状纹样本身就是圆的外轮廓，有饱和向外扩张的视觉引导性，内部结构以放射状中心对称分布，自然非常契合外轮廓的特征，也就要求内部元素更多地符合整体的易组合性。而牡丹或莲花瓣本身就是左右对称的，在构成纹样层的时候没有这样明确的动态方向性，其运动感并不强，更多显示的是一种平稳中的繁华。而团花组成大面积纹样的时候，可以一直平铺直叙地机械化循环下去，十分简单，易于操作。

装饰纹样更多地体现世俗性而非宗教性。对于牡丹和卷须、如意，以及后期的蜀葵等题材，当它们大量出现在唐代团形纹样中的时候，也从某种角度证明佛教传入中国所带来的艺术表现形式正越来越多地体现世俗化的特征。莲花的寓意是十分明确的，在早期佛教传播过程中，可以指代佛陀的人物形象，在佛陀形象被写实化表现之后，莲花在一个洞窟或一组图像中的象征意义虽然没有那样保持核心化状态，但是起码它的宗教表意色彩依然十分浓厚，在使用这样的装饰纹样的时候，依然会最为注重其象征性。而唐代流行的牡丹则因为长安地区的广泛种植而遍布大江南北。将其引入佛教装饰也与同时期的世俗艺术创作息息相关。莫高窟中的牡丹等元素构成的团形纹样边饰和长安唐墓志中的边饰基本相同。敦煌的各类装饰在同时期的艺术作品中都可以找到相关之处。画家们将都城的流行带到佛教洞窟中，这样的偏纯粹的审美需求也是为了辅助经变画和净土题材，希望营造出一种繁荣富丽的景象。牡丹本身就因其花朵华丽饱满而契合这样的氛围营造需要。它的造型灵活易组合，从世俗题材转化而来，用于佛教洞窟边饰中时，也将洞窟的气氛罩染上华丽美好的世俗色彩。如同长安街头繁华的景象一般，牡丹这样的象征富贵的花卉在莫高窟用来装饰佛国世界的建筑和光芒。这也是一种顺应时代潮流的艺术选择。唐代的洞窟营建从壁画内容到造像的体态，及至整体装饰布局和细节表现，全部都与大唐欣欣向荣之气相得益彰，没有早期过多的苦难和艰涩，多见的是本土化后的华美平和、歌舞升平。

丝路背景下的莫高窟联珠纹兴衰探析

陈振旺（深圳大学）

【摘要】联珠纹是中国装饰纹样系统中的重要外来纹样，其传播过程漫长且复杂，起源于波斯，北朝时经粟特人中介已在中原等地传播，隋代中期在莫高窟兴起，初唐以来急剧衰微，中唐时再度复兴，兴衰界限明显。作为外来纹样，联珠纹在中原和敦煌的传播、兴起和式微，与丝绸之路背景下的政权关系、贸易往来、宗教传播、民族融合和唐代疆域变化及国内外政治形势的变化等因素密切关联。联珠纹在各地的流传过程中，不仅纹样内容和造型与文化输出国相比发生了诸多演变，其作为符号表征的意义也产生了嬗变，从琐罗亚斯德教语境下的神圣宗教含义转向功能主义。无论中亚还是中国中原、敦煌的联珠纹，都经历了本土化改造，造型和寓意都发生了异变，以适应当时当地的文化信仰和审美需求。

【关键词】联珠纹　兴起与式微　改造　复兴

敦煌在丝绸之路上为“咽喉之地”，据裴矩撰《西域图记》的记载，隋朝与西域各国往来的三条主要通道，“发自敦煌，至于西海，凡为三道，各有襟带……总凑敦煌”①。因此，4—8世纪中国工艺美术和西域文化交流与敦煌密切相关，这一时期外来纹样随丝绸之路纷至沓来，联珠纹便是其中重要的纹样之一。

关于联珠纹的原产地、寓意及其在中国的考古发现，多有学者研究涉及，大部分学者认为其源于萨珊波斯地区，与徽章式纹样同类的联珠圈纹，极具萨珊艺术特色，在萨珊时代被大量使用在建筑、石雕、织物上。赵丰先生在《中国丝绸艺术史》一书中分析说，大多数观点认为联珠纹最早起源于萨珊波斯帝国，大约在5—6世纪，联珠纹传入中亚，并在中亚形成一个丝织业中心，同时向东西方输出丝织品②。对

① ［唐］魏徵等撰《隋书》卷67，中华书局，1973年，第1577页。

② 赵丰：《中国丝绸艺术史》，文物出版社，2005年，第137页。

此，姜伯勤先生研究认为，综合各地出土文物，粟特锦纹样的原典与萨珊风格的编织纹样有千丝万缕的联系[①]。尚刚先生也认为，就目前掌握的信息来看，联珠纹最先在萨珊波斯时期的织锦上风行，其他地区生产的联珠纹织物应该和萨珊波斯有直接或间接的联系[②]。《剑桥伊朗史》一书对联珠纹也有阐释，认为联珠纹是一种流行于萨珊波斯帝国时期的纺织物纹样，其来源应该可以上溯到更早的两河流域的亚述时代[③]。

近年来，伴随粟特人墓葬考古新发现，对联珠纹在中国的传播和演变有了进一步认识，国内外学者就粟特人在中国的“历史、考古、语言”等方面做出了卓有成效的新探索，并大大促进了国际学术交流。联珠纹织物在北朝时传入中国，并一直流行至唐代后期。在新疆吐鲁番阿斯塔那墓葬、青海都兰热水墓葬、敦煌藏经洞等地都有发现联珠纹织物。联珠纹在向东、西方传播过程中，中亚的粟特民族起到了重要作用。粟特人主要活动在今阿姆河、锡尔河流域，是历史上少数集农业、牧业、商业、手工业于一体的民族。北朝末期，粟特人大量来华，一部分人在中国定居，并逐渐形成聚落，这在吐鲁番、敦煌文书中留下了多条记载[④]。葛承雍先生的《唐韵胡音与外来文明》，荣新江先生的《丝绸之路与东西文化交流》，荣新江、罗丰先生的《粟特人在中国：考古发现与出土文献的新印证》，单海澜先生的《长安粟特艺术史》，李刚、崔峰先生的《丝绸之路与中西文化交流》，林梅村先生的《汉唐西域与中国文明》，姜伯勤先生的《敦煌吐鲁番文书与丝绸之路》等文献都有述及联珠纹在南北朝、隋唐时期工艺美术器物中的运用和变迁，特别是粟特人和粟特艺术的影响。一些学者，如姜伯勤先生认为在中国美术史上有一个由粟特移民组成的粟特画派，他们的墓室美术精彩地展现了北朝至隋代粟特人的绘画与雕刻面貌，他们在长安、洛阳、河西等地活动，并对中国美术史产生了重要影响。

一、联珠纹在中国的传播和兴起探源

波斯帝王狩猎图联珠纹大致在6世纪传入中国，从考古资料来看，类似狩猎题材的图像早在西汉画像砖中已出现，只是没有联珠圈，可见丝绸之路中西文明交往之早。外带联珠圈狩猎图和其他动物纹联珠纹在向东传播过程中，纹样内容和构成主体因所在地区的不同而发生变异。萨珊波斯风格的联珠纹在中亚地区流行极广，在5—8世纪的粟特古遗址发现的壁画、金银器、丝织物中，出现了大量这种纹样。在其他地区也可发现联珠纹的踪迹，如阿富汗巴米扬第50窟、第167窟壁画上有联珠猪头纹存在（见图1）[⑤]，新疆拜城克孜尔石窟中有联珠对鸟纹饰织锦（见图2）。此外，新疆吐鲁番也出土了数量较多的联珠纹织锦，其中阿斯塔那墓葬群中出土了多种联珠纹锦，如图3联珠猪头纹织锦、图4联珠鸾鸟纹织锦和图5联珠人物纹织锦。薄小莹先生将各类联珠纹织物上的联珠纹样划分为三个系统，即萨珊系、中亚系和中国系，主要依据纹样特点划分，其中萨珊系与中国系的主要区别在于珠圈内的纹样

① 姜伯勤：《敦煌吐鲁番文书与丝绸之路》，文物出版社，1994年，第206页。

② 尚刚：《从联珠圈纹到写实花鸟——隋唐五代丝绸装饰主题的演变》，载杭间、何洁、勒埭强主编《岁寒三友：中国传统图形与现代视觉设计》，山东画报出版社，第315页。

③ 傅海波、崔瑞德编，史卫民等译《剑桥伊朗史》，中国社会科学出版社，1998年，第159页。

④ 赵丰、齐东方主编《锦上胡风——丝绸之路纺织品上的西方影响：4—8世纪》，上海古籍出版社，2011年，第178页。

⑤［日］樋口隆康：《巴米扬石窟》，同朋舍，1980年。

是否对称①。

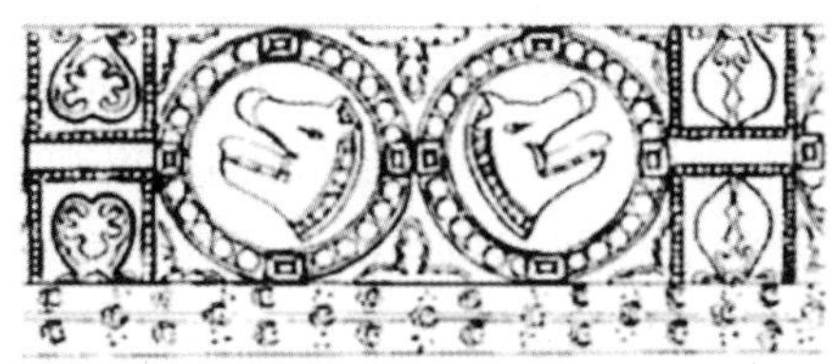

图1　巴米扬壁画中的联珠猪头纹饰

（图片采自赵丰、齐东方《锦上胡风——丝绸之路纺织品上的西方影响：4—8世纪》，上海古籍出版社，2011年，第125页）

图2　克孜尔石窟联珠纹饰

（图片采自韩香《联珠纹饰与中西文化交流——以西安出土文物为例》，《唐史论丛》第十一辑，三秦出版社，2009年，第193页）

图3　联珠猪头纹织锦

（图片采自吴山《中国纹样全集 魏晋南北朝·隋唐·五代卷》，山东美术出版社，2009年，第286页）

图4　联珠鸾鸟纹织锦

（图片采自吴山《中国纹样全集 魏晋南北朝·隋唐·五代卷》，第286页）

图5　联珠人物纹织锦

（图片采自吴山《中国纹样全集 魏晋南北朝·隋唐·五代卷》，第276页）

源自波斯的联珠纹，其表征寓意在不同文化背景下，经过长时间各地的流转而不断演变②。在琐罗亚斯德教的语境下，联珠纹具有宗教层面的神圣含义，圆珠圈的排列象征神圣之光，内填的各种动物与琐罗亚斯德教的战神崇拜密切相关。根据古波斯琐罗亚斯德教经典《阿维斯塔》之《祈祷书》第十四章《巴赫兰·雅斯特》，祆教的战神韦雷斯拉格纳以十种化身出现，分别是：风、牡牛、白马、骆驼、野猪、青年、神乌、牡羊、牡鹿、武士③。中亚及中国境内发现的猪头联珠纹锦、带绶动物纹锦等，都是祆教战神崇拜影响下的产物④。

---

① 薄小莹：《吐鲁番地区发现的联珠纹织物》，载北京大学考古系编《纪念北京大学考古专业三十周年论文集》，文物出版社，1990年，第329–335页。

② 关于波斯联珠纹样的内涵，法国艺术史家格鲁塞认为其与琐罗亚斯德教有关（参见［法］雷奈·格鲁塞著、常任侠等译《近东与中东的文明》，上海人民美术出版社，1981年，第74页）。姜伯勤先生也曾著文论述联珠猪头纹与琐罗亚斯德教信仰的关系（参见姜伯勤《敦煌吐鲁番文书与丝绸之路》，第154页）。在波斯，其包含着独特的宗教意义，呈现出象征的形式和特定的构成。萨珊王朝忠实于阿黑门尼德（Achaemenicl）时代形成的伊朗本土文化，其中占星学备受推崇，祆教被尊为国教。联珠纹中，众多小圆珠沿着珠圈的排列寓意一种星相学层面的神圣之光，内填各种与天、神相关的纹饰。比如翼马特指日神密特拉（Mithra），野猪、骆驼、山羊是征战和胜利之神韦雷特拉格纳（Verethraghna）的化身，等等。总之，联珠圈内的动物都是具有宗教含义的，而并非单纯审美意义或生活情趣的表现。

③ *The Zend-Avesta*，vol.XXIII，第231–238页。

④ 陈凌、莫阳：《丝绸之路与古代东西方世界的物质文化交流》，三秦出版社，2015年，第32页。

在巴米扬石窟壁画联珠纹圈内，内填结跏趺坐的菩萨，此时依然有宗教的神秘感。但随着联珠纹在异地的传播及其与异域文化的交融，联珠纹的神圣含义逐步式微，向装饰功能演变。在多元文化汇集的于阗地区，联珠纹中的神兽不再具有神圣含义。在中国的新疆地区，发现了大量显然来自西亚或中亚的动物纹样，如吐鲁番阿斯塔那墓地出土的绿地对鸡对羊灯树纹锦、蓝地对鸟对羊树纹锦等，这些树纹可能与生命题材有关。在唐代服饰制度中，联珠纹内花纹有对麒麟、对狮、对虎、对雁等，在唐武则天时期象征官职荣耀，到开元十九年时，玄宗敕六品以下官员“不得着独窠绣绫，妇人服饰各依夫子”，联珠纹已成为等级制度的标志[①]。

6世纪左右，蚕种和丝织技术流传到波斯，并传播到拜占庭帝国，中亚粟特和波斯帝国的丝织业兴起，并形成自己的织造技术和装饰特色，使得中国的丝绸不再具有垄断地位。伴随着东西方文明的交流和民族迁徙，北朝时期的联珠纹织锦通过丝绸之路传播到中国，联珠纹在中国一度盛行，并一直流行至隋唐时期。据《梁书·诸夷传》记载，早在南北朝时期，波斯的使者便已深入南朝，波斯锦已传入中国[②]。通过出土文物可以发现，联珠纹在当时墓葬艺术中经常出现，可见当时流行的程度，例如2000年西安北郊出土的北周安伽墓，墓床围屏石榻上的联珠纹饰完全属于萨珊风格（见图6），表明当时的中亚人虽然身居中土，但依然保留其民族传统，钟情于内填各种单独动物纹的联珠纹。我们在隋代李和墓石棺上，也可以看到石棺四周装饰有大量联珠纹（见图7），可见隋代联珠纹的流行盛况，但李和墓中联珠纹的内填内容及风格与安伽墓相比明显不同，这是隋代对外来联珠纹改造的例证。

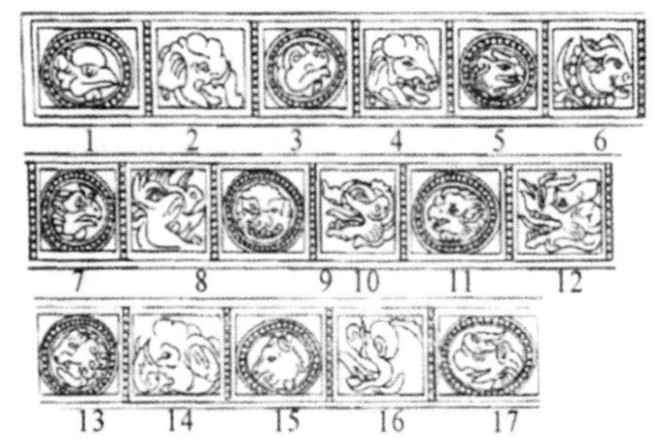

图6　北周安伽墓围屏石榻正面踏板上的联珠动物纹

（图片采自韩香《联珠纹饰与中西文化交流——以西安出土文物为例》，《唐史论丛》第十一辑，三秦出版社，2009年，第190页）

图7　隋李和墓石棺上的联珠纹

（图片采自韩香《联珠纹饰与中西文化交流——以西安出土文物为例》，《唐史论丛》第十一辑，三秦出版社，2009年，第190页）

隋唐工艺美术深受外来文化的影响，而这种影响大多经由粟特人中介传入[③]。粟特人注重审美，擅长艺术创造，精通各类工艺美术器物的制作。他们有各式各样的乐器，康昆仑被称为“琵琶第一人”，他们也有独具特色的各种舞蹈。粟特人曹仲达自成一家，独创“曹衣

① 林徽因：《敦煌边饰初步研究》，载常沙娜主编《中国敦煌历代装饰图案》，清华大学出版社，2009年，第28页。

② ［唐］姚思廉撰《梁书》卷54《诸夷传》，中华书局，1974年，第779页。

③ 尚刚：《唐代工艺美术史》，浙江文艺出版社，1998年，第268页。

出水”风格，何稠是隋代彪炳史册的工艺制作能手。粟特人精通国际贸易，其地处东西南北四方文明的交汇点，其工艺美术产品同国际贸易紧密关联，融合了多种文化要素，除本土文化之外，还包含中国、波斯、大食、拜占庭的文化，甚至还融汇了南亚和北方草原的文化要素。北朝和隋唐时期，中国与萨珊波斯交好，双方往来不断，北朝时期的广大西域成为中国内地锦和萨珊波斯锦、拜占庭锦、粟特锦的汇集之地，多元文化的织锦纹样在此汇集，唐代的织锦纹样可以明确地感受到粟特、萨珊波斯的影响。尚刚先生认为，隋唐织锦所受的外来影响直接来自中亚，而非其以西更远的地区；薄小莹先生也认为，在吐鲁番的出土物中，内填单独纹样的联珠圈纹锦产地很可能是中亚地区，而内含对称纹样的联珠圈纹锦大多是中国内地的产品（见图8）①。

南北朝时期，联珠纹经粟特人传入中国之后，中国开始仿制有联珠纹图案的波斯风格纹样织锦，至隋唐时期达到顶峰。北朝至隋唐，粟特人持续东迁，聚集居住在中原乃至中国其他各地，这些入华的粟特人在中原社会各层面起到了非常重要的作用。联珠纹对隋唐工艺美术有广泛的影响，隋唐织锦、墓葬美术等工艺美术中以此为题材的艺术形象很多，如对鹿草木夹缬屏风纹样和唐代联珠对马纹织锦纹样（见图8、图9）。隋唐联珠纹样中经常出现翼马和狩猎图像，如唐代狩猎纹织锦纹样中的马生有双翼，其造型显然受波斯、粟特艺术中翼马的影响，其中最精美的一件是日本正仓院保存的四天王狩狮锦，在生命树两侧对称呈现狩猎骑射形态（见图10），这种典型纹样被称为“波斯射”②，人物和马的造型都呈现出典型的萨珊装饰形式。

图8　对鹿草木夹缬屏风纹样复原
（图片采自赵丰《敦煌丝绸艺术全集·俄藏卷》，东华大学出版社，2014年，第71页）

图9　联珠对马纹织锦纹样
（图片采自吴山《中国纹样全集 魏晋南北朝·隋唐·五代卷》，第281页）

图10　正仓院藏唐大窠联珠四骑狩狮纹锦纹样
（图片采自吴山《中国纹样全集 魏晋南北朝·隋唐·五代卷》，第276页）

二、隋唐时期中国对联珠纹的改造

萨珊波斯器物中的联珠圈动物纹饰首先影响到与之相邻的粟特地区，在那里，器物纹样经过粟特工匠的改造，并进而对中国的器物装饰纹样产生影响。斯坦因早在20世纪前期分析敦煌丝绸图案时，不仅分析了中国与中亚、西亚的艺术交融，还指出了中国对萨珊等西方

① 薄小莹：《吐鲁番地区发现的联珠纹织物》，第331页。

② 骑射也是古代中亚、西亚人擅长并尊崇、炫耀的技能，在装饰艺术中，这类题材象征着英勇、征服等含义。在萨珊装饰艺术中，它还与皇家的祭祀活动有关，并带有宗教的善恶争斗的色彩。萨珊帝王每年定期狩猎是一种仪式性的活动，帝王狩猎是萨珊装饰艺术的主要题材，最常见的造型是帝王骑马并转身射箭，被称为“波斯射”。

图案的改造[①]。

联珠纹经粟特人中介传入中国之后，在南北朝时期，中国织工就已经开始仿制带有波斯风格的联珠纹织锦。《北史》卷九十《何稠传》中记载："开皇中……波斯尝献金线锦袍，组织殊丽。上命稠为之，稠锦成，逾所献者。上甚悦。"[②]据赵丰先生研究，这些由中国织工仿制的织锦，可以分为两大类。一类为小团窠联珠纹，中国吐鲁番、都兰，日本正仓院及中亚地区均有发现。此外，隋至初唐的敦煌壁画、雕塑，还有陕西懿德太子墓（706）的彩绘武士俑的服饰上也不同程度地运用了小团花团窠纹。唐绫锦的名称中有"小圆窠""窠文锦""独窠""四窠""镜花绫"等称谓，都表示纹绣中的团花纹[③]，与联珠纹有密切的关系。另一类为大团窠唐草联珠纹织锦，体型大，图案繁复，制作精良，联珠团窠外的宾花采用唐草风格的十样花，团花中心通常是一个联珠环，再向四面伸出忍冬状卷草[④]。现存相当数量的吐蕃时期联珠纹锦，其中挂毯织锦有体型巨大的团窠纹样，主体图案的边廊是一圈大联珠纹，每个圈内织有大象、山羊、牛、狮子、老虎等，织造工艺堪称绝技，如此体量绝无仅有。

联珠纹在中国内地经过改造置换主题纹样后成为唐式图案，其中最典型的是联珠团花纹锦，如前述图8、图9所示，这种织锦在当时十分流行，在敦煌壁画或西安等地隋至唐初墓所出的彩塑中亦多有描绘，其全貌更像团花，而联珠纹已退化到不起眼的位置。再如新疆吐鲁番出土的8世纪初联珠双龙纹绫（见图11），已是毋庸置疑的华夏之风了[⑤]，对称构图以及结构复杂的"花树"则显示出中国式的变通。陈安仁先生认为，文化之表现，一由于地理环境之影响，一由于民族本身意志之表现，二者相互作用[⑥]。隋唐织锦对联珠纹进行了广泛的吸收与再造，置换异域主题纹样，使之成为中国人喜好的图案，如猪头等与中原审美情趣相左的题材渐渐消失，取而代之的是中国人推崇的团龙、凤鸟、团花、对马等题材。随着内地对西域文化的进一步消化吸收，大唐新样倍出，特别是陵阳公样进入历史舞台[⑦]。改造与融合虽然具有强烈的功利心理，却是主动地接受外来文化，并在借鉴的同时体现智慧的创造。隋代末期，联珠团花开始逐步变得丰满起来，花瓣的轮廓细腻化了，层次重叠也多了起来，向宝花纹样发展，如紫地宝花纹锦复原图案（见图12）。

敦煌藏经洞出土的藏于不列颠博物馆的联珠对羊纹锦和联珠对狮纹锦，与莫高窟窟内壁画中的联珠纹图案有着明显差异。前者所出织锦的来源有两种可能，一是来自西域，二是来

---

① ［英］斯坦因：《西域考古图记》第2卷，广西师范大学出版社，1998年，第504-507页。

② ［唐］李延寿撰《北史》，中华书局，1974年，第2985页。何姓为昭武九姓之一，因而有学者以为何稠可能为入华粟特人后裔。

③ 林徽因：《敦煌边饰初步研究》，载常沙娜主编《中国敦煌历代装饰图案》，清华大学出版社，2009年，第26页。

④ 赵丰主编《中国丝绸通史》，苏州大学出版社，2005年，第237-240页。"宾花"和"十样花"是丝绸图案研究中的用语。所谓"宾花"，相对于"主题纹样"而言，是对主题纹样以外自成花纹样式的图案的总称。所谓"十样花"，是对"宾花"中成"十"字对称的花纹图案的称呼。

⑤ 尚刚：《从联珠圈纹到写实花鸟——隋唐五代丝绸装饰主题的演变》，载杭间、何洁、靳埭强主编《岁寒三友：中国传统图形与现代视觉设计》，山东画报出版社，2005年，第325页。

⑥ 陈安仁：《中国上古中古文化史》，上海古籍出版社，2015年，第1-2页。

⑦ 关于陵阳公样，史载："窦师纶，……封陵阳公。性巧绝，草创之际，乘舆皆阙，敕兼益州大行台检校修造，凡创瑞锦宫绫，章彩奇丽，蜀人至今谓之陵阳公样。"参见赵丰、齐东方主编《锦上胡风——丝绸之路纺织品上的西方影响：4—8世纪》，第15页。

自中国生产的出口到西域的织锦，即中国织工按照西域样式设计的唐系联珠纹锦。赵丰先生认为，这类织锦不仅在技术上与粟特锦有所不同，而且在纹样设计上也比粟特锦更为精致，内地的织匠主动设计了一些可能为西域所接受的甚至是带有西域纺织技术特点的更为胡化的纺织物品[①]，最为典型的是图8夹缬屏风中的联珠花树对鹿纹和图9唐代联珠对马纹织锦纹样。一般认为，陵阳公样可能就是花环团窠与动物纹样相结合的模式，如盛唐时期的立凤团花纹绣（见图13），与前述纹样相比差异明显，此种花卉环中的动物纹样是将西域传入的团窠联珠环内的动物纹样与中国审美的花卉纹样完美结合的典型，也是魏唐时期的织锦从汉锦西去——经历胡风影响——最终形成大唐新样的过程[②]。

图11　新疆吐鲁番出土联珠龙纹锦图案
（图片采自田自秉、吴淑生、田青《中国纹样史》，高等教育出版社，第224—225页）

图12　紫地宝花纹锦图案复原
（图片采自赵丰《敦煌丝绸艺术全集·法藏卷》，第164页）

图13　吉字葡萄中窠立凤纹锦图案复原
（图片采自赵丰《敦煌丝绸艺术全集·法藏卷》，第171页）

三、隋唐联珠纹兴起和式微的社会背景考释

联珠纹在隋代进一步融入各类工艺美术器物中，在6—7世纪隋唐敦煌石窟壁画中联珠纹也广为应用，多出现在隋代石窟脊柱、藻井四周、壁画边饰、龛沿边饰中以及塑像的彩绘服饰上。例如莫高窟隋唐第63、278、273、381、282、388、389、244、390、375、420、394、401、404、406、397、283窟等窟，都有联珠纹作为壁画的间隔。

任何纹样的兴起和衰微都不是孤立发生的单纯艺术现象，其背后与当时的政治、经济和文化背景有千丝万缕的联系，涉及纹样的传播主体、传播载体以及纹样变化的影响因素。莫高窟隋代中期以后联珠纹流行，主要原因有三：

第一，是基于丝绸之路畅通这一历史背景。莫高窟从隋代中期开始出现环形联珠纹，应该是与隋统一全国后，隋炀帝致力于经营河西，密切与西域各国文化和贸易往来有关，隋代执行广开门户的政策，这是外来文化大规模引入的客观条件[③]。莫高窟隋代中期正值社会鼎盛期，如前文所述，隋朝与西域各国往来的三条主要通道皆“发自敦煌”，敦煌为丝绸之路的“咽喉之地”。所以，莫高窟隋代中期出现各种饰翼马、狩猎图案的团窠联珠纹，应都与这一时期的历史背景有关。

---

① 赵丰：《唐系翼马纹锦与何稠仿制波斯锦》，《文物》2010年第3期，第71-83页。

② 赵丰、齐东方主编《锦上胡风——丝绸之路纺织品上的西方影响：4—8世纪》，第15页。

③ 据《隋书》记载，杨广称帝后，接连派遣李昱、韦节、杜行满出使西域诸国，又令裴矩三次往来于河西和敦煌，同西域商人交市，西域各国使臣也相继来到中原（［唐］魏徵等撰《隋书》卷4《炀帝下》、卷83《西域传》，第79页、第1840页）。

第二，隋及唐前期，正值萨珊王朝荷米斯德四世（519—590）和库思老二世（590—628）在位，这一时期的波斯帝国国力强盛，其文化和艺术对中亚地区有明显影响。考古发现，昭武九姓壁画、龟兹石窟艺术中有诸多萨珊波斯文化的痕迹，故6—7世纪京洛地区和莫高窟集中出现联珠纹有其特定历史背景。北朝和隋唐时期，萨珊波斯与中国保持友好往来，双方使者不断，史书中有明确记载。

第三，联珠纹在隋代莫高窟盛行和长时间延续与粟特画师和粟特画派有密切关系。姜伯勤先生认为，在中国美术史构成体系中有一个由粟特移民组成的“粟特画派”，敦煌存在着一批已经汉化的粟特后裔，部分或以绘画为职业，甚或在当地衙内供职，此种情形一直延续到五代①，我们从莫高窟和榆林窟壁画供养人题记中，都可以找到这方面的相关记载②。这些粟特后裔画师在敦煌的长期活动和影响，使得联珠纹能够在莫高窟长久得以延续。中唐第158窟和第361窟雁衔绶带联珠纹外层环绕平瓣大莲花，深受波斯传统纹样的影响，脖系绶带，嘴衔串珠。沙武田先生推测第158窟因功德主的粟特胡人身份或为表达粟特文化属性，画师绘制洞窟时，不失时机地画上代表洞窟功德主民族文化特色的联珠纹图样③，团花中的联珠绶带雁纹的变体正是民族美术融合的写照。

笔者综合前人研究，将隋唐莫高窟出现的联珠纹分为五型，分别为A型团窠对称动物联珠纹、B型团窠单独动物联珠纹、C型团窠植物联珠纹、D型团窠几何联珠纹、E型条带联珠纹：

A型：团窠对称动物联珠纹，如第277窟（见表1）。

B型：团窠单独动物联珠纹，大致有以下几个主题：

第一，狩猎纹。这种纹样无论在织锦中，还是在莫高窟中，出现的次数都比较多。但莫高窟的狩猎图案和织锦上的图案不同，前者为骑士回身打虎，而后者则为前述常见的转身射箭。在人物服饰边饰上，二者大不相同，由此可见莫高窟对外来图案的改造。

第二，翼马纹。翼马联珠纹常见于隋代石窟，有双翼马和单翼马两种。李白在其诗歌中称翼马为天马：“天马来出月支窟，背为虎文龙翼骨。”④《新唐书》：“马者，国之武备，天去其备，国将危亡。”⑤可见马在唐代的重要地位。骑马在唐代也一度成为特权的标志，乾封二年（667），唐政府曾发布政令：“禁工商乘马。”在这种社会风尚下，马被赋予了神圣的色彩。

第三，鸟衔绶带、璎珞。这种联珠纹出现在中唐洞窟，有第159、361窟等窟。5世纪的

① 姜伯勤：《莫高窟隋说法图中龙王与象王的图像学研究——兼论有联珠纹边饰的一组说法图中晚期犍陀罗派及粟特画派的影响》，载姜伯勤著《敦煌艺术宗教与礼乐文明》，中国社会科学出版社，1996年，第150页。

② 如莫高窟第129窟（五代）为安家窟，南壁供养人第十一身题名：“□主男节度押衙知左右厢绘画手银青光禄大夫检校国……兼监查御史上柱国安存立永充一心供养。”榆林窟第33窟（五代）东壁门北下南起第八身供养画像榜题：“清信弟子节度押衙□左相都画匠作银青光禄大夫白般涩一心供养。”安姓、白姓均为昭武九姓国姓，安存立、白般涩当为粟特后裔无疑。他们是归义军府衙内任职的高级画匠。敦煌地区还有普通的粟特后裔画匠。如P.3763：“粟二斗，于画匠安铁子所卖（买）同录用。”敦煌研究院编《敦煌莫高窟供养人题记》，文物出版社，1986年，第60页。

③ 沙武田：《吐蕃统治时期敦煌石窟研究》，中国社会科学出版社，2013年，第215页。

④［唐］李白：《天马歌》，载［清］彭定求等编《全唐诗》卷162，中华书局，1980年，第1683页。

⑤［宋］欧阳修、宋祁撰《新唐书》卷36《五行志三》，中华书局，1975年，第952页。

阿富汗巴米扬石窟壁画中有鸟衔绶带的图案，新疆克孜尔5—7世纪的石窟壁画中也见此造型，绶带纹样与粟特和萨珊金银币的纹样比较接近，莫高窟中唐出现鸟衔绶带纹受吐蕃和中亚风格影响，是这一时期石窟艺术“西风东渐”的体现之一。上述诸窟的联珠纹样详见表1。

表1　莫高窟各型联珠纹举例

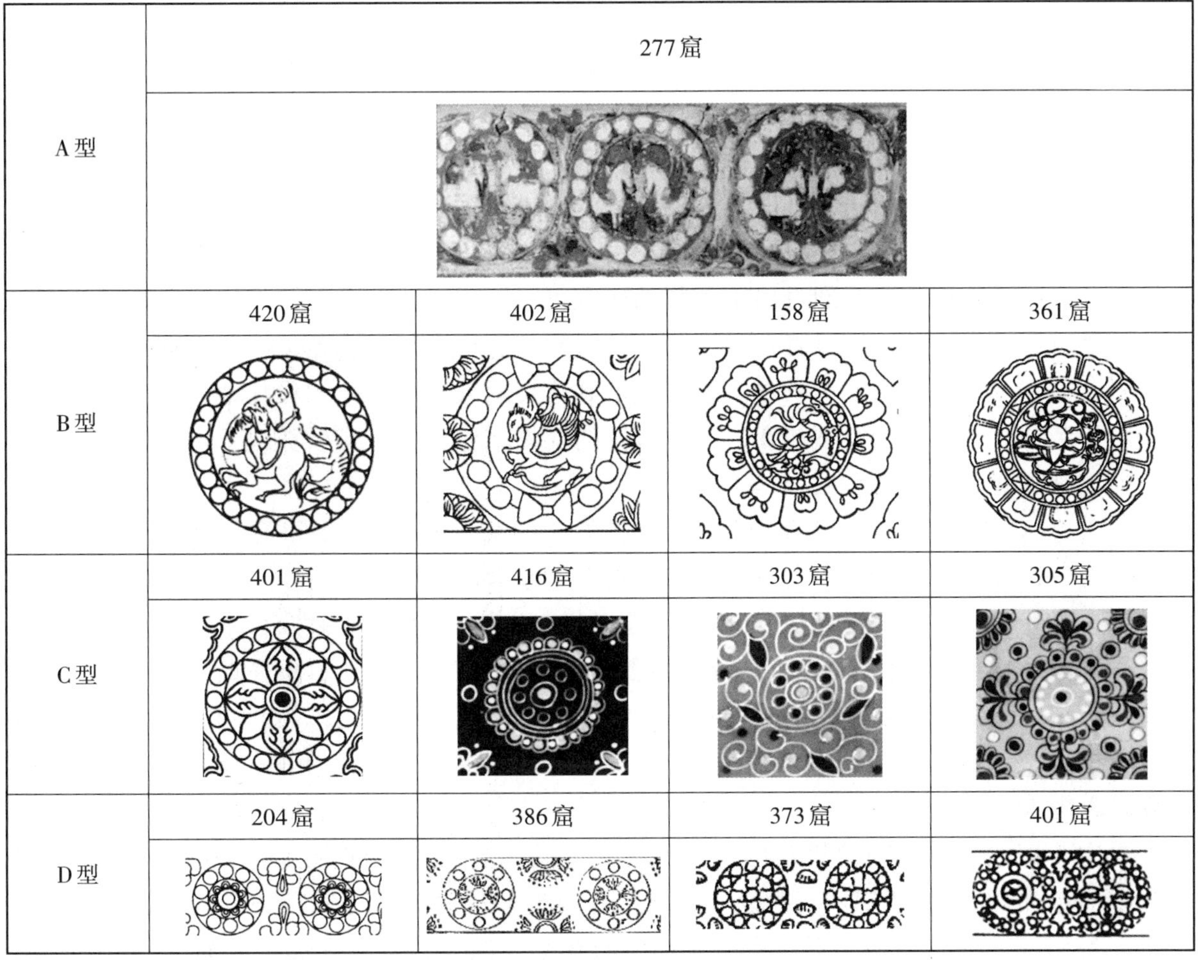

A型	277窟			
B型	420窟	402窟	158窟	361窟
C型	401窟	416窟	303窟	305窟
D型	204窟	386窟	373窟	401窟

C型：团窠植物联珠纹，内里填充的植物纹有莲花、十字叶纹等。隋代第401窟西壁龛沿的莲花联珠纹，内饰各不相同，出现了诸多新纹样，融入了忍冬、莲花、云头纹和石榴纹等元素，初步具备了宝相花特征；第390窟西壁龛沿处的联珠纹，融入了中国传统云气纹等因素，充分反映了联珠纹的本土化特征。

D型：团窠几何联珠纹，为简化后的联珠纹造型，是初盛唐时期藻井边饰和其他位置出现的主要样式，与隋代中后期藻井边饰中的团窠坐狮联珠纹和团窠灵鸟联珠纹相比已经大大简化，反映了初唐以来联珠纹的衰落。

E型：条带联珠纹，为长条带状且多个连续排列，内无纹饰，造型基本相同，延续时间最长。

根据新疆阿斯塔那墓葬中有纪年的材料来分析，联珠纹织物在6世纪中期开始出现，到7世纪中后期发展到高潮阶段，随后便迅速衰落。联珠团窠于8世纪初逐渐淡出中原地区的装饰，代之而起的是花环团窠①。这种转变非常突然，尚刚先生认为，如果仅仅从装饰艺术变迁的角度来探讨，实在无法找到圆满的答案，在艺术演进之外，必定另有原因②。莫高窟的联珠纹与此相似，经历了隋代中期和后期的高峰，在初唐以后的洞窟中急剧减少，而且数量不多的联珠纹也发生了变化，不再以各种动物纹为主题，而是变为内填植物纹样。贞观前期，联珠条带纹从壁画边饰和窟顶四角隐退，团花纹和卷草纹取而代之。初唐以来，联珠纹退隐，笔者综合各类史料，认为有以下几点原因：

首先，这与唐王朝政治版图的变化及其带来的文化交流有关。贞观年间，莫高窟藻井图案集中出现葡萄纹、石榴纹，如第205、209、322、387、373、375窟等窟，取代先前方兴未艾的莲花纹及联珠纹并非偶然，而是具有特定的历史背景。贞观初年，中原王朝逐步控制了河西，并进一步开疆拓土，打通了去往西域的通道。据史料记载，贞观年间，西亚、中亚诸国遣使来朝更为频繁，中西政治、经济、文化交流再一次达到高峰，敦煌石窟艺术和装饰纹样受此影响，新样迭出。通过出土史料的研究可以发现，葡萄纹、石榴纹与联珠纹从西向东的传播进程基本一致，但二者在中国的流行时间却有很大差异，葡萄纹和石榴纹要明显晚于后者，这在敦煌的表现尤为明显。初唐统治到达突厥人和波斯人的居住地，受二者器物文化影响，装饰纹样向植物类型转变，隋代盛行的动物联珠纹和狩猎联珠纹不再出现，葡萄纹和石榴纹则兴起取而代之。

其次，这一现象与萨珊波斯帝国的衰亡相关。贞观六年（632），萨珊王朝末代国王伊嗣俟继承王位，此时的波斯国力大不如前，大食人不断入侵波斯，伊嗣俟与大食交战兵败，于唐高宗永徽元年（650）逃往末禄（今土库曼斯坦），后被杀害，历时四百多年的萨珊波斯帝国最终亡国③。波斯文化对中亚和唐帝国的影响也随之消亡。751年，怛逻斯战役爆发，唐王朝战败，从此失去了对中亚地区的控制权，中亚地区逐渐伊斯兰化，与此同步，作为萨珊波斯文化的代表，联珠纹在中亚渐趋衰落。7世纪中叶以后，唐代来朝的使节以中亚人为多，尤其是康国人。

再次，唐代统治政权的禁止也是联珠纹式微的重要因素。长寿二年（693），武则天禁锦④，私蓄、私织、私贩织锦皆可杀。开元二年（714），唐玄宗也颁布法令禁锦，无论官私都不允许织锦，同时还勒令臣民将已有锦绣衣物染为黑色，匹料须卖给政府⑤。玄宗时期，曾将织锦绫罗等奢侈物品集于朝堂付之一炬，以示禁锦决心。开元十九年，玄宗又令六品以下官员“不得着独窠绣绫”。唐代统治者持续禁锦，兼以服制制度的变化，就足以使织物纹样发生明显改变，这也应该是初唐联珠纹织锦骤然衰微的主要原因之一⑥。联珠纹织物在中国的命运证明，工艺美术的形态与人们好尚不仅有关联，并且还制约着许多工艺美术现象的

① Janmes C.Y.Watt， Annee E. Wardwell， *When Silk Was Gold: Central Asian and Chinese Textiles*， New York: the Metropolitan Museum of Art， 1997， pp. 30-31.

② 尚刚：《从联珠圈纹到写实花鸟——隋唐五代丝绸装饰主题的演变》，第326页。

③ 李刚、崔峰：《丝绸之路与中西文化交流》，第67-68页。

④ 史料记载：“（二月）乙亥，禁人间锦，侍御史侯思止私畜锦，李昭德按之，杖杀于朝堂。”［宋］司马光编著，［元］胡三省音注《资治通鉴》卷205则天后长寿二年，中华书局，1956年，第6491页。

⑤［宋］宋敏求编《唐大诏令集》卷108《禁约上·禁奢侈服用敕》，商务印书馆，1956年，第563页。

⑥ 依据阿斯塔那的纪年资料，可以看出中国内地出产的联珠纹织物，最晚不过景云元年（710）的联珠双龙纹绫。

发生、发展和消逝[①]。

最后，联珠纹的退隐和唐代国内形势变化也有关联。755—763年的安史之乱对唐代后期的政治、经济和社会各层面影响深远，大唐王朝自此由盛而衰，江河日下。由于叛军首领属于粟特突厥武士集团，唐人心有余悸，从此降低了对胡风的爱好，胡气渐消，民族个性也从外向、开放、豪迈逐渐变为内敛拘谨，建功拓边的豪迈壮举被内省思辨的文人情怀代替，异域风情的联珠团窠纹和庄重辉煌的宝相花逐渐让位于花香鸟语的优雅世界[②]。786年，沙州陷蕃，丝路阻塞，唐王朝与西域的经济、文化交流受到阻碍，对装饰纹样的影响同样在其中。

安史之乱对在华胡人特别是粟特人产生了极大的影响和冲击，安史之乱后，唐人对异域外族人有厌恶和防范心理，因安史之乱的祸首皆为胡人，故胡人被视为乱华的重要原因，对胡人的防范和排斥思想抬头，“华夷之分”思想再次回归。唐王朝极力想把所有关于安禄山的痕迹抹掉，甚至连“安”字也痛恨上了，以至于把一些带“安”字的地名、坊名和门名都改掉了。据《旧唐书》卷10《肃宗本纪》记载，至德二载（757）十一月，唐肃宗复归长安后，“宫省门带‘安’字者改之”[③]。这显然是出于对安禄山的憎恨，并因此导致对胡人和“胡化”的排斥，甚至杀戮事件时有发生，唐政府对杀胡事件持默许态度，史书中皆有记载。

中唐吐蕃统治时期，联珠纹再度于莫高窟出现。联珠纹的复兴与这一时期的历史背景密切相关，与吐蕃人有直接关系。初唐时期，吐蕃所用织锦可以取自中原，至吐蕃占领河西时，中亚、西域以至河西都处于战乱之中，影响了唐朝与西方的丝绸贸易，吐蕃人无法从唐人手中源源不断地得到此类织锦。从现有的考古资料看，此时的联珠纹锦十分罕见，陷蕃时期洞窟中反映出的“中亚系统”联珠纹锦，应是吐蕃人从中亚人手中得到的[④]。

敦煌陷蕃时，安西四镇已在唐与吐蕃之间两易其手，而且吐蕃另有两条西通之道：一条是沿柴达木盆地南或北缘，越阿尔金山至若羌，然后绕道于阗；另一条是通过大、小勃律，然后越昆仑山而达于阗。吐蕃假道这些国家，不但意在四镇，而且欲与大食争中亚[⑤]。薄小莹先生研究认为，吐蕃与西域、中亚诸城邦频有政治、军事上的往来，使用中亚人织造的联珠纹锦当属自然。因此，吐蕃与中亚的交往也促进了联珠纹在吐蕃及其占领地区的流行。

中唐时期莫高窟联珠纹与隋代和初唐都不相同，隋代联珠纹圈内以翼马纹、狩猎纹和植物纹为主，初唐联珠纹圈内几乎全部为唐代流行的植物纹样，吐蕃时期的联珠纹以动物纹样为主，禽兽联珠纹是当时吐蕃统辖地区流行的西域风格纹样，如青海都兰吐蕃墓葬、新疆吐鲁番墓葬出土的同期丝织物上都织有鸾鸟、狮、熊等禽兽联珠纹。

四、结语

图像是各历史时期社会风貌的写真，敦煌石窟中的纹样兴起和式微的周期可辨，反映出丝绸之路背景下东西方文化交流的历史进程。时代风格、特点的形成，有着多方面的因素，

① 尚刚：《从联珠圈纹到写实花鸟——隋唐五代丝绸装饰主题的演变》，第326页。

② 袁宣萍、赵丰：《中国丝绸文化史》，山东美术出版社，2009年，第98页。

③［后晋］刘昫等撰《旧唐书》卷10《肃宗纪》，中华书局，1975年，第248页。

④ 薄小莹：《敦煌莫高窟六世纪末至九世纪中叶的装饰图案》，第100页。

⑤《新唐书》卷221《西域传下》记载：“贞元时（大食）与吐蕃相攻，吐蕃岁西师。”《唐会要》卷100《大食国》中有载：“（大食王诃伦）与吐蕃为劲敌，蕃兵大半西御大食。”

首先与当时的社会生活、社会思想有着密切的联系。纹样的职能，兼具物质功能和精神功能二重性，而这二重性质是不能离开当时社会诸因素而孤立、抽象地存在和发展的，装饰纹样总是某一时期特定物质生产和精神活动的综合反映。正如陈安仁先生所说，各国各民族间的文化有时由传播得到文化趋同，有时由自创发生文化变异，绝不能说有创而无因，亦不能说有因而无创①。

综上所述，尽管有异议，联珠纹的外来属性是毫无疑问的，但联珠纹的传播过程漫长且复杂，其起源于波斯，经粟特人中介传播到中原各地和敦煌，不仅纹样内容和造型发生了诸多流变，其作为符号表征的意义也产生了嬗变，从琐罗亚斯德教语境下的神圣含义转向功能主义，在唐代衣冠礼服制度中成为等级的象征。北朝时期，联珠纹便已在中原等地出现，但在莫高窟出现的时间较晚，至隋代中期开始出现并迅速盛行，但初唐以后，联珠纹又很快退隐，被兴起的葡萄纹、石榴纹代替，到中唐吐蕃时期，联珠纹在莫高窟再度出现，上述现象皆与当时的历史背景直接相关。因此，隋唐时期联珠纹的形式与变化、兴起和式微，同各阶段的石窟建筑形制、壁画内容一起，共同体现了各个时期的造窟思想和审美变迁。

以上是笔者基于丝绸之路文化交流视野，从隋唐各阶段时代背景出发，对莫高窟联珠纹的来源、发展、兴起和式微所做的系统阐释，钩沉敦煌联珠纹与西域纹样的联系、差异及其在本土语境下的演化，借此探微镜理，考镜源流，揭示莫高窟联珠纹的来源、兴起、式微和本土化改造过程，以呈现隋唐莫高窟联珠纹发生、嬗变之全貌。

① 陈安仁：《中国上古中古文化史》，上海古籍出版社，2015年，第8页。

“老人入墓”相关问题研究

——从敦煌石窟“老人入墓图”说起

杨学勇（山西师范大学）

【摘要】敦煌石窟弥勒经变壁画中的“老人入墓图”的绘制依据是《佛说弥勒大成佛经》《佛说弥勒下生成佛经》等弥勒佛典，所以应把它放在佛教语境下进行分析。借助《佛说弥勒大成佛经》、BD01005《弥勒下生缘》、BD03968R1《弥勒成佛经义疏》的文本分析，可知“不求世乐，唯求涅槃常乐”才是“老人入墓”所要透露的真实意图。同时，“老人入墓图”体现着中国传统文化因素，浸染着中国传统的孝道文化基因，充满着中国化、世俗化气息。可以说，“老人入墓图”是典型的儒佛交融的产物，体现了印度佛教文化与中国传统文化的互融并存。从敦煌石窟的“老人入墓图”可进一步引带出贱老问题，进而是“老人年到60岁就要被活埋”的风俗，并从三个方面解释了“老人年到60岁就要被活埋”的原因。

【关键词】敦煌石窟　老人入墓　贱老　活埋

敦煌石窟有一些弥勒经变壁画中绘有老人走向坟墓或坐在墓中[①]。谢生保《敦煌壁画中的丧葬民俗》可能最早将其称为“老人入墓

① “老人入墓”图在敦煌石窟中现存39幅，其中莫高窟36幅、榆林窟2幅、五个庙1幅。其中盛唐8幅、中唐16幅、晚唐8幅、五代4幅、北宋3幅，以中唐最多。参见谭蝉雪：《“老人入墓”与民俗》，载王维梅主编《二十一世纪敦煌文献研究回顾与展望研讨会论文集》，中华自然文化学会，1999年，第51-52页。又见谭蝉雪：《敦煌民俗——丝路明珠传风情》，甘肃教育出版社，2006年，第300页。敦煌莫高窟及榆林窟102铺弥勒经变中，有42铺绘有老人入墓，始于盛唐延至宋代，其中盛唐7幅、中唐16幅、晚唐9幅、五代5幅、宋代5幅。此外，根据统计图表，可看出表现弥勒佛国美好景象的一种七收、树上生衣、嫁娶与老人入墓是同时出现的。参见王惠民主编《敦煌石窟全集·弥勒经画卷》，商务印书馆（香港）有限公司，2002年，第250-253页。

图"①。对"老人入墓图"的解读，谢生保认为是中国生圹民俗的表现，多数学者则认为其源自印度民俗。其中，谭蝉雪认为印度民俗的投河自尽是老人入墓的原型②；崔中慧指出婆罗门教生命四行期"第三阶段林栖期，是一个人准备放下家业准备专注于修行的阶段"③，认为老人入墓"文化意涵应源自印度婆罗门教的古老生命观"，不是墓葬形式而是宗教修行的一个过程。基于不同的认识，衍生出了两种观点：一种以谢生保为代表，认为老人入墓符合中国"老有所养，死有所归"的孝道思想；另一种则认为让老人自行入墓，有悖孝道，"显然与孝和中国民俗无关"④。本文在前期学界研究的基础上，主要分析两个问题：一是"老人入墓"的文化属性；二是"老人入墓"引带出来的贱老习俗。

一、"老人入墓"的文化属性

因为"老人入墓图"基本都绘制在弥勒经变中，是表现弥勒下生的一个重要情节，所以很自然要从弥勒经变依据的佛典来分析其内涵。有"老人入墓"内容的弥勒佛典主要有三种：其一，姚秦鸠摩罗什译《佛说弥勒大成佛经》载"时世人民，若年衰老，自然行诣山林树下，安乐淡泊，念佛取尽，命终多生大梵天上及诸佛前"⑤；其二，姚秦鸠摩罗什译《佛说弥勒下生成佛经》载"人命将终，自然行诣冢间而死"⑥；其三，唐义净译《佛说弥勒下生成佛经》载"人命将终尽，自往诣尸林"⑦。仔细推敲，这三种翻译在意思上有明显差别。《佛说弥勒大成佛经》明确指出是"年衰老"的老人很自然地前往山林树下"念佛取尽""命终"。鸠摩罗什译《佛说弥勒下生成佛经》表达的是一个行将去世的人自然而然地前往坟墓而"死"。义净译《佛说弥勒下生成佛经》说的是一个行将去世的人自行前往"尸林"，"自行"未必是自己一人，到"尸林"后做什么乃至是死是活，没有言明。很明显，鸠摩罗什译《佛说弥勒大成佛经》与"老人入墓"最为契合。敦煌石窟中的"老人入墓图"应是吸收了《佛说弥勒大成佛经》《佛说弥勒下生成佛经》的成分而绘。以《佛说弥勒大成佛经》《佛说弥勒下生成佛经》为绘制依据，并且是弥勒经变的一个重要情节，使得"老人入墓图"充满了佛教色彩。敦煌石窟所绘的具有佛教色彩的"老人入墓图"，既具有印度佛教文化属性，又具有中国传统文化属性，是两种文化融合的表现。

一方面，佛教在古印度形成时，作为一种意识形态必然受到当时社会环境的影响，吸收并改造婆罗门教教义、六师外道观点等，所以在佛经中能看到许多与印度其他宗教相似的行为，例如苦行，但不同宗教通过类似行为所追求的目的绝对不同。崔中慧认为，"老

① 谢生保主编《敦煌民俗研究》，甘肃教育出版社，1995年，第233页。

② 参见谭蝉雪：《"老人入墓"与民俗》，第53页。又见谭蝉雪：《敦煌民俗——丝路明珠传风情》，第301页。

③ 崔中慧：《敦煌弥勒经变中"老人入墓"的印度文化源流试探》，载敦煌研究院编《2014敦煌论坛：敦煌石窟研究国际学术研讨会论文集》，甘肃教育出版社，2016年，第1201-1204页。

④ 李翎：《"老人入墓"图的文化语境——以榆林25号窟〈弥勒经变〉为例》，《宗教学研究》2022年第3期，第122页。

⑤［后秦］鸠摩罗什译《佛说弥勒大成佛经》，《大正藏》第14册，第429页。

⑥［后秦］鸠摩罗什译《佛说弥勒下生成佛经》，《大正藏》第14册，第424页。

⑦［唐］义净译《佛说弥勒下生成佛经》，《大正藏》第14册，第426页。

人入墓”源于婆罗门教四行期生命观中的林栖期或遁世期，尤其是林栖期[①]。李翎引用《摩诃婆罗多》第15“林居篇”进一步做了充分论证，并指出“老人入墓”这个称呼不合适，“准确地说应是‘林栖图’”[②]。的确，《摩诃婆罗多》第15“林居篇”记载的内容与“老人入墓图”中的场面很类似，单纯地说两者有关系并没错。但《摩诃婆罗多》第15“林居篇”表达的是印度传统习俗，而“老人入墓图”则是佛教语境下的产物，表现的是佛教内涵。故而，宽泛地溯源则为老人入墓→《佛说弥勒大成佛经》《佛说弥勒下生成佛经》→婆罗门教林栖期。但由于婆罗门教（或印度传统习俗）与佛教是完全不同的两种宗教，已经发生了根本性的改变，所以严格地讲“老人入墓”源自婆罗门教林栖期并不准确。印度文献《摩奴法典》规定的四行期为：学习-梵志期、婚姻-居家期、隐士-林栖期；沙门-苦行期[③]。“隐士-林栖期”之后还有一个强化版的“沙门-苦行期”，而且“基本上，如果将一生以百年算，概略区分四行期的各期约二十五年”[④]，那就意味着“隐士-林栖期”离死亡还很久。这与“老人入墓”依据的《佛说弥勒大成佛经》《佛说弥勒下生成佛经》所言“年衰老”“念佛取尽”“人命将终”显然是有差距的。若说是四行期中的某期，苦行期似乎更加合适。义净译《佛说弥勒下生成佛经》所载“人命将终尽，自往诣尸林”，很明显受到印度传统思想的影响，与“隐士-林栖期”“沙门-苦行期”的情形相似，但也是分属不同的语境，故而不能等同。

那佛教语境下的“老人入墓图”要表达什么内涵呢？这需要先了解一下“老人入墓图”的绘制依据。《佛说弥勒大成佛经》载弥勒佛所摄：

> 阎浮提地……唯有三病：一者饮食，二者便利，三者衰老。女人年五百岁尔乃行嫁。……有大夜叉神，名跋陀婆罗赊塞迦，昼夜拥护翅头末城及诸人民，洒扫清净，设有便利，地裂受之，受已还合，生赤莲华以蔽秽气。时世人民若年衰老，自然行诣山林树下，安乐淡泊，念佛取尽，命终多生大梵天上及诸佛前。……天园成熟，香美稻种，天神力故，一种七获，用功甚少，所收甚多，谷稼滋茂，无有草秽。众生福德本事果报，入口销化，百味具足，香美无比，气力充实。[⑤]

很明显，弥勒所在的国土一切都是美好的，“饮食”一种七获、百味具足，“便利”地裂受之、莲华蔽秽，那么“衰老”自行冢间、念佛取尽想必也是一件美好的事。敦煌石窟“老人入墓图”表现的就是弥勒佛所摄阎浮提地的情形，一个极具富态的老人坐在墓中与众多悲伤啼哭的亲友告别，甚至有的“老人入墓图”还画有看似载歌载舞的场景以告诉观者“老人入墓”不是想当然的“坏事”而是值得歌舞的“好事”。单纯看《佛说弥勒大成佛经》《佛说弥勒下生成佛经》所载“若年衰老，自然行诣山林树下”“人命将终，自然行诣冢间而死”“人命将终尽，自往诣尸林”，似乎是孤零零一人自生自灭，给人一种无法言状的落寞凄凉感，在中国传统文化语境下无疑是一件“坏事”，老无所养，死无所敛，所以两种《佛说弥

① 崔中慧：《敦煌弥勒经变中“老人入墓”的印度文化源流试探》，载敦煌研究院编《2014敦煌论坛：敦煌石窟研究国际学术研讨会论文集》，甘肃教育出版社，2016年，第1201-1204页。

② 李翎：《“老人入墓”图的文化语境——以榆林25号窟〈弥勒经变〉为例》，第123-124页。

③ 转引自李翎《“老人入墓”图的文化语境——以榆林25号窟〈弥勒经变〉为例》，第123页。

④ 崔中慧：《敦煌弥勒经变中“老人入墓”的印度文化源流试探》，载敦煌研究院编《2014敦煌论坛：敦煌石窟研究国际学术研讨会论文集》，甘肃教育出版社，2016年，第1201页。

⑤［后秦］鸠摩罗什译《佛说弥勒大成佛经》，《大正藏》第14册，第429页。

勒下生成佛经》并没有具体点明“老人入墓”要传递的真实意图。仅有《佛说弥勒大成佛经》点明了“老人入墓”的实质内涵，即“安乐淡泊，念佛取尽，命终多生大梵天上及诸佛前”。也就是在弥勒佛当世时，将要去世之人通过念佛途径，去世之后得生大梵天上及诸佛面前。往生净土是佛教信徒孜孜以求的目标，无疑是一件好事[①]。9—10世纪归义军时期写本BD01005号背《弥勒下生缘》载：“其时无中妖（夭）死，至于老须□……□自投冢墓，而取舍寿。”[②]“舍寿”以求佛道，“舍寿”才能往生弥勒净土。在佛经尤其是佛本生经中记载有大量舍寿求道的故事，例如《大般涅槃经》所载“雪山童子为半偈舍身”，《贤愚经》所载“摩诃萨埵舍身济虎得生兜率天”。但无佛时期，沉沦长夜，无法可听，无道可求，所以弥勒佛下生翅头末城后应梵王所请说法，言：

> 诸佛所转八圣道轮，诸天世人无能转者；其义平等直至无上，无为寂灭，为诸众生断长夜苦；此法甚深，难得难入、难信难解，一切世间无能知者、无能见者，洗除心垢，得万梵行。

诸梵王说偈言：

> 无量无数岁，空过无有佛；众生堕恶道，世间眼目灭。三恶道增广，诸天路永绝；今日佛兴世，三恶道殄灭。增长天人众，愿开甘露门；令众心无著，疾疾得涅槃……[③]

直到弥勒佛当世，三恶道殄灭，诸天路开通，众生不再执迷于五欲乐，才能去世后得生大梵天上及诸佛面前。“弥勒佛以大慈心语诸大众言‘汝等今者不以生天乐故，亦复不为今世乐故，来至我所，但为涅槃常乐因缘’”，且“世间无常，命难久保”，“佛世难值，今既逢遇，应勤精进求常乐涅槃”[④]，趁着弥勒佛当世，“于佛法中净修梵行”，念佛命终，“不求世乐，唯求涅槃常乐”[⑤]才是“老人入墓”所要透露的真实意图。所以“老人入墓”重点不在“入墓”，而是揭示寂灭为乐。

另一方面，佛教自传入中国始，为了更好地适应中国传统文化，符合中国人的价值标准、社会认知，即开始了其世俗化、中国化的历程。作为弥勒经变组成部分的“老人入墓图”就处处体现了中国传统文化的因素。其一，《佛说弥勒大成佛经》在翻译上表达的是某人在年老色衰时就独自一人静悄悄地找个安静的山林场所念佛命终，而《佛说弥勒下生成佛经》强调的是一个将要死亡的人，不管是老年人还是青年人，独自到坟墓中等待死亡。比较而言，《佛说弥勒大成佛经》显得更没有人道，与中国传统文化倡导的孝道相违背，且“衰老”与死亡完全不是一回事，“衰老”就得离家，纯粹是一种弃老、贱老的行为。《佛说弥勒

---

① 郭子睿认为，弥勒经变中的老人入墓图“塔形”坟墓与往生净土意涵一致。参见郭子睿：《图像·历史·信仰——五个庙石窟第1窟弥勒经变研究》，《西夏研究》2020年第1期，第40页；郭子睿、沙武田：《样式溯源与图像思想——敦煌石窟弥勒经变老人入墓图塔墓考》，《文博》2020年第3期，第111页。

② 中国国家图书馆编，任继愈主编《国家图书馆藏敦煌遗书》第15册，北京图书馆出版社，2005年，第23页、“条记目录”第4页。

③［后秦］鸠摩罗什译《佛说弥勒大成佛经》，《大正藏》第14册，第430-431页。

④ BD03968R1《弥勒成佛经义疏》，图版见中国国家图书馆编《国家图书馆藏敦煌遗书》第54册，北京图书馆出版社，2007年，第294页。

⑤ BD03968R1《弥勒成佛经义疏》，图版见中国国家图书馆编《国家图书馆藏敦煌遗书》第54册，北京图书馆出版社，2007年，第294页。

下生成佛经》仅说将要命终之人，就比较容易被接受，更加符合中国人的心理承受力。虽然不清楚《佛说弥勒大成佛经》与《佛说弥勒下生成佛经》翻译的先后，但仅就所分析的内容看，无疑《佛说弥勒下生成佛经》的中国化程度更高一些，更符合中国人的道德标准。其二，敦煌石窟“老人入墓图”表现出了更多的世俗性。即使将要去世的老人行将“寂灭为乐”往生弥勒净土，也应表现为在痛哭流涕的亲友依依不舍地陪伴下才能符合社会常态，才符合“老有所养，死有所归”的伦理规范。榆林窟第25窟的“老人入墓图”中的老人行将命终，往生弥勒净土，但从其紧握着妻女的小臂而不是妻女拉拽着老人看，似乎也可解读为老人对尘世仍有一丝留恋，对亲情甚至色欲等五欲乐仍不能彻底放下。这自然与“老人入墓图”所要表达的“寂灭为乐”不符，但画师或窟主正是通过这般描绘才使得整幅画具有了生活气息。此外，谢生保认为，老人所在的墓室是生圹、寿冢，是中国传统生圹民俗的表现，并举了唐代司空图自造生圹、生圹遗风加以证明[①]。早在西汉，张禹“年老，自治冢茔，起祠室”[②]，与“老人入墓图”更相衬。仅看“老人入墓图”而不加文字解释说明，则说其是生圹也能说得通。中国传统的生圹民俗，对西域高僧佛图澄也产生过影响。北魏郦道元《水经注》载：“赵建武十一年，造紫陌浮桥于水上，为佛图澄先造生墓于紫陌；建武十五年卒，十二月葬焉，即此处也。”[③]又南梁慧皎《高僧传》引田融《赵记》云：“澄未亡数年，自营冢圹。”[④]可见，即使西域高僧身在汉地也会受到中国传统风俗的影响。

综上所论，作为弥勒经变组成部分的“老人入墓”要传递的主要是佛教文化，宣扬的是往生弥勒净土“寂灭为乐”的佛教思想。同时，“老人入墓图”处处体现着中国传统文化因素，浸染着中国传统的孝道文化基因，也有着类似生圹风俗的外在表现，充满着中国化、世俗化气息。可以说，“老人入墓图”是典型的儒佛交融的产物，体现着印度佛教文化与中国传统文化的互融并存。

二、“老人入墓”与贱老习俗

虽然“老人入墓”宣扬的是“不求世乐，唯求涅槃常乐”，但不管是《佛说弥勒大成佛经》《佛说弥勒下生成佛经》，还是“老人入墓图”，都能引申出老人不再与亲友在一起，而是前往野外山林、冢间孤独终老，在内容及表现形式上的确能给人一种被抛弃的主观印象，进而会引申出所谓的弃老、贱老问题。因此，在某些民俗调查中把贱老墓穴遗址称为“老人入墓”。但实际上两者的内涵完全不同，“老人入墓”宣扬的是往生弥勒净土“寂灭为乐”的佛教思想，而“弃老、贱老”反映的是对老人的轻视、抛弃。应当说，“弃老、贱老”是对“老人入墓”的一种错误理解，两者是截然不同的事。

既然“老人入墓”在内容及表现形式上能引申出弃老、贱老问题，那么古代中国及古印度有没有贱老习俗呢？

其一，贱老可能是古代中国本有的习俗。考古遗存方面，陈淑卿认为，内蒙古赤峰市大

---

① 谢生保：《敦煌壁画中的丧葬民俗》，载谢生保主编《敦煌民俗研究》，第233页。

② ［汉］班固撰，［唐］颜师古注《汉书》卷81《张禹传》，中华书局，1962年，第3350页。

③ ［北魏］郦道元著，陈桥驿校证《水经注校证》，中华书局，2007年，第248页。

④ ［梁］释慧皎撰，汤用彤校注《高僧传》，中华书局，1992年，第357页。

南沟史前墓地不同年龄的随葬品分布情况表现出了比较清晰的“贵壮贱老”①的特征。黄绍坚认为，湖北丹江口市官山镇西河村和官山镇龙王庄的两座插门槽在里、门栓洞在外的洞窟就是“弃老俗”传说的实物遗址②。文献记载方面，《水经注》记载今甘肃天水境内“瓦亭水又西南流，历僵人峡，路侧岩上有死人僵尸峦穴，故岫壑取名焉。释鞍就穴直上，可百余仞，石路逶迤，劣通单步，僵尸倚窟，枯骨尚全，惟无肤发而已。访其川居之士，云其乡中父老作童儿时，已闻其长旧传，此当是数百年骸矣”③。或许这就是贱老习俗下的“老人入墓”“花甲墓”之类的遗址记载。正史中对北方少数民族的记载多有提及贱老。例如，《史记·三王世家·右齐王策》载“於戏！荤粥氏虐老兽心，侵犯寇盗，加以奸巧边萌。於戏！朕命将率徂征厥罪……”，《汉书·匈奴传》载“匈奴……壮者食肥美，老者饮食其余，贵壮健，贱老弱”，《后汉书·乌桓鲜卑列传》载“乌桓者……贵少而贱老，其性悍塞”，《晋书·四夷》载“东肃慎氏一名挹娄，妇贞而女淫，贵壮而贱老……父母死，男子不哭泣，哭者谓之不壮”，《周书·异域下》载“贱老贵壮，寡廉耻，无礼义，犹古之匈奴也”，《旧唐书·吐蕃上》载“重壮贱老，母拜于子，子倨于父，出入皆少者在前，老者居其后”。此外，法藏敦煌文献P.2721（1）号《杂抄一卷并序》载：

> 礼何谓养老乞言因谁？昔纣时敬小不敬老，人年八十并皆煞之。有兄弟二人慈孝，见父年老，恐被诛戮，造地阴窖藏父而养。后有北汉匈奴国献一木，粗细头尾一种，复以膝之不辩头尾。复有草马，母子两疋，一种毛色，刑模相似。复有黄蛇壹双，不知雄雌。天子不辩，遂访告国内，若有人能辩木之头尾、马之母子、蛇之雄雌，赏金千斤。经数月，无人能辩。其子二人遂私问藏父，曰：“具说木及马、蛇等事由而状。”父谓子曰：“此不可足知，凡有人物必有头尾轻重，其木于水中没着是头者，浮是尾者。凡驱马渡水是母者于先是子者随后。将绵一团遣蛇踪过，是雄者踪出，雌者在于绵中不动。”其子即用父言教，应募而答之。果以且辩木之头尾、马之母子、蛇之雄雌，得金千斤。时人云养老乞言辩之具矣。此之因纣而起。④

明确地说，商纣王不敬老、贱老。北汉时，有一对兄弟因慈孝把年老的父亲藏在阴窖里赡养，并借助父亲的经验和智慧解决朝廷面临的难题而获得奖赏。此即“养老乞言”的故事。“养老乞言”的本意是说老人有用，不应贱老而应敬老。由于P.2721（1）号《杂抄一卷并序》“是一件晚唐五代时期的写本”⑤，且故事情节与佛经中记载的印度弃老俗故事类似，所以P.2721（1）号《杂抄一卷并序》所载“养老乞言”应是模仿佛经中的弃老俗故事而编的。鉴于P.2721（1）号全卷依次抄写《杂抄一卷并序》《开元皇帝赞金刚经》《新集孝经十

① 陈淑卿、陈昌珠：《多学科视角下的古代贱老习俗——从湖北“寄死窑”谈起》，《民俗研究》2005年第4期，第124页。

② 黄绍坚：《探询“弃老俗”，寻访“弃老洞”》，https://blog.sina.com.cn/u/1263738724或https://www.docin.com/p-1836812449.html。

③［北魏］郦道元著，陈桥驿校证《水经注校证》，第407页。

④ 上海古籍出版社、法国国家图书馆编《法藏敦煌西域文献》第17册，上海古籍出版社，2001年，第358页。

⑤ 张玥：《敦煌知识类蒙书写本探究》，硕士学位论文，西华师范大学，2020年，第33页。

八章》《舜子变》《上郎君并序》，“写本内容整体上属于蒙学教育范畴”[①]，是当时学郎抄写的作业，那么客观上必将扩大“纣时敬小不敬老，人年八十并皆煞之”的传播面。

其二，贱老可能是古印度的社会风气。佛经中有许多与贱老、弃老有关的记载。北魏西域三藏吉迦夜共昙曜译《杂宝藏经·弃老国缘》载：

> 佛言：“过去久远，有国名弃老，彼国土中，有老人者，皆远驱弃。有一大臣，其父年老，依如国法，应在驱遣。大臣孝顺，心所不忍，乃深掘地，作一密屋，置父着中，随时孝养。尔时天神，捉持二蛇，着王殿上，而作是言：‘若别雄雌汝国得安；若不别者，汝身及国，七日之后，悉当覆灭。’王闻是已，心怀懊恼，即与群臣，参议斯事，各自陈谢，称不能别。即募国界，‘谁能别者，厚加爵赏’。大臣归家，往问其父。父答子言：‘此事易别。以细软物，停蛇着上。其躁扰者，当知是雄；住不动者，当知是雌。’即如其言，果别雄雌。……天神欢喜，大遗国王珍琦财宝，而语王言：‘汝今国土，我当拥护，令诸外敌不能侵害。’王闻是已，极大踊悦，而问臣言：‘为是自知？有人教汝？赖汝才智，国土获安，既得珍宝，又许拥护，是汝之力。’臣答王言：‘非臣之智，愿施无畏，乃敢具陈。’王言：‘设汝今有万死之罪，犹尚不问，况小罪过。’臣白王言：‘国有制令，不听养老。臣有老父，不忍遣弃，冒犯王法，藏着地中。臣来应答，尽是父智，非臣之力。唯愿大王！一切国土，还听养老。’王即叹美，心生喜悦，奉养臣父，尊以为师，济我国家一切人命，如此利益，非我所知。即便宣令，普告天下：‘不听弃老，仰令孝养。其有不孝父母，不敬师长，当加大罪。’”[②]

很明显，弃老国驱弃老人，不让孝养。通过一个大臣借助其被私藏的年迈父亲的教导，使得国家转危为安，进而使得国王改变“不听养老”的旧制，提倡孝养老人。可见，不管是P.2721（1）号《杂抄一卷并序》所载“养老乞言”，还是古印度的贱老风气，实际上叙事方式大同小异，似乎出自同一模板[③]。原本认为老人无用，所以贱老，但后来国王遇到难题，仅能依靠被私藏的老人的经验和智慧才能解答，凸显出了老人的价值，从而提倡敬老。虽说提倡敬老，但是古印度弃老顽疾根深蒂固，就连提倡“恭敬父母、耆长、宿老”的出家人也不能避免轻贱老人。北魏慧觉译《贤愚经·出家功德尸利苾提品》载：

> 时王舍城，有一长者，名尸利苾提(秦言福增)，其年百岁，闻出家功德如是无量，便自思惟：“我今何不于佛法中出家修道?”即辞妻子奴婢大小：“我欲出家。”其人老耄，家中大小，莫不厌恢，轻贱其言，无从用者，闻欲出家，咸各喜言：“汝早应去，何以迟晚？今正是时。”尸利苾提，即出其家，往趣竹林，欲见世尊求出家法。到竹林已，问诸比丘：“佛世尊大仙，大悲广利天人者，今何所在?”比丘答言：“如来世尊，余行教化，利益不在。”尸利苾提又问：“次佛大师智慧上足，更复是谁?”比丘指示彼尊者舍利弗是。即柱杖至舍利弗所，舍杖作礼，白言：“尊者！听我出家。”时舍利弗，视是人已，念此人老，三事皆缺，不能学问、坐禅、

---

① 张玥：《敦煌知识类蒙书写本探究》，硕士学位论文，西华师范大学，2020年，第33页。

② ［北魏］吉迦夜共昙曜译《杂宝藏经》，《大正藏》第4册，第449-450页。

③ 此类贱老故事的统计，可参考官哲兵：《野蛮“弃老”俗的见证——武当山寄死窑》，《中南民族大学学报（人文社会科学版）》2007年第2期，第132-133页。

> 佐助众事，告言："汝去，汝老年过，不得出家。"次向摩诃迦叶、优波离、阿㝹楼陀等，次第五百大阿罗汉，彼皆问言："汝先向余人未？"答言："我先以向世尊，世尊不在，次向尊者舍利弗。"又问："彼何所说？"答言："彼告我言：'汝老年过，不得出家。'"诸比丘言："彼舍利弗智慧第一，尚不听汝，我等亦复不听汝也。譬如良医，善知瞻病，舍不疗治，余诸小医，亦悉拱手，当知是人，必有死相。"以舍利弗大智不听，其余比丘，亦尔不听。[①]

因年事已高，不能做学问、坐禅、佐助众事，以致连舍利弗等佛弟子都不愿接纳老人出家。

既然古印度和古中国都有贱老的记载乃至实物遗址，那么当时的人读到《佛说弥勒大成佛经》、看到"老人入墓图"时，就很有可能会联想到历史上的贱老风俗。抛开敦煌石窟"老人入墓图"的佛教内涵不言，敦煌石窟的"老人入墓图"也可以视为贱老习俗的图像表现。《佛说弥勒下生成佛经》提到"弥勒下生时只有释迦牟尼佛遗法弟子、具有福德之人等等才能得到弥勒佛的救度得道"，并没有说是"老人"。但"老人入墓图"描绘的是老人，结合贱老习俗，是否可以理解为就连被轻视的老人都能勤修佛道，何况其他人呢！的确如此，《贤愚经·出家功德尸利苾提品》就强调了这层意思，尸利苾提"离生死之苦，得涅槃乐"后，"因缘善名流布遍王舍城，诸人咸言：'甚奇甚特！此长老者，于此城中，老耄无施，今于佛法，出家成道，显说如是希有妙法。'……福增百岁，方乃出家，成就如是诸大功德，况诸盛年，欲求妙胜大果报者，应勤修法出家学道，欢喜奉行"[②]。

此外，并非只有古代中国和古印度有贱老风气，朝鲜半岛、日本等地也有，陶巴族、霍丁督族、雅库特族、塔斯马尼亚人、爱斯基摩人、霍比人、希卢克人等也有抛弃老人的习惯[③]，实际上"在不同的民族、不同的国家和地区，都有'弃老'的习俗"[④]。贱老风气之所以流传范围广，"很可能与当地某些社会现象或曾经存在过的社会现象相暗合，或者起码是对于历史上物质资源极端贫乏时期的依稀记忆"[⑤]。

贱老习俗的一个极端化情形就是"老人年到60岁就要被活埋"[⑥]（有的地方称为"六十

---

① ［北魏］慧觉译《贤愚经》，《大正藏》第4册，第376–377页。

② ［北魏］慧觉译《贤愚经》，《大正藏》第4册，第380页。

③ 马长寿：《中国古代花甲生藏之起源与再现》，载马长寿著、周伟洲编《马长寿民族学论集》，人民出版社，2003年，第24–28页（此文原载《民族学研究集刊》第1期，1936年5月）；陈淑卿、陈昌珠：《多学科视角下的古代贱老习俗——从湖北"寄死窑"谈起》，第124页、第128页；宫哲兵：《野蛮"弃老"俗的见证——武当山寄死窑》，《中南民族大学学报（人文社会科学版）》2007年第2期，第132页；潘世东：《汉水流域"寄死窑"大文化观系统阐释》，《郧阳师范高等专科学校学报》2004年第5期，第31页；潘世东：《汉水流域"寄死窑"之文化哲学解读》，载湖北省历史学会等主编《汉水文化研究——汉水文化暨武当文化国际学术讨论会论文集》，中国国际广播音像出版社，2004年，第437–438页。

④ 钱燕娜：《"弃老俗"的道德考察》，《法治与社会》2010年第10期，第186页。

⑤ 陈淑卿、陈昌珠：《多学科视角下的古代贱老习俗——从湖北"寄死窑"谈起》，第124页。

⑥ 高颖采访山西太原阳曲县河上咀村郝翠玲时，问："小时候就听人们说过，人到60岁要活埋的故事。请问这是故事传说，还是真实存在的？"郝翠玲说："是真事。那个时候的老人到了60岁就要到墓中过活了，活埋这个词用得不准确。"2015年12月10日采访，郝翠玲时年72岁。

岁发家子"风俗[①]），基本的故事梗概是：人到60岁开始就要到尚未完全封闭的墓中或洞中生活，每顿饭由家人送去，送一次饭砌一块砖，直到把墓完全封死，或仅留下三天食物，三天后就把墓封死，随后再正式安葬。之所以如此，主要有三点原因：其一，由于生存资料匮乏，出于维护整体的利益、维护血缘的延续，老人出于爱护子女，无奈地选择自动出走饿死以协助子女度过食物不足的困境[②]。按此说法，则更多表现的是老人的一种自我牺牲或是老人的一种强制性义务。其二，按前文所引史料乃至口述史资料，其反映出的原因是"老人无用"的观念，"60岁以上的老人什么都干不了了"[③]，"人老了，不能干活还费粮食"[④]，因"无用"而被遗弃，反映了一种野蛮的残忍的兽性。但这种情况多出现在残酷的生存条件下，是一种不得已的行为，且"杀死非生产的成员对社会来说是一种合乎道德的责任"[⑤]。其三，高颖采访郝翠玲时，问："那会不会是因为当时年景不好，粮食不够，才让老人如此的?"郝翠玲回答："也不是。我们这没有经历过大饥荒什么的，不是因为缺粮食才这样。具体是因为什么就不知道了。"笔者曾问家父："是因为有灾害，没有吃的才活埋吗?"家父回答说："不是，是因为老人岁数大了心眼子多了，吃一次亏长一次心眼，老不看三国少不看西厢。"简单说就是老人经历的事情多了，经验智慧丰富，骗不了了。按此说法，到60岁老人被活埋，是出于古代愚民政策的需要。

"老人年到60岁就要被活埋"这一贱老习俗的极端化，有的认为"始于旧石器时期"，有的认为"发生在秦始皇时期"，有的认为"从已发掘的古墓文物看，无一不指向蒙古人统治的元代"[⑥]，有的认为"传说清朝，是雍正时候还是乾隆时候，还是什么时候也说不准"[⑦]。可见，"老人年到60岁就要被活埋"并没有一个可信的时间点，所认为的出现时间或在战乱时期，或与残暴的统治连在一起，或强加给入主中原的少数民族政权。之所以不能确定时间，根本原因在于史料中虽然能找到贱老的记载，但"老人年到60岁就要被活埋"的极端化贱老情况却不见于史料记载乃至明确的图像表现，而仅见于民间传说，进而哪些墓葬与"老人年到60岁就要被活埋"有关也无法确定，如此就不能进行考古学、历史学等方面的考证分析，故而其出现的时间也就无从谈起。在民间传说中，被认为与"老人年到60岁就要被活埋"有关的墓葬称呼有"花甲墓""砖打墓""自死窑""寄死窑""古墓""模子坟""油篓坟""丘子坟""活人墓""留老疃""花墓""甲子墓"乃至"瘗窟"

① 黄绍坚：《探询"弃老俗"，寻访"弃老洞"》，https://blog.sina.com.cn/u/1263738724或https://www.docin.com/p-1836812449.html。

② 陈淑卿、陈昌珠：《多学科视角下的古代贱老习俗——从湖北"寄死窑"谈起》，第127-129页。

③ 孟梓良采访山西阳泉市平定县贡志宏时，贡志宏转述的其爷爷的话，2015年12月。

④ 据高颖对山西太原阳曲县河上咀村郝翠玲的采访，2015年12月10日。

⑤ 转引自黄绍坚《探询"弃老俗"，寻访"弃老洞"》，https://blog.sina.com.cn/u/1263738724或https://www.docin.com/p-1836812449.html。

⑥ 张剑飞：《六十花甲墓的传说之谜》，http://blog.sina.com.cn/s/blog_5628628a0102e1np.html。

⑦ 据家父口述。2015年12月。

"生藏墓"[①]等等，但因不能确定，只是想当然地认为，所以有的学者认为可能就是砖室墓、崖墓甚至迁葬坟之类的墓葬变形而已[②]，或许称其为"民俗遗址"[③]更合适些。发现这些民俗遗址或传说的地点主要在湖北省十堰市郧县、十堰市丹江口市、十堰市城区，河南省丹江流域的淅川，陕西省安康市，湖北省红安县，山东省烟台市、蓬莱市（现为蓬莱区），山西省太原市万柏林区、昔阳县、晋城市泽州县周村镇、阳泉市平定县等地[④]。这些民俗遗址的主要特点是：墓呈小口大肚的圆锥体穹隆形；洞内没发现尸骨，没有棺木，没有或极少有陪葬品。

① 谭蝉雪：《"老人入墓"与民俗》，第54–55页；刘守华：《走进"寄死窑"》，《民俗研究》2003年第2期，第123–128页；闫勇、王桂芳：《湖北的"寄死窑"与胶东半岛的"模子坟"》，《民俗研究》2005年第1期，第235–237页；崔中慧：《敦煌弥勒经变中"老人入墓"的印度文化源流试探》，第1198页；穆光宗：《孝文化的起源与弃老习俗的关系》，《社会科学论坛》2010年第12期，第157页；杨治国、刘爱华、张忠诚：《试论湖北的"寄死窑"与胶东半岛的"丘子坟"》，《文物世界》2010年第3期，第64–65页；山西省广灵县县志编纂委员会编《广灵县志》，人民出版社，1993年，第582–583页。

② 陈淑卿、陈昌珠：《多学科视角下的古代贱老习俗——从湖北"寄死窑"谈起》，第122页；穆光宗：《孝文化的起源与弃老习俗的关系》，《社会科学论坛》2010年第12期，第158页。

③ 柏健：《武当山发现民俗遗址寄死窑》，《湖北日报》2001年6月9日第B1版；刘守华：《走进"寄死窑"》，《民俗研究》2003年第2期，第128页。

④ 宫哲兵：《野蛮"弃老"俗的见证——武当山寄死窑》，《中南民族大学学报（人文社会科学版）》2007年第2期；刘守华：《走进"寄死窑"》，《民俗研究》2003年第2期；杨治国、刘爱华、张忠诚：《试论湖北的"寄死窑"与胶东半岛的"丘子坟"》，《文物世界》2010年第3期；杨菁：《汉江流域"寄死窑"与〈楢山节考〉》，https://www.fx361.com/page/2016/0618/612761.shtml；温晋生整理《自死墓的传说》，载赵俊峰主编《安泽县民间文学集》，三晋出版社，2010年；刘高官、张凯主编《阳泉百科全书》，山西人民出版社，1997年。

印度新德里国立博物馆藏敦煌丝绸

王　乐（东华大学）
赵　丰（浙江大学）

【摘要】斯坦因的中亚探险得到了多个机构的资助，其敦煌收集品主要收藏于大英博物馆、维多利亚与艾尔伯特博物馆、英国国家图书馆以及印度新德里国立博物馆。新德里国立博物馆所收藏的敦煌丝织物大部分为幡画，且都与英国收藏的敦煌织物有关联，将它们与藏经洞发现的其他敦煌纺织品放在一起进行比较和研究，能更全面地了解敦煌丝绸。

【关键词】印度　国立博物馆　敦煌　丝绸

奥雷尔·斯坦因（Marc Aurel Stein）一共进行过四次中亚探险，在其第二次（1906—1908）和第三次（1913—1916）探险期间到过敦煌。斯坦因的中亚探险得到了多个机构的资助，斯坦因也答应为这些机构收集考古和文献实物，其收集品最后将由各机构按其投资比例分配。第二次探险的资金由印度政府赞助60%和大英博物馆提供40%，所以，这次的收集品按此比例分配。第二次从敦煌收集的丝织品与其他的收集品一起先运回伦敦，存放在大英博物馆，然后在英国政府和印度政府之间进行分配。分配给大英博物馆的藏品从斯坦因藏品名下转入大英博物馆，而分配给印度政府的藏品则于1919年2月12日从大英博物馆迁到伦敦的印度事务部，准备日后装船运往印度。然而，这批藏品的一部分留在了伦敦的印度仓库并辗转到了维多利亚与艾尔伯特博物馆，博物馆向印度政府申请借用后一直保存着这批纺织品。第三次探险则完全由印度政府资助，结果这次探险收集的文物主要都进了新德里一家新建的博物馆——中亚文物博物馆（Central Asian Antiquities Museum），大英博物馆只是收藏了一些有代表性的标本和文献。1972年，英国国家图书馆成立，斯坦因藏品中的文献资料从大英博物馆转入英国国家图书馆。1982年，印度事务部图书馆和档案部并入了英国国家图书馆[①]。1949年，新德里国立博物馆（National Museum， New Delhi）在印度总统府（Rashtrapati Bhawan）揭幕，现在的建筑基础是由印度总理尼赫鲁（Pandit Jawaharlal Nehru）于1955年奠基的（见图1）。1958年，中亚文物博物馆合并至国立博物馆，其所藏斯坦因收集品一并移交。

图1　印度新德里国立博物馆

一、印度新德里藏敦煌纺织品概况

1935年，斯坦因的助手安德鲁斯（Fred H. Andrews）出版了一部叙录，记载奥雷尔·斯坦因爵士在中亚、今中国甘肃及伊朗东部探险所获文物。这本叙录记录了当时收藏在新德里中亚文物博物馆的斯坦因在1906—1908年和1913—1916年在中国西北地区探险所获的物品。书中按照材料和工艺将收集品分为石器、陶器、木器、纺织品、绘画等。在绘画部分，安德鲁斯介绍了藏经洞所出两种不同形式的寺院绘画，多以丝织物制成，少量使用麻或棉织物。一种为正方形或长方形，以顶边上的悬袢靠墙悬挂；另一种为有三角形幡头的悬幡，幡头顶端有悬袢，下方是幡身，幡身两侧有幡手，下方是幡足和悬板。前者四周有一圈包边，中心部分为绘画，常见的题材是西方净土或观音菩萨和佛本身的故事；后者的幡身上多绘一身佛、菩萨或天王。画地多采用精细的画绢，使得上面的绘画在两面都能很好地呈现[②]。此类织物虽然采用平纹组织，但两根经线为一组，每组之间有明显的由空筘形成的间隙。

安德鲁斯在文物叙录中记录了敦煌藏经洞的纺织品228件，分为彩色丝织物6件、暗花丝织物5件、绘画丝织物168件、绘画麻织物47件和杂类2件[③]。丝织物中以画幡或者画幡的部件为最多，其他的还包括1件大型绣像、2件帷幔残件、1件经帙以及一些丝绸残片。

① 汪海岚、白海伦、吴芳思：《伦敦收藏的敦煌丝绸》，载赵丰主编《敦煌丝绸艺术全集·英藏卷》，东华大学出版社，2007年，第12-21页。

② Fred H. Andrews，Descriptive Catalogue of Antiquities Recovered By Sir Aurel Stein， K.C.I.E，PhD.，D.Litt，D.Sc.，Archaeological Survey of India (Retd.） *Fellow of the British Academy*， *During His Explorations in Central Asia*，*Kansu and Eastern Iran*， Delhi: Manager of Publications，1935年，pp. 7-29.

③ Fred H. Andrews，Descriptive Catalogue of Antiquities Recovered By Sir Aurel Stein，K.C.I.E，PhD.，D.Litt，D. Sc.，Archaeological Survey of India (Retd.) *Fellow of the British Academy*，*During His Explorations in Central Asia*，*Kansu and Eastern Iran*，Delhi: Manager of Publications，1935，pp. 214-234.

二、对印度新德里国立博物馆藏敦煌纺织品的调查

2008年3月，我们借国际敦煌项目（IDP）会议的机会去了印度新德里国立博物馆，在比诺伊·库马尔·萨海（Binoy Kumar Sahay）博士的帮助下，看到了一批收藏在该馆的斯坦因藏品，对千佛刺绣（Ch.00100）和帷幔（Ch.00278）进行了较为细致的图片拍摄和分析（见图2）。2014年，利用赴英迪拉·甘地国家艺术中心（Indira Gandhi National Centre for the Arts）参会之机再次来到国立博物馆，见到了另一件帷幔（Ch.00280）、花卉纹刺绣（Ch.00281）和几件幡。我们结合两次的调查及斯坦因和安德鲁斯的记录，对印度新德里国立博物馆藏除纯粹的装饰性幡画之外的几件重要的丝织物加以说明。

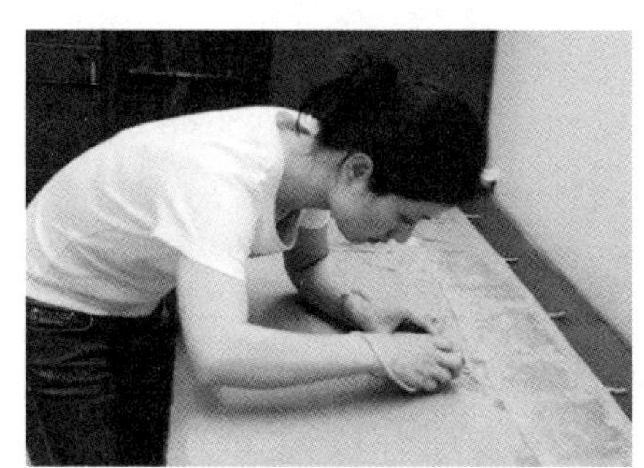

图2　作者在印度博物馆研究斯坦因收集的敦煌文物

1.千佛刺绣（Ch.00100）[①]

高81.3 cm，宽63.5 cm。

北朝—隋（6世纪末—7世纪初）。

整件刺绣以红、蓝、紫、橘等色丝线采用劈针绣出小坐佛、伞盖坐佛和供养人。刺绣由六条绣片相互拼缝而成，拼接处明显，是先刺绣再拼缝，每条刺绣又由若干绣有不同图像的小块拼成。最左边的一条宽约8 cm，其余各条宽约11 cm，上面主要包括四种图像类型（见图3）。

第一种是小坐佛，位于居中四条。每条刺绣上都绣有一双横排并排坐着的小佛像，每尊佛像姿势基本相同，像高约7cm，连头光和莲座像高总计在9～10 cm，分别披紫色、绛色和橘红色三种色彩的袈裟，结跏趺坐于莲座之上，头后为橘色和米色两种头光。此件刺绣的地用灰黄色的丝线以劈针针法绣成。佛像脸部以浅米色丝线绣成，肉髻、眼睛、眉毛用蓝色丝线绣成，鼻子、耳朵、脸的轮廓线用稍浅的橘红色丝线绣成，嘴唇用橘黄色丝线绣成。坐佛头光共有米白色和橘黄色两种，米白色配红色袈裟，橘黄色配深紫色和绛色两种袈裟，红色总是每排都有，但一排在左，另一排在右，间隔排列，而紫色和绛色两种色彩的袈裟则相隔排列，一次在左，一次在右。斯坦因拿到这件刺绣时，上面可能一共缺了近10个佛头，维多利亚与艾尔伯特博物馆借藏的一块刺绣小佛头（见图4，L:S.559/Ch.00450.c）被认为可能

① 赵丰、王乐：《藏经洞所出千佛刺绣研究》，《敦煌研究》2022年第2期，第21-32页。

是脱落佛像[①]。从其米白色的头光来看，这一小佛像肯定穿着橘红色袈裟。从头光的外形和佛头的造型来推测，这很有可能是从左边开始第4条绣片倒数第三行掉下来的。

图3　千佛刺绣
（Ch.00100）

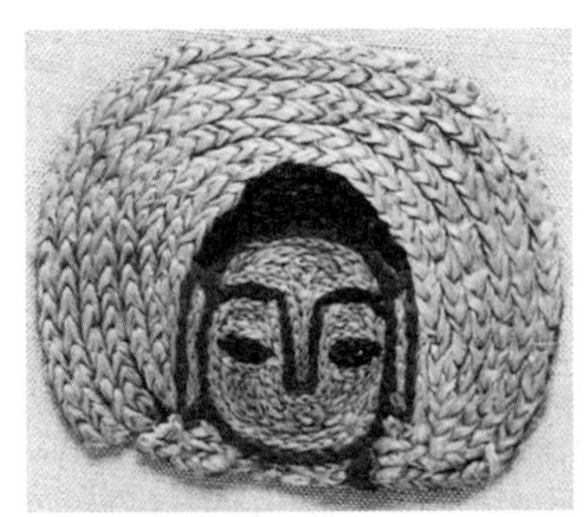

图4　刺绣佛头
（L:S.559）

第二种是带盖坐佛，主要位于这件绣品左侧的绣带上（见图5）。伞盖下的坐佛从尺寸上来看比小坐佛稍大一些，高约8 cm，连伞盖和莲座像高总计为14 cm左右，如果算上伞盖上和莲座下的联珠纹带饰，高达17～18 cm。带盖坐佛的造型与小坐佛基本一致，用色也基本一致。最左侧的绣片上两座保存较为完好的佛像，所着均为紫色袈裟，其头光也是橘色，其余三尊仅见袈裟不见头，但可推测其头光规律与小坐佛相同，即橘红色袈裟者头光为白色，而绛色袈裟者头光为橘色。

图5　伞盖坐佛

图6　男供养人

第三种是供养人，主要位于右方的两条绣片上。最右边的绣片上有上下两组供养人，位于上方的是三位身着长袍的男供养人，面向左侧。第一位身穿橘黄色圆领长袍，体形最大，应该是男性的贵族供养人，其身后是一位着亮蓝色圆领袍的持伞男子，另有一男子仅剩头部（见图6）。男性供养人的服饰造型比较简单，前两位形象基本完整。他们穿的都是圆领袍，

① Aural Stein, *Serindia: Detailed Report of Explorations in Central Asia and Westernmost China* (vol. 2), Oxford at the Clarendon Press, 1921, p.958, p.1001.

从绣线的走向来看，这些袍子用的都是左衽，袖窄且较长，以致两手相握时袖长可以遮住手。那位贵族形象的袍色为橘黄色，推测原为红色，由红花染成，现褪色成为橘黄色。腰系亮蓝色腰带，带中有白色小花装饰，带尾也有一段白色，应为金属材质的花式形的銙和鉈尾。中间一位男侍着亮蓝色圆领袍，系灰色腰带，腰带上亦有銙和鉈尾。三位都足穿皮靴，靴色深紫，左右两靴自靴背至后跟处均有一白色线条，可能是金属扣带。

男供养人下方是四位女性供养人，面朝右侧。最前方的贵族女供养人手持一朵莲花，肩披带有亮蓝色翻领的橘黄色外套，外套的长袖自然悬垂，其后摆色彩是橘黄和灰黄相间，由身后一白衣侍女提起（见图7）。外套之内，穿着有装饰忍冬卷草纹的长袍。女性供养人之后，还有一红衣蓝裙撑伞侍女，再往后就仅显露一女性头部。类似图像也可以在刺绣顶端看到，位于右侧起第二块绣片，残存部分为蓝黄相间并被提起的外套后摆，推测亦为面朝右侧，与前述女性供养人很有可能是前后关系（见图8）。贵族女性供养人都身穿长袍，前襟对开，袍上饰有忍冬卷草纹刺绣。袍裾下还可以看到裙摆，裙摆下还露出紫色的高头履的头部。这类忍冬纹可见于敦煌壁画中，是北朝晚期到隋代特别流行的纹样。侍女着圆领窄袖上衣，外罩一条长裙。

图7　刺绣右下方女性供养人

图8　刺绣上方残存女性供养人

第四种图像可能就是刺绣最右下端的一小片刺绣，极为残破，可以看到的是两组莲花瓣、莲花瓣上的莲蓬装饰，以及衣折线。其形象无法判断，但估计很大，很有可能中间是一个大型的坐佛，而两侧的莲座上还有一或两个菩萨或是弟子形象。这可以算成是第四种图像。但目前这一残片的方向被横过来了，可能是因为这一内容被整个裁去派作他用了。

斯坦因曾在《西域考古图记》中提到刺绣中的部分场景与巩县石刻中的场景（帝王礼佛图，525年）相似，而我们前期在《敦煌丝绸艺术全集·英藏卷》中把刺绣年代定为中唐到晚唐，现在看来是过于保守的。从技术来看，这件刺绣作品采用的是劈绣针法，这种针法大约在北魏时已有出现，如1965年3月发现于敦煌莫高窟第125、126窟前的北魏刺绣说法图及花边，因为上有广阳王的名字和太和十一年（487）的纪年，所以比较可靠①。此外，绣像上持禅定印的小佛像起源于十六国时期，但流行于北朝。而供养人的袍上的忍冬卷草纹以及伞盖上的联珠纹是北朝到隋非常流行的纹样，所以，我们现在认为这件刺绣的年代为北朝晚期到隋。

① 赵丰主编《敦煌丝绸艺术全集·敦煌研究院卷》，东华大学出版社，2020年，第102-103页。

这件刺绣佛像的作品原先有可能是一件绣帐，中间主体部分绣有千佛和佛的题材，之下是供养人，男性在右，面朝左；女性在左，面朝右。男女供养人之间很可能会有一块发愿文书写的空间。也许是因为这件刺绣挂的时间太久了，已经破碎，所以，敦煌的僧人们把这件绣像拆下来，把中间的大佛单独裁下来重新装裱了挂起来，但把其余部分重新剪裁拼缝，改作袈裟或经巾。

2. 花卉纹刺绣（Ch.00281）

长147.3 cm，宽101.6cm。

晚唐—五代（9—10世纪）。

这件刺绣与藏经洞中其他采用平针的刺绣材料相仿，为罗地绢衬，绣地表层为蓝色菱纹罗，背衬以蓝色绢（见图9）。罗被裁成若干条高度约101.6 cm的长条，一端窄（约7.6 cm），一端宽（约15.2 cm），拼缝后用彩色丝线绣满写实风格的花簇、鸟和蝶。

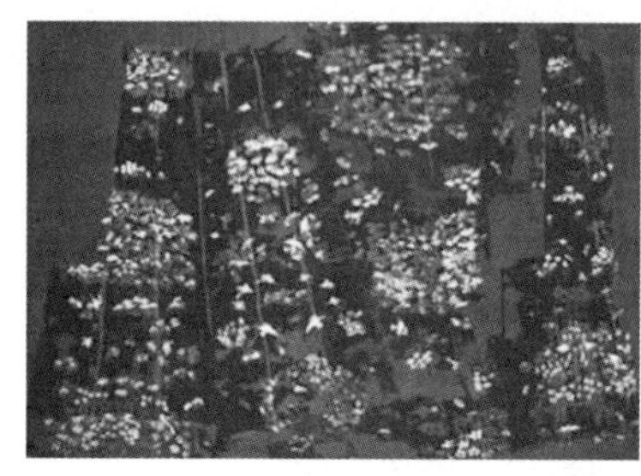

图9　花卉纹刺绣及局部

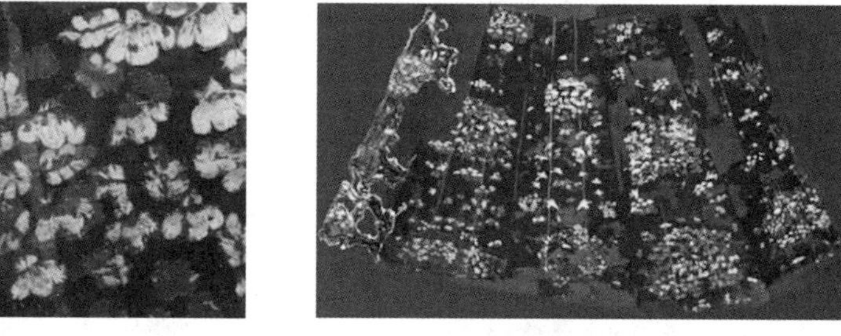

图10　推测拼合后的刺绣

斯坦因推断此刺绣可能为一块挂饰，虽然由多条上窄下宽的绣片缝合而成，但将左、右两部分倒置，应该大致为一块长方形[①]。不过从花鸟的形态来看，目前装裱于镜框中的绣片中间三条颠倒了，若将其倒置，可以得出一块由11条上窄下宽的织物拼缝而成的呈弧形的刺绣，且旁边还残留部分绣片，推测刺绣原本的绣片条数应该更多。根据斯坦因编号与刺绣面料和图案，此刺绣和维多利亚与艾尔伯特博物馆收藏的另一块刺绣（L:S.525/Ch.00281）[②]原本属于同一块织物，拼合后，绣片的数量达到12片或者更多（见图10）。

从刺绣的形状和尺寸来看，其与唐代的女裙形制很是相似。魏晋南北朝时期，中国女性常穿一种由双色面料拼缝而成的竖向间色裙，裙片数量多为四片、六片、八片、十二片；隋唐时期，间色裙的裙片数量明显增加[③]。与此同时，刺绣、印染等装饰工艺的使用，使得这种由面料拼缝而成的裙不再局限于间色的使用。

刺绣在唐代有了很大的发展，刺绣技法也愈加丰富，除了中国传统的锁绣，还从中发展出劈针绣、平针绣等[④]。平针是唐代最常见的刺绣针法，目前所知唐代平针绣的大量出现是在敦煌藏经洞和扶风法门寺地宫。根据法门寺地宫出土的《应从重真寺随真身供养道具及恩

① Aural Stein, *Serindia: Detailed Report of Explorations in Central Asia and Westernmost China (vol. 2)*, Oxford at the Clarendon Press, 1921, p.986.

② 赵丰主编《敦煌丝绸艺术全集·英藏卷》，东华大学出版社，2007年，第223页。

③ 万芳：《考古所见晋唐时期间裙研究》，《考古与文物》2010年第2期，第90-95页。

④ 王乐、赵丰：《从敦煌发现的刺绣看唐代刺绣的种类及其变化》，《丝绸》2012年第9期，第60-65页。

赐金银器物宝函等并新恩赐到金银宝器衣物帐》的记载，供奉给佛指舍利的供养品中有“武后绣裙一腰”[①]。地宫中虽出土了大量刺绣，但几乎都是残片。尽管无法辨认出绣裙，但发现了两条较完整的泥银菱纹罗织金腰裙，裙身表层为裁剪的菱纹罗片，拼缝后在其上加以手绘，底层为平纹绢。其中一条裙表层的罗被裁剪成宽约10cm、长约130cm的上窄下宽的条带后再拼接缝合，表面用银泥手绘朵花和飞雁[②]。这两条裙或许对应的就是“衣物帐”中的“红罗裙”，结合敦煌文书中“青银泥罗裙”[③]“紫绣裙”[④]的记载，唐敦煌地区的女性亦可能穿着由多块面料拼缝而成的刺绣或银泥裙。我们推测，藏经洞中发现的这块刺绣很可能本是一条女裙的裙身部分。

3.帷幔（Ch.00278）

长792.5 cm，高66 cm。

唐（7—9世纪）。

此帷幔的形制与大英博物馆收藏的一件较为完整的帷幔（MAS.855/Ch.00279）[⑤]相同，可能都是作为大型伞盖周围的垂饰[⑥]。虽然裙腰部分磨损严重，但保存下来的长度几近8米。下方的伞裙部分破损严重，表面是红绢，背衬以灰绿色绢。帷幔上缝缀的部件大多已缺失，保留下来的有三角形装饰（者舌）、鳞形垂带（杂色柱子）和打结的垂带等。三角形装饰面料有锦、绮、绢、罗等，有的还以刺绣和手绘加以装饰（见图11）。其中一种蓝地花卉纹斜纹经锦的使用次数最多，图案是具有一定写生风格的六瓣团花，对角线方向伸出四根枝叶，团花间点缀叶片和四瓣花（见图12）。一块收藏于大英博物馆的三角形锦（MAS.925/Ch.00227）很可能也是从该帷幔上脱落的[⑦]。鳞形垂带保存较完整，用料相仿，在帷幔上重复出现。外露部分高约37 cm，面料从上到下依次为白色绢、绿色绢、橘红色绢、白色绢、绿地四瓣小花纹夹缬绢和蓝色绮，背衬为白色绢。

---

① 韩伟：《法门寺地宫唐代随真身衣物帐考》，《文物》1991年第5期，第27-37页。

② 陕西省考古研究编著《金缕瑞衣：法门寺地宫出土唐代丝绸考古及科技研究报告》，科学出版社，2023年，第73-79页。

③ P.2567V《癸酉年（793）二月沙州莲台寺诸家散施历状》，图版见上海古籍出版社等编《法藏敦煌西域文献》第16册，上海古籍出版社，2001年，第26页。

④ S.4609《宋太平兴国九年（984）十月邓家财礼目》，图版见中国社会科学院历史研究所等编《英藏敦煌文献》（汉文佛经以外部分）第6卷，四川人民出版社，1992年，第161页。

⑤ 赵丰主编《敦煌丝绸艺术全集·英藏卷》，东华大学出版社，2007年，第47-51页。

⑥ 关于伞裙部件的名称，参见王乐、赵丰：《敦煌伞盖的材料和形制研究》，《敦煌学辑刊》2009年第2期，第89-99页。

⑦ 赵丰主编《敦煌丝绸艺术全集·英藏卷》，东华大学出版社，2007年，第121页；Aural Stein，*Serindia: Detailed Report of Explorations in Central Asia and Westernmost China (vol. 2)*，Oxford at the Clarendon Press，1921，p.981.

图11 帷幔局部

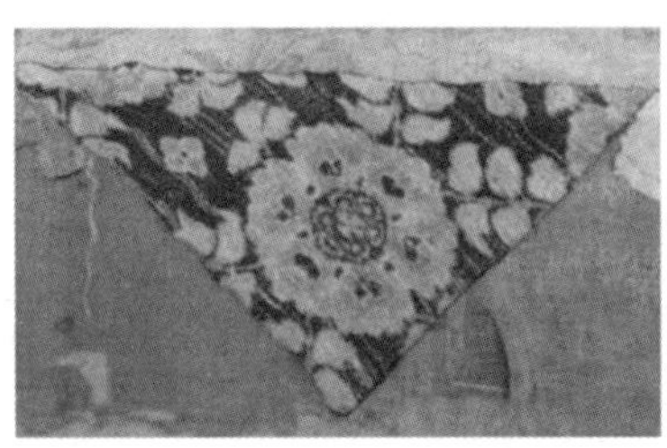

图12 花卉纹经锦

（左：Ch.00278。右：MAS.925）

裙腰面料为双色斜纹纬锦，保存相对完整，橙红色地上以白色显花（见图13）。团窠外环由四朵侧视花卉和四只奔鹿构成，内部填以宝花，团窠间填以由绶带纹和朵花组合而成的十字形纹样。鹿采用非常写实的表现手法，后腿立于花丛中，前腿腾跃而起，动感十足。鹿角大而多叉，身上是四瓣小花状的斑点，却留着山羊般的胡须。日本正仓院收藏数件紫地山羊纹锦，其中一件曾用于制作圣武天皇一周年（757）祭典上使用的幡[①]。锦图案为：四只腾跃的山羊绕着花树形成团窠，空隙处填以山石、朵云、鸟、蝶等。这些山羊纹锦采用了与裙腰面料类似的布局，只是团窠更加松散，动物主题由鹿变成了羊，且图案的精美程度不及后者。

图13 花鹿团窠锦及图案复原

4. 帷幔（Ch.00280）

长132.1 cm，高48.3 cm。

唐（7—9世纪）。

① ［日］松本包夫：《正仓院裂と飞鸟天平の染织》，紫红社，1984年，图版93。

此帷幔残件（见图14）的斯坦因编号与现收藏于维多利亚与艾尔伯特博物馆的帷幔[①]相同，形制和用料也相仿，可能是同一件帷幔断裂后的两部分。裙腰背衬紫褐色绢，表层的锦破损严重，其面料与阿伯特博物馆收藏的另外两块斜纹经锦（L:S.632/Ch.00295）[②]相同，斯坦因认为后者可能曾是帷幔的挂襻和垂带。图案是绿色地上二二错排的侧视朵花，花本为橙红色，但大多褪色成浅棕色（见图15）。三角形垂饰基本都保存下来了，面料除了与L:S.593（Ch.00181）[③]相同的宝花纹平纹经锦外（见图16），还有白色绢和蓝色罗地彩色花卉纹绣。三根完整的垂带保留了下来，其中一根全部由锦制成，用料与裙腰相同；另外两根是用各色绢、绮、罗拼缝而成的鳞形垂带，其中一块浅蓝色的绮图案与大英博物馆收藏的菱格纹绮幡带（MAS.897/Ch.00340）图案相同，另一块蓝色绮的图案和维多利亚与艾尔伯特博物馆收藏的蓝色菱形花卉纹绮（L:S.380、L:S.4 23/Ch.00345）图案相同[④]。

图14　帷幔局部

图15　朵花纹锦图案复原

图16　宝花纹锦图案复原

5.**彩绘幡**（Ch.002）

高185.4 cm。

唐（7—9世纪）。

此幡保留了完整的幡头、幡身、幡手、幡足和悬板。幡面由组织疏松的浅黄色菱格纹绮制成，幡头斜边面料为浅红色绢（见图17）。幡带本应都由深蓝色粗绢制成，但右侧幡手后来被替换成了面料相似的深绿色绢。悬板底色为红色，上面绘有下端为涡卷形开口的椭圆，内部为朵花。幡身为一整幅绢画，高67.3 cm，宽18.4 cm，绘一身立于莲座上的菩萨，有头光，上方悬一伞盖。

6.**彩绘幡**（Ch.003）

高182.9 cm。

唐（7—9世纪）。

此幡的面料与前幡相似，幡头、幡身、幡手、幡足和悬板保存完整（见图18）。幡身高65.4 cm，宽18.4 cm，上面绘有一身立于莲座上的菩萨，有头光，上方悬一伞盖。

---

① 赵丰主编《敦煌丝绸艺术全集·英藏卷》，东华大学出版社，2007年，第52-53页。

② 赵丰主编《敦煌丝绸艺术全集·英藏卷》，第126页。

③ 赵丰主编《敦煌丝绸艺术全集·英藏卷》，第52页。

④ Aural Stein, *Serindia: Detailed Report of Explorations in Central Asia and Westernmost China (vol. 2)*, Oxford at the Clarendon Press, 1921, pp. 985-986, pl. CXXI,

图17 彩绘幡(Ch.002)

图18 彩绘幡(Ch.003)

7.彩绘幡（Ch.liv.002）

高177.8 cm。

唐（7—9世纪）。

在《西域考古图记》中，斯坦因记录此幡在发现时除了两侧幡手缺失外，其余部分都保存完好[①]。不过在安德鲁斯的图录描述中，仅存幡的上半部分，而我们在印度国立博物馆也只见到装裱于镜框中的幡头和幡身，幡足和悬板并未在一起（见图19）。幡身一整块，高63.5 cm，宽17.5 cm，彩绘一护法金刚，双足各踏一朵仰莲。

幡头残损，原本一面为绢地绘画，一面为深绿色菱纹绮，不过后者被一块紫褐色的花叶纹刺绣所覆盖。幡头斜边为浅红色花卉纹绫，上面墨绘卷云。此幡头与法国吉美博物馆收藏的一块幡头残片（图20，EO.1191/E）[②]非常相似，幡头斜边同为浅红色墨绘卷云绫，幡面刺绣均用蓝、浅蓝、墨绿、红、白等色丝线平针绣出。前者幡面为花叶纹绣，后者为花鸟纹绣，图案风格相仿，应为同一绣片的两个部分。两件幡的幡头部分尺寸、用料和装饰手法均相仿，很可能曾属于同一组幡。

图19 彩绘幡（Ch.liv.002）

图20 吉美博物馆藏刺绣幡头

① Aural Stein, *Serindia: Detailed Report of Explorations in Central Asia and Westernmost China (vol. 2)*, Oxford at the Clarendon Press, 1921, p. 1058.

② 赵丰主编《敦煌丝绸艺术全集·法藏卷》，第82-83页。

8.彩绘幡（Ch.lv.0034）

高67.3 cm。

唐（7—9世纪）。

此幡的幡足以下缺失，仅保留幡头、两侧的幡手和彩绘幡身的上部（见图21）。三角形幡面原本是彩绘花卉纹，但破损严重，中间部分缝补了一块紫色罗，背衬以褐色绢。包裹幡面两侧的幡头斜边使用的是制作精美的缂丝，与大英博物馆收藏的幡头（见图22，MAS.905/Ch.0058）①的斜边用料相同。缂丝宽约2.7 cm，在红色地上缂织出团窠立鸟。团窠高4.3 cm，宽2.7 cm，图案中心为一只立鸟，四周装饰有四片绿色花瓣及四朵花蕾，花瓣中心及花蕾边缘缂织了片金线。上下两团窠中的立鸟朝向不同，不同团窠中的立鸟及其背景颜色亦有变化。幡身残高52.1 cm，宽18.7 cm，上面绘有一身菩萨，头冠以上部分被一块紫红色织物补丁遮盖。

图21　彩绘幡（Ch.lv.0034）

图22　大英博物馆藏彩绘幡头

三、总结

斯坦因敦煌收集品主要收藏于大英博物馆、维多利亚与艾尔伯特博物馆、英国国家图书馆以及印度新德里国立博物馆。新德里国立博物馆收藏的敦煌丝织物大部分为幡画，但也收藏了两件大型刺绣和两件帷幔残件。尽管安德鲁斯曾对这些纺织品进行过编录，但它们并未得到系统的整理和研究。这批敦煌丝织物与斯坦因其他敦煌收集品，以及其他机构收藏的藏经洞所出纺织品有着密切的关联，将它们放在一起进行比较和研究，能更好地了解敦煌藏丝绸的全貌。

除了新德里国立博物馆，加尔各答的印度博物馆（India Museum）中也有斯坦因三次中亚探险的收集品②，只是还不清楚其中是否有丝织品，希望今后有机会进行更深入的调查。

① 赵丰主编《敦煌丝绸艺术全集·英藏卷》，东华大学出版社，2007年，第74-75页。

② Susmita Basu Majumdar, Suchandra Ghosh, nusua Das. Aurel Stein's Calcutta Connection, https://studylib.net/doc/8667253/aurel-stein-s-calcutta-connection.

敦煌壁画中的儿童服饰

杨秀清（敦煌研究院）

【摘要】本文以敦煌石窟壁画中的儿童服饰为研究对象，通过系统梳理北朝至西夏时期的图像，探讨了古代儿童服饰的形象、功能及文化内涵。文章揭示了儿童服饰的成人化趋势、宗教场景中的符号化表达，以及丝绸之路上多元文化的互动影响。敦煌壁画中的儿童服饰为研究中国古代儿童生活史、服饰史及跨文化交流提供了珍贵的图像证据。

【关键词】敦煌壁画　儿童服饰　民族文化交流

由于传世文献中关于儿童服饰的记载较少，考古与出土文献、图像资料中的儿童服饰材料也零星而不系统，因此关于中国古代儿童服饰的研究，在中国服饰研究中一直相对薄弱。近年来，学者们开始关注中国古代儿童服饰的研究，并利用敦煌石窟壁画中的儿童服饰加以论证，这使得我们把关注的目光投向敦煌。然而，由于目前公布的资料有限，影响了研究者对敦煌石窟中儿童服饰的认识。幸运的是，笔者借工作之便，对敦煌石窟中的儿童图像做了较为全面的调查，这使得笔者对敦煌石窟壁画中的儿童服饰图像有了更多的了解。服饰研究虽非笔者所长，但还是乐于向大家提供相关的图像信息，在分享的同时也向各位求教。

一、荷叶帽与抹额

我们还是从头说起。

荷叶帽。说到古代儿童所戴帽子，学者多举虎头帽以为代表，并举陕西西安东郊韩森寨盛唐墓出土的一件襁褓婴儿陶俑为证①，并认为唐代儿童虎头帽应是对佛教护法神服饰的模仿和改造，唐人希望用驱

① 张正岭：《西安韩森寨唐墓清理记》，《考古通讯》1957年第5期，第57-62页。

邪镇恶的天王护佑儿童健康成长①。笔者注意到，敦煌石窟壁画天龙八部中的乾闼婆就头顶狮子以为身份象征，而这一形象，更可以追溯到希腊神话中的赫拉克勒斯神的形象。这种形象在流传过程中发生了变化，民间遂以老虎取代狮子，逐渐演变为虎头帽。

但我们在调查敦煌壁画中的儿童图像时，注意到壁画中的儿童大多未戴帽子，也没有发现戴虎头帽的儿童形象。有趣的是，我们在榆林窟第15窟南壁发现了一身头戴荷叶帽的童子（见图1）。该童子裸体躬身立于莲花之上，双手捧花蕾，头上以莲叶为帽。当然，从形象上观察，这身儿童所戴的荷叶帽，并非织物所制作，而是将一片新鲜的荷叶戴在头上，显然更像儿童兴致所致，随性而为。此外，在榆林窟第14窟东壁佛背光的南北两侧，也发现了头戴荷叶帽的儿童形象（见图2）。我们注意到，南北朝时期人们所戴的帽子中，有一种叫“卷荷帽”，也称“莲叶帽”，其制为圆顶，中竖一缨，帽檐翻卷，形似荷叶，故名“卷荷”。通常为士庶夏季所用。河南邓州市出土的南北朝画像砖中，有一组部曲鼓吹者形象，头上戴的正是这种帽子②。《北史·萧詧传》记载，南朝梁帝萧詧“恶见人发”，要求“担舆者冬月必须裹头，夏日则加莲叶帽”③。这可以印证。但上述图像与文献都没有儿童戴荷叶帽的形象或文字。榆林窟第15窟壁画中的儿童荷叶帽，虽然不是真正意义上的帽子，但也应该是儿童荷叶帽的先声。且莲花与佛教的关系密切，佛教将许多美好圣洁的事物以莲花作比喻，象征神圣与不灭。榆林窟第15窟的儿童是以“童子拜佛”的形象出现，这更是赋予了其荷叶帽的文化意义，因而弥足珍贵。

图1　榆林窟第15窟南壁 头戴荷叶帽的儿童

图2　榆林窟第14窟东壁 佛背光南侧 戴荷叶帽的童子

抹额，即缠在额头的头巾，包裹额头的发带。“抹额”也称“抹头”，即束在额上的头

① 杜文：《从尼密阿狮皮到虎头帽——浅议民间虎头帽与东西文化交流》，《收藏界》2003年第7期，第40-45页。

② 沈从文：《中国古代服饰研究》，商务印书馆，2011年，第265页。

③［唐］李延寿：《北史》卷93《萧詧传》，中华书局，1974年，第3089页。

巾。宋高承《事物纪原》卷九“戎容兵械”四十九“抹额”条引《二仪实録》曰：“禹娶涂山之夕，大风雷电，中有甲卒千人，其不披甲者，以红绡帕抹其头额，云海神来朝。禹问之，对曰：‘此武士之首服也。’秦始皇至海上，有神朝，皆抹额、绯衫、大口袴。侍卫自此抹额，遂为军容之服。”①唐杜牧《上宣州高大夫书》：“娄侍中师德，亦进士也，吐蕃强盛，为监察御史，以红抹额应猛士诏，躬衣皮袴，率士屯田，积谷八百万石，二十四年西征，兵不乏食。荐狄公为相，取中宗于房陵，立为太子。”②可见抹额为古代武士戎装由来已久，直到唐代也是如此。段文杰先生指出，抹额在莫高窟壁画中，刑吏、门卫、射手等均服之。莫高窟西魏第285窟五百强盗成佛故事中之挖眼刑吏红巾包头，盛唐第45窟观音经变中之杀头刑吏红巾帕首，盛唐第320窟“未生怨”故事宫廷政变图中逮捕国王之武士幞头上加红巾系于额③。笔者注意到，莫高窟第53窟前室南壁的射手图、第346窟主室南壁的射手图中（见图3），射手头上系红色发带。可以证明，抹额确与武士形象有关。难能可贵的是，我们在莫高窟第359窟东壁门南维摩诘经变中，发现了一位头裹抹额的儿童形象（见图4）。莫高窟第359窟开凿于中唐时期，在敦煌属于吐蕃统治时期，学者指出：“在吐蕃王朝的臣相中还有一种常服，戴搭耳帽，或只裹红抹额，着翻领或交领左衽紧身短襦，长袖两色（在半臂处接另一种颜色），皮带或帛带束腰，上下两种颜色的重裙长至膝下，下着白裤。这种服饰也是贵贱通用。”④莫高窟第359窟东壁中男子与儿童均裹红抹额，男子着紧身长袖上襦，下着重裙。长袖与重裙都是上下两种颜色，并着白长袴，腰束蹀躞带。儿童着紧身长袖素色袍，披云肩，背后垂彩带，腰束蹀躞带，身后悬挂佩饰。画面中的成人与儿童均着吐蕃服装，儿童头裹抹额，更平添了英武之气。同时也说明抹额不仅流行于汉族，而且也流行于其他民族。如同前面提到的儿童莲叶帽一样，儿童头裹抹额的图像在敦煌石窟壁画中也不多见。

图3　莫高窟第346窟前室南壁　头系抹额的射手(五代)

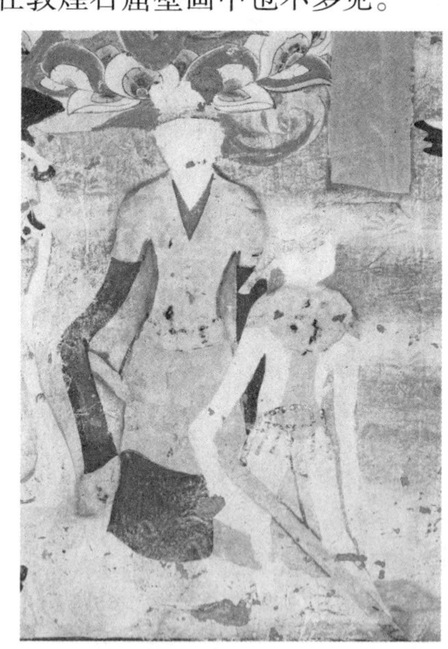

图4　莫高窟第359窟东壁门南　维摩诘经变局部（中唐）头系抹额的儿童

①［宋］高承:《事物纪原》卷9“戎容兵械”49，中华书局，1989年，第498页。

②［清］董诰等编《全唐文》卷752，上海古籍出版社，1990年，第3454页。

③敦煌研究院编《敦煌艺术大辞典》“红巾抹额”条，上海辞书出版社，2019年，第452页。

④谭蝉雪主编《敦煌石窟全集24·服饰画卷》，商务印书馆（香港）有限公司，2005年，第147-148页。

二、儿童内外衣服

围嘴，古称“裺”“繄袼”“涎衣”，是围在小孩子胸前使衣服保持清洁的物件，是年幼孩童必备的卫生用品。敦煌莫高窟第329窟主室西龛外南北两侧各有两身站在莲花上的童子（见图5），其中南侧上部童子和北侧下部童子均戴围嘴，非常可爱。虽然这两身戴围嘴的儿童形象仅为敦煌石窟所见，却为我们提供了唐代儿童围嘴的真实形象。

图5　莫高窟第329窟西壁佛龛外南侧　身穿围嘴与肚兜的童子（初唐）

肚兜，古称“袜腹”“帕腹”“抹肚”等。《释名》载“帕腹，横帕其腹也”，“抱腹，上下有带，抱裹其腹上，无裆者也”①。民国徐珂在其所著《清稗类钞·服饰》中称：“抹胸，胸间小衣也，一名袜腹，又名袜肚。以方尺之布为之，紧束前胸，以防风之内侵者。俗谓之兜肚，男女皆有之。”②可见称为肚兜则是后起之义。《入唐求法巡礼行记》卷四载，唐武宗会昌五年（845），日本僧人圆仁一行遭遇会昌灭佛事件，离开长安，一路东行到郑州。郑州长史辛文昱在长安时即与圆仁相识，此时，老友相逢，必然热情接待。同时“辛长史专使来施绢一疋、袜肚一、汗衫、褐衫，书一……”③。中国学者董志翘指出：“‘抹肚’的早期写法为‘袜肚’，……‘袜肚’又可称‘袜腹’‘抹胸’，原似妇人所服，即指有前片无后片，上可覆乳，下可遮肚腹的内衣。后则男女皆服，如今之肚兜。”④可见，由于时代的发展和衣着样式的变化，人们对“袜腹”“帕腹”“抹肚”“抱肚”的理解也不一样，敦煌文献中也有“袜肚”“抱肚”“裹肚”等不同记载，敦煌文献S.610《杂集时用要字壹仟叁佰言》衣服部第二中有“袹複”“抱肚”二词，显然在唐宋时期的敦煌人眼中，二者非同一事物。对此，学

① ［汉］刘熙撰，愚若点校《释名》，中华书局，2020年，第73页。

② 徐珂：《清稗类钞》，中华书局，1984年，第6200页。

③ ［日］圆仁：《入唐求法巡礼行记》，上海古籍出版社，1986年，第188页。

④ 董志翘：《〈入唐求法巡礼行记〉词汇研究》，中国社会科学出版社，2000年，第221页。

者们有过较深入的讨论，此不赘述[①]。尽管人们对上述名词有着不同的理解，但在实际生活中，可以用作肚兜则是不争的事实。

以上所述皆以成人为对象，文献中对儿童肚兜的记载也不多见。有趣的是，在敦煌石窟壁画中，我们很少看到成人身穿肚兜的图像，反而更多的是儿童身穿肚兜的形象。莫高窟第126窟窟顶藻井中，绘有两身穿肚兜的儿童（见图6），莫高窟第23窟北壁法华经变中为表现聚沙成塔这一情节而绘的四位儿童、第329窟西龛外南北两侧的童子，都是身穿肚兜的典型图像，为人熟知。现藏于法国吉美博物馆中的敦煌藏经洞出土绢画化生童子图中（见图7），七名儿童分为三层站立于莲花枝蔓中，除一人全身赤裸外，其他六人均身穿肚兜，更显得活泼可爱。千余年后，我们再来审视这些图像，仍然能感受到孩子们天真烂漫、幼稚淳朴，令人顿生喜爱之心。

图6　莫高窟第126窟窟顶藻井化生童子

图7　法国吉美博物馆藏敦煌绢画(EO.1152,唐)莲花化生童子

一些学者认为，莫高窟第138窟东壁供养人像中（见图8），一侍女怀抱幼儿，袍衫之外裹有肚兜[②]。对此，笔者更同意杜朝晖的观点。杜朝晖引五代时期马缟所著《中华古今注》“袜肚”条，认为这是一种束腰的带子，“也就是‘袜’，可宽可窄，窄一点的束住腰部；向上宽一点，围住上腹，可以叫作‘袜腹’；向下宽一点，围住下腹（俗称肚子），就可以叫作‘袜肚’了”[③]。并认为它与敦煌文献中所记载的“抱肚”为内衣不同，而是传世文献中所记载的外穿的“抱肚”，是包裹在腰肚间的一种饰物。因此，这也正显示了“袜腹”“帕腹”“抹肚”等词汇含义的复杂性，我们一定要视语境、环境而认真辨识。

① 杜朝晖：《敦煌文献研究》，中华书局，2011年，第197-202页。

② 宋丙玲：《唐代儿童服饰探究——以儿童图像为中心的考察》，《山东艺术学院学报》2011年第5期。

③ 杜朝晖：《敦煌文献研究》，中华书局，2011年，第199页。

图8　莫高窟第138窟东壁　女供养人像中的儿童服饰（晚唐）

裲裆。裲裆一词，最早出自东汉刘熙所撰《释名》一书：“裲裆：其一当胸，其一当背也。”①裲裆有两种含义，一种是指武士穿的“裲裆铠”。如莫高窟第285窟南壁五百强盗成佛故事中的官兵、骑士所穿，即为“裲裆铠”；一种是指服饰制度中的“裲裆衫”。有一种观点认为，其最初可能作为“裲裆铠”的内衬，后来逐渐成为内外可穿的“裲裆衫”。南北朝时期，“裲裆衫”是男女均可穿的日常服装。笔者在此不拟作“裲裆”演变过程的探讨，一般理解为类似背心的一种服饰，前胸、后背各有一片衣襟，无袖，肩部用两条带子连接。但过去的研究者关注的重点是成人裲裆服饰，对儿童裲裆服饰的关注，由于受文献与图像资料的限制，则着墨不多。我们注意到，儿童裲裆服是与兜肚形制相似的另一种服饰，与今天人们夏天常穿的吊带、背心相类似。莫高窟第97窟西壁龛内两身散花童子所穿（见图9、图10），即为儿童版裲裆服。两片衣襟白底团花，绿色镶边，肩部亦用绿色带子连接，腰间扎红色腰带，显得十分可爱。而莫高窟第153窟南壁儿童所穿裲裆（见图11），则红底团花，镶边、背带均为蓝色，过去有学者将其称为肚兜，这恐怕不太妥当②。我们在调查中发现，唐宋时期，敦煌石壁画中，不少洞窟的儿童图像中都有穿裲裆服的儿童形象，这些图像的数量已远远超过壁画中儿童肚兜的数量。如莫高窟第9窟（晚唐）东壁门北文殊变、门南普贤变中的儿童，莫高窟第164窟西龛南北披两侧的儿童，莫高窟第307窟（西夏）主室东壁门北、榆林窟第13窟北壁净土变、榆林窟第14窟南壁净土变中表现拜佛的童子，榆林第15窟主室西壁门北侧普贤变中的献花童子（见图12），都穿着裲裆服。可见儿童裲裆已成为唐宋时期普遍流行的童装。

---

① ［汉］刘熙撰，愚若点校《释名》，中华书局，2020年，第73页。

② 谭蝉雪主编《敦煌石窟全集24·服饰画卷》，商务印书馆（香港）有限公司，2005年，第169页。

图9　莫高窟第97窟西壁龛内 散花童子飞天(回鹘)

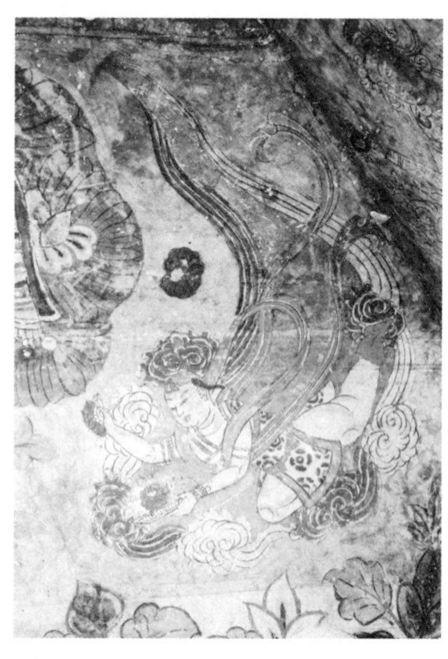

图10　莫高窟第97窟西壁龛内 散花童子飞天(回鹘)

图11　莫高窟第153窟南壁普贤变局部(晚唐) 身穿两裆的儿童

图12　榆林第15窟主室西壁门北侧
普贤变中献花童子

半臂小袴及背带裤。半臂小袴是最具儿童特色的服饰，以往的研究大多从成人服饰的角度来探讨这类服饰，因而忽略了这类服饰的儿童特色。小袴，一般指贴身穿的短裤，儿童小袴则是直接外穿的短裤。半臂，也称半袖，可以理解为我们今天的短袖衫，唐宋时期，无论男女，都有穿用。儿童半臂，以对襟为多，袖长及肘，衣长半身，多为外穿，应当是夏日之服。敦煌石窟壁画中，最为大家所熟悉的半臂小袴是莫高窟第220窟南壁阿弥陀经变中，在阿弥陀佛说法中央七宝池两边，各有一组叠罗汉的童子，其中就有三位童子，上穿红色半臂短袖衫，下着绿色小袴，给整个庄严的画面增加了几分灵动的气息（见图13）。莫高窟第79

窟窟顶北披有一身双手持钵拜佛的童子，穿白色半臂、绿色小袴，虔诚拜佛（见图14）。另外，莫高窟第61窟南壁、第85窟窟顶东披、第156窟窟顶东披、第454窟主室南壁等诸多楞伽经变中，都绘有“顶竿图”，在长竿顶端表演的儿童，都穿着半臂小袴。在莫高窟第361窟南壁金刚经变中，画工描绘了一个顶竿场面：在一个三角形围栏内，一伎人头顶长竿，一小儿正在竿顶做倒立动作，此儿童所穿亦为半臂小袴。莫高窟第323窟南壁佛教史迹画“东晋杨都金像出渚”“西晋吴郡石像浮江缘”故事中和大人一起骑牛的儿童图像中，其衣着也是半臂小袴。如此多的半臂小袴，抛开成人的视角，恰恰说明这才是古代最具特色的儿童服装。

图13　莫高窟第220窟南壁　阿弥陀经变局部(化生童子)

图14　莫高窟第79窟窟顶北披　童子拜佛

说到儿童所穿的短裤，我们不能不提到短裤的另一种形式——“犊鼻裈”。我国古代的裤子有两大类，一种叫作“袴”或“绔”，是长裤；另一种叫“裈”，是短裤。一般认为裈即古代的内裤，有裆，分两种：一种即“犊鼻裈”，有点类似现代的三角内裤；一种略为宽大，有两条明显的裤管，裤长齐膝，我们前面所说的“小袴”，实际上应是“裈”的一种。裈既属内衣，少有人会直接把裈暴露于外，敦煌石窟壁画中，因褪色，一些外道、飞天、化生童子图像中的“犊鼻裈”赫然暴露于外，让我们清晰地看到古代的内裤形象，倒也不失为意外的收获。如第398窟西龛内南北各有一身供养童子（见图15、图16），莫高窟第244窟西壁持花供养童子（隋），他们所穿的“犊鼻裈”就非常形象。而关于“犊鼻裈”的学术讨论，并非本文主旨所在，且为学力所限，笔者不在此就这个问题进行讨论。

还有一种令人称奇的儿童服装，即“背带裤”。因为我们惊奇地发现，现在随处可见的儿童背带裤，竟然早在唐朝初年的敦煌壁画中就已经出现。莫高窟第220窟南壁阿弥陀经变中，有两组儿童游戏的图像：一组中，一身穿条纹背带裤的儿童与一穿半臂小袴的儿童正在做叠罗汉的动作；另一组中，一身穿条纹背带裤的儿童站在待开放的荷花中（见图17）。这两组溢出佛经之外的儿童游戏画面，为庄严宁静的净土世界平添了几分活泼的气氛。我们在莫高窟第148窟东壁门南观无量寿经变中的童子乐舞（盛唐）中，也发现两身童子所穿为背带裤。研究表明，这种在裤腰上装有挎肩背带的裤子，并非中原王朝的传统服饰，而是从古代波斯传入西域，再从西域传入中国内地。1972年，在吐鲁番市阿斯塔那187号墓出土的绢画《双童嬉戏图》中，有两个儿童身穿彩条背带长裤，足穿红鞋，正在玩耍。2002年，在陕西西安长安区郭杜镇31号唐墓出土了一件唐三彩叠罗汉杂技俑，一名力士头顶六个童子表演惊险的叠罗汉动作。六个童子均穿背带小口裤，分为两组，每组三人，最顶上童子穿开裆裤，作高空撒尿状。我们注意到，在这些地区出土或遗存的儿童条纹背带裤形象，虽然不是很多，但至少反映出这种形制的儿童裤从中亚到中国的流行路径。

图15　莫高窟 第398窟西龛北侧　供养童子

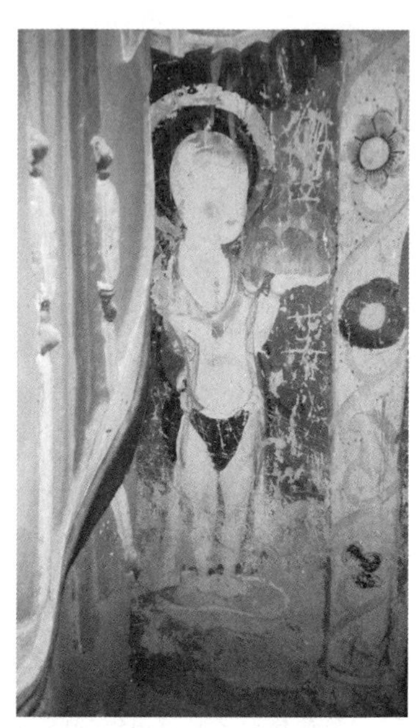
图16　莫高窟第398窟西龛南侧　供养童子

图17　莫高窟第220窟南壁　阿弥陀经变中的化生童子(初唐)

袴褶、袍服与襦裙。关于袴褶的起源，早年王国维先生曾作《胡服考》一文，认为袴褶最先由北方游牧民族创制并穿用，汉晋以来开始在中原流行，是一种上衣下裤的服饰[①]。之后，沈从文先生又从形制上对袴褶进行了研究[②]。就袴褶的形制而言，学者的认识多有不同。武琼芳以敦煌莫高窟壁画中供养人形象为例，探讨了北朝以来袴褶的流行与演变，认为“袴褶并不是指某一种衣服，而是指一种上短衣、下长裤的搭配组合。衣裤的具体形制，在各个朝代的不同地域、不同身份人群穿用时各有不同。莫高窟供养人画像所见袴褶和同时代北方地区的袴褶形制及穿用人群一致。不同时期的人们根据其生产生活实际、礼仪制度等需要，对袴褶的款式形制和搭配方式进行了变形和调整。翻领、交领、小圆领，小袖、广袖，小口袴、缚袴的款式应都属袴褶的范畴”[③]。笔者认为，武琼芳的观点大体可从。袴褶自北朝以来被社会各阶层人群穿用，唐代宗宝应元年（762）明文规定取消袴褶作为朝服[④]，袴褶的流行逐渐淡出人们的视线，取而代之的是长及脚面的袍服。

袴褶作为成人服装，北朝以来也成为古代儿童的服饰。莫高窟第428窟东壁门北绘有须达拏太子本生故事，故事依《太子须达拏经》而绘，故事大意为“古印度叶波国太子乐善好施，一次在带着妻子和一双儿女出游之时，见到贫穷、听障、眼盲等人，悯其痛苦，并以国库财富布施天下，举国称颂。叶波国的敌对国知道这一消息后，派人前往叶波国，要求太子施舍镇国之宝六牙白象，须达拏太子果然把大象施舍给他们。大臣们大为震惊，便报告国王，并要求国王把他们全家驱逐出国。须达拏太子在去往他乡的路上仍不断施舍马车、衣服、儿女，还要舍掉妻子与自己。直到施舍出去的儿女被卖为奴，被其祖父发现，才把他们一起接回了家”。我们注意到，在莫高窟第428窟北周时期所绘须达拏太子本生故事画中，有不少情节都绘出了须达拏太子被国王驱逐后负子前行的画面，两个儿童所穿的衣服，即为圆领窄袖褶衣，下身搭配小袴的袴褶，与莫高窟北朝供养人画像中所见袴褶基本一样。而莫高窟第419窟隋代所绘须达拏太子本生故事画中，出现了更多须达拏儿女随父母一起出行的画面，他们所穿服装也是长袖大褶衣，小口袴，其中插入了两少年在水井边取笑正在汲水的少妇，其所穿服装与画面中儿童所穿大体相同（见图18）。第419窟为隋代开凿的洞窟，画面中的儿童服饰也体现出袴褶向袍服演变的迹象。

唐宋时期，袍服成为社会各阶层常用服装，上至帝王官僚，下至平民百姓，都穿用袍服。尤其是两侧开衩的圆领缺袴袍，因其更适合日常生产、生活的需要，为普通劳动者所喜爱。唐宋时期袍服的样式，在传世文献和出土文献，相关的石窟壁画、墓室出土壁画中都有文字和图像的记录，因本文主题所限，我们不对此问题做过多的阐述。

敦煌壁画中的男童服饰外套，以袍服居多，色彩各异，主要的样式有圆领窄袖袍和交领窄袖袍。儿童袍服主要出现在佛传、本生故事画、经变画（化生童子、供养童子）、供养人画像等图像中。出现在故事画（本生、佛传）、经变画中的袍服，生活气息较浓；而供养人

① 王国维：《胡服考》，载王国维著《观堂集林》卷22，中华书局，1959年，第1069-1111页。

② 沈从文：《中国古代服饰研究》，商务印书馆，2011年，第269-275页。

③ 武琼芳：《从莫高窟供养人画像管窥袴褶的流行与演变》，《艺术设计研究》2013年第4期。

④《旧唐书》卷149《归崇敬传》载：“崇敬以百官朔望朝服袴褶非古，上疏云‘按三代典礼，两汉史籍，并无袴褶之制，亦未详所起之。隋代以来，始有服者。事不师古，伏请停罢’。从之。”［后晋］刘昫等撰《旧唐书》卷149《归崇敬传》,中华书局，1975年，第4015页。

像中的袍服，由于儿童的身份地位较高，则显得正规而华丽。男童袍服与成人袍相类似，且随时代发展形式各异。

图18　莫高窟第419窟窟顶东披 须达拏本生故事局部（少年服饰）隋

莫高窟第45窟南壁观音经变（盛唐）中，有一组观音菩萨满足“二求”（求男得男，求女得女）的画面，其中表现求男得男的画面中，绘有一成年男子，后立一男童，旁边榜题曰：“若有女人，设欲求男，礼拜供养观世音菩萨，便生福德智慧之男。”男童所穿的袍服即为圆领窄袖袍服，除衣着颜色外，样式和其旁边的成人所穿的袍服基本一样。莫高窟第112窟西龛西壁所绘群童采花（中唐）图像中，有四位男童所穿皆为圆领窄袖袍服。莫高窟第220窟甬道北壁翟氏家庭供养人童子，莫高窟第192窟南壁（晚唐）供养人童子，莫高窟第196窟（晚唐）北壁右下角供养人童子、中心佛坛背屏供养人童子，莫高窟第205窟主室东壁（五代）、莫高窟第129窟东壁供养人（五代），莫高窟第431窟（宋）东壁门南供养人中的儿童，莫高窟第12窟南壁法华经变（晚唐）、莫高窟第61窟南壁法华经变（五代）（见图19）、莫高窟第98窟南壁法华经变（五代）等窟壁画“火宅喻”中的儿童，莫高窟第98窟北壁西起第八、九幅屏风画《贤愚经·无恼指鬘品》（五代）、第十幅檀腻羁品（五代），第98窟南壁东起第九幅屏风画《贤愚经·恒迦达缘品》（五代）等品中的儿童，上述儿童着装，基本都为圆领窄袖缺袴袍。所不同者，则由于其身份不同，出现场所不同，所穿袍服有质地、花纹、色彩方面的不同而已。

莫高窟第9窟东壁门南供养人像列中的骑竹马童子绘于晚唐，在庄严肃穆的供养人像列中，画工却有意描绘了一个身穿花袍服的儿童，胯下骑竹马，左手扶之，右手持竹竿，竹梢有竹叶，作赶马状。男童头部微侧，眼神向着旁边的成人贵妇交流，既表现了儿童的天真可爱，又使得庄严的供养人像列显得有生气。细审画面中的儿童形象，其所穿服装当为交领窄袖袍服。莫高窟第138窟东壁供养人像列（晚唐）所绘的一组儿童中，两位年龄稍大的儿童身穿袍服，交领窄袖，衣服两侧有明显开衩，当为交领窄袖袍服。由于所绘场景为礼佛场合，且人物出身贵族家庭，其所穿的团花长袍显得富贵华丽。

图19　莫高窟第61窟南壁法华经变 火宅喻中舞蹈童子

莫高窟第359窟东壁（中唐）门南维摩诘经变中的儿童着紧身长袖素色袍，披云肩，背后垂彩带，腰束蹀躞带，身后悬挂佩饰。画面中仅绘出此身童子背面，但从与其一起的成人正面像判断，该童子所穿袍服当为翻领长袖袍服，有着较为鲜明的吐蕃民族服饰特色。榆林窟第29窟南壁供养人儿童（西夏）（见图20），一童子身着盘领窄袖旋襕，帛带束腰，穿乌皮鞋，当为主人。一儿童身着缺袴衫，下着缚袴，裹行縢（绑腿布，裹腿），穿麻鞋，当为侍从。可以窥见西夏儿童服饰之一斑。

图20　榆林窟第29窟南壁东侧 供养童子（西夏）

图21　莫高窟第431窟东壁门南供养人（女童襦裙）（宋）

襦裙是汉族服饰中基本的服装形制之一。许慎《说文解字》释为："襦，短衣也。"[①]襦裙装是唐代女子最为盛行的装束，一般上着短襦，下着长裙，外加半臂披帛，款式新颖，色

① ［汉］许慎：《说文解字》，中华书局，1963年，第172页。

彩艳丽，在中国古代服饰史中极富特色。在唐代，年龄稍长的女童也穿与成人款式相似的襦裙装，如前引莫高窟第45窟南壁观音经变（盛唐）所绘求子图中，有求女得女画面，绘一成年妇女及一女童，旁有榜题曰："设欲求女，便生端正有相之女，宿殖（植）德本，众人爱敬。"图中母女二人均身穿襦裙，肩披帔巾，除襦、裙颜色不同外，样式完全一样。母女二人衣裙宽松，体态丰满，正合盛唐时尚。此外，如莫高窟第431窟下部女供养人像（宋）（见图21）、第114窟东壁女供养人（中唐，段文杰临摹）、第9窟东壁门南女供养人（晚唐），其所穿皆为襦裙。

三、儿童的鞋履

敦煌壁画中的图像资料表明，儿童所穿的鞋子主要有靴和履两种，以唐宋时期形象为多。一般认为，履是用皮革、丝绸、麻、葛、草等材料做成的单层鞋子。敦煌石窟壁画中的儿童鞋履，也呈现出成人化的趋向。莫高窟第9窟东壁门南侧所绘骑竹马童子、榆林窟第29窟南壁供养人儿童（西夏），所穿即为麻鞋。这类鞋统称为平头履，为日常生活中所穿用。而我们前面所提及的莫高窟第431窟南壁东侧下部女供养人像（初唐）、第114窟东壁女供养人（中唐，段文杰临摹）、第9窟东壁门南供养人（晚唐）中所绘的女供养人童子，其所穿之鞋则为翘头履。女童所穿翘头履，与成年女子所穿的翘头履样式基本相同，多出现在供养人家族中身份地位较高的女童中，这种鞋主要是为避免踩到裙角等不雅动作的发生，所以不管成人还是女童，都在穿这种鞋。如莫高窟第45窟南壁观音经变（盛唐）中所绘求女得女图中的母女，女童所穿翘头履就与其身旁成年女子一样。当然，对普通劳动者而言，这种翘头履显然不适合穿。

我们注意到，敦煌石窟壁画中，最有特色的儿童鞋履应当与文献记载中的"乌皮靴"有关。唐宋时期，敦煌石窟壁画中有许多裸体儿童形象，但大多数儿童都穿有小短靴，细审壁画中的这些靴子的形象，笔者认为它和隋代以来社会上流行的"乌皮靴"非常接近。《大唐新语》记载：

> 隋代帝王贵臣，多服黄纹绫袍、乌纱帽、九环带、乌皮六合靴。百官常服，同于走庶，皆着黄袍及衫，出入殿省。后乌纱帽渐废，贵贱通用折上巾以代冠，用靴以代履。折上巾，戎冠也；靴，胡履也，咸便于军旅。昔袁绍与魏武帝战于官渡，军败，复巾渡河，遁相仿效，因以成俗。①

由此可知，其一，自隋代始，以靴代履成为士庶穿鞋的趋势，最初乌皮靴是隋代帝王贵臣的常服。其二，包括乌皮靴在内的不同靴子，源于少数民族，便于骑射。自魏晋以来，逐渐在中原军队中使用。到隋代，成为百官常服，最终成为社会各阶层普遍穿用的鞋子。这和两唐书的记载相一致。

《新唐书》卷二十四《车服志》载：

> 初，隋文帝听朝之服，以赭黄文绫袍，乌纱帽，折上巾，六合靴，与贵臣通服。唯天子之带有十三环，文官又有平头小样巾，百官常服同于庶人。②

《旧唐书》卷四十五《舆服志》载：

---

①［唐］刘肃：《大唐新语》卷10《厘革》第22，中华书局，1984年，第148页。

②［宋］欧阳修、宋祁撰《新唐书》卷24《车服志》，中华书局，1975年，第526页。

武德初，因隋旧制，天子宴服，亦名常服，唯以黄袍及衫，后渐用赤黄，遂禁士庶不得以赤黄为衣服杂饰……自有唐已来，一例上圆下方，曾不分别。六品已下，执竹木为笏，上挫下方。其折上巾，乌皮六合靴，贵贱通用。[①]

到太宗朝，又规定：

其常服，赤黄袍衫，折上头巾，九环带，六合靴，皆起自魏、周，便于戎事。自贞观已后，非元日、冬至受朝及大祭祀，皆常服而已。[②]

乌皮六合靴，简称乌皮靴，是由六块皮革拼接缝制而成，在缝制之前，所用皮革经过加工，染为黑色，故曰乌皮靴。有高鞠、短鞠之分。所谓六合，一般认为寓东、西、南、北及天、地六合之意，这是赋予乌皮靴文化内涵。现日本正仓院所藏短鞠乌皮靴即为我们展示了唐代乌皮六合靴的实物形象。相关的记载表明，入唐以来穿靴之风盛行，包括乌皮靴在内，靴子成为官民皆穿的日常服饰。《旧唐书》卷二十九《音乐志二》：

《西凉乐》者，后魏平沮渠氏所得也。晋、宋末，中原丧乱，张轨据有河西，苻秦通凉州，旋复隔绝。其乐具有钟磬，盖凉人所传中国旧乐，而杂以羌胡之声也。魏世共隋咸重之。工人平巾帻，绯褶。白舞一人，方舞四人。白舞今阙。方舞四人，假髻，玉支钗，紫丝布褶，白大口袴，五彩接袖，乌皮靴。[③]

《新唐书》卷二十四《车服》：

平冕者，郊庙武舞郎之服也。黑衣绛裳，革带，乌皮履。

……

武弁者，武官朝参、殿庭武舞郎、堂下鼓人、鼓吹桉工之服也。有平巾帻，武舞绯丝布大袖，白练褴裆，螣蛇起梁带，豹文大口绔，乌皮靴。鼓人朱褠衣，革带，乌皮履。[④]

乌皮靴作为舞蹈者表演用的鞋子，表明唐代乌皮靴已从朝廷官服向普通民众下移，最终成为全社会普遍流行（包括儿童在内）的鞋子之一。

笔者在此还是再多言几句，以往学者对于乌皮靴的了解，大多集中于成人方面，而对儿童鞋履，由于文献和图像资料的限制，关注得不够。就敦煌石窟壁画而言，学者们由于受到条件所限，在讨论儿童服饰时，仅以已公布的图像资料为依据。笔者在调查中发现，敦煌石窟壁画中有许多穿短鞠乌皮靴或类似乌皮靴的儿童图像，这些图像为我们提供了儿童鞋履的视角资料，弥足珍贵。

对敦煌石窟壁画中儿童乌皮靴的判断，主要依据学者对壁画中成人乌皮靴的研究，如莫高窟第45窟南壁观音经变中所绘求子图（盛唐）中的男童所着即为乌皮靴，莫高窟第148窟东壁门南观无量寿经变中演奏音乐的四童子中，有两童子所穿黑色短靴，笔者认为当为乌皮靴，这种黑色短靴见于莫高窟第400窟东壁门南北两组跳舞的童子（见图22、图23）、南壁在水中叠罗汉攀越栏杆的童子，莫高窟366窟南壁站在莲花中的童子（中唐），榆林窟第14窟主室东壁做游戏动作拜佛的童子，前引榆林窟第29窟南壁供养人儿童（西夏）中，亦有

① ［后晋］刘昫等撰《旧唐书》卷45《舆服志》，第1952页。

② ［后晋］刘昫等撰《旧唐书》卷45《舆服志》，第1938页。

③ ［后晋］刘昫等撰《旧唐书》卷29《音乐志二》，第1068页。

④ ［宋］欧阳修、宋祁撰《新唐书》卷24《车服志》，中华书局，1975年，第520页。

一童子穿乌皮靴。以上所举洞窟壁画中儿童所穿的靴子，基本都是从颜色上区分的。除了黑色小短靴外，和上述乌皮靴形状极相类似的还有褐色、白色、蓝色、绿色等颜色的小短靴。我们不妨举例如下：

图22　莫高窟第400窟东壁门北 舞蹈童子

图23　莫高窟第400窟东壁门南 舞蹈童子

褐色及褐色靴，靿边为绿色：如莫高窟第217窟北壁童子叠罗汉图、莫高窟第153窟南壁（中唐）普贤像下部童子、莫高窟第307窟主室东壁门北（西夏）童子、榆林窟第13窟北壁化生童子、榆林窟第15窟北壁站在莲花上拜佛的童子、榆林窟第15窟北壁戴荷叶帽的童子、西千佛洞第4窟前室窟顶持花供养童子（见图24）。

图24　西千佛洞第4窟前室窟顶持花供养童子

白靴及靿边涂绿色：如莫高窟第79窟窟顶北披东侧倒立童子和西披北侧下腰童子、莫高窟第152窟甬道南壁化生童子、莫高窟第256窟甬道南壁化生童子（宋）、榆林窟第14窟南壁拜佛的童子（宋）、榆林窟第20窟东壁童子（宋）。

绿靴：如前所言，莫高窟第79窟窟顶四披共描绘了12身以不同姿势参拜佛祖的儿童，其中窟顶南披所绘一童子所穿的靴子即被描绘为绿色（见图25）。

图25　莫高窟第79窟南披 穿绿皮靴的儿童

图26　莫高窟第12窟主室西龛龛顶南披 吹笛子的儿童

蓝靴：莫高窟第12窟主室西龛龛顶南披两侧，绘有4身演奏海螺、笛子、琵琶等乐器的儿童，其中一身吹笛子的儿童所穿的短靴即被绘成蓝色（见图26）。

上述所有童子所穿短靴，尽管颜色不同，但形状基本相同，我们认为应是画工根据画面的需要，用不同的色彩表现童靴的形象，或者不同质地，但总体上个人还是认为当是表现了乌皮靴的样式。以上所举之例，也不过是敦煌石窟壁画中儿童短靴的一部分，但足可引起大家关注，至于此类童鞋是否一定被称为乌皮靴，也是笔者个人的看法，希望得到方家的指教。

综上所述，我们可以看出，敦煌石窟壁画中的儿童服饰图像，时间跨度长，自北朝到西夏、北宋都有儿童服饰的图像资料。这些儿童服饰资料系统而完整，可以弥补文献记载的不足；敦煌石窟壁画中的儿童服饰，既有日常生活中的装束，又有宗教礼仪中的穿着，样式各异，丰富多彩；敦煌石窟壁画中的儿童服饰，在样式上既有自身的特点，又有类似成人服饰的地方；敦煌石窟壁画中的儿童服饰，既有中国古代传统的儿童服饰，又有其他民族的儿童服饰，以及东西方各民族互相交流融合的服饰，可称为一部形象的中古儿童服饰史。敦煌石窟壁画中的儿童服饰图像资料，对研究中国古代儿童服饰有重要意义。

麦积山第127窟正披壁画内容献疑

孙晓峰（敦煌研究院麦积山石窟艺术研究所）

【摘要】麦积山第127窟是中国北朝时期经变和本生故事画保存最完整的窟龛，除少数内容尚有争议外，多数壁画内容和题材已被学界认可，其中窟顶正、左、右三披一直被解读为《萨埵那太子本生》。笔者通过系统研究认为，左、右披内容没有问题，但正披壁画内容表现的不一定是这一题材，而是其他本生故事。由于画面残损严重，具体内容尚待进一步考证。

【关键词】麦积山127窟　本生故事　辨识

约开凿于西魏初年的127窟位于麦积山西上区顶层栈道，是一个平面横长方形盝斗顶仿帷帐式大型窟，窟内正、左、右三壁各开一圆拱形敞口大龛，每龛内均为一佛二菩萨。窟内四壁及顶部均绘制大幅经变和本生故事画。其中正壁上方绘涅槃变，下方龛两侧绘礼佛图。左壁上方绘维摩诘经变，下方龛外左侧绘听法信众，右侧绘佛说法图。右壁上方绘西方净土变，下方龛外左侧残损，右侧模糊不清，似绘犍陟辞别。前壁上方绘七佛。下方甬道左侧绘地狱受刑图，右侧绘阎罗殿审判和十善十恶图。顶部正中绘升仙图，前披绘睒子本生，正、左、右披绘萨埵那太子本生。这些壁画是国内保存最早、最完整、规模最宏大的北朝佛教故事画。本文讨论的是绘于127窟顶部，原被认为是《萨埵那太子本生》组成部分的正披壁画内容。

一、127窟正披壁画内容

这幅壁画绘制于浮雕仿木梁架之内，呈等腰梯形，底边长7.67米，顶边长5.60米，高1.30米。壁画残损严重，整个壁面已剥落为互不相连、形状各异、大小不一的六块残片，画面内容零星分散，已失去连续性和完整性（见图1），但基本可以确定壁画内容按照从右向左的顺序展开，现按编号依次略述如下：

图1 127窟正披壁画编号图

①号画面位于右上角，与顶部及斜梁相连，彩绘剥落、褪色严重，具体内容已模糊不清，下方有三组绿色山峰图案。

②号画面（见图2）位于右下侧，呈卷云状，其底端与横梁相连的残片延伸至④号画面。画面上方正中绘一辆车舆，内依稀可辨坐一人，头略上仰，戴笼冠，五官模糊不清，身穿交领服，倚坐姿。车两侧厢板上缘平直内卷，底板呈方棱状。侧厢板后侧各竖向镶嵌一块羽毛状装饰板，最上侧一条横板上各平行延伸出两根弧形伞柄，共同托举起圆形华盖，华盖顶部可见十字交叉骨架，边缘等距装饰莲瓣宝珠，四周缀饰三角形和方形鱼鳞状垂幔。车左厢板外侧斜向插一杆十二旒旌旗。车前右侧车沿上站立一名侍者，戴笼冠，身穿交领束腰大袖袍，他身旁绘有一面旌旗。车前并排绘两名骑马侍者，形体高大，均头戴小冠，身穿交领束腰大袖袍服，衣带在腹前打结下垂。左手执缰绳，右臂自然下垂后扬，躬身骑马飞奔。两人中间及前侧画面零散杂乱，并有多处彩绘剥落现象，依稀可辨前侧有一根斜向横杆，其上等距纵向安装有三组并列的龙首形车辕饰件，其间似乎没有表现拉车的马匹；车左侧旌旗下方绘有四名骑马侍卫，均头戴小冠，身穿交领大袖袍服，神态各异，排成菱形队列前行。旌旗后侧并列绘有三名骑马侍者，装束基本同前。

图2 ②号画面

画面右下方较为模糊，依稀可辨由赭红、乳白、黑灰等色构成的低矮峰，近底端绘一条斜向流淌的河流，岸边绘有两只长着双角的鹿，前侧一只伸颈低头，正欲饮用河水；后侧一只因画面残损仅存鹿的头及颈部，在后侧黑色山石的映衬下，两根狭长的鹿角分外醒目。

③、④号壁画残片位于正披中部（见图3），原本呈长方形，中间靠上部分泥皮脱落，将整幅画面分割成两个部分，其中③号壁画残片较小，与顶部横梁相连，整体呈倒垂的“M”形。画面内容因色彩剥落而模糊不清，依稀可辨原绘内容有山石及成排的树木。

图3　③、④号画面

④号壁画位于左侧及下部，左侧部分基本完整。从构图上看，整幅画面以近底部绘制的一座险峻山峰为分界线，前后各绘一组以车舆为中心的人物故事场景。右侧壁画上半部分残毁，在凸起处绘有一辆车舆，结构特征与前述③号壁画中的车舆基本一致，但更为完整。两侧厢板宽平方正，镶边框，车尾因残毁而模糊不清，隐约可见残存的羽状饰板和一根弧形向上支撑的伞柄。车厢底部前侧和右侧踏板较宽厚，边框模糊不清，仅存轮廓。前侧可见一块呈弧形前伸的长方形踏板，轮毂因画面褪色仅可辨识少许白色轮廓线。车的上方插一柄华丽的双层圆形华盖，上小下大，上缘等距均饰莲花宝珠，周边垂饰垂幔和悬缨，装饰十分华丽。在车舆右厢板后侧斜插一面十二旒旌旗。车内坐一人，形象模糊不清，依稀可辨穿交领大袖袍服，双手纳于袖中，笼于腹前，倚坐姿。车前右侧立一名侍者，头戴小冠，身穿交领大袖袍服，脚穿云头高履，手执长柄伞形羽葆。车左下方及后侧环立四名骑马侍卫，均头戴小冠，身穿交领大袖袍服。近底部依然绘有起伏的低矮山峰和流淌的河水。车辕与车厢之间损毁，内容不详。车辕处绘一根斜向衡木，其上方可见三个并列的龙首车辕饰件，前边画面模糊严重，似乎绘的是两人骑马并行。在他们前面由山峰、树木围成的狭小空地上，两名头戴小冠、身穿交领大袖袍服的侍卫分别站在两旁，上边的侍卫手牵马缰，侧身回首，似在交谈，旁边绘有一匹骏马。下边的侍卫背向而立，左臂微抬，右臂平胸前伸，似在安顿事宜，侧面一匹骏马正低头吃草。

左侧画面以空置的车舆为中心，其样式、装饰与前述车辆基本一致，但更完整。双层宝盖顶端似立有一只展翅飞翔状的小鸟，并缀有红缨。厢板后方各斜插一面十二旒旌旗，旗杆尖处各缀一缕红缨，旗下并列两名侍卫，均头戴小冠，穿交领束腰大袖长袍，正侧身交谈。车轮为十八辐，轮毂较大，边缘较窄，车轮下方依稀可见一名身穿裲裆铠的武士左手支腮，侧身而卧。车厢前并列伸出三根细长的车辕，旁边绘有一名武士，头戴介帻，内穿大袖袍，外罩裲裆铠，下着曳地长裙，扭头背身下视，面前似绘有一物，但已模糊不清。车轮下方画面色彩剥落严重，内容模糊不清，似在山石、杂草、树丛之间绘有一匹站立的骏马。车厢和宝盖前侧绘有数株枝繁叶茂的大树，宝盖左上方绘有一条上宽下窄的束状光带，内可见一只肥硕的小鹿向着宝盖方向疾奔而下。宝盖和旌旗上方绘有山石树木，表面覆盖着细密的绿色植被。在旌旗尖顶斜上方残存的狭小壁面上，绘有一片低缓的山坡，下方绘有一条流淌的小溪，山坡上并列站立两只小鹿，一只在低头喝水，另一只昂头扭脖回视。

⑤号壁画（见图4）位于④号壁画左侧，两者之间隔着一片呈竖条状的裸露岩层。壁画内容大致可分为上、下两部分，中间为枝繁叶茂的树林。上半部分色彩残损、剥落、褪色现象严重，中心绘有一座赭黑色险峻山峰，峰顶略向右侧倾斜，山脚为层叠起伏的绿色丛林。山峰右侧绘有绿色树丛，并夹杂有山石；下半部分绘有一组人物形象，中间为国王，体形高大，束发戴冠，面形方正，五官模糊不清，内穿交领衫，外穿垂领大袖袍服，下着长裙，脚穿厚底尖头鞋，双手举至胸前，身后外侧侍者头戴小冠，身穿交领大袖袍服，左手托持国王衣袍一角。他身后的两名侍者正在交谈。国王身后及内侧还绘有数名侍者，或手执华盖、羽葆，或双手笼于胸前，恭敬侍立。

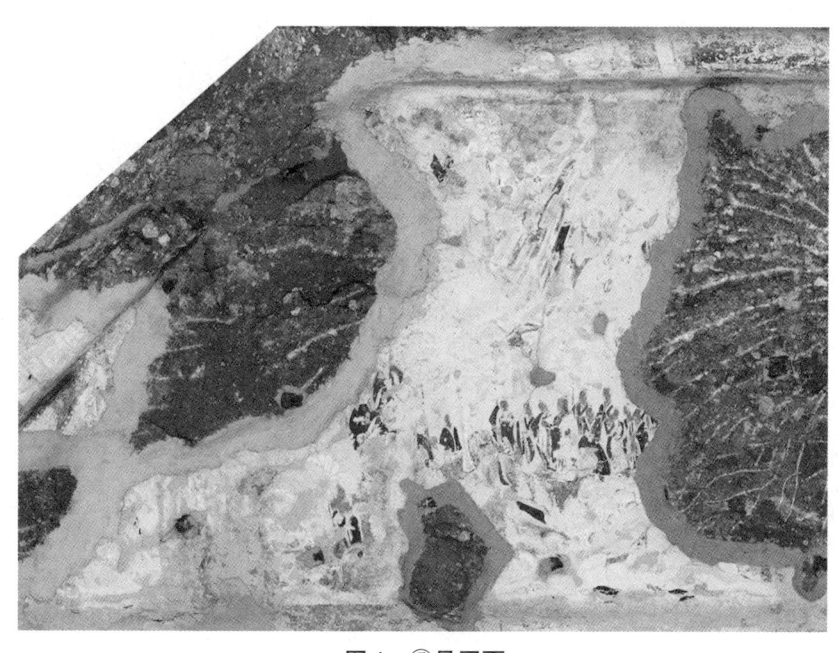

图4 ⑤号画面

在国王面前，并排跪有两人，均头戴小冠，身穿袍服，下着裤褶，脚蹬尖头鞋，双膝跪地，仰面朝上，作陈述状。两人背后两株大树之下，一名仆人头戴小冠，身穿交领束腰窄袖齐膝袍，左手自然下垂，右手微曲于腰际，手执双股缰绳，缰绳连着一匹配有鞍具和辔褡的马。他的身后绘有一株大树，树后依稀可辨数人侍立。这组人物的左下方画面残损严重，但依稀可辨原绘一辆车舆，现仅残存车厢底板和车轮下半部分，车厢后面立有两名头戴小冠、身穿交领袍服的侍者，身旁潦草绘制有一匹马。

⑥号残片位于左侧仿木斜梁上，连带的正披壁面较小，依稀可辨为尖耸的山峰，其他内容无存。

二、127窟正披壁画内容分析

通过笔者初步估算，麦积山第127窟正披壁画残毁面积约占整幅壁画的40%。幸运的是，这幅壁画的残损是非连续性的，虽然空白较多，但整体上并不影响对整幅壁画内容的分析和释读。

通过观察，我们可以大致总结出这幅壁画残存内容的几个显著特征：

马车在串联整幅壁画故事方面具有特殊地位。

这幅长约8米的巨幅壁画中，连续重复出现四次的马车为我们勾勒出壁画故事的开始、发展、高潮和结尾。

故事开始于残存的②号画面。车厢侧板上向后飞舞的旌旗、马车周围躬身骑马飞奔的侍从，以及车前两名并列驱马前行的侍卫，都表明这列队伍正在向某个地方迅疾前行。车厢前侧的长柄羽葆和车上方装饰华丽的宝盖，充分彰显出车主人高贵的身份，应是某国国王。画面上方起伏的群山丛林和下方缓坡下流淌的河水，表明他们正沿着河谷前行（见图5）。

图5　马车特写

正披中间残存的④号画面右侧表现出故事继续发展的场景：疾行的马车停了下来，周围的侍从也纷纷勒马停了下来。车的前方，山脚树下，两名侍卫站在马的旁边，面向前来的大队人马，显然他们是探路人员，正将相关情况汇报给到来的大队人马，其中位于下方的一匹马正在低头吃草，画师应该意在表现这匹马经过长途奔跑后饥饿难耐的情形。中间山峰的左侧，高耸山峰前的空地上，车舆及四周人数锐减，仅剩几名留守侍从和武士，或在交谈，或在警戒，或斜躺休憩，一片安静祥和的气氛（见图6）。

图6　马车特写

⑤号画面应是故事的高潮。山脚下，众人簇拥的国王面前，两人仆跪于地，仰面向上，正在汇报和述说。他们身后则侍立着数名穿胡服的侍者，其社会地位显然较低。有趣的是，画面左下角虽然多数内容模糊不清，但通过残存部分可知，这一带原绘的是马车和侍从。从车后方两名拱手而立的侍者形象，以及旁边站立的那匹无人骑的马等信息综合分析，这组车马人物应该还是处于静止状态。另外，值得注意的是，这辆马车相比于前述的三辆马车，车厢尾并未插带旒的旌旗，从车上方画面残存的痕迹看不出装饰有双重宝盖。从车前面残存的彩绘痕迹似乎也看不到有多少侍从，故推测这辆车与前面几辆车舆不是异时同图关系，表现的是另一辆车舆（见图7）。

图7　马车特写

可见，马车在这幅从右向左横向叙事性展开的故事画中，不仅串联起从静到动，再到静的整个过程，而且其夸张性的双重华丽宝盖、三辕式龙首装饰等，无不彰显出主人高贵的社会地位和身份，这对于探讨这幅壁画的内容具有重要价值和意义。

（一）画面人物群体组合的变化寓意着强烈的故事性

最右侧的②号画面构成一幅紧张热烈的出行图。国王坐在带有华盖的车舆内，后侧旌旗飞扬，车的周边都是头戴笼冠、身穿交领袍服、奋力策马疾行的侍从。略微让人感到不解的是，虽然车的前部并列绘有三组龙首形车辕，但并未绘拉车的马，而是绘有两名并列骑马的高大侍从，由于画面视觉的关系，看上去似乎是他们骑马拉着车舆前行，但前面并置的车辕龙首又不好解释。可惜的是，周边壁画全部残毁，无法确定国王坐的这辆车具体是用哪种方式驱动前行的。唯一可以肯定的是，这幅画面表现的是众多侍从簇拥着国王出行的场景。

中间的④号画面虽然被山峰隔为两部分，且有大片残毁，但主要情节依然被保存了下来。后半部分内容与最右侧的②号画面保持着一定的延续性，即疾行的国王队伍到达了山林中的预定地点。车舆后侧下垂的旌旗表明，此辆马车已停下来，旁边簇拥的侍从的坐骑也由奔跑状变为站立姿，但所有人并未下马。而引起这一变化的是队伍前面出现了两名牵马侍立、等待汇报的侍从，他们身后绘有一座绿意盎然、险峻耸立的山峰。山的另一侧，保存基本完整的车舆上空无一人，车辕前侧画面残毁，原貌不详。仅下垂的旌旗旁两名侍从正在交谈。右车轮旁斜卧着一名武士正在休息，车辕前站着的一名武士侧身低头，身前似跪着一人，具体内容模糊不清。这种空寂情形与前面的喧闹场景形成了强烈对比，不由得将观者的视线引向周边，以寻找产生这种现象的原因。可惜的是前面的壁画残毁，但从周边残存的树林、山石、缓坡等内容推测，有可能表现的还是低矮山坡后的空旷场面，类似于④号画面右侧的部分。

从现存情况分析，画面整体剥落，前侧的⑤号画面、后侧的④号画面前半部分原来应是一个完整的部分。从⑤号画面内容主要为国王及侍从推测，整体剥落部分除车辕外，主要表现的可能是马匹和侍从。而在⑤号画面上方由于色彩模糊，除山石、树木、花草外，从一些痕迹分析，应该还有人物或其他情节场面，可惜无法辨识。最有趣的是，左下角的残存的车舆部分，从空间位置和残存彩绘痕迹分析，可能表现的是一辆空车，上方没有饰宝盖，后面亦没有插旌旗，与前面几辆连续出现的车舆有显著区别，应该是整个故事的结尾部分。

（二）画面构图具有鲜明的中原和南朝绘画艺术特色

这幅壁画虽然残损较多，但整体构图依然清晰可辨。整幅画面构图与前披的睒子本生类似，充分利用绵延起伏的山坡形成横“S”形展开，上、下两端用山石、树木做区域性分割，形成一个个相对独立、疏密有序的故事场景，但彼此之间又有一定的关联性，从而完整、准确地表现出相应的佛经故事，体现出画师高超的构图能力和对相关佛教经典的熟悉(见图8)。

类似的构图样式在洛阳龙门石窟宾阳中洞前壁浮雕的睒子本生和须大拏本生故事中均能看到。同时，在北魏晚期墓室石棺上线雕或浮雕的升仙图和孝子故事中采用的也是这种技法。即以错落的山石、树木、亭台、楼阁等故事场景做分割，使整个画面繁而不乱、主题突出、一目了然（见图9）。麦积山第127窟正披的这幅壁画和前披睒子本生在构图技法上显然采用了这种方式，这也表明这两幅壁画在当时不仅有成熟的粉本样式，绘制者也应是来自长安或洛阳的著名画师。

图8　画面构图特写

图9　洛阳北魏孝子石棺画像拓片

与前披睒子本生一字回旋式故事情节略有不同，正披的这幅壁画采用一字形平铺方式，以车舆的前进、停止为各情节之间的联系点的转折符号。画面主要情节下方主要以起伏的山坡来串联各个情节，有明显动、静场转换时，则辅以险峻的山岭加以提示。上方在横向约占画面的三分之一，大部分壁画已残毁无存，但依稀可知，原绘内容主要以险绝的山峰、陡坡，密集的林木、杂草和云气纹为主，目的在于衬托下面的故事内容。这种方式在构图技法上借鉴了东晋以来中国传统山水人物画中常见的“人比山高、水不容泛”的某些技法，如现仍存世的顾恺之《洛神赋图》摹本，画面以山石、树木、山峰、流水、远山等为分割和背景

(见图10)，生动描绘了曹植与洛河女神之间的倾慕与互动，最后双双乘车舆而归的浪漫爱情故事。麦积山第127窟正披壁画在形式上与其基本相近，均采用横轴式一字排开的陈述方式，但在背景衬托方式的处理上又有明显变化，充分融入了北魏以来石棺线描画的构图原则，不留任何空白，体现出印度、中亚和西域佛教绘画的影响因素，在某种程度上，这也是中西绘画艺术融合与创新样式的一种表现。

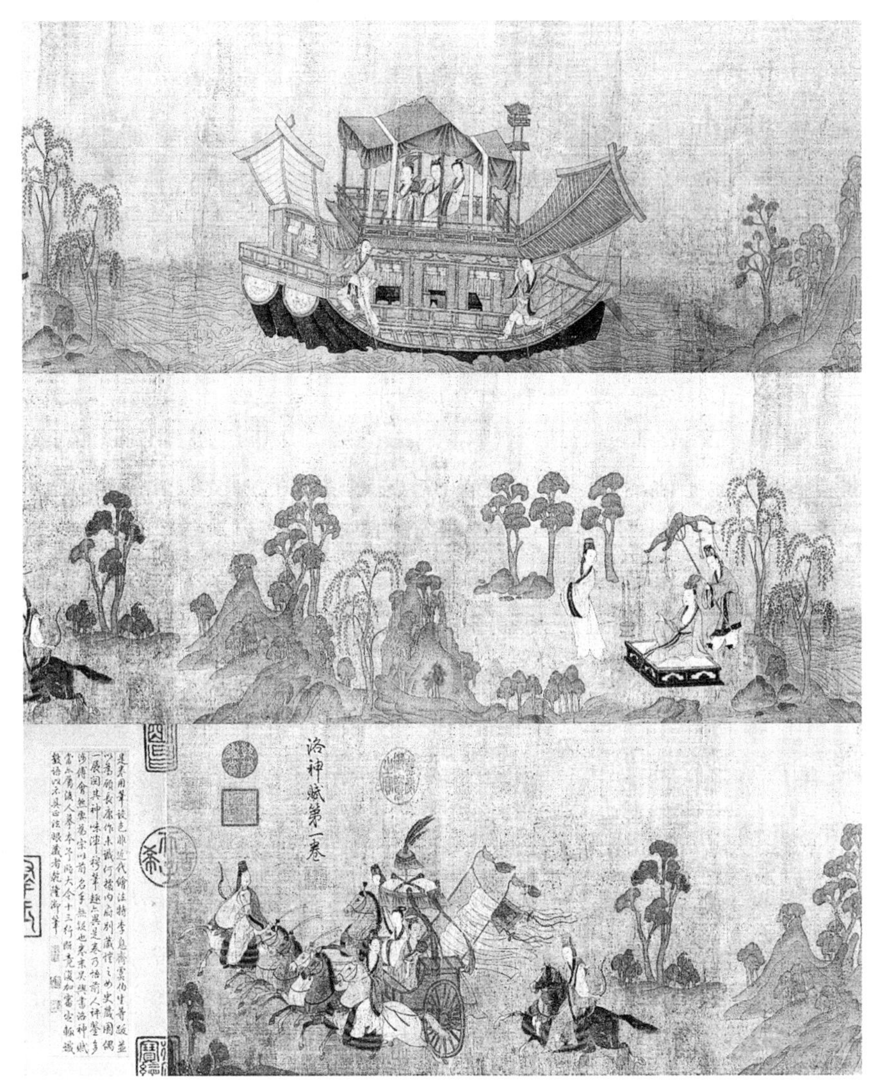

图10　顾恺之《洛神赋图》

（三）壁画中鹿的形象蕴含着某种寓意

在这幅残损较多的壁画中，鹿的形象成为一个重要情节。仅残存的画面中就已经发现三处。第一处是②号画面右下角，山坡下的小溪旁，两只鹿前后错开，前侧一只为母鹿，两只耳朵竖起，低头伸颈，正欲饮用溪水；后侧一只仅存前半部分，但清晰可辨，这是一只雄鹿，两只长长的鹿角向上扬起，正低头喝水。第二处是④号画面左侧空车舆宝盖上方，左边斜向绘一道呈喇叭形的神光，边缘涂石青色，中间原色不辨，现呈乳白色，一只小鹿奔腾跳跃而下。第三处是车舆旌旗右上方的深色缓坡上，两只鹿相对立在草地上，左边一只正低头吃草，右边一只昂首回顾，似在观察四周的情况。后边的这三只鹿均仅见短小的耳朵，没有鹿角，显然是雌鹿（见图11、图12）。

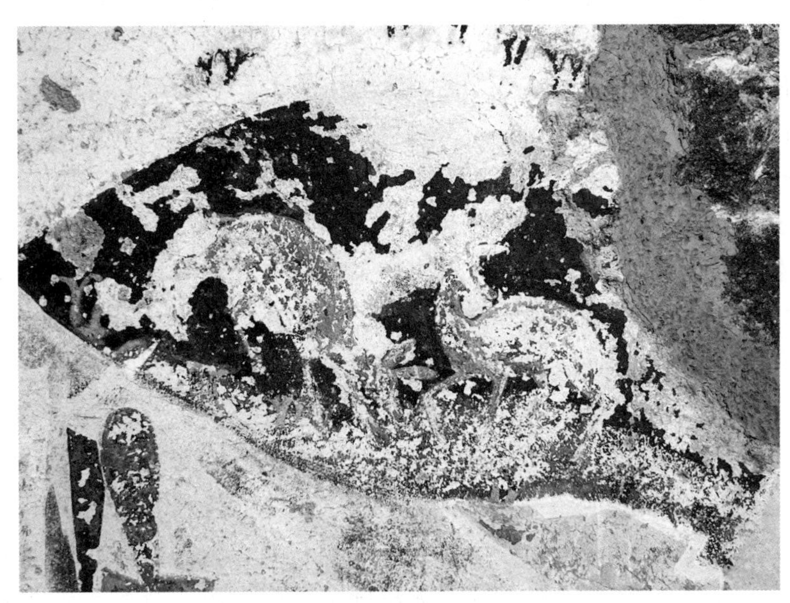

图11　小鹿

图12　小鹿

由于画面残损，其余部位是否还有鹿已无从得知。但这几只鹿出现的地点均与国王随从及车舆之间有着某种联系，显然不仅仅是画师表现山野情趣之举，因为画面中并未发现其他动物和飞禽，其具体含义尚待进一步研究和考察。

三、正披壁画与左、右披萨埵那太子本生故事之间的关联性

麦积山第127窟顶部左、右披内绘制的壁画内容为萨埵那太子本生，即人们耳熟能详的“舍身饲虎”故事，其中左披表现的是太子出游和回宫报信，右披表现的是三太子萨埵那“舍身饲虎”。对这两披绘画内容，国内外学术界没有异议。

“舍身饲虎”是北朝时期非常流行的佛教本生故事，相关经典主要有东吴康僧会译《六度集经》、北凉昙无谶译《金光明经·舍身品》、北凉法盛译《菩萨投身饴饿虎起塔因缘经》、北魏慧觉等译《贤愚经·摩诃萨埵以身施虎品》，以及刘宋绍德、慧询等译《菩萨本生鬘论·投身饲虎缘起》、萧梁宝唱集《经律异相·萨埵王子舍身品》和《经律异相·乾陀尸利国王太子投身饿虎遗骨起塔萨》等。此后，唐道宣和义净也有相关编撰和译著。

从这两披现存内容看，左披以辉煌壮丽的宫殿建筑为主体，主要表现了出游、回宫报信、惊闻噩耗等情节；右披画面部分残毁，现存有萨埵那太子攀登悬崖、舍身饲虎，其兄查看尸骸、国王及侍从赶赴现场等场景。

从麦积山第127窟这铺对称布局的萨埵那本生故事内容分析，其经典依据主要是昙无谶译《金刚光明经·舍身品》或绍德、慧询译《菩萨本生鬘论·投身饲虎缘起》，但没有发现太子挂衣竹林，以竹枝刺颈出血，虚空诸天、咸共称赞，以及起塔供养等场景。由于右披壁画残毁近二分之一，原绘是否有相关情节无法确定，但大概率原绘有类似内容。

故从这两披故事内容来看，已经圆满表现了萨埵那本生故事的主要内容和情节。因此，笔者认为，127窟正披壁画内容就存在两种可能：

一种可能是对萨埵那本生故事的某些特定情节做了特定放大，或者说强调处理。这一结论基于两个理由：第一，麦积山127窟顶部的萨埵那本生依据的经典是前述的《金刚光明经》或《菩萨本生鬘论》，巧的是两部经典中，萨埵那太子父王的梵文名Mahāratha，意为大车王。大车也有大乘之意，意在渡修行者到达彼岸。如果从这个角度出发，是否是功德主或画师面对汉译佛典的新名词，望文生义？加之本窟的特殊性①，使国王或皇帝在相关故事中始终占有重要地位，如本窟前披壁画睒子本生中的伽夷国王也被多次特意表现。第二，这幅图像虽然不完整，但从头至尾的主体始终是国王及其随从，部分情节也对得上，如两名侍卫或是他的两个儿子拦车舆汇报，近左侧身穿胡装的两人跪地向国王哭诉的情形等。

另一种可能就是这是一幅内容尚待识别的本生故事，而不是此前学界认为的这幅壁画是萨埵那太子本生故事的组成部分，两者之间没有直接联系。但由于画面的缺失，尚无法确定其经典来源。

---

① 部分学者研究后认为，麦积山第127窟为西魏文帝前皇后乙弗氏功德窟，笔者亦持这种观点。详见郑炳林、沙武田：《麦积山第127窟为乙弗皇后功德窟试论》，《考古与文物》2006年第4期，第76-85页；孙晓峰：《天水麦积山石窟第127窟研究》，甘肃教育出版社，2016年。

麦积山石窟第127窟西方净土变献疑

张善庆（兰州大学敦煌学研究所）

【摘要】 第127窟是麦积山石窟的艺术代表，内容新颖，技法高超。由于功德主是西魏乙弗氏皇后，身份特殊，因此这个洞窟在一定程度上代表着西魏艺术的最高水准，也成为学界研究的热点。由于时代久远，破损严重，部分重要的图像线索容易被忽视。通过对第127窟西壁经变画细部的解读，对比净土经典和法华经典，可以推断，这铺经变画为法华经变，特别表现了释迦佛在灵鹫会为四大弟子授记和龙女成就男儿身成佛说法的情节，在佛教义理上，与洞窟其他壁画题材形成了一个整体，在表层的画面内容上，它和其他题材一样，突出了女性角色，再次彰显了乙弗氏功德窟的性质。

【关键词】 麦积山石窟　第127窟　乙弗氏　西方净土变　法华经变

麦积山石窟第127窟是该石窟群的代表性洞窟，根据专家研究，其功德主为西魏乙弗氏皇后[①]。也正是由于这一历史背景，第127窟的绘画技法高超，壁画题材新颖，成为学界研究热点。洞窟西壁绘制的大

① 金维诺：《麦积山石窟的兴建及其艺术成就》，载天水麦积山石窟艺术研究所编著《中国石窟·天水麦积山》，文物出版社，1998年，第173页；郑炳林、沙武田：《麦积山第127窟为乙弗氏皇后功德窟试论》，《考古与文物》2006年第4期；项一峰：《〈维摩诘经〉与维摩诘经变——麦积山127窟维摩诘经变壁画试探》，《敦煌学辑刊》1998年第2期；项一峰：《麦积山石窟第127窟造像壁画思想研究》，《敦煌学辑刊》2015年第1期；孙晓峰：《天水麦积山第127窟研究》，甘肃教育出版社，2015年；张铭：《墓窟结合，善恶有报——麦积山石窟第127窟净土世界的空间营造》，《中国美术研究》2021年第4期。

型经变画，以往学者普遍定名为西方净土变[①]，近年也有学者释读为《维摩诘经·佛国品》[②]。第127窟图像资料目前已经在“数字敦煌”平台上线，结合高清图像、临摹品以及实地考察，笔者推断这铺经变画并非西方净土变，可能属于法华经变。在此，本文采用破立结合的论证结构，略陈管见，敬请指正。

一、第127窟“西方净土变”概况

第127窟平面为横长方形，窟顶为盝形顶。北壁（正壁）绘制大型涅槃经变，东壁绘制维摩诘经变，西壁绘制本文正在讨论的经变画，南壁窟门下方左右两侧绘制地狱变，上方绘制七佛图。盝形顶的四个斜坡绘制萨埵太子舍身饲虎和睒子本生故事画，顶部绘制龙车与菩萨图像。根据郑炳林、沙武田、孙晓峰、项一峰等先生的研究，这个洞窟就是西魏乙弗氏皇后的功德窟。作为皇家洞窟，这些题材大概都经过巧妙设计、精心布局。

本文所讨论的经变画位于西壁佛龛上方，高1.63米，长4.55米[③]，画幅宽大，构图严谨，内容丰富，人物造型和绘画技法高超，在同时代石窟之中极为罕见。整个画面绘制三座大型建筑，呈品字形布局。中央是佛寺殿堂，左右两侧为高耸的双阙。在高台之上殿堂之中，主尊佛结跏趺坐，举手说法，左右两侧分别侍立一菩萨二弟子。主尊眷属身后、高台之下绘制听法声闻众和菩萨众。殿堂之前、双阙之间绘制大型乐舞场景，两人击鼓[④]，另有两人舞蹈，身后左右两侧绘制乐队。在双阙身后和脚下，绘制听法眷属，前方是菩萨装人物，后部是声闻众。画面下方绘制莲池（见图1）[⑤]。

由于壁画斑驳严重，部分壁画细节无法辨识，再加上没有榜题辅助解读，所以学界通常会依据画面中出现的双阙、宝池、莲花以及乐舞场景，认为这是西方净土变；不仅如此，由于绘制于西魏，这铺经变也就被认为是现存最早的西方净土经变壁画[⑥]。然而这铺经变画的部分细节没有得到足够的重视，内容的定名仍然存在疑问，笔者将在下文分别阐述。

---

① 金维诺：《西方净土变的形成与发展》，《佛教文化》1990年第2期，第31页；张宝玺：《麦积山石窟壁画叙要》，载天水麦积山石窟艺术研究所编著《中国石窟·天水麦积山》，第194页；麦积山石窟艺术研究所编《麦积山石窟内容总录》，天水麦积山石窟艺术研究所编著《中国石窟·天水麦积山》，第286页；吴莛、魏文斌：《甘肃中东部石窟早期经变及佛教故事题材考述》，《敦煌研究》2002年第3期；王惠民：《西方净土变形式的形成过程与完成时间》，《敦煌研究》2013年第3期，第81页；王治：《中国早期西方净土变造像再考》，《故宫博物院院刊》2019年第4期，第100-101页。

② 曹德启认为，第127窟右侧壁内容并非西方净土变，而是与左侧壁相关的《维摩诘经·佛国品》，参见曹德启：《北朝石窟中净土与菩萨道信仰》，博士学位论文，台北政治大学，2018年。这一研究信息详见颜娟英：《涅槃变图像的发展——从西魏麦积山石窟到初唐敦煌莫高窟》，《“中央研究院”历史语言研究所集刊》第九十二本第二分，2021年，第346页。

③ 魏文斌：《文化遗产麦积山石窟》，载花平宁、魏文斌主编《麦积山》，江苏美术出版社，2013年，第34页。

④ 孙晓峰：《麦积山127窟〈西方净土变〉中的“建鼓”考释》，《考古与文物》2014年第3期，第97-102页。

⑤ 天水麦积山石窟艺术研究所编著《中国石窟·天水麦积山》，图版161。

⑥ 与之相近的壁画布局还出现在第135窟。其正壁绘制涅槃经变，左侧壁龛外两侧绘制维摩诘经变，右侧壁绘制说法图，但可惜斑驳严重，无法释读。这一重要参考线索由此中断。

图1　麦积山石窟第127窟西壁经变画

（图片采自《中国石窟·天水麦积山石窟》）

二、莲花、宝池和双阙并非南北朝西方净土变独有的图像元素

麦积山第127窟经变画中出现的水池、莲花和双阙，是学者们判断其内容的重要依据，但是这些元素是否是西方净土变独有的图像元素？

首先，与第127窟经变画同时代的西方净土变的确出现了宝池等标志性图像元素。净土三大部经典——曹魏康僧铠译《无量寿经》、姚秦鸠摩罗什译《阿弥陀经》和刘宋畺良耶舍译《佛说观无量寿佛经》都已经翻译完成。西方极乐世界的重要标志就是七宝池、八功德水和大如车轮的莲花。北朝的工匠已经把这些元素运用到石窟艺术创作之中了。南响堂山石窟第1窟和第2窟作为双窟，前壁门上都雕刻西方净土变，主体说法图位于双阙之间，下方雕刻化生童子和八功德水①。小南海石窟中窟右侧壁雕刻佛座、莲花、树木，特别重要的是刻有榜题“上品下生”“八功德水”等内容，这大概是国内发现最早的“十六观”，对此李裕群先生做过详细考证②。甘肃民乐童子寺石窟残损严重，依照榜题可以推断为净土与九品往生内容③。只是由于这铺壁画被后代泥皮所覆盖，暴露在外的部分非常有限，我们无法判断其全貌，但是依然可以看到诸佛和菩萨之间存在“水”的描绘。

虽然北朝西方净土变已经出现了这类标志性图像，但是反过来，具备这些标志性图像的经变画是否可以判读为西方净土变？

成都万佛寺浮雕（川博1号造像碑）是学界研究的热点，其正面为双观音造像④，背面浮雕分为上下两栏，上栏用焦点透视的方法，浮雕一铺大型说法图（见图2）⑤。主尊趺坐在

① 颜娟英：《北齐禅观窟的图像考——从小南海石窟到响堂山石窟》，《东方学报》第70册，1998年；颜娟英：《镜花水月——中国古代美术考古与佛教艺术的探讨》，石头出版股份有限公司，2016年，第292-301页。

② 李裕群：《邺城地区石窟与刻经》，《考古学报》1997年第4期，第455页；李裕群：《有关安阳小南海石窟的几个问题》，《燕京学报》1999年新6期，第166-171页。

③ 丁得天、焦成：《甘肃省民乐县童子寺石窟内容总录》，《敦煌研究》2016年第3期，第19页。

④ 李裕群：《试论成都地区出土的南朝佛教石造像》，《文物》2000年第2期，第67页。

⑤ 四川博物院、成都文物考古研究所、四川大学博物馆编著《四川出土南朝佛教造像》，中华书局，2013年，第102-107页。

中央佛座上，弟子眷属围绕在两侧。主尊佛和胁侍正前方雕刻宽阔的大道，道路两侧是趺坐听法的眷属，其身后为整齐的宝树和高耸的双阙。阙与宝树之间以及画面下方雕刻宝池和莲花。下部雕刻多个故事情节。对于背面上栏[①]和下栏[②]的内容，学界的意见也不完全统一。综合学界讨论，笔者认为，整个造像碑的内容集中表现了法华思想，彼此之间是一个相互契合的整体：正面为双观音造像，背面下栏是观世音普门品，而上栏，正如赵声良先生所说，大概表现了灵鹫山说法[③]。如此一来，画面中的宝池和莲花与西方净土变无关。

图2　川博1号造像碑法华经变

（图片采自《四川出土南朝佛教造像》）

图3　北齐天保八年(557)比丘法阴等造像碑

（图片采自金申《海外及港台藏历代佛像珍品纪年图鉴》）

北齐天保八年（557）比丘法阴等造像碑（见图3）[④]目前收藏于瑞士瑞特保格博物馆，正面分为上中下三栏，上栏为蟠螭纹碑首并思惟菩萨，中栏是维摩诘变相，下栏雕刻一铺七身像，主尊佛两侧分别雕刻声闻弟子、螺髻人物和菩萨，其中螺髻人物也许是辟支佛，整个组合表现了《法华经》“三乘归一”的思想，在这个组合的下方雕刻高挺的荷叶和含苞待放的莲花，所有胁侍的莲台也都由莲茎托起。在此，通常被看作西方净土世界的标志性图像出

---

① 目前，学界存在多种观点。一是西方净土变，详见［日］吉村怜：《南朝的法华经普门品变相》，《佛教艺术》总第162号，1985年；贺小萍译《南朝的〈法华经〉普门品变相——刘宋元嘉二年石刻画像内容》，《敦煌研究》1996年第4期；卞立强译《天人诞生图研究——东亚佛教美术史论文集》，上海古籍出版社，2009年，第368-382页；王静芬著，郭春萍译《四件四川佛教石刻和净土图像在中国的起源》，《敦煌研究》2002年第1期，第34-41页；王静芬著，毛秋瑾译《中国石碑：一种象征形式在佛教传入之前与之后的运用》，商务印书馆，2011年，第240-273页；王治：《中国早期西方净土变造像再考》，第93-100页。二是灵鹫山说法，详见赵声良：《成都南朝浮雕弥勒经变与法华经变考论》，《敦煌研究》2001年第1期，第36-37页、第41-42页。三是竹园精舍说法，详见李静杰：《四川南朝浮雕佛传图像考察》，载中国古迹遗址保护协会石窟专业委员会、龙门石窟研究院编《石窟寺研究》第1辑，文物出版社，2010年，第110页。四是法华经妙音菩萨品，详见费泳：《南朝佛教石刻经变画与山水图像》，《南京艺术学院学报（美术与设计版）》2020年第6期，第119页。

② 目前，学界主要有两种观点。一是观音普门品，详见赵声良：《成都南朝浮雕弥勒经变与法华经变考论》，《敦煌研究》2001年第1期，第36-37页、第41-42页。二是佛传故事，详见李静杰：《四川南朝浮雕佛传图像考察》，第104-109页。

③ 赵声良：《成都南朝浮雕弥勒经变与法华经变考论》，《敦煌研究》2001年第1期，第36-37页、第41-42页。

④ 金申：《海外及港台藏历代佛像珍品纪年图鉴》，山西人民出版社，2007年，第103页。

现在了法华图像中。

麦积山第127窟和成都万佛寺浮雕（川博1号造像碑）背面的灵鹫山说法构图相似，在主体说法图的两侧，分别绘制高耸的双阙，在主体说法组合的前端描绘了大型奏乐的场景。画面下方描绘水池和莲花，值得注意的是，宝池之中没有化生的身影。结合上述案例，第127窟西壁经变画也有法华经变的可能。

三、灵鹫会上授记四大弟子与未来世界

第127窟经变画说法佛的两侧侍立两身菩萨和四身弟子，同在殿堂之中、台基之上。在胁侍身后还绘制数身弟子。比较特别的是，四身弟子具有头光，其中两身双手托盘，上置净瓶，而身后弟子却没有头光（见图4）①。孙晓峰先生指出这一特点，认为“佛两侧手托净瓶弟子像所表现的功能和含义尚有待进一步考查”，同时又指出“古代中国又是一个等级制度森严的社会，由修行果位相对较低的弟子来奉持净瓶，视觉上更能体现出佛与菩萨的庄严和神圣，因此笔者认为台基上胁侍弟子的这一图像特征还是与西方净土有一定关系”②。值得注意的是，在第127窟，类似的净瓶图像不止这一处，洞窟南壁窟门东侧绘制了诸天罗汉接引亡人的图像，两身接引天人也是双手托盘，上置净瓶。个中原因，有待进一步探讨。

图4　麦积山石窟第127窟西壁经变画弟子图像

（图片采自“数字敦煌”资源库）

为什么此处凸显四大弟子？他们不仅侍立于佛的两侧，身后还被绘上头光，相比之下，其他声闻弟子却没有头光。净土类经典似乎并没有特意突出四大弟子。鸠摩罗什所译《佛说

① 甘肃省文物考古研究所主编《中国敦煌壁画全集·11·敦煌麦积山炳灵寺》，天津人民美术出版社，2006年，图版103。

② 孙晓峰：《天水麦积山第127窟研究》，甘肃教育出版社，2015年，第201页。

阿弥陀经》篇章短小精悍，主要通过佛陀和舍利弗的对话，描绘西方极乐世界①。《佛说观无量寿佛经》在“未生怨”之后，通过佛陀与阿难及韦提希夫人对话，在“十六观”中讲述观想西方净土及三大士，并无关于弟子的描写②。因此，这个画面和净土类经典存在出入。

搜检净土类经典无果，我们在《法华经》中却找到了相关文献。据《信解品》记载，佛陀在灵鹫山说法，声闻乘弟子围绕，讲到微妙之处，四比丘须菩提、迦旃延、迦叶、目犍连纷纷从座而起，顶礼佛陀。经典记载：

> 尔时慧命须菩提、摩诃迦旃延、摩诃迦叶、摩诃目犍连，从佛所闻未曾有法，世尊授舍利弗阿耨多罗三藐三菩提记，发希有心，欢喜踊跃，即从座起，整衣服偏袒右肩，右膝着地，一心合掌，曲躬恭敬，瞻仰尊颜而白佛言：我等居僧之首，年并朽迈，自谓已得涅槃，无所堪任，不复进求阿耨多罗三藐三菩提。世尊往昔说法既久，我时在座，身体疲懈，但念空、无相、无作，于菩萨法，游戏神通，净佛国土，成就众生，心不喜乐。所以者何？世尊令我等出于三界，得涅槃证。又今我等年已朽迈，于佛教化菩萨阿耨多罗三藐三菩提，不生一念好乐之心。我等今于佛前，闻授声闻阿耨多罗三藐三菩提记，心甚欢喜，得未曾有。不谓于今，忽然得闻希有之法，深自庆幸，获大善利，无量珍宝，不求自得。③

然后说穷子喻和药草喻，在接下来的《授记品》中，佛陀分别为四比丘须菩提、迦叶、迦旃延、目犍连授记。在群僧之中，四大比丘被凸显了出来，似乎和第127窟经变画吻合。

至于图像中的宝树、水池、莲花和双阙，这是以往学者将此判读为西方净土变的主要依据。但是《法华经》在为四大弟子授记之时，同时也描绘了每位弟子成佛之后的世界，无异于西方净土世界。经云：

> 尔时，世尊说是偈已，告诸大众，唱如是言：我此弟子摩诃迦叶，于未来世，……于最后身，得成为佛，名曰光明如来……国名光德，……国界严饰，无诸秽恶、瓦砾荆棘、便利不净；其土平正，无有高下坑坎堆阜。琉璃为地，宝树行列，黄金为绳，以界道侧，散诸宝华，周遍清净。其国菩萨无量千亿，诸声闻众亦复无数，无有魔事，虽有魔及魔民，皆护佛法。④

根据经典，关于四大弟子成佛之后的世界，《法华经》的文字记载几近相同，其中皆有宝树、殿宇的描绘，也许可以用来印证第127窟出现的所谓的净土图像元素吧。

四、服饰殊异的人物与龙女献宝

第127窟经变画右下角的一个细节长期以来被学者忽视了。高阙建筑之下，有一组人物朝着中央主尊佛的方向举步向前。整个人群可以分为前、中、后三部分：走在最前列的是衣着华丽的女性人物，双肩披帛，衣带飘举，宛若仙子，似为菩萨；后方的人群则是身穿袈裟的僧装弟子；在女性人物和僧装弟子之间，画家特意留出一定空间，绘制了一身人物（见图

---

① ［姚秦］鸠摩罗什译《佛说阿弥陀经》，《大正藏》第12册，第346–348页。

② ［刘宋］畺良耶舍：《佛说观无量寿佛经》，《大正藏》第12册，第341–346页。

③ ［姚秦］鸠摩罗什译《妙法莲华经·信解品》，《大正藏》第9册，第16页。

④ ［姚秦］鸠摩罗什译《妙法莲华经·授记品》，《大正藏》第9册，第20页。

5），其上身穿对襟襦衫，下半身漫漶不清，一种可能是身穿绿色围腰，下着长裙[①]。类似的服饰还可见于莫高窟北魏第288窟东壁女性供养人（见图6）[②]，另一种可能是身穿裤褶。类似案例可见于河南邓州学庄墓葬（见图7）[③]。除了其位置和服饰的特殊，此人与他人迥然不同的另外一点是其姿态：前后两组人物全部都是双手置于胸前，藏在袖中，但是此人左臂上举，右手下垂，肘部微微前屈。据此可知，其身份较为特殊。

我们在净土类经典中很难把这身人物确定在某位与会大众身上，但是《法华经·提婆达多品》却有比较贴切的记载。经云：

> 尔时龙女有一宝珠，价值三千大千世界，持以上佛。佛即受之，龙女谓智积菩萨："尊者舍利弗言，我献宝珠，世尊纳受，是事疾否？"答言："甚疾。"女言："以汝神力，观我成佛，复速于此。"当时众会，皆见龙女，忽然之间变成男子，具菩萨行，即往南方无垢世界，坐宝莲华，成等正觉，三十二相，八十种好，普为十方一切众生演说妙法。尔时娑婆世界，菩萨、声闻、天龙八部、人与非人，皆遥见彼龙女成佛，普为时会人天说法，心大欢喜，悉遥敬礼。无量众生，闻法解悟，得不退转。无量众生，得受道记，无垢世界，六反震动。娑婆世界，三千众生，住不退地。三千众生，发菩提心，而得受记。[④]

《法华经》突出描写了一位女性形象——龙女。她年方八岁，智慧利根，辩才无碍，反问舍利弗关于女身不能作佛的观点，在南方世界变成男儿之身，迅速成佛。图中在此身人物左前方，尚有弟子回首，与其呼应。也就是说，这组人物图像的核心是这身图像，龙女成佛并说法，恰恰符合这一构图。此外，龙女还将价值三千大千世界的宝珠献给佛陀，这与此身人物左手上举的姿态相符，似乎是作供养状。

如果这种论证可以成立的话，那么就可以解决以往讨论中存在的以下问题。

首先，根据郑炳林和沙武田先生的研究，这个洞窟的涅槃经变、维摩诘经变、萨埵太子本生故事等等，都突出强调女性角色，都有乙弗氏的身影[⑤]。独独西壁的这铺经变画，如果解读为西方净土变，我们无法在经典中找到一位女性人物与乙弗氏相对应——虽然《佛说观无量寿佛经》记载了韦提希夫人，但是第127窟没有"十六观"的内容。

而如果这铺经变定名为法华经变，那么龙女的形象恰恰和乙弗氏相对应。龙女虽为女儿身，但却能够游戏变化，须弥之间变成男儿身，的确和我们今天所看到的家族对乙弗氏的评价有相通之处。《北史》记载："后美容仪，少言笑，年数岁，父母异之，指示诸亲曰：'生女何妨也。若此者，实胜男。'"[⑥]

其次，该经变与东壁维摩诘经变相对，属于一个组合。在维摩诘和文殊菩萨辩论的过程中，天女出现并把故事推向一个高潮。《维摩诘所说经》之《观众生品》中，天女先是散花于菩萨和弟子身上，而舍利弗用神力也不能抖落，于是引出一段关于执着于文字是否是真解

① 笔者在此感谢北京服装学院谢静教授与兰州大学敦煌学研究所沈雪博士的帮助。

② 谭蝉雪主编《敦煌石窟全集·服饰画卷》，商务印书馆（香港）有限公司，2005年，第42页。

③《中国画像砖全集》编辑委员会编《中国画像砖全集·河南画像砖》，四川美术出版社，2005年，第134页。

④［姚秦］鸠摩罗什译《妙法莲华经·提婆达多品》，《大正藏》第9册，第35页。

⑤ 郑炳林、沙武田：《麦积山第127窟为乙弗氏皇后功德窟试论》，《考古与文物》2006年第4期。

⑥［唐］李延寿撰《北史》卷13《后妃上》，中华书局，1974年，第506页。

脱的辩论[①]，后来天女又将自己变成舍利弗，把舍利弗变成天女，来说明众生如幻和男女无实相的道理。文中采用“双遣”的方法，其目的是调节佛教在理论上的空观同实践上必须承认实有的矛盾[②]。《妙法莲华经》和《维摩诘经》都是大乘经典，其中两位女性人物的出现和所扮演的角色颇具相似性[③]。这铺强调龙女的法华经变恰恰和对面东壁凸显天女的维摩诘经变形成了呼应。

图5　第127窟经变画右下角细部

（图片采自《中国石窟》和“数字敦煌”资源库）

图6　莫高窟第288窟东壁供养人

（图片采自《敦煌石窟全集·服饰画卷》）

图7　河南邓州学庄画像砖

（图片采自《中国画像砖全集·河南画像砖》）

从目前的考古资料来看，第127窟的壁画题材远远领先于同时代其他石窟乃至单体造像，因此我们很难找到较之更早乃至同时代的资料。正如涅槃经变这一题材，莫高窟历史上第一铺涅槃图位于北周第428窟，由于构图简单，还不能称之为经变；真正意义上的涅槃经变是圣历元年（698）第332窟[④]，晚于麦积山第127窟一个半世纪。在莫高窟，《法华经·提婆达多品》首次出现在初唐洞窟。贺世哲先生指出，初唐法华经变在隋代基础上增加了《提

① ［姚秦］鸠摩罗什译《维摩诘所说经》，《大正藏》第17册，第547-548页。

② 任继愈主编《中国佛教史》第1卷，中国社会科学出版社，1985年，第416页。

③ 张善庆：《马蹄寺石窟群汉传佛教图像研究》，甘肃教育出版社，2022年，第256页。

④ 贺世哲：《敦煌壁画中的涅槃经变》，《敦煌石窟论稿》，甘肃民族出版社，2003年，第294页。

婆达多品》和《从地涌出品》等四品，在这些作品中，首推建成于684年之前的第331窟[1]。图中，文殊菩萨与诸菩萨从娑竭罗龙宫腾云前往灵鹫山多宝塔处，三个童子模样的人物随后而往，表现了八岁龙女和随从[2]。值得注意的是，这三身童子的服饰与其他菩萨迥然不同，在这一点上和麦积山第127窟的龙女也有相通之处。

五、法华经变与洞窟其他题材有机结合

第127窟北壁为涅槃经变，东壁绘制维摩诘经变，窟顶为萨埵太子舍身饲虎和睒子本生故事，南壁是七佛图像。根据上文讨论，如果西壁经变画可以判读为法华经变，那么无论从佛教义理还是从考古资料来看，都是合情合理的。此前，学界对于每个组合都有所涉及，本文略作梳理，不再详细剖析。

（一）法华图像与维摩诘变相

这个图像组合在北朝时期似乎不胜枚举，可以上溯到西秦时期。永靖炳灵寺第169窟北壁编号11的壁画内容就包含维摩诘变相与法华图像（见图8）。维摩诘变相位于上方，维摩诘为菩萨形象，侧卧在方榻上，半支上身，表示身体微恙；方榻前端站立一人，后代变相此处通常绘制天女，但大概是由于初创，在此其榜题为“侍者之像”。在维摩诘变相下方绘制释迦多宝二佛并坐图。二佛呈倚坐姿态，共同置身于覆钵式佛塔之中，举手说法[3]。

图8　炳灵寺第169窟维摩诘变相和法华图像

（图片采自《中国石窟·永靖炳灵寺石窟》）

图9　北魏太和元年阳氏造像维摩诘变相与法华图像

（图片采自《海外及港台藏历代佛像珍品纪年图鉴》）

在中国内地佛教艺术初创时期，这两种图像便形成了一个组合同时出现。在5世纪中后期，以《维摩诘所说经》为基础的维摩诘经变相大量出现，主要表现《文殊师利问疾品》。更有意义的是，维摩诘和文殊师利菩萨辩论的场景通常和释迦多宝二佛并坐联系在一起，甚至释迦多宝二佛直接成为整幅画面的主尊，而维摩诘和文殊菩萨分列两侧，典型代表就是北

① 贺世哲：《敦煌壁画中的法华经变》，《敦煌石窟论稿》，第149页；贺世哲主编《敦煌石窟全集·法华经画卷》，商务印书馆（香港）有限公司，1999年，第51页。

② 贺世哲主编《敦煌石窟全集·法华经画卷》，商务印书馆（香港）有限公司，1999年，第51页。

③ 杜斗城、王亨通主编《炳灵寺石窟内容总录》，兰州大学出版社，2006年，第190页。

魏太和元年（477）阳氏造铜佛坐像①，画面分为上中下三栏，上栏刻画释迦多宝二佛并坐和维摩诘、文殊菩萨，中栏为说法图，下栏是佛传故事（树下降诞、九龙灌顶，见图9）。此外，宾夕法尼亚大学所藏北齐武平六年（575）造像碑也比较具有代表性，图像分为上中下三栏，下栏主尊为二佛并坐，中栏为维摩诘变相，上栏为一铺七身像②。在敦煌莫高窟，这个组合出现在隋代第276、277窟。其中，第276窟的组合形式是西壁佛龛南北两侧分别绘制立姿文殊菩萨和维摩诘居士，佛龛上方绘制释迦多宝二佛并坐图③。

《法华经》与《维摩诘所说经》都是大乘佛教经典，强调大乘佛教的重要性④，具有贬低小乘、褒扬大乘的倾向，在义理方面也有相通之处，因此两种图像便形成一个固定的组合。"北魏时期佛教界主流思想系后秦鸠摩罗什僧团思想的延续，法华经和维摩诘经充分体现了中观派诸法实相的内涵，于教义上有相通性"⑤。"隋代石窟造像中法华图像与维摩图像的互融互渗亦达到新的高度"⑥。

（二）法华图像和涅槃经变

这两种图像也曾作为一个组合出现。麦积山石窟第26窟和第27窟开凿于北周时期，形制上都是方形四角攒尖顶窟⑦，这大概是一组双窟，内部空间大小相等，内容相通，其中第26窟窟顶绘制涅槃经变，第27窟则绘制法华经变⑧，如果把这两个洞窟作为双窟来看待，那么这组洞窟窟顶内容就是一个组合。在永靖炳灵寺石窟，北魏第132窟西壁（正壁）雕刻二佛并坐像，南北侧壁雕刻坐佛和交脚菩萨，东壁门上则雕刻涅槃图（见图10）⑨。敦煌石窟北朝二佛并坐图像共有6例，其中2例与涅槃图组合在一起，分别来自莫高窟北周第428窟和西千佛洞第8窟，对此张元林先生曾经做过系统梳理，并特别鲜明地指出，这两例图像"彼此毗邻"⑩。

至于这个组合形成的义理基础，各家都有精彩论述。李静杰先生根据《法华经·如来寿量品》指出，释迦佛寿命无限，但是如果常住于世，众生就会起懈怠心，因此把唱言灭度作为方便说法的手段⑪。在讨论炳灵寺第132窟组合时，赖文英指出，这是从法华开展出来的大乘法身涅槃思想，凸显法身不生不灭的特性⑫。针对敦煌石窟的图像组合，张元林认为这

① 金申：《海外及港台藏历代佛像珍品纪年图鉴》，第406页。

② 金申：《海外及港台藏历代佛像珍品纪年图鉴》，第113页。

③ 敦煌文物研究所编《中国石窟·敦煌莫高窟》第2卷，文物出版社，1984年，图版121-123。

④ 李静杰：《北朝后期法华经图像的演变》，《艺术学》第21期，觉风佛教艺术文化基金会，2004年，第71页。

⑤ 卢少珊：《北朝隋代维摩诘经图像的表现形式与表述思想分析》，《故宫博物院院刊》2013年第1期，第80页。

⑥ 肖建军：《论南北朝至隋时法华造像与维摩诘造像的双弘并举》，《考古与文物》2012年第5期，第96页。

⑦ 天水麦积山石窟艺术研究所编著《中国石窟·天水麦积山》，第277页。

⑧ 天水麦积山石窟艺术研究所编著《中国石窟·天水麦积山》，图版252-258。

⑨ 甘肃省文物工作队、炳灵寺文物保管所：《中国石窟·永靖炳灵寺》，文物出版社，1989年，图94-101。

⑩ 张元林：《北朝-隋时期敦煌法华图像研究》，甘肃教育出版社，2017年，第126页。

⑪ 李静杰：《北朝后期法华经图像的演变》，第80页。

⑫ 赖文英：《论炳灵寺北魏石窟的"十方三世佛"——以126、128、132窟为例》，第335页。

是为了说明“佛寿久远”“佛法长存”[①]。

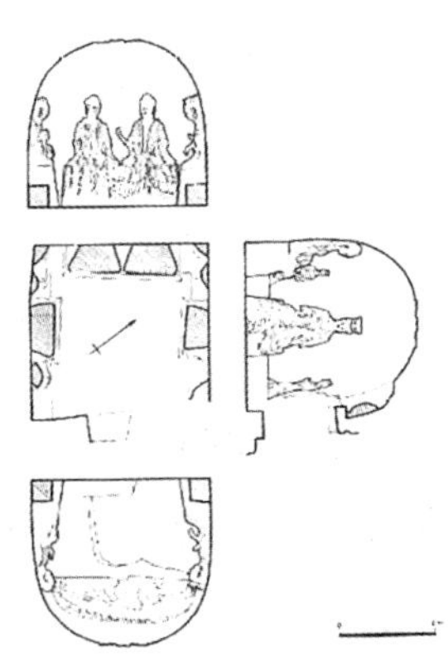

图10　炳灵寺石窟第132窟平剖面图

（图片采自《中国石窟·永靖炳灵寺石窟》）

（三）法华图像与南壁七佛图像、窟顶本生故事图像

法华图像和七佛图像是北朝僧人禅观的重要内容，在北朝单体造像、石窟乃至墓葬中常常作为一个组合出现。2015年，山西大同仝家湾北魏469年邢合姜石椁出土[②]，石椁正壁绘制释迦多宝二佛并坐以及二坐佛，左右侧壁绘制两身佛像，前壁上部绘制七佛，再加上石椁为歇山顶的殿堂样式，所以整个结构和绘画布局就构成了一座佛殿[③]。在单体造像和石窟中，七佛也是常见题材，多会出现在佛龛龛楣。麦积山石窟第133窟第16号造像碑主尊为二佛并坐像，在主龛上下分别雕刻四排七佛造像[④]。敦煌莫高窟第285窟甚至把二佛并坐图像糅到了七铺佛像组合之中[⑤]。对于这个组合，学术界的研究成果丰富，不再赘述。释迦牟尼佛与多宝佛二佛并坐，甚至与弥勒菩萨构成一个组合，阐释了大乘佛教“三世无碍”和佛教“源远流长”的含义。释迦牟尼佛与过去六佛组合，在佛教义理上具有相同的旨趣。这两个组合搭配在一起，可以用作观想，亦可以用作礼忏。刘宋昙摩密多所译《佛说观普贤菩萨行法经》记载，行者在观想二佛并坐时还可听闻过去七佛为之说法[⑥]。

法华图像与本生故事也常常作为一个组合出现。6世纪初，在充满浓郁法华思想的龙门石窟宾阳中洞，前壁窟门左右雕刻须达拏本生故事和萨埵太子本生故事画。相同的布局还出现在莫高窟第428窟。此外，西魏北周之际的莫高窟第461窟正壁描绘二佛并坐，佛龛龛楣

① 张元林：《北朝-隋时期敦煌法华图像研究》，甘肃教育出版社，2017年，第131页。

② 大同市考古研究所编著《山西大同仝家湾北魏邢合姜墓石椁调查简报》，《文物》2022年第1期，第18-34页。

③ 李裕群：《佛殿的象征——山西大同仝家湾北魏佛教壁画石椁》，《文物》2022年第1期，第52-61页。

④ 天水麦积山石窟艺术研究所编著《中国石窟·天水麦积山》，图版101。

⑤ 贺世哲：《莫高窟第285窟北壁八佛考》，载《1990年敦煌学国际学术研讨会论文集》，辽宁美术出版社，1994年，第236-255页；张元林：《北朝—隋时期敦煌法华图像研究》，甘肃教育出版社，2017年，第93-112页。

⑥ 张善庆、李晓斌：《张掖马蹄寺石窟群千佛洞第8窟礼忏活动探析》，《敦煌学辑刊》2007年第2期，第50-59页。

则绘制睒子本生故事画（见图11）[①]，除此之外，还有下文将要讨论的莫高窟第419窟。对于这个组合，李静杰先生认为这是来自《妙法莲华经》卷6《常不轻菩萨品》的忍辱牺牲思想[②]，并引用《大智度论·摩诃衍品》指出布施包含内（自我自身）、外（所有物）两个方面的内容，这是萨埵太子和须达拏本生成对出现的根本原因[③]。高海燕引用《法华经·提婆达多品》，认为法华经强调布施的重要性，其中就包括施舍肉身[④]。所以法华造像与本生故事具有相通之处。

图11　莫高窟第461窟法华图像与睒子本生故事画

（图片采自《中国石窟·敦煌莫高窟》）

（四）麦积山第127窟洞窟设计的其他“翻版”

从以上论述来看，法华图像与维摩诘变相、涅槃经变、七佛图像以及萨埵太子等本生故事，在佛教义理方面都是相互契合、互不冲突的。也就是说，如果将此判读为法华经变，从洞窟设计理念的角度来看，这些题材也是彼此相连的整体。

无独有偶，麦积山石窟第133窟第10号造像碑就包含了第127窟诸种题材，画面整体上可以分为上中下三栏、左中右三列。中列雕刻上中下三个佛龛，主尊造像依次为释迦多宝二佛并坐、交脚菩萨和说法坐佛。二佛并坐两侧雕刻思惟、落发、涅槃等故事，交脚菩萨左右两侧分别雕刻入胎、降诞、降魔、授记等故事，说法坐佛两侧分别雕刻文殊维摩诘变相、初转法轮以及护法神王（见图12）[⑤]。这个造像碑包含了法华图像、维摩诘变相、涅槃图等题

① 敦煌文物研究所编《中国石窟·敦煌莫高窟》第1卷，文物出版社，1982年，图版155。

② 李静杰：《敦煌莫高窟北朝隋代洞窟图像构成试论》，载云冈石窟研究院编《2005年云冈国际学术研讨会论文集·研究卷》，文物出版社，2006年，第383页。

③ 李静杰：《南北朝隋代萨埵太子本生与须大拏太子本生图像》，载麦积山石窟艺术研究所编《石窟艺术研究》第1辑，第167-168页。

④ 高海燕：《舍身饲虎本生与睒子本生图像研究》，甘肃教育出版社，2017年，第275页。

⑤ 天水麦积山石窟艺术研究所编著《中国石窟·天水麦积山》，第95页。

材，而这些题材正是第127窟北壁和东西两壁的内容。李静杰先生对图像彼此之间的联系进行了深入解读，认为造像碑和云冈石窟第38窟相似，突出法华思想，佛教故事可以归结为法华经方便说法的表现，阐释出家修道、达成法身、巧设方便、引导众生从小乘成就大乘的道理[①]。

图12　麦积山石窟第133窟第10号造像碑

（图片采自《中国石窟·天水麦积山》）

这种设计在莫高窟也存在一个类似的“翻版”。莫高窟第419窟和第420窟都开凿于隋代，洞窟形制虽然不同，但是大概属于一个组合，内容上互相补充。第419窟前部人字披顶绘制萨埵太子本生和须达拏本生，后部平顶绘制弥勒上生经变，其中就包含与第127窟相同的龙车凤辇图。第420窟为覆斗顶，西壁佛龛南北两侧绘制维摩诘变相，窟顶内容复杂，有学者认为是法华经变，亦有学者认为是法华经变和涅槃经变[②]。这两个洞窟的绘画技法相似，内容相互补充，可以作为一个整体来看待。因此，这个组合就包含了涅槃经变、法华经变、维摩诘变相、萨埵太子本生故事、须达拏本生故事和兜率天宫图像，而这些图像都在时代略早的麦积山石窟第127窟一窟之内得到了全面展现。

六、麦积山石窟法华图像独具的特色

最后一个问题，北朝时期释迦多宝二佛并坐是法华图像重要的标志，但麦积山第127窟这铺经变并没有出现二佛并坐，是否还可以判定其为法华图像？

从永靖炳灵寺第169窟西秦作品开始，释迦多宝二佛并坐图像是十六国北朝时期判断法华图像的重要标志，由于它可以满足僧团禅观的需要，同时也能彰显冯太后与孝文帝“二圣”临朝，因此非常流行，在云冈石窟四壁，二佛并坐图像可谓铺天盖地。

① 李静杰：《北朝后期法华经图像的演变》，第82–84页。

② 贺世哲：《莫高窟第420窟窟顶部分壁画内容新探》，《敦煌研究》1996年第4期；叶佳玫：《敦煌莫高窟隋代四二〇窟研究》，硕士学位论文，台湾大学，1996年；郭佑孟：《敦煌隋代法华主题洞窟再探》，《兰州大学学报（社会科学版）》2006年第4期，第46页；杨文博：《莫高窟第420窟法华造像再探——以窟顶北披涅槃图为中心》，《法音》2021年第8期。

虽然如此，但并不是所有的法华图像都绘制二佛图像。第127窟说法主尊为一身佛陀说法，而不是二佛并坐，这并不能妨碍我们对其法华内容的判断。上文所提到的北齐天保八年（557）比丘法阴等造像碑，下栏雕刻一铺七身像，主尊左右两侧分别雕刻声闻弟子、辟支佛和菩萨，显然这是一铺表现法华主旨的造像，主尊并非二佛并坐。类似的案例不在少数。

同样是麦积山石窟，第110窟前壁门上和窟顶部分绘制一铺一佛二菩萨（见图13）[①]。菩萨榜题为“此是观世音菩萨”“此是无尽意菩萨”，两侧分别绘制比丘、比丘尼、优婆塞、优婆夷四身。根据榜题即可判断，此画表现了《妙法莲华经·观世音菩萨普门品》[②]。在第二十五品，无尽意菩萨向释迦佛问起观世音菩萨名号的因缘，由此展开了《观世音菩萨普门品》。通过释迦佛和无尽意菩萨的对话，观世音菩萨救苦救难、三十三种变化等内容为世人所知[③]。此番对话发生在虚空会释迦佛和多宝佛共坐之时，但是第110窟这铺变相的主尊不是二佛并坐，而是单尊坐像，殊为奇特。这也许就是麦积山石窟的地域特色。

图13　麦积山石窟西魏第110窟法华经变

（图片采自《中国石窟·天水麦积山石窟》）

结语

第127窟是麦积山石窟的艺术代表，内容新颖，技法高超，由于功德主是西魏乙弗氏皇后，身份特殊，因此这个洞窟在一定程度上代表着西魏艺术的水准，也成为学界研究的热点。由于时代久远，破损严重，部分重要的图像线索容易被忽视。通过第127窟南壁经变画细部的解读，对比净土经典和法华经典，可以推断这铺经变画为法华经变。这铺法华经变，特别表现了释迦佛在灵鹫会为四大弟子授记和龙女成就男儿身成佛说法的情节，在佛教义理上，与洞窟其他壁画题材形成了一个整体，在表层的画面内容上，它和其他题材一样，不约而同地突出了女性角色，再次彰显了乙弗氏功德窟的性质。

① 天水麦积山石窟艺术研究所编著《中国石窟·天水麦积山》，图版178。孙晓峰先生提示，该窟开凿于北魏晚期。

② 天水麦积山石窟艺术研究所编著《中国石窟·天水麦积山》，图版说明，第241页。

③［姚秦］鸠摩罗什译《妙法莲华经》，《大正藏》第9册，第58-59页。

麴氏高昌国“闭关窟”初探

夏立栋（中国社会科学院考古研究所）

【摘要】 麴氏高昌国时期，在吐峪沟、柏孜克里克、忙得古力等分布于不同河谷的石窟寺中集中开凿了一批营造规制高度统一的禅定窟。这批禅定窟孤悬绝壁，难以通达，窟内仅凿出禅龛和简易生活设施，清静幽暗。根据洞窟的鲜明特征和同期流行的禅律经本推测，此类洞窟应为僧徒长期幽闭修行、寂然禅定的“闭关窟”。“闭关窟”与其他不同类型的禅定窟共同体现出麴氏高昌国僧团禅修实践方式的差异和禅法体系的多元面貌。

【关键词】 麴氏高昌国　石窟寺　“闭关窟”　禅法体系

禅观是理解把握麴氏高昌国佛教石窟寺僧团日常生活和运作秩序的重要切入点，禅定窟因之成为研究禅观活动和高昌禅法的主要洞窟类型之一。19世纪末至20世纪初，外国探险队在对吐鲁番地区的石窟寺遗址进行考察时已开始挖掘、记录和收集禅定窟资料。1898年，俄国克莱门兹（D. A. Klementz）最先记录了吐峪沟西区其编为第38窟的僧坊窟，绘制了该窟平面示意图，并临摹了局部壁画①。1907年1月，德国探险队第三次考察吐鲁番时，格伦威德尔（Albert Grünwedel）详细记录了吐峪沟东区北部第32窟（吐编第42窟，格伦威德尔编“苦修者洞”窟室4）主室内的禅观壁画内容，对克莱门兹编第38窟的前室和后室壁画进行了重新记录。同时，对柏孜克里克第10窟（格伦威德尔

① Klementz D. A, *Nachrichten über die von der Kaiserlichen Akademie der Wissenschaften zu St. Petersburg in Jahre 1898 ausgerustete Expedition nach Turfan*, St. Petersburg: Akademiia 1899, pp. 45-46.

编第2窟）主室前部进行了简单清理，并提及第10窟上方通道遗迹①。1914年11月，斯坦因（Aurel Stein）考察和简要记录了忙得古力石窟②，随后挖掘了吐峪沟西区中部高台僧坊窟第26窟（斯坦因编TOY.Ⅳ-ⅶ）上层倒塌堆积，清理出带汉文墨书题记的行者禅观壁画和主室顶部的莲花纹样③。贾应逸记录并初步考释了吐峪沟西区南部第1窟（吐编）、西区中部高台第60窟（吐编第20窟）、东区北部第32窟的禅观壁画内容，将吐峪沟东区北部第32窟的禅观壁画与鸠摩罗什所译禅经相互比对，认为这批禅观壁画体现了鸠摩罗什禅观双修的禅法理念④。宫治昭对吐峪沟东区北部第32窟、西区南部第1窟、克莱门兹编第38窟、西区中部高台第60窟等洞窟的禅观图像及所据经本进行了考释研究，认为现存禅观类壁画用于禅僧禅观实践需要，广泛吸收了《观无量寿经》和5世纪前后汉译禅观经典中的内容并将其图像化，是对禅定、禅观传统的突出反映⑤。山部能宜以数字化和红外技术复原了吐峪沟西区第60窟正壁和右壁局部残毁的禅观壁画⑥，提出吐峪沟僧坊窟主室内高度程式化的禅观图像所呈现出的观想次第与现存禅观经典皆不一致，表明高昌本土或存在一套本土的禅法体系⑦，并对禅观壁画的形成机制进行了深入研究⑧，同时指出雅尔湖、柏孜克里克等石窟中僧坊窟

① Albert Grünwedel, *Altbuddhistische Kultstätten in Chinesisch-Turkistan: Bericht über archäologische Arbeiten von 1906 bis 1907 bei Kuča, Qarašahr und in der Oase Turfan; Königlich Preussische Turfan-Expeditionen*, Berlin: Druck und Verlag von Georg Reimer, 1912, pp.231–232，327–330，331–332.［德］A.格伦威德尔著，赵崇民、巫新华译，贾应逸审校《新疆古佛寺》，中国人民大学出版社，2007年，第604–607页、第607–609页、第421页。

② 1906年12月，德国探险队曾考察该遗址，并进行简单挖掘，但未作详细记录，亦未给出遗址名称。斯坦因据当地汉语地名“丫头沟”将此遗址命名为Yutögh。现遗址名称系由维吾尔语ماڭگىدگۇر音译而来，拉丁文转写为mangdigur。该遗址在1988年第二次全国文物普查时使用现名，并被后续各次调查沿用。但2007年8月鄯善县文物局将该遗址确立为县级文物保护单位，并在遗址竖立保护石碑，将其定名为“忙得古日千佛洞”，维吾尔语名称为ماڭگىدگۇر مىڭ ئۆيلىرى，拉丁文转写为mangdiqur。参看Stein M. A，*Innermost Asia: Detailed Report of Explorations in Central Asia，Kan-su and Eastern Iran*，Oxford: Clarendon Press，1928，2 vols，rep，New Delhi: Cosmo Publishers，1981，pp. 611. 国家文物局主编《中国文物地图集·新疆维吾尔自治区分册》上，文物出版社，2012年，第115–115页。

③ Stein M.A, *Innermost Asia: Detailed Report of Explorations in Central Asia, Kan-su and EasternIran*, Oxford: Clarendon Press, 1928, 2vols, 3vols, rep, New Delhi: Cosmo Publishers, 1981, pp.617, pp.27, pls.XXⅦ.［英］斯坦因著，巫新华等译《亚洲腹地考古图记》第2卷，广西师范大学出版社，2004年，第873页，第3卷附图XXⅦ，第27页。Andrews F.H, *Wall Paintings from Ancient Shrins in Central Asia*, Oxford University Press, 1948, pls.Ⅸ, TOY.Ⅵ.ⅶ.

④ 贾应逸：《新疆佛教壁画的历史学研究》，中国人民大学出版社，2010年，第326–328页、第332–333页、第377–392页。

⑤［日］宫治昭：《トゥルファン・トヨク石窟の禅观窟壁画について——浄土图・浄土观想图・不浄观想图》（下），载《佛教艺术》226，每日新闻社，1996年，第15–83页；［日］宫治昭著，贺小萍译《吐峪沟石窟壁画与禅观》，上海古籍出版社，2009年，第1–119页。

⑥ Nobuyoshi Yamabe, “In Collaboration with Academia Turfanica: Toyok Cave 20. Paintings and Inscriptions,” in *Epigraphic Evidence in the Pre-modern Buddhist World: Proceedings of the Eponymous Conference Held in Vienna, 14–15 Oct. 2011*, ed. Kurt Tropper, *Arbeitskreis Für Tibetische und Buddhistische Studien Universität Wien*, pp. 217–261.

⑦ Nobuyoshi Yamabe, “An Examination of the Mural Paintings of Visualizing Monks in Toyok Cave 42: In Conjunction with the Origin of Some Chinese Texts on Meditation,” in *Turfan Revisited: The First Century of Research into the Arts and Cultures of the Silk Road*, Berlin: Reimer, 2004年, pp. 401–405.［日］山部能宜著，陈瑞莲译，杨富学校《吐峪沟第42窟禅观壁画研究——兼及汉文禅观文献的起源》，《敦煌研究》2015年第4期，第35–42页。

⑧［日］山部能宜：《禅观与石窟》，《宗教研究》2012年，第112–132页。

小室生活起居的功能用途①。另外，罗伯特·夏夫（Robert Sharf）与埃里克·格林（Eric Greene）等学者则对将包括吐峪沟第32窟壁画在内的图像置于禅观背景下考虑的研究理路质疑②。综上，前辈学者多以绘制禅观壁画的洞窟为研究对象，对未配设造像的其他类型禅定窟未予过多关注。随着近年来吐峪沟石窟考古发掘和吐鲁番地区石窟寺考古调查的开展，在吐峪沟、柏孜克里克、忙得古力等石窟寺遗址中新发现了一批此前未被外国探险家和学者关注的开凿时代相近、营造规制统一、形制特征突出、供僧徒长期幽闭修行的“闭关窟”。本文集中对这批麹氏高昌国时期的“闭关窟”材料进行了系统梳理，通过总结归纳洞窟主要遗迹特征，初步明确了洞窟功能及其在禅修过程中的使用方式，以期对系统研究高昌禅法体系和禅修实践形式产生积极的推动作用。

一、“闭关窟”洞窟遗存

“闭关窟”广泛分布于火焰山山脉三条河谷中的多处石窟寺中，包括吐峪沟南端的吐峪沟石窟、木头沟中的柏孜克里克石窟和斯尔克普沟中的忙得古力石窟等遗址，共计6座洞窟。洞窟具体情况详述如下。

（一）吐峪沟西区中部高台石窟寺第36窟③

吐峪沟西区中部高台石窟寺第36窟位于吐峪沟西区中部高台石窟寺上层平台崖面高处，远离下方窟群，孤特独峙，幽隐僻静，难以登临，以山体通道与正下方的第37窟相互连通（见图1）。洞窟前壁和窟顶大部残毁，规模较大，平面呈纵长方形。洞窟方向125°（东南），宽268厘米，残高236厘米，深384厘米。四壁侵蚀残毁严重，窟顶皆已崩塌。地坪之上右壁与前壁转角处开凿圆形山体垂直通道，下通第37窟正壁右侧小室。通道上端置一条形石板和一根横置的粗木椽，其上原应系绑绳索。通道内壁凿出两道对称分布的脚窝。通道直径100厘米，高613厘米。洞窟壁面无涂层，岩体裸露（见图2）。

---

①［日］山部能宜：《再探石窟用途》，载吐鲁番学研究院编《第三届吐鲁番学暨欧亚游牧民族的起源与迁徙国际学术研讨会论文集》，上海古籍出版社，2010年，第784-806页。

② Robert Sharf, “Art in the Dark: The Ritual Context of Buddhist Caves in Western China,” in *Art of Merit: Studies in Buddhist Art and its Conservation*, ed. David Park, Kuenga Wangmo, and Sharon Cather, London: Archetype Publications, Courtauld Institute of Art, 2013, pp. 38-65. Eric Greene, “Death in a Cave: Meditation, Deathbed Ritual, and Skeletal Imagery at Tape Shotor,” *Artibus Asiae* 73.2, 2013, pp. 265-94.

③关于本文的洞窟编号，吐峪沟石窟东区北部、西区中部高台石窟寺遗址使用近年来考古发掘后发表的洞窟编号，其余洞窟由于尚未发表新编窟号，仍使用吐鲁番文物局原有编号。其他各处遗址皆使用吐鲁番文物局编号。经过多时期重修改建的洞窟，以洞窟编号后附加［1］［2］［3］的形式表示洞窟第一、二、三期的情况。

图1　吐峪沟西区中部高台第36窟位置
（笔者拍摄）

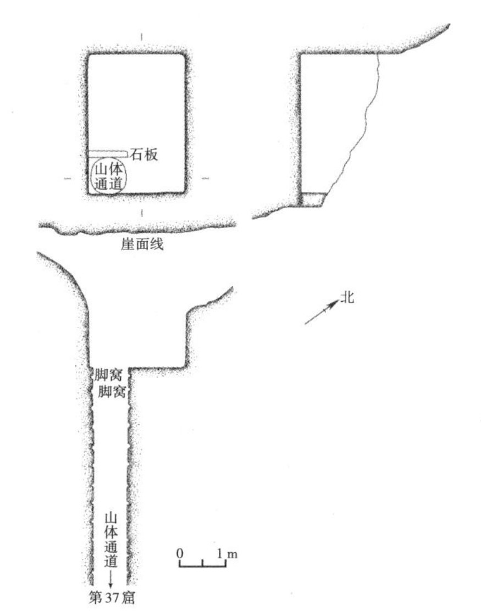

图2　吐峪沟西区中部高台第36窟平、剖面图
（笔者绘制）

（二）吐峪沟西区南部下层石窟寺第2窟（吐编）上方洞窟

吐峪沟西区南部下层石窟寺第2窟（吐编）上方洞窟位于吐峪沟西区南部下层石窟寺崖面高处，通过山体通道与下方第2窟北侧的僧房窟相连通。洞窟开凿规整，平面呈纵长方形，方向125°（东南），宽330～350厘米，高190～230厘米，深510厘米。正壁中央开一圆拱形浅龛，宽60厘米，高135厘米，深38厘米，略容一人结跏趺坐于其中。浅龛正上方开三个近方形槽孔，右侧另开一方形槽孔和五个浅小的圆孔。壁面左侧上方与左壁相接处开一圆拱形小龛。左壁中部开一圆拱形甬道，宽66厘米，高132厘米，深98厘米。甬道内端连接一近椭圆形不规则禅龛，龛底略高于甬道地坪，宽112厘米，高107厘米，深40厘米，仅容一人结跏趺坐于其中。甬道入口左侧上部开一方形槽孔，右侧上部开一圆拱形小龛。右壁中央原计划开一浅龛，已刻画出左、右两侧和上方缘线，并在三方线槽围合而成的区域内凿出一部分不规则弧面，但未再继续开凿，宽50厘米，高70厘米，深10厘米。龛左侧中部开

一纵长方形小龛。壁面左侧上端与正壁相接处开一方形小龛。前壁右侧崖面崩塌，左侧与左壁下方相接转角处残毁，壁面原是否开窗情况不明。窟顶为平顶。地坪之上右壁与前壁转角处开凿圆形山体垂直通道，与正下方僧房窟窟顶相互连通。通道内壁凿出五列均匀分布的脚窝，各列脚窝上下交错排布，便于手脚并用，上下攀爬。通道直径90厘米，高724厘米。洞窟壁面无涂层，岩体裸露（见图3、图4）。

图3　吐峪沟西区南部第2窟上方洞窟山体通道
（笔者拍摄）

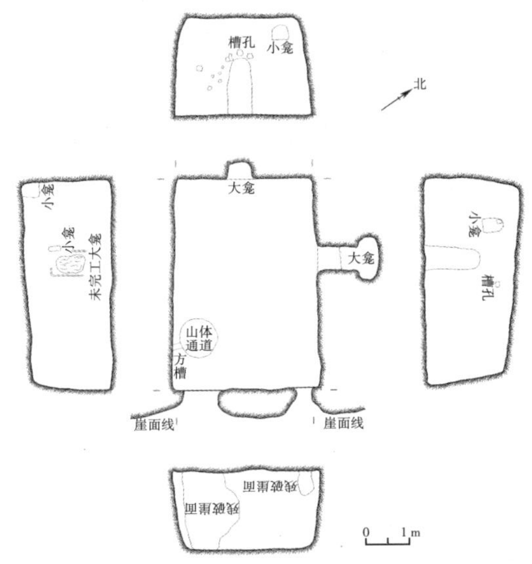

图4　吐峪沟西区南部第2窟上方洞窟平、剖面图
（笔者绘制）

（三）柏孜克里克石窟第8窟上方洞窟

柏孜克里克石窟第8窟上方洞窟位于柏孜克里克石窟北部崖面区段第8窟正上方的崖壁高处，通过垂直山体通道与第8窟相互连通。洞窟形制规整，由前、后两部分组成，方向90°（正东）。

前部为洞窟主体部分，平面呈纵长方形，宽236厘米，高152厘米，深434厘米。正壁右侧敞口，与洞窟后部相通。左壁前端上部开一纵长方形小龛。右壁后部上端与窟顶相接处开一圆拱形小龛。前壁崖面皆已坍塌残毁。窟顶为平顶。右壁前端前方残存土坯垒砌的低矮土台，性质不明。

后部体量较小，位置整体较前部向右侧偏移，宽254厘米，高140厘米，深135厘米。左侧于地坪之上凿一大型敛口、鼓腹、平底的袋状地窖，口径65厘米，腹径110厘米，底径86厘米，高130厘米。右侧为山体通道上端开口，开口处先于地坪之上凿出一近椭圆形敞口，敞口左、右两侧各凿出两个对称布局的长方形槽孔，原用以搭置悬于通道正上方的两根方形木枋，便于抓扶出入洞窟。敞口下方凿出通道上口，亦于口沿周缘凿出四个对称分布的方形槽孔，位置与上层敞口槽孔略微偏转，原亦当架设两根方形木枋。通道内壁凿出两列对称分布的脚窝。通道直径90厘米，高600厘米。洞窟壁面无涂层，岩体裸露（见图5、图6）。

图5　柏孜克里克第8窟上方洞窟内景

（笔者拍摄）

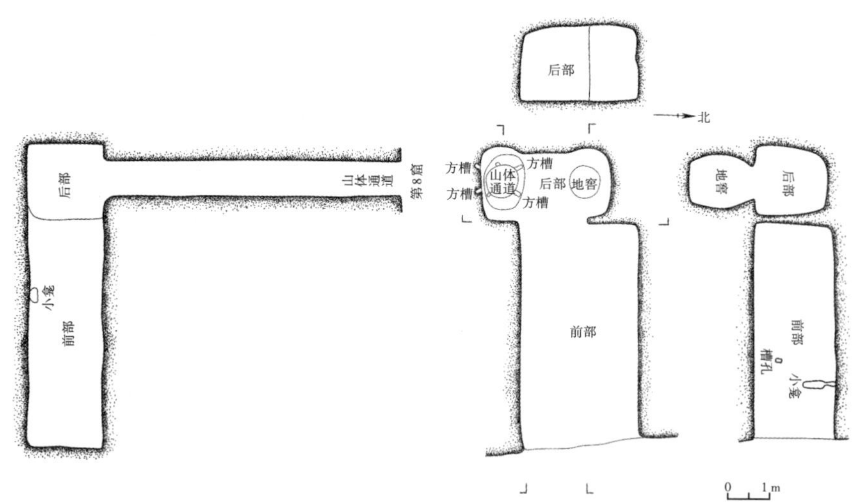

图6　柏孜克里克第8窟上方洞窟平、剖面图

（笔者绘制）

（四）柏孜克里克石窟第10窟上方洞窟

柏孜克里克石窟第10窟上方洞窟位于柏孜克里克石窟北部崖面区段第10窟所在的山体南侧崖面上部，通过“L”形山体通道与斜下方的第10［1］窟相互连通。洞窟规模较大，形制复杂，密闭隐僻，孤深幽邃。

第10［1］窟主室右壁后端小室正壁开一斜向上的圆拱形通道，通道上方接续一椭圆形垂直山体通道，可供出入该窟。同时，斜向通道上端向南侧另向下凿出一道东西向的台阶，台阶下端向南转折，可能为另一段接续的山体通道或一密室，现已被淤泥填塞，情况不明。山体垂直通道内壁凿有两排对称分布的脚窝，可借以上下攀援，出入上方洞窟。上口凿为方形台面，并于台面上方的南、北两面凿出对称分布的四个方形槽孔，用以嵌置木枋，便于抓握进入上部甬道。通道长径140厘米，短径84厘米，高440厘米。

通道上口连接一大型东西向甬道，高大狭长，自东向西随台阶逐级攀升。南、北两壁开有斜向成排分布的通道、列龛，西端被山体倒塌堆积封堵，宽94厘米，高300厘米，全长1120厘米。甬道东端南壁开一通道，外接崩毁崖面，可供站立眺望。甬道南壁于垂直山体通道正上方开一道斜向上的狭长山体台阶，末端于崖壁上开一小型不规则孔洞，可向外瞭望。垂直山体通道西侧为甬道的主体部分，凿有斜向上攀登的台阶。台阶东端北壁开一圆拱形禅龛，宽113厘米，高103厘米，深75厘米，仅容一人结跏趺坐于其中。北壁中部开一曲折悠长的圆拱形甬道，甬道入口为一宽大的圆拱形敞口，敞口中央为内收的南北向甬道，甬道末端又折向西北，连通一规整的横长方形窟室。窟室四壁平直，平顶，宽380厘米，高196厘米，深335厘米。北壁西端开一圆拱形禅龛，宽98厘米，高130厘米，深90厘米，仅容一人结跏趺坐于其中。南壁西侧开凿有一排三个均匀分布的圆拱形小龛，与北壁中部、西端的甬道入口、禅龛交错分布，宽58厘米，高56厘米，深44厘米。洞窟壁面无涂层，岩体裸露（见图7、图8）。

图7　柏孜克里克第10窟上方洞窟甬道西侧及两侧列龛

（笔者拍摄）

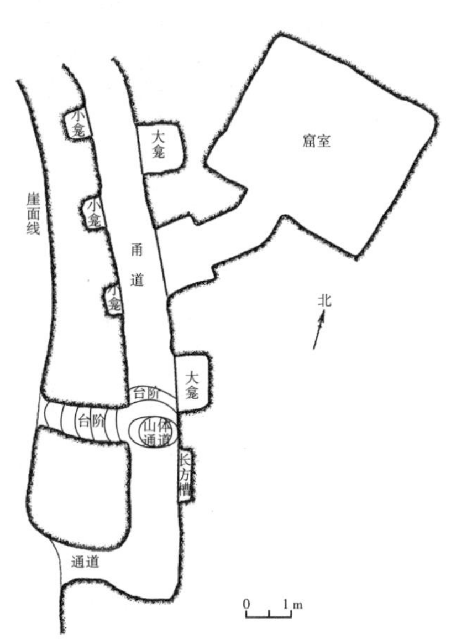

图8　柏孜克里克第10窟上方洞窟平面图

（笔者绘制）

（五）柏孜克里克石窟第47窟上方洞窟

柏孜克里克石窟第47窟上方洞窟位于柏孜克里克石窟东南部崖面区段第47窟上方崖壁高处，下方正对僧房窟第47［1］窟，高出第47［1］窟窟顶约500厘米。原开凿的山体通道与第47［1］窟相互连通，现已残毁不存。洞窟大部崩塌，仅存后部，平面呈纵长方形，纵券顶，方向125°（东南）。

（六）忙得古力石窟第4窟

忙得古力石窟第4窟位于忙得古力石窟上层窟群南部崖面高处，左下方通过垂直山体通道与第5窟相互连通，高出第5窟窟顶约300厘米（见图9）。洞窟实为一敞口大龛，规模较小，平面呈横长方形，洞窟方向178°（东南），宽244厘米，高205厘米，深164厘米。正壁开一圆拱形浅龛，宽161厘米，高155厘米，深85厘米。左、右侧壁规整平滑，前部崖壁崩毁。洞窟左侧于山体内开凿一圆形垂直山体通道，与下方第5窟主室窟顶连通。通道内壁凿出四列对称分布的脚窝，通道直径90厘米，高300厘米。洞窟壁面无涂层，岩体裸露（见图10）。又据德国探险队所摄照片①，此窟北侧崖面原开凿有另外两座与该窟形制相同的洞窟，三者毗邻成排分布，现由于山体崩塌，皆已不存。

图9　忙得古力第4窟位置

（笔者拍摄）

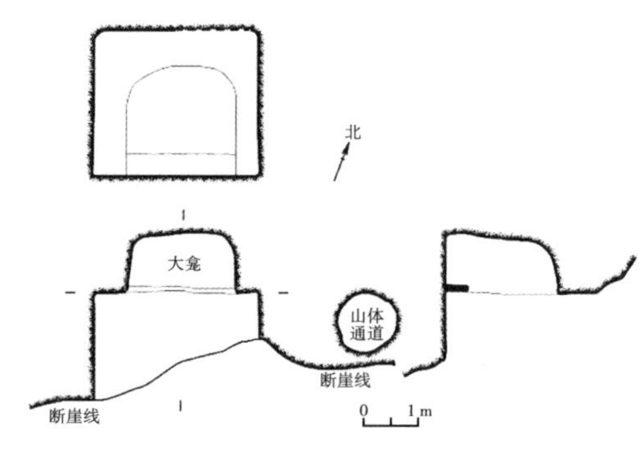

图10　忙得古力第4窟平、剖面图

（笔者绘制）

二、“闭关窟”的洞窟特征

本文所述的6座“闭关窟”开凿时代集中，形制特征鲜明，营造规制统一，呈现出高度一致的设计规划理念，是流行于麴氏高昌国时期的一种特殊类型的禅定窟。

（一）洞窟营造规制高度统一

洞窟类型统一，较为广泛地分布于火焰山不同河谷的多处石窟寺之中。吐峪沟西区南部下层石窟寺第2窟上方洞窟、柏孜克里克石窟第8窟上方洞窟、柏孜克里克石窟第47窟上方

---

① 此据德国亚洲艺术博物馆藏德国探险队所摄B 1566: Bartus und seine Arbeiter bei der Höhlengruppe照片。引自https://themen.crossasia.org/deutsche-turfanexpeditionen/?lang=en。

洞窟所在的石窟寺规模极小，皆只有一处洞窟组合，各组合中仅有一座僧房窟。洞窟下方皆与一座僧房窟相互连通，皆为营建于崖壁高处的长方形洞窟或大龛，表明这批洞窟流行于同一时期，集中开凿营建，并非后期增建补凿，此类洞窟与其所属的洞窟组合是同时规划设计营建的。

（二）洞窟高险难达

洞窟皆位于各石窟寺崖壁高处，两侧及上方皆为自然山体，高出下方洞窟5～7米，远离寺院主体窟群。洞窟通过垂直山体通道内壁的脚窝攀爬上下，下方的僧房窟是出入此类洞窟的唯一通道，与寺院人众相互隔绝，孤悬绝壁，难以通达，清冷幽静。

（三）窟内设施简易

洞窟内部皆未配设塑像、壁画，壁面未敷抹泥层，无任何装饰，山体凿面裸露于外。窟壁不同位置凿有形制、大小不同的小龛，表明其功能存在较大差异，可能分别用以放置衣物、饮食器具和油灯等生活用具。吐峪沟西区中部高台第36窟通道上部横置的粗木椽及其上系绑的绳索不但可借以攀援出入洞窟，亦可上下吊送食物及其他物品。通道旁侧放置的条形石板可移置封堵通道，将洞窟封闭隔绝为一处独立密闭的空间。

（四）集中营建于麹氏高昌国时期

吐峪沟西区中部高台石窟寺第36窟属于吐峪沟西区中部高台第28—39、52—61窟洞窟组合，西区南部下层石窟寺第2窟上方洞窟属于第1—5窟（吐编）洞窟组合。柏孜克里克石窟第8窟上方洞窟、第10窟上方洞窟皆属于第8、9、10窟洞窟组合，第47窟上方洞窟属于第45［1］、47［1］+48［1］、49［1］、50［1］、51［1］窟洞窟组合，忙得古力石窟第4窟属于第2、3［1］、4、5窟洞窟组合。笔者在对高昌石窟进行分期研究时，已论证上述各处石窟寺的几组洞窟组合的营建时代为六世纪至640年的麹氏高昌国时期①。因此，本文所论“闭关窟”亦当开凿于此期。

综上，这批“闭关窟”集中营建于麹氏高昌国时期，是当时寺院僧团日常生活中的必要洞窟，承担着特定的功能需求，并被僧徒频繁使用。同时，洞窟开凿于崖壁高处，通过脚窝攀爬高峻的垂直山体通道进出，窟内皆无造像，只凿出少量简易生活设施，表明此类洞窟不会被作为僧人日常生活起居的僧房窟。一旦艰难抵达洞窟后，就会于其中居留相当一段时间，不会每日上下出入，亦当不会于其中举行礼忏性仪式活动。窟室清静幽暗，饮食用度皆通过山体通道吊送，不会与寺院中的其他僧人或世俗信众会面或存在过多信息交流，适于行者长期幽闭修行，寂然入定，显现出浓厚的禅修氛围。

三、“闭关窟”的洞窟功能

五六世纪的禅、律汉译本中常见僧徒须于闲静处禅修的规定。如北凉昙无谶译《大般涅槃经》卷第二十七“师子吼菩萨品”言“身寂静心不寂静者，或有比丘坐禅静处，远离四

① 夏立栋：《高昌石窟分期与谱系研究》，《考古学报》2022年第2期，第201-224页。

众，心常积集贪欲、瞋痴，是名身寂静心不寂静”[①]，鸠摩罗什等译《禅秘要法经》卷上“行者若见此事，当起忏悔。乞适意食调和四大，极令安隐。当坐密屋无鸟雀声处”[②]，鸠摩罗什等译《禅秘要法经》卷下“见此事时，当于静处，一心安坐，敕诸同学，皆使清净，不令愦闹”[③]，鸠摩罗什等译《禅法要解》卷上“取是相已，至闲静处，若树下，若空舍，以所取相，自观不净”[④]，佛陀跋陀罗、法显译《摩诃僧祇律》卷第四“明四波罗夷法之四”记“乞食已还，至彼寂静处安坐，谓于空地、山涧、岩窟、冢间，敷草正坐”[⑤]，佛陀耶舍、竺佛念等译《四分律》卷第三十四“受戒揵度之四”记“佛言：‘自今已去，新受戒比丘，乐闲静须依止者，听余处依止，即日得往还。若不得，新受戒比丘乐静处者，听无依止而住。’”。[⑥]高昌新发现的“闭关窟”与禅、律经本所言的“静处”“闲静处”“密屋无鸟雀声处”情况相合，应为经本、碑铭中所言的“定窟”类型。

“闭关”一词最早见于题为龙树菩萨造、后秦筏提摩多译《释摩诃衍论》卷第五“一者两难闭关门”[⑦]，而文意模糊不明，且此论注疏颇多，皆释为晚期之作，或说为新罗僧月忠撰，或说成于武周时期，难以为据。初唐时，僧传中开始明确出现僧人闭关修行的记载。道宣《续高僧传》卷二十一“习禅六”记唐润州牛头沙门法融（594—657）“还隐幽栖，闭关自静，房宇虚廓，唯一坐敷……”[⑧]。其后，唐至五代、北宋续有禅师、律师闭关。《续高僧传》卷二十三“明律下”记唐箕山寺沙门慧进“以律假缘求，非文不合，因即闭关自读八十余遍”[⑨]。《宋高僧传》卷十八“感通篇”记唐武陵开元寺慧昭“闭关自处，左右无侍童”[⑩]。《旧五代史》卷一百二十七“马裔孙传”记后周马裔孙“每闭关养素，唯事讴吟著述……”[⑪]。禅僧之中，北宋善昭《汾阳善昭禅师语录》记淳化四年（993）其师殁，碌聪等道俗千余人请其主持，“昭闭关高枕。聪排闼而入，让之曰：‘佛法大事，静退小节。风穴惧应谶，忧宗旨坠灭。幸而有先师，先师已弃世。汝有力荷担如来大法者，今何时，而欲安眠哉？’”[⑫]。之后的禅宗文献中大量出现禅僧闭关活动的记述。虽然“闭关”用语及高僧闭关行状至初唐时期才明确出现，但本文所论洞窟的主要特征与初唐及之后的闭关用窟颇为一致，原初即可能用以寂心安坐、入深禅定，与僧传中高僧闭关活动相类。

目前所知的麹氏高昌国时期的禅定窟包括僧坊窟、禅龛和“闭关窟”三种类型。“闭关窟”与前两类洞窟在空间位置分布、洞窟形制、使用时段、容纳人数方面皆存在较大差异，反映出洞窟使用方式上的明显不同。

① ［北凉］昙无谶译《大般涅槃经》卷27，《大正藏》第12册，第526页。
② ［后秦］鸠摩罗什等译《禅祕要法经》卷上，《大正藏》第15册，第250页。
③ ［后秦］鸠摩罗什等译《禅祕要法经》卷下，第262页。
④ ［后秦］鸠摩罗什等译《禅法要解》卷上，《大正藏》第15册，第286页。
⑤ ［东晋］佛陀跋陀罗、法显译《摩诃僧祇律》卷4，《大正藏》第22册，第254页。
⑥ ［后秦］佛陀耶舍、竺佛念等译《四分律》卷34，《大正藏》第22册，第804页。
⑦ 龙树菩萨造、［后秦］筏提摩多译《释摩诃衍论》卷5，《大正藏》第32册，第633页。
⑧ ［唐］道宣撰，郭绍林点校《续高僧传》卷21，中华书局，2014年，第800页。
⑨ ［唐］道宣撰，郭绍林点校《续高僧传》卷23，中华书局，2014年，第872页。
⑩ ［宋］赞宁撰，范祥雍点校《宋高僧传》卷18，中华书局，1996年，第459页。
⑪ ［宋］薛居正等撰《旧五代史》卷127《马裔孙传》，中华书局，1976年，第1671页。
⑫ ［元］念常集：《佛祖历代通载》卷18，《大正藏》第49册，第662页。

（一）空间位置分布

僧坊窟皆与塔庙窟、佛殿窟及僧房窟形成完整的洞窟组合，共用前室，相互毗邻排布，在造像内容和洞窟功能上相互关联、补充，很少单独出现。禅龛独立开凿于僧房窟周边的崖面，与僧房窟关系紧密。“闭关窟”则开凿于石窟寺中远离主体窟群的崖壁高处，幽僻隐蔽，难以攀爬出入，属于独立性极强的一类洞窟。

（二）洞窟形制

僧坊窟规模较大，由主室和对称开凿于主室正壁及左、右壁的多个小室组成。主室壁面绘制禅修过程中指示禅观内容与次第的禅观壁画。三壁所开小室体量较小，仅容一人坐卧，室内壁面凿有放置生活用物的横长方形大龛及圆拱形小灯龛，部分洞窟小室壁面绘制树下禅僧观想白骨、膨胀死尸、半骨半肉死尸和怪兽的不净观壁画。禅龛规模颇为浅小，为一简易的敞开空间。“闭关窟”则需通过垂直山体通道进入上方窟室，壁面凿有禅龛和少量放置生活用物的大龛及圆拱形小灯龛，窟内未配设塑像、壁画，壁面未涂刷泥层。

（三）使用时段与人数

僧坊窟用以接纳每年五、六、七三个月至山寺结夏安居的城中寺院僧人[①]，供多位僧徒同时集中修禅，并具备成套的禅修仪式[②]。各窟中每一小禅室可供一人栖止禅修，此类洞窟一般凿有5个小室，有的凿出7或8个小室，最多者凿出12个小室，可见其最多可同时容纳5～12人。禅龛可从朝向推知，僧徒应于每日早、晚时段入龛坐禅，以避免日光直晒燥热，难以深入三昧，禅定冥思。且各龛仅容一人结跏趺坐于其中。“闭关窟”则开凿于山体内部，具有极强的封闭性，似不会受季节、气候、日晒等外界因素太多的限制。洞窟同次容纳的僧人多寡不一，并无定数。柏孜克里克第10窟上方洞窟开有两个容一人结跏趺坐的禅龛，同时又有规模较大的纵长方形窟室，可同时供三位以上僧徒入定修禅。吐峪沟西区南部下层第2窟上方洞窟已于正壁、左壁凿出两禅龛，并计划于右壁再开一龛，表明洞窟可能同时被两人使用。忙得古力第4窟及其北侧则原凿出成排分布的3座禅龛，可供3人同时使用。

总之，“闭关窟”是与僧坊窟、禅龛极为不同的禅窟类型。使用僧坊窟的季节性极强，每次使用时段可达三个月，主要为城中寺院僧团提供雨安居期间栖止禅修的场所。禅龛可供长住石窟寺中的个体僧人每日早晚使用，各次坐禅时长较为机动灵活。“闭关窟”的使用时间和时长则不受过多限制，主要根据禅修者的禅修内容和预期目标而定，每次进入洞窟长期禅修的僧人数量不定，入窟修定的僧人应被同寺僧众知晓、护持、照料，并当安排专人哨卫、提供日常饮食等必要物资。以此可知，能够进入“闭关窟”长期修行禅定的行者应已具有相当深厚的禅行经验，或已是寺院僧团中具备相当地位资望、期待于禅修阶段中取得突进的高僧大德，非一般比丘、沙弥所可堪当。

---

① 夏立栋：《〈贞元六年造窟功德记〉与唐西州宁戎窟寺》，《敦煌研究》2020年第2期，第18-25页。

② 夏立栋：《石窟空间与仪式秩序：重建吐峪沟东区第30—32窟禅观程序》，《故宫博物院院刊》2022年第4期，第20-34页。

四、余论

禅窟的形制特征反映出禅修过程中僧人对洞窟的具体使用方式，不同类型的禅窟指示出僧徒禅法实践过程的差异。麴氏高昌国时期的这批“闭关窟”与僧坊窟和禅龛在形制与功能上存在较大差别，体现出高昌禅法另一方面的内涵。同时，吐峪沟西区中部高台石窟寺、西区南部下层石窟寺，柏孜克里克石窟第8、9、10窟等各石窟寺或洞窟组合中，皆同时包含一座僧坊窟和一至两座“闭关窟”，表明这两类不同类型的禅定窟被寺院僧众同时使用，直观地映现出僧团所行禅法的复杂样貌。不同类型禅定窟的形制差别和组合使用情况既可能反映出同一禅法体系内不同阶段禅修实践方法的不同，又可能指示出麴氏高昌国禅法的多元构成。另外，龟兹石窟寺遗址中亦见与高昌国“闭关窟”形制特征接近的11座洞窟，包括克孜尔石窟谷内区第112A、112B、113A窟及后山区第228、229窟，托乎拉克艾肯石窟北区东部的2座洞窟，库木吐喇石窟窟群区第75、76、78窟及温巴什石窟的1座洞窟①。《比丘尼传》卷四记“高昌国仙窟寺高僧法惠初赴龟兹出家，修学禅律。后从高昌郎中寺冯尼之劝，再赴龟兹随金华寺直月悟道，修习龟兹禅法”②，这表明麴氏高昌国时期流行的禅法或与龟兹禅法存在密切关联。此问题关涉塔里木盆地北缘禅法的体系构成及其与石窟寺谱系的内在关系，容待他日探赜详究。

附记：本文洞窟平、剖面图由吐鲁番学研究院舍秀红女士协助绘制，忙得古力石窟遗址名称拉丁文转写由北京大学中国古代史研究中心付马博士完成，关于佛教闭关的起源与流变过程多承中国社会科学院世界宗教研究所张总研究员赐教，于此谨致衷心谢忱！

① ［意］魏正中：《区段与组合——龟兹石窟寺院遗址的考古学探索》，上海古籍出版社，2013年，第158-168页。

② ［梁］释宝唱著，王孺童校注《比丘尼传校注》卷4，中华书局，2006年，第189页。

水月、自在与朝圣

——观音菩萨形貌图式变迁

张　总（中国社会科学院世界宗教研究所、
陕西师范大学人文社会科学高等研究院）

【摘要】观音菩萨是佛教艺术中最为重要的形象，图式样貌形成转变颇有变迁。古印度犍陀罗观音菩萨多以持莲花为表征，这一特征传入中国后亦得以延续。中唐出现水月观音之像，画史誉为“妙创水月之体”，影响深远，传久弥远，实际上却含谜藏微密，包蕴甚多。其形貌方面常作抱膝半跏、自在近卧姿态，图式方面则融合水面月轮、紫竹、石天宫，乃至唐僧取经等元素。因此，对观音菩萨形貌图式的研考，必须条分缕析，使之眉目清楚、传绪明晰。

【关键词】观音菩萨　水月观音　形貌

序引

观世音菩萨是中国佛教中最重要的信仰对象，其形貌特征亦深入人心。从晚近而言，如《西游记》中观音常于关键时刻出现，身着白色衣袍，顶戴巾帻，手拿杨柳枝与净水瓶，当然此二者亦为法器。只要观音将柳枝蘸取净瓶之水，洒向任何困难烦难之处，一切问题便都迎刃而解。因为她是法力无边、慈悲为怀的大菩萨。观音平时住在南海紫竹林中，善财童子和龙女等常相侍。观音形象还见于专门的佛教书刊与画作之中，如《法华经·普门品》中所载，观音救难的种种版画，不仅有三十三化身，还有五十三乃至更多形象，尤以佛顶心经、高王经等经典中所描绘者最为多样。不仅画刻，塑像遗品也很多，宋辽金元时期就不在少数，多被称为“水月观音”，其坐姿甚为自在舒适、展拓随意。隋唐时期的情况则有所不同，敦煌莫高窟中所见丰腴的坐立造像，常带有绿色小胡子，显示出其性别非凡。南北朝时期，观音多为端立之像，材质以铜、石雕或泥塑为主，尤其是铜像，手中常持一朵莲花。而观音菩萨最为显著的表征，则是其头顶上所现的小化佛。

这些特征标识，无疑有着外来之源，主要源自印度，还有其西北部的犍陀罗地区以及中部、南部等地，从出土的造像与石窟艺术中可见一斑。学者们不难发现，在印度与犍陀罗地区，顶上化佛确实是最重要的图像表征；然而，观音的姿态与持物也相应突出——印度本土的观音几乎全都手持莲花，这一特征似比顶上化佛更为普遍且持久。从阿旃陀等石窟延续到波罗王朝时期，观音持莲的形象始终可见。而中国较晚才出现的水月（自在）观音，其相近的游戏姿态，早在犍陀罗时期的观音造像中便已出现，彼时观音手中常持有莲苞，而净瓶则多被置于身后的岩石之上。更近同的姿态，也见于南亚其他地区的观音造像之中。关于观音信仰及其形象等多个方面，已有诸多探索与考论，研究涉及水月观音、莲花手观音，以及高王经、佛顶心经等相关经典中的观音形象。然而，目前尚缺乏一种综合性的整体论述，未能将诸多地域的形貌元素纳入统一框架进行深入探考。因此，不少重要因素往往被分而视之，被列为各自独立的线索。现今看来，实有必要依据这些元素共考并商，以期有所推进，从而获取更为全面、更具综括性的观念与看法。

如果观其姿态、持物方式、顶戴装饰等因素，似可见从中印度到犍陀罗，再至东南印度乃至南亚各地，观音像在形象上经历了一系列的变迁与演化。其演变步骤或臻先导，早于中国境内之变。然而，中国内部的观音形象演变，也融入了本民族的审美趣味与文化心理元素，从而化成宏观巨流。这一主流现象，学界已有不少描述与研讨，但若追溯其源头，仍显得十分必要。尽管目前关于其影响过程的证据链条尚不能获全。

目前已知的最早例证，是出自印度北方邦马图拉的一件红砂岩半跏思惟像（见图1），制作年代在二世纪下半叶至三世纪上半叶，高67.4厘米，现藏于美国大都会艺术博物馆。该像头顶部戴有冠巾，冠上有化佛之迹。唯其身份究竟是观音还是弥勒菩萨，目前尚难确定。而在重庆地区，竟有清代观音像的姿态近同此像，虽然衣饰已华化并配有胁侍（见图2），但二者在时间上相隔近两千年。犍陀罗地区出土的众多观音菩萨像，均是游戏坐（近似于半跏坐）的思惟像，手中倒提着莲花苞蕾，背后常有宫殿栏楯。其中较为著名的有：日本松冈美术馆藏的游戏坐莲花手观音像（二世纪）；福冈柏林寺藏的游戏坐莲花手观音像；平山郁夫收藏的游戏坐莲花手观音像，造型更为细长一些。俄国冬宫博物馆藏有一件原存于德国柏林的持花绳游戏坐思惟手观音像，年代在犍陀罗二至三世纪（见图3）。另有一件带有双弟子、供养人及持花绳胁侍菩萨的游戏坐莲花手观音像。此类像式在过去的研考中，曾一度被划入半跏思惟像的范畴，但游戏坐与半跏坐之间实有一些区别。此外，半跏或自在坐的像式，在佛形象中亦有树下坐像的表现形式①。

①［日］宫治昭：《犍陀罗美术寻踪》，就在半跏思惟像的类别中收入了此种游戏坐观音像。参见［日］宫治昭著，李萍译《犍陀罗美术寻踪》，人民美术出版社，2006年。佛形象自在坐树下思惟像，参见孙英刚：《犍陀罗文明史》，生活·读书·新知三联书店，2018年，图9-7。

图1 红砂岩半跏姿观音像

（图片采自《图说世界佛教美术大辞典》）

图2　重庆三教寺摩崖6号龛中观音菩萨等造像　清代

（图片来源：四川大学韦兵供图）

图3 犍陀罗游戏坐思惟手观音造像

变化型的交脚坐姿思惟莲花手观音像（或为弥勒，但可能性较小），大英博物馆与深圳私人博物馆各藏有一件与之相似的作品。这类造像的总体年代大致在三至五世纪之间。

在印度本土，自马图拉半跏思惟造像以来，埃罗拉石窟第12窟中可见九世纪的半跏与游戏坐观音三尊像。其坐姿虽不甚标准，但既有接近半跏者，也有同向游戏坐者。此外，埃罗拉石窟中还有数龛造像近于此式。

犍陀罗地区的后期，在斯瓦特河谷仍存有半跏思惟莲花手观音像，多为摩崖浮雕，表现为一腿弯曲、一腿下垂的半跏坐思惟手形象，常与弥勒等像组合出现。相关遗址包括乌格德谷地喀拉、登格拉姆谷地格拉萨，以及斯瓦特谷地哥格达拉等地，斯瓦特地区亦见有相似的弥勒像①。而所谓“大小勃律区”，近年德国学者封兴伯与胡海燕，联合故宫博物院罗文华等学者的新研究，获知了此地金铜像等梵文铭刻的字词语文特征，可助像设时代的考订②。此外，也有一些新近出现的拍卖品，如北京曼华堂收藏之像，以及大都会博物馆、故宫博物院所藏的持莲花思惟手半跏坐姿像等作品。

印度喜马偕尔邦存有半跏坐姿莲花手观音像，为一尊七世纪黄铜铸造的小型造像，尺寸为高16厘米、宽9.5厘米、厚7厘米。英国牛津大学阿什莫林博物馆还藏有九至十一世纪的带背光持莲半跏观音铜像，以及持莲观音立像等作品。印度本土东部的奥里萨邦，也有自在观音之像。印度与南亚地区还保存有数件风格相接、时代相连的造像作品，这些造像之间的关联性就很能说明问题，只是以往少有人从此角度加以关注。

印度阿旃陀石窟第19窟中的蛇王夫妇像，其坐姿即为一腿置于台面、一腿自然下垂的自在坐势。斯里兰卡在阿努普德勒时期（约八世纪）也有青铜自在观音造像，其手姿自如，似施无畏印与抚腿印，坐姿为一腿曲起置于台面，一腿自然垂下。僧伽菩寺出土的金铜像，年代在八至九世纪，其姿态同于中土（中国）的自在观音，同样是一腿曲起于所坐台面，一腿垂下，手姿亦相同。英国牛津大学阿什莫林博物馆还藏有一尊来自印度尼西亚的九世纪的青铜观音像，其坐姿为一腿盘曲、一腿支起，手势略似施与愿印与扶地印。印度南部比哈尔

①［意］费安娜著，李聿骐译《巴基斯坦斯瓦特佛教石刻——以古代乌苌晚期佛教遗址为例》，载李崇峰主编《犍陀罗与中国》，文物出版社，2019年。

②封兴伯·胡海燕（Haiyan Hu-Von Hinüber）、罗文华：《两尊新发现的古印度佛像及其梵语铭文》，《华林国际佛学学刊》第4卷第2期。

邦出土有十世纪的观音与弥勒对坐像，材质为黑玄武岩。造像呈现坐地自在之态，双腿一曲一起、一盘一垂，竟与法国吉美美术馆所藏的一件宋代彩绘木雕像（十二世纪）惊人相似。美国芝加哥艺术学院收藏的三尊石像中，也有一件风格颇似，不过这三尊像被定为唐代作品，年代似乎过早。这些观音造像，除了具有莲花特征外，在坐姿上确实表现出一种自由自在的特征，其坐姿从坐台逐渐演变为坐地，姿态愈显放松，这种风格在中国被称为“水月观音”的作品中，都能清晰见到。

总体来看，这些作品在年代上早于中国内地的同类作品。学界普遍认为，观音像的演变大致是从中印度，或者说从犍陀罗地区开始，经历其后期的发展，再扩展至印度中南部，进而到整个南亚地区，呈现出一种起伏变化的态势。其中，“持莲花”是最为重要且持久的特征标识。具体而言，犍陀罗时期观音像的基本特征表现为：游戏坐姿，一手作思惟状，一手持莲花或花绳，坐于宫栏之中。到了该地区后期，观音像的坐姿逐渐演变为近于半跏坐姿，这一样式在浮雕与金铜造像中一直得以延续。而在中印度地区的造像中，莲花这一元素逐渐消失，转而更多见游戏坐与半跏坐等姿态，如埃罗拉石窟与奥里萨石窟中的观音像。不过，立姿的观世音像则依然保持了持莲的传统，从阿旃陀石窟中的“救难观音”一直到波罗王朝时期[①]的四臂观音等，均可见此特征。再往后，印度少数地区与南亚一带出现了不持莲花的自在姿观音像，其双腿姿态从半跏坐进一步演变为另类的游戏坐，即一腿曲起、一腿盘曲或垂下。这种形象与中国宋元时期所称的“水月观音”或更确切地说为“自在观音”相呼应，但其出现的时代更早一些。这一系列变化，应当与印度、犍陀罗及南亚地区整体的佛教信仰与艺术风格的兴衰迁化有关。

一、妙创水月之体

中国的观音菩萨像，一般而言在汉地分为显密两系，即一面二臂与多头多臂的像式分开研讨（汉藏之间的差异也体现了显密之别，藏传佛教中的观音像主要属于密教系统，且年代较晚）。中国的观世音信仰很早就已盛行，鸠摩罗什所译《妙法莲华经》影响极为深远。此外，还有不少经典广泛流传，弘扬观音信仰，如西方净土类经典，以及《般若波罗蜜多心经》等亦是如此。观音菩萨的石窟造像，早在炳灵寺十六国西秦时期的石窟中就已出现，此后不断丰富发展。多头多臂观音像则以十一面观音和千手观音为主。在南北朝时期，于各种材质的观世音菩萨像中，除常见的持杨柳枝与净瓶的观音像之外，最具特色，也最值得注意的便是莲花手观音——即执持莲花枝蕾的观音立像，且以金铜佛像居多。北朝至隋代的作品中屡见此类造像，特别是从北魏皇兴年间至隋仁寿年间，金铜莲花手观音像的风格经历了明显的变化：早期作品风格雄健质朴，中期则趋于秀美完整，甚至出现双面浮雕的形式，即背光背面也有雕刻，晚期则逐渐变得细弱，最终趋于消失。北魏皇兴四、五年（470、471），王钟夫妻所造的作品为昂然挺立的男子形象，戴冠扬缯，裸身披裙，火焰纹背光或有镂空。太和年间铭刻的数尊造像，或手持弯曲的莲枝，或持直柄大莲蕾与净瓶。韩氏所造像中，正面为莲花手观音像，背光后浅刻持净瓶的形象。魏孝文帝改制之后的作品风格清瘐繁丽，延昌二年（513）与熙平年间县仁道密所造像即为代表，后者头戴宝缯高冠，天衣遮体，右手

① （Avalokitesvata-padmapani）印度波罗王朝时期的观音像，其特征为手持弯曲枝条上的未开敷莲蕾，呈立姿。此类造像年代相对较晚。

高举曲柄莲花，左手提棱角分明的净瓶。日本香川私人收藏的熙平年间造像尤为精美。河北临漳邺城遗址曾出土一批作品，像主邓法念使用两个像模，为六个子女各铸一像。隋代此类造像已显简略，或仅持无枝莲蕾；至唐代，则基本被杨柳枝观音的造型所取代。从图像志的角度看，这些特征无疑来自印度，但立姿的形态却不太相同：印度造像多是左手持莲，而中国作品多是右手持莲。

我国中晚唐时期就有了水月观音像——据载，中唐画家周昉（周家样）所创的水月观音形象，目前所知的遗物有晚唐时期的作品。水月观音的影响比杨柳观音大，尽管二者均脱离了莲花手等源自天竺的造像样式（二者在图像上也存在一定的交叉，如水月观音亦手持净瓶与杨枝），但前者是见于中国绘画史论的作品，与绘画名家有关，并被列为“中国佛教美术四家样”之一。此外，水月观音还有多种画塑作品留存于世，蔚为大观。实际上，随着考古与文献资料的不断发现，尤其是敦煌本《水月观音经》的面世，其像式还蕴藏着与密宗造像之间的复杂关系。

此像式的实例在敦煌地区仅见于五代至北宋时期的绢画与壁画，而晚唐五代的造像则可见于川渝地区，其“创制”可追溯至更早的中唐时代。朱景玄所著《唐朝名画录》成书于大中九年（855）之后，内叙中唐画家周昉（活动于八世纪中叶至九世纪初）创制水月观音图像；稍后，张彦远在其名著《历代名画记》中进一步加以肯定，将其列为“佛教美术四家样”（即张、曹、吴、周）之一。

《唐朝名画录》对周昉评价很高，将其列为“神品二”，仅次于吴道子。书中称其“好属文，穷丹青之妙”，并说：“今上都（长安）有画水月观自在菩萨。”此前，唐德宗修缮章敬寺时，曾邀请周昉绘制壁画神像。此寺规模约与长安一坊相当，应是唐朝所建规模最大的佛寺。周昉在作画时广泛听取意见，因而其作品臻于完美。《历代名画记》（卷十）则指明水月观音样式为周昉所独创，称其“菩萨端严，妙创水月之体”。该书卷五还提及具体的画迹：“（长安）胜光寺……塔东南院之处有［周昉］画水月观自在菩萨掩障（屏风），菩萨圆光及竹，并是刘整成色。”周昉擅长人物、佛道题材，其人物画皆被评为“神品”；他在广福寺所绘行道僧与大云寺神像，时人评价为“皆殊绝当代”。不过，他在动物与树石的表现上稍显不足，“不穷其状”。周昉任宣州别驾期间（761—780）曾绘制北方天王像，而章敬寺壁画的创作时间约在贞元年间（785—805）。由此推定，他创作水月观音菩萨像的时间大致可定于九世纪初。

配合周昉作画的画家刘整，在此书（《历代名画记》）卷三中亦有记载，被评为“善山水，有气象”，并曾于东山寺绘制山水画。由此可知，刘整应是一位山水画家。该书还提到，部分壁画因工匠成色不当而受损。另据《唐朝画家周昉传》[①]记载，周昉的学生包括王朏、赵博文、程修己等人；此外，还有如吴筠、杜霄等画家私淑其艺。

（一）《水月观音经》与《大悲咒》[②]

水月观音的图式形成以后，与张僧繇、曹仲达、吴道子等大家的作品一样，确为“百工所范”，且代有流传，赓续不绝。在传世画迹与考古遗迹、出土文物之中，也确实能见到不

① 王伯敏：《周昉·中国画家丛书》，上海人民美术出版社，1985年。

② 何莹、张总：《敦煌写本〈千手经〉与〈大悲启请〉》，《敦煌学辑刊》2015年第4期。

少石雕、泥塑及壁画形式的水月观音造像，形态包括石窟、寺庙、藏经洞文物、塔内地宫及博物馆、美术馆藏品等。这些实际存世的实物遗存，确使中国绘画史籍中朱景玄、张彦远的论述说法得到了证实，似为现代学术史上“二重证据法”，即传世文献与出土文物相互印证的好例，或绝佳例证。但需说明的是，水月观音像图式本身既具有一定的范式与形态，又存在一定的宽容度与变化空间，总体上可将其视为一类特定样式进行研讨，而非“四家样”中另具独特风格者。而考古新材料结合藏经洞文物等，揭示出其最早期的坐姿为双手抱膝这一独特形态。且不说循此可以追究出水月观音图式中的独创究竟何在，容后文再专论。关键是在敦煌藏经洞文物中的写经里，发现了一部题为《水月观音经》（或题《佛说水月光观音经》）的经典。此经与水月观音像有什么关系？是否影响到水月观音像的性质？一般来说，佛教的图像与经典有着密切的关系。图像创作多依据经典，尽管依赖的程度有很大不同。但佛教艺术属宗教艺术，并非俗世艺术家的自由创作，故经像之间必有对应、依存、所据及展变的关系。因此，究其因由所来很有必要。首先，《月观音经》由敦煌研究院王惠民先生比定为《千手观音经》（即《大悲咒》）的启请文，虽然《藏外佛教文献》最先刊发时并没有确认此比定。敦煌本《水月观音经》之名并不见于《大藏经》，但其主要内容实为最流行的《千手经》中启请菩萨宣说咒语的一段话，主要是十余句信奉观音修行可得果位而无所畏惧的说法，即：

南无大悲观世音，愿我速证一切法。
南无大悲观世音，愿我早得智慧眼。
南无大悲观世音，愿我速度一切众。
南无大悲观世音，愿我早得善方便。
南无大悲观世音，愿我速乘般若船。
南无大悲观世音，愿我早超于苦海。
南无大悲观世音，愿我速成戒足道。
南无大悲观世音，愿我速会无为舍。
南无大悲观世音，愿我已同法性身。

若值刀山处，刀山自摧锋。或向火汤里，火汤云消灭。
若遇地狱者，地狱或竭枯。或若向饿鬼，饿鬼自饱满。
或向阿修罗，恶心自调伏。若向畜生间，得其大智慧。

发如是愿已，志心称念：

我大慈大悲圣观自在菩萨摩诃萨广大圆满无碍悲心陀罗尼，愿救法界一切苦，能满众生于觉道。

此段启请文前后还有些句子，分见于不同文本。且因依《大悲咒》修行有一套仪轨，宋代僧人知礼曾制定《大悲行法》，所以《大悲启请文》也可单独流行，但《大悲启请文》没有以“观音菩萨”为标题名称。不过，从佛经的发展与交叉衍变来说，更早的隋代之前的疑伪经，即《观世音菩萨十大愿经》或《弘猛海会观音愿》[①]，已经出现过同样的内容。实际上，此段内容原在观音系疑伪经中出现，而后演进融入了唐代译出的《千手经》，成为其中的启请之文。《千手经》的主要内容是大悲咒，启请文就是信众请菩萨说出咒语的仪式性祷词。值得注意的是，启请文是密宗诸多经典中皆出现的文字，已是一种格套定式了。

敦煌本《水月观音经》显然是将《大悲咒》的启请文稍作改动，并标以观音名号编纂而成的经文，似乎有点向其前身复归的意味。然而至唐末五代时期，此段“十大愿经”的内容早已定型为《大悲咒》的一部分了。敦煌本此经抄写于五代后周显德五年（958），出自敦煌著名历学家翟奉达之手——他为亡妻马氏追福，在十斋日中每日书写一卷佛经，此经即为其中第三卷[②]。十斋日时可为亡过亲人追福，通常通过举办法会、抄经造像等方式进行追福，其中最具代表性的写经当属讲述十斋日王者的《十王经》（或称《阎罗王授记经》）。但翟奉达是敦煌地区学识渊博的历学家，其佛教素养也高过常人，故除第五斋日抄写《阎罗王授记经》外，此前还抄录了《无常经》《天请问经》等经典，此后又抄写了《盂兰盆经》《佛母经》等。总之，翟奉达所选的十部追福佛经皆属民间常用且篇幅短小者。尽管抄经十斋之例少见或为唯一，但这个经典应为民间喜而习用。

既然《水月观音经》是《千手观音经》的一部分，那么就会带来一些问题：水月观音与千手观音是何关系？水月观音像与千手观音像有无关联？因为水月观音主要作为一种图式、佛像样式而出现，所以二者样式的表面差异极易引发对二者关联性的质疑。尽管有些学者始终找不到其内在联系，或者说不承认佛像之间显密作品之间的混融现象，但是我们只要面对实际，就不难发现，其实两者之间必有关联融通。仅从敦煌本《水月（光）观音经》来看，虽然只能揭示此经本与《千手经》之间的联系，进而提示我们就此深究，但是敦煌此经本的本身并不能必然指向千手观音像，或者证明两种像设必然有关。因此，此方面的探究虽然已有王惠民“水月一面二臂亦为密宗千手观音之一种”之说，但也遭遇不少学者或论文的简单否定，如于向东与孟翠翠的论文[③]。

其实，仅从敦煌藏经洞内所存数件《大悲启请文》的内容文字，就可以发现一些端倪。而入唐求法的日僧携归的经像目录等，更能证明千手观音像与水月观音像必然有关。藏经洞中所存单行本《大悲启请文》就有数件，其中如S.2566、S.4378、P.2197号等至少两三件文本，皆以月轮观音的念诵作为开首，文曰[④]：

仰启月轮观自在，广大圆满紫金身。千臂恒伸现时间，千眼光明常遍照。

---

①笔者研考河北曲阳八会寺的石刻佛经时，发现其内有《弘猛海会观音愿》部分内容，通过CBETA电子佛典，也可以查到其中部分内容。因此，可知其基本内容还可联系于《观世音菩萨十大愿经》等。张总《石刻佛经中的新发现与新解读》曾有介绍，参见荣新江、李孝聪主编《中外关系史：新史料与新问题》，科学出版社，2004年。

②翟奉达为妻（部分为其子为母）写经抄成为两卷，即法藏P2055号、天津艺术博物馆4523号与国图冈44号上。后两者原为一卷，津艺4523号抄有一七斋《无常经》、二七斋《水不月光观经》、三七斋《咒魅经》，国图冈44号四七斋《天请问经》、五七斋《阎罗王授记经》。法藏P2055号抄六七斋《护诸童子陀罗》、七七斋《心经》、百日斋《盂兰盆经》、一年斋《佛母经》、三年斋《善恶因果经》并最后题记。

③孟翠翠、于向东：《水月观音图像的创作依据》，《南京艺术学院学报（美术与设计版）》2011年第4期。类似的还有不少。

④何莹、张总：《敦煌写本〈千手经〉与〈大悲启请〉》，《敦煌学辑刊》2015年第4期。

一千二百真言契，能满众生所愿心。面安三目遍庄严，顶戴弥陀持宝器。……

大悲愿力不思议，是故我今恒赞念。……

愿我能明一切法，愿我早得智慧眼，愿我速度一切众。愿我早得善方便。愿我速乘般若船，愿我早得越苦海，愿我早得戒定慧，愿我早登涅槃山，愿我速会无为舍，愿我早同法性身。

此数件皆具月轮观音之说，应与翟奉达所抄文本间接相关。由此可以剖析水月观音的像设元素。实际上，月轮中的观世音形象来自密宗“月轮观”的修行观念。早在开元三大士之首善无畏传入胎藏界密法时，月轮观就是最重要的观念——此观是修行之法，行者修而观想，确实也应有画像等出现。实际上，我们所见的水月观音的构成元素，虽然也有紫竹林等元素，但是最重要且显眼的特征，乃是观音身后的大圆背光——此背光就是月轮。一般而言，水月观音最首要的是被解释为观水中之月，取般若空义。如白居易诗：

净渌水上，虚白光中，

一睹其相，万缘皆空。

但实际上，观音观水中之月的情景在图像中很难表现，现存实例中虽偶见空中绘有月亮轮牙等表现，但应属后来之作。若从般若之义来理解水月观音也无不可。但观其原委，水月观音的基本图式实为观世音菩萨坐在圆月轮之中，月轮即为其大背光。这一图像模式的形成，与引入月轮观的善无畏的传记记载密切相关。《玄宗朝翻经三藏善无畏赠鸿胪卿行状》中就有清楚的表述①：

为迦叶剃发。受观音摩顶……中印土大旱，求和上请雨。观音大圣，在月轮中，手执军持，注水于地中。

此外，善无畏弟子所撰《大唐青龙寺三朝供奉大德行状》记载惠果大师一生经历时亦有：

大历十三年（779）……和上于观音台持念。夜久之间，大圣观音，于大月轮中，现大身相。光明犹如白日，祥云皎洁，同时数百千人。遥共瞻礼。

由此可知，随着开元三大士传入胎藏、金刚两部密法，其在华成为唐密，月轮中观音的形象已经展现于社会民众之中，水月观音图像的基本要素至此已然形成。

从图像演进历史的关键节点来看，有个情况必须注意：显教造像中从未出现过这种大圆背光。背光与项光本为佛教造像的常见元素——项光（或称头光）呈圆形，仅笼罩头部后方，较小，而较大的身光多是舟形或桃形。只有从这一基本事实出发，才能看清水月观音图像形成的真相轨迹，即周昉所妙创的“水月之体”，其根本源头实出自密宗，而非般若空观思想。密宗十分重视月轮，在很多的图像中把月轮作为佛像的背光，有此基础才能出现水月观音。所以说，水月观音表面上是显宗，但实质上是密宗。

周昉妙创“水月之体”，妙创可从诸多图像因素的集成、单独元素的创造性绘制这两个方面来考察。有些细节应加以考察，如前文所述水月观音的依据、有无水吉祥菩萨或如意轮观音图像等。至少可确认周昉有汇成样式之功，其中月轮背光与抱膝而坐的姿态，的确值得深究。

周昉生活的时代的确是唐密盛行的时代，他在会昌灭佛之前曾任越州（今浙江绍兴）长

① ［唐］李华：《玄宗朝翻经三藏善无畏赠鸿胪卿行状》，《大正藏》第50册，第291页。

史、宣州（今安徽宣城）长史别驾。周昉任宣州长史别驾期间曾画过北方天王，由此推测他回到长安后画水月观音的时间为9世纪初，最早或可追溯至8世纪末。这一时间节点比日本僧人来中国求法的时间要早四十年左右，但较善无畏传入胎藏界法理、伽梵达摩传《千手经》咒要晚数十年。所以，周昉应是从唐密的尊像图式中汲取了关键要素，也有可能其创制的水月观音图像被唐密的千手观音系统所吸收借鉴。

日本僧人前来求法者，如常晓、圆行等名僧，其入唐时间仅晚于周昉创制水月观音数十年。但其经像目录所载，千手观音与水月观音均属一体一系。入唐五家或八家之一的常晓（？—865），曾从空海习密法，奉敕随遣唐使来华，于承和五年（838）抵达淮南郡扬州城，就学于灌顶阿阇梨文璨与元照上座。文璨曾师事不空，又为惠应传法人，常晓在栖灵寺大悲持念院随文璨习密学金刚界大法，后又从元照及李全学大元帅密法。翌年二月（唐开成四年，839）归国，奉上请回国之经书目录，仁明天皇对其颇为尊崇。

《常晓和尚请来目录》中载有[①]“水月观世音菩萨像一躯”，并注“右大悲之用，化形万方，观思众生，拔苦与乐，故示像相，使物生信”。此“大悲之用，化形万方”即为千手观音化现诸形之描述。而且此像被列于“千光王如来像”之下。伽梵达摩译《大悲咒》中，观音正是接受“千光王静住如来”授予而持诵大悲咒、发大誓愿后，方得生千手与千眼[②]。此二像不但被列于此目录图像最上首，且称“日本没有，所以请来”。由此可知，《目录》内叙及常晓夜随师父修习瑜伽，白天至周围诸寺觅问法门，供奉李全等所绘大元帅部众尊像并抄写经文。因此，水月观音图像等或从李全所绘图像得之。此目录不仅受到天皇重视，其所传真言宗法在日本也代有传承。

圆行（800—853）亦为入唐五家、八家之一，曾从空海学过密教，于承和五年六月与常晓一同入唐。其作为真言宗代表来长安，至青龙寺处礼义真，学习了金刚界与胎藏界两界大法。翌年十二月回国，携回显密梵文经论共69部133卷、佛舍利子、十二种曼荼罗图样及诸道具法器，创建灵岩寺，并编纂《灵岩寺和尚请来法门道具等目录》。该目录存《佛像曼荼罗图样》十二种——除胎藏坛图与阿噜力观音曼荼罗各为一帐外，余十种图像皆是一躯，其中亦有“水月观自在菩萨像一躯”。

青龙寺是唐密教名刹，高僧辈出，海外求学者云集，仅日本求法僧人至少有七位。因而该寺也被视为日本真言宗的发源地[③]。空海入唐后就投在青龙寺惠果门下，义操与空海交往很密切。义真则是义操传胎藏法的同门师兄弟。由此可见，圆行所得“水月观自在菩萨”应源自青龙寺密法传承。圆行自述其接受灌顶阿阇黎位时曾言：“斯法也，观心月轮，凡夫备佛陀之德。”可见密法中观心月轮的重要地位。

此后，安然法师汇总常晓、圆行等入唐八家的经目，编纂《诸阿阇黎真言密教部类总录》，内含上述作品并注为常晓、圆行所携，进一步说明了这一问题。总之，从求法日僧的

---

① 常晓目录共列经论36部61卷、图像13种、法器等11种，条项多列说明。常晓在华正是武宗会昌灭法之前，属唐代密宗仍盛之时，其目录必然可以反映出唐代密教的情况。

② 此目还记《千光王佛威德要法一卷》，且此佛名下注为“观音本师也”，可见符合《大悲咒》说法。

③ 圆行在目录序言很自豪地宣称，其所得传承为：大日如来、金刚萨埵、龙猛菩萨、龙智菩萨、金刚三藏、不空三藏、惠果和尚、义操和尚、义真和尚，次第相传，即授圆行。此言有些夸张，但就中国唐代密宗来说，金刚智、不空、惠果、义操等，确是大师传承。

经像目录来看，已可证其全都将水月观音像视为密宗造像，视其与千手观音同类。尽管敦煌翟奉达所写经文的证据较为间接，但其中蕴含的佛教内容已是直接的证明。尽管敦煌翟奉达所写经文的证据较为间接，但佛教内容已构成直接佐证。

这些早于五代敦煌写经的材料已可说明其显密关系。尽管这些经目中没有明确记载水月观音的具体形貌，但《大正藏图像部》所收《别尊杂记》中收录的两幅水月观音像，其形貌与中国各地流传的水月观音像无异。

总体而言，水月观音图像的核心构成元素——月轮背光、紫竹林、水面等环境要素，均可在《华严经》对观音道场的描述中找到依据。我们研究的关键在于突破传统将般若空观“水中月”之喻与画史论述简单对应的局限，转而从敦煌本《水月观音经》实出自密宗《千手经》这一事实出发，追索考定其密宗月轮观的起源，梳理密宗月轮背光的演变轨迹，阐明周昉创制的基础所在与发展路径。唐代密宗经像中有此目录，证明翟奉达写此经全有基础。

（二）川渝石像与敦煌画作

唐后水月观音像以我们所见诸作为主，稍具更丰富的形态，传续而下，其中多见自在坐姿的造像。但是其中的周家样水月观音是颇值推设的，通过考古新见及佛教文献资料等，可知周家样这一新样式，不仅包含丰富的内容，而且具有鲜明独特性。

从观音菩萨姿态这一核心要素来说，水月观音像图式或样式之中，观音菩萨本身的姿态多种多样：既有全跏趺坐，亦见半跏趺坐，还有游戏坐等多种态势。但是，如果我们聚焦于最早期的作品——四川绵阳圣水寺遗迹、重庆江津石佛寺造像，以及敦煌藏经洞出土的绢纸作品与个别石窟壁画，便可得出惊人发现：这些水月观音像均展现出高度一致性且年代最早。如绵阳龛像的时代为晚唐中和五年（885），江津石佛寺出土像稍晚，约为五代。藏经洞及莫高窟中的一些壁画作品具有高度相似性，即观世音菩萨皆采用双手抱膝的独特坐姿。此种情况应非偶然，必有内在规律在焉。

《绵阳龛窟》一书记载了此地水月观音龛像的情况。四川省绵阳市魏城镇圣水寺第7号龛存水月观音雕像：主尊为半跏坐菩萨，侧坐在岩石上，右腿下垂，双手抱左腿；窟内左壁（观音右手侧）下方开一小龛，雕弟子蹲坐像，弟子双手抱拳，左腿支起。此像身后有大圆月轮，为背光。题记明确记载：“敬造水月观音菩萨一身并及须菩提，弟子王宗建敬造。中和五年（885）二月廿三日设斋表庆了。”①此像为目前所知年代最早的水月观音像，也是此式雕刻作品的最早实例——其创作时间较周昉开创水月样式的九世纪初约晚六七十年，距求法日僧携像归国仅四十余年。

重庆江津石佛寺近年的考古发掘取得重要成果，其中五代时期的水月观音造像尤为引人注目②。该像位于窟内，头戴高冠，身着简素服饰，雕刻工艺非常精美。头部两侧有飞天，下部原有的胁侍小像已损毁。值得注意的是，此像坐姿与绵阳圣水寺造像如出一辙——同样采用半跏坐姿并双手抱膝。

据画史记载，唐时名家范琼曾在成都地区的寺庙中作画，在昭觉寺等处画过水月观音。郭若虚《图画见闻志》卷二记述范琼、陈皓与彭坚三人于唐宣宗大中年间武宗灭佛后整修寺

① 于春、王婷：《绵阳龛窟—四川石窟大系》，文物出版社，2010年。该著作封面即采此像之图。

② 江津石佛寺考古发现见诸多项网络与文字报道。

庙壁塑之事。从唐代大中初年至乾符年间（847—880），三人先后在成都大慈寺、圣寿寺、圣兴寺、净众寺、中兴寺等五寺绘制壁画二百余件，各尽所能。其中圣寿寺殿内小壁所绘水月观音像即为范琼所作，其亦曾在大圣慈寺、圣寿寺绘制大悲变相。范琼的画品很高，被评为“神格”。李畋《昭觉寺记》载画家张南本曾绘水月观音，孙位画行道天王像，浮邱先生则绘有松柏①。晚唐五代四川地区（如渝州）所雕的水月观音像，或与这些名家的画作有关。

而晚唐五代画作早者有现存于法国的敦煌纸本彩画。此画高逾半米，设色浓丽。画中菩萨呈侧身坐姿，位于莲花朵朵、鸭戏其间的水面上——其左舒相半跏趺坐姿尤为特殊：左足横施于右腿之上，双手却抱扶左膝，神情怡然。菩萨面容呈现男性特征，髭须清晰可见；头戴饰有化佛的高冠，莲花缯带垂于脑后，系红色帛带，下裙红色缀花。项圈、臂钏为金色，因朱褐晕染而显皮肤白皙。所坐岩石上饰有珍宝纹样，应为“金刚宝座”之意；足踏硕大红莲，身后竹叶、笋石与棕榈交错，各色红花点缀其间。图上水平面比例很高，菩萨的圆形项光恰当其间，分外突出。此画原藏卢浮宫，现存吉美美术馆，被推定为九世纪末至十世纪初之作，是迄今考古发现中年代最接近“周家样”的水月观音图像。尽管此图菩萨只有项光而无身光，并非月轮背光典型图式，但其菩萨身姿与具中和题记的绵阳雕刻完全一致。莫高窟第237窟五代壁画中的水月观音作为现存最早的壁画实例，亦表现双手抱膝的姿态。值得注意的是，无论是现存雕刻、绘画，还是绢本、壁画作品，其姿态均呈现出高度统一的独特面貌：双手抱膝的半跏坐姿。这一特征极具研究价值。我们认为，“周家样”或许就是此式。因为从印度、中亚到中国其他地区，均无此式像作出现（除了犍陀罗雕刻中一些极小的像姿）。但从中国传统来说，传世的孙位《高逸图》等作品却有类似的坐地而双手抱膝姿。从水月观音的独创性、妙创之体来讲，此种双手抱膝的半跏坐姿确实具有唯一性。若说其为独具特色的水月观音，亦不为过。所以，推论此种姿态独特的水月观音为周昉所妙创之本体，也确有可成立之依据。

讲周家样之水月观音的菩萨姿态为双手抱膝，固然得自考古发现的最新资料，但并非仅有此一途径可证。佛教美术文献中也有指认双手抱膝坐式为“观水月者”的明确记载。五代末北宋初时的吴越国亦是佛教发达之地，钱氏诸王中有仿阿育王造八万佛塔之举，奉佛事业实有多项。钱俶时曾有《十二面观音廿四应现图》版刻图，题署“天下大元帅吴越钱俶施造”②，刊刻时间为北宋开宝二年（969）。此图呈现观音菩萨十二面，且有多达二十四种三昧耶应现（法器等），其中两种应现给人深刻印象。其一称“观自在现”，描绘菩萨单腿曲起，手臂抚膝，而另一腿自然垂下踏地，以手臂支撑重心；其二称“观水月现”，表现菩萨一腿曲起，一腿下垂，双手抱膝而坐。两者均有图示，都坐于岩上，后有月轮光，前有水面。此二者恰构成水月观音与自在观音的对应关系，对说明观音像图式大有裨益。此图不仅揭示显密观音像式的关联，而且证明密宗造像的化现方式与显宗存在诸多共同之处。若对照

① 成都北郊昭觉寺初名建元寺，唐眉州司马董觉舍宅所建。880年，僖宗逃到成都，诏张南本于寺庙作画等。曹学佺《蜀中广记》引《成都古寺名笔记》记载：“华严阁窗外大悲像一堵，保福院殿后海山观音一堵……皆待诏张南本笔。海山自昭觉移来者。”按李畋《昭觉寺记》所载，张南本曾在昭觉寺绘制水月观音像，或即保福院所藏之物。有趣的是，曹学佺将水月观音与海山观音指为一图，即一个图式。见曹学佺《蜀中广记》卷160《画苑记第二》。

② 其题记丰富，于每种化现皆有说明，其后还附有数则咒语，最后则是吴越王署名。

前文所述千手观音与水月观音的关系，二者在此亦可融通。

尽管此后抱膝坐观音像较为罕见，但仍存实例：一件南宋瓷观音像即采用此图式，另见高丽佛画中线刻毗沙门天王方形镜上，亦见具此抱膝坐姿的水月观音[①]。

当然，现存各式水月观音作品仍有多元面貌，其图式的多种构成元素也都没有固化。观音菩萨的像式姿态、背光的大月轮，以及环境中的岩石、天宫与紫竹林等元素，都存在基本范式与丰富变化。或可追问：此双手抱膝的坐姿为何没有长久流传？或因其毕竟还是宗教艺术作品，其半跏趺坐、全跏趺坐及游戏自在坐等多样姿态，既丰富多变，又有传承续接，所以流传变迁于此之中亦不为怪焉。

杭州西湖一带的石窟，散落着多处摩崖之龛窟。其中石屋洞内保存有纪年最早的五代后汉乾祐二年（950）水月观音雕像，此像明确呈现了大圆光样式。虽然雕塑不易表达水面元素，但其左腿曲起于台面的姿态，与金华万佛塔金铜像相似。该像或为雕刻作品中纪年次早之作。原像所在岩石已经从本来的位置崩塌，后被填入合适的石孔中，并经历了近现代的涂色粉饰。若无敏锐的眼光，就不可能发现这件重要的作品。史岩先生通过对此残存造像的细致考察，指出其原具的基本特征："像的姿态极为自然舒适，作坐于岩石上休息的样子，右脚下垂踏于莲花，左脚上屈踏于岩上，左手按着岩石，支撑微倒的身体，右臂置于膝头，背光以月亮的光圆替代，作大圆形。毫无疑问，这是以'水月观音'为主题的典型的构图。"原像铭文已漫漶不清，但相关金石学资料还有记载[②]。笔者也曾探访此像，此处仍确存水月观音镌迹，但残泐严重，所幸有民国时老照片存焉[③]。

二、石天宫等像

《文物》曾刊载山东滕州玉皇顶北宋水月观音像作品[④]。此件作品非常重要之处在于其下部左右两侧所配置的四天王献宝图与玄奘取经归来时拜观音图，尤以后者意义重大。近数十年来，在西北地区发现很多唐僧取经并拜观音的图像，西夏时期的作品尤多尤佳，诸多学者据此认为陕西北部与甘肃等地是此类图像的产生与发展之地，而更大范围图像例证的收集，已经产生了专著性图集，如魏文斌、张利明《西游记壁画与玄奘取经图像》[⑤]。尽管这些图文著作已经取得了很大成果，但山东滕州玉皇顶水月观音像及其附图的时代（北宋崇宁元年，1105）之早、地域之东，都打破了原先的一些认识。特别之处在于配辅之图呈现"观音菩萨令唐三藏取经回来"与"天王献宝"，且皆附有图像铭题。这对认识西北地区很多观音图式有极重要的指导作用。具体而言，天王献宝图像在西北地区水月观音图中常常出现，如瓜州东千佛洞第2窟后壁两处水月观音图皆含此元素。但是就其内容，近年有不少文章对其深入探考，提出了"度亡"说（认为图像与阎罗使者相关）、"龙王"说等多种假说。虽然不必将同类题材全都归为天王献宝，但是其无疑仍是此类题材中的主要表达形式。尽管存在相

① 郑于泽：《日本高丽佛画受容》，《美术史论坛》1996年第3期。转引自［韩］姜熺静《观音与弥勒造像》。

② ［清］丁敬：《武林金石记》卷四、卷五，光绪十六年（1890年）刊本。

③ 美国人西德尼·甘博（1890—1968年），于1917—1932年三次在中国拍摄了大量图片，在杭州所摄的图片中有五代吴越石刻观音。

④ 山东大学博物馆、滕州市博物馆：《山东滕州玉皇顶摩崖龛窟调查简报》，《文物》2019年第12期。

⑤ 魏文斌、张利明：《西游记壁画与玄奘取经图像》，江苏凤凰美术出版社，2019年。

当多的细微变化，但仍不能改变其属性定项。“度亡”说虽有黑水城出土唐卡画的支撑，但尚不足以将此结论推广至绝大多数图像实例。过度阐释亦不可取，若言其中有阎罗使者等形象，则需更严谨的论证支撑。

美国伍斯特博物馆藏有一尊石雕水月观音像，其顶部雕刻有唐僧取经的精细场景。

陕西北部多地亦存有表现唐三藏取经归来、拜观音的壁画或雕刻作品。

明代《释氏源流》中另绘有唐三藏出发取经的场景，五百罗汉图中也有类似的精彩画面。尽管这些图像与前述礼拜观音的唐僧形象不太一样，但是只有了解这些图像，才能知来回，只有知晓唐三藏出发赴天竺与归来到华夏的全过程，才能理解图像背后的宗教文化内涵(因全文篇幅所限，此部分暂未展开详述)。

总体上，这些作品多具石天宫之刻，既符合《华严经》中观音菩萨驻地的场景，也与《大唐西域记》中“众多信众拜观音”的描述相契合。唐僧取经归来、天王献宝、众人皆来礼拜、河海中出龙王等元素，形成了一种观音菩萨常住的标准之像设，形成了丰富而崇高的神形圣像。需注意的是，研究此类图像不能只追求《西游记》的故事框架，以免形成片面看法。我们认为，唯此才能全面认识水月观音像在后期发展演变中与唐僧取经图像的交汇。

结语

观音菩萨像是中国佛教造像中最为重要的题材，而水月观音像又是其中的翘楚。水月观音像延续长久，分布广泛，雕造和绘制等表现形式兼而有之。其表达般若空观的意境、唐代大画家周昉的“妙创”，且由此而代表了“周家样”——佛教美术“四家样”之一，这些特质早已成为学界共识。白居易“一睹其相，万缘皆空”的赞颂，朱景玄与张彦远对周昉“家样”及其创作的描述，已经成为文化遗产般的珍传。近现代以来，随着西方学术体系的引入、考古学的蓬勃发展以及“探险家”文物掠取活动的推动，研究中既重视出土文物与传世文献的结合，又有世界范围内的研究刺激与启发，时至今日，还有电脑与数字图像处理技术的发展，使得现今的研究走进了前所未有的阶段。

就水月观音像来讲，尽管画史所述与石窟遗存为佛教美术四家样之一“周家样“水月观音像提供了丰富实证，但藏经洞中《水月观音经》的发现及其与《大悲咒》的关联提出了新的挑战。虽然仅凭此据似有间接之嫌，但日本求法僧携回的经像资料能证明水月观音像与千手观音密不可分。若从宗教角度来解析，可知善无畏与惠果所传观音法门中皆有月轮中观音圣像的示现；而从美术样式角度来解析，显教造像从未出现月轮式的大圆背光。因此可以肯定，水月观音中最基础的月轮背光要素，必然来自开元大士所传密教中的月轮观，这或许才是该图像样式必有的基础。

又从考古学新见作品角度来看，可知四川绵阳晚唐纪年水月观音像与敦煌藏经洞最早此式作品，皆为双手抱膝而坐之像。所以此种具体样式为周昉所创亦具有极大可能。

水月观音像在后世发展中展现出显著的包容性，画面中也有水面与空中弯月之对应。而观音姿态的随意自在，如一腿曲起置于台座或地上，其实更早见于印度至南亚的作品。但无论雕刻或绘画，雕塑作品中观音多以《华严经》之石天宫为背景，附属有诸类朝圣者、唐僧取经图、天王（或龙王）献宝等要素的完备作品一再出现。这类作品从某种意义上已成为观音造像的主要标准像，或者也可称之为“朝圣观音像”。尽管此前很多研究都过于注重其中

的唐僧取经元素，但是较典型的一件作品是榆林窟第29窟中无唐僧出现的图式。我们认为，只有将这些作品的全局或全貌统摄考察，才能趋近历史上真实的观音菩萨崇拜及其流变。

附记：因篇幅所限，本文之二（石天宫像）与结论部分均作了大幅精简处理，由此导致的缺陷，敬请读者谅解。

甘肃永昌圣容寺佛教聚落遗址群的调查与认识

魏文斌（兰州大学敦煌学研究所）
杨润泽（兰州大学敦煌学研究所）

【摘要】圣容寺自北朝起就是河西地区佛教传播和发展的重要场所，刘萨诃瑞像信仰流传于此，深刻影响了隋唐以后的河西地区。圣容寺周边留存了较多不同时期的佛教构筑物，如石窟、佛塔、寺院等，这些遗存共同构成了永昌地区规模最大的佛教聚落遗址群。通过系统的考古调查，补充了圣容寺佛教聚落各遗址的图片资料及测绘数据，并推断了部分遗址的年代和性质。在此基础上，从宏观视角进一步认识了圣容寺佛教聚落遗址群的空间布局特征、物质空间变迁历程以及礼仪空间关系，揭示了该区域的佛教发展轨迹。

【关键词】圣容寺　佛教聚落　空间形态　历史演变　礼仪空间

“聚落”是人类依自然地理环境形成的聚居地，主要包括房屋建筑、生活设施、生产设施等场所①。自20世纪30年代起，国内考古学、建筑学、人文地理学、社会学、人类学等学科皆对“聚落”展开了深入的研究工作，但各学科对其研究范畴及内涵的界定有所不同。考古学主要根据遗迹现象，探讨聚落内各区域的功能及其与周围自然环境之间的关系，进而复原古代人类的经济和社会生活方式②。建筑学根据聚落内部的构成要素（构筑物、山体、河流、植被），研究传统乡村、历史城市聚落的生成逻辑③。社会学和人类学则以揭示聚落内部独特的文化特征和社会动因为主④。宗教聚落即在社会学范畴下展开的，以寺

① 金其铭：《聚落地理》，南京师范大学出版社，1984年，第5页。

② 张小刚：《聚落考古视野下的敦煌莫高窟》，《中国社会科学报》2023年9月1日，第6版。

③ 吴良镛：《广义建筑学》，清华大学出版社，1989年，第35页。

④ 余英：《中国东南系建筑区系类型研究》，中国建筑工业出版社，2001年，第116页。

庙、宫观、祠宇等宗教建筑物为景观主体，由具有相同文化信仰的人群组成的聚落形式[①]。佛教聚落则为宗教聚落的具体表现形式之一。目前，有关佛教聚落的研究多集中于建筑学领域，主要是对藏传佛教地区聚落形态、演进规律的讨论[②]，少有学者将其置于聚落考古学领域——对历史时期佛教聚落遗址群的构筑物及自然、生态、环境等要素进行全面调查，并根据聚落形态的演变探讨佛教团体所反映的生活方式和营建思想。

圣容寺位于甘肃省永昌县城关镇金川西村所在的望御谷内（见图1），因北魏晚期圣僧刘萨诃信仰及其瑞像而闻名遐迩，成为河西地区佛教文化圈的重要组成部分。历经数朝数代的发展，周边10千米内留存了多个不同时期的佛教构筑物遗存，自西向东主要包括千佛阁遗址、虎头崖塔基遗址、圣容寺遗址、圣容瑞像、圣容寺塔、六体文摩崖石刻、花大门石刻塔龛等，这些遗址共同构成了永昌地区规模最大、最完整的佛教聚落空间。因此，本文以圣容寺佛教遗址群为例，尝试运用“佛教聚落”考古这一研究理论，揭示该区域佛教起源、发展的因素及演进历程，为现有佛教研究提供新思路。

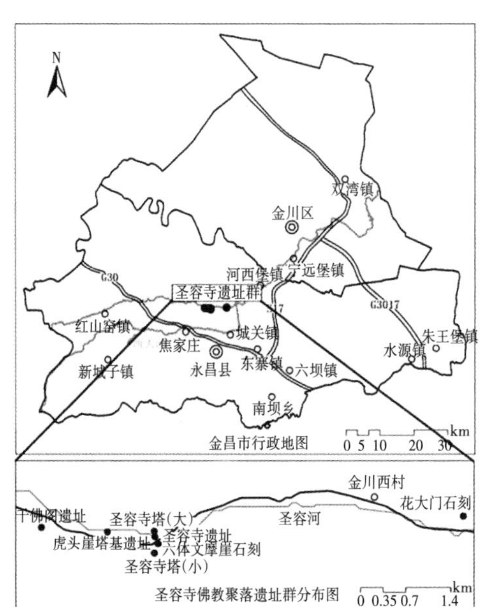

图1　圣容寺佛教聚落遗址群地理位置及分布图

（作者自绘）

一、考古调查综述

学术界对圣容寺佛教遗址群的研究主要包括两个方面：一是以历史文献资料为基础，对该区域佛教发展的历史背景、思想信仰、瑞像图像的研究，主要包括圣容寺历史沿革、地理

① 吴传钧主编《经济大辞典·国土经济·经济地理卷》，上海辞书出版社，1988年，第274页。

② 肖迦煜、黄凌江：《藏传佛教寺院聚落空间形态及演变的量化分析——以色拉寺为例》，《华中建筑》2020年第2期，第114-118页；樊荣、韩瑛：《藏传佛教影响下的多伦诺尔传统聚落的形成与演变研究》，《中外建筑》2023年第3期，第125-130页。

位置的考释[①]，刘萨诃生平、圣迹的诠释[②]，番禾瑞像源流、特征、传播及联系的探讨等[③]；二是以实地考古调查为基础，通过对该区域佛教遗存的发掘和考察，揭示遗存所保留的历史信息。

对圣容寺佛教聚落遗址群展开调查，是自20世纪70年代孙修身在番禾故地发现一尊与莫高窟壁画中所见形象相同的番禾瑞像开始[④]。1972年、1984年，武威地区文教局组织的文物工作队对千佛阁遗址做了勘探清理工作，通过题记和出土遗物判断其为西夏时期遗址[⑤]。1985年4月，张思温一行对圣容寺遗址和对面山崖上的六体文字石刻进行了详细的记录，并对所写的六种文体进行了识别，认为是元代所刻[⑥]。2014年2月，于光建等人调查及分析了花大门石刻塔群，将塔型分为覆钵式喇嘛塔、阁楼式塔、檐式砖砌塔、佛龛四种，推断其是西夏、元、明时期开凿的安置僧侣骨灰的功德塔[⑦]。2012年，丁得天调查了金昌地区的佛教文物遗迹，解读了有关刘萨诃、番禾县、圣容瑞像的历史文献记载[⑧]。2016年，赵延俊对圣容寺佛教文物遗址区进行了调查，提出了现今保护过程中存在的问题和解决措施[⑨]。2019年，李勇杰对圣容寺西夏时期的佛教文物遗迹进行了综述，探讨了西夏时期永昌圣容寺佛教的发展盛况[⑩]。

综上所述，现有关圣容寺佛教遗址群的考古调查成果，多是以单座遗址或某一时期的遗址展开，并未将其视作一个在长期历史进程中，通过持续演变、不断积累形成的佛教聚落，对其进行全面、整体性的分析，因而对该佛教文化圈的历史变迁及历史价值的认识不足。故拟在前贤研究的基础上，对圣容寺佛教聚落遗址群进行全面考古调查，尽可能回溯该区域佛教的发展轨迹，以期为日后更深入的研究工作提供基础资料，同时明确作为文化遗产的圣容寺佛教聚落遗址群的保护对象与范围。

---

① 孙修身、党寿山：《〈凉州御山石佛瑞像因缘记〉考释》，《敦煌研究》1983年创刊号，第100–107页；党寿山：《永昌圣容寺的历史变迁探赜》，《敦煌研究》2014年第4期，第101–108页。

② 史苇湘：《刘萨诃与敦煌莫高窟》，《文物》1983年第6期，第5–13页；杜斗城：《刘萨诃与凉州番禾御望山瑞像》，载敦煌研究院主编《段文杰敦煌研究50年纪念文集》，世界图书出版公司，1996年，第162–166页。

③ 霍熙亮：《莫高窟第72窟及其南壁刘萨诃与凉州圣容佛瑞像史迹变》，《文物》1993年第2期，第32–47页；［日］肥田路美著，牛源译《凉州番禾县瑞像故事及造型》，《敦煌学辑刊》2006年第2期，第165–180页；祝巍山：《永昌圣容瑞像与敦煌莫高窟因缘》，《河西学院学报》2005年第4期，第64–67页；文静、魏文斌：《唐代石雕刘萨诃瑞像初步研究》，《华夏考古》2011年第2期，第94–102页。

④ 孙修身：《古凉州番禾县调查记》，载西北民族学院历史系研究所《西北民族文丛》第3辑，西北民族学院印刷厂，1983年，第147–154页。

⑤ 党寿山：《被埋没的西夏千佛阁遗址》，载杜建录主编《西夏学》第7辑，上海古籍出版社，2011年，第225–231页。

⑥ 张思温：《甘肃省永昌县后大寺（圣容寺）六体文字石刻》，《西北民族研究》1989年第2期，第210–212页。

⑦ 于光建、张振华等：《甘肃永昌县花大门藏传佛教石刻塔群遗址考论》，《西藏研究》2014年第1期，第65–68页。

⑧ 丁得天：《甘肃金昌佛教文物遗迹的调查与研究》，硕士学位论文，兰州大学，2012年，第12页。

⑨ 赵延俊：《甘肃永昌圣容寺遗址区调查与保护》，硕士学位论文，西北师范大学，2016年。

⑩ 李勇杰：《甘肃永昌县御山峡西夏时期佛教文物遗存研究综述》，载杜斗城、丁得天主编《丝绸之路与永昌圣容寺国际学术研讨会论文集》，兰州大学出版社，2019年，第405–415页。

二、遗址调查

（一）圣容寺

圣容寺遗址位于金川西村西侧3千米处。寺院内现保留历史时期遗存较多，主要包括摩崖瑞像、瑞像附属洞窟、院内附属洞窟，以及唐代双塔（见图2）。

图2　圣容寺遗址分布

（作者自摄）

图3　1984年圣容寺面貌

（图片采自张宝玺《河西北朝石窟》，上海古籍出版社，2016年，第19页）

1.摩崖瑞像

摩崖瑞像现被包覆在2003年修建的瑞像殿内，殿后壁即瑞像所在崖面。为便于众人礼拜佛像，瑞像殿地面高出山体根部2.75米。佛像双臂下垂，腿部竖直，通高5.05米，宽2.56米，肩宽0.75米；手臂长2.05米，宽0.58米；腿部长2.71米，宽0.41米。佛首颈部厚0.3米，表面平整，没有镶嵌佛首的孔痕。

学者以往多关注瑞像本身，对崖面其他遗迹现象关注较少，如建筑桩孔、横向凹槽、斩山錾痕等，这些遗迹现象对探究瑞像在历史上的营建规模和范围具有重要作用。从1984年拍摄的老照片看（见图3），瑞像崖面较周边山体更为平整，表面有施工錾痕，崖面上方有整体连贯的横向斩山切面，西侧平缓延伸至山体底部，东侧停止于斩山侧壁处。瑞像所在崖体向前凸出，西侧前凸3.6米，前部经人为斩山形成，后部为自然山体；东侧前凸2.3米，前部下方有大量錾痕。由此可以看出，该崖面曾经的营建范围约在宽13米、高9.8米之间。其正壁和东、西两侧壁皆经工匠打磨修整，整体向内斩山形成“凸”型平面。

现存正面崖壁有桩孔三层（见图4），由下至上第一层桩孔三个，两孔在崖面东侧，大小基本相同，应为同一时期。另一孔打破瑞像腿部，孔口向上，应是晚于瑞像开凿的倚柱槽。第二层桩孔四个，东侧两个与第一层桩孔基本对应，西侧两孔位于瑞像腰部。第三层桩孔分布较无规律。崖面还有三处横向凹槽遗迹：第一处位于第一层桩孔下方至瑞像腿部一段，深0.07～0.55米；第二处位于崖面中部，长2.06米，深0.014米；第三处位于第三层桩孔上方，虽不连续，但贯穿整个崖面，与东、西两侧壁的横槽相通，应是在顶部修建过与崖体相接、包覆崖面的窟檐建筑，用以保护佛像。

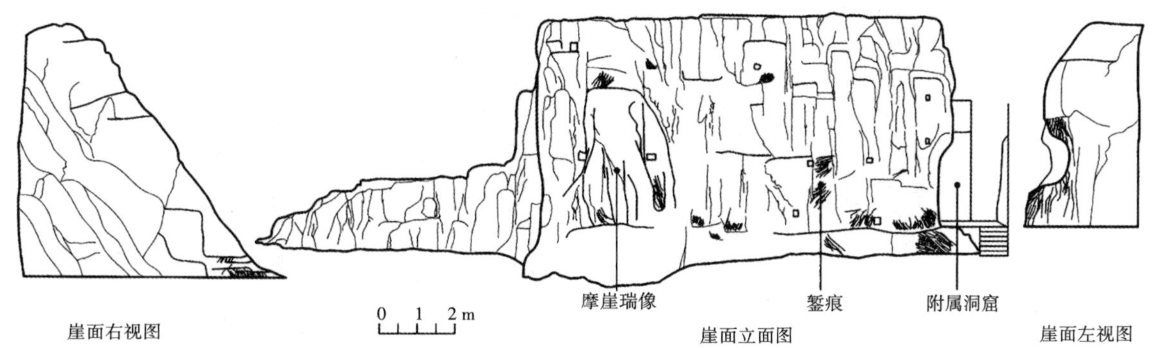

图4　摩崖瑞像崖面图(西→东)

(作者自绘)

2.瑞像殿附属洞窟

瑞像殿附属洞窟位于摩崖瑞像东侧7.8米处，距原山体底部3.53米。窟内无造像，现放置寺内杂物。洞窟方向为东105°。平面近似长方形，顶面中心部位略向内凹，无前壁。窟内宽1.29米，进深2.56米，高1.87～2.13米（见图5）。长方形窟口，宽1.65米，高1.1米，东侧口沿被瑞像殿的白石灰墙遮挡。窟内后壁不平整，有多条纵向凸起的山体，应是未经修整的原始壁面。右侧壁下方及左侧壁中间部分有打磨形成的錾痕，靠近窟口处有烟熏形成的黑色痕迹。该窟与瑞像邻近，位于斩山东侧壁后部，应是有意开凿的洞窟，其修建年代可能与瑞像为同一时期或早于瑞像。该窟内部空间较小，应作为禅窟使用。僧人既可以在此观像、礼拜，又可以在禅窟中坐禅，符合中国早期佛教的修行方式。在莫高窟第72窟中，绘制有刘萨诃和尚在山上洞窟中坐禅入定的场景（见图6）。此外，莫高窟第61窟和第231窟、马蹄寺千佛洞第6窟、甘肃省博物馆藏圣历元年（698）像、永昌县博物馆藏刘萨诃瑞像等现已发现的刘萨诃瑞像，多在周围表现出层叠的山峦，如此强调瑞像的环境特征，不排除刘萨诃在此洞窟中坐禅修行的可能。

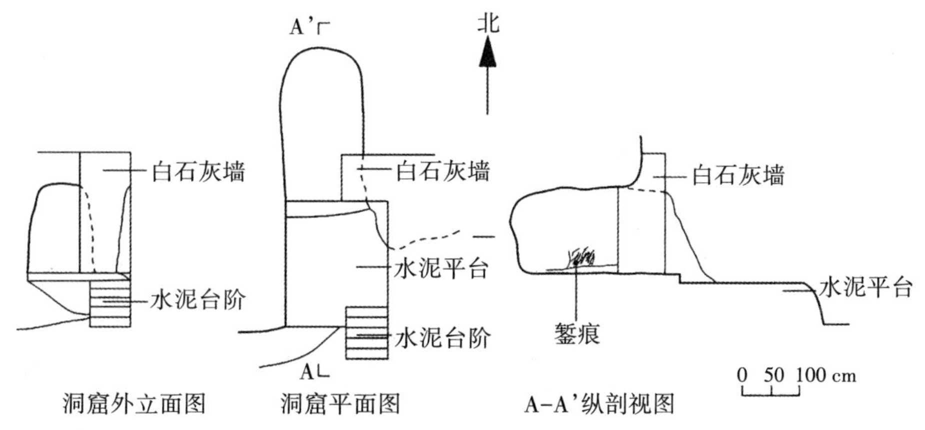

图5　摩崖瑞像附属洞窟立、平、剖面图

(作者自绘)

图6　莫高窟第72窟刘萨诃和尚禅定像

（图片采自张小刚《敦煌佛教感通画研究》，甘肃教育出版社，2015年，第259页、第260页）

3.圣容寺附属洞窟

圣容寺瑞像殿东侧10米处有一个洞窟，方向为东南146°。该窟窟前有斩山形成的簸箕形前廊空间，长6.56米，高3.58米，斩山东侧壁进深1.98米。窟口东沿距斩山东侧壁3.21米（见图7）。长方形窟口，宽3.35米，高3.06米，上方中部残损脱落，形成斜坡面，窟口上沿距上方山体0.52米。洞窟平面近似长方形，地面平整，无前壁，窟内宽3.34米，进深3.1米，高2.65米。正壁距地面1.05米处凿一圆拱形小龛，宽0.92米，高1.53米，进深0.28米，壁面脱落，留有大量山体裂痕。东侧壁中部为自然岩体，下部有人工錾痕。西侧壁下方有高0.63米、残长3.07米、宽0.13米～0.42米的坛基。洞窟平顶，风化剥落严重，后部有烟熏的黑色痕迹。窟前有四层略经人为修整的不规则形台阶。该窟正壁凿龛，原应有造像，因此该窟当为具有礼拜性质的洞窟。

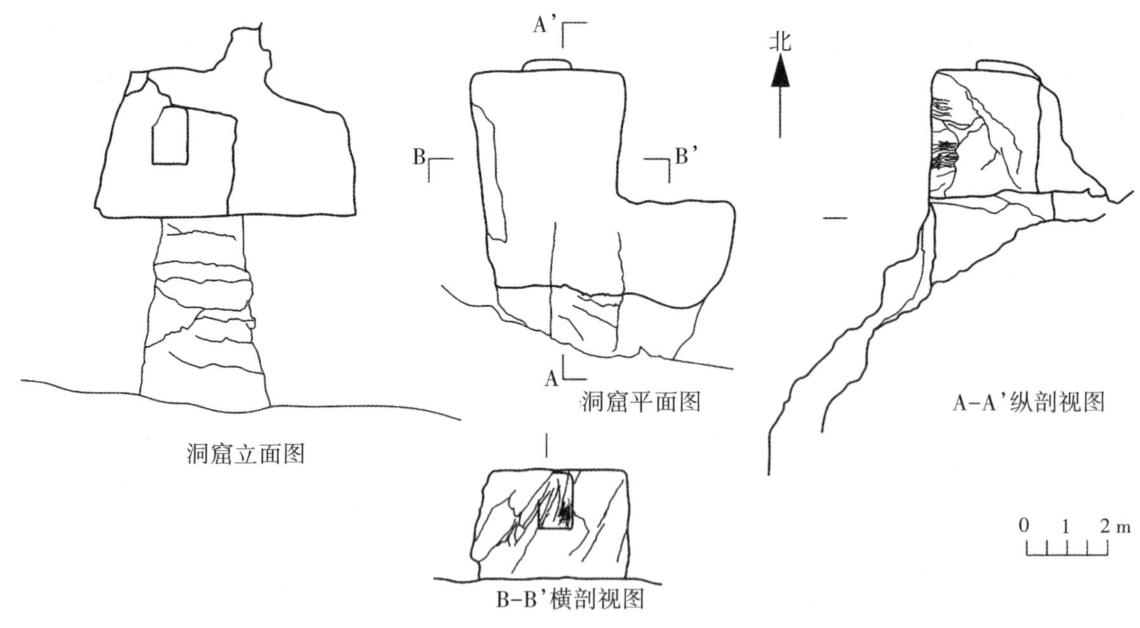

图7　圣容寺东侧附属洞窟平、立、剖面图

（作者自绘）

20世纪七八十年代，在该窟前坡地上发现了一件石雕刘萨诃瑞像，现藏于永昌县博物馆。佛像为立姿，头部及大腿以下皆残缺。像通高1.14米，身躯残高0.94米，宽0.4米（见图8a、图8b、图8c）。其身着右袒袈裟，内着僧祇支，右臂下垂，左臂弯曲于腹前，手执袈裟一角。头部后为多层莲瓣组成的圆形头光。身后为舟形背光，上面浮雕六身结跏趺坐化佛，两侧各三身。张宝玺认为该像造于北魏时期[①]，但其风格特征与唐代广为流传的刘萨诃瑞像较为相似[②]，应同属这一时期。

图8a　20世纪七八十年代刘萨诃瑞像出土照片
（图片来源：永昌县博物馆）

图8b　刘萨诃瑞像照片
（作者自摄）

图8c　刘萨诃瑞像线描图
（作者自绘）

4.圣容寺塔

圣容寺大、小二塔隔山相望，相距400米。两塔外形基本一致，均为方形七级密檐砖塔，由塔基、塔身、塔刹三部分组成（见图9）。大塔位于圣容寺背后虎头山山顶的方形台基上，通高16.4米，宽5.4米，坐北向南，塔基呈方形，边长11.67米。单层中空，外壁素面无装饰，南面开辟拱形门。二层以上，每层南北两面各辟拱形门一座。各层塔檐以砖叠涩挑出。塔身轮廓呈曲线，第四、八层挑出菱角牙子。塔刹用砖向上敷叠收顶。小塔建在圣容寺遗址南面的武当山山顶上，坐南向北。造型同大塔，通高4.9米，宽2.2米，基座长5.26米。学术界将其与大、小雁塔进行对比，认为它们的造型特征类似，风格相同，应为同一时期修建。大塔内甬道顶部东侧的砌砖上留有唐代“乾元元年（758）”[③]的题记，则该塔应为唐代乾元元年之前修建。

① 张宝玺：《甘肃佛教石刻造像》，甘肃人民美术出版社，2000年，第87页。

② 文静、魏文斌：《唐代石雕刘萨诃瑞像初步研究》，《华夏考古》2011年第2期，第94-102页。

③ 孙修身：《古凉州番禾县调查记》，载西北民族学院历史系研究所《西北民族文丛》第3辑，西北民族学院印刷厂，1983年，第147-154页。

图9　1973年圣容寺大塔面貌（左）、圣容寺小塔现状（右）

（图片来源：左图由永昌县博物馆提供，右图由作者自摄）

（二）虎头崖塔基遗址群

虎头崖塔基遗址群位于圣容寺西侧1.5千米处。遗址坐落在高台之上，东北有群山相望，东南有汉、明两代长城蜿蜒而过。遗址东西长533米，南北宽76米，9座塔基整体呈“S”形排列（见图10）。部分塔基有盗洞，坍塌严重，周围还遗存有大量西夏时期装藏遗物，如擦泥、塔婆、佛经。据此判断，该遗存性质应为西夏埋葬高僧的墓塔①。

图10　虎头崖塔基遗址分布图

（作者自绘）

1号塔基遗址的底基为十二边形。东西向上径6米，底径20米。南北向上径7.1米，底径16米，高2.76米。外有一圈宽2米的槽沟（见图11）。

2号塔基遗址的底基近似圆形，位于1号塔基东北方向36米处。东西向上径6.4米，底径14.4米。南北向上径7.5米，底径15米，高2.45米。

3号塔基遗址的底基为椭圆形，位于2号塔基东侧0.56米处。东西向上径8.2米，底径13.8米。南北向上径7.6米，底径14.5米，高1.76米。

4号塔基遗址的底基为十二边形，位于3号塔基东南方向158米处。东西向上径7.5米，底径11.2米。南北向上径6.9米，底径11.9米，高2.5米。塔基封土的一端有柱孔，另一端有

① 埋藏舍利或肉身的塔葬是一种等级较高的葬俗，是藏传佛教高僧活佛圆寂后普遍采用的一种葬俗。参见华瑞·索南才让：《中国佛塔》，青海人民出版社，2002年，第138页。

半截残段的木桩。

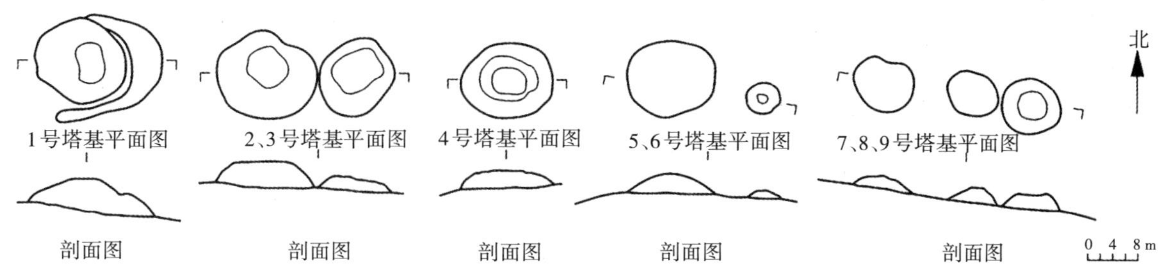

图11 虎头崖塔基遗址平、剖面图

（作者自绘）

5号塔基遗址呈圆锥形，位于4号塔基东侧243米处。底径11.3米，高2.34米。

4、5号塔基周边发现数量较多的天降塔擦擦，均为黄泥质。多数为馒头形，残高约0.05米，塔身底径0.078米。这种样式的擦擦在银川市永宁县闽宁村的西夏墓中也有发现，是对古印度佛教早期窣堵波建筑形制的模拟[①]。个别为宝阶塔，底座横截面为圆形，四面带棱呈三角坡状的塔身，顶部原有覆钵形塔顶，现残，残高0.06米，塔身底径0.072米（见图12）。此类塔与武威亥母寺遗址红泥胎Baa型擦擦较为相似[②]，也与银川西夏陵区管理处征集的同类擦擦相似[③]，应同样属于西夏时期。

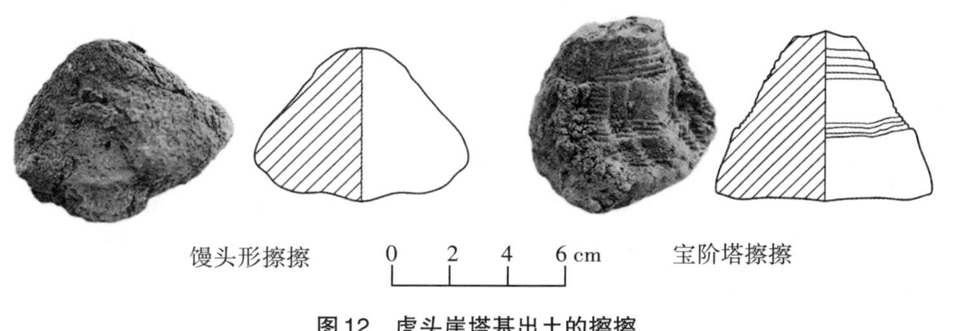

图12 虎头崖塔基出土的擦擦

（作者自绘）

6号塔基遗址的底基近似圆形，位于5号塔基东侧5米处。东西向上径2.6米，底径5.3米。南北向上径2.4米，南北向底径5.9米，高0.3米。

7号塔基遗址的底基为椭圆形，位于6号塔基东北方向17米处。东西向上径2.6米，底径8.9米。南北向上径2.5米，底径9.2米，高1米。

8号塔基遗址的底基为椭圆形，位于7号塔基东侧7米处。东西向上径2.6米，底径8.9米。南北向上径2.5米，底径9.2米，高1.1米。

① 章治宁：《西夏擦擦研究》，博士学位论文，宁夏大学，2020年，第43页。

② 蒋超年、赵雪野：《武威亥母寺遗址出土擦擦类型学研究》，《敦煌研究》2020年第3期，第71-85页。

③ 李进增：《西夏文物·宁夏编》，中华书局，天津古籍出版社，2016年，第4812页。

9号塔基遗址的底基近似圆形，位于8号塔基东侧0.76米处，东西向上径5.1米，底径9.4米。南北向上径5米，底径8.8米，高0.3米。

（三）花大门摩崖石刻塔群

花大门摩崖石刻塔群位于圣容寺遗址东侧2千米处的崖壁山体上，现有石刻塔龛50座，主要分布在四座山体崖面上（见图13）。其中T1-49较为集中，T50较远，位于花大门石刻西侧1.5千米、红羊圈岩画西侧的羊圈上方。崖面中部T21下方有一个洞窟，现窟内有民众放置的大、小佛像及供品，堆满整个地面。另外，T37与T44之间的崖面上有汉文阴刻楷书题记“永昌卫王”（见图14），通高0.32米，宽0.06米，每字宽0.06米，高0.05～0.08米。

图13 花大门石刻塔龛分布图

（底图采自国家地理信息公共服务平台［审图号：GS（2023）336号］）

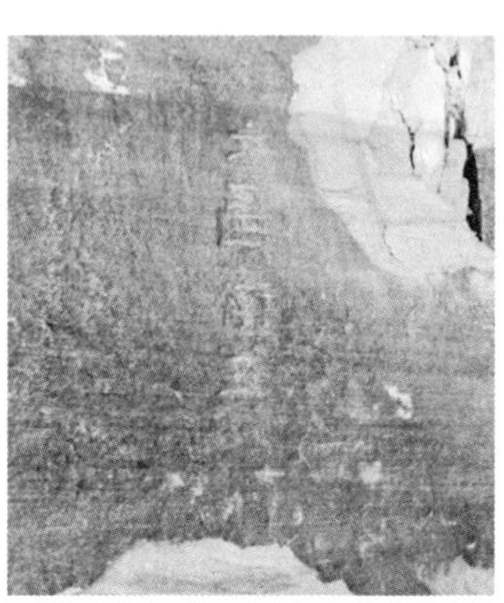

图14 “永昌卫王”题记

（作者自摄）

1.塔龛

石刻塔从雕刻工艺上可以分为阴刻和浅浮雕两类。从形制上看，多数为覆钵式塔，由塔座、塔身、塔顶三部分组成，仅T50为楼阁式塔，其塔身为方形。大部分石刻因长期外露，加之人为破坏，塔龛风化严重，表面剥落甚多，现可看出基本形制的有17座（见表1）。因塔顶和塔座残损脱落，故根据塔身形制可分为A型、B型和C型三种类型：

A型5座，塔身向下敞开，整体上小下大，似梯形。根据塔身装饰，分为Aa型和Ab型两个亚型。

Aa型塔身有莲花纹饰，2座，T13、T15。T15塔座残；塔身下尖型仰覆莲瓣，塔龛为马蹄形；塔顶小型基座承担上方相轮，伞盖下刻飘带，顶部为火焰宝珠刹。残高0.85米，宽0.39米。

Ab型无装饰纹样，3座，T2、T39、T46。T2和T39为阴刻塔，形制较为简单，不规则。T46为六层叠涩须弥座，下带足，覆钵形塔身，基座上方刻十三层相轮，伞盖上方刻飘带，顶部为宝珠刹。

B型9座，塔身于中部内收后向下敞开。根据塔身装饰，分为Ba型和Bb型两个亚型。

Ba型塔身有莲花纹饰，5座，T3、T8、T9、T17、T27。根据莲花基座纹饰的不同，可分为Ⅰ式和Ⅱ式两式。

Ⅰ式2座，尖瓣仰覆莲花纹，T17、T27。T17三层叠涩须弥座下方残损；覆钵形塔身下方有尖形仰覆莲瓣装饰；塔顶为五层须弥座塔基，有塔檐，七层相轮，伞盖下方刻飘带，宝刹残毁。通高1.16米，宽0.54米。

Ⅱ式3座，圆瓣仰覆莲花纹，T3、T8、T9。T3三层叠涩塔座，下带足，覆钵形塔身下方有圆形仰覆莲瓣装饰，塔顶有两层塔檐基座，两角带蕉叶，十三层相轮，伞盖下方刻两条飘带，顶部为葫芦刹。通高1.19米，宽1.13米。

Bb型无装饰纹样，4座，T4、T6、T18、T40。T18为五层叠涩须弥座，带足，覆钵形塔身，塔顶为五层须弥基座，有塔檐，九层相轮，伞盖下方刻飘带，顶部为宝珠刹。通高1.65米，宽0.58米。

C型3座，塔身直上直下，无弧度。该型塔多为阴刻，分布较为散乱。根据塔身装饰，分为Ca型和Cb型两个亚型。

Ca型塔身有莲花纹饰，1座。T12两层叠涩塔座；覆钵形塔身；顶部塔基有塔檐，无相轮，仅有伞和宝珠刹。通高0.42米，宽0.35米。

Cb型无装饰纹样，2座，T11、T44。T44风化严重，局部可看出四层叠涩须弥座，下带足，覆钵形塔身，塔顶有基座，相轮、伞盖、宝刹均残毁。

表1　花大门摩崖石刻塔龛类型表

类型	a		b
	Ⅰ式	Ⅱ式	
A型	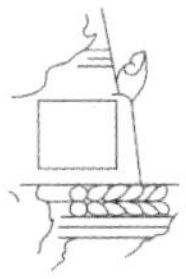 T13 　T15	—	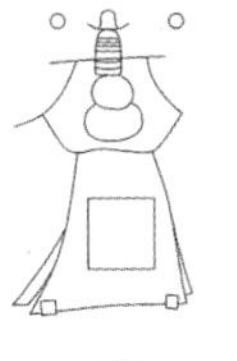 T2 　T39 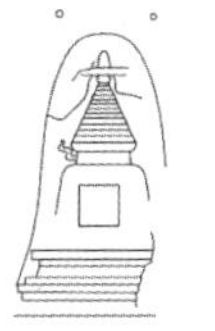　T46
B型	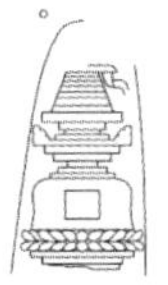 T17 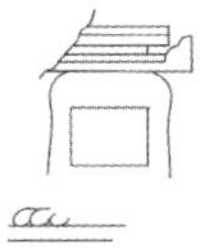　T27	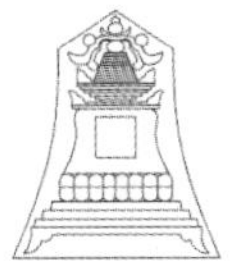 T3 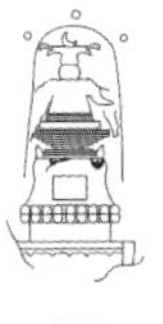　T8 　T9	 T4 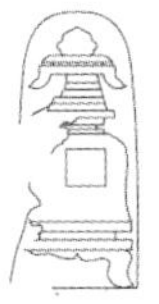　T6 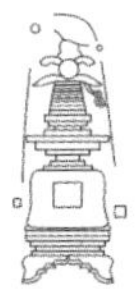　T18 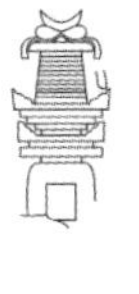　T40
C型	—	 T12	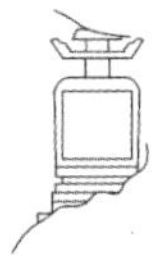 T44 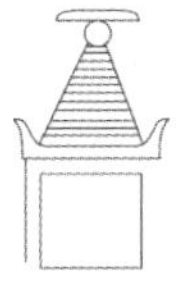　T11

花大门石刻塔龛多数为覆钵式喇嘛塔，是在藏传佛教的影响下出现的佛塔类型，分布范围十分广泛，其中甘肃河西地区的石窟寺中保存较多，宁夏回族自治区、内蒙古自治区、青海省也有与此类似的石刻塔龛遗址，多为西夏至元代所凿①。

① 黄新：《西夏时期佛塔研究》，硕士学位论文，内蒙古科技大学，2019年，第23-57页。

文殊山石窟第29窟窟门上方绘有西夏时期的一座覆钵式佛塔（见图15）①。该塔与花大门石刻塔龛Aa型T15的形制较为相似，重层须弥座上方为尖瓣仰覆莲装饰，塔身向下敞开，上方为塔基、素面相轮、伞盖、宝珠刹，因此可推断其为同一时期。黑水城出土的藏传佛教唐卡，所绘覆钵塔也是塔身下敞，塔顶椭圆形宝刹伞盖下方垂一条幡带，塔座为多层须弥塔座（见图16），形制与花大门石刻Ab型T46较为相似。谢继胜等学者认为该唐卡为西夏遗物②，因此该型石刻塔龛应为同一时期雕凿。

图15　文殊山第29窟窟门上方覆钵塔

（图片采自李甜《文殊山石窟研究》，甘肃教育出版社，2022年，第243页）

图16　黑水城出土唐卡佛塔

（图片采自俄罗斯国立艾尔米塔什博物馆、西北民族大学《俄藏黑水城艺术品1》，上海古籍出版社，2008年，图版78、80）

马蹄寺石窟群有西夏至清代的摩崖石刻塔龛462座，其中格萨尔王殿塔龛区的形制为高浮雕覆钵塔，位于拱形龛内。塔身内收，覆钵体开一长方形瘗穴，塔身下方刻仰覆莲花瓣，塔顶基座为十字折角，上枋每角做一个蕉叶直立，相轮向上内收，伞盖下方幡带呈S形萦绕飞扬，塔座为山形十字折角须弥座（见图17）。这些塔与花大门石刻Ba型Ⅱ式塔龛的形制较为相似，可能属于同一时期建造，但学术界仅将千佛洞后山塔龛的时代定为13—14世纪，并未明确具体年代③。现有明确纪年的覆钵塔较少，其中北京妙应寺白塔和护国寺东塔分别修建于至元十六年（1279）、至元二十一年（1284），这两座塔的塔顶基座和塔座皆为十字折角，塔檐两端带蕉叶，上方立相轮及圆形伞盖，塔身下围绕方圆形莲瓣（见图18、图19），与千佛洞后山塔龛区以及花大门石刻Ba型Ⅱ式和Bb型相似，因此这两类塔应为元代所凿。另外，陇西县博物馆藏元代陶质舍利塔2件（见图20a、图20b）④，武山县博物馆藏元代琉璃舍利塔1件（见图21）⑤，3件皆为覆钵式塔，其塔座为四足方托，上承为束腰仰覆莲座，塔顶基座为十字折角，上枋有蕉叶，与花大门石刻塔龛B型带足覆钵塔十分相似，应为同期所凿。

① 李甜：《文殊山石窟研究》，甘肃教育出版社，2022年，第243页。

② 谢继胜：《黑水城西夏唐卡中的释迦牟尼佛像考》，《宁夏社会科学》2002年第1期，第75-84页；吴雪梅：《俄藏X.2326唐卡及宁夏绢质八相塔残图缀合研究》，《青海民族研究》2022年第3期，第178-185页。

③ 王卫东、秦春梅、郭玉琴等：《祁连山北麓马蹄寺石窟群浮雕舍利塔考古调查简报》，《华夏考古》2014年第4期，第39-49页。

④ 常霞：《陇西发现的元代舍利塔研究》，《敦煌研究》2012年第6期，第47-52页。

⑤ 杨海霞：《武山县博物馆馆藏元代琉璃舍利塔赏析》，《文物鉴定与鉴赏》2020年第11期，第18-19页。

图17　马蹄寺格萨尔王殿塔龛018

图18　北京妙应寺白塔

图19　北京护国寺东塔

图20a　陇西县博物馆藏元代陶质舍利塔

图20b　陇西县博物馆藏元代陶质舍利塔

图21　武山县博物馆藏元代琉璃舍利塔

图22　榆林窟第4窟北壁西侧覆钵塔

（图17采自姚桂兰主编《马蹄寺石窟》，甘肃人民美术出版社，2019年，第212页；图18、19采自萧默主编《中国建筑艺术史》，文物出版社，1999年，第984页；图20a、图20b采自常霞《陇西发现的元代舍利塔研究》，《敦煌研究》2012年第6期，第47-52页；图21采自杨海霞《武山县博物馆馆藏元代琉璃舍利塔赏析》，《文物鉴定与鉴赏》2020年第11期，第18-19页；图22采自杨艳丽、沙武田《瓜州榆林窟第4窟为西夏洞窟考》，《美术大观》2022年第8期，第34-40页）

榆林窟第4窟为西夏时期洞窟①，北壁西侧绿度母上方绘一座覆钵式塔（见图22）。该塔塔身略向内收，虽未绘出相轮和塔顶檐部，但仰覆莲花装饰、塔座与Ba型Ⅰ式T17的形制较为相似，而T17塔檐两端带蕉叶，具有元代石刻塔龛的特征，很可能是在西夏至元的过渡时期凿刻而成。

C型塔皆为阴刻塔，形制特征较不统一，未见统一规划的痕迹，但皆有塔檐，并于两端做蕉叶，应是元代或元代以后由僧侣个体任意雕刻而成。

综上，花大门摩崖石刻塔龛始凿于西夏时期，是为了埋葬僧侣舍利开凿的，元代仍然沿

① 杨艳丽、沙武田：《瓜州榆林窟第4窟为西夏洞窟考》，《美术大观》2022年第8期，第34-40页。

用，且雕凿数量较大。明代以后虽然没有明确的塔龛，但崖壁上刻有“永昌卫王”题记，《明史·地理志》载：“永昌卫，元永昌路，属甘肃行省，至正三年七月改永昌等处宣慰司。洪武初废。十五年三月置卫，属陕西都司，后来属陕西行都指挥司。”① “永昌卫”是明代在今永昌县所设置的一个军事卫所②，说明明代仍有僧俗信众在此活动，很可能也有开龛刻塔的行为。

2.洞窟

洞窟方向为西南248°。平面方形，窟内宽2.30米，进深2.03米，高1.56米。马蹄形窟口，宽1.20米，高1.56米，进深0.25米，上方残脱，窟口距右壁0.5米，距左壁0.6米，壁面有较多同一方向的凿痕。平顶，中部有一条裂缝。

正壁布满凿痕，中部有一条裂缝，壁面脱落。左侧上方阴刻一西夏文“佛”字，字宽0.1米，高0.12米（见图23）。下方阴刻三行汉文题记，自右向左依次为“二十九年万江俫公/木□林中卜/山□出天人”，通宽0.32米，高0.52米，每字宽0.07米，高0.09米。该题记右侧1.2米处阴刻一朵莲花和一只小动物，宽0.28米，高0.36米；左侧阴刻题记一行“三中二年”字，宽0.052米，高0.055米。此组画面打破了原有壁面上的凿痕，应是后人所凿。前壁布满凿痕。

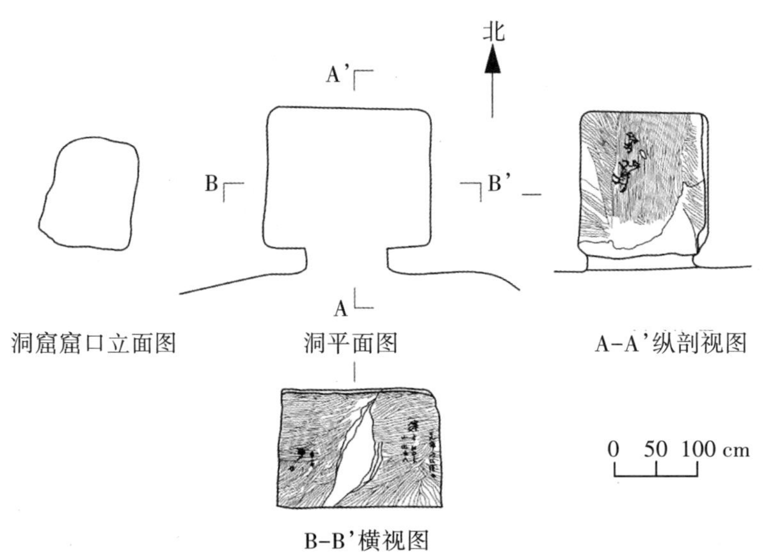

图23　花大门石刻塔龛洞窟立、平、剖面图

（作者自绘）

左壁壁面铺满凿痕，无特殊遗迹，右壁凿痕较为整齐。左侧壁面脱落，右上方有一红色颜料痕迹。右侧下方阴刻两匹奔跑状的马，前方为一匹小马，前蹄腾空，马头回望后面大马，长0.31米，高0.29米；后面大马后蹄着地，前蹄腾空，马背上刻有马鞍，长0.45米，高0.36米。该组画面打破了原有壁面上的凿痕，应是后人所凿。该窟上方及顶部有较为明

① ［清］张廷玉等：《明史》卷42《地理志》，中华书局，1974年，第1015页。

② 于光建、张振华等：《甘肃永昌县花大门藏传佛教石刻塔群遗址考论》，《西藏研究》2014年第1期，第65-68页。

显的黑色烟熏痕迹，可能起初是为了僧众修行而开凿，后期用来躲避酷暑和风雨，成为休息、居住和生活的洞窟。

（四）六体文摩崖石刻

六体文摩崖石刻位于圣容寺对面偏东的摩崖石壁上，现被玻璃罩保护。内容为观世音菩萨的大明咒——六字真言“唵（ōng）嘛（ma）呢（nī）叭（bēi）咪（mēi）吽（hōng）”。石刻共两方，高0.8米，宽1米，距崖底2.8米。石刻自左至右横写，每行6字，每字大小0.2米。左边一方共四行，第一行为八思巴文，第二行为回鹘文，第三行为西夏文，第四行为汉文；右边一方共两行，第一行为梵文，第二行为藏文（见图24）[①]。

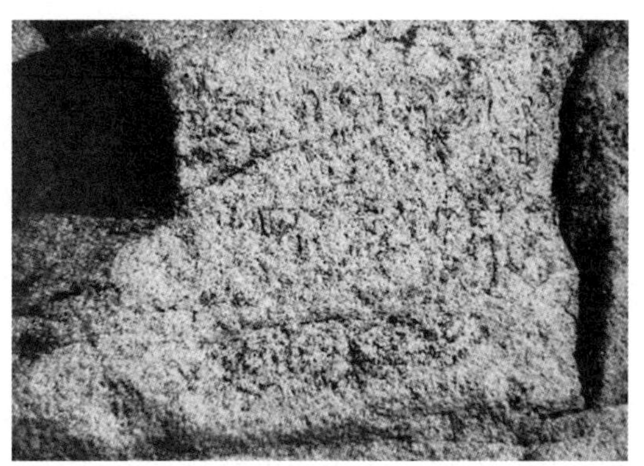

图24 “六字真言”六体文摩崖石刻

（图片采自何济国主编《金昌文物》，甘肃人民出版社，2011年）

八思巴文是忽必烈时期由国师八思巴创造的文字。至元六年（1269），忽必烈颁发诏书：“特命国师八思巴创为蒙古新字，译写一切文字，期以顺言达事而已。自今以往，凡有玺出颁降者，并用蒙古新字，仍各以其国字副之。”[②]圣容寺对面山体的崖面上刻有该文体，说明六体文石刻是在元代凿刻而成。

（五）千佛阁遗址

千佛阁遗址位于圣容寺西侧1.5千米处，遗址东西长40米，南北宽36米。其建筑结构主体基本已被毁坏，现在能看到的只有一堆封土，高7.7米，直径约22米，呈椭圆形（见图25）。外围围墙和处于中心位置的正方形佛塔两部分可辨识，其中围墙墙体遗址呈近似正方形，每边长约16米，南侧有一部分墙体得以留存，其余三面已完全毁坏。佛塔塔基东西长12.2米，南北宽13米，高3.8米，塔基与外墙体四边的距离大致相等，距离2.4米。封土周边发现了大量木炭、草灰、砖块、瓦当。

① 张思温：《甘肃省永昌县后大寺（圣容寺）六体文字石刻》，《西北民族研究》1989年第2期，第210-212页。

② ［明］宋濂：《元史》卷202，中华书局，1976年，第4518页。

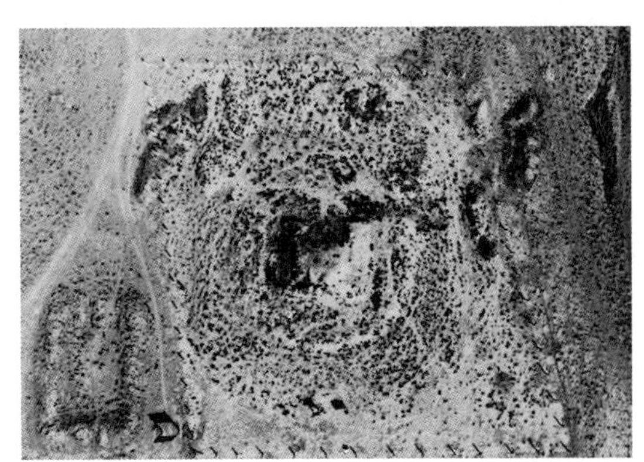

图25 西夏千佛阁遗址

（作者自摄）

武威文物工作队在进行考古发掘时，对遗址塔底构造、柱痕、塔层等进行了详细的记录，并对其进行初步复原，认为其原本为阁中有塔、阁塔合一的佛教建筑。发掘出了大量汉、藏、回鹘、西夏文题记，党寿山根据题记的年代和瓦当特征，将其定为西夏时期遗址①。

三、初步认识

圣容寺佛教聚落的空间组成结构并非一夕形成、固定不变的，而是不同时期的佛教构筑物要素相互补充、叠合的结果，对其进行讨论可以揭示该区域的佛教发展轨迹。圣容寺佛教聚落在周边山峰、河流等自然环境和建筑、交通等人文环境要素的影响下，呈现出独特的空间形态布局。此外，由于各个时期的僧众对圣容寺聚落内部构筑物的营建规划不同，故而在长期的发展过程中，圣容寺佛教聚落的物质空间持续发生改变。不同类型、功能的单体构筑物是促成佛教礼仪活动展开的基础载体，各构筑物通过组合、联系形成了不同的礼仪空间。因此，圣容寺佛教聚落在物质空间改变的同时，礼仪空间也随之产生变化。

（一）圣容寺佛教聚落的空间形态布局

圣容寺佛教聚落的空间形态是在与自然环境相适应的过程中形成的。御望谷内地势南北高中间低，呈东西走向，全长约12千米。东、西两端地势较为平坦、宽敞，因分别与金川峡水库、圣容河相连，形成了大面积的村庄、农田及绿地。谷内蜿蜒曲折，两侧山峰连绵，峭壁林立，峡谷最窄处仅有43米，山体多为裸露的岩石，植被稀少。谷底地势平坦，圣容河沿南侧山体底部自西向东流入金川河（见图26）。嘉庆年间《永昌县志》载：“（泉水）在西北者二，后大寺（圣容寺）泉，萧家湾赖之毛卜喇泉灌其堡之四园。”②萧家湾位于后大寺泉和毛卜喇泉东侧，泉水自西向东流，因此谷中寺田、农田也可以借此灌溉，能够满足圣容寺佛教聚落内僧众日常的生产、生活用水需求。清代永昌籍进士南济汉曾赋诗曰：“一线边垣达玉关，半渠流水入萧湾。红尘不到幽深处，绀宇常浮杳霭间。佛后洞中

① 党寿山：《被埋没的西夏千佛阁遗址》，载杜建录主编《西夏学》第7辑，上海古籍出版社，2011年，第225-231页。

② ［清］南济汉纂修《永昌县志》卷3《水利志》，甘肃省图书馆藏清刻本，第25页。

仍礼佛，山前寺外更观山。当年胜地时防虏，花木于今总是闲。”①这首诗描绘了圣容寺周边的景观风貌，从中可以看出圣容寺位于重山之外、远离市井的清幽之地，寺院前渠水潺潺，周边杏林葱郁，环境静谧。同时指出圣容寺院内佛殿后部具有礼佛作用的洞窟，该窟很有可能就是现瑞像殿东侧的洞窟。北魏吉迦夜与昙曜译《付法藏因缘传》载：“山岩空谷间，坐禅而念定。”②《魏书·释老志》记：“建鹿野佛图于苑中之西山，去崇光右十里，岩房禅堂，禅僧居其中焉。”③这些文献记载都表明，早期的佛教以坐禅为主要的修行方式，因此圣容寺离城镇较远，环境幽雅，依山傍水，是禅修最为理想的地理位置。

由此可以看出，圣容寺佛教聚落为背山临水的景观格局，这虽然为该区域佛教的兴盛和发展提供了优良的自然条件，但也对圣容寺佛教聚落空间的扩展形成了一定制约。从空间布局上看，其佛教聚落的建筑要素整体呈弯曲状分布于沟谷内，属于依循溪谷地形发展而形成的带状空间布局结构。这是由于谷内地域宽度狭小，无法在聚集的区域进行大规模的兴建活动，只能沿山谷方向分布。

图26　圣容寺佛教聚落空间分布图

（作者自绘）

圣容寺佛教聚落的空间形态与长期以来的历史人文选择也有密切关系。永昌县位于河西走廊东部的蜂腰地段，处在古丝绸之路和佛教传播的交通要道上，与佛教重地敦煌、甘州、凉州等地相连，为这一区域佛教的发展兴盛提供了得天独厚的条件。张掖马蹄寺石窟、肃南金塔寺、敦煌莫高窟和西千佛洞、瓜州榆林窟及东千佛洞都绘有番禾县北御望山谷佛像和刘萨诃佛迹情节的壁画、榜题，圣容寺番禾瑞像及其信仰通过丝绸之路向西传播，并在河西地区广泛盛行。但由于地形因素的影响，御望谷内仅有一条连接东、西方向的交通道路，加之汉、明长城矗立于谷内北侧，依山麓绵亘一直向西出谷，因此对谷内佛教聚落南、北向的发展和利用也存在一定的限制性。长城将圣容寺佛教聚落包围在内，形成了具有半围蔽性的空间形态布局，也致使该佛教聚落的构成要素主要沿交通道路、长城沿线分布。汉长城作为汉王朝的主要防卫工事，是为抵御北部匈奴的入侵而修建的，其位置极其险要，周围通常属于不宜居住的烽火之地。圣容寺佛教聚落远离中心城镇区选择此处，也符合选择深山开凿石窟坐禅修行的规律。

① ［清］南济汉纂修《永昌县志》卷8《艺文志》，第113页。

② ［北魏］吉迦夜、昙曜译《付法藏因缘传》卷2，《大正藏》第50册，新文丰出版公司，1983年，第302页。

③ ［北齐］魏收撰《魏书》卷114《释老志》，中华书局，1974年，第3038页。

总体来看，圣容寺佛教聚落群条带状的空间形态布局由来已久，不仅是对自然地理的综合利用，还包括对历史人文的选择。从居住生活的角度来说，周边的山体和河流形成了丰富的生态系统组合，便于获得生活资源；从安全防御的角度来说，山脉和长城围成的防卫屏障，划定了佛教聚落空间的边界，构成了易于生存和发展的安全区域；从交流互动的角度来说，东、西两端形成的天然豁口，成为佛教聚落内部与外界之间物质和信息交流的走廊，是佛教思想向外传播的通道。圣容寺佛教聚落是集自然依赖、人工防御、传播交融等多重功能于一体的空间形态布局，充分体现了中国古人对佛教聚落因地制宜的选址智慧和营建思想。

（二）圣容寺佛教聚落的物质空间变迁

道宣《续高僧传》记载刘萨诃在北魏西行求法时“行及凉州番禾郡东北望御谷，而遥礼之”[①]。番禾县城故址在今永昌县西，位于焦家庄乡南沿沟村南1千米处，处于圣容寺佛教聚落群的西南方向。丁得天认为，道宣未曾到过此地，却能正确记载刘萨诃向东北“遥礼”，可能是因为望御谷在当时已经流传甚广，众人对其地理位置十分熟悉[②]。刘萨诃选择在望御谷做出“授记”，预言“此山崖当有像出”[③]或许并非完全出于主观性，很有可能当时在此处已经开展了参禅修行等佛事活动。根据现有遗存来看，北魏晚期圣容寺佛教聚落规模较小，主要包括摩崖瑞像、修行禅窟两种佛教构筑物要素，二者距离相近，且处于同一水平方向上（见图27）。

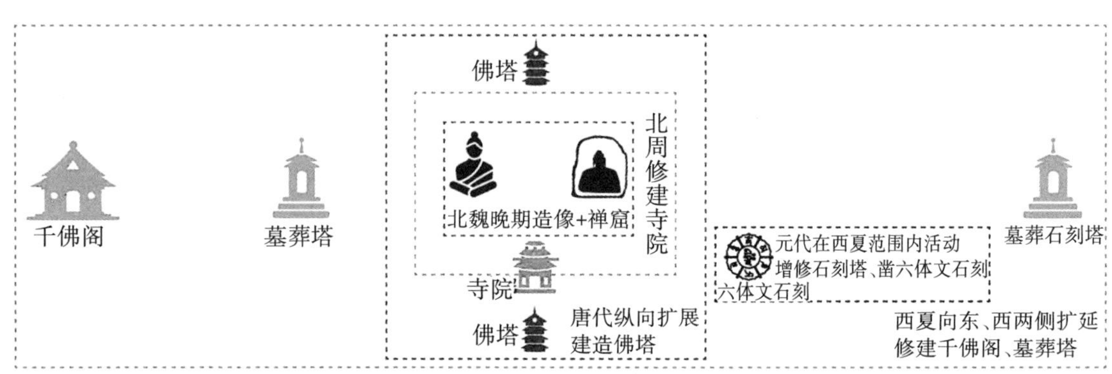

图27　圣容寺佛教聚落物质空间变迁图

（作者自绘）

北周武帝在听闻御山谷中石佛瑞像的神异传说后，在保定元年（561）于摩崖瑞像前修建寺院[④]。《凉州御山石佛瑞像因缘记》载：“敕使宇文俭检覆，灵验不虚，便敕凉、甘、肃三州力役三千人造寺，至三年功毕，肄僧七十人，置屯三。”[⑤]此次建造使役人力之众、时间

① ［唐］释道宣：《续高僧传》，《大正藏》第50册，第645页。

② 丁得天：《甘肃金昌佛教文物遗迹的调查与研究》，硕士学位论文，兰州大学，2012年，第12页。

③ ［唐］释道宣：《集神州三宝感通录》卷中，《大正藏》第52册，第417页。

④ 孙修身、党寿山：《〈凉州御山石佛瑞像因缘记〉考释》，第100-107页。

⑤ ［唐］释道宣：《集神州三宝感通录》卷中，《大正藏》第52册，第417页。

之长、僧人之多，应是具有一定规模的寺院。其寺院院墙与山体共同组成一个围合空间，内部建有供僧人生活和礼拜的场所，逐渐形成了完整的佛教聚落。寺院建成十年后，毁坏于北周武帝宇文邕建德三年（574）“灭法”之变，隋初修复。大业五年（609），隋炀帝西巡河西走廊期间，与西域二十七国国王和特使亲临瑞像寺敬佛赠物、礼佛，将其更名为感通寺[①]。唐代再次整修了寺院，并在两侧山峰上建造了相互对应的佛塔，使之成为河西走廊的第一名寺。这一时期圣容寺佛教聚落的规模进一步扩大，空间布局主要以纵向轴线发展，演变为“造像+禅窟+寺院+佛塔”的建筑空间格局。

西夏时期，圣容寺的规模及影响力达到了空前的高度。仁宗皇帝晚期因病重之故，一路西行礼拜西夏境内河西各地的寺院，曾专至圣容寺礼拜烧香[②]。千佛阁中出土题记：“大德己未五年二月二十九日灵务人巡礼到千佛阁，然愿普伏兹仁慈之德，普济愚达！速证薏提记。鲍翁王大男鲍惠迪、第二鲍甘□浪□□男□□□。”[③]灵务，即今宁夏回族自治区灵武市，距圣容寺近500千米。地位显赫的鲍翁王之子来此巡礼，从侧面说明圣容寺在西夏时期香火鼎盛，具有重要地位。同时圣容寺大塔中有“番僧一千五百人”[④]的题记，可知该处应有宏伟的寺院建筑、量大面广的僧房僧舍和雄厚的寺院经济，否则无法容纳这么多僧人在这里进行佛事活动、居住和生活。这一阶段圣容寺佛教聚落的空间布局，在前期规模基础上开始向东、西侧扩延，修建了千佛阁、虎头崖塔基、石刻塔龛遗址，突破了原有的空间范围。

元代，圣容寺佛教聚落持续发展，不仅在花大门处继续开凿塔龛，还在圣容寺对面的崖面上增刻六字真言。这一时期圣容寺佛教聚落的物质空间并未再向两侧扩延，而是在西夏形成的空间范围内进行佛事活动。明清以后，随着丝绸之路地位的下降，明长城修筑后将圣容寺佛教聚落群封闭于关外。虽在花大门处见有简短的明代题记，但这一区域的佛教聚落整体开始走向衰落，物质空间未再发生改变。

（三）圣容寺佛教聚落的礼仪空间关系

圣容寺佛教聚落形成初期，建造了摩崖瑞像和附属禅窟，这些构成要素集合了礼拜、观像和禅修的功能，形成了较为简单的礼仪空间。高允在《鹿苑赋》中记“凿仙窟以居禅，辟重阶以通术”[⑤]，也可看出早期僧人开凿石窟是通过修禅或观像的方式进行佛事礼仪活动。北周修建寺院，礼仪空间进一步扩大。这是由于佛寺“是整个僧团从事斋戒或者其他一些宗教活动的场所，是整个佛教活动的中心”[⑥]，寺院具备礼佛、写经、设斋、转经等礼仪功能，

---

① “开皇之始，经像大弘，庄严尊仪，更崇寺宇”，隋炀帝“躬往，礼敬厚施，重增荣丽，因改旧额为感通寺焉。故令模写传形”。参见［唐］释道宣：《续高僧传》卷25，《大正藏》第50册，第645页。

② 李晓明：《夏仁宗西巡凉州圣容、护国寺考辨——以西夏文〈圣寺同乐歌〉为考察重点》，载杜建录主编《西夏学》第23辑，甘肃文化出版社，2021年，第131-141页。

③ 党寿山：《被埋没的西夏千佛阁遗址》，载杜建录主编《西夏学》第7辑，上海古籍出版社，2011年，第225-231页。

④ 党寿山：《永昌圣容寺的历史变迁探赜》，《敦煌研究》2014年第4期，第101-108页。

⑤［唐］释道宣：《广弘明集·统归篇序》卷29，《大正藏》第52册，第339页。

⑥ 纪赟：《慧皎〈高僧传〉研究》，上海古籍出版社，2009年，第142页。

不仅为善男信女提供了受戒的场所，同时也是僧人生活、生产的空间[①]。与前期礼仪空间相比，这一时期的僧众举行佛事活动的场所和内容更为丰富。唐代新修寺院，并建造双塔，塔作为佛教纪念性建筑，造塔、敬塔被佛教徒认为是可以获得无量大功德的途径之一。佛教典籍反复教导，绕行佛塔不但能使信徒接近佛陀，开启心中佛性，而且能使众生免于堕入恶道。圣容寺佛教聚落将佛塔与寺院联系起来，不仅具有禅观打坐和默想的场所，而且形成了拜佛和绕塔的场地，开始了一种新的礼佛方式。

西夏时期，随着佛教的发展，圣容寺佛教聚落的礼仪空间更具完整性。千佛阁出土文献题记“圣容佛至千佛阁记”[②]，说明圣容寺与1千米以外的千佛阁之间存在互通的关系。而从“今月廿四日德宝巡礼千佛阁记”[③]，可以看出千佛阁同样作为具有礼拜、供奉功能的场所而使用。这一时期修建单独的礼拜性佛阁，是对原有礼仪空间的补充。另外，圣容寺西侧的墓葬塔基和东侧的悬葬塔龛，主要供奉高僧大德的骨灰，为高僧提供了死后的居所。这种以传统的佛教礼仪安抚他们灵魂的方式，也可作为追念和崇拜僧人的礼仪中心。寺院和墓葬皆属于生活在这一区域的僧侣，由他们统一规划、建造和使用。把墓葬置于圣容寺佛教建筑群的整体礼仪空间之内，使该区域形成了供僧侣生前生活、死后埋葬的空间场所，从而构成了一个完整的佛教聚落。随着佛教聚落空间的扩大，蕴含了新的礼仪空间概念。因此，对各佛教遗址的认识，需要将其放在整体的礼仪空间中，在佛教的互动关系中理解其性质和内涵。

圣容寺佛教聚落在长期的历史进程中，不仅礼仪空间关系发生了变化，其思想信仰、民族构成也逐渐复杂化。北朝时期至隋唐时期圣容寺佛教聚落主要为汉传佛教信仰，西夏在大力吸收汉传佛教的同时，对藏传佛教采取了兼收并蓄的态度，使藏传佛教在西夏境内得以迅速传播和发展[④]。自这一时期开始，圣容寺佛教聚落群加入了大量藏传佛教的元素，使其主要信仰发生了转变。另外，千佛阁中发现的“丁酉七年八月十六……净信弟子四人巡礼到来，王绎遂娘、王遇、的成、由成”[⑤]题记，从巡礼者姓名可以看出，来此礼拜的信众不仅有汉族，还有党项、回鹘等民族，来此礼拜的民族属性逐渐多元化。

四、总结

通过对圣容寺佛教聚落的考古调查，补充了该区域各遗址的图片资料及测绘数据，重新推断了部分遗址的年代和性质，并从宏观视角认识了圣容寺佛教聚落的构成体系。圣容寺佛教聚落群为典型的谷型带状分布格局，集自然依赖、人工防御、传播交融等功能于一体，是对自然地理环境综合利用和历史人文选择相互作用的结果，从侧面反映了僧众对佛教聚落因地制宜的选址智慧和营建思想。圣容寺佛教聚落的物质空间自发展初期至隋唐时期，其建筑空间格局经历了纵向发展，又在西夏时期开始横向扩展，最后在元代达到稳定的状态。圣容寺佛教聚落群组成的礼仪空间关系，也由较为简单的观像和禅修，逐渐发展为完整的佛教礼

① 杜继文：《佛教史》，江苏人民出版社，2006年，第156页。

② 党寿山：《被埋没的西夏千佛阁遗址》，2011年，第225-231页。

③ 党寿山：《被埋没的西夏千佛阁遗址》，2011年，第225-231页。

④ 史金波：《西夏的藏传佛教》，《中国藏学》2002年第1期，第33-49页。

⑤ 党寿山：《被埋没的西夏千佛阁遗址》，2011年，第225-231页。

仪活动和生活居住场所。并且随着礼仪空间关系的变化，其思想信仰和民族构成也发生了变化，由汉传佛教信仰转变为藏传佛教信仰，由单一的汉族僧众转变为党项、回鹘等多民族信众。

同时，通过突破传统层面上对单体遗址的考古调查，尝试建立在佛教聚落理念下的考古调查及研究模式，从地理空间、物质空间、精神空间对圣容寺佛教聚落群进行的整体调查，有助于全面认识该佛教文化圈的历史变迁及历史地位。将圣容寺佛教聚落遗址群视为一个整体，对深入挖掘圣容寺的价值具有重要作用，也有利于明确该佛教聚落遗址群的保护内容与范围，推动永昌地区佛教文物遗址的开发和利用。

送子观音信仰在西域的初传

——以高昌回鹘佛教文献与图像资料为中心

姚崇新（中山大学人类学系）

学界对回鹘佛教文献的整理与研究，已走过百多年的历程，因此已取得较多成果[①]，但基于信仰内涵的回鹘佛教研究，以及将文献与图像资料相结合来研究回鹘佛教，还有很大的拓展空间。迹象表明，汉地佛教特有的送子观音信仰及其图像在西域的初传是从高昌回鹘开始的。讨论回鹘的送子观音信仰，当然首先需要关注回鹘的观音信仰，因为观音信仰是送子观音信仰的基础。西方学者很早就整理过回鹘文佛典中与观世音菩萨有关的文献[②]，我国学者也对相关文献作过进一步的整理[③]，但从信仰的角度利用相关文献或图像资料研究回鹘观音信仰者不多。台湾学者潘亮文先生在讨论白衣观音时注意到了高昌回鹘的

① 对回鹘佛教文献的整理与研究，百年来，拉德洛夫（W.Radloff，最早刊布俄藏回鹘文书的学者）、马洛夫（C.E.Малов）、缪勒（F.W.K.Müller）、葛玛丽（A.vonGabain）、百济康义、羽田亨、小田寿典、耿世民、庄垣内正弘、皮特·茨默（P.Zieme）、特肯（ŞTekin）、拉施曼（S.-Ch.Raschmann）、维尔金斯（J.Wilkens）、劳特（J.P.Laut）、毛埃（D.Maue）、牛汝极、张铁山、李经纬等中外学者咸有贡献（参看杨富学：《西域敦煌回鹘佛教文献研究百年回顾》，《敦煌研究》2001年第3期，第161-171页；杨富学：《唐宋回鹘史研究》第二十八章，科学出版社，2022年，第356-366页）。而对回鹘佛教的研究，孟凡人先生是国内较早措意者（参看孟凡人：《略论高昌回鹘的佛教》，《新疆社会科学》1982年第1期，第58-73页），目前国内学者以杨富学先生用力最勤，除其前揭晓成果外，尚有《佛教在回鹘中的传播》（载郑阿财主编《庆祝潘石禅先生九秩华诞敦煌学特刊》，文津出版社，1996年，第325-351页）、《回鹘之佛教》（新疆人民出版社，1998年）等。

② W.Radloff, *Kuan-ši-im Pusar.Ein türkische Übersetzung des XXV.Kaptitels der Chinsischen Ausgabe des Saddharmapundarīka, Bibliotheca Buddhica XIV*（St.Petersburg, 1911）; Ş.Tekin, *Uygurca Metinler, I:Kuanši in Pusar*(ses Işiten Ilâh)(Erzurum, 1960). 转引自杨富学：《回鹘文佛教文献研究》，上海古籍出版社, 2018, 第217页。

③ 张铁山：《回鹘文〈妙法莲华经·普门品〉校勘与研究》，《喀什师范学院学报》1990年第3期，第55-68页。

送子观音图像①；杨富学先生是较早措意回鹘观音信仰的学者，其在《回鹘观音信仰考》一文中，曾提及一件出自吐鲁番木头沟的高昌回鹘时期的送子观音像②；笔者在讨论白衣观音与送子观音的关系时，也曾对几幅高昌回鹘时期的送子观音图像作过一些分析③；陈爱峰博士近期出版的专著《高昌回鹘时期吐鲁番观音图像研究》（以下简称《图像研究》）是目前所见高昌回鹘观音图像资料最全面的搜集与整理，也是学界首次对高昌佛教艺术中的回鹘观音图像进行深入研究的专题研究，该书对高昌回鹘时期的送子观音图像亦作了初步介绍与分析④。总体上看，目前缺乏对高昌回鹘的送子观音信仰及其图像做专门研究，是以本文尝试对高昌回鹘送子观音信仰及其图像做一专门考察，借以从微观层面观察宋与高昌回鹘之间的佛教文化交流。

一、出土佛典所见高昌回鹘的观音信仰及高昌回鹘送子观音信仰的图像呈现

（一）出土佛典所见高昌回鹘的观音信仰

在回鹘观音信仰兴起以前，汉地观音信仰早在5世纪前期就传入高昌，经过高昌国特别是麴氏高昌国的发展，打下了一定的基础。高昌国时期的观音信仰兼有南朝、北朝观音信仰的特点。历史进入唐西州以后，当地的观音信仰逐渐转盛，主要表现在内地新译观音类经典的实时传入、西州观音信仰内涵与内地观音信仰出现的新变化与新发展的高度趋同、西州观音造型艺术与内地的高度趋同，以及当地首次出现以观音命名的寺院等⑤。从唐朝中后期开始形成的中国本土类型的观音，如水月观音、白衣观音等，也至迟在当地历史进入高昌回鹘时期以后也陆续传入。迹象表明，无论是经典、造像题材还是图像表现，高昌回鹘王国前期的观音信仰都直接继承自唐朝，包括显教圣观音及其图像、密教类观音（如十一面观音、千手千眼观音等）及其图像、密教观音曼陀罗⑥、中国本土创造的观音类型（水月观音、白衣观音等）及其图像等⑦，这构成了高昌回鹘观音信仰及其艺术的底色。在此基础上，至蒙元

---

① 潘亮文：《白衣观音像について一考察》，《佛教艺术》第231号，1997年。

② 杨富学：《回鹘观音信仰考》，原载黄绎勋、William Magee主编《观世音菩萨与现代社会——第五届中华国际佛学会议中文论文集》，法鼓文化出版社，2007年，第253-276页。收入杨富学：《回鹘文佛教文献研究》，上海古籍出版社，2018年，第215-230页。

③ 姚崇新：《白衣观音与送子观音——观音信仰本土化演进的个案观察》，原载荣新江主编《唐研究》第18卷，北京大学出版社，2012年，第249-279页。收入姚崇新：《观音与神僧——中古宗教艺术与西域史论》，商务印书馆，2019年，第315-346页。

④ 陈爱峰：《高昌回鹘时期吐鲁番观音图像研究》，上海古籍出版社，2020年，第39-43页。

⑤ 姚崇新：《汉地观音信仰在西域的初传——以高昌地区为中心》，载郑阿财、汪娟主编《敦煌学》第36期《张广达先生九秩华诞颂寿特刊》，乐学书局有限公司，2020年，第290-308页。

⑥ 如MIK III 8559a《观音曼陀罗回鹘文题记》，参看荣新江主编《吐鲁番文书总目·欧美收藏卷》，武汉大学出版社，2007年，第800页。

⑦ 如MIK III 6833《水月观音像回鹘文题记》，参看荣新江主编《吐鲁番文书总目·欧美收藏卷》，武汉大学出版社，2007年，第795页。

时期，藏传密教的观音信仰在高昌回鹘也有所传播①，这是这一时期藏传密教在回鹘中传播的反映②。

如所周知，《法华经》是显教观音信仰的最重要的经典。目前发现的回鹘文《法华经》写本共15件，均译自汉文，其中《观世音菩萨普门品》就有5件，占三分之一。而这5件《普门品》中4件出自吐鲁番，另一件很可能也出自吐鲁番③，可见高昌回鹘观音信仰流行之一斑。从回鹘文《观世音菩萨普门品》写本的内容和用词看，应是转译自鸠摩罗什的汉译本《妙法莲华经》④。特别是其中一件回鹘文《观世音菩萨普门品》写本有“观世音菩萨普门品第二十五”字样，而只有《妙法莲华经》将《普门品》列为第二十五品，其余《正法华经》和《添品妙法莲华经》将《普门品》分别列为第二十三品和第二十四品，由此可知，这件无疑译自《妙法莲华经》⑤。研究表明，《妙法莲华经·普门品》曾被不同的回鹘翻译者多次译为回鹘文⑥。值得注意的是，在吐鲁番出土的高昌国至唐西州时期的《法华经》写本中，《妙法莲华经》最为流行⑦。因此，高昌回鹘只是对这一传统的继承。

陈爱峰对吐鲁番出土的散藏世界各地的有关观音的经典、赞美诗、修行仪轨、发愿文、功德疏等的胡汉文本（包括汉文/回鹘文双语文书）作过全面的梳理，并制成一览表，极便学人⑧。笔者据一览表提供的信息，对回鹘文文本中有关观音的经典及其他文献进一步统计如下：《妙法莲华经·观世音菩萨普门品》，5件；《观世音菩萨赞诗》，1件；《千手千眼观世音菩萨广大圆满无碍大悲心陀罗尼经》，8件；《千眼千臂观世音菩萨陀罗尼神咒经》，11件；《七观世音符陀罗尼》，2件；《观世音本尊修法》，4件；《观音颂》，2件；《千手千眼观世音菩萨赞歌》，3件；《圣观世音大悲心总持功能依经录》，2件；《观音赞歌》，1件；《观世音经》，1件；《七观音菩萨符陀罗尼》，2件。对汉文/回鹘文双语文书中有关观音的经典的汉文文本进一步统计如下：《千眼千臂观世音菩萨陀罗尼神咒经》，6件；《千手千眼观世音菩萨广大圆满无碍大悲心陀罗尼经》，1件；《观世音菩萨授记经》，4件；《不空羂索神变真言经》，1件；《千手千眼观世音菩萨姥陀罗尼身经》，1件。

---

① 有藏传密教的观音经典在此时期由藏文翻译成了回鹘文，如《观世音本尊修法》《大乘大悲南无圣观音陀罗尼聚颂经》等，参看杨富学：《回鹘观音信仰考》，第222-223页；王红梅：《回鹘文藏密经典〈观世音本尊修法〉残卷研究》，《河西学院学报》2016年第1期，第11-17页。

② 这一时期其他译自藏文的回鹘文佛典并不鲜见，如《圣救度佛母二十一种礼赞经》《白伞盖佛母》《佛说胜军王问经》《文殊师利成就法》等，参看P.Zieme,“Futher Notes on the Uigur Blockprints of the Tara-Ekavimsatistotra,”载黄建明等主编《首届少数民族古籍文献国际学的书研讨会论文集》，民族出版社，2012年，第285-295页；A.K.Cengiz, “Two Old Uyghur Sitātapatrādhāranī Fragment from the Berlin Turfan Collection,” *Journal of Turkish Studies*, Vol.32, 2020, pp.71-84;杨富学：《回鹘文佛教文献研究》，上海古籍出版社，2018年，第292-293页。

③ 张铁山：《回鹘文〈妙法莲华经·普门品〉校勘与研究》，《喀什师范学院学报》1990年第3期，第56页；杨富学：《回鹘观音信仰考》，第216-217页。

④ 张铁山：《回鹘文〈妙法莲华经·普门品〉校勘与研究》，《喀什师范学院学报》1990年第3期，第57页；杨富学：《回鹘观音信仰考》，第217-218页。

⑤ 张铁山：《回鹘文〈妙法莲华经·普门品〉校勘与研究》，《喀什师范学院学报》1990年第3期，第56页。

⑥ 张铁山：《回鹘文〈妙法莲华经·普门品〉校勘与研究》，《喀什师范学院学报》1990年第3期，第57页。

⑦ 姚崇新：《汉地观音信仰在西域的初传——以高昌地区为中心》，载郑阿财、汪娟主编《敦煌学》第36期《张广达先生九秩华诞颂寿特刊》，乐学书局有限公司，2020年，第291-295页。

⑧ 陈爱峰：《高昌回鹘时期吐鲁番观音图像研究》（附录一《吐鲁番出土胡汉诸本观音经典、赞美诗、发愿文、功德疏一览表》），上海古籍出版社，2020年，第203-210页。

汉文/回鹘文双语文书中的汉文应该是回鹘人书写的，因为当时将汉文经典译为回鹘文的译者主要是回鹘人[①]，所以汉文/回鹘文双语文书中用汉文书写的经典可计入回鹘观音信仰的经典之内。

从以上统计情况看，高昌回鹘不仅有显教的圣观音信仰（即以《观世音菩萨普门品》为基础的信仰），密教观音信仰（即以密教观音经典为依托的信仰）也很流行，这两类观音信仰都得到了图像的充分印证，事实上，高昌回鹘的观音图像大体可分为显、密两大类。

从经典的角度看，高昌回鹘的观音信仰对唐代的观音信仰有高度继承性，比照唐西州时期流行的汉文观音经典及仪轨不难看出这一点。唐西州时期流行的汉文观音类经典及仪轨包括《千眼千臂观世音菩萨神咒经》《千手千眼观世音菩萨广大圆满无碍大悲心陀罗尼经》《千手千眼观世音菩萨姥陀罗尼身经》《观世音菩萨秘密藏如意轮陀罗尼神咒经》《观世音如意心轮最胜秘密无碍陀罗尼别行》《观自在菩萨如意轮念诵仪轨》《十一面神咒心经》《不空羂索神变真言经》《不空羂索神咒心经》等[②]。两相比较不难看出，高昌回鹘的密教观音经典及仪轨基本上都出自唐西州佛典。

从以上统计还可看出，高昌回鹘不仅推重《妙法莲华经·观世音菩萨普门品》，而且还有所谓《观世音经》的流传。无独有偶，敦煌回鹘文写本中也发现了《观音经》，即在回鹘文写本《观音经相应譬喻谭》中出现了用汉字书写的“观音经”字样[③]。又，吐鲁番出土的编号为U4707（T III M187）的回鹘文印本残卷《观音颂》中也提到，1330年，元政府派驻云南的回鹘高级官员跃里帖木儿（Yol Tämür）之妻色拉奇（Šaraki）为保佑丈夫平安，曾出资命人印制了《观世音经》[④]。

笔者认为，回鹘文《观音经》或《观世音经》，并不是单独的一部有关观音信仰的经典，而只是《妙法莲华经·观世音菩萨普门品》的别称，体现了回鹘人对《普门品》的重视。当然，将《普门品》称为《观音经》也是出自内地的传统。内地早在4世纪初就有将《法华经》的《普门品》单译别行的做法，单译别行的《普门品》往往称《观音经》《观世音经》，间或称《普门品经》，最早的称《光世音经》；也有将《普门品》从《法华经》中直接抽出，称作《观音经》单独流通的，如在鸠摩罗什译出《妙法莲华经》之后不久，由于北凉河西王沮渠蒙逊的重视，《妙法莲华经·普门品》曾单行于河西地区。以上情况，唐代僧人僧祥的《法华传记》（约成书于天宝末期[⑤]）卷一《支派别行第四》均有所载：

> 《光世音经》一卷，西晋永嘉二年（308）竺法护译；《普门品经》一卷，东晋代沙门只多蜜译；《观世音经》一卷，后秦罗什于长安逍遥园译；《观世音经》一卷，宋代安阳侯京生于高昌译。……唯有什公《普门品》，于西海而别行。所以者何？……河西王沮渠蒙逊，归命正法，兼有疾患，以语菩萨，即云：观世音此土有

① 陈爱峰：《高昌回鹘时期吐鲁番观音图像研究》，上海古籍出版社，2020年，第206-207页。

② 姚崇新：《汉地观音信仰在西域的初传——以高昌地区为中心》，载郑阿财、汪娟主编《敦煌学》第36期《张广达先生九秩华诞颂寿特刊》，乐学书局有限公司，2020年，第300-301页。

③ 杨富学：《回鹘观音信仰考》，第219页。

④ 杨富学：《回鹘观音信仰考》，第219页。

⑤ 参看徐文明：《志远与〈法华传记〉的著作时代》，《正法研究》创刊号，1999年，第191页。

缘，乃令诵念，病苦即除。因是别传一品，流通部外也。[①]

从敦煌藏经洞出土的《观世音经》和敦煌壁画、绢画中的榜题等来看，敦煌和其他地区流通的《观世音经》是鸠摩罗什的译本[②]。

随着北凉残余势力入据高昌，将北凉王族重视什公《普门品》的传统从河西带到了高昌地区。迹象表明，麴氏高昌时期《妙法莲华经》的《观世音菩萨普门品》已作为单独的佛经，即《观世音经》或《观世音菩萨普门品经》在当地单抄单行[③]。可见高昌回鹘流行的《观音经》或《观世音经》渊源有自。

（二）高昌回鹘送子观音信仰的图像呈现

高昌回鹘的观音信仰既然以汉地的观音信仰为底色，在其境内出现送子观音造像本不意外，但值得注意的是，目前在中原内地却罕见同时期的送子观音图像遗存。高昌地区乃至整个西域地区最早的送子观音图像出现于高昌回鹘时期，但未见有独立的送子观音图像，仅出现于观音经变主尊的两侧。高昌回鹘的送子观音图像既出现在显教观音经变中，也出现在密教观音经变中，表明高昌回鹘的送子观音信仰是跨越显、密观音信仰的存在。鉴于高昌回鹘的送子观音图像皆出现于观音经变中，应当将二者作整体观。

迄今所见，有6铺高昌回鹘时期的观音经变画中出现了送子观音，表现形式为壁画、绢麻绘画等。兹先分别观察图像，再作讨论。

图像资料一

《观音经变》绘画，吐鲁番木头沟出土，德国柏林亚洲艺术博物馆藏，编号Ⅲ8559，麻本设色。画面已比较斑驳，但人物轮廓大致可辨。主尊观音菩萨居中结跏趺坐，头戴化佛冠，有髭须，呈男相。身后配正圆形身光与正圆形头光，上方绘十身禅定坐佛（最左侧一身残失），即十方佛。主尊两侧自上而下各对称绘出三身菩萨，皆面向主尊。其中右侧居中这身菩萨身著白袍，斜披红色披帛，头戴高宝冠，冠上覆白色头巾，头巾自头顶披搭于背部，呈女相，左手托一男婴，应为送子观音。画面下方正中有一方回鹘文题记，题记两侧各绘三身回鹘供养人，左侧三男，右侧三女，均已十分模糊（见图1）。根据题记可知，这幅《观音经变》是一位名叫Čäčäk的回鹘公主为其亡故的父母和亲属祈福而作[④]。

图像资料二

《千手千眼观音经变》（亦称《大悲变相》）绘画，吐鲁番高昌故城出土，编号Ty-777，麻本设色，俄罗斯艾米尔塔什博物馆藏，保存完整，绘制精致。主尊千手千眼观音呈立式，居画面正中偏下方的位置，有髭须，呈男相，身后桃形背光中绘出若干正大手，正大手外呈放射状密集绘出千手千眼。足穿高昌回鹘佛教艺术中常见的凉鞋[⑤]。主尊头顶上方正中绘一身体量较大的跏趺坐佛，身后正圆背光套正圆头光。坐佛上方左右两侧和下方左右两侧对称

---

① ［唐］僧祥：《法华传记》卷1《支派别行第四》，《大正藏》第51册，第133页下。

② 参看罗华庆：《敦煌艺术中的〈观音普门品变〉和〈观音经变〉》，《敦煌研究》1987年第3期，第49页。

③ 姚崇新：《汉地观音信仰在西域的初传——以高昌地区为中心》，载郑阿财、汪娟主编《敦煌学》第36期《张广达先生九秩华诞颂寿特刊》，乐学书局有限公司，2020年，第292页。

④ 题记内容参看陈爱峰：《高昌回鹘时期吐鲁番观音图像研究》，上海古籍出版社，2020年，第186–187页。

⑤ 这种凉鞋的样式可以参看吐鲁番柏孜克里克石窟回鹘时期的洞窟中的佛本行经变画，画中的佛陀皆著凉鞋，如现藏德国柏林亚洲艺术博物馆的第9、20窟的佛本行经变画（日本学者称誓愿画）等。

绘出四身体量较小的跏趺坐佛，造型与居中坐佛一致。以下背光两侧自上而下对称绘出八身菩萨，皆正圆头光，多面向主尊，其中偏上方的位置为普贤菩萨（左）和文殊菩萨（右）。菩萨以下即主尊腿部以下的位置绘若干观音眷属，画面的左右下角对称绘出回鹘贵族（或王者）男女供养人形象，女左男右，皆戴回鹘冠。画面的空余处绘成排的千佛填充。值得注意的是，位于普贤菩萨下方的这身菩萨身著白袍，头戴宝冠，宝冠上覆白色头巾，头巾自头顶披搭于肩背部。有髭须，呈男相，但面部丰腴圆润，已非典型的男相。手托一男婴，男婴坐于莲座上。这身菩萨无疑就是送子观音（见图2）。

图1　吐鲁番木头沟出土《观音经变》绘画(左)及送子观音局部放大图(右)

（图片采自东京国立博物馆等编《ドイツ· トウルフアン探险队西域美术展》，朝日新闻社，1991年，图版108）

图2　吐鲁番高昌故城出土《千手千眼观音经变》绘画(左)及送子观音局部放大图(右)

（陈爱峰先生提供）

图像资料三

柏孜克里克第41窟右侧壁《千手千眼观音经变》壁画。内容只有部分保存，根据线图依稀可辨部分内容。主尊千手千眼观音呈立式，居画面正中，跣足立于仰莲座上，面相不清，身后舟形背光中绘出若干正大手。主尊左右两侧自上而下各绘三身菩萨，皆正圆形头光，呈女相，面向主尊，其中右侧自上而下第三身菩萨左手托一婴孩，当为送子观音，呈女相，头顶似覆头巾。主尊左右两侧菩萨以下位置绘婆薮仙、功德天、二忿怒金刚以及毗那夜迦、毗那勒迦等观音眷属。画面左右两侧边缘部分以及画面的左、右上角分格画出“得十五种善生”（左侧边缘及左上角）和“不受十五种恶死”（右侧边缘及右上角）内容（见图3）①。

图3　吐鲁番柏孜克里克石窟第41窟右侧壁《千手千眼观音经变》线图（左）及送子观音局部放大图（右）

（图片采自陈爱峰《图像研究》，图2-13）

图像资料四

《观音经变》幡画，吐鲁番吐峪沟出土，韩国国立博物馆藏，麻本设色，左下方部分残失。主尊观音菩萨结跏趺坐，头顶悬华盖。头戴化佛冠，有髭须，呈男相，披帛绕臂垂体侧。椭圆形背光套椭圆形身光，身光头光内缘饰一圈联珠纹。主尊两侧自上而下各对称绘出三身菩萨，左下方二身已不存。菩萨正圆头光，皆面向主尊。其中右侧中间一身著白袍，宝冠上覆白头巾，头巾自头顶披搭于肩背部，呈女相。菩萨左手托一婴孩（仅余轮廓），颔首注视着婴孩，且右手食指指着婴孩。这身菩萨应为送子观音（见图4）。

图像资料五

高昌故城α寺遗址出土《千手千眼观音经变》绘画，绢本设色，原藏德国柏林亚洲艺术博物馆，现遗失。绘画的上半部分已残，主尊的头和胸部已不存，仅余胸部以下部分。主尊千手千眼观音跣足立于仰莲座上，璎珞严身，正大手已残失，身体两侧布满千手。主尊足部左侧绘功德天（女相，双手托盘），右侧绘婆薮仙。主尊座下正中为一盛满祭祀品的托盘，

① 参看陈爱峰：《高昌回鹘时期吐鲁番观音图像研究》，上海古籍出版社，2020年，第70页。

托盘两侧两身供养人相向而跪，男左女右。供养人身后各绘一忿怒尊，左侧忿怒尊执索持剑，足前为毗那夜迦，右侧忿怒尊头发上竖，足前为毗那勒迦，当为乌枢沙摩明王（火头明王）。婆薮仙右上方一身菩萨，正圆头光，头戴花宝冠，有髭须，呈男相，面向主尊，璎珞严身。菩萨左手托一朵莲花，莲花中化现出一男婴，双手当胸合十。该菩萨当为送子观音，但这身不同于其他高昌回鹘时期的送子观音，未著白袍，覆白巾（见图5）①。

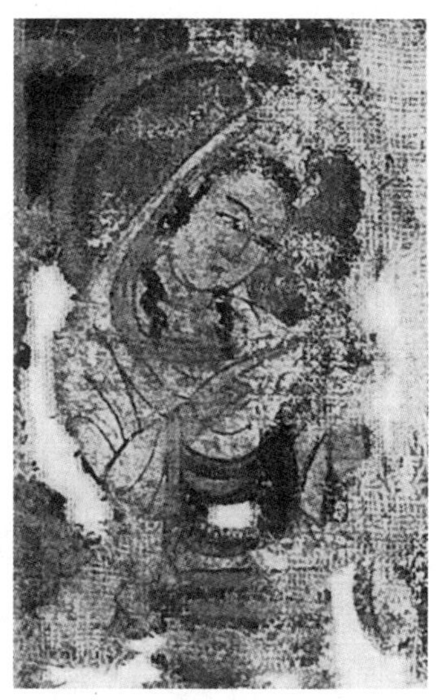

图4　吐鲁番吐峪沟出土《观音经变》绘画(左)及送子观音局部放大图(右)

（图片采自韩国国立博物馆编《韩国国立博物馆藏宗教壁画》，第136页）

图5　高昌故城α寺遗址出土《千手千眼观音经变画》线图(左)及送子观音局部放大图(右)

（图片采自格伦威德尔《高昌故城及其周边地区的考古工作报告（1902—1903年冬季）》，图版8）

① 格伦威德尔对这幅壁画有初步介绍，观音的眷属基本没有识读出来，送子观音也没有识读出来［参看格伦威德尔：《高昌故城及其周边地区的考古工作报告（1902-1903年冬季）》，管平译，文物出版社，2015年，第65页］。

图像资料六

柏孜克里克石窟第29窟左侧壁所绘《六字观音经变》[①]。保存情况不佳，画面正中为主尊四臂观音，结跏趺坐于带梗仰莲座上，座下方有一水池，一龙头探出水面，莲梗自龙口中吐出。四臂观音二手当胸合十，另二手上举两侧，拇指与中指相捻。主尊藏式背光套藏式头光（其形皆如倒置的自底部向口部逐渐内收的环底杯），头顶正中化现两道毫光，毫光正中绘跏趺坐阿弥陀佛，其两侧绘观音势至二胁侍菩萨。主尊两侧自上而下各对称绘出三身菩萨，皆正圆头光，面向主尊。其中右侧居上一身为十一面观音，右侧居下一身菩萨身著白色广袖袍服，头戴高宝冠，冠上覆白色头巾，头巾自头顶披搭于背部，呈女相，面相丰腴，左手托一婴孩，应为送子观音。水池右侧立一童子，正圆头光，披帛绕臂垂体侧，仰视着主尊，双手合拢前伸，作承接状，很可能是善财童子；水池左侧亦一立像，亦正圆头光，披帛绕臂垂体侧，仰视着主尊，裸上身，右手上举，头顶绘一马头，可能是马头金刚或马头明王（见图6）[②]。

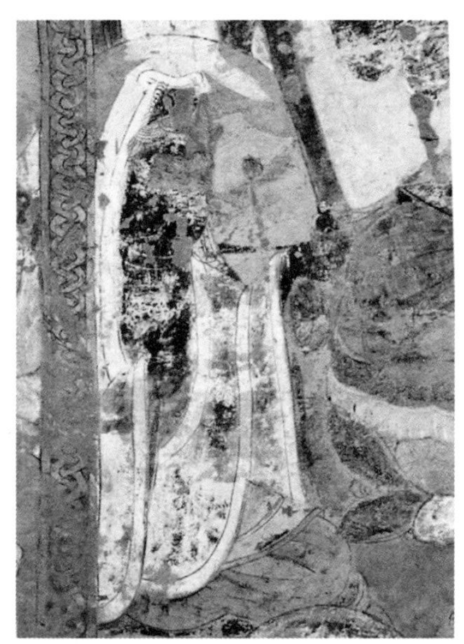

图6　吐鲁番柏孜克里克石窟第29窟左侧壁所绘《六字观音经变》(左)及送子观音局部放大图(右)

（图片采自陈爱峰《图像研究》，图1-17、图6-5）

高昌回鹘时期的送子观音图像遗存的基本情况大致如上，当然，这只是迄今所见，实际上可能远不止这六例[③]，高昌回鹘送子观音信仰之流行可见一斑。

从造型看，除资料五外，其余皆身著白袍、头覆白巾，因此高昌回鹘送子观音的造型可分为两个类型：A型（资料一、二、三、四、六）和B型（资料五）。A型表明，高昌回鹘的

① 定名参看陈爱峰：《高昌回鹘时期吐鲁番观音图像研究》，上海古籍出版社，2020年，第179-181页。

② 陈爱峰推测为马头观音（参看陈爱峰：《高昌回鹘时期吐鲁番观音图像研究》，上海古籍出版社，2020年，第179页），但从其在画面中所处的位置看，视为明王、金刚等护法一类神祇更合适。

③ 如柏孜克里克第14窟主尊千手千眼观音右侧下方的菩萨，现仅残存模糊的轮廓，但从其所处的位置和前倾的身姿判断，很可能是送子观音。该窟主体造像为一铺塑绘结合的千手千眼观音经变（参看陈爱峰：《高昌回鹘时期吐鲁番观音图像研究》，上海古籍出版社，2020年，第57-70页）。

送子观音已经与白衣观音结合在一起。白衣观音与送子观音以及其他观音的关系问题一直困扰着学界，根据笔者的研究，白衣观音与送子观音都是中国本土创造的两种不同的观音类型，前者初创于中晚唐时期，后者的出现则早得多，至迟在公元6世纪中期已经出现。二者产生伊始本无交集，但后来送子观音在服饰上主动吸收白衣观音的白袍、白巾，约在晚唐五代时期，著白袍、戴白巾的送子观音造型开始出现，宋代开始流行，此后送子观音皆是此种造型，是故至明清时期，人们干脆将送子观音称为“白衣送子观音”①。因摩尼教亦著白衣，是以有学者认为，高昌回鹘送子观音著白衣是受到回鹘长期信奉的摩尼教的影响②，现在看来，这并非事实。高昌回鹘送子观音著白衣戴白巾的做法显然是出自中原内地的传统，与回鹘摩尼教无关。还有学者认为，资料一的送子观音可能是最早的送子观音像③，现在看来，这一判断也显然不正确。

如果不考虑A型送子观音的婴孩元素，其造型特征与莫高窟第308、309窟中的白衣观音高度相似。唯一的差异是，A型中的送子观音尚有男相，而莫高窟这两窟中的白衣观音已完全是女相了（见图7、图8）。

图7　白衣观音，敦煌莫高窟第309窟西壁，西夏

（图片王惠民先生提供）

图8　白衣观音，敦煌莫高窟第308窟西壁，西夏

（图片采自《中国敦煌壁画全集10·敦煌西夏元》，第6页）

莫高窟第308、309窟的年代，据研究，在公元1019至1070年间④，那么能不能将这两窟的年代作为高昌回鹘A型送子观音年代的参考呢？我认为可以，但不能绝对化。虽然若不

① 姚崇新：《白衣观音与送子观音——观音信仰本土化演进的个案观察》，原载荣新江主编《唐研究》第18卷，北京大学出版社，2012年，第315-346页。

② 杨富学：《回鹘观音信仰考》，第227页。

③［美］葛雾莲、杨富学译《榆林窟回鹘画像及回鹘萧氏对辽朝佛教艺术的影响》，载敦煌研究院编《1994年敦煌学国际研讨会文集·石窟考古卷》，甘肃民族出版社，2000年，第292页。

④ 参看刘玉权：《关于沙州回鹘洞窟的划分》，载段文杰主编《1987年敦煌石窟研究国际讨论会文集·石窟考古编》，辽宁美术出版社，1990年，第24页。

考虑A型的婴孩元素，二者的造型特征高度接近，但白衣观音与送子观音结合以后，真正的白衣观音仍然独立存在，与送子观形成平行关系①，而莫高窟第308、309窟中所表现的无疑是真正的独立的白衣观音，并不是要表现送子观音，因此这里没有看到白衣观音与送子观音的结合，并不代表此时内地没有白衣观音与送子观音结合的形象出现。是以，这两窟不能作为判定高昌回鹘A型送子观音绝对年代的依据，但二者的造型特征有高度的相似性，因此可以作为高昌回鹘A型送子观音相对年代的参考。

从整体的角度看，上列高昌回鹘时期的六种观音经变，无论显密，在主要内容组合和构图形式上都有共同之处：主要内容是作为主尊的观音和六身菩萨的组合，即“观音+六菩萨”组合，其他元素在各经变中或有增减，并不固定，但该组合是这批观音经变中共同的稳定的元素，因此该组合构成了这批观音经变的主体内容②；构图形式均是主尊观音居中，主尊两侧自上而下各绘三身菩萨的形式，即“观音+六菩萨”的构图形式，这同样成为这批观音经变中共同的稳定的构图形式，如下图所示（见图9）。

图9　高昌回鹘观音经变“观音+六菩萨”构图形式示意图

若将高昌回鹘的观音经变作全面考察，就会发现“观音+六菩萨”组合及构图形式并不仅限于含有送子观音的观音经变中，至少柏孜克里克第17窟正壁观音经变、第46窟右侧壁观音经变从其造像残迹看③，亦应为此种组合与构图形式。

组合中的“六菩萨”的具体身份，除了送子观音外，还有一些也可以确认，如资料六中的十一面观音，柏孜克里克第46窟右侧壁观音经变中的六臂观音、十一面观音、如意轮观音等，暗示这六身菩萨的身份可能都与观音有关。资料一中的回鹘文题记中有“一起谦卑而又惶恐地请得了这幅拥有七位神圣的……菩萨像”一语，可惜“菩萨”前面的这个词已漫漶，陈爱峰博士请回鹘文专家试读为“观音”，那么就意味着“观音+六菩萨”组合中的“六菩萨”也都是观音菩萨，据此推定该组合为“七观音”组合④。这一推定有一定道理，因为

① 姚崇新：《白衣观音与送子观音——观音信仰本土化演进的个案观察》，原载荣新江主编《唐研究》第18卷，北京大学出版社，2012年，第340页。

② 需要说明的是，资料二中除了这六身菩萨之外，还出现了文殊菩萨与普贤菩萨，但这是个例外，并没有改变观音与六菩萨组合的表达。这只要仔细观察图像的表现差异就可明白这一点：该经变中，六菩萨的造型与图式比较整齐划一，比如皆正圆头光，只出半身等，而文殊与普贤的造型与图式相对独立，比如出全身、配坐骑、背后除了头光外，还有背光等。

③ 这两铺观音经变的具体介绍，参看陈爱峰：《高昌回鹘时期吐鲁番观音图像研究》，上海古籍出版社，2020年，第188页。

④ 参看陈爱峰《高昌回鹘时期吐鲁番观音图像研究》，上海古籍出版社，2020年，第74页、第186–187页。

根据学者对吐鲁番回鹘文书的释读，可知高昌回鹘流行七观音信仰，流行“七观音菩萨”的护身符，如U3833a背面写道：“这是七观音菩萨的护身陀罗尼……”[①]此外，在前文所列吐鲁番出土的有关观音的回鹘文经典中有《七观世音符陀罗尼》《七观音菩萨符陀罗尼》等。不过，为便于从构图形式上与内地比较，这里还是暂时称为“观音+六菩萨”组合。

就吐鲁番地区发现的千手千眼观音经变而言，松本荣一认为与敦煌的千手千眼观音经变在尊像的种类和排列方式上高度相似，也有许多图例相通或极为相似[②]。近期学者将高昌回鹘时期的千手千眼观音经变绘画与敦煌晚唐五代宋初的同类作品作了进一步比较，认为前者受后者影响的确很大，但前者也有自身的一些特点[③]。

而就我们目前讨论的这类高昌回鹘时期的兼跨显密、包含送子观音形象的广义的观音经变而言，无论是内容组合还是构图形式，也同样与敦煌北宋早期的观音经变有许多相似之处。兹举二例。一是大英博物馆藏出自敦煌藏经洞的北宋开宝四年（972）《观音经变》绢画。此图是最典型的“观音+六菩萨”组合，因为画面中除了画面下方的六身男女供养人外，再无其他添加元素。二是法国集美博物馆藏出自敦煌藏经洞的北宋早期的《不空羂索观音经变》绢画。这幅也明显是“观音+六菩萨”组合，只是又添加了一些元素，除四身男女供养人外又增加了两身弟子像和两身天部护法像。这两幅观音经变画的构图形式亦全同高昌回鹘，即主尊观音居中，主尊两侧自上而下分别绘出三身菩萨（见图10、图11）。

图10 《观音经变》，绢本设色，北宋开宝四年（972）

（图片采自《西域美术·大英博物馆藏斯坦因品》图版26）卷一，

图11 《不空羂索观音经变》，绢本设色，北宋（10世纪后半）

（图片采自《西域美术·集美博物馆伯希和藏品》，图版78-1）

① Peter Zieme，“Die sieben Guanyin und Amulette，”in *Magische Texte des uigurischen Buddhismus*（Berlin:Berliner Turfentexte XXIII，2005），pp.180-182，转引自陈爱峰：《高昌回鹘时期吐鲁番观音图像研究》，第189页。

② ［日］松本荣一：《敦煌画研究》（上册），赵声良等译，浙江大学出版社，2019年，第381-382页。不过，如果同时考虑本文所讨论的材料，可以肯定，高昌回鹘的千手千眼观音经变的内容和形式当不止一种。

③ 参看陈爱峰：《高昌回鹘时期吐鲁番观音图像研究》，上海古籍出版社，2020年，第72-79页。

尽管我们不能贸然将敦煌的“观音+六菩萨”组合也比定为“七观音”组合，但高昌回鹘的“观音+六菩萨”构图形式显然与敦煌的“观音+六菩萨”构图存在一定的渊源关系，不过二者的差异也显而易见：前者的六菩萨中出现了送子观音，而后者的六菩萨中却没有出现，这表明：一、至少在北宋早期的10世纪后半叶，中原内地尚未制作出带有送子观音形象的观音经变画粉本，也就是说，中原内地的送子观音信仰至少10世纪后半叶尚未开始流行，因此高昌回鹘的送子观音信仰应不早于10世纪后半叶；二、由第一点可以进一步推知，尽管高昌回鹘的“观音+六菩萨”构图形式与敦煌的“观音+六菩萨”构图存在一定的渊源关系，但高昌回鹘的“观音+六菩萨”图样的粉本并非直接来自敦煌，而是来自中原内地。

现在我们需要再回头看看资料二。资料二中出现了文殊、普贤，有些特殊，其实这体现了密教观音信仰与华严思想的某种融通，这种融通唐代已开始出现，主要表现为十一面观音与文殊、普贤的组合造像。宋以后才开始出现千手千眼观音与文殊、普贤的组合造像，以及其他密教观音与文殊、普贤的组合造像，这是这一时期显密圆融思潮的外在表现①。那么，资料二的年代不能早于宋初。

考虑到以上情况，再综合考虑高昌回鹘A型送子观音的造型特征与莫高窟第308、309窟中的白衣观音高度相似的情况，笔者倾向于将这批高昌回鹘送子观音造像的年代的上限判定在11世纪前半世纪。B型送子观音的造型虽然与A型的差异较大，但其所属的观音经变画的构图形式仍与A型一致，因此其年代上限不能早于A型。其造型特征，应是早期送子观音遗风的延续，确切地说，是唐代菩萨装遗风的延续②。

至于这批造像的年代下限，可以参考资料六。资料六所在的柏孜克里克第29窟出现了蒙古服饰的供养人，该窟应开凿于蒙元时期，但不应晚于高昌回鹘王国彻底结束以前③，因此，其年代应在泰定中（1323—1328）畏吾儿之地归入察合台后王以前。这可以视为这批造像的年代下限，当然也应是高昌回鹘送子观音信仰的年代下限。

综上所述，可以做如下判断：这批造像的年代上限约为11世纪前半世纪，下限约为14世纪早期，这也可视为高昌回鹘送子观音信仰流行的时间跨度，也就是说，送子观音信仰在高昌回鹘流行了近三百年，时间不算短；高昌回鹘送子观音的图像粉本连同承载它的观音经变的粉本应直接来自中原内地，似未经过敦煌的中转④。

笔者在《白衣观音与送子观音》一文中曾指出，虽然送子观音信仰及其造像出现得很早，发展却比较缓慢。唐宋时期，观音送子的灵验故事在世俗和佛教文献中虽时有所见，但

---

① 参看陈爱峰：《高昌回鹘时期吐鲁番观音图像研究》，上海古籍出版社，2020年，第110页。

② 在白衣观音与送子观音结合以前，唐代的送子观音造型推测应与唐代普通菩萨造型基本一致，所不同者，唯手托婴孩一项。宋代菩萨的服饰较之唐代，已有很大变化，但在宋代造像中，偶尔也能看到唐代菩萨装的遗风，因此宋代的送子观音偶尔著唐代的菩萨装也可以理解。

③ 据《新元史》卷116《巴而述阿而忒的斤亦都护传》载，早在元太祖四年(1209)，畏兀儿已归服，至元二十二年（1283），高昌王火赤哈儿的斤战死于笃哇叛乱，其子纽林只斤嗣亦都护，但王国已残破不堪，自此衰落。泰定中（1323–1328），畏吾儿之地入于察合台后王，标志着高昌回鹘王国的彻底结束。因此，柏孜克里克第29窟的开凿不应晚于高昌回鹘王国的彻底结束。

④ 当然，这并不是说，所有高昌回鹘观音经变的图像粉本都没有经过敦煌的中转，只是针对包含送子观音形象的那一类。

并不十分普遍。并认为这一信仰长期在中国流行不起来的主要原因，可能还在于国人求子嗣的途径一直很多元[①]。现在结合高昌回鹘送子观音的信仰情况，我们对宋代送子观音信仰的流行情况有了进一步的认识。首先，宋代送子观音信仰的流行程度比我们以往估计的要高；其次，比照高昌回鹘的情况，我们可以进一步确定宋代送子观音信仰开始较为流行的时间节点，从而可以进一步确定我国送子观音信仰开始较为流行的时间节点。这两个时间节点都约在北宋中期稍前，即公元11世纪前半世纪。

高昌回鹘送子观音信仰的流行，反映了宋与回鹘佛教文化交流的深度与广度[②]。

三、文献所见宋与回鹘的佛教文化交流

宋代以来，散处西北、西域各地的回鹘普遍信奉佛教，这已为这些地区出土的回鹘佛教文献所证实[③]。中原内地的汉传佛教是回鹘佛教的主要来源，宋代回鹘佛教的信仰内涵深受汉地佛教的影响，蒙元时期，回鹘佛教又受到藏传密教的影响，这些都已是学界的共识[④]。如果将出土文献与传世文献结合考察，有助于深化我们对宋—回鹘佛教文化交流的认识，但传世文献对宋与回鹘的佛教交流缺乏正面的记录，是以学界措意不多。传世文献仅贡使和朝聘记录中留下了一些间接信息，主要保留在《宋会要》中，《宋史》中也有部分记录[⑤]。兹先依时间先后将《宋会要》和《宋史》中的相关记载列表梳理如表1，再作分析。

表1　文献所见宋—回鹘与佛教相关交聘记录一览表

序号	时间	记载	出处	备注
1	乾德三年(965)十一月	西州回鹘可汗遣僧法渊贡佛牙及琉璃器、琥珀盏。	《宋会要辑稿·蕃夷七·朝贡》，刘琳等校点，上海古籍出版社，2014年，第9934页。	《宋史·高昌传》《宋史·太祖纪》《玉海·朝贡》所载略同。

① 参看姚崇新：《白衣观音与送子观音——观音信仰本土化演进的个案观察》，原载荣新江主编《唐研究》第18卷，北京大学出版社，2012年，第331-332页。

② 由于宋与回鹘的交往止于北宋，本文的宋主要指北宋。特此说明。

③ Peter Zieme, *Buddhistische Stabreimdichtungen der Uiguren* (Berlin: Berliner Turfantexte XIII, 1985); Peter Zieme, *Religion und Gesellschraft im Uigurischen Königreich von Qočo. Kolophone und Stifter des alttürkischen Buddhistischen Schrifttums aus Zentralasien* (Opladen, 1992); 牛汝极：《回鹘佛教文献——佛典总论及巴黎所藏敦煌回鹘文佛教文献》，新疆大学出版社，2000年；杨富学：《回鹘文佛教文献研究》，上海古籍出版社，2018年。

④ 参看孟凡人：《略论高昌回鹘的佛教》，《新疆社会科学》1982年第1期，第69-70页；杨富学：《汉传佛教影响回鹘三证》，《觉群·学术论文集》第3期，宗教文化出版社，2004年，第382-393页；杨富学：《论汉传佛教对回鹘的影响》，载朿迪生等主编《高昌社会变迁及宗教演变》，新疆人民出版社，2010年，第191-208页；杨富学：《回鹘文佛教文献研究》，第262-270页；牛汝极：《回鹘佛教文献——佛典总论及巴黎所藏敦煌回鹘文佛教文献》，新疆大学出版社，2000年，第112-141页。

⑤《资治通鉴》《续资治通鉴长编》《山堂考索》《玉海》等也有部分记录，但基本没有超出《宋会要》的范围，兹从略。

续表1

序号	时间	记载	出处	备注
2	雍熙元年(984)四月	王延德等还,叙其水程来献云:“……佛寺五十余区,皆唐朝所赐额。寺中有《大藏经》《唐韵》《玉篇》《经音》等,居民春月多群居遨乐于其间。”	《宋史》卷490《高昌传》,中华书局点校本,1977年,第14112页。	《宋史》所载出王延德《使高昌记》,后者所记更详,见王明清《挥麈录·前录》卷4,上海:上海书店出版社,2001年,第30页。
3	咸平元年(998)四月	甘州回鹘可汗王遣僧法胜等来贡。	《宋会要辑稿·蕃夷四·回鹘》,第9768页。	《宋会要辑稿·蕃夷七·朝贡》《山堂考索·后集》卷64《财赋门》所载略同。
4	真宗咸平六年(1003)六月	龟兹国僧义修来献梵夹、菩提印叶、念珠、舍利。赐紫方袍、束带。	《宋会要辑稿·蕃夷四·龟兹》,第9774页。	《宋会要》《宋史》中的“龟兹”均指龟兹回鹘。
5	景德元年(1004)九月	甘州夜落纥遣进奉大使宣教大师宝藏、副使李绪……等百二十九人来贡。	《宋会要辑稿·蕃夷四·回鹘》,第9768页。	《宋史·回鹘传》所载略同。夜落纥,又称夜落隔、伊罗勒、耶剌里等,是北宋时期甘州回鹘的可汗。
6	景德元年(1004)十月	度龟兹国石报进为僧,从其请也。	《宋会要辑稿·蕃夷四·龟兹》,第9774页。	
7	景德四年(1007)十月	甘州夜落纥遣尼法仙等二人来朝,献马十疋,且乞游代州五台山。从之。	《宋会要辑稿·蕃夷四·回鹘》,第9768页。	《宋史·回鹘传》《续资治通鉴长编》卷67所载略同。
8	景德四年(1007)	夜落纥遣僧翟大秦来献马十五匹,欲于京城建佛寺,祝延圣寿,求赐名额。不许。	《宋会要辑稿·蕃夷四·回鹘》,第9769页。	《宋史·回鹘传》所载略同,唯翟大秦《宋史》误作“翟入奏”,参看刘琳等校点本《宋会要辑稿》第9769页注①
9	大中祥符二年(1009)二月	时夜落纥本道二尼响慕声教,思欲瞻礼。	《宋会要辑稿·蕃夷四·回鹘》,第9769页。	
10	大中祥符三年(1010)闰二月	僧智圆贡琥珀四十五斤、瑜石四十六斤。	《宋会要辑稿·蕃夷四·龟兹》,第9774页。	
11	大中祥符三年(1010)十一月	甘州回鹘僧法光来贡。	《宋会要辑稿·蕃夷四·回鹘》,第9769页。	
12	大中祥符三年(1010)十二月	甘州回鹘宝物公主没孤氏上言:“……又发愿修寺,并无金粉,并求赐妆粉钱……”诏并从其请。	《宋会要辑稿·蕃夷四·回鹘》,第9769页。	

续表1

序号	时间	记载	出处	备注
13	天禧五年(1021)七月	殿直白万进上言:"昨龟兹使延福等皆诈为外使,邀冀恩赏及乞赐经藏、金像等物。"诏秦州曹玮诘问延福,具万进所陈。诏免罪,所赐物纳官。	《宋会要辑稿·蕃夷四·龟兹》,第9775页。	
14	乾兴元年(1022)五月	龟兹国僧华严自西天至,以佛骨舍利、梵夹为献。	《宋会要辑稿·蕃夷四·龟兹》,第9775页。	《山堂考索·后集》卷64《财赋门》所载略同。
15	自天圣(1023—1032)至景祐四年(1034)	入贡者五,最后赐以佛经一藏。	《宋史》卷490《龟兹传》,第14123页。	
16	天圣三年(1025)三月	秦州回纥紫衣僧法会以乾元节贡马十疋。	《宋会要辑稿·蕃夷四·回鹘》,第9772页。	《宋会要辑稿·蕃夷七·朝贡》,第9949页。
17	天圣九年(1031)正月	沙州遣使米兴、僧法轮等贡珠玉、名马。	《宋会要辑稿·蕃夷七·朝贡》,第9951页。	按沙州归义军政权在同一时期的《宋会要》的记载中称"归义军节度使",此外,马是回鹘的传统贡品,因此此"沙州"当指沙州回鹘,
18	熙宁元年(1068)七月	回鹘可汗遣使来贡方物,且言乞买金字《大般若经》。诏特赐墨字《大般若经》一部。	《宋会要辑稿·蕃夷七·朝贡》,第9772页。	《宋史·回鹘传》所载略同。按此"回鹘"指代不明,杨富学视为高昌回鹘,但未说明理由(氏著《回鹘之佛教》,第22页)。
19	绍圣三年(1096)	使大首领阿连撒罗等三人以表章及玉佛至洮西。	《宋史》卷490《龟兹传》,第14123页。	《宋会要辑稿·蕃夷七·朝贡》所载略同。

上表文献所涉范围包括甘州回鹘、西州（高昌）回鹘、龟兹回鹘、沙州回鹘、秦州回鹘等，基本上涵盖了自陇右至西域地区的所有回鹘群落。根据笔者对《宋会要·蕃夷七·朝贡》、《山堂考索·后集》卷64《财赋门》、《玉海》卷154《朝贡》，以及《宋会要·蕃夷四·回鹘》《宋会要·蕃夷四·龟兹》《宋会要·蕃夷四·高昌》等相关记载的综合统计，自建隆二年（961）回鹘首次遣使北宋至绍圣三年（1096）的一百三十余年间，各地回鹘政权共遣使67次①，其中高昌回鹘是最早遣使北宋的回鹘政权之一，早在建隆三年（962）即遣

① 建隆二年首次遣使北宋的回鹘为甘州回鹘，西州回鹘紧随其后，次年四月亦来贡（《宋会要辑稿·蕃夷七·朝贡》，第9933页；《宋会要辑稿·蕃夷四·回鹘》，第9767页；《玉海》卷154《朝贡》）。

阿督（一作“阿都督”）使北宋，且使团庞大，达42人[①]。特别值得注意的是，以僧人为使者或使团中包含僧人的情况比较常见，据上表所列，不低于13次，占19%以上。

虽然以僧人为使者或使团中包含僧人的做法在当时并非回鹘独有[②]，但从以上统计数据看，回鹘无疑是最突出的。这种做法在西北地区有更早的传统，在晚唐五代时期，当地僧人也经常被他们所在的政权作为外交使者出使中原王朝[③]，所以回鹘表现突出也有地域传统的影响。事实上，回鹘在对中原王朝的朝聘活动中以僧为使的做法五代时已见。据《旧五代史》，梁太祖乾化元年（911），回鹘遣使入贡，太祖“厚赐缯帛，放令归国，又赐其入朝僧凝卢宜、李思宜、延笺等紫衣”[④]。看来，此地域传统得到回鹘的进一步发扬——以僧人为使者成为回鹘与北宋佛教交流的重要形式。这些僧人使者往往具有双重身份，如上表所示，他们既是一名使者，又是一名佛教僧侣，因此他们除了要完成使者的常规使命（如纳贡品、献方物）外，还往往肩负特殊的使命，即对宗主国北宋的佛教诉求。而利用使者的特殊身份，更容易达成佛教诉求的愿望。为了达成这样的愿望，如上表所示，包括僧人使者在内的朝宋使者有时也主动贡献佛教圣物，如佛牙、佛像、梵夹、菩提印叶、念珠、佛骨舍利等，从而使双方在佛教方面形成交流的意象。当然，双方的佛教交流，毫无疑问，以宋向回鹘输出佛教与佛教艺术为主。

虽然这些诉求大部分都得到了满足——这也是宗主国应有的气度，但过于频繁的索求也可能使宗主国有些不堪，因此出于某种考虑，北宋朝廷也曾一度禁止蕃僧入贡。如上表第16条所示，天圣三年，秦州回鹘遣僧人法会入贡，但紧接着有诏曰：“今后蕃僧进贡，止绝不得发遣。”[⑤]但从天圣九年又有回鹘遣僧入贡的情况（见上表第17条）看，这条诏令并未得到很好地执行——这也从一个侧面反映出回鹘对北宋佛教的需求有“刚性”的一面，虽禁不能止。

据上表所示，回鹘僧借朝觐之机对北宋提出的佛教诉求主要包括求瞻礼圣迹（如五台山）、在京师建造佛寺、求赐（甚至求购）经藏、求赐佛像等，显示出回鹘佛教界对宋朝佛教的高度认同。所谓“响慕声教，思欲瞻礼”以及“请度为僧”，正是这种认同的心理反映。回鹘诸政权应该拥有北宋颁赐的大藏经，回鹘对汉文大藏经的高度依赖，已得到吐鲁番出土的回鹘佛教文献的充分印证；五台山信仰在回鹘佛教中的流行与回鹘使宋僧对五台圣迹的瞻

---

①《宋会要》作“阿督”（《宋会要辑稿·蕃夷四·回鹘》，第9767页），《玉海》作“阿都督”（《玉海》卷154《朝贡》），后者是。西州回鹘仍沿用唐朝的“都督”这一官称［参看张广达、荣新江：《有关西州回鹘的一篇敦煌汉文文献——S6551讲经文的历史学研究》，《北京大学学报》（哲学社会科学版）1989年第2期，第29页］。

②在北宋的朝觐记录中，除回鹘外，其他周边政权或外国以僧人为使者或使团中包含僧人的情况亦间或有之，如大中祥符二年（1009）日本国天台山延历寺寂照等八人来朝（《山堂考索·后集》卷64《财赋门》，但《山堂考索》将时间记作“景德六年”，误。“景德”只有4年，景德六年实即大中祥符二年），大中祥符六年（1013）西天金城国僧悲贤、般尼国僧寂贤来朝（《宋会要辑稿·蕃夷七·朝贡》，第9946页），元祐元年（1086）高丽国祐世僧统、求法沙门僧义天等十人朝见等（《宋会要辑稿·蕃夷七·朝贡》，第9960页）。此外，还有于阗、沙州归义军、唃厮啰等政权。

③参看Xin Wen, *The King's Road:Diplomacy and the Remaking of the SilkRoad* (Princeton University Press, 2023), p.44.

④［宋］薛居正等：《旧五代史》卷138《回鹘传》，中华书局，1976年，第1841页。标点笔者稍有改动。

⑤《宋会要辑稿·蕃夷七·朝贡》，第9949页。

礼也形成了对应关系①。

通过王延德《使高昌记》的记载可知，高昌回鹘全面继承了当地唐朝的佛教文化遗产。历史的惯性并未因朝代的更替而改变，入宋，高昌回鹘与中原王朝仍保持着密切的佛教文化交流，其中，以僧为使的做法是重要的方式。是以，宋以后高昌成为西域地区的佛教中心。随着于阗、龟兹等地相继伊斯兰化，这一中心地位更加凸显。而如前所述，回鹘与北宋的佛教交流以回鹘吸收北宋的佛教与佛教艺术为主，而且是深度吸收，从这个意义上讲，高昌回鹘流行送子观音信仰当在情理之中，它与彼时中原内地的佛教信仰形成了严格的对应关系，文献的梳理向我们呈现了其实现的基本途径。

结论

通过本文的初步考察，高昌回鹘送子观音图像遗存的年代上限约为11世纪前半世纪，下限约为14世纪早期，这也是高昌回鹘送子观音信仰流行的时间跨度，即送子观音信仰在高昌回鹘流行了长达三百年的时间。本文的研究同时表明，高昌回鹘送子观音的图像粉本连同承载它的观音经变的粉本应直接来自中原内地。本文的研究还表明，入宋以后，高昌回鹘的佛教与佛教艺术一如既往地将中原内地的佛教与佛教艺术视为最重要的来源，高昌回鹘在对宋朝佛教经典的吸收、信仰内涵的吸收以及造型艺术的吸收方面，甚至达到了同声共振、亦步亦趋的地步，反映了高昌回鹘对汉地佛教的高度依赖和高度认同。因此，本文的考察，从一个侧面揭示出北宋对高昌回鹘佛教信仰内涵更深层次的影响以及北宋与回鹘佛教文化交流的深度与广度，本文通过传世文献的梳理呈现了其实现的基本途径。从中国本土观音信仰研究的角度看，高昌回鹘送子观音图像资料的发现，填补了宋代送子观音图像资料的空白，印证了笔者关于“白衣送子观音”造型图像生成机制的推测，从而进一步完善了我国本土化观音信仰的图像谱系；同时，以高昌回鹘的这批图像资料作参照，进一步明确了我国送子观音信仰开始较为流行的时间节点。从西域佛教史研究的角度看，本文的这一专题考察丰富了晚期西域佛教史的内容，同时，由于高昌回鹘是宋以后汉地佛教与佛教艺术在西域继续传播的主要担当者，本文的这一专题考察也为研究汉地佛教回传西域、中亚的课题增添了新内容。

① 晚唐五代西北地区前往五台山朝拜文殊菩萨的热潮，是从后唐同光二年（924）沙州归义军节度使曹议金遣使入朝时开始兴盛起来的［参看荣新江:《敦煌文献和绘画反映的五代宋初中原与西北地区的文化交往》,《北京大学学报》(哲学社会科学版) 1988年第2期，第55-57页］，这一传统为西北地区的回鹘诸政权所继承。

敦煌于阗国王像及其年代考辨

赵燕林（敦煌研究院）

【摘要】敦煌石窟现存3铺穿戴六旒冕冠和1铺五旒冕冠的于阗国王像，长期以来为学界所关注，除第98窟于阗国王像可以确认为后晋天福年间绘制的李圣天供养像外，其余3铺因其具体绘制年代过于宽泛，使得对这一人物的身份难以确认。笔者依据五代宋初相关衣冠服制，以及中原王朝册封于阗国等相关史料，推测莫高窟第98、454、4窟中的于阗国王像当为李圣天，榆林窟第31窟中的于阗国王像当为尉迟苏罗。

【关键词】敦煌石窟　于阗国王像　舆服制度

敦煌莫高窟第98、4、454窟和榆林窟第31窟中各存1铺于阗国王供养像。除榆林窟第31窟于阗国王穿戴五旒冕冠外，其余3铺皆穿戴六旒冕冠，服制基本一致。其中，莫高窟第98窟题名为“大朝大宝于阗国大圣大明天子……即是窟主”的供养人像，为认识和判定其余三铺人物身份提供了主要依据。对此，贺世哲等先生认为，莫高窟第98窟建成时间约在后唐同光年间（923—925）前后，而李圣天像系后晋天福五年（940）以后补绘，绘制时间当在曹议金继任者曹元深掌权时期（940—945）[①]。这也就是说，此窟中的李圣天像绘制于后晋高祖石敬瑭天福五年（940）至出帝石重贵天福九年（944）[②]七月之前一段时期内。同时，谢稚柳、陈菊霞、崔岩等人认为，此四铺于阗国王像皆为李圣天像[③]。而据沙武田研究，第454窟可能是李圣天的儿子尉迟苏

① 贺世哲：《从供养人题记看莫高窟部分洞窟的营建年代》，载敦煌研究院编《敦煌莫高窟供养人题记》，文物出版社，1986年，第216-219页。

② 天福七年（942），石敬瑭去世，后晋出帝石重贵继位，沿用天福年号，天福九年（944）九月改元开运。

③ 陈菊霞、王祯：《于阗国王李圣天供养人服饰研究》，《吐鲁番学研究》2020年第2期，第102-109页；崔岩、刘元风、郑嵘：《敦煌莫高窟第98窟于阗国王李圣天供养像服饰图案研究》，《艺术设计研究》2017年第4期，第42-48页。

罗，其余3铺为李圣天像，且为“同一人物的邈真类画像”[①]。对此，张小刚认为，莫高窟第4窟、榆林窟第31窟中的于阗国王像可能是继任者李圣天之子尉迟苏罗，也就是曾在敦煌居留的李圣天与曹皇后之子从德太子[②]。综此，虽然学界对于此四身于阗国王供养人像的身份颇有争论，但有一点可以肯定，即此4身供养人像确为五代至北宋初期的于阗国王画像。

仔细观察，此4铺邈真类于阗国王画像不尽一致的冕冠服制，为我们深入认识这一时期的舆服制度、人物身份提供了珍贵的形象史料，本文将对此做出尝试性解读。

一、敦煌石窟中的于阗国王像

（一）莫高窟第98窟于阗国王李圣天供养像（见图1）

绘于莫高窟第98窟主室东壁门南，为北向第一身供养人像。此人身形高大（高其他供养人像近两倍），面庞清秀英俊，髭须清疏，穿戴六旒冕冠、玄衣纁裳，左手持香炉、右手拈花朵、脚踩坚牢地神，题名为“大朝大宝于阗国大圣大明天子……即是窟主”。一般认为即此窟中的李圣天像绘制于后晋高祖石敬瑭天福五年（940）至后晋出帝石重贵天福九年（944）七月之前一段时期内。

冕冠形制：冕板方形、黑色，板侧金线勾边，分上下两层，边侧各缀一排绿色宝石；冕板前后各垂六旒黑、绿相间旒珠；冕板上部前后各缀一组“七星”章，四周中央各饰一镂空团花，团花中央及外周饰绿色珠宝，左右两团花各由二龙相护；冕板下部、冠卷上部四角各饰一金龙，四龙口中各衔一金饰翠旒。冠卷由四龙身体相交环绕而成，间饰金边嵌绿宝石团花，四周缀绿色宝石若干。无黈纩充耳及天河带。头后部左侧插有心形红簪，红丝绦组带披于背部。

衣裳形制：大袖玄衣，白纱中单，方心曲领，领缘浅底饰褐色一整二半团花。上衣暗饰“山”章，左、右两肩分饰“日、月”二章，胸前各饰一“黻”章。右袖口外侧自上而下分饰一“龙”和“黼”“粉米”章；左袖内侧饰一“虎蜼”章。两袖口浅底缘饰褐色一整二半团花。腰系素底褐色网格状大带，自然垂于腹前。绶带上部不明，下部露出垂于下裙，颜色与下裳颜色相同。蔽膝系于大带之下，网格状大带与腹前打结，素底，上饰两条三爪云龙纹，缘饰绿底一整二半菱格纹团花图案。缘饰下部露出红色下裳底边。脚穿高头双齿履，颜色脱落严重，无法识别，形似日本正仓院藏“赤舄”。

配饰：左腰间佩“莲花拳”柄长剑，剑柄首装饰深灰色飘带。耳垂佩戴镶绿玉耳环，左、右手小拇指均戴镶绿玉指环。

① 沙武田：《敦煌石窟于阗国王“天子窟”考》，《西域研究》2004年第2期，第60-68页；沙武田：《敦煌石窟于阗国王画像研究》，《新疆师范大学学报》（哲学社会科学版）2006年第4期，第22-30页。

② 张小刚：《再论敦煌石窟中的于阗国王与皇后及公主画像——从莫高窟第4窟于阗供养人像谈起》，《敦煌研究》2018年第1期，第48-61页。

图1　莫高窟第98窟于阗国王李圣天像

图2　莫高窟第454窟于阗国王李圣天像

（二）莫高窟第454窟于阗国王像（见图2）

绘于第454窟主室东壁门南，为北向第1身供养人像。此人身形高大（高其他供养人像近两倍），面部及五官经后代重描，部分漫漶不清，穿戴六旒冕冠、玄衣纁裳，双手捧香炉，举于胸前。身前有题榜一方，绿地，顶端有榜头，榜题文字漫漶不清。身后站一侍从，着圆领绿色袍服，举持宝剑，剑首拳形，拳上系带垂下。

关于此窟的营建时代，大致有三类观点：一、曹元德功德窟①；二、曹元深功德窟，曹延恭、曹延禄重修②；三、曹延恭功德窟③。曹元德于后唐清泰二年二月十日至约后晋天福四年底，即935—939年之间担任归义军节度使；曹元深约于后晋天福四年底至天福九年期间，即939—944年期间掌权归义军；曹延恭于宋开宝七年至开宝九年，即974—976年间任归义军节度使。以此来看，若为曹元德或曹元深功德窟，则此窟当为五代窟无疑；若为曹延恭功

---

① 王惠民：《曹元德功德窟考》，《敦煌研究》1995年第4期，第163-168页。

② 霍熙亮：《敦煌石窟的〈梵网经变〉》，载敦煌研究院编《1987年敦煌石窟研究国际讨论会文集·石窟考古编》，辽宁美术出版社，1990年，第472-473页；马德：《曹氏三大窟营建的社会背景》，《敦煌研究》1991年第1期，第22-24页；陈菊霞、王平先：《莫高窟第454窟营建年代与窟主申论》，《敦煌研究》2022年第1期，第80-86页。

③ 张大千：《漠高窟记》，台北故宫博物院，1985年，第467页；谢稚柳：《敦煌艺术叙录》，上海古籍出版社，1996年，第303页；贺世哲：《从供养人题记看莫高窟部分洞窟的营建年代》，第229页；荣新江：《归义军史研究：唐宋时代敦煌历史考索》，上海古籍出版社，1996年，第123页；郭俊叶：《莫高窟第454窟窟主再议》，《敦煌研究》1999年第2期，第21-24页；郭俊叶：《莫高窟第454窟窟主及其甬道重修问题》，《敦煌研究》2014年第1期，第30-36页；郭俊叶：《敦煌莫高窟第454窟研究》，甘肃教育出版社，2016年，第44-65页；沙武田、段小强：《莫高窟第454窟窟主的一点补充意见》，《敦煌研究》2003年第3期，第7-9页。

德窟，则此窟当为宋窟。且曹延恭与曹元德或曹元深差不多都近相距30年左右的时间，在洞窟艺术风格上当有明显差异。

冕冠形制：长方形冕板、黑色，前低后高，上饰北斗七星与四方山岳，板缘朱色勾边，前后各垂六旒绿色旒珠。冕板中部白色天河带从两侧自然垂于胸前，部分被上衣大袖遮挡。冠卷上镶嵌大量绿色宝石。颔下系缨带，头两侧各有红线（紞）绕玉笄后下垂，尾端悬玉瑱（充耳），头后红丝绦组带披于腰部[①]。

衣裳形制：大袖玄衣，白纱中单，方心曲领。上衣暗饰“山”章，左肩绘“日”及“星辰”章；衣袖自上而下绘“雉”和“龙”章。下部露出浅色裙摆，脚踩地毯。

两袖口浅底缘饰褐色一整二半团花。腰系素底褐色网格状大带，打结自然垂于腹前。绶带上部不明，下部露出垂于下裙，颜色与下裳颜色相同。蔽膝系于大带之下，颜色同于下裳，上饰似为“云龙纹”，缘饰绿底一整二半菱格纹团花图案。缘饰下部露出红色下裳底边。脚穿高头双齿履，颜色脱落严重，无法识别，形似第98窟“赤舄”。

（三）莫高窟第4窟于阗国王像（见图3）

位于莫高窟第4窟主室东壁门南，为北向第1身供养人像。体量与后部其他女供养人像相当。面庞清秀英俊，面无髭须，形为一青年。穿戴六旒冕冠、玄衣纁裳。左手持长柄香炉，右手拈花朵。脚踩地毯。身前有题榜一方，绿地，顶端有榜头，榜题文字漫漶不清。

关于此窟的营建年代和此供养人身份，大多依据此窟中相近于第98窟中的于阗国王像[②]。在此基础上，沙武田直接将其判定为李圣天[③]。同时，梅林根据俄藏文书Дx6069（1）（2）、Дx1400、Дx2148所记内容推定此窟为于阗皇室所建，其中于阗国王像当为文书所记“佛现皇帝”。认为这位皇帝所用年号为文献中的“天寿”年号，时间当在975—977年间，其为李圣天之弟，曹延禄岳丈[④]。而张小刚、郭俊叶等学者又提出此人可能是李圣天之子尉迟输罗，又即文献中的从德太子[⑤]。但陈菊霞等坚持沙武田的观点，并推测此窟窟主为曹元忠夫妇，是归义军曹氏家族和于阗皇室合力营建完成的[⑥]。

冕冠形制：长方形冕板、浅褐色，中央饰两组黑色“七星”章，四角饰四方山岳。冠卷

---

① 李圣天所戴冠下系垂至肩背部的红色长带，学界多按《洛阳伽蓝记·宋云行记》记载于阗国“王头著金冠似鸡帻，头后垂二尺生绢，广五寸以为饰”解释。实为《宋史》载：“金饰玉簪导，红丝绦组带。”

② ［法］伯希和：《伯希和敦煌石窟笔记》，耿昇、唐健宾译，甘肃人民出版社，1993年，第375页（伯希和编为第170窟）；张大千：《漠高窟记》，第334页（张大千编为第159窟）；谢稚柳：《敦煌艺术叙录》，第206页（采用张大千编号）。

③ 沙武田：《敦煌石窟于阗国王画像研究》，《新疆师范大学学报》（哲学社会科学版）2006年第4期，第22-27页。

④ 梅林：《天寿年号·佛现皇帝·宕泉造窟——俄藏敦煌文献Дx6069+Дx1400+Дx2148号文书再研究》，《美术学报》2010年第4期，第32-41页。

⑤ 张小刚、杨晓华、郭俊叶：《于阗曹皇后画像及生平事迹考述》，《西域研究》2015年第1期，第61-62页；张小刚、郭俊叶：《敦煌所见于阗公主画像及其相关问题》，《石河子大学学报》2016年第4期，第6-15页；张小刚：《再论敦煌石窟中的于阗国王与皇后及公主画像——从莫高窟第4窟于阗供养人像谈起》，《敦煌研究》2018年第1期，第50页。

⑥ 陈菊霞、王祯：《于阗国王李圣天供养人服饰研究》，《吐鲁番学研究》2020年第2期，第102-109页；陈菊霞、李珊娜：《敦煌莫高窟第4窟于阗供养人像研究》，《西域研究》2021年第2期，第1-7页。

同于第98窟，但颜料层脱落较为严重，部分不甚明晰。冕板前后各垂六旒旒珠，最下部旒珠为绿色。头两侧各有红线（纮）绕玉笄后下垂，尾端悬玉瑱（充耳），头后丝绦组带披于腰部。

衣裳形制：上衣现呈黑褐色（可能为缥色变黑所致），内着白色中单，外着大袖玄色衮服，衣上绘有日、月、龙等图案，腰部系带，前围蔽膝。下赏玄色。

大袖玄衣，白纱中单，方心曲领，领缘浅底饰褐色一整二半团花。上衣暗饰“山”章，左、右两肩分饰“日、月”二纹章。右袖口外侧自上而下分饰一“龙”和“黼”“粉米”三章。腰系素底褐色网格状大带，自然垂于腹前。绶带上部不明，下部露出垂于下裙，颜色与下裳颜色相同。蔽膝系于大带之下，素底，上饰图案漫漶。缘饰下部露出红色下裳底边。脚穿高头双齿履，颜色脱落严重，无法识别。

配饰：右腰间佩“莲花拳”柄长剑，剑柄首装饰深灰色飘带。

图3　莫高窟第4窟于阗国王像

图4　榆林窟第31窟于阗国王像

（四）榆林窟第31窟于阗国王像（见图4）

绘于此窟甬道北壁，为西向第1身供养人像。体量与后部其他女供养人像相当。面庞清秀英俊，面无髭须，形为一青年。双手合拢持长柄香炉。脚踩地毯。身前有题榜一方，绿地，顶端有榜头，榜题文字漫漶不清。

关于此窟的营建时代和此供养人像身份，多认为此窟凿建于五代。李浴认为此窟甬道北壁，王者供养人像或为李圣天[①]。谢稚柳等先生记为“于阗国王、王后像”[②]。而沙武田依据P.3713v《粟破历》将此窟推定为“天子窟”，将这位于阗国王比定为于阗国王李圣天。并认为其营建时间不会超出从德太子留居沙州的935—966年[③]。并进一步推论此窟的营建应与952年不会相差太远，其上限也不会早于947年，最晚不出从德太子离开沙州前（966）[④]。

冕冠形制：长方形冕板、黑色，板缘较厚，四周绘白色几何纹，冕板上部饰镂空龙状装饰物，并隐约可见上缀“七星”章，四角饰四方山岳。冠卷上大下小，分上中下三部分，褐色勾勒，上部一排菱形方格纹，中部两道竖状镂刻装饰纹分割前后两部分，皆画镂刻状山岳装饰纹，前部中央饰一绿色玉板。冠卷下部褐色画回纹一周。冕板前后各垂五旒线状旒珠，最下一颗为较大石绿色旒珠，长度同于冠卷。其他饰物不明。头两侧各有红线（紞）绕玉笄后下垂，尾端悬玉瑱（充耳），头后丝绦组带披于腰部。

衣裳形制：身着大袖玄衣，白纱中单，方心曲领，领缘浅底饰褐色团花图案。上衣暗饰“山”章，左、右两肩分饰“日、月”“星辰”三章。左袖外侧自上而下分饰一“龙”章，袖缘饰下部露出红色下裳底边。下裳漫漶不明。脚穿高头双齿履，颜色脱落严重，无法识别。

（五）小结

1.冕冠形制方面，除榆林窟第31窟于阗国王像穿戴五旒冠冕外，其余3铺皆穿戴六旒冠冕，且冠顶皆饰“七星”章。同时，4铺帝王像头两侧皆有红线（紞）绕玉笄后下垂，尾端悬玉瑱（充耳），头后丝绦组带披于腰部。2.冕服全部为玄衣纁赏，且皆腰系素底褐色网格状大带，大带打结垂于腹前。同时，第98窟于阗国王冕服自上而下饰“星、日、月、山、龙、黻、黼、粉米、虎蜼”等九纹章；第454窟于阗国王冕服自上而下饰“星、日、月、山、龙、雉”等六纹章；第4窟于阗国王冕服自上而下饰“星、日、月、山、龙、黼、粉米”等七纹章；榆林窟第31窟于阗国王冕服“星、日、月、山、龙、粉米”等六纹章。3.配饰方面，除榆林窟第31窟于阗国王像不见佩剑外，其余3铺皆佩“莲花拳”柄长剑。

综此，敦煌石窟中的此4铺于阗国王像，从服制方面看，莫高窟第98、454、4窟三铺极为一致，应属同一服制背景下的产物。而榆林窟第31窟阗国王服制不同于前三铺，此应当别有缘由。

二、五代宋初舆服制度

源自《周礼》的“六冕”舆服制度构成了中国古代礼制的基本核心，但因其制定之初所赋予的“君臣通用的特点”使得这一制度一直左右着中国古代王朝舆服的变迁。作为王统正朔的五代宋初中原各朝，都严格遵守了这一点。

《辽史》载：辽“大同元年（947）正月朔，太宗皇帝入晋，备法驾，受文武百官贺于汴京崇元殿，自是日以为常。是年北归，唐晋文物，辽则用之。左右采订，摭其常用者存诸

① 李浴《榆林窟佛教艺术内容调查》（手抄稿）、《安西榆林窟（万佛峡）志略》（手抄稿），现藏于敦煌研究院敦煌学信息中心。

② 谢稚柳：《敦煌艺术叙录》，上海古籍出版社，1996年，第474页；霍熙亮：《安西榆林窟内容总录》，载敦煌研究院编《安西榆林窟》，平凡社、文物出版社，1997年，第260页；敦煌研究院编《敦煌石窟内容总录》，文物出版社，1996年，第216页；张伯元：《安西榆林窟》，四川教育出版社，1995年，第150页。

③ 沙武田：《敦煌石窟于阗国王“天子窟”考》，《西域研究》2004年第2期，第60-68页。

④ 沙武田：《归义军时期敦煌石窟考古研究》，甘肃教育出版社，2017年，第93-94页。

篇。”并谓：“厥后唐以冕冠、青衣为祭服，通天、绛袍为朝服，平巾帻、袍襕为常服。”①这也就是说，大同元年（947）正月，辽太宗耶律德光（902年11月—947年5月）率军俘虏后晋出帝石重贵，灭后晋，并以中原皇帝的仪仗进入东京汴梁，在崇元殿接受百官朝贺。同时下诏改国号“大契丹国”为“大辽”，并采用了与后晋一脉相承的后唐服制。对此，《辽史·仪卫志》亦曰：“辽国自太宗入晋之后，皇帝与南班汉官用汉服；太后与北班契丹臣僚用国服，其汉服即五代晋之遗制也。”并谓：“考之载籍之可征者，著《舆服篇》，冠诸《仪卫》之首。”②由此可以看出，自辽太宗入晋之后，辽国皇帝祭服采用了后晋服制，而后晋又沿用的是后唐服制。故要讨论后晋服制，则须讨论后唐服制。

后唐服制如何？《册府元龟》载：后唐明宗长兴三年（932）正月壬子，太常礼院奏衣服制度，准贞观四年之冕冠制度，并颁诏书③。但据《唐会要》载：“贞观四年八月十四日，诏曰：冠冕制度，以备令文，寻常服饰，未为差等，于是三品已上服紫，四品五品已上服绯，六品七品以绿，八品九品以青，妇人从夫之色，仍通服黄。”④这也就是说，贞观四年冕冠制度主要是针对臣下的，皇帝冕服应依然为“武德服制”。据阎步克先生研究，唐代皇帝冕服主要有“武德令”和“开元礼”两种服制，两者的不同点主要表现在冕冠旒数和衣裳纹章的数量上，即冕冠旒数“武德制以九、七、五、四、三为差，开元礼以九、七、六、五、四为差”⑤。

可惜的是，《辽史》仅记载有“衮冕”，而没有其他五冕的情况。《辽史·仪卫志》载：“衮冕，祭祀宗庙、遣上将出征、饮至、践阼、加元服、纳后若元日受朝则服之。金饰，垂白珠十二旒，以组为缨，色如其绶，黈纩充耳，玉簪导。玄衣、纁裳十二章：八章在衣，日、月、星、龙、华虫、火、山、宗彝；四章在裳，藻、粉米、黼、黻。衣褾领，为升龙织成文，各为六等。龙山以下，每章一行，行十二，白纱中单，黼领，青褾襈裾，黼革带、大带，剑佩绶，舄加金饰。《元日朝会仪》，皇帝服衮冕。”⑥

由此可以看出，后晋沿用了后唐服制，后唐沿用了唐武德服制。但至后唐后晋时，皇帝进行祭祀活动时几乎都穿戴“衮冕”，其他冕服应是废而不用。

这一状况可能一直延续到了宋初。《宋史》曰：“衮冕之制。宋初因五代之旧，天子之服有衮冕，广一尺二寸，长二尺四寸，前后十二旒，二纩，并贯真珠。又有翠旒十二，碧凤御之，在珠旒外。冕版以龙鳞锦表，上缀玉为七星，旁施琥珀瓶、犀瓶各二十四，周缀金丝网，钿以真珠、杂宝玉，加紫云白鹤锦里。四柱饰以七宝，红绫里。金饰玉簪导，红丝绦组带。亦谓之平天冠。衮服青色，日、月、星、山、龙、雉、虎蜼七章。红裙，藻、火、粉米、黼、黻五章。红蔽膝，升龙二并织成，间以云朵，饰以金钑花钿窠，装以真珠、琥珀、杂宝玉。红罗襦裙，绣五章，青褾、襈、裾。六采绶一，小绶三，结玉环三。素大带朱里，

① [元] 脱脱等：《辽史》卷56《仪卫志二·汉服》，中华书局，1974年，第907页。

② [元] 脱脱等：《辽史》卷55《仪卫志一·舆服》，中华书局，1974年，第900页。

③ [宋] 王若钦等编撰《册府元龟》卷61《帝王部·立制度第二》，周勋初等校订，凤凰出版社，2006年，第652页。

④ [宋] 王溥：《唐会要》卷31《舆服上》，中华书局，1960年，第569页。

⑤ 阎步克：《宗经、复古与尊君、实用（下）——〈周礼〉六冕制度的兴衰变异》，《北京大学学报》（哲学社会科学版）2006年第2期，第93页。

⑥ [元] 脱脱等：《辽史》卷56《仪卫志二·汉服》，中华书局，1974年，第553页。

青罗四神带二，绣四神盘结。（绶带饰并同衮服）白罗中单，青罗抹带，红罗勒帛。鹿卢玉具剑，玉镖首，镂白玉双佩，金饰贯真珠。金龙凤革带，红袜赤舄，金钑花，四神玉鼻。祭天地宗庙，朝太清宫、飨玉清昭应宫景灵宫、受册尊号、元日受朝、册皇太子则服之。”①

此段描述出现了大量从未有过的新细节：比如冕上在原有珠旒外还另加一层“翠旒十二，碧凤衔之”，冕版上的“玉七星”，多达四十八个的“琥珀瓶、犀瓶”，四周有“珍珠、杂宝玉钿”饰的“金丝网”“七宝四柱”，以及表里包裹的华丽“龙鳞锦、紫云白鹤锦”，身上的衣、裳、蔽膝，除了复杂的章纹外，还有用“珍珠、琥珀、杂宝玉”装饰的“云朵、金钑花钿窠”，以及腰上的“金龙凤革带、青罗盘结四神带、红罗勒帛”，赤舄上的“金钑花四神玉鼻”，蔽膝由唐式的龙、火、山章改为“双升龙”……可以说这套礼服，从头到脚都被珠玉、宝石、锦绣装饰了一遍。同时，文中所谓“宋初因五代之旧”，“旧”是说宋初延续了前代的服制，而究竟终于宋初什么时候，值得关注。

又《宋史》载，太祖建隆元年（960），太常礼院言：“准少府监牒，请具衮龙衣、绛纱袍、通天冠制度令式。衮冕，垂白珠十有二旒，以组为缨，色如其绶，黈纩充耳，玉簪导。玄衣纁裳，十二章：八章在衣，日、月、星辰、山、龙、华虫、火、宗彝；四章在裳，藻、粉米、黼、黻。衣褾领如上，为升龙，皆织就为之。山、龙以下，每章一行，重以为等，每行十二。白纱中单，黼领，青褾、襈、裾。蔽膝加龙、山、火三章。革带，玉钩艓。大带，素带朱里，纰其外，上朱下绿，纽约用组。鹿卢玉具剑，大珠镖首，白玉双佩，玄组。双大绶六采，玄、黄、赤、白、缥、绿，纯玄质，长二丈四尺五寸，首广一尺。小双绶长二尺六寸，色同大绶，而首半之，间施三玉环。朱袜赤舄，加金饰”诏可②。

又，建隆二年（961），“少府监所造冕服，及二年博士聂崇义所进《三礼图》，尝诏尹拙、窦仪参校之，皆仿虞、周、汉、唐之旧。”太子詹事尹拙、工部尚书窦仪议衣服制度，并“谨按周礼……今请令君臣衮冕以下并画充耳，以合正文。从之”③。这也就是说，建隆二年（961）以前，君臣衮冕以下并无充耳。这一点也正好体现在了敦煌石窟存4铺于阗国王画像上。

而到了“乾德元年（963）闰十二月，少府监杨格、少监王处讷等上新造皇帝冠冕。先是，郊祀冠冕，多饰以珠玉，帝以华而且重，故命改制之”④。这也就是说，乾德元年依照五代服制新造的皇帝冕冠因过于华丽繁重，太祖命改制之。

由上可知，宋初一段时期皇帝冕服沿用了五代旧制，即皇帝进行各类祭祀活动时全部穿戴十二旒“衮冕”，其他五冕是废而不用的。也由此可知，敦煌石窟中的六旒和五旒于阗国王像冕服，绝非中原王朝帝王之“衮冕”。

但需要注意的是，《宋史》载在国家祭祀活动时，不同品级的大臣还需穿戴对应的“诸臣祭服”。对此，《宋史》曰：“诸臣祭服。唐制，有衮冕九旒，鷩冕八旒，毳冕七旒，絺冕六旒，玄冕五旒。宋初，省八旒、六旒冕。九旒冕：涂金银花额，犀、玳瑁簪导，青罗衣绣山、龙、雉、火、虎蜼五章，绯罗裳绣藻、粉米、黼、黻四章，绯蔽膝绣山、火二章，白花

① ［元］脱脱等：《宋史》卷151《舆服志三》，中华书局，1985年，第3522–3523页。

② ［元］脱脱等：《宋史》卷151《舆服志三》，中华书局，1985年，第3523页。

③ ［元］脱脱等：《宋史》卷151《舆服志三》，中华书局，1985年，第3523–3524页。

④ ［元］脱脱等：《宋史》卷151《舆服志三》，中华书局，1985年，第3524页。

罗中单，玉装剑、佩，革带，晕锦绶，二玉环，绯白罗大带，绯罗袜、履，亲王、中书门下奉祀则服之。其冕无额花者，玄衣纁裳，悉画，小白绫中单，师子锦绶，二银环，余同上，三公奉祀则服之。七旒冕：犀角簪导，衣画虎蜼、藻、粉米三章，裳画黼、黻二章，银装佩、剑，革带，余同九旒冕，九卿奉祀则服之。五旒冕：青罗衣裳，无章，铜装佩、剑，革带，余同七旒冕，四品、五品为献官则服之；六品以下无剑、佩、绶；紫檀衣，朱裳，罗为之，皂大绫绶，铜装剑、佩，御史、博士服之。平冕无旒，青衣纁裳，无剑、佩、绶，余同五旒冕，太祝、奉礼服之。"①

从以上引文可以看出，宋初，诸臣祭服省去了"八旒、六旒"冕，意即五代宋初一段时期，诸臣祭服仍然使用"八旒鷩冕、六旒絺冕"。宋初（约宋乾德元年）以后，省去了"八旒、六旒"冕，但保留了"九旒、七旒、五旒、平"诸冕。

三、五代宋初舆服制度影响下的敦煌于阗国王像

据贺世哲等先生研究，莫高窟第98窟为曹议金本人之功德窟，其建成时间约在后唐同光年间（923—925）前后，而李圣天像系后晋天福五年（940）以后补绘，绘制时间当在曹议金继任者曹元深掌权时期（940—945）②。这也就是说，此窟中的李圣天像绘制于后晋高祖石敬瑭天福五年（940）至后晋出帝石重贵天福九年（944）七月之前一段时期内。

长期以来，于阗作为唐朝经略西域的坚固堡垒，一直与唐朝保持着相当的友好关系。但是随着安史之乱爆发，唐朝势力逐渐退出西域，及至唐朝灭亡，于阗与中原的官方正式往来也被阻绝。直至五代后晋天福三年（938）九月，于阗国国王李圣天使者马继荣等历经两年之久最终到达后晋朝贡。同年十月庚子，晋高祖石敬瑭颁制书，曰："于阗王李圣天境控西陲，心驰北阙，顷属前朝多事，久阻来庭。今当宝历开基，乃勤述职，请备属籍，宜降册封，将引来达之恩，俾乐无为之化，宜册封为大宝于阗国王，仍令所司择日备礼册命，以供奉官张匡邺充使。"③

同年十二月戊寅，后晋加封于阗入朝使：进奉使检校太尉马继荣为镇国大将军、扶风郡开国公，食邑二千户；副使黄门将军国子少监张再通为试卫尉卿；监使殿头承旨、通事舍人吴顺规为试将作少监④。当月稍后，后晋派遣的册封使或曰国信使供奉官假鸿胪卿张匡邺、彰武军节度官高居诲等，与已完成任务而西归的于阗朝贡使团一起启程返回于阗。当高居诲一行历时两年到达于阗时，见"圣天衣冠如中国"⑤。又，大约一年后（940），在曹议金功德窟莫高窟第98窟内明显的位置上，绘制了大幅的李圣天及曹氏皇后的供养像⑥。

高居诲一行所见"圣天衣冠如中国"，可能是李圣天为了迎接中原册封使刻意为之的。因为在此之前，于阗经历了吐蕃长达八十余年"编发易服"的统治⑦，此时距离结束吐蕃统

---

① [元] 脱脱等：《宋史》卷152《舆服志四》，第3539-3540页。

② 贺世哲：《从供养人题记看莫高窟部分洞窟的营建年代》，第216-219页。

③ [宋] 王若钦等编纂《册府元龟》卷965《外臣部十·封册第三》，周勋初等校订，第11184页。

④ [宋] 王溥：《五代会要》卷29《于阗》，上海古籍出版社，2006年，第465页。

⑤ [宋] 欧阳修：《新五代史》卷74《四夷附录》，[宋] 徐无党注，中华书局，1974年，第918页。

⑥ 荣新江、朱丽双：《于阗国王李圣天事迹新证》，《西域研究》2012年第2期，第8页。

⑦ 陈粟裕：《五代宋初时期于阗王族的汉化研究——以敦煌石窟中的于阗王族供养像为中心》，《美术研究》2014年第3期，第21页。

治并不久远，其国人理应穿戴吐蕃服饰或本民族服饰的。但高居诲所见李圣天却穿戴如中国的衣冠，这极有可能是李圣天为了迎接中原册封使而有意穿戴的。

如果此假说成立，则作为后晋封国国王的李圣天必不敢穿戴超过宗主国皇帝的冕冠。对此，虽无直接史料佐证，但对比明太祖册封高丽国恭愍王、琉球国王等文献记载亦可类比推测，一般封国国王多颁赐郡王或亲王冠服。高丽恭愍王十八年（洪武二年，1369）五月，高丽向明朝“请赐本国朝贺仪注”和“请祭服制度”。对此，《高丽史·舆服志》载，明朝颁给高丽的冠服，有国王和臣下的祭服、国王朝服以及王妃冠服。其中官员祭服共分七个等级，其规格“比中朝臣下九等，递降二等”。而颁赐给了恭愍王祭服（衮冕）和朝服（远游冠、绛纱袍）两套冠服，其中衮冕为九旒、九章，等级基本与明朝亲王相同。又，洪武二十七年，明朝命琉球国王相“秩同中国王府长史”，即相当于中国正五品官员。冠服与官员的品秩相应，比中国递降四等。明洪武三十一年，明朝赐琉球中山王及其臣下冠服，琉球国王受赐的冠服当中，规格最高的是郡王级别的七梁皮弁冠，但没有冕服[①]。

现在所知的是，于阗入朝使一行中，官职最高的是于阗进奉使检校太尉马继荣，其被后晋加封为后晋“镇国大将军、扶风郡开国公，食邑二千户”。此与唐制“开国郡公，食邑二千户，正二品”[②]完全相符，亦即后晋按照唐制“郡公”册封的马继荣。既然于阗进奉使检校太尉马继荣被册封为了“郡公”，则作为后晋属国的李圣天只能是“郡王”。而据唐制“嗣王、郡王，食邑五千户，从一品”[③]可知，李圣天也就只能按照后晋郡王、从一品对应的衣冠制度穿戴冕服了。

仔细观察，现在所见李圣天第98窟供养像并非一次完成，明显可见重绘痕迹。在第98窟现李圣天像白皙的面部位置可明显看到底层原本的五官画痕，原本五官比例明显偏大。若依原本画痕推测，现在所见其冕冠偏小，而现在所见冕冠、冕服底色皆为深色，且冕冠大面积为沥粉堆金而成，原本冕冠皆被覆盖，使得现无法推知此处原本画像面貌。同时，位于李圣天身后的于阗王后曹议金三女供养像（题：“大朝大于阗国大政大明天册全封至孝皇帝天皇后曹氏一心供养”）亦有重绘痕迹，并由曹氏供养人像题记可知，此画像亦与李圣天供养像同时重绘。对此，沙武田先生认为重绘于阗王后曹议金三女供养像，是曹氏为了处理与于阗的关系而曲意奉迎，属不得已而为之，图像中包含有很深的政治意义[④]。显然，这一画像极有可能是为了隆重迎接归返的后晋册封使、于阗进奉使途经敦煌而精心绘制的。既然是迎接后晋册封使和于阗进奉使所用，则这一画像必须符合后晋封国的国王服制，毕竟这一事件无论对于于阗还是沙州归义军来说，代表王权的国王画像来不得半点马虎。

莫高窟第98窟李圣天供养人“大朝大宝于阗国大圣大明天子……即是窟主”的墨书题记，当为后晋高祖石敬瑭“册圣天为大宝于阗国王”之谓。而其中的“大圣大明天子”，可能与沙州地方政权采用当时于阗国对李圣天的称呼有关，大圣应与“于阗之神圣天子”，“大

① 张佳：《衣冠与认同：明初朝鲜半岛袭“用明衣冠”历程初探》，《史林》2017年第1期，第96-107页。

② ［宋］欧阳修、宋祁：《新唐书》卷46《百官志一》，中华书局，1975年，第1188页。

③ ［宋］欧阳修、宋祁：《新唐书》卷46《百官志一》，中华书局，1975年，第1188页。

④ 沙武田：《敦煌石窟于阗国王画像研究》，《新疆师范大学学报》（哲学社会科学版）2006年第4期，第28页。

明”或许与“转轮王”相关[①]。对此，荣新江和朱丽双有过详细的考证，认为李圣天的各种称号体现了于阗传统的佛教思想与中原汉族王统思想的结合[②]。

需要注意的是，第98窟李圣天题记中使用了“天子”称谓，同时李圣天在与沙州张氏的通信中自称“大于阗汉天子”。“天子”和“皇帝”称谓向来为中原王朝帝王所用。这在一定程度上表明，他是以一个独立王国之君主的形象示人的。但在整条题记中，却将中原王朝后晋所称之“大朝”放置于首位，而将封国称谓“大宝于阗国”放在其后，以此显示两国之间的等次关系。这一点也可为于阗王李圣天遣使入后晋朝贡，并被册封为“大宝于阗国王”这一史实所证明。还有，既然可以称之为“国王”，则称其为“天子”当亦无异议。同时联系后晋册封于阗使高居诲所载“圣天衣冠如中国”[③]这一记述可知，于阗国王服制依后唐或后晋服制而成的可能性极大，尤其是作为具有写真意味的国王像，其服制应必有所出。

同时，第98窟李圣天榜题中的“大朝”应是指中原王朝后晋，这一点也为相关文献所记载。如《旧五代史》载：“（广顺二年）初，汉末遣三司军将路昌祚于湖南市茶，属淮南将边镐陷长沙，昌祚被贼送金陵。及敬权自大朝归，具以帝言告于李景，景乃召昌祚，延坐从容久之，且称美大朝皇帝圣德广被，恩沾邻土，深有依附国家之意。”[④]又《旧五代史》载：周显德三年春，周世宗南征淮甸，李景遣其臣奉表修贡，且言“景愿割濠、寿、泗、楚、光、海等六州之地，隶于大朝，乞罢攻讨”[⑤]。又《宋史》载：开宝初，太祖令江南李煜遣使以书谕南汉王刘鋹使称臣，遗书曰“昨以大朝南伐，图复楚疆，交兵已来，遂成衅隙。详观事势，深切忧怀，冀息大朝之兵，求契亲仁之愿，引领南望，于今累年。临昨使臣入贡大朝，大朝皇帝果以此事宣示”[⑥]……显然，第98窟李圣天供养像题记中的“大朝”当指中原王朝无疑。这也就是说，第98窟李圣天供养人题记显示，此时的于阗国是以后晋封国或附国相称的，至少敦煌曹氏归义军政权是这样认为的。

有意思的是，与李圣天像并列位置的《维摩诘经变》文殊一侧下部亦有一身中原帝王像，此帝王像着服制高于李圣天服制。此帝王像为一中年男子，面庞圆润，山羊胡，双臂自然伸开，昂首向前，左右各有一侍臣扶持。头戴八旒冕冠，黑色镂空冠卷，蓝色条纹方形冕板（后大前小），石绿色旒珠，白色天河带自冕板上自然垂于腹前下，其他配饰不可见；身穿黑色上衣，薰色下裳，绛纱里，白纱中单，领、褾石绿色，朱禩、裾，白裙，白裙襦，绛纱蔽膝，蔽膝上、下间红绿色一整二半团花边饰，中间饰龟背形联珠纹六边或五边团花，蔽膝由一条内画蓝色团花方格纹大带束于胸下，一条石绿色缀花革带系于大带之上，似为装饰，大带左侧系一白色绶带，自然垂于足下，上无饰物；上衣两肩绘“日、月”二纹章（左肩三足乌，右肩桂树下白兔），两袖口各绘一“龙”章，其他纹章不可见，左腋下佩剑，佩剑仅可见土红色剑柄，脚穿白底黑帮笏头舄。

据上可以看出，此《维摩变》中的中原帝王像冕服虽不及李圣天冕服华丽，但所戴冕冠

① 文欣：《中古时期于阗国政治制度研究》，硕士学位论文，北京大学，2008，第29页。

② 荣新江、朱丽双：《于阗国王李圣天事迹新证》，《西域研究》2012年第2期，第1-13页。

③［宋］欧阳修撰《新五代史》卷74《四夷附录第三》，［宋］徐无党注，第918页。

④［宋］薛居正等：《旧五代史》卷112《周太祖纪三》，中华书局，1976年，第1480页。

⑤［宋］薛居正等：《旧五代史》卷134《李景传》，第1787-1788页。

⑥［元］脱脱等：《宋史》卷481《刘鋹传》，第13921页。

旒数却高于李圣天，前者八旒，后者六旒，此似乎为画者有意为之。首先，此帝王冕服原本的长方形冕板被刻意处理成了前短后长，感觉为极不合理的一种前所未有的冕冠形式；其次，位于冕板两端的部分旒珠被绘在了冕板两侧，以此造成部分旒珠被冠卷遮挡的情况，此种情形亦极为少见，在敦煌《维摩变》的帝王像中可谓独此一例的；再次，若从其他敦煌《维摩变》中的帝王服制多为六旒冕冠（冕旒数最多仅有安史之乱之际修建的第194窟帝王穿戴九旒冕冠）的情况来看，此窟《维摩变》帝王八旒冕冠的形式似有刻意抬高其地位级别之嫌。

总的来看，在“自称唐之宗属”并以李姓相称的于阗国王李圣天遣使朝贡后晋，并受封“大宝于阗国”的特殊背景下，作为其于阗国王李圣天写真像的服制必不出唐或后晋封国国王（郡王、从一品）冕服之范畴。故此推测，莫高窟第98窟于阗国王李圣天，包括莫高窟第454、4窟3身穿戴六旒冕冠的于阗国王像既有可能是按照宋乾德元年舆服改制前郡王冕服的规定绘制的，而榆林窟第31窟穿戴五旒冕冠的于阗国王像则为宋乾德元年舆服改制后郡王冕服规定绘制而成的。

四、结语

根据前文所述，敦煌石窟现存4铺五代宋初时期的邈真类于阗国王供养像，除榆林窟第31窟于阗国王穿戴五旒冕冠外，其余3铺皆穿戴六旒冕冠。若按中原舆服制度比对，册封国一般对应郡王级别舆服，故宋乾德元年前包括五代在内的郡王舆服皆穿戴六旒冕冠，而从乾德元年，废除六旒冕冠始，郡王对应穿戴五旒冕冠。

敦煌石窟中最早的于阗国王像，系绘制于后晋天福五—九年（940—944）间的莫高窟第98窟题写有“大朝大宝于阗国大圣大明天子……即是窟主”李圣天像。李圣天本名尉迟散跋婆，912—966年在位，在位时限对应中原后梁乾化二年至宋乾德四年，在位45年之久，继任者为其子尉迟苏拉，后经尉迟达磨、尉迟僧伽罗摩等王。尉迟家族统治下的于阗于1006年为来自喀什的黑韩王朝所征服①。这也就是说，除李圣天统治时期对应中原五代、宋初一段时期外，其余各王统治时段对应中原北宋时期。

两者对应来看，莫高窟第98、454、4窟中穿戴六旒冕冠的于阗国王冕服当为宋乾德元年前的郡王衣冠服制，即此3铺于阗国王像当为李圣天。而榆林窟第31窟穿戴五旒冕冠的于阗国王像则为宋乾德元年及以后的郡王衣冠服制，故极有可能就是李圣天之子，于阗国太子，继李圣天于阗国王位的尉迟苏罗供养像。

① 张广达、荣新江：《关于唐末宋初于阗国的国号、年号及其王家世系问题》，载北京大学中国中古史研究中心编《敦煌吐鲁番文献研究论集》，中华书局，1982年，第179-209页。

关于云冈石窟窟檐建筑问题的讨论

——以第9、10窟为中心

刘建军（云冈研究院）

关于云冈石窟窟檐建筑的问题，最早关注为20世纪30年代建筑学家梁思诚先生等在大同地区调查辽金古建筑期间，在考察云冈的北魏建筑时就已经引起对这个问题注意了，所以在发表《云冈石窟中所反映的北魏建筑》论文中根据第5、6窟窟前保存的木结构建筑实物，结合洞窟外立壁崖面上梁孔、椽孔遗迹和文献资料，提出了云冈窟前修有木结构建筑窟檐，指出这个问题的解决“唯有等候于将来有程序的科学发掘了”[①]。日本侵华期间的1938年、1940年，水野清一等采用探沟方法对云冈第8—12窟、昙曜五窟的窟前地面，第3窟、西部窟群山顶及龙王沟寺院进行两次考古调查发掘，在一部分洞窟前发现有建筑遗迹[②]，从而进一步证实了梁先生对云冈石窟窟前曾经修建过木结构建筑窟檐的推测。1947年宿白先生参加整理北京大学图书馆所藏善本书籍时，在缪荃孙传抄的《永乐大典》天字韵《顺天府》条[③]引《析津志》文内，发现《大金西京武州山重修大石窟寺碑》（以下简称《金

① 梁思诚、林徽音、刘敦桢：《云冈石窟中所表现的北魏建筑》，《中国营造学社汇刊》第3卷第3、4期，1933年，第214页。

② 都大学人文科学研究所、［日］水野清一、［日］长广敏雄著：《云冈石窟·云冈发掘记》（一）第七卷第十窟，中国社会科学院考古研究所编译，科学出版社，2014年，第57-68页。京都大学人文科学研究所、［日］水野清一、［日］长广敏雄：《云冈石窟·云冈发掘记》（二）第十五卷西部诸窟，中国社会科学院考古研究所编译，科学出版社，2016年，第91-102页。

③ 该书题《顺天府志》，天津木犀轩李氏（盛铎）旧藏。据北京图书馆赵斐云先生考订，系缪荃荪修《畿辅通志》时，过录《永乐大典》天字韵《顺天府》条的全文，该书1983年4月已由北京大学出版社影印行。［元］熊梦祥：《析津志辑佚》，北京古籍出版社，1983年。有关《析津志》的《大金西京武州山重修大石窟寺碑》部分，详情缪荃荪过录内容请参见宿白《〈大金西京武州山重修大石窟寺碑〉的发现与研究》一文附图的复印件。

碑》）一篇，在总结前人研究成果基础上，通过几年来多次对云冈石窟实地考古调查，结合摘录有关文献和已知的遗迹、遗物与碑文参比疏正，于1956年发表《〈金碑〉校注》[①]一文，指出“碑文二千一百余言，记载详细，微引宏博，所述自唐讫金一段云冈的兴修、设置，正好弥补了云冈历史的空白页，而引用现已佚亡的北魏铭刻和文献记录考订云冈石窟的时代，也正给今天研究云冈各个石窟开凿先后的问题提供了绝好的参考材料”，这不仅肯定了《金碑》的史料价值，而且也为云冈石窟寺历史演变的研究提供了十分重要的文献资料。

20世纪70年代以来，对云冈石窟窟前遗址的考古发掘有新的发现和收获。1972年云冈石窟保管所为了弄清第9窟至第10窟窟前建筑规模，在该组洞窟前进行了大面积的清理和发掘，发现了前后两期的窟前建筑的局部遗迹，第一期建筑遗迹共有8个大方形柱穴，与洞窟立壁上的长方形梁孔相对应，其中有一个柱础叠压在第10窟窟前北魏所雕莲花地面上，且破坏了原有地面雕饰纹样的完整性，这种情况可以说明：这是一处面宽七间、北魏以后辽代以前的窟檐建筑。有学者怀疑这就是《金碑》所记：“唐贞观十五年守臣重建”之遗迹[②]。而第二期地面上6个方形柱础遗迹，可以与新发现的前室窟顶二层平台上的梁槽遗迹相对应，所以说这是一处面宽五间的辽金时期的建筑。1992年至1993年，为配合云冈石窟“八·五”保护维修降低地面工程项目，山西省考古研究所、云冈石窟文物研究所和大同市博物馆组成联合考古队，对第1、2窟，第3窟，第9至第13窟和第14至第20窟的部分窟前遗址进行了考古发掘，发现了一批从洞窟崩塌下来的佛像残块和四处建筑遗址，如昙曜五窟前河坝和第9、10窟前，第20窟前石砌台基和台阶的发现。最重要第3窟是云冈石窟中规模最大，特别是未完工的窟内外发现了北魏时期基岩地面未凿完的遗迹现象，揭示了石窟的开凿程序、方法等前所未知的情况，对于研究像云冈这样大的石窟工程开凿程序和操作方式具有重要意义[③]。

近年来，随着云冈石窟多次考古发掘工作的展开，积累了大量考古资料，也使得对第9、10窟窟前发现的北魏、辽金时期遗迹的认识也逐渐深入，这里通过对第9、10窟窟檐前的建筑遗迹和出土遗物进行整理与研究，就第9、10窟前的外立壁仿木结构石雕建筑形式和前后两期木结构建筑窟檐时代问题进行讨论（见图1）。

---

① 宿白：《〈大金西京武州山重修大石窟寺碑〉校注——新发现的大同云冈石窟寺历史材料的初步整理》，《北京大学学报》（人文科学）1956年第1期，第71-84页。

② 云冈石窟文物保管所、文物保护科学技术研究所：《云冈石窟建筑遗迹的新发现》，《文物》1976年第4期，第89-93页；姜怀英、员海瑞、解廷凡：《云冈石窟新发现的几处建筑遗迹》，载云冈石窟文物保管所编《中国石窟·云冈石窟》（一），文物出版社，1991年，第198-201页。

③《云冈窟前遗址发掘重大成果》，《中国文物报》1994年1月16日第1版；山西省考古研究所、云冈石窟文物研究所、大同市博物馆：《云冈石窟第3窟遗址发掘简报》，《文物》1976年第4期，第65-88页。

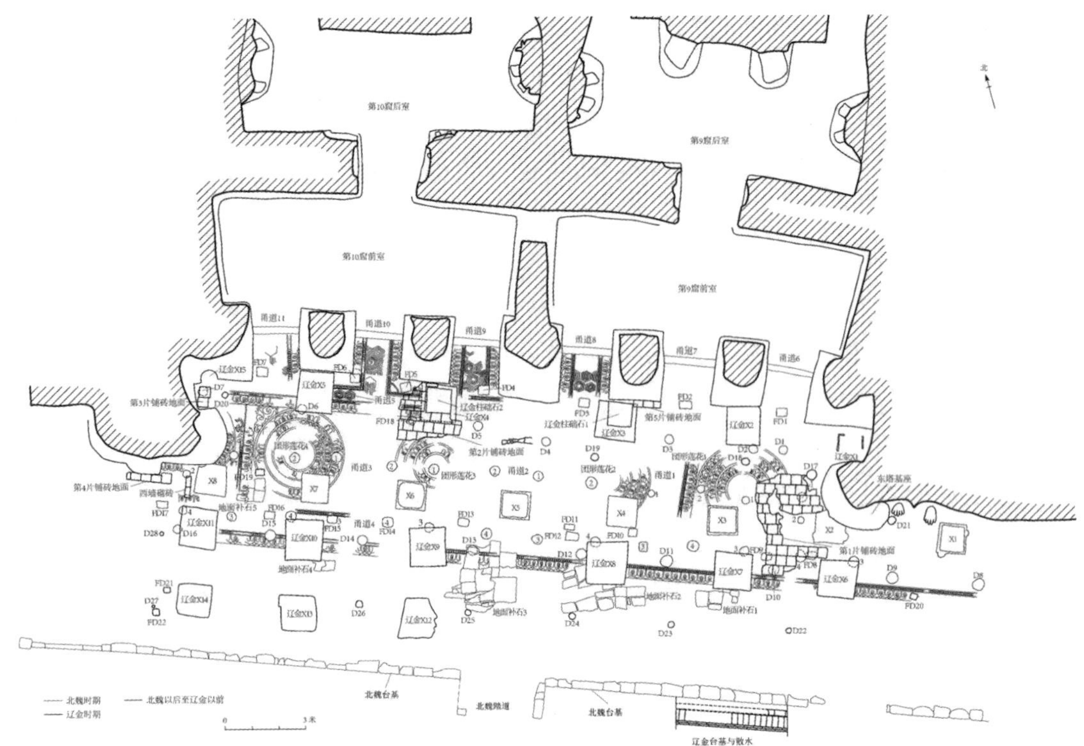

图1　1992年、2013年第9、10窟窟前北魏、辽金时期遗迹平面图

一、第9、10窟的北魏时期洞窟营造

第9、10窟的开凿时间根据考古分期为北魏太和八年至太和十三年（484—489）营造[①]。一般来说，地面雕刻可能属于最终完成的工程项目，标志着一座或一组洞窟营造工程基本结束，北魏时期营造的云冈石窟第9、10窟及龙门石窟宾阳中洞[②]就属于这类洞窟的代表。

（一）第9、10窟窟前地面铺装图案的结构分析

这组洞窟地面铺装遗迹最早发现于1938年日本学者的考古调查，据《云冈发掘记（一）》介绍，在第10窟窟前基岩地面发现有莲花纹和龟背纹。这里龟背纹是指现编号第10窟前室的东梢间甬道9和西梢间甬道11，莲花纹是指现编号团形莲花4图案，当时以为团形莲花4只有一层莲瓣，直径约7米，推测第9、10窟窟前东西两侧各有一朵[③]。1972年有学者

①宿白：《云冈石窟分期试论》，原载《考古学报》1978年第1期，第25-38页，此据宿白著《中国石窟寺研究》，文物出版社，1996年，第76-88页；宿白：《〈大金西京武州山重修大石窟寺碑〉——与日本长广敏雄教授讨论有关云冈石窟的某些问题》，原载《北京大学学报》（哲学社会科学版）1982年第2期，第29-49页，此据宿白著《中国石窟寺研究》，文物出版社，1996年，第89-113页。

②李文生：《龙门石窟石窟北朝主要洞窟总叙》，载龙门文物保管所、北京大学考古系编《中国石窟·龙门石窟》（一），文物出版社，1991年，第265页。

③京都大学人文科学研究所、［日］水野清一、［日］长广敏雄：《云冈石窟·云冈发掘记》（一）第七卷第十窟，中国社会科学院考古研究所编译，科学出版社，第57-68页。

认为团形莲花4直径约3米，并且以为团形莲花雕刻未完工[①]。

1992年考古发掘将第9、10窟窟前雕刻的铺装地面全部揭露，发现以前室列柱之间门槛为界，前室和窟前两者地面铺装完全不同。前室地面铺装的基本情况如下：在距离洞窟壁面约0.30米的地面上凿出一条阴刻线，它不仅凿刻粗糙，而且也断断续续，很不规整。在第10窟这条阴刻线当从前室进入后室时，窟门内西侧地面上仍保持延续，而东侧地面上则已经消失；在第9窟从前室进入后室窟门内，地面上阴刻线全部消失。这些遗迹现象说明第9、10窟的前、后室地面上铺装图案雕刻没有完成，它原来设计可能类似窟前地面上莲瓣纹与联珠纹装饰带组合。但可惜第9、10窟窟前地面一方面因为暴露在外和长期使用，风化、磨损比较严重；另一方面，后期修建木结构窟檐建筑时，柱穴（础）将地面铺装图案打破，这样的情况就使得问题变得更为复杂。不过我们通过新发现的残存雕刻遗迹，基本上可以辨识出这组双窟窟前的地面铺装图案构成。

窟前地面铺装由团形莲花和龟背纹甬道两部分构成。四组团形莲花东西向“一”字形排列，但保存的情况差别较大，中间两个团形莲花损毁十分严重，东西两侧的团形莲花保存较好。其中，东西两侧的团形莲花1和团形莲花4图案稍大，直径约3.4米，素面莲蓬的外饰为饱满雅致的三层双瓣莲瓣，虽然已经残缺，但样式与结构清晰。中间的团形莲花2和团形莲花3图案略小，莲花直径约3.1米，不仅保留着三层莲瓣图案，甚至在团形莲花2图案莲蓬中残存圆心，这个遗迹价值十分珍贵，一定程度上反映了当时工匠的雕刻技术与方法。同时，在团形莲花周围还有一个方形边框，保存比较完整的西侧的团形莲花4，南、西、北三面边框上不仅装饰二方连续莲瓣纹、联珠纹饰带，而且在方形边框的西北角隅内填以忍冬纹图案，推测其他三个角隅雕刻内容与此相同。可惜团形莲花1和团形莲花3边框上仅保存着少许二方连续莲瓣纹、联珠纹饰带。因此，推测新发现的四组团形莲花图案均为中心为圆形团形莲花，外侧围以莲瓣纹、联珠纹饰带方形边框的图案，这种外方内圆的地面铺装结构，仿佛形成了四个大型莲池。

在四组团形莲花图案之中，东西两个相互比邻之间各有一条南北向甬道。但只有在团形莲花1与团形莲花2之间的甬道上残存少许龟背纹遗迹，其他甬道上的雕刻已经全部损毁。在团形莲花的南北两侧又各有一条东西向甬道，只在北面甬道的西端残存2个龟背纹图案，结构清晰。这条北侧甬道与进入第9、10窟前室窟门的甬道相互连接，其中第9、10窟前室部分窟门的甬道中间保存着龟背纹残迹，两侧均为莲瓣纹、联珠纹饰带。这样，甬道彼此之间相互连接，四通八达。

总而言之，云冈第9、10窟前的地面铺装，图案十分精美，设计新颖别致，均以团形莲花、龟背纹、二方联珠纹、二方莲瓣纹与忍冬纹等多种元素共同组成，特别是外方内圆的四个盛大莲池，与洞窟内佛教雕刻内容交相辉映，仿佛是一个佛国世界的再现，具有重要的佛

① 姜怀英等：《云冈石窟新发现的几处建筑遗迹》，载云冈石窟文物保管所编《中国石窟·云冈石窟》（一），文物出版社，1991年，第198页。

教意涵。北魏时期洛阳开凿的龙门石窟宾阳中洞[①]和皇甫公窟[②]与巩县石窟第3、4、5窟[③]以及云冈第5:11窟地面铺装图案，程度不同地直接或间接受到第9、10窟窟前地面铺装图案的影响，这是有待于进一步深入研究的问题。

（二）地面补石和包石台基砌筑的时间

除第9、10窟窟前地面铺装上的团形莲花之外，值得注意的是地面上的补石上面也雕刻莲瓣。在这五处补石地面1至5中，最大的补石地面正好在这组洞窟前南面的甬道南侧位置，这片地面补石呈不规则形，约20多块，补石有长方形，或方形，或不规则形。其中北侧的补石上残存二方莲瓣纹和二方联珠纹图案。最小的补石地面由于位于团形莲花图案的西侧边框之上，在三块方形补石中有一块补石上残存着二方莲瓣纹图案。以上两处补石地面上的莲瓣纹图案雕刻风格均为北魏时期，其他补石地面分别被后期的辽金X7、X8、X10木结构窟檐建筑前檐柱打破，所以推测补石地面为北魏时期遗存。

第9、10窟窟前的台基1938至1940年日本学者在勘察时就已经发现，距前室门槛约12米，台基呈东西向，分成东、西部两段，分别用石块和条砖包砌，其“东部垒砖长13米，西部垒石长13米以上。砖墙、石墙上面距地表0.60米至0.90米，顶部几乎形成一个平面……东部垒砖（包砌砖墙）就是普通的长方砖（约0.32米×0.20米×0.06米），砌法为丁砖砌合，保存较好的部分还能看到五块砖的组合。现存高度0.30米，以南平砌。下段南侧纵砖砌一列……没有明显的辽金砖特征……西部垒石（包砌石墙）是由长方形的石块砌成，石块长1.00米、宽0.25米，有的长达1.5米至1.6米。现存三层，下面是自然风化的沙砾层，为北魏遗存”[④]。由于台基东、西两侧超出第9、10窟的范围，分别向第8窟和第11窟前延伸，台基上面已经被明清时期修建民居时破坏。结合第8窟窟前也发现有砌石，日本学者认为包（砌）砖墙与包（砌）石墙二者之间有一定的联系，推测晚期包砖墙是早期包石墙的延续，即晚期包砖墙是对早期包石墙的补砌，但没有进行全面发掘，也未对其进行细致地解剖，所以很难确定包砖墙修建的具体时间和性质，也无法厘清两者之间的关系。1972年考古发掘认为包砖砌筑墙体是建筑“台明”与“散水”[⑤]，肯定了残存砖砌墙体为“台基”的作用，但可惜对包砌砖墙与包砌石墙两者之间关系问题仍未厘清。通过1992年考古发掘，发现第9、10窟东部的包石台基与包砖台基属于不同的建筑墙体，同时在两道墙体之间发现又有一条约宽0.20米的缝隙，说明包砌石墙台基在包砌砖墙之内，两者并非一次性构建，显然属于不同时期修造的两个台基。

---

① 李文生：《龙门石窟石窟北朝主要洞窟总叙》，载龙门文物保管所、北京大学考古系编《中国石窟·龙门石窟》（一），文物出版社，1991年，第265页。

② 马世长：《龙门皇甫公窟》，载龙门文物保管所、北京大学考古系编《中国石窟·龙门石窟》（一），文物出版社，第243-244页。

③ 参见河南省文物研究所编《中国石窟·巩县石窟》，文物出版社，1989年，图版102（第3窟西南角全景）、图版158（第4窟西壁壁角）、图版159（第4窟北壁全景）、图版160（第4窟北壁壁脚）、图版179（第4窟地面残存雕饰）、图版205（第5窟地面花雕）。

④ 京都大学人文科学研究所、［日］水野清一、［日］长广敏雄：《云冈石窟·云冈发掘记》（一）第七卷第十窟，中国社会科学院考古研究所编译，科学出版社，第57-68页。

⑤ 云冈石窟文物保管所、文物保护科学技术研究所：《云冈石窟建筑遗迹的新发现》，第90页。

2013年考古复查与补充发掘时，在第9、10窟前的两窟中间的位置，发现一条用石块包砌南北向踏道，宽约3.15米，北面高南面低，这与1938年日本学者在第9、10窟窟前发掘南北向3号探沟的“铺地砖从窟门向东南延伸达10米。其南砖消失，出现了一层0.3米的薄土层，土层中央夹杂有紫黑色的砂砾，下面为基岩……再往南，发现用方形的大石块铺砌的缓坡，延伸约2.5米。缓坡的倾斜度不十分清楚，但南低北高，很可能石通向石窟的小路的一部分。从铺路石块的凿切式样判断，寺可追溯到北魏时期”①的推测相吻合，只是因为南北向3号探沟的宽度仅为2米，与踏道宽度为3.15米有较大差距，所以很难确定其具体功能与性质。

这条踏道中线与第9、10窟隔墙中线的两者之间距离仅差0.15米，几乎重合，这充分地显示出踏道与洞窟的密切关系，所以推测这条道路就是第9、10窟窟前台基可能与这组洞窟同时规划设计。值得重视的是，这条踏道的北端直接嵌入包石台基之内，与包石台基连成一体。东侧包石台基由于仅发掘16.20米，接近第8窟，再往东未进行考古发掘，具体情况不明；西侧包石台基残存16.50米，已经到正对着第11窟的窟门东壁位置，可见西侧台基也包括第11窟窟前的台基。另外，在包石台基东侧靠近踏道处第3层与第2层上下之间和西侧第2层与第1层上下之间发现了采用“磕绊”方法砌筑，这与第20窟包石台基砌筑方法完全一致，所以推测属于北魏开凿洞窟同一时期营造。

（三）第9、10窟窟前外立壁崖面雕刻形式的探讨

第9、10窟的外立壁雕刻从20世纪50年代已经引起学界的关注，水野清一等学者在报告中注意到第8窟和第9窟两间的外立壁凸出部分，即第9窟东侧为“五层以上的多层塔形，南面每层至少排列有五座佛龛”，而第10窟西侧应有“重层塔，与东边相呼应，但现已不明，只能从第10窟西端残存的低矮岩块找到些许痕迹”②。1973年，云冈石窟文物保管所对第12窟进行洞窟加固时，在第12窟外的上部发现了庑殿顶的仿木结构建筑石雕屋檐。姜怀英先生等结合第9、10窟立柱上方风化严重的崖面上发现屋顶出檐和人字形叉手的遗迹，认为“第9、10窟开凿之初即有仿木结构建筑石雕屋檐，很可能是和第12窟新发现的石雕屋顶相似的形式……也不能排除第9、10窟的原状可能与天龙山第16窟那样的门罩形式相似”③，并且复原出第9、10窟这组双窟的外立面形式。特别是第12窟有与第9、10窟类似的八角柱，不仅在柱子上部的位置雕刻了檐下斗栱，还在前立壁上雕刻了庑殿式瓦顶。所以，冈村秀典教授也认为“云冈石窟中的中国式建筑雕刻，即使是石窟内的造型，也全部表现出瓦顶和檐下的斗栱。虽然也有像第9窟主室南壁中央的屋形龛那样，仅表现瓦顶而省略檐下的椽和斗栱的例子，但是并没有反例。以此来看，作为云冈的木构建筑造型，第9、10窟的前壁

① 京都大学人文科学研究所、［日］水野清一、［日］长广敏雄：《云冈石窟·云冈发掘记》（一）第七卷第十窟，中国社会科学院考古研究所编译，科学出版社，第57–68页。

② 京都大学人文科学研究所、［日］水野清一、［日］长广敏雄：《云冈石窟》第六卷第九窟，中国社会科学院考古研究所编译，科学出版社，2014年，第15页。

③ 姜怀英等：《云冈石窟新发现的几处建筑遗迹》，载云冈石窟文物保管所编《中国石窟·云冈石窟》（一），文物出版社，1991年，第200–201页。

不可能没有屋顶的表现”①，以上说明专家、学者们观点基本上一致，都认为第9、10窟窟前崖面上雕有中国式仿木结构建筑窟檐，只是缺乏相关的实证材料。

专家、学者们的这个推断是正确的。1992年云冈五华洞（第9窟至第13窟）考古发掘中，在第13窟西侧新编号第13-4窟（无名窟）前1992T527第③D层褐鱼上夹碎石屑中，新发现了一件北魏时期的石雕屋顶瓦垄建筑残件，引起我们注意。新出土的这件标本1992T527③D:1石雕瓦当构件，尽管残缺比较严重，但明显地反映出中国传统木结构建筑瓦件特征。它除残存半个当面和圆弧形瓦身保存有人工加工过的痕迹之外，下面和背面均为岩石断裂之后形成的岩石断面，可以说明这件石雕是洞窟坍塌下来的遗物。这件石雕瓦当的当面外侧边轮为素面，高高凸起，内为双层复瓣莲花，莲瓣高凸肥硕，在两枚复瓣之间有三角形小瓣尖，雕刻十分细腻，形制与风格具有典型云冈北魏二期特征，与第9、10窟内的莲花雕刻完全一致。值得注意的是，石雕圆弧形瓦身上比较粗糙，雕刻凿痕十分清晰，如同雕刻刚刚完成的新品一般，没有丝毫风化痕迹，这似乎告诉人们雕凿刚完成。经与第12窟窟前崖面上石雕庑殿顶的瓦垄比对，这件石雕瓦当复原直径厚度29.3厘米，尺寸规格较大，而且云冈其他洞窟也没有如此大规格的石雕屋檐建筑，因此可以推测第9、10窟窟前崖面雕凿的中国式仿木结构建筑屋檐残件，可能是第9、10窟窟前崖面坍塌之物。类似的洞窟坍塌情况在云冈石窟第一期昙曜五窟（第16至第20窟）开凿时就曾经发生过②。不过，第9、10窟窟前崖面上的屋顶形式是否为庑殿顶，就目前所知的考古资料无法确定。

与此同时，1992年在第9窟窟前靠近东塔位置处1992T539内，发现一件北魏时期的石雕屋檐1992T539②:1，可惜风化比较严重。这件石雕平面接近长方形，在其中相邻两侧面有断裂痕迹，另外的两侧斜面上面雕有瓦垄，檐下雕圆椽，因此可以断定为仿木结构建筑屋檐石雕。从石雕屋檐的形状、大小和所发现位置推测可能是第9窟窟前东侧方形佛塔的塔檐，这一发现使得第9、10窟窟前的佛塔形式问题迎刃而解，也为第9、10窟窟前外侧雕刻仿中国式建筑佛塔形式提供实物依据。关于第10窟窟前的西侧雕刻佛塔的问题③，因为在圆形台座上凿有较大的兽形圆雕，与东侧佛塔下兽形圆雕对应，所以推测西侧佛塔坍塌时间可能与第9、10窟石雕屋檐的坍塌有关，这里因牵涉第10窟与第11窟之间崖面上的第11-1（11j）、第

---

① 京都大学人文科学研究所、中国社会科学院考古研究所编著《云冈石窟》第十八卷第七窟—第十窟，科学出版社，2018年，第114页。

② 杭侃：《云冈第二十窟西壁坍塌的时间与昙曜五窟最初的布局设计》，《文物》1994年第10期，第56-63页。

③ 关于第10窟前的西侧是否雕刻佛塔问题，水野清一等人于1951年在《云冈石窟》第六卷第九窟报告的第一章（外壁和前庭）中认为“第10窟的前庭西端理应有西壁和重层塔，有与东边相呼应，但现在已不明。只能从第10窟西端残存的低矮岩块找到些许痕迹”（京都大学人文科学研究所、［日］水野清一、［日］长广敏雄：《云冈石窟》第六卷第九窟，中国社会科学院考古研究所编译，第15页）。但1952年水野清一等人在《云冈石窟》第七卷第十窟图版77A解说中认为“西端未发现佛塔遗迹，岩体前立面浮雕坐佛及千佛，可知洞窟凿建之初并未规划佛塔”（京都大学人文科学研究所、［日］水野清一、［日］长广敏雄：《云冈石窟》第七卷第十窟，中国社会科学院考古研究所编译，第55页），修改之前的说法。冈村秀典教授则通过云冈石窟现场调查认为“第9窟的东端和第10窟的西端，有与列柱相同的方形台座，在其南约1米左右的圆形台座上，均有较大的兽形圆雕……东西两侧的兽形，虽然都仅残存两脚和身体的一部分，但是从西侧兽形的爪子来看似乎是朝向东的，大概是作为两窟门的守护而相对配置的”。指出长广等所说“第10窟西端残存的低矮岩块”，就是这一兽形，而非塔形遗存（京都大学人文科学研究所、中国社会科学院考古研究所编著《云冈石窟》第十八卷第七窟—第十窟，第114页）。

11-4（11e）、第11-12（11b）、第11-13（11c）、第11-15（11a）等多个小型洞窟与佛龛的开凿问题，另文专门讨论。

通过以上考古材料的新发现，可以推测第9、10窟窟前外立壁崖面上原先设计雕刻中国式仿木结构石雕屋檐建筑，两侧则为中国式仿木结构石雕佛塔的共同组合，可能是西侧因为岩石崩塌将计划改变，所以出现了北魏太和十三年雕凿小龛。这种直接在窟前崖面上雕刻仿木结构窟檐建筑，对云冈第12窟及后麦积山、响堂山、天龙山等诸石窟的石窟开凿具有很大的影响，也一定程度上反映了石窟佛教艺术中国化的演变过程。

二、第9、10窟窟前北魏时期的木结构窟檐建筑的修建

1972年，云冈石窟文物保管所为了弄清第9、10窟窟前木结构窟檐建筑的规模，对这组双窟窟前进行了大面积的清理和发掘，在洞窟前南约4.3米处，发现辽金时期铺地方砖之下有八个柱穴遗迹[①]，即现编号X1至X8柱穴（见图一）。其中，X4、X5、X6等柱穴位置，分别叠压于1938年、1940年发掘第9、10窟窟前的南北向2号探沟、南北向3号探沟、南北向4号探沟铺地方砖之下，因当时没有对辽金时期铺地方砖地面之下的地层进行解剖，将重要的考古信息丢失[②]，但引起了姜怀英先生等学者的关注。在这些长度与宽度约1.0米至1.18米，深度为0.18米至0.52米的方形柱穴中，发现内填以杂土与木炭。柱穴的底部有两种形式，一种凿成覆盆式圆形柱础，另一种为平底，这种把柱脚“埋入”地下“柱跗”式构造，是比较古老的一种作法[③]。这组建筑的柱穴间距除最东端间距因考虑保护第9窟外壁的佛塔，面阔的尺寸略大之外，其他六间的面阔尺寸基本相同，且与前立崖壁上八个梁孔L1至L8对应并相互吻合，所以这是一座面阔七间的木结构窟檐建筑。因为这组方形柱穴在地面上打破了基岩地面铺装雕刻，又叠压在辽金时期的地砖之下，所以有的学者怀疑这就是《金碑》所记“唐贞观十五年守臣重建”遗迹[④]，但未发现同时期文物。

关于面阔七间的木结构建筑窟檐的时间问题，冈村秀典教授等以为“1938年、1940年调查时从石窟前出土的瓦当中，因为重建时平整土地，仅残存些小残片，但发现了北魏时期‘传祚无穷’瓦当、辽金时期的兽面瓦当和波状重弧纹板瓦（檐头板瓦）。其中的一片兽面纹瓦当与第20窟前出土的例子属同范制造，应该是《金碑》中记载的皇统三年至六年（1143—1146）的建筑使用之物。前庭部分铺满的地砖也是金代的遗存”[⑤]。结合“出土物中没有发现任何唐代的瓦和陶瓷器”，推测认为“面阔五间的一列柱础坑遗迹应该归属于金代

① 姜怀英等：《云冈石窟新发现的几处建筑遗迹》，载云冈石窟文物保管所编《中国石窟·云冈石窟》（一），文物出版社，1991年，第198-199页。

② 京都大学人文科学研究所、［日］水野清一、［日］长广敏雄：《云冈石窟·云冈发掘记》（一）第七卷第十窟，中国社会科学院考古研究所编译，第57-68页。

③ 云冈石窟文物保管所、文物保护科学技术研究所：《云冈石窟建筑遗迹的新发现》，《文物》1976年第4期，第90页。

④ 姜怀英等：《云冈石窟新发现的几处建筑遗迹》，载云冈石窟文物保管所编《中国石窟·云冈石窟》（一），文物出版社，1991年，第200页。

⑤［日］冈村秀典编《云冈石窟·遗物篇》，朋友书店，2006年，第8-16页；［日］冈村秀典、［日］向井佑介：《云冈石窟寺的考古学研究》，载日本京都大学人文科学研究所主编《日本东方学》第1辑，中华书局，2007年，第23-38页。

的建筑（这个问题下面专门讨论），而面阔七间的一列柱础坑则应该归属于辽代的建筑”①，这里虽然否认窟前存在唐代建筑建筑遗址可能性，但很难确定面阔七间的一列柱坑遗迹为辽代。

新出土的北魏石雕建筑屋檐、方形塔檐的实物资料，进一步证明了崖面上原来设计为石雕窟檐建筑的推测。虽然石雕屋檐建筑已经坍塌，但崖面上也未发现北魏石雕屋檐建筑，不过从20世纪40年代水野清一等学者的调查报告解说中说道：“在图版的左端，即第十窟端，被垂直削凿的崖壁朝向东面。如今，可以看到壁面上有向下倾斜的沟，可能是屋顶的斜坡。与此相对应的第九窟东端，如今什么都无法得见。不过，在斜沟的顶端附近，露出的岩表则保持水平……此处朝南并被垂直切凿，其下方是一段长草的区域，再下面便是梁孔的正面。从这些情况来看，这里曾经有木构建筑的结论就毋庸置疑了。”②从记录来看，水野清一不仅观察仔细，而且推测结论也比较正确，特别是推论崖面上的梁孔（编号L1至L8）与北魏木结构建筑有关比较客观。

近年，冈村秀典教授通过整理1938年、1940年窟前发掘资料中出土的北魏“传祚无穷”瓦当，并结合云冈第3窟、13-4窟（第十三A窟）等的遗迹，也同意前贤观点，认为第9、10窟前室上面的“平台应该是为了搭建木构屋顶，不仅是被辽金时期的建筑所利用过，北魏时期的营造初期就在设计中”③。第9、10窟窟前原先设计石雕仿木结构窟檐建筑，由于石雕屋檐的坍塌，也不可能更无法在前室窟顶岩石上直接铺设陶制瓦顶，从而导致原计划改变，只有重新修建木结构窟檐建筑屋檐，因此有必要考虑出土北魏瓦当与窟前地面遗迹的关系问题。所以说与其认为窟前辽金时期铺地方砖之下的X1至X8的面阔七间柱穴为辽代遗迹，不如推断为北魏时期更为妥当，尤其窟前出土的北魏时期“传祚无穷”瓦当遗物也与重新修建木结构窟檐建筑的时间完全吻合，因此我们推测面阔七间柱穴遗迹为北魏时期。

三、第9、10窟窟前辽金时期木结构窟檐建筑的结构与年代

第9、10窟窟前面阔五间木结构窟檐建筑的地面遗迹最早发现于20世纪40年代，水野清一等学者在这组窟前试掘的东西向1号探沟中发现了4个柱穴（柱础）遗迹，即现编号辽金X2至辽金X5，从而引起学界的重视。1972年云冈石窟文物保管所等单位在窟前东西30米、南北13米的范围内进行了考古发掘，据发表资料可知：从洞窟前立壁向南10米处，发现有连续铺砖地面和一列六个东西向排列的柱穴（柱础），即现编号辽金X1至X5、X15（见图一）。特别是在前室窟顶平台上又新发现六组梁槽（辽金L1至辽金L8），新发现梁槽之间的间距不仅与地面柱穴（柱础）之间的间距相同，而且与地面柱穴（柱础）遗迹相对应，所以说窟前地面柱穴（柱础）遗迹（辽金X2至辽金X5、辽金X15）与前室窟顶前平台上梁孔遗迹（辽金L1至辽金L6）应为同一建筑遗址。

① 京都大学人文科学研究所、中国社会科学院考古研究所编著《云冈石窟》第十八卷第七窟—第十窟，第114页。

② 京都大学人文科学研究所、[日] 水野清一、[日] 长广敏雄：《云冈石窟》第六卷第九窟，中国社会科学院考古研究所编译，第55页。此处转引自京都大学人文科学研究所、中国社会科学院考古研究所编著《云冈石窟》第十八卷第七窟—第十窟，第114-115页。

③ 京都大学人文科学研究所、中国社会科学院考古研究所编著《云冈石窟》第十八卷第七窟—第十窟，第114页。

1992年考古发掘又对窟前地面进行了全面揭露，在窟前南部地面上新发现了9个柱穴遗迹，分成南北两列，即编号辽金X6至辽金X14（见图一），这两列柱穴与1939年代发现的柱穴（柱础石）位置和1972年发现前室窟顶二层平台上的梁槽位置完全对应，因此可以确认第9、10窟窟前修建了面阔五间、进深二间的大型木结构窟檐建筑，这些发现对全面准确地认识木结构窟檐建筑的范围、规模、形制和时间提供了十分重要的依据。

根据1992年考古发掘现场的辽金X3、辽金X4的柱穴坑内分别放置柱础石1、柱础石2遗迹观察，保留在柱础石周围的铺地方砖，柱础石与铺砖地面为同一时期建筑遗迹，也与1939年和1972年发表资料的铺砖地面相符。1992年引起我们注意的是1992T612的南面新发现了一小段砖砌墙体，该段砖砌墙体位于辽金X11北面，与南面辽金X14和北面辽金X5的位置又对应，所以推测为窟檐建筑西山墙遗迹。另外，砖砌墙体外侧基本上与辽金X11、辽金X14的两个柱穴外侧处在同一条直线上，符合辽金时期一般山墙下碱墙较厚的特征，所以可以确定属于大型木结构窟檐建筑西山墙的遗存。

依据几次发现的窟前地面柱穴（柱础）和铺地方砖遗迹，冈村秀典教授依据1938年、1940年发现的辽金时期兽面瓦当和檐头板瓦的遗物，特别是其中一件兽面瓦当与第20窟前出土瓦当可能属于金代同范制造，结合《金碑》的文献资料记载认为这座大型的面阔五间木结构窟檐建筑推断为金代比较妥当①。不过，如果细致分析《金碑》中“重修灵岩大阁九楹，门楼四所，香厨客次之纲常住寺位，凡三十楹，轮换一新。又创石垣五百余步，屋之与瓦二百余楹。皇统三年二月起工，六年七月落成”这段文字记载，就会发现金代皇统三年至六年（1143—1146）除了重新修建“九间灵岩大阁”的窟檐外，第9、10窟窟前的面阔五间木结构窟檐建筑很可能属于《金碑》资料记载“九间灵岩大阁”之外的其他洞窟建筑，当时这些建筑修葺仅针对瓦顶工程进行了“屋之与瓦二百余楹”，而第9、10窟面阔五间木结构窟檐建筑属于瓦顶部分修缮，所以在第9、10窟窟前出土辽金时期不同建筑瓦当遗物。

那么，这组洞窟窟前出土辽金时期不同时代和形制的兽面瓦当，可以解释为第9、10窟窟前面阔五间的大型木结构窟檐建筑修建时间为辽代，金代皇统三年至六年（1143—1146）只对窟檐瓦顶进行了专门维修。因此可以推测，第9、10窟窟前面阔五间的木结构窟檐建筑就是《金碑》所记的云冈辽代十寺之一②，它可能是辽重熙十八年（1049）钦爱皇太后重建的木结构窟檐建筑之一③。

---

① 京都大学人文科学研究所、中国社会科学院考古研究所编著《云冈石窟》第十八卷第七窟—第十窟，第114页。

② 宿白：《〈大金西京武州山重修大石窟寺碑〉的校注——新发现的大同云冈石窟寺历史材料的初步研究》，原载《北京大学学报》（哲学社会科学版）1956年第2期，71-84页。此据宿白著《中国石窟寺研究》，文物出版社，1996年，第56-58页、第69-71页。

③ 刘建军：《云冈第9、10窟窟前辽代建筑原状探讨》，《文物世界》2004年第5期，第29页、第34-37页。

川渝唐宋七佛造像初探

董华锋（四川大学考古文博学院）
赵　赫（天津市文化遗产保护中心）

【摘要】十六国北朝时期，七佛造像兴盛。至唐宋时期，中原北方地区的七佛造像大幅减少，但在川渝地区，特别是在中晚唐时期，七佛在以石窟为主的各类佛教遗存中广泛流行。川渝唐宋七佛造像沿用了早期的七佛体系，但在造像布局方面不断推陈出新，同时在造像组合方面多有创造，出现了多种服务于多元信仰需求的新组合，七佛的宗教意涵也被不断扩大。因此，川渝地区是构建中国七佛造像发展史不可或缺的重要区域。

【关键词】川渝　唐宋　七佛　类型与分期　民间信仰

七佛概念起源于印度，广见于多种佛籍之中。随着佛教的发展，七佛逐步成为常见的造像题材之一。佛教传入中国后，七佛信仰及其图像也随之出现，石窟寺或摩崖造像、造像碑、单体造像等多种类型的遗存中保存下来一大批七佛造像。从现存实物资料来看，这类造像始自十六国，兴盛于南北朝，延续至唐宋时期。过去，学者们对七佛造像的发展起源、经典依据、布局组合、宗教意涵等诸多问题已做过不少研究[①]。但总的来看，既有的研究尚未充分关注到川渝地区丰富的资料。本文拟在系统整理川渝唐宋七佛造像的基础上，分析其类型和发展演变序列，探讨川渝唐宋七佛造像组合的特征及其反映的民间信仰。

① 代表性论著如魏文斌：《七佛、七佛窟与七佛信仰》，《丝绸之路》1997年第3期；赖鹏举：《丝路佛教的图像与禅法》，圆光佛学研究所，2002年，第206-217页；王楠楠：《魏晋南北朝至隋唐过去七佛图像源与流》，博士学位论文，南京艺术学院，2022。

一、川渝唐宋七佛造像的主要资料

川渝地区的七佛造像始见于南朝时期，绵阳平杨府君阙北阙萧梁时期的第22龛[①]是最具代表性的资料。至唐宋时期，七佛造像在这一区域的石窟寺和摩崖造像之中大为兴盛，另有少量造像碑、佛塔上也有此类造像。一般而言，根据流行时代、造像特征等方面的不同，川渝石窟又进一步划分为川北、川西、川东渝西等几个区域。以下分区域简要介绍七佛造像的主要资料。

需要说明的是，本文的讨论是以本人收集到的46条七佛造像资料为基础展开的。但考虑到川渝地区唐宋石窟寺遗存数量众多、地点分散，部分造像点信息尚未刊布，实际数量还会多于这一数字。

（一）川北地区

川北是唐宋七佛造像的重要分布区域，广元、巴中、绵阳、阿坝等地都有发现。

川北的七佛造像资料以巴中地区最为丰富[②]，主要包括：西龛初唐时期的K87、K90，中晚唐时期的K36、K60、K63、K82；南龛初唐时期的K117，盛唐时期的K25、K37，中晚唐时期的K148；北龛中晚唐时期的K9、K17、K24。广元地区的七佛造像资料较少，可确定的如苍溪阳岳寺晚唐时期的K6[③]。绵阳地区的资料也较少，盐亭龙门垭初唐时期的K13是比较典型的代表[④]。阿坝地区茂县点将台初唐时期的K15保存有川北地区少见的七佛题记[⑤]：

> □□□□□第二式佛第三随叶佛／第四成□拘□□佛第五拘那含／牟尼佛第六迦叶佛第七释迦文佛

上述川北地区的七佛造像实例均为七身坐佛或立佛并列的排列方式。就造像内容而言，除巴中西龛K63有二胁侍菩萨外，其余均仅刻七佛。

（二）川西地区

川西是唐宋七佛造像最主要的分布区域，成都、眉山、乐山、内江等地都有实例发现。

成都西南的蒲江、邛崃等地有一大批石窟[⑥]，其中保存了不少七佛造像资料。蒲江飞仙阁盛唐时期的K68、K79七佛并列，排成一列；蒲江看灯山中晚唐时期的K12、K45、K53则均以莲枝承托扇形七佛的形式表现。邛崃天宫山中晚唐时期的K57、K59也采用了莲枝承托

---

① 孙华：《四川绵阳平杨府君阙阙身造像——兼谈四川地区南北朝佛道龛像的几个问题》，载［美］巫鸿编《汉唐之间的宗教艺术与考古》，文物出版社，2000年，第111页。

② 四川省文物管理局、成都文物考古研究所、北京大学中国考古学研究中心、巴州区文物管理所编《巴中石窟内容总录》，巴蜀书社，2006年。

③ 广元皇泽寺博物馆、成都文物考古研究所：《苍溪县阳岳寺摩崖石刻造像调查简报》，《四川文物》2004年第1期，第44–49页。

④ 四川省文物考古研究院、绵阳市博物馆、盐亭县文物管理所：《四川盐亭县龙门垭隋唐摩崖造像调查简报》，《四川文物》2021年第3期，第71–72页。

⑤ 四川省文物考古研究院、四川省茂县博物馆：《四川茂县点将台唐代佛教摩崖造像调查简报》，《文物》2006年第2期，第49页。

⑥ 成都市文物考古研究所、四川大学艺术学院、早稻田大学文学部美术史学系奈良美术研究所：《中国四川唐代摩崖造像：蒲江、邛崃地区调查报告》，重庆出版社，2006年。

多层七佛的形式。邛崃夫子岩七佛造像的形式较多样，既有与蒲江看灯山一样的莲枝承托多层七佛，如晚唐时期的K9、五代时期的K2，也有常见的七佛并坐形式，如晚唐时期的K12。此外，邛崃鹤林寺第一区中晚唐时期的K2则是七坐佛与观音、地藏的组合。

除石窟外，成都新都宝光寺出土的一通开元二十九年造像碑的两侧面均开10个拱形小龛，每龛内雕一身坐佛，龛外阴刻七佛及另外三佛的题名：

……/第二式佛/第三随叶佛/第四拘楼秦佛/第五拘那含牟尼佛/第六迦叶佛/第七释迦牟尼佛/当来下生弥勒佛/极乐世界阿弥陀佛/药师琉璃光佛

此外，宝光寺还收藏有一座唐显庆元年佛塔：佛塔第一层正面内部雕一尊坐佛，第二层、第三层正面均开三个小浅龛，龛内各浮雕一尊坐佛，合为七佛；佛塔背面雕刻“解冤结神咒”和“七佛灭罪真言”。

眉山市东坡区丈六院摩崖造像是川西地区另外一个集中发现七佛实例的地点①，均为七佛并坐的形式，时间从唐延续至宋，包括盛唐时期的K111、K63，中晚唐时期的K68，宋代的K53、K69。眉山丈六院K111龛外有开元二十年题刻：

七佛□塔祐□生已□错踏□生煞□禽兽□知头□或煞田女等□造佛塔一切众生普同得福李元祐何元祐何思归業开元廿年敬供养。

丈六院K53龛外也有一则题刻：

敬造七佛一龛。头首杨韵，下户人杨楚成、杨昇、何羌、何□及、杨义，女弟子阿吕，已上两户，共造一身。杨慧、杨韵、李添等各造一身，永为供养。杨□、女弟子阿程、阿杜共造一身。

另外，眉山市丹棱县郑山盛唐时期的K8，横长方形龛内雕七佛二力士，龛外有题刻：“造七佛永供养……”②

乐山市夹江千佛岩也是一个较集中发现七佛造像的石窟地点。该地点共有4龛中晚唐时期的七佛造像：其中3龛雕刻于外方内圆拱形龛内，且均采用了莲花承托的多层七佛布局方式，即K19、K21、K125；另外一龛（K157）则是常见的七佛并坐于横长方形龛内的形式。

此外，四川内江资中西岩K21③雕凿于晚唐五代时期，龛外保留有题记：

长子黄祖要，奉为岳母何氏造阿弥陀佛、观音、地藏、引路王菩萨、七佛，共一龛。用佰资□□识，早生□□□□□

（三）川东渝西地区

较之川北和川西，川东渝西地区的七佛造像资料较少，主要发现于广安、安岳、大足等地。

广安冲相寺开元四年的K51④是规模较大的七佛龛，横长方形龛内雕七身坐佛，两侧雕二力士，外龛左侧壁有题刻：

（前略）以开元四年十月八日于寺内作龛，敬造维卫佛、式佛、随摄佛、拘搂

① 周南西：《四川眉山丈六院摩崖造像调查与研究》，硕士学位论文，西华师范大学，2021年。

② 王熙祥：《丹棱郑山——刘嘴大石包造像》，《四川文物》1987年第3期，第30页。

③ 胡文和：《四川道教佛教石窟艺术》，四川人民出版社，1994年，第49页。

④ 蒋晓春、符永利、罗洪彬、雷玉华：《嘉陵江流域石窟寺调查与研究》，科学出版社，2018年，第66页。

秦佛、拙佛（?）、含牟尼佛（?）、莲华佛七尊，并师子神二，左右安置。云序后有八铭。大唐开元六年□月□日记。

安岳地区的七佛造像以晚唐五代时期为主。石锣沟咸通十二年的K5为莲枝承托多层七佛的形式，龛外有题记：

敬为亡妇亡妣敬造七佛七身，以咸通十二年十一月十四日设斋表庆毕。弟子孙行直永为供养。①

圆觉洞五代时期K22的七佛有莲枝承托，且分为四层，旁有题刻：

……七佛一铺永为供养证善孙韬邺②

安岳庵堂寺天成四年K17，横长方形龛内七佛并坐，并与观音、地藏形成组合，龛外有题刻：

维大唐天成四年太岁日十月乙亥朔廿七日，龙归店弟子高山长、妻□李氏遂同心就爱敬院堂内镌造阿弥陀佛并七佛救苦观音地藏菩萨一龛，伏愿夫妇寿比松筠，永保坚桢，男女儿孙，咸保清吉，先灵远祖，上品往生，债主冤家，勿为仇隙……③

渝西地区的七佛造像主要集中在合川、大足等地。合川龙多山宋代K6、K9，均为七身坐佛并列于横长方形龛内的形式④。大足北山佛湾第186号龛为七佛与地藏菩萨的组合；北山佛湾第281号龛雕凿于后蜀广政十七年（954），七佛排成一列并排而坐，龛内造像组合十分复杂。该龛有造像记：

敬镌造药师琉璃光佛、八菩萨、十二神王一部众，并七佛、三世佛、阿弥陀佛、尊胜幢一所，兼地藏菩萨三身，都共一龛。右弟子右厢都押衙知衙务刘恭，姨母任氏男，女大娘子、二娘子、男仁寿、仁福、仁禄等发心镌造前件功德，今并周圆，伏愿身田清爽，寿算遐昌，眷属康安，高封禄位，先灵祖远，同沾殊善。以广政十七年太岁甲寅二月丙午朔十一日丙辰设斋表赞讫，永为瞻敬。⑤

二、川渝唐宋七佛造像的类型和分期

川渝唐宋七佛造像一般雕凿于横长方形或近方形的浅龛之内，以中小型龛为主。根据七佛排列方式的不同，可将川渝唐宋七佛造像分为二型。

① 四川大学考古学系、四川大学考古学实验教学中心、成都文物考古研究所、安岳县文物局：《四川安岳长河源石锣沟摩崖造像调查简报》，《文物》2017年第9期，第82页。

② 四川大学博物馆、四川大学考古学系、成都文物考古研究所：《四川安岳县圆觉洞摩崖石刻造像调查报告》，载四川大学博物馆、四川大学考古学系、成都文物考古研究院编《南方民族考古》第9辑，科学出版社，2013年，第388页。

③ 成都文物考古研究所、安岳县文物局：《四川安岳县庵堂寺摩崖造像调查简报》，载成都文物考古研究院编《成都考古发现》（2007），科学出版社，2009年，第614页。

④ 罗洪彬：《重庆市合川区龙多山摩崖石刻研究》，硕士学位论文，西华师范大学，2015。

⑤ 重庆大足石刻艺术博物馆、重庆市社会科学院大足石刻艺术研究所编《大足石刻铭文录》，重庆出版社，1999年，第20页。

A型：七身佛一字排开，线性布局（见图1）。又根据七佛姿势的不同，分为三个亚型：

Aa型：七佛并立，共10例，包括巴中西龛K90、巴中南龛K25、巴中南龛K37、巴中南龛K148、巴中北龛K9、巴中北龛K17、巴中西龛K36、巴中西龛K60、巴中西龛K82、蒲江飞仙阁K79。

Ab型：七佛并坐，共20例，数量最多，包括茂县点将台K15、巴中南龛K117、盐亭龙门垭K13、巴中西龛K87、宝光寺造像碑侧面、广安冲相寺K51、眉山丈六院K63、眉山丈六院K111、丹棱郑山K8、巴中北龛K24、夹江千佛岩K157、邛崃夫子岩K12、眉山丈六院K68、苍溪阳岳寺K6、眉山丈六院K53、眉山丈六院K69、安岳庵堂寺K17、巴中北龛K24、合川龙多山西K6、合川龙多山西K9。新都宝光寺造像碑两侧的七佛纵向排列，考虑到空间限制的因素，也应属于此型。

Ac型：一坐六立，即中间一尊倚坐，其余六身为立像，仅见1例，即蒲江飞仙阁K68。

1　　2　　3

图1　A型七佛造像

（1.Aa型，巴中西龛K82，图片采自《巴中石窟：唐代彩雕艺术》第203页；2.Ab型，夹江千佛岩K157，图片采自《夹江千佛岩》第435页；3.Ac型，蒲江飞仙阁K68，图片采自《中国四川唐代摩崖造像：蒲江、邛崃地区调查报告》第103页）

B型：七身佛不采用一字排开的形式，非线性布局（见图2）。又根据布局方式的不同，分为二个亚型。

Ba型：多层排列，大多有莲枝承托，形成莲花化生式的布局，共11例。大多数情况下分为2层，每层3身或4身坐佛，如邛崃夫子岩K9（上3下4）、邛崃鹤林寺第一区K2（上4下3）、邛崃金华山天宫寺K57（上4下3）、邛崃金华山天宫寺K59（上4下3）、夹江千佛岩K19（上4下3）、夹江千佛岩K21（上4下3）、安岳石锣沟K5（上3下4）、蒲江看灯山K53（上3下4）、邛崃夫子岩K2（上4下3）。少数实例分为4层，每层1身或2身坐佛，如夹江千佛岩K125、安岳圆觉洞K22。

Bb型：扇形排列，有莲枝承托，共2例，即蒲江看灯山K12、K45。

1

2

图2　B型七佛造像

（1.Ba型，夹江千佛岩K21，图片采自《夹江千佛岩》第68页；2.Bb型，蒲江看灯山K12，图片采自《中国四川唐代摩崖造像：蒲江、邛崃地区调查报告》第48页）

综合上述类型分析，结合纪年题刻，可以将川渝唐宋七佛造像分为四期。

第一期：七佛造像的起始阶段，主要流行Aa型和Ab型七佛。七佛造像开始在川北地区的巴中、盐亭、茂县等地出现，数量不多。这一时期的七佛以一字排开的七尊立佛（Aa型）或跏趺坐佛（Ab型）为主；龛内除七佛外，鲜有组合造像。以茂县点将台K15为代表，龛外有过去七佛题名，原造像不存，从龛型比例推断应为七尊坐像一字排开；又如四川盐亭龙门垭K13（见图3），横长方形龛内设坛，七佛并坐，除一尊托钵外，余皆禅定①。

这一期有纪年龛一例，即贞观四年开凿的茂县点将台K15。因此，此期的年代应在初唐时期，即七世纪初至八世纪初。

图3　盐亭龙门垭第13龛

（图片采自《四川盐亭县龙门垭隋唐摩崖造像调查简报》第72页）

第二期：七佛造像的发展阶段，主要流行Aa型、Ab型、Ac型七佛。此期七佛造像主要流行于川西地区，川东地区也开始出现。与上一期相比，这一时期仍以Aa型和Ab型七佛为主，但出现了规模较大的七佛龛，如广安冲相寺K51，同时新出现了Ac型七佛。此外，七佛开始与其他题材的造像形成组合，如新都宝光寺造像碑两侧的七佛与弥勒佛、阿弥陀佛、药师佛形成十佛组合。另外，Ab型七佛出现了一种特殊的形式，如眉山丈六院K63、K111两

① 四川省文物考古研究院、绵阳市博物馆、盐亭县文物管理所：《四川盐亭县龙门垭隋唐摩崖造像调查简报》，《四川文物》2021年第3期，第71页。

龛内的七佛一字排开坐于横长方形龛内，但七身佛下方各对应雕出一个单层方形塔，K111龛外上部的开元二十年（732）题记中称之为“七佛□塔”①（见图4）。在川渝地区，这种特殊的形式目前仅见于眉山丈六院。

图4　眉山丈六院第111龛

（图片采自《四川眉山丈六院摩崖造像调查与研究》第171页）

此期纪年龛共三例，分别是广安冲相寺开元六年K51、眉山丈六院开元二十年K111、新都宝光寺开元二十九年造像碑。因此，这一期的年代应为盛唐时期，即八世纪初期到中期。

第三期：七佛造像的发展高峰阶段，主要流行Aa型、Ab型、Ba型、Bb型。这一期七佛多为中小型造像龛，数量持续增多，分布范围扩大，造像类型和组合多有创新。七佛造像分布范围进一步向南、向东延伸，流行于川西、川东渝西地区，是川渝七佛造像的高峰期。这一期的七佛造像，在造像布局方面有所创新，除继续沿用Aa型（七佛并立）、Ab型（七佛并坐）七佛外，新出现了前两期不见的B型（呈多层或扇形排列）七佛，并常与观音、地藏组合雕造。部分Aa型七佛中间一身佛最高，两侧三身依次递减（见图5）。这种形式仅见于巴中石窟群，如巴中北龛K9。

图5　巴中北龛第9龛

（图片采自《巴中石窟：唐代彩雕艺术》第181页）

Ba型七佛是这一期的主流，一般为两层，少数为四层。除新开凿外，中晚唐时期还流行

① 周南西：《四川眉山丈六院摩崖造像调查与研究》，硕士学位论文，西华师范大学，2021年，第170页。

在大龛侧面或龛内补刻Ba型七佛，如蒲江看灯山K12、K45及安岳石锣沟K5。Ba型七佛无论是排列方式还是雕刻风格都与同时代中原北方地区的小型金铜莲枝七佛明显相似，两者之间应有密切的联系。

这一期纪年龛有安岳石锣沟咸通十二年（871）第5龛。故而，此期年代可推断为中晚唐时期，即八世纪后半叶至十世纪初。

第四期：七佛造像的衰落阶段，主要流行Ab型和Ba型七佛。七佛造像在川西、川北地区衰落，川东的安岳和渝西大足、合川（见图6）等地有少量实例，是七佛造像逐渐衰落的时期。在这一期，中晚唐时期流行的多种七佛布局类型和组合消失。Ab型是宋代唯一流行的七佛类型，这类七佛偶有简单的伎乐和胁侍菩萨。Ba型七佛延续至五代时期，至宋代消失。

这一期纪年龛有两例，即安岳圆觉洞天汉元年（917）第22龛、安岳庵堂寺天成四年（929）第17龛。故而，此期的年代为五代、宋。

图6　合川龙多山西区第9龛

（图片采自《重庆市合川区龙多山摩崖石刻研究》第201页）

三、川渝唐宋七佛造像的组合及其反映的民间信仰

有关川渝唐宋七佛的名号，梳理前揭造像附属的铭刻资料，不难看出，其中既有统称为“七佛”者，也有将七佛名号一一列出者，整理后者可列出表1：

表1　七佛名号

地点	时代	第一佛	第二佛	第三佛	第四佛	第五佛	第六佛	第七佛
茂县点将台K15	初唐	□□□□□	第二式佛	第三随叶佛	第四成□拘□□佛	第五拘那含牟尼佛	第六迦叶佛	第七释迦文佛
新都宝光寺造像碑	开元二十九年	……	第二式佛	第三随叶佛	第四拘楼秦佛	第五拘那含牟尼佛	第六迦叶佛	第七释迦牟尼佛
广安冲相寺K51	开元四年	维卫佛	式佛	随摄佛	拘揼秦佛	拙佛?	含牟尼佛?	莲华佛

比对表1可以发现，茂县点将台K15与新都宝光寺造像碑上七佛的名号完全相同。但广

安冲相寺K51七佛中有四身的名号与之有所不同，刘敏先生已经注意到了这一点①。结合刘先生的意见，简要梳理如下：

其一，随摄佛。茂县、新都材料中题为“随叶佛”。随摄佛，又谓随叶佛，属同音异译。其二，拙佛、含牟尼佛。茂县、新都材料中题为“拘那含牟尼佛”。刘敏先生认为：“拙佛”，讹误；“含牟尼佛”可能与第五佛拘那含牟尼佛混淆，查无含牟尼佛。原题刻漫漶不清，考虑到字形等因素，笔者推测，此处“拙佛、含牟尼佛”可能是“拘那含牟尼佛”的误录，而迦叶佛可能被漏刻，有待进一步考察。其三，莲花佛。查无此佛，可能是释迦牟尼佛的一种俗称。虽然广安冲相寺K51七佛名号与前二者之间存在上述差异，但可以确定，川渝地区唐宋时期流行的应该是同一体系的七佛。

在七佛造像的发展历程中，常与其他造像形成组合，表达特定的意涵。早期印度贵霜王朝和笈多王朝时期，七佛常与弥勒组合。十六国至北朝时，七佛在中土长久流行，依然延续与弥勒的组合，成为常见题材之一。七佛中的前六佛为过去佛，释迦为现在佛，而弥勒为未来佛，如此构成了“三世佛”，表现佛法传承不息之意。从宗教实践的角度讲，礼拜七佛与弥勒也是前后相继的，即所谓“见七佛已见于弥勒”：

> 释迦牟尼佛身长丈六，放紫金光住行者前。弥勒世尊身长十六丈。如是诸佛各入普现色身三昧现其人前，令其行者心得欢喜，以欢喜故是诸化佛各申右手摩行者顶。见七佛已见于弥勒，见弥勒已贤劫菩萨，一一次第逮及楼至，各放光明住行者前……是名因观像心得念佛三昧。②

唐宋时期，新疆和中原北方地区以七佛为主像的窟龛大大减少，仅散见龛楣装饰性质的七佛。而在川渝石窟寺中，七佛造像却兴盛发展，并形成多种颇具特色的组合。结合题刻材料，可确定的组合有以下几种。

（一）七佛与观音、地藏的组合及其衍生组合

前揭夹江千佛岩K125（见图7）、安岳庵堂寺天成四年K17等实例中，七佛与观音、地藏同处一龛，形成了一种特殊组合。这种组合目前主要发现于川渝地区，出现并流行于中晚唐时期。在这种组合中，七佛多为莲枝承托的多层排列（即Ba型），观音、地藏的形象与同时期川渝地区流行的同类造像一样，即观音持净瓶柳枝、地藏为持宝珠的僧人形象。

七佛与观音、地藏的组合可能与观音、地藏二者之间的组合有关。观音、地藏组合在唐代全国各地均有发现，遗存数量较多，其中尤以四川地区最多。据学者研究，观音、地藏二者组合最早出现在初唐武周前后的洛阳地区③。龙门石窟万佛洞主室的前壁右上方有一观音地藏龛，龛内观音站立，地藏半跏趺坐，龛下有唐永隆二年（681）题记。盛唐以后，观音、地藏组合在四川地区广为传播。对此，学者多有研究，此不赘述④。值得注意的是，广元千

① 刘敏：《广安冲相寺摩崖造像及石刻调查纪要》，《四川文物》1997年第3期，第48页。

② ［东晋］佛驮跋陀译《佛说观佛三昧海经》卷10，《大正藏》第15册，第693页。

③ 邓新航：《唐宋时期巴蜀观音图像研究》，博士学位论文，东南大学，2019年，第71页。

④ 参见邓新航：《唐宋时期巴蜀观音图像研究》，博士学位论文，东南大学，2019年；杨悠：《四川蒲江石窟唐代观音造像艺术风格研究》，硕士学位论文，中国美术学院，2022年；胡文和：《四川道教、佛教石窟艺术》，四川人民出版社，1994年，第153页、第228–235页。

佛崖盛唐时期第746-9龛观音地藏龛中，地藏掌中化现七佛；此龛是四川地区现存最早的七佛与观音地藏组合造像；此龛造像有一定的经典依据，《地藏菩萨本愿经·称佛名号品》中提到称念包括“过去七佛”在内的过去诸佛可灭罪获福，地藏信仰与过去七佛联系在一起：

> 过去无量阿僧祇劫，有佛出世……闻是佛名，暂生恭敬，即得超越四十劫生死重罪。何况塑画形像、供养赞叹……又于过去，有佛出世，号拘留孙佛……有佛出世，号毗婆尸……若有临命终人……高声念一佛名，是命终人，除五无间罪，余业报等，悉得销灭……获福无量，灭无量罪。[①]

中晚唐时期，川渝石窟中主要流行观音、地藏侍立于七佛龛两侧的形式，典型实例如夹江千佛岩K19、K21、K125。这种造像组合并没有严格的经典依据，是当时民众多元现实需求的产物：地藏菩萨重在地狱救赎，观音菩萨侧重现世拯救，而礼拜“过去诸佛”可消灾灭罪。

图7 夹江千佛岩第125龛

（图片采自《四川夹江千佛岩古代摩崖造像考古调查报告》第337页）

以这一组合为基础，川渝地区晚唐五代时期还出现了两种由此衍生出来的组合：

其一，内江资中西岩晚唐五代时期的K21[②]，七佛与阿弥陀佛、观音、地藏、引路王菩萨开于一龛。这一组合在观音、地藏的基础上又增加了阿弥陀佛、引路王菩萨，后二者显然进一步凸显出引导亡者往生净土的愿望。其二，大足北山佛湾后蜀广政十七年（954）第281龛的组合更为复杂，药师琉璃光佛、八菩萨、十二神王一部众、七佛、三世佛、阿弥陀佛、尊胜幢、地藏菩萨三身共处一龛。这一组合大体也可算作七佛与观音地藏组合的衍生组合，但内容更为丰富。尊胜幢进一步深化了破地狱的功能；而药师佛、三世佛、阿弥陀佛则与下述第二种组合有关。

总的来看，这类组合不依经典记载，也未必符合宗教仪轨，重在满足功德主多方面的需求，是佛教世俗信仰的典型表现。

① ［唐］实叉难陀译《地藏菩萨本愿经》，《大正藏》第13册，第412页。

② 胡文和：《四川道教、佛教石窟艺术》，四川人民出版社，1994年，第49页。

（二）七佛与弥勒、阿弥陀、药师佛

如前所述，新都宝光寺开元二十九年（741）造像碑的两侧面从上至下各开凿了大小一致的十个圆拱形小龛，龛内各有一尊坐佛，龛外左右两侧均有题记。根据该碑左侧面的另外一则题记"……女大娘敬造此像十身，永……"，我们知道，这十尊佛像是作为一个整体而被雕造的。这十尊佛像组成了七佛与弥勒佛、阿弥陀佛、药师佛的组合。目前来看，此种组合并不多见。

从意涵上讲，此种组合应与释迦、弥勒佛、阿弥陀佛、药师佛的组合有关。宝光寺造像碑侧的释迦、弥勒佛、阿弥陀佛、药师佛四身佛几无区别，均为结跏趺坐禅定印的形象。根据李静杰先生的梳理[①]，四尊结跏趺坐佛的组合主要流行于洛阳地方唐前期和四川盆地唐后期。大部分情况下，四尊结跏趺坐佛的坐姿、持物都会有所差别；当然，这种差别还不足以让人准确比定四佛的尊格。从现有的材料看，像宝光寺那样，四佛均采用结跏趺坐禅定印的形象，并非无例可循。绵阳碧水寺中唐4号龛[②]（见图8）就属于这种情况。该龛为横长方形双重龛。外龛高24厘米、宽53厘米、深9厘米；内龛高24厘米、宽48厘米、深3.5厘米。龛内造四佛二胁侍菩萨像。四尊佛坐像皆为结跏趺坐，双手施禅定印[③]，袈裟下垂覆座，须弥座横长方形，座下为覆莲瓣。

图8　绵阳碧水寺中唐第4龛

（图片采自《四川绵阳碧水寺唐代摩崖造像调查》）

这一组合可分为两组来理解：释迦和弥勒为一组，释迦与阿弥陀、药师为另一组。释迦和弥勒，一方面可与释迦佛前的六佛共同表达从过去到现在再到未来的佛法传承不断之意，构成"纵三世佛"，这是最早出现的七佛组合方式的延续；另一方面，从娑婆世界往生弥勒

① 李静杰：《唐宋时期三佛、四佛造像分析》，载中国古迹遗址保护协会石窟专业委员会、龙门研究院编《石窟寺研究》第12辑，科学出版社，2021年。

② 四川省文物考古研究院、四川大学艺术学院、绵阳市文物局：《四川绵阳碧水寺唐代摩崖造像调查》，《文物》2009年第2期，第63页。

③ 从左向右第二身佛的手印略有争议：报告撰写者描述其"手部似持有宝物"，但李静杰先生将其识别为禅定印。从残存情况看，应为禅定印。

净土也是中古时期十分流行的民间信仰。而释迦与阿弥陀、药师，首先要表现的是经典中所载的空间方位，释迦居中央，阿弥陀在西，药师在东，三者构成“横三世佛”；其次，往生阿弥陀净土是中古时期净土信仰最主要的内涵，同时，药师净土信仰在唐代四川地区也比较流行。

综上所论，七佛与弥勒、阿弥陀、药师佛的组合不仅清晰表现出三世佛思想，同时也是当时净土思想影响下的产物。此外，新都宝光寺造像碑上的题刻材料，也为以后确定石窟寺中的四佛造像尊格提供了可靠的线索。

（三）七佛与七佛灭罪真言

如前所述，新都宝光寺内收藏有一座唐显庆元年佛塔（见图9），基本情况如下①：

佛塔为泥质，三层，通高53厘米，分为塔刹、塔顶、塔身和塔基四部分。由下而上逐渐收分。塔顶有宝刹，塔身每层间有四方屋檐伸出，最下部是方形塔基。塔身最下方为第一层，其正面、背面各开一竖向圆拱门洞，门洞两侧刻铭文，塔身内部雕一尊坐佛。第二层、第三层正面均开三处小浅龛，龛内各浅浮雕一身坐佛。如此，三层佛塔上共七身佛组成过去七佛。除此之外，佛塔各层还阳刻若干条铭文，录文如下：

佛塔第一层，正面门洞两侧刻有唐显庆元年（656）铭文：

大唐显庆元年四月朔八日，张有良敬造。

佛塔第一层，背面门洞两侧刻有铭文：

敬造宝塔一座，释迦牟尼佛金身一躯，为亡母谢氏……

佛塔第二层背面刻“解冤结神咒”，出自《佛说解百生冤结陀罗尼经》：

解冤结神咒。唵齿临金咤金咤僧金咤，吾今为汝解金咤，终不与汝结金咤。唵□强中强，吉中吉，波罗会里有殊利，一切冤家离我身，摩诃般若波罗蜜。

第三层背面刻“七佛灭罪神咒”，出自《大方等陀罗尼经》：

七佛灭罪真言。离婆离婆谛 仇呵仇呵帝 陀罗离帝 尼呵罗帝 毗摩离帝 莎呵

图9　新都宝光寺唐显庆元年佛塔

（图片采自《宝光之宝》编委会《宝光之宝》，第259页）

① 《宝光之宝》编委会编著《宝光之宝》，中华书局，2013年，第258页。

显而易见，在显庆元年（656）佛塔上形成了七佛与七佛灭罪真言的组合。唐代，随着“开元三大士”入中土译写、传播密教经典，密教迎来了快速发展，在宗教实践上表现为僧众或信徒礼拜七佛时常持诵“七佛灭罪神咒”一类的密咒，认为这样可以远离灾祸、消除罪业。对此，文献中多有记载：

> 释法运……修学禅要，志乐闲寂……尝诵七佛咒等救济，无不辄应。隋末虎暴摩顶曰……。①

> 唐婺州金华山神暄传……入开元寺……乃诵七俱胝佛神咒，昏晓不绝。……贞元二年遇志贤禅师，问暄如此持诵，魔事必生。欲灭魔怨，须识身本。身本既真，无魔无佛，豁然开悟，理事俱成，神咒功倍。②

> 《续又贞观七年。清信士常凝保等……于道场内见大光明。五色间起从上而下。中有七佛相好非常……我是毗婆尸如来无所着至真等正觉。以汝罪销故来为证。然非本师不与授记。如是六佛皆同此词。最后一佛云。我是汝本师释迦牟尼也，为汝罪销故来授记。③

新都宝光寺显庆元年（656）佛塔上七佛与七佛灭罪真言的组合清晰表明：川渝地区唐代七佛信仰还存在另外一个发展方向，即与密教经咒相结合。信众通过礼忏七佛，持诵七佛灭罪真言，进而往生净土。

四、结语

十六国北朝时期，七佛造像兴盛。至唐宋时期，中原北方地区的七佛造像大幅减少。在川渝地区，虽在南朝时就已出现七佛造像，但并未得到充分发展；到唐代，特别是到中晚唐时期，七佛在以石窟为主的各类佛教遗存中广泛流行，成为中晚唐时期的一种常见的造像题材。这一现象背后原因众多，但其中很重要的一方面应与玄僖二宗避难入蜀有关，大批人才随之进入川渝地区，推动了这一地区的石窟营造和佛教艺术的发展和创新，其中也包括七佛造像。文献中就有多条关于入蜀避难官员开凿七佛造像的记载，如《蜀中广记》卷二十五“南江县”中就记载了广明元年张祎随僖宗入蜀途中就曾开凿过一龛七佛：

> 县之胜者，有潭曰放生，石刻“放生潭”三字，水落方见，意亦唐刻也，其上镌七佛龛，《图经》云乃唐张祎扈从僖宗入蜀时经此所镌。④

在川渝唐宋七佛造像的发展历程中，不仅在造像布局方面不断推陈出新，而且在造像组合方面也多有创造，出现了多种服务于信众多元信仰需求的新组合，七佛的宗教意涵也被不断扩大。因此，川渝地区是七佛造像发展史上不可或缺的“下半阙”。

---

①［唐］道宣：《续高僧传》卷25，郭绍林点校，中华书局，2014年，第1067–1068页。

②［宋］赞宁：《宋高僧传》卷20，范祥雍点校，中华书局，1987年，第516–517页。

③［唐］道宣：《续高僧传》卷20，郭绍林点校，中华书局，2014年，第742–743页。

④［明］曹学佺撰，杨世文点校《蜀中广记》卷25，上海古籍出版社，2020年，第39页。

造像修福：宋代巴蜀石窟中的供养人*

米德昉（大足石刻研究院）

【摘要】宋代巴蜀石窟的营建主要是在民间力量的推动下展开的，来自社会各阶层的信众形成了庞大的供养群体。这些信众以供养人像和功德记的形式将自己的信仰意图“表达”在石窟中，成为今天考察宋代巴蜀社会民众宗教信仰与社会生活的重要史料。较之以往，这一时期供养人像与功德记有了以下特点：一是诸多供养人像体量增大，并居于主尊胁侍位置；二是造像记包括了尊像内容、年代、供养人、工匠以及庆赞等，信息丰富程度远胜前期。

【关键词】宋代　巴蜀石窟　供养人　信仰诉求

供养人作为石窟营建中提供钱财、物品或劳力的资助者，通常将特定的信仰诉求铭刻或题写在所造龛像中，同时，还请艺匠把自己及家眷的像雕刻在神像周围，以表虔敬、功德或权属等。这种传统一直伴随着佛教艺术的整个发展历史，在印度、巴基斯坦、阿富汗及中亚等地遗存的早期佛教造像中不乏其例[①]。佛教艺术传入中国后，最早在克孜尔初创期（3世纪末—4世纪中）石窟中出现供养人像[②]。历代供养人像及相关功德记成为研究中国宗教史、艺术史、社会史等不可或缺的佐证。

宋代时期，石窟开凿呈现大面积萎缩，仅在陕北、巴蜀、河西等

* 本文系2024年度重庆市哲学社会科学创新工程重点项目“川渝地区佛教石窟寺和摩崖造像研究”（项目编号2024CXZD31）、2021年国家社科基金考古学重点项目“重庆地区石窟寺及石刻铭文史料抢救性收集与整理研究”（项目编号21AKGOO4）的阶段性成果。

① 项一峰：《初谈佛教石窟供养人》，《敦煌研究》1997年第1期，第96-100页；［日］石松日奈子：《中国佛教造像中的供养人像——佛教美术史研究的新视点》，牛源译，《中原文物》2009年第5期；于蒙群、文婷婷：《北魏泾河流域佛教石刻供养人像演变研究》，载山东大学艺术学院等编《中国美术研究》第42辑，上海书画出版社，2022年，第88-96页。

② 霍旭初：《龟兹艺术研究》，新疆人民出版社，1994年，第7页。

地呈现局部繁荣的景像。宋代巴蜀石窟艺术在规模和造诣上蔚为一时之大观，主要分布在川东以昌州（今重庆大足）和普州（今四川安岳）为核心的区域①。较之唐五代时期，巴蜀宋代石窟艺术有三个突出的变化：一是很多窟龛附有功德记，内容涉及造像的题材、年代、施主、工匠以及庆赞仪式等，信息的丰富程度远超之前任何时代；二是诸多供养人像体量增大，且居于主尊胁侍位置，出现"凡圣一堂"的局面；三是重视已故人物像的制作，体现了这一时期荐亡之风的流行。

关于宋代巴蜀石窟中的供养人情况目前尚未见系统研究，有鉴于此，本文意欲展开考察，着重对供养人像及其造像记加以梳理分析，兼及讨论宋代时期巴蜀民众的宗教态度与信仰观念。

一、凡圣一堂：圣域空间的供养人像

供养人像作为石窟整体造像的构成部分，表达了"人"在特定宗教空间或场域中的角色意义。在石窟图像系统中，供养人像通常以卑微而虔敬的姿态向威严的神明礼敬状。在空间位置上，供养人像一般处于石窟环壁下部、甬道、龛沿或尊像下方等次要部位，体量较小，与礼拜尊像形成鲜明对比。在组成结构上有个体、夫妻、家族、师徒、结社成员或众筹团体等，其中以夫妻或单个家庭成员者居多。供养人像数量少则一身，多则从几身到几十身、几百身，甚至上千身，像莫高窟北周第428窟多达1242身②。通常按照尊卑、长幼或身份地位的高下列队排序，大多遵循男左女右的惯例。

宋代时期巴蜀石窟中的供养人，包括了地方官员、士绅、地主、僧侣、军人及广大平民百姓等，涵盖了社会各行业、各阶层。对供养人像的安排，除了沿袭传统布局模式外，出现了一个明显变化：从原先不显眼的边角位置"登堂入室"来到主尊身侧，且体量亦随之增大。

这种变化最早出现在北宋大足石篆山石窟寺，功德主严逊是一位庄园主，于元丰至绍圣间（1082—1096）历14年独资建成该寺③。严氏所造龛像除了三佛、地藏十王、文殊、普贤、观音、诃梨帝母、志公等佛教题材外，还镌了老君、孔子、药王、山王、土地等，空前地营造了众神聚会一堂的石窟寺像设格局。

在主体像三佛龛（第7号）中，严逊将自己及夫人暮年之像镌刻在龛内主尊两侧。严氏居左，戴高装巾子，著圆领窄袖服，持长柄香炉；夫人居右，戴扇形冠，著交领服，笼袖。二人像高1.2米。须说明的是，供养人像不仅与龛内胁侍菩萨和众弟子像并列，且同等体量，在视觉上全然是佛的侍从（见图1）。

① 米德昉：《宋代巴蜀地区的石窟寺营建》，载大足石刻研究院等编《大足学刊》第6辑，重庆出版社，2022年，第83-126页。

② 陈培丽：《敦煌莫高窟第428窟研究》，博士学位论文，兰州大学，2022。

③ 相关研究可参褚国娟：《北宋严逊于石篆山造像》，博士学位论文，北京大学，2014；高秀军：《大足石篆山〈严逊记〉碑补正及相关问题考略》，《敦煌学辑刊》2016年第1期，第139-147页。

图1　石篆山第7龛严逊夫妇供养像

严逊的做法在当地首开先例，之后为诸多功德主所效仿。北宋建炎二年（1128）知州任宗易开凿了北山第149号如意轮观音窟，这是宋代北山出现的七大石窟之一[①]。窟内正壁如意轮观音并二胁侍菩萨，身后上方立四身护法，左右壁镌36身文武天神。正壁两侧位置是窟主任宗易夫妇像，任氏居左，戴展脚幞头，著官服，笼袖，身旁立一男童；杜氏居右，头戴凤冠，著袍服，合十，身旁立一女童（见图2）。二像高约1米，超过了窟左右壁天神像，创造了北山唐宋石窟供养人像中体量最大的案例。

图2　巴蜀第149窟任宗易夫妇像

同样的情况也出现在平民信众群体中。南宋绍兴初，“三代贫苦，实无一贯之本”的乡民岑忠用“集远近信心”在大足石门山开镌了十圣观音洞。建此窟的初衷在于“甲寅岁（1134）已来，见天忽亢旱，雨不应时，民食不足”，遂做功德以祈“风雨顺时，五谷丰盛”[②]。岑忠用将自己与夫人像镌刻在窟内正壁西方三圣两侧（见图3）；岑氏为中年男相，身躯瘦小，头裹软巾，着交领窄袖服，执长柄香炉；裴氏戴假髻，着褙子，手捧盒。尽管二像体量小于主尊或窟内其他尊像，但1.1米的高度在当时石窟中已属比较大的供养人像了。

① 窟口外右侧岩壁的题记：“奉直大夫知军州事任宗易同恭人杜氏发心镌造妆銮如意轮圣观自在菩萨一龛，永为一方瞻仰，祈乞□□□□，干戈永息，建炎二年四月。”参重庆大足石刻博物馆等编《大足石刻铭文录》，重庆出版社，1999年，第27页。

② 题记参见重庆大足石刻艺术博物馆等编《大足石刻铭文录》，重庆出版社，1999年，第352页。

图3　石门山十圣观音洞岑氏夫妇供养像

另一种情况是供养人出现在龛壁中央。如大足北山第112龛，二主尊佛间安置了功德主一家男女老少6身供养像（见图4）。还有大足南山三清古洞中心柱龛造像中，三清六御神系分上下两层布局，下层中央位置一供案，供案前是两对夫妇像，四人持物做供养状（见图5）。以上二例供养人像位居窟龛中心部位，尽管体量不大，但位置十分显眼。

图4　北山第112龛供养人像

图5　南山三清古洞中心柱龛供养人像

还有一些造像碑作例，主要见于大足南宋多宝塔塔身小龛中。供养人像安置在礼拜像台座两侧，虽然也贴近主尊，但体量都很小（见图6）。这种设计更多是出于对石碑有限造像面的最大利用，和崖壁窟龛的造像布局略有不同。不过像第33龛中，11位供养人直接“搭乘”在主尊摩利支天神的战车上，这种安排可谓别出心裁（见图7）。

图6　多宝塔第74龛内供养人像

图7　多宝塔第33龛内供养人像

在佛教图像系统中供养人“贴近”主尊的做法并非宋代巴蜀石窟的独创，公元2—3世纪犍陀罗造像中早有先例。如阿富汗国家博物馆藏“礼敬弥勒”造像石，主尊弥勒菩萨左右站立有8身手持棕榈叶和莲花的供养人，其中左侧5身中有2身是孩童（见图8）；另一件法国集美博物馆藏“佛陀和弥勒、观音”造像石中主尊左右分别立1身僧人和世俗供养人，手持棕榈或稼穑类物（见图9）[①]。类似作例在早期犍陀罗造像中遗存较多，可以看到当时的供养人像不仅以“胁侍”的姿态出现于主尊两侧，且等高体量。佛教艺术传入中国后，这种“凡圣同居”的做法并不符合广大信徒的信仰心理，故佛教美术中佛菩萨与世俗信徒在图像空间上大多分属于上下不同区域，突出的是前者的庄严和后者的卑微。但在宋代以前也并非没有作例，如四川巴中水宁寺唐代石窟第2号龛两侧壁各出现1身世俗装女性供养人像，夹杂在胁侍菩萨与弟子队伍中，且等体量（见图10）[②]。与该龛相邻的第3号龛中也有2身供养人像（一男一女），分别立于龛内壁左右角处。

图8　礼敬弥勒

图9　佛陀和弥勒、观音

（图8、图9采自孙黄刚、何平《犍陀罗文明史》，图10-19、图10-37）

① 孙英刚、何平：《犍陀罗文明史》，生活·读书·新知三联书店，2018年，第517页、第534页。

② 江学礼、程崇勋：《四川巴中水宁寺唐代摩崖造像》，《文物》1988年第8期；胡文和、胡文成：《巴蜀佛教雕刻艺术史》（中），巴蜀书社，2015年，第273页。

图10　巴中水宁寺唐代石窟第2号龛中供养人像

巴蜀宋代石窟中供养人像在空间位置和体量上的变化，是对区域传统宗教图像模式的一种突破，折射出的是这一时期信众在信仰观念上出现的一种新变化。严逊在谈及创建石篆山石窟寺的初衷时云："生佛末法，不亲佛会，不与劝请，去佛时远，思作佛事而莫之能也。"[①]在严氏看来，通过这种造像设计可实现自己与夫人亲临"佛会"的愿望。这大概代表了相当一部分信众的想法。如同日本学者所言："供养人像出现在佛教造像中的一个最易于理解的理由，就是他们想接近佛陀，或者也想亲临佛陀说法现场的一种宗教性动机。"[②]当然，还为了向世人宣示自己是这里的功德主。

二、追荐祈福：已故供养人像

石窟供养人成员中不光是在世信众，也包括了过世信众。从供养人题记看出，大量龛像是施主为了祈愿父母、配偶、子女等已故亲人的"冥福"或"往生"而造。通常这些亡亲像也被镌刻在石窟中，在形象上与在世者无本质区别，只是在亡故者身份题记中冠以"故"或"亡"字，敦煌唐宋石窟供养像中存例较多。宋代巴蜀石窟中对已故人物供养像的表现除了沿袭传统做法外，通常与在世人物供养像分开，被安置在单独区域。其类型主要有三：一是置身于云端的"云中像"；二是跟随引路菩萨的"接引像"；三是具有纪念意义的"真容像"。

（一）云中像

将世俗人物置于云端是宋代巴蜀石窟中表现已故供养人像的典型做法。这种先例最早见于北山晚唐第58龛，该龛由时任昌州刺史王宗靖为纪念其已故"何七娘"而造，其中，何七娘像镌刻在龛壁中央二主尊间，手捧供物胡跪于由龛底升起的一朵云上（见图11）。龛中冥界教主地藏与西方净土上首菩萨观音并坐，具有地狱救拔与净土往生的双重意涵。何七娘

① 碑文见重庆大足石刻艺术博物馆等编《大足石刻铭文录》，重庆出版社，1999年，第326-327页。

② ［日］石松日奈子：《中国佛教造像中的供养人像——佛教美术史研究的新视点》，牛源译，《中原文物》2009年第5期，第75页。

的“云中像”表达了施主对其“往生”净土世界的祈愿。通过云朵来象征非自然界的景象是佛教美术常见的表现手法。该龛中两侧壁菩萨也脚踩祥云，所不同的是，菩萨脚底云朵是从龛顶降下的，意在昭示来自佛国。宋代石窟作例中，这种亡者像一般与超度、往生、供养等仪式场景关联起来，具有明显的叙事色彩。

北山宋代第105龛以十圣观音为题材，龛内造像分三层布局，上层一佛二弟子并文殊、普贤，中层为十圣观音，下层供养人像。供养人像分布在左右壁，左侧7身，站在前方的是一位僧人，其右侧立一塔形灯轮，左侧依次为一对夫妇并4子女。右侧5身，最前方也是一位僧人，其后依次是一对老夫妇、放生笼、2身人物（细节残）。所不同的是，右侧老夫妇下半身均没入云中，二人前方僧人右手执魂幡，左手指向中央供案（见图12）。从供养人的组成结构看，这是一个家族功德龛，其中立于云端的二人是已故亲人，执幡僧人正在引领二亡灵走向往生之路。画面中出现的供案、灯轮、放生笼等说明，此时正在举行着一场家庭超度亡亲的佛事活动。

图11　北山晚唐第58龛亡亲像

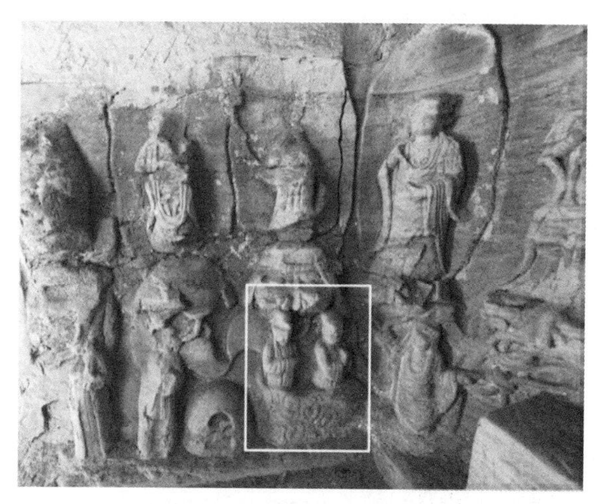
图12　北山第105龛亡亲像

类似的场景也出现在与该龛相邻的第107龛，这是一铺由七药师、八菩萨并十二神将构成的经变。画面下层供案左右有4位僧人，做诵经、竖幡状。左侧立4身供养人，右侧一女供养像，显半身，膝下没入云中（见图13）。画面中出现经幡、放生笼、灯轮等物，这是在做药师佛供养仪式。《药师琉璃光七佛本愿功德经》云：“若有病人及余灾厄欲令脱者，当为其人七日七夜持八戒斋。应以饮食及余资具随其所有供佛及僧，昼夜六时恭敬礼拜七佛如来，读诵此经四十九遍，然四十九灯，造彼如来形像七躯，一一像前各置七灯，其七灯状圆若车轮，乃至四十九夜光明不绝，造杂彩幡四十九首，并一长幡四十九尺，放四十九生。如是即能离灾厄难，不为诸横恶鬼所持。”①

多宝塔第109龛的作例略有不同，这幅石板浮雕表现了一个超度亡灵的叙事场景：画面中央自下而上飘出一朵云，上一女性合十而立。右侧立于莲台的地藏菩萨，其右侧依次是魂幡、灯轮、放生笼及两名把守地狱之门的鬼卒（见图14）。左上方有榜题框，题记不存。画

①［唐］义净译《药师琉璃光七佛本愿功德经》，《大正藏》第14册，第415页下。

面的主题比较明朗，造像者的意图在于祈愿这位亡者挣脱地狱，获得超生。

图13 北山第107龛亡亲像

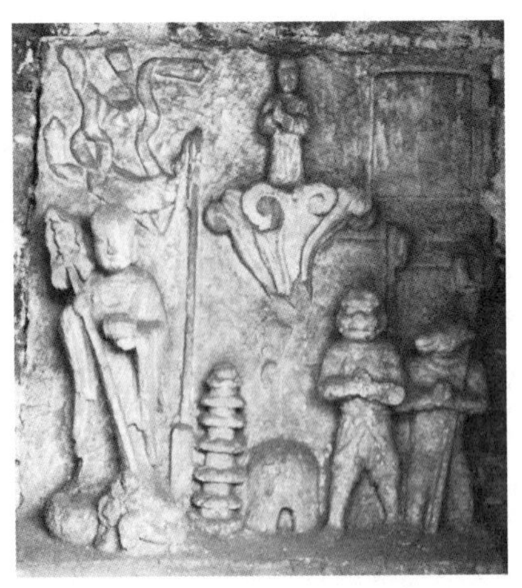
图14 多宝塔第109龛亡亲像

（二）接引像

亡者灵魂跟随引路菩萨的往生像是佛教美术中常见的题材，敦煌藏经洞出土了诸多唐宋时期该类题材的绢画（见图15）。作为净土信仰的产物，该粉本也传至巴蜀地区，宋代时期流行于当地石窟中。安岳上大佛石窟第9龛作例（咸平五年，1002）中，引路菩萨立于圆台，所持魂幡飘至身后，右侧方有4身供养像，皆风化，仅存轮廓（见图16）。①大足佛安桥石窟第7龛保存相对完好，引路菩萨足立于云台上，面向左，左手食指指向右侧方，右手持幡。左侧立一女像，梳假髻，面微扬与菩萨对望（见图17）。残存题记云："奉善弟子□□□□□□□□念一娘子发心建造□□□□引路王菩萨，［祈乞］见存安乐，过去生天。大［宋］□□［天元］甲子（1144）十月二十有［九］□□□□□□记。"②

图15 S.painting47引路菩萨接引像

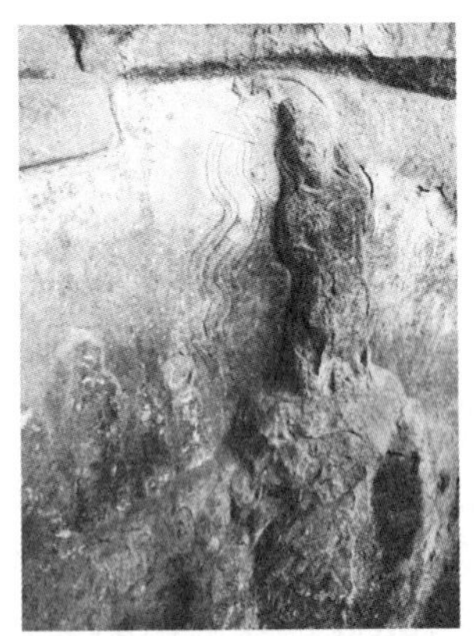
图16 上大佛石窟第9龛引路菩萨接引像（傅盛摄）

① 四川大学考古系等：《四川安岳上大佛摩崖造像调查简报》，《敦煌研究》2017年第4期，第1-13页。

② 大足石刻研究院：《大足佛安桥石窟寺调查简报》，载大足石刻研究院等编《大足学刊》第6辑，重庆出版社，2022年，第63-82页。

图17　佛安桥第7龛引路菩萨接引像

图18　北山第112龛右壁引路菩萨接引像

大足北山观音坡第1龛由当地施主何浩一家施资造，所镌为地藏与引路菩萨二尊，现已严重风化，仅存轮廓。龛左侧有4身供养人像，第一身为何浩父何正言，署名题记中冠以“亡”字，说明当时已故。之后依次为何浩母、何浩夫妇。供养人像上方榜题框题记：“地藏王菩萨、引路王菩萨，皇宋绍兴二十四年（1154）五月十六日伏小六镌。”此龛像是何浩为纪念亡父所造，地藏与引路菩萨体现了民间地狱信仰与净土信仰的结合。类似的画面也见于北山第112龛右壁，该壁主像是地藏，其左侧一身引路菩萨，执幡（形象残损），菩萨身侧立一成人和小孩（见图18）。如前文所提，该龛由某个家庭镌造，在世成员像刻在龛壁中央（见图4）。一家三代人中最长者是一位女性，右壁处的成人应该是其丈夫，已过世，携带一个夭折的孩子跟随引路菩萨走向净土，不过脚底没看到云朵。

（三）真容像

石窟寺中制作世俗人物真容像的传统可追溯至北魏时期，文成帝即位后命有司造石像“令如帝身”，普遍认为云冈昙曜五窟主尊仿效了北魏几位皇帝形象。真正意义上的真容像流行始于唐代，敦煌遗书中发现的近百件唐宋时期“邈真赞”反映了当地为亡者描绘遗像及撰写赞词的传统①。莫高窟第17窟的唐代僧人洪䛒像是迄今所见为数不多的真容实例。

唐代以来巴蜀石窟中也有制作真容像的传统，虽然并不十分盛行，但这种传统直至明清仍有延续。现存例有大足北山晚唐昌州刺史韦君靖像，安岳圆觉洞普州刺史聂公像等。宋代遗例中最典型的是大足多宝塔内冯楫像。冯楫（1075—1152）事迹散见于宋代史籍、方志及佛教文献②。“楫素佞佛，晚岁尤甚”③，任泸南沿边安抚使、泸州知州期间，在泸州、大足、潼南等地广做佛事。绍兴二十二年（1152）“施钱四百贯文”，在多宝塔第六级塔身镌像6龛。其中一龛置冯楫像，下颌蓄须，表情凝练。戴展脚幞头，著圆领大袖袍服，双手笼袖并执一串佛珠，左右壁立男女二侍童（见图19）。1152年二月仲春冯楫完成多宝塔内功德，六

① 李并成：《一批珍贵的历史人物档案——敦煌遗书中的邈真赞》，载《档案》1991年第5期，第33-35页。

② 相关冯楫研究参见胡昭曦《大足多宝塔石刻与宋人冯楫》《冯楫的著述及其史料价值》《冯楫的仕宦生涯和崇佛活动》《冯楫与泸州报恩塔》，胡昭曦著《巴蜀历史考察研究》，巴蜀书社，2007年，第252-315页。

③［宋］李心传编《建炎以来系年要录》卷163，胡坤点校，中华书局，2013年，第3100页。

月便去世[①]。不能确定在塔内安放真容是否出于冯檝本人意愿，从"化首"任亮名义刊刻的题记判断[②]，冯檝应该并未到场。不论怎样，留下这身遗像的目的，一方面是为了宣示个人功德，另一方面是为了后人瞻仰纪念。在功能意义上，此龛无疑是为冯檝所造的一座"影堂"。

1右侧侍童像　　2冯檝像　　3左侧侍童像

图19　多宝塔冯檝及其侍从像(1、2、3)

宋代时期安岳卧佛院石窟寺的管理是在僧惠文、法宗、慈海等人组织下展开的，第81窟崇庆二年（1103）《诫誓贼盗火烛袪除邪祟神碑》记述了相关事宜[③]。从记载看，三人中慈海影响相对明显，圆寂后留真容于北岩卧佛像下。慈海像镌于一横长形浅龛（第4号），头部已残损，著袈裟，禅定姿，圆形头光中题刻"师祖慈海和尚"。左右各立三人物，面部均风化，左侧者俗装，右侧者僧装，皆合十（见图20）。根据"师祖"之称，慈海像应由其门徒或追随者为志纪念而镌造。类似的僧人纪念像也在陕北宋金石窟中有见，如延安宝塔区河庄坪镇石窑石窟第1窟右壁靠外侧上方一小龛，主像为一禅定僧，面部风化，左侧立一男一女侍者，右侧立一女侍者，左上角题"窑主和尚张"（见图21）。

图20　卧佛院"师祖慈海和尚"像(廖旸 摄)

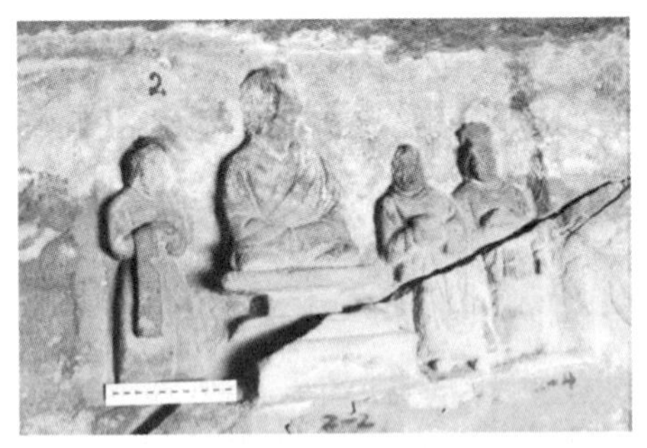

图21　石窑石窟"张和尚"像

① [宋] 李心传编《建炎以来系年要录》卷163，胡坤点校，中华书局，2013年，第3100页。

② 重庆大足石刻艺术博物馆等编《大足石刻铭文录》，重庆出版社，1999年，第445-446页。

③ 张雪芬、李艳舒：《安岳卧佛院第4号龛题记与相关问题》，载成都文物考古研究所编《成都考古研究》，科学出版社，2013年，第372-380页。

石门山的作例使我们看到一个家族数十年来的宗教情缘。北宋绍圣二年（1095），大足本土居民杨才友夫妇及儿子杨文忻、杨文秀于石门山施资镌造了山王和土地二龛像。绍兴十六年（1146），杨才友长子杨文忻年届八十，于当年十月二十六日去世，此时其跟随父亲杨才友在石门山造像已过去整整51年。杨文忻在世期间，儿子杨伯高在该家族所造龛像的对面崖壁镌了“千里眼”与“顺风耳”二神将像。杨文忻去世后，于该龛左侧镌父亲“真容”一身，题记曰：“男杨伯高伏为故先考杨文忻镌造真容一身供养。”[①]杨文忻正面立姿，一副老年相，头裹皂巾，身著交领窄袖服，右手执一串念珠，左臂下垂，衣袖伸至脚踝（见图22）。

上述云中像、接引像以及独立的真容像，是宋代巴蜀石窟中出现的几类已故人物供养像，其由亡者亲属或门人等所镌刻，以表达荐亡与追思之情。所不同的是，前两类中的“云朵”与“引路菩萨”图像元素，意在表明这是“亡灵像”，在生者的超度或引路菩萨的带领下正在走向“往生”。其中，云中亡灵像与特定的供养或追荐仪式相关联，这种独特形式体现了巴蜀石窟艺术在图像表达上的一种地域化创新。第三类真容像更多是后人出于对亡者的瞻仰与祭拜目的而造，与其说是供养像，不如说是被供养像。此类作例不多，它的出现一定程度上反映的是中国传统的祖先崇拜思想与宗教信仰实践在现实中的融合。

1.二神将像

2.杨文忻真容

图22　石门山杨伯高造像

三、设斋庆赞：圣像的竣工仪式

石窟造像记中一般有“设斋庆赞”“修斋表庆”“斋僧庆赞”“斋供表庆”等语，意即窟龛或尊像竣工后通常会举行一个斋会仪式以表功德圆满。该仪式中最为核心的程序是“安像庆赞”，即对新造圣像加以“开光”（开眼之光明），使神格“安住”于像内[②]。北宋施护译《佛说一切如来安像三昧仪轨经》详述了“安像庆赞”仪轨，其中言：“请佛安像供养庆赞，

① 重庆大足石刻艺术博物馆等编《大足石刻铭文录》，重庆出版社，1999年，第355页。

②《造像量度经解》云：“圣像已成，即为人天共仰无上福田矣。而复用安住者，加被慧尊冥熏之力，神灵功德俱倍恒常焉。”参［清］工布查布：《佛说造像量度经解》，《大正藏》第21册，第952页下。

即得如来贤圣，降临随喜成就功德。”①对于供养人而言，“设斋庆赞”不仅是为了圣像“开光”，同时也是为了祈愿神佛加备，息灾增益。因之，对于供养人而言，完成圣像的庆赞仪式，才意味着一次功德的完满结束。

（一）“斋”与“赞”

“庆赞”仪式通常包括了“斋”与“赞”两项内容。“斋”是佛教日常行事之一，是一套应赴社会经忏、佛事的固定仪式。设斋意图（斋意）多样，除了安像庆赞外，诸如供佛、筵僧、起塔、建寺、转经、授戒、荐亡、飨祀、祈福、布施等。“赞”作为一种文体，旨在阐释物象、论议史事、评赞人物、称颂功德等，有史赞、画像赞、婚物赞等②。敦煌文书中存有唐五代时期建窟造像功德赞，如《发愿功德赞文》（第192窟）、《某使君造龛设斋赞文》（P.3542）③、《河西节度使司空建大窟功德赞》（P.3457）等。

关于“设斋庆赞”仪式，在宋代巴蜀石窟造像记中并未透露多少信息。北宋以来江淮、两浙、川广、福建等地流行水陆佛事④，尤以巴蜀为盛。熙宁中东川杨锷祖述旧规，制《水陆仪》三卷行于蜀中⑤。元祐间苏东坡作《水陆法像赞》十六篇，认为“唯我蜀人颇存古法，观其像设犹有典刑”⑥。大足石壁寺嘉定三年（1210）《众户竖立水陆三碑》记载了当地百姓共财修设水陆会的情况⑦。石窟中大多供养人通过举办简单“斋会”为圣像庆赞，只有个别有财力的供养人会修设水陆仪。如元祐三年（1088），庄园主严逊为自己规划营建的石篆山石窟寺举行了庆赞仪式。其中一龛的题记曰：

> 元祐戊辰岁孟冬七日设水陆会庆赞讫，发心镌造供养弟子严逊愿世世生生聪明多智。⑧

题记中没有交代水陆会的具体情况，凭借严逊的财力以及整座寺院的落成，其规模应该不会太小。另如大足北宋大钟寺出土的一件迦叶圆雕像，根据题记，一家施主特为此“修水陆斋表庆”⑨。有些造像记中并未言及“设斋”，仅云“庆讫”或“赞讫”等。如石门山十圣观音洞中左右壁观音像为不同施主所认捐，多题“辛酉上春休日庆讫”⑩，像这种可能只是一个简单的庆赞仪式，未设斋会。

庆赞仪式中使用的“赞文”在造像题记中存例较少。目前所见者，如四川宜汉县浪洋寺石窟中的《丰饶寺记》与《石像记》两例赞文（并序），均由峨眉山人李尚甫撰于唐永泰元

---

① ［宋］施护译《佛手一切如来安像三昧仪轨经》，《大正藏》第21册，第933页中。

② 郗文倩：《赞体的“正”与“变”——兼谈〈文心雕龙〉“赞”体源流论中存在的问题》，《文艺研究》2014年第8期，第62–73页。

③ P.3542文书原名《无遮大会斋文》，马德拟为《某使君造龛设斋赞文》，参见马德：《敦煌文书〈某使君造龛设斋赞文〉的有关问题》，《敦煌研究》1997年第2期，第123–127页。

④ ［宋］宗赜：《水陆缘起》，《卍续藏》第57册，第114页中。

⑤ ［宋］宗鉴：《释门正统》，《卍续藏》第75册，第302页中。

⑥ ［宋］苏轼：《水陆法像赞（并序）》，《卍续藏》第57册，第115页上。

⑦ 碑文参见侯冲：《回归佛教仪式旧有时空——三论大足宝顶为佛教水陆道场》，载重庆大足石刻艺术博物馆编《大足石刻铭文录》，重庆出版社，1999年，第329–331页。

⑧ 重庆大足石刻艺术博物馆等编《大足石刻铭文录》，重庆出版社，1999年，第317页。

⑨ 重庆大足石刻艺术博物馆等编《大足石刻铭文录》，重庆出版社，1999年，第473页。

⑩ 重庆大足石刻艺术博物馆等编《大足石刻铭文录》，重庆出版社，1999年，第354页。

年（765）。其中后者云：

《石像记》

峨眉山人李尚甫撰。

佛以慈悲之心，智慧为本，不生不灭，无去无来，遍世界救苦度危，神通力故，其斯福化，凡莫知焉。有前录事纪礼，高阳之望，为乡邑之尊，分地之宜，析置兹县，劝人导众，恭修法门，造立龛像。至心炫耀，其相俨然，是为奇也。礼则不幸，奄化冥途，未究其因，托生何道。乃有长子惟庆，位至折冲都尉，□□仁才，□极潘仁，孝光孕育，崇孝之善，积仰□□□□□□，归依供养。赞曰：

邈无虚空，变现□穷。喜□□□，游戏神通。

纪□之子，法心□兴。敬造佛像，焕然成功。

文□刻石□□□□永泰元年八月廿一日记。[①]

这则文分两部分：前为“序”，主述施主造像因缘；后为“赞”，旨在叹佛、颂德。宋代石窟中典型的赞文案例是巴中南龛天门石第10龛的观音像赞，题刻于龛外沿两侧，其中左侧是赞文，右侧为落款，曰：

谓此是观音，初因匠石镌。谓此非观音，形相已俨然。圆通大自在，有愿度无边。一念闻思修，何处不显前。我今造此像，持以报所天。人谁无父母，是山孰比坚。稽首净圣王，与山千万年。有来修敬者，存没俱妙圆。

宋淳熙元年六月二十日巴南守杨概值先考朝请忌日谨赞。[②]

此则赞文为五言格式，前段内容重在颂赞观音之圣容佛德，后段述施主造像缘起。

苏东坡曾撰写了多篇佛像赞文，亦可参考。如绍圣元年（1094）其为悼念亡妻撰写的《阿弥陀佛赞》，云：

苏轼之妻王氏，名闰之，字季章。年四十六，元祐八年八月一日，卒于京师。临终之夕，遗言舍所受用，使其子迈、迨、过为画阿弥陀像。绍圣元年六月九日，像成，奉安于金陵清凉寺。赞曰：

佛子在时百忧绕，临行一念何由了？口诵南无阿弥陀，如日出地万国晓。何况自舍所受用，画此圆满天日表。见闻随喜悉成佛，不择人天与虫鸟。但当常作平等观，本无忧乐与寿夭。丈六全身不为大，方寸千佛夫岂小？此心平处是西方，闭眼便到无魔娆。[③]

赞文格式分前序后赞。“序”部分详述造作功德缘由；“赞”倾向于功德颂赞与悼念追荐。一般石窟造像记内容大致与这种“序”类似。至于“赞”，文字押韵，结构对仗，非善诗文者难以写就，故多用现成文本。如唐宋时期敦煌佛教活动文书存在程式化或照搬抄袭的现象一样[④]，主持僧最多略加调整后反复使用于相同仪式中。

① 碑文参见四川省文物考古研究院等编《四川散见唐宋佛道龛窟总录·达州卷》，文物出版社，2017年，第113页。

② 赞文据题记录。

③ 曾枣庄、舒大刚编《苏东坡全集》卷140，中华书局，2021年，第3121-3122页。

④ 马德：《敦煌文书〈某使君造龛设斋赞文〉的有关问题》，《敦煌研究》1997年第2期，第124页。

（二）庆赞仪式的择日

举行庆赞仪式通常会选择一个有纪念意义或吉祥的日子，诸如佛诞日、佛出家日、十斋日、三元日、端阳节、重阳节等。《佛说一切如来安像三昧仪轨经》记："如作法日若得星曜和顺，所作之事于刹那之顷必得成就，若安像庆赞获福最上。"[①]庆赞仪式一般是在龛像完成后的就近吉日举行，拖延太久认为不吉利。如上经所云："若造像毕已经久时，而不行安像庆赞，于其后时反获不吉。设复有人供养礼拜，终无福利。"[②]不过在实际中，施主根据自己的意愿在庆赞时日上时常作灵活处理，即选择一些与自己有关的时间，如"本命"日、生日、亡亲"忌日"或"七七斋"、周年日等。

本命信仰，早在先秦以来便流行于中国社会，传统观念认为本命之年易遭灾异，故通过拜神祭祖、奉祀祷告、做诸功德等方式以避之。宋代时朝廷多建有皇帝、王后等本命殿，遇本命年通常设斋醮、佛事活动等。如《续资治通鉴长编》卷181"至和二年（1055）十月戊戌"条载："监修南京鸿庆宫内臣请于本宫隙地建皇帝本命殿，上（仁宗）曰：'建宫观所以为民祈福，岂可劳民自为耶！其遇本命道场日，止令设板位祠之。'"[③]巴蜀宋代石窟中信众在本命之年镌像做功德的作例十分普遍，见于大足石门山、舒成岩、安岳上大佛等石窟。如安岳上大佛石窟第10龛施主王珣渥造像记曰：

弟子王珣渥镌造日月光菩萨一身，雍熙三年（986）十月八日因生晨本命庆赞讫，丙戌岁。[④]

石门山石窟施主杨才友造像记曰：

弟子杨才友一家等以二月十五日本命之晨，命僧修斋庆赞山王、土地，祈乞一家安乐，大小康安，凡在公私万皆吉庆，鬼神退散。[⑤]

有的施主选择自己或亲人生日、寿诞时日举行庆赞。如"克宁军十将"文志在北山第168窟认妆罗汉五位，建炎四年（1128）二月二十二日"自身生日命僧庆"[⑥]。

另外，在一些荐亡功德像中，许多人会选择亡亲忌日那天举行。"忌日"又称"忌辰"，即亲人去世之日。《礼记·祭义》云："君子有终身之丧，忌日之谓也。"唐宋以来，在亲人忌日，民间多设斋筵僧以志纪念，石窟造像记中多有相关作例。如北宋至道（995—997）间施主李氏为亡夫满"三周年"在北山妆銮地藏、观音二菩萨龛（第249龛）。淳化元年（990）施主曹文镐等为亡母造作功德（安岳上大佛石窟第7龛），于忌日设斋表庆。其中题记云：

清信弟子曹文镐、文钟等奉为亡母白氏重镌粧一件功德，伏愿亡母白氏承兹善力早托净□□□五□之身，得悟三空之理，□后□眷爱，咸保人安，远祖炅灵俱□□□。时以皇宋淳化元年太岁□申朔二十□日戊辰□，亡母白氏忌日设斋表

① ［宋］施护译《佛说一切如来安像三昧仪轨经》，《大正藏》第21册，第935页上。

② ［宋］施护译《佛手一切如来安像三昧仪轨经》，《大正藏》第21册，第933页中。

③ ［宋］李焘撰《续资治通鉴长编》，中华书局，1995年，第4378页。

④ 四川大学考古学系等：《四川安岳上大佛摩崖造像调查简报》，《敦煌研究》2017年第4期，第10页。

⑤ 重庆大足石刻艺术博物馆等编《大足石刻铭文录》，重庆出版社，1999年，第350页。

⑥ 重庆大足石刻艺术博物馆等编《大足石刻铭文录》，重庆出版社，1999年，第74页。

庆讫。①

还有前文所提信士杨伯高、巴南守杨概值分别于亡父忌日造像庆赞等。

施主选取“本命”“生辰”“忌日”等与己身有关的时日为功德像庆赞，实质上是古老习俗中的“择吉”观念在宗教信仰中体现。趋吉避凶、喜福忌祸是人之常情，在这些敏感的时日为圣像庆赞，更是期冀得到神灵庇佑，获得身心安宁。

四、来世今生：现世利益驱动下的信仰诉求

宋代时期，巴蜀石窟的营建主要依赖于地方社会各阶层人士的资助，从官员到广大平民，不同信众怀着各自意图纷纷加入这项旷日持久的社会活动中，留下的造像与铭刻成为他们宗教信仰与精神生活的历史印迹。梳理造像题记，供养人在造像动机上往往带有一定的群体差异。诸如官员群体具有一定的政治意识，题记中多有“国祚兴隆”“皇封永固”“干戈永息”等语；僧侣群体重视对今世修行与来世往生思想的表达，题记中多有“普接群生”“俱成正觉”“超生净土”等语；普通百姓比较看重眼前困难，希望获得快速解决，题记中时常有“禄位高崇”“寿算延长”“债主升天”等相对具体的愿词。这些供养愿文内容看似形形色色，归结起来无非聚焦于两点——对来世生命的关照和现世利益的追求。前者更多体现在为亡亲的追荐祈福方面；后者则为了生者的现世福报。

（一）荐亡祈福

为亡亲追荐祈福是中国社会最为普遍的一种习俗，佛教传入汉地后随着地狱观念的全面渗透，“荐亡”成为信众造作功德的首要目的。这种传统几乎贯穿了佛像的制作与传播历程。宋代时期随着佛教世俗化与庶民化程度的加深，诉诸佛教为亡亲祈福更是成为民众投身信仰活动的重要动机。

荐亡活动一般发生在一个家庭成员中，在世者通过造像功德祈愿已故先祖、父母、配偶、子女等亲人族属“超生佛地”“往生净土”等。如太平兴国八年（983）施主于安岳上大佛石窟为亡母白氏造释迦佛、白衣观音各一身；绍圣元年（1096），施主赵氏为亡夫在大足石门山石窟造像一龛，“愿亡夫早生人世，别得超生”；绍兴间多宝塔“砌塔道人”邢行道为“母亲王氏二娘自备钱募工镌五十三位善知识，愿母亲超生佛地”；绍熙五年（1194），施主张鼎等于在潼南南龛寺为本家族亲属发愿造西方三圣并文殊、普贤一龛，其中题记曰：

> 宋甲寅绍熙五年季秋，乡贡进士张鼎、弟鼒、姪元孝等敬百拜奉为曾祖考仁安、曾祖妣瞿氏、于氏，祖鞏、祖妣孺人杨氏，父藻、妣瞿氏，兄乡贡进士夘、嫂毋氏等发心造此圣像，以祈先灵早生人天，俱登胜地。是岁下元恭与寺中报恩道场谨记。比丘道纪、小师悟祥命工刻。

荐亡作为相沿已久的传统，该主题在宋代巴蜀石窟供养人像与造像记中占据了较大比重，在此不再赘述。

（二）解冤释结

现实生活中人和人之间难免发生矛盾，以致互为仇恨而成冤结。佛教就此总结出“十八

① 四川大学考古学系等：《四川安岳上大佛摩崖造像调查简报》，《敦煌研究》2017年第4期，第6页。

种冤”，并十分重视各种冤结的解释，宋代僧人释祖照所集《楞严解冤释结道场仪》是这方面的重要典籍[①]。道教也将“解冤释结”视为斋醮科仪中的一项重要功能[②]。宋代时期对冤结的消解成为民间化解人际怨怼和凡圣矛盾的重要诉求，这一点充分反映在系列造像和碑铭题记中。

如宋代巴蜀石窟中一度流行“解冤结菩萨”像，一般为菩萨骑牛相（见图23），现存十余例，见于川东一带[③]。有明确题记的是大足北山第209龛和安岳千佛寨第33龛作例，其中前者仅题菩萨名，后者有供养人愿文，曰：

奉佛弟子王天麟，同室□□谨发心创镌造解冤结菩萨一□，永远供养。用祈过去先代宗祖父母（?）早登佛地，见在夫妇寿年延远，祈膝下嗣续良宜，二陆时中伏愿圣资加护。岁次丙辰庆元二年（1196）七月初一日，佛弟子□□□同室汝□佛护（?）娘□。[④]

图23　北山第209龛解冤结菩萨像

由上述题记见之，施主发心造立解冤结菩萨，志在祈乞亲祖往生、夫妇寿康、子嗣良宜等，并非为了解释某种“冤结”。这种泛化崇拜现象在石窟造像中并不新鲜。从另一角度看，该作例中施主选择供养解冤结菩萨，显然与该菩萨信仰的流行密切相关。

同样，我们也看到一些明确表达解冤释结的愿文题刻在观音像旁。如大足石门“十圣观音洞”中，施主在认捐的观音像侧题写的功德词中就有“乞赦除债主、冤家，并赀和释”“乞冤家解释，债主升天”等内容。实质上这种解冤结的内容更多贯穿在宋代时期颇为流行的水陆法会中。大足石壁寺发现的一块嘉定三年（1210）碑刻详细记载了民众修设水陆会的

① 赵文焕、侯冲整理《楞严解冤释结道场仪》，载方广锠主编《藏外佛教文献》第6辑，宗教文化出版社，1998年，第35-226页。

② 朱展炎：《道经中的“解冤释结”思想论析》，《宗教学研究》2014年第4期，第44-49页。

③ 小强：《解冤结观念的初步考察——以文献、图像和民俗为主的体现》，载大足石刻研究院编《2009年中国重庆大足石刻国际学术研讨会论文集》，重庆出版社，2013年，第301-327页；谈北平：《解冤释结：川渝地区解冤结菩萨造像研究》，《敦煌研究》2021年第6期，第49-58页。

④ 题记参见谈北平：《解冤释结：川渝地区解冤结菩萨造像研究》，《敦煌研究》2021年第6期，第51页。

事宜，其中一段文云[①]：

随善弟子王宗美、宗广兄弟，仗是随财巨善，解消宗祖而来。至于翁父手内，或……物已上，忽因盗偷遗失田土，谋计侵吞交财，利己亏人，忽若他人侵己，见理不平而生忿怒，恐兴说注以成冤愆，虑投佛法以兴魏，或仗巫流而遣放。曾经善力，求以消平。尚见于今老殁少亡不等，想兹冤咎解释根原未除，今凭众力，功勋投……佛，从根剧削。

佛说解百生冤结真言：唵（引）！诺贺诺贺，娑嚩讷瑟吒，钵罗讷瑟吒，担罗喃，娑嚩呵！

上述案例中，解冤释结看似作为信仰层面的诉求，实质上反映了民众对化解社会矛盾、缓和人际关系和消解法律争讼的渴望，虽然诉诸宗教，其世俗的意图十分明显。

（三）疾病救治

出于寻医问药目的而求佛拜神是民间社会常有之事，其根源与由来已久的“信巫不信医”风气有关。宋代巴蜀石窟中多有因病而发愿造像的案例。如大观三年（1109）某施主身患疾病时于大足北山镌观音一龛；北宋间施主亨泰为父亲患病在大钟寺造罗汉像一尊等。其中也发现几例针对于治疗眼病的功德题记。如南宋多宝塔内一位铁匠造龙树菩萨一尊，祈乞母亲“眼目光明”。题记曰：

昌州大足县〔玉〕溪井住铁〔匠〕刘杰，妻杨氏发心自初建塔施工修葺动用铁作□□外施铁一条重三十斤□龙树菩萨一龛，并化〔云〕水〔镇〕□作户铁索三条，伏〔愿〕四生□□超升，见存〔为母〕眼目光明，福寿双庆。[②]

大足佛安桥“三教窟”施主古大雅认捐尊者像一身“祈眼目光明”，题记曰：

佛弟子古大雅、同室杜氏造，祈眼目光明。壬辰三月记。[③]

另外，大足舒成岩道教石窟中也见到类似题记，绍兴二十三年（1153）施主宋美意为妻子患“气疾”及“眼目不安”而镌淑明皇后一龛，题记曰：

大宋昌州大足县若子乡琼林里故城垣本庄居住奉道弟子宋美意，为年前妻室罗氏七六娘或患气疾眼目不安，遂发诚心就云从岩镌造淑明皇后，求为供养。自启愿后果蒙圣像加备，罗氏气疾退散，今者不亡前愿，命请处士就龛镌造。[④]

宋代时期这种病者不药而听于神佛的做法，除了巴蜀本土固有习俗的沿袭外[⑤]，也反映了民众在宗教信仰上浓郁的实用主义色彩。

供养人的信仰动机是形形色色的，难以以偏概全，上文仅举“荐亡”“解冤”“治病”诸例概要介绍了宋代时期巴蜀供养人的信仰状况。从众多的造像与题记中认识到普通民众

---

① 碑名《众户竖立解释前魏后誓超升老逝少亡剪上代邪魔石竭水陆三碑》，载重庆大足石刻艺术博物馆等编《大足石刻铭文录》，第329-331页；相关研究参见侯冲：《回归佛教仪式旧有时空——三论大足宝顶为佛教水陆道场》，载大足石刻研究院等编《大足学刊》第1辑，重庆出版社，2016年，第200-211页。

② 题记参见重庆大足石刻艺术博物馆等编《大足石刻铭文录》，第448页。

③ 题记参见重庆大足石刻艺术博物馆等编《大足石刻铭文录》，第322页。

④ 题记参见重庆大足石刻艺术博物馆等编《大足石刻铭文录》，第293页。

⑤ 李小红：《宋代“信巫不信医”问题探析》，《四川大学学报》（哲学社会科学版）2003年第6期，第106-112页。

对宗教的理解是：神明拥有超自然的力量，一个信徒只要求之有方，任何愿望均可实现。这大概是宗教最大的魅力，也是能够渗透民间社会的根本原因。回归民众自身，所谓信仰更多是建立在现世利益基础上，如同美国学者韩森所认为的与“表面的宗教倾向无关”[①]。

五、结语

宋代时期伴随着社会扁平化的发展，大众在宗教态度与信仰观念上较之以往变得愈加务实与功利，人们竞相开窟镌龛、造作功德的背后，更多是对赚取各种现世福报的无限期待。

宋代以来巴蜀石窟艺术出现的明显变化是：

第一，供养人像体量空前增大，个别如同胁侍一样处于佛菩萨左右，在空间上呈现圣凡共处一堂的景象。在功德主看来，只有这样才算是“亲临佛会”，才能得到佛的永世护佑。第二，功德主不光重视自己及在世家眷供养像的镌作，还通过塑造“云中像”“接引像”和“真容像”等表达了对逝者的追荐、祈福与纪念。第三，功德主重视龛窟造像完成后的庆赞仪式，其中糅合了民间流行的“择吉”信仰。

从大量的造像记看出，许多人带着各种具体目的做功德，诸如祈乞“冤家解释，债主升天”“圣像加备，气疾退散”“家门清吉，夫妇康和”“寿年长远，福禄增添”“子孙繁衍，富贵荣华”等等，再次说明实用主义是民间社会对宗教信仰的最好注脚。

① [美] 韩森：《变迁之神——南宋时期的民间信仰》，包伟民译，中西书局，2016年，第25页。

丝绸之路岩石上的原始体育文化探析

李金梅（深圳职业技术大学）
路志峻（深圳职业技术大学）
林　春（兰州理工大学）

【摘要】 本研究采用调查考察法、文献资料法，结合考古学、社会学和人类学等学科，对丝绸之路岩石上所遗存的原始体育元素进行搜集、整理和分析，从而为原始体育的研究提供更丰富的启示。

【关键词】 丝绸之路　岩画　分布　体育

人类的祖先以石器作为工具，在岩石上凿、磨刻图像来描绘、记录他们的生产方式和生活内容，这一成果称为岩画。岩画是一种石刻文化，是现存最早的图像形式，是人类早期的文化活动，带有明显的原始思维特征与蒙昧时期的体育色彩，因而被列入原始体育的范畴。原始体育的创作绝大多数是巫术与祭祀活动的载体，其目的是传达或记载某种信息，其图形或符号具有生存哲学的意义。这对我们从性质上认识图像与体育的联系有着重要意义。

一、丝绸之路岩石上的原始体育

当我们循着丝绸之路史前人类遗迹溯源而行，就能在斑驳陆离的巨石岩壁中看到张弓待发的狩猎场面，手持长矛盾牌的军事习武操练，欢庆劳动生产丰收的舞蹈场景，颂扬人类繁衍的生殖崇拜，宗教祭礼的娱乐活动和骑木而行（滑雪）等等。这些岩画存在着拟态性与象征性的因素，表现出一种相对专门化的身体活动形式，具备了一定的体育特征。

这些凝固在岩石上的珍贵视觉形象，反映出狩猎、军事操练、舞蹈、百戏等与体育发生与形成之关系。原始人类在长期的狩猎实践活动中，不仅创造了弓箭，而且还积累了使用弓箭的技法。随着生产力的提高、社会精神文明的发展和人类自身心理活动的需求，弓箭功能又逐渐向社会化转化，使射箭变为游离于狩猎和军事作战功能之外的竞赛活动、观赏娱乐和教育的技艺。这就为我们提供了这样一个佐证，即狩猎文化在传统民族文化的不断影响下演进并形成了射箭运动文化。同时，也说明了射箭这一活动由狩猎走向射箭比赛，是由发生、形成到成熟的过程，是原始走向文明、兽性走向人性、生理走向心理、感性走向理性（生产走向体育）的过程（见图1、图2、图3、图4）。

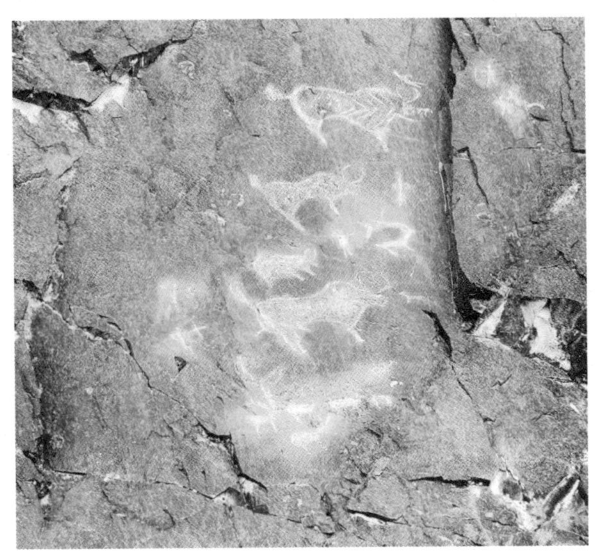

图1 围猎 黑山四道鼓心沟 岩画凿刻
（甘肃嘉峪关市）

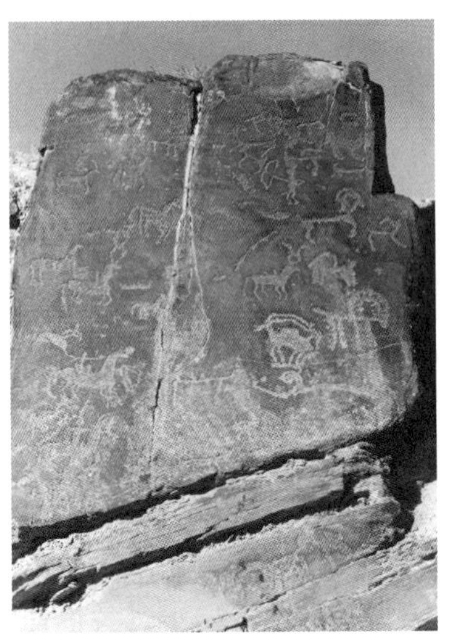

图2 人骑与围猎 大麦地岩画 凿刻
（宁夏中卫市）

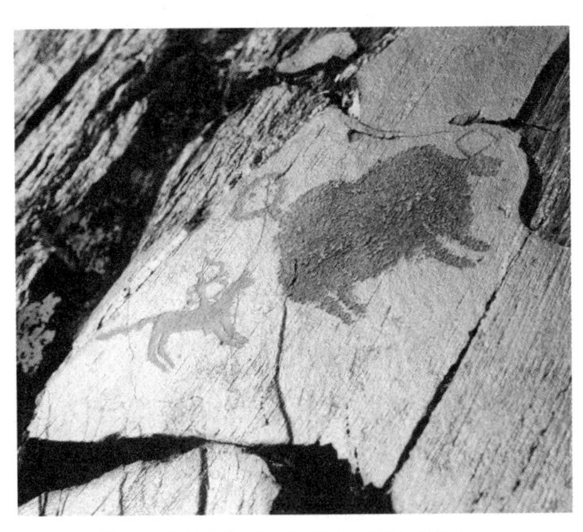

图3 射牦牛 舍布齐沟岩画 凿刻
（青海刚察县）

图4 射鹿 巴里坤岩画 凿刻
（新疆巴里坤哈萨克自治县）

战争是社会和人类发展史上的重要现象，也是武技、力量、体能、体力和智慧表现的重要载体。古代丝绸之路各氏族、部落之间为了争夺水草牧场，以及血亲复仇等原因，战争时有发生，这在岩石上有形象的描绘。如武士出巡，武士手持弓箭、矛，或骑马或徒步与敌方进行刺杀、对射或追射，也有格斗等。岩画所展现的征战场面和兵器形制等为日后搏击、角力、武术等的发生与形成奠定了基础（见图5、图6）。

图5 征战 八墙子岩画 磨刻
（新疆巴里坤哈萨克自治县）

图6 武士格斗 贺兰口岩画 磨刻
（宁夏贺兰山）

原始人类为了求得神力对氏族的庇护，为了庆贺劳动的丰收，产生了祭祀活动。他们在无比虔诚、无比狂热的激情中进行各种原始舞蹈活动。这种有节奏的肢体动作表演是人本身需求的最基本表现，渗透着浓郁的人本意识。丝绸之路岩画中都刻画有表现原始人类进行独舞、双人舞、三人舞和集体舞的真实记录（见图7、图8）。

图7 双人舞 巴尔也恩巴斯陶洞穴岩画 彩绘
（新疆阿勒泰地区）

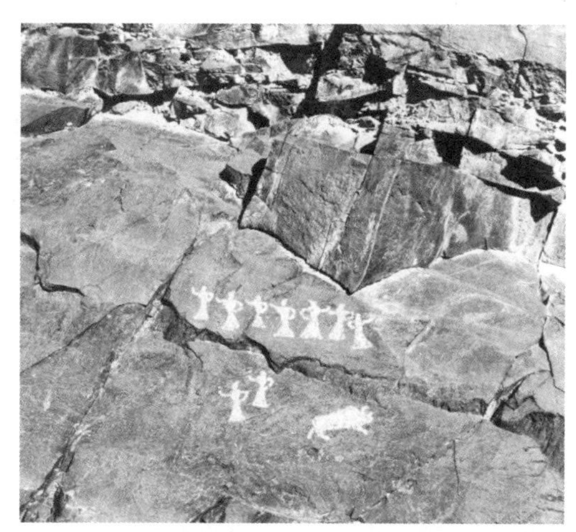

图8 集体舞蹈 黑山四道鼓心沟岩画 磨刻
（甘肃嘉峪关市）

丝绸之路岩石上还刻画有百戏的图像，如人在马背上做翻腾动作，进行杂技、杂要表演等，为我们深入探索百戏的源流提供了新的思考（见图9）。

丝绸之路岩石上所镌刻和绘制的以动物、狩猎、习武操练、舞蹈、征战、赛马、百戏、博弈、滑雪、生殖崇拜等为主要题材的图像都是当时劳动生活的场景和原始体育形态，它们与今天的劳动生活、体育、舞蹈等形象有着较大的时间差。岩画上的原始体育体现了人类特定发展阶段的一些共同心理现象和文化现象，反映了体育伴随生活发展的合理性与必然性（见图10、图11）。

图9　杂技 雀儿沟岩画 凿磨
(新疆阿勒泰地区)

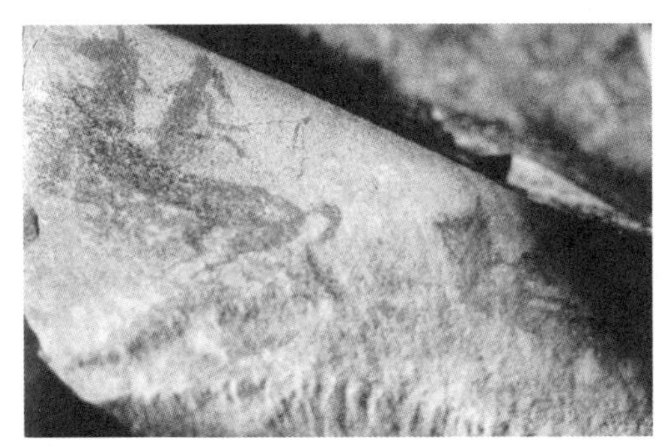

图10　赛马 白芨沟岩画 彩绘
（宁夏贺兰山）

图11　滑雪狩猎 塔合图别克岩画 磨刻
（新疆阿勒泰地区）

二、丝绸之路岩石上的原始体育空间分布

丝绸之路岩画大多分布在山地、沙漠、丘陵、草原地带的岩石或崖壁上，主要在边疆民族聚居区出现，而且都依存于以游牧狩猎经济为主的文化共同体。不同地区的岩画在遗存形式、内容题材、年代范围等方面也都有一定的差异，根据这些特征，可将丝绸之路岩石上的原始体育分布划分为以下四个区域。

（一）甘肃岩画

甘肃地区岩画主要分布在河西走廊的祁连山、马鬃山、黑山山脉，以及河西永昌县、兰州北部、白银市、靖远县等地区。

甘肃岩画于20世纪70年代初首先在嘉峪关市西北黑山山脉中被发现，80年代又在祁连山发现岩画，之后相继在永昌县杨家大山、靖远县刘川乡陈家沟亦有少量岩画被发现。

祁连山绵延甘肃、青海两省之间，其海拔多在3500米至5000米之间，终年积雪。祁连山岩画多分布在距县城较远的山涧深谷中，经过考察共发现岩画点7处，300余幅图像，其中大黑沟岩画题材以狩猎为主，还有杂技等图像。肃北石包城乡灰弯子、七个驴共发现岩画点3处，100余幅图像，大部分内容以狩猎为主。马鬃山位于安西，属肃北县，这里地域辽阔，地形复杂，常年干旱少雨，土地贫瘠。马鬃山共发现岩画点7处，有100余幅图像，岩画大都表现驯养、狩猎等题材。黑山位于嘉峪关市西北5公里，岩画多分布在谷地两侧的崖面上。黑山岩画内容丰富，反映了居住在黑山地区的原始先民现实生活的真实写照，具有较高的史料价值。其题材包括狩猎、舞蹈、鹰猎、动物、操练、征战等内容，整个画面错落有致，人物形象勾勒准确。

（二）宁夏岩画

宁夏回族自治区位于中国中西北部黄河中上游地区，面积为6.64万平方公里。宁夏岩画按地域分为贺兰山岩画、卫宁北山岩画、香山岩画等。

贺兰山位于宁夏的西北部，南北走向，全长约200公里，海拔在2000米至3000米之间。贺兰山岩画题材和内容十分丰富，有狩猎、动物、祭祀、舞蹈、图腾、御车、生殖崇拜、百戏、石球、征战、摔跤、投掷、奔跑等，展示了原始人类生动的生活场景。

卫宁北山岩画位于贺兰山南端，其岩画主要集中于大麦地、苦井沟、大通沟等地。这里岩画约占宁夏岩画将近一半，不仅数量多，而且品质高，是不可多得的岩画宝库。卫宁北山岩画题材主要是狩猎、征战、骑术、人物、舞蹈、符号等。香山与卫宁北山仅一河之隔，是宁夏又一处重要的岩画点，内容丰富，题材多样，有动物、人物、人面像、人骑、狩猎等形象。

宁夏岩画内涵丰富，质量较高，是中国北方岩画的代表。而其中表现出的体育岩画作为历史文化载体而凝聚积淀下来的体育图像，充分地弥补了历史文献记载的缺失，使我们更真实直观地了解历史、文化、宗教、体育以及艺术。

（三）青海岩画

青海岩画位于中国西北部、青藏高原的东北部。主要分布在海南、海北、海西、玉树等地。面积约72万平方公里，平均海拔在3000米以上。青海岩画主要有天峻县天棚乡鲁芒沟岩画，刚察县哈龙沟岩画、舍布齐沟岩画，都兰县巴哈毛力沟岩画、莫力沟岩画，海西州野牛沟以及青海南部通天河岩画。青海自古以来一直是农业文化和草原文化相互撞击和交融的地区，其岩画题材内容主要有狩猎、对射、骑猎、动物、人物、鹰猎、御车、征战、棋盘、生殖崇拜等。

（四）新疆岩画

新疆岩画位于中国西北边陲，首次发现于20世纪20年代。主要分布在阿尔泰山、天山、昆仑山等山脉之中。主要的岩画有：伊犁哈萨克自治州的阿勒泰岩画、尼勒克岩画、阿克亚

孜岩画、十沟岩画、昆带山岩画、红石头泉岩画，唐布拉山口岩画，昌吉回族自治州呼图壁、木垒、米泉等地的岩画，阿克苏地区的温宿县岩画，且末县昆仑山岩画，和田地区皮山县的桑株镇岩画，哈密市的沁城岩画和巴里坤岩画，以及吐鲁番的托格拉克布拉克岩画，等等。新疆岩画是我国岩画遗存最丰富的地区之一，样式多样，题材广泛，最直接地反映了新疆地区原始人类的物质生活和精神文化生活。

自然地理环境也决定了新疆地区原始人类赖以生存的主要生产方式是狩猎和放牧。生活是体育的源泉，体育紧密地反映着生活，这在新疆的岩画图像上能充分地表现出来。其丰富的题材内容主要有：狩猎、征战、搏斗、角逐、车辆、舞蹈、百戏、滑雪、杂技、手印等等。

以上岩画多分布在丝绸之路上的少数民族地区。由此可以说，岩画是我国少数民族远古时期生产劳动和社会生活的真实写照，体育岩画是凿刻在岩石上的史书，我们所辑录的是一部内容丰富而形象的原始体育历史。对体育岩画的考释可以揭示原始人类的生产方式、社会生活、思维意识、宗教信仰、娱人娱神方式等等。同时，对体育岩画所包含的文化意义也应该进行解读，即对它进行语义上的破译，从而使人们认识和了解体育岩画。

三、结语

首先，远古史前时代的人们深信可以通过绘画等形式与超自然的神界沟通联系，来表达自己的宗教目的。其次，岩画中的各种符号，是原始人通过狩猎、征战、舞蹈、游戏等象征符号来表达他们的象征意义。我们运用考古学和人类学方面的知识破译这些原始符号的寓意，使我们了解了每幅岩画的体育含义，尤其是对丝绸之路所散布的岩画点搜寻与体育相关的图像，并对其进行研究分析及文化阐释，以使人们了解体育岩画所表现的原始先祖们的情感导向和心理根源，以及题材意蕴和地域特色以说明原始社会体育活动的存在，以及呈现的原始人类对身体的混沌意识和对身体的感知力。这使我们能更深入地了解人性的整体发展和原始文明的当代价值。

对丝绸之路岩石中的体育图像进行研究，可以彰显出中华民族自身存在的标识，透视出原始体育发展的脉络，它将使世界文化从原来以西方为中心的放射性格局转变成为各国相互联系、共同繁荣的网络格局。丝绸之路岩画上的体育研究也正好是在这一地理空间，也恰好是在“一带一路”上发生与演变的。而今天要复兴“一带一路”上曾经的辉煌，必须以更加宽广的胸怀和全球视野去全面领受东方古代精神文明的魅力，以使我们对身体文化的发展有更理性的认识。

十世纪的敦煌佛画制作

——共论白鹤美术馆本二题的定位与评价

［日］田林启　著（大阪市立美术馆）
王辉锴　译（大阪市立美术馆）

【摘要】本文是以日本收藏的绘画作品为例，意在阐明十世纪敦煌佛画制作体系的基础性研究成果。文中重点考察了目前为止还未被深入研究过的白鹤美术馆藏《药师如来图》（以下简称白鹤药师）和《千手千眼观音菩萨图》（以下简称白鹤观音）。前者绘有包括药师如来在内的七身尊像以及作为发愿者的无官职的樊宜信的亡父和母亲的供养人像（邈真像），并伴有天成四年（929）的发愿文；后者绘有包括千手观音在内的十五身尊像以及官僚形象的男性供养人像和僧人供养人像，没有留下当初的文字内容。

在尽可能网罗世界各地收藏的十世纪敦煌绢本佛画的基础上，笔者将它们划分为三组。第Ⅰ组由高度尺寸在120厘米以上、技法卓越、颜料显色优良的作品组成，成为订购人或发愿对象的均为统治阶层的曹氏节度使一族以及与之有密切关系的官吏、大寺院的僧侣等社会上层人物；第Ⅱ组由高度尺寸不足120厘米但在100厘米以上的作品组成，技法和色彩应用未必精良，不同作品间存在反复使用相同图像的情况；第Ⅲ组由高度尺寸未满100厘米的作品组成，技法和色彩上的问题更甚于第Ⅱ组。第Ⅱ组和第Ⅲ组共同涵盖了官吏或者是无官职的两方面的订购人，特别是第Ⅲ组中无官职人员的比例增加。订购人不明的白鹤观音归入第Ⅱ组，白鹤药师归入第Ⅲ组。白鹤观音在技法上与第Ⅰ组相通，亦属上等，在其归属的第Ⅱ组中，连包括发愿者在内仅绘有两具供养人像且法量稍小的《十一面观音菩萨像》（吉美国立亚洲艺术博物馆藏）都由节度押衙程恩信这样身份的人物订购，那么也就可以认为，白鹤观音的订购人至少也拥有相当于节度押衙等的官吏。白鹤药师在由无官职者（樊宜信）订购的画作中，尺寸稍大、颜料显色较好。可以说，十世纪的敦煌存在依照不同身份和经济地位进行订制的佛画制作系统。

另一方面，概观各件作品，在祈愿问题上，相比针对特定尊格明确清晰的信仰，订购人主要关心的还是故人能否被救济进而前往净土或天堂一类的极乐世界，所以画作倾向于追求此类内容。基于这种倾向，本文继而着眼于故人的供养人像（邈真像）配置于观者视角右侧并将生者和引路菩萨或地藏菩萨置于画面左侧的例子，以及发愿文常常自上而下从左向右书写的情况。供养人像的配置方法是发愿者（生者）或菩萨引导亡者前往冥福（净土）这一意识反映在画作上的结果，同时也是对自上而下从左向右行文的呼应。在这一时期的敦煌，笔者推测，由于推行佛教政策，十王信仰在社会上广泛流行，人们便将佛画视作祈愿内容的载体，使得佛画的构图得到了发展。白鹤美术馆的这两件作品便是官吏和平民在相同的政策指导下在当时的社会环境中的成果体现。

【关键词】敦煌佛画　白鹤观音　白鹤药师　白鹤美术馆

序言

1900年自敦煌莫高窟（藏经洞）发现的绘画如今散佚在世界各地。现存日本[①]的形制有挂幅、画卷、幡等，其中挂幅绘画均为十世纪的作品。相比留存于英法两国的敦煌绘画，日本的敦煌绘画几乎在学界声名不显。长久以来，十世纪的敦煌绘画被认为缺乏艺术价值，无法与早期作品相媲美，同时，作为批量制作的产物，它们被视作风格分析的对象而相对地不受重视。由于其中一些作品能反映平民阶层因其供养人（出资人、订购人）身份而被绘入画作当中的情况，或是为回应订购人需要而产生的套路化的佛画制作体系，又为我们深入了解持续开凿千年之久的佛教城市敦煌提供了重要参考。

松本荣一曾指出，梳理考订这一时期敦煌佛画制作体系的关键，在于敦煌绘画特色之一的融通性。松本将十世纪的画作一并纳入考察范围，认为确认这一特性的依据，是存在当印相和持物发生变化时尊格也随之发生改变的类似图像。换言之，正如松本所总结的，在没有显著特征的图像中酌情写入提取自佛典中随处可见的从尊名到祈愿等的内容，由此产生不同的尊格[②]，也可将其视为同质集合。之后如马德、沙武田等学者对工匠组织、粉本所作的大量研究[③]，使得具体地对松本的判断进行印证成为可能。同时，透过菊竹淳一等人的研究[④]，我们或许能够充分理解，版画的普及也大大提高了制作效率，进而极大地影响了人们对于佛画的认识。另一方面，基于佛画制作倾向于将关注点聚焦于供养人一侧的研究成果不断涌现，近年来，张培君在前人研究的基础上对九至十世纪由中下层民众订制的绘画的相关面貌进行了整理[⑤]。其中有几点特别值得一提，包括：为符合供养人（出资人）的社会阶层和经

① 奈良国立博物馆《東アジアの仏たち》展图录，1996年，图版126–132；［日］白川静监修：《白鹤英华——白鹤美术馆名品图录》，白鹤美术馆，1978年，图版57。

② ［日］松本荣一：《敦煌拾遗1》，《佛教艺术》第28号，1956年，第69–70页；［日］松本荣一：《敦煌画の研究》（复刻版），同朋舍出版，1985年，第359页。

③ 沙武田：《敦煌画稿研究》，民族出版社，2006年；马德：《敦煌古代工匠研究》，文物出版社，2018年。

④ ［日］菊池淳一：《敦煌の仏教版画——大英博物館とパリ国立図書館の収蔵品を中心として》，《敦煌艺术》第101号，1975年，第3–35页。

⑤ 张培君：《敦煌藏经洞出土遗画中供养人画像初探》，《敦煌研究》2007年第4期，第91–97页。

济实力，绘画载体以绢为最好；以结社的形式分担制作费用；祈愿内容主要是为亡者做功德、为生者祈福或是两者兼有；一些供养人像既是供养像又是邈真像（亡者生前形象，后述）；主尊以观音菩萨像为最多。

虽然有从制作人和订购人两方面着眼的研究成果问世，它们所列举的诸要素仍无法彼此关照，较为浮泛。只有将双方的关注点进行整合，或许才能对因应各方要求制作而成的作品背景有所理解。有效的方法或许是，将绘画按照相同载体进行归纳，同时补充迄今为止缺失的研究方法，即将留存日本的作品囊括其中，对作品本身的体量、风格进行详细分析。

留存日本的作品，尤其是现藏于神户市白鹤美术馆的《药师如来图》，图像和由平民阶层撰写的发愿文均保存完好，该馆另藏《千手千眼观音菩萨图》绘制精良，但二者长久以来仅以介绍的形式出现在松本荣一和王惠民的论文当中①。本论文通过将仔细考察过的这两件作品置于敦煌绢本佛画群中进行分析评价，希望能为系统地理解佛画制作体系做一些基础性工作。

由于敦煌在整个十世纪事实上处于曹氏归义军政权这一地方独立政权的统治之下，本文因不涉及中国中央地域的时代划分，故将该世纪视为一个独立的时代。（文中频繁出现的机构名略称如下：大英博物馆=大英、吉美国立亚洲艺术博物馆=吉美、新德里国家博物馆=新德里。）

一、白鹤美术馆藏十世纪敦煌绘画二题

有关白鹤美术馆藏两幅敦煌绘画的由来，王惠民做过简单的整理②。二者均为昭和初期由美术馆的创办人第七代嘉纳治兵卫自古董商浅野梅吉处购得③，于昭和十一年（1936）入藏白鹤美术馆。其中《药师如来图》的来历更是相对比较明晰，根据荣新江先生在著书中所述，二十世纪初的记录（清·曹元忠《沙州石室文字记》）显示，药师图经由时任敦煌县长的汪宗翰转手给了名叫陆季良的人，若再往前追溯，莫高窟藏经洞的发现人王圆箓赠予他的同乡汪宗翰的一批经卷和绘画中可能就有这幅药师图④。

---

① [日] 松本荣一：《敦煌画拾遗1》，《佛教艺术》第28号，1956年，第69-70页；王惠民：《日本白鹤美术馆藏两件敦煌绢画》，《敦煌研究》1999年第2期，第176-178页。

② 王惠民：《日本白鹤美术馆藏两件敦煌绢画》，《敦煌研究》1999年第2期，第176页。

③ 浅野获得两件作品的年代：《千手千眼观音菩萨图》，昭和四年（1929）；《药师如来图》，昭和七年（1932）。见《浅野梅吉取扱年谱》，载《竹石山房 中国金石陶瓷图鉴》，中国金石陶瓷图鉴刊行会，1961年。

④ 参考荣新江：《敦煌学十八讲》，北京大学出版社，2001年，第54页、第60页。《沙州石室文字记》可参考王惠民的介绍和整理文章（https://www.foyuan.net/article-341003-1.html）。

图1　药师如来图

［天成四年（929）　白鹤美术馆藏］

白鹤美术馆现藏佛画《药师如来图》（见图1，以下简称白鹤药师）系绢本着色，高94.6厘米，宽58.5厘米。尊像的配置方式为：以手持锡杖和钵的药师如来像为中心，在其周围各安排一对老少弟子像、胁侍菩萨像和供养菩萨像。药师如来结跏趺坐，前方供桌上并置有一香炉和二水瓶，肉髻高耸呈尖状突起，眼睑厚实，表情似低眉垂目，瞳孔以红线描边，半偏袒右肩式包裹表里为红、青两色的袈裟，袈裟扣自左肩垂下吊起衣角，头部上方是被树叶和圆形花朵包围并装饰有火焰宝珠和吊饰的天盖，天盖左右配置有如芭蕉叶般巨大的树叶。背景中亦可见以三角形表示的前后连绵的山岳。由于手持锡杖和钵的药师像也在五代以后的莫高窟壁画中频繁出现①，本作中的持物可视作药师像的惯例。

环绕药师的菩萨像中的两尊胁侍均呈坐姿，以单手托莲花花蕾，另一手置于胸前，图像上相差无几，仅在各自傍题上以左胁侍“虚空藏菩萨”、右胁侍“金刚藏菩萨”加以区分。下方的两尊菩萨跪坐莲台，手中分别托举盛有或红或白花朵的小盘，观者视角的右侧题记

①［日］浜田瑞美：《敦煌唐代薬師経変の図像をめぐって》，载《敦煌·丝绸之路国际学术研讨会论文集》，神户大学百桥研究室，2013年，第108页。

“持宝华菩萨”，左侧题记“持花菩萨”。根据已有的研究显示①，这样的尊格组合和胁侍图像并未沿袭经典。不过，在十世纪后半的《莫高窟再修功德记》（P.2641v）中，可以看到有关莫高窟中将药师如来描绘于前室天井而在同室西壁上部描绘金刚藏菩萨和虚空藏菩萨的记录②。如果考虑到该窟与三界寺僧道真的关系③——道真曾重修此窟并以授戒师之名广为人知，最终升至最高阶的都僧政——那么白鹤本的尊格配置就并非完全出于私心，而有可能正是在十世纪敦煌佛教观念的影响之下形成的。

图2　金刚像菩萨像（部分）　药师如来图（部分）

［天成四年（929）　白鹤美术馆藏］

描线（见图2）整体拘谨不流畅，明显可见多处运笔上的接合，且在尊像的造型上反复使用相同图像，可见其已趋程式化。本尊面部着色后重新勾勒的部分仍保有几分紧张感，符合人物形态要求。在色彩使用上，相比本尊肉身因使用了相对正确的晕染而达成的凹凸感，其他尊像肉身上的白色高光以及为表现额头和下颚等部位的圆润感而填入的朱红平面化涂抹不留余地，即便采用了晕繝工艺，其机械性的颜料使用使得有几处只能看到缟状条纹，效果差强人意。但浓彩部分的确让人眼前一亮。

以上这些尊像的下方，以菱系纹的隔离带分隔，表现供养人像和发愿文（见图3）。发愿文上半部左右两边以傍题框的形式记供养人像名。发愿文虽用汉文写就，但行文方向为观者视角的从左往右，即先由上至下直写，写完一列再向右发展。

① ［日］松本荣一：《敦煌画拾遗1》，《佛教艺术》第28号，1956年，第70页；［日］泉武夫：《虚空藏菩萨》，《日本の美術》第380号，1998年，第24页。

② 马德：《〈莫高窟再修功德记〉考释》，载《社会纵横》，1994年，第44页；国际敦煌研究项目数据库：http://idp.bl.uk/database/。

③ 郑炳林：《伯2641号背莫高窟再修功德记撰写人探微》，《敦煌学辑刊》1991年第2期，第48页。

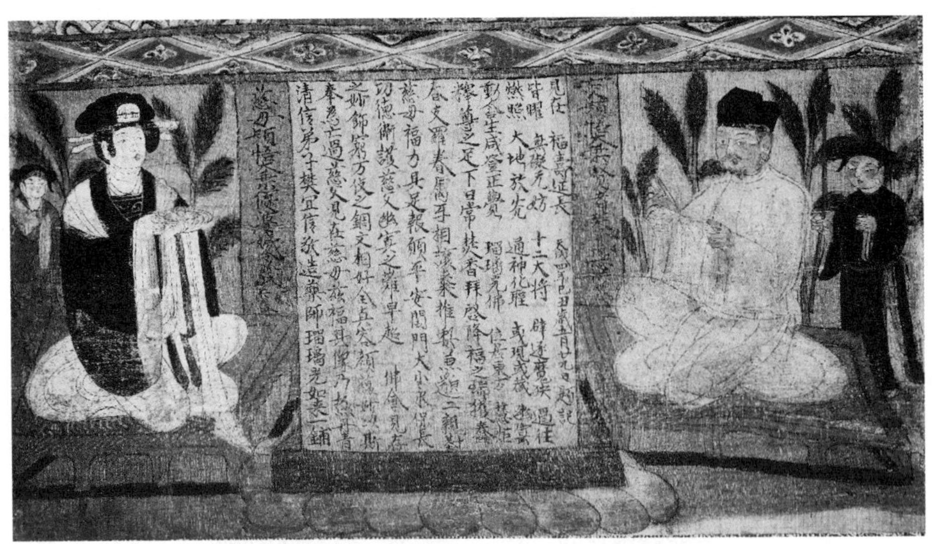

图3　发愿文及供养人像　药师如来图(部分)

[天成四年(929)　白鹤美术馆藏]

清信弟子樊宜信敬造药师瑠璃光如来一铺
奉为亡过慈父见在慈母兹福其像乃极丹青
之妙饰穷万伎之鐫文相好全真容颜蕴妙以斯
功德卫护慈父幽冥之难早超佛会见存
慈母福力具足报愿平安阖门大小永保长
春支罗眷属互相让枣推梨兼邈二亲对
释尊足下日常焚香拜启降幅之瑞获蠢
动含生咸登正觉 瑠璃光佛 位居东方 慧炬
燃照 大地放光 通神化圣 或现或藏 幽冥
皆曜 无碍无妨 十二大将 辟逐魔殃 过往
见在 福寿延长 天成四年已丑岁五月廿九日题记

由上可见，此画是天成四年(929)由无官职的一位名叫樊宜信的人物订购，以此功德祈愿亡父冥福并为尚健在的母亲祈福。这篇发愿文中饶有兴味的部分在于，所谓亡父的冥福是指祈愿其脱离冥界前往佛土，同时，作为发愿对象的双亲自己又向释迦祈愿一切生灵达到悟的境界，发愿文如此循环反复。虽然事实上的发愿者均为作为儿子的樊宜信本人，但他希望借助该佛画，使得父母自身的功德也能得到累积。将“邈二真”释读为“描摹双亲的肖像”，理由在于：正如下文中将要提到的具体例子，此一时期的文献和绘画中频繁将亡者生前肖像称为“邈真像”①，严格说来，虽然宜信的生母仍然健在，但只有将发愿文两侧端坐榻上手持香炉供养佛的供养人理解为宜信双亲的邈真像，发愿文的内容才能得到合理解释。这种并非出资人本人形象的邈真像，即使在莫高窟，也不能和北朝以来一直延续的供养人像相提并论，它一方面是对佛的供养，一方面又成为承载发愿者意愿的对象，具有双重性格。出于研究上的便利，本文效法前人研究，将包括邈真像在内于画作中发愿文两侧等处绘制的

① 饶宗颐主编《敦煌邈真赞校录并研究》，新文丰出版公司，1994年。

人物肖像统称为供养人像。邈真像一词在肖像美术（影像）中用来指代影堂（真堂）上悬挂的礼拜对象，在某些场合也可指佛教尊格①。白鹤药师中，观者视角发愿文右侧的白袍黑冠男子像题记为“亡父顿悟大乘贤者樊贤德一心供养”；左侧着黑色长衣，缠白裙和披巾，手捧盛有红花小盘的女子像题记为“慈母顿悟大乘优婆姨令狐氏一心供养”。两人身后分别可见一男一女两位侍从的身影，并非发愿者樊宜信本人形象。由于该画作在发愿文中提到双亲像向释迦祈愿，所以画面中的本尊既可以是药师，也可以是释迦。正如邈真像作为被誓愿保佑的对象，同时也负责承担供养人的角色因而保有双重性格，本尊在这里也具有双重形象。

白鹤美术馆藏另一件绢本着色敦煌佛画《千手千眼观音图》（见图4，以下简称白鹤观音）高109.5厘米，宽61.0厘米，较药师图尺幅稍大。左右对称构图，使用亮度较高的红色系，颜色醒目，背景用深蓝色填埋。由形似饰面花砖围成的水池中生出一朵莲花，观音菩萨立于其上。莲花花瓣分上中下三段，每一片莲瓣的轮廓用红色描线，内侧饰以淡红，显现立体感。下段莲瓣的前端特别绘成尖角，简洁明了地表现出向下低垂的姿态。观音的面部特征是其眼、鼻、口均向面部中央集中，垂发及肩，头部正面中央为化佛，上部戴镶有火焰宝珠的正方形宝冠。身着上端折叠的裙，腰带垂于裙的中央，花形的中央联结部与宝珠、连珠织出璎珞，三组花形系于一处构成颈饰的中间部分，手腕佩戴有立体感的莲花腕钏，同时，绕过脖颈的红白飘带自两肩向中央手臂的方向潇洒大方地悬垂于身前。仔细观察，会发现璎珞的上端与颈饰连在一起，不符合现实情况。伴有褶皱的淡红色天衣由左右两肩垂于内侧手臂，天衣前端做出襞积，恍若如意，亦属形式化的表现手法。手臂左右各19支，共计38臂，并非常见的42臂[②]。胸前左右手臂各执一朵红莲花，其下合掌，再下结定印。上部左右手臂高举过头，手掌朝上，掌上托化佛。其他各臂：左手自上而下持锡杖、日轮、化佛、宝弓、五色云、宝镜、杨柳、火焰宝珠、拂尘、铁钩、葡萄、红莲花、宝瓶、数珠，施无畏手；右手自上而下持宝戟、月轮、宫殿、宝剑、宝螺、宝印、宝铎、宝经、如意、傍牌、紫莲、绢索、胡瓶、数珠，施无畏手。小手环绕呈内外三重，每一指尖施橙色，连成圆相，再绘制白色大圆，相仿佛将小手环绕其中。此外还能辨认出三重头光以及以树叶为背景的天盖。

于观音左右配置的眷属，自上而下包括：坐于云端莲台的裸身童子各一体，身着中国文官风格服饰坐于云端莲台的人像各一体，菩萨立像各一体，天王立像各二体，再往下绘有婆薮仙人模样人像（观者视角右侧）、吉祥天模样天女（观者视角左侧），以及肉身呈青色的明王（观者视角右侧）和呈绿色的明王（观者视角左侧）。除明王和婆薮仙人模样的人像，其余均作合掌状。各个尊像中，只有文官风格人像、婆薮仙人模样人像和吉祥天模样人像附有傍题框，可以推测其在尊像中尤受重视，但傍题框内没有傍题，仅余一片空白。诸尊的面颊装扮得圆润丰盈，鼻尖挺直，整张脸上下短缩，施以艳丽流畅色彩的同时以柔软的线条仔细描摹，特别是本尊大手前端手指（见图5），每一根手指都极其明快畅达。描画水准在药师图之上。

---

① 以上有关邈真像的内容，参考夏生平、卢秀文：《敦煌石窟供养人研究述评》，浙江大学出版社，2016年，第106-114页。

② ［日］松本荣一：《敦煌画の研究》，第679页。

图4　千手千眼观音菩萨图

（十世纪　白鹤美术馆藏）

图5　手部分　千手千眼菩萨图(部分)

（十世纪　白鹤美术馆藏）

与药师图相同，此画也在下部有供养人像和铭文带（图6）。观者视角左侧的供养人像，戴展角幞头，裹黑袍，系如皮带一般的腰带，垂鱼袋，手持长柄香炉立于褥垫之上。与之相对，供养人作僧人模样，身缠橙底红线袈裟，并着橙黄两色的两重内衣。从其脖颈处可窥见衬衣领口，左右手持数珠，坐在铺有和左侧男性供养人相同褥垫的坐榻上。面容白皙，也可能是女尼。两人中间为铭文带，设计成石碑状，台座部分施以能表现石制坚硬感的深蓝色，同时点缀伏莲和唐草纹，碑的上部使用莲瓣状垂饰。较罕见的一点是，用来记载供养人姓名的傍题框也做成类似石碑的模样，分置于铭文带的左后和右后。傍题框顶部各安置三颗火焰宝珠，串珠的宝石装饰自上端垂下。铭文为“唐朝大中五年（851）隐藏于/大清光绪贰拾陆年（1900）四月吉日/闪出佛像经典一千二百余年”，可见是该遗画于近代被发现后重新记入的。和空白的傍题框一样，可以断定本画作在制作当时未曾有任何文字记入。

图6　铭文带及供养人像　千手千眼观音菩萨图(部分)

（十世纪　白鹤美术馆藏）

以上所述为白鹤观音的图像情况，这些图像周围用墨线引出一个边框，虽然边框线条摇晃抖动，毫无笔直感可言，但画作基本上还是齐整地绘制于框边界以内。

白鹤观音中由于没有出现与药师像迥异的年代表述，白鹤美术馆将其认定为是五代·十世纪的作品①。根据与其他作品相比较断定的制作年代，本文将在下一节有关它们在十世纪敦煌遗画中的定位与评价中再行论述。目前为止，所看到的该作品中诸尊像眉眼五官的表现特色，与五代莫高窟第36窟《文殊变》中的诸菩萨（见图7）和第61窟的女性供养人像②异曲同工，亦与吉美《千手千眼观音菩萨图》（见图8，表1②）不谋而合，故本文对将其认定为十世纪的真迹不提出异议。

① ［日］白川静监修《白鹤英华——白鹤美术馆名品图录》，图版57。

② 敦煌文物研究所编《中国石窟·敦煌莫高窟》第5卷，平凡社，1982年，图版25-77。

图7 供养菩萨像　敦煌莫高窟第36窟
（五代·十世纪）

图8 千手千眼观音菩萨图
［太平兴国六年（981）　吉美东洋美术馆藏］

二、绢本画的规格与制作目的上的倾向：对白鹤药师、观音的定位和评价

根据尽可能收集到的[①]与白鹤药师、观音相同的十世纪绢本画，笔者制作了表1，并以此作为下文考察论述的基准。这些画作都伴有记载了发愿者姓名和制作目的等信息的铭文或随附于供养人像的傍题。

表1　十世纪敦煌彩色绢画（有铭文）

	作品名、所藏	法量(高×宽,cm)	发愿者	发愿对象	供养人像配置	发愿主旨	制作年
①	被帽地藏菩萨十王图(吉美,MG.17662)	229.0×160.0	张氏子侄女·姐妹	故清河郡娘子张氏	右:故清河郡娘子张氏、女侍×4 左:南无引路菩萨	故张氏的冥福[往生到天上佛世界(龙华会)],先祖七代的灵魂避免三涂苦恼(从左到右行文)	太平兴国八年(983)

① 有关该时期的敦煌绢本画参考以下文献：［日］ロデリック·ウィットフィールド編集《西域美術——大英博物館スタイン·コレクション》，第1–2卷，讲谈社，1982年；［日］ジャック·ジエス編集《西域美術—ギメ美術館ペリオ·コレクション》第2卷，讲谈社，1995年；马德：《散藏美国的五件敦煌绢画》，《敦煌研究》1999年第2期，第170–175页；张培君：《敦煌藏经洞出土遗画中供养人画像初探》，第91–97页；徐自强等编著《敦煌莫高窟题记汇编》，文物出版社，2014年，idp.bl.uk。此外，近年李翎发表了《中国国家博物馆藏〈十一面观音变相〉的阐释》（《中国国家博物馆馆刊》2012年第2期，第86–100页），有关变相的问题，有待今后的进一步研究。

续表1

	作品名、所藏	法量(高×宽,cm)	发愿者	发愿对象	供养人像配置	发愿主旨	制作年
②	千手千眼观音菩萨图(吉美,MG.17659)	189.4×124.0	樊继寿	自己、人们、众生、族人、祖先	右:道明和尚、地□(藏)菩萨、金狮子 左:施主节度都头银青光禄大夫(从三品)检校国子祭酒(从三品)兼御史中丞(正四品下)樊继寿	自己去世后的果报,人们去世前后的幸福,众生到佛道,祖先到解脱(从左到右行文)	太平兴国六年(981)
③	父母恩重经变(甘肃省博物馆)	182.0×127.0		阿狮子(法律)、佛教徒	右:引路菩萨、故大乘寺阿狮子 左:南无□大□救苦地藏菩萨	与阿法律再次见面,佛教徒到觉路(从左到右行文)	淳化二年(991)
④	父母恩重经变(大英,Ch.lii.004,Ch.lx.008)	134.0×102.0			右:慈母阿刘、女三娘子长胜(滕?) 左:故父归义军节度押衙……史中丞(正四品上)上柱国(正二品)□□……、男学士		北宋(十世纪末)
⑤	千手千眼观音菩萨图(吉美,MG.17775)	123.5×84.2	马千进[清信弟子节度押衙知副后槽使银青(光)禄大夫(从三品)检校太子宾客(正三品)]	自己、国家、众生	右:水月观音菩萨 左:亡妣三界寺大乘顿悟优婧阿张一心供养	救民护国,众生到觉路(从左到右行文)	天福八年(943)
⑥	水月观音菩萨坐像(佛利尔美术馆)	107.1×59.1	曹廷□(瑞)的母亲翟氏	营廷瑞、他的妻子、他的女儿、族人	右:女小娘子□□(延鼐)、节度行马金紫光禄大夫(正三品)检校司空(正一品)兼御史大夫(正三品)上柱国(正二品)曹延□(瑞) 左:慈母娘子翟氏、小娘子阴氏	曹延瑞及他的妻子和女儿的幸福,族人到觉路(从左到右行文)	乾德六年(968)
⑦	观音菩萨图(大英,Ch.xxi.001)	107.0×61.5	李安信(?)		右:小女侍(?)、男性供养人、□六娘子… 左:男性供养人、□□娘子…	诸灾·万病消除(从左到右行文)	建隆四年(963)

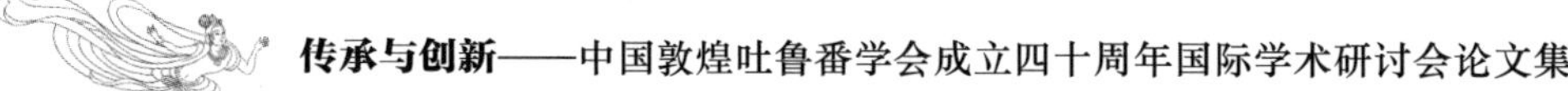
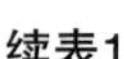

续表1

	作品名、所藏	法量(高×宽,cm)	发愿者	发愿对象	供养人像配置	发愿主旨	制作年
⑧	水月观音菩萨图(四川省博物馆)	104.0×60.8	樊再升、张氏	国家、人们、自己(?)	左:施主妻张氏、女一娘子、女二娘子 右:施主敦煌处士樊再昇、妻弟节度使押衙知画手银青光禄大夫(从三品)检校国子祭酒(从三品)、男节度押衙知军资库知画手银青光禄大夫(从三品)检校太子宾客□寿	国家和平,神生到清凉台(从左到右行文)	建隆二年(961)
⑨	观音菩萨图(大英,Ch.00167)	103.0×69.0	步军队头张□(木+葛)桥(?)、张再德	亡父母	右:故父清信弟子大乘贤者张员□、施主兄敦煌步军队头张□(木+葛)桥(?)、施主清信弟子张再德 左:故慈母优婆姨李氏、新妇宋氏、新妇汜氏	亡父母神生到净土(从左到右行文)	开宝四年(971)
⑩	观音菩萨坐像(大英,Ch.lvii.004)	102.0×75.5	米廷德[敦煌郡繭官兼大行繭(国?)录事]、曹氏	国家、人们、子孙	右:(上)施主米延德、男愿昌、□□、男富长、男愿儿 (下)孙丑挞、孙丑定、孙丑儿 左:(上)施主新妇曹氏、女清婢、新妇阴氏、新妇王氏、(下)新妇康氏、孙新妇张氏、孙丑子、孙长泰	国家和平,一族繁荣(从左到右行文)	太平兴国八年(983)
⑪	十一面观音菩萨坐像(吉美,MG.17778)	101.5×60.7	程恩信	亡姊妙达	右:亡姊大乘寺坛头阇梨妙达 左:信士弟衙前节度押衙银青光禄大夫(从三品)检校太子宾客兼御史大夫(正三品)上柱国(正二品)程恩信	为亡姊供养(从左到右行文)	920—936年顷
⑫	十二面六臂观音变像(哈佛大学美术馆)	97.0×62.6	宗寿	自己(?)	右:故圆满大师世姓张氏(本尊的旁边)、施主清信弟子衙内长郎君宗寿 左:南无千手千眼观世音菩	自己(?)到觉路(从左到右行文)	雍熙二年(985)

续表1

	作品名、所藏	法量(高×宽,cm)	发愿者	发愿对象	供养人像配置	发愿主旨	制作年
⑬	十一面观音菩萨像(大英,Ch.00102)	97.0×74.3	李文定		右:清信佛弟(?)子(?)□车军队故李乘延、清信男敦煌书手李文定、马(?)保迁(?) 左:清信大乘优姨慈母张(?)氏、女六娘子、女七娘□(子)	往生到兜率天(从左到右行文)	十世纪前半世纪
⑭	药师如来图(白鹤美术馆)	94.6×58.5	樊宜信	亡父樊贤德、慈母令狐氏、族人	右:亡父顿悟大乘贤者樊贤德 左:慈母顿悟大乘优婆姨令狐氏	亡父的冥福(早就避免幽冥的苦恼)母亲及族人的幸福(从左到右行文)	天成四年(929)
⑮	观音曼荼罗(原日本个人收藏)	91.5×59.8			右:慈父□府□□、……通、男万子 左:慈母王氏、……、女弟子七娘女(?)、女弟子三娘女(?)	(从右到左行文)	天福六年(941)
⑯	十一面观音菩萨像(大英,Ch.xlvi.0013)	90.0×60.5	大众守庚(?)□	亡父母	右:僧人、姪男步率队头 左:大乘……、男性供养人、女侍	亡父母往生到净土(从左到右行文)	显德四年(957)
⑰	观音菩萨像(波士顿美术馆)	88.0×58.6	尼李氏	自己	右:灵修寺法律尼□壇大德香号明戒俗性索氏 左:灵修寺法律尼临壇秉义大德香号戒净俗性李氏	来时的胜福(从左到右行文)	开宝八年(975)
⑱	四臂观音菩萨·六难救济图(大英,Ch.lvii.001)	86.1×54.0	张佛奴(?)		右:故父押衙张……、男兵马史张佛奴 左:故母大娘子		
⑲	观音经变相(吉美,MG.17665)	84.1×61.2	阴愿昌、比丘尼信清		右:施主子弟银青光禄大夫(从三品)检校太子宾客阴愿昌 左:施主女比丘尼信清		十世纪后半世纪
⑳	观音菩萨像(吉美,MG.17665)	77.0×50.7	邓愿员(?)	亡父	右:慈母信心佛弟子张氏 左:故慈父清信佛弟子衙前散十将邓章定	亡父往生到西方极乐宫室,见到弥勒(从左到右行文)	显德二年(955)
㉑	观音菩萨立像(大英,Ch.liv.006)	77.0×48.9		亡者、亡妣	右:亡弟敦煌中监张有成 左:故普光寺法律临坛大德严会	亡者往生到净土,往生到天堂,母亲神生到净土(从左到右行文及从右到左行文)	天复十年(910)

续表1

	作品名、所藏	法量(高×宽,cm)	发愿者	发愿对象	供养人像配置	发愿主旨	制作年
㉒	释迦如来图(大英,Ch. xxiii.001)	76.6×68.4	李幸通	亡母(?)	右:女性供养人、女侍 左:男性供养人、男侍	亡母的冥福(?)(从左到右行文)	广顺三年(953)
㉓	弥勒如来图(西方净土)(吉美,EO.1135)	76.5×53.0	温大眼等兄弟5人	故父、母、族人	右:故尊父温再德 左:慈母马氏	父亲作为红莲生在弥勒前面,母与族人的幸福(从左到右行文)	天福五年(940)
㉔	弥勒佛·文殊普贤菩萨像(大英,Ch.00224)	74.0×61.0			右:男性供养人、男侍×2 左:女性供养人、女侍	(左行)	天福四年(939)
㉕	十一面观音坐像(大英,Ch. xx.004)	61.0×57.5	僧元慧	国家、自己	右:僧 (元惠)、沙弥留通 左:弥勒菩萨	国家和平,自己的吉庆(从左到右行文)	
㉖	地藏菩萨·六道图(大英,Ch.lviii.003)	56.1×51.5	康清奴	自己、亲戚	右:故□□父……宾客(?)、男幸通 左:故母阴氏、女十娘子	自己回到净土,亲戚的幸福(从左到右行文)	建隆四年(963)

(一)法量与描画水准

在对画作进行分类制表的过程中,如果按照法量的大小排序,某种画作制作上的倾向逐渐浮出水面。根据法量和描画水准以及与订购人的关系,可以将画作分成三组,记为第Ⅰ组至第Ⅲ组。表1按照作品高度尺寸顺序排列,宽度的排列亦大致与高度相呼应。基于画幅面积排列时各组之间的作品不做替换,在排列的妥当性和说明上的便利性方面做适当的考量和调整。(表中“供养人配置”中的“位置”指的是面向发愿文(画面)的自右向左,所有供养人姓名和性别的标示方法均为自发愿文中央向两端。)

第Ⅰ组(见表1①~⑤,○内数字为表中作品编号,下同)

表1中①~⑤号作品高度均在120厘米以上,硕大的画面可与壁画相匹敌,绘制的尊格较多,不仅构图宏大,描线也普遍精准,润饰仔细,颜料的显色亦优良。订购人或成为发愿对象的人物或者是具有上柱国或银青光禄大夫这样比较高阶的官职或散官,或者是节度都头或节度押衙这样的官吏或大寺院的僧尼[①],也有统治者曹氏一族。由于受限于能够订制这些大画幅绢本画的订购人的特殊身份,其所委托的画工必然也要求画技高超。人物身份从供养人像的衣冠装束中也可见一斑。其中,最典型的例子是号称具有最大法量的《被帽地藏菩萨

① 都头和押衙都是受节度使信任而被授予的散官称号,参考冯培红:《晚唐五代宋初归义军武职军将研究》,载郑炳林编《敦煌归义军史专题研究》,兰州大学出版社,第100–124页。《父母恩重经变》中出现的大乘寺和《千手千眼观音菩萨图》的三界寺,均位列当时十七大寺之中。参考[日]土肥义和:《莫高窟千仏洞と大寺と蘭若と》,载池田温编《講座敦煌三敦煌の社会》,大东出版社,1980,第356–361页。

十王图》（见表1①，图9）中亡故张氏［曹议金的贵派（后裔）］①的邈真像（见图10）。张氏不仅佩戴金色的凤凰头冠，身后还有四位女侍跟随。这种凤凰头冠在十世纪壁画中曹氏一族的女子像上也有佩戴（见图11）。同时，下一幅②的《千手千眼观音菩萨图》（见图8）中的供养人像节度都头樊继寿，黑袍配展角幞头，皮带状腰带显现一副官僚姿态，其后紧随三位男性侍从。不过，正如下文列举的对比例证，袍和冠等表现官僚风格的服饰也会出现在没有官职的供养人身上，未必忠实地与其真实身份相吻合。②的千手观音像与⑤的《千手千眼观音菩萨图》（见图12）一道，展现出在大画幅作品中独具一格的润饰手法，画面整体运笔不迟涩，色彩艳丽丰富，着色后的勾勒精准得当。铭文上前者显示为北宋981年，后者为五代943年，两者的制作年份并不一致，故两者在绘画特色上的共通之处与年代无关。另一方面，以榆林窟五代时期第20窟密教绘画《毘卢遮那佛八大菩萨图》②和吉美藏十世纪《不空绢索五尊曼荼罗》③（见图13）为代表的密教曼荼罗具有相同的线描和彩色，可以推测一部分千手观音发展出独特的绘画风格可能是受到此种密教绘画的影响。

图9　被帽地藏菩萨十王图
［太平兴国八年（983）　吉美东洋美术馆藏］

图10　张氏邈真像　被帽地藏菩萨十王图(部分)
［太平兴国八年（983）　吉美东洋美术馆藏］

① ［日］ジャック・ジエス編集《西域美術—ギメ美術館ペリオ・コレクション》第2巻，第320页。

② 彭金章主编《敦煌石窟全集·密教画卷》，商务印书馆，2003，图版159。

③ 有关该件作品的年代，田中公明认为是吐蕃时期之后的十世纪，根据与女性供养人像中的张氏邈真像及其服饰、姿态等相类似，可以认为这种判断是妥当的。参考田中公明：《敦煌密教と美術》，法藏馆，2000，第52页。

图11阗王后像(曹议金的女儿像)敦煌莫高窟第61窟东壁
(五代·十世纪)

图12 千手千眼菩萨图
[天福八年(943)吉美东洋美术馆藏]

如前文所述，与②号作品千手观音像相通的白鹤观音也以千手观音为本尊，其指尖和台座上的每一朵莲瓣都相当流丽且柔软，用圆润充盈且毫不犹豫的描线笔法，以高亮度的彩色绘制而成。此处将尝试对白鹤观音做更为详尽的探讨。

北宋十世纪后半的②号作品千手观音像，与白鹤观音相比更为豪华大气，但两者中尊的一些共通之处也显而易见。除眼、鼻、口向面部中央集中和伴有垂发外，在饰面花砖状边缘的莲池，璎珞、颈饰、腕钏的形状以及披挂红白飘带等方面都基本相同。但是，②的千手观音像中璎珞与颈饰相互独立，璎珞中央的花纹线描更细，比白鹤观音的绘制更为精准。手臂上的持物基本网罗了白鹤观音的所有持物（除杨柳和鹿尾），同时增加武器类、宝钵和甘露手。其周围眷属囊括白鹤观音除童子外的全部人物，更增加如来、明王、观音等，总计达到46体。另一方面，小手的指尖部施橙色连成圆相的表现手法也与白鹤观音相同，还包括宝冠正面以及头上的化佛都使用了共通的表现手法。历史上，在盛行描绘密教图像的吐蕃统治时期的中唐，千手观音像的小手前端施以橙色的表现手法在第361窟东壁上已能看到，同时，和白鹤观音一样在最上部大手的手掌上表现坐姿的化佛，在第176窟东壁像上也能看到①。这种在最上部的大手上选择化佛的表现形式，在十世纪的作品中也有出现，这里试举大英的纸本画②（S.167，见图14）为例，此件纸本画引人注目之处在于，它与白鹤观音一样在天衣的前端部分选取了仿佛是将如意的前部连缀在一起的表现形式。其后，元代继承了在大手上揭示化佛的方法，将其用在了第三窟南北壁的千手观音像上③，特别是南壁像中，托举化佛的手掌掌心朝上，与白鹤观音更为接近。其他方面，诸如白鹤观音佩戴的镶嵌有化佛和火

① 第361窟和第176窟观音像，参考彭金章主编《敦煌石窟全集·密教画卷》，图版46、50。

② 参考敦煌国际项目数据库：http://idp.bl.uk/database。

③ 敦煌文物研究所编《中国石窟·敦煌莫高窟》第5卷，图版167、170。

焰宝珠的正方形宝冠在五代时期榆林窟第32窟的新样文殊像中也能看到①。前文提及的吉美《不空羂索五尊曼荼罗》（见图13）中，下部供养人框内设计了有台座的石碑形铭文带和傍题框，铭文带和傍题框虽然前后并置互不接近，其余从傍题框顶部的宝珠到宝石形的装饰都与白鹤观音不谋而合。

图13　不空羂索五尊曼荼罗
（十世纪　吉美东洋美术馆藏）

① 罗华庆主编《敦煌石窟全集·尊像画卷》，商务印书馆，2002年，图版175。

图14　千手观音菩萨图

（五代·十世纪　大英博物馆藏）

根据以上的比较分析，没有纪年的白鹤观音的制作时间虽然可以认定为十世纪临近宋代，正如前文所述，其上下短缩的诸尊容貌更接近于五代时期壁画，其特征相比北宋②的观音，作为绢画，与五代⑤的观音相比更加一目了然。也就是说，当下最为妥当的判断是，白鹤观音是五代和北宋之间，在朝着的成熟的观音像发展的过程中出现的过渡性作品，其创作年代应判定为约十世纪中叶。同时，白鹤观音当出自与②和⑤等同一系统的画家之手，他们绘制的千手观音在绘画性上与密教曼荼罗密切相关。但是，白鹤观音的高度仅为一米有余，与第Ⅰ组作品相比法量相对较小。

第Ⅱ组（见表1⑥～⑪）

纵观与白鹤观音法量接近的编号⑥《水月观音菩萨坐像》以后的作品群，它们的法量与白鹤观音接近，订购人或发愿对象除了节度押衙等官吏或曹氏一族等与前一组作品没有差别之外，无官职的人物也开始出现。曹氏一族的曹延瑞和节度押衙程恩信是从事官职的代表。编号⑪由程恩信订制的《十一面观音菩萨图》（见图15），尊像密布，从浓彩和有效的晕繝彩色、果敢自信的描摹线条，可以看出是一幅质量上乘的作品。该画作的供养人像为程恩信及其亡姐，是恩信自己为其亡姐出资制作的。

图15　十一面观音菩萨图

［五代时代（十世纪前半）　吉美东洋美术馆藏］

在这一组画作中，相同图像以及纸本画作中也使用的图像反复出现。曹延瑞据查与雍熙三年（986）在大云寺设法会的延瑞（P.4622）①为同一人，属于统治阶层的曹氏一族，在其母翟氏的⑥《水月观音菩萨坐像》（见图16）中，观音身后背负巨大的圆相（月轮），与通常可见的水月观音大相径庭，单腿也不垂地。上半身赤裸，包裹条帛、首饰和裙，面向正前方结跏趺坐于莲台上，前方有供桌，杨柳以右手第一指和第二指作采撷状，与十世纪一系列纸本小品（大英藏）中的杨柳观音菩萨像（Ch.00400.b、Ch.00400.c，见图17）类似，并未跳脱出广泛流行的菩萨像既有框架。而且，仅在印相和服饰上做些许变化，在绢本画作中也同样出现过的几乎完全相同的图像，也为吉美《观音菩萨坐像》②（EO.3581）所采用。与这些作品相比较，编号⑥的水月观音略去了无用的线描，用与造型相匹配的描绘手法完成画作，偏淡的色彩密实地填入画面中，观音头部上方的树叶用浓厚粗壮的线条仅仿造出形体感。由此可知，即便是曹氏一族这样的上流阶级，也曾购入过这种水准上无法与第Ⅰ组相媲美的作品。

①［日］土肥义和：《八世纪末期—十一世纪初期燉煌氏族人名集成》，汲古书院，2015，第335页。

②［日］ジャック・ジエス編集《西域美術—ギメ美術館ペリオ・コレクション》第2卷，图版52。

图16　水月观音菩萨图

［乾德六年（968）　佛利尔美术馆藏］

图17　杨柳观音菩萨像

（五代·十世纪　大英博物馆藏）

同为描绘水月观音的编号⑧的作品《水月观音菩萨像》（见图18），背负巨大圆相，左脚触莲台基座而坐，两眼和眉间饱满舒展的容貌是其一大特色。它以有“敦煌处士”头衔而非仕官的樊再昇为中心，由隶属于其家族的官营工房画家节度押衙知画手等人捐赠制作。与此相同的本尊图像也被用在编号⑨《观音菩萨图》（见图19）、编号⑩《观音菩萨坐像》（见图20）的观音像中。这些本尊头上佩戴的搭配有三朵红白两色鲜花的垂饰也完全一样，⑧与⑨甚至在将这些同类花卉串成连珠形纽结上也表现一致。但是，在描线和彩色的最后润饰上，由⑧至⑩，越发粗糙。如果说⑧直到莲花叶脉在上部的集中为止还十分小心仔细地加以描绘的话，那么和白鹤药师的润饰一样，⑩的尊像肉身线条抖动不连贯，色彩上仅有浓彩可辨，晕染模棱两可，含糊不清。⑨在线描手法上倾向于⑩。在本尊周围的构图上，⑧在观音周围交错描绘以山岳和海为背景的十个诸难救济的场景，⑨表现六尊菩萨像和两位裸身的童子，⑩则仅剩善恶二童子和裸身的二童子登场。仿佛是在对绘画能力的呼应，画面内容渐趋单纯。⑨的施主为步军队头的哥哥和无官职的弟弟，⑩的发愿者是敦煌都薗官的施主和没有官职的家族成员，若与⑧进行比较，因身份地位悬殊而造成绘画品质的差异，两者间的对应关系昭然若揭。但是在画幅尺寸方面本组画作几乎没有太大差别，宽度上反倒是⑩最大。随附傍题的供养人像，⑩达到15人，虽然成年男性都表现出一副官僚模样，但实际上仅有一人拥有低阶官职。可以推测，其余人等虽无一官半职，但也按照出资人人数规模订购了相应法量的画作，但绘画实力无从谈起。

图18　水月观音菩萨图
［北宋·建隆二年（961）四川省博物馆藏］

图19　观音菩萨图
［北宋·开宝四年（971）大英博物馆藏］

图20　观音菩萨坐像
［北宋·太平兴国八年（983）大英博物馆藏］

由以上论述可知，社会阶层较高者订购的作品品质未必优良，但至少可以断定，画幅高度超过一米、造型准确精当、润饰细致的画作是为社会地位较高者所作的可能性更大。

故此，与法量较大的第Ⅰ组作品中比较优秀的作品具有某些共通点，绘画技巧出众，高度接近110厘米的白鹤观音，其针对的目标客户也应该是与画面中供养人像的衣着打扮没有冲突的社会上层人物。进而可以推断，白鹤观音中仅仅描绘了僧俗两位男性供养人像的事实

与⑪的十一面观音图一样，在供养人像即是出资人本人的情况下，将要购入白鹤观音的人物，很有可能与⑪的程恩信有相同甚至以上的身份地位。

第Ⅲ组（见表1⑫～㉖）

最后这组作品当中，与目前为止所谈及的以上两组作品相比，由具有高级官职和称号者订购的大幅减少，出现由少数（1至5人）无官职人员订购的情况。与之相对应，绘画水平整体低下。不过其中也有由职衔为“银青光禄大夫（从三品）检校太子宾客（正三品）”的施主订购的作品（⑲），技法上⑮㉑等作品在成功地表现凹凸感、晕染以及有张力的强劲线描等方面，与其他作品有天壤之别。

到此为止，我们要再回头来看白鹤药师（⑭）。白鹤药师是本组作品中法量较大的，即便是整体线描和色彩并不十分突出，在本尊面部、肉身上因地制宜地加以线描并使用了准确的晕染，并在画作整体上施以浓彩，再加上发愿者仅为樊宜信一人，可见无官职的樊宜信在本组的发愿者当中应有较高的经济实力。

图21　弥勒如来图

［天福五年（940）吉美东洋美术馆藏］

图22　药师如来图

［五代·十世纪大英博物馆藏］

与白鹤药师相类似的作品，包括㉒《释迦如来图》和㉓《弥勒如来图》（见图21）。如果仅限于讨论本尊，那么与白鹤药师最为接近的图像应该是新德里的《如来三尊像》①，并未记录在表1当中。㉓弥勒图在许多方面与白鹤药师有共通之处，包括：不曾在经典中出现过的尊名的组合方式，供养人像出现了右侧亡父像和左侧健在的母亲像，订购人是为他们祈祷冥福和幸福的名叫温大眼的无官职人物，以及自上而下从左向右书写的发愿文。但与白鹤药师相比色彩上相对平淡，法量也较小。新德里的这件作品描线更加精巧，即使是类似的图像

① Lokesh Cahndra, *Buddhist Paintings of Tun-Huang in the National Museum*(New Deli, 2012).

内容，最后的润饰水平也参差不齐。相似的纸本作品还有一件大英的《药师如来图》（见图22），该作从白鹤药师的七尊中略去了供养菩萨和供养人像，由于是纸本，尺幅相对较小，色彩上也仅用到四种颜色。再者，前述大英藏的一件较小的菩萨像（见图17）与之具有相同法量和类似图像，但是将如来替换成了菩萨，可以推测它们是在相同时期、相同规划项目下制作完成的。沙武田对敦煌粉本做过详尽研究①，众所周知，在十世纪，为提高生产效率，同一粉本会被多次转写。

可以断定，即便是使用了类似图像，也还是能够根据发愿者的意向和经济状况，相对自由地在更大范围内进行选择。有多件相似作品的白鹤药师，仍然是当时较为典型的一件。尽管它是由平民阶层订购，作为相对较大的绢本画，又被施以浓彩，对于了解当时佛画制作渗透到社会各个层面的情况以及由经济条件所决定的润色上的差异，白鹤药师都是一个有故事的绝佳例子。

（二）供养人像与发愿内容的关联

纵观表1，关于全体其他方面的制作倾向，张培民在其论考中指出②，被选为本尊的绝大多数是观音，其他包括地藏、药师、弥勒、释迦，大多是为祈祷故人的冥福以及为健在的亲人等关系较近的亲属祈祷幸福或消灾解难。作为已故之人的往生之地，许多作品中唯独记载有净土，除一些作品也笼统地写作天堂外，某些例子中具体出现了诸如西方极乐宫室、兜率宫、龙华会等。除了西方净土，追求相对较多的还包括弥勒净土，在一些例子中出现了绘有弥勒像的西方净土（㉓），比起对特定尊格积极主动的信仰，画作倾向于关心的还是故人将要前往的能够被救赎的象净土或天堂这样的极乐世界，并对其孜孜以求。这样一种倾向，以及白鹤药师具有的既可以是药师也可以是释迦的双重形象，正与前文序言中提及的松本荣一所指出的图像的融通性有异曲同工之妙。此外，有必要留意记有祈愿内容的发愿文的书写方向几乎全部为自上而下从左向右。

下面再更为具体地探讨作为白鹤药师制作目的之一的为近亲等特定人物祈祷冥福的画作例。一般说来，供养人像的基本配置方式是男女对置，但是包括白鹤药师在内，有的则是亡者像和生者像一对一对置（不包括侍从）。在这种场合中，某些画例是不论男女，亡者的供养人像列于观者视角面向发愿文（画面）的右侧，健在者列于观者视角发愿文的左侧。敦煌六世纪北朝时期的说法图中已经在图像下方出现了供养人像③，随着时间的流逝，男性供养人像在画面中居右、女性供养人像居左的配置传统被继承了下来。石窟中男女供养人像配置方式的替换现象始见于吐蕃统治时期的中唐④，而到十世纪，绢画中是如何发展出将生者像和故人像对应配置，有必要对这些画作例证进行整理并加以研究。同时，有些作品在原本描绘供养人像的位置绘入引路菩萨（①③）、地藏菩萨（②③）、水月观音（⑤）、弥勒菩萨（㉕）等尊像，此时，在与亡者的供养人像并置的情况下，亡者像置于观者视角右侧，尊像

---

① 沙武田：《敦煌画稿研究》，民族出版社，2006年。

② 张培君：《敦煌藏经洞出土遗画中供养人画像初探》，《敦煌研究》2007年第4期，第96-97页。

③ 敦煌文物研究所编《中国石窟·敦煌莫高窟》第1卷，平凡社，1980年，图版123。

④ 向达：《罗叔言〈补唐书张议潮传〉补正》，载向达著《唐代长安与西域文明》，生活·读书·新知三联书店，1957年，第424页。

则置于左侧。这其中明确反映祈祷亡者冥福内容的，是张氏邈真像和引路菩萨对置的①（见图9）。如果再将同样配置有地藏菩萨的两件作品加以比较，绘有亡者阿狮子（法律）的供养人像（邈真像）的③中，供养人像置于观者视角的右侧，地藏和引路菩萨置于左侧（见图23），与之相对，在世的本人形象与地藏菩萨对置时，②（见图8）的供养人和地藏位置颠倒。

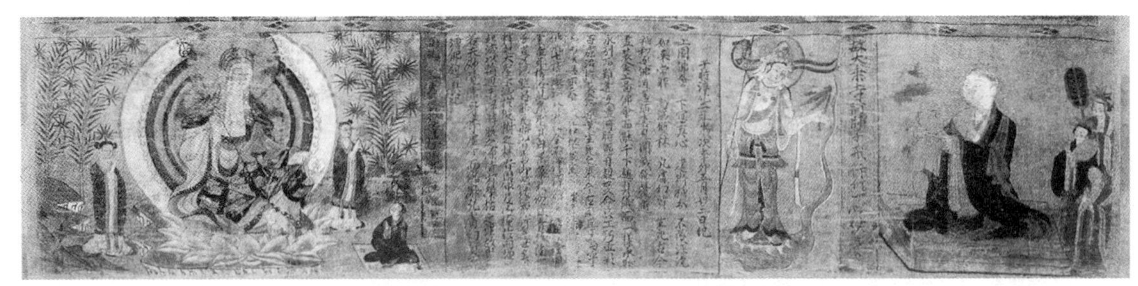

图23　父母恩重经变（铭文带部分）

［淳化二年（991）　甘肃省博物馆藏］

③的画作中虽然没有明确记载祈祷亡者冥福的内容，透过“百疗治，于莫愈。遂叹生死之事，今古同□。呜呼，永别而难逢”[1]一文，仍可一窥因与刚刚离世的亲人分别而悲伤痛苦的样子。但是，在同为绘有亡者邈真像的⑤（见图12）中，水月观音配置于观者视角的右侧，左侧则是马千进的亡母像。发愿文内容如下：

窃以求珍宝者须投沧海要来世之胜因者须种福田厥
有清信弟子节度押衙知副后措使银青禄大夫检校太子宾客
马千进儒襟舜海煦影尧曦睹垂露以驰心想悬针而驿虑
是以修诸故事创此新图憎恶业远诫他门爱善缘近逼自户
时遇初秋白月团圆忆恋慈亲难睹灵迹遂召良工
乃邈真影之间敬画大慈观世音菩萨一躯并侍从又画
水月观音一躯二辅观音救民护国济拔沉沦愿罪弃倦
之流亦福祉之覆体遂使往来瞻礼莫不倾心显悟迷途暗
增殊祐庆赞将毕福资三世不值泥黎缘及有情同超觉
路于时天福八年岁次癸卯七月十三日题记

据此可知，其母并非刚刚过世，从文中无法看出作者对于丧母的悲痛。这里是要借由描绘母亲的邈真像、本尊的千手观音、水月观音，以此功德和尊像的力量解救众生，祈愿一切生灵都得开悟。归根结底，与其说是为了祈祷母亲冥福，不如说为自己积累功德才是真正目的。同时，发愿文中提及由于母亲的形象与月亮的形象重合，故绘制邈真像和水月观音，由此也能知晓母亲的邈真像在这里毋宁说就与水月观音相重复，即：母亲并非是在冥界迷途的亡者，而是被奉为尊格的一种。这里的邈真像就是前文介绍过的具有礼拜对象性格的邈真像，根据此处的实际情况，将其直接称作尊像[2]也无不妥。

① 徐自强等编著《敦煌莫高窟题记汇编》，文物出版社，2014年，第449页。

② 夏生平、卢秀文：《敦煌石窟供养人研究述评》，浙江大学出版社，2016年，第106-114页。

根据以上分析，在绘制亡者的供养人像（邈真像）的时候，不论是凡人之间的排列组合，还是凡人和尊像之间的排列组合，以亡者为中心拟定祈愿项目时，在某些实例中会将亡者像配置在观者视角的右侧。此时，原本应当绘制供养人像的地方就由引路菩萨和地藏菩萨作为尊像加以替代。

图24　被帽地藏菩萨阿弥陀净土图

（五代·十世纪　吉美东洋美术馆藏）

这里所说与亡者有关的祈愿目的即指冥福，发愿者可以视作亡者的引路人。更深一层的意思也可以说是，与亡者对置的引路菩萨、地藏菩萨这些尊像，其实也与发愿者（愿意）相仿，因为这些图像所承担的职能都是引导亡者前往净土①。将这一职能视觉化表现出来的作品与地藏菩萨有关的最好例子，要数吉美《被帽地藏菩萨阿弥陀净土图》（见图24）。该图在地藏周围安置了审判亡者的十王，其上描绘阿弥陀净土。将引路菩萨作为本尊的独立作品往往让菩萨立于画面观者视角左侧，用来引导与其相对的立于画面右侧的在俗之人，表现出向

① ［日］塚本善隆：《引路菩薩信仰と地蔵十王信仰》，载塚本善隆著《塚本善隆著作集》第7卷，大东出版社，1975年，第317-399页。

天宫开进的动态感。有些作品甚至会明示在俗人的姓名，如“亡夫薛诠”（见图25）。

图25　引路菩萨图

（十世纪　吉美东洋美术馆藏）

以上供养人像的这些配置方法与发愿文自上而下从左向右的书写方式也有关联。

自上而下从左向右撰写的敦煌文书中有纪年的最早作品是咸通五年（864）的《社司转贴》[①]（P.2716v）。莫高窟中，第220窟甬道北壁的发愿文、第98窟、第61窟、第72窟、第76窟、第97窟等大多数十世纪窟壁画的傍题都采用这种书写方式[②]。根据杨森的研究[③]，文书中由民间书写的契约文书等多采用此种书写方式。有研究指出，出现这种情况的背景是当时使用硬笔，需要将手的侧面压在纸上，从左向右的书写方式可以避免将手弄脏，是出于实用性的必要考量。考虑到这一因素，可以想见，能与这种自上而下从左向右书写的发愿文相适应，部分地也是因为在发愿文的撰写效率不断提高的同时，更广大的社会阶层参与到了佛画制作当中。在此希望提请注意的是，在⑪（见图15）的发愿者程恩信与其亡姐像的配置关系上，可以看到文章的行进方向与左侧发愿人向右侧亡故之人施以发愿文的方向非常吻合。

① 参考敦煌国际项目数据库：http://idp.bl.uk/database。

②敦煌文物研究所编《中国石窟·敦煌莫高窟》第5卷，图版2-6、14、15、17、20、71、75-77、85、106-109、145-149。

③ 杨森：《从敦煌文献看中国古代从左向右的书写格式》，《敦煌研究》2001年第2期，第107-112页。

也就是说，根据适才的论述，绘有亡故人像的其他作品也涉及将发愿文自上而下从左向右书写的情况就十分值得玩味。

综上所述，本节考察了十世纪敦煌绢本画中多有提及的祈愿项目，包括白鹤药师中也出现的冥福、幸福、消灾，特别是对记有冥福的绘画作品的制作倾向进行了分析。分析的结果显示，根据发愿目的、包含施主在内的作为出资人的供养人像、以供养人像姿态呈现的同时也被称为发愿对象，以及有时会成为礼拜对象的邈真像和在画面中的供养人像区域内出现的尊像之间的相应关系，可以推测出构成绢本画整体的各要素在当时的敦煌或已存在。与此有机相连的注重实用性的自上而下从左向右书写的发愿文，一方面揭示了佛教不断渗透的过程，本身又可被视为促成佛教渗透的要素之一。如果继续深挖这一时期冥界与佛教的关系，或可洞见由平民阶层广泛参与的佛画制作问题上的部分关键问题。

结　语

本文围绕十世纪的敦煌佛画制作，以留存日本的作品为例，特别是对迄今为止还未得到过重视的白鹤美术馆藏药师像和观音像进行了考察。在以佛教为纽带谋求对民众进行统治的曹氏节度使政权所掌控的社会中，从节度使、高僧到平民，人们通过结“社”的方式开展石窟修复和小型寺庙的修建①，即使是一幅佛画的绘制工作，也能从中充分了解为顺应当时不同社会阶层和经济状况而出现的制作体系。

本文以第Ⅰ组（高度在120厘米以上）、第Ⅱ组（高度1米以上不及第Ⅰ组）、第Ⅲ组（高度不及第Ⅱ组）的方式对作品进行分类，在订购人或发愿对象上，组Ⅰ均隶属于上层阶级，与之相对，组Ⅱ和Ⅲ中从官位的低官职者和无官职的平民比例增加，组Ⅲ的作品通过个别平民集资即可购得。同时，从第Ⅱ、Ⅲ组开始，明显可见重复使用图像、使用显色效果欠佳的颜料，以及绘画水平低下的作品。但是也有例子表明，即便是无官职者也能够通过多人合力订购比较大型的作品，同时，从白鹤药师上能够看出，浓彩的使用与经济实力有关。白鹤观音和药师虽然分别归属于第Ⅱ和第Ⅲ组，两者都在各自所属组别的由有官职（观音）和无官职（药师）者订购的作品当中属于较为上乘之作，体现了官吏和平民在相同的佛教政策影响下的社会活动。

另一方面，从有关祈愿的讨论分析中可以看出，虽然认可尊格组合上的自由度，但从白鹤药师中出现的没有遵循经典的尊格排列方式，以及有记录显示其中某些部分在由高僧道真修复的石窟中也曾出现的事实，可以判断这一现象的出现有可能是当时明确可知的上层主导方针指引下的结果。故此，笔者在本文中想要特别明确的一点是，能够提高书写效率的发愿文的自上而下从左向右的书写方式，以及将亡者像置于观者方向右侧的供养人像（邈真像）的配置方法，可能是为了祈愿大多数人要求的故人的冥福，更进一步说，它是与发愿者希望引导亡者实现冥福（达到净土）的愿望和意识紧密联系在一起的。虽然画作中经常使用自上而下从左向右的书写方法，但供养人像的右侧配置法却并非在所有画作中通用，所以它应是一种在佛画成为承载世人美好寄托的重要角色的过程中逐渐产生的创作倾向。这种绘画创作

①参考［日］竺沙雅章：《敦煌出土〈社〉文书研究》，《东方学报》第35册，京都，1954，第215-288页；［日］土肥义和：《归义军（唐后期·五代·宋初）时代》，载榎一雄编《講座敦煌二敦煌の歴史》，大东出版社，1980，第288页。

与冥福祈愿的关联意识的强化，笔者认为，至少波及以追善供养为目的的十王信仰的出现[①]。在当时的敦煌，不仅仅是地藏，包括受绝大多数人欢迎的观音，还有药师，全都承担起了冥界救济的功能[②]，因此，我们或许也可以将作为白鹤观音眷属登场的文官风格的尊像引入与十王或冥官的关联性中去。

在官与民志同气合，又都信仰民俗化佛教的社会中，我们能够一窥佛教是如何超越社会阶层并灵活地在人与人之间发挥功效。以作品间明确的差异为基础，从订购到画作绘制，以及画师系统中个别画师的专门研究，或可视作相关研究今后推进的方向。本文作为为今后研究做准备的基础性成果，提出了一个大致的分类框架，期待将来能够揭示出更深层次的规律。

后记

本文日文版载于《佛教艺术》第二号2019年。铭文的释读方法得到小南一郎先生（泉屋博古馆），官职的品等得到冯培红先生（浙江大学）赐教，在此深表感谢。

图版出处

图1：鲸井清隆摄影。

图2：白鹤美术馆提供。

图3：山中理摄影。

图4：前注18敦煌文物研究所编《中国石窟·敦煌莫高窟》第5卷，图5-7、9、12、18、21-22；前注ジャック・ジエス编集：《西域美術—ギメ美術館ペリオ・コレクション》第2卷。

图8：谭蝉雪主编《敦煌石窟全集 民俗画卷》，商务印书馆，1999年。

图10：前注23田中公明：《敦煌密教と美術》。

图11：idp.bl.uk/database。

图13：ids.si.edu/ids/deliveryService/full/id/FS-5452_03。

图14、19-20：笔者摄影。

图15：四川省博物馆编：《四川省博物馆》，《中国の博物館》，第2期第4卷，讲谈社，1988年。

图16、17：前注19ロデリック・ウィットフィールド编集：《西域美術——大英博物館スタイン・コレクション》，第1卷。

---

① ［日］秃氏祐祥、［日］小川贯弌：《十王生七経讃図巻の構造》，载西域文化研究会编《西域文化研究》第5，法藏馆，1962，第257-296页；［日］竺沙雅章：《寺院文书》，载池田温编《讲座敦煌五敦煌汉文文献》，大东出版社，1992，第645-650页；［日］小南一郎：《〈十王经〉の形成と隋唐の民衆信仰》，《东方学报》第74册，京都，2002，第194页。

② 参见P.2680《刘萨诃和尚因缘记》，图版见上海古籍出版社等编《法藏敦煌西域文献》第17册，上海古籍出版社，2001年，第222页；药师相关文献参考［日］浜田瑞美：《敦煌唐代薬師経変の図像をめぐって》，载《敦煌·丝绸之路国际学术研讨会论文集》，第106-107页。

敦煌成城湾大华塔及归义军晚期回鹘化问题*

郭俊叶（敦煌研究院）

【摘要】敦煌曹氏归义军晚期，周边民族关系复杂。在曹宗寿任归义军节度使之后的一段时期，敦煌石窟壁画出现了回鹘化倾向，但是由于没有确切纪年的标型窟作为参考，判断洞窟时代就存在一定的困难。敦煌成城湾大华塔从一个方面来说，可认为是有纪年的塔，也是归义军晚期曹贤顺时，唯一有确切纪年的佛教建筑，可作为这一时期的标型窟，为判断同一时期、相同风格的洞窟年代提供借鉴和佐证。大华塔也见证了辽与敦煌的关系，显示了二者之间的佛教影响和文化交流。

【关键词】敦煌成城湾　华塔　天禧塔　回鹘时期　辽朝

从敦煌莫高窟沿着窟前宕泉河向南逆流而上，进入南面山谷，由于地形原因河流改向转弯，形成一个天然水流弯道，这一段河谷被称为成城湾（见图1）。这个河谷地带因位于莫高窟之南，历史上被称为南谷。现藏大英博物馆的敦煌文献Ch.00207号（stein painting 77）《宋乾德四年重修北大像记》记载曹元忠及其夫人凉国夫人浔阳翟氏于乾德四年在重修北大像时住于南谷："大王、夫人于南谷住，至廿四日拆了，夜间，大王、夫人从南谷回来。"

成城湾现存两座塔，因两座塔的塔顶都有莲花，一般称其为华塔，一座较大，塔顶莲花保存较好；一座较小，塔顶莲花仅存两瓣。两座华塔在2006—2007年经过加固维修。为了保护的需要，大、小华塔塔门现已封闭。

* 本文系国家社科基金项目"敦煌佛教供养具研究"（项目编号20BZJ016）。本文照片由敦煌研究院提供，

图1　莫高窟与成城湾位置图（自南向北拍摄）

萧默先生曾经对塔内情况有过记载，并认为塔内壁画为北宋风格，原作钟塔用。现将其文援引如下：

> 塔内有小方室，圆穹顶。室内已严重熏黑，隐约可辨有壁画，不开门的三面各绘经变一铺；圆穹顶绘华盖，中心是盘龙，以下依次是卷幔，团花，回纹，卷草及垂幔；在华盖和经变画之间是流云千佛及垂幛垂铃，显然全是北宋风格。
>
> 从东壁也是经变画并未画出坐佛背光头光以及地面无佛座迹看，室内应原无塑像。室内左、右壁上部各有小洞两个，估计原有两条横枋，枋下应悬钟一口，故此塔原作钟塔用。[①]

概括起来，塔内平面方形，无塑像，顶为穹窿顶，上绘以盘龙为中心的华盖，以及千佛等，三壁有经变画，但熏黑严重。萧默先生将此塔的年代定在960—1000年前后的宋代，更具体到宋代乾德四年（966），比慈氏塔早，并认为此塔与敦煌文献Ch.00207号《宋乾德四年重修北大像记》记载的归义军节度使曹元忠与凉国夫人重修北大像时所作“福田遍谷”的功德有关[②]。

马德先生认为大华塔为文献S.3929V、S.3937V号所言董保德所重修的“普净塔”[③]。

郭祐孟先生仅简单记录了大华塔的外部结构，从栏额出发考证，认为与宋初的窟檐接近，早于慈氏塔，记载小华塔“塔内仅容一人跏趺禅修”[④]，并从色调、笔意等方面考虑认为与慈氏塔壁画风格相同[⑤]。本文重点考察塔内壁画及相关问题，特别是对壁画表现出的回鹘、辽因素作一探讨。

一、大华塔外部概况

大华塔位于宕泉河河岸台地上，靠近河边，西北向开圆拱门。塔用土坯砌成，塔基内用

---

① 萧默：《敦煌莫高窟附近的两座宋塔》，《敦煌研究》创刊号（第3期），甘肃人民出版社，1983年，第95-101页。

② 萧默：《敦煌莫高窟附近的两座宋塔》，《敦煌研究》创刊号（第3期），甘肃人民出版社，1983年，第95-101页。

③ 马德：《〈董保德功德颂〉述略》，《敦煌研究》1996年第3期，第14-20页。

④ 郭祐孟：《2006中国西北石窟考察结报·石窟寺院考察篇》，《圆光大学学报》第11期，第147-204页。

⑤ 郭祐孟：《2006中国西北石窟考察结报·石窟寺院考察篇》，《圆光大学学报》第11期，第147-204页。

红柳加筋。塔总高约10米。

塔基八面，须弥座形。塔身八面，上部有斗拱，为仿汉式楼阁建筑。塔刹整体呈莲花状，每一莲瓣上建有方塔一座，共7层莲瓣，西向面现多已残损，刹顶正中有一较大方塔，东向开门，塔顶有一木质刹杆。[①]

据萧默先生记录："塔顶总轮廓饱满圆和如满浸水分之笔尖，塑莲瓣七层，下三层每层十六瓣，各瓣高低相间并上下相错，在每一个高瓣上各立小方塔一座；上四层每层减为8瓣，亦上下相错并各瓣均立有小方塔，总计共80瓣，56塔。"[②]（见图2）

图2　成城湾大华塔外观

图3　成城湾大华塔塔内

二、塔内壁画

塔内平面方形，穹隆顶。

大华塔塔内壁画熏黑严重。西北角砌有烟道，由此可知，塔内曾用来做饭或者取暖，这也是壁画熏黑的主要原因。画面斑驳、漫漶，游人刻画颇多，多处壁画切割、脱落（见图3）。

塔顶：穹隆顶，正中绘华盖，内容由7圈不同的纹饰和垂幔组成。中心浮塑团龙，团龙外是十六瓣卷瓣莲，再依次是团花纹、连珠纹、回向纹、卷草纹、连珠纹，最外是三朵倒串花装饰的垂幔。华盖外环绕流云和飞天。飞天弹奏乐器，能识别的仅一身吹排箫飞天。飞天下方，穹窿顶周边绘一圈坐佛。坐佛结跏趺坐于莲花之上，头顶有华盖，一侧有榜题框（榜题已模糊，无法识读）（见图4）。

---

① 大华塔塔外具体情况，参见郭俊叶：《敦煌莫高窟土塔研究》，科学出版社，2023年，第239-244页。

② 萧默：《敦煌莫高窟附近的两座宋塔》，《敦煌研究》创刊号（第3期），甘肃人民出版社，1983年，第98页。

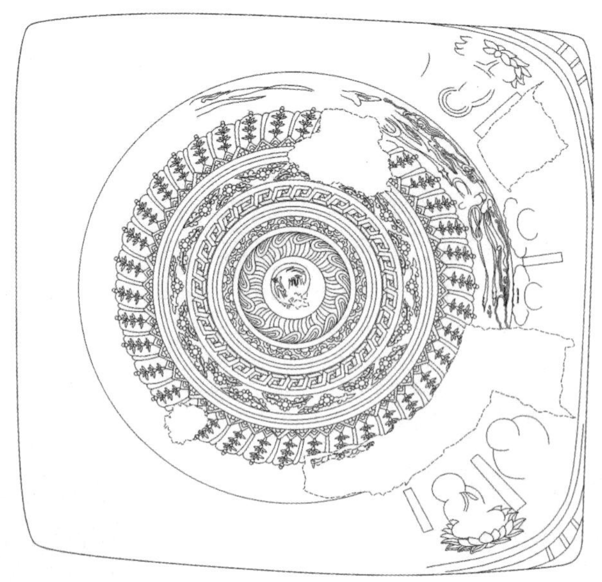

图4　大华塔塔顶壁画线图（吕文旭）

塔内四壁绘经变画。

塔内四壁上方均为倒串花朵式垂幔。

北壁：北壁壁画有两处长方形切割块，下方约三分之一的壁画脱落。佛居中结跏趺坐于金刚座上，有圆形头光和身光，手持锡杖；两侧各有一祥云从两侧升起，云头应有赴会佛；头顶华盖，华盖两侧各三身菩萨；前有供案，案上摆放香炉与宝瓶。从持锡杖来看，佛为药师佛。药师佛两侧各一身弟子、一身大菩萨。两身大菩萨分左、右坐于莲花座上，头上有华盖，东侧菩萨左侧绘有一身菩萨。画面中、下两侧边各一药师佛，与主尊佛呈品字形布局；佛头顶有华盖，前有供案，案上香炉、宝瓶；佛前与一侧各一身坐姿菩萨。画面下部是一排坐姿菩萨约9身，菩萨前方是净水台凭栏与净水池（见图5）。

北壁绘药师经变，有三身药师佛，呈品字形分布，透过熏黑的壁画隐约可见主尊药师佛手执锡杖。

东壁。东壁壁画有两处大的长方形切割，下方约三分之一壁画脱落。画面上方正中一身坐佛，结跏趺坐，着覆右肩袈裟；头顶有华盖，两侧各一身赴会佛（在升起的祥云上）、四身菩萨；佛前有供案，案上铺边缘有团花图案的经巾，案前摆放花朵（或者香炉）供器，供器两侧各一身童子；佛左、右两侧各一身弟子、一身大菩萨；大菩萨外侧各有一身童子、一身菩萨眷属，童子跪于莲花上，双手捧物。壁画中下南、北两侧各有一身坐佛，结跏趺坐，着覆右肩袈裟，两手于胸前做说法印；头顶华盖；佛前有供案，案上铺设绿底经巾，上饰团花图案，案上放置一香炉、两净瓶。供案前方各有两身莲花上菩萨，具圆形头光、身光，双手合十，其中近供案的一身莲花座较大，推测为白衣观音（如莫高窟第308窟）或弟子像（如莫高窟第38窟）（南侧不清，根据对称原则应与北侧相同）（见图6）。画面下部是一排坐姿菩萨，共9身，有圆形头光、圆形身光，戴莲花状三叶宝冠；两侧的菩萨侧身面向中间。

图5 大华塔北壁药师经变线图(吕文旭绘)
塔内北壁立面图

图6 大华塔东壁净土变线图(吕文旭绘)
塔内东壁立面图

根据同时期壁画比较，这应该是弥勒经变，如在莫高窟第306、308、399、418窟均有弥勒经变。

南壁：南壁壁面上部东、西两侧各一块切割面（东侧大，呈长方形；西侧小，约呈正方形）。上部画面居中为一身坐佛，结跏趺坐于金刚宝座之上，具有圆形头光、身光，着覆右肩袈裟；头顶有华盖，两侧有冉冉升起的祥云各一朵，云端有化佛，华盖两侧绘菩萨（仅余西侧一身）；佛左右两侧各一身弟子、一身菩萨。菩萨头顶有华盖（西侧菩萨可见华盖一角，东侧菩萨华盖模糊），西侧菩萨左侧绘两身童子。画面中下部两侧各一身坐佛，头上有华盖，前有供律师；佛前各三身坐菩萨（只见圆形头光与身光，其余模糊不清）。壁面下部是一排坐姿菩萨，菩萨有圆形头光、身光，菩萨下方是净水楼台（见图7）。

整体来看，整幅壁画绘出了三身佛，主佛两侧各有一身弟子、大菩萨及童子。画面下部是一排坐姿菩萨。由以上画面内容及布局，考虑到童子、净水池以及与北壁对称等因素，壁画绘的是一幅西方阿弥陀净土变。

西壁：西壁壁面有多处圆形壁画剥离。门南绘文殊菩萨及眷属。上部可见菩萨及其眷属的圆形头光，头光上方绘云中华盖，背景是三道线谱式祥云（见图8）；下部熏黑严重，画面无法辨别。参照莫高窟大部分洞窟的文殊、普贤对称布局现象，推测门南绘普贤骑象。

图7　大华塔南壁净土变线图（吕文旭绘）

塔内南壁立面图

图8　大华塔东壁壁画线图（吕文旭绘）

塔内西壁立面图

门北绘文殊及眷属。画面与门南大致相同，画面熏黑更甚，也仅见上部画面。与门南相对应，门北应绘文殊骑狮图。文殊周围应该有眷属，但画面已不清楚。

通过以上分析，我们认为大华塔北壁绘药师经变，相应地南壁绘西方净土变，东壁绘经变画（有可能为弥勒经变）。西壁门南、北绘普贤骑象、文殊骑狮赴会图（但不排除门南绘文殊、门北绘普贤）。

三、天禧陶塔出土于大华塔

天禧陶塔的出土地，有认为是出土于莫高窟对面的戈壁滩①，有认为出自成城湾②。我们根据夏鼐的记载，这座陶塔应出土于成城湾的一座华塔。《夏鼐日记》："下午……古庙遗址有塑像残片及花砖，附近有二小佛堂，中有宋元之壁画。闻马步青军队曾于此掘得一天禧间庙社名单。"③夏鼐的记载中有两次赴戈壁滩的记载，日期不同，所赴地点也不同，这是值得注意的地方。夏鼐记天禧塔出于二小佛堂，二小佛堂即指成城湾的大、小华塔。如夏鼐先生的记载无误，大、小华塔其中之一出土了天禧塔与塔碑。就华塔的规模来讲，小华塔塔内直

① 贺世哲：《从供养人题记看莫高窟部分洞窟的营建年代》，载敦煌研究院编《敦煌莫高窟供养人题记》，文物出版社，1986年，第232页；赵晓星：《关于敦煌莫高窟西夏前期洞窟的讨论——西夏石窟考古与艺术研究之五》，《敦煌研究》2021年第6期，第11页。

② 王惠民：《敦煌宋代天禧塔资料辨析》，《锁阳城遗址与丝绸之路历史文化学术研讨会》（下），2015年，第697-702页。

③ 夏鼐：《夏鼐日记（1942—1945）》卷3，华东师范大学出版社，2011年，第212页。

径不足1米（94厘米）[①]，“塔内仅容一人跏趺禅修”[②]，我们不知出土的塔碑尺寸，但就小华塔的规模，塔内埋藏一小陶塔（高33.8厘米，底部直径20.4厘米），还有一塔碑，显然有些过于局促，天禧塔与塔碑出土于小华塔的可能性不大，因此，天禧塔与塔碑应该出土于大华塔。由天禧塔上的墨书题记可知，塔建于天禧三年（1019），有确凿的建成年代，即1019年。时在北宋真宗时，在辽为辽圣宗耶律隆绪（开泰八年）时，那么大华塔也应建于天禧三年。经笔者考证，认为大华塔为舍利塔[③]，莫高窟包括成城湾不仅是个幽静之地，可以避暑，也是祥瑞之地，敦煌文献Ch.00207号《宋乾德四年重修北大像记》：“大宋乾德四年岁次丙寅五月九日，敕归义军节度使特进检校太师兼中书令、托西大王曹元忠与敕受凉国夫人浔阳翟氏，因为斋月，届此仙岩，避炎天宰煞之恶因，趣幽静祥祯之善处。”是“幽静祥祯之善处”。

另外，从塔内地面痕迹来看，大华塔出土天禧塔的可能性较大。塔内平面方形，转角为弧形，内有红柳加筋，下方明显有土坯裸露，因而这一层位应是无壁画层，属于佛台所在层面。前引萧默“从东壁也是经变画并未画出坐佛背光头光以及地面无佛座迹看，室内应原无塑像”[④]，壁面有无背光、头光并不是判断地面有无塑像的标准，莫高窟第17号塔内壁画也无身光、头光，但塔内有佛台，显系有塑像。我们从壁面现状分析，塔内应该有环北、东、南面的佛台。塔内为砂土，已无平面，明显是扰乱的结果，因而此塔塔内已经扰乱挖掘。

总之，我们认为天禧陶塔出土于大华塔，天禧塔有明确建塔年代的墨书题记，大华塔的修建年代也与此同时，建于天禧三年。小华塔的塔形与大华塔相似，其修建年代应与大华塔相距不远。

四、塔内壁画与沙州回鹘时期洞窟壁画比较

我们与莫高窟回鹘时期洞窟壁画进行比较，认为塔内壁画明显与归义军晚期回鹘（沙州回鹘前期）壁画一致，试作如下分析。赵晓星将绿壁画划分为四类[⑤]，大华塔明显属于第2类。经变下方有简单的净土平台，菩萨众坐姿大体呈横向排列，这具有归义军晚期程式化的经变特色。

目前可以确认的沙州回鹘时期的洞窟有莫高窟第97、148、164、207、245、237、306、307、308、309、310、330、363、399、409、418窟等[⑥]。回鹘时期的洞窟又可划分为归义军

① 郭俊叶：《敦煌莫高窟土塔研究》，科学出版社，2023年，第255页。

② 郭祐孟：《2006中国西北石窟考察结报·石窟寺院考察篇》，《圆光大学学报》第11期，第147–204页。

③ 郭俊叶：《敦煌莫高窟土塔研究》，科学出版社，2023年，第460–466页。

④ 萧默：《敦煌莫高窟附近的两座宋塔》，《敦煌研究》创刊号（第3期），甘肃人民出版社，1983年，第99页。

⑤ 赵晓星：《关于敦煌莫高窟西夏前期洞窟的讨论——西夏石窟考古与艺术研究之五》，《敦煌研究》2021年第6期，第1–18页。

⑥ 刘玉权：《关于沙州回鹘洞窟的划分》，载敦煌研究院编《1987年敦煌石窟研究国际讨论会文集》（石窟考古编），辽宁美术出版社，1990，第1–29页；另载《敦煌研究文集·敦煌石窟考古篇》，甘肃民族出版社，2000，第294–316页。赵晓星：《关于敦煌莫高窟西夏前期洞窟的讨论——西夏石窟考古与艺术研究之五》，《敦煌研究》2021年第6期，第1–18页。

晚期回鹘（敦煌北宋式、沙州回鹘前期）与高昌回鹘（沙州回鹘后期）两个时期①。归义军晚期的净土壁画虽然已经表现出程式化、大画面的现象，但还是表现了一些细节，如楼台、净水池以及童子等，但到了高昌回鹘时期，这些都基本消失，仅出现佛说法图以及菩萨。

敦煌石窟中有回鹘供养人的洞窟，有莫高窟第148、237、245（女着汉装）、252、309（模糊）、310（女着汉装）、363（女着汉装）、399、409、418（女着汉装）窟，西千佛洞第16窟，榆林窟第39窟等，这些窟中均绘出了着回鹘装的供养人像，其中莫高窟第237窟甬道、莫高窟第409窟主室东壁、西千佛洞第16窟甬道绘有回鹘可汗与王妃供养像。值得注意的是，莫高窟第252窟西壁龛下也绘有一身回鹘男供养人，着菱格纹窄袖圆领长袍，腰系两条带，一为蹀躞带。此像明显为后期补绘，常被前人忽略。

东壁壁画风格：大华塔东壁的壁画与莫高窟第308窟西壁基本相同（见图9）。壁画的组成主体是一佛二菩萨以及两下角与主尊佛呈“品”字形的各一身佛，佛、菩萨都有华盖与供案。其余部分均为横向排列的坐于莲座上的较小的菩萨，主佛供案两侧也可能有白衣观音。整组说法图位于净水台上，前方为净水池。

图9　莫高窟第308窟东壁

南、北壁壁画：南北壁绘药师经变与西方净土变，这与敦煌石窟唐宋以来的传统及归义军晚期流行的经变相同，表现方式也相同，如这一时期的莫高窟第164窟南、北壁两两相对绘药师经变与阿弥陀经变。

从佛教题材来说，回鹘时期的洞窟，主要表现了药师、阿弥陀、弥勒经变。莫高窟第164窟南、北壁两两相对绘药师经变与阿弥陀经变各二铺，第306窟东、西壁为弥勒经变，第308窟北、东、西三壁均为弥勒经变，第310、330窟为南、北两壁绘弥勒经变，第245、363窟西壁主尊塑像为弥勒佛，第363窟龛外两侧各绘执扇弥勒菩萨一铺，第363窟南、北壁绘阿弥陀经变，第399窟南壁为阿弥陀经变，第418窟北壁绘阿弥陀经变。

---

① 刘玉权：《关于沙州回鹘洞窟的划分》，载敦煌研究院编《1987年敦煌石窟研究国际讨论会文集》（石窟考古编），辽宁美术出版社，1990年，第8–9页。

第164、207、245、309、310、330窟具有高昌回鹘特征[①]，第207窟南、北壁的鹿野宛初转法轮[②]，不管是表现内容还是形式都与吐鲁番伯孜克里克石窟第9窟非常相似，第207窟的四壁上方的网格重幔和菩萨的线型放射状头光、第245窟主尊的编织纹[③]等，都与高昌回鹘相同。第309窟南北两壁绘佛说法图。总结来讲，这一时期，从壁画的明显特征来说，少了净水池及亭台楼阁，仅出现佛说法图以及弟子、菩萨等，壁画从内容到风格多受到高昌回鹘的影响。而大华塔内壁画绘净土变，明显与高昌回鹘时期的壁画不同。

西壁：大华塔西壁壁画内容为文殊、普贤赴会图，西壁上方的祥云，在塔门南侧明显可以看见上方的线谱式祥云。祥云有三道，每道有四条线，整体呈线谱式，线上有云朵、五色光等。这种样式的祥云，仅见于回鹘洞窟中[④]，我们还可在莫高窟第164、245窟东壁门两侧，第237、309窟前室西壁门两侧，第418窟前室南、北两壁上方见到，通常绘于文殊、普贤及其眷属的上方，表现文殊、普贤化现，也表现五台山其他瑞现，如五色光出等（见图10、图11）。祥云有一个共同的特点，就是菩萨上方的祥云呈线形，这是五台山祥云发展到后期的一种表现手法，可以看出，是将五台山瑞像更加简单化、程式化了。大华塔与这些有线型祥云的洞窟营建年代相近，属于回鹘时期。

图10　莫高窟第245窟主室东壁

图11　莫高窟第309窟前室西壁门北

大华塔塔顶的华盖正中是龙纹卷瓣莲花藻井，也是这一时期比较流行的一种藻井图案。回鹘窟中的龙纹卷瓣莲花纹有莫高窟第237、307、164窟以及慈氏塔，第237窟为31瓣，后

① 刘玉权：《关于沙州回鹘洞窟的划分》，载敦煌研究院编《1987年敦煌石窟研究国际讨论会文集》（石窟考古编），辽宁美术出版社，1990年，第1–29页；另载《敦煌研究文集·敦煌石窟考古篇》，甘肃民族出版社，2000年，第294–316页。赵晓星：《关于敦煌莫高窟西夏前期洞窟的讨论——西夏石窟考古与艺术研究之五》，《敦煌研究》2021年第6期，第1–18页。

② 殷博：《莫高窟第207窟初说法图考》，《敦煌研究》2019年第6期，第25–33页。

③ 刘玉权：《关于沙州回鹘洞窟的划分》，载敦煌研究院编《1987年敦煌石窟研究国际讨论会文集》（石窟考古编），辽宁美术出版社，1990年，第1–29页；另载《敦煌研究文集·敦煌石窟考古篇》，甘肃民族出版社，2000年，第294–316页。

④ 赵晓星：《关于敦煌莫高窟西夏前期洞窟的讨论——西夏石窟考古与艺术研究之五》，《敦煌研究》2021年第6期，第1–18页。

二窟均为20瓣，其中第307窟莲花瓣正中的龙身较长，镀金。另外，慈氏塔顶为16瓣卷瓣龙纹。

总结起来，大华塔塔内塔顶是龙纹卷瓣莲花藻井，三壁壁画为无楼阁建筑的净土变，西壁是具有线型祥云的文殊变与普贤变，这些都与沙州回鹘前期的洞窟壁画风格相同。

学界以曹贤顺受辽册封的1019年作为回鹘时期的开始。大华塔内曾出土天禧陶塔，大华塔就有了确切的营建时间。因此，塔内的壁画可作为我们判断其他洞窟年代的参照，也可以与敦煌回鹘时期的洞窟互相印证。

五、曹贤顺时期的回鹘化及与辽的关系。

开成五年（840），回鹘汗国瓦解，大部分自漠北南下或西迁，西迁的以高昌为据点，为高昌回鹘，南下多以甘州为中心，是甘州回鹘，其中一小部分逗留于瓜沙，是为沙州回鹘。曹氏归义军政权与东边的甘州回鹘和西边的高昌回鹘都保持着联系，特别是与甘州回鹘采取了联姻。曹氏归义军晚期时，回鹘势力已是不可小觑。

曹贤顺是开泰八年（1019）春正月受辽赐封为敦煌郡王，而《天禧塔记》使用的是宋纪年天禧三年（1019），《天禧塔记》：“维大宋天禧参年岁次巳（己）未□月二十七日。”月前一字缺失，某月未知。在天禧塔塔顶有墨书题记：“天禧三年三月廿四日，众社等二十六人重发誓愿，于此地上建塔子一所，不得别人妄生搅扰，若有如此之徒，愿生生莫逢好事者。”[①]《天禧塔记》与陶塔上的墨书题记日期不同，一在二十七日，另一在二十四日，后者保留有三月，我们认为《天禧塔记》缺失的月应为农历三月，在佛诞日四月八日之前。这时的天气渐暖，适宜营建。那么天禧塔的营建是否与辽的册封有关呢？

学界提到曹氏归义军晚期回鹘化的问题[②]，1019年正值曹氏晚期曹贤顺统治敦煌时期。曹宗寿卒，其子贤顺任节度留后。曹贤顺统治敦煌自大中祥符七年（1014）始，“大中详符七年（1014）四月，以归义军号兵马留后曹贤顺为本节节度使，弟贤惠为检校刑部尚书知瓜州、归义军掌书记”[③]，至“仁宗天圣元年（1023）闰九月，曹贤顺遣翟来著等贡方物、乳香、硇砂、玉团等”[④]，后一则为最晚关于曹贤顺的史料记载。《宋史·夏国传》记：“（天圣）八年（1030），瓜州王以千骑降于夏。”[⑤]这是曹贤惠作为瓜州王投降西夏的记载。曹贤顺在入贡于宋、接受宋的册封外，开泰三年又向辽进贡，并于辽开泰八年，曹贤顺被辽册封为敦煌郡王。曹贤顺在大中祥符七年（辽开泰三年，1014年）四月向辽进贡，《辽史·圣宗本纪》卷15：“［开泰三年］夏四月……乙亥，沙州回鹘曹顺遣使来贡”[⑥]，“［辽开泰］八

① 张维：《陇右金石录补》，甘肃省文献征集委员会校印，1948年，第31页。有录文。

② 陆庆夫：《归义军晚期的回鹘化与沙州回鹘政权》，《敦煌学辑刊》1998年第1期，第18-24页；冯培红：《敦煌的归义军时代》，甘肃教育出版社，2013年，第444-454页；刘永增：《敦煌“西夏石窟”的年代问题》，《故宫博物院院刊》2020年第3期，第12页；赵晓星：《关于敦煌莫高窟西夏前期洞窟的讨论——西夏石窟考古与艺术研究之五》，《敦煌研究》2021年第6期，第11页。

③［清］徐松辑《宋会要辑稿·蕃夷五·瓜沙二州》，中华书局，1957年，第7768页。

④［清］徐松辑《宋会要辑稿·蕃夷五·瓜沙二州》，中华书局，1957年，第7768页。

⑤［元］脱脱等：《宋史》卷485《夏国传》，中华书局，1977年，第13992页。

⑥［元］脱脱等：《辽史》卷15，中华书局，1974年，第175页。

年（1019）春正月……封沙州节度使曹顺为敦煌郡王”[①]。《全辽史》卷6记载当时出使沙州赐封的使节是韩㭍：“明年奉使沙州，册主帅曹恭顺为敦煌王。”[②]《辽史·圣宗本纪》卷16记：“［辽开泰］九年（天禧四年，1020年）秋七月……甲寅，遣使赐沙州回鹘敦煌郡王曹顺衣物……九月……乙亥，沙州回鹘敦煌郡王遣使来贡。”[③]1019年辽封曹贤顺为敦煌郡王，1020年又遣使赐衣物，作为回应，曹贤顺遣使贡于辽。可以看出，一方面，曹贤顺向宋遣使入贡，接受宋封本节节度使，弟贤惠为检校刑部尚书知瓜州，这与曹氏归义军的一贯受封相同，另一方面又接受辽的敕封为敦煌郡王。天禧塔的营建年代为1019年，这一年正是曹贤顺接受辽封为敦煌郡王的一年，所以这一年注定不凡。

赵晓星认为莫高窟第148窟甬道表层的“回鹘首领”，很可能是曹贤顺，并且提出了重修第148窟这一颇具规模的大型活动，可能与曹贤顺正式接受回鹘化有关[④]，这一观点很有道理。通过比较，第148窟的着回鹘服饰的供养人题名与天禧塔碑所见僧人人名无一人相同，从供养人的数量来说，第148窟远远多于天禧塔，因此，这里需要考虑一个问题，重修第148窟的僧人们与修建大华塔的僧人是不是一个团体，或者人员有无重合。

曹贤顺在1014年就已被辽称为“沙州回鹘曹顺遣使来贡”[⑤]，可见，这时的沙州已然表现出回鹘化，被辽称为“沙州回鹘”，当然沙州的回鹘化是一个过程，并非一日而成。

我们注意到景德三年（辽统和二十四年，1006年），曹宗寿时已遣使入辽，向辽进贡。《辽史·圣宗本纪》卷14：“［辽统和二十四年］八月……沙州敦煌王遣使进大食国马及美玉，以对衣、银器等物赐之。”[⑥]曹贤顺曾于天禧元年（1017）到过辽，“六月……乙酉，夷离堇阿鲁勃送沙州节度使曹恭顺（贤顺避景宗名改恭顺）还，授于越”[⑦]（辽史12为统和六年，荣新江据罗振玉《瓜沙曹氏年表》校改为天禧元年[⑧]）。在宋真宗咸平二年（999）有沙州蕃族首领进贡：“十二月辛亥……是岁，沙州蕃族首领、邛部川蛮、西南蕃、占城、大食国来贡。”[⑨]这一蕃族可能是回鹘。陆庆夫先生分析史书中记载1002年发生的关于曹延禄被逼自尽这起兵变，认为：“内部势力应指二州八镇军民，其中坚力量为沙州回鹘势力。所谓曹宗寿为‘三军所迫’，实为沙州回鹘势力所挟持。从而可知，曹宗寿父子不过是沙州回鹘集团的傀儡而已。至于外部势力，我们推断为辽朝。”[⑩]如此，在1002年之前，沙州的回鹘势力已是非常强大。

① ［元］脱脱等：《辽史》卷16，中华书局，1974年，第185页。

② 陈述辑校《全辽文》卷6，中华书局，1982年，第121页。

③ ［元］脱脱等：《辽史》卷16，中华书局，1974，第187页。

④ 赵晓星：《关于敦煌莫高窟西夏前期洞窟的讨论——西夏石窟考古与艺术研究之五》，《敦煌研究》2021年第6期，第11–12页。

⑤ ［元］脱脱等：《辽史》卷15，中华书局，1974年，第175页。

⑥ ［元］脱脱等：《辽史》卷14，中华书局，1974年，第162页。

⑦ ［元］脱脱等：《辽史》卷12，中华书局，1974年，第131页。

⑧ 荣新江：《归义军史研究——唐宋时代敦煌历史考索》，上海古籍出版社，1996年，第36页。

⑨ ［元］脱脱等：《宋史》卷6，第110–111页。

⑩ 陆庆夫：《归义军晚期的回鹘化与沙州回鹘政权》，《敦煌学辑刊》1998年第1期，第18–24页。

六、辽代对沙州回鹘时期佛教的影响

由以上分析可以看出，大华塔塔内北、东、南三面的经变画与归义军晚期北宋式（沙州回鹘早期）风格相同，而这种风格在回鹘时期之前就存在。也就是说，在1019年曹贤顺受辽册封之时（正式回鹘化）或之前，敦煌壁画中就有回鹘时期的样式。一般而言，如果没有外来文化因素的强力影响或者改朝换代的影响，佛教艺术风格变化不会不太大。对于回鹘时期的壁画艺术风格，一方面我们不能忽视的是沙州回鹘已长期居住于沙州，在佛教艺术方面与沙州佛教具有一致性和继承性，另一方面由于此时的回鹘在沙州居于主导地位，那么回鹘本民族的特征就会有所凸显。而1019年，这一年正是辽册封之时，按理说，沙州应更多受到辽的影响。

辽信奉佛教，其崇佛盛况，史以“辽以释废”①来评价。1019年，正是辽圣宗在位（982—1031）时，此时辽朝佛教兴盛。辽圣宗时也是辽史上的全盛时期，这一时期，一方面政权稳定，另一方面经过了“澶渊之盟”，宋辽之间获得了百年无战事的和平时代，二者之间关系稳定，文化交流日益频繁，辽的汉化政策继续。辽兴宗耶律宗真笃信佛教，曾在重熙七年（1038）受戒，在宫中召集僧侣讲论佛法，任命僧侣为国家的高官并予优厚待遇，以僧人惠鉴为检校太尉等。其时开雕《契丹藏》，直至辽道宗时，仍在搜罗佛经，校刊入藏，同时还在房山续刻石经。辽塔多数营建于圣宗、兴宗、道宗及天祚帝时。

我们不知道辽对敦煌佛教艺术的影响有多少，但是辽代流行的白衣观音、七佛在敦煌石窟回鹘时期洞窟中常见，虽然敦煌石窟较早就有此类题材，但从其出现的频率而言，应该是受到了辽的影响。大华塔东壁从菩萨所在的位置、大小分析，可能绘有白衣观音像，另外莫高窟第306、308、399、418窟均出现了白衣观音，赵晓星认为回鹘时期的白衣观音与辽代的白衣观音信仰有密切的关系②。白衣观音在辽代的信仰可追溯到庆天皇后及其子太宗。辽太宗耶律德光假借托梦，将白衣观音尊为契丹皇家家神，“我梦神人令送石郎为中国帝，即此也。因移木叶山，建庙，春秋告赛，尊为家神。兴军必告之，乃合符传箭于诸部”③。天显十二年（937），太宗将幽州大悲阁白衣观音像迁往契丹族的神山——木叶山，然后建庙（菩萨堂）供奉，尊为家神，并在拜山仪后制定“菩萨堂仪”④。辽代信仰的白衣观音在沙州回鹘时期洞窟的流行，说明辽文化影响到了敦煌。

关于七佛，学界对于七佛多有论述，在此不赘。七佛或者五佛（缺少迦叶佛和释迦牟尼佛）在敦煌石窟中出现较早，北凉石塔也有雕造，而在回鹘时期的洞窟中出现频率也较高，主要绘于主室东壁门上（第309窟主室东壁、前室西壁门上都有绘制），见于莫高窟第207（七佛，仅余3身，榜题不清）、245（自北向南：南无毗婆尸佛、南无尸弃佛、南无毗拾浮佛、南无拘留孫佛、南无那含牟尼佛。共5佛）、306（无榜题）、309（主室东壁门上自北向南：南无毗婆尸佛、南无尸弃佛、南无毗舍浮佛、南无拘留孙佛、南无拘那含牟尼佛、南无

---

①［明］宋濂：《元史》卷163《张德辉传》，中华书局，1976年，第382页。

②赵晓星：《敦煌晚唐绘画中的“白衣观音”浅析》，载麦积山石窟艺术研究所编《石窟艺术研究》第4辑，文物出版社，2019年，第91-98页。

③［元］脱脱等：《辽史》，第446页。

④［元］脱脱等：《辽史》，第835页。

迦叶佛、南无释迦牟尼佛；前室西壁门上，榜题不清）、363（七佛，自南向北第4身：南无拘留孙佛）、418（五佛，榜题不清），西千佛洞15（七佛，无榜题）、16（七佛，无榜题）。榜题以莫高窟第309窟为全，第363窟根据顺序应与309相同，第245窟少了迦叶佛与释迦牟尼佛。东晋佛陀跋陀罗译《佛说观佛三昧海经》卷10之《念七佛品》、元魏菩提流志译《佛说佛名经》、宋代法天译《佛说七佛经》、宋代施护译《佛说诸佛经》等经中的七佛顺序均一致。《佛说七佛经》有：

> 佛言："汝等谛听，我今说之。过去九十一劫，有毗婆尸佛、应、正等觉，出现世间。三十一劫，有尸弃佛，毘舍浮佛、应、正等觉，出现世间。于贤劫中第六劫，有俱留孙佛、应、正等觉，出现世间。第七劫，有俱那含牟尼佛、应、正等觉，出现世间。第八劫，有迦叶波佛、应、正等觉，出现世间。第九劫，我释迦牟尼佛，出世间，应、正等觉。复次过去劫中，毗婆尸佛、尸弃佛、毗舍浮佛，宣说尸罗清净戒律，成就智慧最上之行。"①

也就是说，七佛中，过去庄严劫佛有毗婆尸佛、尸弃佛、毗舍浮佛，现在贤劫佛有拘留孙佛、俱那含牟尼佛、迦叶佛、释迦牟尼佛。根据宋代施护译《佛说诸佛经》，最后七佛出世的顺序为：

> 后复有佛，名毗婆尸，出现于世。后复有佛，名曰尸弃，出现于世。后复有佛，名毗舍浮，出现于世。后复有佛，名拘留孙，出现于世。后复有佛，名俱那含牟尼，出现于世。后复有佛，名曰迦叶，出现于世。今我释迦牟尼，出现于世。②

这一顺序完全与莫高窟回鹘时期洞窟中的七佛顺序相同。

由以上榜题可知，敦煌回鹘时期的七佛为过去七佛（这七佛皆已入灭，故又称过去七佛）。七佛在辽朝也很流行，开泰九年（1020），辽圣宗耶律隆绪在辽宁锦州义县，修建了咸熙寺（后改为奉国寺），据《大元国大宁路义州重修大奉国寺碑》载："州之东北维寺曰咸熙，后改奉国，盖其始也，开泰九年处士焦希赟创其基。"③此寺大殿内塑有七身坐佛，其次序为自东而西（左起）依次迦叶佛、拘留孙佛、尸弃佛、毗婆尸佛、毗舍浮佛、拘那含牟尼佛、释迦牟尼佛④，按"尊中尚左"排列，与莫高窟的七佛相同。对于这七佛有三种说法："其一是辽圣宗遵其母萧太后之命，因大乘佛教的流传而塑七佛阐释教义；其二是辽圣宗为缅怀母后萧燕燕及六位已故功臣而作；其三是按'人王即法王'的观念，以过去七佛分别对应自辽德祖（追谥）以降的太祖、太宗、世宗、穆宗、景宗等六位先皇和在位的圣宗本人。"⑤辽代佛塔上也配以七佛造像。可以说，敦煌沙州回鹘时期七佛也应受到了辽的影响。

---

①《大正藏》第1册，第150页。

②《大正藏》第14册，第113页。

③殷力欣：《义县奉国寺及周边历史文化遗产综述》，载建筑文化考察组编著《义县奉国寺》，天津大学出版社，2008年，第8页。

④殷力欣：《义县奉国寺及周边历史文化遗产综述》，建筑文化考察组编著《义县奉国寺》，天津大学出版社，2008年，第8页。

⑤殷力欣：《义县奉国寺及周边历史文化遗产综述》，载建筑文化考察组编著《义县奉国寺》，天津大学出版社，2008年，第20页。

另外，辽代建塔造幢兴盛，其中尤以密教陀罗尼经幢的建造为多，同时辽华严与密教流行。辽与沙州早有交往，在此风气影响下，沙州也营建了较多的塔，出现了慈氏塔，大、小华塔，以及老君堂塔的营建，这里值得一提的是，老君堂小塔内绘一佛六菩萨，六菩萨分别是普贤菩萨、文殊菩萨、大势至菩萨、如意轮菩萨、常不轻菩萨①，其中普贤菩萨、文殊菩萨绘于佛两侧，因而有华严三圣的意蕴，另外密教菩萨的加入，也具有华严与密宗结合的因素在内。根据统计，华（花）塔现有21处②，对于这种塔顶，萧默认为可能与《华严经》中的莲华藏世界有关。“塑有多重莲瓣和小方塔的锥顶就是这个‘莲花藏世界’的主体表现”。③辽代流行华严宗与密宗，“密宗和华严宗是辽代佛教的主流”④，辽代的华严学提倡圆融法界，辽代的密宗高僧也多精通华严，华严思想对辽统治者及辽代社会产生了极大的影响，如应县佛宫寺释迦塔，始建于辽清宁二年（1056），即体现了华严思想与密教的结合，另如在清宁八年（1062）华严寺大雄宝殿的修建。华塔的起源，罗哲文认为早期的花塔是从装饰单层亭阁式塔的顶部和楼阁式、密檐式塔的塔身发展而成的，并提出山西五台佛光寺建于唐穆宗长庆四年（824）的解脱禅师墓塔开了花塔这种佛塔类型的先河，在宋、辽、金时期最终形成这种类型，直至元代灭绝⑤。我们在此暂且不论华塔的起源问题，但是敦煌的大华塔建于1019年不得不说受到了辽的影响。

最后需要说明的是辽与回鹘佛教的关系。根据研究“回鹘文明对中国西北的敦煌和东北地区的辽文化都有着既深且巨的影响”⑥，因而，辽朝佛教受到回鹘佛教的影响巨大。五代时期，石敬瑭反唐，契丹出兵援助，石敬瑭建立后晋政权。作为回报，天福三年（938）石敬瑭向辽割让幽云十六郡。至重熙十三年（1044）辽升云州为西京，设大同府⑦。辽原信奉萨满教，之后引入佛教，佛教是以幽云十六郡的佛教信仰为基础发展起来的。因此，辽的佛教一方面吸收了幽云之地的佛教，又受到了回鹘佛教的影响。在这种情况下，我们可以从辽与敦煌共同流行的题材来找寻辽对敦煌佛教的影响，从而得出这样的结论，敦煌佛教在沙州回鹘前期受到辽的影响，而后期则更多地受到了高昌回鹘的影响。

七、结语

敦煌石窟曹氏归义军晚期，周边民族关系复杂。归义军节度使曹宗寿、曹贤顺是如何周旋于当时的宋、回鹘、西夏、于阗等政权之间，由于史料的缺乏，我们对这段历史知之甚少，加之这一时期没有确切有纪年的洞窟作为标型窟，以至于对于出现的不同艺术风格的石窟，在年代判断等问题上有着较大的争议。但随着研究的不断深入，学界对于绿壁画的问题以及回鹘、西夏石窟分期的问题也取得了很大的进展。大华塔从另一个角度来说是有确切纪

① 郭俊叶：《敦煌三危山老君堂小塔及相关问题》，《敦煌学辑刊》2023年第1期，第112-122页。

② 魏星：《辽金时期花塔建筑形制研究》，硕士学位论文，内蒙古工业大学，2021年，第1页。

③ 萧默：《敦煌莫高窟附近的两座宋塔》，《敦煌研究》创刊号（第3期），甘肃人民出版社，1983年，第100页。

④ 吕建福：《中国密教史》，中国社会科学出版社，1995年，第463-489页。

⑤ 罗哲文、刘文渊、刘春英：《中国名塔》，百花文艺出版社，2006年，第16页。

⑥［美］葛雾莲：《榆林窟回鹘画像及回鹘萧氏对辽朝佛教艺术的影响》，杨富学译，《昭乌达蒙族师专学报》（汉文哲学社会科学版），1995年第1期，第3-8页。

⑦［元］脱脱等：《辽史》卷41《地理志》，第506页。

年的塔，是归义军晚期曹贤顺时，唯一有确切纪年的佛教建筑，可作为这一时期的标型窟，为判断同一时期、相同风格的洞窟年代提供借鉴和佐证。

辽代流行华严宗与密宗，“密宗和华严宗是辽代佛教的主流”①，成城湾华塔（包括大、小华塔）以及老君堂锥形顶塔都反映了这一思想。

曹贤顺在1019年被册封为敦煌郡王时，敦煌已回鹘化，莫高窟第148窟以及其他一些洞窟中绘有回鹘男装的供养人画像（有些洞窟妇女着汉装），这些都是敦煌回鹘化现象的反映。辽与敦煌的关系，辽与敦煌的文化交往、佛教互相影响也由此可见一斑。

① 吕建福：《中国密教史》，中国社会科学出版社，1995年，第463-489页。